Jaume I el Conquistador

José Luis Villacañas

JAUME I EL CONQUISTADOR

ESPASA

ESPASA FÓRUM

© José Luis Villacañas Berlanga, 2003
© Espasa Calpe, S. A., 2003

Diseño de colección: Tasmanias
Ilustración de cubierta: Miniatura del *Libro de Privilegios de la ciudad de Barcelona*
Ilustraciones de interior: Oronoz, Rico Estasen, Mas, Legado Carreres de la Biblioteca Valenciana y Archivo Espasa
Realización de cubierta: Ángel Sanz Martín

Depósito legal: M. 40.903-2003
ISBN: 84-670-1053-3

Reservados todos los derechos. No se permite reproducir, almacenar en sistemas de recuperación de la información ni transmitir alguna parte de esta publicación, cualquiera que sea el medio empleado —electrónico, mecánico, fotocopia, grabación, etc.—, sin el permiso previo de los titulares de los derechos de la propiedad intelectual.

Espasa, en su deseo de mejorar sus publicaciones, agradecerá cualquier sugerencia que los lectores hagan al departamento editorial por correo electrónico: sugerencias@espasa.es

Impreso en España / Printed in Spain
Impresión: Huertas, S. A.

Editorial Espasa Calpe, S. A.
Complejo Ática - Edificio 4
Vía de las Dos Castillas nº 33
28224 Pozuelo de Alarcón (Madrid)

A María José de Castro,
veinticinco años después
y hasta el pianísimo de la edad postrera

ÍNDICE

Prólogo 13

PRIMERA PARTE
¡AY DEL REINO CUYO REY ES UN NIÑO!

1. Nobles y cátaros 35
2. Simon de Monfort 44
3. María de Montpellier 54
4. Pedro de Benevento 62
5. Sans, procurador general del reino 70
6. Guillem de Montredon 76
7. Ferran de Montearagón 88
8. Pedro Ahonés y la revuelta de Aragón 100
9. «En Jacme, rey» 112

SEGUNDA PARTE
LA CONQUISTA DE UN REINO EN MEDIO DE LAS AGUAS (1228-1231)

10. Consenso general 121
11. En el avispero de la época 133
12. El asedio de Mallorca 140
13. El asalto 152
14. El segundo viaje a Mallorca y otros planes 161
15. Tercer viaje: La organización de un reino 172

TERCERA PARTE

EL DESPLAZAMIENTO DE LA FRONTERA HASTA VALENCIA (1232-1238)

16. La carrera por la frontera 183
17. La estrategia de bolsas: la conquista de Borriana 194
18. Una reina húngara 206
19. La toma del Puig de Santa María 216
20. El sitio de Valencia y la vida en el campamento 230

CUARTA PARTE

LA CONSTITUCIÓN DE UN NUEVO REINO: «VALENTIA MAGNA» (1238-1243)

21. Consagrar la ciudad 247
22. Una minoría mayoritaria: la población islámica 257
23. La metamorfosis 268
24. El reparto de tierras y el elemento cristiano 277
25. La «Costum» y la organización de una sociedad nueva 288
26. La ciudad sobre la que Jaume legisla 297
27. Las señas de identidad de Valencia 309

QUINTA PARTE

LA LARGA CONQUISTA DEL REINO MÁS BELLO (1238-1245)

28. El reparto del reino y la política del rey 321
29. Conjura en Montpellier 331
30. Preparando la ruptura de la paz 339
31. Nuevo viaje al Mediodía 345
32. Guerra en la paz, paz en la guerra 352
33. Disputar Xàtiva a Castilla. El tratado de Almizra 361

SEXTA PARTE

LEGISLACIÓN Y ORDENACIÓN DE LA CORONA: LA DÉCADA CENTRAL DEL REINADO (1245-1255)

34. La lengua y la absolución 375
35. Las Cortes de Huesca de 1247 y los fueros de Aragón 383
36. 1247-1251: Enemigo interior y enemigo exterior 393

37. Una familia extendida: el sistema hispánico de reinos entre 1251 y 1256 406
38. La evolución de la legislación valenciana. De la «Costum» a «Els Furs» 420
39. Pere Albert y la interpretación de la legislación catalana . 431
40. En el altar de la religión de la dama. Violante de Hungría y Teresa Gil de Vidaura 451

SÉPTIMA PARTE

ADIÓS, FRANCIA; BUENOS DÍAS, ITALIA: LAS RELACIONES INTERNACIONALES DE JAUME I (1255-1265)

41. Gloria en Francia, humildad en Aragón 467
42. Una frontera de papel al norte 477
43. Jaume y Federico: los antecedentes de la aventura mediterránea 485
44. El primer Concilio de Lyon de 1245 502
45. Castilla entra en el juego 511
46. Jaume mira a Sicilia 520
47. La cristalización de la política internacional de Jaume 530

OCTAVA PARTE

LA MAYOR GLORIA: LA CONQUISTA DE MURCIA (1261-1270)

48. Las repercusiones de la muerte del infante Alfonso: la «universitas valentina» 549
49. La situación del sur hacia 1263 558
50. Las relaciones entre Jaume y Alfonso (1262-1263) 565
51. Interludio: Las Cortes de Ejea 573
52. La campaña de Murcia 589
53. ¿Qué hacer contra los musulmanes? 606
54. ¿Qué hacer con los judíos? 619

NOVENA PARTE

IGUAL EN POTESTAD, PRIMERO EN AUTORIDAD (1266-1274)

55. El oficio de rey 633
56. Toledo 642
57. La cruzada frustrada 658
58. Don Alfonso devuelve los favores 669
59. El enemigo es mi hermano 678

DÉCIMA PARTE
CONCILIO, IMPERIO, REINO (1274-1276)

60.	El rey en el concilio	693
61.	De vuelta al infierno	704
62.	«Que Dios os confunda»	714
63.	Días de luto	723
64.	Valencia en llamas	734

Epílogo 747

Cronología 755

Bibliografía 763

Índice alfabético 785

Prólogo

El sentido de este libro

Cuando Pilar Cortés, de Espasa Calpe, me ofreció escribir una biografía de Jaume I[1], el famoso rey Conquistador de Valencia, me encontraba a mitad de la elaboración del primer volumen de la *Historia del pensamiento político español,* que preparo desde hace tiempo. Este primer volumen está dedicado a la Edad Media y ha de llegar al final de la época de los Reyes Católicos. Ahora es objeto del proyecto de investigación BFF 2002-02315 (Biblioteca Digital del Pensamiento Político Español. Catalogación, Digitalización, Difusión) financiado por el Gobierno español. Como es evidente, una biografía de don Jaume I de Aragón implicaba un relativo alejamiento del tema central de ese trabajo. Pero la peripecia de la constitución política medieval, centrada alrededor de la «casa», el linaje, el señorío y las ambigüedades públicas y privadas de las categorías patrimonialistas, así como el origen de un pensamiento de la representación política y de su organización en instituciones corporativas, ofrecía un marco teórico oportuno para abordar la biografía del rey medieval hispano que más cerca estuvo de conseguir una legitimidad específicamente carismática y personal, capaz de limitar y transformar algunas visiones tradicionales de la vida política y social.

Este hecho me inclinó a considerar la oferta, tanto más por cuanto uno de los temas centrales de aquella historia de los conceptos políticos españoles, que algún día verá la luz, era mostrar la diferente evolución y la creciente heterogeneidad de los dos grandes reinos en los que finalmente se organizó la vida política hispánica, Castilla y Aragón. No obstante, considerar la oferta no fue aceptarla. Una biografía es un género literario muy especial y reclama un tono narrativo que apenas tiene que ver con el tono científico de una historia política. Además, nuestra literatura no ha frecuentado en exceso la biografía, por lo que no existe un modelo establecido al que atenerse. Sin duda, cualquiera que desee escribir la historia de una vida ha de evitar algunos peligros.

---

[1] Me permitirán que en este libro siempre mencione al rey por su nombre más común entre los valencianos, que desde muy antiguo le llaman don Jaume. Al mismo tiempo, los nombres de los personajes aparecen cada uno en la lengua propia, así como los nombres de las ciudades.

Así, no ha de confundir la vida de su personaje con un itinerario, ni organizar un relato que más bien parezca un dietario, ni abrumar con detalles documentales y con reflexiones personales al lector. Además, un escritor de biografías no ha de caracterizar en exceso al personaje, imponiendo de forma autoritaria al lector una visión inapelable de este. Sin embargo, tampoco ha de ser frío e insensible a los aspectos personales de su hombre, pues finalmente es su deber recoger aquellos detalles que reflejan de forma directa el alma de su personaje. Cierto: existen los otros extremos. El primero, confundir el relato con una novela, ceder ante la inclinación hacia lo misterioso, heroico y fabuloso de aquel mundo que uno supone en un lector de obras de este periodo histórico. El segundo, dejarse llevar por un espíritu reseco y erudito, que asfixie cualquier destello de vitalidad en los temas, en los ritmos de la escritura, en el dibujo de las situaciones históricas. Como es obvio, la narración es el género fundamental de la historia, y sobre todo de la biografía, pero estamos contando la realidad, no ofreciendo una ficción.

Pero entre estos extremos, que todos consideramos perniciosos, todavía hay un espacio muy amplio en el que resulta difícil dar en el blanco. Creo, sin embargo, que cualquiera que busque la clave del género la encontrará mezclando estas pocas palabras: exactitud histórica, rigor expositivo, construcción selectiva de los temas a narrar, totalidad existencial y social del personaje y su mundo, interpretación ponderada y, finalmente, ritmo narrativo, mucho ritmo narrativo. Estas palabras pueden resumirse todavía más en dos únicas: ciencia y literatura a la vez. Una biografía implica poseer dotes de estudioso y de escritor, una síntesis tan difícil que me perdonarán no encarnar en la medida apropiada. El primer componente exige leer centenares de escritos académicos. El segundo impone que nadie lo note. Una biografía es un híbrido complicado, y las probabilidades de engendrar un monstruo en estos terrenos es, como se puede suponer, ingente.

Una cosa es tener más o menos claras las reglas del género y otra ponerlas en práctica. Puedo asegurar al lector que, ante el cúmulo de dificultades, durante meses mantuve la duda de aceptar el encargo de la editorial Espasa. Pesaba sobre mí el hecho de conocer a muchos colegas medievalistas, algunos de los cuales han trabajado este periodo con plena profesionalidad. Cualquiera de ellos podría escribir este libro con más competencia y facilidad que yo, un historiador de la filosofía, un conocedor de la historia de las ideas y, en último extremo, un filósofo. Así se lo hice saber a la editorial. Finalmente, acepté el encargo por las razones que expondré inmediatamente. Pero en relación con mis colegas medievalistas debo decir que todos sus escritos, hasta donde alcanzo a conocerlos, están citados en este libro y han sido objeto de una pormenorizada lectura. Es verdad: comparado con un trabajo académico, este que el lector tiene en sus manos apenas podrá reclamar mérito diferente de haber leído de forma intensa lo mejor —y a veces incluso lo menos bueno— de la bibliografía sobre el tema. Pero el especialista sabe que, desde ese punto de vista, difícilmente una obra sobre Jaume I podrá ser algo diferente a una síntesis histórica, una interpretación acreditada y un balance bibliográfico. Difícilmente se podrá descubrir un documento inédito que trastoque y revolucione lo sabido sobre el rey Jaume. Este es un punto decisivo, porque me permite decir con toda claridad que este libro no está escrito para los especialistas de la historia, sino, con ellos y desde ellos, para un público amplio, para cualquiera que desee aproximarse a la extraordinaria figura del rey *En Jaume*, aunque no posea una base sólida en historia.

Mi perspectiva se puede exponer gráficamente relatando una breve conversación con un medievalista cuyo nombre no citaré. No está inventada, y mi interlocutor se reconocerá en ella. La expongo porque es arquetípica. Tanteaba el terreno para saber si alguien en la universidad tenía trabajos en curso sobre estos temas y, ante la negativa, pregunté la razón de que el siglo XIII se estudie tan poco en estos momentos. Mi interlocutor me contestó de una manera inmediata. Sobre el siglo XIII —me dijo— apenas hay documentos. Me quedé perplejo. Argüí que existían miles y miles de documentos sobre Jaume I. «No faltan documentos sobre la época», respondí. El profesor de historia medieval quería decir algo más concreto: faltaban documentos por descubrir, documentos inéditos, nuevos. Sin duda, ese tipo de hallazgos son los que acreditan la fama académica de un investigador y los que le abren el camino a las cátedras y a las justas promociones. Todo esto es muy legítimo. Pero aquí podemos comprobar una vez más hasta qué punto la ciencia universitaria y la sociedad muchas veces tienen exigencias divergentes y sirven a intereses distintos. Pues la historia no es una ciencia donde el mérito exclusivo consista en descubrir lo inédito, como el científico que descubre nuevas constelaciones de estrellas, o nuevos genes en los cromosomas humanos. La historia no es una ciencia natural. Es un relato verdadero que permite cumplir ese juego de las dimensiones temporales propias del hombre, con las que tiene ineludiblemente que organizar su vida. En efecto, el hombre no puede vivir en el presente sin contar con una experiencia elaborada, ordenada, interpretada. Solo si lo hace así podrá disponerse de cara al futuro con una expectativa fundada, razonada, persuasiva ante sí mismo y ante los demás. Solo elaborando el pasado se ofrecen diagnósticos y solo sobre ellos se puede uno comprometer con ciertos pronósticos. Mirar al futuro implica mirar al pasado y, hasta ahora, los hombres no podemos dejar de hacer ambas cosas a la vez. La historia hunde sus raíces en necesidades humanas, personales y sociales, y desde luego no atiende esas necesidades cuando hace de su tarea exclusiva el hallazgo de un nuevo documento que, desde el punto de vista del contenido y de su significado, puede incluso llegar a ser trivial.

No creo, desde luego, como dice Odo Marquard con su humor característico, que «la historia sea una cosa demasiado importante como para dejársela solo a los historiadores». No supongo que este sea un asunto corporativo ni entiendo que deba plantearse así. Pero la historia, entendida como especialidad académica estricta, no agota las formas de escribir y entender el pasado. Desde luego, estoy seguro de que la historia así practicada no es la que desean leer los ciudadanos que quieren saber de dónde vienen y adónde pueden ir con cierta probabilidad de éxito. Pues si la narración del pasado tiene alguna función es que nos persuade de que no todo nos está permitido en nuestro futuro. Quien invente el pasado está condenado a vivir en sueños irreales de futuro y a mantener expectativas ilusas. La libertad vital y práctica, de las personas y de las sociedades, no es la que se excita con la imaginación, sino la que trabaja y elabora los materiales y las fuerzas cuya constancia y existencia muestra la historia. Por eso, este libro es el ensayo de recorrer ese camino que, sin duda, se abre desde la investigación especializada practicada por los historiadores, pero que acaba en hablar del pasado con sentido y significado asequibles a los hombres del presente. Este camino pueden recorrerlo también los historiadores, desde luego, pero no solo ellos. En todo caso, no es un azar que hoy lo emprenda quien ahora les habla.

Aquí, por tanto, no se brinda un avance científico-académico, sino una nueva interpretación de un hombre, una época y un mundo que espero sea sugestiva y significativa para mis lectores. Expondré ahora en pocas palabras por qué tengo esa confianza. Creo sinceramente que, en estos momentos, España no tiene el saber histórico de sí misma adecuado al régimen constitucional de que disfruta. No quiero decir que las diferentes nacionalidades y regiones no tengan un conocimiento de sí mismas. Al contrario: parece que en este asunto se ha avanzado mucho y todavía en el futuro se avanzará más. Pero creo en verdad que este saber histórico responde a necesidades de conocimiento local y tiene que ver con la constitución de los diferentes «nosotros» que el Estado de las Autonomías permite y alienta. Con todo ello, sin embargo, se gana poco en el saber de esos otros que crecen en los márgenes de los distintos «nosotros». Los riojanos saben más de sí mismos que nunca antes en su historia, pero no estoy seguro de que sepan más de los valencianos que en un pasado cercano. Cada uno sabe más de sí mismo, pero en conjunto sabemos todavía muy poco unos de otros. Desde esta perspectiva, sabemos más de nuestros monólogos y menos de ese diálogo de la diferencia que, sea cual sea la constitución nominal, siempre ha sido la verdadera constitución existencial de España.

Este libro adopta este punto de vista: habla en general de la corona de Aragón, pero no está pensado para que los ciudadanos de estos territorios se conozcan más a sí mismos. Está pensado para que cualquier ciudadano conozca una época gloriosa de la corona de Aragón y un rey excepcional, muy relevante en su tiempo en España y en Europa y muy determinante de la historia de estos territorios. Se abre aquí un relato que desea transmitir a los ciudadanos en general el respeto por la historia de los pueblos que componen España y a valorar su peripecia como propia. A veces, muchos españoles de buena fe entienden como una obstinación infundada el que determinados pueblos se aferren a sus diferencias. Deben saber que —y esta historia de Jaume lo demuestra— en algunos casos hay un fundado sentido histórico que impone con justicia la fidelidad a un pasado verdadero. Espero mostrar, sin embargo, que ese pasado verdadero, en el caso de don Jaume, también nos concierne a todos como propio. Una fidelidad histórica bien entendida debería no solo ser comprensiva con esas diferencias, sino en cierto modo saber que son tan constitutivas de nuestro ser histórico hispano como las identidades propias.

Contribuir a todo ello puede ser una buena razón para escribir este libro. Pero hay otra más concreta: la época de Jaume I define un episodio muy especial en las relaciones hispánicas. Como tal, el tiempo de este estudio se despliega antes de que los procesos históricos se decantaran hacia la uniformidad y el centralismo en el que todas las Españas resultaron vencidas. En cierto sentido, este libro nos trae la clara noticia de que nuestro pasado histórico albergó siempre posibilidades de futuro verosímiles y viables, vinculadas con naturalidad a nuestro presente, como una posible evolución suya. Las relaciones que buscó Jaume con Castilla fueron las de un sincero equilibrio basado en la conciencia realista de la dura realidad del poder, el respeto recíproco, la igualdad de *potestas,* la franqueza en la defensa de sus intereses y puntos de vista y la continua presencia de una profunda solidaridad hispana. Las tensiones en determinados momentos eran vividas por aquellos hombres con una naturalidad que no impedía el sincero compromiso de colaboración y la certeza de compartir una suerte común anclada en la evidencia de crecer sobre una misma tierra, Hispania, España o Espanya. La flexibilidad de Jaume no excluyó jamás la fiabilidad, y podemos decir que, en términos generales, su conducta es racional y previsible, constante y clara, y, al perseguirla con un éxito desconocido antes y después en nuestra historia, acabó ganando una clara autoridad sobre el rey de Castilla. Don Jaume era muy consciente de que con su gran autoridad personal y real equilibraba un poder que en principio beneficiaba al reino vecino, más amplio, poblado y poderoso. Hoy podemos decir que don Jaume sentó las bases de la grandeza de la corona de Aragón y que siempre supo que un reino más pequeño, pero mejor ordenado, podía aspirar al equilibrio hispano y a un protagonismo europeo que fue tanto más exitoso cuanto más trabajó de acuerdo con la política exterior castellana. Alfonso X el Sabio merecería todavía más ese nombre de haber comprendido hasta el final la inteligencia de las posiciones de su suegro don Jaume.

Sin duda, los agentes históricos son ahora diferentes. Pero los principios de equilibrio que en un momento caracterizaron la política de don Jaume pueden estar vigentes, cambiando lo que haya que cambiar. De hecho, la propia estructura interna de la corona de Aragón estuvo canalizada por ese mismo axioma: los diversos territorios eran autónomos, con sus propias administraciones e instituciones, sus haciendas y sus cortes de justicia, pero podían generar de forma continua estructuras de solidaridad necesarias para atender situaciones concretas. Sin duda, don Jaume apostó por el equilibrio entre sus reinos y ello permitió la personalidad jurídica propia del reino de Valencia y, en otro sentido, del de Mallorca. Sobre estos principios, la vida histórica se mantuvo con una complejidad de interrelaciones, pero por eso mismo con vitalidad y pulso. Fuera cual fuera el avatar histórico por el que tuvieron que pasar, los hombres de la antigua corona de Aragón no culparon de sus desgracias a sus instituciones, cosa que no siempre se puede decir de los tiempos que siguieron.

Por todo eso, este libro no se escribe solo desde una mera pulsión por el conocimiento, sino también desde un claro compromiso práctico. Sin embargo, nada de todo eso forma parte de un discurso explícito. Este libro no ofrece una doctrina, como se verá. Únicamente cuenta una historia. No obstante, el sentido de las historias trascienden siempre la literalidad de lo narrado. Por eso, aunque sea de forma indirecta, producen un conocimiento personal y fomentan actitudes prácticas que, como siempre, debe producirlas el mismo lector en la medida en que interprete este relato. Mi tarea es, sobre todo, lograr que la narración sea plural y significativa, y dejar que el lector decida y complete por sí mismo el contenido de ese significado.

Comprender a un rey

He hablado hasta ahora de las dificultades metodológicas de escribir una biografía en general. Quisiera abordar ahora las dificultades específicas que presenta el hecho de escribir una biografía sobre un rey como Jaume I. Estos problemas son el resultado de una suma muy sencilla de elementos. Es difícil escribir sobre un rey medieval y asimismo hacerlo sobre un rey cuya personalidad es tan fascinante como el caso que aquí nos ocupa. Comprender a un rey medieval es para nosotros, los hombres del siglo XXI, una empresa muy ardua. Un rey como Jaume o como san Luis no constituye un tipo humano con el que ya tengamos trato. Tenemos contacto con empresarios, profesores, funcionarios, políticos, sacerdotes, pero no con reyes medievales. Algunos de nuestros paisanos han podido tener contacto con reyes, pero estos, con toda seguridad, apenas nada tienen que ver con los monarcas del siglo XIII. Alguien podría decir que todavía nos llegan noticias de jefes de Estado de otros países y otras latitudes que quizá tuvieran el poder y las prerrogativas de los gobernantes de otros tiempos. Pero estos personajes, que rigen países cercanos o lejanos, con toda su apariencia siniestra y con toda su pompa grotesca, pueden parecerse a ciertos déspotas o tiranos —una figura histórica más constante de lo que se cree—, pero apenas se parecen en algo a los hombres que reinaron en Europa en estos tiempos de la plenitud de la Edad Media.

Por eso, lo primero que debemos medir cuando nos embarcamos en una biografía de un hombre del siglo XIII es, justamente, las distancias. En realidad, no estamos lejos de ellos porque manejaran un poder absoluto —que no lo tenían—, ni porque dispusieran de una riqueza exagerada —nada más lejos de la realidad—. Tampoco pueden resultarnos extraños porque fueran las únicas personas capaces de disponer de autoridad y prestigio en la sociedad de la época —pues, como veremos, la sociedad medieval era mucho más compleja y plural de lo que cualquiera de nuestros contemporáneos pueda suponer—. Lo que nos aleja de ellos es, por decirlo con toda sencillez, el puro hecho de que representan un tipo humano para el que no tenemos categorías disponibles, ni acceso inmediato, ni elementos de comparación alguna.

Para comprender a un rey medieval necesitamos ante todo entender dos aspectos. Qué era la realeza y qué reclamaba de él la gente que le rodeaba. Lo primero es algo más complejo que la noción posterior de soberanía, con sus competencias regladas y sus poderes bien definidos. Nada más lejos de la Edad Media que esa reglamentación formal. La realeza era desde luego el espacio o escenario público que se concedía a quien tuviera derecho patrimonial a ella, una cuestión que no siempre estaba muy clara. Pero la concesión de este espacio público apenas implicaba nada, excepto la visibilidad y ser objeto de peticiones y reclamaciones. El rey podía actuar en ese espacio y ser reconocido por ello, pero por principio no tenía asegurado nada. La realeza no le concedía ya un poder, sino la posibilidad de obtenerlo, una *potestas*. Que llegara a conquistar un poder efectivo o no dependía de su personalidad, de su acierto, de su coraje y de su inteligencia. Un rey era una potestad, sin duda, mas no siempre una autoridad. Podía hacer cosas, pero no siempre era autor de ellas. La posibilidad de ser obedecido debía ganársela a lo largo de su vida, con sus obras. Al rey le era dado moverse en un ámbito cargado de fuerzas y de tensiones, plagado de autoridades y de potestades. Por mucho que la suya fuera la suprema, la *summa*, por sí sola no podía apenas nada. Don Jaume fue un rey perfectamente consciente de ello y siempre supo que una vida se salvaba por sus obras fecundas. La herencia aquí servía de bien poco, y la potestad regia, de menos. La autoridad, el prestigio, el poder real del monarca siempre se lo debía a sí mismo y era intransferible. Si tenemos una palabra a mano para definir este poder personal es esta: carisma. Podemos decir que el carisma de los reyes hispanos siempre fue en última instancia un atributo personal —no ceremonial o del cargo, como el de los franceses— y que la gente de la Edad Media hispana lo entregaba en muy contadas ocasiones. Sin duda, don Jaume disfrutó de él, a pesar de las dificultades de su reinado, y siempre se sintió orgulloso de haberlo conquistado. Si tantas veces descubrimos orgullo en las palabras que el rey nos ha dejado en su *Llibre dels Feyts*[2] —el relato au-

---

[2] Para un estudio bibliográfico completo sobre la *Crónica* de Jaume, cf. Jordi Bruguera, *Arxiu de textes catalans antics*, núm. 12, 1993, págs. 409-418. Es muy digno de notar que las primeras ediciones de la *Crònica* se deben a Lluís Alanyà, *Aureum Opus regalium privilegiorum civitatis regnum Valentiae*, Valencia, 1515, aunque aquí se edita solo la parte relacionada con la conquista de las tierras valencianas. La primera edición completa se realizó por la casa de la viuda de Joan Mey Flaudró, también de Valencia. Solo en 1873 se editó la versión de Marian Aguiló en Barcelona. El texto facsímil del manuscrito de Poblet, conservado en la Universidad de Barcelona, se editó en 1972, prologado por Martín de Riquer, en las prensas de la misma universidad. La edición integral, con glosario y crítica, es la de Jordi Bruguera, Editorial Barcino, 1991, en dos volúmenes. El mismo texto con grafía moderna se puede ver en Josep M. Pujol, *Jaume I, Llibre dels Fets*, Teide, 1991.

El problema de la autoría tiene una larga historia filológica. El primero en negar la autoría del propio rey fue Josep Villarroya, el célebre historiador de la Orden de Montesa, en un libro editado en Valencia, en 1800, que lleva por título *Colección de cartas histórico-críticas en que se convence*

tobiográfico que dictó en diversas etapas de su vida—, esto se debe sin duda a que entendía su vida como fructífera porque había sido rica en acciones con éxito. En la medida en que la Edad Media no hacía del hombre un ser autónomo y aislado de Dios, esa virtud en la actuación, la virtud de las obras, era el mejor testimonio de la protección y la elección divinas. Por eso, en su caso, podemos hablar de carisma en un sentido riguroso, que incluye la connotación de la protección divina. Si la mayoría de los reyes hispanos vivieron siempre amenazados por la melancolía, ante la evidencia de que su potestad no daba frutos y su poder era solo nominal, don Jaume fue un rey sano y feliz, que vivió su oficio con una entereza y entrega sin límites, hasta el mismo momento de la muerte. Para sus contemporáneos, él siempre fue Jacobo el Afortunado.

Pero comprender a un rey es también entender lo que la sociedad le demandaba. Ahora bien, la sociedad del siglo XIII se componía de muy diversos estamentos. Por eso, de él se esperaba actuaciones muy diferentes según se perteneciera a cada uno de estos órdenes sociales. Un campesino no esperaba lo mismo que un burgués, ni un prelado esperaba lo mismo que un noble; un judío mantenía un nivel de exigencias respecto a su real persona muy diferente del que podía albergar un jurista o uno de sus caballeros. Entender a un rey medieval, al menos a un rey de este magnífico siglo XIII, un siglo que representa una de las cimas de la humanidad en tantos sentidos, siglo clave para entender el futuro de Europa, exige esa mirada compleja que no deje fuera de campo ningún colectivo del cuerpo social. Pero, sobre todo, para comprender bien a nuestro personaje, necesitamos dos elementos, además de ver cómo responde a las demandas de su gente. Primero, hemos de comprender lo que hacen los reyes con los que trata y se rodea, sobre todo aquellos que en ese momento encarnan el prestigio y el poder superior en Europa. Segundo, y en absoluto menos importante, necesitamos saber qué espera de él la Santa Sede,

---

que el rey D. Jayme no fué el verdadero autor de la Crónica o coméntarios que corren a su nombre. Muchos protestaron indignados, entre ellos Isidoro de Antillón y Gaspar Melchor de Jovellanos, en sus Cartas (cf. *Obras,* vol. VI, Editorial Oliva, Barcelona, 1839, pág. 173). Desde entonces, Tourtoulon, F. D. Swift *(Life and Times of James the First, the Conqueror,* Oxford, 1894), Miret i Sans, Rubí i Lluch, han defendido la autenticidad de la relación de Jaume con el libro y la fidelidad histórica de la *Crónica.* La obra de Nicolau d'Olwer se opone a esta tesis, así como la de Manel de Montoliu, quien defendió en 1913 la prioridad de la crónica latina de Marsili sobre la versión catalana, que así sería muy tardía. Cf. su obra «La Crònica de Marsili y el manuscrit de Poblet. Contribució a l'estudi de la *Crònica* de Jaume I», en el *Anuari de l'Institut d'Estudis Catalans,* vol. V, 1913-1914, págs. 277-310. Soldevila, por el contrario, defendió la tesis de la autenticidad de la *Crónica,* y apostó por una prosificación de la versión en verso de un poema épico anterior, desarrollando así las tesis de Montoliu. Para la polémica, cf. Enric Pujol, *Ferran Soldevila. Els fonaments de la historiografia catalana contemporània,* Editorial Afers, Catarroja, 1995, págs. 66 y sigs. Conviene leer todavía el estudio de Martín de Riquer, *Historia de la Literatura Catalana,* vol. I, Ariel, Barcelona, 1964, págs. 394-429. Sabemos que Andrés Balaguer y Merino, en un trabajo inédito titulado «Un document inédit relatif à la Chronique catalane du Roi Jacme 1er d'Aragon», en la *Revue des Langues Romanes* XII: 161-166 (1877), menciona el hecho de que Pere III deja a Martí el *Llibre dels Feyts* que estaba en el *Arxiu* de la ciudad de Barcelona, el 31 de octubre de 1371.

la curia de Roma y, de forma concreta, el Papa que cada vez el destino haya colocado en la silla de san Pedro. Por eso, las relaciones internacionales tienen amplia presencia en este libro, tanto como la atención a las actuaciones de la Iglesia, y ante todo a los concilios. Pero también analizaremos las relaciones del rey con los judíos, con los musulmanes, con los burgueses de las ciudades y, cómo no, con sus nobles. Será la vida social entera la que se refleje a través de la vida de su rey. Como dijo una vez Jacques Le Goff, la verdadera historia total se entreteje en una genuina biografía.

Teniendo en cuenta todo lo dicho sobre la complejidad de las cosas, esta biografía no puede seguir el camino que trazó el propio rey en su crónica, el famoso *Llibre dels Feyts* o *Libro de los hechos,* camino que han seguido todos los que se han atrevido a narrar su vida y sus obras. Sin duda, su autobiografía nos dice de su personalidad más de lo que sabemos de ningún rey medieval[3]. Pero no siempre nos da a conocer su realidad tal y como una conciencia actual desea hacerlo. Jaume sabía en todo momento lo que era ser rey, y dictó su *Crónica* con la certeza de su misión y de su destino. Cuando don Jaume nos habla —y en verdad se le escucha contarnos su vida con nitidez y convicción— sentimos que una poderosa personalidad se acerca a nosotros y nos mira como si todos estuviéramos presentes en su vida, contemplando sus gestas y sus dificultades. Jaume habla a su presente con una naturalidad que nos sorprende, por su refinada elegancia y su sobria expresividad. Martín de Riquer ha podido decir que el rey esconde el talento natural de un gran narrador. Creo que es verdad. Su autobiografía, de la que hay muchas razones para

---

[3] Compárese con lo que sabemos de Alfonso VI en la *Estoria de Espanna,* que nos ofrece un relato arquetípico e hierático que poco tiene que ver con la verdad histórica. Cf. Anibal Biglieri, «Alfonso VI en la *Estoria de Espanna*», *Olivar, Revista de Literatura y Cultura Española*: 11-27, año 2 (2001). El rey nos aparece aquí como ejemplo de sabiduría, *fortitudo,* religiosidad y justicia, de magnanimidad o nobleza, de verdad y gran corazón, protegiendo a los indigentes y desafortunados, capaz de restaurar sus dominios contra el enemigo. Así surge el rey cuando es descrito de manera directa. Pero cuando se nos narra la actuación real del monarca, cuando aparece como personaje de una acción, y no como objeto de retrato directo, entonces se nos presenta cruel, obstinado, inflexible, víctima de la gran *sanna,* la cólera y la ira. Aquí se nos presentan las distancias entre el rey real y el rey ideal de la *Segunda Partida,* de la que beben las fuentes (cf. ob. cit., pág. 18). El retrato aquí se nos muestra menos fiable, más sometido a arquetipos simbólicos. Por el contrario, en la *Crónica* de Jaume se nos ofrece un personaje que sigue la lógica de la narración, el sentido de las cosas con plena adaptación al contexto. En el tiempo de Alfonso VI no se ha descubierto todavía al individuo. Muy al contrario, el texto autobiográfico de Jaume ya narra desde un sentido maduro de lo individual, desde una personificación del retrato que diluye la norma ideal en un naturalismo mucho más pendiente del realismo de la narración. De este tema se puede ver: Biglieri, «Para una poética del retrato medieval: Sisebuto en la *Primera Crónica General*», *Exemplari Hispanica* 2: 64-75 (1992-1993). Para un estudio central de este tema, cf. Colin Morris, *The Discovery of the Individual, 1005-1200,* Toronto U. P., 1987; ulteriormente, Stefano Asperti, «Indagini sul' *Llibre dels Feyts* di Jaume I: dell'original all'arquetipo», *Romanistisches Jahrbuch* 33: 269-282 (1982). En su trabajo «Il re e la Storia. Proposte per una nuova lettura del "Llibre dels Feyts" de Jaume I», *Romanistische Zeitschrift für Literaturgeschichte* 3-4: 275-296 (1983), defiende de una manera terminante la oralidad de la *Crònica.* Por su parte, Burns, en diversos sitios, ha defendido la influencia árabe de este tipo de relato autobiográfico.

afirmar su exactitud, usa el lenguaje de su época con la ingenua convicción de que todas las épocas venideras serán en el fondo la misma. En realidad, el siglo XIII tiene una idea desmedida de su propia estabilidad y no ha conocido las arenas movedizas de la historia ni el vértigo de los tiempos posteriores. Jaume habla a una contemporaneidad absoluta y cree en la eternidad de su época de manera tan firme como confía en la eternidad de su descendencia. Por eso no toma distancias: se introduce en el relato de su vida como un águila que se lanza sobre su presa. Y sin embargo, aunque podemos generar hacia él una especial simpatía, pues desde el primer momento sabemos que se trata de alguien grande y complejo, no podemos entregarle la inmediata comprensión que sentimos hacia nuestros contemporáneos. Nosotros queremos saber algo más que sus hechos de armas y sus grandes hazañas: queremos conocer su verdad personal, desde luego, pero también la verdad de su sociedad y de su tiempo. Queremos contrastar la verdad que de sí nos ha dejado con la verdad de la realidad social en la que él vivió. Por eso, usaremos la *Crónica,* pero con las cautelas de las distancias propias de nuestro presente.

Ahora deseo avisar al lector contra otro peligro que he tenido muy en cuenta. Los historiadores y los filósofos han discutido mucho acerca de las formas de superar este abismo de tiempos y de épocas. Muchos de estos investigadores se han preocupado de encontrar la manera de dibujar a los hombres del pasado sin proyectar sobre ellos nuestras formas de pensar, nuestras vivencias, nuestros valores y, por qué no decirlo, nuestros prejuicios. Nosotros vivimos en un mundo político que se rige por instituciones, procedimientos y formas muy diferentes de las del siglo XIII. Incluso podemos asumir que participamos de valores distintos a los de aquellos tiempos. Aunque un hombre del siglo XIII se emocionara igual que nosotros al desear la paz y la justicia, no identificaría tales situaciones de la misma forma. Sea como sea, si juzgamos a Jaume I por los valores de la cultura política que irrumpe en la Revolución francesa, como el de la igualdad formal ante la ley y la libertad abstracta del hombre, apenas entenderemos nada de él y su mundo. Si juzgamos las entidades políticas del siglo XIII como si ya fueran las naciones que el imperialismo napoleónico iba a provocar por toda Europa, estaremos proyectando sobre el pasado una realidad y un proyecto que solo pertenece al siglo XIX. De la misma manera, si empleamos para entender las actuaciones de aquellos hombres conceptos derivados del marxismo, como los de lucha de clases, revolución, modo de producción, opresión, explotación y demás, entonces construiremos una imagen informe con los retazos que de aquel pasado cuadren más o menos con el sentido de estas palabras, pero no penetraremos en lo que de propio y específico tenía aquel mundo. De ahí que, lejos de juzgarlos con nuestros conceptos, hemos de analizar a los actores de esta biografía con los parámetros vitales de que ellos mismos disponían. Por eso, antes dije que para entender a un rey necesitamos saber qué esperaba de él su propia sociedad. Sin duda será muy distinto de lo que esperaría cualquiera de nosotros. Al organizar la escritura desde este criterio, estamos en condiciones de ofrecer al lector algo inesperado, un verdadero saber histórico de las diferencias que encierra el pasado.

El lugar de este libro en la bibliografía

Este será, pues, un diálogo entre lo que nos dice el rey de sí mismo, que encierra una voluntad de ser reconocido y contemplado como un rey caballero, y lo que nos dice la época de sí misma en las fuentes que nos han quedado. Como ya sugerí antes, tenemos a nuestra disposición casi toda la documentación relevante sobre don Jaume. Disponemos ediciones críticas de su *Llibre dels Feyts,* como la que hizo Ferran Soldevila en el tomo dedicado a *Les Quatre grans Cròniques*[4]. Contamos con recopilaciones documentales generales, casi exhaustivas, fuera de las que cabe esperar tan solo noticias nuevas de naturaleza muy complementaria y auxiliar. Asimismo, series como las que llevaron a cabo Bofarull, en la *Colección de Documentos Inéditos del Archivo de la Corona de Aragón,* o las que editaron Ambrosio Huici y Amparo Cabanes[5]. Para el reino de Valencia tenemos la vieja edición de J. E. Martínez Ferrando, que reúne los índices-resúmenes de los documentos del Archivo de la Corona de Aragón relativos al reino de Valencia[6]. Para los documentos con los judíos disponemos de la serie de Jean Regné[7]. También una fuente tan precisa, moderna, preclara por su capacidad de anticiparse a las pautas de la investigación posterior, como es el *Itinerari* de Joaquim Miret i Sans[8]. Por si fuera poco, tenemos los Congresos de la Corona de Aragón, que desde hace un siglo han ofrecido al estudioso todo tipo de documentos y de noticias parciales sobre diferentes aspectos de la vida y de la época del Conquistador. Así, por ejemplo, en el primero de estos congresos, Eduard González Hurtebise editó *Recull de documents inédits del Rey Jaume I,* y casi todos los trabajos reunidos integraban conjuntos documentales importantes. Por último, contamos con la obra intensa y rigurosa del padre jesuita Robert Ignatius Burns, a quien debemos la edición del diplomatario de la conquista de Valencia[9], jun-

---

[4] *Jaume I, Bernat Desclot, Ramon Muntaner, Pere IV. Les Quatre Grans Cròniques,* Revisió del text, pròlegs y notes per Ferran Soldevila, Editorial Selecta, Biblioteca Perenne, fundada por Josep M. Cruzet, Barcelona, 2.ª ed., 1983.

[5] Ambrosio Huici Miranda y María de los Desamparados Cabanes Pecourt, *Documentos de Jaume I de Aragón,* 5 vols., Anubar Ediciones, Valencia, 1976.

[6] J. E. Martínez Ferrando, *Archivo de la corona de Aragón: catálogo de la documentación relativa al antiguo reino de Valencia contenido en los registros de cancillería real,* 2 vols., Madrid, 1934. El primero es el relevante para nuestro tema porque encierra toda la documentación de Jaume I.

[7] Jean Regné, *Catalogue des actes de Jaume I, Pedro III et Alfonso III, rois d'Aragon, concernant les juifs (1213-1327),* 2 vols., París, 1920. Luego ha sido mejorado por Assis-Gruzman, *History of the Jews in Aragon: Regesta and Documents, 1213-1327,* Jerusalén, 1978.

[8] *Itinerari de Jaume I «El Conqueridor»,* per Joaquim Miret i Sans, Institut d'Estudis Catalans, Palau de la Diputació, Barcelona, MXMXVIII.

[9] R. I. Burns, *Diplomatarium Regni Valentia, vol. I: Societat i Documentació. Introducció,* Tres i Quatre, València, 1988.

to con una vasta obra de estudio sobre el siglo XIII hispano, imprescindible desde todo punto de vista, por su ponderación y ecuanimidad. Todas estas obras, y otras decisivas, como la magnífica de Ferran Soldevila sobre Pere el Gran, junto con las obras de la historiografía clásica aragonesa, como los *Anales* de Zurita, o la valenciana como Beuter, Escolano o Miedes, han sido trabajadas con intensidad. El libro de Ernest Belenguer [10] es de una ayuda muy estimable para dominar la historia efectual de Jaume a través de esta historiografía. De mucha ayuda también me han sido las obras de los medievalistas valencianos actuales, como López Elum, Hinojosa Montalvo, Enric Guinot, Antoni Furió, Mikel de Epalza, Vicente García Edo, Mariano Peset. La revista de Paulino Iradiel, *Estudios Medievales,* de la Universidad de Valencia, es una herramienta muy útil, como *Acta Mediaevalia,* de la Universidad de Barcelona. En su campo es indispensable el *Boletín de la Sociedad Castellonense de Cultura.* A todos ellos les debo gratitud por haberme facilitado a veces separatas de sus trabajos, difíciles de encontrar y, sin embargo, de notable utilidad [11].

Creo que, con todo ello, el libro que ahora presento puede ofrecer algunos avances respecto a las obras existentes en la bibliografía científica. Según Hans Werner Goetz, el progreso del conocimiento histórico se debe a una de estas causas: al descubrimiento de nuevos materiales y fuentes, al hallazgo de nuevos métodos y propuestas que permiten profundizar en la mirada del historiador, a las nuevas preguntas que el investigador puede lanzar al viejo material, a los nuevos ámbitos de temas y, por último, a los estímulos que proceden de los contactos interdisciplinares y de las ciencias vecinas [12]. Sin ninguna duda, solo de manera extremadamente humilde puede aspirar esta obra a mejorar nuestro conocimiento histórico desde el primer punto de vista. En todos los demás ámbitos creo que mejora la bibliografía existente y, desde luego, la disponible en el mercado.

Así, por ejemplo, sorprende que las biografías que tenemos del rey conquistador, como la de Tourtoulon, de 1874, y la de Ferran Soldevila, de 1958, sean anteriores a las recopilaciones documentales de Huici-Cabanes y de Burns. Hasta donde conozco, por tanto, ninguna biografía con pretensiones de rigor se ha hecho después de estas aportaciones, de las que sin duda mi propuesta se ha de beneficiar muy intensamente. De la misma manera, espero beneficiarme de muchas publicaciones posteriores a las grandes biografías sobre el reinado de Jaume I. Desde cierto punto de vista, desde luego, este

---

[10] *Jaume I en la historia,* Tres i Quatre, València, 1984.

[11] Para conocer la historia de la escuela valenciana, cf. Enric Guinot, «La historiografía medieval valenciana en temps imperials (1937-1957)», *Saitabi* 47: 119-152 (1997), donde analiza la obra de Ballesteros-Gaibrois, la de los integrantes de la Escuela de Estudios Medievales, la obra de Gual Camarena, así como la de Roca Traver, sobre las instituciones valencianas medievales, y la de Leopoldo Piles, sobre la cuestión de los moriscos y los judíos. Este artículo debe desarrollarse en este otro, «La història oficial. Els discurs històric des de la Facultat de Filosofia i Lletres de la Universitat de València en el primer franquisme (1939-1960)», *Saitabi* 47: 11-20 (1997).

[12] Hans Werner Goetz, *Moderne Mediävistik,* Stand und Perspektiven der Mittelalterforschung, WbG, Darmstad, 1999, pág. 9.

libro, respecto a fuentes primarias y secundarias, puede ser definido como el balance bibliográfico de un siglo de investigación. Sin embargo, en cuanto a las otras formas en que se puede comprender el progreso del conocimiento histórico, puede hacer algunas aportaciones específicas. Ahora me gustaría detallarlas.

En cuestión de método y de las temáticas, la historia ha cambiado mucho desde que Tourtoulon y Ferran Soldevila escribieron sus libros. Se puede decir, y no se exageraría, que ha pasado de moda la vieja distinción entre ciencias auxiliares y ciencias fundamentales de la historia, hasta el punto de que a veces esta calificación se ha invertido. La numismática, la epigrafía, la heráldica, la historia del vestido, la ciencia de los sellos, la genealogía, se han convertido en referencias centrales cuando se quiere hacer una historia más cercana a la vida cotidiana. La necesidad de abordar nuevas perspectivas ha producido una revalorización de todos estos viejos elementos, que ahora pasan a ser centrales. Pero lo que determina esta mejora de nuestro conocimiento histórico, según las tres últimas causas de las que hablé antes, es un cambio radical de perspectiva, que tiende a mostrar las diferencias entre nuestro presente y el presente histórico que se quiere historiar. Lo no actual de la historia solo puede surgir cuando intentamos hacernos con la vida cotidiana, con las representaciones culturales, con las diferencias de sentido que orientaba la vida de los agentes históricos, no cuando proyectamos sobre aquel pasado nuestra mentalidad, nuestras instituciones y el sentido que orienta nuestras vidas. No deseamos vernos en el pasado ni queremos identificar solo el origen de lo que somos. Perseguimos diferenciar nuestro tiempo histórico de aquel tiempo histórico pasado, porque queremos romper con la idea pretenciosa de que nuestro presente ya era un destino en el pasado, como si un vínculo de hierro nos atase a él. En cierto modo, el pasado muestra sus posibilidades inéditas cuando es apresado como tal pasado, sin continuidad con el presente. Por eso, no podemos utilizar por más tiempo nuestras categorías actuales para referirnos al pasado medieval, y por eso hemos de ser muy cuidadosos con las palabras y el sentido que les damos cuando hablamos de aquel tiempo. La inclinación a rellenar los huecos en nuestro relato con imágenes que en el fondo vemos en nosotros mismos debe ser controlada. La historia, desde luego, es un ejercicio de reflexión continuo, y en este autocrontrol tiene su única posibilidad de objetividad.

Propondré varios ejemplos muy conocidos que, por lo demás, son relevantes para nuestro libro. Algo tan sencillo como el análisis del tiempo social, el tiempo de las fiestas, de las celebraciones, de los cómputos, ha permitido a Hans Martin Schaller analizar elementos importantes de la acción del rey que, como si necesitara provocar y obtener un carisma institucional, ha de realizar determinadas acciones en los días sagrados oportunos. Esta necesidad rige tanto para la firma de tratados como para la celebración de asambleas o la declaración o inicio de guerras. Si no se conociera la existencia de esos días sagrados —por ejemplo, el de San Miguel es uno de ellos, y el de Santa María, desde luego, otro— no se podría comprender hasta qué punto existía una liturgia del rey, como existía una liturgia de la Iglesia, ni hasta qué punto el rey era en cierto modo algo parecido a un sacerdote en su oficio [13]. Si se quieren estudiar las relaciones entre lo sagrado y lo profano, se tiene que atender a este tipo de cosas. Otro ejemplo: hasta ahora las crónicas estaban más o menos desprestigiadas por los historiadores, porque se suponían relatos poco fiables para hallar la verdad histórica. Sin embargo, la nueva historiografía concede mucha relevancia a estos textos, porque ella no está tan interesada en su capacidad de transmitir la verdad de los hechos —cosa que las crónicas no se proponían—, sino en identificar el imaginario que legitimaba aquella sociedad, garantizaba la obediencia de la gente y fundaba, llegado el caso, su rebeldía y violencia. Así que, ahora, las arengas de las crónicas vuelven a tener un valor central para el historiador, porque permiten comprender el juego del poder, los valores que ponen en tensión, las imágenes que quieren transmitir, la autopresentación de los reyes ante su sociedad [14]. Este cambio de perspectiva es muy importante para nuestro trabajo, por cuanto tenemos una crónica dictada por el mismo rey, con sus propias palabras, que ahora se puede valorar con otros ojos, más libres, menos obsesionados por la búsqueda compulsiva de una verdad en sentido positivista. Otro cambio importante de valoración se ha dado en los famosos itinerarios. Hasta la fecha, el camino de un rey era una prueba indirecta de la autenticidad de un documento. Pero ahora es índice de cosas más complejas, porque nos informa de la estructura y las bases territoriales de la propia dominación, al distinguir entre zonas periféricas y centrales, entre zonas de visita esporádica, periódica o continua. Así, por ejemplo, Eckhard Müller Mertens ha podido establecer la verdadera estructura de la práctica de la soberanía en el Reich medieval sobre esta base [15].

Es lógico que la historia política haya cambiado mucho con estas nuevas perspectivas. Ahora, el historiador no está tan interesado en los hechos políticos, ni siquiera en las meras teorías del poder, sino en sus prácticas. Cuando se miran las cosas desde esas prácticas, uno se da cuenta inmediatamente de que casi ninguna de las categorías de la modernidad se pueden aplicar a la historia política del siglo XIII. La noción de soberano —que siempre tiende a una instancia última de poder— debe ser sustituida por una noción de poder plural, que no dispone de mecanismos tan explícitos, pero que ancla en la vida social con una fuerza que pocos pueden resistir. Lo mismo sucede con la noción de Estado, que apenas puede tener una traducción en las prácticas de la Edad Media, a las que conviene mucho más la noción de señorío, domi-

---

[13] Hans Martin Schaller, «Der heilige Tag als Termin mittelalterlicher Staatakte», *Deutsches Archiv zur Erforschung des Mittelalters* 30: 1-24 (1974).

[14] Este es el trabajo de Heinrich Fichtenau, *Arenga. Späntike und Mittelalter im Spiegel von Urkundenformeln,* MIOG, Erg. Bd. 18, Graz/Colonia, 1957.

[15] Eckhard Müller Mertens, *Die Reichsstruktur im Spiegel der Herrschaftspraxis Ottos der Großen. Mit historiographischen Prolegomena zur Frage Feudalstaat auf deutschen Boden, seit wann deutscher Feudalstaat?,* Forschungen zur Mittelalterliche Geschichte, 25, Berlín, 1980.

nación casi siempre ajena a todo sentido de lo público y sostenida por un sistema difuso de relaciones personales y patrimoniales, o la de reino, el espacio por el que se genera una dimensión pública que poco a poco irá creciendo hasta dar en los Estados modernos. La noción de señorío, en su esencia más íntima, tenía que arruinar el sentido de la vieja *res publica*. Sin embargo, el siglo XIII empezó, desde luego, a barruntar formas de organización de la política que deben situarse en el corazón mismo de aquella evolución hacia el Estado que hoy conocemos como instituto público.

Al no existir el Estado en el sentido actual o moderno, de ningún modo podemos proyectar sobre las instituciones medievales la coherencia debida. Tampoco ellas escapan a los vínculos personales como fundamento de su eficacia y funcionamiento. Todo esto ha llevado a reconocer que el dinamismo de la sociedad medieval dependió de su agudo sentido para el conflicto que tales carencias de soberanía absoluta comporta. No quiero decir que el conflicto se haya analizado solo después de que Duby propusiera sus estudios de las instituciones judiciales o de las relaciones sociales en el Maconnaise [16], pero el sentido del conflicto ha cambiado tras su obra. Ya no se trata de verlo como un obstáculo a la formación del Estado y del derecho, sino como expresión de un orden social diferente y de una representación mental y cultural distinta. El ejemplo más preciso es el de Patrick Geary [17]. Todo ello lleva a investigar las formas de solución del conflicto que no pasan por reforzar la figura del derecho y del soberano en el sentido moderno. Así se ha podido hablar de «estructuras conflictivas latentes» que podían explicitarse por actos aparentemente insignificantes como una muerte o una boda. En el fondo, los conflictos son resultados de un cambio en el tejido social. Por eso la solución del conflicto debe llevarse a cabo desde una intervención alternativa en ese mismo tejido [18]. Este cambio de perspectiva es muy importante para analizar un reinado tan conflictivo como el de Jaume, salpicado siempre por enfrentamientos entre los nobles aragoneses y el rey, o entre el rey y sus hijos, que los historiadores profesionales, con frecuencia, han analizado sin la debida frialdad y perspectiva. El caso del profesor Ubieto es paradigmático porque, como veremos, muestra de la manera más clara esta falta de comprensión para procesos históricos que no pueden ser abordados con una mentalidad moderna.

Aquí, finalmente, debo referirme a un concepto que subyace a la mayor parte de la investigación histórica medieval. Con mayor fuerza, si cabe, se

---

[16] G. Duby, «Recherches sur l'évolution des institutions judiciaires pendant le X et le XI siècle dans le Sud de la Bourgogne», en *Hommes et structures du moyen âge. Recuil d'articles*, París, 1973, págs. 7-60. Cf. *La société aux XI et XII siècles dans la région mâconnaise*, Bibliothèque Générale de l'École Pratique des Hautes Études, 6, París, 1953.

[17] Patrick Geary, «Vivre en conflict dans une France sans État: Typologie des mécanismes de réglement des conflicts», *Annales*, vol. 41 (1986), págs. 1207-1233.

[18] Stephen D. White, «Pactum..., Legem Vincit et Amor Judicium. The Settlement of Disputes by Compromise in Eleventh-Century Western France», en *The American Journal of Legal History* 22: 281-308 (1978).

puede afirmar esto de la historia sobre Jaume I. Se trata del concepto de nación. Una buena parte de la historia medieval de Castilla y de Aragón, como de Francia o de Inglaterra, es de inspiración nacionalista. Se puede comprender con facilidad que solo una pasión tan intensa como la que sienten los nacionalistas permite este viaje a través de muchos documentos áridos y de una bibliografía aplastante. De hecho, la tesis dominante en el imaginario común es que por esta época cabe situar el germen de las naciones occidentales en el sentido en que luego han pasado a la historia. Una vez más, aquí se ha impuesto una imagen de la historia como destino que es fantástica y perniciosa. Se supone que existen las naciones y que la historia es el juego de enemigos nacionales que tienden a quitar a otros el aire que respiran, a destruir lo más querido para ellas, su unidad, su cultura, su lengua, sus símbolos. Esta imagen está hecha a la medida de mantener un resentimiento que procede más bien de luchas recientes e incluso actuales, pero que no tiene en la historia antecedentes precisos ni por su forma, ni por su manifestación, ni por su sentido. Dicha visión identifica siempre un enemigo antiguo, que suele ser el enemigo reciente, y carga sobre él la culpa del destino histórico padecido. Esta interpretación de las cosas ha sido especialmente intensa en Alemania, cuya ciencia histórica actual, al contrario de la clásica, ha visto en la «superación de las estrecheces nacionales» una meta deseada[19]. Estas estrategias para escribir la historia no solo imponen formas de reducir la emotividad cuando se habla de estas cuestiones. La historiografía más reciente ha demostrado que el conjunto de presiones de poder que juega en la historia medieval es de naturaleza europea. Además, es fácil demostrar que estas instancias de poder proceden de instituciones que, como la Iglesia, la nobleza, las ciudades o la realeza, solo con una extrema deformación se pueden presentar como nacionales. Así, por ejemplo, Alemania no sería nada originario, sino el resultado de las presiones de Francia y de Italia, en la medida en que era una parte del gran imperio carolingio, aquella que no hablaba latín ni los lenguajes latinizados. Su presentación como realidad nacional en la Edad Media es gratuita, lo cual es muy natural si nos paramos a considerar que, incluso en los momentos de más álgido nacionalismo, muchos impugnaron que lo fuera. Lo mismo diremos nosotros en esta perspectiva. Cataluña no es resultado de un mero proceso hispánico, como España no es resultado de un mero proceso peninsular. Ambas realidades son resultados de profundas relaciones europeas de poder, en las que este libro insistirá mucho. Los cuerpos políticos, en un sentido laxo, son formaciones de política internacional, y aquí se demostrará por lo que hace a los dos grandes reinos hispanos: Castilla y Aragón.

Pero aún deseo quitar más emocionalidad al asunto. Se puede creer que esas presiones europeas han ido formando naciones con el tiempo, que la nación no es una realidad suprahistórica, sino el resultado de este mismo proce-

---

[19] Hans Werner Goetz, ob. cit., pág. 11. Cf. igualmente el epígrafe «Die Entstehung der europäischen Nationen im Wandel der Forschung», ob. cit., págs. 185-193.

so. Pero este planteamiento no me parece suficientemente radical. Creo que es preferible decir que en la época medieval las naciones, tal y como este concepto se ha entendido en la época moderna, no existían. Los territorios que, con el tiempo, fueron vistos por muchos como naciones pueden referirse a la historia y al pasado cuanto quieran y hallar rasgos con los que identificarse. Mas en el pasado medieval no hallarán el sentimiento nacional mismo. Entiendo por tal ese sentimiento cerrado de pertenencia, de *nosotros,* que únicamente se mueve por la homogeneidad étnica de origen y que quiera solo con eso y por eso generar un cosmos cerrado de relaciones sociales, políticas, culturales, religiosas, económicas. Sentimientos de pertenencia hay muchos en la Edad Media, y algunos, desde luego, con el tiempo podían haber dado lugar a ese tipo de poder político que forma el sentido de las naciones; pero nunca existió en realidad esa pertenencia total a la nación que basta para dar identidad, dignidad, derecho, igualdad y vida a un hombre, tal y como se conoció en el siglo XIX. Tal cosa surge con el abate Sieyès y no tiene rastro alguno en la historia anterior. Para llegar a hacerse efectiva de la manera en que la conoceremos en el siglo XIX, la nación necesita o del empuje de una revolución traumática o de la fuerza expansiva del Estado moderno. En ambos casos, hablamos de fuerzas que pueden romper con extrema intensidad las formas de vida tradicionales, sin cuya quiebra la homogeneidad nacional es casi imposible que aparezca. Solo estos procesos pueden actualizar las potencialidades nacionales de los territorios tradicionales, a costa de ingentes unificaciones y trabajos [20]. Pero el orden nacional en sentido moderno es contrario al orden tradicional de la vida que domina la Edad Media. Cuanto más fieles a esa tradición sean los pueblos, menos se podrán representar como naciones en sentido moderno. Justo por eso se puede explicar la debilidad del sentimiento nacional en las tierras hispánicas, que no ha podido fecundar de manera decisiva ni una nación española ni unas naciones periféricas plenas. Por eso este trabajo, que habla de relaciones políticas no dominadas por la idea de nación, quizá nos enseñe a mirar con mayor libertad las formas en que podrían convivir los pueblos hispanos.

Finalmente, según la perspectiva dominante en este libro, el tiempo y la historia son todavía un juego abierto de presiones en el que las diferentes fuerzas siguen actuando y, entre ellas, el juego de la decisión, de la libertad y de la actuación consciente de los grupos humanos, que persiguen sus fines y sus deseos con mayor o menor realismo. No hay cadena de hierro que ate el tiempo y la historia. Desde luego, no deseo ocultar que quiero mostrar de manera clara que desde siempre el sistema de fuerzas que nos viene moldeando a los españoles ha sido europeo. Como es evidente, esto es una parte de la cuestión, pues bien cierto es también que nosotros hemos influido en Europa. En

---

[20] Sobre las diferentes formas de entender el proceso de constituir una nación, cf. mi libro *La Nación y la Guerra,* Res Publica, Murcia, 1999, sobre todo el epígrafe «Nación que forma Estado, Estado que forma Nación».

este sentido, Jaume fue uno de los actores de la Europa que iban a conocer los tiempos posteriores, pero no fue menos uno de los forjadores fundamentales de España. Hemos de decir que incluso uno de los más decisivos. Por eso este libro debe mucho a los biógrafos que han dedicado sus obras a los grandes reyes europeos del tiempo: Le Goff, para san Luis; Kantorowicz para Federico II, y Ballesteros Beretta para Alfonso X el Sabio.

En suma: las realidades aragonesas —como microcosmos de relaciones catalanas, valencianas y aragonesas—, hispanas y europeas se tejen aquí de forma indisoluble, mostrando hilos de fuerza sin los que nuestro presente sería inconcebible, pero al mismo tiempo identificando poderes que en la actualidad se considerarían inaceptables. Espero, en este sentido, que el lector comprenda lo que le une y lo que le separa de aquel tiempo. En cierto modo, ese será su juicio, y ante él debo detenerme.

Pero no deseo hacerlo sin antes dar las gracias a una serie de personas que me han ayudado durante el tiempo de la redacción de este libro. En primer lugar, no quisiera dejar de mencionar mi gratitud al honorable don Manuel Tarancón Fandos, *conseller* de Cultura y Educación en estos largos cuatro años últimos. Su confianza y su liberalidad han hecho que esta época de gestión pública, para la que no creo estar dotado, no signifique una ruptura grave de mi trabajo intelectual. Su coraje, entereza y dignidad a la hora de enfrentarse a la adversidad nos han emocionado a cuantos lo conocemos y, en mi caso, ha despertado una sincera admiración que ahora quiero hacer pública. Luego deseo recordar a mis compañeros de la Dirección General del Libro, Archivos y Bibliotecas de la Generalitat Valenciana, Rafael Coloma, Francecs Torres, Miguel Ángel Gimeno, Charo Tamarit y Román Seguí. Entre agobio y agobio de una gestión siempre exigente, me animaban a que no desmayara en este ensayo de ser historiador de fin de semana, como de sí mismo decía Philip Aries. Mis secretarias Concha Domingo, Amparo Peris y Lucía Camarena han ordenado mi vida con rigor y eficacia, condición indispensable para disfrutar de algún margen de tiempo libre. Sin duda, mi gratitud más expresa al personal de la Biblioteca Valenciana, y ante todo a Jaume Chiner, que lo sabe todo de la bibliografía valenciana, y a Juan Galiana, sabio en documentación medieval. Carmina Alcañiz me ha buscado lo encontrable tanto como lo inencontrable y lo ha conseguido por los medios mágicos del préstamo interbibliotecario. Nuria Soler, Miguel Muñoz y todo el cuerpo de bibliotecarios de San Miguel de los Reyes, así como Radis Curí Quevedo, han atendido mis pesadas solicitudes de búsquedas y registros con una amabilidad que, al ser general para con todos los investigadores, sé que nada tiene que ver con mi azarosa situación administrativa. También quiero agradecer aquí la lectura que del manuscrito ha realizado mi querido amigo el doctor Antonio Rivera, profesor de la Universidad de Murcia y de máxima competencia en el terreno de la historia de las ideas políticas. Asimismo le agradezco su lectura a mis entrañables amigos Román García Pastor y Javier Benet Sánchez, que desde antiguo siguen mi obra con una generosa devoción. Por último, María

José de Castro, mi esposa, ocupó sus insustituibles vacaciones de verano en leer el manuscrito. Sus observaciones y mejoras del texto han sido cuantiosas, siempre en la idea de hacerlo más accesible al lector no especialista. Mi gratitud no se funda solo en esta ayuda, sino en la comprensión general por mi forma de existencia, que no es la más relajada del mundo, y por su compañerismo incondicional. Juntos hemos recorrido en años sucesivos las rutas de don Jaume y habitado sus escenarios más queridos, lo que en algunos casos también ha significado para ella un reencuentro con sus raíces familiares. Al final, y en amables charlas con nuestros amigos Inmaculada Tormo y Vicent García, he podido comprobar hasta qué punto la vida de este personaje puede resultar fascinante para nuestras formas de vivir. Esta certeza ha sido un estímulo en el duro tiempo en que he redactado este libro.

Sin ninguna duda, esta tarea no es comprensible al margen de mi dedicación durante cuatro años a la dirección de la Biblioteca Valenciana. El gobierno de la Generalitat Valenciana me honró con este encargo de una forma que no agradeceré jamás con suficiencia. Este libro, que cierra una etapa de mi vida, debe entenderse como un gesto humilde de mi gratitud a los valencianos. Uno ciertamente que no puede aspirar a una imposible devolución.

Mas Camarena, Mayo de 2003

PRIMERA PARTE

¡AY DEL REINO CUYO REY ES UN NIÑO!

1
NOBLES Y CÁTAROS

Cuando recorremos los primeros años de la biografía del rey Conquistador, tropezamos con varios personajes principales, si dejamos aparte a su propio padre, Pere II el Católico, el primero de todos ellos, el que dispara los acontecimientos y está en el origen de la lógica de las cosas. Tras él, inmediatamente después, ante nosotros se alza la figura enérgica de Simon de Monfort. Él será sencillamente quien dé muerte al padre del rey Jaume. Entonces se demostró que su madre, María de Montpellier, había sido previsora. Ella desde siempre temió el desvalimiento y buscó la protección para su hijo. El tercer personaje importante, cristalización de los deseos de la madre, es el legado papal, Pedro de Benevento, enviado por Inocencio III, sin el que el rey Jaume no habría llegado a reinar. El cuarto hombre decisivo, en la misma línea, es el maestre de la Orden del Temple para la parte de Hispania y Provenza, Guillem de Montredon, que lo protegió en tiempos revueltos. En cierto modo, Guillem cuidaba al infante Jaume de otros hombres temibles, y entre ellos del quinto personaje de nuestra historia, su tío abuelo, el conde de Rosellón, Sans o Sancho, y del sexto, su tío carnal el infante Ferran o Fernando, abad de Montearagón, que tardaron mucho en aceptarlo como rey. Pero todos estos personajes, notables unos por su fuerza, otros por su fidelidad y sabiduría, otros por su previsión y casi todos por su ambición, son significativos en el seno de un escenario dominado por un sujeto colectivo cuyo nombre todavía evoca para nosotros aspectos misteriosos y exóticos: los cátaros[1].

Junto a estos nombres de personajes, el lector de la autobiografía del rey choca bien pronto con los nombres de lugares y ciudades que serán fundamentales en esta época inicial. Ahí están Montpellier, Carcasona, Muret, Tolosa, Albi, Narbona y Monzón. Casi todos son nombres de lugares hoy franceses. Todos ellos nos sugieren una idea muy precisa: que el centro de gravedad de la monarquía aragonesa a principios del siglo XIII se inclinaba hacia los territorios y problemas que se abrían más allá de los Pirineos. Esta proyección

---

[1] Cf. Jesús Mestre, *Los cátaros. Problema religioso, pretexto político,* Península, Barcelona, 1995, 2001, con bibliografía y mapas, sobre todo el de la pág. 20.

hacia el norte estaba determinada por el sencillo hecho de que el Rosellón era parte del territorio de soberanía barcelonesa; que influyentes familias catalanas ejercían la soberanía última sobre algunos territorios ultrapirenaicos, como Foix, Bearn y la Bigorra; que importantes casas meridionales, como la de Provenza y la de Tolosa, estaban emparentadas de manera íntima con la dinastía de los condes de Barcelona. Las tierras de los Trencavel —una dinastía muy vinculada a la casa de Barcelona— se extendían por Béziers, Carcasona y Albi, el centro de los territorios de la herejía. Como veremos, los Trencavel son decisivos en esta historia. Toda esta situación generaba una muy natural atención de los reyes de Aragón hacia todos estos territorios, quizá no con la intención de configurar un reino único, pero sí de mantener un grado de influencia y de impedir que con ellos se pudiera construir un reino contrario a los intereses catalanes [2]. El Languedoc y la Provenza, desde Alfonso II el Casto, el abuelo de nuestro Jaume, formaba parte central de la vida política de Cataluña y, por tanto, de la corona de Aragón [3].

Pero el caso es que, en estos primeros años del siglo XIII, dicha atención se intensificó, ya que la situación se convirtió en crítica y preocupante para las élites gobernantes catalanas. Por eso, si hemos de comenzar nuestro relato por uno de aquellos hombres, propongo que hablemos ante todo de Simon de Monfort y que nos encaminemos a presentar su figura [4]. Para entender el contexto en el que este nombre adquiere relevancia, y para identificar el punto de partida de la lógica de esta historia, hemos de destacar un hecho decisivo: Francia todavía no era Francia, aunque ya quería serlo. Es muy posible que esta voluntad no esté reflejada en los documentos, pero hoy nos parece que el curso de las actuaciones de los reyes franceses supone esta decisión. El Meridión, esa franja de territorios que iban desde la Gascuña atlántica hasta los Alpes, y que reunía ámbitos políticos muy diversos, desde el viejo e imponente ducado de Aquitania hasta las ciudades proimperiales en las que se dejaba sentir la influencia italiana, como Niza o Marsella, pasando por la región de Narbona-Tolosa —el Languedoc propiamente dicho— y por la vieja Provenza, todo él era un espacio incierto desde el punto de vista político, religioso y social justo en el tiempo en que se inicia la historia de Jaume, hacia el alba del siglo XIII.

---

[2] En el fondo, era una visión más defensiva que constructiva la que aquí se jugaba. Joan Reglà ha dicho: «Con la unión dinástica, Cataluña y Aragón se defendían mutuamente de las ambiciones de sus poderosos vecinos: Cataluña se defendía contra las apetencias de los reyes franceses y Aragón contra las ambiciones de los monarcas castellanos» (J. Reglà, *Breve historia de Cataluña*, Alianza, Libro de Bolsillo, Madrid, 1974, pág. 45). Creo que la opinión de Ramon d'Abadal es la correcta. Cf. en Jordi Rubio, Ramon d'Abadal, F. Soldevila, M. Tarradel y J. Vicens Vives, *Moments crucials de la Historia de Catalunya,* Vicens Vives, Barcelona, 1962.

[3] Cf. Reglà, *Breve historia de Cataluña,* ob. cit., pág. 48.

[4] Cf. Jordi Ventura, *Pere el Catolic i Simó de Monfort,* Editorial Aedos, Barcelona, 1960.

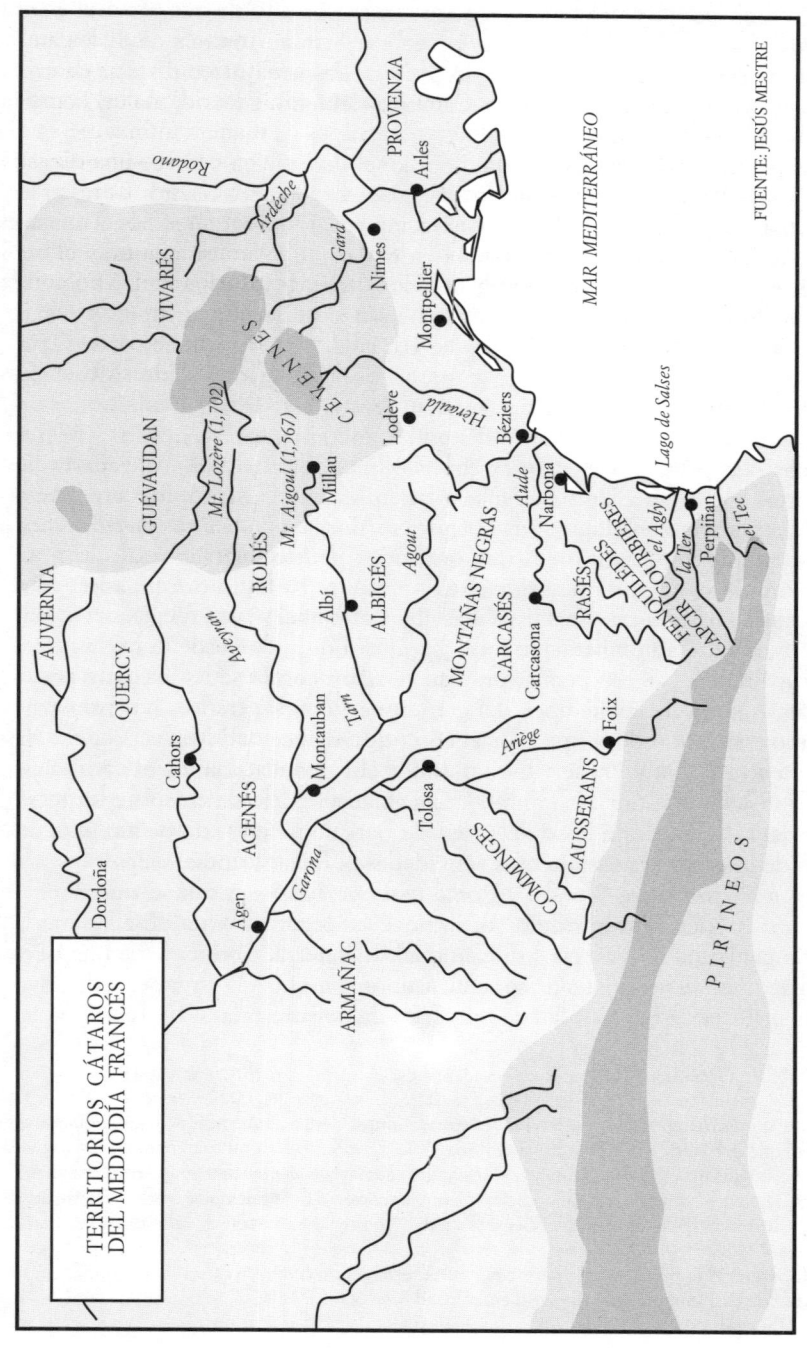

Mapa de territorios cátaros del libro de Jesús Mestre

En toda esa ancha franja se ofrecían tantas posibilidades expansivas para un poder fuerte como en los territorios del sur hispano, en manos de los musulmanes. Y en esas tierras todavía sin ordenar desde el punto de vista de una soberanía política fuerte, Francia y Cataluña debían medir —y de hecho midieron— el grado de su poder [5].

El paralelismo entre esta zona meridional de Francia y el sur hispano es todavía más intenso por otro motivo. El caso es que estos territorios no eran controlados totalmente por la administración religiosa de Roma. El sur hispano, la Andalucía de las fuentes, estaba en manos de los musulmanes, y el sur francés estaba prácticamente entregado a la herejía de los cátaros. De ahí que, tanto la Provenza como Al-Andalus, hubieran sido declaradas por los papas tierras de cruzada. En efecto, Inocencio III, en 1207, ya igualaba con los cruzados de Tierra Santa a quien luchara contra los herejes del Meridión francés [6]. Como se sabe, esta declaración llevaba consigo una concentración de impuestos religiosos en manos del poder militar, la emergencia de poderes políticos delegados por el Papa y, con ello, inestabilidad política, reparto de territorios, de dinero, de beneficios y de influencia. El complejo equilibrio de poder concreto en el que vivía la época medieval, con la cruzada sufría una brusca alteración. Era normal que un poder político patrimonial, siempre pendiente de su expansión, girase hacia las tierras de las oportunidades, aunque para eso tuviera que pactar sólidas alianzas con el poder religioso, instalado en una fuerte administración local y regional dirigida desde Roma. En esta política, Francia fue campeona, pues su relación con la sede de Roma podía invocar la gloria de los tiempos del gran imperio de los francos, cuando Carlomagno determinó de forma radical el sentido de la Edad Media. Por eso, la alianza entre Roma y Francia fue un motor eficaz de la política expansiva de los reyes Capetos y, por eso también, esta alianza se dejó sentir sobre los territorios del sur francés en los que la casa de Barcelona tenía, desde antiguo, un centro de interés para sus intensas actividades políticas y comerciales [7].

Esta alianza entre Francia y Roma tenía profundos motivos, que poco a poco iremos viendo, y produjo consecuencias decisivas. Una de ellas fue la victoria paulatina de Francia sobre su rival, Inglaterra, que ocupaba una buena parte de su territorio atlántico. Este asunto, aunque a la larga sería decisivo para la historia de España, queda muy lejos de nuestro relato. En relación con

---

[5] Diremos Occitania y Languedoc para identificar el mismo territorio con capitalidad en Tolosa y en el arzobispado de Narbona. Tolosa tenía entonces unos 20.000 habitantes. La Provenza tiene su capitalidad en Arles. Todos los territorios juntos serían el Meridión o el Mediodía, el territorio que iba desde el Garona hasta el Ródano.

[6] Charles-Joseph Hefele, *Histoire des Conciles d'après les documents originaux,* nueva ed. francesa, realizada sobre la segunda edición alemana, corregida y aumentada con notas críticas y bibliográficas por Dom H. Leclerq, Segunda parte, tomo V, Letouzey et Ané, editores, París, 1913, pág. 1280.

[7] Al parecer, la sal fue uno de los elementos de este activo comercio. Cardona era una fuente inagotable de este mineral tan necesario en la Edad Media. Cf. Reglà, ob. cit., pág. 47, aunque citando a Ubieto.

los motivos de aquella alianza, sin embargo, conviene destacar el principal, que por estos años iniciales del siglo XIII no era otro que la voluntad de Inocencio III de poner fin a la herejía de los cátaros que amenazaban con dominar todo el sur de Europa. Este hecho tenía su contrapartida electiva en los intereses francos. En efecto, la monarquía de los francos, empeñada en reducir la fuerza de los ingleses en suelo continental, todavía no había podido extenderse de una manera ordenada sobre los territorios de la Provenza y Tolosa. En cierto modo, aquí, en estos territorios otrora en manos de los godos y los galos, el feudalismo estaba muy vivo, con su natural tendencia a la dispersión del poder. El ducado de Aquitania cerraba el paso a la expansión de la Isla de Francia hacia los Pirineos occidentales. Más al este, los condados de Bearn, Bigorra, Comenge, Foix, Carcasona y Tolosa se disputaban la posibilidad de configurar un Estado que poco a poco ordenara el territorio alrededor del viejo ducado de Narbona. Provenza, más hacia el oriente, todavía era la cuna de una cultura deslumbrante y popular, con su prestigio intacto sobre el norte italiano y sus ciudades gibelinas, contrarias a Roma y afines al emperador, a quien algunas, como en el caso de Arles, reconocían como soberano. Para todos ellos resultaba más tolerable una dependencia nominal del soberano catalán que una efectiva sumisión al rey francés, y no solo por las afinidades de cultura y de lengua, sino por los modos más suaves de la civilización del sur frente a la enérgica cultura de los francos y los señores del norte. Así que ahora podemos hacernos cargo de los intereses afines de París y Roma. Los cátaros eran el enemigo para Roma y los nobles del sur, a la larga, representaban el obstáculo que frenaba la expansión de París. La nobleza y la herejía debían luchar tarde o temprano con aquellos dos aliados a la vez [8].

Así fue. La alianza entre París y Roma respondía al mutuo apoyo que se daban los nobles procatalanes del sur y los herejes cátaros. Esta convergencia entre herejía y nobleza tenía cierta razón de ser. Los cátaros impugnaban la existencia de una Iglesia aristocrática y mundana, terrateniente y legalista, burocrática y dogmática, organizada sobre el frío derecho boloñés y sobre la gran propiedad territorial de obispados y abadías. Esta comprensión señorial de la Iglesia meridional era escandalosa para muchos y por eso se ha podido decir con razón que la jerarquía eclesiástica, depravada y corrupta, era el principal aliado de los herejes. El propio Inocencio III era consciente de ello y llegó a decir que «la causa de todos los males [del Languedoc] reside en el arzobispo de Narbona: es un hombre que no conoce más Dios que el dinero; en el lugar del corazón tiene un monedero. Al cabo de diez años no ha visitado ni una sola vez su diócesis. Cuando una iglesia queda vacante, se abstiene de buscar titular y así se aprovecha de sus rentas. En su diócesis, monjes y canó-

---

[8] Cf., de la misma opinión, Jordi Ventura, *Els heretges catalans,* Editorial Selecta, Barcelona, 1976, págs. 65 y sigs. Ventura, a quien ya se debía una biografía de Alfonso el Casto y un estudio sobre Pere el Católico y Simon de Monfort. A pesar de todo, los cátaros tarde o temprano chocaban con el orden feudal, pues su ámbito era el artesano-ciudadano, a cuyas poblaciones dieron la mentalidad apropiada.

nigos rechazan el hábito, conviven con mujeres, practican la usura»[9]. Pero no era imprescindible recurrir a la corrupción para explicar la herejía. Esta irrupción herética era el efecto de una voluntad de resistencia a la homogeneidad religiosa que el catolicismo romano impulsaba, con sus jerarquías centralizadas, sus lujosos rituales, su implacable derecho, sus lejanos centros de decisión, siempre listos para intervenir en los asuntos políticos de este mundo. Los nobles del sur, por su parte, también rechazaban un poder centralizado y autoritario como el que organizaba el rey de París allí donde imponía su dominio. Muy conscientes de que el cosmos católico tenía dos bases, la temporal y la religiosa, los hombres de esa franja amplia del Mediterráneo propusieron una política y una religión alternativas. Y así fue como los nobles del Languedoc se sintieron profundamente inclinados a defender una herejía hostil al Papa, el aliado religioso del rey de Francia. El Papa —ya lo vimos— respondió convocando la cruzada. París, por su parte, ofreció los soldados. En cierto modo, podemos ampliar este escenario un poco más allá y decir que toda esta situación no era sino la consecuencia, sobre suelo occidental, de las profundas grietas que separaban la Iglesia de Roma del Sacro Imperio Romano Germánico. Cada vez más desamparada por un imperio que se había convertido en una amenaza letal para ella, Roma buscó ayuda en la patria de Carlomagno, en el reino de los francos. Esa oleada contra la Iglesia de Roma que el imperio de Enrique VI atizaba tenía su paralelismo, en el terreno religioso, justo en la herejía cátara que se desparramaba, desde Bosnia y Bulgaria, por el norte de Italia, sobre todo el suelo del Languedoc. Sin embargo, el emperador alemán no pactó con la herejía ni trabó alianza con sus defensores. Por el contrario, los señores políticos del sur vieron en la herejía un arma, o cuanto menos un aliado contra la constelación franco-romana. En este sentido, Inocencio III pudo decir[10] que Manes —pues los cátaros fueron reconocidos como una variación de los maniqueos[11]— tenía más discípulos que Cristo en el sur francés. Y, en efecto, en los castillos de los nobles de Tolosa, de Provenza, de Bearn, de Armagnac, de Comenge, de Béziers y de Foix se celebraban con

---

[9] Cit. por Mestre, ob. cit., pág. 45.

[10] Inocencio III, *Epístolas*, 1.I, n. 94.

[11] Los polemistas que ejercieron su magisterio contra los cátaros, algunos de los cuales habían sido anteriores herejes, como Durante de Huesca, eran muy conscientes de esta dimensión. Así, su *Liber contra manicheos*, manuscrito 689 de la B. Nacional de París, y estudiado por Antoine Dondaine, O. P., en su trabajo «Durand de Huesca et la polémique anti'cathare», *Archivum Fratum Praedicatorum*, vol. 26 (1946), págs. 228-277. El manuscrito se debió de fijar hacia 1220, aunque recoge su actividad en Roma durante los años 1207 y siguientes. Debe consultarse la página 277, donde se ve la estela de uno de los cátaros en su representación prototípica, procedente de la Bosnia oriental, donde se nos muestra la condición de predicadores ambulantes de estos hombres. Este Durante había sido amigo y discípulo de Valdés, el líder de los valdenses, y luego fue el fundador de los Pobres Católicos, una de las congregaciones que antecedieron a los franciscanos y que luego iban a tener tanta importancia en Arnau de Vilanova y en Ramon Llull. Para esta cuestión, cf. Pedro Santonja, *La influencia de la cultura judía en la obra de Arnau de Vilanova (1238-1311). La espiritualidad de su tiempo,* Biblioteca Valenciana, Colección Ideas, Valencia, 2001.

frecuencia los servicios divinos de los herejes y en ellos se refugiaban los perseguidos. En este clima, todo el que tenía algo que ganar y que perder se movilizó.

Aquí no nos interesa exponer todas las características de la religión de los cátaros o albigenses, llamados así por tener un centro fundamental en la ciudad provenzal de Albi. A nuestros efectos, baste decir que se trató de un movimiento muy popular en las tierras del norte de Italia y de toda la Occitania, pero que se extendió incluso por el norte europeo, hacia las tierras de Flandes y Champaña[12]. No hay que olvidar que Milán fue uno de los centros más activos de la herejía y que desde allí los cátaros se extendieron a Florencia, Orbieto y Viterbo[13]. En suelo peninsular hispano llegó con cierta intensidad a Cataluña. En sí mismos, y como demostró hace años el erudito Puech[14], los cátaros fueron una más de las metamorfosis padecidas por las creencias gnósticas que, desde la misma predicación paulina, evolucionaban de forma paralela a los intentos de definición ortodoxa del catolicismo. El origen de esta irrupción concreta quizá debamos buscarlo en el contacto con el bogomilismo, una herejía surgida hacia el siglo X en Bulgaria, procedente a su vez de los mismos territorios históricos que en la antigüedad vieron nacer la gnosis y el maniqueísmo: Asia Menor. La infección herética debió de producirse en el tiempo de la Segunda Cruzada, que, en lugar de tomar los Santos Lugares, fundó el imperio latino en Constantinopla. Los ortodoxos orientales, desplazados de su influencia natural, lanzaron su predicación hacia Occidente, produciendo grandes perturbaciones religiosas. Es muy curioso que, tras las incursiones católicas en Tierra Santa, el Papado tuviera luego que decretar una cruzada en el corazón mismo de Europa para eliminar los efectos heréticos de su contacto con Oriente. Pero así fue. En cierto modo, Roma fundó el imperio latino en Oriente, mas, como respuesta, Bizancio estuvo a punto de fundar una Iglesia cátara en Occidente.

Todos los filosofemas gnósticos, desde Marción a Lutero, se pueden reconocer en las doctrinas cátaras. Ante todo, la diferencia entre el Dios creador y el Dios salvador. El primero, un Dios imperfecto, había creado el mundo de la materia y de los cuerpos. El segundo, un Dios perfecto y bueno, había creado el mundo de los espíritus celestes, de hombres dotados de cuerpos inmateriales que alaban su gloria. Como en el gnosticismo de inspiración paulina, el Dios perverso se identifica siempre con el Dios del Antiguo Testa-

---

[12] La prueba de que los cátaros llegaron a todos estos lugares del norte nos la ofrece la forma en que eran llamados en cada uno de estos sitios. En el norte de Francia y en Inglaterra eran llamados *publicani, poblicani* o *populicani*, todas ellas malformaciones de *paulikianoi*, los discípulos de Pablo, pues en el fondo todos ellos invocaban las enseñanzas fundamentales de *Gálatas*. En Flandes se les llamaba *piphili*. Pero ellos se llamaban *kataroi*, los puros, que en italiano dio *gazari* y en Alemania, porque la zeta se pronuncia silbante, dio *ketzer* (Hefele, ob. cit., pág. 1262).

[13] Hefele, ob. cit., pág. 1272, n. 2.

[14] H. Ch. Puech, *En torno a la gnosis,* trad. de Franscisco Pérez Gutiérrez, Taurus, Madrid, 1982, vol. 1.

mento judío, y su nombre es Jehová. El Dios salvador es el Padre verdadero de Jesucristo. El mecanismo por el que se genera la historia de la salvación es de naturaleza mítica y está inspirado en las sagas bíblicas clásicas. El Dios malo, celoso del mundo de luz y de belleza espiritual del Dios verdadero, tomó la forma de un ángel y entró en el mundo celeste. Allí, con su perversa retórica, engañó a los hombres celestes a fuerza de hacerles promesas sobre la verdadera felicidad que les esperaba en su reino de tierra. Y así, a los seducidos les dio un cuerpo material, verdadera realidad de todos los placeres que había prometido. El Dios bueno permitió esta caída y aceptó que vivieran en la tierra como penitencia por dejarse engañar. De hecho, esta tierra es toda la penitencia posible, ya que es el único infierno real para un espíritu destinado a la luz. Ahora bien, dado que todos los hombres son espíritus caídos, todos, tras su purga aquí en la tierra, están destinados a la salvación. Solo los demonios, los espíritus perversos creados por el Dios malo, los que engañan a los hombres, serán eternamente condenados a vivir en la tierra.

La necesidad de la venida de Cristo tiene que ver con la dificultad de que los hombres caídos encuentren el camino de regreso a su cielo. Para acortar este tránsito de sus verdaderos hijos por la tierra oscura y sufriente —no se dudará en hacer de ella una cloaca infecta—, y para librarlos de la dominación de un Dios vengativo y mentiroso, para eso ha venido Cristo. Como tal, él no es Dios, sino una criatura de Dios, más elevado en dignidad que cualquier otra, más puro que todas las clases de ángeles. Desde luego, no se ha encarnado, sino que ha adoptado un simulacro de cuerpo, y justo por eso ha podido escapar al poder del Dios malo y, con su Pasión aparente, ha podido enseñar simbólicamente a los hombres cómo tienen ellos que tratar el cuerpo. Como es lógico, María también era una apariencia de mujer y la muerte de Cristo fue también un simulacro. En realidad, los cuerpos espirituales no tienen sexo y María, en realidad, no era una mujer. De la misma manera que el Dios malo engañó a los hombres travistiéndose de un bello ángel, ahora el Dios salvador engañaba al Dios perverso con un cuerpo sufriente en la cruz que, en el fondo, era una mera apariencia. De esta manera, Cristo mostraba a los hombres que el poder del Dios bueno era mayor que el demiurgo de este mundo y, así, podría librarlos de la ciega adoración que le profesaban y encaminarlos hacia su estrella. Ridícula parecía a esta fe la creencia en la resurrección de los cuerpos, una contradicción que sería lo mismo que la regeneración eterna del mal. Este mundo, para ellos, desde luego no podía aspirar a ser eterno, un aspecto exclusivo del mundo celestial perfecto. Por eso predicaban el Apocalipsis como una verdadera liberación.

Todos estos mitos generaban un rigorismo ascético considerable. Nada que tuviera que ver con el cuerpo era valioso: ni la posesión de bienes, ni la guerra, ni la autoridad civil, ni el empleo de la fuerza, ni la muerte de animales, ni la comida de ellos o de sus productos. Desde luego, nada de practicar la cópula conyugal, que aumentaba el número de los cuerpos con los que aprisionar las almas que no habían pagado todavía su seducción por el mal.

En estas prácticas, como los budistas, los cátaros distinguían entre una especie de camino estrecho y uno ancho, una forma rigurosa y pura de seguir su religión y una forma relajada y poco detallista. La primera solo se exigía a los *perfecti*. La segunda estaba abierta a los *credentes*. Los primeros recibían el *consolamentum* o consolación, que les ofrecía la certeza de estar salvados, tras lo cual llevaban una vida más bien solitaria, de eremitas, sin comer nada, excepto pan y frutos que le ofrecían los segundos, los *credentes*. Como es fácil de imaginar, los primeros fueron siempre escasos, mientras que los segundos proliferaban hasta límites muy preocupantes para Roma. Quien moría habiendo recibido el *consolamentum*, y no había vuelto a pecar, se libraba de su cuerpo mortal y regresaba al mundo del verdadero Dios. Quien no, y este es otro detalle que los acercaba al hinduismo, debía volver a vivir en el cuerpo de varias bestias hasta hacerse digno de escapar de esta rueda. Es muy curioso que algunos, después de haber recibido el *consolamentum*, se condenaban a morir de inanición para asegurarse de que no volverían a pecar.

Como es lógico, la Iglesia de Roma les parecía a estos hombres una propiedad del Dios de este mundo. Su suerte había quedado echada cuando el Papa recibió la donación de Constantino, por la cual se aseguraba un legado de bienes materiales para cumplir con sus funciones espirituales. De ahí que, con toda coherencia, el Papa representaba para ellos al Anticristo. La organización eclesial de los cátaros era justo la contraria de la Iglesia romana. Sencilla, sin ritos, sin imágenes, sin riquezas, toda la ceremonia sagrada de su fe consistía en una lectura del Evangelio y una predicación. Luego se rezaba el padrenuestro y se bendecían los panes, antes de dar paso a una comunión, una verdadera comida en común. Cierto, esta Iglesia cátara tenía algo parecido a una jerarquía, con obispos y diáconos, pero su vida era tanto más severa y auténtica que la de los simples *credentes*. No hay que decir que los nobles del Languedoc no eran *perfecti*. Pero no escaseaban las familias nobles que tenían algún miembro entre ellos. Por eso, era fácil que los cátaros y sus aliados nobles representaran una provocación para Roma, una de la que el rey de Francia pronto sabría obtener un importante beneficio. Tarde o temprano, ambos estaban condenados a reunir sus fuerzas en el Meridión y asegurar de forma simultánea el dominio de sus dos instituciones y poderes. En medio de este mundo, para él siempre extraño e incomprensible, nuestro rey Jaume vio la luz en Montpellier, en los últimos días del mes de enero de 1208 [15].

---

[15] Pues, como veremos, fue presentado el día 2 de febrero de 1208, como señala Charles de Tourtoulon, en *Don Jaime I el Conquistador, rey de Aragón*, trad. revisada por el autor, 2 tomos, Valencia, 1874, vol. 1, pág. 12.

2
SIMON DE MONFORT

La verdad es que, desde la segunda mitad del siglo XII, las iniciativas pastorales de la Iglesia contra los cátaros no dieron resultado alguno. Las misiones, predicaciones, debates o excomuniones particulares no detuvieron la herejía, que seguía creciendo[1]. Tanto fue así que, en 1167, tuvo lugar un concilio cátaro en las cercanías de Tolosa donde se reunieron cuatro Iglesias: las de Carcasona, Tolosa, Albi y Agen. El presidente de ese concilio venía del Este: era un pope oriental. Hay que llamar la atención sobre este detalle porque conviene registrar la influencia religiosa de Oriente en pleno Occidente católico. En realidad, a lo largo de toda la Alta Edad Media, Bizancio aspiró siempre a mantener su presencia en los territorios occidentales, sobre todo mediante la extensión de la religiosidad oriental, activando la memoria del dominio que había logrado en la Hispania visigótica o en la Italia de los ostrogodos. Esta voluntad de Bizancio se había fortalecido a consecuencia de la fundación del poder latino sobre Constantinopla, poder que por lo demás aspiraba a mantenerse unido y proyectar su influencia sobre el Occidente europeo. Todo esto hace más comprensible el intento de Alfonso II, el abuelo de nuestro Jaume, de casarse con la princesa bizantina Eudoxia, hija del emperador Manuel Comneno. Bizancio, como vemos, tenía su peso en el juego de la política internacional de la época. A lo largo de esta obra estaremos en condiciones de comprobarlo una y otra vez.

Como hemos dicho, desde sus primeras irrupciones, los cátaros fueron muy contrarios a Roma. Su doctrina de la pobreza voluntaria se dirigía contra el escandaloso poder y lujo de los altos prelados. Pero la cosa no se quedaba ahí. Cuando en 1147, ante la magnitud de los hechos, Eugenio III ordenó a Bernardo de Claraval una predicación para detener la amplitud de la herejía, el fundador del Císter se dio cuenta de que la nobleza local de todo el sur de Francia estaba a favor de los herejes[2]. Roma significaba para esa nobleza feu-

---

[1] Cf. *El legado secreto de los cátaros,* ed. de Francesco Zambon, trad. de César Pala, Ed. Siruela, Madrid, 1997, págs. 13 y sigs.

[2] Steve Runciman, *Los maniqueos de la Edad Media. Un estudio de los herejes dualistas cristianos,* FCE, México, 1989, pág. 191.

dal la creación de una aristocracia religiosa y, con ella, la disminución de tierras a su disposición y control. Era conocida la extensa propiedad en tierras de los arzobispos de Arles, de Narbona, de Auch; la riqueza de los obispados de Béziers, de Carcasona y de Tolosa. Aún más notoria era la inmoralidad y la zafiedad de los que ocupaban los cargos eclesiásticos. La amplia mayoría de la población del Languedoc y de la Provenza pensaba que, de eliminarse la estructura férrea de la Iglesia de Roma, se acabaría con esos escándalos para la fe cristiana y, además, esas tierras pasarían a la nobleza y a las ciudades. ¿No habían conseguido las ciudades italianas echar a los obispos del poder y organizarse en repúblicas?[3]. ¿Por qué no iban a conseguirlo también las ciudades meridionales? Ahí estaba, por lo demás, el ejemplo de Montpellier, que había desplazado al obispo a la localidad vecina de Magalona y se había organizado como una ciudad autónoma. No es de extrañar, entonces, que la herejía venciese en todo el Mediodía. Pero, además, Roma era también el gran aliado del más amenazante centro de poder político, de París, que había sabido unificar y disciplinar a los señores feudales del norte bajo un poder regio y glorioso. La católica Roma era también la católica Francia. La alianza de estas dos potencias siempre era temible. Frente a esta síntesis de poder religioso y político, los nobles del sur intentaron con todas sus fuerzas, aunque con discreción, configurar una especie de Iglesia nacional cátara, independiente de Roma. Ese era el sentido de los concilios que empezaron a reunirse hacia 1165 y que tenían como centro la Provenza, la tierra que unía el Languedoc con la franja de las ciudades gibelinas italianas del norte, desde Milán hasta Florencia, también muy influidas por la herejía y, como es natural, hostiles a Roma.

La unión de herejes —por lo general, pertenecientes a clases artesanales populares y ambulantes— y de nobles, ese abrazo de una fe y de una espada, alarmó al Papado. Alejandro III promulgó en 1180 que los que lucharan contra los cátaros tendrían los mismos beneficios que los cruzados[4]. Sus sucesores, empeñados en las luchas contra el imperio, vieron impotentes cómo poco a poco la Iglesia cátara se organizaba y fortalecía. La elección de un nuevo Papa en 1198 se hizo bajo la presión de una situación de crisis. Como suele suceder en las grandes ocasiones, la Iglesia de Roma encontró al hombre apropiado. La figura imponente de Inocencio III emerge en este tiempo en el que muchos daban por perdido todo el Languedoc para el catolicismo. El mismo año inicial de su pontificado ya exigió las primeras medidas contra los herejes: debían ser separados de sus cargos, privados de derechos civiles, declarados incapaces de testar y de poseer bienes. Pronto los monjes cistercienses recorrieron la tierra, y en 1204 Roma ya había conseguido la alianza de Pere II de Aragón, que por eso llevó el nombre de El Católico. En efecto, en

---

[3] Cf. *Dirittto e Potere nella Storia Europea,* Olschki, Florencia, 1982, sobre todo los trabajos de G. Silano, «Episcopal Elections and the Apostolic See. The Case of Aquileia (1207-1420)», págs. 163-195, y R. Celli, «Il principio del potere popolare nella genesi dei comuni italiani», págs. 195-211.

[4] Hefele, ob. cit., pág. 1271.

Montpellier, en febrero de 1204, Pedro presidió un enfrentamiento entre los herejes y los monjes ortodoxos en el que declaró vencedores a estos últimos[5]. Todavía en Montpellier, en el verano de 1206, un pequeño concilio deliberó sobre las medidas a tomar contra la herejía. Allí estaban Diego de Osma y Domingo de Guzmán, que lograron imponer un cambio de táctica: se debía imitar la perfección de la vida de los herejes para atraerlos a la fe católica. Los misioneros ahora empezaron a predicar sin calzado, con vestidos raídos, con la fuerza pacífica de la fe. Iban y venían por territorios hostiles, organizando conferencias, debates, razonamientos con los herejes, imponiendo una voluntad de argumentación que pronto iba a distinguir a la Orden dominica. Pero fue por este tiempo cuando el rey Pere dio los primeros síntomas de no mantener una posición clara. Justo por aquel entonces se alejó de su esposa María, la señora de Montpellier, y se indispuso con Roma al solicitar en vano la señoría de la ciudad contra ella y contra sus burgueses[6]. Por entonces no había nacido todavía nuestro rey y los que habían de ser sus padres —casados desde 1204— estaban ya separados.

Fue la verdadera ocasión perdida. Si Pere hubiera sido un socio fiable para Montpellier[7] y para Roma, se le habría entregado la misión de organizar todo el sur de Francia, de someter la herejía con ayuda de predicadores como Diego de Osma y Domingo de Guzmán, que pronto iba a reunir a los primeros dominicos, y de disciplinar una nobleza que estaba vinculada a la casa de Barcelona desde hacía mucho tiempo. Esta opción era tanto más viable por cuanto Felipe Augusto —el gran rey francés— no podía abandonar el frente contra los ingleses para auxiliar al Papa en esta ocasión. Mas Pere no fue un aliado sólido porque, en lugar de entender que la suya era la causa de la realeza, se entregó a la causa de la nobleza feudal, hostil a toda idea de unidad. La prueba es que estos señores tampoco supieron unirse de manera clara y fiable ni entre sí ni a la fuerza del Imperio. Así que la nobleza del sur impulsaba una política errática que hacía muy difícil un futuro viable para ella. Si hubiera tenido memoria, Pere habría interpretado bien la experiencia de su padre, Alfonso el Casto, cuando, tras heredar la Provenza de su tío Ramon Beren-

---

[5] Hefele, ob. cit., pág. 1277.

[6] Desclot, en el cap. IV de su *Crónica*, lo dice claramente: «E quan venc a poc de temps, ell leixà la dona, que no volc ésser ab ella en volc venir enlloc on ella fos, que penedís-se car l'havia presa a muller, que ell era un dels pus altius reis del món; e dix que molt s'era baixat en ella, com per sol Montpesller havia presa dona qui no era filla de rei». Cito, naturalmente, por la edición de *Les quatre grans Cròniques*, de F. Soldevila, Ed. Selecta, Barcelona, 1983. Dado que el matrimonio se celebró el día 15 de junio de 1204 (cf. Soldevila, ob. cit., pág. 593, n. 18), debemos suponer que la separación no debió de producirse mucho más allá de 1205. En efecto, en 1205, María había dado a luz una niña, Sancha, que murió al poco de nacer. Su padre, sin embargo, pensando en el futuro, la prometió en casamiento al hijo del conde de Tolosa, Raimundo VI, siempre persiguiendo su idea de que todo el Mediodía se uniera bajo la hegemonía barcelonesa.

[7] En efecto, en 1206, los problemas de Pere con Montpellier eran de tal envergadura, por motivos de los préstamos que necesitaba el rey, que se indispuso para mantener cualquier relación franca con la ciudad. Tourtoulon, ob. cit., pág. 78-79, da detalles de estos enfrentamientos.

guer III en 1166, muerto en el asedio de Niza, estuvo a punto de lograr un Estado desde el Ebro al Garona, y el conde de Tolosa se lo impidió con todos los medios a su alcance[8]. Poner su hacienda, como la puso, al servicio de la causa de la dispersión feudal, de la herejía y del caos era poco sabio y menos católico[9]. Cuando Pedro de Castelnau, el legado de Inocencio III para estas tierras, fue asesinado en suelo provenzal a primeros de 1208, por no contar con la debida protección política y militar, al Papa no le quedó otra opción que llamar a los señores del norte, al duque de Borgoña, a los condes de Nevers, Champaña y Blois. Entonces entrará en juego el primero de nuestros hombres, Simon de Monfort. Frente a este, enérgico y firme, consecuente y coherente, el sentimental Pere, el padre de Jaume, aparece como su polo opuesto, voluble y caprichoso, inconstante e incapaz de llevar una política clara y fiable.

Al carecer de un aliado sólido en la zona catalana, el Papa recurrió a la cruzada, una especie de reclutamiento general de los más dispuestos de entre los cristianos de todas partes a dar su vida por vengar la fe de Cristo, «con mano dura y brazo tenso», como pedía el propio Papa. De ella saldría el poder militar que, de otro modo, la Iglesia no tenía a su disposición. Su convocatoria prometía, desde luego, la indulgencia absoluta, pero también, y como medida más eficaz, el reparto de las tierras de los herejes. Los nobles del norte se desvincularon de Felipe Augusto, a quien dejaron solo contra los ingleses, y tan pronto encontraron un jefe se lanzaron a la aventura del sur. Ese jefe era un pequeño noble francés recién llegado de Palestina y con importantes intereses en Inglaterra, pues había casado con la condesa de Leicester. Pere II de Aragón vio invadidos por ellos los territorios naturales del juego político de la casa de Barcelona, pero reaccionó tarde y durante un tiempo se colocó en terreno de nadie. Mas al final, tras algunos coqueteos, olvidó su catolicismo sincero y se opuso al Papa y a la cruzada; olvidó el papel unitario de la realeza y se puso del lado de los señores feudales del sur. Aquí se comprobó la fuerte influencia de un poder como el de la Iglesia, que supo reunir con disciplina a los señores del norte, mientras que el individualismo caballeresco de los señores del sur no pudo generar una dirección política seria.

---

[8] Cf. Martí Aurell i Cardona, «Els fonaments socials de la dominació catalana a Provença sota Alfons el Cast (1166-1196)», en *Acta Mediaevalia* 5-6: 83-110 (1984-1985), donde se estudia en detalle la relación de Alfonso con los estamentos de la caballería de las ciudades de Provenza, de Marsella, de Arles y de Aix. Es importante recordar que Alfonso mantuvo su poder en Provenza, aunque luego lo enfeudó a su hermano Ramon Berenguer IV en 1178, trasladando la capital a Aix. La guerra con Tolosa estalló en 1166 y se llegó a la paz en 1176. La paz definitiva se logró en 1190, con Raimundo V. Cf. también Ch. Higounet, «Un gran chapitre de l'histoire du XIIe siècle: la rivalité des maisons de Toulouse et de Barcelone pour la prépondérance méridional», en *Mélanges Halphen*, París, 1951, pág. 313. Para este periodo, cf. el siempre interesante R. d'Abadal, «A propos de la domination de la maison comtale de Barcelona sur le Midi français», *Annales du Midi*, 1964, págs. 315-347, que ya evita interpretaciones anacrónicas e infiere la necesaria decisión hacia el sur de la casa de Barcelona.

[9] Cf. la valoración que se encuentra en J. A. García de Cortázar. *Historia de España*, vol. 2: *La época medieval*, Alianza, Madrid, 1988, pág. 267.

Mientras nuestro Jaume apenas tenía un año de edad, Simon de Monfort no cesaba de vencer. Primero en Béziers, en 1209; luego en Carcasona, donde estableció el centro de su poder político y militar, defendido por la inexpugnable fortaleza que todavía conocemos. Entonces se vio claro que la cruzada producía un cambio radical en el equilibrio de poder en la zona. Aquellos feroces caballeros norteños se instalaban en las radiantes tierras de Occitania y de la Provenza. No parecían tener intención de perderlas una vez conquistadas. Esto decidió la posición de Pere, que vio entonces y solo entonces un momento de protagonismo y de gloria. Sin embargo, ya era tarde. Pere había consentido que el Papa convocara la cruzada y, de esta forma, se había colocado en una situación equívoca. El interlocutor del Papa era Simon, al frente de su ejército de cruzados. El rey de Aragón ahora estaba en un dilema: o trabajar con el Papa, pero sin ser la figura directiva, o trabajar contra el Papa y, a la larga, tener enfrente al rey de París o al jefe cruzado que supiera reunir a su favor todo el Mediodía francés. En todo caso, todos pensaron que el rey de Aragón tendría algo que decir en aquel asunto.

En efecto, Pere, que estaba dotado de un carácter ardiente y generoso, pero imprevisible; que incorporó las bizarras virtudes de la caballería en su mejor época, pero ninguna de las virtudes de un rey realista, y de quien su hijo pudo decir que «fue nuestro padre el rey más cortés y afable que hubiese habido en España»[10], siempre acudió a la cita de las grandes ocasiones. Ya se había lanzado en 1212 a la gran aventura de la lucha contra los almohades, en los pasos de Las Navas de Tolosa, en aquella que las fuentes catalanas llaman la batalla de Úbeda. De quedar desprotegidos estos pasos, los cristianos hispanos habrían visto desparramarse a los puritanos y fanáticos sarracenos sobre toda la meseta central. La Reconquista habría retrocedido hasta las líneas del Duero y del Ebro, con seguridad, si no más arriba. Aquel día, la contribución de Pere fue decisiva, en ese momento de unión militar de los cuatro reinos hispánicos. Allí pudo confirmar Pere el título de Rey Católico que Roma le había conferido unos años antes. Pero en Las Navas de Tolosa triunfó una comunidad de reinos defensiva y circunstancial. La victoria, desde luego, podía abrir un claro escenario de crecimiento territorial, pero sobre todo para Castilla. En todo caso, estos territorios del sur hispano quedaban muy lejanos de los centros naturales del poder catalano-aragonés. Ahora la mirada hacia el norte era más urgente y hacia ella se dirigió nuestro rey con la misma irresponsable intrepidez. La ocasión, sin embargo, lo justificaba. Después de Las Navas de Tolosa, la dominación islámica en España estaba sentenciada, pero la hegemonía catalana sobre estas tierras del Languedoc estaba en peligro. Como ya hemos dicho, Francia quería ser Francia y eso implicaba hacerse con los territorios del Meridión. Monfort, a los ojos de todos, no era sino un recién llegado de Palestina, un aventurero. Oculto tras él estaba el verdadero enemigo.

---

[10] *Crónica*, §6.

Pere había tardado en descubrir el juego. Durante un tiempo pensó que él podría ser el mediador, la clave de solución de aquel embrollo. De hecho, le había jurado amistad al cruzado en 1209 y todavía mediaba entre él y el conde de Tolosa, Raimundo, en 1210. A lo largo de este año amenazó al conde de Foix con entregar sus castillos a Simon si abandonaba la Iglesia [11]. En esta misma línea, Pere asistió al Sínodo de Arles de 1211, donde se procuró reducir las resistencias de Raimundo, destruir sus castillos y embarcarlo en la cruzada en Tierra Santa. El rey de Aragón tuvo aquel día una intervención tan dura contra su familiar Raimundo que este, humillado, abandonó el sínodo, dispuesto a todo. Las condiciones del legado papal y de Simon eran tan extremas que la simpatía hacia Raimundo aumentó por doquier. La posición de Pere fue incomprensible para muchos que, de forma correcta, vieron que el rey trabajaba de comparsa de Simon. Fue entonces, en ese mismo año, cuando Pere aceptó el pacto de casamiento de Jaume con la hija de Simon, Amicia [12]. Tras la escapada de Raimundo, que de repente se vio rodeado y sin salida, solo quedaba la guerra y el fuego.

Al poco, Inocencio III animó a Simon a una solución definitiva. El cruzado lo entendió al pie de la letra. Por donde pasaba, los herejes debían elegir entre abjurar o morir quemados. Una religión que había preparado a sus fieles para la muerte voluntaria, predisponía a la elección de la segunda opción. Ante la creciente violencia y las frecuentes extralimitaciones de Simon, el rey Pere se pasó al otro lado y protestó ante Roma. Al fin y al cabo, era el Rey Católico y Roma no podía dejar de apoyarlo. Así que Inocencio exigió que Simon prestara vasallaje al rey de Aragón, en tanto que era el señor efectivo de Carcasona. Era una segunda oportunidad para situarse en el lado correcto y asegurar su soberanía sobre todo el sur. Estamos a primeros del año de 1213 [13] y Roma acababa de reconocer la validez del matrimonio de Pere con María, con la consiguiente legitimidad de la herencia de Montpellier en favor de Jaume [14]. Los acuerdos entre el rey y el jefe de los cruzados para casar a sus hijos quedaban muy favorecidos por ese reconocimiento. La dote ahora podía ser Montpellier, la herencia de la madre, que estaba a punto de morir. Así fue como nuestro rey Jaume, huérfano, quedó en manos de Simon de Monfort, instalado en la imponente ciudadela de Carcasona, mientras su madre, angustiada por la humillación y la soledad, moría en Roma.

---

[11] Hefele, ob. cit., pág. 1289.

[12] Tenía entonces el infante Jaume apenas tres años, porque el pacto se hizo en enero de 1211. Cf. Tourtoulon, ob. cit., págs. 88-89.

[13] María de Montpellier habría de morir en Roma el 19 de abril de 1213, protegida del Papa. Fue enterrada en el altar de Santa Petronila de la basílica del Vaticano. Que dejara a su hijo bajo protección de la Santa Sede era compatible con que su padre comprometiera su boda con la hija del cruzado. Cf. Tourtoulon, ob. cit., pág. 84.

[14] Cf. Tourtoulon, ob. cit., pág. 92. El reconocimiento de la legitimidad de este matrimonio se realizó el 19 de febrero de 1213.

Sin embargo, las tareas de mediación por parte de Pere no cesaron, como tampoco las reclamaciones de sus familiares de Provenza y de Tolosa para unirse a ellos contra el cruzado Monfort. En efecto, el 16 de enero de 1213, se dirigió a Tolosa, donde había invitado a obispos y a Simon de Monfort, junto al arzobispo de Narbona. Allí, el rey defendió unas posiciones conciliatorias con Raimundo y, respecto a todos los demás señores, reclamó que se le devolviesen sus tierras en cuanto se reconciliasen con la Iglesia. Ante todos, sugirió que Simon haría mucho mejor papel en España, luchando contra los moros. La gente del Papa, reunida en Lavaur, contestó dos días más tarde que el conde de Tolosa los había engañado siempre a todos, que no tenían confianza alguna en él y que la excomunión que pesaba sobre su vida solo podía ser retirada por el Papa. Pere recurrió a esta última salida. Ante el Papa se proclamó protector de los condes de Tolosa, de Comenge, de Foix y de Bearn, así como de la municipalidad de Tolosa. Los documentos llegaron a Roma de la mano de un emisario del arzobispo de Tarragona. El bando cruzado hizo lo propio y, en sus informes, subrayaba la endiablada ductilidad de aquellos nobles, su falta de coherencia y de fiabilidad. Sin darse cuenta, de mediador, Pere ya estaba en el otro bando. Aunque el papa Inocencio le prestó iniciales simpatías, acabó prohibiéndole que se mezclase en este asunto. Le recordó que en todo caso debía sumarse a los cruzados y dejar de proteger a los nobles herejes. La respuesta fue la de un caballero humillado. Pere tomó las armas contra Simon de Monfort.

Algunas fuerzas se unieron entonces. Entre ellas, Tolosa, Foix y Trencavel; pero el rey de Aragón no supo atraer a su campo a sus vasallos catalano-aragoneses. Los hombres del rey se dirigieron el 12 de septiembre de 1213 sobre Muret, donde estaba Simon de Monfort. Cuando la *Crónica* de Jaume nos narre la batalla, nos sorprenderá con dos detalles. Primero, pasará de puntillas sobre el hecho de que su padre militó en el bando de los *hereticales,* como se decía entonces. Como quien refiere hechos sencillos, el cronista deja claro que Simon de Monfort y sus caballeros del norte confesaron y comulgaron, mientras que *En Pere* —nos dice su hijo— había pasado la noche holgando [15], de tal manera que no pudo oír el Evangelio con dignidad. El segundo detalle es mucho más relevante: los nobles de Aragón y de Cataluña, con excepción de tres, no acudieron a tiempo a la batalla. El desastre de Muret fue total y significó el final de las posibilidades serias de intervención de Cataluña en el sur de Francia. Jaume nos deja claro en su *Crónica* que este revés dependió de la actuación de la nobleza catalano-aragonesa, que no entendía el apoyo real a una estructura de poder compleja y dispersa, que había agotado las posibilidades de su propio ordenamiento.

La consecuencia de la derrota de Muret para la biografía de Jaume fue tenebrosa: quedó a merced del vencedor, Simon de Monfort, en la plaza fuerte de Carcasona, centro militar del poder que el noble francés aspiraba a

---

[15] *Crónica,* §9.

construir en Occitania. Como hemos visto, allí vivía el niño con el cruzado Monfort, esperando una boda imposible con su hija. Ahora, sin embargo, huérfano, en manos del vencedor de su padre, su destino dependía completamente de él. La consecuencia para la política de la zona fue muy clara: Monfort tenía dominada la situación desde el punto de vista militar. La posibilidad de que se declarase rey de todo el sur alarmó a Francia. El Papa reaccionó. Anunció a Simon el envío de un legado, nuestro Pedro de Benevento, cardenal de Santa Maria in Aquiro. Su misión no podía gustar a Simon. Debía recibir en la Iglesia a los condes derrotados y, bajo esta condición, los protegería del feroz cruzado. Si no daban garantías de regresar a la obediencia de la Iglesia, predicaría de nuevo la cruzada. Entre las órdenes que el legado traía para Simon, la más importante para nuestra historia era esta: debía entregarle al hijo del rey de Aragón, a Jaume.

Antes de abandonar a nuestro primer personaje, hagamos un somero anticipo de cómo continuó esta circunstancia. Finalmente, el 8 de enero de 1215, en Montpellier, tuvo lugar un concilio presidido por el legado del Papa. Allí se reconocieron los derechos de los señores cruzados del norte a establecerse y tomar posesión de las tierras del sur. En efecto, en Montpellier se dieron cita cuatro arzobispos, los de Bourges, Burdeos, Auch y Narbona, veintiocho obispos, junto con gran número de abades y dignidades. El resultado más relevante de este concilio fue que se dispuso que el condado de Tolosa estuviera sometido a la autoridad temporal de Simon de Monfort. Esta decisión fue más bien impuesta por los señores y prelados, aunque la mayoría de la población se oponía a ella. Los de Montpellier no dejaron entrar en la ciudad a Simon, quien tuvo que quedarse en la villa cercana de Magalona, con el obispo[16]. Desde allí se dirigió al castillo de los templarios de las afueras de la ciudad, en el que recibía a importantes obispos e incluso, a veces, al mismo legado presidente. Cuando Simon se atrevió a entrar en la ciudad, se organizó un tumulto por cuanto tropas y ciudadanos querían darle caza. Finalmente, Pedro de Benevento tomó la palabra en el concilio y planteó el problema con el dramatismo y la solemnidad de estas ocasiones: se trataba de que se le dijera a quién debería entregarse la ciudad de Tolosa, las propiedades del conde Raimundo, así como las demás tierras conquistadas por los cruzados. Los obispos católicos señalaron a Simon de Monfort como «príncipe y monarca de todo el país»[17]. El legado sabía que eso no iba a gustar en Roma y se negó a transmitirle la investidura a Simon. Para ganar tiempo, Benevento decidió enviar una embajada ante el Papa. Quizá lo que voy a decir ahora sea demasiado favorable a Simon, por basarse en el relato de Vaux Sernay, su historiador. Pero lo cierto es que Simon de Monfort por este tiempo ya firmaba di-

---

[16] Hefele, ob. cit., pág. 1298.
[17] Cf. Vic y Vaisette, *Histoire general de Languedoc*, cit. por Salvador Sampere i Miquel, «Minoría de Jaume I. Vindicación del procurador conde Sancho. Años 1214-1219», *I CHCA*, págs. 580-694; aquí, pág. 617.

plomas con la titularidad del condado de Tolosa, como vizconde de Béziers y Carcasona y como duque de Narbona. El paso a la realeza era muy corto y Simon acariciaba darlo. No obstante, este trayecto no se iba a recorrer jamás. La realidad, sin embargo, fue que Inocencio III convocó un concilio ecuménico en la basílica de San Juan de Letrán para tratar de todas estas cuestiones de Narbona y Tolosa, junto con los casos de Foix, Bearn, Comenge y Bigorra, todos ellos territorios de soberanía de nobles vinculados a las estirpes catalanas.

Sin duda, este Concilio de Montpellier había sido forzado por los cruzados y, también sin duda, el legado del Papa fue sometido por ellos a una presión inaceptable. El éxito de Simon fue muy breve. De hecho, se había convertido en un personaje molesto para el Papa y, sobre todo, para Francia. Por su parte, tanto Raimundo de Tolosa como su hijo, Raimundet, se refugiaron en la corte de Juan de Inglaterra, el enemigo mortal de Francia. Era esa una constelación de fuerzas que no gustaba a Francia. Tan pronto se vio libre de la presión de Inglaterra, Felipe Augusto mandó a su hijo Luis al sur, a presionar al conde y a disputarle la dirección de la cruzada. Pero la operación de desmontar el poder del cruzado no podía darse de repente.

En 1215, el Concilio lateranense, del que todavía volveremos a hablar, devolvió algunas tierras a los nobles herejes, tras aceptar someterse a la sentencia de la Iglesia. Con el conde de Tolosa, por el contrario, Roma fue más rigurosa. Tras arrodillarse ante el Papa en una de sus asambleas, Raimundo fue despojado de todos sus bienes y solo recibiría algún dinero en caso de que se exiliara e hiciera penitencia[18]. Simon de Monfort, que no podía hacer nada sin el apoyo de la Iglesia, no tuvo más opción que aceptar el hecho de que los bienes conquistados habría de recibirlos «de quien tuviera el derecho de dárselos», una forma sutil de segar sus sueños de soberanía. Pero no lo había perdido todo. Aunque tuvo que confiar sus asuntos a su hermano Gui, intentó seguir combatiendo; pero, como veremos, murió de manera indigna en Tolosa en 1218.

Las cosas volvieron a las andadas, pero para entonces los nobles del sur estaban mucho más debilitados. Cuando, en 1226, Honorio III[19] se decidió a acabar con las raíces de aquella peste cátara, forzó la dirección política del propio rey de Francia, Luis VIII, que invadió de nuevo los territorios meridionales. Esta vez todo fue definitivo. En 1227 se firmó la rendición de todos los señores feudales del sur a Blanca de Castilla, madre de Luis IX y regente de Francia, verdadera impulsora de la estrategia, que tenía profundas repercusiones procastellanas. La Inquisición dominica —orden que había sido fundada tras el Concilio de Letrán[20]— se instaló en los grandes centros heré-

---

[18] Hefele, ob. cit., pág. 1395.
[19] Inocencio III había muerto el 16 de julio de 1216, en Perugia.
[20] El historiador Francisco Diago (1562-1615), en su *Historia de la Provincia de Aragón de la Orden de Predicadores, desde su origen y principios hasta el año de mil y seiscientos*, editada por Sebastián de Cormellas, en Santa Catherina Mártir de Barcelona, en 1599, en el folio 1, reconoce que al principio la orden dominica no tenía ayuda de provinciales. Para 1221 ya tenía cincuenta

ticos: Narbona, Tolosa, Albi. Los últimos resistentes cátaros de esta doble ofensiva militar e inquisitorial, tras la derrota de su monte sagrado, Montsegur, su fortaleza emblemática, atravesaron los Pirineos con el tesoro y se fueron dispersando poco a poco por los valles profundos de Cataluña. Sobre la ruina de esta herejía, Francia, que había comenzado su fortuna histórica como una potencia norteña, extendía su poder hasta el Mediterráneo. Su futuro rey, santo para siempre, debía ese importante avance territorial a la destrucción de la herejía y de la nobleza que se había atrevido a desafiar la ortodoxia y el poder de Roma.

---

conventos en lo que luego serían las Provincias de España, Tolosa, Francia, Lombardía, Roma, Provenza, Alemania e Inglaterra. El convento de Barcelona se elevó a sede central desde 1299. La casa de Xàtiva pronto tuvo cátedra de hebreo y de árabe (pág. 4). La Inquisición tal y como se conoce fue obra de esta orden, «fundada para hacer guerra a los herejes y quemallos» (pág. 6 izq.). El sueño del fundador, santo Domingo de Guzmán, en el que se inspiró para fundarla, le mostraba un lebrel con un hacha encendida en la boca, «para alumbrar y también para quemar». La Inquisición de Aragón se fundó en 1232, con Gregorio IX, siendo Espàrrec el arzobispo de Tarragona. Fue desde luego la primera de España. Cuando leemos el acta de la creación de la Inquisición nos damos cuenta de hasta qué punto el maniqueísmo se había introducido en las mentes de la Iglesia (cf. págs. 6-7). A partir de 1261 solo la orden de los dominicos podía ejercer la tarea de inquisición. En 1313 se prohibió cualquier enseñanza que no fuera la de Tomás de Aquino. He aquí la razón: «Porque sabe que la singularidad y novedad en opiniones es indicio grande de soberbia y por la misma razón suele ser dañosísima para la Iglesia» (pág. 15 izq.). Aquino es visto como la doctrina más común y la más sana y la que más da en el «blanco de la verdad».

3
María de Montpellier

Este era el mundo en el que vio la luz Jaume, el rey de esta biografía. Un mundo de cambios, a veces incluso traumáticos. Por muchos que fueran los lazos que todavía unían Cataluña con los territorios del norte de los Pirineos, ya no podrían ser sistemáticos, orgánicos. La soberanía sobre ellos, esa cima última del poder decisorio, viraba poco a poco hacia Francia. Solo el Rosellón formaba parte integral de la corona, porque estaba unido a la casa de Cataluña. Los condes de Rosellón eran feudatarios del conde de Barcelona y rey de Aragón, quien, en las condiciones oportunas de falta de descendencia de los condes, se convertía en señor directo de toda la zona de Perpiñán. Pero los territorios que formaron parte de la impresionante cultura meridional, el Languedoc y la Provenza, salieron poco a poco y para siempre de la órbita política de Cataluña. La derrota de Muret marcó el antes y el después.

Sin embargo, esta consecuencia se dejó sentir solo con el tiempo. En el fragor de los acontecimientos, todos pensaban en la reversibilidad de las cosas. Y más que nadie los trovadores provenzales, quienes en sus poemas patrióticos invitaban a todos los señores del sur a unirse contra la potencia norteña de Francia. Era hasta cierto punto normal que los contemporáneos no pensaran en Muret como una frontera inmutable. Para ellos, con cierto sentido profético, todavía quedaba el nuevo soberano de Aragón, el niño *Jacme*, que a sus ojos era también un provenzal, un natural de Montpellier, señor legítimo de la gran ciudad universitaria del sur, tan influida por los estudios italianos de medicina. Y sin embargo, a lo largo de su vida, Montpellier se convertiría en un enclave rodeado por la tierra de Francia. Pues la vida de Jaume es la continua redistribución temporal de atención y esfuerzo en favor de las tierras hispanas del sur, siempre en el seno de un complejo sistema de equilibrios políticos.

El niño que en 1208 había nacido en Montpellier, ciudad de la que su madre María era señora por derecho propio, todavía volvería a ella con frecuencia, pero cada vez más aquella ciudad se convertía en un islote en medio de un mar extraño. Cada vez más, a su alrededor se descubría la influencia de Francia. Pero en su más temprana infancia las cosas eran diferentes. La continuidad del señorío de Montpellier con otros territorios de influencia catalana era entonces muy clara. A pesar de todo, Montpellier era una ciudad libre con una poderosa oligarquía urbana. La relación de esta aristocracia burguesa con el señor soberano era muy conflictiva y calculada. En cierto modo, podemos decir que solo por una circunstancia reciente ese señorío recaía sobre el rey de Aragón. En esta línea, con una cierta comprensión del azar histórico, Jaume siempre hablará como si su nacimiento fuera destino de la providencia. Nuestro rey, por todas partes, quiere dejarnos claro que su vida era improbable, que su reinado fue un puro milagro. Con ello, todo lo que de exitoso iba a cristalizar en su vida fue entendido por él como voluntad expresa de Dios. Ante sus ojos, el Languedoc, desde luego, no le estaba reservado por esa voluntad divina, y por eso no lo pretendió con energía. Montpellier es un lugar significativo para el reinado de Jaume, desde luego, pero ya no será el centro preciso de un poder expansivo. Cuando al final de su vida el rey dicte la última parte de su existencia al escribano de su *Crónica* —quizá Jaume Sarroca, el sacristán de Lleida y luego obispo de Huesca—[1], apenas hablará de aquellas tierras lejanas, lo que no sucede en los primeros viajes a la ciudad que le vio nacer. Y, sin embargo, en el Jaume viejo no apreciamos dolor o nostalgia. Su presente es glorioso y no echa de menos nada. Su existencia es redonda, plena. La decisión hispana ha sido aceptada, asumida hasta el final. Él no la tomó, desde luego. Pero la aceptó y la continuó con una lógica sistemática y coherente, que hizo de él un rey fiable y previsible por los poderes de la época. Que su destino se abriera camino bajo la plenitud de la protección divina, como en todo momento él nos sugiere, nos permite concluir que, para Jaume, aquel giro hacia el sur hispano y hacia el Mediterráneo central era inevitable. Desde su reinado, Cataluña, ya para siempre, limitaría al norte con Francia.

Lo providencial de su reinado y de su gloria le debía de resultar a Jaume tanto más evidente cuanto más improbable había sido todo desde el principio. Y, en efecto, improbable fue hasta su concepción en el vientre de su madre María. Si Jaume deja entrar en la *Crónica* este punto[2] es porque aporta una prueba más de su estatuto como rey protegido por Dios. «Nuestro padre don Pedro desamaba a la sazón a la reina», dice el rey con sencillez. La falta de énfasis, sin embargo, encubre la maravilla. Esa debía de ser su madre, desde

---

[1] Cf. las reflexiones fundadas de Joaquim Miret i Sans, *Itinerari de Jaume I «El Conqueridor»*, Institut d'Estudis Catalans, Palau de la Diputació, Barcelona, 1918, págs. 538 y sigs. Se ha de leer la monografía de Manel de Montoliu, «Sobre la redacció de la *Crònica* d'En Jaume», *Estudis Romànics*, vol. II. Sobre Sarroca, cf. Ricard d'Arco, *El obispo Don Jaime Sarroca, consejero y gran privado del rey D. Jaime el Conquistador*, Boletín de la Real Academia de Bellas Letras de Barcelona, 1917. Cf., igualmente, Jaume Riera i Sans, «La personalitat eclesiastica del redactor del "Llibre dels Feyts"», en *X CHCA*, 3, 4 y 5, págs. 575-591, donde se hace una revisión de las tesis de Martín de Riquer, que hace del rey el «habilísimo escritor» de la *Crónica*. Para Riera, el libro denota por doquier un autor eclesiástico por el dominio de la cultura bíblica y religiosa. Finalmente, Riera acuerda con Montoliu y Miret sobre la autoría de Jaume Sarroca, canciller del rey en el momento de su muerte.

[2] *Crónica*, §4.

luego. Pero no solo porque fuera señora de Montpellier, sino porque era descendiente directa del emperador Manuel de Bizancio. Tal herencia estaba destinada a él y solo a él. Por eso, a sus ojos, Dios quiso que su abuela Eudoxia, la hija del emperador, viniera del Lejano Oriente a casarse con su abuelo Alfonso. Que este, rompiendo el acuerdo inicial, se hubiera casado ya con Sancha de Castilla no era sino un pequeño accidente en los planes de la providencia, un mero retraso. Eudoxia, en lugar de volverse a su país, se dejó convencer por el señor de Montpellier, Guillem. La condición de la boda será una: que la descendencia de Eudoxia heredará el señorío de la ciudad. Esa hija fue María, la madre de Jaume, la que casó con el hijo del antiguo pretendiente Alfonso, con Pere el Católico. Hacia 1205, María ya no era amada por el rey. El matrimonio que no se había logrado en los padres, Alfonso y Eudoxia, se realizó en los hijos, Pere y María, porque —a los ojos del cronista— los designios de Dios pueden retrasarse, pero no incumplirse. Sin embargo, con el matrimonio no estaba todo hecho. Ni mucho menos. Legítima señora de Montpellier por decisión papal, María ya se había casado antes dos veces, con los nobles Bernardo de Comenge y con el vizconde de Marsella, cuando Pere reparó en ella. Él casó con ella por Montpellier, desde luego, pero Inocencio III no deseaba, como hemos visto, aumentar los dominios de un rey que era demasiado débil con la nobleza herética del sur. Así que el Papa mantuvo el señorío de Montpellier a favor de la reina María, su esposa, y el rey aragonés se retiró indignado, herido, violento. El matrimonio se rompió de facto.

Esto ocurría hacia 1205, por el tiempo en que la cruzada de Simon de Monfort aún no había estallado. Pere y María habían tenido una niña ya antes, que murió al poco. Así que todo parecía presagiar que no habría más hijos. Pere intentó el divorcio, como es obvio. Pero Inocencio no estaba dispuesto a concederlo a un enemigo potencial que podría concertar matrimonios todavía más problemáticos. Esta situación, sin embargo, era peligrosa para los naturales de Aragón, que, por el momento, no contaban con un heredero del trono; pero aún resultaba más terrible para los naturales de Montpellier, que podían ver cómo su ciudad, libre hasta ese momento, podía entrar en la órbita de Francia. Conociendo el carácter tornadizo del rey Pere, descrito por su hijo como «muy liviano», los de Montpellier, y quizá algunos de Aragón, decidieron tenderle una trampa para lograr un heredero legítimo. Fruto de esta intriga, por la que el destino venció la voluntad contraria de Pere, es el rey Jaume. Por eso, desde el principio, Jaume se nos propone como rey a pesar de todos y de todo, rey por el auxilio especial de la fortuna, de la providencia y de la astucia, pues estas son las armas con las que se cumple siempre lo que ha de suceder.

El caso es que, hacia 1207, Pere realizó una estancia en las cercanías de Montpellier. La *Crónica*[3] dice que el rey estaba en Lates, que es el puerto hoy cegado por el que la ciudad salía al mar. La reina estaba en Miraval. Guillem

---

[3] *Crónica*, §5.

de Alcalá, un ricohombre, se acercó al rey y le rogó que fuese a este pueblo, quizá con sugerencias que el rey no acostumbraba a rechazar. La *Crónica* dice que allí, en una única noche, se encontraron el rey y la reina. «La noche aquella en que ambos estuvieron juntos, quiso el Señor que Nos fuésemos engendrado.» Tan pronto la reina se sintió preñada, dejó Miraval y se fue a Montpellier. Ya iba con el fruto que deseaba: el testimonio público de que había yacido con su marido y rey. En realidad, la cosa debió de ser más complicada. Jamás un destino fue provocado de forma más intensa. Todos sabían el carácter mujeriego del rey Católico. Era evidente que se acercó a Miraval con la promesa implícita de una dama; que no supo que en realidad se le ofrecía su propia esposa. La trampa fue sencilla y natural, y un hombre lascivo como Pere no podía dejar de caer en ella. Lo hizo. Los testigos que pudiera haber allí, y que sin duda entraron hasta el lecho de los extraños amantes, cumplieron con su papel y dieron testimonio de la unión y de la legitimidad del embarazo. Nunca Pere desconoció a su hijo. El milagro no estaba en que él se lanzara al amor con su propia esposa, sino en que el embarazo fuera fulminante y sin dudas. Quien preparó aquello sabía lo que hacía.

Las crónicas catalanas posteriores narran el hecho, como es lógico, desde los esquemas de la maravilla y la leyenda. La sobriedad descriptiva del rey Jaume, que presenta la mera sucesión de los desnudos hechos para que no parezcan acciones de los hombres, se llena aquí de curiosos detalles que testimonian los aspectos más pintorescos de la saga y de la tradición caballeresca. Desclot, siempre respetuoso con el gran rey, añade el dato de que Guillem de Alcalá se acerca a Pere por ruego de la reina. Ella únicamente organiza en esta *Crónica* la trama[4]. Su intención parecía muy atendible, pues no era sino que su matrimonio tuviese un fruto agradable a Dios y que «heredase el reino». La aventura se entreteje y complica ahora con un mayordomo del rey, que está dispuesto a engañar a la dama de la que el rey estaba enamorado, el cebo de esta historia. El mayordomo llevaría a la dama a otro aposento, mientras la reina la suple en la oscuridad. El rey en esta versión sería engañado, pero en el acto de descubrir el juego la humildad de la reina frenaría la hostilidad del monarca. En la *Crónica* de Ramon Muntaner, que habla del nacimiento de Jaume como un «miracle senyaladamente de Deu e per obra sua»[5], la iniciativa no parte de la reina, sino de los «cònsols e els prohòmens» de Montpellier, deseosos de mantener un heredero que garantice la señoría y la independencia de su ciudad. Aquí la intervención divina es provocada por una semana de misas y de ayunos de los ciudadanos, que refuerzan sus oraciones en la noche del domingo, la noche del día sagrado, preparada en el complot inocente para

---

[4] Lo hace en el cap. IV, «En qual manera lo rey en Pere d'Aragó engendrà son fill lo rei en Jacme qui pres Mallorques». En la edición de las *Quatre Cròniques,* cf. págs. 408 y sigs. El engaño consistía en que la dama que se iba a ofrecer al rey no consentía en ser conocida. El rey, naturalmente, responde complacido que él lo hará como lo quiera la dama. El caballero en Desclot no tiene sino buenas palabras para la dama, una vez que se descubre todo.

[5] *Quatre Cròniques,* cap. III, págs. 669-670.

que el encuentro de los amantes diese frutos. En Muntaner, desde luego, todo tiene lugar en Montpellier, en el palacio. Y en la antecámara de la estancia donde trabaja el amor apañado, los testigos, notarios y burgueses de la villa, no paran de rezar hasta el alba, y luego entran en la cámara con los cirios encendidos, descubriendo el engaño ante el rey. Este echa mano a la espada, según Muntaner, pero los testigos le ruegan que vea quién yace a su lado. «E el rei la conec», dice el cronista [6], dando legitimidad al encuentro. En esta versión, el rey se somete al destino. Está dispuesto a dejar abierta la puerta de que sea un juicio de Dios, y por eso acepta el fruto del engaño.

Como es evidente, Muntaner construye su *Crónica* con todos los detalles de la leyenda artúrica, desde luego. Se puede comparar todo el complot con la sustitución de Isolda por Brunfiana, con la que Tristán dará origen a Lanzarote. Muntaner quiere ya dejar claro desde el principio la dimensión carismática del rey, y por eso dirá que «nunca nació señor a quien Dios hiciera mayores gracias ni más señaladas» [7]. Comparada con el barroquismo de esta leyenda, la *Crónica* del rey Jaume avanza con una notable sobriedad, estilizada y sencilla. Juntando detalles, nos dice que justo nueve meses después su madre lo parió en el palacio de los Tornamira, y que cada vez que iba a la iglesia los coros al azar cantaban en su honor fragmentos significativos de la liturgia. Los pronósticos no podían ser mejores. Dispuesta a darle significado a su bautizo, la reina María se dejó llevar igualmente por ritos en los que la gracia de los sacramentos se reforzaba con los favores de las invocaciones a los santos. Así, el día de decidir su nombre, María encendió doce velas, y puso a cada una de ellas el nombre de uno de los santos apóstoles. La que más tardó en consumirse era la que correspondía a Santiago, que desde entonces debía velar especialmente por el infante. Así, el niño debía llamarse Jaume, un nombre que no tenía precedente en la casa de Aragón ni en la casa de Cataluña. Un nombre que nadie en Castilla se atrevió a poner a sus reyes.

En realidad, mientras vivía su padre, nadie pensaba en hacer de aquel niño el rey de Aragón y Cataluña. Pere, desde que marchó del fugaz encuentro con María, no lo había vuelto a ver, y es dudoso que tuviera muy en cuenta su existencia. Es más, sabemos que en 1209, apenas nacido Jaume, Pere el Católico firmó un tratado con Sancho el Fuerte de Navarra, su compañero que luego sería en la batalla de Las Navas, por el que declara a sus hermanos herederos del reino de Aragón. De Jaume no se dice nada como hijo del rey. Todo en estos primeros años parece indicar que Jaume habría de ser el heredero de la señoría de Montpellier y nada más. Como tal heredero de la ciudad, Simon de Monfort pide a su padre que acepte el pacto de casamiento con su hija Amicia, en 1211. Jaume tenía entonces tres años. Bajo esta previsión, y hasta su mayoría de edad, el niño debía entrar en la tutela del cruzado, quien ya pensaba disponer de la ciudad universitaria para el reino provenzal

---

[6] *Quatre Cròniques,* cap. V, pág. 671.
[7] «Jamés no nasc senyor a qui Déu faés majors grácies en pus assenyalades».

que diseñaba. Quien ya tenía Carcasona y Béziers, y esperaba tener Tolosa pronto, redondeaba así su poder y se encaminaba a realizar su sueño: la formación de un reino propio en el sur, fronterizo con Cataluña. Montpellier, de hecho y contra su voluntad, se sometió a la influencia de Simon, y María tuvo que peregrinar a Roma para ver reconocidos sus derechos. Allí habría de morir en abril de 1213, víctima lejana de la cruzada albigense, pero bajo la protección del Papa. Esta lejanía romana, y la leyenda de la santidad de la reina, siempre impresionó a su hijo. Aunque vivió muy pocos años con ella, todo en su *Crónica* habla de un profundo afecto a su madre, a quien reviste de la santidad curativa de la realeza, como era frecuente en la representación de los reyes franceses. De ella dice que puede sanar a quien «toma en vino o agua raeduras de su sepulcro»[8]. El orgullo de ser descendiente del emperador de Constantinopla —y no el más humilde de ser heredero de la señora de Montpellier— domina en Jaume al hablar de ella. Pero, en el fondo, la reina no pasó de ser para el niño una definitiva ausencia.

El milagro de su concepción y de su nacimiento, sin embargo, no garantizaba nada. Con un padre que lo despreciaba, con una madre de la que había sido arrancado, con un futuro suegro ambicioso y poderoso, el único escudo de Jaume era la legitimidad de su herencia, en último extremo también dependiente de la decisión de Roma. Mas detrás de aquella última defensa no había sino un niño de pocos años, cuya existencia era un problema para muchos. Aquel niño desvalido tendría que recibir una ingente protección si había de llegar a ser rey. Descontados todos los elementos de la leyenda, debemos pensar que en cierto modo sobre él veló un buen hado. En todo caso, de la fragilidad de su causa el propio rey es muy consciente cuando regresa con la mirada hacia su infancia. Por ejemplo, en este paso, que deja caer en el §5 de la *Crónica*, donde dice: «Sucedió al cabo de poco tiempo, que por una trampilla que daba encima de la cuna donde Nos estábamos, nos tiraron una piedra que cayó al lado de la cuna, pero no fue la voluntad de Dios que entonces muriésemos». La mano que tira la piedra permanece en el anonimato. Es el símbolo de los ingentes peligros que en un mundo hostil amenazan al niño más indefenso. La piedra solo tenía que seguir su curso natural. Mas, para este tiempo, la voluntad de Dios está por encima del curso de las cosas y la piedra no cae sobre la cabeza del niño. La escena es un símbolo de toda la infancia de Jaume. La vida a su alrededor era una inmensa piedra que rodaba directa a su cabeza. Nadie sabe cómo, a pesar de todo, él sobrevivió.

Ignoramos las atenciones que Simon de Monfort podía tener en la lóbrega fortaleza de Carcasona con un chiquillo cuyo único título era ser heredero de una señoría que él ya casi tenía al alcance de la mano por la fuerza de las armas. Podemos imaginar la vida de un niño huérfano de todos en el elevado castillo, rudo y frenético centro del poder militar de Simon de Monfort. Sin embargo, la sobriedad expresiva de la *Crónica* aquí también se impone. Ni si-

---

[8] *Crónica*, §7, pág. 673.

quiera después de la muerte de su padre a manos del jefe militar hay expresiones desfavorables a Simon, al fin y al cabo cruzado papal en la lucha contra los herejes. Sin embargo, poco después de Muret, hacia 1215, ya maduraba el tiempo en el que Inocencio III estaba deseoso de cortar las alas a Simon de Monfort, cuyos planes de forjar un reino propio eran demasiado evidentes a los ojos de todos. Ya ante su madre María moribunda, el Papa le había garantizado que protegería a su hijo Jaume. Pero ahora, a la muerte de su padre, ese mismo hijo podía ser rey, pues era el único heredero de Aragón y Cataluña. Si de verdad Roma quería obstaculizar los planes del conde cruzado, se debía impedir que siguiese controlando el futuro del monarca. El peligro era extremo para el equilibrio de fuerzas, y el Papa debió de verlo claro. Simon era siempre peligroso, desde luego, pero si lograba debilitar el poder organizado en Cataluña y, además, tenía bajo su control al único heredero legítimo del rey Pere, entonces el asunto era muy complicado y grave.

Jaume tenía que salir de la órbita del conde. La alianza matrimonial firmada por Pere entre Jaume y la hija de Simon debía deshacerse. Sin duda, de este pacto podía salir un poder que uniera el Languedoc con el reino catalano-aragonés, pero ese poder sería manejado por Simon de Monfort, un noble con intereses en Inglaterra. Esto era demasiado. Cuando el papa Inocencio —«el mejor pontífice que desde cien años atrás hubiese ocupado la silla del Apóstol»— recibió una embajada de Hispán de Albarracín, de Nuño Sans y de Guillem de Cardona [9], reclamando que Jaime tornase a sus reinos naturales de Cataluña y Aragón [10], no tuvo que pensárselo mucho. Publicó la bula que obligaba al cruzado a devolver a Jaume a sus reinos. Montpellier quedaba atrás para el chiquillo. Carcasona, también. «Los franceses llevarónnos hasta Narbona», dice la *Crónica* del rey. Allí, todavía en 1214, recibieron al niño de seis años «multitud de nobles y ciudadanos de Cataluña» [11]. Aquí la *Crónica* es muy concreta y no habla de aragoneses para nada, aunque sabemos que entre los que lo recibieron estaba el obispo de Albarracín, Hispán [12], que antes hemos citado, un personaje que siempre sirve a Pedro Fernández de Azagra, el señor de aquella tierra, decidido partidario de Jau-

---

[9] *Crónica,* §10.
[10] Zurita, *Anales,* Libro II, pág. 103-2.
[11] «Gran partida dels nobles de Catalunya e dels ciutadans», dice literalmente.
[12] Hispán o Pedro Hispano fue obispo de Albarracín-Segorbe desde 1212-1215. En este tiempo estuvo muy próximo a Inocencio III y a su legado Pedro de Benevento. Su intervención fue decisiva para consolidar la sede de Segorbe, aunque no se opuso a su dependencia de Toledo, que quedó establecida en una bula de 28 de noviembre de 1213. El objetivo final de la sede era llegar al mar, razón por la cual su obispo Domingo estará presente en el asedio frustrado de Peñíscola, intentando cortar el paso al obispo de Tortosa. Cf. Pablo Pérez García, *Segorbe a través de su historia,* Publicaciones de la Mutua Segorbina de Seguros a Prima Fija, Segorbe, 1998, pág. 36. Villanueva, en su *Viaje literario a las iglesias de España,* en el correspondiente a la iglesia de Segorbe, dice que el obispo fue nombrado por el legado maestro de Jaume. Su viaje al Concilio de Letrán se haría con su metropolitano, Jiménez de Rada, el famoso arzobispo de Toledo. Cf. Jaime y Joaquín Lorenzo Villanueva, *Viaje literario a la iglesia de Segorbe,* ed. de Pablo Pérez García, Segorbe, 2001, pág. 63.

me por entonces [13]. De los catalanes estaban los principales: primero, los de la realeza, familiares de Jaume, y ante todo Sans, hijo del rey Ramon Berenguer IV, conde provisional de Provenza, hermano de su abuelo Alfonso el Casto; es posible que Ferran, hermano de Pere y tío del niño, abad del monasterio de Montearagón, hombre impetuoso y perverso, no se acercara a Narbona a reconocer al niño. No obstante, allí estaban los nobles más destacados de Cataluña, como Guillem de Montredon, maestre del Temple; Guillem Ramon de Montcada, Guillem de Cardona, Dalmau de Creixell, etc.

Podemos hacernos una idea de las dificultades de un reinado que comienza con este encuentro entre un niño de seis años y los viejos nobles que dejaron sin asistencia militar a su padre en Muret. Entre ellos estaba el conde Sans, que, llegado el caso, estaba dispuesto a disputar a Jaume la realeza. El niño que lo ve no es consciente de nada, y el hombre que recuerda y dicta sus memorias tampoco dice inicialmente nada desfavorable de ellos. La tensión, la extrañeza, el miedo, podemos suponerlos. Solo un personaje vincula al muchacho con la madre, con los escenarios de su previsión amorosa: es el legado de Inocencio III, Pedro de Benevento, y, aunque no tiene como misión enfrentarse a los señores feudales que van a regir durante la minoría de edad del rey, al menos se concentra en organizarlos para garantizar la protección del joven. Es de creer que suya, y por tanto papal, fue la decisión de poner a Jaume bajo la educación de Guillem de Montredon, al que la *Crónica* hace natural de Osona, maestre de los templarios. Orden militar por excelencia, los templarios estaban en directa dependencia del Papa, y con ello se hacía efectiva la promesa de protección que Inocencio había entregado a María en su lecho de muerte, como último consuelo. El resto, por ahora la totalidad del reino, se entrega a la procuraduría del tío abuelo del rey, el conde Sans, y su gobierno de nobles. Y así el joven heredero, todavía no rey, sale de la estricta fortaleza de Carcasona para ir a parar a la pelada roca de Monzón, en la frontera de Aragón y Cataluña, a orillas del Cinca, en una tierra a la que, por ser para unos aragonesa y para otros catalana, todos venían a reunirse. Junto a él, como una única nota de normalidad en su vida de niño, también habría de refugiarse el conde de Provenza, Ramon Berenguer V, que habría de compartir la soledad de Jaume en la alta roca de Monzón alrededor de tres años. Durante el camino, cargado de acontecimientos, el niño siempre iba de la mano del mismo hombre, de Pedro de Benevento, el legado del Papa.

---

[13] Zurita, *Anales,* Libro II, pág. 104.

4
Pedro de Benevento

El rey guardó una imagen nítida de estos días, entre mayo y agosto de 1214, en que recorrió el camino que va desde la recepción de Narbona hasta las primeras Cortes de su reinado en Lleida. Recuerda en la *Crónica* que se fabricó un nuevo sello real para marcar sus documentos y que el primero de ellos se usó para convocar Cortes «de catalanes y aragoneses para la ciudad de Lleida, a las cuales concurriesen el arzobispo, los obispos, abades y ricoshombres de cada reino, y diez síndicos de cada ciudad, con poder bastante para consentir y aprobar lo que las Cortes acordasen»[1]. Esta es la memoria oficial del rey. No hay en ella nada personal, nada que no se hallase en los registros de la cancillería. El recuerdo del rey no se dirige hacia la geografía ni hacia la impresión que le causó la tierra que debía gobernar. Al fin y al cabo, sobre el niño se debían de amontonar los recuerdos y las impresiones sin que pudiera decir que ninguna de las tierras por las que había pasado era la suya, en el sentido en que hoy podemos decirlo de un paisaje protector y amable. La memoria del joven rey es política: la primera decisión que recuerda es que se debían convocar Cortes, que, en efecto, se celebraron hacia finales de 1214. El segundo recuerdo es tremendo, huella de los miedos y las obsesiones de su infancia, de los terrores de un niño que se sabe en peligro. A Lleida acuden todos «menos don Fernando y el conde don Sancho que esperaban usurparnos el reino». El tercero es que todos los presentes en las Cortes juraron defender sus dominios y su persona. El cuarto recuerdo sorprende por su construcción y por su precisión. El arzobispo de Tarragona, Espàrrec o Aspargo, pariente del rey, lo lleva en brazos, elevándolo ante todos, para que le ofrezcan fidelidad, le presten homenaje y juren tenerlo por rey[2]. Jaume, por primera vez en su *Crónica,* amontona el tiempo y la comparación en su recuerdo. A Montpellier volverá, pero no para recrear los escenarios de la infancia, y a Carcasona no regresa. Pero a Lleida vuelve y compara las cosas con aquellas del tiempo de la infancia. Y en esas nuevas visitas ha fijado el momento glorioso de la

---

[1] *Crónica,* §11.
[2] Así justamente es como lo expresa Zurita, *Anales,* Libro II, pág. 104-2.

presentación ante su pueblo y ha recorrido los escenarios donde tuvo lugar. Fue presentado a las Cortes en el palacio que «hay ahora de sillería y entonces era de madera», y desde una ventana donde ahora, dice el rey en el tiempo de la narración, se abre la cocina que da de comer a los comensales que están en el patio [3].

Sin duda, el rey ha regresado a ese palacio —que según el gran erudito catalán Ferran Soldevila debe de ser el de la Suda de Lleida—, y ha sentido el paso del tiempo, la diferencia entre el hoy y el lejano ayer de la infancia. El acto que nos transmite es su proclamación como rey, su consagración política, sin olvidar la debilidad de ese juramento, por cuanto sus dos directos parientes no lo han reconocido. Luego, una vez más, el narrador de la *Crónica* se abisma en la infancia, en la penuria, en el largo camino desde la mera realeza hacia la gloria, en las dificultades por las que tenía que pasar su destino para que fuera tanto más heroico y brillante. Acabadas las Cortes, «el maestre del Temple se nos llevó a Monzón», dice con una plena concisión el rey. Zurita dice que «porque se entendió que el infante don Hernando y el conde don Sancho pretendían apoderarse del Rey, desde que entraron en Cataluña, se

---

[3] José Lladonosa Pujol, en su trabajo «Jaume I el Conquistador y la ciudad de Lérida», *X CHCA*, 1 y 2, págs. 449-459, nos informa acerca de lo que quiere decir el monarca. En efecto, la Suda, la pequeña fortaleza árabe que se destaca sobre el cerro que domina la ciudad —frente a frente a la otra altura sobre la que los templarios edificaron su castillo—, al lado mismo de la Seo antigua que debía de estar iniciando sus obras en este año de 1214, debía de tener los artesonados de madera, siendo transformados en arcadas góticas de piedra por el rey a lo largo de su vida. Jaume también vio avanzar poco a poco las obras de la catedral, que no vería consagrar por muy poco, dado que se abrió al culto en 1278, dos años después de su muerte. La relevancia jaimiana de este recinto, vértebra de la historia de Lleida, no ofrece dudas, por mucho que ahora no se reconozca en nada. La noticia más cercana a la época de Jaume es quizá que en esa catedral estuviera enterrada Constanza, la hermanastra de Jaume, casada con Guillem Ramon de Montcada en 1222, y cuya noble tumba —en la que destaca el fino detalle de los bordados de su vestido, la noble cabeza ovalada, como era típico en el arte gótico, así como la dulce cabellera que cubre sus hombros y descansa sobre la rica almohada— se podría contemplar en la capilla de los Montcada. También puede que sea la tumba de Teresa de Montcada, bisnieta del rey Jaume y nieta de Pedro de Ayerbe. Nada más. En todo caso, para la ciudad estas Cortes de 1214 fueron decisivas, pues determinaron el origen de la transformación del consulado, el gobierno feudal de Lleida, en la *paheria*, el gobierno de los *paciarii* o pacificadores, que emergió de estas Cortes. Jaume, posteriormente, completaría el régimen municipal de la ciudad formando el consejo general con representantes de todas las parroquias, dirigidos por los *paheres* de estas, uno por cada una excepto la de San Juan, que tenía dos, por celebrarse las reuniones del consejo en su nave. La donación del privilegio de defensa y bandera, para poder mantener su independencia y libertad como villa real frente a los ataques feudales, consolidó su fuero. La creación de la *prohomenia* de defensa, reforzando además el poder judicial de la corte del *veguer*, como lugarteniente del rey, vinculó directamente la ciudad a su rey con posterioridad a 1240. La íntima vinculación del rey con Lleida —la capital administrativa de la corona— es lo que se deja sentir en este relato de la *Crónica*. Que un lugar como el alto de Lleida, tan central para la historia hispana, haya sido maltratado y vejado desde la época de Felipe V, hasta ser abandonado durante mucho tiempo como los restos de un cuartel fundado en la Guerra de Sucesión —Felipe V dio orden de destruir la catedral, por fortuna incumplida—, testimonia la dificultad de los españoles para construir una tradición de respeto hacia el pasado. Hoy, sin embargo, el recinto completo va adquiriendo poco a poco la dignidad que merece, gracias a la actuación de la Generalitat catalana.

determinaron, que la crianza y guarda de su persona se encomendase al maestre del Temple»[4]. En todo caso, el último recuerdo del rey, el dominante, es doloroso y atroz. El rey va arruinado. Entre las deudas de su padre y los repartos de los bienes que se habían establecido para organizar la regencia, apenas tiene de qué mantenerse.

Hasta aquí los recuerdos del rey. Pero el niño de seis años no sabía que por primera vez se habían reunido Cortes conjuntas de Aragón y de Cataluña y que, si esto había sido posible, solo se debía a que así las había convocado el legado papal, Pedro de Benevento. En realidad, este gesto demostraba hasta qué punto esta corona, con la unidad inseparable de sus reinos, era decisiva para el equilibrio político de la zona, al menos a los ojos de Roma. El Papa no podía consentir que la corona de Aragón y Cataluña quedara entregada a las inseguridades del sur de Francia. Un núcleo de poder estable en la zona era una aspiración radical del Papado, que tampoco quería ver a Francia más poderosa de la cuenta. Si Roma ha tenido alguna vez una política internacional de largo alcance ha sido la del equilibrio de los reinos, desde luego, y para ese equilibrio Aragón era necesario. El caso es que, como suele suceder en alguna fase de la construcción de otras monarquías europeas, fue la aguda comprensión de Roma la que, en esta oportunidad, dotó de instrumentos idóneos a la monarquía aragonesa. En efecto, fue el legado papal el que fundó una práctica de Cortes conjuntas al reino de Aragón y al principado de Cataluña, práctica que, desde entonces, se habría de repetir otras veces, otorgando a la federación una estabilidad decisiva. Zurita, por el contrario, fue muy consciente de esta innovación histórica[5]. Tampoco recuerda Jaume con claridad que alrededor de estas Cortes se nombró procurador general o regente al conde Sans, su tío abuelo, que habría de gobernar con un consejo de regencia de catalanes y aragoneses[6]. Nada se nos dice de otro asunto: que el legado papal le concede las rentas de Montpellier al joven, mientras que todas las demás rentas reales debían emplearse para pagar las deudas de su padre. De esta administración se hacen cargo los templarios, que así ejercen de verdaderos contables del reino. Por último, en la asamblea se declaró una constitución de *Pau i*

---

[4] Zurita, *Anales,* Libro II, pág. 104-2.

[5] «Trató el legado que todos hiciesen homenaje y prestasen juramento de fidelidad al Infante; aunque según el legado escribe al conde de Monfort, no se hallaba memoria de aquellos tiempos, que Aragoneses, ni Catalanes, de ningún Estado, o condición que fuesen, hubiese hecho esta salva o juramento a ninguno de los reyes y condes pasados; y desde entonces se introdujo esta costumbre, que se guardó con los Reyes que después sucedieron» (Zurita, *Anales,* Libro II, pág. 104-2).

[6] Zurita nos informa de esta estructura de gobierno, citando la *Crónica de San Juan de la Peña,* a la que él se refiere como «la historia antigua de Aragón». El legado, en efecto, nombró tres gobernadores, uno para Cataluña y dos para Aragón, uno para el norte del Ebro y otro para el sur. Don Pedro Ahonés debía gobernar el Alto Aragón, desde el Ebro a los Pirineos, mientras que Azagra gobernaría desde el Ebro hasta la frontera castellana. Por encima de ellos estaba el procurador general, el conde Sans (*Anales,* Libro II, pág. 105-2). Cf. Rogelio Pérez Bustamante, «El gobierno y la administración de los territorios de la corona de Aragón bajo Jaume I y su comparación con el régimen de Castilla y Navarra», *X CHCA,* págs. 515-536.

Treva en las tierras catalanas y una tregua con el rey de Valencia, Abuceit, que este acogió con buena disposición, dada la debilidad del sistema de reinos de taifas tras la derrota de los almohades en Las Navas de Tolosa.

Todo ello fue posible por la política del Papa y porque el legado Pedro de Benevento tenía la suficiente autoridad para impulsarla con decisión. Malos presagios, sin embargo, eran que ni Sans ni Ferran acudieran a las Cortes de Lleida. Habían ido a Narbona, a recibir al infante de las manos de Simon de Monfort, amenazado por la Iglesia si no restituía al jovencísimo rey a su gente. Allí se debieron de pactar los cargos de la regencia por parte del legado apostólico, verdadero soberano comisario en Aragón. Pero cuando en las Cortes de Lleida se trató de jurar al infante como rey, al parecer, aquellos dos nobles se abstuvieron de este compromiso. Su sangre real, muy cercana al trono, era demasiado altiva como para aclamar como rey a un niño que, además, sabían destinado al alto cerro de Monzón. Y así fue. Tan pronto las Cortes acabaron, Pedro de Benevento se puso en marcha hacia la siguiente misión de su legación. Por Montpellier había de pasar el 8 de enero de 1215, para inaugurar el concilio de esa ciudad, presionado por Simon de Monfort, como ya vimos. El niño Jaume, por su parte, buscó el curso del Cinca y se encaminó hacia el castillo templario de Monzón, donde según una tradición legendaria se guardaba la famosa espada a la que el enclave debía su nombre: Mont-Tizona.

No adelantemos acontecimientos, sin embargo. Esto es lo que nos impone el relato de la *Crónica* del rey. ¿Pero fue realmente todo esto así? ¿Coinciden el relato real con los documentos de que disponemos? Por regla general, sí; pero la *Crónica* deja muchos puntos oscuros que debemos iluminar. Contemos, por tanto, algunos detalles de esta compleja historia. Ante todo, títulos para ser procurador general del reino tenía más Ferran, hermano del rey Pere y tío de Jaume, que el conde Sans, hermano del abuelo de Jaume, Alfonso el Casto. Era aquel abad de Montearagón desde 1205, pero su personalidad inquietaba a todos por igual. A pesar de tener una responsabilidad eclesiástica, vivía como un laico y esto indisponía a Roma para su nombramiento. La vieja *Crónica de San Juan de la Peña* se hizo eco de una vieja tradición que hacía de él un pendenciero caballero sostenido por el disfrute de los bienes eclesiásticos[7]. Frente a esta personalidad indisciplinada, el viejo conde Sans era el típico representante de la aristocracia catalana, volcado en cuerpo y alma todavía hacia los asuntos de la Provenza. Era el conde el señor feudal de Rosellón[8] y

---

[7] Cf. Huesca, *Teatro histórico de las iglesias del reyno de Aragón,* Pamplona, 1797, tomo VII, pág. 386. *Crónica de San Juan de la Peña,* ed. de Zaragoza, 1876, pág. 146.

[8] El Rosellón había revertido a la casa de Barcelona en 1172, cuando Girard II (1164-1172) hizo testamento en favor de Alfonso II. Al parecer, había solicitado la opinión de los roselloneses, que prefirieron integrarse en la casa de Barcelona que en la de Ampurias, sin duda movidos por la representación de que la casa de Barcelona era la primogénita y principal de los condados de Cataluña, que en cierto modo era «un gran condomio familiar». Cf. Santiago Sobrequés, *Els Barons de Catalunya,* Edicións Teide, Barcelona, 1957, págs. 24 y sigs.

gobernaba la minoría de edad del conde legítimo de Provenza, Ramon Berenguer V, que había quedado huérfano a los pocos años de edad y que, por tanto, padecía la misma suerte que el rey Jaume. Era inevitable que las viejas fisuras en el seno de la confederación catalano-aragonesa se organizaran ahora alrededor de estos dos grandes personajes: uno, el abad de Montearagón, dirigiendo ciertas fuerzas de Aragón, y el otro, Sans, que hacía visible la mayoría de las fuerzas e intereses catalanes. Pero estas fisuras, que siempre existieron más o menos amplias, no eran alarmantes, ni impedían la formación de consensos importantes en el seno de la corona. La *Crónica,* que no lo niega, tampoco lo pone de relieve de manara clara.

Por ejemplo, el primero de esos consensos suficientes fue necesario para hacer llegar al Papa la solicitud de que Simon de Monfort abandonara la custodia de Jaume. Zurita lo cuenta [9], pero también las *Gestas Comitum Barcinonensium* [10] y el propio Rodrigo Jiménez de Rada en su libro *De rebus hispaniam* [11]. Como vimos, la embajada fue enviada a Inocencio III, y en ella iba Jimeno Cornell, Guillem de Cervera, el maestre del Temple y Pedro Ahonés. A ellos se uniría el obispo de Albarracín, Hispán, que quizá debía de estar en Roma enviado por Pere II para una misión anterior. Ahora se podía añadir a la embajada, como delegado expreso del señor de Albarracín, Pedro Fernández de Azagra. La misión de Ahonés era, en caso de que Simon no entregara al niño, retarle a duelo singular como traidor a toda la tierra del reino. Nadie tenía seguridades de que Monfort, en efecto, entregara al niño que tenía en su poder, pues, como hemos visto, las relaciones entre Monfort y el Papa se habían tensado porque el cruzado había ido demasiado lejos en su voluntad de hacerse soberano de las tierras tomadas a los herejes. Este argumento es el que no fue capaz de ver un erudito tan sutil y discutidor —aunque fuese un escritor desmañado— como Salvador Sampere i Miquel, en la reivindicación del conde Sans que escribió para el Primer Congreso de la Corona de Aragón [12]. Esta embajada logró que, el día 19 de enero de 1214, el Papa publicara el mandamiento ordenando a Simon de Monfort la entrega del rey. El texto de la bula era duro y terminante. El Papa ordenaba sin condiciones la entrega, «por cuanto sería indecente que se retuviera al predicho rey con cualquier pretexto ocasional» [13]. Además, la embajada logró que el Papa nombrara a nuestro legado pontificio para ordenar las cosas del reino. Pero más importante que esta declaración era el trato de rey que el Papa daba al mismo niño Jaume. Como es lógico, el texto de la bula no lo había leído todavía nadie, excepto los propios embajadores. Desde luego, no el conde Sans.

---

[9] Zurita, *Anales,* Libro II, cap. LXVI, pág. 104.
[10] Marca y Baluze, *Marca Hispanica,* París, 1688, pág. 555.
[11] Ver Rodrigo Jiménez de Rada, *Historia de los hechos de España,* Alianza Universidad, Madrid, 1989, págs. 226 y 227.
[12] Cf. Salvador Sampere i Miquel, «Minoria de Jaume I. Vindicación del procurador conde Sancho. Años 1214-1219», *I CHCA,* págs. 580-694.
[13] Ibídem, pág. 593, n. 1, ofrece el texto latino de la bula.

Al parecer, según el mismo Sampere [14], el legado era necesario no solo para ordenar el reino, sino para asegurar la paz entre Simon de Monfort y los catalano-aragoneses, que se mostraban dispuestos a vengar a su rey, muerto un año antes en Muret. En estas luchas el conde Sans debía de llevar la voz cantante, junto con su hijo, Nuño Sans, y su cuñado el vizconde Aymerich. Al llegar el legado, hacia finales de enero, se impusieron complejas y lentas treguas y paces entre todas las partes en lucha en el sur de Francia. Solo después de ellas tuvo lugar lo que se nos cuenta en la *Crónica:* que en Narbona, donde se habían concentrado las huestes contra Monfort, fue entregado el niño Jaume a muchos catalanes y algunos aragoneses, puede que en el propio campo de batalla. Debería de hacerse la entrega hacia el mes de junio de 1214. Vaux Sernay, el historiador de la cruzada de Simon, es la fuente de estos hechos, que la *Crónica* no relata [15]. Según esta fuente, por tanto, sería el mismo Sans el que dirigiría la masa que reclamó y recibió del legado al joven Jaume. Puesto que era una victoria sobre el de Monfort, allí debería de estar el viejo Sans para celebrarlo. Y, sin embargo, conviene no extremar el consenso hasta hacer de él un idilio. De estos hechos iniciales ha pretendido Sampere i Miquel señalar que la posición de Sans siempre fue leal y favorable a Jaume y que, por eso, la *Crónica* es mentirosa y falaz al señalarlo como aspirante al trono de Aragón. Pero una cosa no se sigue de la otra. Sans era fiel a su política y llegaba con el legado hasta donde podía llegar. Desde luego, no asumió su política de paz, la única que favorecía el destino de Jaume. Por eso, pronto veremos que se mantiene lejano de la política de Roma, del legado, de su representante el arzobispo de Tarragona, del obispo de Barcelona y del maestre del Temple. Que esta hostilidad implicase un claro rechazo a reconocer a Jaume como rey es incluso probable.

El caso es que ni Sans ni Ferran estuvieron en las Cortes de Lleida. Resulta muy difícil creer que la razón de ello fue que el propio legado pontificio no había autorizado su presencia, para que no pudieran influir en las deliberaciones. Aquí Sampere se confunde en su reivindicación del viejo conde [16]. No tiene sentido que el personaje más importante del reino no pudiera asistir a las Cortes donde se había de organizar el gobierno que iba a recaer directamente sobre él. Estas Cortes fueron la expresión del consenso de base de la federación y fueron convocadas con carácter universal por el legado apostólico. Allí se dieron cita, como recuerda Zurita, todos los prelados y ricoshombres, barones y caballeros aragoneses y catalanes, asistiendo diez delegados de cada una de las ciudades, villas y lugares principales, como también dice la *Crónica*.

---

[14] Salvador Sampere i Miquel, ob. cit., pág. 589.
[15] *Recueil des historiens des Gaules et de la France,* LXXV, París, 1880, cit. por Sampere i Miquel, ob. cit., pág. 588, n. 1.
[16] Sampere i Miquel, ob. cit., pág. 594: «No se admitirían por expreso mandato del legado para que con su presencia no pudieran influir en las conclusiones de las Cortes».

La actitud de Sans se puede explicar con facilidad. Envuelto en una campaña de venganza con Simon de Monfort, no aceptó las propuestas pacificadoras del legado. Aceptó inicialmente ser el procurador general, pero ¿para qué le servía aquella magistratura si no podía impulsar la guerra contra Simon? La actitud de Ferran es todavía más clara: él tenía tanto o más derecho a ser procurador y estaba dispuesto a imponerlo con su gente. Todos los testimonios insisten en que los dos infantes se mantenían en armas, produciendo disturbios. Por mucho que la finalidad de Sans fuese vengar la muerte del rey Pere y expulsar a Simon de Monfort, esa no era la política que traía el legado ni la política que apoyaban muchos nobles aragoneses y catalanes. Nadie quería un segundo Muret, que separaría la corona de Aragón respecto a la política de la Iglesia. Por eso, quizá, las disputas entre el conde y el infante por la procuraduría general del reino, en el fondo, se basaban en diferencias acerca de la política exterior del reino: o seguir con la política occitana de Pere o vincularse a la política del infante de Montearagón, quizá más pendiente de la expansión hacia el sur. Pero lo que ambos rechazaban era la fórmula: ninguno quería que fuese el legado quien impusiera su política, ya que, en cierto modo, actuaba como el soberano del reino. Que el Papa ya hablara de Jaume como rey en su bula quizá los alejó a los dos del legado, pero no es seguro, como dice la *Crónica*, que pretendieran de manera inmediata el trono. Quizá no deseaban una larga provisionalidad que solo podía redundar en un aumento del poder de la Iglesia.

Pero, en todo caso, tenemos que seguir subrayando el consenso de base, aunque no podemos decir que afectara a todo el reino. El caso es que las Cortes de Lleida, en 1214, presididas por el legado papal, se debieron de realizar en un clima de rebeldía de Sans y de Ferran, pero eso no impidió que se lograran importantes acuerdos. Tales fueron los que dieron lugar a la constitución de paces y treguas. Que en ella se implicaron todos los estamentos de la corona se descubre en su capítulo 9. Por él se creaban comisiones de vigilancia formadas por tres representantes de las ciudades, tanto de los ciudadanos ricos como de los más humildes, junto con representantes del poder diocesano, siempre sometidos al procurador general, que podía nombrar y renovar sus propios agentes. Estas comisiones asumían las funciones del antiguo *defensor civitas* o *defensor pacis*. Pero lo sorprendente es que, aunque en las Cortes Generales de Lleida se juró la realeza de Jaume y se organizó la propuesta de gobierno del reino, solo se aprobaron constituciones de paz y tregua para Cataluña, entendida como territorio de más acá del Cinca, esto es, desde Monzón hasta Salses, en el extremo Rosellón. ¿Por qué las paces y treguas no afectaron a Aragón? Sin duda, porque, al no estar presente el infante Ferran y su grupo, la nobleza aragonesa no podía lograr un acuerdo unánime, necesario para esa constitución. Por eso, aunque las Cortes eran Generales por convocatoria, de facto no lo fueron enteramente. Se dio en ellas una heterogeneidad entre Aragón y Cataluña que debía hacerse visible en el futuro en muchos otros aspectos. La parte catalana pudo sacar adelante la pacificación del principado, pero nada parecido se logró en Aragón. A pesar de todo, muchos nobles aragoneses aceptaron la procuraduría de Sans y ejercieron en su consejo de gobierno. Aun con ello, la posición de Jaume como rey era ambigua: jurado por unos, sobre todo la Iglesia y la nobleza catalana, junto con algunos nobles aragoneses, no fue jurado como tal por Sans ni por Ferran.

Las paces y treguas de Lleida pasaron, desde luego, a las *Constitucions y altres usatges de Catalunya*. Por ellas, se ponían bajo protección del reino las iglesias, monasterios, cementerios, casas del Temple y del Hospital, las viudas, los huérfanos con todos sus bienes, muebles e inmuebles, los ciudadanos de todos los lugares reales y religiosos, los caminos y carreteras, los caminantes y los mercaderes, los payeses y sus animales y aperos, las colmenas, los palomares, los molinos, los olivares, los guías y los correos. Las constituciones hacían mucho hincapié en incluir los bienes económicos, a los que casi daban el trato de personas. Las paces debían ser controladas por los *paheres* o vigilantes de las ciudades, y un *veguer* o inspector del obispado. Debían ser juradas por todos los hombres mayores de catorce años, de toda condición social, bajo pena de ser extrañados de la comunidad. Quien violase la paz sería igualmente excomulgado y sometido a las penas necesarias, salvando todas las propiedades sometidas a la paz: los animales de labranza, las colmenas, los palomares, los molinos y olivares, que no podían sufrir daño alguno y que eran inviolables. Se procuraba controlar la fabricación de moneda falsa o con fraude. En alguno de los pasajes de las treguas se hablaba de Jaume como «hijo del rey», sobre todo cuando se regulaba que nadie podría imponer cuestaciones o impuestos en su nombre. Finalmente, las paces se aprobaban por tres años. Al mismo tiempo, las Cortes proponían la paz con Abuceit de Valencia, lo que el caudillo almohade agradeció. Que a pesar de todo se ofreciera la procuraduría a Sans se explica porque la Iglesia del reino y la nobleza, sobre todo la catalana, preferían tenerlo dentro del gobierno que fuera de él. La mayoría del reino mostraba un amplio consenso básico al desear atarle las manos con acuerdos vinculantes. De hecho, esa presión sobre el conde iba a ser muy necesaria.

5
SANS, PROCURADOR GENERAL DEL REINO

El cardenal legado, al acabar las Cortes de Lleida, dejó de actuar como el procurador del reino y transmitió su autoridad al conde Sans. Esto debió de suceder hacia el mes de noviembre de 1214, porque el 8 de enero de 1215 Pedro de Benevento estaba en Montpellier celebrando el concilio. La propuesta de elevar a Sans como procurador debió de impulsarla Pedro por esta época. Roma la confirmó el 19 de enero de 1216. Durante todo el año de 1215 Sans debió de operar como procurador provisional[1]. Cuando leemos la bula de confirmación, tampoco vemos que en ningún sitio se hable del infante Jaume como rey. El Papa acepta todos los extremos de la propuesta de Pedro de Benevento y de las Cortes de Lleida y nombra consejeros de Sans. Por parte de Aragón cita al obispo de Tarazona, a Jimeno Cornell y a Pedro Ahonés, y por la parte de Cataluña, al arzobispo de Tarragona, a Guillem de Cervera y a Guillem de Cardona. Todos ellos, junto con el maestre del Temple en España *(magistrum domum Miliciae Templi in Ispania)*, debían responder por el hijo del rey *(filius Regis)* ante los reyes de Castilla y de Navarra o ante algún otro príncipe —referencia velada a Francia—. Luego el Papa confirmaba la distribución de los honores realizada por el legado, junto con el consejo así establecido. Entre estos cargos estaba Pedro Fernández de Azagra, quizá como mayordomo de Aragón o canciller de Aragón, en cuyo caso Pedro Ahonés sería el mayordomo. El canciller de Cataluña sería Berenguer de Palou, obispo de Barcelona, y sus consejeros serían el vizconde de Castellbó y Guillem Ramon de Montcada. Guillem de Cervera sería procurador de Montpellier.

Este es el equipo de gobierno que regía la corona. En su acta de constitución no figura en parte alguna que Jaume fuese rey. Era el hijo del rey, pero nada más. Es más bien probable que esta fuera una condición de Sans para asumir la procuraduría. En todo caso, la situación al norte de los Pirineos presionaba sobre todas las mentes y determinaba la política del reino. Zurita[2] nos informa de una actuación de la procuraduría general de Sans. Tiene que ver

---
[1] La bula la ofrece Sampere i Miquel, ob. cit., pág. 609.
[2] Zurita, *Anales,* Libro II, cap. LXVII, pág. 105.

con la convocatoria de Inocencio III del Concilio de Letrán, y no es otra cosa que una embajada enviada a Roma en el mes de septiembre de 1215. En Huesca tuvo lugar un parlamento para decidir la embajada y allí fueron nombrados comisionados Guillem de Cervera y Pedro Ahonés. Que el procurador general intervino se comprueba por el hecho de que embargó algunos castillos, que era exclusiva competencia suya, y porque Jimeno Cornell, que debía operar como mayordomo, entregó el dinero para la misión. Al parecer, también intervino el famoso obispo de Albarracín, Hispán, quien debió de morir en Roma por estas fechas[3]. Oficialmente, la embajada se envió para tratar de la muerte de Pere II y de otros negocios del reino. Muy significativo es que la misión hable de «pro demanda morte domini Petri inclite recordationis regis Aragonium»[4]. No sabemos qué demandas sobre la muerte de Pere presentaba la embajada, y si solicitaba o no la retirada del favor papal a Simon de Monfort, pero no leemos ni una palabra que reconozca a Jaume como rey.

El caso es que la embajada aragonesa entraba en Letrán hacia primeros de noviembre de 1215. El día 1 estaba fijado como fecha de inauguración del concilio, que, en las palabras de Inocencio III, debía atender dos cosas «que me roban el corazón: la liberación de la Tierra Santa y la reforma de la Iglesia universal»[5]. En realidad, esta segunda cuestión no era otra que la extirpación de la herejía cátara, que no podía abordarse sin reformar todos los escándalos eclesiásticos que operaban como semilla de la herejía. El aspecto del concilio debió de parecer imponente a los embajadores. Allí se habían reunido cuatrocientos doce obispos, ochocientos abades y priores, más los representantes de los reyes de todos los puntos de la cristiandad, desde el emperador de Occidente, el que había de ser confirmado como tal en esta fecha, Federico II, hasta el emperador latino de Oriente, Enrique. Aunque había comisiones de trabajo que analizaban los cánones que iban a ser aprobados, lo más espectacular eran las reuniones plenarias. Estas sesiones, sin embargo, no se iniciaron a gusto de los asistentes catalano-aragoneses. En la reunión preliminar a las sesiones plenarias, el arzobispo de Toledo, Jiménez de Rada, planteó la cuestión de la primacía de la sede de Toledo sobre todas las iglesias de la antigua provincia de Hispania, incluida Narbona. Ni Braga ni Tarragona, defendida por el obispo de Vic, aceptaron. En términos de rechazo se expresó también Narbona, quien reclamó la primacía sobre las iglesias de Hispania por no ser nunca conquistada por los infieles. Pero Inocencio III no podía limitarse a rechazar meramente los argumentos de Toledo ni de su prestigioso arzobispo, quien impresionó al concilio hablando en cinco lenguas: francés, alemán, inglés, castellano y vasco[6]. Así que, para contentarlo sin ceder a su pretensión, el Papa concedió a Toledo, como compensación por el rechazo de las preten-

---

[3] J. y J. L. Villanueva, *Viaje literario a las iglesias de España,* Madrid, 1804, vol. III, págs. 37 y 38.
[4] P. Bofarull, *Colección de Documentos Inéditos del ACA,* vol. VI, pág. 79.
[5] Hefele, ob. cit., pág. 1316.
[6] Ibídem, pág. 1320.

siones de su arzobispo Jiménez de Rada, la legación apostólica sobre toda España por diez años. Pero al mismo tiempo declaró algo decisivo para el futuro: que todas las iglesias que desde aquel día se rescatasen de los moros dependerían de la jurisdicción de Toledo, lo que a pesar de todo era una concesión muy ambigua, pues no concretaba el sentido de esta dependencia. Este asunto tendrá una amplia relevancia en el futuro, como veremos [7].

Estos asuntos duraron hasta el día 11 de noviembre. Luego, el concilio solo tuvo tres sesiones plenarias, las del 11, 20 y 30 de noviembre. El Papa, en el tono patético que inspiraba la situación, abrió el concilio propiamente dicho con estas palabras de Lucas XXII, 15: «Deseo celebrar la Pascua una vez más antes de sufrir». Su comentario era muy claro: se trataba de celebrar el paso, la pascua, desde el reino del vicio a la virtud, del cuerpo al alma, de la tierra al cielo. Era la pascua de la reforma de la Iglesia y de la conquista de la Tierra Santa. Por fin se alejaría el motivo del escándalo del que se nutría la herejía. Debemos imaginar la impresión de aquellos embajadores aragoneses y catalanes, que estaban allí esperando resolver sus problemas políticos, los propios de un reino sin rey. Allí debieron escuchar los decretos contrarios a los cátaros, los que afirmaban la doctrina de la unidad de Dios frente a los dos dioses de los nuevos maniqueos, la doctrina de la Trinidad, la vieja tesis que Roma lanzaba desde el siglo IV contra los marcionitas y los gnósticos. Y luego, uno a uno, los decretos de represalias, de excomunión, de separación de los puestos públicos, de la pérdida de beneficios, de todos aquellos que hasta hacía bien poco eran aliados y amigos de aquellos catalanes. Allí se enteraron de las disquisiciones sobre las formas de proceder contra los herejes, por acusación, por denuncia y por inquisición; sobre la necesidad de que la caritativa admonición precediera a la denuncia y que la *clamosa insinuatio* o la difamación debía preceder a la inquisición. Era la definición de un modelo jurídico que pronto se haría general, el modelo de la Inquisición, en todo sujeto a formalidades judiciales, incluida la pena a quien denunciara en falso, la legítima *inscriptio* o compromiso del acusador de padecer las penas del acusado en caso de falsedad de la denuncia [8].

Sin duda, fue este un concilio fundamental para la vida de la Iglesia, el último ejemplo glorioso del poder ecuménico del Papa en la Edad Media. Las medidas de una Iglesia más austera, más pobre, menos ostentosa, más comprometida con el ejemplo de Cristo, fueron tomadas bajo la inspiración directa del Papa, que escuchaba con gusto el diagnóstico de Domingo de Guzmán: que en cierto modo solo la imitación de la herejía podría desactivarla. Era preciso acabar con los clérigos mundanos, bien vestidos, ebrios, jugadores de dados, ignorantes, incapaces de curar las almas, el *ars artium regimen animarum* [9]. Era

---

[7] La nota la da Hefele, ob. cit., págs. VIII, 117.

[8] Concilio de Letrán, Canon 8. Hefele, ob. cit., pág. 1337.

[9] «El arte de las artes, el gobierno de las almas». Concilio de Letrán, Canon 27. Hefele, ob. cit., pág. 1356.

preciso terminar, también, con tantos fieles que jamás se confesaban ni comulgaban. La confesión anual y la comunión por Pascua se impusieron como obligatorias. Para ello era imprescindible imponer el secreto de confesión, y se decretaron penas de encierro en un monasterio a quien revelara las faltas de sus fieles. Como veremos, este asunto tendrá su importancia en la vida de Jaume. Como la tendrá aquel canon que impedía el matrimonio legítimo entre los cónyuges que fueran parientes dentro de los cuatro primeros grados de consanguinidad, o el que prohibía los matrimonios clandestinos. Luego, el Papa citaba a todos los cruzados para el 1 de junio de 1217 en Sicilia, para liberar Tierra Santa, no sin antes haber firmado una paz de cuatro año entre todos ellos. Fue una fecha demasiado larga para el Papa, porque para entonces Inocencio III ya había muerto.

Pero el gran tema del Concilio de Letrán para aquellos embajadores aragoneses y catalanes, desde luego, y al margen de la preparación de la cruzada y de la reforma de la Iglesia, era la confirmación de las decisiones del Concilio de Montpellier. Al final, a pesar de las dudas del Papa, las confirmaciones se impusieron. El conde de Tolosa fue separado de su tierra. Su hijo Raimundet, a quien nos encontraremos de nuevo en estas páginas, recibió algunas tierras, mínimas, pues antes se habría de saber cuál sería su relación con la herejía. A pesar de todo, Simon de Monfort quedó debilitado, porque no reunió todos los territorios que deseaba bajo su mando. Comenge y Foix quedaban todavía en estudio. Una bula del 15 de diciembre de 1215 así lo ordenaba a los tolosanos. El 7 de marzo de 1217, Simon de Monfort recibía el homenaje de los tolosanos, pero a primeros de abril se resignaba a viajar hasta Melun, donde prestaría vasallaje a Felipe Augusto. Finalmente, Simon no iba a convertirse en el soberano ni en el monarca del sur que había soñado.

Letrán no fue, desde luego, una buena noticia para Sans, quien a lo largo de 1215 siguió con su política de preparar la venganza de Muret. Para impulsarla, tenía que pactar con la nobleza catalana, pero esta había jurado a Jaume como rey. La primera vez que un documento oficial firmado por Sans nombra a Jaume como rey es un tratado de paz entre el procurador general y el vizconde de Bearn, Guillem Ramon de Montcada. El documento se debió de firmar en octubre de 1215 y establecía una paz firme y perpetua entre la familia de Sans —incluido su hijo Nuño Sans— y la de los Montcada, tanto Guillem como Ramon, los principales miembros de la familia más rica de Cataluña. El tratado incluía a todos los *amigos* de las dos familias, una categoría que testimonia que detrás de este pacto había partidos definidos, con una organización relativamente compleja, de base gentilicia. El documento juraba defender todas las personas y cosas de ambos bandos contra todos los demás. No es tanto un tratado de paz, cuanto un acuerdo de apoyo militar mutuo. Ninguna de las exclusiones, tan frecuentes en los tratados militares de la época, se proponen aquí. Como luego veremos, de la mayoría de los pactos militares quedaba excluido casi siempre el rey de Francia, a quien todos prometían respetar. La carencia de cláusulas de exclusión hace muy significativo este detalle. Pero es

73

sobre todo muy curioso que solo los Montcada añadan algo decisivo en los párrafos de sus compromisos: que ellos juran también «fidelitate et dominio Domini Jacobi regis nostri illustris». Los Montcada, por tanto, reconocen rey a Jaume; los Sans, no [10].

Este tratado de paz tenía sentido en los planes que Sans preparaba para 1216. Pues Raimundo VI, el conde de Tolosa, no se había resignado tras las decisiones de Letrán. Desembarcó en Marsella, con la alianza de Génova, ambas ciudades libres. Luego se dirigió a Aviñón. Desde allí esperaba tomar el Ródano y por Belcaire, siguiendo el río, llegar de nuevo a Tolosa, en poder de Monfort. Raimundo puso estas fuerzas a disposición de su hijo, el famoso Raimundet, el que luego llevaría el VII de los nombres de la casa, y él se dirigió a pedir ayuda. Podemos imaginar hacia dónde lo hizo. La *Chanson de la croisade des Albigeois* nos ha legado este verso que doy traducido:

> Yo me voy a España y vosotros todos aquí quedaréis
> y al frente de vosotros quedará Raimundo.
> Señor, dijo el conde joven, aprisa en España iréis.
> A los condes y a los reyes vuestros derechos mostraréis
> y deberá pesarles lo vuestro como deseáis [11].

Como es evidente, los condes que debía buscar Raimundo en tierras hispanas eran nuestros condes catalanes, y los reyes no podían ser otros que el rey Jaume y el de Navarra, también interesado en el destino del Bearn, de Foix, y de Bigorra, parte de la Basconia [12]. Que todo se hizo en secreto lo recoge la poesía de la época. Estos hechos debían de ocurrir hacia el mes de mayo de 1216, mientras el papa Inocencio III se dirigía hacia la muerte. Sabemos que Raimundo VI logró conformar un cuerpo de ejército que debió de salir por Pallars hacia Francia, mientras su hijo, al frente de otras fuerzas, atacaba desde el Ródano, justo por Belcaire, donde la gente de la ciudad le abrió las puertas, obligando a Simon a retroceder hasta Nîmes. Por occidente, el resultado más importante de estas luchas, que debieron de durar toda la segunda mitad de 1216, fue la defensa de Lourdes hacia la Navidad. Uno de los dirigentes de esta fuerza, que presionaba por el oeste a las huestes de Simon de Monfort, era el hijo de Sans, el joven Nuño Sans. Simon de Monfort, entonces, decidió atacar Foix directamente. Desde allí podría ir al Rosellón, parte

---

[10] ACA, Perg. 50 de Jaume I. Citado por Sampere i Miquel, ob. cit., pág. 621.

[11] «Eu m'en vau en Espanha e vos tuit remandretz / Ez en la vostra garda remandra Riamundretz / Sehner, ditz lo com joves, pos freitz en Espanha iretz / Als Comtes e als reis vostres dreitz monstraretz / Que pesar lor deura lo vostre deseretz [...] Dreitament en la Espanha als grans cantz e als freitz / Que tuit siei amics vengan celadament e quetz / Al seti de Belcaire.» Tudela, *Chanson de la croisade des Albigeois,* París, 1879, vol. I, versos 387 a 475 y 2.898 a 2.914. Cit. por Sampere i Miquel, ob. cit., pág. 626.

[12] Puy Laurens ofrece el documento que cita Sampere i Miquel (ob. cit., pág. 631), en su *Historia Albigensium* XXVI, *Recueil des histoires des Gaules,* París, 1880, XIX, pág. 211. «Filio quoque suo Guidoni dedit uxorem Comitissam Bigorrae, ut latera comitatis a parte Basconia roboraret.»

integrante de la corona de Aragón. Pero esto significaría la guerra con Aragón, y Roma no podía permitirlo. Ante este obstáculo, Simon retrocedió y se dirigió a la Provenza. Esto debía de suceder hacia la mitad de 1217. Estas fechas son importantes, porque deberemos ponerlas en relación con lo que pasaba en el castillo de Monzón, donde ya estaba el soberano de la Provenza, Ramon Berenguer V, y nuestro rey Jaume. Mientras tanto, Raimundo, el conde padre, seguía en el Pallars —en los Pirineos catalanes— hacia septiembre de 1217, junto con el vizconde de Bearn, el aliado de Sans, pues los de Monfort vigilaban los pasos de los Pirineos. La estrategia de los dos frentes oriental y occidental fue eficaz. Finalmente, para recuperar el territorio del Ródano, Simon dejó desprotegida Tolosa. Entonces se dio la victoriosa batalla de Salvetat, que abrió el camino hacia Tolosa a los catalanes. La ciudad, que había sido víctima de la violencia despiadada del cruzado y de sus abusivos impuestos, abría las puertas con infinita alegría a su conde Raimundo. Era el 13 de septiembre de 1217. El rey Pere había sido vengado por fin y Sans llegaba a la cima de su política de intervención en el Languedoc. Aunque Simon pretendió retomar la ciudad, ya no lo consiguió. Como dijimos, una piedra, lanzada por una defensora de la ciudad, acabó con su vida de una manera indigna el 25 de junio de 1218. Su hijo Amaury no pudo mantener el campo y levantó el asedio.

La época ha dejado algunos testimonios del desprecio general que provocó Simon de Monfort por las tierras del sur. Uno de ellos, de nuestro Guillem de Tudela, que debía de proceder de las tierras del Ebro, comentando el epitafio del cruzado dice: «Su epitafio, a quien lo sepa leer bien, dice que es un santo, que es un mártir y que debe resucitar para heredar del cielo y florecer en una alegría eterna. Y yo por mi parte he oído decir que debe ser así: si por haber matado a muchos hombres y haber extendido la sangre, si por haber perdido muchas almas y consentido muchos martirios, por haber creído malos consejos y haber prendido muchos incendios, por haber destruido a los barones y humillado a la nobleza, por haber robado las tierras y promovido la violencia, si por haber extendido el mal y prohibido el bien, violado a las mujeres y masacrado a los niños, un hombre puede en este mundo conquistar el reino de Cristo, el conde debe recibir su corona y brillar en el cielo»[13]. Es una opinión que sin duda habría compartido el viejo conde Sans como algo propio.

Mientras tanto, todo seguía abierto en la Occitania. Las consecuencias de Muret, en efecto, no parecían todavía definitivas. Amaury, el hijo de Simon de Monfort, no estaba en condiciones de mantener aquella guerra con la solvencia de su padre. Por el contrario, el hijo de Raimundo no cesaba de obtener victoria tras victoria. Por mucho que Honorio III, el nuevo Papa, renovara las concesiones al hijo del cruzado, y declarara usurpador al conde de Tolosa, nada impidió que, por un tiempo, se creyera posible la victoria que mantuviera el territorio de la Occitania dentro de la órbita catalana. De ella vivía el viejo conde Sans, el tío abuelo del niño Jaume.

---

[13] Nota de Lafargue a Hefele, ob. cit., pág. 1440, n. 1.

6
GUILLEM DE MONTREDON

Mientras todo esto sucedía en los campos del sur de Francia, el rey Jaume estaba en el alto de Monzón. No era, desde luego, el paraíso. Cuando el invierno se echa sobre el valle del Cinca, la niebla se hace dueña de todo. La tierra entonces parece no existir. En vano se mira el horizonte y la lejanía. Uno se siente preso en la neblina y en ningún sitio se divisa una salida. Imaginemos aquí un niño de pocos años, no se sabe si protegido o recluido, en lo alto de un picacho, frente a las almenas de un castillo, con la vista puesta en un mar de nubes. Viene de ser jurado rey por unas Cortes, pero del brillo de aquel día nada queda. Es fácil pensarlo reconcentrado sobre sí, añorante de los cielos azules de Montpellier, de los aires ligeros de la marina meridional, esperando que se cumpla la promesa de libertad que suponía ligada a la misión de un rey. Su única salida: dejarse caer por las cuestas hacia el pueblo invisible, cuyo fragor asciende hoy con la niebla, como un ruido fantasmal. En los tiempos de Jaume solo debía de ascender un impenetrable silencio.

Mientras le llega una clara noticia del mundo exterior, el niño ha de ir desde los dormitorios a la capilla, desde la capilla al refectorio común, desde allí al patio de armas. No podemos imaginar de otra manera la vida de Jaume en Monzón. A la intemperie, la humedad que sube del Cinca congela los miembros. Entre los gruesos muros reina, por el contrario, un agradable calor. Desnuda, la piedra hace retumbar las voces. En el cerro pelado de Monzón la vida no puede ser sino comunitaria. En medio de los caballeros templarios, la torre cuadrada de los árabes, con sus elegantes arcos de herradura, recuerda la vocación de esos hombres: reconstruir templos en las tierras dominadas por los sarracenos. Esa es la vocación de Jaume, aquella que se le impuso en la dura infancia de Monzón. Y sin embargo, cuando llegaba la tardía primavera, desde el cerro, el rey podía descubrir a lo lejos las tierras altas, con sus rutilantes cielos azules entre las montañas nevadas de los Pirineos, las tierras del mítico Sobrarbe, las tierras de los hombres francos en las que la monarquía de Aragón tenía su origen, tierras de Ainsa, de Mediano, con sus torres-fortaleza y sus iglesias románicas. Más al norte de Barbastro se abría un país bravío cuyas gentes no conocía el muchacho. Tiempo tendría de hacerlo, desde luego.

Muchos se han preguntado por qué el rey Jaume fue recluido en el monte pelado de Monzón. La respuesta es muy sencilla: fue decisión de su madre, según consta en el testamento de 28 de julio de 1209 y en el ulterior de 6 de octubre de 1211. Allí se dice claramente que «volo ut templum recipiat filium meum et custodiat donec et illum reddat»[1]. Así que era lógico que los templarios, para cumplir con este deber de custodia, lo llevaran al sitio más seguro, al más fuerte de todos sus castillos, al mejor situado de la corona, al céntrico e inexpugnable Monzón. Entonces la memoria del rey se concentra en un único punto: «Mientras Nos hallábamos en Monzón se suscitaron bandos y parcialidades entre los ricoshombres aragoneses». Así comienza la memoria real de estos dos años de reclusión en el castillo. Era lo previsto. Lleno de tristeza, y quizá de miedo, debía de escuchar el niño rey las noticias que le venían de los desórdenes que la actitud de Ferran hacía presagiar. El reino se deshacía en los dos bandos, el legal que había formado el tío abuelo Sans, procurador general del reino, y el del tío carnal del rey, Ferran, sin cargo alguno en el gobierno del legado papal. De entre los caballeros que seguían a cada uno, el rey solo se acuerda de varios. Con el partido de Sans, dice la *Crónica,* formaban Pedro Ahonés y don Blasco Maza. Por el partido de Ferran, Pedro Fernández de Albarracín, Rodrigo Lizana y Blasco de Alagón[2]. No es seguro que así sea, desde luego. Al parecer, unos y otros iban de vez en cuando al castillo de Monzón a ganarse la confianza del rey. También venían a ver al rey los que sufrían aquellas guerras insensatas. En la impotencia de los siete años, el niño reflejaría la ansiedad de sus educadores, y en su inseguridad, también el miedo.

El alto de Monzón es un páramo pelado que domina la llanura que ha formado el Cinca durante milenios. Pero también es un nido de águilas donde se está a salvo. Bajo expresa protección papal, dirigido por Guillem de Montredon, Jaume se retiraba de un doble conflicto que no podía evitar, ni dominar, ni conducir. Por una parte, del conflicto con Simon de Monfort. Por otra, del propio conflicto interno entre los dos jefes de la familia real, Sans y Ferran. Allí, en Monzón, podía esperar, y esa era la intención previsora del Papa. Mientras crecía y se hacía fuerte, sus enemigos podían debilitarse en sus luchas internas. Ser reconocido rey era un deseo inverosímil sin la ayuda de la Iglesia de Roma, y por eso sus aliados eran no solo los templarios, sino la prestigiosa sede de Tarragona y el obispo de Barcelona. Así que ni la guerra de la cruzada ni las banderías debían poner en cuestión la legitimidad de Jaume. Aquellas guerras podrían disminuir su riqueza, destruir la paz, sembrar la inquietud; pero la paciencia era la virtud de la Iglesia. Jaume podría esperar si se mantenía en Monzón. Un castillo templario es el escenario ideal para la formación de un cruzado. En cierto modo, el rey Jaume lo fue. Su religiosidad

---

[1] Lo cita Sampere, ob. cit., págs. 606-607. Las copias se conservan en la Biblioteca de la Academia de la Historia y en el Archivo de la Corona de Aragón, Perg. 407 de Pedro II.

[2] Es lo que nos refiere Zurita, *Anales,* Libro II, cap. LXVIII, pág. 106.

está fuera de toda duda. Su espíritu militar, también. Esta síntesis, en él muy dominante, germinó en las soledades frías de Monzón, cuyo horizonte, en los días helados de invierno, alcanza las blancas galas de los Pirineos y los azulados llanos de Urgell[3].

En cierto modo, Jaume fue rey por la previsión y la decisión de la Iglesia de Roma. Nunca lo olvidará, entre otras cosas porque el Papado se lo va a recordar muchas veces a lo largo de su vida. Pero Roma tenía otro protegido en Monzón que representaba también la continuidad histórica del núcleo político más importante de la zona occitana después del condado de Barcelona: el condado de Provenza. En efecto, el conde provenzal Alfonso II —hermano del rey Pere y, por tanto, tío de Jaume— había encontrado la muerte en Palermo acompañando a su hermana Constanza, prometida de Federico II. Su hijo, Ramon Berenguer V, que había sido entregado al rey de Aragón en tutoría, asimismo estaba protegido en Monzón durante su minoría de edad. Ahora su tierra también la gobernaba Sans, el conde de Rosellón, que así era el gobernante efectivo de una buena parte del Mediodía. Aquel joven, dos años mayor que Jaume, acompañó sus días y sus juegos en el alto castillo. Pero no debemos inclinarnos al idilio. Los dos jóvenes estaban allí protegidos, pero la finalidad última de aquella estancia, bajo el control de la Iglesia, era garantizar que, cuando los jóvenes crecieran, impulsaran una actitud favorable a la política de Roma. En todo caso, con ellos en Monzón, se controlaba una importante variable política y se ganaba tiempo. La educación de Jaume, en este sentido, debía de avanzar en profundas contradicciones. Su padre había muerto luchando contra el Papa, y sus tutores eran una milicia papal. El joven rey no debía de oír grandes elogios de su padre ni debía de sentirse dotado de una legitimidad diferente de la que le daban aquellos monjes soldados. La fortaleza psíquica de un niño de ocho años debía de ponerse a prueba en esta circunstancia.

Para las costumbres de la época, los templarios debían de considerar a Jaume y Ramon Berenguer bajo su dominio. Pero no podían olvidar la autoridad de los jóvenes. Cuando el rey recuerda aquel tiempo, su frase no deja dudas: «Cumplidos los nueve años de edad [...] acordaron el maestre y los otros dejarnos salir de aquel sitio»[4]. Prácticamente, el rey asume que no gozaba allí de plena libertad, cosa lógica, dado que era menor de edad. Pero conviene no perder de vista las ambigüedades de la relación de tutela. Por una parte, servía a la política de la Iglesia, que deseaba proteger al niño como futuro rey y, de esa manera, impedir que lo fuera el más belicoso conde Sans. Frente a este, el niño rey debía ser defendido con las armas. Por otra parte, no hay que pensar que se dejase de contar en todo con la voluntad del joven. Un

---

[3] Cf. R. I. Burns, «La vida espiritual de Jaume el Conquistador», en *Jaume I i els valencians del segle XIII,* Pròleg de Joan Fuster, Biblioteca d'Estudis i Investigacions, Tres i Quatre, Valencia, 1981, págs. 3-53.

[4] «E, quan nós fom de edad de nou anys [...] fo acord del maestre e dels altres que ens lleixassen eixir d'aquell lloc» *(Crónica,* §13).

clima de tensa complicidad con los templarios recorre la memoria del rey, y la decisión de dejarlo salir se toma después de una especie de consejo. En la reunión aludida, según la *Crónica*, queda claro que también cuenta el deseo de Jaume. No lo pueden retener más, desde luego, como sería quizá el deseo de Guillem y los caballeros templarios. Pero el deseo del propio monarca por salir de Monzón era inequívoco —«tant en volíem eixir», dice con claridad—. La razón de su deseo tiene que ver con la función de ser rey: «pues era necesario para la tierra»[5]. Y sin embargo, aunque todos velaran por su fortuna, no dejaba de estar en manos de un poder frente al cual era fácil que el joven se sintiera preso.

Una prueba más de la ambigüedad de la situación la tenemos cuando se teje el complot para llevar a Ramon Berenguer a la Provenza. Según Zurita, el conde salió sin conocimiento del maestre Guillem de Montredon y, al parecer, tiene que esconderse y disfrazarse al pasar por Lleida hasta llegar a Salou. Pero en modo alguno se escapa violentamente del castillo, del que puede salir con toda tranquilidad en compañía de su escudero, despidiéndose del rey. No podemos hablar entonces de la estancia en Monzón como si fuera una cárcel. Lo que temía el joven conde no estaba dentro de los muros de Monzón. Allí, al menos, existían las condiciones de vida como para que brotase entre los dos jóvenes una relación de afecto. Tal fruto no crece sin libertad de trato, sin vida en común. Su despedida en secreto, antes de partir hacia la Provenza, debió de enternecer el recuerdo del rey adulto que dicta la *Crónica*. Debió de reavivar entonces don Jaume la infancia de los dos primos niños, que lo compartían todo en una desdichada fraternidad: la desgracia, la orfandad, la tutela y, ahora, la difícil tarea de conquistar y ejercer un poder político que solo nominalmente poseían. Las lágrimas brotaron aquel día, cuando los dos muchachos encararon con plena conciencia, quizá por primera vez, el difícil destino que se abría ante ellos y que debían recorrer en soledad. Al menos así lo recuerda el rey. Mas todo es tan humano y realista que apenas podemos ponerlo en duda.

A pesar de todo, este relato contiene muchas ambigüedades que ahora podemos analizar. Respecto a la frase ya citada de Jaume, hemos de identificar quiénes eran esos otros que, junto con Guillem de Montredon, deciden dejar salir al niño. En el caso de Ramon Berenguer, por su parte, debemos saber de quién se escondía el joven conde de Provenza. Sospecho que los dos asuntos estaban muy relacionados. De una manera inequívoca, pero misteriosa, Jaume dice que una vez que el conde de Provenza se había marchado, los templarios entendieron que no era buena la estancia del rey en su castillo. Las razones concretas nos son desconocidas. De suponer algo, debemos ser cautos. Por una parte, la salida de Ramon Berenguer disminuía el poder de Sans, que ya no podría llamarse conde de Provenza. Por otra parte, su llegada a Provenza animaba a los naturales de sus tierras contra Simon de Monfort. Así

---

[5] «Car era necessari a la terra» (*Crónica*, §13).

que, en abstracto, no podemos decir que su salida gustase o disgustase a la Iglesia. En este caso, el niño conde podía esconderse tanto de Sans, que no querría perder el poder sobre la Provenza, como de la Iglesia, que no deseaba ulteriores complicaciones en la zona. Su salida tanto podía servir a Sans como debilitarlo. Para decidir sobre este punto debemos considerar otros detalles importantes.

Respecto a Jaume, la cuestión era más complicada. Pues no solo estaba la variable de la cruzada del sur de Francia, sino la rivalidad entre sus dos tíos, Ferran y Sans. Resultaba claro que la salida del rey ponía punto y final a la procuraduría de Sans. Esto podía gustar a Ferran. Pero, por eso, Sans tenía razones ulteriores para resistirse a la entrada en funciones del niño rey. Sans, nos dice la *Crónica*, fue el que más pronto se alzó. La salida de Jaume de Monzón la consideró fruto de la presión de «los otros». Puesto que se sintió traicionado por los nobles de Aragón, se lanzó contra los aragoneses[6]. Los motivos debemos exponerlos ahora. Quizá solo así iluminemos una parte muy confusa de la *Crónica* y de la vida de Jaume.

Establezcamos ante todo la cronología, pues la *Crónica* aquí es muy confusa. Miret, que ha hecho el itinerario de Jaume, nos dice que Ramon Berenguer salió de Monzón hacia octubre de 1216. Como vimos, este era el momento más álgido de las campañas de los condes de Bearn y del conde Sans de Rosellón contra Simon de Monfort. En este ambiente, con el conde de Tolosa en pie de guerra, era mejor para la causa de la Iglesia retirar el gobierno de la Provenza a Sans, cuyo hijo estaba en Pallars, ayudando al conde tolosano rebelde. Era la manera más firme de no vincular la Provenza a aquella campaña de los Raimundos, que amenazaba con estrechar el cerco sobre Simon de Monfort. Creo que Ramon Berenguer fue sacado en secreto de Monzón por los mismos que lo custodiaban, para desmantelar el aparato de poder que el conde Sans estaba organizando en todo el Languedoc. ¿Llevaba ahora la Iglesia esta política? Es probable. Porque Raimundo VI no se había avenido a las cláusulas de Letrán, que preveían entregar algunas tierras de la Provenza a su hijo Raimundet en compensación por la expropiación de Tolosa. Ahora el camino del acuerdo con él resultaba inviable. Era preferible que la Provenza pasase a manos de Ramon Berenguer V y escapase tanto al control del conde de Tolosa como del conde de Rosellón. También era bueno incluso que escapase al cruzado Monfort, cuya ambición molestaba a la Iglesia. Que este hecho estuvo programado por la Iglesia, podemos afirmarlo como probable. Además, devolver a su Provenza natal al conde niño podía contar con el apoyo de la propia tierra provenzal, como de hecho nos recuerda Zurita que sucedió. «Los barones y las villas de Provenza se concordaron en enviar por el Conde», nos dice[7]. Se trataba entonces de algo muy claro: separar la suerte de

---

[6] Zurita coincide en esto: «Desto tuvo gran enojo el conde don Sancho, y entonces hizo todo su poder con los de su vando por poderarse del reino».

[7] Zurita, *Anales*, Libro II, cap. LXVIII, pág. 106.

la Provenza respecto de la suerte de Tolosa, confiar en que Ramon Berenguer mantendría una política más contraria a la herejía e impedir que Simon de Monfort pudiera unir el Languedoc oriental al occidental que ya controlaba.

Pues bien, un movimiento semejante se podía registrar en Aragón. En el mismo mes de octubre en que salía Ramon Berenguer, en el castillo de Monzón tuvo lugar una reunión que concernía a la suerte de Jaume. En efecto, la salida del conde de Provenza solo podía provocar la inquietud de uno, del conde Sans. Lo mismo podemos decir del caso de Jaume. Por eso, otros muchos se reunieron en el mismo castillo, el día 15 de septiembre de ese año de 1216, un poco antes de que saliera Ramon Berenguer, y firmaron un documento muy especial que Sampere ha malinterpretado por completo.

En efecto, allí estaban, en el castillo templario, el arzobispo de Tarragona, Espàrrec, junto con el obispo de Tarazona, el señor de Albarracín, Jimeno Cornell, Guillem de Cervera, Guillem de Cardona y Guillem Ramon de Montcada. El documento además no deja lugar a dudas: todos ellos reciben a Jaume, a quien nombran con todas las letras rey de Aragón, bajo su protección, defensa y custodia. Se comprometían a darle consejo y auxilio, pero, sobre todo, insisten en que «custodiaremos y defenderemos vuestra persona y toda la tierra y cosas vuestras en todas las adversidades con nuestro poder, prometiéndoos que ninguno de nosotros sustraerá vuestra persona de los otros por grado o por fuerza, y que el que esto haga o consienta, lo que Dios no permita, quede perjuro y traidor a fuero de Aragón y *bauzator* o felón, según las costumbres de Cataluña. Y estas cosas os prometemos en fieles hombres que os hacemos juramento a vos de boca y de manos y sobre la cruz del Señor y los cuatro evangelios». Es un documento que transpira patetismo. Lo que estos hombres prometen es defender al rey frente a cualquier secuestro y ataque. ¿Pero por qué, en el momento de irse Ramon Berenguer, en ese mismo momento, los nobles más importantes, reunidos por la suprema autoridad de la Iglesia de todo el reino, el arzobispo de Tarragona, prometen defender al rey con un solemne juramento? Los testigos del acto son los hombres de Monzón, al menos cinco frailes de órdenes, y toda una serie de nobles. Sampere ha dicho que esto no era sino el juramento de los cargos de gobierno del procurador general. Pero no es así. Además, Sans no está presente. Es un juramento especial de defensa del rey. La procuraduría ya estaba muy asentada en septiembre de 1216. No puede jurarse ahora. Lo que se dice en este juramento respecto al conde Sans es que se salvan todos sus derechos como procurador, que no es un acto dirigido contra él, que no puede considerarlo como un gesto hostil. Pero se afirma también algo más, que debemos leer literalmente. Así pues, de él se dice: «salva tamen procuratione domini comitis Sancii quamdiu bene curaverit»[8]; esto es: «salvada no obstante la procuraduría del señor conde Sans, *mientras* gobierne bien». Es un párrafo a la vez de reconocimiento y de reserva. En el fondo, el documento avisa de que si el conde Sans roza al niño rey,

---

[8] P. Bofarull, *Documentos Inéditos del Archivo de la CA,* vol. VI, pág. 80.

ellos estarán allí para defenderlo, porque secuestrar al rey no puede ser un acto de buen gobierno ni una competencia del procurador.

Desde luego, el conde se dio por enterado y dejó al niño en Monzón durante todo ese año de 1216. Sin embargo, sabemos que en junio de 1217, quizá hacia el 24, Jaume fue al monasterio de Sigena con el viejo procurador. El motivo era nimio: firmar un intercambio de propiedades entre el obispo de Zaragoza y la iglesia del Salvador. Como era un trueque de castillos —el de Camarena por el de Palma—, debían estar presentes el procurador y los consejeros. Pero el conde, sin duda, deseaba enseñar al niño algo también importante: el lugar donde iba a reposar el cadáver de su padre, por aquellas fechas todavía en Tolosa, en manos de su vencedor Simon de Monfort. Además, lo hizo cuando se aproximaba el gran día de liberar Tolosa, cuando se acercaba la batalla para recuperar la gran ciudad de la Narbonense de las garras del cruzado Simon de Monfort. El viejo procurador iba, sin duda, al monasterio donde pronto iba a quedar instalada, hasta hoy, la tumba de su sobrino, el héroe de Muret, que pronto sería vengado.

El de aquel viaje debió de ser un día feliz para Jaume. El Cinca y sus afluentes abren amplios valles hacia el poniente de Monzón. La tierra entonces gana fondo, desaparecen los pedregales y los campos de labor se extienden ante la vista, bordeados de álamos. En realidad, ahora dominan los pequeños páramos y las hondonadas en las que el viento se pierde. Ya nada es inexpugnable, como la inmensa fortaleza de Monzón, cortada a pico en su cara del noroeste. Cuando el joven rey iniciase su camino rumbo al monasterio de Sigena, las llanuras del Cinca debieron de resultarle agradables y las hileras de lomas a lo lejos, hacia los Monegros, debían de crear esa perspectiva de profundidad que causan la admiración en los ojos niños. Eso era un reino, desde luego, y por primera vez quizá esa palabra tenía un sentido real, el sentido de la tierra. Y aquella era hermosa y ancha.

Sigena está construido al lado de un afluente del Cinca que por entonces debía de formar abundantes lagunas. Sobre una de ellas estaba asentado el monasterio, por aquel tiempo de monjas cistercienses de San Juan del Hospital. Había sido fundado por Sancha, la abuela de Jaume, esposa de Alfonso II y madre de Pere II. Era un monasterio rico y bien dotado. Su patio de claustros románicos daba entrada a las cuatro naves de dormitorios, cuyas arcadas se cierran con ese arte de transición entre el románico y el gótico que también se ve en Santes Creus. La sobria riqueza de este monasterio contrasta con la raída pobreza de la edificación templaria de Monzón. Para el joven rey, divisar la pequeña torre románica del monasterio desde las alturas del valle debió de ser un acontecimiento. Allí, sin duda, la vida se hacía más dulce entre las monjas nobles que poblaban sus salas bien ordenadas. Es de suponer que en su amplio refectorio todo fuera más abundante que en la dura fortaleza. Al fin y al cabo, agua y huerta no faltaban. Es muy posible que el muchacho pudiera admirar las pinturas románicas que adornaban la sala capitular, ya de impresionante arcada ojival. Para alguien que venía de la estrecha y sencilla iglesia templaria de Monzón, en realidad una fortaleza dispuesta en el muro del castillo, la iglesia de Sigena debía de parecerle un lugar inmenso y misterioso.

Allí, por las ventanas románicas, se tamizaba la luz a través de los cristales de cuarzo y se doraban las columnas que adornaban sus huecos. De una sola planta, pero de una altura y magnificencia espléndidas, la iglesia nos conduce de forma natural hacia su altar mayor semicircular, también policromado, y nos invita a dejarnos acoger bajo su cimborrio peraltado, de un gótico elemental y pulcro. Jaume debió de sentirse allí dentro confuso y emocionado. Pero, sin duda, por la amplia nave fue conducido el niño de la mano de Sans y las monjas. Luego, lo orientaron hacia la izquierda del altar mayor, donde el crucero románico se estrecha un poco, dejando al fondo una capilla de menor altura, oscura y recogida. Y allí, sobre la pared, debieron de enseñarle los sepulcros de arenisca roja, muy sobrios, sin adornos, las piedras inmensas donde alguien le anunció que se iba a enterrar a su padre, Pere, cuando fuera traído de Tolosa. A la derecha de ese sepulcro vacío ya estaba enterrada su abuela Sancha. Era el momento del miedo y de la inquietud. Donde los niños necesitan ver a sus padres, Jaume no veía sino una mole rojiza y oscura de piedra enclavada en la pared. Era la mejor manera de marcar un vacío que nadie podría llenar. Era el pago que tenía que entregar para disfrutar de unos días en Sigena. Pues en verdad el monasterio era un gozo. Los álamos estarían como ahora llenos de gorriones y un alegre rumor se escucharía por doquier entre las huertas. Cuando el sol se pone sobre el portal románico, con sus catorce arcadas flanqueando la puerta, todavía puede sentirse el tibio y dorado calor, incluso en los días de invierno. Eso fue lo más delicado que vio el niño rey en toda su infancia. Ese portal acogedor de arcos semicirculares, casi un útero materno de piedra. Quizá lo único comparable en elegancia fuera la ventana árabe de la torre del homenaje de Monzón, con su estilizado arco de herradura. Pero era alta e inaccesible, mientras aquel portal era una invitación permanente a sentir la paz de la tarde; el resto en Monzón invitaba a la rudeza, a las armas y al valor. Pero Sigena, en medio de monjas nobles y ociosas, debió de ser la imagen del sencillo goce de la paz. No es de extrañar que durante un tiempo el rey Jaume deseara ser enterrado allí.

Pero por estas fechas de junio-septiembre de 1217 se cumplían también las paces y treguas que se habían establecido en las Cortes de Lleida de octubre de 1214. Así que era preciso realizar Cortes de nuevo. Ahora bien, puestos a realizar Cortes, ¿por qué no aprovechar la ocasión para dar por iniciado el reinado de Jaume? De hecho, esto es lo que nos transmite Zurita[9]. Según el padre de los historiadores de Aragón, al regresar de Sigena, hacia el mes de julio, los nobles catalanes y todos los eclesiásticos le habrían dado a Jaume el *bovatge*, el impuesto sobre las cabezas de ganado que marcaba el inicio del reinado, por el que se reconocía el derecho de los reyes como señores. Y en efecto, en Monzón, y hacia el mes de julio, se celebró *curia general,* donde se

---

[9] Zurita, *Anales,* Libro II, cap. LXIX, págs. 106-2, 107.

analizaron problemas nobiliarios, como los conflictos sobre el condado de Urgell. Luego, al parecer, las personas de la corte se dirigieron a Villafranca [10], donde con la presencia del conde Sans y con la asistencia del rey Jaume se proclamaron las nuevas constituciones de paz y tregua y se tomaron medidas económicas para cobrar las deudas que lastraban los impuestos municipales. Ya no cabe duda, desde luego, de que se hacen en el nombre del rey, aunque siga siendo Sans procurador. En suma, ahora el rey había iniciado su reinado a todos los efectos.

Tenemos, por tanto, que esta es la salida que se relata en la *Crónica,* la que se hizo con el consejo de los nobles garantes de la suerte del rey y con el consentimiento de Sans. Pero también sabemos que hacia finales de 1217 el rey Jaume volvía a estar en Monzón. Hubo, por consiguiente, una segunda salida. ¿Qué había pasado entonces? ¿Por qué este ir y volver a Monzón? Solo había pasado una cosa, poco misteriosa. El 13 de septiembre de 1217, después de las Cortes de Villafranca y del inicio del reinado de Jaume, Tolosa era liberada y Simon de Monfort derrotado por las mismas fuerzas que él cuatro años antes deshiciera en Muret. El Papa protestó airado contra los catalanes. El 23 de octubre el papa Honorio III se dirigía colérico al niño rey. Debemos entender que esta batalla se había dado mientras Jaume estaba fuera de Monzón, con Sans. Oficialmente, el rey estaba ya fuera del control de los templarios. Es más, como rey, iba al frente de la nobleza catalana que había lanzado la ofensiva contra Simon de Monfort, al lado de su procurador general, el viejo conde Sans.

Que, a los efectos de la Iglesia de Roma, Jaume estaba con su regente Sans, se supone por la carta de Honorio. En esa misiva, el Papa se interroga perplejo cómo es que el «carísimo nuestro en Cristo, el ilustre rey de Aragón y todos sus nobles fieles, constituidos por Aragón y Cataluña, se disponen a rebelarse no contra el mencionado conde [Simon de Monfort], sino contra el mismo Dios de los ejércitos». Como se ve, el Papa acusa directamente a Jaume, que no podía desautorizar formalmente la lucha. Sin embargo, su amenaza de amonestación y censura inapelable no se extiende a la persona del rey. En cierto modo, el interés por recuperar el terreno perdido en el Languedoc

---

[10] Para apreciar el sentido de esta reunión, y muchas otras del reinado de Jaume, debe verse Luis González Antón, «Notas acerca de la evolución preparlamentaria en Aragón en el reinado de Jaume I», *X CHCA,* 1 y 2, págs. 415-429. Allí se destaca la informalidad general de estas reuniones, la falta de institución y de forma que todavía se deja ver en ellas. Cualquier intento de establecer los criterios de su jerarquía ha de fracasar, por mucho que los propios contemporáneos sí que estuvieran en condiciones de apreciar diferencias entre ellas, dada su solemnidad, su problematicidad, su convocatoria previa o su carácter sobrevenido e improvisado, su importancia o el conjunto de personas que asistieran. Desde luego no hay correspondencia entre corte y territorio, y a veces una reunión celebrada en Aragón permite la presencia de gente catalana y a la inversa —aunque es menos frecuente—. Tampoco se da en ellas una estructura de representación fijada ni se ordenan los asistentes desde un criterio. Estamos, por tanto, ante elementos de un preparlamentarismo, pero sin asistir a una cristalización como la inglesa, de raíces, funciones y estructura muy diferentes.

era central para la casa de Barcelona. Solo una posición de fuerza por parte del Papa podría convencer a los catalanes de no intervenir en una tierra que, desde siempre, había estado vinculada a sus movimientos culturales y políticos. Mas Roma sabía que este proyecto no podría triunfar si no contaba con la complicidad de la monarquía. Por eso, Honorio inició el único movimiento que le quedaba. Necesitaba marcar las diferencias entre el rey y la nobleza dirigida por Sans. Establecer esa cuña fue entonces la más clara voluntad de Roma.

Y en efecto, el 28 de diciembre de 1217, el Papa de nuevo escribe al rey niño. El texto dice literalmente: «Me alegraré mucho de que los malvados consejos no seduzcan tu adolescencia, ni te impulsen a hacer alguna cosa por la que apareceréis como ingrato y desmemoriado por las gracias y beneficios que la sede apostólica procuró mostrarte, rescatándote de las manos que juzgas enemigas y devolviéndote a tu tierra». De la carta debemos subrayar dos ideas: la Iglesia quiere seguir teniendo al rey en su órbita de influencia, de la que temporalmente ha salido; el Papa entiende que esta desviación de su política es debida a los «malvados consejos» de Sans, que han seducido al rey adolescente. De ahí el tono de advertencia contra sus consejeros y el recuerdo de los beneficios que la Iglesia le ha entregado al niño rey, entre ellos, liberarlo de las manos de Simon de Monfort, que Jaume juzga enemigas, aunque la Iglesia se reserva que este juicio sea acertado. El Papa tiene en mente la derrota en Salvetat y la toma de Tolosa por las tropas aliadas de catalanes y tolosanos, desde luego, y en su punto de mira está el conde Sans, el regente del rey. Esto es así porque un día antes el Vaticano escribe al tío abuelo del rey en términos inequívocos. «No podrás administrar mejor el honor y el estado de nuestro queridísimo hijo en Cristo, el ilustre rey de Aragón, que procurando conservar la gracia y el favor de la sede apostólica, el cual, si pierde por acción o consejo tuyo, quizá se dé cuenta demasiado tarde de cuánta solicitud habría debido poner en mantenerlo y sobre ti caerá una muy justificada culpa». No cabe duda de que el lenguaje identifica al verdadero culpable de la rebelión contra la política del Papa. Tampoco es dudosa la voluntad papal de seguir apostando por la causa de Jaume. De esta constelación de fuerzas se deriva algo central: Jaume y Sans han de ser separados.

Y esta decisión es la que trasciende en la *Crónica*. Esta clave política es la que domina el recuerdo de Jaume, que escribe como si ya se hubiera olvidado de aquella primera salida de Monzón, en los tiempos en que el conde Sans intentaba recuperar el Languedoc, preparaba la toma de Tolosa en otoño de 1217 y dirigía su política contra la Iglesia de Roma. Luego vienen las bulas de la Iglesia, que debían conocerse en Aragón hacia principios de 1218. A partir de este momento, la causa del Papa triunfa poco a poco en la corte de Jaume, y la separación entre tío abuelo y rey ha de darse por hecha. Una vez asentada esta ruptura, la *Crónica* deviene lógica y verdadera, aunque imprecisa en sus fechas, como veremos. El caso es que tenemos la certeza de que el rey volvió a Monzón hacia finales de 1217 o principios de 1218, sin duda en señal de obediencia al Papa. Y allí debió de producirse un encuentro de su consejo, en el que se debe de preparar la ruptura con Sans. Como es lógico pensar, los grandes prelados serían muy sensibles al diseño político de Roma. Ese encuentro de la curia real debió de producirse hacia el mes de enero de 1218. Hay un documento, que incomprensiblemente no reproducen Huici-Cabanes[11], pero que sí da Miret[12], en el que el rey confirma todos los privilegios y donaciones otorgados a la Orden del Temple por su padre y su abuelo, Pere y Alfonso. El documento califica la reunión de «sollepmni curiae Montesonis». Allí debía de estar buena parte de la nobleza catalana, junto con importantes ricoshombres de Aragón, como los Cornell, Ahonés, Maza, etc. De esta curia, un mero consejo del rey, fue desplazado Sans y por eso estallaron las luchas cuando, asegurado este partido, el rey pudo salir de nuevo de Monzón, para no volver, esta vez quizá con las bendiciones de los templarios. Esta segunda salida no debió de ser anterior a abril de 1218. En efecto, el 29 de marzo tenemos un documento del rey, todavía en Monzón[13]. Solo después debía de salir Jaume de Monzón camino de Barcelona, donde es posible que esté concediendo privilegios a los molineros de Montjuic[14], para luego dirigirse a Zaragoza, donde sabemos que está el 18 de mayo de este año.

A la distancia del tiempo, en su *Crónica,* Jaume relata la secuencia de hechos con una sencilla lógica. En todo caso, esta segunda salida era obra de un consenso muy amplio, al que también se incorporaban algunos nobles cercanos al partido de Ferran. Por eso era todavía más previsible la hostilidad de Sans. Como Cataluña mantenía una mayor unidad entre su nobleza, como se ve por los documentos del rey, el campo bélico era Aragón. El rey se iba con Pedro Fernández de Albarracín, Lizana y su bando. A ellos hay que añadir el consorte de la condesa Elvira de Urgell, Guillem de Cervera[15]. Enterado Sans, reúne a los suyos y lanza su advertencia. Está dispuesto, dice, a cubrir de sangre todos los territorios de Aragón que el rey tome más allá de Monzón. Es fácil pensar que este aviso lo hizo Sans mientras Jaume iba o estaba en Cataluña. De hecho, lo amenazaba en caso de que volviera a pisar Aragón, esto es, de que fuera más allá de la frontera de Monzón. Vemos que el objetivo de Sans era siempre el mismo: controlar Aragón, donde una nobleza más inestable se disputa inútilmente las posiciones de poder. Que Cataluña era más es-

---

[11] Huici-Cabanes pasan del acta de Villafranca del Penedés, de 13 de octubre de 1217, por la que se autoriza a las ciudades a cobrar las deudas por los medios que puedan, a la de 21 de abril de 1218, que confirma a los molineros de Montjuic las franquicias y les concede el derecho a elegir tres cónsules para regular el oficio (ob. cit., págs. 30-31, docs. 5 y 6). No registra actividad alguna del rey en todo este tiempo.

[12] Miret, *Itinerari,* ob. cit., págs. 25-26.

[13] ACA, Perg. 100 de Jaume I. Lo cita Miret (ob. cit., pág. 26), por el que los frailes del monasterio de Escarp le prometen devolver la villa de Colongo, que el propio Jaume les había entregado a cambio de las de Jused y de Elins que les había prometido Pere.

[14] El documento es de 28 de abril de 1218, y se supone que está dado en Barcelona, como resultaría por lo demás lógico. Huici-Cabanes, vol. I, doc. 6, pág. 31.

[15] Sobrequés, ob. cit., pág. 74.

table es una evidencia, pues no se mencionan en estos momentos conflictos en tierras del principado. En todo caso, a medio plazo, el equilibrio de Cataluña dependía de la neutralización recíproca de la nobleza aragonesa.

El peligro era Sans, y su campo de juego era su partido de Aragón. Esa era la amenaza. El rey, sin embargo, salió de Monzón. Con esa sensibilidad a flor de piel, propia de los tiempos épicos, el cronista se concentra en los contrastes entre la debilidad del niño y la rudeza de un mundo en armas al que ahora se debía asomar, arrostrando peligros ingentes. El cronista tiene interés en dejarnos una clara noticia de aquellos hombres aguerridos, pero también de su capacidad para los sentimientos de afecto. Aquí tenemos una escena. Un hombre desconocido se acerca al niño rey y le entrega una cota de malla para cubrirle el torso. El rey lo recuerda y se vuelve a emocionar, dejando brotar su sensibilidad de caballero: «Este fue el primer momento en que tomamos armas», nos dice [16]. Como vemos, la guerra, terrible, podía emerger a pocos kilómetros de Monzón. Pero, finalmente, Sans no se dirigió contra su rey. Jaume pudo ir a Barcelona, volver a Zaragoza y conocer, en la alegría de las gentes, el clamor que suele acompañar a la realeza.

---

[16] Literalmente: «E aço fo el nostre començament de les primeres armes que nós presem» (*Crónica*, §14).

7
Ferran de Montearagón

Dudo que sea importante describir con más detalles la vida de Jaume en Monzón. Los historiadores que lo han hecho se han dejado llevar por suposiciones e imaginaciones. El rey, en su *Crónica,* juzgó más importante consignar la hostilidad que siente hacia su tío procurador y olvidar las acciones que pudo llevar, o en su compañía, o bajo el tiempo de su gobierno. En este sentido, nada que implique cercanía y familiaridad con el viejo conde de Rosellón se traslada a la *Crónica*. Aunque sea la visita a la tumba del padre, ya recién traído desde Tolosa. En cierto modo, la importancia de Sans desaparece en 1218, tras las duras cartas de Honorio III. Los historiadores que defienden su procuraduría, por considerarlo un patriota de la causa catalano-occitana, dicen sencillamente que su misión histórica estaba cumplida, al vengar la derrota de Muret. El viejo conde estaría satisfecho y se retiraría con gallardía[1]. Aunque estas valoraciones son puro romanticismo[2], la hostilidad de la gente del rey hacia Sans tampoco se extiende más allá de unos pocos meses, los que van desde la primavera al otoño de 1218. En efecto, durante los meses que van desde mayo hasta julio, Jaume es acompañado por una curia continua de nobles, muy nutrida siempre, semejante a aquella que había jurado su protección. En todos estos sitios va firmando documentos que garantizan privilegios concedidos por su padre o salda deudas contraídas por él. En julio de 1218, ante estos mismos consejeros de Jaume y ante el infante Ferran, dejaba Sans de ser el procurador general del reino. Este hecho forzaba y permitía al mismo tiempo unas verdaderas Cortes, y estas se celebraron en Tarragona, primero, para los catalanes, y en Lleida durante el mes de septiembre, a las que se añadieron los aragoneses[3]. Que fueron verdaderas Cortes se descubre

---

[1] Sampere i Miquel, ob. cit., págs. 678-679.

[2] En esta línea, cf. las posiciones realistas de Martí Aurell (ob. cit., pág. 109), donde explica que no era altruismo nacionalista lo que movía el ánimo de Sans. Así en 1184 se alzó contra su hermano Alfonso y se declaró dueño de la Provenza. El rey nombró entonces procurador de Provenza al conde de Foix. Como todo señor de la época, Sans aspiraba a aumentar su control sobre territorios e incrementar su poder, ajeno a toda conciencia nacional.

[3] Zurita, *Anales,* Libro II, cap. LXXI, pág. 107-2.

por la serie de documentos que se firmaron por esta época en Lleida y por la gente que los firmó [4]. En la confirmación de la moneda jaquesa firma el conde Sans. Pero, sobre todo, en estos mismos días se llega a un acuerdo económico con el viejo conde —presente el infante Ferran— para liquidar el cargo de procurador general de Sans por una cantidad de quince mil sueldos, que el rey debía entregar en castillos a fuero de Aragón, más la suma adicional de diez mil sueldos anuales, a cuenta de sus réditos de Barcelona y Villafranca. Finalmente, el conde y el rey se dieron un beso de paz y firmaron una tregua de siete años. Ese beso debió de quemar al rey, pues en la *Crónica* no lo recuerda.

Esta paz —y de hecho se trataba justo de eso— [5] con Sans no significó paz general. En Cataluña quizá sí. Pero no en Aragón. Sin embargo, supuso algo decisivo: la Iglesia de Roma podía estar contenta. El viejo conde estaba fuera de juego, pues las Cortes habían organizado un consejo de gobierno que, en realidad, era el antiguo propuesto por Pedro de Benevento, solo que sin el caudillo de la causa occitana. Cuando Jaume, el 28 de septiembre de 1218, todavía en Lleida, pudo firmar un documento para confirmar los privilegios de Montpellier, se atrevió a decir que lo hacía con los consejeros «a domino papa nobis datis et assignatis» [6], entre los que estaba Sans, pero sin ser ya el procurador general. Esta circunstancia permitiría que una embajada saliese del reino hacia el papa Honorio III para dar cuenta de las nuevas políticas de las Cortes de Lleida, en las que se manifestaba la clara voluntad de plegarse a la política de Roma [7]. La consecuencia es muy conocida: el 25 de julio de 1219, en Reate, el Papa publicó una bula por la que tomaba bajo su protección el reino de Aragón y a su rey. Quienes trajeron la bula de regreso no fueron otros que el obispo de Barcelona, Berenguer de Palou, junto con un personaje fundamental del reinado, Ramon de Penyafort, de quien volveremos a hablar todavía muchas veces. Llegarían los embajadores a Barcelona hacia octubre de 1219. El contenido de la bula,

---

[4] En efecto, el 3 de septiembre de 1218, Jaume dio al obispo de Tortosa la iglesia de Alqueizar con cuanto a ella pertenece (Huici-Cabanes, vol. I, doc. 12, págs. 42-44), iglesia que hasta ese momento pertenecía a la diócesis de Huesca, pues estaba en el territorio de Sobrarbe; además, el 5 de septiembre se firmó la confirmación de la moneda jaquesa acuñada por su padre Pere, prohibiendo cualquier otra (Huici-Cabanes, vol. I, doc. 13, págs. 44-45). Allí se firmó «cum deliberatione et consilio comuni cum venerabilibus patribus nostris [...] ac generaliter cum tota curia nostra Cathalonie et Aragonum apud Illerdam congregata». Todavía en octubre de 1218, Jaume confirma al monasterio de Scala Dei los privilegios que le concedieron sus antecesores. El 30 de octubre de 1218 confirma al monasterio cluny de San Pedro de Camprodón las mismas donaciones que hicieron sus antecesores.

[5] En el párrafo de obligaciones de Sans este promete de buena fe que no hará «guerra, ni sedición ni daño alguno al rey, a su tierra, a sus hombres, a sus posesiones» (Huici-Cabanes, doc. 14, pág. 47).

[6] Miret, ob. cit., pág. 28.

[7] Esta embajada era oportuna, porque el Papa, por aquel entonces, ya había excomulgado al hijo del conde Sans, Nuño Sans, por la guerra contra Simon de Monfort. Cf. Sampere i Miquel, ob. cit., pág. 688.

que da Zurita [8], era bien lejano de las anteriores, amenazantes y violentas. En ella se nombraba legado apostólico a Bernardo, cardenal de San Juan y San Pablo, y le ordenaba que ninguna tierra de Aragón fuese rozada por las violentas represalias que todavía se organizaban en Occitania contra los rebeldes nobles del sur, quienes ahora tenían enfrente al mismísimo poder del rey de Francia. La premisa de la bula de Reate reconocía que el rey Jaume era «dócil a los mandatos apostólicos». Ahora era nombrado «hijo predilecto de la Iglesia romana». Por eso, el Papa animaba al legado apostólico a que lo defendiera y lo guiara. La bula es un ejemplo perfecto de lo dulce que podía sonar el lenguaje del mismo Santo Padre que, apenas un año antes, había sido capaz de amenazar a Jaume con la rotundidad que ya vimos. Y en efecto, la violencia que el Papa desató en el sur de Francia no rozó a Jaume. Poco antes de esta bula, el 19 de junio de 1219, Felipe Augusto, el rey de Francia, se aproximó a Tolosa, que caería en sus manos. La toma de la principal ciudad que todavía resistía al poder de la Iglesia dejaba a la nobleza del sur sin posibilidad de sobrevivir.

Tras esta protección del Papa, el rey Jaume se podía sentir seguro, pero en la medida en que se mantuviera unido el consejo designado por Roma. La autoridad de este consejo sobre territorio aragonés, sin embargo, era más bien escasa. Ese es el motivo de que, a lo largo de casi todo el año 1219, Jaume residiera en Cataluña, donde el consenso social era más profundo, sin duda por el liderazgo del arzobispo de Tarragona y del obispo de Barcelona. Y en efecto, aunque no abordó grandes temas, el rey y su curia iban atendiendo los diferentes asuntos del gobierno por toda Cataluña. Por las tierras del este, por el contrario, el rey solo llega hasta el castillo de Monzón, de sus fieles templarios. Como ya dejó claro Miret, invocando documentos fiables, se había nombrado mientras tanto nuevo procurador general, que esta vez era el importante noble catalán Guillem Ramon de Montcada, vizconde de Bearn, el noble que había reconocido al rey en el tratado de paz que había firmado con Sans muchos años antes. Es lógico pensar que era un hombre aceptable por todas las partes. Desde luego, no sabemos si fue el mismo Papa el que lo nombró, o si fueron los consejeros del rey, cosa más probable. En todo caso, el sistema de gobierno quedó reforzado, pues los consejeros del rey se mantienen muy estables en todo este tiempo. Son los Montcada, Cervera, Cornell y Ahonés. La única entrada precisa en el territorio de Aragón se produce por Huesca y hacia el mes de septiembre de 1219. Nueve meses llevaba el rey sin pisar Aragón —hemos de entender que por entonces Monzón era sitio de frontera— y cuando lo hizo fue para dirigirse al país del norte, lejos de las tierras de la nobleza más fuerte. Allí, sin duda, se celebró una curia general, un consejo que

---

[8] Que da Zurita en *Índices de las gestas de los reyes de Aragón, desde comienzos del reinado al año 1410*, compuestos por Jerónimo Zurita, cronista de dicho reino, ed. preparada por Ángel Canellas López, cronista oficial de la Excma. Diputación Provincial de Zaragoza, Institución Fernando el Católico, CSIC, Zaragoza, 1984, págs. 156-157.

beneficó de nuevo a los templarios, dándoles el castillo de Ceboller. A este consejo general no asistieron muchos nobles aragoneses: ni Blasco de Alagón ni Pere Cornell, además de Ahonés, que era consejero, como sabemos. Hacia finales de año, sin embargo, el rey se concentró en los asuntos de Aragón. Es ahora cuando debemos referirnos a los graves sucesos que al parecer tuvieron lugar por este tiempo.

Zurita, en el *Resumen* de su obra, nos dice, con la ingenuidad de los historiadores clásicos, que «el rey se ve obligado casi en su niñez a empuñar las armas contra Rodrigo de Lizana y don Pedro Fernández de Azagra, que no le obedecían y causaban alborotos sin causa justificada y por apaciguar las sediciones, alejando a sus causantes»[9]. Para la mentalidad medieval, una rebelión contra el rey solo podía estar justificada si este había cometido alguna injusticia. De otra manera, era inapelable que se trataba de una sedición. Al no existir esa acción injusta del rey en el origen, Zurita no ve motivos para los desórdenes de los nobles. Una mentalidad más actual descubre, unas páginas más arriba, un indicio de la verdadera situación de Aragón en este año de 1219. Pues el caso es que Zurita nos da noticia de la existencia de «sequía, hambre y peste» en estos años, en los que «por la suma esterilidad y sequía no solamente se han secado las mieses, sino incluso los bosques, porque sobre las aguas de lluvia han fallado también las fuentes de los montes; apenas llega un poco de agua a los ríos perennes. Síguese una gran hambre y pestilencias»[10]. Luego nos da cuenta de los remedios de siempre, de los consuelos de la desesperación. Nosotros sabemos que se hicieron rogativas masivas, procesiones a la cueva de San Victoriano, ayunos, vigilias. Solo cuando se rociaron las sagradas reliquias del santo con el agua de la fuente santa del templo de San Lorenzo se abrió el cielo. Es curioso que en los *Anales* Zurita no diga nada de todo esto. La ceremonia fue completa: se santificó la fuente con sal bendita y las oportunas oraciones. Después, con agua así purificada, se roció el sarcófago, así como los estandartes y lábaros del santo. Al punto llovió en las regiones cercanas a los Pirineos. Pero ignoramos si esta invocación eliminó el hambre y la peste. El caso es que podemos estar seguros de que aquella indigencia extrema favoreció la guerra y la hostilidad entre los señores feudales. En estos casos, la guerra suele ser la forma de disputarse un excedente económico muy escaso. Esta es la situación social y económica de la época que la *Crónica* dibuja como tiempo de violencias, en las que pronto el rey se iba a ver envuelto. Pero jamás nos sugiere Zurita que esa hambruna fuera la causa, o tuviera algo que ver con la violencia social que promovieron los nobles aragoneses y que asoló todo su reino.

Describir esta violencia y las luchas de los nobles es una tarea estéril. Si los bandos nobiliarios hubieran tenido una lógica clara, una correlación de fuerzas estricta y continua, una jerarquía definida y una construcción firme

---

[9] Zurita, *Índices,* ob. cit., págs. 157-158.
[10] Ibídem, pág. 155.

de poder, desde luego, Jaume no hubiera sido rey efectivo por lo menos durante un largo tiempo. Pero nada de esto regía las relaciones entre los nobles aragoneses. El más agudo personalismo y el más corto plazo dominaban sus relaciones, que por eso eran muy móviles. El señor territorial es también un señor político: tiene plena independencia para poner sus lanzas en un bando u otro. Las razones para ello son las propias de su interés inmediato. Algo parecido a un bien general no es conocido por estos señores. Lo más llamativo de estos años del rey, ya en medio del mundo hostil de estos hombres de bravo orgullo, de fiera voluntad, es la conciencia de la debilidad de su posición. A veces, incluso el cronista reduce los años del monarca para justificar los vaivenes a que es sometido, la falta de criterio para seguir su propio rumbo. Fueron años de confusión para Jaume. Sus aliados, en verdad, cambiaban continuamente. Ahora lo vemos con el señor de Albarracín, ahora con Pedro Ahonés. La razón se le escapa al cronista y es muy fácil que se le escapara al joven rey. En realidad, no había razón: se trataba de un equilibrio de fuerzas tan sutil que cualquiera se sentía en peligro a poco que cambiaran las cosas. Si el rey toma un castillo cercano a un señor, este se pasará al bando contrario al rey. Si sus nuevos aliados amenazan una posesión feudal, el dueño de ella se volverá al rey para buscar apoyo. Si un señor está con el rey, mas se le brinda un ventajoso casamiento con la hija de un linaje del bando contrario, a ese bando se lanzará con decisión como aliado. El rey, para ellos y en el mejor de los casos, no es el jefe de un Estado en el sentido moderno: es un señor más, que controla impuestos y tierras por valor de tantas lanzas de su mesnada, que reparte cargos y honores por valor de otras tantas lanzas, que debe usar las rentas para impartir justicia a su cargo en todo el territorio del reino, y que con sus fuerzas propias, y las que consiga de los señores a los que ha entregado honores, debe garantizar los fueros, privilegios, costumbres y usos de las gentes del reino y, ante todo, los de esos grupos de señores. La obediencia, en este tiempo, está sometida a muchas condiciones y reducida a determinados fines y ocasiones. Fuera de ellos, apenas existe mando político en el sentido actual de la palabra.

La única lógica de esta guerra de todos contra todos es que nadie tenga demasiado poder. Desde luego, y menos que nadie, el propio rey. Esto se deja claro en la toma frustrada de Albarracín, hacia el mes de junio de 1220 [11]. Imaginemos la escena: el rey apenas tiene once años. Eufórico tras haber tomado algún castillo irrelevante, los nobles de su propio partido le proponen

---

[11] Lo sabemos porque el 19 de julio de 1220 firma un documento por el que nombra al *fratrem* G. del Temple como administrador de las rentas reales en Cataluña, de acuerdo con lo tratado por el maestre del Temple. Así lo hace saber el rey a sus «dilectis et fidelibus suis militibus et vicariis, baiulis, monetaris et magistris monete». La justificación era la encomienda que Inocencio III había hecho al Temple de custodiar al joven rey. En realidad, se trataba de establecer en este cargo a un fraile en Cataluña y a otro en Aragón. Por este documento se proponía el de Cataluña, lo que testimonia que el de Aragón estaba pendiente de nombrar. Cf. Huici-Cabanes, vol. I, doc. 23, págs. 60-61.

que tome esta villa, quizá la más fuerte de Aragón, donde está encerrado el importante Pedro Fernández de Azagra, en otro tiempo fiel defensor del rey. Este episodio se nos cuenta en el §16 de la *Crónica*[12]. Con el rey anda una abundante representación de toda la curia regia, entre quienes destacan los prelados de Zaragoza y Tarazona. Dentro, junto con el señor Pedro Fernández, caballeros que proceden de Navarra y de Castilla. Pero he aquí que muchos sitiantes dan noticia de los movimientos propios de su campamento a los sitiados. Es más: unos y otros salían y entraban de la ciudad como querían, llevando víveres y armas. Cuando a uno de estos amigos de los sitiados le toca estar de guardia, los de Albarracín salen al ataque y saquean el campamento, destruyen la máquina de guerra y matan a los caballeros fieles que mantienen la posición. La conciencia del engaño estalla en toda su rotunda evidencia: nadie era leal al rey y nadie aconsejaba bien sus pasos. «No teníamos de quien tomar consejo, pues no teníamos sino once años», dice el rey.

El motivo de este sitio de Albarracín fue un corrimiento de las alianzas con motivo de una boda entre nobles. Este tipo de desplazamientos podía ser provocado por una concesión real. En este mismo año tenemos un ejemplo muy claro: la concesión a Blasco Maza de la villa de Roures por siete años completos[13]. La firma del rey se estampó el 12 de agosto de 1220, y aunque el rey sigue citando a sus consejeros, Cornell y Ahonés, solo lo firma Asalit de Gudar, junto con el obispo de Zaragoza. El consejo de Aragón, como se ve, funcionaba peor que el de Cataluña. Como es natural, las consecuencias de estos enfrentamientos eran también un nuevo reparto de cargos. Al parecer, Pedro Fernández de Azagra dejó el cargo de mayordomo de palacio, que fue a recaer en un personaje muy importante de estos momentos, Blasco de Alagón. En estas condiciones, el poder del rey no podía aumentar mucho, pero tampoco tenía frente a él poderes suficientes para derrocarlo. En esta inestabilidad creció Jaume.

Como dijimos en la introducción, el matrimonio era un arma política de primera magnitud, porque hacía visibles las alianzas y las fuerzas con las que alguien contaba en el tablero de la paz y de la guerra. En el caso de un rey, era lógico que este paso se meditara muy bien, sobre todo porque se debían medir las consecuencias que tendría sobre las fuerzas rivales. La *Crónica* dice que Berenguela, hija de Alfonso VIII, el de Las Navas, y esposa del rey de León, Alfonso IX, la madre de San Fernando, y por la que, gracias a su obstinación y la protección papal, se unirían las coronas de León y Castilla, propuso a la curia de Jaume el matrimonio de este con su hermana Leonor[14]. La boda tuvo

---

[12] En realidad, el sitio no fue en 1218, sino en 1220, durante los meses de verano, pues en agosto el rey ya lo ha levantado y está en Teruel.

[13] Huici-Cabanes, vol. I, doc. 24, págs. 61-62.

[14] Antonio Ballesteros Beretta, *Alfonso V el Sabio*, con índices de Miguel Rodríguez Llopis, Biblioteca de Historia Hispánica, Monografías, núm. 2, Ediciones El Albir, S. A., Barcelona, 1984, pág. 45, dice: «La sagacidad política de Berenguela propuso a la corte aragonesa el matrimonio de su hermana Leonor con su monarca Jaume».

lugar en la raya de Ágreda, hoy Soria, el día 6 de febrero de 1221. Era evidente que no había posibilidad de que Leonor llegara a ser reina de Castilla, porque Berenguela ya tenía heredero, el que habría de ser el rey Fernando III el Santo. Pero una alianza con Castilla por aquel tiempo implicaba dos cosas: primero, dejaba bien claro que la política que impulsaba Roma, que había vuelto a nombrar a Jaume su protegido [15], forzaba al reino de Aragón a mirar hacia las tierras hispánicas y no hacia las tierras provenzales; segundo, desnivelaba el equilibrio de poder en las tierras de Aragón y Cataluña. La *Crónica* dice que el consejo del rey aprobó el enlace, lo que significa que en ese consejo debía de ser muy fuerte la presencia de los prelados de Tarragona, Espàrrec de la Barca; de Barcelona, Berenguer de Palou, y de Lleida, Berenguer d'Erill, y el archidiácono de Tarazona, Pedro Vidal. Los tíos de Jaume se opusieron. El rey recuerda la razón: la ambición de Sans y de Ferran por hacerse con el reino. Era evidente que ninguno de los consejeros de Jaume [16] prefería un escenario en que estos violentos nobles deviniesen reyes. Primero, por la clara política pro-Languedoc de Sans, y segundo, por el violento partidismo de Ferran. Una garantía contra esta doble eventualidad era que el rey estuviera casado con la hija de una gran potencia.

Así que, «per tal que el regne no eixís de la natura» [17], esto es, para que la transmisión de la realeza se hiciera de padres a hijos —y no pasara a las ramas laterales de Sans y Ferran—, el consejo del rey se decidió por la boda con Leonor. La ceremonia debía celebrarse en Ágreda, en la frontera de Aragón y Castilla. Antes, y esto nos ofrece otro detalle de las formas del tránsito a la virilidad, el rey fue armado caballero en la iglesia de Santa María Magdalena, de la fronteriza Tarazona, al otro lado del Moncayo. El rito fue muy sencillo: el propio rey, tras oír misa, se ciñe la espada que está sobre el altar. La suya, como espada de la paz y de la justicia, es sagrada. El suyo, el de rey, es un ministerio sacro. La memoria de esta escena es de una exactitud prodigiosa, como corresponde a un momento crucial de la vida regia. Es seguro que cuando se escribe la *Crónica* este rito seguía vivo, intacto. Dice Jaume: «Y podía entonces tener doce años cumplidos y entraba en el trece». En realidad, cuatro días antes de la boda, Jaume hacía exactamente los trece, pues la ceremonia tuvo lugar en los primeros días de febrero de 1221 [18]. El motivo de recordar la fecha con tanta precisión es, sin embargo, otro: durante un año no

---

[15] Fue el 26 de julio de 1219, cuando una embajada quizá dirigida por el obispo de Barcelona, Berenguer de Palou, logre esta protección. El Papa firmó la bula en Reate, como vimos. Se protegía también la tierra de Montpellier, que no está infectada de herejía, sacando esta tierra de Montpellier de las que estaban bajo dominio de la cruzada en la Narbonense y la Auxitania.

[16] Se trata de los mencionados Cornell, Cervera y Montcada, los que formaban el consejo establecido por el Papa en la bula de protección de 26 de julio de 1219.

[17] *Crónica*, §18.

[18] El 21 de enero se detuvo el rey en Tarazona para ser armado caballero. El día 6 de febrero de 1221 se extendieron las escrituras de esponsales y el día 8 de febrero llegaba el futuro San Fernando a este punto fronterizo. Es de suponer que ese día debió de realizarse la ceremonia. Cf. Ballesteros Beretta, ob. cit., pág. 45.

pudo «hacer esto que los hombres tienen que hacer con su mujer, pues no tenía edad»[19]. Todas las ridículas interpretaciones que se han dado sobre las relaciones entre Leonor y Jaume tienen su base en esta sencilla expresión, natural en los usos de la época, que no testifica nada excepto la voluntad de Jaume de contrastar su precocidad a la hora de enfrentarse al mundo. Él podía hacer de Leonor su esposa, pero su edad se lo impedía con la fuerza de un tabú que el rey no comprende, pero acata: no llegar a los catorce años.

Después de la boda, en la que estuvo presente el rey de Castilla y la reina madre, con un importante séquito de caballeros castellanos[20], el rey se dirigió a Daroca, donde lo vemos a primeros de julio de 1221. Hacia fin de año se dirigió a Cataluña, estando en el mes de diciembre en Girona. Allí tuvo lugar un asunto que conviene referir, no solo porque indica que el rey y la reina viajaban juntos, sino porque nos muestra que también la reina iba acompañada de una dama de importancia, doña Elo, que debió de tener relación con el hijo de Sans, el conde de Rosellón, Nuño Sans. El caso es que este, no se sabe si inclinado o forzado, entregó determinadas propiedades suyas a la señora castellana, bajo promesa realizada ante la reina Leonor. Es fácil que entre ellos hubiera tenido lugar algún tipo de vínculo menor que el matrimonial, pero mayor que el de una mera amistad. El caso es que Nuño tuvo que dar a Elo heredades en Bárcena, a fuero de Rosellón, y a fuero de Castilla todas las heredades que el noble catalán tenía «in toto regno Castelle»[21]. Es importante recoger este tipo de detalles, pues testimonia que una boda real llevaba aparejado otro tipo de relaciones humanas y de actos jurídicos que implicaban, ante todo, la dispersión de la propiedad de la nobleza por las diferentes tierras, hispanas o no. De este modo se muestra que el patrimonialismo fue una forma organizativa de la propiedad y de la sociedad que no tenía fronteras nacionales. En cierto modo, era un sistema social homogéneo en toda Europa, venía legitimado por la Iglesia y por ello no conocía fronteras.

Desde Girona, debió de dirigirse Jaume hacia Monzón, pues pasó por Lleida. Dice la *Crónica* que hacia 1222 hizo el rey Cortes en Monzón, de las que no tenemos noticia alguna. En realidad, deben de confundirse con el con-

---

[19] *Crónica*, §19.
[20] La boda era una actuación jurídica muy compleja. Habían de darse ante todo los castillos de prenda. Como entre el tiempo en que se prometían los pactos y su realización ciertos castillos podían haber variado de estatuto, era preciso encontrar equivalentes. Así, de las que se ofrecieron en un primer momento, estaban ya entregadas las fortalezas de Montblanc y Cervera, y entonces el rey tuvo que ofrecer a su esposa las de Fraga, Almenara y Tárrega, Tarragona con todos sus campos, sin tocar los derechos de la Iglesia y de las órdenes militares. Los pactos fueron firmados por los obispos de Zaragoza y de Huesca, por el maestre del Temple, el del Hospital, Nuño Sans, el conde de Rosellón, el senescal Ramon de Montcada, y sus consejeros Cornell y Ahonés, Blasco de Alagón, y luego los hombres de Castilla, López Díaz el alférez del rey, el mayordomo Gonzalo Rodrigo, García Fernández, el mayordomo de la reina, y muchos más. Lo ha editado González Hurtebise, en «Recull de documents inèdits del rei En Jaume I», *I CHCA*, 1908. Miret corrige la fecha tanto de González como de Huici-Cabanes, vol. I, doc. 27, págs. 65-66.
[21] Lo da Miret, ob. cit., pág. 39.

sejo que el rey debió de hacer en Huesca, hacia el 19 de abril de 1222, en el que dictó nuevas disposiciones sobre la moneda jaquesa [22]. En este tiempo volvieron a estallar las luchas feudales, ahora en tierras catalanas. Una vez más, la tierra del Rosellón era el objetivo de las luchas. Sans estaba viejo y retirado. Su hijo Nuño Sans, emparentado con la nobleza castellana de Vizcaya, no parecía capaz de mantener el condado del Rosellón, que Pere el Católico le había dado de por vida a su padre. Los Montcada se creían con más fuerza para defender el condado en medio de las luchas que ya hemos contado. Pero las hostilidades no hacían sino apuntar. Hacia el mes de agosto de 1222, Jaume había impuesto la paz entre los dos partidos, porque por esta época todos firman los documentos reales: los Sans y los Montcada. Es más, el 16 de agosto, Jaume hace senescal de Cataluña a Guillem Ramon Montcada de Aitona, esposo de su hermana Constanza. Por el momento, la figura del rey posee una clara eficacia pacificadora, sin duda apoyado por la Iglesia. Son muy significativas las inmunidades y privilegios que concede por este tiempo al monasterio de Poblet, que toma bajo su protección, permitiendo que luzca los blasones reales en sus torres. Es fácil pensar que la Iglesia catalana seguía siendo la gran potencia pacificadora y creadora de consenso. Que esta era la línea de actuación del niño rey lo vemos también por la pacificación del condado de Urgell, que entrega a Guerau de Cabrera mediante el convenio de Terrer, del que luego volveremos a hablar [23]. De esta manera, paga todas las reclamaciones que pudiera hacerle el vizconde por la destrucción, en el mes de agosto, de Castellón del Puente, un lugar que Jaume asedió y demolió [24]. Este será un asunto de importancia en el futuro, por cuanto, como compensación, Jaume logra que el de Cabrera se comprometa a llevar a juicio de paz, y no de guerra, los posibles derechos de Aurembiaix, la última heredera legítima del famoso conde Ermengol VIII.

Los bandos de la nobleza catalana se rehicieron hacia finales de 1222. Guillem Ramon I de Montcada, el rival de Nuño Sans, que se había convertido en la principal figura de la nobleza catalana, tomó la iniciativa, asaltó Perpiñán y asoló la ciudad. Curiosamente, Montcada deja de aparecer en los documentos de enero de 1223, sin duda porque ya estaba en la campaña. Nuño seguía al rey, junto con el infante Ferran. Claramente, ahora los Montcada son enemigos y el rey desea que no se pacte con ellos y, sobre todo, que no se les ceda tierra del condado de Urgell [25]. Sin duda, la paz con Cabrera tenía como vir-

---

[22] Miret, ob. cit., págs. 40-41.

[23] Por este convenio Cabrera mantendría el condado en su poder mientras no lo reivindicase la hija de Elvira, Aurembiaix, en cuyo caso se compromete el rey a someterse al laudo judicial. Así, Guerau de Cabrera pasará a ser Guerau I de Urgell. A pesar de todo, Guerau siempre estuvo con los Cardona, contrarios ambos a los Montcada, los nobles inicialmente más cercanos al rey Jaume, con quienes acabaría conectado familiarmente.

[24] Hay documentos firmados en este lugar, en agosto de 1222, confirmando a la hermana Constanza las donaciones hechas por su padre, Pere II.

[25] Tenemos el convenio de 20 de abril entre Jaume y Cabrera para que, si pacta con los Montcada dar tierra de Urgell, estos le entregarán al rey las tierras, y el de Cabrera deberá resarcirlos con 9.000 morabetinos (Miret, pág. 44). Los firmantes son el partido de Sans y Ferran.

tualidad que no aumentase la fuerza de los Montcada. Que Sans y Ferran estuvieran cerca del rey por esta época, contra el clan de los Montcada, es muy natural: estos habían hecho dos matrimonios estratégicos, el de Guillem Ramon I con la vizcondesa de Bearn, que le hacía muy rico, y el de Guillem Ramon de Aitona con la hija del rey Pere, Constanza, que le acercaba a la casa real, de la que los dos citados eran el tronco principal[26]. De ahí la unidad de acción con el rey en este punto. Con el rey se vinieron también su fiel Ato de Foces, Artal de Luna, Ahonés, y lo que el rey llamaba su «mainada de Aragón»[27], su mesnada, una fuerza militar de caballeros aragoneses obligados a auxiliar al rey que no tiene paralelo en Cataluña. El ejército del rey se dirige a las tierras nobles de los rebeldes y toma sus lugares, hasta que llega a la misma Montcada, «fortaleza de las mejores de España». Zurita, muy gráficamente, dice que el rey «no va menos preparado que si tuviera que combatir con un enemigo legítimo»[28]. Si tenemos en cuenta que los Montcada vuelven a aparecer el 19 de julio de 1224 en la documentación, junto con el conde Nuño, podemos suponer que durante todo este tiempo, hasta esa fecha de 1224, duraron las luchas contra ellos. La paz no debió de ser muy duradera, pues a partir de agosto de ese año dejan de aparecer de nuevo y con ellos desaparece el infante Ferran, que ya debía de haber usurpado la procuraduría del reino, contra la voluntad de todos los nobles del consejo y los demás nobles aragoneses que rodean al rey, con Fernández de Azagra, el señor de Albarracín, a la cabeza. Es más, en el segundo semestre de 1224 tuvo lugar una gran ofensiva de los demás nobles catalanes contra los Montcada, que ahora son llamados «enemigos de nuestro señor Jacobo, ilustre rey por la gracia de Dios, contra aquellos rebeldes que guerrean de manera injusta contra él y el reino»[29].

Aquí podemos apreciar una vez más la lógica de la guerra feudal. Sin duda, la fuerza militar del rey era superior. Sin duda también, la fortaleza de los Montcada era casi inexpugnable. Pero nadie desea que el equilibrio de poderes se rompa a favor de cualquiera de los dos bandos. Montcada y los suyos han sido ya castigados. Pero no pueden ser destruidos totalmente. Cuando las tropas del rey sitian el castillo durante tres meses, la traición juega de nuevo las cartas que ya había jugado en Albarracín. No hay distinciones: los aragoneses de dentro del castillo, aliados de Guillem, conectan con los del ejército del rey y se intercambian dineros y víveres. Desde Barcelona, los catalanes envían víveres de forma masiva a los Montcada. De forma explícita, el rey dice: «A los que nos acompañaban, exceptuando el joven conde Sans y a don Pedro Ahonés, placíales muy poco que los sitiados recibieran ningún daño»[30].

---

[26] Ya hemos hablado antes, en el cap. 4, que quizá esta dama estuviera enterrada en la capilla de los Montcada de la catedral de Lleida.
[27] *Crónica*, §21.
[28] Zurita, *Índices,* ob. cit., pág. 160.
[29] Serra i Vilaró, *Boletín de la Real Academia de Buenas Letras de Barcelona,* IV, pág. 303, documento de fecha 14 de octubre de 1224.
[30] *Crónica*, §21.

Es preciso reparar en la capacidad de matiz del rey: por mucho que tenga razones para mantener la hostilidad de estos dos hombres, reconoce que en esta ocasión estaban de su lado. En todo caso, la consecuencia es que el rey tiene que desistir y levantar el sitio. Lo que sigue diciéndonos la *Crónica* marca un giro decisivo en los acontecimientos: Guillem Ramon I de Montcada sale de su refugio, toma Terrassa y llega hasta Piera. La buena marcha de su hueste hace que don Ferran, el tío del rey, y Pedro Ahonés se le unan. Con ello, los sublevados entran en Aragón, donde toman Tauste y llegan a Jaca, Huesca y Zaragoza. El rumor del vencedor llegó a oídos de don Nuño Sans y otros fieles del rey, que se pasaron también a la liga de los rebeldes. Dice la *Crónica* que entre ellos se habían «feites covinences ab sagrament e ab cartes»[31]. El hombre que se mantendrá fiel a Jaume en este trance será Ato de Foces, sobre todos. El caso es que los coaligados se dirigen a Alagón, hacia el invierno de 1224, donde está el rey, y le piden que les reciba porque vienen para ponerse a su disposición. El rey, por precaución, aludiendo a la oscuridad del invierno, cierra las puertas de la villa y los mantiene fuera, pero deja de guardia a la gente de don Nuño y don Pedro Fernández de Albarracín. En la noche, estos las abren a los conjurados y entran más de doscientos caballeros. El rey, cuando se da cuenta de los hechos, no puede sino exclamar ante la reina: «¡Santa María, qué gran traición es esta, pues aquellos en que más fiábamos nos han traicionado y han metido aquí a nuestros enemigos!».

Veamos las cosas en su conjunto y desde su principio: el rey atiende la solicitud de protección de don Nuño Sans, amenazado por Guillem Ramon I de Montcada. Organiza la hueste y se dirige contra el noble que, a pesar de darle garantía de justicia, se entrega al uso de la fuerza. Con una gran alianza de nobles de su parte, el rey casi está a punto de destruirlo. La traición lo impide. Desde ese momento, el rebelde refuerza sus filas, hasta el punto de que todo el campo del rey lo abandona. Ahora, cambiando las tornas, es el rey el que está preso en Alagón. Nadie consiente que Montcada desaparezca porque rompe el equilibrio de poder. Eliminar a un gran señor haría al rey excesivamente fuerte. Así que ahora se aprovecha la ocasión para mermar al máximo su autoridad. El muchacho, de dieciséis años, por la mañana va a misa y los descubre allí a todos: don Ferran, Montcada, Ahonés, Pedro Fernández, don Nuño, a todos. Oyen misa con él, pero ya sabe que «todos eran uno». Entonces, los nobles, unánimes, se dirigen al rey, le ofrecen su fidelidad y lealtad y le proponen ir a Zaragoza, donde podrá arreglar sus cosas. El rey tiene pocas opciones. Cede y marcha con ellos. Entra por la puerta de Toledo y descubre que hay gente armada. Ya es demasiado tarde. Los coaligados dominan la situación hasta el punto que introducen en la estancia regia dos caballeros. El rey está preso. La reina entonces se desmorona. Los dos vigilantes insisten con cinismo en la normalidad de la situación. Ato de Foces, el único fiel, que era su mayordomo de Aragón, marcha a Huesca, pues no puede hacer nada.

---

[31] *Crónica*, §21.

El rey manda llamar a Ahonés. Se queja amargamente y le jura enemistad mientras viva, tal es la vergüenza que provoca en él la situación. Ahonés dice con un brutal desparpajo y un taimado cinismo que en lo que hacen «no hi havia honta ni dan».

El rey, que no ha cumplido todavía los diecisiete años, no puede ser ya engañado. Además, la escena tiene lugar con la reina delante. Durante días y días, hasta veinte, ambos viven sin intimidad, con los guardianes en su propia estancia, a los pies de su lecho. El rey propone a la reina una salida desesperada: descolgarse por una cuerda, cabalgar, huir. Quizá tengan fortuna. Tal vez dejen algún muerto por el camino, dice el rey. La reina se niega. Por respeto a su miedo, asegura Jaume, olvidó su plan. Así que siguen prisioneros de los nobles, que, mientras tanto, conciertan sus peticiones y presiones. Al final, el rey las conoce. Guillem de Montcada pide reparaciones por los daños que le hizo el monarca cuando quiso defender a Nuño Sans. Ahora, uno y otro, el antiguo defendido por el rey y su rival, aparecen como enemigos de Jaume. El rey responde que ese daño lo hizo en defensa del derecho y que por eso no tiene nada que compensar. Montcada pide veinte mil morabatines. Los demás se reparten los honores y los puestos del reino. Es una compensación por los daños de la guerra pasada, pero también un rescate. Finalmente, el rey cede. Y en efecto, poco después, el 1 de junio de 1225, Jaume reconoce documentalmente que adeuda esa cantidad a Montcada, que debe ser pagada con las rentas de Barcelona, Girona, los impuestos de monedaje, *bobatge* y las parias de los moros de Valencia.

Esto que recuerda el rey es convergente con los documentos que tenemos. En efecto, hacia el mes de marzo de 1225, Jaume está en Zaragoza, donde confirma los fueros de Jaca y donde debe hacer frente a una deuda de Elo, la señora de compañía de Leonor. Que se haya visto en esta Elo una amancebada de Jaume sobre la base de este pago de deuda es un ejemplo de lo injustificado que puede llegar a ser el juicio de un historiador. Es muy creíble que la entrega de la comunidad de Daroca a doña Leonor, de la que nos habla Zurita[32], sea también como pago de las deudas contraídas por el rey con ella. Pero lo más importante es que la firma de este documento permite identificar que están todos los nobles de todos los bandos juntos en Zaragoza, como el rey recuerda en la *Crónica:* allí vemos al infante don Ferran y a Nuño Sans, el hijo del conde Sans; a Guillem de Montcada y a Ramon de Montcada, su hijo, junto con el senescal Guillem Ramon, así como el señor de Albarracín y todos los demás que hemos citado antes. No tenemos por qué dudar de que las impresiones de un rey de diecisiete años no sean fieles y reales. Lo fueron, y tuvieron importantes consecuencias, como veremos.

---

[32] Zurita, *Índices,* ob. cit., pág. 160.

8
Pedro Ahonés y la revuelta de Aragón

Todo esto debió de tener lugar hacia los primeros meses de 1225 [1]. En abril de este mismo año, acompañado por los nobles triunfantes, el rey se dirige a Tortosa. Pero la reina tomó otro rumbo: se dirigió hacia Burbáguena, en Teruel, y desde allí pasaría a Castilla, para separarse de su marido para siempre. La vergüenza del encierro y el peligro sentido rompieron el matrimonio de facto. Esta nueva vinculación de Aragón con la casa de Castilla tuvo así un final grotesco y vergonzante, por el momento. Los nobles aragoneses y catalanes no se habían ahorrado ningún esfuerzo para humillar al rey. Jaume, un adolescente de diecisiete años, finalmente, volvía a ser casi nadie. Embargadas sus propiedades, repartidos los cargos, el joven Jaume se había convertido en un personaje marginal del sistema de poder feudal de su tierra. Y, sin embargo, esta situación contrastaba con la propia percepción de un rey que comenzaba a presentir la plenitud de sus fuerzas personales. De creer las crónicas, sería el rey un hombre formidable, y aunque de sus representaciones míticas tengamos que descontar alguna exageración, todos los testimonios son convergentes: alto, fuerte, proporcionado, bien parecido. Incluso los que solo lo conocieron de viejo, en la decadencia, quedaron impresionados por su prestancia. Fue así como el rey abandonado decidió probar cuál era su capacidad de maniobra. En aquel entonces, solo contaba con su propia fuerza y su obstinación.

Y así fue como el rey Jaume, sin desfallecer por las coacciones sufridas en la reunión de Tortosa, donde declara una constitución de paz y de tregua el 28 de abril de 1225, se decide a realizar una empresa de gloria y valor. Esta reunión de Tortosa no debió de ser muy agradable para Jaume. En relación con ella dice la *Crónica* que todos «hacían a su antojo» bajo la excusa de ser parte de su consejo. A esta reunión asisten los representantes de Cataluña entera, desde los grandes prelados hasta los Montcada, vencedores de la presión

---
[1] Zurita, *Anales*, Libro II, cap. LXXX, pág. 115-2.

sobre el rey, pasando por los representantes de las ciudades. Sin duda, el motivo de esta tregua interna era la renovación de las luchas hacia el sur, y el objetivo debía de ser Peñíscola. Así lo dice el texto del documento de constitución de paz y tregua. Es muy curioso observar cómo la *Crónica* no nos informa de todos estos sucesos, como tampoco de la decisión que tomó el consejo de ir a tomar el castillo de Peñíscola. En absoluto dice lo que nos refiere Zurita, que el rey abandonó en secreto Tortosa y se fue al castillo de Horta, uno más de los que tenían los caballeros del Temple[2]. Tampoco dice nada de un hecho que conocemos por un documento de abril de 1225. Se trata de la firma por la que el rey Jaume decide ser enterrado en el monasterio de monjas de Sigena, donde estaba su padre y su abuela. Jaume firmó ese documento delante de la priora Sancha de Urrea, y de la marquesa de Maza, vicepriora, lo que testimonia hasta qué punto el monasterio císter servía a las hijas de la nobleza de Aragón. Testigos de la historia, quizá por primera y última vez, se nos habla de una tal Guillerma, cantora; una Urraca, camarera, y una Milia, sacristana. De todas ellas la *Crónica* se olvida también, como de los judíos Bondia y Abhrahim, que reconocen a Nuño Sans más de ocho mil sueldos de deuda, que han de retornarle bajo juramento por la ley de Moisés antes de la fiesta de San Juan. Todos estos humildes hechos y personas, que testimonian una vida cotidiana plena y dinámica, a pesar de las tensiones, no son recordados en el libro de las hazañas del rey: es como si no fueran sucesos de su vida.

Las Cortes de Tortosa habían demostrado que la Iglesia catalana podía reunir a la nobleza si y solo si se reactivaba la conquista de tierras hacia el sur. Que la Iglesia tenía intereses en esta expansión resulta muy claro. La diócesis de Tortosa era pequeña todavía y Tarragona estaba interesada en su expansión. Jiménez de Rada ya había planteado el problema del dominio toledano de las nuevas iglesias fundadas en las tierras recién conquistadas a los musulmanes. Pero para extender Tortosa hacia el sur era preciso superar el obstáculo de Peñíscola. El caso es que, en el mes de octubre de 1225, el sitio de esta casi isleña fortaleza de Peñíscola estaba iniciado y en él participaron con fuerzas propias tanto el obispado de Tortosa como el monasterio de Poblet. En el mismo asedio, Jaume concedió al monasterio císter la posibilidad de utilizar por su ganado todos los pastos libres de todos los términos de Peñíscola, Cervera, Chivert y Polpis, tan pronto se ganaran a los sarracenos, desde luego. También en el sitio firmó Jaume la entrega a la diócesis de Tortosa de todos los términos de iglesias que se conquistaran ahora, en atención a los gastos que había hecho su obispo Pons[3]. De hecho, era reconocer los antiguos lími-

---

[2] Zurita, *Anales*, Libro II, cap. LXXX, pág. 115-2.
[3] Cf. Huici-Cabanes, doc. 70, por el que el rey concede al obispo Pons de Tortosa las heredades que en Peñíscola poseía Omar Abinsian y su esposa, libres de todo impuesto (págs. 147-148). En septiembre le confirmaba al obispo de Tortosa los antiguos límites del obispado, incluyendo las iglesias de Almenara, Son, Morella y la isla de Buda. Cf. doc. 71, págs. 148-149, y el doc. 72, donde se concede a Poblet los pastos libres (págs. 151-152). Cf. también Archivo de la Corona de Aragón, *Colección de Documentos Inéditos*, 2.ª época, vol. XLIII, *Privilegios reales concedidos a la*

tes de la diócesis de Tortosa, que va a ser determinante para el futuro del nuevo reino de Valencia. Pues, en efecto, los catalanes ya tenían muy presente la conquista de toda la tierra por lo menos hasta Borriana. Para corroborarlo, tenemos un documento de 1219 en el que Jaume entrega a un matrimonio una alquería de Cárabona, en el término de Borriana, cuando «divina faciente clementia in manu nostra [...] deveniret»[4]. Ahora, cuando se hacían paces para lanzar a toda la nobleza catalana hacia el sur, y la conquista de toda esa fértil tierra se podía hacer realidad, era el momento de dejar bien claro que ninguno ajeno a Cataluña pondría la mano en aquellas iglesias, ninguno de Toledo poseería las viejas mezquitas. Y entonces el rey marcó los límites de la diócesis de Tortosa[5], que, por exclusión, dejaba claros los que tendría la futura diócesis de Valencia. Pues llegaban por el sur hasta Canet de Berenguer, al norte de Sagunto[6]. Por el interior alcanzaban hasta Morella y Ares del Maestrazgo. Como es natural, la diócesis de Tortosa incluiría Almenara, Alcalatén, Onda y Nules. Todas las nuevas iglesias —eso era lo decisivo— debían organizarse «según la antigua y laudable costumbre de los episcopados de Cataluña».

La extrema necesidad de seguridad jurídica, que se percibe a lo largo de toda la Edad Media, determinó esta costumbre de conceder privilegios antes de que las conquistas del rey se hubiesen efectuado. Pero, aunque los planes militares se desbarataran con mucha frecuencia, los antecedentes de las concesiones obraban con fuerza jurídica, definían los sujetos interesados y determinaban las ayudas que el rey podía recibir. Así fue en este caso. El asedio a Peñíscola tuvo lugar hacia octubre de 1225. Una vez más, podemos suponer que se trataba de un proyecto descabellado, como la toma de Albarracín. Sorprende en este tiempo de la *Crónica* que los consejeros del rey únicamente le propusieran castillos imposibles de tomar. El de Peñíscola lo era, pues se trataba de una isla invencible. El fracaso estaba garantizado. Pero el ánimo del rey no se alteró. Es fácil pensar que aquella no era para él una empresa propia.

El caso es que el §25 de la *Crónica,* resumiendo mucho, dice que «salimos de Tortosa sin que ellos supieran nada». Con ese «ellos» Jaume se refería

---

ciudad de Barcelona, Barcelona, 1971, ed. a cargo de Antonio M. Aragó y Mercedes Costa, bajo la dirección de Federico Udina Martorell, pág. 1. Cf. igualmente el *Boletín de la Sociedad Castellonense de Cultura,* su colección de documentos sobre Jaume I y Tortosa, relacionados con el asedio a Peñíscola, como el núm. LXIV, por el que da distintas posesiones de un sarraceno de Peñíscola a su obispo Pons, el 13 de agosto de 1225, o el LXV, donde el 3 de septiembre de ese año confirma a Pons, el obispo de Tortosa, la demarcación de los límites de su diócesis, así como de otras donaciones, como la de la propia iglesia futura de Santa María de Peñíscola a la diócesis, cuando el castillo se conquiste (cf. doc. LXVIII). Información sobre este Pons de Torrellas se encuentra en las págs. 271-274, a cargo del editor de estos documentos, padre Ramón María, P. D. En realidad, la donación de las tierras de Castellón a Tortosa se había hecho por parte de Alfonso II de Aragón en noviembre de 1178, lo que fue confirmado por Jaume el 27 de abril de 1224.

[4] Huici-Cabanes, doc. 20, pág. 56.

[5] Cf. el mapa del obispado en el catálogo *El Llibre del dret valencià a l'època foral,* dirigido por V. García Edo, Biblioteca Valenciana, Valencia, 2002, pág. 235.

[6] En el documento se le llama Canes, pero no cabe duda de que es Canet.

a los nobles catalanes, desde luego. Su meta es muy clara: ir a territorio de templarios, acogerse a la protección papal, convocar a los nobles aragoneses, avanzar hacia tierra de moros por un sitio que no tuviera que pasar por el inexpugnable castillo de Peñíscola. De hecho, el nuevo séquito del rey es ahora enteramente aragonés. Eso es lo sustantivo de la memoria del rey, que desde ahora no se equivoca en lo esencial de sus movimientos. En realidad, desde el fracaso de la toma de Peñíscola, hasta la formación de una hueste propia y aragonesa para ir contra los moros de Valencia, pasará un año. En efecto, hacia el otoño de 1225 lo vemos entre Daroca y Calatayud. Por este tiempo debieron de hacerse los pactos de Borja, para regular la separación de facto entre Jaume y la reina Leonor. Según Zurita, estos pactos se firmaron hacia el 7 de diciembre de 1225 [7]. Luego, el rey recorrió todo Aragón durante estos meses, porque todavía en marzo de 1226 estaba en Ariza. Desde allí pasó a Cataluña. Este paso debió de hacerse por indicación de la política de Roma, pues de hecho en Barcelona el rey bloqueó toda posibilidad de acudir en ayuda de los nobles provenzales, que se enfrentaban a la ofensiva definitiva de los cruzados papales, ahora a las órdenes de Luis VIII, contra el conde de Tolosa. Era el golpe definitivo a la herejía. El Papa deseaba que Cataluña no interviniera ni a favor del conde de Provenza, familiar de Jaume, como sabemos, ni del más peligroso conde de Tolosa, Raimundo VI. El rey impulsó la política de Roma una vez más. Invocó su carácter de protegido de la Santa Sede y justificó la especial obediencia que debía a sus indicaciones.

Cataluña no intervino. Francia tenía vía libre a la expansión por el sur y estaba en condiciones de redondear lo que, andando el tiempo, sería su territorio nacional. Desde Barcelona, donde el rey está en junio de 1226, Jaume debió de hacer el llamamiento a la nobleza de Aragón para que marchara a Teruel. Sabemos que el rey pasó por Ariza el 4 de julio de 1226, camino sin duda de Teruel, con el ansia de reunirse con sus fieles. Una vez más, sin embargo, el rey pudo ver la realidad de las cosas. La nobleza catalana, dado que no podía expandirse hacia el norte, reanudó sus banderías internas entre los Montcada y los Cardona. Pero la nobleza aragonesa no fue más generosa. Los más fieles se pusieron al servicio del rey. Así ese Pascual Moynos de la *Crónica*, que entregó sus víveres y medios, o Blasco de Alagón, Artal de Luna y Ato de Foces, su mayordomo de Aragón [8]. Pero nada más. En la espera de la hueste, el rey se ve obligado a consumir los víveres que le han dado. Eran dos derrotas seguidas. Peñíscola era un mal consejo, desde luego, pero al menos allí el rey estuvo acompañado por la hueste del obispo de Tortosa, que, aunque no ganara la plaza, afirmaba sus derechos sobre las iglesias del sur del Ebro. Los genoveses pudieron reírse entonces de la fortaleza de un rey que no

---

[7] Las negociaciones fueron muy intensas y con los prefectos de los justicias de Castilla. Se trataba de que los castillos que el rey entregara a la reina estuvieran gobernados por su gente. Cf. Zurita, *Índices*, ob. cit., págs. 161-162.

[8] Zurita, *Anales*, Libro II, cap. LXXX, pág. 115-2.

era capaz de tomar un miserable castillo. Pero, a pesar de todo, Jaume tuvo a sus leales detrás. Ahora, el rey emprendía la aventura por sí solo. Convocaba a la gente por su propio consejo, pero los suyos no acudieron. La situación parecía desesperada. Las circunstancias invitaban a un rey de dieciocho años a la vida contemplativa, inercial. Emprender una acción parecía entonces el camino para comprobar la impotencia.

Pero en la vida del rey surgen a veces pequeños milagros, y esta vez se hizo uno de ellos. El rey moro de Valencia, un baezano impuesto por la dominación almohade, Abuceit, todavía era más débil que el rey de Aragón. En realidad, el agudo olfato de este rey almohade le decía que la presión que recibía el distrito de Valencia no era únicamente la de un reino desvertebrado y roto, como por aquel entonces era Aragón. Era más bien la presión de toda la cristiandad. Era una cuestión de tiempo que esa inmensa fuerza que reposaba en el norte —dirigida por el lejano Papa de Roma— se pusiera en marcha sobre los territorios islamizados. Por eso, era mejor llevarse bien con el vecino cristiano, por débil que pareciera. De él dependía solicitar e implorar la convocatoria de la cruzada y, si en tal empeño tenía éxito, el dinero afluiría, el reconocimiento espiritual estaría garantizado y la hueste cristiana acabaría siendo imponente. Así que, enterado de la convocatoria del rey Jaume, el de Valencia pidió treguas. Se comprometió a dar el quinto de las rentas de los reinos de Valencia y Murcia, a excepción de las *peytas*[9]. El rey cristiano aceptó. Las cartas quedaron en el monasterio de Sigena, el centro espiritual del rey por aquel tiempo, donde pensaba que había de yacer tras su muerte.

Muchas veces los milagros y las desgracias van juntas, y así sucedió esta vez. El rey había escapado con honra de un desastre. Sin fuerzas para cabalgar contra Valencia, había obtenido la victoria de una tregua ventajosa. Pero he aquí que, cuando el rey sale de Teruel —la crónica dice «salimos de Teruel y entramos en Aragón», como si el estatuto territorial de Teruel no estuviera muy claro por entonces—, a la altura de Calamocha se encuentra con lo que él no tenía: una hueste de cerca de cien caballeros. La dirigía Pedro Ahonés y su hermano, el obispo de Zaragoza, Sancho Ahonés. Estos hombres habían escuchado el mandato del rey y no habían acudido a la cita. Al contrario, habían formado a su gente y se iban de cabalgada autónoma contra moros, justo ahora, cuando el rey había firmado treguas con ellos. No hay aquí coincidencias azarosas. Se trata de un rey que no inspira respeto a sus nobles principales. No hacer guerra cuando él lo pide, hacerla cuando él ha firmado tregua,

---

[9] Las *peytas* eran unos impuestos bastante amorfos que pagaban las familias a los reyes cristianos según sus propiedades y de acuerdo con un inventario específico. Por lo general, la imposición rondaba el 5 por 100. Al final, el impuesto se cobraba por comunidad o localidad y daba un índice de su riqueza. Sobre todo lo abonaban los árabes, pues los cristianos, como en Valencia en 1252, lograban la exención. También lo abonaban los judíos. Cf. José Hinojosa Montalvo, *Diccionario de historia medieval del reino de Valencia*, Biblioteca Valenciana, Valencia, 2002, vol. III, págs. 372-373.

todo era una humillación permanente. Una vez más, la situación objetiva choca contra el sentido del rey, dispuesto siempre a elevarse a la altura de su propio concepto. Entonces, bien sea porque la escena es luminosa en la memoria del monarca, bien sea porque la *Crónica* aquí reproduce un texto más antiguo en estilo directo, el caso es que se nos describe con todo detalle el enfrentamiento entre el noble más importante de Aragón y el rey.

Veamos durante un momento la escena. El rey, apenas sin gente, le pide a Ahonés que se vaya con él porque no le permite ir a tierra de moros, con quienes hay paz firmada. El noble le dice que no le haga perder tiempo. El rey insiste: el noble debe acompañarlo. Por una legua que se retrase no pasará nada, le dice. Además, le gustaría que en la conversación estuvieran delante los principales nobles de Aragón. Una vez más aparece Burbáguena y la casa de los templarios que allí se alzaba. En esa casa tiene lugar la reunión, ya con la gente del rey, los Blasco de Alagón, los Artal de Luna, Ato de Foces, junto con otros que iban a jugar un importante papel luego, como Asalit de Gudar. En la reunión, nadie se despoja de sus armas ni de sus mallas. La tensión se respira en el ambiente. El rey comienza con la queja. Tres semanas ha esperado a Ahonés en Teruel y no ha llegado. Recordemos que este Ahonés fue su vigilante en el encierro de Zaragoza. Y ahora, cuando justo por no tener hombres el rey se ha avenido a firmar la paz con el rey moro de Valencia, se presenta él con su gente dispuesto a hacer la guerra a quien ya es un vasallo aliado de Jaume. «De consiguiente, nos os pedimos y os mandamos, don Pedro Ahonés, que sostengáis esta tregua y que no la rompáis.» El noble no se rinde. Invoca la alianza con su hermano el obispo de Zaragoza e insiste en llevar a término su objetivo. El rey vuelve a la carga: la tregua se hizo porque Ahonés no acudió a la cita, y solo por eso. El conde violó el deber de asistencia al rey. Ahora ya no hay guerra y debe regresar. Por fin llega el momento de apelar a lo último: son las reglas del señorío político real, que tiene responsabilidad última sobre la paz y la guerra. El rey quiere saber si el noble impugna ese mando político. «Nos queremos saber si dejaréis tal marcha por nuestros ruegos o por nuestros mandatos», dice finalmente. Una vez acabado el consejo, viene la orden. Esta es la última forma del vínculo feudal. Pedro Ahonés, sin embargo, no obedece. De hecho, al asumir la dirección de una hueste contra un rey extraño, el conde usurpa derechos políticos que el rey pretende monopolizar. El joven don Jaume responde con una afirmación de su señorío y anuncia al conde que puede darse por preso.

Es una escena en la que un rey de dieciocho años, con su propia palabra, sin escudos, sin intermediarios, con una retaguardia de nobles que siempre se había demostrado más bien ambigua en su fidelidad, declara preso al más importante de los nobles de Aragón, cuya familia administra la diócesis de Zaragoza, la capital del reino. El enfrentamiento es personal. El rey lo recuerda bien porque dice: «Y aquellos que eran con nosotros, esto es, aquellos que hemos dicho antes, nos desampararon a él y a nos y se fueron al extremo de la casa, cogieron las espadas, se escudaron en sus capas y se vistieron el pespunte, dejándonos a solas con él»[10]. La escena es de la más extrema violencia. El rey muchacho ha de defender su señorío con su vida y ha de luchar contra un hombre granado y experto. Ahonés echa mano a la espada, pero el rey le abraza y le impide que desenvaine. El ruido de armas alerta a las huestes del noble que están fuera de la casa, en sus caballos. Muchos desmontan y quieren entrar en la casa. Nadie acude en ayuda del rey, que sigue luchando con Ahonés. Finalmente, entran los del conde y se lo llevan, sin poder herir al rey como era sin duda su voluntad. Desconsolado, el rey razona sobre la gallardía y la lealtad de sus hombres: «Sin que los nuestros que estaban en casa nos ayudaran, antes al contrario, miraban con calma la lucha que con él teníamos».

¿Idealización del propio monarca? Sin duda. En todo caso, hay una conciencia clara tras esta idealización: recibir el reino por patrimonio familiar no implica reinar. Ser el hijo del rey daba oportunidades para ejercer un derecho, pero no lo garantizaba. Tal derecho tenía que ser conquistado con el mérito propio. Era un asunto de fe. Jaume no solo es rey, sino que se sabe rey y está dispuesto a conquistar su derecho a serlo. El rey maduro que narra su vida sabe que debía el reino a su padre, y llegar a ser rey, a la protección de la Iglesia, pero entiende que no debe el ejercicio de la realeza sino a sí mismo. Esto es lo que se deriva de su relato, que continúa como ahora seguirá. Pues tras la huida de Ahonés, el rey sale de la casa, le pide un caballo al primero que encuentra, un tal Miguel de Aguas, le traen sus armas y echa al galope tras el conde. Al ver al rey, sus fieles toman valor y salen tras él. El conde se dirige a un castillo de su hermano el obispo, cercano al escenario de los hechos, a Cotanda. Pero he aquí que quien va más cerca es Ato de Foces, hasta el punto de que es herido por los hombres del conde, no sin traición de los propios. Luego es evidente que, antes que el rey, el fiel Ato perseguía a los que ya eran rebeldes. Cuando el rey se aproxima a ellos, ve a Ato en el suelo herido. Mientras, los del conde han tomado una colina y se defienden frente a los de Blasco de Alagón. El rey y los suyos rodean la colina y al grito de «¡Aragón, Aragón!» hacen huir a los de Ahonés. Uno de los hombres del rey, llamado Sancho Martínez de Luna, hiere al noble rebelde, que se agarra al cuello de su caballo y cae. El rey desmonta. La escena vuelve al estilo directo, sin duda por la epicidad del momento. Se trata de la muerte de un rebelde, muerte ejemplar, casi providencial, justiciera a los ojos de Jaume. El rey dice: «Ah, don Pedro Ahonés, en mal punto venís a parar. ¿Por qué no quisiste creer lo que os aconsejamos?». Ahonés, sabiéndose morir, no dice nada. Solo mira fijamente los ojos del rey.

Con plena estilización de su generosidad, el rey detiene la furia de los suyos. La sentencia se ha cumplido y la suerte está echada. Basta de violencia, exige el rey, que se pone entre sus nobles y el rebelde para impedir que lo rematen. Es el propio rey el que monta de nuevo a don Pedro en su caballo y ordena que un escudero lo sostenga firme. Antes de llegar a Burbáguena,

---

[10] *Crónica*, §26.

muere. El rey entonces manda el cadáver a Daroca, donde lo entierran. Debía de ser todavía el verano de 1226. Pero, ya allí, la gente de Daroca inicia el movimiento de rebelión general. Ha muerto el señor más importante de Aragón a manos del rey y en rebeldía. Ahora es el momento de confiscar las propiedades, al menos las que pertenecían a la corona y estaban en sus manos como honor; esto es, como cesión feudal. Entre ellas, el imponente castillo de Loarre. Es una oportunidad de consolidar el poder del rey, pero también para desequilibrar el poder de la nobleza. Así que, previendo el movimiento del rey, la nobleza, dirigida por don Ferran y don Pere Cornell, con la hueste del conde muerto, toman los castillos de Pedro Ahonés. Basta estar ante Loarre para saber que, si los defensores disponen de víveres, se debe abandonar el asedio. El rey reconoce que se ha equivocado al pensar que su gente estaría por su servicio. La rebeldía del conde ha prendido la mecha y ahora hay mucha gente dispuesta a impugnar el señorío de Jaume.

Es para nosotros una incógnita el proceso por el que la muerte de Ahonés dio paso a una rebelión general de Aragón. En todo caso, nos muestra hasta qué punto el señorío que ejercía la nobleza sobre la población era más directo e influyente que el ejercido por el rey. En cierto modo, el del rey era un señorío de segundo grado: dominaba sobre los señores, pero estos dominaban la tierra y los hombres. Es muy fácil pensar que la fidelidad de los vasallos estuviera más concentrada en el señor feudal que en un rey con quien no tenían relación directa. En todo caso, no cabe duda de que se trató de una rebelión general de Aragón, de la que no estaba ausente el obispo de Zaragoza, hermano del difunto Ahonés. La influencia de la Iglesia local, y de su aristocracia, sobre sus vasallos eclesiásticos debía de ser aún más fuerte que la propia de la nobleza sobre sus hombres laicos. El caso es que el 13 de noviembre de 1226 [11] se formó la hermandad entre la ciudad de Zaragoza, Huesca y Jaca, prometiéndose en esta última ciudad «amiciciam, unitatem et societatem firmam, integram» contra todos los hombres «sublimes, medios et infimos» [12]. Es verdad que en la última cláusula se salvaba el derecho del rey y de la reina, pero bien cierto es que la única ciudad que se mantenía leal al rey era Calatayud. Así que el rey parecía tener tras de sí el peor partido. Para empeorar todavía más las cosas, las ciudades rebeldes firmaron una liga con representantes muy importantes de la nobleza: el infante don Ferran, el obispo de Zaragoza, Sancho Ahonés; el viejo señor de Albarracín, Fernández de Azagra, la viuda de Ahonés y su hermano, Pere Cornell. Posteriormente, los aragoneses llamaron al catalán Guillem Ramon I de Montcada, el que en las luchas anteriores había vencido al monarca. La liga así hecha, aunque afirmaba garantizar el derecho del rey, declaraba ir contra él. Al poco, pidieron que Lleida se uniera a ellos, ya que la entendían parte de Aragón. Afortunadamente para Jaume, ninguna ciudad de Cataluña secundó el movimiento. Al monarca no le quedó entonces

---

[11] Zurita, *Anales,* Libro II, cap. LXXXIII, pág. 119-2.
[12] Miret, ob. cit., pág. 65.

más remedio que refugiarse en Pertusa y llamar en su ayuda a los Cardona, Ramon Folch y Guillem, previo reconocimiento de una deuda de 25.000 sueldos[13]. Esto era hacia diciembre de 1226[14]. La lucha fue general. Solo hacia marzo de 1227 la tropa del rey parecía llevar alguna ventaja militar.

Sin embargo, la gran ventaja del rey era la confianza que mostró en todos estos esfuerzos y luchas. En aquella aventura «nós tenim dretura e ells han tort», dice la *Crónica*[15]. No podemos dudar de que esa era la conciencia del monarca. En la mentalidad sacramental de esta época, tener derecho era determinante para el curso de los sucesos de este mundo. Dios no podía abandonar a quien era justo. Esta confianza en la propia posición fue la victoria más decisiva del propio Jaume. A través de todo el curso de las cosas, él mantenía su conciencia limpia. No había matado a Ahonés gratuitamente, sino para cumplir su derecho. No había ido contra Loarre, sino porque era un bien entregado por la realeza al conde. No había violado el derecho de Huesca, de Jaca ni de Zaragoza. La liga que se había hecho contra él, «in nostre preiudicium dignitatis», se había pactado sin su licencia, y era fruto del afán de venganza de unos nobles injustos. Dios le ayudaría. Confiado en su posición, Jaume dejó que mediara el arzobispo de Tarragona, Espàrrec. Fue imposible. No bastaron los llamamientos a un pronto perdón por parte del rey si la actitud cambiaba[16]. Al ver que la guerra se inclinaba del lado del rey, los de Jaca lo llamaron para celebrar consejo. El rey accedió a ir[17]. Era la misma trampa de años antes, en Zaragoza. Pero ahora el rey se manifiesta dueño de sí, sereno, confiado. Por la noche hay rumores de que la ciudad está tomada por gente armada. Los escuderos despiertan al rey. Este insiste en dormir. «Apenas dejamos las armas y ya quieres que volvamos a tomarlas [...] Dejadnos en paz»[18]. Se repite la escena de la preparada traición anterior de Zaragoza. Pero ya la diferencia se impone. A la mañana, el rey oye misa, convoca a los nobles, y entonces él, que ya no necesita consejo, lleva la voz de la asamblea popular, un gran consejo abierto que reúne la totalidad de la ciudad en la plaza pública. Al frente, el rey está a caballo. Lo que dice entonces es una clara muestra de la teoría de la realeza en la primera parte del siglo XIII, antes de que las nuevas teorías del derecho romano se dejen sentir en tierras hispanas. Oigámoslo:

---

[13] Huici-Cabanes, doc. 88, ob. cit., pág. 176.
[14] Zurita, *Anales,* Libro II, cap. LXXXIV, pág. 119-2.
[15] *Crónica,* §29.
[16] Se trata del documento importantísimo por el que el rey reprueba las confederaciones de Zaragoza, Huesca y Jaca y les promete la satisfacción de sus fueros a cambio de que disuelvan la hermandad y reparen los daños personales. Huici-Cabanes, doc. 91, ob. cit., págs. 180-181.
[17] Sabemos que fue así porque, en efecto, confirmó en abril de 1227 los fueros de Jaca en la misma ciudad. Huici-Cabanes, doc. 92, ob. cit., pág. 183. A pesar de todo, Zurita dice los de Huesca. Cf. Zurita, *Anales,* Libro II, cap. LXXXIV, pág. 119-2.
[18] *Crónica,* §31.

> Barones, bien creemos que sabéis y debéis saber que nos somos vuestro señor natural y de largo tiempo: que catorce reyes con nosotros ha tenido Aragón, y cuanto más lejana es la naturaleza entre nos y vosotros, más cercanía ha de haber, pues si el parentesco se alarga la naturaleza se estrecha. Por eso no os haremos daño ni os lo deseamos, antes bien queremos de corazón amaros y honraros, y todas las buenas costumbres que hayáis tenido de nuestro linaje os las haremos mantener e incluso os daremos mejores si no tenéis estas que fueran buenas y nos maravilló mucho que nos nos tengamos que cuidar de vosotros y de que nos no podamos entrar en las ciudades que Dios nos ha dado y nuestro padre dejado, y nos pesa mucho que haya guerra entre nos y vos. Y os rogamos y mandamos que no haya más guerra porque esta es cosa que nos pesa mucho y así podéis reconocer que he venido solo entre vosotros y que de vosotros me fío y en vuestro amor y que os llevo en el corazón con la intención de manteneros y amaros.

Obviamente, quien habla al consejo abierto de Jaca no es el mismo rey que ve pasar los días humillado ante sus guardianes, avergonzado frente a su mujer. Es un rey que ha tomado plena conciencia de su legitimidad y está en condiciones de explicarla a los habitantes de la ciudad. Su función es mantener las leyes y los usos tradicionales, pero también mejorar unas y otros. El respeto por ese uso tradicional es interno a una monarquía que ha mantenido una larga relación con la tierra. De hecho, lo que hace legítima la ley y lo que hace legítimo su señorío es lo mismo: la tradición, ese vínculo continuo entre la familia real y la tierra. El patrimonialismo, la herencia del mando político de padres a hijos, también forma parte de la naturaleza. Pero, como siempre en el universo católico, nada sucede en la naturaleza que no sea querido por Dios. Tenemos una representación orgánica de la tierra, la gente, la ley y el poder, en último extremo derivado de Dios a través de la santificación de la naturaleza mediante el sacramento del matrimonio. De esa estabilidad de lazos, de esa segunda naturaleza política de la relación mando-obediencia, surgen los vínculos de la confianza y del amor recíprocos. El discurso del rey ante el consejo resume perfectamente la lógica de todas estas representaciones.

El consejo se mostró impresionado, pero a pesar de todo pidió irse a deliberar, cosa que hizo un largo rato, según la *Crónica*. Mientras tanto, se corrió el rumor de que Ramon Folch Cardona[19], aliado del rey, llegaba a las puertas de la ciudad y entraba en ella. Este rumor, de verificarse, habría implicado una presión intolerable del rey sobre los que deliberaban. El rey dio garantías de que el rumor no era verdadero. Es más: envió a sus hombres para saber si efectivamente Cardona se había movido de su campamento. El rey quiere de-

---

[19] Se trata de Ramon Folch III, que gobernó el señorío de Cardona desde 1226 a 1233. Cf. Sobrequés, ob. cit., pág. 112.

jar muy claro que cerca de la ciudad no hay nadie y que era una excusa para que los del consejo rechazaran tomar la decisión de pacificación y reconocimiento de la autoridad real. Algo así debía de ser, porque los de la ciudad cerraron las puertas de la muralla y las sellaron con cadenas. El rey, que iba acompañado de notarios y juristas como Rabassa y Asalit de Gudar, preguntó si había algún fuero que permitiese esa actuación de los jaquenses y qué ley podía invocar el rey en su favor. Los juristas lo vieron claro. «Señor, aquí ya no tienen parte ni la ley ni el derecho», le dijeron. Los nobles de su mesnada se reunieron entonces con el rey. Todos vieron claro que era una traición como la de Zaragoza. En efecto, los de Jaca ya habían mandado llamar a don Ferran y a los de Ahonés, para que viniesen, ya que pensaban tener al rey preso. Pero, en contra una vez más de los relatos anteriores, es ahora el rey el que da el consejo. «El mejor consejo que pueda darse ya lo daremos nos mismo», dice el rey.

Entonces se impone su autoridad. La forma en que el rey salió de Jaca ya no tiene nada que ver con la salida de Zaragoza. El relato novelado, que pudo quedar versificado en anteriores construcciones de la *Crónica,* es una estratagema típica. El rey manda comprar carne en abundancia para simular que está tranquilo en la ciudad. Mientras se compra la carne, sus caballeros se arman. La voz se extiende de que el rey prepara una larga estancia. Pero al mismo tiempo se dirige con sus hombres a la puerta de la villa, cerrada por los conjurados. En efecto, los del rey la hallan cerrada. Sus hombres toman al portero, que se niega a abrirla. El rey le dice: «Ahora dadnos la llave, si no os daré con la espada en la cabeza que os dejaré muerto»[20]. El pobre hombre obedece, el rey sale y se reúne con los Cardona, quienes efectivamente creían al rey preso. Esta vez se ha librado por su propio valor y decisión. Y será la vez decisiva. Cuando el infante don Ferran, Ahonés, Montcada y los rebeldes llegaron a Jaca, el rey no estaba allí. Entonces se dieron cuenta de que las cosas habían cambiado. El rey ya no era el mismo crío al que habían engañado muchas veces. Si era preciso firmar la paz, se debía ir en serio.

Así se hizo. Los pactos se concertaron en Alcalá del Obispo, a los pies de la sierra del Castillo, muy cerca de Jaca[21]. A la vista de las mesnadas propias, los principales caballeros de uno y otro bando se acercaron a deliberar. Nadie se despojó de las armas y todas las espadas iban al cinto. Los rebeldes confesaron su error, pidieron gracia y perdón y, ante la promesa de servir bien en adelante, sugirieron una compensación económica. Los unos hablaron por los otros. El cabecilla, el infante don Ferran, habló en favor propio y de Montcada, de quien dijo que ningún «rey de España no tiene tan honrado vasallo

---

[20] *Crónica,* §32.
[21] Miret ya reconoció admirado que la *Crónica* y los diplomas coinciden completamente, por lo que cuando se separan es por algún error, no por una sistemática ignorancia de la documentación, por una voluntad de falsedad o por la inclinación del cronista a entregarse a la fabulación. Aquí, por ejemplo, sabemos que *El libro de la Cadena de Jaca,* f. 48, n. 28, del 1 de abril, está fechado en Alcalá. Es la confirmación de todo este pasaje de la *Crónica.* Cf. Miret, ob. cit., pág. 67.

como vos tenéis en él»[22]. Montcada habló en favor de todos lo demás, reclamando la portavocía, porque era el más rico de los nobles catalanes al tener la propiedad de Bearn, en la Gascuña. El rey dice en la *Crónica* que los perdonó, los acogió en su amistad y les dio de nuevo su gracia. Fue un final de consenso.

Pero la verdad es un poco diferente de lo que cuenta la *Crónica*. No fue un pacto que se hiciera allí mismo, a las puertas de Alcalá del Obispo. De hecho, se hizo necesaria una mediación que no podía recaer sino en los poderes que durante todo este tiempo habían elevado diques contra la violencia interior: el arzobispo Espàrrec de Tarragona, tío del rey; el obispo Berenguer de Lleida y el nuevo maestre del Temple, Francesc de Montpesat. La sentencia se firmó a finales de marzo de 1227 y fue muy favorable al rey. La nobleza era obligada a reconciliarse con el rey, a jurarle de nuevo obediencia y lealtad, incluido el obispo de Zaragoza, los Ahonés y sus parientes, los Cornell. Aunque los castillos empeñados a los Ahonés por largo tiempo volvían al rey, y los de menos tiempo podían volver a su poder pagando los empeños, los bienes de los Ahonés quedaban bajo protección del rey. Quien rompiera las treguas sería castigado con dureza. A cambio, el rey repartía los cargos, pero ahora según criterio propio. No era despojado de ellos, como ocurrió tras la reunión de Tortosa. Las ciudades aragonesas eran obligadas a romper su hermandad, y los magistrados de cada una de ellas debían jurar ante el rey. En contrapartida, el rey juraría sus privilegios y usos, sus observancias y costumbres. Para no ser injusto, sin embargo, con las que se habían mantenido leales, como Lleida, el rey suprimió en esta ciudad los cuatro impuestos básicos del comercio de la época: la lezda, peaje, pasaje y medidas[23].

---

[22] *Crónica*, §33.
[23] Miret, ob. cit., pág. 72.

9
«EN JACME, REY»

Es lógico que Jaume pensara que, de hecho, ahora inauguraba verdaderamente su reinado. En la misma ciudad en que había prendido la rebelión, Daroca, el rey celebró Cortes Generales de Aragón. En ellas se juró heredero de Aragón al infante don Alfonso, el hijo tenido con Leonor de Castilla. Es de señalar que no asistieron los catalanes. Zurita, que da el juramento de los asistentes, deja claro que eran Cortes desde el Segre hasta Ariza. El juramento relevante era el del infante don Ferran, que garantizaba ante el rey Jaume la fidelidad «y la salvación de tu cuerpo, de tus miembros, y de tu vida, de tu honor, de tu prosperidad, a ti, a don Alfonso su hijo y a doña Leonor su esposa, reina de Aragón»[1]. A todos los efectos, por tanto, Leonor seguía siendo reina, porque el divorcio no se había producido. El caso es que, pacificado el reino, sostenida su autoridad, asentado su prestigio, garantizado el futuro, el rey Jaume gozó de un año y medio de tranquilidad, como se mantenía en las actas del arbitraje que acabamos de mencionar. En este tiempo, por el que nuestro rey se acerca a sus veinte años, se planteó la ocasión de cerrar un asunto que estaba pendiente desde muy atrás: la cuestión del condado de Urgell. Esto sucedió hacia el mes de julio de 1228.

Para entender este asunto debemos regresar hacia un tiempo un poco anterior, cuando muere Ermengol VIII, el último conde titular de Urgell[2]. En-

---
[1] Zurita, *Anales,* ob. cit., pág. 164.
[2] La saga de los Ermengol había regido el condado de Urgell desde hacía más de dos siglos a lo largo de ocho generaciones. En los últimos años de Ermengol, Guerau de Cabrera logró, por las presiones de las deudas que tenía con él, que Pere el Católico le prometiera la ayuda para hacerse con el condado. Luego, Pere cambió de opinión y se decidió a ayudar a Elvira de Subirats. Ermengol, en 1209, dejó el condado a Aurembiaix y, si esta moría sin sucesión, el condado pasaría a la hermana de Ermengol, Marquesa. Cf. Sobrequés, ob. cit., pág. 29. A los pocos días de la muerte del conde, Elvira, la viuda, pasó los derechos al rey Pere y prometía a su hija Aurembiaix en matrimonio con Jaume. De esta manera, Pere movió guerra contra los Cabrera, que mientras tanto se habían apoderado de Balaguer. Vencido, el condado se cedió por cinco años a Guillem de Cardona. La muerte de Pere deshizo el pacto. Así, Cabrera se apoderó del condado y Aurembiaix se casó con Alvar Pérez, un noble castellano pariente de los Cabrera. De esta manera, la joven se marchó a Toledo. En 1217, en la villa de Monzón, se firmó un convenio por parte del propio

tonces se disputaron sus derechos de herencia su hija Aurembiaix y el esposo de la tía de esta, el vizconde Guerau de Cabrera, llamado falsamente el Trovador, como hace tiempo demostró Martín de Riquer[3]. En tiempos de Pere el Católico, la viuda de Ermengol, Elvira de Subirats, había pactado con el rey el matrimonio de Aurembiaix con Jaume. Como es evidente, Pere había roto este compromiso al entregar a Jaume a Simon de Monfort. Entonces, Cabrera tomó posesión del condado. Aurembiaix marchó con sus familiares castellanos, casándose con uno de ellos. Jaume, por su parte, se había mostrado partidario de mantener el estatuto con los Cabrera, no sin repetirle los avisos de que la posesión era meramente de facto y no de iure. Pero en 1228 el matrimonio de Aurembiaix con el noble castellano Alvar Pérez fue declarado nulo, por parentesco en proximidad. Así que, ante la pérdida de esperanza de un hijo legal, Aurembiaix inició por su parte otro movimiento más intrépido, aconsejado por su padrasto Guillem de Cervera, «hom antic e dels pus savis hòmens d'Espanya»[4]. Iría a ponerse en las manos del mismo rey y reclamar de él justicia. Y esto es lo que hizo el 1 de agosto de 1228.

Como en casos semejantes, en los que estaba en juego el equilibrio de la nobleza y del reino, Jaume convocó a los hombres que tanto bien habían hecho al reino: a Berenguer Guillem, su nuevo lugarteniente en toda Cataluña[5], al notario Asalit, a los Montcada, y nombraron defensor de la condesa a Guillem Çasala, en latín Guillelmus de Sala, un prestigioso jurista que procedía de Bolonia y que era notario del rey, que hizo su trabajo a cambio del derecho de caldera de Lleida, el impuesto sobre las calderas de las tintorerías de la ciudad, que sería con el tiempo una fuente de ingresos importante. La vista por este asunto tenía que hacerse ante el consejo. El conde que detentaba la señoría de Urgell, ya Pons I, no acudió a la cita. Tampoco lo hizo en una segunda convocatoria. En una tercera mandó un representante, pero sin poderes. Çasala exigió que el rey hiciera justicia, pues no era de recibo la estrategia obstruccionista de Cabrera. Es muy curioso el diálogo entre el jurista y el noble representante de Cabrera, porque testimonia la lucha entre los diferentes estamentos *clercs* de la sociedad medieval. El noble deja caer todos los prejuicios de una sociedad militar contra un jurista y le dice: «Con vuestra palabrería de legista, que aprendisteis allá en Bolonia, no hagáis perder al conde su condado». Çasala responde: «Yo no hago más que defender la justicia [...] y os digo que por vuestras amenazas no he de abandonar la defensa de la con-

---

gobierno de Jaume —incluido el propio Guillem de Cardona— por el que se reconocía a Cabrera como señor superior de Urgell. En 1222, una vez muerta Elvira, Jaume se comprometió a no alterar la situación, mientras Aurembiaix no protestara ni reclamara sus derechos. En caso contrario, el rey reconoció que se habría de ir a juicio. Eso pasó en 1228, una vez deshecho el matrimonio de Aurembiaix con Alvar. Esta volvió a Cataluña y, aconsejada por su familiar Guillem de Cervera, reivindicó su derecho al condado. Cf. para todo esto, Sobrequés, ob. cit., págs. 74 y sigs.

[3] Martín de Riquer, «La personalidad del Trovador Cerverí», en *Academia Barcelonesa de las Buenas Letras*, XXIII, 1950, págs. 91-107.

[4] *Crónica*, §34.

[5] Lo era desde julio de 1227. Cf. Miret, ob. cit., pág. 67.

desa»[6]. La escena tiene lugar ante el rey, y resulta evidente que las simpatías del monarca están con el jurista, frente al bravucón que no tiene otro argumento que la fuerza desnuda. Viendo perdido un caso que era contra todo derecho, por cuanto Aurembiaix efectivamente había heredado de su padre el condado de Urgell, Cabrera se dispuso a defender su usurpación por las armas. El rey se decidió a hacer valer el derecho con ellas. Aunque con pocas fuerzas, el rey toma Albesa y se dirige hacia Menargues, que se le rinde. Allí reúne sus tropas y se dirige sobre Liñola, que fue tomada. Por fin se puso cerco a Balaguer con la plenitud de las fuerzas del rey. La toma resultaba difícil. Así que se pensó que viniese la condesa Aurembiaix, con la finalidad de reclamar los deberes de fidelidad de los vasallos, que ya lo fueron de su padre. La inquietud comenzó a reinar en el interior y el de Cabrera perdió los nervios ante la posibilidad de que, en efecto, Balaguer se entregara a la condesa. El rey aquí llegó a un acuerdo doble, actuando bajo la divisa de que más vale maña que fuerza. En este caso, más bien, el rey jugó con dos barajas. Pactó con Cabrera dejar el castillo en manos neutrales hasta un arbitraje y pactó con los de Balaguer que le entregaría el castillo a la condesa una vez saliera el de Cabrera. La señera del rey ondeaba sobre el castillo cuando se dialogaba para entregarlo en manos de la autoridad neutral. El rey usó el engaño, desde luego, y no hay un atisbo de mala conciencia en su relato.

Una tras otra caían las villas y castillos del condado de Urgell y de ellos tomaba posesión Aurembiaix. Al final la condesa quedó restablecida en sus estados, «habiendo procedido en todo, no para el propio provecho, sino para hacer valer la justicia que a ella le asistía», concluye el mismo rey[7]. Todo esto debía de suceder hacia octubre de 1228. Pero, en realidad, la cosa fue más complicada. Soldevila ha demostrado que entre el rey Jaume y Aurembiaix existía algo más que una generosa relación de protección del derecho. Hubo pactos entre ambos por los cuales la condesa daba sus derechos sobre la ciudad de Lleida al rey, mientras que él se comprometía a ganar el condado de Urgell para ella. Sin embargo, el pacto no quedaba aquí. Una vez ganado el condado, Aurembiaix se comprometía a entregarlo a perpetuidad a la corona, a cambio de mantenerlo en usufructo de por vida. Esto es: si se arrancaba el condado a los Cabrera, pasaría a manos reales y solo como feudo a Aurembiaix. Pero, todavía más, no debemos ver aquí solo una relación jurídica. Soldevila, en un trabajo que lleva por título «Fou Aurembiaix d'Urgell amistançada de Jaume I?»[8], demostró que entre ellos existió un verdadero contrato de concubinato. Este contrato debió de firmarse hacia el 23 de octubre de 1228. En estos pactos, Aurembiaix se comprometía a no contraer matrimonio contra la voluntad del rey, y este recibía a Aurembiaix *in femina*. Esta figura jurídica no era desde luego un matrimonio de pleno derecho, pero

---

[6] *Crónica*, §36.
[7] Ibídem, §46.
[8] Ferran Soldevila, *Recerques y comentaris*, págs. 193-215.

sabemos que el obispo de Lleida fue testigo de la ceremonia jurídica. La entrega de los cuerpos era requisito indudable para la fusión de los patrimonios garantizada en el acuerdo. En cierto modo, se trataba de un vínculo formal que no excluía una relación amorosa y que tenía consecuencias sociales inequívocas. El pacto acababa así: «Y que me tengáis honrada y no me podáis dejar sino en caso de que cojáis mujer con la que tengáis el reino, o bien una cantidad de dinero que se pueda equiparar dignamente al condado de Urgell». Como se ve, el rey solo podía separarse de su concubina si permitía el matrimonio de Aurembiaix, si se casaba legalmente con una mujer a la que pudiera llamarse reina, o si la compensaba con una cantidad de dinero equivalente al condado de Urgell. Como era posible que de esta unión morganática hubiese hijos, el primero heredaría en feudo el condado de Urgell, y si hubiera más de uno, el rey los dotaría de feudos importantes en Cataluña y Aragón. Si no había hijos de la unión, el condado pasaría al rey, lo mismo que si Aurembiaix entraba en la vida religiosa.

Como se ve, el notario Sasala había atado todos los cabos en este contrato. Excepto ser mujer legítima de Jaume, y por tanto reina, todo lo demás está registrado y concedido. En ese único y decisivo detalle, la previsión que al parecer habían realizado Ermengol VIII y Pere el Católico, cuando sus hijos apenas podían andar, se había casi cumplido pasado el tiempo. Pero es muy posible que ahora, como entonces, se tratara solo de vincular jurídicamente el condado de Urgell a la casa de Barcelona y a la corona catalano-aragonesa. Pues el pacto entre Jaume y Aurembiaix se disolvió por la previsión más razonable: el matrimonio legal de la condesa con un personaje noble, vinculado familiarmente a Jaume y sin posibilidad alguna de emprender cualquier tipo de acciones contra la monarquía. Y así fue. Diez meses después, Aurembiaix se casaba con el hermano del rey de Portugal, de nombre Pedro, nieto de Ramon Berenguer IV, perseguido por su hermano el rey Sancho I y refugiado en Cataluña por aquel tiempo [9]. Que el rey, como ha puesto de manifiesto Soldevila, no jurase estos pactos hasta 1230, después de la boda con Pedro de Portugal, deja muy claro que, de aquel contrato, solo le interesaba al rey la cesión jurídica de Urgell y los compromisos adquiridos por Aurembiaix. Los suyos se cumplieron al permitirle una boda razonable. ¿Qué sentido tenía, sin embargo, que el rey jurara los pactos tanto tiempo después? Sin duda, que Aurembiaix interpretó que los pactos no eran firmes sin el juramento del monarca. Esto debió de ser así porque, en el contrato de matrimonio con Pedro de Portugal, Aurembiaix le dejaba en propiedad el condado de Urgell para él y su descendencia. Quizá para impedir esta posibilidad jurídica, el rey tuvo que validar los acuerdos con Aurembiaix con tanto retraso. Que el acto tuvo plena formalidad, lo testimonia el que allí estuvieran de nuevo el obispo de Lleida y

---

[9] Zurita dice con todas las letras que la casó el propio rey. También nos dice del futuro de Guerau de Cabrera, que se hizo templario —quizá ya lo era en 1228— y de su hijo Pons de Cabrera, que tuvo el condado de Urgell en feudo del rey en los pactos de Tárraga (1236). Zurita, *Anales*, Libro II, cap. LXXXVI, pág. 123.

Sasala, junto con un escriba de la condesa. Pedro de Portugal no podía sino colaborar con el rey en este trance y garantizar el cumplimiento de los pactos del monarca con su mujer, y así lo hizo en un documento de abril de 1231. Sin embargo, cuatro meses después, Aurembiaix, que era una mujer rica y orgullosa, con posesiones en Valladolid, en Galicia, en Montalbán y en Uclés, no hizo caso y, en las puertas de la muerte, mantuvo su posición y entregó Urgell a su marido. Ahora dos derechos entraban en conflicto y el más fuerte era desde luego el derivado del matrimonio legal de Aurembiaix con el infante Pedro. Muy consciente de ese hecho, Aurembiaix había colocado su testamento bajo la protección de la Iglesia, que no podía dar más fuerza a una mera unión morganática que a su unión sacramental. El rey tuvo que ganarse para su causa al nuevo conde legal. Así que, tras la conquista de Mallorca y el vasallaje de Menorca, el rey le ofreció la permuta del condado por estos feudos vitalicios. El infante aceptó, aunque no sería la última vez que se plegaría a los planes del rey. De esta manera el patrimonio real quedaba redondeado. Todas estas operaciones vienen a demostrar hasta qué punto el rey deseaba tener el dominio pleno sobre el condado central de la corona catalano-aragonesa. Esa ambición fue la determinante de sus relaciones con Aurembiaix. Lo demás son añadidos románticos de difícil encaje en tiempos tan realistas como aquellos.

Veamos ahora un poco el camino que había recorrido este rey que ya pasa de los veinte años. Cuando miramos atrás nos damos cuenta de que su presente, estable y prometedor, era el fruto improbable de un pasado desvalido, triste, agitado y humillante. Contra todas estas penosas circunstancias el rey había sabido luchar y vencer. De huérfano, entregado a la merced de protectores ambiciosos como Simon de Monfort, y a regentes violentos y egoístas, como Sans o Ferran, había llegado a contar con un conjunto de hombres fieles, como Ato de Foces, los Cardona, los Folch, los Alagón. Todos ellos sabían que el rey, con obstinación y fuerza, había ganado su partida. Al no entrever posibilidad alguna de discutir su autoridad, los nobles más levantiscos, como los Ahonés, los Cornell, los Montcada, se pusieron tras él. En su camino, a poco que el rey reflexionara, siempre vería unas constantes salvadoras, unas fuerzas amigas empeñadas en mantener la autoridad real como vínculo de paz y de unión en las tierras catalano-aragonesas: la iglesia metropolitana de Tarragona, el obispado de Lleida, el obispado de Barcelona y la Orden del Temple. Junto a ellos, los juristas educados en Bolonia, capaces de oponer los estatutos legales y la noción procedimental de justicia a los violentos estallidos de fuerza de la nobleza. En cierto modo, era una lucha entre aquel mundo, donde la administración militar y el hecho desnudo de la guerra eran el centro de la vida de los hombres, y ese otro mundo que ya se abría paso, en el que era más importante la administración de justicia, civil o canónica, el respeto a la ley, los procedimientos racionales de argumentación y la atenencia a los pactos.

En medio de estos dos conjuntos de hombres, cada uno con sus virtudes y sus defectos, cada uno con su propio sentido de las cosas y su conciencia de valor, estaba la figura del rey, señor de la justicia y de la paz, cabeza de estas dos administraciones que encontrarían acomodo y equilibrio en la medida en que la autoridad real mantuviese su prestigio. El milagro de Jaume era que, hacia los veinte años, podía ejercer esa autoridad con la aureola de haberla conquistado por méritos propios. En su autopercepción, sin duda alguna providencialista y carismática, dominaba la idea de que en él, y en su derecho, la herencia era la menor parte. Él había sido signado por Dios, desde luego, pues de ser el más impotente y frágil se había convertido en el más fuerte. No es un azar que este rey haya empezado su *Crónica* con una rotunda confesión: nada vale la fe sin las obras. Cuando leemos este primer parágrafo de su autobiografía, lleno de espíritu paulino, cuando ese espíritu todavía estaba anclado en el sentido común del catolicismo de la época, tan lejano de las exageraciones luteranas modernas, nos damos cuenta de que el rey, llegado al final de su carrera, se siente orgulloso de que su vida haya fructificado. «Recordemos una palabra que nos trae la santa escritura y que dice: *Omnis laus in fine canibur*. Que quiere decir que la mejor cosa que el hombre puede tener, esa es la postrimería de sus años: y la merced del Señor de gloria nos ha hecho a nos en semejanza a esto, para que se cumpla la palabra de Santiago: que a la postrimería de nuestros años quiere cumplir que la obra se acuerde con la fe.» Era el reconocimiento de una beatitud que él creía deber al apóstol del que llevaba el nombre, el apóstol ante cuya imagen la vela que un día puso su madre se mantuvo viva y luminosa en la iglesia de Montpellier. Es muy curioso que, aunque ninguno de sus reyes llevase su nombre, ese mismo era el apóstol al que por entonces León y Castilla se ofrecían, el mismo al que invocaban los frailes guerreros que extendían las tierras cristianas hacia el sur. Es curioso, pero no extraño. La mentalidad de los reyes europeos, y por supuesto de los reyes hispanos, era una y la misma, siempre anclada en una cosmovisión católica que, como hemos visto, reconocía la suprema autoridad de Roma y aspiraba a unificar el mundo bajo una única fe. Por eso no es de extrañar que, tan pronto Jaume se viera en la plenitud de sus fuerzas, conquistado el condado de Urgell, pacificado el reino y afirmada su autoridad, oteara en el horizonte el frente por el que ampliar el mundo católico. En ese horizonte el rey descubrió Mallorca. Las primeras noticias de sus planes debieron de formarse en su círculo y en su mente hacia diciembre de 1228, dos meses después del final de la campaña de Urgell.

SEGUNDA PARTE

LA CONQUISTA DE UN REINO EN MEDIO DE LAS AGUAS
(1228-1231)

10
CONSENSO GENERAL[1]

Dejamos en el capítulo anterior al rey Jaume resolviendo el contencioso del condado de Urgell primero por la fuerza del derecho y después por la fuerza de las armas. Pues bien, resulta incluso probable que Jaume no pensara disolver la hueste que había formado para vencer a los Cabrera y entregar a Aurembiaix su legítima propiedad. Existiría así una continuidad temporal entre estos dos hechos: la pacificación de la nobleza y la conquista de Mallorca. El rey se aprovechaba de la buena circunstancia militar y de la creciente autoridad de su figura. Esta voluntad resulta muy explicable en un monarca que se decide a tomar la iniciativa entre su gente y que no está dispuesto a que los nobles le sugieran un asunto tramposo y banal, como el de la toma de Peñíscola.

En todo caso, debemos decir con claridad que la *Crónica* aquí se engaña, porque habla como si hubiera pasado medio año entre el asunto de Urgell y la reunión de Tarragona en la que se van a iniciar los planes para la conquista del reino balear. En realidad, todo fue más rápido. Como hemos dicho, en octubre de 1228 se hicieron los tratos con Aurembiaix y en noviembre o diciembre ya estaba el rey en Tarragona, iniciando los preparativos de la campaña de

---

[1] Para este capítulo, la bibliografía fundamental es la de Álvaro Santamaría, «El reino privativo de Mallorca», en *Historia de Mallorca,* J. Mascaró, Gráficas Miramar, Palma, 1964-1975, 6 vols. Del mismo autor, «La expansión político-militar de la corona de Aragón bajo la dirección de Jaime I: Baleares», *Jaime I y su época,* en el X Congreso de Historia de la Corona de Aragón, Institución Fernando el Católico, Zaragoza, 1979. También de Álvaro Santamaría se puede ver «Determinantes de la conquista de Baleares», en *Mayurqa* 8: 80 (1972). Otra bibliografía importante para este capítulo es Dufourcq, «La question de Ceuta au XIIIè siècle», *Hesperis. Archives Berbérees et Bulletin de l'Institut des Hautes Études Marocaines,* París, 1955, 1-2 trim., págs. 102 y sigs. Para las relaciones internacionales puede verse Odilo Engels, «El rey Jaime I de Aragón y la política internacional del siglo XIII», en *Jaime I y su época, X CHCA,* ob. cit., págs. 215-240. F. Gazulla, *Jaime I de Aragón y los Estados musulmanes,* Barcelona, 1919. Aunque un poco antiguo, puede verse J. Vicens Vives, *España. Geopolítica del Estado y del Imperio,* Barcelona, 1940, con importantes anotaciones sobre la política expansiva de Cataluña en el Mediterráneo. Para el siglo XIV, tan ampliamente determinado por la política de Jaume, se puede ver V. Salavert, *La expansión catalano-aragonesa en el siglo XIV. La investigación de la historia hispánica del siglo XIV. Problemas y cuestiones,* CSIC, Madrid-Barcelona, 1973. Antes, del mismo autor, editado como *Cerdeña y la expansión mediterránea de la Corona de Aragón. 1297-1314,* Madrid, 1956.

Mallorca[2]. La *Crónica* dice que, aunque no se habían convocado Cortes, estaban allí todos los nobles de Cataluña. Sin duda, era una muestra del prestigio ganado por el rey, sobre todo entre los nobles catalanes, que ya lo hacían señor verdadero del rico y central condado de Urgell, la clave de unión entre Aragón y Cataluña. Y, en efecto, en Tarragona se dieron cita la flor y nata de la nobleza catalana, como Nuño Sans, el hijo de Sans, conde de Rosellón; los Montcada, Guillem y Ramon; el conde de Ampurias, Hugo IV, famoso por haber estado en Tierra Santa y en Las Navas de Tolosa[3]. También estaban allí Guerau de Cervelló y Guillem de Clarmunt, del linaje de los Montcada, y algunos más.

Fueron todos estos los que propusieron al rey la conquista del reino insular[4]. Fueron ellos, los nobles y ricoshombres de Cataluña, los que hablaron con Pere Martell, un ciudadano de Barcelona que había visitado varias veces la isla de Mallorca; ellos, los que una vez obtenida esta información la transmitieron al rey, y ellos, los que dieron las dos razones fundamentales para la conquista. La primera, el valor de las islas; la segunda, lo extraordinario de la hazaña. Solo quien conozca la mala fama del agua en la Edad Antigua y Media, desde Hesíodo hasta Dante, pasando por Horacio, en tanto reino elemental ajeno a los hombres y a su ley, mala fama que avisaba de los peligros de internarse en sus abismos[5], solo este podrá medir el valor añadido de la hazaña que ahora se le proponía a Jaume y que no tenía antecedentes entre los reyes hispanos. El rey, que sin duda se daba cuenta de la fama que ponía en juego, complació las expectativas de sus nobles y quedaron hechas las convocatorias para verse en Barcelona, en reunión solemne de la *Cort general*. Allí mismo quedaron convocados el arzobispo de Tarragona, los obispos, los abades, los ciudadanos de Barcelona y de Cataluña entera[6].

En la edición de 1958 de la biografía de Ferran Soldevila dedicada a Jaume se reproduce una miniatura del siglo XIV, procedente del monasterio de

---

[2] Cf. Miret, ob. cit., pág. 73. Creo que Miret tiene razón al expresar su extrañeza respecto a los motivos que hayan podido tener Flotats y Bofarull para decir que entre el asunto de Urgell y el de Mallorca habría transcurrido año y medio. Apenas fueron unos meses.

[3] Personaje excepcional, noble catalán de fidelidad probada hacia su rey, Hugo IV se mantuvo al margen y neutral en las terribles épocas de la minoría de edad de Jaume. Desde luego fue amigo de los albigenses frente al obispado de Girona. Cf. Sobrequés, ob. cit., pág. 84. Como veremos, morirá en la ciudad que ayudó a conquistar con más esfuerzo que nadie.

[4] Esta propuesta de los nobles feudales, que organizan un sistema de dominación basado en la tierra, de iniciar una conquista de un reino organizado sobre el mar, dependiente del comercio, es muy indicativa del proceso de conversión de la vieja nobleza catalana en nobleza marinera. Cf. para esto el interesante trabajo de Blanca Garí, «El linaje de Entença en el Mediterráneo del siglo XIII», *XI CHCA,* Palermo, 1982, vol. III, págs. 151-163. Era un proceso de transformación, desde luego, por el que la vieja nobleza, al principio bastante independiente de la empresa real, acaba plegándose a sus intereses expansivos. Cf., especialmente, las págs. 152-153.

[5] Mala fama que llega hasta Goethe, como se puede ver en *Las afinidades electivas,* cuya tragedia se basa en las aguas como reino del diablo, hostil al hombre. En este sentido, Fausto, al querer desecar el océano, no hace sino expresar un deseo oculto de dejar al diablo sin su reino.

[6] *Crónica,* §47.

Poblet, que interpreta la escena de este banquete de Pere Martell en Tarragona. En este libro la ofrecemos también. En el dibujo se marcan muy bien los dos momentos de la reunión y se presiente su secuencia. Pere Martell y los ricoshombres se sitúan a la izquierda, en la mesa común. Allí están reunidos los nobles en alegre conversación. El rey, en mesa aparte, recibe en actitud dispuesta y atenta las palabras de uno de sus servidores que, sin duda, solicita del rey que reciba a los ricoshombres, con su portavoz Pere Martell, para que le comuniquen lo que están deliberando. El miniaturista ha elegido ese momento en que la simultaneidad de su dibujo reproduce al máximo la sucesión de los hechos. Es el final de la conversación de los ricoshombres y el inicio de la comunicación con el rey. En toda la miniatura reina la armonía y todas las actitudes indican buena disposición. Las manos están en los corazones y las palabras no andan lejos. Es desde luego un momento central de la historia catalana, hispana y europea. Por primera vez quedaba clara la concordancia entre la política real, la voluntad expansiva de la nobleza y los intereses comerciales de los puertos catalanes y, sobre todo, de Barcelona. Era la prueba decisiva de que el principado ya tenía un rey indiscutido. Los personajes más importantes del territorio ponían en las manos reales la causa más querida. En la misma línea de los privilegios puntuales que el rey había concedido a Barcelona, en Monzón, el 12 de octubre de 1227 [7], por los que las naves barcelonesas del puerto asumían el monopolio del comercio con Ceuta y Alejandría, y se prohibía que mercancías del puerto de Barcelona saliesen en naves extranjeras mientras existieran naves catalanas en él, esta empresa representaba un acuerdo político de gran alcance y escala. Este encuentro es el que la miniatura ha querido recoger, con plena conciencia de su importancia, prestándole las mejores idealizaciones de la monarquía medieval.

Y las Cortes se hicieron. Al parecer, tuvieron lugar en el *Palau Major* de la ciudad de Barcelona, entre la vieja calle de los Condes de Barcelona y la de la Tapinería. Según las reconstrucciones más fiables, se iniciaron el día 20 de diciembre de 1228. Este día tendría lugar la sesión inaugural, y los dos días siguientes se dedicaron a las deliberaciones de cada estamento por separado. Curiosamente, sabemos que el mismo día 21 se firmaron las constituciones de paz y tregua, lo que permite comprender el alto consenso que sobre esta aventura existía entre las élites del rey. Además, la noche del día 22 se celebró un consejo secreto con el rey, para preparar sin duda la sesión de clausura. Por último, el día 23 se notificaron públicamente al rey los acuerdos que él ya conocía desde la noche: la nueva concesión del impuesto sobre los ganados y la contribución militar de cada uno de los grandes señores. Pues, en efecto, al no ser una guerra defensiva, solo estaban obligados a auxiliar al rey —según los usos tradicionales catalanes— los que tenían honores de él, no los que eran señores territoriales patrimoniales, a los que solo se podía reclamar auxilio militar y el cumplimiento del juramento de fidelidad en una guerra defen-

---

[7] Huici-Cabanes, doc. 96, págs. 187-188.

siva de la tierra. Así que la colaboración militar era voluntaria y pactada: los señores decidían las fuerzas que ponían a disposición del monarca y este debía acordar con ellos las ventajas en tierra y botín en caso de consumar la conquista. Por lo general, dado que el pacto era común entre los señores y el rey, se debía guardar proporcionalidad entre la ayuda y el beneficio. El reparto de prebendas se encargaba a una comisión y todos debían jurar que respetarían la parte del rey y mantendrían la conquista con fuerzas proporcionales a las que ponían encima del tablero para su asalto a las islas. Esta especie de contrato privado se establecía una vez cerradas las Cortes, y el acuerdo debió de firmarse el mismo día 23.

La *Crónica* nos ha dejado en palabras otro dibujo sublimado de la solemne ocasión. En medio de la notable asamblea, el rey se levanta, invoca el Espíritu Santo como si fuera un sacerdote y se pone bajo la protección de la Virgen María. Lo que dice por fuerza ha de impresionar a los que le escuchan. El rey asume que las obras que va a proponer son buenas y proceden de Dios. Él es su brazo para realizarlas en la tierra. Por eso pide a todos que mantengan la coherencia entre la palabra y la obra. Para asegurar ante todos los demás que él es el hombre llamado y elegido, recuerda lo providencial de su nacimiento, las continuas señales que Dios ha enviado para demostrar que está de su parte. «Obró en nuestro nacimiento grandes maravillas», recuerda el rey. Luego, repasó las calamidades del reino en la época de su infancia y el milagro de que un niño llegara a reinar y pacificar el reino. Por último, deja caer que todas aquellas guerras y violencias —el rey debía de tener en mente también las luchas en el sur de Francia en apoyo de los herejes albigenses— habían lanzado un velo de mala fama sobre los catalanes. Ahora podían seguirle en una aventura que dejaría atrás toda aquella infamia y disiparía ante la cristiandad entera la época equivocada en la que la discordia se había adueñado de sus reinos. En realidad, era así porque, al ser declarada la cruzada para la toma de Mallorca, todos ellos, nobles y burgueses, estaban ahora al servicio de la Iglesia católica. Debían olvidarse por fin los tiempos en que los catalanes se empeñaban en discutir la autoridad de Roma en los asuntos de la Provenza y el Languedoc[8]. El rey acabó su discurso de forma imponente y concisa: todos habían sido elegidos allí por Dios y por él; ahora debían declarar tregua y paz en Cataluña y aconsejarle cómo preparar la operación contra el rey árabe de Mallorca[9]. Era el procedimiento que empezaba a ser canónico en las Cortes medievales: tras la exposición de motivos, el rey demandaba ayuda y consejo a su *curia*.

Debía responder primero la máxima autoridad eclesiástica del principado y del reino, y ese era el arzobispo de Tarragona. El estamento de los nobles

---

[8] Incluso el propio conde Raimundo de Tolosa ya se había reconciliado con la Iglesia. Había tenido lugar tal acto en abril de 1228. El legado Santángel lo había logrado y ante él se presentó Raimundo en camisa, en actitud penitencial humillante. Naturalmente, no fue la actitud definitiva del noble tolosano, que pronto volvió a su vieja actitud rebelde.

[9] *Crónica*, §48.

y los hombres de las ciudades se lo rogaron. Espàrrec, sin embargo, se limitó en su discurso a subrayar la necesidad de deliberar para dar un consejo acertado. Luego habló Guillem de Montcada, por entonces el jefe del estamento nobiliario catalán, y lo hizo en el mismo sentido, aunque anticipando que la respuesta sería del agrado del rey. Por último, habló el síndico de Barcelona [10], Berenguer Guirart, quien aseguró el acuerdo de todos con el rey. El arzobispo pidió entonces que se deliberara por separado, lo que acordaron los demás. Todo esto nos hace pensar que existía también la posibilidad de deliberar los tres estamentos reunidos. En medio de estas actuaciones, tuvo lugar el consejo secreto, sin los representantes de la Iglesia, donde se puso de manifiesto el ansia de la nobleza por emprender una aventura en la que pensaba recuperar el honor y el prestigio perdidos en las discordias civiles, y compensar con las Baleares aquellas tierras perdidas al norte de los Pirineos. Por eso, la reunión del consejo secreto tuvo lugar antes del tercer día de las Cortes: se trataba de asegurar el voto de la Iglesia con la positiva y decidida intervención del brazo militar. De hecho, el cronista nos dice que se resolvió que hablasen antes los ricoshombres, para que animasen a los eclesiásticos y a los ciudadanos. Una vez más, este proceder del rey indica que las reuniones de Cortes se celebraban todavía sin reglamento obligatorio y estricto.

A la mañana siguiente, el día 22, Guillem Ramon I de Montcada se levantó el primero y reconoció el carácter providencial del rey, enviado de Dios. La misma providencia les honraba a todos, en la medida en que les concedía la oportunidad de servirlo. Ahora su obligación era poner todas sus fuerzas a favor de la única empresa de aumentar la honra y el prestigio del rey. La conquista de un reino marítimo ofrecía la mejor oportunidad para ello, «mayor que si se tratase de la conquista de tres reinos de tierra». Así que Guillem Ramon I de Montcada, el otrora rival de la autoridad real, se adhirió a la paz y tregua y se comprometió a que la firmaran todos los demás, incluso contra su voluntad; otorgó gustoso el impuesto sobre el ganado, a pesar de que Jaume ya lo había disfrutado la vez obligatoria con anterioridad, y ofreció cuatrocientos caballeros para la conquista del reino, con sus islas. Como es obvio, reclamaba el legítimo beneficio proporcional, pero en modo alguno lo reivindicaba por el bien material que implicaba, sino «para que en todo tiempo se haga memoria del servicio que ahora os hacemos» [11].

Entonces se levantó el conde Nuño Sans, el hijo de Sans, el viejo conde de Rosellón, y reconoció que Jaume reinaba por la voluntad de Dios y que él, al ser de su linaje, no tenía sino interés en su grandeza, que también hacía propia. Se adhirió a las palabras de Guillem y puso a disposición del rey cien

---

[10] Para analizar el régimen municipal de Barcelona y la figura del síndico, así como su formación y su detentación, cf. Josep M. Font i Rius, «Los orígenes del régimen municipal de Cataluña», en *AHDE*, 1945, págs. 389-529, y XVII, págs. 229-585. Más reciente, se puede ver el Annex 2 de *Acta Mediaevalia. Sèrie d'història medieval*, «La Barcelona del segle XIII: Societat y Municipi», Pedralbes, Barcelona, 1985.

[11] *Crónica*, §50.

caballeros hasta que fuera efectiva la conquista, esto es, de forma ininterrumpida. Luego habló el conde de Ampurias, Hugo, que como era del mismo linaje de los Montcada puso sus sesenta caballeros al lado de aquellos cuatrocientos que ofreciera Guillem Ramon I. Podemos ver aquí hasta qué punto todavía el linaje era una organización muy operativa entre la nobleza, pues cuando Guillem de Montcada ofrece los cuatrocientos caballeros, ya está contando con todos los de su gente. Al final, sabemos que no pudo aportar tantos. Por fin, se levantó el arzobispo Espàrrec de Tarragona y aseguró que, puesto que aquella obra era de Dios, también la hacía suya. Por eso concedió la recompensa divina en el más allá a quien participase en ella y puso sus hombres y bienes a disposición del monarca. Sabemos que le dio al rey seiscientas cuarteras de trigo. No le prestó su brazo para empuñar armas porque ya era viejo, según recordó, pero si algún obispo más joven quería marchar con el rey, de buena gana le otorgaría la dispensa, pues a estas buenas acciones todo el mundo debía ayudar de palabra y de obra. La exhortación hizo efecto, porque se levantó el obispo de Barcelona, Berenguer de Palou, y superó con creces a su arzobispo, demostración palpable del gran interés de Barcelona en la empresa mallorquina. Espàrrec había comenzado su discurso aludiendo al momento en que el anciano Simeón recibió a Cristo en el templo y, reconociendo su destino, dijo: «Han visto mis ojos tu salvación». El obispo de Barcelona —cuyo sepulcro se puede ver todavía en la capilla de San Miguel de la catedral— fue más allá al proclamar el mesianismo del rey y aludió a que su presencia allí, en medio de todos, era tan imponente como aquella en la que Dios transfiguró a Cristo y, al lado de Elías y Moisés, proclamó, ante los ojos atónitos de los apóstoles, que ese era su Hijo bien amado en el que se complacía. «Tal es la semejanza que podemos aplicaros a vos, mirándoos como hijo de nuestro Señor»[12]. Con esta semejanza no se podía poner en duda el reino celestial que esperaba al monarca y a quienes fueran con él más allá de las aguas. Con posterioridad, el 30 de diciembre de 1228, el rey firmó un documento por el cual concedía a la Iglesia de Barcelona todas las iglesias de las islas del reino balear[13]. Esto explicaría el excelente ánimo de Berenguer de Palou. El caso es que el obispo de Barcelona, cuyo brazo debía de ser más joven que el de su arzobispo, ofreció al rey cien hombres armados, entre caballeros

---

[12] *Crónica*, §53.

[13] Huici-Cabanes, doc. 115, págs. 219-220. En realidad, le daba las iglesias de las tres islas, pero también las de Denia y Orihuela, pues en el fondo Denia era el obispado del que dependían las islas, y no había manera de darles estas sin concederle también aquel. El sentido geográfico de la donación parece raro, pero de hecho no lo es: Denia es el punto más cercano de las islas y en este sentido los árabes, al hacerlas depender de Denia, habían tenido un sentido preciso de la relación geográfica. Esto no quiere decir que Jaume pensara dar la tierra continua desde Barcelona hasta Orihuela a la diócesis de Barcelona. Sin duda, las tierras desde Tortosa a Sagunto serían de Tortosa, pero en medio quedaría la diócesis de Valencia, hasta Denia. El documento prohibía a cualquier otro obispo o arzobispo tomar posesión de estas iglesias. La sombra de Toledo seguía proyectándose sobre la costa, desde que el Cid había nombrado un obispo de Valencia dependiente de Toledo.

y marinos, y se dispuso a conducirlos él mismo, no sin reclamar su parte en la conquista. Animado, el obispo de Girona, Guillem de Cabanelles, aunque mucho más sobrio, se atuvo al asunto principal. Puso a disposición del rey treinta caballeros y reclamó su parte proporcional. Luego hablaron algunos eclesiásticos más —entre ellos el preboste de Tarragona, a quien volveremos a ver en este relato en momentos importantes, como el asunto del reparto de los bienes de Mallorca— y la ciudad de Barcelona, por boca del panadero Pere Grony, quien con elegancia ofreció todos los barcos del puerto y no pidió a cambio sino retener la gratitud del monarca para siempre. Tarragona y Tortosa se brindaron a seguir su ejemplo, pero no compartieron el privilegio de libre comercio con Mallorca que obtuvo Barcelona del rey, el día 10 de enero de 1230, pocos días después de la conquista. En realidad, las Cortes se cerraron aquí. Al día siguiente se hicieron las escrituras de los repartos, como ya hemos dicho.

El cronista Marsili [14], que escribe a principios del siglo XIV, nos ha dejado un dibujo de los efectos populares que estas Cortes produjeron en Barcelona. No se trató solo de una asamblea de notables militares, eclesiásticos y ricos comerciantes de los puertos catalanes. La gente sencilla de la ciudad participó de ese clima con la sentimentalidad propia de una época que había crecido con la creencia de que la guerra contra el infiel del sur era un asunto natural, un deber y una gloria. Así que los niños cambiaron sus juegos por entonces y, en ellos, todos se convirtieron en cristianos que liberaban Mallorca de unos obstinados sarracenos que se empeñaban en defenderla contra el destino sentenciado por la providencia. Obviamente, en aquellos juegos, los cristianos siempre vencían. Restos de estos juegos, elevados a fiestas conmemorativas por los vencedores, se pueden apreciar en el folclore de toda la costa mediterránea española, afirmando de manera obstinada que hay algo más que hostilidad hacia el enemigo, que también subyace una fascinación por él que se deja sentir en estas complejas imitaciones.

Hemos de decir que, por lo demás, los ricoshombres aragoneses no mostraron especial interés en esta conquista. Al contrario, para ellos, como para Lleida, que por entonces tenía un estatuto territorial muy ambiguo, e incluso para el obispado de Tortosa, que solo podía crecer hacia el sur, la conquista deseada era ciertamente Valencia. Pero no conviene extremar las contradicciones entre estos intereses. Sin duda, se trataba de diferentes prioridades. A pesar de todo, el orden es más fácil de mantener cuando se anticipan tiempos de expansión. Así que los aragoneses y leridanos se avinieron a reforzar la guardia de la frontera de Aragón con Valencia, ante la comprensión de que también la toma de las islas facilitaría en su momento la deseada conquista del

---

[14] Una versión castellana del texto se puede ver en José M. Cuadrado, *Historia de la conquista de Mallorca, Crónicas inéditas de Marsilio y de Desclot en su texto lemosín,* vertida la primera al castellano, y adicionada con numerosas notas y documentos, Imprenta Librería de Esteban Trías, Palma, 1850.

gran reino de Valencia. Además, estaba la mesnada del rey, el cuerpo de caballería más importante de Aragón, nutrido de infanzones y segundones aragoneses, cuya actuación en la conquista será decisiva, como tendremos ocasión de comprobar.

Mientras tanto, todas las instancias de Cataluña se mostraban más unidas que nunca. El rey Jaume subió a Montserrat hacia el mes de marzo de 1229, junto con el arzobispo de Tarragona, para ser testigo de la firma de la carta de hermandad entre el monasterio y la primera iglesia de Cataluña. Desde allí, el rey se marchó a Lleida, para pasar luego a tierras aragonesas, se supone que con la idea de convocar la mesnada real que había de ir a la conquista de las islas. Así lo vemos en Calatayud, donde estaba el 20 de abril[15]. En todo caso, allí, el legado papal Juan de Santa Sabina[16] le comunicará la decisión del Papa de convocar la cruzada. No solo le traía esa buena nueva. El legado también le anunciaba que portaba la misión de resolver la petición de divorcio de la reina Leonor. El rey juró en un documento su voluntad de someterse a la decisión del legado y garantizó el cumplimiento de los acuerdos de matrimonio. En Calatayud, el rey firmó pactos con el rey destronado de Valencia, Abuceit, dándose así un pretexto para intervenir en el reino cuando fuese preciso. Estos pactos son de una importancia radical en el futuro del reinado y, en cierto modo, nos muestran cómo el rey ya preparaba, y lo hacía en tierras aragonesas y ante sus nobles, la conquista de Valencia.

En efecto, Abuceit fue el rey impuesto en Valencia por los almohades, pues procedía del clan de los baezanos, que había dado altos funcionarios a esa oleada de dominación islámica. En Valencia, esta dominación sustituyó temporalmente a los descendientes del rey Lobo, el gran rey de la dominación almorávide anterior. Sin embargo, y como era de esperar, este Abuceit había sido desplazado del poder por un tal Zayyan, un caudillo de las élites locales, quienes siempre vieron a los almohades como extranjeros. Ahora, en el exilio, Abuceit se brindaba a servir a los intereses cristianos. El pacto es de mucho interés porque se hace en nombre de Jaume y de su hijo Alfonso y vincula tanto a Abuceit como a su hijo Abahomat[17]. De manera muy clara se muestra la voluntad de respetar los acuerdos con Castilla en relación con la división de la conquista de las tierras valencianas. El pacto obligaba a Abuceit a entregar al señorío último de Jaume todas las tierras que pudiera conquistar del reino de Valencia. Las tierras se las entrega «libera perpetuo [...] per propio alodium vestrum»; es decir: en propiedad absoluta del monarca. Pero no solo eso, que en el fondo era una abstracción. Abuceit se comprometía a poner en manos del monarca seis castillos decisivos, sin los cuales no se podía pensar en asaltar Valencia: Peñíscola, Morella, Cullera, Alpuente, Xèrica y Segorbe.

---

[15] No entiendo por qué Huici-Cabanes dicen que el documento es de 20 de marzo, cuando afirman claramente que es *XII calendas madii.* Miret tiene razón al fecharlo en 20 de abril. Cf. ob. cit., pág. 77.

[16] Zurita, *Anales,* ob. cit., pág. 166.

[17] Huici-Cabanes, doc. 119, págs. 223-226.

Estos castillos deberían estar en manos de nobles aragoneses de la confianza de ambos, pues habrían de gobernarlos en el nombre común del rey de Aragón y de Abuceit. A cambio de ello, el rey Jaume se comprometía a defender al sarraceno contra cualquiera que le hiciera guerra, en Valencia o en cualquier lugar de sus conquistas. Para demostrarlo, ponía en manos de Abuceit, o de gente de su confianza, el castillo de Ademuz y de Castrofabib, en la frontera de Teruel con Valencia. Este acuerdo dará cobertura a la actuación del noble Blasco de Alagón en la conquista de Morella, como veremos.

En cierto modo, este pacto con el almohade Abuceit no era extraño a la dimensión católica de la guerra de la Reconquista. El pacto con el ex rey de Valencia venía a hacer de él un caballero más de Jaume, y este era un paso previo a su conversión al cristianismo. Ya Zurita puso en relación estas dos cosas y pudo decir que este acuerdo «dio las máximas esperanzas al romano pontífice y al propio rey de que, abjurada la impiedad, abrazaría la religión cristiana y recibiría el sagrado bautismo»[18]. En esta misma política de dejar las cosas arregladas con Roma, el rey se desplazó a Tarazona, donde se celebraba el juicio sobre su divorcio. Llegó a tiempo de escuchar la sentencia. Por ella, el legado papal disolvía el matrimonio. El rey tuvo antes una intervención en la que venía a decir que se había casado de forma legítima con Leonor, que legítimo era su hijo Alfonso, y que por eso así lo habían reconocido las Cortes de Aragón como heredero y sucesor. El rey puso mucho énfasis en desligar la cuestión del divorcio respecto de la cuestión de la herencia del reino por parte de su hijo Alfonso. Una cosa no podía afectar a la otra y, decidiera lo que decidiera la corte judicial, se debía aceptar que Alfonso era el sucesor de su padre. Por eso exige Jaume que sea recibido «por todo el reino como señor natural». El rey quiso que los arzobispos y los obispos allí presentes firmaran esta declaración, avalando su decisión. Allí estaban nada menos que el arzobispo de Toledo, el políglota Jiménez de Rada, a quien todavía veremos aparecer muchas veces en nuestro relato, que firma en primer lugar, por delante de Espàrrec, el arzobispo de Tarragona. Luego firmaron los obispos de Burgos, Calahorra, Segovia, Sigüenza y Osma, por la iglesia de Toledo, y Lleida, Huesca, Tarazona y Bayona, por la de Tarragona. Era el 29 de abril de 1229, y todo esto nos hace pensar que la declaración de legitimidad del heredero era una cláusula deseada por los castellanos, que no querían disminuir la legitimidad del hijo habido del matrimonio de Leonor con Jaume.

El resultado del juicio de Tarazona puede parecer una contradicción para nuestros conceptos, pero para los hombres del siglo XIII no lo era. Por la sentencia se declaraba nulo el matrimonio de Jaume y Leonor y, sin embargo, se valoraba como legítimo a su hijo Alfonso, a quien se reconocía heredero de Aragón. En realidad, el mandato de declarar nulo el matrimonio venía ya del propio papa Gregorio IX, quien aplicaba la cláusula del Concilio de Letrán de considerar incesto insuperable la unión de personas que fueran familiares

---

[18] Zurita, *Anales,* ob. cit., pág. 166.

en los cuatro últimos grados de consanguinidad. Para estos casos, aunque hubiera habido cópula, el matrimonio sería ilícito. Sin embargo, el matrimonio había sido contraído y consumado antes de que se aplicara esta disposición. Por tanto, durante un tiempo el matrimonio tuvo efectos legítimos, pero en el presente no podía mantenerse. Desde la aplicación de la orden del Concilio de Letrán, el rey vivía en incesto. Pero el hijo que había tenido con anterioridad de ese matrimonio que se declaraba incestuoso, era legítimo y, por consiguiente, heredero patrimonial. El Papa, y el legado con él, estaban además muy preocupados por el mantenimiento de la reina, que podía ser motivo de escándalo. Los documentos que se firmaron garantizaron las arras en su integridad, salvo si la reina se casaba de nuevo. Si estos acuerdos no se cumplían, el legado dejó por escrito que se aplicaba la pena de excomunión con carácter automático al rey y a todos sus consejeros. Por su parte, la reina se comprometía a mantener todos los castillos entregados en prenda bajo el mando de hombres naturales de Aragón, y si los entregaba a naturales de Castilla o de otro reino quedaría ella también excomulgada. Por lo demás, el legado se reservaba la interpretación de las dudas que pudieran surgir de su sentencia. Una cláusula muy importante era que todos los acuerdos afectaban a la reina «mientras viviera en el siglo». El rey, tras ser leída la sentencia, pidió aclaraciones diversas, entre ellas si en caso de guerra contra el infiel podría disponer de las guarniciones de estos castillos entregados como prenda a la reina. Pero lo que realmente le interesaba era la interpretación de este «vivir en el siglo». El legado le dijo con toda claridad que esta frase significaba sencillamente «mientras la reina tuviera trato y en el ambiente seglar». Con más claridad: mientras no estuviera en un convento. Era evidente que esta era, a los ojos de Jaume, la solución más favorable de esta complicada situación. Finalmente fue la que se impuso [19].

Como recordaremos, el acuerdo tomado en las Cortes de Barcelona obligaba a todos los asistentes a iniciar la partida hacia Mallorca antes de la última semana de mayo de 1229. Este plazo no se iba a cumplir. Hacia el 15 de junio, el rey estaba en Lleida, manteniendo sus buenas relaciones con el monasterio de Poblet, a quien garantiza el lugar de Benifassà, al norte de Castellón, donde pronto se alzaría un monasterio císter que tendrá relevancia para la historia del futuro reino de Valencia. Todavía se puede visitar en la frontera entre los tres territorios de la corona, en medio de bravíos pinares. El caso es que allí, en Lleida, ante un inmenso gentío, según cuenta Zurita, el legado pa-

---

[19] Así fue. Doña Leonor «se presentaba cierto día a las puertas del convento de Las Huelgas de Burgos, mandado construir por su padre», Alfonso VIII. Ballesteros Beretta continúa así su relato: «Corto número de personas la acompañaban. Se distinguía la grácil figura de la reina de Aragón envuelta en amplio manto escarlata sembrado de castillos de oro y misteriosas águilas negras. Rendida y desilusionada del mundo, se refugiaba en aquel retiro apacible para rezar el resto de sus días por su hijo Alfonso, el heredero de Aragón. Hace poco se descubrió en Las Huelgas un ataúd y aparecieron en el forro del mismo aquellos castillos dorados y las fatídicas águilas negras». Cf. *Alfonso X el Sabio*, ob. cit., pág. 56.

pal le cosió la cruz en el pecho. En estos meses, hasta septiembre, vemos al rey de un sitio para otro, entre Barcelona, Lleida, Tarragona y Salou, impulsando los preparativos de la flota de conquista de las islas, ultimando el viaje. La investigación de la microhistoria catalana nos dice que, por esta época, el frenesí de la cruzada hizo dictar a los catalanes más testamentos que en ningún otro momento de la historia de Cataluña. Todo el mundo quería dejar sus cuentas hechas, y el rey asimismo expresó su última voluntad. El 17 de agosto dispuso que, antes de emprender la aventura marina, también los catalanes jurasen a Alfonso como heredero. El segundo en la línea de sucesión sería su primo, el que había pasado la infancia con él en Monzón, el conde de Provenza, Ramon Berenguer. El tercero sería el propio hijo de este, Ramon, con lo que la herencia no pasaría ni por su tío Ferran ni por el linaje de su tío abuelo Sans, los viejos rivales de su todavía cercana infancia.

Para superar el retraso de la expedición, se debió firmar un convenio de prórroga de la validez de los acuerdos de las Cortes de Barcelona, prórroga que acabó transformando el sentido de la campaña [20]. Si en los primeros pactos se había declarado la cruzada exclusivamente catalana (para «omnes homines de terra nostra»), ahora se declaraba específicamente abierta a los hombres de otras partes. No sabemos a qué se debió este cambio. Puede ser que no se hubieran formado las huestes suficientes y el rey tuviera que echar mano de soldados de otras latitudes; pero es más probable que este cambio se deba al sencillo hecho de que la cruzada no podía cerrar las puertas a cristiano alguno de Occitania que se acogiera a su predicación. San Raimundo en persona, aunque durante un breve tiempo, se desplazó a los territorios de la herejía para predicar los beneficios de la cruzada. Es más: hay quien asegura que, acabadas por el momento las actuaciones contra los herejes en el sur de Francia [21], el Papado necesitaba colocar a mucho noble arruinado y separado de sus tierras. Como veremos, esto es lo que creyó Gabriel Alomar, que vio en la

---

[20] Fue firmado el 28 de agosto en Tarragona, y lo dan Huici-Cabanes, doc. 124, págs. 230-231. El rey se compromete a dar «iustas porciones, secumdum numerum militum et hominum armatorum, quos vobiscum duxeritis». En el documento se reconoce que el fuero será el de Barcelona, aunque los nobles parecen recibir sus partes en alodio completo, pues pueden vender y alienar las tierras que reciban, salvando naturalmente la fidelidad y el señorío del rey.

[21] En efecto, el 12 de abril de 1229 se firmó en París el tratado del mismo nombre, en el gran pórtico de la iglesia de Notre-Dame, por el que se ponía fin a la guerra con los albigenses. El tratado obligaba a Raimundo a luchar contra la herejía bajo todas sus formas y a proteger a la verdadera Iglesia. Además se le obligaba a pagar una serie de indemnizaciones a diferentes iglesias de sus territorios. Asimismo tenía que garantizar la enseñanza de la teología ortodoxa en Tolosa, fundando la universidad de la ciudad. Luego, tras recibir la absolución, tomaría la espada para irse a la cruzada de Palestina durante dos años. El acuerdo principal era que casaría a su hija con el hermano del rey de Francia, y el condado de Tolosa pasaría a él en propiedad. Si el matrimonio moría sin herederos, pasaría a propiedad del rey francés. Además, el conde prestaría homenaje ligio o exclusivo al rey de Francia, con lo que la soberanía catalana quedaría desplazada para siempre de estas tierras. En realidad, el conde perdería dos tercios de sus territorios. El 3 de junio de 1229 el rey de Francia lo hizo caballero y se pactaba el matrimonio de su hija con Alfonso. El Concilio de Tolosa de noviembre de 1229 cerraba el asunto. Cf. Hefele, ob. cit., págs. 1492-1496.

hueste de Jaume una mezcla de catalanes, aragoneses, provenzales, narbonenses, tolosanos, roselloneses, genoveses y algunos franceses. Desde luego, el rey se reservó la galera de su ciudad natal, Montpellier. Marsella, donde Cataluña siempre contaba con un partido adicto, debió de aportar cuatro o cinco naves. En total, como asegura la *Crónica,* eran unas ciento cincuenta, y se dieron cita en Salou y Tarragona. Desde allí debían salir rumbo a las islas el día 6 de septiembre de 1229.

11
EN EL AVISPERO DE LA ÉPOCA

El mayor peligro de las idealizaciones a que nos acostumbra la *Crónica* reside en su abstracción. Las descripciones de la época son problemáticas no porque nos sugieran cosas que no existieron, sino porque nos las presentan en una imagen fija, paralizada, diseñada para que los participantes se reconozcan en ella, en ese momento de plenitud y de visibilidad preparado para que todos puedan reconciliarse con la propia realidad. Como tales idealizaciones, tienen una dimensión más bien estética. En su perfección, las sublimaciones están destinadas a producir esa transfiguración de la realidad que la habilita para albergar un carisma. Los actores viven más cosas, pero estas no deben pasar al relato porque no todos los elementos de la vida social se merecen la estilización. Decididamente, el mundo de los hombres es más complejo que la representación que de él nos ofrecen las élites empeñadas en su dignificación. Pero ellos nos ofrecen a la posteridad su mejor presencia, la forma ideal de su realidad, lo que quieren ser y en cierto modo también son. En esta época, todos saben que no todo es digno de ser elevado a una forma simbólica. La miniatura que invocamos en el capítulo anterior, y la *Crónica* con ella, nos sugiere la representación de que las Baleares estaban allí, en la lejanía mítica de un abismo marino, como un islote periférico del poder almohade en decadencia tras Las Navas de Tolosa, esperando su turno para ser tomadas por un arrojado rey cristiano. La providencia, que aquí entra en juego por primera vez de manera importante en su reinado, ha pronunciado su decisión. Su brazo en la tierra, el rey Jaume, se pone en movimiento para cumplir sus designios.

Nada más lejano de la realidad, sin embargo. En el Mediterráneo, al menos desde la tercera cruzada, entre 1189 y 1192, no se mueve un barco sin que todo el mar se agite[1]. Tanto más intensa sufre el viejo mar una conmo-

---

[1] Para la puesta en valor del Mediterráneo en el siglo XIII puede verse el trabajo de José Luis Corral Lafuente y María José Sánchez Usón, «Bases para la construcción del modelo económico en el Mediterráneo occidental en la segunda mitad del siglo XIII», en *XI CHCA,* Palermo, 1982, vol. I, págs. 407-417; aquí, págs. 410-411.

ción si lo que se pone en marcha es una escuadra de ciento cincuenta naves, sin duda la mayor de su tiempo, como la que el rey Jaume supo organizar para la conquista de Mallorca. Debemos recordar que el Mediterráneo era un cosmos densísimo de relaciones comerciales y políticas y que cualquier decisión implicaba otras muchas en cadena. Cualquier alteración desplazaba centros de poder político, influencias culturales, rutas comerciales[2]. Ante todo, es preciso recordar que las islas eran territorios especiales en la Edad Media. Desde hacía tiempo se había impuesto la doctrina de que las islas pertenecían a la Santa Sede. Aunque esta doctrina se había fortalecido para impedir que Sicilia fuese adscrita a los territorios patrimoniales de los Staufen, como fuente de recursos para controlar el imperio, en principio valía también para las demás islas, incluidas las británicas y desde luego las Baleares, que además eran tierra de infieles. Así que para esa conquista debía contarse con el visto bueno del Papa, cosa que se había logrado mediante la convocatoria de una cruzada. Como Mallorca ya estaba adscrita al obispado de Barcelona desde 1169 y como Inocencio III había autorizado en 1205 a Pere el Católico la creación de un obispado en Mallorca, nadie podía dudar de que la conquista material del reino insular correspondía a los reyes de Cataluña-Aragón[3]. La Iglesia, quizá desde el papa Formoso (891-896), no había tenido otra doctrina, sin duda en memoria de la vieja dependencia hispanorromana de las islas. Las buenas relaciones de Jaume con el Papado se dejaron ver también en esta ocasión, y así se mantuvo la doctrina tradicional. En todo caso, significaba que la monarquía aragonesa se orientaba hacia el sur, dejando libre por el momento los espacios del norte, la Provenza y el Languedoc, donde el Papado deseaba tener las manos libres para destruir la herejía cátara con el auxilio de Francia y de la recién transformada Inquisición. Ya hemos apuntado que en Mallorca se alojaron muchos barones del

---

[2] A. Boscolo, en «La mutación del siglo XIV en el Mediterráneo», *Cuadernos de Historia* 8: 15-23 (1977), ha mostrado el desplazamiento de la ruta de Génova hacia Oriente cuando Cataluña conquistase Sicilia. F. Udina ha desplegado el argumento en su artículo «Un sistema de aculturación en el Mediterráneo. La presencia de la Corona de Aragón». *Mediaevalia* 1: 119-128 (1980).

[3] Benet Pons Fabregues, en un artículo dedicado a estudiar las franquicias que el rey Jaume concedió a Mallorca, hace un breve resumen de los intentos de conquistar Mallorca anteriores a la campaña que ahora nos ocupa. En ellos queda muy claro el interés de los marineros de Pisa por las islas y las relaciones feudales vasalláticas de los reyes con los gobernantes de la ciudad. Hasta tal punto que el papa Pascual II concedió en 1114 bula de cruzada para los pisanos, a ruegos del arzobispo de Pisa. Capitaneados por Ramon Berenguer III, junto con genoveses, los pisanos y los catalanes tomaron la isla. El pacto firmado entonces será confirmado por Jaume en 1233. Aquella conquista apenas duró, sin embargo, pues pronto se produjo la invasión almorávide de la isla. Es curioso, sin embargo, que los catalanes pensaran tener el dominio soberano de la isla, aunque no tuvieran la posesión de facto. Así, Ramon Berenguer IV la entregó a Ramon de Montcada, lo que explica la clara apuesta de este linaje por la conquista en tiempos de Jaume. Los pactos con los genoveses para ir a Mallorca no cesaron. En 1169, Alejandro III dio las posesiones eclesiásticas de Mallorca a Barcelona. Cf. también, para una historia de los antecedentes y el cambio de percepción de las relaciones con Génova, el trabajo de Mario Corda, «Pisa, Genova e l'Aragona all'eppoca di Giacomo nelle fonti narrative», en *X CHCA*, 3, 4 y 5, págs. 579-588.

Languedoc desplazados por la política del Papado[4]. De esta forma, la expansión hacia las islas Baleares sirvió también como válvula capaz de disminuir la presión sobre las poblaciones vencidas en la Occitania.

Pero no era solo el problema de la Iglesia. Estaba sobre todo el problema del comercio. Los intereses de navegación de Barcelona y Tortosa[5] con Ceuta, la costa de Túnez y la costa más oriental de Alejandría eran conocidos y fomentados desde antiguo. Pero también Génova necesitaba el enclave de Mallorca, no solo para vincularse al mundo comercial de Al-Andalus, sobre todo a través de los puertos de Cartagena y Málaga, sino para iniciar el camino de la ruta del Atlántico, que al inicio del siglo XIII los genoveses estabilizaban al asegurarse la influencia sobre el puerto de Ceuta, clave para su aventura hacia el mar del Norte[6]. Mallorca era desde antiguo el puerto de entrada de Génova para sus intercambios con la península Ibérica, que representaban un 10 por 100 de su comercio total[7]. Si Barcelona se hacía con las islas, su poderío en el Mediterráneo occidental se afianzaba con decisión. Quienes perdían con ello, aunque solo inicialmente, eran sobre todo las otras dos grandes potencias navales occidentales, las viejas enemigas de Barcelona, las ciudades de Pisa y Génova, sobre todo esta última, verdadero puerto de recepción de excedentes de granos para nutrir las grandes ciudades de Milán y Turín[8]. Aunque ambas urbes italianas mantenían desde antiguo intereses sobre Mallorca, sus opciones para su conquista eran escasas, y ellas lo sabían. El modelo de expansión comercial genovés y pisano, como correspondía a ciudades sin nobleza militar y sin ejército, era sobre todo diplomático, y se basaba en acuerdos con el poder establecido en cada caso para la instalación de factorías y consulados. Nada más lejos de su conducta que una conquista territorial. Así que, en el caso de las Baleares, podían apoyar al rey almohade, animarlo a la resistencia

---

[4] Gabriel Alomar, *Cátaros y occitanos en el reino de Mallorca*, Luis Ripoll editor, Palma de Mallorca, 1978.

[5] No hay que olvidar los intereses de Tortosa en esta empresa. Recordemos que la carta de franquía de Mallorca se deriva de la entregada a Tortosa en 1149, que ha sido llamada arquetipo de la población de Cataluña Nueva, diez de cuyos treinta y siete capítulos se copian literalmente. Cf. Álvaro Santamaría, «Contexto histórico del Reino de Valencia», *XIII CHCA*, págs. 25-60; aquí, pág. 26. Consecuentemente, la ciudad de Tortosa obtuvo importantes beneficios de la conquista. Para comprobarlo hay que leer el trabajo de J. Massip, director del Archivo Histórico de Tortosa, «Les franqueses del ciutadans de Tortosa al Regne de Mallorca», *XIII CHCA*, págs. 125-135. La relación de Tortosa con los genoveses es tan fuerte que en 1148 un tercio de la ciudad será de su propiedad. Solo en 1153 Ramon Berenguer IV comprará esta parte a los genoveses. Luego estos dos tercios del rey pasarán al Temple. No obstante, los privilegios de Tortosa no serán tan grandes como los de Barcelona.

[6] Cf. Gabriel Ensenyat Pujol, «El Lou dels genovesos: els canvis operats despres de l'anexió de Mallorca», *XIII CHCA*, págs. 73-83; aquí, pág. 74.

[7] Cf. el magnífico trabajo de Georges Jehel, «La place de Majorque dans la stratégie politique et économique de Gênes aux XIIème et XIIIéme siécles», *XIII CHCA*, págs. 100-110; aquí, pág. 104. Podemos hacernos una idea del interés de Génova por Mallorca si nos damos cuenta de que el 75 por 100 de ese 10 por 100 de su comercio pasaba por el puerto balear.

[8] Corral, ob. cit., pág. 412.

frente a las naves catalanas. De ahí no podían pasar. Sin embargo, y al parecer, no lo hicieron. Había razones para ello. Ante todo, la expansión almohade había desalojado en 1203 a los dirigentes con los que mantenían buenas relaciones las ciudades de Pisa y Génova [9]. Así que estas ciudades tampoco tenían ningún interés en mantener el poder almohade, que desde 1226 ejercía el corsarismo de manera pareja contra todas las naves cristianas, fueran de donde fueran. En 1229, el *walí* de Mallorca rompía relaciones con Génova y Marsella. Con ello, resultaba evidente para todos que era preferible un poder cristiano que garantizase el comercio franco en el puerto de Mallorca, que un poder almohade hostil, caprichoso y poco coherente. De esta manera, Jaume y sus consejeros aprovecharon una ocasión internacional propicia. De hecho, genoveses y marselleses, por lo menos, participaron de forma muy activa en la conquista, como el reparto de la ciudad y los tratados internacionales iban a demostrar después [10].

El efecto dominó de la política internacional no se detenía aquí, desde luego. Por mucho que, como dice Santamaría, la conquista de Mallorca no fuera el inicio de la toma de las demás islas del Mediterráneo occidental, y aunque Jaume no tuviera ya diseñada la idea de la expansión aragonesa sobre la gran isla italiana, era indudable que la toma de Mallorca afectaba a la posición de Sicilia, sobre todo en un momento en que el Papa deseaba la separación de la isla respecto del Imperio Romano Germánico y había logrado que Federico II tomara el rumbo hacia Tierra Santa para realizar la cruzada prometida. Esta cruzada, desde luego, era anhelada por Roma, que la veía como el medio para suavizar el cerco que Federico había tejido sobre ella. Aquí podemos comprobar, una vez más, que el mundo del Mediterráneo occidental era una tupida red, casi un único tejido político de relaciones. Es conocido que el padre de Jaume, Pere el Católico, siempre tornadizo respecto a su polí-

---

[9] Las relaciones de Génova y Pisa con las Baleares hay que remontarlas por lo menos a 1162, cuando Federico Barbarroja pide una alianza a las dos ciudades para consolidar su presencia en Italia después de la Dieta de Roncaglia de 1158. En esta política de dominio del Mediterráneo occidental por el Imperio se solicita la ayuda de Génova, aunque con la reserva de dirigir la petición a Pisa. Los genoveses acuerdan ayudar al emperador en su lucha contra *sarracenos et toto regno Lupi et regis Minorice.* Cf. *Liber Iurium Reipublicae Genuensis,* en *Monumenta Historia Patriae,* 2 vols., Turín, 1854-1857, vol. 1, págs. 77-94. Este rey Lobo no es otro que el rey almorávide de Valencia, previo a la dominación almohade. Estas relaciones dieron paso a tratados cordiales entre Génova y Mallorca hacia 1181 y 1188, siempre bajo la dominación almorávide. La dominación almohade fue radicalmente contraria y complica las relaciones diplomáticas con los genoveses. Desde aquel tiempo, los genoveses disponían de una factoría o *fondouk,* y desde luego debió de seguirle al poco la instalación de un cónsul. Para 1233, una vez establecidos los catalanes, ya estaba claramente reconocido, con el nombre de Oglerio de Mazanello.

[10] Como pronto se iba a ver, tras la estabilización del poder catalán sobre Mallorca, a partir de 1250, el volumen de comercio de Génova con los territorios peninsulares aumentó un 50 por 100 sobre el que se había mantenido a finales del siglo XII. Pero, además, la cuota de mercado que pasaba por Mallorca era del 75 por 100 de ese comercio. Hacia finales de siglo, la cuota de mercado de Mallorca sobre el tráfico hacia la Península era del 95 por 100. Se comerciaba sobre todo granos, sal, lana para la potente industria genovesa, etc. Cf. Jehel, ob. cit., págs. 104-105.

tica con la Iglesia, había ya acordado la boda de su hermana Constanza con Federico II, con la cláusula de que, si moría antes de la boda, la isla sería feudo de la corona de Aragón. Zurita recoge este punto, en el Libro II de sus *Anales*[11]. Por lo demás, Federico II no estaba dispuesto a quedar fuera del comercio marítimo ni a dejar pasar las riquezas que este producía. Sabemos, por Ernst Kantorowicz, de la hostilidad de Federico II a Génova y Pisa, de la anulación de los privilegios comerciales concedidos a todas las ciudades de la Liga, de la construcción de una gran escuadra comercial en Sicilia directamente dependiente del poder real. En este ambiente político, como nos recordó hace unos años Odilo Engels, la conquista de Mallorca tenía desde luego un significado hostil para la posición de Federico en Sicilia. Ahora todo cuadraba: un rey catalano-aragonés protegido por el Papado, a fin de cuentas un cruzado de Roma, lejano al centro del poder del Imperio, ponía barcos en el mismo mar que Federico II se empeñaba en dominar. Sin esta interpretación no se entiende ninguno de los movimientos ulteriores del rey Jaume, todos ellos de una lógica política coherente. En todo caso, como veremos después, Mallorca obligaba a pensar en Sicilia, y este pensamiento forzaba a definir una política con el emperador. Jaume, desde luego, será consciente de todo ello y obrará de manera consecuente.

Pero, además de todo esto, quedaba el problema de los equilibrios entre los reinos hispanos. Oficialmente, el rey abandonaba la Península con sus principales fuerzas militares justo para recuperar tierras adscritas a su reino en el tratado de Cazola. Desde el punto de vista jurídico, este paso no era imprevisto: se trataba de una operación de reconquista. Pero desde el punto de vista militar, sin embargo, requería su momento oportuno y obligaba a las necesarias cautelas. Era un movimiento que implicaba asegurar las relaciones de poder con los demás reinos hispánicos. No hay que olvidar que, oficialmente, el rey estaba casado con la hermana menor de Berenguela, la reina madre del castellano Fernando III, cuya aspiración central era mantener León bajo el control de Castilla. Para ello Berenguela solicitó y logró que el Papado garantizase los derechos de Fernando como heredero de los dos tronos, en tanto hijo que era de Alfonso IX de León. Puesto que Navarra era un enemigo claro de Castilla, Berenguela aspiró a ganar Aragón para su causa. Su meta era impedir la unión de León, Navarra y Aragón, lo que habría cortado en seco las posibilidades expansivas castellanas. Por eso, en su día, había ofrecido a Jaume a su hermana menor, Leonor, en un momento en que el rey necesitaba aliados contra los nobles aragoneses. Pero aquel enlace tuvo un final que ya conocemos. Ahora Jaume iniciaba un movimiento nuevo, expansivo, y las cosas tenían que ordenarse de forma coherente. Era preciso que ningún enemigo quedara a las espaldas con las manos libres. Al dejar desmilitarizado Aragón, Jaume debía arreglar sus relaciones con Castilla y buscar aliados que garantizaran un nuevo equilibrio.

---

[11] Zurita, *Anales,* Libro II, cap. LXI.

De forma consecuente, buscó de la Santa Sede el divorcio con Leonor, como hemos visto; pero, para no indisponerse con Castilla, aceptó reconocer los derechos de la reina y de su hijo, el infante Alfonso, como heredero del reino, algo muy importante por cuanto que el rey, con certeza, iba a poner su vida en riesgo en la aventura balear. Era evidente que el movimiento político general de la corte de Jaume no era hostil a Roma, así que el Papado accedió al divorcio. Pero con el arreglo del pleito matrimonial no se ganaban suficientes seguridades. El rey aragonés, si quería tener las manos libres para tomar Mallorca, no solo debía aclarar las cosas con Castilla, sino que además debía forjar alianzas contrarias a la castellana que ataran las manos del gran reino vecino. Los movimientos se sucedieron entonces: al mismo tiempo que se consumaba el divorcio con Leonor, empezaron las negociaciones para casar al rey con Sancha, la hija de Alfonso IX de León. Si este matrimonio se hubiese consumado, la unión de Castilla y León, que iba a lograr Berenguela en la persona de su hijo Fernando, se hubiese frustrado. Los consejeros de Jaume propusieron en las negociaciones que la dote fuese sencillamente todo el reino de León. Los acuerdos no pudieron cerrarse antes de la partida del rey, pero se continuaron en su ausencia, a lo largo de 1230, mientras el rey estaba en Mallorca. Cuando regresó de la toma de la ciudad, en su primer encuentro con su fiel Ramon de Plegamans, en Tarragona, hacia el otoño de 1230, este le comunicará las nuevas de esas negociaciones, como veremos[12]. Pero esta noticia no alteró la línea de conducta del rey, que en pocos meses se dirigió al enemigo principal de Castilla, a Sancho el Fuerte, el rey de Navarra amigo de su propio padre. En febrero de 1231, apenas unos meses después de la conquista de Mallorca, ya estaba el rey en Tudela, realizando un pacto extraño, extremo, con el último superviviente de la gran batalla de Las Navas. El joven de veintitrés años acordaba con el viejo de casi ochenta reconocerse recíprocamente como hijos, de tal manera que quien muriera antes heredaría los reinos del otro. Vemos así que el esfuerzo militar hacia el este obligaba a Jaume, como contrapartida, a proteger su frontera hacia el oeste. Para esta función siempre estaba dispuesta Navarra. Que este pacto implicaba una clara hostilidad a Castilla, lo mostraremos luego. Aquí baste solo mencionar un detalle: al parecer, el rey Jaume puso objeciones para reconocer los derechos de su hijo Alfonso, por lo que la defensa que se hace de ellos en la *Crónica* bien puede ser una construcción posterior, fruto de la mala conciencia del rey.

El caso es que ambos reyes confirmaron una cláusula por la que desconocían cualquier otro hijo y Jaume afiliaba a don Sancho como heredero de todos sus reinos. Los pactos fueron jurados el 4 de abril de 1231 en Tudela. Luego hablaremos de todo ello. Solo los citamos para darnos cuenta de la profunda reestructuración de la política hispana que impulsa Jaume en el tiempo de la toma de Mallorca. En sí mismo, el movimiento no podía ser interpretado sino en la clave de la política anticastellana de Navarra, a la que el

---

[12] Zurita, ob. cit., pág. 173.

rey Jaume se prestaba. Era la reacción extrema a la unión de León y Castilla en la persona de Fernando, que, por cierto, mostraba de forma inmediata su voluntad de intervenir en el asunto del Imperio casándose con Beatriz de Suabia. Pocos años después, el mismísimo papa Gregorio IX, para no neutralizar este movimiento de Castilla, ofrecería a Jaume I la princesa Violante de Hungría, que no confería al reino de Aragón la posibilidad de entrar en las familias con derecho a la elección imperial. En este orden de cosas, también Jaume entendió la necesidad de mantener un pie en los asuntos de Portugal, asegurándose el favor del infante Pedro en la corte de Aragón, y a quien Jaume iba a conmutar el condado de Urgell por Mallorca justo por este tiempo, el 29 de septiembre de 1231.

Como es evidente, todavía quedaba algo muy decisivo e importante: los poderes marítimos de los almohades. Cuando Jaume tomó Mallorca, quien más amenazado se vio fue el reino almohade de Túnez. Este fue el momento que aprovechó Federico II para firmar un acuerdo con el emir para garantizarse recíprocamente la seguridad en la navegación, con la idea de impedir que Cataluña desplazara, desde su aliada Ceuta, el comercio del norte de África. Esta alianza del Imperio con Túnez permitirá comprender el alcance de las noticias de la preparación por parte de Abu Zacaria de la invasión de la isla después de la toma del rey Jaume. Desde ese momento, a partir de su alianza con el Imperio, Túnez fue objeto de la ira de la política del Papado.

Con todo ello, espero haber mostrado que las islas no eran un mero reino sobre las aguas, sino un punto vital en el dominio de todo el Mediterráneo occidental, y que de ellas, a medio plazo, dependía toda la política expansiva de Cataluña sobre el Mediterráneo y, lo que suele olvidarse mucho más, sobre el Atlántico [13]. A mitad de camino de todos sitios, la conquista de las Baleares no era solo una expansión prevista en la intensa aventura de la Reconquista; era también un paso decidido hacia la intervención en todo un complejo sistema de relaciones políticas de dimensiones europeas. Aunque de apariencia tímida, era el paso inicial hacia la conversión de Cataluña en una gran potencia europea. Sin ese paso, por lo demás, no se podrá entender la futura política de la monarquía hispánica durante siglos.

---

[13] Véase el interesante trabajo de Luis Suárez Fernández, «La Corona de Aragón y el Atlántico: problemas y vías de investigación», *XIII CHCA,* págs. 179-197. Cf. también Santamaría, en el mismo Congreso, ob. cit., págs. 42-43.

12
EL ASEDIO DE MALLORCA

Los historiadores han señalado que la *Crónica* de Jaume, aunque llena de idealizaciones, casi siempre es un relato fiable, y que a veces alcanza la calidad de un dietario. Por eso, en estas ocasiones, sobre sus indicaciones se puede reconstruir el calendario de las actuaciones del rey con bastante exactitud. Ahora, cuando iniciamos el relato de la conquista de Mallorca, estamos en una de esas ocasiones. El caso es que la flota de unos ciento cincuenta barcos debió de zarpar el miércoles 5 de septiembre de 1229 a las siete de la mañana. Al frente iba Montcada y en retaguardia el alemán Carròs, que luego sería nombrado almirante[1] del reino de Mallorca y de Cataluña[2]. Como disposición de marcha, se ordenó que las galeras formasen en círculo alrededor de la armada. Con humor dice el rey que soplaba un mal aire, pero habían esperado tanto en tierra que cualquier viento que los alejase de la costa les parecía bueno[3]. Pronto el mar se cubrió de velas blancas. El rey confiesa su gozo al ver el espectáculo, sin duda insólito. Muchos peones de tierra, ante la sensación de poderío de la escuadra, se enrolaron de forma voluntaria. El rey, atento a los detalles de aquel día, dice que recogió de las aguas más de mil hombres que querían seguirle. Quizá pronto se arrepintieron. Veinte millas mar adentro, el viento cambió y se levantó un sudoeste que impedía el rumbo hacia Mallorca. Los marineros se alarmaron y sugirieron al rey volver. «No lo haremos por nada del mundo», dijo el rey, temiendo una desbandada. Pero la mar empeoró toda la noche y se picó. Las barcas tenían que navegar con las orzas puestas —una especie de lastre para no ser levantadas por el viento— y las olas inundaban las cubiertas. El rey, sin embargo, que no debía de ser un experto marinero, alcanzó la nave capitana. Los saludos y las bendiciones intercambiados entre Guillem Ramon I de Montcada y el rey desde sus barcos respectivos debieron de

---

[1] Cf. para esta institución R. Gallofré y José Trenchs, «Almirantes y Vicealmirantes de la Corona de Aragón (1118-1462)», en *Miscel·lània de Textos Medievals,* 5, CSIC, Barcelona, 1989, págs. 117-194.
[2] Huici-Cabanes, doc. 128, págs. 235-236.
[3] *Crónica,* §56.

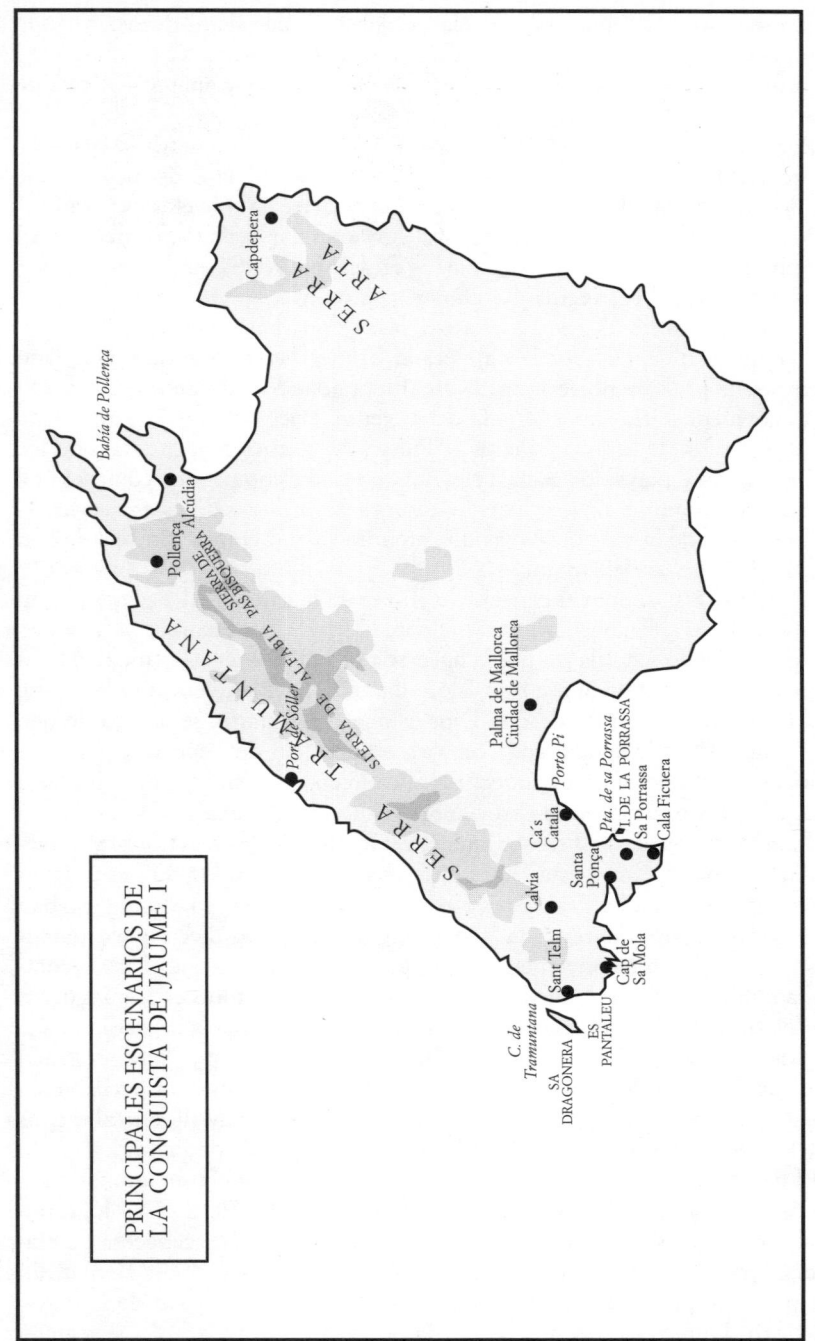

Mapa de Mallorca

ser emocionantes. Durante todo el día siguiente el mar siguió bravo, pero la escuadra no se arredró y continuó firme su camino. Por fin, al atardecer del día 7, viernes, el viento cesó y ante los ojos de los del rey apareció la isla de Mallorca.

Por la noche, con una bellísima luna que el monarca recuerda, o que quizá el trovador que fijó las primeras versiones rimadas de la *Crónica* soñó, fue llegando poco a poco la escuadra. La *Crónica* nos cuenta que el rey quería ir a Pollensa, pero que el mal aire amenazó con arruinar toda la formación. El caos reinó por unas horas entre los navíos cristianos. Ante la imposibilidad de controlar la flota, el rey recurrió a Dios y a Santa María, *pont e pas dels pecadors,* e invocó «les set alegries y les set dolors» de la Pasión con el bien razonable argumento de que aquel viaje era el primer hecho grande y peligroso que emprendía, y que no sería justo que fuera abandonado en ese momento por la Providencia. Su ruina sería la de su gente. Poco más tarde, parte de la flota ya estaba anclada en la zona de la Palomera, al abrigo de la Dragonera y entre los riscos y playas de Sant Telm. El rey pudo comprobar cómo el mal aire le había llevado al mejor puerto y dio gracias a Dios. En este caso habló de la bondad y de la virtud divinas que atendió sus oraciones. En realidad, el rey hacía de la necesidad virtud.

El sábado 8 se reunió el consejo de guerra en la galera real y se mandaron exploradores para elegir el sitio más apropiado para el desembarco. Era evidente que el asalto a la isla no podía hacerse por la Palomera: los musulmanes la habían ocupado. Fue allí, en un islote llamado Es Pantaleu, donde el rey, además de tener la certeza de que Dios estaba de su parte, se enteró de que también los astros le ayudaban. Como es natural, no desdeñó este segundo auxilio, aunque se lo diera a conocer un musulmán que vino nadando hasta su tienda. Al ser conducido ante el rey le hizo saber que su madre, experta en el arte de la astronomía, confirmaba que él estaba destinado a conquistar aquella tierra. Es posible que esta especie de espontáneo traidor trajera noticias más interesantes para los caballeros y para el rey. Por ejemplo, dónde estaban colocadas las huestes del rey Abu Yanya. Algunas crónicas dicen que este musulmán, un tal Ali, fue convenientemente pagado. Es lógico que el rey recompensara a quien le daba ánimos. El caso es que, durante todo el domingo, los cruzados siguieron con el reconocimiento del terreno y, hacia la medianoche, se decidió que el desembarco había de hacerse en Santa Ponça, una profunda cala al sur del cabo de la Mola. Es imposible que se tomara esta decisión sin contar con un buen conocimiento del perfil de la costa de Mallorca, al menos de ese fragmento suroccidental anterior a la inmensa bahía de Palma.

El lunes, doce galeras remolcando otras doce taridas con máquinas y caballos se aproximaron al lugar del desembarco, a Santa Ponsa. Así lograron desembarcar unos setecientos infantes, que establecieron una cabecera de playa. Luego pasaron a tierra otros ciento cincuenta caballeros. Un tal Bernat Riu fue el primero que puso un pendón cristiano en un alto cercano de la playa, donde estos hombres podían defender la posición y cubrir a los que seguían desembarcando. Los musulmanes, que no esperaban a los cristianos por aquel sector, vinieron a marchas forzadas, pero fue demasiado tarde. Los del rey Jaume estaban en buen terreno y disolvieron a los enemigos. Por fin desembarca el rey con parte de su mesnada aragonesa, cuando Ramon de Montcada le da la novedad. El rey, envalentonado y quejoso de no haber participado en la primera escaramuza, pide voluntarios y se interna en la isla. Alcanza a los peones musulmanes que todavía deben de ir de retirada y entra en combate. Fue un gesto más intrépido que glorioso. Cuando el rey regresa, recibe el reproche de sus principales. Ha expuesto la vida sin necesidad y de ella depende la de todos, le dicen con cierta reserva. No ha de volverlo a hacer. Las cosas van bien y puede considerarse rey de Mallorca, le dicen. El rey sabe que tienen razón estos experimentados hombres de guerra. Con la franqueza de un joven que apenas tiene veintidós años, les asegura que, de ahora en adelante, hará lo que ellos le digan. Las órdenes son organizar el campamento en tierra. Como siempre, todos intentan cumplir con su tarea en medio del caos. Al final, todos duermen sin vigilancias ni relevos. En ese momento los musulmanes perdieron Mallorca, porque aquella noche todavía la podían haber defendido. Un ataque en masa al campamento cristiano dormido hubiera sido un desastre, el final de aquella aventura.

 El resto de la flota, no se sabe si por error o por cálculo, fondea en la punta de Sa Porrassa, justo al otro lado del cabo de Cala Figuera, ya dentro de la bahía de Palma, más cerca de la ciudad de Mallorca, apenas a dos leguas de distancia de ella. Allí se instalan los trescientos aragoneses restantes de la mesnada real. Al tener el control directo del mar, la libertad de movimientos de las naves de Jaume es total. Los árabes desde la ciudad se enteran de la existencia de dos campamentos y el martes 11 salen para tomar posiciones en la sierra de Portopí, pero no atacan. Una vez más, la noche del 11 se vivió un caos en el campamento cristiano, que no puso guardias ni centinelas. Ahora, sin embargo, la parálisis de los defensores estaba motivada. Es posible que el desembarco estuviera pensado con esta doble cabeza de playa, que dejó perplejos a los defensores, ignorantes de dónde podían estar los efectivos más numerosos. Desde allí, en una tenaza, los cristianos podían avanzar sobre la ciudad. Por fin, el miércoles 12, bien de mañana, el rey oye misa y se dispone a entrar en el territorio árabe, hacia la sierra de Portopí, donde estaban preparados algunos sarracenos. El obispo de Barcelona, prudente, dijo que no era cosa de pronunciar un sermón muy largo. Se trataba sencillamente de recordar que aquello era una cruzada y quienes en ella murieran tenían asegurado el paraíso, «donde han de tener gloria perdurable». Ciertamente, era más o menos lo mismo que lo que debían de decir los imanes de los musulmanes por esos días en la ciudad. «Debéis tener en el buen corazón que todo lo venceremos», dijo el prelado al concluir. El rey se acuerda de que aquel día él no comulgó, porque lo había hecho al entrar en la mar, pero nos dice en la *Crónica* que sí lo hizo Guillem Ramon I de Montcada. Jaume lo deja bien claro por lo que ha de venir. De igual manera, con tristeza y fidelidad, recuerda que su noble amigo, «mientras recibía el cuerpo de su criador, lloraba y las lágrimas le caían por el rostro». En realidad, era su último día de vida y la *Crónica* nos hace creer con naturalidad que el noble Montcada lo presentía con intensa emoción.

Tras la misa, los cruzados se pusieron a discutir el plan de ataque. La vanguardia debían dirigirla los Montcada y la retaguardia el conde don Nuño. El rey debía permanecer fuera de la refriega este día. Pero, una vez más, la operación fue un desastre. Los peones, no se sabe si por cobardía o por falta de órdenes, ya se estaban marchando cuando el rey tuvo que detenerlos. Cuando los puso a disposición de los Montcada, el rey se quedó en terreno de nadie, entre líneas. En el momento en que la vanguardia encuentra al enemigo, ya se ha perdido la conexión entre las líneas: el cuerpo dirigido por los Montcada queda aislado. El rey escucha el griterío y sabe que sus fuerzas son escasas. Llama a la retaguardia de don Nuño, que no viene porque al parecer está comiendo. El rey maldice, reniega, regresa al griterío, ve el fragor e impotente no divisa los refuerzos por sitio alguno. Por fin llega don Nuño y su gente, que descubren al rey en medio de todo el combate, aislado, sin nadie, desprotegido, y las líneas de los compañeros de los Montcada a punto de romperse. Solo la llegada de la mesnada real de los aragoneses con Pere Cornell y Gimeno de Urrea, desde Sa Porrassa, uniendo los dos cuerpos del ejército de Jaume, y la intervención del propio rey, recompone la situación. Por fin, los musulmanes huyen por la sierra. El rey entonces le propone a don Nuño ir a la ciudad, porque llegarán antes que los sarracenos y estará desprotegida. Don Nuño recuerda las costumbres ancestrales de los reyes después de una victoria: es preciso saber qué se ha ganado y qué se ha perdido. Pero don Jaume se siente poco vinculado a esas costumbres, siempre dispuesto a innovar desde el fondo de su naturaleza impetuosa. Así que convence a todos de que deben lanzarse sobre la ciudad. Y con ese ánimo descendió el rey desde la sierra hacia la costa de nuevo, con afán de ir a la villa. Justo entonces le salió al paso el obispo de Barcelona y lo detuvo mal que bien. Con un dolor extremo e inmediato, al que también solía entregarse su arrolladora vitalidad, el rey descubre que la victoria se ha logrado a costa de que mueran los mejores nobles de Cataluña, los dos Montcada, Guillem y Ramon.

Durante toda la noche del 12 al 13 los nobles catalanes fueron velados por sus deudos. El rey, que no había comido en todo el día, cenó a la luz de las estrellas —como recoge la *Crónica*— y después fue a llorarlos[4]. Al día siguiente, el rey propuso un consejo en el que se decidió el momento de enterrar a los nobles Montcada. El día 14, en medio del dolor y las precauciones, debieron de ser enterrados los dos hermanos al pie, según la tradición, del Pi dels Montcada. La preocupación fundamental era que desde la ciudad

---

[4] Burns llamó la atención sobre esta presencia tan fuerte de la comida en la vida del rey. Aun cuando no sea un hombre refinado, sí que parece imperiosamente urgido, sea cual sea la circunstancia, de comer lo que tenga a mano. Aquí tenemos una buena muestra de ello. Cf. el retrato, excelente, del rey que dibuja Burns en «Vida espiritual de Jaume el Conquistador», en *Jaume I i els valencians del segle XIII*, ob. cit., págs. 3-49.

no se pudiera conocer la sensible pérdida. Por eso se tendieron telas, a modo de pantalla, para que la ceremonia no pudiera reconocerse desde los muros de la ciudad. La escena —como los momentos fundamentales de la conquista— quizá debió de ser objeto de un tratamiento épico versificado, y de nuevo este viejo poema aparece debajo de la crónica del rey hasta tal punto que algunos editores del *Llibre dels Feyts* han podido reconstruirlo. Era el momento del duelo y de los gritos. En medio de ellos, no obstante, se alza la voz del rey, que se enfrenta a lo irreparable y exige serenidad a los deudos de los nobles. Lo que en realidad les ofrece es su patrocinio, su protección y su ayuda, de tal manera que ninguno pueda echar de menos la muerte de sus señores. En este discurso del rey se puede ver muy bien la naturaleza de los vínculos familiares y de linaje, base social de las relaciones de señorío a través de la que finalmente acabó canalizándose el régimen feudal. La muerte de un principal significaba desprotección para muchos. El único consuelo que puede dar el rey a los deudos es un beneficio y una protección semejante a lo que han perdido con la muerte del señor natural. Eso es lo que hace el rey, que llama a la razón de todos señalando que el mucho llorar no puede traer en esta ocasión más que debilidad en el ejército y perjuicio para la finalidad central de la empresa que los reúne: la conquista de Mallorca.

Y a eso se volvió al día siguiente. Ahora había que montar las máquinas de guerra con maderas de los propios barcos: los fundíbulos, los manganos, los trabuquetes, las algaradas para lanzar las piedras, los manteletes para una aproximación protegida a los muros de la ciudad[5]. Era preciso identificar las defensas de los musulmanes y contrarrestarlas. Tampoco estas operaciones se realizaban con mucho orden: cada jefe de partida organizaba sus máquinas y el rey impulsaba también las suyas. La *Crónica* recuerda el entusiasmo de estas actuaciones y la buena disposición de todos, animados siempre por la predicación de algunos frailes —como ese Miquel, dominico de primera generación y al parecer castellano, aunque tal cosa sea dudosa de apellidarse Fabra; o como Berenguer de Castellbisbal, a quien volveremos a encontrar en estas páginas—, y del activo pavorde de la catedral de Tarragona, no menos presente en toda la conquista. El rey llega a decir que no hubo mejor hueste en el mundo ni una que mejor trabajara. Las operaciones de asedio de la ciudad debieron de comenzar con cierta eficacia hacia el 18 de septiembre, cuando el campamento del rey se instaló en un llano conocido como Lo Real. Desde allí, las máquinas protectoras comenzaron a avanzar hasta el foso y los minadores iniciaron sus tareas al pie de este. Sobre este campamento hubo que trabajar, según recuerda el rey, tres semanas. Muchos de los peones dormían todavía en las naves, y en el campamento real, ahora protegido, debían dormir los caballeros del rey y los nobles.

No sabemos la fecha de la batalla contra Fatih-Ellah, el Ifantilla de la crónica catalana. El caso es que cogió por sorpresa al campamento cristiano,

---

[5] Cf. Jordi Bruguera, «Vocabulari militar de la *Crónica* de Jaume I», en *Homenatge a Josep M.ª de Casacuberta*, vol. I, Publicacions de l'Abadia de Montserrat, Barcelona, 1980, págs. 39-64.

centrado en el sitio de la ciudad. Este caudillo recogió a los musulmanes de la sierra y los situó a las espaldas del campamento cristiano, en los altos que rodean la ciudad. Desde allí cortó el curso de la fuente de la que se nutría la hueste de Jaume. Era preciso recuperar el agua, y el rey mandó a don Nuño y su gente. Al parecer, los musulmanes no eran hombres de armas y fueron deshechos. Desclot[6], cronista posterior al tiempo del rey, que siempre tiende a exagerar las cosas, dice que cuatrocientas cabezas cortadas de los musulmanes fueron lanzadas por las catapultas dentro de la ciudad. La *Crónica* del rey, más sobria, solo recuerda que fue enviada la cabeza del jefe Ifantilla. En uno o en otro caso, la conmoción dentro de la ciudad debió de ser muy profunda. El ejército cristiano era mucho más efectivo de lo que al principio parecía. Su organización mejoraba, su capacidad de maniobra era más rápida, su dinamismo más funcional de lo esperado por los sarracenos. Nadie echaba ya de menos a los experimentados Montcada. La alegría de la hueste fue grande aquel día, como nos dice el propio rey. Más importante incluso que este buen ánimo era el hecho de que los propios musulmanes veían ahora la conquista como muy probable. Pronto empezaron las deserciones entre ellos y así se presentó en el campamento cristiano el mensajero de un tal Ben Abet, jefe de una de las doce partidas en las que estaba dividida la isla según la administración árabe. Como es natural, ofreció a la hueste cristiana ayuda, sobre todo asistencia en materia de víveres. Es muy curioso observar la condición pactada de este servicio y el hecho de que el rey exige que en lugar seguro, pero distante de su campamento, el tal Abet le preste homenaje de fidelidad. El caudillo musulmán, a su vez, pidió un pendón del rey, para que su gente fuera reconocida por el ejército cristiano. Sin esta formalidad feudal, que debía de ser común a las dos culturas, nadie va adelante en los tratos. El cumplimiento del acuerdo fue riguroso, tanto que el rey pudo hablar de Abet como de «aquell àngel que Déus nos envià»[7]. Como es natural, esto fue dicho delante de las veinte mulas cargadas de víveres que trajo el musulmán como presente. Pronto otras partidas de la isla, en el lado de Pollensa y Alcudia, el que da a Menorca, hicieron homenaje al rey, que de esta manera tomaba posesión de la tierra antes de la conquista efectiva de la capital. De hecho, se nombraron dos bailes o representantes del rey para gobernar esas partidas, que fueron Berenguer Durfort y Jaches Sans, dos hombres del rey. El primero había sido adjunto del baile de Barcelona y el segundo parece que del de Montpellier. Con el tiempo, Durfort fue baile general de Mallorca y Sans le sucedió en el cargo.

Bien armado y servido, el ejército del rey podía mantener el sitio de Mallorca con garantías. Por su parte, la estrategia de los árabes consistía en salvar la ciudad, mientras quizá esperaban refuerzos del norte de África, sobre todo

---

[6] Para quien tenga afición a este tema se puede consultar todavía la obra clásica de W. Giese, «Waffen nach den katalonischen Chroniken des XIII Jahrhunderts», en *Volkstum und Kultur der Romanen*, vol. I, Heft. 2.

[7] *Crónica*, §71.

de Túnez, pensando que, si una vela almohade aflorase por el horizonte, la hueste cristiana fracasada en el sitio tornaría a Cataluña. Pero sin este auxilio externo, dominando Jaume la isla entera, era muy difícil que el sitio se levantara. La debilidad de la autoridad del rey Yanya, ahora dominando un islote amurallado en medio de un territorio abandonado, fue su perdición. En efecto, y como es natural, los árabes de las partidas de la isla preferían entregar algunos de sus víveres a ser víctimas de los saqueos cristianos. Finalmente, la situación dejaba el tiempo como un aliado de Jaume, no de los musulmanes. Y en un asedio el tiempo es el mejor aliado y siempre decide el vencedor. Así fue: pronto los cristianos comenzaron a destruir las defensas de la ciudad. Los minados llegaban hasta los pies del muro y las torres empezaban a desmoronarse. El foso empezó a ser cubierto de tierra y ramaje, para que pudiera entrar la caballería hasta la propia muralla. Si se abría un boquete y se entraba a la ciudad, la causa árabe estaba perdida. Los contraminas de los defensores hacían lo que podían y destruían los preparativos cristianos. En algún momento se llegó a una lucha subterránea. Pero la capacidad de maniobra de los cristianos era mayor, por trabajar a campo abierto. Al instalar una ballesta mecánica en la boca de la mina, los defensores no pudieron competir con la máquina de los cristianos. Dominar las minas era ganar la ciudad, tarde o temprano.

Así pasaron otras tres semanas y los defensores, viéndose perdidos, mandaron mensajeros a parlamentar. Una vez más, don Nuño, que ahora ejercía el papel de jefe de la nobleza, con diez caballeros y un judío intérprete, fue el encargado por el rey para cumplir este acto, obligado por las leyes no escritas de la guerra. Pronto, don Nuño se dio cuenta de que se trataba de una estrategia para ganar tiempo, pues los árabes, en la entrevista, hablaron como si hubieran sido los cristianos los que demandaban la tregua. Así las cosas, Nuño se fue irritado a su rey. Reunido el consejo, el conde de Rosellón se tomó las cosas con humor y habló con ironía sobre la astucia árabe. El desencanto y la furia fueron compartidos por todos, pues lo que el rey recuerda en la *Crónica* lo pone en boca de todo el consejo: «Tiempo vendrá en que el [rey de Mallorca] hablará de forma voluntaria».

Y, en efecto, las negociaciones no cesaron. Un personaje enigmático, Gil de Alagón, de una de las mejores familias aragonesas, pero renegado de su fe y convertido al islam con el nombre de Mahomet, que nadie sabe cómo estaba entre los defensores de Mallorca, se acercó a hablar con Cornell, uno de los ricoshombres aragoneses. Es muy curioso observar cómo, cristiano o mahometano, la nobleza se mantiene a través de los cambios de fe, de tal manera que en ningún momento Cornell juzga deshonroso hablar con el renegado. Da cuenta de ello al rey y pide permiso para que la conversación no sea considerada una traición. Al fin habla con él. Lo que escucha, a pesar de todo, casi estaba en el límite de esa traición, y algo debía de saber ya Cornell del contenido de la propuesta cuando quiso tomar aquellas precauciones. El caso es que, cuando el rey escuchó el pacto que se le ofrecía —que los árabes pagarían todos los gastos de la expedición a los cristianos y los dejarían marchar en paz de vuelta a Cataluña—, le hizo saber a Cornell su desconfianza, basada en antiguos recuerdos. «Nos maravillamos de que nos hayáis hablado de este pacto»[8]. En realidad, era un acuerdo humillante que no tenía en cuenta la verdadera correlación de fuerzas. En todo caso, Jaume lo dejó bien claro: el rey de Aragón solo volvería a Cataluña pasando por la ciudad de Mallorca, le dijo. Luego, las cosas se debieron de rehacer entre los cristianos y el renegado de Alagón, porque también recibió su parte en el botín tras la conquista.

Sin ninguna duda, el rey entendió que esta propuesta venía de la parte del rey mallorquín. La *Crónica* nos lo deja ver al indicarnos que, rechazado el pacto de Mahomet, el rey mallorquín volvió a enviar mensajeros para deliberar. Ahora, las conversaciones tendrían lugar en la puerta de Portopí de la ciudad, en una tienda del rey Yanya. Para sorpresa de don Nuño, conde de Rosellón, el rey mallorquín repitió la oferta de Gil de Alagón, sugiriendo que el reino de Mallorca podía declararse aliado de Aragón, ofreciéndole «favor y amistad». Una vez más, el rey de Mallorca redujo todo el asunto a una cuestión de dinero y se mostró dispuesto a pagar en cinco días todos los gastos de la campaña cristiana. Don Nuño no era Pere Cornell, desde luego. Conocía al rey y era su más allegado pariente. Podía hacerse cargo de que el asunto no era de dinero, sino de honor. Así se lo hizo saber a Yanya. Este se mostró muy sorprendido, pues no tenía conciencia de haber humillado el honor del rey cristiano. Puesto a buscar un motivo del ataque cristiano a su reino, Nuño le recordó al rey almohade la deshonra que le había hecho a Jaume cuando, tras capturar un barco catalán y al recibir un mensajero del rey cristiano, Yanya manifestó ignorar su nombre. Entonces, para dar idea de la importancia de Jaume, el mensajero catalán dijo que el padre de su señor no era otro que el que había deshecho la hueste almohade en la batalla de Úbeda, forma en la que las crónicas catalanas hablan de la batalla de Las Navas de Tolosa. De tan gran padre, en el imaginario de la época, solo podía surgir un gran hijo, y este era el señor *En Jacme*, que a pesar de ser muy joven debía hacer honor a su linaje y cumplir la palabra de tomar Mallorca. Así que el rey Yanya podía decir todo lo que quisiera de sus dineros, víveres, provisiones, armas y fortaleza. La conquista de Mallorca era la voluntad incondicional del rey y este solo hablaría de pactos tras la toma de la ciudad.

La firmeza de don Nuño debió de hacer mella en el rey musulmán. Tras comprender de qué iba el juego, cambió la oferta. Ahora prometió abandonar la ciudad, pagar una cantidad equivalente a tres sueldos y cuatro dineros por cada persona que saliese de ella y pudiese ser transportada en la escuadra del rey hasta las costas de la Berbería, el norte de África almohade del que ya no esperaban auxilio alguno. Las crónicas[9] dicen que el compromiso era de pa-

---

[8] *Crónica*, §75.
[9] Desclot, efectivamente, en el cap. XLVII de su *Llibre del rei En Pere*, habla de que murieron cincuenta mil y otros treinta mil fueron presos vivos y tomados cautivos. Cf. ob. cit., pág. 440.

gar por alrededor de ochenta mil habitantes, aunque este número parece exagerado. La cantidad que se pagaba por cada persona era el equivalente al dinero que se necesitaba para comprar ocho gallinas por aquel tiempo. Como se ve, tampoco estamos hablando de mucho dinero. El caso es que la oferta era muy indicativa y por eso don Nuño volvió satisfecho ante el rey, guardando mientras tanto en secreto la oferta musulmana. Como era habitual, el rey convocó el consejo y, mientras se reunía, fue conocedor en conversación privada de la oferta que le hacía Yanya. Formado el consejo, y enterado por don Nuño de que los árabes ofrecían una rendición pactada, habló el obispo de Barcelona, consejero directo del rey a la sazón. Lo que dijo no fue muy evangélico y, aunque el rey no lo compartía, reflejaba el sentir mayoritario de la hueste. Se trataba pura y simplemente de venganza. Todos habían sufrido, desde luego, y habían dejado a muchos hombres enterrados allí. La venganza era buena —vino a decir el obispo— «sirvent a Déu»[10]. Don Nuño no era de ese parecer. Aceptaba el sufrimiento de mucha gente, pero el objetivo era servir a Dios y al rey tomando Mallorca. Ese objetivo se cumplía aceptando la oferta del rey mallorquín. Él no veía otra cosa. Pero el clan de los Montcada era muy poderoso en el consejo. Ellos también querían venganza, aunque añadían razones militares que no eran del todo insensatas. Si el rey de Mallorca había cifrado toda su expectativa en la ayuda de Berbería, carecía de sentido ponerlo allí con toda su gente —y es de suponer que con dinero— para que pudiera formar un ejército y dirigirlo a reconquistar la isla. En el fondo, ese plan de rendición continuaba la estrategia del rey árabe: si los auxilios tunecinos no habían venido, él mismo en persona iría a por ellos, aunque provisionalmente derrotado. Lo que decían los Montcada no era, como se ve, una insensatez. Sabiendo el consejo que el asunto estaba ganado, además pusieron encima de la mesa la carta sentimental. «Señor, por Dios os rogamos que os acordéis de Guillem de Montcada, que tanto os amaba y os servía, y de Ramon, y de los otros ricoshombres que han muerto con ellos en el campo»[11].

El rey, sin embargo, siguió firme en su resolución de aceptar el pacto. Su objetivo estaba cumplido y le parecía lejana la posibilidad de que, al dejar a Yanya con vida, corriese un peligro. A fin de cuentas, si no había sido capaz de mover en su defensa a sus aliados de Berbería, ¿por qué iba a hacerlo después, humillado y derrotado? Sin embargo, el linaje de los Montcada aumentó su presión. El rey cedió a su consejo, demostrando hasta qué punto las relaciones de linaje seguían siendo sagradas en esta época. Los argumentos impecablemente cristianos que diera el rey para no vengar a los muertos fueron desestimados, lo que también muestra hasta qué punto el cristianismo no había podido disolver unos vínculos de procedencia pagana y guerrera, a los que su doctrina era específicamente contraria. Que los obispos, sobre todo el de Barcelona, se hicieran eco del espíritu de venganza nos sugiere hasta qué

---

[10] *Crónica*, §78.
[11] Ibídem.

punto los puestos principales de la Iglesia estaban monopolizados por la nobleza y cómo los obispos, a veces, sentían y pensaban antes como aristócratas que como hombres de Iglesia. Creo que Soldevila exagera al interpretar la cruda posición de los obispos como si fuera consecuencia del «afán de destrucción del adversario que comportan las guerras de religión». La *Crónica* es muy rigurosa al mencionar que «tot aquell llinarge a una veu y el bisbes»: se trataba de una lógica ajena a la guerra de religión que, en tanto cruzada, quiere recuperar una tierra de Dios, no matar a los infieles. En este sentido, podemos decir que el ambiente de juristas y notarios en el que se escribió la *Crónica*, o quizá el propio sentido de las cosas que tenía el rey Jaume, nos muestra un estadio de conciencia más avanzado que el propio de la aristocracia catalana y aragonesa. No será esta la última vez que tengamos esta impresión.

El caso es que la respuesta de los cristianos colocaba a Yanya ante una situación desesperada. El rey lo relata en la *Crónica*, que desde ahora tiene como finalidad mostrar hasta qué punto se equivocaron sus consejeros. Sin duda, un enemigo desesperado es más peligroso que uno desanimado y entregado. El cronista, inducido por el propio rey, que aquí está seguro de tener razón, ha logrado transmitirnos este efecto mediante la técnica de Tucídides. Ha inventado un discurso del rey mallorquín, en el que este ha puesto a sus hombres ante una clara representación de lo que les espera en caso de consumarse su derrota. El esfuerzo que hace el cronista por ponerse en el espíritu de los árabes reclama la mayor verosimilitud para las palabras reales. El cronista lo consigue, y es probable que tuviera alguna noticia, por algún camino, de lo que ese día se dijo dentro de los muros de la ciudad. Quizá el Alagón renegado, ese Mohamet de la *Crónica*, pudiera escuchar aquel discurso, si de verdad existió. Por primera vez, desde luego, lo que sucede intramuros de Mallorca no es un vacío. Al contrario, ahora se nos pone delante de los ojos la tragedia de los vencidos con toda la gama de sus dolores y humillaciones. Y, por encima de todos los miedos, el que hace más efecto en el corazón de los musulmanes: la violación de sus mujeres, madres, hijas y esposas. El rey, con plena comprensión, compartiendo los mismos valores fundamentales del enemigo, imagina su dolor, se pone en la piel de los musulmanes y exclama: «Valía más un sarraceno que antes valiesen dos»[12].

Hemos de decir que, por lo que sabemos de los últimos esfuerzos del sitio, así fue. Los defensores de la solución bélica tuvieron tiempo de arrepentirse de su torpe consejo e incluso presionaron al rey para que aceptase el tratado que días antes ofrecieron los sitiados. Obviamente, un paso dado en este sentido hubiera significado una imprudencia militar, al tiempo que una humillación para el rey Jaume. Pero en caso de que Yanya volviera a realizar la oferta, el rey se comprometió a no rechazarla, mientras que el obispo de Barcelona acordó con él que convencería a los más duros para que desistieran de sus demandas de venganza. Esta oferta no volvió a hacerse por parte de los

---

[12] *Crónica*, §79.

musulmanes, que también sabían las reglas del juego y los imperativos del honor. Así que continuaron los trabajos y los esfuerzos de asedio, sobre todo en las minas. Estaban tan avanzados los minados de la muralla que todos sabían que era preciso pensar en los preparativos del asalto. Al parecer, en estas fechas, hacia el 11 de noviembre, entraron los temporales que en la estación son frecuentes en el Mediterráneo. Como es natural, esta inclemencia dificultaba mucho las tareas de los zapadores y complicaba las cosas. Sin embargo, el agua tenía efectos letales sobre los lienzos de muralla perforados. Hasta el día 29 de noviembre, aprovechando una mejoría del tiempo, no debió de empezar el asalto. Justo en esta fecha se derrumbaron veinte brazas de muralla a consecuencia de la doble mina en la que trabajaba, sin salir de ella jamás, Hugo de Ampurias, el esforzado caballero que ya se había destacado en la batalla de Las Navas. Al día siguiente se intentó el asalto por esta brecha, pero fue rechazado por los defensores. El mismo conde y su gente lograron que se hundiera la torre de poniente, con su lienzo, pero la brecha fue defendida con éxito. Otro día, un nuevo asalto mal coordinado da lugar a que los musulmanes contraataquen, «ab gran poder», como dice la *Crónica* de Bernat Desclot. Pero tampoco pudieron penetrar los musulmanes en las líneas cristianas. El 4 de diciembre, según la cronología que nos ofrece Álvaro Santamaría[13], debieron interrumpirse, entre el fango y el agua, las operaciones de minado. El día 12, por fin, el tiempo se calmó. Entonces se retomaron intensamente todos los trabajos y se intentó de nuevo rellenar el foso para que pudiera acceder la caballería por alguna brecha de la muralla. Aquel sitio parecía, en pleno invierno, no tener fin. Pero habría de tenerlo, justo cuando acabara el año de 1229.

---

[13] Santamaría, *Jaume I y su época, X CHCA,* ob. cit., págs. 130, 134, 139-140, 141-142.

13
EL ASALTO

Así, luchando en las minas y en la muralla, debieron de pasar otras dos semanas, hasta que hacia el 27 de diciembre se tomó la decisión de asalto. En esta fecha conviene situar de nuevo la acción de la *Crónica*. El rey, viendo inminente el asalto, comenzó a preparar los ánimos para la lucha cuerpo a cuerpo, el momento de la verdad. Entonces, cuatro días antes del asalto, reunió el *consell general* de la hueste [1]. Allí se hizo jurar a todos ante los Evangelios que nadie retrocedería el día del asalto, que ni siquiera volvería la cabeza, salvo ir herido de muerte. En caso contrario, sería considerado desleal, con la misma gravedad, dice la *Crónica,* que si hubiese matado a su señor. El rey invocó aquí los *Usatges* de Cataluña, y todo el mundo entendía que quien así obrara estaba a merced de la pena que su señor quisiera imponerle. El rey quiso hacer este juramento como uno más. Esta no era una costumbre feudal, pues el rey no tenía a nadie por señor y, por tanto, no podía incurrir en una situación de deslealtad. Pero Jaume quería participar de la suerte colectiva de su gente, deseaba mostrar que era capaz de pactar con la totalidad de su hueste, e insistió en que a todos los efectos lo considerasen conjurado con ellos. Bernat Desclot, que siempre es más explícito en los detalles, asume que el rey juró y nos amplía las noticias del juramento, quizá relatando la costumbre en toda su crudeza: que se debía abandonar a los heridos en el sitio donde cayeran y que se podía matar a quien huyese [2].

La primera providencia que se tomó fue asegurar que la ciudad no recibiera refuerzos de los pobladores que pudieran vagar por las partidas de tierra adentro. En efecto, estos habitantes dispersos estaban intranquilos, porque no debían de entender por qué no se había pactado una rendición que, con ellos, se había practicado sin dificultad. De hecho, los bailes que se ha-

---

[1] Se ve aquí cómo el *consell general* tiene su origen en la propia estructura de la conquista y cómo la guerra de cruzada puede tener importantes repercusiones para imponer las formas más participativas en la toma de las decisiones de gobierno. Ese *consell general* sería ya desde el principio la forma básica del gobierno de la ciudad y del reino.

[2] Desclot, *Llibre del rei En Pere,* cap. XLV; Soldevila, ob. cit., pág. 438.

bían nombrado para las partidas tuvieron que regresar a la hueste, porque no se sentían seguros en sus distritos. Así que ahora se impuso la opinión de que los cristianos debían cuidar la retaguardia del campamento tanto como el frente de la ciudad. Así se hizo. Se instalaron vigías frente a la puerta de levante o Barbelec, la que luego fue llamada Porta dels Camps, en traducción directa del árabe, donde los templarios se instalaron al recibir del rey la adjunta *Almudaina del jueus*. Otros vigilantes se instalaron hacia poniente, frente a la puerta de Portopí. El frío y el mal tiempo habían vuelto y la gente cristiana abandonaba sus puestos para calentarse. El rey andaba nervioso por el campamento controlándolo todo, pero viendo que la situación se le podía ir de las manos. Un sitio en pleno invierno era algo inusitado y casi siempre, cuando llegaba este tiempo sin tomar la ciudad, se consideraba segura la derrota. Hemos de pensar que Jaume sabía lo frágil que era su posición y lo que se jugaba. Para más inri, el dinero se había acabado y los trabajos no se podían ultimar sin nuevos créditos. En la *Crónica,* confiesa el rey que durante tres días apenas durmió, aunque el libro en estos pasajes cuenta los días de una manera extraña. El caso es que Jaume, casi en las vísperas del asalto, ha de negociar un crédito de sesenta mil libras con los mercaderes que andaban en la hueste del rey, entre los que se contaba Pere Martell.

Así se llegó a la noche del 30 de diciembre. El rey ha mandado que a la mañana siguiente se oiga misa y todo el mundo comulgue. El día 31 será el de la batalla. Luego, por fin, el rey pudo dormir un poco. Desde luego, no mucho, porque cuando ya estaba dormido llegó un hombre que venía de las minas, Lope Jiménez de Lúzia, y exigió hablar con el rey. Este hombre había trabajado entre la quinta y la sexta torre, había llegado a la muralla, la había penetrado y había pasado dentro de la villa. El espectáculo que describe es el de una ciudad fantasma: cadáveres por las calles y las plazas y nadie que defienda este tramo. El rey escucha atento el efecto que en el enemigo han hecho los ballesteros, las catapultas, los asaltos. La respuesta que le da nos deja perplejos, pero no más de lo que debió de dejar a quien la escuchaba. «De día no tienen los hombres vergüenza de ser cobardes —*de fer mal d'armes*— ¡y quieres meterlos de noche, cuando nadie conoce a nadie!», le dice el rey[3]. El más mínimo contratiempo provocaría la desbandada, insiste don Jaume, y así comprometería la causa entera. Era un comentario prudente, realista y descarnado, pues el rey iba conociendo la condición humana y hablaba de ella sin ilusiones y sin escándalo. El plan, por tanto, siguió como estaba previsto por el rey. No se atacaría de noche. Al día siguiente se hizo la misa y se tocó generala.

Y, en efecto, para el día señalado, el ejército cristiano completo formó en el llano ante las murallas. Los defensores vieron cómo la caballería iba detrás y los infantes delante. El rey dio la orden de avanzar a aquella hueste heterogénea, cansada de tres meses de vida a la intemperie. Entonces invocó el nombre de Dios, pero nadie se movió. El rey se concentra y recurre a la Virgen,

---

[3] *Crónica*, §83.

como siempre hace en las ocasiones peligrosas. Vuelve a dar la orden, pero tampoco se mueve nadie. Fue necesaria una tercera orden para que el ejército comenzara a moverse al paso, hasta que llegó al foso de las murallas. Entonces un enorme griterío empezó a exclamar «¡Santa María, Santa María!», hasta treinta veces. No se dio el grito de guerra de Aragón, desde luego. En cierto modo, se trataba de una cruzada, de una guerra por la fe, y la invocación a la Virgen nos da una idea de la relevancia del credo mariano en la Edad Media, de la que Berceo había dado tanta muestra en sus *Milagros*. El caso es que hacia el boquete de la muralla, por la parte del foso que se había rellenado, se dirigieron infantes y caballeros. Allí también se había arrimado el grueso de las fuerzas de los musulmanes.

La *Crónica* dice que los árabes vieron un primer enemigo que venía del lado cristiano, un caballero con caballo y armas blancas. «E aço deu ésser nostra creença que fos sent Jordi», dice el rey [4], que de esta manera hace su primera aparición como el patrón de Cataluña que llegaría a ser. La antítesis es perfecta, porque la *Crónica* dice que, para hacerle frente, se alzó el mismo rey de Mallorca, también en un caballo blanco, mandando a los suyos resistir el embate cristiano. Los dos ejércitos están frente a frente, disputando la entrada por la brecha. El rey cristiano recuerda que las filas estaban tan cerca que se podían herir con las espadas. Entre los de Jaume figuran algunos que ya serán recordados para siempre: Joan Martines d'Eslava, Bernat de Gurp, Fernando Peris de Pina y el hijo del rey de Navarra, Guilleumes, apodado de forma coloquial Soirot. Durante un instante, el ataque se detiene. Los caballos se asustan y retroceden, pero sobre ellos presionan los nuevos caballeros que vienen detrás. Todos juntos, encaran de nuevo la brecha y comienza el griterío. Por fin, reclamándose vergüenza unos a otros, se lanzan al ataque. La brecha se tomó y los cristianos entraron en la ciudad. Esta fue la señal para que mucha gente islámica abandonara el lugar por algunas puertas y se marchara a las montañas, mientras otros se escondían en la Almudaina, especie de alcázar o ciudadela de la urbe, de la que todavía subsisten algunos restos, y donde estaba también el tesoro del rey. Desde allí enviaron a uno «que sabía nuestro latín», esto es, que hablaba catalán, a negociar la rendición. La *Crónica* dice que escaparon treinta mil y que murieron veinte mil. Las fuentes árabes de Al-Majzumi nos han transmitido la cifra de 24.000 como los que murieron en el cuchillo que siguió a la toma de la ciudad. El rey Yanya conservó la vida por la protección de Jaume. Este se reservó la propiedad del alcázar. Todos los demás se entregaron al botín de una ciudad sin dueño. Entonces, en medio del caos, se destaca la estampa serena del rey, abandonado por todos sus criados, poseídos por la fiebre de los despojos, en medio de un campo de muerte, un rey solo y abandonado que tiene que ser invitado por uno de sus hombres, un tal don Ladrón, a alojarse en una casa de la que se ha apropiado, para comer alguna cosa.

---

[4] *Crónica*, §84.

Hay como una especie de desprecio en la *Crónica* por estos asuntos del botín y, sin duda, una voluntad de separar al rey de esta miserable actividad. Hemos de creer que este desprecio es voluntario y cuadra bien a la autopercepción del rey como caballero perfecto y hombre excepcional. Los criados pueden olvidarse de su oficio durante ocho días, buscando y acaparando botín, pero el rey flota en medio de este ambiente como si de hecho no perteneciera a este bajo mundo. Es más, nada se dice en la autobiografía de esta inevitable toma de posesión de la ciudad, de ese ir de barrio en barrio y de casa en casa, de ese caos de la victoria y de ese frenesí de la muerte. De las semanas siguientes a la toma, nada nos dice la *Crónica,* aunque la actividad debió de ser grande en nombramientos, despachos, títulos, concesiones y, sobre todo, en la fijación del libro del reparto, especie de acta notarial de las tierras que se entregaban a cada uno, incluido el rey, que se quedó con la mitad de ellas.

Así, sabemos que en estos primeros días se entregaron las posesiones a los caballeros del Temple. Mateu Rotger lo investigó en un ensayo que publicó en el Primer Congreso de la Corona de Aragón[5]. Identificó los caballeros templarios que habían participado en la conquista con valor y eficacia y dio nombre al primer comendador de Mallorca, Ramon Bacó. Las propiedades que el rey les entregó fueron magníficas: más de quinientas caballerías en tierras, más de trescientas casas y cincuenta y cuatro obradores en la ciudad, más ciento veintidós alquerías repartidas por el término de la ciudad de Mallorca y de las partidas de Montveri y Pollensa. De hecho, este término de Pollensa era propiedad casi exclusiva de ellos. Por eso fijaron ahí la residencia de un lugarteniente de la Orden, en un edificio amplio junto a la iglesia, edificio que se llamó Casa del Temple. Aquí nombraron un baile propio. Un detalle importante es que, al poseer jurisdicción criminal, recibieron autorización para elevar un patíbulo común. Como es lógico, todo esto a la larga fue motivo de enfrentamiento entre la Orden y el rey. Los templarios ambicionaron tener el señorío exclusivo de Pollensa y el rey siempre quiso ver reconocida allí la superior autoridad de sus agentes. También fueron frecuentes los roces con el obispo, que deseaba controlar la parroquia de Pollensa, casi siempre en manos de un capellán de la propia Orden templaria. Todo esto duró hasta que esta fue disuelta en 1306 y muchos de sus frailes «moriren la major part a mala mort e degollats, per lo gran pecat que ab ells era», como nos recuerda Rotger.

Durante estas semanas siguientes a la toma de la ciudad, el rey concedió también la carta de las franquicias de Mallorca[6]. Esta actuación real resulta

---
[5] Mateu Rotger, «Els Templers a Mallorca», *I CHCA,* págs. 142-146.
[6] Los documentos que aparecen firmados en enero y en marzo de 1231, uno dando franquicias en Mallorca a la ciudad de Barcelona, y otro concediendo a Mallorca la carta de franquicias propia, deben de ser de 1230. El primero tiene sentido firmarlo inmediatamente después de la conquista, pues en él se dice que se otorga en atención a los auxilios prestados por la ciudad de Barcelona en la conquista de Mallorca. Por él se declara libre y franco el comercio entre todas las islas y la gente de Barcelona. Huici-Cabanes, doc. 146, págs. 263-264.

muy significativa, porque anticipa lo que va a ser una política que tiende por doquier a superar los estrechos marcos del feudalismo, en este caso del catalán, muy fuerte a la hora de definir la jurisdicción señorial [7]. De hecho, las franquicias tenían una dirección claramente burguesa, escasamente patrimonialista [8]. Se trataba por todos los medios de que la propiedad no fuera a parar a las manos de la nobleza y de la Iglesia. De ahí la entrega de todas las propiedades en alodio perfecto, con la posibilidad de vender y comprar. Al prohibir la venta de tierras a caballeros y eclesiásticos, se deseaba mantener la vida económica con el dinamismo propio del orden burgués. El rey era el principal interesado en este dinamismo, porque le significaba importantes ingresos fiscales. La excepcionalidad de la norma de Mallorca beneficiaba así a los estamentos burgueses, aunque con el tiempo se suavizó. Una norma de 1244 del mismo rey permitía a los caballeros comprar tierras de realengo por valor máximo de 500 morabetinos de oro. La contrapartida fue que un privilegio de 1269 obligaba a los caballeros a pagar impuestos para obras de fortificación, de la defensa del reino y de las conducciones de agua [9]. Otra prohibición tiene la misma finalidad: que los notarios isleños no podían ser sino laicos. Prácticamente todas las demás cláusulas de la carta de franquicia se dictaban para la totalidad de los habitantes de la isla, sin diferencias entre estamentos [10]. Todos ellos serían libres, junto con todas sus cosas y mercaderías, que de esta manera se veían exentos de pagar los famosos cuatro impuestos, e incluso de los otros de hueste y cabalgada, que atendían a las necesidades militares. Al mismo tiempo, el rey prohibió el derecho de naufragio, un privilegio feudal que permitía el botín de las naves que recalaran en las costas pidiendo auxilio. Esta disposición otorgaba a Mallorca una condición muy beneficiosa de puerto refugio. Todo el derecho penal y civil se aplicaría según los *Usatges* de Barcelona y exige el método de los juicios de reconciliación ante determinados prohombres, previo a que intervenga el tribunal propiamente dicho. Una de las más importantes cláusulas es que nadie en Mallorca podría apelar a un fuero privilegiado: allí solo regiría la carta de franqueza. Otra disposición racionalista y moderna fue eliminar los juicios de Dios como prueba y la necesidad de que los agentes de la justicia y del rey entraran en casa ajena únicamente si iban acompañados por dos o cuatro prohombres de la ciudad. A este efecto, los barcos del puerto eran considerados como casas y sobre ellos regía idéntica disposición. Lo mismo sucedía con los molinos y los hornos [11]. La jus-

---

[7] Eduardo Hinojosa publicó a primeros del siglo pasado un libro básico sobre *El régimen señorial y la cuestión agraria en Cataluña durante la Edad Media*, Madrid, 1905, que es el punto de partida de una amplia investigación sobre el tema que llevará hasta las guerras civiles del siglo XV.

[8] Cf. Huici-Cabanes, doc. 150, págs. 269-272.

[9] Cf. el trabajo de Carme Pons Llabrés, «En torno a los privilegios de los caballeros de Mallorca (1230-1349)», en *XIII CHCA*, págs. 47-59; aquí, págs. 49-50. Los documentos pertinentes se dan en las págs. 53 y 54.

[10] Pons Llabrés, ob. cit., pág. 57.

[11] Esta disposición complementa el derecho furnático, estudiado por Agustín Coy Cotonat en su artículo del *I CHCA*, «El derecho llamado "furnático" en el siglo XIII», págs. 190-193.

ticia sería en todo caso un servicio de los oficiales del rey, sería pública, se ejercería siempre delante de los prohombres de la ciudad, y no se había de pagar por ella. Asimismo, para impedir la disminución de la actividad económica, se prohíben las confiscaciones de bienes como pena a pagar por los delitos cometidos. Bien se puede decir que esta carta de franquicia de Mallorca fue el código más avanzado de entre los que regían las ciudades hispanas, y uno de sus mejores conocedores, Álvaro Santamaría, subraya su carácter «progresivo y, mutatis mutandis, democrático» [12].

Esta carta de franquicia fue obra de los juristas Guillem de Sala y del canónigo Guillem Rabassa, y consiste en una serie de principios generales muy importantes, aunque canalizados a veces por los medios tradicionales de castigo. Se deseaba limitar la violencia normal de la sociedad medieval, pero la pena para quien sacara espada o cuchillo, sin motivo, podría ser la amputación de la mano. No siempre la violencia se pretendía detener con más violencia. Las multas eran mecanismos más útiles para llegar al mismo fin. En todo caso, no se podían duplicar las penas: si se atentaba contra la integridad física, el patrimonio económico del culpable debía quedar exento. Las fianzas, salvo en casos excepcionales, se impusieron como medio de asegurar el derecho. Una medida muy especial fue la separación de los problemas privados respecto a los públicos. La justicia solo habría de intervenir cuando aquellos alcanzaran la dimensión pública. Así, un adulterio no era sancionable de oficio, sino a instancias de las querellas presentadas por las partes. Además, como ya hemos dicho, la comunidad debía intentar por todos los medios llegar a los acuerdos de justicia, antes de que entraran en juego los oficiales del rey. La conciliación era fomentada incluso una vez abierto el juicio. Se puede afirmar con plena justicia que la carta de franquicia del reino de Mallorca tenía aspectos destinados a fomentar el sentido de la comunidad, como la autorización general para que los pobladores se beneficiaran de los bosques, la caza y la pesca, a excepción de las albuferas, que son bienes de realengo. También potencia la libertad personal, al poder transferir patrimonios libremente, aunque no se tuviera descendencia directa. La dimensión comunitaria e igualitaria venía complementada por las medidas destinadas a garantizar la fiabilidad del comercio, que sancionaban el fraude en pesos y medidas o en calidades de los productos, y garantizaba su libertad de circulación por toda la corona de Aragón. A esta corona, por declaración expresa del rey, quedaba unido el nuevo reino como miembro inseparable de ella. Era un código mínimo pero, como vemos, efectivo y coherente [13].

Sin embargo, y a pesar de la importancia de estas actividades legislativas, la *Crónica* vuelve la mirada a los vaivenes de la hueste y tiene palabras para indicarnos que el frenesí de la avaricia no era exclusivo de criados. «Tomada la

---

[12] Cf. Álvaro Santamaría, «Contexto histórico del reino de Mallorca», *XIII CHCA,* págs. 25-60; aquí, especialmente, la pág. 26.
[13] Ibídem, págs. 26-29.

ciudad», dice el *Llibre*[14], vinieron los obispos y los nobles reclamando que se subastara públicamente el botín obtenido, incluida la venta como esclavos de los cautivos, el famoso *encant dels moros*. El rey se niega en redondo. La almoneda duraría mucho tiempo y los árabes que se habían marchado a las montañas podrían reorganizarse y entonces costaría mucho trabajo vencerlos. A la postre, el rey hubo de ceder, no sin resistir la presión durante un tiempo. Además del asunto estrictamente militar, su oposición a la subasta revela su inmensa distancia personal respecto al acto de la puja por los bienes. Por fin, esta se hizo el 17 de febrero y duró hasta el 7 de abril. A lo largo de más de un mes y medio todo fue vender y comprar los bienes de los musulmanes mallorquines. Podemos hacernos una idea de las tensiones y de las miserias de estos días. También del malestar que cundió entre muchos hombres de la hueste. En cierto modo, la subasta no era lo previsto en las actas de Cortes donde se aprobó la conquista. Estas garantizaban a todos una parte en los bienes muebles conquistados. Que ahora tuvieran que pagar por aquellas cosas no era lógico, pues la medida beneficiaba a quien tenía dinero para las pujas. Los más descontentos eran los caballeros de la mesnada real y la gente más sencilla como los peones de la hueste. Todos estos veían cómo la subasta enriquecía a unos pocos y no a los mejores. Entre los más beneficiados estaba aquel Gil de Alagón, renegado de nuevo de la fe de Mahoma y reintegrado al cristianismo. Pronto hubo alborotos. Los asaltos a las casas de los más favorecidos por el reparto se sucedieron, como el que sufrió este antiguo Mahomet o el pavorde de la catedral de Tarragona, a quien le quitaron todo lo que había acumulado. El rey tuvo que tomar medidas, entre otras la de llevar sus propias cosas escoltadas desde el alcázar a la fortificación que le había dado a los del Temple, en las afueras de la ciudad. Luego se reunió con los principales nobles y pactó un escarmiento ejemplar en caso de que los disturbios continuaran. Nunca jamás se había escuchado hablar al rey de tal manera, amenazando con ahorcar a todo el que cogiera en los alborotos. Pronto ofreció a la gente un reparto de tierras y esta medida tranquilizó a todos.

Como es natural, tras estos acontecimientos, muchos de los hombres de la hueste regresaron a sus casas en Cataluña y en los demás dominios del rey. Este es el fundamento de que en Mallorca no quedaran grandes nobles y ricoshombres, sino una clase muy general de caballeros, más dispuestos a mezclarse con los comerciantes y burgueses. Por si no hubieran pasado bastantes calamidades durante la conquista, o quizá a causa de ello, muchos de los que colaboraron en la hazaña murieron de una especie de epidemia que se apoderó de la ciudad. Entre ellos estaba el magnífico Hugo de Ampurias y otros del linaje de los Montcada, como Guillem de Clarmunt y Ramon Alamany, y los Cervelló, Guillem y Gerau. La *Crónica* parece en un momento determinado[15] dejarse llevar por la impresión de que aquella conquista estaba maldita

---

[14] *Crónica*, §89.
[15] Ibídem, §92.

para los Montcada, pues en verdad el linaje más noble de los catalanes quedó muy mermado. Aunque no sabemos la cantidad de bajas, entre unas cosas y otras fueron abundantes, lo que determinaría la menor presencia de altos nobles catalanes en la conquista de Valencia. Tanto fue así que el rey tuvo que mandar a Pere Cornell a Aragón, para que alistara ciento cincuenta nuevos caballeros para su mesnada, porque los que habían sobrevivido no eran suficientes para garantizar la defensa de la isla. También vinieron de refresco el maestre del Hospital, Hug de Forcalquier, y algunos caballeros de la Orden, con la pretensión más bien hiriente de tener parte en la tierra de una isla en cuya conquista no habían participado. Finalmente lo consiguieron, a pesar de las resistencias de todos, por influencia directa del rey, que los trató con generosidad no exenta de cierta ironía por su avaricia. A pesar de todo, como los mencionados no eran refuerzos suficientes, el rey mandó llamar a Ato de Foces y Rodrigo de Lizana, a sus fieles de Aragón, para que acudieran a proteger Mallorca.

En realidad, el rey estaba muy preocupado por los musulmanes de las montañas de Tramontana —la muralla de sierras del noroeste— y Artà —en el extremo noreste de la isla—. Allí, unos cinco mil sarracenos daban síntomas de haberse reorganizado. Una vez más, el rey corrobora sus peores suposiciones. De hecho, desde las montañas, estos sarracenos dominaban importantes vías de comunicación entre Mallorca y Sóller o Pollensa. Alguna cabalgada, que debió de llevarse a cabo hacia el mes de febrero, mientras se hacía la subasta de los bienes, había fracasado. Una segunda incursión, hacia la sierra de Artà, mejor preparada y con guías sarracenos, acabó con la resistencia islámica en esta parte oriental de la isla, capturando a unos dos mil de ellos. El recién llegado maestre del Hospital tuvo entonces ocasión de acumular méritos ante el rey, sugiriendo actuaciones drásticas y crueles, que don Jaume rechazó, según nos asegura en su autobiografía. El botín de víveres incautado a estos musulmanes, que se entregaron el Domingo de Ramos, por aquel año el último día de marzo, no debió de ser escaso. La vuelta de los cristianos a la ciudad de Mallorca, cargados de vacas y ovejas, resultó una fiesta. Pero los árabes de la sierra de Tramontana siguieron alzados.

Durante este tiempo, y hasta el lunes 28 de octubre de 1230, en que el rey llega a Tarragona [16], Jaume se encarga de aparejar fuerzas para la defensa de Mallorca, mientras espera los refuerzos de Ato de Foces y Rodrigo Lizana. Venidos estos, con unos ciento cincuenta caballeros de refresco, la *Crónica* nos dice sencillamente que el rey pasó el verano en la isla [17]. El 23 de octubre don Jaume firma el último documento en la capital, entregando trescientas ca-

---

[16] Miret, *Itinerari,* ob. cit., pág. 89. El documento está fechado el 31 de este mes, pero el rey llegaría unos días antes. Su primera tarea fue arreglar los asuntos económicos del linaje de los Montcada, diezmado en la conquista de la isla.

[17] *Crónica,* §105.

sas y diversas alquerías a los marselleses [18], nombra a Bernat de Santa Eugènia su lugarteniente en Mallorca y convoca el *consell general* de caballeros y pobladores. Como es lógico, la gran nobleza había tomado posesión de sus tierras y alquerías y se había tornado a Cataluña. Quedaban los caballeros y aquellos otros súbditos de las más diversas procedencias a los que el rey había dado barrios y casas en la ciudad. A estos, antes de regresar a la Península, se dirige como pobladores libres. Hemos de suponer que este consejo general era el supremo órgano de gobierno en la isla, pero no podemos darle todavía una organización definida. Aquí se reúne con ocasión de la despedida del monarca. Puede ser que en un momento de emergencia posterior también lo hiciese. El rey se dirige a ellos con la palabra «barones», un apelativo que implica dignidad, pero también una igualdad sin nobleza especial. Todo esto está muy en el espíritu universalista de la carta de franquicia de la ciudad. Allí recuerda el rey brevemente el tiempo que ha pasado desde su llegada a la isla de Mallorca, su estancia de más de un año ininterrumpida en ella, asegura tenerlos a todos en su memoria y promete ayuda en caso de que cualquier peligro los amenace. Este peligro solo podía ser la armada de Túnez. Si se avistara, el rey regresaría de inmediato. Las pruebas que les ofrece de que jamás abandonará la isla son dos: primero, que ha sido ya edificado lugar sagrado, entregado al patrocinio de la Virgen Santa María, su devoción más querida, a quien nunca agradecería bastante su asistencia en momentos decisivos; segundo, la gloria única de poseer un reino en medio del mar, algo que «anc rei d'Espanya no poc acabar»[19]. Eran dos razones que a los ojos de todos parecieron más que suficientes. Y en realidad lo eran.

---

[18] Antes de eso, Jaume había firmado una serie de documentos para mejorar sus relaciones con Génova. El primero deseaba arreglar determinados asuntos como consecuencia de un asalto a una nave genovesa. Este documento fue sellado en junio de 1230. (Cf. Huici-Cabanes, doc. 132, págs. 240-241.) Más importante fue la confirmación de las antiguas paces que Ramon Berenguer IV había hecho con Génova para la conquista de la isla, que implicaba concesión de franquicias y privilegios para comerciar en Mallorca a los genoveses. (Ibídem, doc. 133, págs. 243-247.) El pacto es un documento diplomático de vital importancia, y su firmante por la parte de Génova, Andreas de Caffaro, un experto diplomático. Génova se comprometía a custodiar todos los bienes y personas de los catalanes desde el Ródano hacia Occidente. Durante los meses del verano, el rey se dedicó a conceder alquerías al monasterio de Bellpuig (Ibídem, doc. 134, páginas 247-248), y a los frailes de San Antonio la alquería de Nada, en Insa (Ibídem, doc. 136, págs. 249 y sigs.). Por fin, días antes de salir, el 23 de octubre, concedió a los hombres de Lleida una calle en la ciudad de Mallorca, junto a la puerta de Alcofol. Ese fue el mismo día que concedió a los marselleses las trescientas casas de Mallorca.

[19] *Crónica*, §105.

14
EL SEGUNDO VIAJE A MALLORCA Y OTROS PLANES

Llevado por su voluntad de demostrar que era fiel cumplidor de su palabra, el rey confunde los tiempos en los parágrafos de la *Crónica.* Tiene prisa por decirnos que, tan pronto llegaron noticias de que el rey almohade de Túnez atacaba las islas, regresó con urgencia a Mallorca para ponerse al frente de su defensa. En realidad, el rey cumplió su promesa, pero no hubo necesidad de hacerlo tan pronto. Hoy sabemos que, a diferencia de lo que nos cuenta la *Crónica,* el rey hizo tres viajes a la isla. Don Jaume solo recuerda dos. Pero el segundo no fue para hacer frente a la hipotética invasión de Mallorca por parte del rey Abu Zacaria de Túnez, sino para rendir Menorca. En todo caso, no debemos anticipar acontecimientos. Ahora nos urge, sobre todo, atender a los entreactos de sus viajes marítimos, pues durante ellos el rey regresó al cuidado de sus intereses de política hispana e internacional. Es muy curioso que, recién puesto el pie en la Península, el 28 de octubre como dijimos, le salga al encuentro Ramon de Plegamans. Era este hombre, ciudadano de Cataluña, miembro de una rica familia que había comprado abundantes tierras a Guillem Ramon I de Montcada. Por su dinero, fue el encargado de preparar la flota de Mallorca y, mientras el rey estaba en las Baleares, hacía el papel de portavoz real en Cataluña [1]. Pues bien, Plegamans, después de besar las manos del rey, le anuncia que su aliado Alfonso IX de León ha muerto, y que sus negociaciones de matrimonio con su hija Sancha no habían podido culminarse. En efecto, el rey leonés había muerto el 24 de septiembre de 1230, tras desheredar a su hijo Fernando, en un intento fallido por impedir la unión de su reino con Castilla. Fallido por cuanto, a pesar de todo, la Iglesia iba a reconocer a Fernando como heredero legítimo, bendiciendo así la unidad de los dos reinos. El rey Jaume recibe la noticia con dolor. Sin embargo, la agilidad y el realismo de que otras veces hizo gala el rey vuelven a aparecer —o al menos determi-

---

[1] Cf. F. Soldevila, *Les Quatre Grans Cròniques,* n. 6 al cap. XXX de Bernat Desclot, ob. cit., pág. 608.

nan el relato posterior de la *Crónica* y organizan el recuerdo—. Así que, rápidamente, Jaume se consuela pensando que más valía la conquista de Mallorca que la ganancia de aquel reino. La expresión aquí, una vez más, testimonia el sentido profundo de las cosas. Mallorca era una *conquesta,* mientras que León era un *guany.* La primera rinde honor, prestigio y valor; la segunda, solo beneficio. La primera es propia de un rey caballero; la segunda, un asunto de contrato jurídico. En todo caso, el rey no parece dudar un segundo sobre la especial relevancia que tenía esa muerte, ni sobre el hecho de que iba a ser decisiva para la historia hispánica. Esta indiferencia puntual ante un hecho geoestratégico tan decisivo solo puede ser explicada por la naturalidad de la unión castellano-leonesa en el tiempo en que el rey compone la *Crónica,* pero también por la rotundidad de su importante expansión hacia el mar Mediterráneo. Una cosa compensaba la otra. El caso es que, con humor, el rey dice que durmió toda la noche, indicando que la noticia no le produjo especiales preocupaciones. En cierto modo, ese hipotético gobierno sobre León, como dote de su matrimonio con Sancha, era un asunto complicado, poco realista y lejano.

Desde el lugar de desembarco, entre Tarragona y Tamarit, el rey se dirigió hacia la capital religiosa de Cataluña, desembarcó en la playa del Miracle —así llamada porque el temporal permitió el desembarco del rey, pero no el de otras naves más desprotegidas por la providencia que por allí naufragaron— y volvió a ver al querido arzobispo Espàrrec. Luego se fue a Montblanc y, desde allí, pasó al monasterio de Poblet, donde según Zurita debió de celebrar la fiesta y la octava de Todos los Santos. Es posible que lo acompañara Espàrrec, pues el 31 de octubre firma como testigo un dudoso documento del rey[2]. En todo caso, el rey no se acuerda de nada de todo esto. Como tampoco recuerda lo que demuestra Miret: que el 22 de noviembre se hallaba en Barcelona y que todavía se encontraba en esta ciudad hasta por lo menos el 5 de diciembre de 1230[3]. Desde aquí, el rey pasó a Aragón, como dice la *Crónica,* y el día 29 de diciembre estaba de nuevo en su viejo castillo de Monzón, sede de su infancia. En efecto, en el *Llibre* se nos dice que el rey pasó a Lleida y Aragón. Todo el mes de enero del nuevo año estuvo en estas tierras[4] y en el mes de febrero pasó a Navarra, entre Tarazona y Tudela, donde sabemos que está el 4 de abril. Por todos sitios, los naturales acogían al rey con muestras de alegría. Su fama, desde luego, debía de ser por entonces grande e indudable.

Como ya dijera Soldevila, este es el tiempo en el que debemos situar la escena que la *Crónica* nos refiere acerca del contrato de ahijamiento recíproco de don Jaume con Sancho el Fuerte de Navarra. Como ya hemos contado el sentido de este pacto, no insistiremos sino en algunos detalles históricos que

---

[2] Si este documento estuviera firmado en Tarragona, el rey solo podría celebrar octavas en Poblet, desde luego.

[3] Miret, *Itinerari,* ob. cit., pág. 90.

[4] El 4 de enero de 1231 está en Monzón, donde firma una sentencia eximiendo de responsabilidad en un homicidio a ciertos vecinos de la ciudad. Huici-Cabanes, doc. 145, págs. 261-262.

iluminan la vida de nuestro personaje. Ante todo, que el rey lo saque de la serie de apartados dedicados a la conquista de Mallorca, indica que concedía al asunto una importancia propia. De hecho, le dedica la serie completa de parágrafos que van desde el §138 al §153. Al leerlos disolvemos la impresión de indiferencia que nos produjo la forma como el rey recibió las noticias del reino de León, tan contrarias a sus intereses. Apenas unos meses después de aquel día de su regreso, Jaume se introduce de lleno en la política hispana, que alcanzaba un momento decisivo de su evolución futura. Era el momento en que Castilla, todavía sin estabilidad, antes de que el reinado de Fernando III alcanzara su plenitud, se entrega a una política caótica, impulsada en parte por la gran nobleza del norte. Entre los nobles más fuertes y autónomos, el señor de Vizcaya, Diego López de Haro, y su hijo, don Lope Díaz, intentaban ganar castillos de la frontera del rey de Navarra. La perspectiva no era buena para Navarra, desde luego. Con el gran rey Sancho imposibilitado, viejo y avaro, desconfiado y misántropo, sin descendencia legítima, teniendo que hacer frente a las intenciones de su sobrino Teobaldo, hijo del conde de Champaña, que deseaba destronarlo, el reino se enfrentaba a una Castilla que, si lograba fortalecer la unión con León, se presentaría como un poder amenazador. No era difícil que el rey Sancho llamara en su auxilio a Aragón, cuya profunda razón de Estado hacía desear la unificación de todos los territorios al norte del Ebro. Algunas de estas tierras, sobre todo las de Álava y La Rioja, las deseaba el señorío de Vizcaya con tanta o más intensidad, pues eran terrenos llanos y fértiles. Así que el motivo de continua disputa estaba asegurado.

Los nobles de Aragón, que mantenían esta memoria de las cosas y las reivindicaciones correspondientes, acompañaron al rey Jaume a Tudela. Eran su mayordomo Ato de Foces, Rodrigo de Lizana y Blasco Maza, junto con el justicia de Aragón, Pedro Pérez, y el notario real, Pere Sans. Todos ellos firmaron el tratado de Tudela, el 2 de febrero de 1231[5]. Por la parte del rey de Navarra firmaron, entre otros nobles y abades, el justicia de Tudela —lo que indica la similitud de instituciones de las tierras del Ebro—, Guillermo Baldovín. El tratado fue publicado por Zurita[6] y era esencialmente un acuerdo de protección de Navarra por parte de Aragón contra Castilla «toda via por fe sines enganno». En él no se decía nada del hijo de Jaume y Leonor de Castilla, el infante Alfonso, como ya anunciamos, sin que tengamos razón alguna para creer en la existencia de un pacto secreto. El 4 de abril tuvo lugar el juramento por parte de los nobles y los síndicos de las ciudades. Aunque hubo algún catalán de la parte del rey Jaume, el asunto era casi por entero interés de Aragón, pues Navarra era reino frontero de sus tierras[7].

---

[5] Huici-Cabanes, doc. 147, págs. 264-266.
[6] Zurita, *Anales,* Libro III, cap. XI.
[7] Es posible que el rey no se quedara al juramento, porque el 11 de abril ya estaba en Tortosa. Una semana para ir desde Tudela hasta Tortosa era desde luego poco tiempo, aunque no resultase imposible hacer el viaje.

El acuerdo, como ya vimos, no tuvo eficacia alguna. El motivo central fue la diferencia de carácter entre un joven rey, ansioso de gestas, y un viejo cauto, cuya obsesión era impedir que cualquiera se hiciera con su mítico y supuesto tesoro. Era el choque entre la debilidad de la vejez, llena de indecisiones y cambios de humor, y la generosidad de un rey joven, más sensible a la gloria que a las riquezas. Quizá el rey Jaume no tuvo la delicadeza o la astucia de silenciar los gastos monetarios que la proyectada campaña contra Castilla debía implicar. El caso es que, en la *Crónica,* Sancho parece estar únicamente interesado en disponer de la ayuda militar de Aragón por si fuera necesaria, pero siempre llevando él la iniciativa. Su interpretación del tratado era que, por él, Jaume se convertía en un aliado filial. En modo alguno estaba dispuesto Sancho a reconocer la simetría de trato. Él no se convertiría en hijo de Jaume. Que este hiciera algo más que ponerse a sus órdenes debió de irritarle profundamente. Los prejuicios con los que trabajan los firmantes en relación con los castellanos, a los que acusan de ser «de gran ufana e orgulloses», no podían dirigirlos sobre sí mismos, pero aquella en verdad era una forma de ser que no crecía únicamente en las tierras de Castilla. La ruptura del pacto, o al menos la falta de eficacia, se debió, en cierto modo, tanto a la actuación un poco ufana del rey Jaume como al destemplado orgullo de Sancho. El primero, lanzándose sin reparos a soñar con la gran aventura, y el segundo, dando un portazo y levantándose de la mesa de negociaciones preliminares. En todo caso, Jaume no forzó las cosas ni Sancho cerró las negociaciones. El primero dijo tener listos en Pascua —hacia el 23 de marzo— mil caballeros y por San Miguel otros dos mil. Aragón dio unos cuantos castillos fronteros como avales [8] y recibió unos cien mil sueldos, con los que en efecto se podían contratar unos mil caballeros. Esto es lo que se juró días después, el 4 de abril, por los representantes de las dos partes [9].

Hemos narrado brevemente este hecho, con algunos detalles, porque justo hacia el mes de abril tenemos nuevas de la isla de Mallorca. El lugarteniente del rey, Bernat de Santa Eugènia, chocaba con obstáculos para ultimar el reparto de la isla por los focos de resistentes musulmanes de la sierra de Tramontana y de algunos importantes castillos. Pedro Maza controlaba los movimientos de los rebeldes, pero no lograba rendirlos. Sin embargo, la colonización de la isla era un hecho irreversible y así lo entendió el cabecilla árabe, a quien la *Crónica* llama Xuaip y las fuentes árabes Abu Hafs ibn Seyri, un familiar de Yanya y rival suyo. Así que este, se llamase como se llamase, decidió rendirse, pero afirmó que solo lo haría ante el propio rey Jaume, sin duda por ofrecerle este más y mejores garantías en el trato. Ante la oferta, el lugarte-

---

[8] Huici-Cabanes, doc. 149, pág. 269. Se hace entrega de los castillos de Fachina y Piedra Redonda.

[9] Ibídem, doc. 151, págs. 272-273. Como veremos, este acuerdo tendrá una larga operatividad en las relaciones entre los dos reinos, y determinará el juego de la política con Castilla con motivo de Navarra, cuando la casa de Teobaldo llegue a su fin y haya que encontrar una salida al reino, hacia 1274.

niente y Pedro Maza se embarcaron para comunicárselo personalmente al monarca. Lo hallaron en Barcelona[10] procedente de Vic[11], y quedaron en pasar a la isla sin caballeros ni armas, pues bastaba con la gente que había quedado en Mallorca para garantizar el cumplimiento del pacto. Así se hizo. El rey debió de partir hacia la mitad de mayo, pues el 21 del mismo mes ya está acreditada su presencia en Mallorca, porque concedió entonces un solar a los dominicos en la isla, y porque todavía el primero de mayo el rey firma en Tarragona el tratado de alianza con Génova que habían negociado dos embajadores catalanes, Bernat de Cervera y Ramon Sancet[12]. La partida tuvo lugar desde Salou. Tres días después ya estaba el rey en el puerto de Mallorca, entre la alegría de sus naturales.

Con el tiempo, cuando el rey recuerda esta segunda estancia, no solo la confunde con la tercera, sino que además se olvida de la intención fundamental que le llevó a la isla. En efecto, la rendición de Xuaip se logró, pero no fue total, pues al menos dos mil sarracenos continuaron alzados en las montañas. En todo caso, la *Crónica* da un brusco giro, se desentiende de este asunto y pasa a narrar otro aspecto mucho más importante, que es el sometimiento de Menorca. Como reclama Santamaría, las Baleares eran una unidad política en el concepto de los hombres del rey, y todos creían que las otras islas obedecían al señor de Mallorca. Así quedó reflejado en los convenios de la campaña, tanto en Barcelona como en Tarragona, donde se hablaba de «las islas Mallorca, Menorca, Ibiza y otras islas que se llaman en conjunto las Baleares» —*insulas Majoricas, Minoricas, Eviçam et alias insulas quae vocantur generaliter Baleares*—. No solo eso, sino que, de hecho, el rey se hacía ya señor de todas estas islas y así la exención de impuestos que concede a Barcelona la hace extensiva al comercio con todos los dominios isleños. El caso es que, por estas fechas, el rey no tenía el dominio efectivo ni de Menorca ni de Ibiza y era muy lógico que, una vez que estaba de nuevo en terreno balear, sus nobles le propusieran hacer realidad lo que en su concepto ya estaba cumplido.

Por eso, en una reunión con la plana mayor de su administración, en el alcázar de Mallorca, el maestre del Temple en las Baleares, Ramon de Serra, le dijo que podía exigir el vasallaje de Menorca, porque a buen seguro se lo darían sin guerra, con tan solo las tres galeras que había traído de Cataluña. Todos los nobles, entre los que también se hallaba el maestre del Hospital, se mostraron de acuerdo. La embajada que se envió el día 11 de junio estaba compuesta por el mismo Serra, Bernat de Santa Eugènia y Asalit de Gudar. El argumento que debían llevar al jeque de Menorca era muy claro: la misma relación que tenían con el anterior señor de Mallorca debían tenerla con el nuevo. Se trataba de un sencillo tratado de protección a cambio de un im-

---

[10] *Crónica,* §115.
[11] Miret, *Itinerari,* cf. el trayecto del año 1231, págs. 91-93.
[12] Si aceptamos que el documento del 1 de mayo dado «apud Trancheriam» es una deformación de Tarrachoniam, lo que es verosímil. Cf. Miret, ob. cit., pág. 93.

puesto tasado y de un reconocimiento de obediencia. La embajada llegó a Ciudadela al día siguiente, 12 de junio, por la tarde. Los hombres del rey fueron recibidos al principio con inquietud, pero al darse a conocer reinó la cordialidad. Es de suponer que los musulmanes esperaban tarde o temprano la visita que ahora se hacía presente.

La autoridad de Menorca estaba formada por el alcaide de la ciudadela, Aboabdil Mohamed, su hermano Abolasan Ali y un inspector de las contribuciones y finanzas, el almoxerif, que al parecer era de Sevilla. A ellos se unían los jeques de las partidas de tierra adentro. Reunido el consejo musulmán, se escuchó a los embajadores de Jaume en el mismo puerto, en una improvisada reunión. Los árabes pidieron una prórroga hasta el día siguiente, con la excusa de la deliberación. A la noche, los embajadores se fueron a los barcos. A esa hora, nos dice el rey que, con sus nobles, llegaba con sus galeras al cabo más cercano a Menorca, el llamado cabo de Pera, enfrente del cabo de Artrutx de Menorca, distante unos cuarenta kilómetros. Con humor nos recuerda que llevaba una hueste digna de un rey: seis caballeros, cuatro caballos, un escudo, cinco escuderos, diez sirvientes y algunos correos. Sin duda, el rey desciende a estos detalles para dejar claro con qué fuerzas conquista Menorca. Por si no fueran suficientes, el rey se entregó a la astucia: a la noche encendió muchos matorrales para simular que su campamento era muy grande y sus fuerzas numerosas. Los fuegos alarmaron a los árabes, que preguntaron por su sentido. Entonces se les anunció la presencia del rey. Esta noticia presionó desde luego en las deliberaciones de aquella noche. Al alba, los menorquines llamaron a los embajadores, anunciándoles que tendrían la respuesta bien pronto. Fue la mañana del domingo 17 de junio [13] y su sentido no podía ser sino la sumisión. Allí mismo, en Ciudadela, se pactó el protocolo de vasallaje: el rey los defendería a perpetuidad, como vasallos suyos que eran, y a cambio le entregarían una pequeña cantidad de trigo y una importante contribución en ganado y en mantequilla, así como la potestad de Ciudadela y las plazas fuertes de la isla, aunque estas dos cosas de manera jurídica y simbólica más que efectiva, porque no consta que el rey desplazase allí a gente suya. En la forma jurídica del tratado debió de trabajar duro Asalit de Gudar.

Durante unos días, las autoridades árabes hicieron jurar a su gente el tratado sobre el Corán, mientras los cristianos tornaban a Mallorca, junto con el rey. Desde que, en 1872, el investigador francés Louis de Mas Latrie editó el tratado de sumisión y protección, cuyo manuscrito se encuentra en la Biblioteca Nacional de París, sabemos que la fecha en que se firmó por la parte de Jaume fue la del mismo 17 de junio de 1231 [14]. Solo unos días después, sin embargo, las autoridades menorquinas fueron recibidas por el rey en Mallorca, en el alcázar, que don Jaume engalanó como pudo con tapices y ramas de hinojo. Allí los recibió y habló con ellos en solitario, ratificó el tratado, juró

---

[13] Huici-Cabanes, doc. 153, págs. 274 y sigs.
[14] Ibídem, págs. 274-277.

defenderlos y auxiliarlos como si fueran hombres suyos y dio gracias a Dios por aquella victoria «sin pecado y con tanta honra»[15]. Y siempre que el rey tenga que hablar de Menorca recordará el estricto cumplimiento de estos pactos, las ventajas que del pago del tributo se siguieron siempre y la buena voluntad que pusieron los menorquines con su rey. Ello permitió a los isleños vivir tan libres como antes, con plena independencia, cosa que no preocupaba al rey, pues su pacífica sumisión le evitaba levantar fuerzas armadas contra ellos y además no tenía que preocuparse de repoblar la isla. Todo esto es muy importante tenerlo en cuenta, por cuanto ya debía de rondar por su cabeza el asunto de Valencia.

El rey todavía se quedó en la isla de Mallorca casi un mes, pues debió de partir hacia Cataluña en una fecha sin determinar, entre el 8 y el 23 de julio de 1231[16]. Desde estas fechas, hasta el mes de abril de 1232, en que sabemos que el rey está en Barcelona, hay una especie de vacío en la biografía del monarca que ahora deberemos intentar colmar[17]. La *Crónica,* como ya hemos dicho, nos ayuda poco en esta ocasión, porque cae muchas veces en graves confusiones. Además, sabemos que el rey hizo un viaje a Montpellier, donde se encontraba en el mes de agosto, el día 27. Sin duda, don Jaume iba a la ciudad natal para agradecerle a sus paisanos la ayuda ofrecida con ocasión de la conquista de Mallorca. La concesión de franquicias a sus habitantes, que quedaban exonerados de pagar la lezda y peaje, así como la entrega en feudo de una parte del litoral cercano al puerto de Lates, solo puede explicarse así[18]. Tras estas fechas, hacia finales del mes de septiembre, se debió de cerrar en Lleida el pleito del condado de Urgell con el infante don Pedro de Portugal.

En efecto, hacia el mes de septiembre de 1231, Jaume llega a Lleida, de camino hacia Tudela, quizá. Por estas fechas, la condesa Aurembiaix estaba moribunda y, como recordamos, había roto el acuerdo con el rey declarando heredero del condado a su marido, el infante Pedro de Portugal. Este era un contratiempo más bien jurídico que político, por cuanto el infante no tenía margen de maniobra. Pero, a pesar de todo, el rey le ofreció una permuta. Le compensaba con el señorío vitalicio del reino de Mallorca y Menorca —con algunas excepciones de castillos, propiedades de Nuño Sans y del propio rey— a cambio del abandono de toda reclamación sobre el condado de Urgell. Además, por un tratado adicional firmado el 29 de septiembre de 1231[19], también en Lleida, le daba opción por dos años a la conquista de Ibiza, junto con

---

[15] *Crónica,* §123.
[16] Todavía el 11 de julio de 1231 firmó Jaume un documento por el que concedía a los judíos la Almudaina, el palacio real en alodio, se supone que con una compensación económica considerable. (Huici-Cabanes, doc. 155, págs. 278-292.) El 23 de julio ya estaba en Barcelona, donde confirma unas donaciones al monasterio de Poblet. (Huici-Cabanes, doc. 156, pág. 283.)
[17] Zurita, mientras tanto, anda un poco perdido en estos años, y por eso resulta poco utilizable. Cf. *Índices,* ob. cit., págs. 174-175.
[18] Huici-Cabanes, docs. 157-158, págs. 284-285.
[19] Ibídem, doc. 159, págs. 286 y sigs.

Nuño Sans, para que esta isla fuese también suya con carácter vitalicio. Una vez más, tenemos aquí un detalle que nos indica que el rey no quería comprometerse en un hecho de armas en las Baleares, lo que distraería fuerzas para la campaña de Valencia, que más pronto que tarde habría de empezar. Este pacto, desde luego, no debió de llenar de alegría al infante de Portugal, porque, como veremos, dejó pasar los dos años sin hacer efectiva la conquista de Ibiza. Con el tiempo, además, le cambiaría aquella cesión feudal por algunos relevantes castillos en Valencia. Siempre debió de pensar el infante que el rey no había cesado de humillarlo con aquellos cambios continuos, y su resentimiento se mostrará con toda intensidad a lo largo de su vida.

Supongo que este contrato con Pedro de Portugal debió de firmarse en Lleida en el tiempo en que Jaume acudía a cumplir el acuerdo con Sancho el Fuerte a Tudela. Como se recordará, el rey se había comprometido a presentarse ante el rey de Navarra con mil caballeros para auxiliarle en la guerra contra Castilla. Sabemos que el contrato tenía dos fechas: la de Pascua y la de San Miguel. Es muy posible que desde Lleida, después de finales de septiembre de 1231, el rey se dirigiese hacia Tudela. Allí fue avisado por caballeros amigos de que el rey de Navarra estaba enojado con él por no haber acudido en su día con el ejército prometido. Jaume se explica: ha tenido que ir a Mallorca a rendir a los árabes alzados y firmar el pacto de sumisión con Menorca. Así que estaba justificado su retraso, que la *Crónica* cifra en más de dos meses. Es posible que esta segunda entrevista se haga hacia noviembre de 1231, porque por este tiempo no sabemos dónde para el rey Jaume. El rey de Navarra no cesó en su enojo hasta que tuvo que confesar que él tampoco había cumplido su parte del trato y tenía, en lugar de los mil caballeros previstos, apenas doscientos. Pero todavía había más: los nobles navarros le confesaron al rey Jaume que con esos doscientos caballeros sería suficiente para vencer a López de Haro, el odiado señor de Vizcaya. Una vez que los dos reyes se volvieron a ver, Jaume pidió explicaciones por este hecho, y entonces se desveló la verdad de todo. Sancho volvió a sacar sus obsesiones y le confesó al monarca aragonés que no creyese a sus nobles, que solo pensaban en sacarle el dinero y agotar el tesoro que con tanto esfuerzo había amasado[20]. Cuando, ante la propuesta de Jaume, el rey Sancho desvió la conversación con un «no es esto lo que conviene», Jaume se dio cuenta de que no tenía que preocuparse más de un tratado que el navarro en modo alguno quería cumplir. Así que el rey aragonés se despidió del que una vez deseó ser su hijo y padre adoptivo y cerró este asunto. Antes, desde luego, les dio explicaciones a los nobles aragoneses, que aceptaron con rapidez. La *Crónica*, en un giro muy brusco, dice que «ya que el rey de Navarra tomaba tan poco empeño en las cosas que interesaban a entrambos, valía más que entrásemos en tierra de moros y nos apo-

---

[20] Para la perspectiva de estos hechos desde la corona castellano-leonesa, recién unificada, cf. Ana Rodríguez López, *La consolidación territorial de la monarquía feudal castellana. Expansión y frontera durante el reinado de Fernando III*, CSIC, Biblioteca de Historia, 1994, págs. 228-237.

derásemos de Borriana». Sin duda, era lo debido a la nobleza de Aragón, tras el doble viaje a Mallorca y una vez que había fracasado la anexión de las tierras del norte con el final del pacto con Navarra [21].

Así que para la memoria del rey Jaume, en la *Crónica,* tras el cierre de la aventura de Navarra desea lanzarse a la gran aventura de su reinado, la conquista de Valencia. Creo sinceramente que la *Crónica* no se engaña tanto como suponemos al vincular el tiempo de la visita a Sancho, la segunda ida a Tudela, de la que habla con rotundidad Zurita, con el de la conquista de Valencia. Hacia finales de 1231, Jaume debió de dirigirse hacia el sur y mantener relaciones que únicamente tenían sentido desde una aproximación a la tierra de moros de Valencia. Es posible que desde Tudela bajara hacia Alcañiz. Que en la mente de Jaume estaba ya fija la idea de Valencia se puede suponer porque en el mes de enero de 1232 estaba en las cercanías de Borriana, donde otorgó un salvoconducto a los árabes de Almazora para ir libremente por su reino [22]. Vemos hasta qué punto la *Crónica* dice la verdad al vincular el regreso de Tudela con una incursión a la tierra de Borriana, si bien no se trataba todavía de su conquista. El 30 de enero es muy probable que el rey estuviera en tierras de Teruel, donde el antiguo virrey de Valencia, Abuceit, le fue a entregar todos los réditos de los impuestos que le debía por los anteriores pactos de Calatayud. Además, en ese encuentro con Abuceit, este le entregó todos los derechos que se había reservado en relación con Valencia y su reino [23]. A partir de ahora, Jaume no ayudaba a Abuceit en la conquista de Valencia, sino que el antiguo rey trabajaba para él. Es fácil suponer que Abuceit esperara mantener para sí, como feudo, el reino de Segorbe, incluida esta ciudad. Quizá fue este aliado el que lo introdujo en las tierras del reino hasta Borriana. Este hecho es decisivo para entender el futuro, porque señala las operaciones que diferentes nobles, aliados de Abuceit, inician durante el año 1232 y que parecen encaminadas a que Jaume no se haga con el dominio efectivo, sino solo con el nominal, del distrito de Segorbe, desde Morella hasta Borriana. El caso es que desde noviembre hasta enero de 1232 —en Teruel— no sabemos dónde está el rey. Tampoco sabemos qué hace desde enero a marzo, que lo vemos en Monzón. Puede ser que Jaume se fuera a Albarracín, invitado por Pedro Fernández de Azagra, para la caza del jabalí. En ese caso, este debe de ser el tiempo en que conviene situar el §127 de la *Crónica,* cuando el rey dice que estaba en «el nostre regne de Aragó jugant e deportant». Si así fuera, no habría resto documental, pues la *Crónica* indica justamente que el rey estaba alejado de las tareas de gobierno. Entonces estarían allí los mismos personajes que aparecen en la *Crónica,* en aquella azotea en la que por prime-

---

[21] Zurita es el único que da este segundo viaje a Tudela y lo sitúa, en efecto, hacia finales de 1231. Cf. *Índices,* ob. cit., pág. 175.
[22] Huici-Cabanes, doc. 162, págs. 290-291.
[23] Lo publicó Roque Chabás en *El Archivo,* IV, 1890, pág. 297, n. 16; trad. castellana, V, pág. 152.

ra vez se habló con claridad de la conquista de Valencia. En efecto, estaría Blasco de Alagón, un personaje singular de quien circulan antiguas leyendas sobre su vida. Un antiguo historiador de su vida, Gómez Miedes, autor de un *De vita et rebus gestis Jacobi I,* editado en Valencia en 1582 [24], creyó que este noble había asaltado a la reina Leonor cuando se iba hacia Castilla, tras separarse de Jaume, y por eso el rey lo había desterrado, como reconoce en la propia *Crónica* [25]. Otra versión dice que estaba en Valencia como ayuda de Abuceit, con quien el propio Jaume había firmado una tregua al comienzo de su reinado. Luego, tras la caída de Abuceit, el 24 de enero de 1229, es posible que siguiese con Zayyan y que el rey no lo perdonara. Sea como fuere, desaparece de toda la documentación, como nos recuerda Ubieto, el 20 de abril de 1229 [26]. Cuando la *Crónica* deja hablar a Blasco en la entrevista con el rey, le dice que lleva más de dos años desnaturalizado y desterrado en Valencia. De hecho, todo en la *Crónica* nos sugiere que la presentación de Blasco tenía que justificarse de una forma muy especial. Pero si aceptamos estos datos, la entrevista de Alcañiz pudo celebrarse entre noviembre de 1231 y el mes de marzo de 1232 —llevaría más de dos años de estar expatriado el noble Blasco de Alagón, de iniciar el cómputo en abril de 1229, con lo que la *Crónica* sería aquí muy meticulosa—. El trayecto del rey iría desde Albarracín, donde estaba de caza, hacia Monzón, donde iba a firmar algunos documentos relacionados con la futura conquista. En uno de ellos se habla de la donación de la iglesia de San Vicente de Valencia para cuando se conquiste la ciudad [27]. Este documento testifica que Valencia ya estaba en el centro de las inquietudes del consejo del rey. Lo bien cierto, desde luego, es que Blasco aparecía de nuevo en la vida del rey, con un conocimiento muy preciso de la gran ciudad del Turia. Al parecer, tanto era así, que ofrecía al rey un plan de ataque muy elaborado. Después de cantar las alabanzas de la que, según él, era la mejor tierra del mundo y la más fuerte en castillos, propuso que lo mejor era tomar Borriana, porque el ejército cristiano podría ser abastecido por tierra y por mar. Antes de esto, resultaba preciso tomar la línea de castillos de la frontera que ya se habían pactado con Abuceit, entre ellos Morella. Blasco de Alagón es, desde ahora, un personaje central en el cumplimiento de todo este plan.

Pero, en todo caso, se trataba de conversaciones preliminares. Es fácil entender al joven rey: tras la conquista de Baleares, tras el fracaso de la operación de Navarra, luego de la unión de Castilla y León, Jaume sabía que podría mantener unido el reino si era capaz de aprovechar aquellas energías y dirigirlas hacia el sur, donde era de suponer que una Castilla más fuerte y unida pre-

---

[24] Gómez Miedes, *La historia del... Don Jaime de Aragón,* Pedro Huete, Valencia, 1584, páginas 100-101.
[25] *Crónica,* §128.
[26] Antonio Ubieto, *Orígenes del reino de Valencia,* Anubar, Valencia, 1976, vol. I, pág. 63.
[27] Huici-Cabanes, doc. 163, págs. 291-292. Se ofrecía al monasterio de San Victorián la iglesia de San Vicente Mártir de Valencia. Que Jaume no tiene claro si hay iglesia o no, queda patente en el documento, pues dice «locus sive ecclesia vocatur et dicitus Sanctus Vicencius».

sionaría en contra de sus aspiraciones. Lo que entre noviembre de 1231 y marzo de 1232 se decidió no fue sino que se cumpliera el pacto con Abuceit. Sus ricoshombres aragoneses podrían ayudar al ex rey de Valencia a tomar la línea de los seis castillos que debía entregarle, ninguno de los cuales estaba para esta fecha conquistado. Las operaciones de Abuceit por los territorios que van desde el norte de Borriana hasta Morella y Ares del Maestrazgo debieron de empezar por estas fechas de primeros de 1232. Pero mientras que esta línea de castillos no se entregara al rey, pensar en conquistar Valencia era prematuro. En todo caso, la primera tarea debían realizarla estos hombres, con la ayuda de Blasco de Alagón. Mientras, el rey siguió resolviendo problemas importantes generados por la conquista de Mallorca. Pero ya desde este momento Jaume no perdía de vista a estos hombres ni dejaba de pensar en Valencia.

15
Tercer viaje:
La organización de un reino

Uno de los problemas fundamentales que el rey Jaume había dejado sin resolver era, desde luego, la dotación de la sede catedralicia de Mallorca. Ya hemos visto que Jaume firmó la concesión de esta iglesia a la diócesis de Barcelona, pero con ello no había terminado el asunto. Dispuesto a resolverlo, vemos al rey dirigirse hacia la ciudad condal el 5 de abril de 1232. Pero la fundación de un obispado no era nunca tan fácil. La Iglesia era una institución basada en el derecho y en el juicio. Pero, con el derecho en la mano, no parecía defendible que un rey tuviera competencias para atribuir una diócesis a otra sede. Las instancias eclesiásticas también tenían algo que decir en este asunto y, a veces, lo decían con la mayor obstinación. Ya vimos, por ejemplo, cómo Jiménez de Rada aprovechó el Concilio de Letrán para proponer que la archidiócesis de Toledo recuperara la primacía arzobispal sobre las diócesis de los diferentes reinos hispánicos. Que esta pretensión fue obstaculizada con fuerza no hay que recordarlo. Pero la intensidad de los pleitos y las diferencias podía ser la misma entre diócesis de idéntica estructura política. Sin duda, la ocasión para que estas diferencias estallaran debió de ser el documento por el que se dotaba la iglesia catedral de Mallorca, dote muy generosa por parte del rey, ya que concedió todos los diezmos y primicias de sus tierras en las tres islas, junto con otras donaciones importantes. Tal documento se firmó en Barcelona, a 5 de abril de 1232[1]. En él se hacía concesión de la sede «beate Marie sedis Maioricarum» al venerable padre Bernardo, por aquel entonces abad de San Feliu de Guixols. Allí estaba, como testigo, el lugarteniente del rey en Mallorca, Bernart de Santa Eugènia, pues la medida implicaba importantes órdenes a los bailes de la isla. Tras este acto, y dar nuevas franquicias a su amada ciudad de Barcelona, el rey se dirigió hacia Tarragona, donde lo vemos el 6 de mayo redactando el primer testamento[2]. Quizá allí,

---
[1] Huici-Cabanes, doc. 165, págs. 293-294.
[2] Y es lógico que así fuera. A fin de cuentas, el testamento de mutua filiación con el rey de Navarra había dejado de tener valor y el rey quería reconocer a su hijo Alfonso como heredero

ante Espàrrec, se debieron de plantear los primeros problemas respecto a la dependencia de Mallorca de la iglesia de Barcelona. El rey acababa de reconocer a Espàrrec el alto honor de ser el tutor principal de su hijo y heredero en el caso de su muerte. Es seguro que el obispo no quedó satisfecho con el nombramiento del abad de San Feliu como obispo de Mallorca. Pero también Girona mantenía derechos sobre el obispado de Mallorca, por lo que la situación se complicó todavía más. El caso es que la carta de presentación ante la Santa Sede de este obispo nombrado por Jaume no tuvo efecto. Roma no la aceptó. Si la curia romana planteó la necesidad de un proceso judicial fue porque Tarragona y Girona debieron de protestar. Tres años después, en 1235, Ferrer de Pallarés fue nombrado por el Papa comisario para ordenar el culto divino de Mallorca mientras no existiese un obispo propio[3]. Este completó la dotación de la sede. Solo entonces el Papa nombró obispo definitivo. Es dudoso que hubiese algún tipo de acuerdo preliminar entre los abades de Poblet y Santes Creus, como es dudoso que el Papa reconociese el derecho de Jaume a nombrar el primer obispo. Como veremos, no lo reconocerá tampoco en Valencia. Así que, para contar el final de la historia, Roma dejó la sede de Mallorca como exenta, esto es, sin dependencia alguna de las diócesis catalanas, en sujeción directa de ella, como correspondía a la vieja doctrina de la soberanía romana sobre las islas.

Gudiol nos ha ayudado bastante a iluminar los pasos del rey en estas fechas, reconstruyendo sus actuaciones sobre el pleito que mantenía el linaje de los Montcada con la ciudad de Vic, un asunto antiguo, por cuanto que desde el siglo XII la Iglesia había cedido la propiedad feudal sobre la ciudad a los Montcada[4]. Fue por estas fechas, y en esta ciudad de Vic, cuando le llegó el rumor de que la armada de Túnez se proponía atacar Mallorca. El rey volvió a toda prisa a Barcelona. Los consejeros consideraron con incredulidad la noticia y recomendaron al rey prudencia. Pero un nuevo navío que venía de la isla dio por segura la invasión, o al menos por inminente. El rey consideró que no

---

universal de sus reinos. Se recogían aquí algunas cláusulas del encuentro de Tarazona, cuando se planteó el divorcio con Leonor, pues se consideraba el segundo en el orden de sucesión a su primo Ramon Berenguer V, conde de Provenza. La novedad es que ahora el cuarto heredero, tras el hijo de este, era el infante Ferran, al que debía suceder el más próximo de entre los familiares del rey de Aragón. Al mismo tiempo, ponía a Alfonso bajo la protección del arzobispo de Tarragona y como tutores a las órdenes militares y al abad Guillem de Cervera, del monasterio de Poblet. Además, como hicieron con él, deberían llevarlo a Monzón durante el tiempo que dijeran sus tutores. De una manera muy clara, el rey admitía que si Alfonso venía con gentes extrañas para ser rey, liberaba a todos de su deber de obediencia, pues un rey debe venir a su tierra con hombres suyos. Al mismo tiempo, el rey elegía como sepulcro Poblet. Cf. Huici-Cabanes, doc. 165, pág. 299.

[3] Para este asunto debe verse el trabajo de José de Peray y March, «Un documento inédito de D. Jaime el Conquistador; la concesión a la sede barcelonesa de las iglesias de Mallorca, Menorca, Ibiza, Denia y Orihuela», *I CHCA,* págs. 444-457; aquí, págs. 448 y sigs.

[4] Cf. Joseph Gudiol i Cunill, «Les bregues sobre lo senyoriu de Vic en temps del rei en Jaume I», *I CHCA,* págs. 194-217.

podía perder su mayor triunfo por «pereza o cobardía». Recompuso su mesnada, llamó a sus feudatarios de Aragón y los citó en tres semanas en Salou. El rey estaba decidido a conservar Mallorca por encima de todo, a pesar del riesgo que implicaba la aventura. Tanto fue así que, como hemos dicho, hizo su testamento en Tarragona, el 6 de mayo, antes de irse a Salou para la tercera partida a las Baleares.

En la fecha convenida, allí estaban las naves y las taridas y hasta trescientos caballeros. El arzobispo de Tarragona y el abad de Poblet, Guillem de Cervera, le aconsejaron por última vez que no se embarcara en una empresa de tanto riesgo, y que mandara a Nuño. El rey se negó una vez más. Estaba más preocupado por el hecho de que no acudiese a la cita Pedro de Portugal, el teórico señor de la isla, que desde luego no se mostraba muy inclinado a tomar posesión de ella en esta incierta hora en que, quizá, tendría que reconquistársela a la gente de Abu Zacaria, el rey de Túnez. Por fin, a media noche, cuando ya iban a levar anclas, el infante apareció. El rey dudó en recibirlo, de enojado que estaba, pero finalmente aceptó verlo. Cuando le preguntó cuántos caballeros traía, el infante dijo que cinco, y que los demás venían de camino. Con humor, el rey confiesa que fue fácil embarcar la hueste del infante, pues no acudió ni un solo caballero más. A los dos días de marcha, a vela y a remo, llegaron a Sóller, en plena sierra de Tramontana, y unos genoveses pudieron anunciarles que no había sarracenos. Al ver al rey, y comprobar que cumplía su palabra con prontitud, incluso ante las falsas alarmas, los pobladores de Mallorca se mostraron agradecidos. A pesar de todo, el peligro no había pasado y el rey planificó una defensa de la ciudad que conocía bien. Organizó tres líneas, una de peones, otra de caballeros y la de murallas. Planeó que, si desembarcaban los tunecinos, se haría huir a la primera como celada y, en la persecución, se lanzarían los caballeros contra los invasores. Se dispusieron atalayas y fuegos de señales y se esperó durante quince días. Al no llegar Abu Zacaria, los caballeros decidieron acabar con todos los sarracenos que restaban rebeldes en las montañas, esperando sin duda la invasión temida por los cristianos. Por fin, estos núcleos fueron disueltos y la población entregada como gente esclava a los repobladores. La conquista del reino ya era definitiva. Así que el rey, el 1 de julio de 1232, dio por cerrada esta importante actuación firmando el *Llibre del Repartiment* legalizado por su escribano Pere de Sant Melió. Todavía el 7 de julio confirmó unas propiedades en Mallorca para el monasterio de Bellpuig. Hacia el mes de agosto es fácil que el rey ya estuviera en Cataluña de nuevo. Mallorca ya era para siempre una zona segura de la corona.

Aunque no es parte de la biografía del rey, y aunque no corresponde por completo a esta época de su vida, debemos decir algo de la conquista de Ibiza para dar al lector una idea global de la incorporación del archipiélago. Hemos quedado en que, al tiempo que cambiaba el señorío titular de Urgell por el feudo de las islas, Jaume concedía dos años al infante de Portugal y a Nuño Sans para conquistar la isla de Ibiza y tenerla en señorío vitalicio, como concesión feudal del rey. Ya dijimos que esta permuta no hizo mucha gracia al infante, que dejó pasar los dos años sin ponerse a la empresa. Cuando ese plazo se cumplió, un personaje activo y valiente, el sacristán de Girona, que luego sería arzobispo sin consagrar de Tarragona, Guillem de Montgrí, solicitó un año para conquistar la isla y poder tomarla como feudo. En Lleida, en diciembre de 1234, firmó Jaume una carta por la que le otorgaba Ibiza y Formentera en feudo según costumbre de Barcelona, a excepción de algunos castillos. Un año después, en abril de 1235, se firmaba una escritura entre el sacristán y los anteriores benefactores de la empresa, el infante Pedro y el conde de Rosellón, para establecer el reparto de la conquista, que sería proporcional a las huestes que cada uno de ellos llevase. El infante y el conde, sin embargo, recibirían sus partes como feudatarios del sacristán.

La flota partió a primeros de agosto. Una buena parte de las fuerzas eran desde luego sacerdotes, diáconos y subdiáconos. A las dos semanas de sitio, Ibiza caía en manos de los cristianos, no sin dejar, según dice la tradición, muchas bajas en el intento. La isla se dividió en cinco partidas y todo se repartió como quedó establecido de antemano. Esta distribución, sin embargo, quedó alterada al poco tiempo. En 1242 moría Nuño Sans y el rey compró a sus herederos la parte de la isla y la revendió al sacristán, que así se hizo con casi toda ella. El infante de Portugal, por su parte, pasó sus propiedades a las rentas de la corona, quizá por compra del propio infante Jaume, el hijo del Conquistador, que luego sería rey de Mallorca. Respecto al infante Pedro de Portugal, en 1244, el rey ya le había permutado de nuevo el feudo de Mallorca por los castillos de Morella, Segorbe, Sagunto, Castellón y Almenara. Así que acabó sin tener nada en las islas. Cuando Jaume II fue rey, las disposiciones de Guillem de Montgrí no fueron respetadas y el rey tomó posesión de los castillos de Ibiza. Es fácil entender la posición de Jaume II, pues finalmente el sacristán y arzobispo había donado la isla a su diócesis, y sus iglesias, a la gente de su cabildo. Cualquiera que conozca la política agresiva de Jaume II contra su hermano Pere, y luego contra su sobrino Alfonso III, verá este gesto como normal[5].

Para ultimar este capítulo y esta parte dedicada a la conquista de Mallorca, veamos ahora algunos de sus efectos[6]. Es muy elocuente que el primer documento que tengamos del rey tras la conquista de Mallorca sea el privilegio otorgado a los comerciantes de Barcelona por el que se les eximía de impuestos en el tráfico con las Baleares. Es fácil que este privilegio fuera a cuenta del préstamo de 60.000 libras que tuvieron que hacerle los mercaderes que estaban con él en el sitio de Mallorca, cuando el asedio de la ciudad se prolongó. Desde ese momento, a todos los efectos, el puerto de Mallorca mantuvo con

---

[5] Para continuar la reflexión sobre Ibiza, cf. Isidor Macabich i Llobet, «Es Feudalisme a Ivissa, Anotacions Històriques», *I CHCA*, págs. 457-482.

[6] Cf. J. Salvá, «Instituciones políticas y sociales otorgadas por Jaume I a los pobladores de Mallorca», en *Historia de Mallorca*, III, págs. 386-408 y 459-473.

Barcelona una unión comercial muy estrecha, pues, además de ser ambos francos para sus respectivos habitantes, utilizaban la misma moneda. Pero no solo con Barcelona. Sendos tratados de junio de 1230 y de agosto de 1233 permitían el comercio con la ciudad de Génova y con la señoría de Pisa según las ventajas ancestrales. Por su parte, el papa Gregorio IX autorizó en abril de 1241 el comercio de Mallorca con las tierras y ciudades de los musulmanes por su peculiar condición insular, pues de otra manera no podría garantizar la supervivencia. Este objetivo fue declarado de interés superior en otra bula de 1241, por la que se reconocía el estatuto del reino de Mallorca como frontera de la cristiandad *inter fauces hostium Xristi positum*[7]. Para dulcificar esta situación, Jaume llegó a un acuerdo de paz con el rey de Túnez en 1240. Estas medidas no eran triviales. Santamaría[8] nos muestra que el 70 por 100 de las licencias de comercio del puerto de Mallorca tenían como destino la Berbería, desde Bugía hasta Túnez y Argel. Muchas de estas naves llevaban patrones genoveses. Como se puede suponer, comerciar con estas plazas de infieles requería un permiso especial de la Santa Sede, quien lo concedió en atención a la necesidad de la población de Mallorca de usar el comercio como medio de vida. Las razones que dieron los mallorquines ante el Papa, que de otra manera las islas quedarían deshabitadas, fueron atendidas por el Pontífice, quien concedió los permisos[9]. Esta actividad fue apoyada por Jaume, porque pensaba que era el único camino para arribar a una pronta repoblación de la isla. De hecho, una de las franquicias otorgadas a los habitantes de Mallorca fue el permiso para talar cuantos árboles quisieran para el fin exclusivo de fabricar embarcaciones[10]. Los marineros de Mallorca establecieron sus propias vías marítimas con los centros principales del Mediterráneo occidental, para hacia 1280 ir más allá de esta zona. Cuando se abrió la ruta entre Génova y Brujas, las naves de Mallorca —que pronto fue una etapa importante en esta ruta hacia el estrecho de Gibraltar— siguieron a las ligures por estos fríos mares, buscando lana inglesa y paños flamencos a cambio de productos de la tierra, como arroz, higos y pasas, además de cueros y tintes[11].

La conquista de Mallorca, a diferencia de lo que luego sucederá en Valencia, se produjo al asalto. La población de la ciudad fue pasada a cuchillo. Los musulmanes que sobrevivieron quedaron reducidos a siervos o sometidos a la protección real, pagando al año una cantidad por esta. En ningún caso, como veremos en Valencia, se mantuvo una comunidad jurídica musulmana,

---

[7] Álvaro Santamaría, «Contexto histórico...», ob. cit., pág. 27.

[8] Ibídem, págs. 41-43.

[9] Fueron los papas Gregorio IX, en 1240, e Inocencio IV, en 1247. Cf. E. Aguiló, «Antigues franqueses y privilegis del regne». *Boletín de la Sociedad Arqueológica Luliana,* VI, 1895-1896, págs. 129-130.

[10] Este permiso fue confirmado en 1244 (Huici-Cabanes, doc. 270, pág. 384). En este documento elimina el pago de la lezda.

[11] R. S. López, «Majorcans and Genovese on the North Sea route in the Thirteenth Century», en *Revue Belge de Philologie et d'Histoire,* XXIX, Bruselas, 1940.

con derechos y usos reconocidos. No así con la población judía, que mantuvo un estatuto especial y oficial desde el 11 de julio de 1231. Sin duda, la suya era una comunidad de gueto, que no tenía nada que ver con la comunidad de la ciudad y del reino. Pero, al fin y al cabo, eran vistos como un sujeto jurídico. Los musulmanes mallorquines no pudieron tener ni esto. Esta población se consideró sierva y muchos de ellos tuvieron que comprar su libertad mediante contratos onerosos de redención de cautiverio. Una vez obtenida la carta de libertad, la llamada *alforría,* el musulmán podía permanecer en la isla o marcharse a donde quisiera. Esta política determinó una mayor inclinación a recibir el bautismo, dado que la fe islámica no tenía aquí el respaldo de comunidad alguna.

Sin duda, la gente sarracena permaneció en el campo, mientras que la ciudad de Mallorca se fue perfilando como un gran centro comercial y burgués. Sobre todo, en Mallorca se dieron cita hombres de todos los rincones del Mediterráneo occidental. No obstante, la población de cristianos empezó a llegar a la isla con cierta intensidad desde 1230, procedentes de Cataluña, el Rosellón, la Provenza y las ciudades italianas. Estas migraciones por lo general acompañaban la proliferación del comercio marítimo. Este se recompuso inmediatamente después de la conquista. Al poco tiempo, Mallorca restableció sus relaciones con el norte de África, con lo que se llamaba la Berbería, y reabrió sus consulados en Túnez y Bugía. La ciudad de los días posteriores a la conquista no tenía otro camino que el de la configuración de una artesanía textil en lana, seda y el curtido de pieles, actividad en la que quizá los propios musulmanes ya eran maestros. Los cristianos venidos de Narbona no harían sino desplegar esta gama de actividades que, a lo largo del siglo XIV, alcanzarían una notable reglamentación. La economía dominante en la isla, por tanto, a través de su puerto, fue dineraria. Es muy significativo que los contratos de arrendamientos vitalicios se cierren en especies en casi su totalidad. La abundancia de dinero se muestra también en los intereses de los préstamos, más bajos que en la Península. El hecho de que todas las monedas pudieran recibirse en Mallorca sin duda que influyó en esta profusión de dinero. Solo en 1247 se impondrá el real valenciano como obligatorio en las islas.

Todo esto dio al reino de Mallorca una clara estructura diferenciada entre el campo y la ciudad. Esta fisura determinaba todas las demás: cristianos y musulmanes, economía en dinero y en especie, comercio y artesanía frente a agricultura, etc. La administración del rey hizo quince partidas donde antes había doce. Se añadieron luego las de Manacor y Artà, y la propia ciudad de Mallorca. Cada partida tendrá un mercado y, por tanto, posee una relevancia fiscal[12]. En cierto modo, estos impuestos formaban parte del patrimonio regio y, por eso, a su cuidado estaba el baile real. Por lo demás, las islas eran un microcosmos económico muy estable, con un mercado floreciente hacia el sur y el este y con una población agraria del interior considerable, sobre todo en

---

[12] *Crónica,* §72.

Menorca. La tesis de la historiografía que se abre camino con fuerza es que, a pesar de la dura expulsión y de las sucesivas oleadas de incursiones contra los sarracenos de las montañas, un amplio contingente de pobladores musulmanes permanecieron en la isla, y estas gentes servirían para la instauración de una propiedad señorial típica de conquista, cada vez más volcada a la ganadería, primero estable y luego trashumante[13]. A pesar de todo, el régimen de enfiteusis, o arrendamientos vitalicios, dio pronto a la tierra de Mallorca un buen cultivo, lo que determinó una población creciente. Con el tiempo, se fueron organizando municipios rurales, que dividieron la isla en treinta y tres jurisdicciones, con sus jurados y sus bailes. Poco a poco, por imitación de Valencia, se llegó a un régimen de jurados renovables cada año por Navidad, con sistema de cooptación. Por último, los intereses de la ciudad de Mallorca y los distritos rurales, los *ruralia,* se organizaron hacia el año 1315 en un *Consell del sindicat forá,* la reunión de los consejos de cada distrito rural, y en un *Consell de sindics forans,* una comisión de diez síndicos de estos distritos como comisión permanente de aquel. Por último, se configura un *gran i general consell,* que reunía al consejo de la ciudad de Mallorca y al *consell* de síndicos rurales. Era el sistema de gobierno de la isla completa, que se culminó a lo largo del siglo XIV.

Cuando la corona de Aragón incorpore la isla de Sicilia, los navíos de Mallorca tendrán una base formidable para ganar las plazas de Malta, Gozo[14], Alejandría y Bizancio. A pesar de todo, las bases del desarrollo comercial mallorquín se mostraban endebles. Sobre este punto, podemos señalar su dimensión subsidiaria respecto a los tráficos que impulsaban otras flotas y su dependencia general del puerto de Barcelona. Esta circunstancia se iba a demostrar cuando la separación de los dos reinos, el de Aragón y el de Mallorca, lleve a una crisis del comercio balear y a una política suicida de Jaume II frente a su hermano Pere. Finalmente, Barcelona exigió sus impuestos a los mallorquines, lo que en cierto modo estos no podían reclamar en reciprocidad, pues el comercio catalán podía sobrevivir sin el balear, pero no a la inversa. Para hacernos una idea del control del comercio catalán sobre el de la isla, baste decir que los cónsules catalanes en ultramar sometían a los comerciantes mallorquines a su jurisdicción. Desde 1268 estos cónsules se designaban entre los *consellers* y prohombres de Barcelona, por privilegio de Jaume[15]. La entrevista de Perpiñán de 1279 significó de facto la sumisión del reino balear a la corona de Aragón, y pasó a ser un reino feudatario suyo, integrado en la federación a

---

[13] Cf. R. Soto, «La población musulmana de Mallorca bajo dominio cristiano», *Fontes Balearium,* II, Palma de Mallorca, 1978, págs. 65-80.

[14] Para la importancia de estas plazas en el comercio hacia Oriente, cf. Anthony Luttrell, «Malta e Gozo: 1222-1268», en *X CHCA,* 1 y 2, págs. 589-603. Este artículo lo desarrolló el mismo autor en «Malta e Gozo: 1268-1282», en *XI CHCA,* Palermo, 1982, vol. III, págs. 301-313, donde ya analiza el papel de estas poblaciones en el tiempo de las Vísperas sicilianas.

[15] A. de Capmany, *Memorias históricas sobre la marina, comercio y artes de la antigua ciudad de Barcelona,* Barcelona, 1963, vol. II, 1, doc. 23, pág. 39.

efectos económicos. Sobre estas bases de relaciones pacíficas con Mallorca, el asalto de Pere III a Sicilia estaba ya garantizado [16]. Con ello, Cataluña contaba con dos plataformas consecutivas para la conquista de los mercados de Oriente que habría de llevar a cabo la generación siguiente. Solo entonces el Mediterráneo estuvo en condiciones de ser un mar dominado por la señera de las cuatro barras de Aragón.

---

[16] Para más detalles, debe consultarse Antoni Riera Melis, *La corona de Aragón y el reino de Mallorca en el primer cuarto del siglo XIV,* CSIC, Madrid-Barcelona, 1986; sobre todo, págs. 54-76.

TERCERA PARTE

EL DESPLAZAMIENTO DE LA FRONTERA HASTA VALENCIA
(1232-1238)

16
LA CARRERA POR LA FRONTERA

Volvamos ahora a la biografía del rey, que inicia aquí la más importante aventura de su reinado, la más decisiva e influyente, la que mejor revela su más intensa obstinación, su fuerza, su constancia, su visión política como hombre dotado de un instinto certero en el uso del poder. Abrimos así la larga época de la conquista de las tierras valencianas. Para eso debemos recordar un poco las fechas más recientes. Así, hemos dejado al rey regresando a Cataluña, en julio de 1232, después de su tercer viaje a Mallorca [1]. Es fácil que, una vez regresado de este tercer viaje a las islas, Jaume se concentrara en los negocios que había dejado a mitad, durante la primavera de 1232, en Albarracín, Teruel y Alcañiz, sobre la planificación de la conquista del reino de Valencia. Recordemos que, el 30 de enero de 1232, el rey renovó y alteró el viejo pacto con Abuceit, por el que este debía conquistar seis importantes castillos de la línea de frontera de Valencia, que habría de ponerlos en manos del rey [2]. Por este pacto, Abuceit dona al rey todos los derechos sobre la ciudad y el reino de Valencia. Respecto al plan diseñado en Alcañiz para conquistar Borriana —como primer paso de la conquista de Valencia—, quedaba por ultimar esa importante actuación sobre los castillos de la frontera. Con anterioridad a la toma de Borriana, toda esta tenaza de castillos que desde Teruel pasa por Ares, Alpuente, Xèrica y Segorbe, y aquella otra que pasa por Morella, Ares del Maestrazgo, Vinromà y Chivert, hasta el mar, debían estar en manos cristianas, si querían bajar a los llanos de la actual Castellón con la retaguardia cubierta. En realidad, se trataba de rodear Borriana y dejarla dentro de una amplia bolsa de fortificaciones cristianas. Aunque Peñíscola quedaba fuera de esa bolsa, resultaba evidente que, al estar rodeada de fortalezas cristianas, apenas podría resistir por sí sola. Incapaz de impulsar una ofensiva

---

[1] Miret nos da documentos de 22 de julio en Lleida y de 10 de agosto de 1232 en Huesca. Cf. Miret, *Itinerari,* ob. cit., pág. 99.

[2] Una nueva transcripción, con una pormenorizada investigación de los notarios Guillem, que autentifican estos documentos, puede verse en el estudio de Vicente García Edo, «Los escribanos de la cancillería real en la conquista de Valencia por Jaume I», *BSCC,* LXIV, 1988, págs. 269-291; aquí, pág. 284.

desde su islote, Peñíscola habría de rendirse. De todo este bien pensado plan, diseñado sin duda sobre un mapa de la zona, la clave era Morella, y no solo por ser el castillo más imponente. También de ella partía una de las manos de la tenaza que habría de cerrarse sobre Borriana.

Que la famosa conversación de Alcañiz tuvo lugar a principios de 1232, no ofrece duda. Esa es la fecha que da Diago, por lo general muy bien informado, que dice ha visto en el registro de los comendadores del Archivo Real de Valencia la donación, a Hug de Forcalquier y a los frailes del Hospital, de los castillos y villas de Torrent y Silla «ora la ganase él [rey] ora el mismo maestre y sus frailes, ora cualquiera otras personas». Este documento está firmado en 15 de enero de 1232 [3]. Luego quiere decir que el rey, con uno de los testigos de la entrevista de Alcañiz, ya comienza a realizar las acostumbradas donaciones anteriores a la conquista. La fecha indica con claridad el tiempo en que se debió de hablar de estas cosas en el entorno del rey, tiempo que coincide con el momento en que Abuceit sube hasta Teruel a ver a Jaume y entregarle todos los derechos sobre Valencia. Mas no solo Diago nos confirma la fecha. Es que no puede ser en otro momento. Por mucho que el rey, según Miret, estuviera en Alcañiz en enero de 1233, carece de sentido que en este tiempo planease con Blasco de Alagón la toma de esta línea de defensas, cuando ya Blasco había tomado Morella a lo más tardar en septiembre de 1232 y cuando también estaba en su poder Alpuente, con arreglo al plan decidido. Y sin tomar todos estos castillos, el rey jamás se aventuraría a entrar en Borriana, como de hecho ya sabemos que está decidido a hacer en junio de 1233, tras costosos preparativos. Por tanto, la entrevista en la que se planeó la toma de Valencia no pudo llevarse a cabo más que entre enero y abril de 1232, antes de que el rey marchase a su tercer viaje a las islas.

Que Blasco y Abuceit se movieran todo lo posible por aquella zona de frontera, en la primavera y el verano de 1232, se explica fácilmente. Puesto que el sentido de la conquista estaba decidido, ambos nobles intentaban por todos los medios ganar el mayor número de plazas fuertes y castillos, en la idea de que ellos serían los beneficiarios feudales, pues todavía obraban con plena eficacia dos pactos antiguos. Uno, respecto al noble aragonés, de 1226, por el que el rey daría en propiedad los castillos que Blasco de Alagón conquistara con sus fuerzas. Otro, recién confirmado en 1231, concerniente a Abuceit, por el que el rey Jaume daría esos castillos de frontera a hombres de confianza de aquel. En suma, todo parecía indicar que el amplio distrito desde Morella a Segorbe, una especie de reino moro autónomo, al decir de Ubieto [4], caería en manos de Abuceit y de los ricoshombres aragoneses, configurando una unidad de señorío en el que el rey tuviera solo la soberanía

---

[3] Francisco Diago, *Anales del reyno de Valencia. Tomo Primero, que corre desde su poblacion despues del Diluuio hasta la muerte del Rey don Jayme el Conquistador,* Pedro Patricio Mey, Valencia, 1613, Libro VII, pág. 281.

[4] Ubieto, ob. cit., pág. 23. Cf. el mapa.

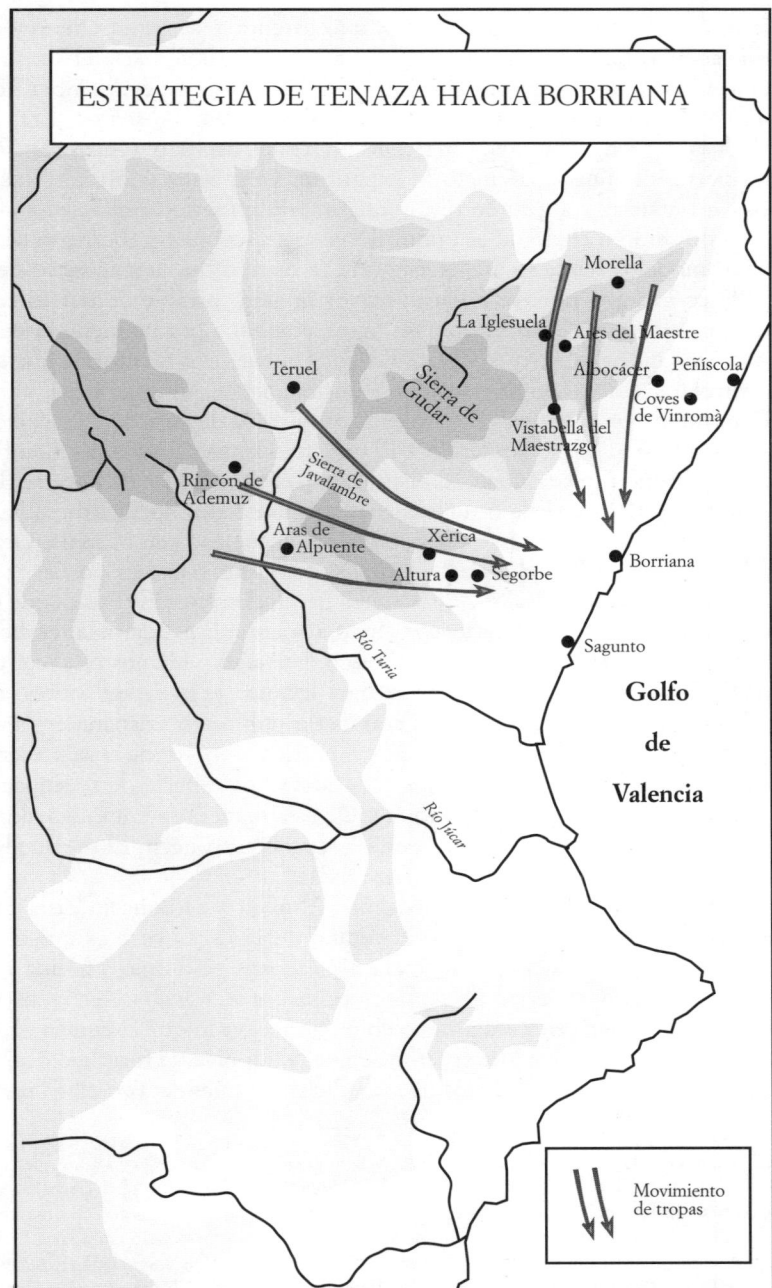

Mapa de la zona de Teruel-Borriana

nominal. La idea de estos dos hombres, quizá frente a la opinión del rey, era impedir además que el obispado de Tortosa se extendiese hacia el sudoeste. Tanto será así que, posteriormente, Abuceit dará al obispo de Albarracín-Segorbe todas las iglesias de las pertenencias de su viejo distrito[5]. Era, por tanto, un asunto de frontera interna, pero no menos decisivo. Quien controlara esta tierra, dominaría de facto la expansión valenciana. Cortar el paso a Tortosa, a Cataluña y al propio rey, configurando un señorío semejante al de Albarracín, unido a él desde el punto de vista episcopal y gobernado según los viejos modelos feudales aragoneses, era la opción que tenían estos hombres. Blasco luchaba por controlar el mayor número posible de tierras en la frontera, mientras que Abuceit, por su parte, combatía por mantenerse como algo más que un prisionero en el castillo de Segorbe. Los territorios que ambos controlaran formarían un continuo y posiblemente quisieran llegar al mar por Borriana o por Sagunto, una aspiración histórica de Aragón que volveremos a encontrar en otros momentos[6]. El entendimiento de estos dos hombres por esta época no ofrece dudas. Abuceit trabajaba con la idea de hacerse dueño de esta zona del sur de la frontera, la situada alrededor de Segorbe. Blasco, por su parte, debió de dirigirse a la zona norte, la centrada en Morella. Otros, como las milicias de Teruel, dejaron sentir sus ansias expansivas por las zonas más cercanas a su distrito, al sur de la sierra de Javalambre. El caso es que podemos suponer que Abuceit estuviese activo a la hora de ayudar a la rendición de la plaza de Morella a las gentes de Blasco de Alagón. Hemos de creer que el partido fiel de sus antiguos vasallos, bien lejanos de la capital valenciana, rodeados de fuerzas cristianas, quizá con cierta población cristiana en el distrito, prestarían oídos a su insinuación de rendición, sobre todo si se presentaba —como en el fondo deseaba Abuceit— como una especie de reocupación del reino de Valencia por su antiguo rey. De esta manera se cumplían al mismo tiempo los pactos de don Jaume con Blasco y con Abuceit. El rey quedaba servido, desde luego, pero con las manos atadas.

Todos estos movimientos de Alagón, Abuceit y el consejo de Teruel ocurrieron, como hemos dicho, por el verano de 1232. El caso es que el rey Jaume, a la vuelta de Mallorca, hacia el 22 de agosto, se dirigió a Lleida y estuvo en esta zona hasta el 12 de septiembre. Entre esta fecha y el 16 de noviembre, que lo vemos en Zaragoza[7], debió de suceder lo que cuenta la *Crónica*. Por este tiempo se debió de enterar de que la importante fortaleza de Ares había sido tomada por sus vasallos de las milicias urbanas de Teruel. El rey no

---

[5] El documento fue publicado por J. y J. L. Villanueva, en su *Viaje literario a las iglesias de España*, ob. cit., vol. III, págs. 228-230, apéndice 5. El documento es de 19 de abril de 1238.

[6] Como serán los sucesivos acuerdos entre don Jaume y su hijo Alfonso con motivo de las Cortes de Daroca y el asunto de Lleida. Uno de los pactos compensatorios será entregar a Aragón la franja de tierra que va desde el Ebro hasta el río Senia, la frontera de Valencia. Esto sucederá en 1253, y lo reconoce Ferran Soldevila en su *Pere el Gran*, Parte I, *L'infant*, vol. 1, Institut d'Estudis Catalans, Barcelona, 1950, pág. 32.

[7] Miret, *Itinerari*, ob. cit., año 1232, pág. 548.

debía de conocer esta fortaleza. Uno de su séquito, sin embargo, le hizo ver que era un magnífico principio para la conquista del reino de Valencia. Desde su punto de partida, sin ninguna duda un lugar del centro de Aragón, el rey se dirigió a Alfambra, dando la orden a algunos caballeros de su administración, entre ellos al *majordomus curiae* Fernando Díez, de que se reuniesen con él. Su intención era concentrarse en Ares y tomar posesión de la plaza. Como se deja presentir en la *Crónica,* la carrera por la ocupación de las plazas fuertes de la frontera había empezado y el rey, con un sentido práctico de las cosas, no quería dejarlas en manos ajenas. Fue en este camino hacia Ares, a través de la sierra de Gudar, donde recibió la noticia de que Blasco acababa de tomar el castillo de Morella. Los comentarios de la gente de su confianza no dejan lugar a dudas sobre la valoración que se hacía de este hecho entre los próximos al rey: «Más valiese que estuviese en poder de moros que no que la tenga don Blasco, porque más fácilmente la ganaríais»[8]. El consejo que acepta Jaume es obvio: se trata de marchar sobre Morella con todas las fuerzas que pueda y todo lo rápido que sea posible. Y así dice la crónica que los hombres con el rey partieron a «trot e d'arlot», una expresión que más o menos quiere decir «aprisa y corriendo».

De hecho, por este tiempo, hacia el mes de octubre, Blasco ya estaba en la magnífica plaza como su señor. El rey debía de saber de esta toma de posesión, porque pasa por Villarroya, de la Orden del Hospital[9], donde Blasco ya se ha proclamado dueño de la gran fortaleza. Sabemos que el rey llegaba a Morella «bastante después de la fiesta de San Miguel». En todo caso, don Jaume cerca literalmente Morella[10], con tanto sigilo que los de dentro no se percatan de nada. Blasco, reciente la conquista, seguía con las manos en las armas por la región y, a la mañana siguiente, cuando desea entrar en su ciudad, se encuentra con los hombres del rey. En la discusión, Blasco asegura que primero entrará en Morella y luego recibirá al rey. La orden del rey es justo la inversa: que no entre en la ciudad sin verse con él. Que hubo violencia lo deja claro la *Crónica,* al reconocer que Fernando Díez se le acercó «en guisa que si fugir volgués que no ho pogués fer»[11]. El encuentro se iba a hacer con el señor de Albarracín, con Atorella y con Abuceit[12], todos los implicados en los pactos de la frontera. Sin embargo, Blasco de Alagón pidió hablar a solas con el rey. Jaume accedió. Entonces le dijo el rey que, aunque no tenía queja de su comportamiento, la plaza de Morella era tan fuerte que solo un rey debía tenerla.

El rey sabía que los pactos con Blasco eran firmes, estaban en vigor y, por tanto, solo podía solicitar del noble aragonés una cesión de Morella. En

---

[8] *Crónica,* §133.
[9] Diago, *Anales,* ob. cit., pág. 282 izq.
[10] *Crónica,* §134.
[11] Ibídem, §135.
[12] Lo confirma Diago, *Anales,* ob. cit., pág. 282.

compensación le ofreció mercedes y reconocimientos. Don Blasco aceptó a regañadientes a cambio de la tenencia en feudo en nombre del rey. Así se apalabró y Blasco le hizo homenaje de boca y manos al rey. Luego don Jaume partió hacia Ares del Maestrazgo para tomar posesión de la villa, recién tomada por los concejos de Teruel. Es muy posible que en trueque por la cesión de Blasco el rey le nombrara mayordomo real. Sabemos que también le dio las villas de Sástago y María (el 22 de febrero de 1233) y, más tarde, las de Culla y Coves de Vinromà. A pesar de todo, el documento de concesión de Morella no se firmó hasta el 11 de mayo de 1235, reconociéndose en el preámbulo el contencioso habido entre las partes. Luego volveremos a ello.

Dado que este suceso de la vida del rey ha sido muy comentado, y ha servido para que un historiador tan prestigioso sobre el periodo, como Ubieto, organice sobre él toda su lectura de la conquista de Valencia, claramente hostil al rey y a favor de los nobles aragoneses, considero que debo insistir en estas relaciones entre Blasco y Jaume. Cuando miramos este episodio de la vida política de Aragón, y lo comparamos con los anteriores y posteriores, aquellas tensiones nos pueden parecer normales, duras aunque francas, pues ninguno de los dos hombres se engaña en ningún momento acerca de los verdaderos intereses del otro y defienden sus opciones desde una precisa comprensión de sus fuerzas. No hay, pues, que extremar los calificativos para analizarlas. El rey difícilmente podía reunir fuerzas suficientes para impulsar la conquista de la frontera al mismo tiempo que transportaba su mesnada a Mallorca. Pero una vez alejado el peligro de la isla, con sus tropas en tierra y su nobleza disponible, las cosas cambiaban. La lucha entre el poder real y el poder feudal se desplegó con la radicalidad y la coherencia propia de estos hombres. No hay aquí sino realismo y sentido del propio derecho. No cabe hablar de traición o de infidelidad. Hubo una negociación que, como todas, estaba enmarcada en una circunstancia de presiones y coacciones. La entrevista, así, no significó un acuerdo cerrado, sino el inicio de un forcejeo. La presa era demasiado buena para que las partes se acordaran con facilidad. Es del todo cierto que Blasco siguió ejerciendo como señor de Morella, ya fuera en tenencia o en propiedad.

Las relaciones con el rey no se recompusieron en el corto plazo, desde luego. Una cosa era lo dicho y otra lo escrito. Y el acuerdo escrito de cesión no se dio hasta 1335, como he recordado. Los regateos para definir el texto del convenio debieron de ser intensos y se reflejan en los testimonios de los documentos: el rey debió de ofrecerle a Blasco el cargo de mayordomo y en marzo de 1233 dejó de serlo el fiel Ato de Foces[13]. Blasco de Alagón aparece con este título en junio y julio[14], pero quizá remiso a firmar la cesión de Morella en los términos en que deseaba el rey, se le retiró el título en octubre de 1234, pues en esta fecha vuelve a figurar como su titular Pere Cornell. Solo

---

[13] Huici-Cabanes, doc. 181.
[14] Ibídem, docs. 182-184.

el 11 de mayo de 1235 se firmaría la cesión de Morella al rey, aunque entonces solo entregaría a Blasco la villa en tenencia, no el castillo, que pasó a ser ocupado por un hombre del rey. Este era, como puede suponerse, el motivo del desencuentro. Blasco era recompensado, sin embargo, con los castillos de Culla y Coves de Vinromà, recién conquistados [15]. Creo que la clave del asunto estaba en que el rey no había hablado en su entrevista oral con Blasco de concederle al noble aragonés solo la tenencia de la villa, sino la tenencia integral de todo, incluido el inexpugnable castillo. Blasco debió de resistir esta reducción de la tenencia a la parte señorial y administrativa de la villa y su término, sin incluir su dimensión militar. De ahí la tardanza y las dificultades a la hora de firmar el convenio que, al final, se hizo como el rey quiso. Su aspiración a desplazar a la nobleza de cualquier hegemonía militar, como sabemos, era firme.

Como la toma de Morella ha sido muy debatida por los historiadores, deseo ahora discutir otras hipótesis de la fecha de la conquista. En efecto, para unos, como el mencionado Ubieto, la conquista de Morella debió de hacerse entre el mes de enero y el de octubre de 1232. La base inicial de esta tesis de Ubieto es que la tradición de la ciudad dice que la conquista se produjo en enero. La otra fuente es musulmana y dice que en «el año 629 el enemigo se apoderó de Morella en la provincia de Zaragoza». Pero si vamos a la nota de Ubieto donde se recoge esta fuente, se nos dice claramente que «téngase en cuenta que el año de la Hégira 629 comprendió en nuestro sistema de calendación desde el día 29 de octubre de 1231 hasta el 17 de octubre de 1232». Con ello tenemos que la fuente árabe permite que la conquista se hiciese hasta la mitad del mes de octubre de 1232, lo que coincidiría bien con el tiempo de la *Crónica*, «bastante después de San Miguel». Como se ve, nada de esto contradiría nuestra datación. La cuestión es que, para Ubieto, la entrevista de Alcañiz se hizo después de que Morella estuviera tomada. Para ello se basa en que, en su opinión, la *Crónica* dice que la reunión se produjo a los dos años del tercer viaje de Jaume a Mallorca. Como este fue en 1231, para Ubieto la reunión tendría lugar en 1233. Contra esto se puede decir que, primero, la *Crónica* reconoce que Morella no estaba todavía tomada cuando tuvo lugar la entrevista. Por lo que respecta al viaje a Mallorca, conviene recordar que la *Crónica* solo cuenta dos viajes, ya que reúne el de auxilio a Mallorca con el de la toma de Menorca. El cronista, equivocado con este hecho, pudo computar dos años después del segundo viaje, el de 1230. Si es así, la *Crónica*, al referirse al segundo viaje, nos daría el mismo año de 1232 para la toma de Morella. Como es evidente, la entrevista tampoco pudo ser en 1233, porque Espàrrec ya estaba muerto. Ubieto, finalmente, ante esta imposibilidad, dice que Jaume se inventó esta reunión [16]. Esta sería una manifestación más de la mala fe que Ubieto identifica en el monarca. A mi parecer, este juicio carece de fundamento y,

---

[15] Huici-Cabanes, doc. 220.
[16] Ubieto, *Orígenes...*, ob. cit., vol. I, pág. 62.

lo que es peor, no puede ser contrastado. La entrevista de Alcañiz tuvo lugar y fue en el primer trimestre de 1232, cuando el rey encara a la vez todos los asuntos de la conquista de Valencia con Blasco y Abuceit, firmando abundantes documentos con ellos y con los templarios relativos a donaciones en las tierras de la futura conquista. La hostilidad de este historiador hacia el rey es incomprensible y anticientífica.

La razón más frecuente que se da para afirmar que la entrevista de Alcañiz se hizo en 1233 es un documento fechado en enero de ese año en Alcama, lo que se lee como si fuera Alcanicio, la forma latina de Alcañiz. Esto es muy problemático. ¿Por qué tenía que decir el documento «apud Alcaman», si en los demás documentos referidos a esta villa se lee perfectamente «Alcanicium» y si la forma Al- es muy frecuente en nuestros toponímicos? Puestos a que sea una mala transcripción, podría ser una incorrecta lectura de Alcalá, cerca de Jaca, como sabemos. Por lo demás, que en este documento estuviera presente Blasco de Alagón[17] es perfectamente explicable desde nuestra propuesta, pues por estas fechas Blasco sería todavía mayordomo de Aragón y debía acompañar al rey. No sé de dónde se puede inferir que en este documento esté presente Hug de Forcalquier. La donación se hace a Hug, pero nada permite deducir que estuviera allí presente, puesto que no firma. Al aceptar Ubieto que la toma de Morella debe ser de 1232 y al suponer que la entrevista es posterior, se carga a sí mismo de razones para defender que toda la *Crónica* es un montaje. Hemos visto que esta opinión no está fundada.

Recientemente, el profesor García Edo ha forjado otra tesis, completamente opuesta: que la conquista se debió de hacer en otoño de 1231. Él encontró una copia del texto de la donación de los castillos de Sástago y María a favor de Blasco de Alagón, donde se entregan el 22 de febrero de 1232. Luego, dice, la conquista de Morella debió de ser antes de esta fecha. Además, con base en otro documento, García Edo demuestra que la delimitación de los términos generales del castillo de Morella, promulgada por Blasco, es del mes de febrero de 1232[18]. Todo esto puede ser muy verdadero, pero nada demuestra de forma directa respecto a la toma de Morella. Pues, primero, era frecuente dar villas a cambio de otras que todavía no estaban conquistadas. Justo por este tiempo de la entrevista de Alcañiz, a primeros de 1232, el rey dio al Hospital el castillo de Silla, como vimos. Esta donación a Blasco de los castillos de Sástago y María podría ser del mismo estilo, siempre anterior a la conquista. Además, es perfectamente fácil que Blasco dejase claros los límites del alfoz de Morella y llamara a poblarlo antes de conquistar el castillo, para definir cuál iba a ser la propiedad que podía lograr en caso de conquistarla y

---

[17] Huici-Cabanes, doc. 173, pág. 304.
[18] Vicente García Edo, «Nuevas aportaciones documentales sobre Blasco de Alagón», *BSCC*, LXVI, 1989, págs. 287-301. Sería este documento una copia del siglo XIII que mejoraría la copia habitual del siglo XVI. En el documento se establecen los límites de la villa y se llama a pobladores para que vengan a Morella, en nombre del rey y bajo dominio de Blasco. De aquí no se deriva la conquista de Morella, como discutimos en el texto.

recibir ayudas de los pobladores que vinieran a ella. Este tipo de pactos era razonable que se hicieran *praeter conquista* y, por eso, pudieron tener perfectamente lugar en el tiempo de la entrevista de Alcañiz. Su objetivo era dejar las cosas claras para la campaña ulterior. Este hecho es el que despista a García Edo, que quizá sitúa la conquista en buena fecha, pero de un año equivocado.

Situar la entrevista de Alcañiz entre octubre y Navidad de 1231 es perfectamente posible e históricamente irrelevante. Adelantar unos meses este evento no cambia nada sustancial. De hecho, es el tiempo en que el rey está perdido cazando por tierras de Teruel. Pero también es posible que la donación de Sástago y María, al ser copia, sea un error, y que la del siglo XIII sea menos fiable que la copia que del original se pudo hacer en el XVI. Zurita lo da como de 1233, tras la conquista de Morella e inmediatamente antes de la otorgación de la carta puebla. En efecto, no es comprensible que, establecida la conquista en marzo de 1232, y delimitado su término, Blasco esperase un año para darle a la villa su carta. Es de suponer que Zurita vio originales en su famosa alacena. En todo caso, como digo, nada de todo esto tiene una relevancia excesiva. La lógica de la lucha por la frontera norte del reino de Valencia es lo decisivo, lo determinante del proceso a largo plazo que se iniciaba, sin ningún género de dudas, entre el invierno del año 1231 y la primavera de 1232. Por lo demás, siempre tenemos en nuestro favor los detalles de la *Crónica* del rey, que recuerda que la conquista del castillo se llevó a cabo pasado San Miguel y después de su viaje a Mallorca.

Mientras tanto, y como hemos dicho, desde 1232 a 1235, Blasco siguió operando como señor de Morella y fue muy rápido en identificar el sentido económico que convenía a la repoblación, pues firmó la carta puebla el 17 de abril de 1233, tras llegar a ese acuerdo verbal con don Jaume. En ella se preveían quinientos pobladores para la villa, que se organizaba con un amplio territorio ganadero. Como es posible que el lector no esté familiarizado con este nombre de carta puebla, explicaré brevemente lo que significa. Como ha señalado Pérez Prendes, uno de los mejores estudiosos españoles del derecho medieval, una carta puebla es un contrato jurídico válido entre un señor y unos vasallos[19]. Este contrato transmite a los aceptantes vasallos y al señor otorgante determinados derechos estables, recíprocos y reclamables. Como tal contrato, siempre supone como preexistente un sistema más amplio de normas jurídicas, ya sea emanado del rey o procedente de antecedentes similares. En caso de vacío de regulación, se apela a la costumbre con la misma fuerza vinculante. Este sistema jurídico —que no tiene nada que ver con nuestros códigos, pero que era eficaz en tanto cosmos más o menos cerrado de referencias jurídicas— se aplica a un caso concreto mediante decisiones y pactos entre señores y vasallos. En esos pactos se puede innovar de forma contractual frente a la tradición y

---

[19] Cf. J. Manuel Pérez Prendes, «Aspectos jurídicos de la conquista: las cartas pueblas», *En torno al 750 Aniversario. Antecedentes y consecuencias de la conquista de Valencia*, tomo I, Monografíes del Consell Valencià de Cultura, Valencia, 1989, págs. 335-345.

los antecedentes, ya sea porque el señor conceda más derechos a los vasallos, ya sea porque estos reconozcan más privilegios al señor. En modo alguno, por tanto, la carta puebla es una especie de código de la población. Es casi siempre un contrato que meramente invoca las leyes vigentes por las que se va a regir la vida de la comunidad y las relaciones con el señor. Esto se consigue fácilmente señalando el fuero matriz de la carta que se le da a la población. Este fuero matriz sirve así de texto legal de referencia para juzgar los litigios futuros e, incluso, señala la sede jurisdiccional en que se han de juzgar los conflictos. Igualmente, define el sistema de pesos y medidas y las cargas fiscales de los vasallos, la organización de los servicios comunales, su propiedad y su uso.

Siguiendo este proceso, por ejemplo, en la carta puebla que Blasco entregó a Morella se invoca el fuero de Sepúlveda o de Extremadura como matriz. Era este un fuero, desde luego, que canalizaba de forma oportuna las aspiraciones del señorío de Blasco de Alagón en aquella tierra de frontera. Pues la Extremadura, en la época en que se redactaba el fuero de Sepúlveda, era la franja limítrofe con tierras árabes que iba desde la raya de Salamanca a los Monegros en Aragón, pasando por Ávila, Segovia, Cuéllar y Sepúlveda. Este fuero estaba especializado en regular la dedicación económica a la ganadería y entregaba a la autoridad señorial amplio poder. Hoy sabemos que esta carta puebla de Morella significó la dedicación ganadera de estas tierras altas y poco fértiles, sobre todo aptas para el pastoreo de ovejas merinas, que ya empezaban a ser muy valiosas como materia prima de la artesanía lanera. La clave de este fuero era la definición de una capital, en este caso Morella, con un alfoz muy amplio donde se diseminaban comunidades de aldea, dedicadas a la ganadería y dependientes en todo de la villa. Como forma de repoblación fue muy rara dentro de las prácticas que se siguieron en el reino de Valencia y constituyó un caso de señorío extremo, del que apenas empezaron a liberarse esas comunidades en el siglo XVII. Sin duda, este era el régimen que colmaba las aspiraciones de la nobleza señorial.

Así que, conforme fue avanzando la conquista de aquellos lugares de frontera, se fue distribuyendo la población cristiana, repoblándose la tierra y otorgándose cartas puebla en cada caso. La carta puebla de Ares, que procede de 1234, sin embargo, invoca el fuero de Aragón zaragozano, ya que fue tomada por las milicias urbanas de Teruel, como hemos visto. Lo mismo sucede con Lucena (1235), Benasal (1239) y toda la larga serie de repoblaciones de ese mismo año: Catí, Villafranca del Cid, Castell de Cabres y Salzadella. En cierto modo, el fuero de origen da una idea de las fuerzas conquistadoras. Así, las repoblaciones de Cervera de Maestre, de 1235, y de San Mateo, en 1237, se hicieron a fuero de derecho catalán-leridano. También por estas fechas se da carta puebla a Chivert, aunque esta invoca el derecho islámico. Esto nos da una idea de que debió de tratarse de un pacto con los árabes que la tenían. Este es el sentido de muchas otras cartas puebla: establecer un pacto de señorío entre los pobladores árabes y los nuevos señores cristianos. Por eso, muchas de estas cartas, como la de Vall de Uxó, de 1250, están escritas originariamente en árabe. La conquista de la sierra de Espadán, con las poblaciones de Eslida, Sengueir, Palmes, Aín y Veo, en 1242, las dotará a todas ellas con cartas puebla ajustadas al derecho islámico, e invocan el Corán, la Suna o los hadices[20]. En Chivert se dice claramente que la población se regirá «secundum forum iudicium suasque consuetudines iuxta quod facere consueverunt in tempore sarracenorum». Otras veces, en la medida en que las poblaciones correspondían a las órdenes militares, no se indica fuero alguno, porque en todo se debían atener a las reglas de la orden de caballería de procedencia. Esto es lo que sucede con Calig y Ali en 1234, que fueron repobladas por la Orden del Hospital. La Iglesia repoblaba según el obispado de origen. El de Tortosa, que, como hemos visto, tenía muchos intereses en la expansión, lo hacía por el fuero o *costum* de Lleida[21].

Así, hacia 1233 se había comenzado el proceso de conquista del norte valenciano y su repoblación. En cierto sentido, quien no entienda la relevancia de las cartas puebla para la vida municipal valenciana, no comprenderá ni la estructura de la conquista ni la forma de vida peculiar de toda esta tierra, dotada de un fuerte sentido tradicional de la vida institucional y ciudadana. Las celebraciones dedicadas a festejar las efemérides de estas concesiones de cartas son muy frecuentes; las lujosas ediciones hechas con tal motivo, normales, y el orgullo que se tiene de su conocimiento es general en la tierra valenciana, de norte a sur. En realidad, para todos encarnan la invocación del momento fundacional de la vida de la comunidad, el momento de su constitución, la clave de partida de su identidad. Tierra de ciudades, la valenciana inició el destino de su peculiar vida social, basada en la competencia y emulación de sus municipios, justo en esta proliferación de cartas puebla con que poco a poco se fue canalizando su conquista y su repoblación. Pero cuando se trataba de una gran ciudad, como la de Borriana, el rey siempre deseaba mantenerla como tierra de realengo y entonces la carta puebla aspiraba a definir un juego nuevo que pasaba por la creación de cierta política urbana autónoma y la innovación de reglamentos. Veamos ahora ese paso decisivo en los planes de conquista de Valencia que fue el asedio y toma de la mayor ciudad entre Tortosa y la capital del Turia, la rica ciudad portuaria de Borriana, la capital de toda la rica comarca de La Plana.

---

[20] Para un estudio muy pormenorizado de estas cartas y del microcosmos de esta tierra, cf. Karl W. Butzer, Elisabeth K. Butzer, Ismael Miralles y Juan F. Mateu, «Una alquería islámica medieval de la sierra de Espadán», en *BSCC*, LXI, 1985, págs. 305-365. La mancomunidad de la población estaba regida por el cadí de Eslida, que estaba por encima del alamín municipal, todos siempre bajo el control militar del alcaide de los castillos que cada aljama tenía (cf., especialmente, págs. 314-316). Como es natural, las sublevaciones fueron constantes: en 1248-1249 y en 1275, coincidiendo con las grandes rebeliones de Al-Azraq (cf. pág. 327).

[21] Lo mejor que se puede consultar sobre este tema es el libro de Enric Guinot Rodríguez, *Cartes de Poblament Medievals Valencianes*, Servei de Publicacions de la Presidència, Valencia, 1991. Incluye un estudio introductorio, la práctica totalidad de las cartas conocidas, e índices muy valiosos de todo tipo, así como algunos mapas muy iluminadores sobre las cartas cristianas y las musulmanas y la tierra entregada, tanto la franca como la que se daba en partición.

17
LA ESTRATEGIA DE BOLSAS: LA CONQUISTA DE BORRIANA

De la manera que hemos visto quedaba entregada a los cristianos toda la frontera de Aragón con los territorios del futuro reino de Valencia. Restaba en verdad la vieja espina de Peñíscola, pero el rey no quería volver allí, sin duda recordando el fracaso de 1225. Lo evidente, en todo caso, es que don Jaume era el dueño de las tierras altas y de los castillos de las sierras que, poco a poco, bajan desde las estribaciones del Sistema Ibérico hacia la llanura marítima de los territorios valencianos. Desde las alturas no tenía sino que dejarse caer, con prudencia desde luego, pero sin miedo. Nadie podía amenazarlo en la retaguardia. Como el águila dominando las alturas, el rey solo tenía que elegir el primer asalto. Y todas las informaciones y experiencias de razias, que desde tiempo atrás impulsaron los reyes aragoneses sobre tierras valencianas, indicaban un objetivo indudable: Borriana. Su penetración en cuña desde el noreste y el noroeste marcaba una horquilla en la que Borriana era su centro y su objetivo. La cosa debió de ser inmediata a los arreglos verbales sobre Morella con Blasco de Alagón. Como dice Zurita [1], «visto que lo de Morella sucedió tan prósperamente» era cuestión de aprovechar la ocasión. Así que podemos situarnos de nuevo hacia mitad de noviembre de 1232, cuando ya vemos al rey en Zaragoza.

En ese invierno, el rey debió de iniciar los preparativos de la campaña de Borriana. Pero mientras no llegara la primavera era difícil comenzar las operaciones. Así que aprovechó esos meses para forjar un plan bien meditado. No podemos pensar, desde luego, que el rey Jaume era el primer cristiano que avistaba los llanos valencianos desde las alturas de Segorbe, de Ares, de Chivert. Desde el tratado de Tudillén, de 27 de enero de 1151, firmado entre el emperador castellano Alfonso VII y Ramon Berenguer IV, las tierras que van desde Tortosa hasta el Júcar quedaron como zona de conquista de los aragoneses-catalanes. Las tierras del sur de Denia y Murcia también podían ser

---

[1] Zurita, *Anales,* Libro III, cap. XVI.

conquistadas por ellos, pero con la obligación de jurar vasallaje a Alfonso VII. Por ello, Aragón recibía las parias de los reyes de Valencia y Murcia desde este tratado, que también reguló las relaciones de Alfonso II con el extraño personaje que es el rey benimerí Lobo, el abuelo de Zayyan[2], un rey semicristiano llamado Mohammad Ibn Sa'd ibn Mardanis (1127-1171), que vestía como cristiano y que logró tener un ejército personal de navarros, castellanos y catalanes a sueldo. A la muerte de este rey Lobo, Alfonso II pasará en razia hasta Valencia y llegará hasta Alzira. En otra de estas incursiones alcanzará Lorca. A la vuelta de una de ellas, pasando por Sagunto, se dirigirá a Cazola, un lugar de Soria a mitad de camino de la Medinaceli castellana y el Ariza aragonés, para revisar el tratado de Tudillén suscrito con Alfonso VII. Era el año de 1179 y en el nuevo tratado se habla por primera vez de reservar a los aragoneses-catalanes «Valentiam et totum regnum Valentiae» y se fijan mejor sus límites. La fortaleza de Aragón se percibe en que ya no se prestará homenaje de vasallaje a Castilla en relación con los territorios conquistados, si bien se establecen los límites por el sur en Xàtiva, Biar y Calpe, dejando el resto, Denia sobre todo, a Castilla. Aquí no debemos confundirnos. Este tratado de Cazola propone una organización de los territorios tal y como estaban definidos en los distritos o provincias islámicas, como se puede comprobar, al parecer, en Ibn al-Harrat[3]. Por eso la ciudad de Xàtiva, la frontera, será objeto de litigio y forzará un tercer pacto con Castilla en tiempos de Fernando III, como veremos. En todo caso, este Alfonso II —abuelo de don Jaume— dejó la frontera con Valencia en los límites de Tarragona y Teruel, justo donde hemos visto que Jaume la toma como punto de partida para su asalto final. Pere II, el padre de Jaume, a pesar de todo, continuará con las razias por estos territorios, pero no logrará sino pequeños avances por la zona de Ademuz. La toma de Morella, Ares y Chivert era así el primer avance sólido y sustancial de los cristianos desde hacía mucho tiempo.

Para entender los preparativos de aquel invierno de 1232, debemos añadir algunos detalles adicionales de la frontera catalano-aragonesa y su evolución. Esta descripción será importante para comprender la lógica de la conquista. Dicha frontera, muy dinámica, como ha demostrado el estudioso castellonense Enric Guinot, estaba marcada hacia 1160 por tres grandes distritos: el de Tortosa, dependiente del obispado, que llegaba hasta Benifassà, más abajo del río Senia; el de Alcañiz, que incluía desde luego la previsión inicial de tomar Morella, y el gigantesco distrito de Daroca, que limitaba por occidente con Albarracín y por oriente con Linares, llegando hasta Alpuente y Cirat.

Tras la firma del tratado de Cazola se produce un hecho decisivo en este esquema, porque se funda la villa de Teruel por Alfonso II el Casto, dividiendo el término de Daroca por una línea a la altura de Montalbán, y haciéndola

---

[2] Diago, *Anales,* Libro VII, cap. XXV, pág. 317 izq.
[3] Esta es la tesis de L. Ruiz Molina, «Yakka: un castillo rural de la cora de Murcia, siglos XI al XIII». Miscelánea Medieval Murciana, 17, 1992, págs. 271-293.

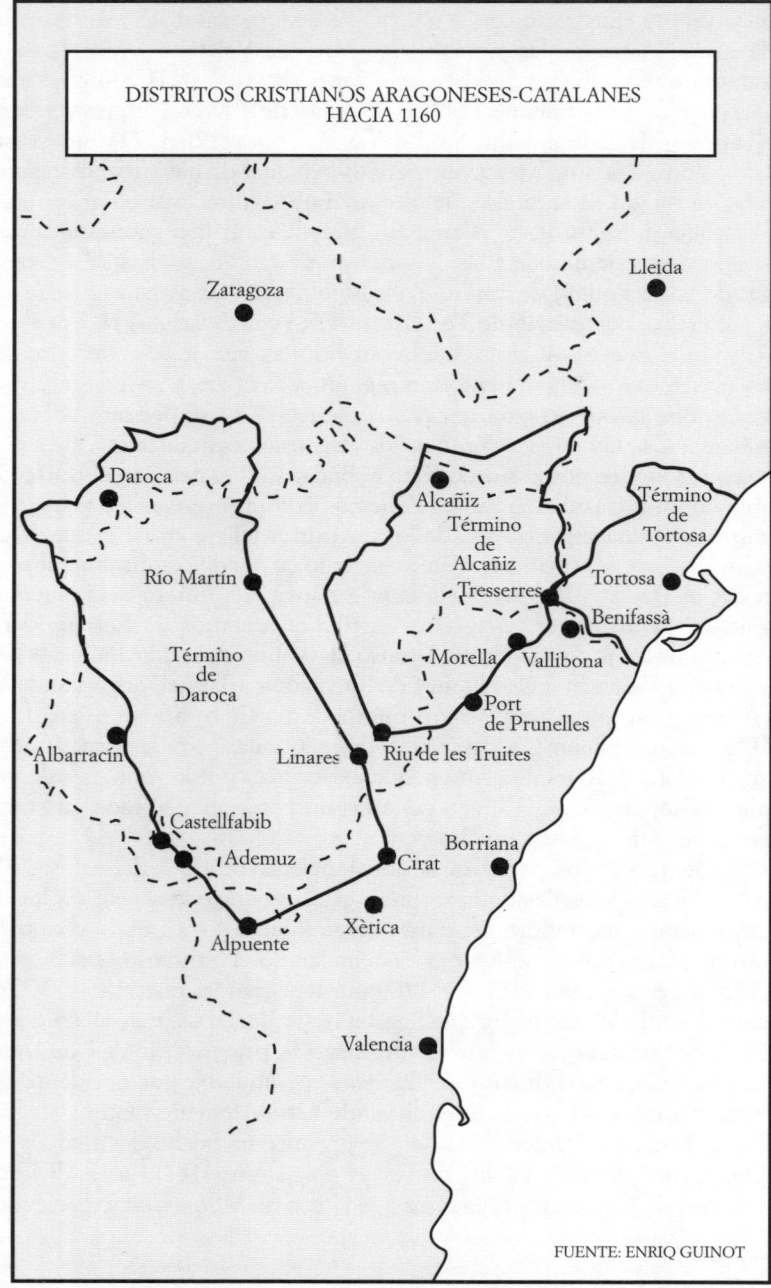

La frontera meridional de la corona de Aragón hacia 1160

llegar hasta la Peñagolosa por el este y hasta Xèrica, Alpuente y Begís por el sur. Al mismo tiempo, se entregó Alcañiz a la sección aragonesa de la Orden de Calatrava y se sacó Morella del término del Alcañiz y de la Orden, lo que quizá fue decisivo para alentar las expectativas de los nobles en su conquista. Esta frontera es importante para entender la implicación de las milicias de Teruel en esta fase de conquista, así como el protagonismo de la Orden de Calatrava y del obispado de Tortosa. Daroca, que debía de pensar que su fuero era origen del propio de Teruel, también participará de forma muy intensa en los nuevos acontecimientos. Contra esta posibilidad de expansión turolense jugaba Abuceit, que deseaba construir un gran distrito en Segorbe —incluyendo las tierras de Xèrica y Begís—[4], y la nobleza aragonesa, que padecía una seria amenaza de asfixia al no poder expandirse ante la presión de la realeza, los concejos ciudadanos y las órdenes militares.

Todos estos antecedentes debían de obrar en la memoria de los consejeros de Jaume y de la corporación nobiliaria. Pero ahora el joven rey, que tenía a la sazón veinticinco años, abría una empresa bien diferente de todas las anteriores. Ya no se trataba de razias, ni siquiera de conquistar castillos. Ahora el objetivo eran las ciudades. Era un cambio de estrategia fundamental, porque despreciaba en principio el campo y las plazas fuertes de defensa. De hecho, y en contra de toda apariencia y de las prácticas habituales de botín, era una estrategia acertada. En lugar de empeñarse en lugares como Peñíscola, fuertes y aislados, que podían tardar meses en caer tras costosos esfuerzos, el rey se dirigía hacia la cabeza de un territorio, una gran ciudad de la que dependía económicamente un amplio espacio de población. Sin este núcleo de la capital, el tejido humano, político, económico y militar de castillos y villas quedaba descabezado y estos se verían forzados a la rendición sin que los cristianos movieran un dedo. La caída de una capital, por tanto, implicaba la conquista de la tierra de un distrito entero. El botín para todos era mayor y más fácil la implicación de las poblaciones cristianas.

Desde las tierras altas de Aragón —pues descender por la vía Augusta le obligaba a tomar Peñíscola— el rey solo tenía un camino viable para llegar a la rica huerta de Borriana, como nos recuerda Roca Traver. Se trataba de bajar por las ramblas que abre el río Palancia y, antes de llegar a Sagunto, desviarse hacia el norte, buscando las ramblas del Mijares, una vez dejada a las espaldas Onda, la patria local del rey Zayyan de Valencia. Con ello, como he-

---

[4] Cosa que hizo. En 1236, Diago cuenta que Abuceit se convirtió al cristianismo, tras destruir la leyenda de que el motivo fuese su presencia en el milagro de la cruz de Caravaca. Reconoce entonces que tomó posesión del distrito de Segorbe, que Wamba había distribuido en su división de los obispados de España. Este distrito llegaba a Onda, Nules, Uxó, Almenara y Morviedro, esto es, al mar. Por occidente llegaría a Liria y Chulilla (*Anales*, Libro VII, cap. XIV, pág. 300). Diago vio la escritura en el archivo del cabildo de la iglesia de Segorbe y allí Abuceit se llamaba nieto de Miramamolín, el rey almohade de Las Navas. Sus hijos fueron señores de Arenós, a quienes el rey señaló el privilegio de ricoshombres por bondad. Con ello amplió la nobleza de Aragón con los hijos del antiguo rey de Valencia.

mos dicho, don Jaume despreciaba los castillos para adentrarse en el territorio de la ciudad, hasta llegar a la costa y cortar la unidad del territorio. Este era el plan, y una vez establecido en el invierno de 1232-1233, hizo el llamamiento a su gente de las ciudades de Aragón y Cataluña, a los consejos de Calatayud, Daroca y Teruel, a los maestres de las Órdenes del Temple —Ramon Patot— y del Hospital —el mismo Hug de Forcalquier—, pero también a los maestres de Santiago-Uclés[5] y Calatrava-Alcañiz, para concentrarse en Teruel en mayo de 1233, según cuenta la *Crónica*[6]. Mientras, el rey permaneció en marzo y en abril en Lleida, sin duda esperando la plenitud de la primavera.

Como solía suceder en estos casos, no todos llegaron a tiempo a Teruel, aunque al parecer hubo alguna confusión en las órdenes que fijaban la fecha y el lugar de reunión. El rey, a pesar de todo, decidió partir con su mesnada de caballeros aragoneses y con las milicias de Teruel, que tan activas se mostraban en esta fase de la conquista. Debían de ser unos ciento veinte caballeros y unos mil infantes. El pequeño ejército se puso en marcha hacia Xèrica, una villa dotada de una fuerte torre, en medio de los riscos que forma el Palancia en un apretado meandro, ya en las cercanías de Segorbe. El rey recuerda que pasaron por Viver de las Aguas, una localidad que andando el tiempo sería famosa por haber iniciado en ella Max Aub la saga épica de su *Laberinto mágico*. Tras algunas escaramuzas con los árabes, los cristianos encontraron a algunos caballeros del Hospital y del Temple, junto al comendador calatravo de Alcañiz, Rodrigo Pérez Pons, quienes le indicaron que los caballeros de órdenes, junto con los concejos de Alcañiz y Montalbán, estaban situados ya frente a Sagunto, dominando una colina «conforme vos les mandásteis»[7]. Era evidente que había un malentendido y que no se sintieron aludidos por la consigna de reunirse en Teruel. Al contrario, sobre la plaza de Sagunto, los caballeros clérigos de las diferentes religiones —como se llamaba entonces a las órdenes de caballería— llevaban dos días. Estos militares se habían plantado cerca de Sagunto, sin duda, para impedir cualquier salida imprevista de

---

[5] Se trata de la encomienda de Montalbán, fundada en 1210, y que en este tiempo estaba dirigida por Rodrigo Bueso, tan relevante desde los episodios de la condesa Aurembiaix, pues esta había prometido dejar todos sus bienes a la Orden de Santiago. De hecho, cuando se casó con Pedro de Portugal, solicitó el permiso del comendador de Montalbán. A su muerte concedió a la Orden de Santiago todas las posesiones de Castilla, excepto sus derechos en Valladolid. En 1232, Jaume le había dado a la Orden la alquería de Fadrell. Este Rodrigo Bueso fue muy activo en el sitio de Borriana. Cf. Regina Sainz de la Maza Lasoli, *La Orden de Santiago en la Corona de Aragón. La encomienda de Montalbán (1210-1327)*, Institución Fernando el Católico, Zaragoza, 1980, págs. 61-68.

[6] Que en este momento ya está planeando la conquista de Valencia se demuestra por la anterior concesión a Hug de Forcalquier de las villas y castillos de Torrent y Silla para cuando estén conquistadas. Hacia enero, el rey se encuentra en Zaragoza, desde donde dicta alguna norma favorable a la ciudad, que impide a los de Alcañiz y Épila que pongan vedados a los ganados que vienen de la capital (Huici-Cabanes, doc. 175, pág. 305). Un documento posterior confirma a Zaragoza todos los privilegios dados por sus antecesores. Cf. Huici-Cabanes, doc. 177, de 14 de marzo de 1233, pág. 308.

[7] *Crónica*, §154.

fuerzas desde la vieja plaza fuerte. Los mensajeros comunicaban ahora que las tropas de las órdenes militares no podían mantenerse por más tiempo sobre el terreno, aislados como estaban, y que debían unirse al grueso del contingente. El rey, sin embargo, no aceleró la marcha para reunirse con ellos, sino que se dedicó a talar los campos de mies que encontró a su paso. Pernoctó en las afueras de Torres-Torres —dominado todavía por los árabes— y desde allí, esquivando la sierra de Espadán, se dirigió a unirse con los que vigilaban la salida de Sagunto. Frente a la gran roca de la vieja ciudad romana, reunidas todas las fuerzas, el ejército de Jaume se dirigió hacia el norte para encontrar la senda del Mijares y llegar frente a Borriana, cercana ya al mar.

El sitio debió de comenzar a mitad del mes de mayo de 1233. El rey nos ha dejado algunos documentos fechados en Borriana ya en el mes de junio, otorgando la alquería de Carabona al comendador de la Orden de San Jorge [8]. Cualquiera que conozca Borriana sabe que las posibilidades de defender la ciudad frente a un ejército bien preparado eran mínimas. Tenemos dudas de que Jaume dispusiese de dicho ejército. Sabemos, eso sí, que el rey controlaba la costa, por donde podía arrimar a su campamento todos los víveres y aparejos necesarios para su hueste y para el sitio. Esto nos da una idea de algo central: el rey no podía aceptar el monopolio aragonés en esta conquista. En cierto modo, él ya operaba con la idea de corona, uniendo todas las fuerzas de sus tierras y organizando a todos sus súbditos. El mar era patrimonio de los catalanes y su expansión hacia el sur del litoral favorecía los intereses del obispado de Tortosa. Ellos tampoco dejarían solos a los aragoneses. Y así fue. Poco a poco fueron llegando todas las fuerzas y, cuando el rey pasa revista a los participantes, deja bien claro en la *Crónica* que estaban algunos nobles catalanes: el obispo de Lleida, Berenguer de Erill; el obispo de Tortosa, Guillem Cardona, y todos los nobles aragoneses, incluido Ferran, su tío, y Blasco de Alagón, junto con los concejos de Alcañiz, Montalbán, Daroca, Teruel, Calatayud, Lleida, Tortosa y más tarde el de Zaragoza. Eran sus fuerzas definitivas, todas las que podía esperar. Con ellas, el rey quizá apostó por una rápida victoria, pero esta no llegó.

Sabían los cristianos que las fuerzas de caballería de la ciudad eran mínimas, pero temían a los ballesteros árabes. La disciplina en el campamento, en todo caso, no parecía muy segura, pues el rey subraya con asombro en su *Crónica* las pocas veces en que es obedecido con puntualidad. Tampoco los comerciantes catalanes fueron generosos en esta ocasión, como narra la *Crónica*

---

[8] Cf. Huici-Cabanes, doc. 181, págs. 312-313. También confirmó a los hospitalarios todos sus privilegios, y ya concede el castillo de Chivert a los del Temple por la ayuda en la conquista de Borriana (Huici-Cabanes, doc. 182, págs. 313-314). Para la Orden del Temple y su historia en Valencia, hasta convertirse en la Orden de Montesa, cf. Josep Villarroya, *Real Maestrazgo de Montesa. Tratado de todos los derechos, bienes y pertenencias del Patrimonio y Maestrazgo de la real y militar orden de Santa María de Montesa y San Jorge de Alfama*, Valencia, Imprenta de B. Monfort, 1787.

con motivo de las negociaciones con Bernat de Santa Eugènia y Pere Martell, el mismo que le propuso al rey la toma de Mallorca, para garantizar por mar los servicios de avituallamiento. Pero hemos de pensar que el altruismo no era elemento propio del espíritu mercantil de aquella época, si es que lo fue de alguna. Los nobles aragoneses tampoco debían de estar muy contentos con la campaña, pues no iban a poder asegurarse toda la propiedad de las tierras conquistadas ni podrían garantizar la anhelada salida al mar de Aragón. Los concejos de Daroca y Teruel, sin embargo, fueron muy fieles al rey.

En pleno llano, sin embargo, las posibilidades de resistir un asalto con máquinas de guerra eran mínimas para Borriana. Así, un maestro italiano, al parecer ligur, construyó un castillo o trabuquete como el de Mallorca. Los trabajos de aproximación, impulsados por los hombres de los concejos, no fueron auxiliados por los nobles. El rey insiste en que «en el negocio de que acabamos de hablar nadie nos ayudó ni hubo quien se nos ofreciera»[9]. La consecuencia fue que el castillete de madera fue abandonado y destruido por las catapultas de los árabes. Entonces empezaron los trabajos de minado. En medio de las operaciones, el rey recibió la visita de los aragoneses que «al parecer se guardaban de los obispos y ricoshombres de Cataluña»[10]. Blasco de Alagón —que no debía de estar a buenas con el rey por el asunto de Morella, como sabemos— habló el primero y recordó que todos los reyes quieren siempre más de lo que pueden, pero que muchas veces deben darse cuenta de que no son omnipotentes. Venían a comunicarle al rey, en definitiva, que la situación era desesperada y que tenían que regresar a casa. La conquista de Valencia, que tan fácil se veía en la entrevista de Alcañiz, ahora debía esperar. Blasco le devolvía al rey la jugada de Morella. Ellos también preferían que aquellas tierras las tuviesen los moros, antes de que estuvieran en poder del rey, de los catalanes o de los concejos ciudadanos aragoneses. Al parecer, los nobles invocaron tratos con Zayyan, el rey de Valencia, por los que este se comprometía a pagar una fuerte indemnización a cambio de levantar el sitio. Era de nuevo el método que los nobles ya habían usado en Mallorca, lleno de trampas y de recelos hacia el rey. De esta manera, resulta bien claro que el reino de Valencia era un distrito definido en el momento de la dominación musulmana, pues la capital se implica de forma decidida en la liberación de la ciudad portuaria del norte.

El rey, ante esta propuesta de sus ricoshombres, reaccionó rápido y con enfado. ¿Cómo era posible que no pudieran tomar un «lugar insignificante como este, que no es mayor que un corral»?, exclamó, traicionado por el enojo, pues desde luego era injusto con Borriana, que por aquel entonces debía de tener dentro de sus murallas unas siete mil almas. Cuando todos salen de la reunión, el rey se queda solo, en todos los sentidos. Obviamente, comprende que hay arreglos secretos entre el partido de Blasco y el rey de Valencia, y que

---
[9] *Crónica*, §162.
[10] Ibídem, §166.

los nobles aragoneses no quieren que aumente el poder real. Manda entonces venir al justicia de Aragón y a su hermano, y llora con ellos, volviendo una y otra vez a la humillación pasada en su infancia y adolescencia, como si el destino se resistiese a quedar atrás.

Nada de lo que pase después en la conquista del reino de Valencia tiene sentido sin esta escena a las puertas de Borriana, en pleno mes de junio. Era la repetición de Peñíscola, cuando el rey apenas era un muchacho. Los ricoshombres embarcaban al rey en una aventura y lo abandonaban justo en el momento decisivo, para que la humillación fuera el primer paso a la futura claudicación. Es verdad que el servicio feudal tenía un tiempo límite, los tres meses. Pero, en todo caso, no los hacía desde el inicio del sitio. No, no había generosidad en el juicio de aquellos grandes hombres. El caso de Morella, la presión del rey para dominar militarmente el más importante castillo de la frontera valenciana, había abierto los ojos de los grandes señores. No podemos suponer en ellos un fin que no sea mantener a su favor el equilibrio de poderes entre nobleza y realeza. Jaume pensó que «falsa y mala gente»[11] lo rodeaba, lo que también era un juicio moral excesivo, pues el juego de intereses era evidente y legítimo dentro de la estructura de valores de la época. En un momento dado, incluso llegó a pensar el rey que el propio justicia de Aragón era de la opinión de los nobles. Pero Jaume vio claramente en esta hora: decidió llamar a los obispos, a los nobles catalanes y a los concejos de las ciudades de Aragón para rogarles que se quedaran con él. Apostó fuerte y pensó que, si ellos se quedaban a su lado, los nobles aragoneses no se irían. Su primera opción era la retirada; mas si pensaban que el rey había de vencer sin ellos, preferirían estar cerca de él y pedirle lo suyo. En realidad, era un juego perverso, pero el rey llevaba razón. «Así tomaremos Borriana —dijo con obstinación— a pesar del diablo y de los malos hombres que mal nos aconsejaron»[12].

Los catalanes y los consejos aragoneses le dieron su apoyo, como el rey había previsto. Los nobles aragoneses observaron y dieron muestra de no intervenir. Los fieles de la mesnada de Jaume, también aragoneses, con Bernat Guillem a la cabeza, desvinculados de la hueste señorial, lograron arrimarse al foso de la muralla de Borriana, protegidos por una empalizada. Ya nadie se fiaba de los ricoshombres ni esperaba su ayuda. La *Crónica* cuenta hasta qué punto el rey, espada en mano —era su espada *Tizona,* en la que supersticiosamente confiaba—[13], tenía que encargarse del trabajo de los peones, vigilando de noche las máquinas de guerra instaladas al lado del foso, resistiendo los ataques de los peones árabes. En su desesperación, el rey busca ser herido, según nos confiesa, porque al menos entonces habría tenido una razón honora-

---

[11] *Crónica,* §169.
[12] Ibídem.
[13] Cf. Valls Taberner, *Espadas mágicas en Cataluña,* en *Obras Selectas,* vol. III. CSIC, Barcelona, Madrid, 1954.

ble para abandonar el lugar. Pero el sitio no avanzaba ni retrocedía, el rey tampoco era herido y, así, todo seguía estancado. Por fin, estuvieron listos los minados, la técnica que había dado sus frutos en el cerco de Mallorca. La noche en que el rey recibe esta noticia, da orden de que unos cientos de peones, al alba, se introduzcan en los minados frente a la muralla semidestruida por el fundíbulo. Al alba de un viernes, quizá el 1 de junio, se fijó el asalto. Y así fue, pero resultó un fracaso. Sin desanimarse, las tropas cristianas siguieron con los trabajos, para desolación de los sitiados.

A pesar de todas las debilidades del bando del rey cristiano, los defensores musulmanes habían tenido que defender la barbacana cuerpo a cuerpo. Era una señal demasiado inequívoca de que, a la próxima embestida, la caída sería inevitable. Así que los de Borriana reclamaron un mes de prórroga. Si no recibían refuerzos de Valencia, se rendirían. El rey les contestó que no les daría ni un día de tregua y que debían prepararse para la batalla final. Entonces los sitiados decidieron rendirse bajo la condición de que les dieran cuatro días para abandonar la ciudad y poder llegar sanos y salvos a Nules. El rey se lo pensó, pero finalmente aceptó el pacto. Necesitaba el grano que tenía Borriana almacenado y, además, quería evitar disensiones entre catalanes y aragoneses, que sin duda se producirían de ordenarse un asalto en toda regla. Los sarracenos que salieron aquel día, que según la tradición fue el 16 de junio de 1233, y que debían de ser la práctica totalidad de la ciudad, alcanzaban las 7.032 personas, según dice la *Crónica,* una cifra que casi todos los historiadores dan por verdadera al ser demasiado curiosa como invención.

Tomada Borriana, Jaume tuvo dificultades para encontrar quién la guardase. Pere Cornell estaba dispuesto, pero tenía que subir a Aragón a reclutar a nueva gente, si quería proteger la ciudad. Ahora sí se cumplían los tres meses de servicio de la hueste y se debía hacer una nueva leva. Mientras Pere Cornell marchaba, era preciso que se mantuviese allí la gente de Blasco de Alagón. Como era de prever, su disposición fue mínima. Tras mucho rogarle el rey, Gimeno de Urrea accedió a pasar el verano en la ciudad mientras llegaba Cornell. Es fácil que el rey tuviera que compensarle con la donación del castillo de Alcalatén con sus alquerías, en premio de sus servicios, según dice el documento[14]. Como se ve, el rey cambia ciudades por castillos. Asegurada al menos un tiempo la defensa de Borriana[15], el rey se dirigió a Tortosa[16] y allí, en el castillo que hoy todavía se puede visitar, a orillas del Ebro, debatió con los que lo habían acompañado, Guillem de Cervera, el obispo de Lleida, Berenguer, y los notarios Guillem Rabassa y Pere Sans, acerca de las posibilidades de conservar Borriana. Las conversaciones fueron francas y crudas. El rey seguía empeñado en ello, a pesar de encontrarse sin tesoro y sin rentas,

---

[14] Huici-Cabanes, doc. 184, págs. 316-317.
[15] Quizá con la participación activa del Temple, que recibe una parte de la ciudad por su colaboración. En documento de 25 de julio de 1233. Huici-Cabanes, doc. 185, págs. 317-318.
[16] Miret, *Itinerari,* ob. cit., pág. 548.

mientras la guarda de Borriana necesitaba muchos recursos. Los consejeros le hicieron ver la situación. Aunque le ayudara el rey de Castilla, no podía mantener un islote cristiano en tierra de moros, a dos jornadas de Valencia. Es muy posible que los consejeros del rey obrasen de buena fe, y así lo reconoció el rey, pero recordarle la verdadera situación de su poder era abrirle de nuevo una herida que no había cicatrizado. Desconsolado, el rey despreció en su fuero interno estas palabras y agradeció con gentileza el consejo de abandonar la ciudad con tanto esfuerzo conquistada. Vemos una vez más, desde luego, cómo Jaume no tiene reparos en describirnos con toda crudeza las situaciones en las que recibe una humillación, como si estuviera seguro de que hallaría comprensión y fama en los que, al correr del tiempo, leyeran su relato, y tanta más honra cuanto más venciera estos obstáculos de los nobles con su obstinación y firmeza. Sin ninguna duda, esta es la parte más realista de la *Crónica*: cuando describe con rigor la verdadera situación del poder real en un mundo en el que el monarca andaba preso de una fuerza militar que, aupada en el régimen del señorío, había despreciado la dura ética de fidelidad de las relaciones feudales y la había convertido en un juego de presiones sin límites para disminuir el mando político y el prestigio del rey.

Esta conversación de Tortosa debió de tener lugar entre finales de julio y primeros de agosto de 1233. Desde Tortosa, al parecer, el rey pasó a Barcelona [17] y volvió a bajar a Borriana, donde entraba el 17 de agosto, entregando propiedades y organizando la ciudad con ánimo de establecerse en ella de manera definitiva. Así, por fin, en el primer día de noviembre de 1233, el rey entregó la carta puebla de Borriana. Es muy curiosa la cláusula de la carta. Se trataba de «statuere et introducere populum», la gente que ya estaba allí o que había venido antes a poblarla. En todo caso, Borriana quedaba fundada con todas las exenciones de una plaza franca y libre, según el fuero de Zaragoza [18]. Su decisión —como vemos— era ignorar los avisos tenebrosos de su nobleza y hacer de Borriana una ciudad real. En Borriana estuvo el rey desde agosto hasta finales de noviembre, demostrando con su presencia que no abandonaría la presa que le daba la llave de todo el norte del reino de Valencia. Solo hacia finales de año subió de nuevo a Barcelona y, a su paso por Tortosa, concedió al monasterio de Poblet un importante beneficio: el lugar y el castillo de Benifassà, el primer monasterio císter que podría erigirse en el reino de Valencia, junto con una serie de castillos en la frontera que iba a ser de los tres reinos y donde durante mucho tiempo, hasta el siglo XIX, iba a estar depositado el mejor manuscrito de las *Costums* y *Furs* de la ciudad y reino de Valencia [19].

---

[17] Donde concedió la confirmación de todos los privilegios que los pisanos habían obtenido de su antecesor Ramon Berenguer IV en Mallorca, y les concede nuevos derechos, como poder comerciar con el puerto de San Feliu, cerca de Girona. Huici-Cabanes, doc. 186, págs. 318-321.

[18] Cf. García Edo, «Los escribanos de la cancillería real», ob. cit., págs. 285-286.

[19] El documento se firma en Tortosa a 22 de noviembre de 1233. De este manuscrito hablaremos cuando llegue su momento.

Sabemos que el rey iba camino de Barcelona, donde se hallaba en enero de 1234[20], y allí permanecerá hasta el mes de febrero, donde recibió a los embajadores del reino de Hungría, que venían dispuestos a arreglar la boda con la que sería su segunda esposa, Violante[21]. Desde allí el rey pasó a Girona en marzo[22], y a Lleida[23], Huesca y Trasmoz. En mayo debió de pasar a Teruel, cuando se enteró de que todo iba bien con el señor de Urrea, que ya se había instalado en Borriana con su gente. Era una buena noticia y así la recibió el rey. Pero todavía tenían mejores nuevas que darle: tal y conforme don Jaume había supuesto, tan pronto como los árabes se dieron cuenta de que el rey dejaba una hueste fija en Borriana, las plazas situadas al norte comenzaron a rendirse. Borriana debía ser el centro de aprovisionamiento de la amplia zona entre el Ebro y Valencia, tanto por tierra como por mar. Caída en poder de los cristianos, la supervivencia económica y social de los alrededores estaba comprometida ya hacia la primavera de 1234. Y así, los habitantes de Peñíscola —la vieja espina— le habían ofrecido la rendición a Gimeno de Urrea si venía el mismo rey en persona a recibirla. Oída la oferta, el rey, con un mínimo séquito, se pone en camino y, cruzando el lugar de San Mateo —que entonces no estaba todavía repoblado—, se acerca en unas jornadas y llega a Peñíscola. La humildad del rey se nos descubre de nuevo: el único alimento que lleva es pan, vino y queso. En el arenal, frente al castillo, hacia el alba, recibió Jaume a los habitantes del enclave que en 1225 le resultara inexpugnable. Desde la playa pudo contemplar cómo sus hombres lanzaban el grito «¡Aragón!, ¡Aragón!» en lo alto del castillo que, andando el tiempo, habría de ver morir al papa Luna. En ese acto, Jaume acepta ofrecer a los árabes una especie de carta puebla, concediéndoles su ley coránica y los privilegios acostumbrados. Como el rey no tenía escribanos allí junto a él, marcharon a Tortosa para redactar los documentos pertinentes. Entre las condiciones, el rey debía asegurarles víveres, vestidos y ganados, cuyas existencias debían de ser muy escasas desde la caída de Borriana. Con la ciudad, cayeron las alquerías propias.

La conquista iba por el camino debido y todos se aprestaron a tomarse las concesiones que el rey había repartido, aunque no todos las hubiesen merecido. Los primeros, los maestres de las Órdenes del Hospital y el Temple, que se dirigieron a Chivert y Cervera, villas concedidas a ellos por el padre de Jaume antes de ser tomadas. Desde Tortosa, rendida Peñíscola, el rey debió de volver a Borriana, donde ya lo vemos en el mes de junio de 1234[24]. Iba con

---

[20] Para regular las propiedades del monasterio de San Cugat del Vallés, de quien recibe la mitad del dominio de Igualada a cambio de confirmar todos sus beneficios. Cf. Huici-Cabanes, docs. 192-193, págs. 326-331.

[21] Miret, *Itinerari,* ob. cit., págs. 548-549.

[22] Huici-Cabanes, doc. 197, pág. 334.

[23] Donde otorgará diversos privilegios a los mercaderes de paños para vender y no alterar los procedentes de Inglaterra, París y otros centros extranjeros, así como establecía algunas sanciones para los que no cumplieran esta ordenanza. Huici-Cabanes, doc. 198, págs. 334-335.

[24] Huici-Cabanes, doc. 201, pág. 338.

algunos caballeros de su mesnada y con otros de Pedro Fernández de Azagra, y junto con la hueste de Pere Cornell hicieron batidas por la zona, pues tomaron algunos lugares como Castellón (la futura capital de la zona, en estos tiempos una alquería de Borriana en la falda de las sierras que se asoman al mar), Burriol, Coves de Vinromà y Alcalatén, cumpliendo la donación previa hecha a Gimeno de Urrea. Es más que dudoso que el rey se desplazara a Burgos, donde debía firmar una tregua con el rey Teobaldo de Navarra. El pacto se firmó el 13 de octubre de 1234 y en él se dice quiénes están presentes: los máximos representantes del reino, Ferran, Nuño Sans, Fernández de Azagra, etc. El hecho de que el documento diga quiénes están en el acto permite deducir que el rey no estaba. En todo caso, los documentos también permiten pensar en la posibilidad de que el rey viajara hasta Burgos, pues lo vemos en Lleida hacia finales de año. Tuvo tiempo entonces de regresar. Pero lo importante, y lo que nos interesa, es que el rey estaba en Borriana desde luego en los días finales de diciembre de 1234. Sabemos que Pere Cornell había debido abandonar la villa y el rey debió esperar su regreso al frente de la guarnición permanente en ella. Era la manera de mostrar, contra todos, que la presa de Borriana no sería jamás abandonada.

18
UNA REINA HÚNGARA

A partir de aquí, la *Crónica* y los documentos son muy divergentes. Las idas y venidas a Borriana se siguen con cierto caos y apenas podemos apreciar un orden en el relato del rey. En efecto, a principios de 1235 el rey todavía estaba en esta ciudad[1]. Según dice la *Crónica,* Jaume habría pasado los meses que van desde enero hasta abril o mayo de 1235 por tierras de Aragón y Cataluña[2]. Todo esto es muy abstracto y general, desde luego. Ahora debemos intentar trazar un dibujo más concreto. Según los documentos de que disponemos, en febrero de 1235 tenemos al rey en Tarragona y en marzo lo vemos de vuelta tras pasar por Zaragoza[3]. En verdad, en todo este tiempo el centro de operaciones del séquito real estaba en Tarragona, donde se habían dado cita dos eventos importantes: la celebración de un parlamento eclesiástico o concilio de la iglesia arzobispal, y la convocatoria de Cortes catalanas. Posiblemente ambas cosas estaban muy relacionadas, en un eco de la vieja costumbre visigótica de las Cortes-concilios. En efecto, los asuntos religiosos y la lucha contra la herejía cátara seguía siendo una cuestión en la que estaba implicado el poder político. Así, en este concilio se prohibía que ninguna persona laica, ni en público ni en privado, pudiera disputar sobre cuestiones de fe católica. Quien así lo hiciera sería excomulgado y tratado como sospechoso de herejía. Al mismo tiempo, el concilio había decretado, y el rey se adhería a ello, que no fuesen traducidos al romance ni los libros del Antiguo ni del Nuevo Testamento, y quien los tuviera disponía de ocho días para entregarlos a su obispo.

---

[1] En efecto, el 1 de enero de 1235 concede don Jaume una segunda carta puebla a Borriana, en la que reconoce la libertad de caza, la vigencia de las costumbres árabes, y concede notarios públicos, así como diferentes oficiales que pudieran elegir, junto con los buenos hombres, al justicia, al salmedina, etc. Cf. García Edo, «Los escribanos...», ob. cit., págs. 286-287.

[2] Huici-Cabanes, docs. 193-200.

[3] Efectivamente, en Tarragona, el 11 de enero, dicta diversos documentos menores, sobre todo relacionados con el monasterio de Poblet (Huici-Cabanes, docs. 209-211, págs. 346-348). Durante febrero está en Tarragona y ya en marzo se le ve en Zaragoza. Cf. Huici-Cabanes, docs. 214-216, págs. 353-357. Allí sanciona determinados documentos, para volver a Tarragona en el mes de marzo, donde presidirá Cortes.

Quien no lo hiciera sería también sospechoso de herejía, ya fuese clérigo o laico. Era un concilio que solo tenía sentido porque estaba muy reciente la herejía cátara y, en cierto modo, en él se disponen las primeras medidas rigurosas y metódicas de lo que luego será la Inquisición[4]. La actuación de los dominicos catalanes en este concilio fue decisiva, aunque es dudoso que san Ramon de Penyafort estuviera ya al frente de ellos[5]. En el fondo, Tarragona aplicaba ahora las medidas que ya antes se habían tomado en Montpellier y en Letrán. Así, por ejemplo, el concilio disponía, de manera clara, que nadie sospechoso de herejía podía disfrutar de puesto alguno en la administración. Por lo demás, ningún señor ni ciudad podía recibir herejes. En verdad, se pretendía regular la sospecha de herejía, que solo podía ejercerse por parte de los eclesiásticos, pues solo ellos mantenían la potestad de conocer si alguien era creyente o herético[6]. Las medidas contra los nobles que acogiesen a los herejes, con plena conciencia o por negligencia, eran muy duras y, desde luego, implica-

---

[4] Esta etapa de la Inquisición es poco conocida. Para épocas posteriores, Y. W. Monter, *La otra Inquisición,* Crítica, Barcelona, 1992. Más reciente, *Inquisition espagnole et la construction de la monarchie confessionelle (1478-1561),* Ellipses, París, 2002.

[5] Por Valls, sabemos que, en 1234, san Ramon de Penyafort acababa la compilación de las *Decretales.* Fue justo entonces cuando el Papa le propuso la sede del arzobispado de Tarragona, horizonte que le costó una enfermedad. Para 1236 desde luego ya estaba en Barcelona, pues intervino en el asunto de la excomunión de don Jaume por impedir el paso del obispo electo de Zaragoza, Bernardo de Monteagudo, para consagrarse allí. El perdón lo debió de obtener el rey de la mano de san Ramon. Pero es posible también que en el concilio estuviera el propio santo, pues en 1235 el rey fundaba la Orden de la Merced con san Pedro Nolasco, y la tradición dice que a ella asistió nuestro dominico. Cf. Valls Taberner, *San Raimundo,* ob. cit., págs. 242 y sigs. Para una crónica llena de romanticismo sobre la fundación de la Virgen de la Merced, cf. Gazulla, «D. Jaime I de Aragón y la Orden de Nuestra Señora de la Merced», *I CHCA,* págs. 327-388, aunque es de dudoso rigor histórico. Su intento de que la Orden estuviera fundada en 1218 es más bien bizarro. En esta época, san Ramon estaba en Bolonia y no era confesor del rey. Cf. Valls, ob. cit., págs. 217 y sigs. El empeño de Gazulla por negar esta evidencia es estéril. Cf., sobre todo, la pág. 335 de su estudio. Si los primeros mercedarios se instalaron en Santa Eulalia y san Ramon gestionó la bula de aprobación de la Orden (Gazulla, pág. 361), esto fue en 1235, y fue la bula que Gregorio IX concedió. Por esta época san Ramon regresaba a España. Es posible desde luego que la Orden estuviera fundada antes. En Mallorca bien podía actuar en 1234. La clave del asunto está en vincular a san Pedro Nolasco y a san Ramon en una fecha tan temprana como 1218 con un rey, como hemos visto, lleno de dificultades para impulsar una política de cualquier tipo. Cf. el sereno estudio de J. W. Brodman, «The Mercedearian Order: the problem of Royal Patronage during the reign of James I», *X CHCA,* 3, 4, 5, Institución Fernando el Católico, Zaragoza, págs. 71-76. En referencia crítica a la obra de Gazulla y de Guillermo Vázquez, este autor demuestra la falta de documentación relacionada con la fundación de la Orden por parte de Jaume I. La primera prueba de contacto del rey con la Orden es de 1238, en una carta en que concede tierras por los alrededores de Valencia. Todo lo demás es un «pious and romantic attempt to dramatize the Order's beginnings, and not as an authentic historical record» (cf. pág. 73). Sería un mito la fundación en 1218, con Nolasco y con Penyafort viendo a la Virgen, y la donación del mismo rey del primer hábito. Que le diera el monasterio de San Vicente era una demostración de confianza, pero tampoco de favor: sencillamente, quería castigar a los monjes de San Victoriano, que habían malversado las rentas. Queda claro que la intervención del rey solo se realiza cuando la Orden ya estaba establecida, no debiéndose a fundación propia.

[6] Huici-Cabanes, doc. 212, de 7 de febrero de 1235, págs. 349 y sigs.

ban la confiscación de tierras y el castigo «corpus suum in manu nostra». Si la negligencia fuese *dissoluta,* esto es, explicable, el castigo sería decidido a criterio del rey. Naturalmente, los bailes que incurriesen en este delito perderían a perpetuidad su cargo y su oficio. El concilio estableció otras muchas disposiciones, como la renovación de las paces y treguas aprobadas para la conquista de Mallorca, la prohibición a los militares y caballeros de hospedarse en lugares sagrados y algunas disposiciones que impedían a los judíos cobrar más del 20 por 100 de interés y controlaban los contratos abusivos y usurarios. Es preciso tener en cuenta que el Concilio de Tarragona tenía validez tanto para Cataluña como para Aragón. Allí estaban, de hecho, todos los obispos de la corona.

El 17 de marzo todos estos obispos, más los ricoshombres y los nobles de Cataluña, se reunieron en Cortes en la misma ciudad de Tarragona, ante todo para confirmar las paces y treguas de Mallorca, siempre según los usos y costumbres de Barcelona. Puede sorprender la seriedad que ponían aquellos hombres en regular las paces y treguas, a cuya casuística se aplicaban con esmero y afición. De hecho, estas sesiones eran las verdaderamente políticas, por cuanto eliminaban la centralidad de la guerra como factor de decisión en todos los problemas. Más nos sorprende que las Cortes deliberaran sobre los consumos de carne que estaban permitidos, las formas y reglas para sentarse en la mesa a los que eran soldados y a los que no, y los que tenían autorización para dormir en la misma cama. Se trataba de reglamentar todas las actividades de la vida social, pues las diferencias estamentales implicaban derechos y privilegios que dominaban la totalidad de la vida de los hombres. Frente a la potencial comunión abierta de la sociedad cristiana, la sociedad feudal se organizaba sobre la exclusión rigurosa de los desiguales. También se regularon en aquellas Cortes los torneos voluntarios, que se prohibían excepto en tiempo de guerra. Con ello podemos extraer una conclusión que nos permite identificar una tendencia de los tiempos. En efecto, descubrimos en estas importantes Cortes de Tarragona la paulatina formación de una sociedad de corte, plenamente reglamentada, dentro de una comunidad en la que se aspira a someter todos los asuntos al derecho. Así, por ejemplo, se estatuyen precios para el trigo que comprometen a todos los habitantes y que estarán controlados por veedores elegidos entre los hombres buenos y fieles de la ciudad. Las reuniones, como se ve, demostraban una vez más que el consenso en Cataluña era más amplio que en Aragón, porque la nobleza catalana evolucionaba más hacia la aristocracia de corte que la aragonesa, que se mantenía firme como nobleza militar de base territorial señorial, esencialmente vinculada a la ganadería como forma económica.

Al llegar el verano de 1235, el rey regresó a Borriana[7]. Venía de Zaragoza, donde acababa de conceder el privilegio a sus ciudadanos de que todas sus tierras estarían francas a sus ganados, excepto algunas cañadas, como la

---

[7] El 27 de abril de 1235, don Jaume estaba en Huesca, dando a la Orden de Calatrava el castillo de Begís. Cf. García Edo, «Los escribanos...», ob. cit., pág. 287.

de Signa y Retuerta de Pina[8]. Desde Zaragoza se dirigió a Montalbán, donde finalmente llegó al acuerdo con Blasco de Alagón sobre el señorío de Morella, tal y como vimos en el capítulo anterior. Era el 11 de mayo de 1235 y en el documento se hace referencia al «contencionem, que erat inter nos et vos super castrum et villam de Morella»[9]. La solución, como hemos dicho antes, contemplaba que el rey se quedara con el castillo, y el noble solo con la villa. Es muy importante que Jaume reconozca las mejoras que Blasco de Alagón introdujo en la ciudad, lo que venía a significar que tenía por legítimo el señorío que el ricohombre había ejercido de facto. El castillo, llamado Celoquia, pasaría a ser defendido en tenencia por Fernando Díez y, si él moría, pasaría a Gimeno Pérez de Tarazona. Si este no quería tenerlo, sería preciso elegir por consenso un hombre de la confianza de ambos. En todo caso, Fernando Díez debía rendir homenaje a Blasco para darle la confianza de que no lanzaría a los hombres del castillo contra su villa. Por lo demás, se daban ambas partes treinta días de plazo para informarse sobre los agravios y entregarse satisfacción por los posibles problemas que pudieran surgir. Esta concesión era vitalicia, pero la carta mantenía que la villa revertiría al rey o a sus herederos, a excepción de la heredad patrimonial del noble, que se establecía en cierta extensión de tierra. Los pactos vinculaban al hijo de Blasco de Alagón, Artall, y daban todo tipo de seguridades sobre su propio cumplimiento. En otra carta del mismo día, el rey entregaba con dominio absoluto a Blasco los castillos y villas de Culla y Coves de Vinromà en recompensa por haber tomado el castillo y la ciudad de Morella[10].

Desde Montalbán el rey se dirigió hacia el sur, camino de Borriana. El 25 de junio de 1235 lo vemos en la torre de Foyos y el 30 de septiembre en el sitio de Montcada, ambas torres importantes en el círculo de defensas que rodeaba la capital del Turia. Es de suponer que, en este tiempo, el rey estuvo de campaña militar, pues estos dos lugares estaban situados bien lejos de Borriana, a unos cincuenta kilómetros. Muy fiel a su criterio de atenerse esencialmente a las hazañas o hechos heroicos y de armas, el rey pasa por alto todo lo que hemos venido refiriendo y se concentra en la continuidad de la campaña valenciana. Aquí, por tanto, enlazamos de nuevo con la *Crónica,* que nos dice que el rey se adentró, con los caballeros mencionados, en tierra de moros. Según nos cuenta, el rey bajó por Almenara —una peña al norte de Sagunto, a la altura de Borriana, con varias fortificaciones dominadoras de toda la llanura—, pero, al ser descubierto por las torres vigía, viendo cómo la huerta de Valencia se llenaba de fuegos anunciadores de su cabalgada, decidieron rodear la sierra Calderona para llegar a Paterna y Manises, a unos seis kilómetros de Valencia capital, bajando luego hacia la ribera del Júcar. Descansó don Jaume una noche en la Torre Espioca, que todavía está en pie y se divisa

---

[8] Huici-Cabanes, doc. 218, pág. 363.
[9] Ibídem, doc. 219, págs. 363-365.
[10] Ibídem, doc. 220, pág. 367.

desde lejos, al lado derecho de la carretera que desde Valencia se dirige al sur[11]. La cabalgada real llegó hasta Albalat de la Ribera, junto al Júcar, y los cristianos fueron cargando con todo lo que encontraban, aunque era poco por estar todos los musulmanes avisados. A la vuelta, más o menos por el mismo camino, pasaron por Quart, que luego sería del monasterio de San Vicente de la Roqueta y, después, del de Poblet, cuando Jaume se lo entregara al gran monasterio catalán. Esta cabalgada, que demostraba la facilidad con que se podía penetrar en tierra enemiga y lo decaídos que estaban los ánimos de los sarracenos, debió de realizarse hacia mediados de 1235[12].

Si hemos de creer a la *Crónica,* fue entonces, en el verano de 1235, cuando se organizó la gran incursión hasta Cullera, y no en 1234, en que la sitúa Diago[13]. En este tiempo, el rey debía de estar acompañado de la plana mayor de sus nobles y ricoshombres. Entonces dio en tomar Cullera, con la idea de forzar una tenaza sobre la capital valenciana. Era una idea magnífica, como en su día resaltó López Elum. Por el norte había dado resultado la estrategia de las bolsas: tomada Borriana, había caído sin dificultad una buena parte de la huerta hasta Sagunto. Las cabalgadas indicaban que ninguna resistencia se podía esperar de la zona oeste de Valencia hasta el Júcar. Si ahora se tomaba Cullera, en la desembocadura de este río, Valencia quedaría sola y aislada. La clave, una vez más, era el dominio conjunto de la tierra y del mar. El rey contrató unas galeras que transportaron máquinas de guerra hasta Cullera. Por tierra, los caballeros del rey llegaron hasta el castillo y tomaron posiciones en las colinas de los alrededores. Todas las gentes de la comarca se habían refugiado intramuros de la ciudad. Si se lograba colocar los dos fundíbulos en ese alto, la ciudad entera quedaba a tiro de piedra, sin defensa alguna. Que fuera herida la población de mujeres y niños no parece importarle al rey. Estamos en el día de San Juan, y si la *Crónica* no es falsa sería del año 1235[14]. Pero, una vez más, el consejo de todos los principales fue desistir, con razones más bien espurias. Se dijo que no había piedras para usar las catapultas, excusa pintoresca, pues en la colina de Cullera se podía hallar piedra bastante con que disparar las máquinas. Los avituallamientos podrían asegurarse por mar. El día de San Juan sería difícil esperar una tormenta en el Mediterráneo, como le adujo su consejo para disuadirle de este plan, con un desparpajo sorprendente. El rey en todo caso desistió y levantó el cerco. Que don Jaume volvió a desconfiar de sus consejeros lo demuestra el hecho de que reunió en secreto sus pocos incondicionales: el maestre del Hospital, Pere Cornell y Gimeno de Urrea, los que efectivamente le ayudaban a mantener Borriana. Con ellos, el rey dio en planificar la conquista de la torre de Montcada, una de las

---

[11] Diago sitúa este momento en 1233 *(Anales,* Libro VII, pág. 294).

[12] Sería junio de 1235, si hemos de creer a Pedro López Elum, «La conquista de Valencia», *Cuadernos 16,* núm. 143, Madrid, 1985, pág. 10.

[13] Diago, *Anales,* Libro VII, pág. 297. Sin duda, debió de producirse otra incursión por este tiempo, hacia diciembre de 1234. Cf. López Elum, ob. cit., pág. 10.

[14] *Crónica,* §194.

que rodeaban Valencia y avisaban del peligro a sus vigías, situada a unos seis kilómetros de la capital, en medio de una huerta magnífica. Allí, en el sitio de Montcada, firmó un documento el 30 de septiembre de 1235, ordenando a los judíos del obispado de Zaragoza que pagaran los diezmos al obispo [15]. Una vez más el infante don Ferran y los demás lo vieron como una aventura, pero ahora el rey tenía a sus partidarios avisados y dominaron la reunión. La operación se decidió: se tomó Montcada, se lograron muchos detenidos por sorpresa y se obtuvo un gran botín. Luego se pasó a Museros, una torre cercana, y se venció también, canjeando los setenta árabes que la defendían por Guillem Aguiló, que estaba preso en poder de los musulmanes. El rey vendió su parte de botín para pagar las deudas contraídas en mantener el ejército. Así que, finalmente, era verdad que de todo esto el rey solo sacaba honor y gloria, pero poco más. El rey, como vemos, no paró mucho en Borriana durante el verano de 1235. Luego, como ya indicó Miret, se dirigió a Barcelona en septiembre, quizá a recibir a Violante de Hungría. A finales del mes de octubre subió hacia Lleida, donde el día 23 ya firmó documentos, como el que favorece al monasterio de Sigena, de tan feliz memoria, con el castillo y la villa de Peñalba [16]. Pero la estancia importante de este año en Barcelona fue la que tuvo lugar hacia el mes de diciembre. El objetivo fue muy sencillo: ultimar su matrimonio con Violante de Hungría. A este tema le debemos dedicar ahora nuestra atención.

 Ante todo, hemos de indicar que es muy curioso el rumbo de las relaciones internacionales del rey Jaume, en apariencia contradictorio con la dirección fundamental de los asuntos de su política interior. Mientras que esta última se centraba cada vez más en los asuntos hispanos, abandonando a la fuerza los proyectos de hegemonía en el Mediodía francés, su política internacional lanzaba sus redes al corazón mismo de Europa. He dicho que esto es solo una aparente contradicción, pues en el fondo el doble movimiento tenía su lógica: un reino fuerte y expansivo le permitía al joven Jaume intervenir con tanta más fuerza en los temas centrales de la cristiandad. Y estos asuntos, en el siglo XIII, siempre eran los mismos, los que ya hemos analizado en los capítulos anteriores. Cierto, Jaume seguía siendo en 1235 un rey protegido de la Santa Sede y, cuanta más fuerza tuviera su reino, tanto más podía serle ofrecida por parte del Papado una función en el juego de fuerzas que entonces se tejía en Europa. Reinaba entonces en la Santa Sede Gregorio IX, quien ya había logrado forjar la gran Castilla al reconocer como legítimo heredero de León al hijo de Berenguela, Fernando III, quien por estas fechas se lanzaba a la conquista de la orilla derecha del Guadalquivir y ganaba Úbeda y Baeza. Este mismo Papa, con mucha sutileza, había actuado para que no empeorasen las relaciones entre san Luis y Jaume con motivo de la evolución de los asuntos de la Provenza. En efecto, el 27 de mayo de 1234 se casaba san Luis con

---

[15] Huici-Cabanes, doc. 221, pág. 367.
[16] Ibídem, doc. 223, págs. 359-360.

Margarita de Provenza, la hija de su primo y amigo Ramon Berenguer V, con quien Jaume había pasado su infancia en Monzón. Protegido del Papa, el conde había entregado su hija al rey de Francia, con la idea de asentar de manera definitiva el dominio del norte sobre los rebeldes territorios cátaros. Como Ramon Berenguer no tenía hijos varones, quedaba en el aire la herencia de la Provenza. Al ser un territorio feudatario de la casa de Barcelona, el señorío provenzal podía retornar al rey Jaume, con lo que de nuevo la presencia catalana en el Mediodía se reforzaría. Este matrimonio de Margarita con el rey francés impedía esta reversión. Al estar casada la heredera con san Luis, era más fácil creer que la Provenza pasaría a la monarquía francesa, en la persona de los hijos de Luis. Sabemos que el papa Gregorio IX insiste en recibir información de los puntos de vista de los monarcas en una carta dirigida a Ramon Berenguer. Ahora la Santa Sede sabía que en la Península existían dos monarquías importantes que debían tener su juego en Europa: Castilla y la federación catalano-aragonesa, aumentada con las Baleares y a un paso de tomar Valencia. Una se podía asomar al Atlántico por el Cantábrico y tarde o temprano entraría a mediar en el juego de las hostilidades franco-inglesas. La otra ya poseía la plataforma de las Baleares, a un tiro de piedra sobre Sicilia, dominando el Mediterráneo occidental.

La doctrina de la Iglesia por aquel tiempo era que los reyes en su reino eran como el emperador en el imperio: no conocían a ningún superior en asuntos temporales. La consecuencia de todo ello era que el emperador no podía aspirar al monopolio del poder político en el mundo occidental. La Iglesia sabía que, si se daba un único poder terrenal, tarde o temprano ese imperio le disputaría a ella la dirección del poder espiritual. Así que la proliferación de los centros de poder político era la jugada maestra de la Iglesia, mientras ella se mantenía como el indiscutible poder espiritual unitario y con el poder arbitral entre los reinos. Una vez que se lograba esta pluralidad de centros de poder político, solo la Iglesia contaba con saber, tiempo y hombres capaces de administrar las complejas relaciones entre todos ellos. La estrategia decisiva consistía, ante todo, en implicar estas monarquías nuevas y poderosas, lejanas de Roma, en las cuestiones del imperio. Para eso, nada mejor que casar a sus reyes con herederas de derechos imperiales. Esto es lo que hizo Roma, favoreciendo la boda de Fernando con una princesa de Suabia. La apuesta por Castilla en la cuestión del Imperio excluía a Aragón. Una vez que la Iglesia concedió a Jaume el divorcio de Leonor, tenía las manos libres para implicarlo en las cuestiones del imperio. Pero no lo hizo. Así, hacia 1232, el Papado le ofreció a Jaume dos posibilidades: una, la de casarlo con la hija del duque de Austria; la otra, casarse con la hija del rey Andrés de Hungría y de Violante de Courtenay, hija a su vez del emperador de Constantinopla, Pedro de Courtenay.

Como se ve, el Papado deseaba implicar a Jaume en la política del Imperio latino de Oriente, ya tradicional en su casa desde su abuelo Alfonso. Con este movimiento, el Papado además deseaba acercar tímidamente la corona de Aragón al linaje de la casa de Francia, de la que los Courtenay era una rama. De hecho, Yolanda o Violante era prima de san Luis[17]. Además, con esta boda podría implicar a don Jaume en una cruzada oriental, tan relacionada siempre con la ayuda al Imperio latino de Constantinopla. Jaume, además, tenía motivos personales de prestigio. Como nos cuenta en el parágrafo 130, él prefirió casarse con la hija de un rey y nieta de un emperador de Bizancio, pues tal había sido su primera esposa y su misma madre. En todo caso, este matrimonio denunciaba que Aragón, para la Iglesia, no debía entrar en el asunto del Imperio. Andando el tiempo, esto fue más bien una bendición para la corona.

En febrero de 1234 llegaron de Hungría los embajadores del rey Andrés, el obispo de Fünfkirchen y el conde Bernardo, uno de los principales nobles húngaros. Se establecieron las negociaciones del contrato y, al cabo de unos días, el obispo y el sacristán firmaban en Barcelona las constituciones matrimoniales. En unas pocas líneas se establecía la dote que debía aportar Yolanda: diez mil marcos de plata que hacían la dote de su madre, los dos mil marcos de plata que le debía el duque de Austria, el condado de Namur y algunos otros señoríos en Borgoña. Los embajadores regresaron a su país con los pactos firmes. En el mes de septiembre de 1235, con el mismo obispo y con el conde Dionisio[18], desembarcaba Violante, como le iban a llamar los catalanes, en Barcelona. La boda debió de realizarse antes de diciembre de 1235[19], pues el 11 de diciembre el rey[20], con el arzobispo de Tarragona y el obispo de Barcelona, más algunos nobles catalanes y aragoneses como testigos, firmó un documento de donación a Violante de la ciudad y el señorío de Montpellier, así como el condado de Millau, en el que además le entregaba una hipoteca del Rosellón en compensación por la dote de los doce mil marcos de plata y reconocía que sus hijos recibirían el reino de Mallorca, el reino de Valencia, el señorío de Montpellier y los condados de Rosellón y Millau. Hemos de recordar que, por estas fechas, el sucesor del reino de Aragón y del principado de Cataluña era Alfonso, el hijo de Leonor. Así que los hijos de Violante, en esta especie de testamento genérico que opera casi

---

[17] También era hermana de santa Isabel de Hungría, que daría su nombre a la hija menor de don Jaume, que casaría con Felipe el Atrevido de Francia. Este hecho fue muy valorado en la descendencia de la casa real de Mallorca. Cf. M. de Barcelona, «L'ordre franciscá y la casa reial de Malloques», *Estudis franciscans*, 1923, vol. XXX, págs. 363-365. Algunos documentos sobre esta autoconciencia se pueden ver en el trabajo de Antoni Oliver, «La cultura en el primitiu Regne de Mallorca, 1230-1349», *XIII CHCA*, págs. 103-117. Este elemento fue clave para el prestigio de los franciscanos y religiosos radicales en las islas, que luego se hará evidente en el caso de Ramon Llull; aquí, especialmente, pág. 109.

[18] Que según Diago se quedaría a servir al rey y casó a una de sus hijas con el hermano de san Ramon de Penyafort, Bernardo, que con Pere III tuvo toda la tenencia del valle de la Gallinera, el último refugio de los moros de Valencia. Cf. *Anales*, Libro VII, pág. 299.

[19] Ferran Soldevila da la fecha de 8 de septiembre de 1235 en su *Pere el Gran*, ob. cit., vol. I, pág. 17.

[20] Huici-Cabanes, doc. 224, págs. 370-371.

como un contrato de bodas[21], recibirían los territorios patrimoniales del rey, bien por conquista, bien por herencia, pero no los de la corona. No hay que olvidar que el 17 de septiembre de 1234 se celebró la entrevista en Huerta, entre los dos reyes de Aragón y de Castilla, en la que el rey Jaume tuvo que reconocer los derechos de Alfonso y entregar la villa de Ariza a Leonor, que debía tener bajo su protección a su hijo hasta la mayoría de edad. El Papa fortalecía este reconocimiento con un breve en mayo de 1235 por el que confirmaba la legitimidad de Alfonso. De esta manera, los herederos de Violante podían disponer de los reinos conquistados por don Jaume y reunificar las tierras francesas de la monarquía, que podían unirse a los más que problemáticos señoríos borgoñones de Violante. Por su parte, el heredero de Leonor de Castilla, Alfonso, podía aspirar a los territorios consolidados de la corona de Aragón. Como podemos comprobar, la política de la Santa Sede, que contaba con una herramienta tan decisiva como el reconocimiento de los matrimonios y de los hijos legítimos, era muy clara y sencilla. Sin ella no se entenderá lo que andando el tiempo serán las unidades nacionales.

Más allá de este aspecto, sin duda, quedaba el humano. Al fin y al cabo, aunque política, la unión de Violante y Jaume no dejaba de ser un matrimonio y encerraba los aspectos usuales. Al parecer, la reina fue del agrado del rey, que desde el primer momento le dedica los calificativos convencionales que usan los maridos reales y los nobles de su época para referirse a las esposas. No solo está el doble reconocimiento de propiedades que sigue a su matrimonio, del que ya hemos hablado. Está sobre todo, como veremos, la confianza que le mostró en los asuntos más importantes y en los momentos más difíciles, como se descubrirá ya en la propia toma de Valencia. Esta buena fe entre ellos se forjó en la clara conciencia que Violante fue construyendo sobre las verdaderas relaciones de los nobles con el rey y su opción decidida en favor de los intereses del monarca a partir de entonces. Mientras el rey estaba en el frente, la reina fue presionada por el infante don Ferran y esto le llevó a un pequeño incidente cuando el rey le pidió que bajara a Borriana. Tras este momento, y algún otro registrado como veremos en la *Crónica,* el rey no da jamás indicación alguna sobre discrepancias con Violante. Al contrario, vemos con

---

[21] Cf. Ferran Soldevila, ob. cit., págs. 17 y sigs. Este testamento, como muy bien dice el erudito catalán, será el que se cumpla en 1241, tan pronto nazca el infante Pere. Soldevila además cambia la fecha tradicional de 1242 para este segundo testamento de Jaume, por cuanto ha podido identificar la fecha de nacimiento del infante Pere. Su argumento lo juzgo muy sensato (cf. ob. cit., pág. 8, n. 40), pues si en verdad el infante había nacido en 1240, hacia el mes de agosto, como al parecer fue, entonces el testamento del rey debía rehacerse tan pronto fuera posible, para ajustarlo a la promesa matrimonial que Jaume había hecho a Violante en 1235. Esto nos daría la fecha de enero de 1241. Soldevila hace un formidable análisis de las fuentes sobre el tema, desde Muntaner, Zurita, Miedes, Bofarull y Tourtoulon (cf. ob. cit., págs. 1 y 2). Todo esto cuadra con el hecho de que el documento por el que don Jaume declara a su hijo Pere «l'hereu de Cataluña», que es de 1254, debía coincidir con la mayoría de edad del infante, cifrada en los catorce años. Luego tendremos ocasión de situar el nacimiento del infante en el lugar biográfico del rey.

qué alegría, de vez en cuando, si lo permite la campaña, el rey se desplaza a Borriana o hasta donde esté la reina para comer y estar con ella. La gentileza del rey, en este sentido, corresponde a los hábitos caballerescos de la época y todo hace pensar que, llegado el caso, el matrimonio se comportaba como una pareja de nobles amantes. Como una nueva prenda de su buena disposición para con la reina debe entenderse el aumento de la dote con los condados de Cerdaña y Conflent, con las tierras de Vallespir y la villa de Colliure [22].

El caso es que, tras la boda, el rey descansó en Barcelona hasta una fecha cercana al 21 de enero de 1236, pues en este tiempo lo vemos en Tárrega, ultimando los asuntos del condado de Urgell que, tras el cambio con Pedro de Portugal, había vuelto en feudo a la familia Cabrera, con la que no tardarían en estallar los conflictos. En el documento, Pons I de Cabrera, el hijo de Guerau que había guerreado contra el rey en el tiempo de Aurembiaix, juraba ante el rey resolver por medios legales cualquier problema que surgiera entre ellos. El acuerdo se lograba en términos beneficiosos para el rey, que mantenía en su poder la ciudad de Lleida y la villa de Balaguer, mientras daba al conde una serie de villas y de castillos de menor entidad, así como la posibilidad de ganar otros del condado [23]. Pronto haría uso don Jaume de este derecho, pues el 21 de marzo, desde Zaragoza, el rey daba la carta puebla de Balaguer, por la que declaraba francos a todos los que vinieran a poblar la villa y exentos de pagos de los derechos de regalías durante cinco años. De nuevo, la paz con la nobleza le era muy necesaria. Borriana seguía allí, solitaria y aislada, en la frontera hacia Valencia. Pero la campaña contra la capital todavía estaba pendiente. El siguiente paso fue desplazar el frente hasta una colina a tiro de piedra de sus murallas, hasta el Puig de Santa María.

---

[22] Huici-Cabanes, doc. 227, pág. 373.
[23] Cf. Sobrequés, *Els Barons de Catalunya,* ob. cit., pág. 76.

19
La toma del Puig de Santa María

Las razias que hizo el rey en el verano de 1235 desde Borriana, y las que seguían haciendo sus hombres en su ausencia, tenían como misión reconocer el terreno que rodeaba a Valencia, localizar sus defensas importantes, identificar la estrategia de los moradores sarracenos, deprimir su estado de ánimo. El rey sabía ya asentado su dominio sobre Borriana y contaba con el control de la costa desde el mar. Era cuestión de que la operación de conquistar Valencia pasara a la segunda fase: se trataba de hacerse con el poder de la montañita llamada *Cebolla*, una palabra que romanceaba otra árabe de similar fonética y que significa justamente lo mismo que *puig;* a saber: colina o cerro. El nombre «Puig Cebolla» de las crónicas implica, como vemos, una redundancia y vendría a significar colina o cerro en los dos idiomas, romance y árabe. Más tarde el rey la disolvería, al llamar a este lugar Puig de Santa María, con lo que una vez más demostró su fidelidad a la devoción mariana. En todo caso, la voluntad del rey era hacerse fuerte en el castillo que dominaba la llanura valenciana y, desde allí, asolar la rica huerta de la capital. Se trataba de disminuir las defensas de la gran ciudad, sobre todo desde el punto de vista económico y psicológico.

Este plan quizá estaba definido desde el principio, desde la conversación de Alcañiz con Blasco de Alagón, que debía de conocer la posición desde sus tiempos de residencia en Valencia. Ahora, sin embargo, el rey quería evitar los problemas que había tenido en Borriana, cuando no pudo asegurar una guarnición de fieles tras su conquista. Si esta cautela fallaba, sería muy difícil estabilizar el asalto a Valencia y todo el plan se vendría abajo. Para ello, Jaume debía dar con el hombre idóneo para esta aventura, sin duda comprometida, pues era posible un contraataque árabe y entonces ese hombre tendría que protagonizar una resistencia con escasas posibilidades. Sobre todo esto debió de reflexionar el rey mientras buscaba la hueste apropiada para este nuevo escenario. Este ejército solo podía encontrarlo en Aragón, y hacia esta tierra se dirigió el rey tras su boda en 1235. Así, lo hemos visto en marzo en Zaragoza, desde donde se dirige a Huesca[1] y desde allí pasa por los concejos de Calata-

---

[1] El 14 de abril de 1236 ya está allí, firmando una orden por la que obliga a los sarracenos de la ciudad a pagar los diezmos. Cf. Huici-Cabanes, vol. I, doc. 234, pág. 379.

yud[2], Daroca[3] y Teruel, los más importantes contingentes de las tierras aragonesas[4]. Eran los elementos que le habían prestado la ayuda definitiva en la conquista de Borriana, y a ellos volvía, fiel a la lógica de las cosas. Esta última etapa del viaje es importante, porque tornaba a verse con Abuceit y su hijo, para confirmar el tratado suscrito entre ellos sobre la conquista del reino de Valencia. Allí[5], Abuceit se comprometía a entregar de forma libre la cuarta parte de todo lo que conquistara del reino y reconocía la propiedad del rey Jaume de los famosos siete castillos que el musulmán debía conquistar. Por su parte, el rey Jaume se comprometía a defender a Abuceit contra todos los que le hicieran guerra o le molestaran en el reino de Valencia. Sin duda, era un motivo legal para intervenir en Valencia, ya que se suponía que Abuceit había sido expulsado violentamente del reino y este tratado comprometía la ayuda del rey cristiano. Vemos así que Jaume iba preparando la operación de Valencia y reclutando gente para su gran aventura. El caso es que hacia el mes de julio de 1236 el rey estaba de nuevo en Borriana[6].

Es fácil pensar que en esta ciudad, por fin, Jaume se decidió por el hombre a quien dejaría al frente del Puig una vez tomado. No era otro que su tío, el hombre de Montpellier, Bernat Guillem d'Entenza, el que sin duda había salvado el sitio de Borriana. Así que el rey le propondría este plan: lo dejaría en el castillo del Puig con cien caballeros y con provisiones para un año, con el fin de cabalgar por la zona asolándola. El rey no le daba muchas esperanzas de futuro: si vencía, lo haría el más noble caballero del reino; si moría, le recordaba la promesa del paraíso que la doctrina de la cruzada prometía a los que murieran en ella. Al verano siguiente volvería el rey y ultimaría la ruina económica de la capital. Ese sería el momento de lanzar a los ricoshombres y las milicias de las ciudades para poner sitio a Valencia y tomarla. Una vez caída la capital se tomaría «todo aquel reino hasta Xàtiva», dando cumplimiento al tratado de Cazola. El rey, como era de esperar, debía mantener este plan en secreto. El caso es que, quizá una vez fijado el esquema de su actuación, se dirigió de nuevo hacia las tierras del norte para ultimar los preparativos de la campaña. El mes de octubre de 1236 lo tenemos en Monzón, donde convocó las Cortes decisivas y unitarias para la conquista de Valencia. Aquí, en estas Cortes (de las que conocemos la lista de todos los asistentes[7]: tanto las digni-

---

[2] Está el 20 de mayo, pues firma un documento en el que ordena a Pedro de Portugal que preste homenaje a la reina Violante por las islas Baleares, como señora y reina, pues era el único medio para que aceptara el señorío de sus herederos, destinados en la mente de Jaume a ser reyes de Mallorca.

[3] Miret, *Itinerari,* ob. cit., pág. 123.

[4] Allí firma el acuerdo de confirmación de los contratos realizados con Abuceit el 20 de abril de 1224. Huici-Cabanes, doc. 236, págs. 380-382.

[5] Diago vio el documento de 28 de mayo en el Archivo Real de Barcelona, en el armario XIII del reino de Valencia, en el saco P, n. 128. Cf. *Anales,* Libro VII, cap. XV, pág. 301.

[6] Había pasado a finales de mayo por los alrededores de Teruel, donde otorgó franquicias a los de Alpuente. Diago lo cuenta en *Anales,* Libro VII, cap. XV, pág. 301.

[7] Huici-Cabanes, doc. 238, págs. 385-388.

dades eclesiásticas como los sencillos sacerdotes, entre los que se encuentra por primera vez el dominico Ramon de Penyafort [8], tanto la nobleza de Aragón como la de Cataluña, y los representantes de las ciudades de Lleida, Tortosa, Zaragoza, Teruel, Daroca, Calatayud, Tarazona, Huesca, Jaca, Barbastro), se trató de tres cosas: del sitio y de la toma de la ciudad de Valencia, de las paces que debían observar los súbditos del reino, y de dar solidez a la moneda jaquesa para evitar su depreciación. Este último punto se realizaba mediante un juramento solemne del rey ante sus barones, por el que se compromete a no variar la ley de la aleación y a no acuñar moneda nueva. Este esquema será el que se aplique luego a los juramentos de los fueros y privilegios en las Cortes sucesivas, como sucederá en Valencia. Vemos así que el juramento inicial del rey era aquel que afectaba a la riqueza de la moneda y que el problema económico era visto por estos hombres como central y objeto de la más expresa formalidad jurídica y política. Esto nos da una idea de hasta qué punto la economía del siglo XIII ya estaba irreparablemente monetarizada.

Como vemos, los procedimientos ya experimentados con ocasión de la conquista de Mallorca se imponen ahora a todo el reino para llevar adelante la toma de Valencia. La paz y tregua en toda la corona y la contratación de contrapartidas en tierras y propiedades según la ayuda prestada para la conquista fueron comunes a la aventura de las islas y a la campaña de Valencia. De esta manera, el momento de la expansión y de la conquista de nuevos territorios se configuraba como el eje de la paulatina ordenación política del reino. Sorprende, sin embargo, que las ciudades de Cataluña, a excepción de Lleida, cuyo estatuto era equívoco, no estuvieran representadas en Monzón. Esta ausencia no iba a ser definitiva, como veremos. Hasta que se ponga en marcha la campaña todavía habría de pasar un tiempo y, para entonces, Barcelona estaría muy presente en la hueste del rey. Quizá este hecho nos ofrece una indicación acerca de la paulatina transformación en asunto de toda la corona de lo que al principio era exclusivamente una expectativa aragonesa. Sea como fuere, unos días más tarde, el 28 de octubre, el rey promete en Lleida [9] dotar la iglesia catedral de Valencia y todas las sufragáneas suyas, y somete este hecho al arbitrio del arzobispo electo de Tarragona, al maestre de la Orden del Hospital, al infante Ferran y a Guillem Fulco. Al mismo tiempo prometía tierras *para todos* los que lo ayudaran a conquistar Valencia. El 13 de noviembre de este mismo año el rey hace explícita la dependencia de la sede de Valencia de la de Tarragona, a la que declaraba «in perpetuum iure metropolitico» [10]. Sin Cataluña, desde luego, la empresa de Valencia no tenía sentido.

---

[8] El igualmente dominico Diago es muy sensible a esta presencia. (Cf. *Anales,* Libro VII, cap. XVI, pág. 303 izq.) Así como para los otros dominicos, como el futuro obispo de Lleida, Guillem de Barberán, el predicador dominico Miquel de Fabra, que ya había predicado en Mallorca, y primer lector de teología de la orden dominica.

[9] Huici-Cabanes, doc. 239, 28 de octubre de 1236, págs. 388-389.

[10] Ibídem, doc. 240, págs. 390-391.

Desde Lleida, el rey se dirigió hacia Montpellier, donde iba a encontrarse con Bernat Guillem d'Entenza, el hombre que debía resistir en el Puig. Hacemos al rey en Montpellier en el mes de diciembre, después de las Cortes. Si fue allí la entrevista —cosa que es posible—, le pidió a su tío que guardase el secreto, y le prometió convertirlo en el mejor vasallo de su reino o conquistar el paraíso [11]. El de Montpellier le besó la mano y aceptó el encargo. Sin embargo, la *Crónica* no dice que en realidad el rey también tuvo que ir para jurar fidelidad al obispo de Magalona, Juan de Montlaur, como verdadero soberano del señorío que el rey disfrutaba sobre Montpellier. Quizá acerca de este punto debamos decir algo más, pues el problema lo volveremos a ver a lo largo de este libro. En efecto, el obispo Juan de Montlaur o Montelauro pretendía que la ciudad natal del rey mantuviese la arcaica soberanía episcopal y que, por ello, el rey la debía tener solo en feudo. Por eso le reclamaba a don Jaume el correspondiente homenaje de vasallaje. El rey, como es natural, se negaba a prestar fidelidad a un obispo que no era la cabeza de la Iglesia narbonense, ni mucho menos. Pero una orden de Gregorio IX, sin embargo, obligó al rey a jurar fidelidad al obispo, y así lo hizo Jaume el 26 de diciembre de 1236. Este es el otro motivo del desplazamiento del rey a Montpellier.

Como esta cuestión todavía nos ocupará, conviene que preparemos el terreno para comprender su seguimiento en el capítulo próximo. Diremos que, como se puede suponer, el rey no dejó la cosa en ese mero juramento de fidelidad. Al contrario, apoyado por los oficiales de la ciudad claramente antiepiscopales, no dejó de otorgar reglamentos y ordenanzas contrarios a los hombres del obispo. Este no se quedó tampoco quieto y, aprovechando que el rey estaba entregado a la conquista de Valencia, declaró caído en *comiso* el señorío del rey sobre Montpellier por deslealtad o felonía. De esta manera, el feudo tornaba a su señor soberano, a libre disposición del obispo [12]. Pero por

---

[11] Sin duda, este era uno de los elementos de mimetismo cristiano respecto a la *jihad* islámica, la guerra santa. El texto literal es «si vos morits en servici de Deu e nostre, paraís no us pot fallir». Al principio de la institución de la cruzada, se suponía que el motivo exclusivo de la lucha y de la muerte debería ser extender la fe de Dios, sin elemento adicional alguno, como la gloria o la riqueza. Pero el texto de don Jaume muestra lo impuro de esta doctrina en la época en que estamos, hacia 1236. Jaume dice que debe pensar en la gloria y en la riqueza en caso de sobrevivir y, solo en el caso de muerte, en la aspiración al paraíso. Cf. Milagros Rivera Garretas, «El origen de la idea de orden militar en la historiografía reciente», *Acta Mediaevalia,* I, 1980, págs. 77-91; aquí, pág. 85.

[12] Juan de Montlaur tardó poco tiempo en buscar un aliado poderoso y, por un acuerdo de 28 de agosto de 1238, le dio la ciudad al conde de Tolosa, Raimundo VII, ahora enemigo de Ramon Berenguer (cf. Tourtoulon, ob. cit., vol. II, pág. 8). El obispo sabía lo que se hacía, pero fue mucho más lejos de lo que podía. En efecto, de esta manera fortalecía el partido del emperador Federico en suelo francés. Por esta época, Raimundo VII había aceptado los despojos que Federico II le había quitado al primo de Jaume, los condados de Forcalquier y Sisteron. Cuando Ramon Berenguer V sitió la ciudad de Marsella, aliada del emperador, Raimundo la socorrió, por lo que los marselleses lo premiaron con la donación de la parte baja de la ciudad. Así que el obispo le quitaba ahora Montpellier al rey de Aragón y se la daba al enemigo de la casa de Barcelona, al conde de Tolosa. San Luis vio el movimiento como peligroso y escribió al Papa el 20 de mayo

ahora no debemos adelantar más acontecimientos. El caso es que el rey Jaume tuvo que desplazarse hasta Montpellier para prestar homenaje, condición para mantener la actitud positiva del Papado. El juramento se realizó «manibus iunctis et in vestris manibus positis, dato osculo pacis et firmitatis»[13]. La ceremonia de homenaje se describe todavía mejor en el documento emitido el 17 de diciembre en Montpellier, donde se nos dice que estaban ante el altar de San Fermín, ante el cuerpo de Cristo, la cruz, las reliquias y el texto abierto de los Evangelios. Entonces el rey dijo en voz alta: «Escucha, tú, Johannes, obispo de Magalona; yo, Jacobo, etc., etc., en esta hora y ante tu persona...». Como vemos, la ceremonia en Montpellier es mucho más formal que en ninguna otra ocasión anterior. Las dimensiones ritualizadas de este sacramento del homenaje tienen sin duda una disposición mágica: todo se escribe sin que pueda faltar una coma y los términos fundamentales de las cláusulas centrales se repiten tantas veces como sea necesario. Allí estaba, en este acto de verdadera humillación, el mismísimo Ramon Berenguer, el conde de Provenza, el compañero del rey en Monzón. Que la *Crónica* no quiera recordar aquel día de San Fermín es bien comprensible.

Aquí, una vez más, los documentos y la *Crónica* apenas se apoyan. Sabemos que el rey inició el año en Montpellier. Pero desde enero hasta el mes de julio de 1237 que se encuentra en el Puig, a las puertas de Valencia, solo disponemos del propio relato del rey para reconstruir su vida. Según este relato, hacia el inicio de la cuaresma, a finales de febrero de 1237, le llegó la noticia de que el castillo del Puig había sido destruido por los propios sarracenos, sin duda avisados de los planes del rey Jaume, por lo demás bien previsibles. El rey no se inmutó. En secreto, como siempre, mandó construir el armazón de unas tapias en Teruel, donde se hallaba por la Pascua de aquel año, con su mesnada, con los consejos de Daroca y Teruel y los ricoshombres Gimeno de Urrea y Fernández de Azagra. Al llegar a Xèrica, los nobles se molestaron por no ser partícipes del secreto. Entonces el rey les reveló que efectivamente se trataba de tomar el Puig, lugar al que por primera vez confesó quería darle el nombre de Santa María, bajo cuya invocación se habían iniciado las Cortes de Monzón. Contó entonces a los nobles el plan en su totalidad y les rogó comprensión. Los nobles se enfadaron, desde luego, pero finalmente aceptaron las palabras del rey. El cuerpo de caballeros se dejó caer por Torres-Torres y lle-

---

de 1238 para que impidiera el auxilio de Raimundo a Marsella. Después, el propio Jaume y el conde de Provenza le habían dado cuentas al Pontífice de la agresión y le habían pedido ayuda para hacerle frente, pues el rey no podía abandonar el sitio de Valencia para socorrer a su primo. Así que el Papa solicitó que san Luis de Francia interviniera y exigió del mismo Raimundo que dejara de atacar a sus dos protegidos. En todo caso, Raimundo sabía que no podía tomar Montpellier solo porque se la diera el obispo, pero la cuestión sería muy otra si lograba crearse un partido propio dentro de la ciudad. Como se puede ver, la clave estaba en promover en Montpellier un movimiento semejante al de las demás ciudades libres italianas, protegidas por el emperador. En cierto modo, así se hizo, y una parte del patriciado burgués de Montpellier, a partir de entonces, empezó a conspirar contra el rey, como hemos de ver posteriormente.

[13] Huici-Cabanes, doc. 241, págs. 390-392.

garon frente a Sagunto. Entonces recibió el rey la noticia de que Zayyan tenía presta a su hueste para la batalla en Puzol, un alto por encima del Puig, a los pies orientales de la sierra Calderona, frente al mar. Se trataba de una falsa alarma, porque quienes se habían avistado en Puzol eran las fuerzas del Temple, del Hospital, de Calatrava-Alcañiz y los caballeros de la guarnición de Borriana. A los pocos días fueron llegando los consejos de Zaragoza y los demás ricoshombres de Aragón. La orden fue reconstruir el castillo del Puig, y todos se pusieron a la faena. Esta obra duró dos meses. Una vez más, la clave de todo el asunto fue el dominio de la costa, pues desde el mar Jaume hacía llegar bastimentos y materiales de construcción. Por eso, el rey mandó abrir un camino, que todavía va desde el Puig hasta las playas cercanas, apenas a dos kilómetros. En este tiempo empezaron las correrías por la zona, siguiendo el plan que don Jaume había pactado con Guillem d'Entenza.

Mientras se edificaba el castillo, el rey debió de subir a las tierras altas, para llevar adelante una serie de actuaciones de carácter jurídico. Así lo vemos en Monzón hacia el día 21 del mes de junio, para confirmar sus propiedades a los templarios [14]. A principios de julio, el rey y su hueste ya estaban de nuevo en el Puig [15]. El 9 de julio de 1237 se inició el registro en el que se iban apuntando los ofrecimientos de tierras que el rey hacía a sus hombres, como pago de los servicios que cada uno ofrecía para la conquista. Este registro formará con el tiempo el llamado *Llibre del Repartiment* [16]. Entre los primeros nombres que allí se apuntan ya vemos a Artal de Luna, al que se asigna la villa y castillo de Paterna y Manises. En ese mismo día se concede al abad del monasterio de La Grassa el lugar y la iglesia donde se suponía por tradición que descansaban los restos de san Vicente mártir, «ante Valenciam», esto es, fuera de las murallas de Valencia, para elevar allí un convento [17]. Hacia julio de 1237 el rey, que dice haber salido de una enfermedad, recibe en el Puig a su tío y más de cien caballeros, aunque sin las provisiones necesarias. En esta circunstancia, era muy difícil mantener la posición de la colina. El rey montó en cólera con su tío en privado, pero no lo trató mal. Jaume decidió mantener allí a los caballeros de Guillem d'Entenza, y él marchó inmediatamente a recoger los víveres que pudiera para la plaza. Así lo hizo: fue a Borriana, desde allí subió a Lleida [18] y luego a Tortosa, donde el rey recuerda que fletó cuatro barcos, con víveres para dos meses. Es muy curioso que los documentos que firma en Tortosa, el 3 de octubre de 1237, beneficiaban a su notario Guillemon,

---

[14] El documento no lo dan Huici-Cabanes, pero lo cita Miret, *Itinerari,* pág. 127.
[15] Huici-Cabanes, vol. II, doc. 243, pág. 13. Por el documento le concede a Artal de Luna los castillos y las villas de Paterna y de Manises, del término de Valencia, cuando cayeran en su poder.
[16] Finalmente editado de manera crítica por Amparo Cabanes y Ramón Ferrer Navarro. *Llibre del Repartiment del Regne de Valencia,* Zaragoza, 1979-1980, 3 vols.
[17] Miret, *Itinerari,* ob. cit., pág. 128.
[18] Miret (ibídem) lo encuentra en Lleida el 12 del mes de agosto, dando un documento de protección de las casas de la Orden del Santo Espíritu de Montpellier, especialmente de la casa de Lleida.

dándole ciertos huertos en Valencia y concediéndole la escribanía de la *savalmedina* o curia de la ciudad [19]. Sin duda, este Guillemon debía de rendirle importantes servicios al ser responsable de la relación del libro de registro del reparto de Valencia. Desde Tortosa, don Jaume se encaminó a Tarragona pasando por Salou, donde requisó las naves que estaban a punto de partir para Mallorca con víveres y las envió también al Puig. Como no tenía dinero, firmó una deuda y se dirigió a Lleida, donde le hicieron un préstamo de sesenta mil sueldos para pagar las confiscaciones. Es muy curioso ver al rey reunir víveres y dineros para enviarlos a los soldados que, mientras tanto, debían de estar asolando la huerta de Valencia. Desde Tortosa, don Jaume se fue directo a Barcelona, donde estaba el 14 de octubre de 1237 [20]. Desde aquí, debió de dirigirse hacia Lleida de nuevo y luego pasó a Huesca.

Fue durante esta estancia [21] cuando, como dice la *Crónica,* le llegó la noticia de que los suyos habían ganado la batalla del Puig, en la que Zayyan había reunido sus fuerzas «desde Xàtiva hasta Onda», ciudad de la que era natural, para destruir la molesta fortaleza cristiana, centro de las correrías que arruinaban la huerta de la capital. Fue un encuentro decisivo, que dejó sin caballos al ejército musulmán y, por tanto, sin capacidad de iniciativa en el asedio que se avecinaba. Mientras, los concejos de Teruel habían mandado refuerzos a los del Puig por si los árabes organizaban otro asalto. Cuando el rey recibe la noticia, se dirige entonces con el obispo de Huesca a la Seo para entonar un tedeum. Luego, desde Huesca, el rey pasó por Zaragoza —donde lo hacemos el 27 de diciembre— [22] hacia Daroca, citando a su paso a todos los que pudieran reunirse con él en Teruel en cinco días. Entre todos los que congregó debían de formar una columna de más de mil acémilas. En Teruel esperaba añadir otras mil más. Para hacernos una idea del esfuerzo económico que hacía el reino, debemos recordar que las mulas eran uno de los bienes más caros de aquel entonces, pues cada una valía cuatrocientos sueldos. Desde luego, era una fortuna lo que el rey ponía en juego en aquella ocasión. Para financiar los víveres que debía transportar, pidió otro crédito, esta vez a Fernando Díez, su mayordomo.

Por estas fechas de finales de año tuvo lugar en Zaragoza el encuentro que relata la *Crónica*. Allí con el rey debían de estar todos los grandes nobles,

---

[19] Huici-Cabanes, vol. II, doc. 246, págs. 25-26.

[20] Aquí hay un documento muy curioso. Huici lo describe así: «Jaume, rey de Aragón, recibe bajo protección a la casa del palacio de Uclés, de la orden del Temple» (Huici-Cabanes, vol. II, doc. 248, págs. 17 y sigs.). Es evidente que la regesta está equivocada. La casa de Uclés no era del Temple, sino de la Orden de Santiago. Por lo demás, difícilmente podía tomarla en protección Jaume en este tiempo. Ya Miret llamó la atención de que se trataba de Palau del Vallès, cerca de Caldas de Montbui. Ignoro cómo este fallo se ha podido mantener en la colección de Huici-Cabanes.

[21] Diago (*Anales,* Libro VII, cap. XVII, pág. 305 izq.) se equivoca en la fecha, que cifra en el mes de julio. Beuter, por el contrario, da la fecha correcta, de octubre de 1237.

[22] Huici-Cabanes, vol. II, doc. 249, págs. 18-19.

desde don Ferran[23] hasta Fernández de Azagra, pasando por Artal de Luna, Gimeno de Urrea, Rodrigo Lizana y Pere Cornell. A los ocho días de estar en dicha ciudad, cumpliéndose el año 1237, se le comunicó por los nobles la muerte de Guillem d'Entenza, el lugarteniente que estaba al frente de la guarnición del Puig. El rey, muy afectado por la noticia, pidió consejo. Los nobles exigieron retirarse de la vista del rey para llegar a un acuerdo. Jaume, por el contrario, deseó que le dieran el consejo de forma pública y común. Los ricoshombres se negaron. Era fácil prever la decisión de la consulta: el rey debía abandonar el Puig. No era posible mantener la posición con su escaso poder económico, sobre todo una vez que había muerto su hombre principal en aquella frontera. Era preciso renunciar a Valencia. Don Ferran vino a darle la puntilla, recordándole que ya le había avisado de la dificultad de ese negocio. Todos estaban de acuerdo. Pero la voluntad del rey no era fácil de torcer. Penetraba el sentido del consejo de los nobles aragoneses y les recordó que no era aquella la manera apropiada de honrar la muerte de su tío Guillem. Además —argumentó—, lo principal de la campaña estaba hecho: se había vencido a Zayyan en campo abierto y la ciudad estaba lista para ser tomada. «Yo os haré ver quién soy yo y lo que valgo», dijo el rey a sus nobles mayores, o al menos así lo recuerda. Para quien deseara cumplirla, Jaume se ratificó en su orden: en primavera de 1238 los esperaba a todos en el Puig para tomar la *magna Valentia*.

Por el interior de Aragón, pasando por Teruel, el rey llegó a Sarrión y desde allí, ya a la altura de Segorbe, se dirigió a Alcublas. Atravesando las estribaciones orientales de la sierra de Javalambre, llegó al Puig. Iba con parte de su mesnada para enterrar a su tío y dar seguridad a la guarnición de que no serían abandonados. Al contrario, se llevó consigo al hijo del difunto (quizá el Guillem Romei del documento de Zaragoza), lo armó caballero y le confirmó todos los feudos que le había dado a su padre. De esta manera, los hombres que servían a Bernat Guillem se sintieron protegidos por la renovación automática del señorío y de la fuente de ingresos de su señor. Pero no fue suficiente para tranquilizarlos. Nadie podía confiar en un muchacho como líder de aquella campaña de desgaste en medio de territorio árabe, a un tiro de piedra de Valencia. Hacia el día 20 de enero de 1238, ya en el Puig, el rey fue recibido con alegría por lo que quedaba de su guarnición. La generosidad de don Jaume fue entonces puesta a prueba y prometió a los caballeros el quinto del botín que le correspondiera al rey en la campaña. Bien dispuesta de nuevo la plaza del Puig, renovados los caballos —que habían muerto en abundancia en la crucial batalla contra Zayyan—, el rey se marchó a Borriana. La excitación, sin embargo, no había disminuido entre su gente. Pronto iba a tener prueba de todo ello. En efecto, por la noche recibió noticias de que Zayyan, con nuevas fuerzas, se aprestaba a una nueva batalla en el Puig. El rey salió a media

---

[23] Algunos aparecen en el documento 249. Ferran, Pere Cornell, que figura como mayordomo, Guillem Romei, Artal de Luna y el notario Guillemon.

noche de Borriana y pasó por la bien protegida Almenara. Los treinta kilómetros que separan Borriana del Puig fueron recorridos en las largas horas de la noche de invierno. Por la mañana, sin dormir, se aprestó el rey para la batalla: escuchó misa y comulgó. Con humor dijo que aquel era el día en que «se ha cerner la harina del salvado». Pero cuando llegaron al Puig, por fortuna, las noticias se mostraron falsas. Nadie asediaba la plaza. En una nueva cabalgada se capturaron a diversos árabes para obtener informes sobre la formación del ejército enemigo. Ninguno supo decir nada de ese posible ataque, así que el rey se preparó para marchar, con el argumento, que se había demostrado verdadero, de que era más fácil captar recursos para la conquista de Valencia recorriendo Cataluña y Aragón que en la ratonera de aquella plaza, dominada por un improvisado castillo a medio armar.

Cuando el rey dijo en el Puig que marchaba de nuevo para preparar la vuelta en esa misma primavera de 1238, todos se sintieron aliviados. Pero no por lo que el rey podía creer. En realidad, todos estaban decididos a abandonar la posición tan pronto como don Jaume diese media vuelta. La situación era muy seria y él vio la obra de su vida comprometida. Hablando con unos frailes que le habían comunicado la intención de la gente, se quejó amargamente. Solo faltaban dos meses para la primavera, les dijo. No había peligro alguno. El sacrificio que les pedía era mínimo. Los sarracenos no intentarían ningún ataque porque habían perdido la batalla a campo abierto y, sin duda, no habían podido reponer los caballos, como ellos, que habían recibido animales de refresco de Teruel. El argumento del rey era razonable, pero los frailes lo vieron de otra manera: el grito *via fora* se había apoderado de todos, como una consigna general. El pánico los dominaba. El rey, al oírlos, se quedó abrumado. El plan que poco a poco había construido como si se tratase de una fina tela de araña, ahora se disolvía como un mal viento. Era una vergüenza y un deshonor.

Aquella eterna noche de enero de 1238 fue agobiante. El rey la recuerda muy bien en su *Crónica* porque el sentido de su vida entera estaba en juego. Él sabía que se aproximaba a los treinta años, que había ascendido por una escala de gloria y poder con ímpetu y fuerza. Ahora llevaba el viento a favor. Si se quebraba la dinámica, nadie sabía cuándo podría reiniciarse el proceso de conquista. Más seguro era, sin embargo, que al menor síntoma de debilidad todo se tornaría en su contra. En aquella noche, la justificación o la esterilidad de su vida estaba en juego, y Jaume era consciente de ello. Se lo decía su angustia y su inquietud[24]. En los momentos de lucidez, el mismo pensamiento le asfixiaba. Se trataba de la valoración moral de sus caballeros. Era una lucha de fuerzas y de destinos. O ellos o el rey, de eso no cabía duda. Se habían cruzado en su camino desde aquel día en que una mano de su entorno dejó caer la piedra que debía aplastarle la cabeza en su cuna, y su hostilidad había regresado en cada ocasión que el destino le abría una puerta para acceder a la fama y gloria que merecía su esfuerzo. Muchas veces lo habían humi-

---

[24] *Crónica*, §237.

llado, vendido, traicionado. Ahora, sin embargo, se presentaba la ocasión crucial. «E pensábamos que teníamos que vérnoslas con mala gente, pues en el mundo no ha gente tan soberbia como los caballeros, y cuando nos fuésemos partido, no tendrían vergüenza de escaparse de día o de noche.» La impotencia del monarca era total: ¿quién impediría la vergonzosa huida de los nobles?, se preguntaba el rey en medio de la noche, solo. ¿De qué servía el gesto de la Providencia que le había permitido tomar aquellas tierras, si ahora la voluntad de los nobles era más fuerte que ella y le obligaban a abandonar un rico reino, cuyas luces veía a lo lejos, a cinco kilómetros? La rabia le hacía sudar, pero sobre todo una pregunta le sumía en la desolación. ¿Es que había perdido el favor divino?

El fruto de aquella noche fue, sin embargo, la renovación de la vieja decisión. A la mañana siguiente, el rey tomó el toro por los cuernos. Con franqueza, preguntó a los frailes si podía usar públicamente su información. Ellos le autorizaron. Convocó a todo el mundo en la ermita del castillo, que ya portaba el nombre de Santa María, la Virgen que no podía abandonar su causa[25]. Una vez más tenemos al rey casi sacerdote dirigiéndose a sus hombres en el lugar sagrado, en la iglesia. Ya no era tiempo de recordar todo lo que los nobles gozaban por el rey, lo que todos le debían en tierras, cargos y honores. Se trataba de invocar el carisma del rey ante los fieles cristianos. Ese carisma no podía ser sino la especial protección que había recibido desde lo Más Alto para guiar su vida con éxito y fruto. Allí estaba Mallorca para demostrarlo, un reino construido sobre las terribles y caprichosas aguas. Allí estaba la conquista de las tierras desde Tortosa hasta el Puig. Eso lo sabían «todos vosotros y cuantos hay en España», dijo el rey. Se trataba entonces de la voluntad de ellos frente a la de su rey y de su Dios, que había dado señales inequívocas de estar junto a él. Eso era lo que tenían que mirar sobre todo: que su voluntad, la de los nobles y caballeros, no era la última ni la fuerte; que por encima de ellos estaba Dios, con su protección largamente demostrada, y el rey, su verdadero intérprete en esa lucha contra el infiel. Y entonces, en medio de su conmovedor discurso, don Jaume preparó su golpe de efecto y lanzó su promesa definitiva: «Voto a Dios y al altar donde está su Madre que no pasaremos de Teruel ni el río de Tortosa hasta que Valencia caiga en nuestro poder». Allí estaba el rey caballero, el hombre arrojado, el que dominaba la escena con la palabra decisiva, siempre a la altura de su creciente carisma. En suma: el rey no cruzaría la frontera del reino de Valencia hasta que no fuera enteramente suyo. A partir de esta fecha, firmó los documentos en el Puig de Santa María[26]. No tenemos la menor duda de que cumplió su promesa.

---

[25] Diago cuenta el milagro del hallazgo de una estatua de la Virgen en mármol, que allí estaba enterrada desde el tiempo de los godos. Unas luces del cielo condujeron al lugar donde se hallaba la estatua. Allí encontraron una iglesia derribada, una campana y dentro de ella, encerradas, la Virgen y el Niño en brazos (Diago, *Anales,* Libro VII, cap. XV, pág. 302). Allí se edificó la capilla del Puig y luego un solemne monasterio emblemático de la historia valenciana.

[26] Era el 24 de enero de 1238 y es el documento núm. 250.

Ante tanta emoción, el llanto unió a los hombres que escucharon la predicación-arenga del rey en la iglesia. El rey, una vez más, pudo unir su carisma de las obras con el de la palabra y presentarse con los mejores atributos de la realeza. Entonces, para dejar las cosas claras ante todos, amigos y enemigos, a pesar de aquel lluvioso invierno, mandó llamar para que se reunieran con él en tierras valencianas a su esposa, Violante de Hungría, y a su hija del mismo nombre, que nacía justo por aquellos días[27], la que luego sería reina de Castilla, como esposa de Alfonso X el Sabio. Los mensajeros para que la reina se acercase a Tortosa partieron al instante. Quince días después salió el rey hacia Peñíscola, para recibirla. La reina entonces ya estaba en la ciudad del Ebro, pero el rey no podía pasarlo sin romper su promesa y, por eso, le rogó que ella se llegara hasta donde él estaba. La reina esperó, pero una fuerte lluvia hizo crecer el Senia, el río de Ulldecona, el que desde los viejos tratados con Castilla servía de frontera del reino. El mensajero que iba a entregar la noticia a la reina debió cruzarlo a nado, ayudado de cordajes. La comitiva de las damas, por el contrario, no pudo pasarlo en estas condiciones. No debió de ser aquella una decisión que agradara a la reina Violante, quien tenía que ponerse en el camino con una niña de apenas unas semanas, en medio de un crudo y lluvioso invierno. Pero nada detuvo la voluntad de don Jaume. Impaciente, en Peñíscola, veía cómo las olas llegaban a las almenas del castillo roquero. Por fin, el rey se decidió a salir hasta Ulldecona, con el agua hasta las cinchas de los caballos, según dice. Allí pudo hablar con la reina, explicarle su voto, asegurarle que nada debía temer porque la zona era segura y porque los árabes habían sido vencidos en campo abierto. La reina, por primera vez, debía enfrentarse a las duras realidades de la vida de un rey.

Sin embargo, aquellos gestos extremos debían de parecerle a la reina un poco caprichosos, ella que estaba lejos de la sentimentalidad que domina un campo de batalla, con hombres dispuestos a jugarse la vida y a emprender la huida con la misma facilidad. Además, allí donde estuviera el infante don Ferran, Jaume tendría un enemigo. En efecto, a lo largo de todo el camino, el viejo tío ya había convencido a la reina de que aquello era una locura. Cuando llegaron ante el rey, se lo dijeron. Nadie hasta el presente había intentado conquistar tantas tierras, ni impulsar tantas hazañas como el joven Jaume, le sugirió su tío. En su opinión, era desde luego soberbia esa obsesión por realizar lo que nadie de su sangre hasta el momento había logrado. Aquí, el viejo noble mostraba con claridad que todos los valores de aquellos hombres estaban dominados por la suprema adhesión a la tradición. A fin de cuentas, este juego le resultaba ventajoso, porque tradicional era también el escaso poder de sus reyes. La novedad merecía siempre la sospecha de aquellas gentes, tanto de los nobles como de los burgueses, pero el rey Jaume, impulsado por la energía y el afán de gloria, sabía que solo una nueva conquista podía darle el

---

[27] Se debe ver aquí, como siempre, a Ferran Soldevila, *Pere el Gran*, vol. I, para la cronología desde el momento en que se casa con Violante (ob. cit., págs. 9-10).

margen de libertad, de poder y de honra con que soñaba. Ferran, sin embargo, insistió: una empresa que requería encerrar al rey en los límites del Ebro y las alturas de Teruel, en lo que sería el territorio del nuevo reino, no podía traer nada bueno. ¿Cómo convencería a sus nobles de que fueran a Valencia, si él no podía viajar a su presencia? Estaba en una ratonera, obligado por su propia palabra y sin margen de maniobra. En el fondo, abandonaba la tierra de sus viejos reinos por la incierta de uno nuevo. Por eso, el infante de Montearagón venía a proponer al rey que fuese flexible, que olvidase su empresa y que entrase en Cataluña y Aragón. De hacerlo, sin embargo, habría roto su palabra, abandonaría a sus hombres y el Puig se perdería. Como un reguero de pólvora llegaría al frente la noticia de la traición a la palabra dada y, entonces, sus caballeros se entregarían a su inclinación y abandonarían la plaza.

En realidad, las palabras del viejo infante eran alarmantes en la opinión del rey. Encubrían a sus ojos una impostura. El reino había sido convocado en Monzón a las Cortes del año anterior y se habían firmado treguas y paces. Sus prohombres habían comprometido la ayuda del rey. ¿A qué venían ahora estos avisos y amenazas veladas? El plan del rey era claro y viable. Valencia estaba al alcance de la mano y él lo sabía mejor que nadie porque venía de recorrer el frente. Todo ello se lo dijo el rey al infante y aseguró que confiaba en que, tal y como quedaron, todos sus hombres llegarían en primavera para establecer el sitio de la capital. El rey acabó con una amable invitación al infante para que se uniera a ellos, porque «la taula trobarets parada». Los ricoshombres se rindieron. Regatearon un poco las condiciones, que el rey aceptó, pero su resolución se mantuvo firme. La reina se instaló en Borriana y el infante partió, sin duda para volver en la primavera. El rey siguió solo hasta el Puig. Los que allí quedaron, al verlo, lo saludaron con júbilo.

La noticia de que la reina estaba en Borriana cayó como una losa sobre los defensores de la ciudad de Valencia. El gesto demostraba con claridad que el rey no se iría de allí sin la victoria. Nadie podía pensar que Jaume abandonaría un cerco militar en presencia de su dama. Tal vergüenza y deshonor no era imaginable en un rey caballero. Valencia debía ser ofrecida a la dama real: para ello había llegado la reina Violante desde Cataluña, pasando penalidades y fatigas entre el barro y el agua. Así que Zayyan envió un emisario a Fernando Díez, llamado Ali Albatá, con una oferta lucrativa para el rey. Zayyan no había cavilado mal: ofrecía al rey todos los castillos desde el Turia hasta Tortosa y desde el mar a Teruel. Esto es: le daba todo el distrito de Borriana y Segorbe, que el rey ya poseía de facto. Era esta la parte del trato menos onerosa para Zayyan, que daba lo que ya no tenía. Pero no era la única. El rey de Valencia ofrecía a Jaume un alcázar en la Zaidia de Valencia y una elevada cantidad de dinero, diez mil besantes de oro. Era como reconocerlo soberano de Valencia, pero sin ser su rey. Jaume no pestañeó. Nada más saber la oferta, dijo a Fernando Díez que Valencia había de ser suya. Él no cambiaba ciudades por castillos ni el todo por las partes. En realidad, se expresó con profundo casticismo, como solía, pues, invocando un refrán, comentó que «haurem la gallina e puis los pollets»[28].

La noticia de su rechazo corrió por la huerta valenciana. El rey no quería dinero: quería la tierra de Valencia y la gloria de la conquista. Pronto, un alfaquí de Almenara le ofreció esta ciudad. Los pactos se hicieron desde Borriana, donde el rey había ido —como dice literalmente— a «per veer la reina, e que la conhortàssem, pero ço com era venguda en la frontera, que fos ben alegra». El rey se mostró generoso con el linaje del alfaquí de Almenara en tierras, ganados y lujos, aunque la torre de la puerta se la dio a Guillem Ramon de Vila en un documento que firmó el 22 de abril de 1238. En cierto modo, todos esos bienes eran abundantes en el campamento cristiano, porque aumentaban correría tras correría sobre la huerta valenciana. Ahora el rey tenía que cambiarlos por la villa de Almenara. Si era bueno recibir, antes era preciso dar, dijo una vez. La división entre los árabes estaba conseguida y resultaba innegable que el partido del rey cristiano ofrecía más perspectivas de futuro que ningún otro. Así que don Jaume fue el vencedor de aquella partida antes de mover un arma. Pronto la reina quedó instalada en el castillo de Almenara, donde el rey comió con ella, «los dos juntos y alegremente», el mismo día en que se la entregó. El ejemplo fue imitado por Nules, Uxó y el castillo de Castro, en la bella sierra de Espadán. Todo ello fue aumentando la absoluta confianza del rey en la victoria. Luego se entregó Alfandech. Con ello tenía ya casi todo lo que le ofrecía Zayyan, sin disparar una saeta.

La reina poco a poco tomó confianza en el rey[29]. Hacia la Pascua de 1238 se acercó al Puig, donde acompañó a su esposo, entregado a las tareas de la milicia. El tercer día de la Pascua, la aljama de la villa de Paterna le ofreció a don Jaume la rendición. Pronto lo hicieron las villas de Bétera y de Bulla. El rey les ofreció mantener su propia ley y les otorgó las mismas franquezas que tenían bajo dominio islámico. Con cien caballeros, y acompañado por la propia reina, el rey entró en Paterna ante el gran júbilo de sus habitantes, a quienes acababa de hacer exención de tributos por un bienio «a causa de los muchos daños que habían sufrido»[30]. Con diez caballeros se quedó Violante en Paterna, dotada de un fuerte castillo, y el rey y los demás se fueron a Bétera, y desde allí pasaron de nuevo al Puig. A falta de Silla, por el sur, Jaume tenía rodeada a Valencia. El mar era suyo también. El sitio podía por fin comenzar. La Pascua, en la que esperaba al grueso de sus ricoshombres, se había echado encima. El día de la verdad había llegado. Este día debió de amanecer entre el 22 y el 26 de abril de 1238. El día 22 se expide el último documento firmado en el Puig que del rey nos ha llegado, y por él se le da una casa de Valencia a Sans de Bolas[31]; el día 26 ya se firma un documento en el sitio de Valencia y

---

[28] *Crónica*, §243.
[29] Como dice Zurita sobre Violante (*Anales*, Libro III, cap. XXIII): «El rey gobernó las cosas de su Estado todo el tiempo que vivió principalmente por su consejo, así en paz como en guerra».
[30] *Crónica*, §254.
[31] Huici-Cabanes, vol. II, doc. 252, pág. 21.

es para conceder a Rodrigo de Lizana los castillos de Montroy, Buñol y Macastre[32]. Quizá el rey pospuso unos días su salida por el asunto de la *oronella*, la golondrina que había anidado en su tienda y que no podía ser decepcionada por el rey, que, como a cualquier otra realidad, debía darle su protección a cambio de su confianza. En uno de aquellos cinco días debió de iniciarse el movimiento que, tras largos meses, iba a dar al rey don Jaume su mayor conquista.

---

[32] Huici-Cabanes, vol. II, doc. 253, págs. 21-22.

20
EL SITIO DE VALENCIA
Y LA VIDA EN EL CAMPAMENTO

Desde el Puig, con los ricoshombres que ya estaban con él, con su mesnada, con los caballeros del Temple, del Hospital y de Calatrava-Alcañiz, con los almogávares y los más de mil peones, don Jaume dio la orden de ponerse en marcha de madrugada. Como era evidente, una vez tomados aquellos castillos valencianos que dominaban el campo desde el sudoeste al norte, el movimiento más aconsejable era dominar la zona del noreste de la ciudad de Valencia, contando siempre con el control de la costa. Por los marjales previamente reconocidos, el rey se acercó al grao, por donde el ejército cristiano cruzó el Turia y tomó las alquerías entre el puerto y Valencia, ya penetrando hacia el sudeste. Con ello el cerco casi se cerraba, excepto por el sur. Allí podían esperar a las demás fuerzas y poco a poco apretar el sitio hasta estrangular a Zayyan.

Pero los almogávares, que conocían bien el terreno, tomaron la iniciativa y se acercaron a la Ruzafa, una especie de jardín con huerta a menos de un kilómetro de la capital. Desde allí se podía ver muy bien la primera torre defensiva de la ciudad, que luego el rey entregaría a Raimundo Riquer. Asentado en este emplazamiento, parece que Jaume divisó al mismísimo Zayyan, con sus banderas. El rey calcula las fuerzas del enemigo y las cifra en cuatrocientos caballeros y diez mil peones. Pero poco uso podía hacer Valencia de su caballería, ya que los campos regados, atravesados por las acequias, apenas dejaban terreno para las galopadas. Quizá por eso, y por carecer de caballos, los jinetes árabes no salieron a la lucha en esta primera fase del asedio, lo que todavía les hubiera dado alguna ventaja. Pero, pasado este primer momento, pronto fue demasiado tarde: las tropas cristianas no paraban de llegar de todos los sitios, desde Aragón y Cataluña, como dice la *Crónica,* pero también desde Narbona, con su arzobispo Pere Amell al frente de más de mil cien hombres de infantería. Este arzobispo luego recibiría la villa de Favara y Suera, así como el llano de la Zaidia, frente a la ciudad, en la margen izquierda del Turia[1]. Los re-

---

[1] Luego, en 1259, el arzobispo cambiaría al rey todos estos bienes valencianos por una fila de casas de Montpellier, pero esto no nos interesa ahora.

EL SITIO DE VALENCIA Y LA VIDA EN EL CAMPAMENTO

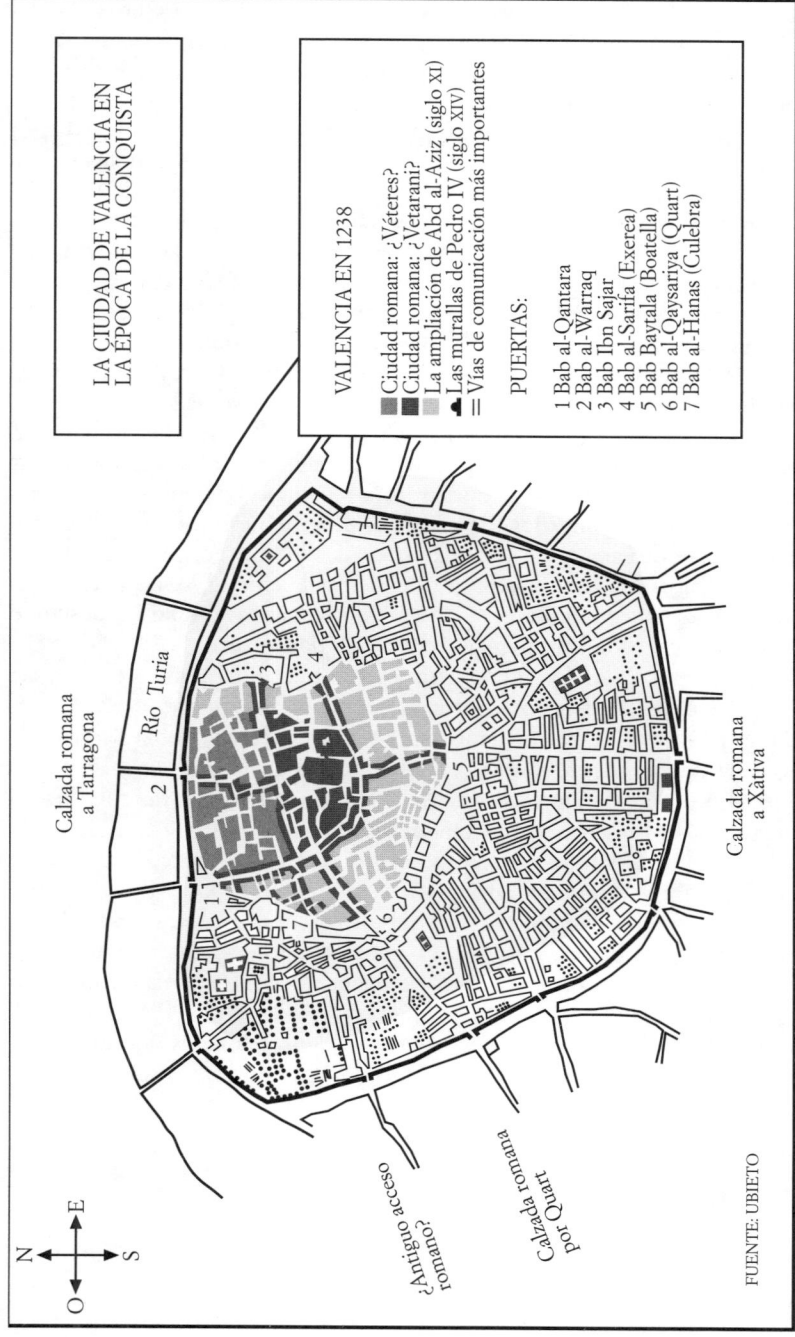

Plano de la ciudad de Valencia de Ubieto (los orígenes del reino)

cién llegados, todos ellos convocados por las diferentes bulas de cruzada que promulgara un año antes Gregorio IX[2], van tomando posiciones entre las líneas cristianas, haciendo más continuo y estrecho el sitio. El rey nos dice que las milicias de Barcelona fueron las que más cerca de Valencia se situaron.

Si no tenemos a la vista un plano de la ciudad de Valencia no podemos comprender bien los movimientos de la tropa cristiana. Los nobles proponen colocar los ingenios militares en el flanco sur, justo por la puerta de Boatella, la que dominaba el camino romano hacia Xàtiva, siguiendo la línea sobre la cual el rey hizo fundar luego el monasterio de San Vicente de la Roqueta, que todavía se conserva. Aquí, en la zona sur, no solo quedaba Silla a las espaldas de los cristianos, sino que había mucho campo abierto y, de colocar en esta zona los ingenios, los árabes podrían hacer una salida fulminante y concentrada, teniendo fácil el regreso a la ciudad y la maniobra. El rey, con astucia, comprendió que el flanco más desprotegido era el que se hallaba justo en la parte este de la ciudad, entre esta puerta y la de Exerea. Era el lienzo más amplio, quebrado y difícil de cubrir, porque cualquier maniobra quedaría muy distante de la puerta, con lo que el regreso a la ciudad resultaba mucho más expuesto. Además, al poner los ingenios por el flanco este de la ciudad, podían descargarse directamente desde el mar, desde el grao, sin que hubiese necesidad de cubrirlos con guardias ni de rodear la ciudad. Así que empezaron las operaciones tal y como el rey lo había planeado, aunque no descuidó la ocasión de atacar Silla y limpiar de árabes este flanco sur.

Era evidente para todos que el sitio estaba muy bien dispuesto. Zayyan descubrió que el punto de cruz de toda la operación no era otro que el dominio del mar por parte de los cristianos. Era la constante que había determinado la fortuna del rey, desde la toma de Mallorca. Así que Zayyan solo tenía a su disposición un movimiento contrario, el que no había logrado culminar el rey de las islas. Era la solicitud formal al rey de Túnez de que le enviara refuerzos, disputara su dominio a los cristianos y rompiese el cerco que padecía Valencia. El negociador no era otro que el ilustre jurista y poeta Ibn al-Abbar, en cuyo relato sobre la conquista, lleno de estupor y de dolor, siempre habla del «tirano Jaume, el Barcelonés»[3]. Sea como fuere, Ibn al-Abbar logró que el rey Abu Zacaria de Túnez, previo reconocimiento de la soberanía de su califato por parte de Valencia, le enviara doce galeras y seis zabras. Pero fue inútil. Los tunecinos, desde los barcos, percibieron que los cristianos dominaban ya la tierra y que el sitio había quedado cerrado. Era imposible desembarcar los

---

[2] Fueron once bulas, desde la del 3 de febrero de 1237, por la que se ordenaba la predicación en la Narbonense y la Provenza, hasta la del 11, en la que se daba el mismo valor a la cruzada de Valencia que a la cruzada de Jerusalén. Cf. J. Goñi Gaztambide, *Historia de la bula de cruzada en España*, Vitoria, 1958, págs. 156-157.

[3] La figura de Ibn al-Abbar es sin duda de una importancia excepcional en este último momento de la Valencia musulmana. Cf. Mikel de Epalza, «La caiguda de València i altres caigudas d'Al-Andalus, segons l'obra en prosa d'Ibn Al-Abbar», en *Ibn-Al-Abbar: Politic i escriptor àrab Valencià*, Generalitat Valenciana. Valencia, 1990.

auxilios a la ciudad sin que cayeran en poder de las gentes de don Jaume, a no ser que los sitiados salieran y llegaran al mar para recibir los refuerzos. Los tunecinos, encendiendo fuegos desde la costa, animaron a los musulmanes valencianos a esta salida. Pero, en lugar de salir de la ciudad, sus aliados encendieron también fuegos. La noche se iluminó, pero nadie movió un arma. A la puesta de sol del día siguiente, Jaume ordenó a su gente que llenaran el foso de maderas ardiendo. Más de quinientos haces fueron arrojados, demostrando a los árabes que los cristianos también sabían hacer lumbre, si era menester. Los sitiados y los tunecinos pudieron comprobar que el fuego rodeaba Valencia y que no había camino abierto. Los auxilios del norte de África habían llegado tarde.

Correos cristianos salieron rápidamente de Valencia, hacia el norte, avisando para que nadie dejara desembarcar aquellas galeras tunecinas. Algunos navíos armados bajaron desde Tarragona y Tortosa, mientras los árabes de Túnez iban hacia Peñíscola. Allí desembarcaron, pero el castillo resistió. Los cristianos de la villa y del castillo se esforzaron con denuedo para resistir a los tunecinos y, con los refuerzos que vinieron de Fernando Ahonés, frustraron el ataque. Los de Túnez, rechazados, se volvieron a su tierra y el rey cristiano pudo tener el mar de nuevo en sus manos. Entonces, haciendo uso de la hegemonía por el mar, llegaron al sitio de Valencia más de veinte naves cristianas con provisiones de todo tipo para los más de mil caballeros y más de sesenta mil infantes que lo formaban. Gráficamente, el rey nos informa de que, en su campamento, se podía encontrar más género de todas las cosas necesarias que en los mercados de la villa mejor provista. Para él, después de todo lo contado, resultaba un éxito espectacular reunir todo aquel inmenso gentío. Al fin y al cabo, estaban allí por él, porque creían en él y porque sabían que estaba escrito que él sería el dueño de ese reino árabe de Valencia. Era una victoria antes de la victoria, una que dejaba para siempre vencidos a los ricoshombres. Por eso Jaume no disimula respecto a la superioridad de las fuerzas cristianas sobre las árabes. Esa inmensa ventaja era debida a su crédito y a la confianza que inspiraba entre la gente, desde la lejana Provenza hasta la cercana Teruel.

El rey hacía todo lo posible por ganarse esa confianza, desde luego. Y así fue como, controlando de cerca los movimientos de la tropa, un día casi halla la muerte. Para infundir moral a los combatientes, era normal en los largos sitios establecer desafíos y torneos entre caballeros de los dos bandos. Un día se vieron envueltos en uno de estos combates personales los narbonenses, que eran esforzados y valientes, pero también demasiado confiados frente a la astucia de los musulmanes. Los árabes llevaron a los caballeros occitanos cerca de la ciudad, simulando una retirada tras las primeras escaramuzas, con la idea de que en el momento oportuno saliera de la plaza otro grupo bien preparado para la emboscada. El rey les avisó, pero ellos desdeñaron su prudencia. Cuando cerca de las murallas salieron los refuerzos musulmanes en auxilio de los que se retiraban, y los que iban de aparente huida se volvieron para dar la cara, los narbonenses se vieron de pronto rodeados por un enemigo muy superior. El rey entonces se acercó hasta ellos para ordenarles retirada. El grupo de caballeros musulmanes, sin embargo, les pisaba los talones. Fue en estas que volvió la cabeza el rey para ver cuántos eran los perseguidores. Lo que en ese justo instante encontró don Jaume fue una flecha que se le clavó en su casco de cuero. No debió de impactar de frente, pero la mitad de la punta de la flecha atravesó la suela y le hirió la cabeza, cerca de la sien. La reacción del rey fue fulminante. «Con el arrebato de cólera que nos causó la herida», dice, dio un tirón de la flecha y la arrancó. Con la sangre por todo el rostro, siguió galopando para regresar a sus filas con los de Narbona, gritando y animando a la tropa. Luego, tras el esfuerzo, el rey perdió la vista. La sangre, debido al impacto, se acumuló en las bolsas de los ojos. Cinco días estuvo el rey con la cara entumecida en ese lado, pero regresó al campo tan pronto disminuyó la inflamación. Era la última señal que esperaba la tropa para reconocer que la fortuna de su rey estaba basada en algo más sólido que en una mera ilusión compartida por todos. Allí, en aquel día, el destino hizo valer su decisión de una manera clara.

Podía haber sido un fatal contratiempo, pero no fue nada. Más confiados, más ansiosos, los nobles principales, don Pere Cornell y don Gimeno de Urrea, decidieron por su cuenta asaltar una torre que protegía, fuera de la muralla, la puerta de Boatella. Al final, tras una cruenta lucha, no la pudieron tomar. El rey no podía permitir estas aventuras ni podía tampoco dejar de concluir un asalto, por la desmoralización que provocaba. Así que la asaltó con la fuerza más nutrida, con máquinas y caballeros. No hay que excluir cierta saña por parte de un rey que había visto la muerte cerca. Al final, la torre cayó. Tomar aquella torre evidenciaba la superioridad militar cristiana y concedía al ejército del rey una formidable atalaya para enfrentarse a la puerta del sur de la ciudad. Desde allí nos cuenta la *Crónica* que se lanzaron artefactos y proyectiles sobre Valencia durante un mes. No es de extrañar que la pérdida de la torre causase espanto entre los sitiados. Alzadas sobre ella, las máquinas tenían un efecto mortero devastador y las ballestas eran tanto más eficaces. El cerco se tornaba asfixiante y solo faltaba la claudicación de la ciudad. Un anticipo de esa rendición pareció a los cristianos que un mercader árabe se entregara a la hueste de Ramon Berenguer de Ager. La información que les ofreció este mercader confirmó los cálculos más favorables de los cristianos. El rey Zayyan había perdido toda esperanza, una vez que había visto marchar las galeras de Túnez sin desembarcar. La toma de la torre ante la puerta Boatella había sido el golpe definitivo. La comprensión de que el cerco se estrechaba y de que nadie podría entrar alimentos anticipaba el final de la resistencia islámica. Por último, el árabe señaló la circunstancia determinante: el cerco se había anticipado a las previsiones de Zayyan y este no había tenido tiempo de recoger la cosecha ni de acumular alimentos. De este razonamiento se seguía con claridad que Valencia estaba a punto de caer. El contento y la confianza se adueñaron del campamento y el optimismo mejoró la eficacia de las tropas de Jaume.

Nada se podía hacer, y los defensores lo entendieron. Así que, pocos días antes de San Miguel, el rey árabe de Valencia mandó un emisario. Esta fecha es fundamental, porque marca la cuenta atrás del dominio árabe sobre Valencia y porque señala además un cambio de rumbo manifiesto de la estrategia del rey. Este, una vez que recibe en privado a Ali Albatá, comprende que «aques paraules no eran bones per saber a negun hom en la host, ni a richome ni a altre, car molts n'hi havia a qui no placia que València fos presa, que més l'amaven que fos de sarraens que no que vingués en nostre poder»[4]. Sin embargo, el rey hace una excepción. Se trata de su esposa la reina. La llama, le cuenta la noticia del mensajero y le ruega y le manda que mantenga en secreto las conversaciones que ahora se empezaban. La *Crónica* no solo refleja la ética caballeresca, propia de la cultura medieval, que el rey ejemplifica al máximo nivel de su tiempo. No es idolatría de la dama, ni reverencia formal: es sencilla y realista confianza entre rey y reina, entre personas que comprenden su común posición e interés, que reconocen perfectamente la hostilidad de los nobles y que están dispuestos a llevar este asunto de común acuerdo.

Lo que en realidad vino a decirle el emisario Albatá no era sino que otro más importante que él estaba en condiciones de venir a parlamentar. Se trataba de un enviado directo del rey valenciano, su sobrino el arrayaz Abulhamalec. Al día siguiente, este noble llegó al campamento junto con diez caballeros engalanados. El rey procuró estar a la altura de las circunstancias en pompa y riqueza y recibió al séquito, que le mostró un humilde presente, aunque los orgullosos árabes no aceptaron agasajo alguno ni consintieron en probar bocado en la mesa cristiana. Las dos delegaciones se desearon buena ventura e invocaron el nombre de Dios. Después de los cumplidos iniciales, se despidió a todos los consejeros de Jaume, hasta que el rey quedó a solas con el traductor. Entonces la conversación se agrió un poco, porque los árabes preguntaron qué mal le había hecho Zayyan al gran rey cristiano para que fuera contra ellos de forma tan cruda y fuerte. El rey apeló al lenguaje diplomático de la época y recordó que Zayyan, a quien al parecer detestaba, le había atacado la frontera aprovechando que él estaba en Mallorca y que además le había ofendido y humillado por reducir unilateralmente el impuesto que debía pagarle como vasallaje. El árabe quizá quería apreciar si el rey se dejaba llevar por algún sentimiento de odio, de venganza o de pasión provocado por aquel pasado de enfrentamientos. Pero el rey no manifestó tal cosa. Antes al contrario, aseguró que, fuere como fuese, el pasado no importaba. El presente y sus urgencias reclamaban ahora toda la atención.

Los árabes comprendieron la buena disposición del rey y le preguntaron con toda claridad cuál era su intención respecto a Valencia y si se podía arreglar la cuestión con un gran donativo. El rey no contestó a esto, pero entonces dijo que haría venir a la reina de testigo de todo lo que allí se hablase. A los delegados de Zayyan les pareció muy bien esta propuesta, pues de esta mane-

---

[4] *Crónica*, §271.

ra el tratado sería de más nivel y rango. Al señalar que nadie más habría en la reunión, los árabes respiraron aliviados, pues sabían las tensiones que había en la hueste del rey y debían de suponer que algunos de sus hombres aspiraban a un furioso cuchillo y un amplio botín, como en Mallorca. La propuesta que ellos iban a hacer apenas podría ser bien vista por los nobles, y el secreto también les favorecía.

Una vez la reina presente, el rey señaló que su intención era no marcharse hasta que Valencia fuese tomada. Delante de una dama real, nadie en aquella época hablaba en vano. Así que los árabes comprendieron que nada se podía hacer. Si entregaban la ciudad al rey no podría sobrevenirles sino bienes: el rey los tomaría por sus vasallos, les daría un salvoconducto hasta la frontera y les garantizaría dejarlos salir con cuantas propiedades y bienes pudieran llevar. El rey invocó sentimientos humanitarios; con realismo añadió que la hueste deseaba entrar a saco en la ciudad y que a él le causaba un gran dolor imaginar el destino de tantas mujeres y niños.

El enviado de Zayyan dijo que en tres días le daría una contestación. Y así fue. Cumplido este plazo, llegó de nuevo el sobrino de Zayyan y dijo ante el rey que entregaría la ciudad con la condición de que «los sarracenos y las sarracenas pudiesen llevarse toda su ropa y que nadie les registrase ni les hiciese ninguna villanía y que les dieran salvoconducto hasta Cullera»[5]. Era la voluntad de Dios que Valencia fuera cristiana y así lo entendían los árabes. Ahora sabían que no debían oponerse a la voluntad del supremo Dios, dijeron con resignación. El rey y la reina, naturalmente, se mostraron de acuerdo. Al menos para eso ambos bandos invocaban y reconocían a la misma divinidad. Con esta negociación, sin embargo, Valencia no quedaba a la aventura, sino que todo se haría con orden y humanidad. Jaume y Violante aceptaron: un insignificante botín no podía ser la causa de retrasar la toma de aquella ciudad por la que el linaje entero de los reyes de Aragón había suspirado. No pasaría lo mismo que en Mallorca, desde luego, que por querer tomarla por la fuerza se retrasó una paz ventajosa y se puso en peligro la campaña. Los enviados árabes comprendieron que el clima de la conversación era sincero. El último regateo se dedicó a fijar los días que debían tener los valencianos para firmar la rendición. El delegado árabe dijo diez días y el rey lo dejó en cinco, quizá lo que esperaba el negociador. Al término de ese tiempo debían firmar e iniciar la salida. Para llevarla a cabo tendrían veinte días de plazo. El rey garantizaba que nadie sufriría daño. Todos se despidieron prometiendo guardar en secreto los pactos hasta que el rey no hubiese hablado con su corte.

Y, en efecto, la capitulación se firmó a los cinco días de esa visita, el 28 de septiembre, víspera de San Miguel, sin duda un gran día en la liturgia de la Iglesia, y en Ruzafa, el sitio donde estaba el centro de mando del campamento de Jaume. El tratado constaba de cinco puntos y tiene toda la concisión del lenguaje militar. Ahora el lector lo puede hallar en la serie de *Documentos* de

---

[5] *Crónica*, §278.

Huici-Cabanes, donde hace el número 273 en el segundo volumen[6]. También lo puede encontrar reproducido en *El llibre del dret valencià a l'època foral*[7]. El primer punto del tratado garantizaba que los moros, tanto hombres como mujeres que quisiesen salir de Valencia, podían hacerlo y marchar salvos y seguros, llevando todas sus armas y sus bienes muebles. Tendrían esta opción durante los primeros veinte días siguientes. Es de señalar que los árabes no solo podían llevarse sus bienes muebles, sino también sus armas, un detalle de mucha importancia. El segundo punto dice que los moros que se quisiesen quedar en Valencia podrían hacerlo, convirtiéndose en súbditos del rey con plenas garantías y seguridades. En este caso, desde luego, deberían ponerse de acuerdo para comprar sus casas a los que les tocara en el lote del reparto. El tercer punto, no menos importante para el futuro, es la tregua de siete años que Jaume promete a Zayyan, durante los cuales no le hará guerra en modo alguno. El rey, en su punto cuarto, se comprometía a hacer jurar a los nobles el pacto. Y, en efecto, llegado el momento juraron once nobles de Aragón, ocho nobles catalanes y todos los obispos del campamento: Pere de Narbona, Pere de Tarragona, Berenguer de Barcelona, Bernardo de Zaragoza, Vidal de Huesca, García de Tarazona, Jimeno de Segorbe-Albarracín, Pons de Tortosa y Bernat de Vic. El punto quinto marcaba las fronteras del reino conquistado, que venía a coincidir con el tratado de Cazola: desde el Senia hasta el Júcar. Xàtiva quedaba fuera del pacto. Por eso el rey Zayyan debía entregarle todos los castillos al norte del río Júcar y Valencia, dejando igualmente fuera Cullera, que estaba en su desembocadura[8].

Por lo visto, el rey se reunió enseguida con la corte para darle a conocer y hacerle jurar el pacto. Sin mediar otra explicación, el rey sorprendió a todos con la escueta confesión de que «Valencia era nostra». El silencio fue muy espeso entre todos los nobles. El rey se dio cuenta enseguida, pues lo esperaba. Allí obtuvo un triunfo, no exento de cierta venganza, sobre los que tantas veces le humillaron. Él debió de mirar todas las caras de aquellas gentes soberbias, de una en una, pues se acuerda de sus nombres: don Nuño, Gimeno de Urrea, Pedro Fernández de Albarracín, Pere Cornell: los viejos amigos de la rebelión de Aragón, de la humillación de Zaragoza, de la traición en Albarracín, de la indiferencia en Mallorca, de algo que estaba en el límite del abandono y la traición en Borriana. A todos los miró y de todos conserva la imagen en el tiempo en que dicta la *Crónica*. Con nitidez evoca la escena y dice que «perderen les colors aixi com si hom les hagués ferits endret del cor»[9]. Solo los hombres de iglesia, más implicados en la cruzada, menos arrogantes, más diplomáticos y expertos, comenzaron poco a poco a hablar, bendiciendo al

---

[6] Huici-Cabanes, vol. II, doc. 273, págs. 39-40.
[7] Es el pergamino 734 de Jaume I del ACA. Se puede ver una reproducción en el *Llibre del dret valencià a l'època foral,* al cuidado de Vicente García Edo, Biblioteca Valenciana, 2002, pág. 129.
[8] Guinot, mapa núm. 3 de *Els límits del regne,* ob. cit., pág. 26.
[9] *Crónica,* §281.

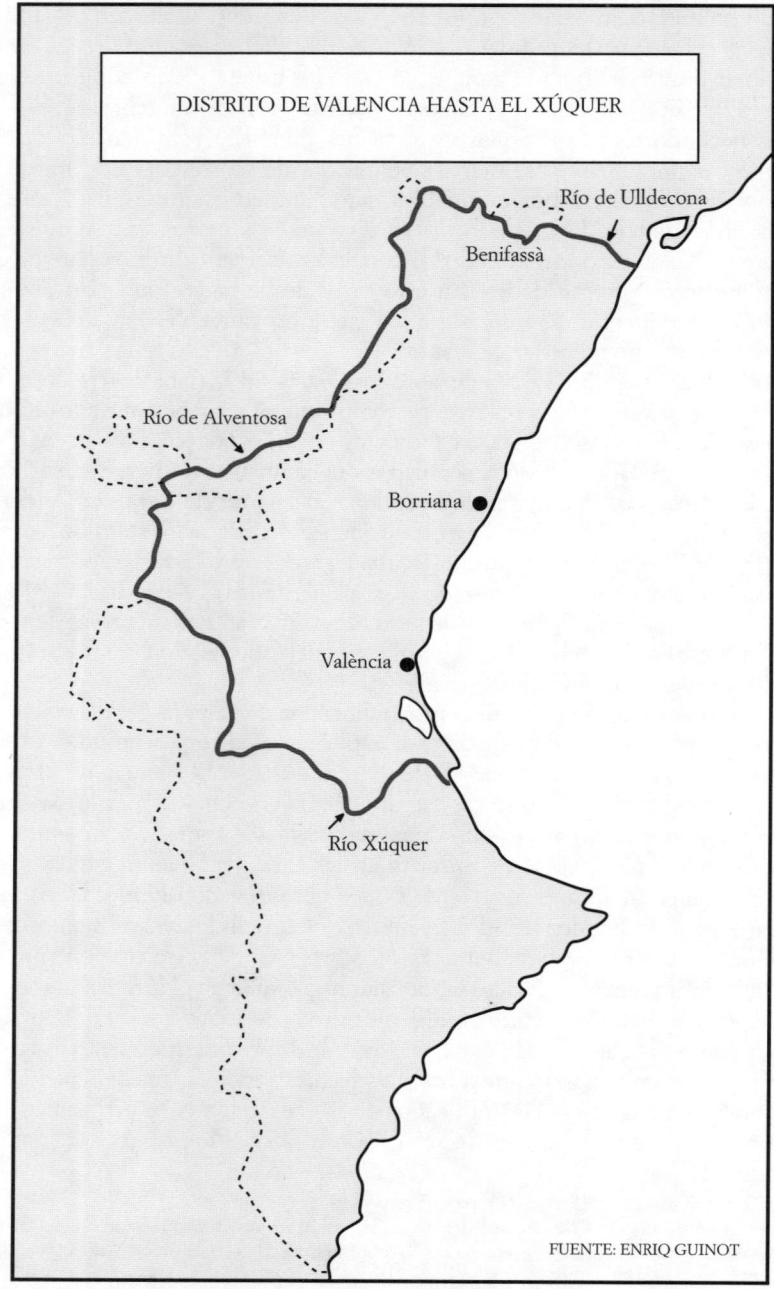

El territorio valenciano tras la creación del reino

rey por aquel don del cielo. Los demás no dijeron nada ni valoraron el asunto: solo pidieron cuentas al rey por el botín que perdían. Este explicó el pacto en un lenguaje que no dejaba duda alguna: custodiaría a los habitantes de la capital, hombres, mujeres y niños, hasta Cullera y Denia. Tras estas palabras, el impulsivo y franco arzobispo de Narbona lanzó sus palabras de bendición sobre el rey, y por fin el primer noble catalán lo siguió: Ramon Berenguer de Ager, quien señaló que gracias a él se cumplían los deseos de todo su linaje.

Al tercer día después de la rendición, el rey envió a decir que, para demostrar que Valencia ya estaba bajo la protección de Aragón, y era su dominio, que izasen la señera real en la gran torre de Barbacazar, en la dirección norte, justamente a la orilla del río. La hueste de los caballeros de Jaume se acercó desde su campamento a la rambla que en aquel tiempo debía de ir todavía bastante seca. Desde allí pudieron ver cómo las barras de Aragón ondeaban en la torre más alta de la ciudad. El rey volvió los ojos hacia oriente, hacia el mar, besó la tierra y lloró de felicidad. Don Jaume entregó esa torre luego a los templarios, que levantaron en ella su casa central en Valencia, donde con el tiempo y a su lado edificarían una iglesia que todavía se puede ver, aunque transformada, siendo conocida por ese nombre. Cuando sus dos torres se miran desde el río, desde donde don Jaume debió de contemplarla aquel día glorioso, flanqueadas de palmeras, todavía se descubre algo de militar y de eclesial a la vez, algo antiguo y original en su presencia, algo también que mantiene un lejano eco oriental. Luego, los musulmanes comenzaron a salir de la ciudad, con tanta celeridad que solo emplearon diez de los días concedidos. Según nos dice el rey, de allí salieron cincuenta mil personas y ninguno recibió un rasguño de la hueste hasta llegar a Cullera; esto es: mientras estuvo en suelo real. Algunos cristianos fueron muertos, sin embargo, al intentar robos y secuestros.

Es fácil pensar que Zayyan se fuese el último de su gente, justo a los diez días de la firma de la rendición. Si el pacto se firmó el 28 de septiembre, los diez días se cumplían el 8 de octubre. Ubieto reconoce que Zayyan debió de marcharse ese mismo día. Fuese cual fuese la actividad del rey Jaume en estos días, entrase o no entrase en la ciudad, todo esto es lo de menos. Lo cierto es que el poder musulmán salió de Valencia el día 8 de octubre y que el poder cristiano tomó posesión de la totalidad de la conquista al día siguiente. La fecha importante para todos, sin embargo, fue la de la rendición, la víspera de San Miguel. Con el rey entraron los escribas y notarios que portaban el libro del reparto de las propiedades árabes. Esto significó la toma de las casas más nobles, como las del rey Lobo, las torres más importantes y, sobre todo, la nueva transformación de la mezquita en catedral, que fue encomendada a la protección de la Virgen Santa María. Este era el acto oficial de la fundación del nuevo reino cristiano. Allí, el rey debió de celebrar el tedeum de acción de gracias. Una nueva vida se iniciaba en las tierras valencianas. A su comprensión dedicaremos la cuarta parte de este libro.

Pero antes de pasar a la ordenación de la realidad valenciana, echemos la mirada hacia atrás y recapitulemos la peripecia de un rey que llegaba a los treinta años de edad, a la mitad de lo que con alta probabilidad sería el tiempo concedido a su vida. Desde que en 1232 regresara de Mallorca y planease la conquista de los castillos y villas de la frontera con Teruel, hasta este otoño de 1238 en que pudo entrar en Valencia, el rey apenas se quitó las armas de encima. En efecto, en 1233 tomaba Borriana, en 1235 intentaba el asalto de Cullera, en 1237 tomaba el Puig y lo defendía y en 1238 tomaba Valencia. En todo este tiempo, Jaume forzó los servicios feudales que le debían sus nobles, y logró que las Cortes generales y unitarias de Monzón le apoyaran para la conquista de Valencia. El eje de la vida del rey durante todo este tiempo fue el campamento militar. Sin embargo, no debemos tomar esta vida como permanentemente atada a las armas. Un campamento militar en esta época era posiblemente una de las cosas más pintorescas y desordenadas que podamos imaginar. Los hombres no podían estar más de tres meses en servicio al rey, así que las rotaciones de asistencias eran continuas, y las dilaciones y abandonos, frecuentes. A pesar de todo, el rey no podía desatender sus asuntos normales, con los debidos desplazamientos. Todo esto daba a la presencia del rey ante sus soldados un aspecto a veces virtual, que era aprovechado por los nobles para entregarse a su inclinación favorita: atender en exclusiva sus propios negocios.

Ya hemos visto cómo el rey abandonó el frente durante casi toda la segunda mitad del año 1235 para contraer matrimonio. No fue la única vez que el rey desapareció de la vista de su mesnada. Desde la estabilización de Borriana, hacia el mes de febrero de 1234, hasta principios de 1236, el rey se entregó a sus asuntos políticos, con una movilidad que hoy nos impresiona. Así, conocemos unas Cortes de Tarragona de marzo de 1234, en las que Jaume establece una disposición muy significativa: la renovación de la paz y tregua que se habían dado para la campaña de Mallorca. Además, se abordaron allí temas importantes, como la tasa de interés en créditos, las tarifas de trigo, cebada y demás bienes de primera necesidad, la reglamentación de las relaciones entre las diversas clases de ciudadanos y una serie de disposiciones sobre las costumbres de la corte y del rey.

El 7 de abril de 1234 moría finalmente un viejo conocido de nuestro rey. En efecto, era don Sancho el Fuerte, el rey de Navarra, también llamado el Encerrado, el que dejaba este mundo con todos sus tesoros amasados en una larga vida de avaricia. Como sabemos, el rey Jaume había firmado un pacto de afiliación recíproca que estaba en vigor, por lo que, en efecto, podía reivindicar jurídicamente la herencia del reino de Navarra. Hubiera sido una magnífica ocasión para reunir bajo una sola autoridad política todos los territorios al norte del Ebro. Pero, una vez más, Jaume chocaba con Francia. Pues al poco tiempo era coronado en Pamplona Teobaldo de Champagne, el único heredero que tenía Sancho y al que detestaba profundamente. Jaume pensó defender con las armas su derecho, pero no podía sostener el frente de Borriana y el frente de Navarra, en el que tarde o temprano se habría visto implicada Castilla en su contra. Así que dejó pasar la ocasión y un rey de cuna francesa se hizo con los territorios del suroeste de los Pirineos. Además, el papa Gregorio IX —fundamental aliado de Francia— no lo hubiera permitido. Sabemos —por un extracto de carta que publicó Reynaldi— [10] que el Papa escribió al obispo de Calahorra y a algunos otros prelados para que reconocieran como rey a Teobaldo.

Como era de esperar, los aristócratas deseaban aprovechar esta situación en la que el rey se desplazaba al frente para impulsar reivindicaciones sobre territorios reales, que, dada la confusión jurídica vigente, eran muy numerosas. Así, basándose en una cláusula del testamento del conde de Barcelona Ramon Berenguer IV, y una donación que había hecho Alfonso II a su madre, Sancha Núñez, don Nuño Sans reivindicaba la propiedad de Carcasona, Béziers, Narbona, Millau y la Provenza. Don Jaume a su vez, y con otras bases, reclamaba de don Nuño la restitución de ciertos dominios del Rosellón. Estas pretensiones eran enojosas y, aunque el rey solo debía ordenar las negociaciones de los juristas y notarios, siempre se debía hacer un hueco para firmar los pactos, en caso de que llegaran a cerrarse. Uno de ellos, que se firmó en mayo de 1235, era una sentencia arbitral que obligaba al conde de Rosellón a renunciar a sus pretensiones a cambio de una cierta suma de dinero. Jaume dejó a don Nuño Sans en posesión de todos sus territorios, pues, como este no tenía hijos, estaba seguro de que tarde o temprano revertirían sobre la corona.

Otro asunto que debió resolver don Jaume en este tiempo, entre 1235 y 1238, fue la conquista de Ibiza, del que ya hemos hablado. La solución de este problema trajo otro emparejado. No fue la disputa con don Nuño por los territorios del Mediodía francés la única operación de los nobles para hacerse con posesiones del rey. En 1236, Pons I de Cabrera vino a reclamar a Jaume el condado de Urgell, que había sido abandonado por Pedro de Portugal, como vimos, en permuta por el señorío en feudo del reino de Mallorca. Pons estaba dispuesto a llegar a las armas en este asunto y logró impulsar una gran coalición contra el rey don Jaume, pues a su causa se unieron el vizconde de Castellbò y de Foix, los Cardona, el conde de Pallars y otros. El rey no podía permitirse mantener una gran guerra contra ellos, deseando, como así era, mantener las posiciones de Borriana y del norte de Valencia. Así que fue preciso llegar también a un acuerdo pacífico propiciado por el obispo de Urgell y de Lleida. Como solía pasar, los juristas del rey le sirven fielmente para impulsar una política real a favor de las ciudades y llegan a un acuerdo, el pacto de Tàrrega de 1236, por el que el conde Pons se sometía a la suprema potestad del rey y aceptaba entregar en las manos de don Jaume las ciudades de Lleida y Balaguer. En 1242 el rey le tornaría esta última ciudad [11].

El gran negocio político antes de la toma de Valencia, sin embargo, fueron las Cortes de Monzón, en octubre de 1236. Las Cortes oficialmente se convocaron para entregar al rey un servicio especial destinado a la conquista

---

[10] *Anales Eclesiásticos,* año 1234, núm. 53.
[11] Sobrequés, *Els Barons de Catalunya,* ob. cit., pág. 76.

de Valencia. Pero no fue este el único tema. También se organizaron las paces y treguas correspondientes y se reglamentó el peso de la moneda jaquesa, creándose el impuesto que compensaba cada siete años la renuncia del rey a alterar la aleación de la moneda. Después de Monzón sabemos que el rey, hacia el mes de diciembre de 1236, estaba en Montpellier, y allí se quedó hasta el inicio de 1237, solucionando problemas que ya vimos.

Tenemos así que toda esta vida de campaña militar y de campamento no era incompatible con la actividad política, antes bien la hacía más necesaria y complementaria. Al fin y al cabo, un ejército solo podía mantenerse desde la paz interior y desde el mayor consenso de todas las élites, militares, nobiliarias y eclesiásticas. Cuando ponemos todos estos aspectos en relación podemos hacernos una idea de la versatilidad del rey y de la capacidad de atención a sus funciones de pacificador, rey de justicia y rey de conquista. Pero a pesar de la ingente actividad que vemos desplegada ante nuestra mirada, la vida del rey no se reducía ni a la corte ni a la milicia. Una sencilla vida cotidiana se aprecia en la peripecia vital de don Jaume, que es capaz de vivir todos estos momentos de intensidad extrema con una sensibilidad que no le indispone para descubrir los detalles menores de las cosas. Por doquier en su *Crónica*, más allá de los hechos de armas y de las acciones de justicia, el rey nos descubre su mirada de hombre, casi de paisano, y nos invita a participar de la vida cotidiana con un desparpajo y naturalidad que nos sorprende. Así, cuando nos dice que tiene que dejar el frente para ir a ver a la reina y compensarla con su presencia y sus atenciones por las incomodidades de la vida en el frente. Cuando esto sucede, vemos al rey con la buena disposición de un marido sencillo que quiere alegrarse con su esposa, sin ningún tipo de formalidades y de pompas. En efecto, una vez aprovecha que ha ido a hacer unos pactos con los moros de Almenara y, tomándose un rato, se desvía hacia Borriana para «ver a la reina, para consolarla y animarla, a fin de que estuviese alegre, ya que la habíamos hecho venir a la frontera»[12]. En este sentido, la capacidad de improvisación del rey no tiene límites, como su ingenio para iluminar la situación, de forma repentina, apelando a los mismos refranes de los paisanos. Justo por este mismo tiempo, cuando está a punto de cerrar ese pacto con los de Almenara, uno de sus halcones caza una grulla. El rey corre como uno más entre sus servidores y gente de armas —«Nos fuimos de los primeros que corrieron a buscarla»—, logra salvarla de las garras de la rapaz mediante el sencillo procedimiento de engañarla con una gallina, y la mantiene viva para enviarla como presente a los sarracenos de la villa de Almenara, pues sabía que solo la aceptarían si ellos mismos la mataban tal y como estaba mandado en el ritual. La *captatio benevolentiae* hace efecto y los musulmanes aprecian el gesto, dándole una respuesta rápida a su solicitud. Cuando el rey toma por fin las altas torres de los castillos de Almenara, manda llamar a la reina y la espera con gentileza en la cuesta para llevarla a su nueva conquista, «comiendo

---

[12] *Crónica*, §243.

allí juntos los dos y alegremente». El detalle de la *Crónica,* impagable, es que la reina, que estaba a punto de comer sola, lo deja todo y se va con los mensajeros del rey para comer con él [13].

En otras ocasiones, el rey hace uso de los más viles trucos, como cuando manda preparar vino abundante en las negociaciones con los de Nules, esperando a hablar de los tratos hasta que el alcohol les caliente la cabeza [14]. Pero, otras veces, el sentido de la justicia del rey es tan cercano al sentido común de la época que, para ejercerlo, el rey no necesita de ninguna preparación, ni su decisión se distingue de lo que reclaman los demás vasallos que lo acompañan en la situación. Un ballestero viene hacia ellos con todo el equipo de guerra montado y con la ballesta dispuesta para el disparo. El rey, que cabalga entre Borriana y el Puig en compañía de Pere Cornell y Pedro Palesí, se dispone a ir contra él, pues bien puede ser un enemigo. Palesí le dice que no se exponga, que es un asunto suyo. Cuando al final descubren que es un cristiano, le espetan que por qué cabalga en una actitud tan hostil. El hombre, asustado, le dice que un moro, Aben Lope, ha tomado prisionero a su señor, el comendador de Oropesa. El hombre lleva todavía el miedo en el cuerpo, pero su actitud es claramente impropia. En lugar de manifestar hostilidad al primero que se cruza en su camino, debía haber defendido a su señor, le dice el rey. Así que don Jaume le hace descabalgar, le quita todas las armas, le deja en camisón y le obliga a correr tras sus monturas. La justicia del rey es inmediata, pero los señores que le acompañan se sienten naturalmente conformes con la forma de denunciar la cobardía del ballestero.

Político realista y calculador, flexible y obstinado a la vez, clarividente a la hora de apreciar sus intereses verdaderos, sus fines a largo plazo y las cesiones a corto plazo que no le desviaban de su camino; militar obstinado, esforzado, capaz de inflamar el ánimo combativo de sus hombres, de comprometerse con ellos hasta el final, de cumplir su palabra y de compartir sus sentimientos y sus sufrimientos, que no repara en usar la violencia, pero que tiene mucho cuidado de hacerlo solo cuando está justificada —uno de los guerreros menos sanguinarios de su tiempo, se ha dicho de él—; hombre sencillo que gusta de los placeres normales de la vida, que comparte los valores de su gente, que se alegra con ellos en los lances de la caza, en los instantes de asueto y en las horas muertas del campamento, que dice sus mismos refranes y emplea los mismos trucos; todos estos detalles nos muestran la complejidad de una personalidad refinada y sencilla a la vez, entusiasta y natural, poderosa y humilde, apasionada y serena, confiada y asaltada por la zozobra de la inseguridad en los momentos decisivos. Pero, lo más importante, de él nos llega ante todo el hombre capaz de contar su vida con sencillez extrema, que con eficacia la ofrece a hombres lejanos con la capacidad comunicativa del narrador más experto. El mejor conocedor de la época de don Jaume, R. I. Burns,

---

[13] *Crónica,* §248.
[14] Ibídem, §252.

ha dicho de él: «Además de sus muchos otros talentos, es evidente que don Jaume era un narrador nato. [...] Don Jaume fue un artista de la acción y, como todos los artistas, estuvo un poco loco. [...] Solo un artista pudo interpretar la vida desordenada de don Jaume como puesta al servicio resuelto y leal de un Dios todopoderoso. Como un Don Quijote loco —molestado muy de tarde en tarde por las contradicciones de un Sancho Panza papal— se veía siempre salvando el mundo, defendiendo a los débiles y acumulando hazañas y buenas obras»[15]. Sin ninguna duda, es así. Don Jaume no solo constituye un episodio central de la constitución política profunda de España. También es un episodio decisivo de la formación del carácter en el que a través de los siglos los españoles quisieron verse reflejados como un ideal.

---

[15] Burns, *Jaume I i els valencians del segle XIII*, ob. cit., pág. 48.

CUARTA PARTE

LA CONSTITUCIÓN DE UN NUEVO REINO: «VALENTIA MAGNA»
(1238-1243)

21
Consagrar la ciudad

Jaume tenía Valencia en sus manos, junto con todo el territorio que llegaba hasta el Júcar. ¿Pero qué tenía realmente? Podemos suponer que se sentía satisfecho y que su vida entera pasaría ante sus ojos, rápida y vertiginosa, desde la inseguridad y las humillaciones de la infancia hasta la grandeza y la gloria del presente. Nadie de entre los reyes hispánicos o europeos podía compararse con él, y lo sabía. Había sido distinguido por Dios y por la fortuna, y ahora su pecho quedaba henchido de honor. Pero todo esto quedaba en el pasado. Si pensamos en el carácter activo del rey Conquistador, hemos de hacerlo en ese instante de desasosiego que sigue a la tarea cumplida, cuando nos instalamos en el vacío provisional de la inacción. En realidad, el rey Jaume tenía ante sí una tarea ingente. Su sola presencia, y la de su hueste, significaban una herida muy profunda en la sociedad islámica, pero dominar el territorio, moldear la realidad social valenciana desde los intereses cristianos, asegurar el poder de la fe sobre el reino, ordenar la vida y las relaciones humanas según sus valores, proponer en suma una alternativa social, cultural y política al islam, todo eso era una empresa todavía por cumplir. Nada más pensar en esta tarea, el frenesí debía de corroer las entrañas del rey, que en cierto modo no veía ante sí más que caos. Frente a sus ideas y proyectos, solo podía reconocer en los nobles y caballeros la ambición de botín, la realización de los beneficios obtenidos en la conquista, la misma lógica señorial de siempre. Por eso, para entender la obra de Jaume, debemos ahora reflexionar brevemente sobre ese escenario mitad desordenado, mitad hostil, sobre el que el rey debía dejar su impronta no solo como conquistador, sino como cristiano, gobernante y legislador.

El momento inicial debió de ser glorioso, pero tras el momento de la gloria solo podía abrirse camino la inquietud. Allí estaba el rey, a sus treinta años, en la plenitud de sus fuerzas, portando la espada del mismo nombre que aquella otra que un siglo antes había traído a la misma ciudad el Cid, la famosa *Tizona* que le habían dado los templarios en el alto de Monzón. Era la confirmación de un destino, el cumplimiento definitivo de lo que debía ser, de lo que prematuramente se había intentado un siglo antes sin las fuerzas apropiadas, y que ahora por fin se realizaba con la naturalidad de lo irreversible. La impresión de la entrada del rey en la ciudad, el día 9 de octubre, con toda la hueste ya dentro recibiéndolo, quedará en el espíritu valenciano, en el alma de todos los que habitaron en ella, de su memoria y de su descendencia. Desde luego, sabemos que la población celebró con fiestas el centenario de su conquista. El erudito local Luis Lamarca Morata, justo en 1838, publicó la deliberación del consejo general de la ciudad con motivo de la preparación de la fiesta de 1338[1]. Entonces, con motivo de la elección del *mutaçaf,* los jurados decidieron preparar la fiesta de San Dionisio, la del 9 de octubre, con «festa é caritat donada». Era evidente que ese era el día que la memoria establecía para la toma de posesión efectiva de la catedral. De ahí que se invitaba a todos los clérigos y religiosos de la ciudad a que, con los prohombres y pueblo valencianos, partieran en procesión desde la catedral hasta la iglesia de San Vicente Mártir, para agradecer la condición cristiana de la tierra a Dios, a la Virgen y a todos los santos. Además, se ordenaba que todos los años se hiciera esta solemne procesión y que en ese día se repartieran limosnas entre todos los cristianos que lo deseasen y el doble de estas entre los «pobres vergonyants de les parroquies». Con todo ello se dio un pregón que acababa con estas palabras: «Lo senyor Rey En Pere, qui era en la dita Ciutat, per rao de discracia no pot anar á a la dita processó, en semblanment la Senyora Reyna Dona Maria, muller sua».

Esa vinculación festiva de Valencia a su fundación como ciudad y reino atraviesa su historia entera. Todavía en 1666, el doctor Gaspar Blay podía pronunciar un sermón, el mismo día 9 de octubre, para conmemorar la ocasión en que se trajo de nuevo «en procesión general la augusta espada Tizona del serenísimo rey En Jaime el Conquistador». Esta debía de ser una práctica continua, pues en la misma aprobación del sermón editado se nos dice que «por primera vez nos proposa a la vista la vera, y constant historia, cada any repetida, mes nunca fins hui tan clara, distincta y ceñidament; de tot lo q. li passà al Rey Don Jaime en lo siti, y conquista de nostra Ciutat de Valencia». Más claro no se podía decir. Todos los años se repetía en la misma catedral, en la que el rey había entrado cuando apenas estaba recién consagrada, la historia de la conquista. Espíritu de los tiempos: a pocos años de que Descartes imponga su nuevo método, el maestro en teología don Jusep de Cardona, en esa extraña mezcla de castellano y valenciano que se ha podido comprobar, puede celebrar que por fin se haga «clara e distincta» la historia de la conquista de Valencia. Por eso, este sermón mereció eternizarse en la estampa, como dice el mismo Cardona, para gozo y aprendizaje de los doctos, los virtuosos, los poetas y los espíritus curiosos[2].

---

[1] Cf. Luis Lamarca Morata, *Noticia histórica de la conquista de Valencia por su rei D. Jaime I de Aragón.* Se vende en la librería de Mallen y Sobrinos, enfrente de San Martín, y en la imprenta de Ferrer de Orga a espaldas del Teatro, Valencia, 1838, opúsculo ahora reeditado por Josep Ramon Sanchis Alfonso, para el Ayuntamiento de Torrent, 1997. Mi gratitud al señor Sanchis Alfonso por la noticia.

[2] *Sermó de la S. Conquista de la molt insigne, noble, leal, e coronada ciutat de Valencia.* Predicat en la Sancta Esglesia Metropolitana de dita Ciutat a 9. de octubre, any 1666. dia del Invictissim

Cuando leemos este no menos bizarro sermón, que nos confirma que el relato de la victoria se daba todos los años en el púlpito metropolitano, el día 9 de octubre[3], nos damos cuenta de que aquello que de verdad se celebraba, aquella realidad que ya estaba cumplida, era la cristianización de las mezquitas de Valencia y la expulsión religiosa de los fieles de la secta de Mahoma. Esto es lo que cuatro siglos después se celebraba: la dimensión religiosa del hecho, la profecía de san Pedro Nolasco, el «profeta de la España Tarraconense», la seguridad de la victoria de Dios. En esta procesión de 1666, todavía bajo el espíritu de las luchas contra los turcos que habían amenazado las costas valencianas hasta hacía bien poco, se alteraba la tradición repetida de año en año. Pues, en efecto, aquel día iba abriendo camino la espada real que llevaba el funcionario del joven Carlos II, y después el estandarte de la conquista ahora coronado con el Rat Penat, y mientras se predicaba la misa, la espada estaba al lado del altar mayor, en la parte de los Evangelios. Pero la procesión de la conquista, la que tuvo lugar con la entrada del rey en Valencia, fue otra cosa por completo diferente. En la ciudad se introdujo la comitiva por la puerta del Temple, pues el rey estaba en el llano del real, donde luego alzaría su palacio. El primero en la marcha era el confesor del rey, el paborde de la catedral de Tarragona, apellidado premonitoriamente Ferrer, y llevaba un estandarte con dos imágenes: la primera de Cristo Salvador y la segunda de la Virgen. Este Ferrer de Pallarès sería luego obispo de Valencia entre 1240 y 1243. Era amigo de Pedro Nolasco y tuvo una muerte terrible[4]. Pero aquel día con él iban cien soldados armados, motivo por el cual en las procesiones posteriores paseaban los del Consejo del Ciento de la ciudad armados delante de todos los demás[5]. La marcha luego se organizaba según la

---

Bisbe, y Martir Sanct Donis, per lo E. Doctor Gaspar Blay Arbuxech, Prebere de la Real Congregacio del Oratori de Sanct Felip Neri de Valencia, en ocasio ques traguè novament en la Processo general la augusta Espasa, eo, Tizona del Serenissim Senyor Rey En Jaime el Conquistador, dedicat a la mateixa nobilissima ciutat per lo Doctor Grabriel Verdû, Rector de la villa de Xulilla, Comissari de la Sancta Inquisicio, y Penitencier dels molt illustres Senyors Canonges de dita sancta Esglesia. Impres en Valencia, per Geroni Vilagrasa, Impressor de la Ciutat, junt al moli de Rovella. Any 1666.

[3] *Sermó*, ob. cit., pág. 5. «Mes veig tot lo auditori desitjos de oyr la historia desta conquista, q. cascun any solen los sagrats Oradors relatat en aques Pulpit.»

[4] Cuando iba a un Concilio Provincial de Barcelona, le asaltó una partida de moros en tierras de Tortosa y fue hecho prisionero. Nolasco puso toda su institución de mercedarios a la tarea de rescatarlo. Pero después de tres días fue degollado por sus secuestradores, el 30 de abril de 1243.

[5] Se trataba de la milicia conocida como el *Centenar de la ploma*. Como es natural, fue disuelta en 1707, con la derrota de la Guerra de Sucesión. Pero en la celebración del quinto centenario, en 1738, la milicia se reconstruyó y volvió a pasear las calles valencianas. En diversas noticias de Cortes, como las del año 1604 y las de Monzón de 1626, se reconoce que la compañía había sido fundada por el mismo don Jaume. Su patrono desde la fundación eran san Jordi, o san Jorge, en tanto patrono del ejército de Aragón. Su capilla estaba en la parroquia del mismo nombre, justamente en la consagrada a Nuestra Señora de la Victoria, una devoción que bien podía regresar también a los días del fundador del reino. Lamarca dice que «en su altar se veían aún en los últimos años las armas de la compañía, que eran la cruz y ballesta». Por eso se le llamaba también el

jerarquía social, desde los menos importantes a la parte real. Por eso iban primero las escuadras de infantería y después los mil caballeros de linaje llevando el estandarte y la insignia real con todos los instrumentos musicales del ejército. Después se identificaba el estamento de los religiosos, con los obispos, los abades y todos los sacerdotes que asistieron a la conquista. Luego, por fin, el rey, con las armas completas y sobre un caballo con las gualdrapas azules y el casco real, con todos los caballeros de su casa y sus lacayos con librea. Un poco después de Jaume avanzaba la reina Violante, entre los dos arzobispos que estaban presentes, el de Tarragona y el de Narbona. Tras ella caminaban los infantes y las damas de la casa real, asistidos todos por el antiguo rey moro de Valencia, Abuceit, ya convertido al cristianismo con el nombre de don Vicente Belvis. Tras ellos, la turba de gente de toda condición y oficio que debía de haber ayudado al sitio[6].

La emoción era ingente y nunca se pudo simbolizar la toma de posesión de una ciudad de forma tan extrema. El perímetro de la ciudad árabe era escaso, aunque estaba muy habitada. La distancia desde la puerta del Temple a la mezquita mayor, ya purificada por el arzobispo tarraconense, apenas es de quinientos metros en línea recta. El corto camino se recorrió entre llantos y alegría. Por fin, la vieja catedral de los godos dedicada al Salvador, y luego en el tiempo del Cid dedicada a san Pedro, pasaba a convertirse para siempre en catedral de Santa María. Pero no debemos creer, ni por un momento, que todo era emoción y entusiasmo. Por debajo de esta crónica oficial, dibujada a

---

centenar del glorios sant Jordi. En realidad era una milicia cívica de los oficiales de los gremios que cada año volvían a simular el rito de convertirse en cruzados y se adornaban con la cruz de San Jorge en el pecho y la espalda. Su capitán era el justicia y la ciudad era la coronela de la compañía, que, con el tiempo, pasó a tener cien arcabuceros junto con los ballesteros. Sin embargo, su principal tarea, ese día o cualquier otro, era escoltar y defender la bandera o señera real siempre que saliera en procesión o en campaña desde las casas consistoriales. Como es natural, para este tiempo, en que el reino se ha perdido como institución autónoma, la señera era la bandera de la ciudad, «armada de una celada con el murciélago». Ya en este tiempo de 1738 se ejercita la práctica, desde luego anterior, de que la bandera no puede inclinarse ante nadie. El maestre racional la recibía abajo del ayuntamiento y se la entregaba al justicia, que la llevaba en procesión. Se tiene aquí una mezcla característica de las instituciones de la ciudad y del reino que es propia de Valencia. Junto con la bandera se guardaba la espada de don Jaume. Cf., para todo ello, Luis Lamarca Morata, ob. cit., págs. 23 y sigs.

[6] Recientemente, Vicente García Edo entiende que no hay razones para asegurar que la entrada fuese el día 9 de octubre. Interpreta García Edo que la página 50 del *Liber Donationum Valentiae*, el *Llibre del Repartiment*, que dice «Anno domini 1238 die martis ante festum sancti Michaelis, 4 kalendas octobri habuit dominus Rex civitatem Valentiae per placitum [...] Die sabb 7 idus octobri intravimus in civitatem Valentiae», en el sentido de que este *intravimus* se refiere a los notarios que firman el libro, no a la hueste. Puede y no puede ser. *Intravimus* también puede hacer referencia a nosotros, la comunidad de los cristianos. Pero en cierto modo la discusión es irrelevante. La entrada de los notarios marca la entrada oficial, desde luego. Pero no son los notarios los que, con su entrada, hacen oficial la toma y cristianización de Valencia, sino al contrario: porque tuvo lugar la cristianización de la ciudad, los notarios toman acta y nota del acto y lo registran. Los notarios no son ejecutores de ningún acto oficial, sino testigos oficiales del acto.

la medida de la formación de una profunda identidad entre las formas políticas del reino y sus dimensiones religiosas, se daban los verdaderos procesos de formación de poder. En ellos también intervenía con fuerza la Iglesia. El caso es que la catedral iba a ser centro de la vida política del reino. Allí se realizarían a menudo las reuniones de las Cortes valencianas desde el tiempo de Pere II [7]; allí se jurarían los cargos civiles en su toma de posesión anual, deteniendo la misa antes del Evangelio; allí se reunirían, al toque de la campana, cuando fuera necesario que acudieran los cargos armados para cualquier circunstancia de peligro [8]. El jesuita y estudioso Burns ha podido escribir: «El obispo de Valencia era la figura eclesiástica más importante de las Cortes o Parlamento del reino, al lado de los obispos de Segorbe y de Tortosa, los maestres del Temple y del Hospital, y los abades de Benifassà y de Valldigna. Y como fuerza social, en Valencia, el obispo no tenía equivalente, si no era el rey mismo» [9].

Justo por la centralidad de la nueva catedral y del obispado para toda la vida del reino, la lucha por su control fue tanto más encarnizada. Como ya vimos, en el Concilio de Letrán, Jiménez de Rada, el arzobispo de Toledo, había exigido que se reconociera la vieja sede de la capital de los godos como iglesia primada de España y que, por tanto, Toledo mantuviera jurisdicción e influencia sobre todos los arzobispados y obispados de la vieja organización provincial española. Sobre todo, esta reclamación valía para aquellas iglesias que formaban parte de la provincia cartaginense, de la que Toledo era la capital. De hecho, Valencia era una de ellas. En los concilios de 610 y 675 el obispo de Valencia había firmado como sujeto al de Toledo. Letrán no asumió la primera reivindicación, pero no podía oponerse a la segunda. Además, el concilio de 1215 había concedido a Toledo, como vimos, la autoridad sobre todas las iglesias nuevamente conquistadas a los árabes, con lo que venía a confirmar los derechos otorgados a Toledo por Alejandro III en 1166 [10]. Así que Toledo quería hacer efectiva esta sentencia del concilio, que por lo demás no hacía sino reconocer la antigua situación del tiempo de los godos. Sin embargo, la aplicación directa del derecho canónico, de naturaleza tradicional, apenas tenía sentido en una realidad política muy diferente. Si la administración de la Iglesia no hubiera estado influida por la organización política, quizá se habría podido trabajar con la vieja idea de una monarquía unitaria como era la de los godos, a pesar de todas sus debilidades. Pero la Reconquista había configurado una ordenación política diferente de las tierras hispanas y era lógico que esta nueva situación afectara a las decisiones de la institución religiosa. Roma, flexible en casi todo, no podía imponer un viejo y abstracto dere-

---

[7] *Aureum Opus,* doc. 29 del reinado de Pere II. Compilado por Luis Alanya. Casa de Diego Gamiel, Valencia, 1515, pág. CX izq.

[8] Cf. R. I. Burns, *El regne Croat de Valencia,* Tres i Quatre, Biblioteca d'Estudis i Investigacions, Valencia, 1993, págs. 60-61.

[9] Ibídem, pág. 58.

[10] Burns, ob. cit., págs. 555 y 560.

cho sin hacerse cargo de estas nuevas realidades. Aunque al principio lo intentó, desde los tiempos de Urbano II, en 1085, no pudo llevar adelante su inicial voluntad. Pues Roma era el derecho, pero también disponía de un agudo entendimiento para las relaciones de poder. Y por eso pudo percibir que los obispos de la corona de Aragón y el metropolitano de Tarragona tampoco querían saber nada de aquella vieja primacía de Toledo. Desde hacía cinco siglos no se habían convocado concilios de ámbito peninsular y los obispos ajenos a su directa jurisdicción ya no apelaban a Toledo. De hecho, la verdadera situación es que todos los arzobispados reclamaban, por una razón u otra, la primacía. Así lo hacía Braga por ser la primera sede reconquistada a los musulmanes, Santiago por ser la tumba del apóstol, Narbona por no haber sido nunca zona árabe. Por pocos derechos que tuviera un arzobispado, siempre aspiraba a aumentar su poder con una nueva diócesis sufragánea. Esto pasó en el caso de Burgos, donde se enfrentaron Tarragona y Toledo; en el caso de Mallorca, entre Barcelona y Tarragona, y en el caso de Cartagena, otra vez entre Toledo y Tarragona.

A ojos del rey Jaume, desde luego, la cosa no tenía duda. Valencia era de Tarragona. Pero tampoco podía hacer nada contra los emisarios de Jiménez de Rada. El obispo Jimeno de Segorbe-Albarracín, dependiente de Toledo, iba permanentemente al lado del arzobispo de Tarragona consagrando y organizando por partida doble las parroquias de la ciudad. Nadie podría afirmar que Toledo hacía dejación de funciones, ni que había estado ausente de la conquista y la consagración de la ciudad. No había existido vacío jurisdiccional. Al contrario, el obispo de Segorbe le tomó la delantera al arzobispo de Tarragona. De hecho, ocupó la iglesia de San Miguel dentro de la muralla y cantó la primera misa de la ciudad, celebrando todo tipo de sacramentos para demostrar la plenitud de su ministerio. Allí puso a un párroco para dejar constancia de su voluntad de permanencia. Luego se fue a cantar las vísperas en la mezquita, para consagrarla. El arzobispo de Tarragona no reaccionó con finura: cerró las puertas de la mezquita mayor para que no pudiera decir misa el de Segorbe y lanzó un interdicto contra la recién consagrada iglesia de San Miguel. Todo esto lo sabemos por el documento central de la conquista, uno que se ha conservado íntegro: la *Ordinatio ecclesiae valentinae,* recientemente editado y comentado en su integridad.

Vemos que, por debajo de la unidad de las procesiones, las aclamaciones y los vítores, la lucha era extrema. Es comprensible que la disputa por la administración eclesiástica fuese la más intensa. A fin de cuentas era la que más cargos, dinero e influencia social decidía. La actividad del arzobispo de Tarragona fue, por eso mismo, intensísima y todas las tareas las dirigió él personalmente. En efecto, el arzobispo, con su voz, controlaba las partidas de clérigos recogiendo donativos para la construcción de altares de todas las parroquias y supervisaba de forma directa la dotación de la catedral, cuyo altar mayor decoró personalmente con una pintura de la Madre de Dios y el Niño. Todo se preparó para el sábado 9 de octubre, pero la primera misa debió de darse el 10, por la mañana. Las viejas crónicas dicen que la consagración coincidió con la destrucción masiva de las inscripciones árabes[11]. Al mismo tiempo, el arzobispo tarraconense puso la primera piedra de lo que sería la catedral, según las previsiones iniciales todavía románica[12]. En realidad, según nos recuerda Burns, las prácticas de consagración eran más sencillas: se marcaba con agua bendita la señal de la cruz en las cuatro esquinas del altar, después se quemaba incienso sobre él, se ungía con los santos óleos y se cubría con lienzos de lino[13]. El edificio también era consagrado. Para eso se daban tres vueltas en procesión, llamando cada vez a la puerta principal. En el recorrido se marcaban cruces con el agua bendita, se pintaban otras en la pared y en el suelo y se cantaban al mismo tiempo himnos de alabanza. Esto no era sino el principio. Después venía lo más complejo desde el punto de vista político: debía constituirse el capítulo de la catedral y definirse las parroquias, con sus límites y sus responsables. Allí mismo el rey eligió obispo de Valencia, cargo que recayó en el confesor del rey Castellbisbal, que nunca pasó de ser obispo electo, pues Roma no lo reconoció jamás. De él volveremos a hablar, desde luego. Al mismo tiempo se elevó el tribunal de la diócesis, sede judicial de radical importancia en tiempos de cruzada, pues a ella se sometían todos los pleitos que afectaban a cruzados, además de los que tenían que ver con las viudas, huérfanos, peregrinos y estudiantes. Como vemos, no debemos suponer la administración religiosa como un cuerpo destinado a regir solo los asuntos de la Iglesia: era una administración con decisiva importancia civil.

El caso es que Gregorio IX, por una bula de 9 de octubre de 1239, reconoció la conversión de la mezquita en catedral, señal de que todas las formalidades del ritual de la consagración se habían cumplido con escrúpulo. Que Roma no reconocía a Castellbisbal es cosa sabida, pues bien pronto el Papa dio la razón a la metrópoli de Toledo sobre su reclamación de primacía. De hecho, en 1240, el obispo ya es Ferrer de Pallarès, el hombre que había llevado el primer estandarte en la procesión de entrada a la ciudad. Sea como fuere, reconocido por Roma o no, electo o consagrado, Ferrer fue el primer obispo de hecho de Valencia y el que organizó la diócesis. Su dependencia de don Jaume debió de ser extrema, pues el rey logró quedarse con todos los diezmos y arrendamientos de las mezquitas, a excepción de un tercio de ellos que daba a las iglesias recién creadas. Es posible que el rey, que no sabía si finalmente la propiedad de la iglesia iría a parar a Toledo, no quisiera dotar en firme a

---

[11] Con motivo de este quinto centenario, escribió Pascual Escaples de Guilló su *Resumen historial de la fundacion y antigüedad de la ciudad de Valencia de los edetanos, vulgo del Cid, sus progresos, ampliacion y fábricas insignes, con notables particularides,* Valencia, 1738.

[12] Pere Antoni Beuter, *Cròniques de València, Segunda Parte de la Coronica General, y especialmente de Aragon, Cathaluña y Valencia,* Pedro Patricio Mey, Valencia, 1604, pág. 229.

[13] Burns toma esta consagración tipo de la que nos ha legado el dominico Jaime de Varazze en *Lecturas sobre los santos,* una obra de 1298 escrita en Génova. Pero también se puede tomar de la purificación de la mezquita de Córdoba, que la refiere Jiménez de Rada en *De las cosas de España,* ob. cit. Cf. igualmente, *Primera Partida,* Título X, 14 n.

la iglesia valenciana. Además, todos los canónigos que nombró don Jaume eran cercanos a su persona. De esta manera, el rey se aseguró contra una hipotética sentencia en su contra dictada por Roma. Cuando la situación se normalizara y los obispos ya fueran consagrados por Tarragona, estos intentarían mejorar la situación en la que Jaume los había dejado, entablando con él una larga disputa judicial por recuperar los diezmos de Valencia, lo que finalmente consiguieron en la tardía fecha de 1273. Si hemos de decir algo más de los primeros pasos de la diócesis recién fundada, recordaremos que el tercer obispo fue Arnau de Peralta, que impulsó ese litigio contra Jaume y contra la diócesis de Segorbe, de lo que hablaremos en otro momento. Él convocó el primer sínodo diocesano, configuró el cabildo y nombró nuevos canónigos, creó el archidiaconado de Xàtiva, en 1244, cuando se conquistó la formidable ciudad, y metió en cintura las siempre crecientes demandas de independencia jurisdiccional de las órdenes mendicantes. A pesar de todo, no estuvo mucho tiempo en su pontificado, pues en 1248 pidió ser trasladado a Zaragoza, dejando en su lugar a Andreu de Albalat que tendría un largo obispado, hasta 1276, acompañando a nuestro rey a la tumba [14].

Establecida la diócesis, fundadas las iglesias parroquiales, organizada la vida religiosa administrativa y entregadas sus recompensas y tierras a las órdenes militares que habían participado en la conquista de la ciudad, todavía faltaba algo que tenía que ver con el patronato real, una fundación exenta a todo control episcopal y, por eso, colocada directamente bajo la protección de la Santa Sede. Se trataba del monasterio de San Vicente de Valencia, en homenaje a la vieja tradición vicentina de la ciudad, la que tenía su origen en la historia ejemplar del mártir romano que había mantenido viva la conciencia cristiana durante la dominación árabe y cuya iglesia, mandada edificar por Constantino, había sido el centro religioso de la comunidad mozárabe de la zona valenciana quizá hasta la quema de la ciudad por los hombres del Cid [15]. En efecto, sabemos que Alfonso VIII de Castilla, en un intento de seguir manteniendo la influencia sobre la capital conquistada por el castellano Rodrigo Díaz de Vivar, dotó a los sacerdotes de la iglesia de San Vicente con la villa de Fuentidueña. No se trataba de una demostración de solidaridad con unos frailes lejanos, sino de afirmar la continuación de la administración religiosa toledana afincada allí por el Cid [16]. Dado que en el texto se cita «a todos los hermanos que atienden la iglesia de este mártir», significa desde luego que la iglesia tenía administración. Cuando en 1172 el abuelo de Jaume, Alfonso II, hace tributario suyo al rey de Valencia, este cederá a la corona de Aragón la iglesia de San Vicente, con todos sus derechos. Todo esto no nos permite afirmar que en ese momento existiera culto sagrado en este lugar de las

---
[14] Cf. Sanchis Sivera, sobre Arnau.
[15] Burns, ob. cit., págs. 596-597.
[16] El documento lo da González, en su libro *Castilla en la época de Alfonso VIII*, vol. II, págs. 162-165. Lo cita Burns, ob. cit., pág. 597, n. 6.

afueras de Valencia, sino que sus derechos reales o posibles ya estaban bajo la protección de la corona desde antes de la conquista. A pesar de eso, el arzobispo de Tarragona creyó conveniente consagrar la iglesia de nuevo tras la conquista, lo que nos permite suponer que el culto cristiano pudo estar vigente con el rey Lobo, finalmente un filocristiano, pero que quizá no lo estuvo justamente con su descendiente Zayyan, más tradicionalista.

Jaume, en uno de sus diplomas de 1232, asignó la iglesia vicentina al monasterio de San Victoriano de Huesca. No fue definitiva esta asignación. Ya en el Puig, y por motivos que desconocemos, pero que podrían estar relacionados con la activa predicación de la cruzada llevada a cabo por el arzobispo de Narbona, Jaume entregó esta iglesia de San Vicente Mártir al monasterio de Santa María de la Grassa, cercano a la sede metropolitana narbonense. La tierra que concedía el rey era de treinta jovadas alrededor de la iglesia. Como en muchos otros casos, las propiedades otorgadas en el reino de Valencia fueron canjeadas por otras más interesantes para los dueños. El caso es que la Grassa no tomó posesión efectiva de estas tierras y que de ellas se hizo cargo el monasterio de San Victoriano. Hemos de creer que la inmoralidad dominante en los monasterios del Languedoc también tenía algo que ver con esta separación de La Grassa de la propiedad de la tierra de San Vicente. Al parecer, y desde el primer momento, la intención del rey era la erección de un monasterio y un hospital. Era evidente a todos que esta empresa no podía impulsarse con aquella carencia radical de ejemplo cristiano que caracterizaba a los frailes narbonenses. Así que el rey solicitó la protección especial de la Santa Sede, que ya estaba otorgada en enero de 1239. También, desde el instante mismo de su conquista, el rey mandó fortificar el convento. Su voluntad fue dejar allí el estandarte real, que debía recorrer la ciudad cada centenario de la conquista, en una procesión general. Como se ve, el rey ya sabía que la conquista establecía un hecho definitivo e irreversible y por eso propone una normativa que ha de valer para los siglos de los siglos. El monasterio, la iglesia y el hospital de San Vicente serían el centro de la vida espiritual de la ciudad y del nuevo reino. De hecho, el rey regaló al monasterio, en 1263, todos los objetos sagrados y decorativos de su propia capilla de campaña [17].

Todo este complejo religioso empezó a construirse bien pronto, como afirma el serio historiador del siglo XVIII J. Teixidor [18]. En una década los edificios ya estaban alzados y ultimados. La propiedad del monasterio quedó considerablemente aumentada con las villas de Quart y de Aldaya, cuyos habitantes, musulmanes, le pagaban un tercio de todos sus productos. Cuando las poblaciones fueron cristianas, mejoraron las proporciones a entregar y solo

---

[17] Burns, ob. cit., pág. 618.
[18] Josef Teixidor, *Antigüedades de Valencia, Observaciones críticas donde con instrumentos auténticos se destruye lo fabuloso dejando en su debida estabilidad lo bien fundado*, reed. de librería de Pascual Aguilar, Valencia, 1895, vol. II, pág. 272. A él debemos también un decisivo *Episcopologio de Valencia*, editado por A. Esponera Cerdán, O. P., Facultad de Teología San Vicente Ferrer, Valencia, 1998. Sobre Arnau de Peralta se pueden consultar las págs. 41-43.

tuvieron que pagar un quinto. El monasterio disfrutaba del privilegio de vender productos agrícolas a la ciudad de Valencia. Para dar ejemplo, Jaume le concedió una décima parte de la décima que a su vez él cobraba de la Albufera de Valencia y de las salinas cercanas [19]. La villa de Castellón de Borriana, la futura Castellón de la Plana, fue también propiedad de la fundación. Además, en ese mismo año de 1244 se concedió a los ganados del monasterio el derecho de tránsito por todas las tierras del rey, sin pagar impuesto alguno.

Como es natural, don Jaume no daba todo esto de manera caprichosa o gratuita. Al contrario, el monasterio y el hospital eran parte de su administración. Su uso fundamental era acoger sobre todo a los jubilados de la administración de la corona, tarea en la que se le iban casi todas sus rentas. Si hemos de dejar un trazo de futuro para perseguir la historia de este monasterio, hemos de decir que, todavía en 1266, Jaume lo reorganizó, estableciendo seis capellanías, que fueron aumentadas en rango, eliminando todos los clérigos menores y fijando los sueldos de todos ellos, así como los hábitos y las relaciones con la ciudad. En 1286, el monasterio quedó en manos del centro cisterciense de Poblet, y por eso su propiedad más importante, la villa de Quart, pasó a llamarse ya para siempre Quart de Poblet. Este paso de manos desde los monjes de San Victoriano a los del Císter de Poblet lo traemos a colación porque estuvo determinado por el último acto de la vida de Jaume, cuando en el lecho de muerte se hizo monje císter. Entonces, el rey concedió a Poblet el castillo de Piera. Pere, su hijo, no quiso dar a los monjes este elemento militar decisivo en el camino de Barcelona a Cervera. Al final, Pere III, también en su lecho de muerte, confirmó la donación del castillo, pero su hijo Alfonso lo recuperó a cambio de ofrecer a Poblet el monasterio de San Vicente con todas sus propiedades. Era un cambio irresistible. Los monjes de San Victoriano fueron recompensados fuera del reino. De esta manera, el Císter asentó su dominio en la tierra valenciana, desde Benifassà hasta Valldigna, pasando por la misma Valencia. Con ello, todas las instituciones importantes de la vida religiosa se instalaron en Valencia, en la práctica, desde el mismo día de la conquista. Como hemos dicho antes, la eclesiástica era la administración más amplia y decisiva. También era por eso la más necesaria. Al fin y al cabo, aquella conquista, no conviene olvidarlo, era el resultado de una cruzada.

---

[19] Sin duda, como luego se verá, la Albufera de la época de Jaume era mucho más amplia que la actual. Para un mapa, puede verse la referencia bibliográfica de la n. 12 del cap. XXXIV.

22
UNA MINORÍA MAYORITARIA: LA POBLACIÓN ISLÁMICA

Si hemos de hacer caso a la *Crónica,* la ciudad de Valencia quedó desierta de musulmanes tras la salida de la gente de Zayyan. Eso es lo que cuentan además los textos árabes, elegiacos y desoladores, que nos hablan de la vida cómoda y agradable de las élites musulmanas valencianas. «El destino ha golpeado a Valencia, la gran ciudad del litoral, la capital por tierra y mar, el puerto al que se dirigían las gentes de bien, el lugar iluminado por los rayos de la belleza y la cultura. El infiel ha hecho desaparecer la fe musulmana, las campanas han sustituido la llamada del muecín. Qué pérdida para el islam, qué tristeza en la oración y ayuno de aquel martes, día fatal. Lloremos esta inmensa desgracia», decía un amigo de Ibn al-Abbar, el poeta Ibn Amira[1]. Aunque el rey, según consta en el documento de paz, había dado la posibilidad de comprar sus casas a los árabes, al parecer no muchos de ellos hicieron uso de este derecho. El rey reconoce que de la ciudad salieron cincuenta mil personas, y esta cifra debe de implicar la totalidad de la población no solo de Valencia, sino también la de muchos lugares de los alrededores que se había refugiado tras las murallas de la capital. La *Crónica* real es muy parca en otros detalles, pero desde luego no dice que se quedara alguien de los musulmanes. Tampoco dice que hubiese población mozárabe que recibiera al nuevo rey con la alegría con la que se saluda a los correligionarios tras una larga separa-

---

[1] Cf. E. A. Llobregat, «L'Islam a les terres valencianes: pont o frontera?», *En torno al 750 aniversario. Antecedentes y consecuencias de la conquista de Valencia,* Monografies del Consell Valencià de Cultura, Valencia, 1989, págs. 141-159; aquí, especialmente, pág. 150. Para una recopilación de las principales poesías elegíacas sobre la pérdida de Valencia, cf. María Jesús Rubiera i Mata, «La cultura musulmana. Pensament, Llenguatge y Formes literàries (Aspectes de la poesía aràbigo-valenciana: el paradís y el paradís perdut)», *En torno al 750 aniversario. Antecedentes y consecuencias de la conquista de Valencia,* ob. cit., págs. 97-116. Quizá los más significativos de todos estos versos sean los de Ibn Khafaja, cuando dice: «Valencianos, ¡qué gozo el vuestro! / Tenéis agua y sombra, con ríos y árboles. / El paraíso eterno es vuestra casa. / Si he de elegir, mío lo hago. / Vividlo. No penséis en el infierno. / Nadie va nunca del paraíso al fuego.»

ción. Nadie entre los habitantes valencianos levantó palmas ni ramos en homenaje al Conquistador —como el propio Jaume lo recuerda cuando sucede en otros sitios—. De la vieja y brevísima conquista del Cid no quedaba nada en la ciudad, islamizada intensamente con la dominación de los almorávides y los almohades. La imagen que uno tiene cuando lee la *Crónica* es que allí los árabes fueron sustituidos por los más de cincuenta mil cristianos que estaban con la hueste del rey. Ellos alzaron su clamor en el día de la entrada. Tenemos entonces una ciudad desierta, vacía, como sucedió con Borriana o con Mallorca, que abre sus puertas para que se produzca el reparto entre sus nuevos dueños. El desplazamiento de la población islámica valenciana debió de ser traumático, ingente. Nada nos autoriza a pensar que fuese de otra manera. El mismo rey, por el contrario, solo se muestra preocupado por el reparto de la ciudad, tal y como estaba previsto y registrado en el libro oficial de los contratos del asedio. Y, en efecto, al tercer día de la entrada se comenzó ese reparto, como nos dice la *Crónica*.

Pero Valencia la *magna* conservaba sus casas, sus murallas, sus torres, su mezquita principal una vez más convertida en catedral, la huerta de sus alrededores intacta, rendidas todas sus villas y torres una a una. Era mucho lo que quedaba en pie y muy condicionante. Pues no solo los hombres son decisivos para determinar una nueva realidad social y vital. También influyen las cosas materiales, a veces con su sola presencia, cuando se trata de casas, campos, huertas, jardines, acequias, palacios. Sin embargo, a pesar de todas las señales islámicas, la capital era ahora cristiana y, al principio, debió de poblarse casi exclusivamente de cristianos, aunque muchos de los que estaban apuntados en el libro del reparto no comparecieron y sus propiedades tuvieron que ser reasignadas o dejadas desiertas. Quizá luego, poco a poco, se produjese una reincorporación de musulmanes en alguna zona extramuros de la capital.

Aunque el objetivo de este libro no es entrar en polémicas, muchas veces artificiales, algo debemos decir de las formas de convivencia de dos realidades sociales y culturales, políticas y étnicas tan diferentes, como eran la sociedad cristiana y la árabe. Para eso no necesitamos retrotraernos al tiempo de los visigodos, como ha hecho el estudioso Enrique Llobregat, para confirmar que ya desde el siglo V hay escasos restos cristianos en la zona de Valencia. Tampoco tenemos que regresar hasta el pacto del gardingo Teodomiro de Orihuela, suscrito al parecer en 713, por el que se entrega a Abd al-Aziz, el lugarteniente de Muza, toda la línea de castillos que recorre la vía Augusta desde el Segura hasta Valencia y Sagunto; ni a la destrucción de Valencia en 778, impulsada por Abderramán I, para impedir las relaciones habituales de la costa con el dominio abasí del norte de África. Sea cual fuere la continuidad poblacional de Valencia —que durante la dominación visigoda fue más bizantina que goda y que durante el califato de Córdoba nunca fue una plaza central—, es preciso tener en cuenta al menos un hecho reciente a la historia que nos ocupa: Jimena, la esposa del Cid, al no poder mantener Valencia, la sometió a un inmisericorde saqueo e incendio antes de abandonarla.

La Valencia reconstruida por los almorávides, la que luego alojó en su trono al rey Lobo, y después vio cómo el clan almohade de los baezanos se hacía con su poder en la persona de Abuceit, no debía de tener un buen recuerdo de la dominación cideana y cristiana. Si en aquel tiempo había allí algún cristiano, mozárabe o no, después del incendio castellano debió de sentirse más bien inseguro en la ciudad y la práctica totalidad de esas comunidades debieron de abandonarla. Por eso no se puede pensar que el elemento mozárabe fuera perceptible en el momento de la conquista de Jaume[2]. A lo sumo podría haber algunos clérigos custodiando el viejo sepulcro de san Vicente. Pero poco más. Desde luego, estamos en sociedades comerciales, y podía percibirse la presencia de cristianos en los puertos, quizá con algún centro de culto especialmente protegido —como en Denia—, pero no podemos hablar de comunidades populares mozárabes, como sin duda existían en las tierras andaluzas, donde una aristocracia cristiana había mantenido una sociedad vertebrada sobre esta fe, o en Toledo, donde la entrega pactada de la ciudad a los árabes permitió mantener las tradiciones cristianas. En este sentido, la mayoría de los arabistas apuestan hoy por una especial situación valenciana, donde esta presencia mozárabe sería mucho menor, si es que hubo alguna[3].

Hay una prueba de la casi inexistencia de mozárabes, y nos la da el derecho. Con el sistema de cartas puebla, cada localidad conquistada permite reflejar en su ordenamiento el origen de sus pobladores. Si hay árabes, se incluyen cláusulas de derecho islámico, y si hay navarros o turolenses, se pueden apreciar en los textos sus fueros respectivos. En todas las cartas puebla de Valencia no existe sino una apelación al *Liber Judicorum,* el código de derecho visigótico que sería el que usarían los mozárabes. Se da en la carta de Chivert, muy al norte de Valencia, que pudo ser introducida por los propios cristianos. Su relevancia es bien escasa[4]. Desde luego, esta influencia goda no pudo de-

---

[2] A favor de esta tesis, Mikel de Epalza, «¿Hubo mozárabes en tierras valencianas?», en *Revista del Instituto de Estudios Alicantinos,* año XXXVI, 1982. Cf. igualmente «L'ordenació del territori del País Valencià abans de la conquesta, segons Ibn-Al-Abbar (segle XIII)», en *Sharq-Al-Andalus,* Estudios Árabes, Alicante, año V, 1988.

[3] Cf. Vicente Ángel Álvarez Palenzuela, «Cristianos, musulmanes y judíos. Convivencia, tolerancia y conflicto», en *Año 1000, año 2000. Dos milenios en la historia de España,* Luis Ribot, Julio Valdeón, Ramón Villares, España Nuevo Milenio, Madrid, 2001, vol. II, págs. 275-301, quien en un magnífico resumen de la historia de los mozárabes, con referencias a la más importante bibliografía, concluye que «el problema más grave de la comunidad mozárabe no es tanto el grado de tolerancia en el que viven, como su aislamiento y las perspectivas de futuro que se ofrecen a la comunidad, o mejor dicho, la falta de esas perspectivas, ya que el único futuro que se vislumbra es una inexorable absorción por parte de la cultura y religión dominantes» (pág. 294). Las sucesivas invasiones de almorávides y almohades endurecen las condiciones de los mozárabes, y el encono del enfrentamiento entre estas invasiones y los reinos cristianos desgarraron lo que quedaba de la comunidad mozárabe entre las deportaciones que dictan los poderes musulmanes y las emigraciones hacia el norte, como las de las póblaciones que Alfonso II de Aragón, el abuelo de nuestro don Jaume, recogió en sus incursiones hacia Andalucía.

[4] Sylvia Romeu Alfaro, «Los fueros de Valencia y los fueros de Aragón: "Jurisdicción alfonsina"», en *AHDE,* vol. XLII, págs. 74-115; aquí, pág. 76, n. 6.

jarse sentir sobre la nueva población, organizada sobre la inmensa hueste que acompañaba a Jaume desde los más remotos lugares[5]. Por lo demás, sabemos que los almorávides y los almohades sometieron a la ciudad a una intensa islamización. Esto se aprecia en los toponímicos y en la antroponimia: nada en ellos indica algo diferente de una geografía a la que los sarracenos habían puesto nombres sin coacciones culturales extrañas. De forma decidida, podemos decir que la huella cristiana sobre la Valencia que dominaba Zayyan debía de ser mínima.

Por lo demás, como reconoce Pedro Chalmeta[6], la sociedad andalusí jamás miró a la España cristiana para algo positivo. La relación fundamental, cuando la había, era la de pago de impuestos y parias. Los estudiosos árabes jamás se desplazaban a los territorios cristianos, sino a los grandes focos del saber islámico, como Damasco, Bagdad, Basora, El Cairo. No se conoce ningún árabe que haya ido a estudiar a París o a Roma. Estamos ante una sociedad cerrada culturalmente sobre sí misma, poco dispuesta a los intercambios con el mundo cristiano, que solo por aquel entonces daba sus primeros pasos en el ámbito cultural europeo más allá de las conquistas legadas por la cultura árabe. En efecto, por este tiempo quedaba ultimada la transferencia de saber desde Toledo y Palermo hacia los grandes centros del norte, como París y Oxford, transferencia que, con el tiempo, iba a desplazar la hegemonía cultural hacia las manos de la Europa cristiana. En Al-Andalus esta superación cristiana del islam apenas se había iniciado todavía. Sin embargo, este mejor nivel cultural medio de los árabes valencianos ya no estaba equilibrado con otras manifestaciones de poder, pues la islámica era una sociedad rota que había perdido con toda seguridad sus líderes naturales y sus élites. Todo ello permite decir que la realidad social y económica valenciana anterior a la con-

---

[5] Jesús Lalinde Abadía dice lo siguiente: «En la historiografía valenciana solo se ha producido alguna voz aislada en favor del derecho procedente de la población mozárabe valenciana, basándose especialmente en algunas instituciones del régimen económico familiar, como el *exovar, escreix, any de plor,* y entrega de la *cambra,* a la que se ha añadido después la *germanitas.* Estimando cierto que este tipo de comunidad, como el de las donaciones indicadas, proceden de un legado visigodo, y que deben ser explicadas como supervivencias, en lugar de hacerlo como adyacencias extrañas, es difícil admitir que su origen esté en la población mozárabe valenciana, cuando puede explicarse a través de una aportación por la población catalana, tanto barcelonesa como ilerdense y tortosina». Cf. Lalinde Abadía, «El sistema normativo valenciano», *AHDE,* XLII, páginas 307-330; aquí, págs. 324-325. De esta manera se enfrenta a Honorio García, siguiendo Lalinde la línea de Dualde. Cf. su trabajo «Los pactos matrimoniales catalanes», *AHDE,* Madrid, 1963, págs. 133-266, especialmente las págs. 178-180. Sin tomar partido, Font i Rius, «El desarrollo general del derecho en los territorios de la corona de Aragón, siglos XII-XIV», *VII CHCA,* págs. 289-326; aquí, pág. 292.

[6] Cf. Pedro Chalmeta, «Estructuras socioeconómicas musulmanas», *En torno al 750 aniversario,* ob. cit., pág. 31. Muy iluminador de las relaciones de la cultura musulmana con la tierra y con el espacio y las diferencias que genera respecto a los cristianos, que parten de una cultura cristiana que ve la tierra como patrimonio de san Pedro, de hecho inalienable y eterno, cf. del mismo autor, «Territorio y sociedad: Al-Ándalus», en *Año 1000, año 2000. Dos milenios en la historia de España,* ob. cit., págs. 393-409.

quista era árabe y que, al menos en Valencia capital, esta cultura quedó radicalmente rota e interrumpida.

No obstante, el reino era algo más que la ciudad. Por una parte, estaban todas las comunidades alrededor de Borriana, hasta Peñíscola, que se habían rendido con toda su población islamizada. Conviene pensar además, como ya sabía Ribera[7], que el sistema de pactos en la Reconquista se había empleado ya en Tudela, Zaragoza y Tortosa, por lo que en estos territorios, al menos, había importantes bolsas de población islámica y mudéjar que mantenía contactos con los nuevos conquistados y que reforzaba sus posiciones sociales. Además, las poblaciones de la huerta valenciana también se rindieron mediante el sistema de pacto. Por eso, en tierras valencianas siguió presente aquella sociedad islamizada, basada en la aljama, como consejo o asamblea, regida por su élite de los alfaquíes, bajo la dirección religiosa de los imanes[8]; ordenada por el poder judicial de alcadíes, organizada por sus agentes fiscales o almoixerifes, enseñada por sus mismos ulemas, protegida y gobernada por sus jefes de comunidad o muftíes y controlada en sus alimentos y hábitos higiénicos por el muhtasib. Es muy importante considerar que, a veces, estas instituciones árabes pasaron a la sociedad cristiana, como esta figura del muhtasib, especie de agente sanitario, médico, farmacéutico o veterinario, higienista, inspector de mercados y también especialista en la preparación de los animales para el ritual. Así, en la entrada correspondiente al libro del repartimiento, en el registro del 22 de diciembre de 1237, el rey Jaume concede a Ramón de Luch, de Zaragoza, el cargo de *mustaçaf* de Valencia, el almotacén de los textos castellanos[9]. Luego, en el *fur* correspondiente a la rúbrica XXVI de la edición de 1515, establecerá esta figura como un cargo municipal[10]. De Valencia, esta figura pasaría a la ciudad de Barcelona en 1339, reinando Pere IV. Por lo demás, estas figuras de las comunidades árabes no era lo único que sobrevivía en las cercanías de la capital, penetrando en ella. También estaban allí, funcionando a pleno rendimiento, su modelo de agricultura, su esquema de regadío, estudiado por Glick[11], su ejemplo urbano, su organización artesanal y sus zocos, su arquetipo femenino y su formato del héroe, sus

---

[7] Cf. J. Ribera y Tarragò, *Orígenes del justicia de Aragón,* Colección de Estudios Árabes, II, Zaragoza, 1897.

[8] Cf. Dolors Bramon, «Institucions socials islàmiques y la seua perduració», *En torno al 750 aniversario,* ob. cit., pág. 109.

[9] Pere Vernia, «El mustaçaf de València y la farmacia en la corona de Aragón», *En torno al 750 aniversario,* ob. cit., pág. 119.

[10] Cf. *Aureum Opus,* ob. cit., CCXXVI.

[11] Cf. Thomas Glick, *Irrigation and society,* Harvard, 1970, ahora en traducción en la Biblioteca Valenciana. Luego seguido por Burriel de Orueta, *La huerta de Valencia,* Zona Sur, Valencia, 1971; Eduardo Manzano Moreno, «El regadío de Al-Andalus, problemas en torno a su estudio», *En la España medieval,* Universidad Complutense, V, 1986. Además, se deben consultar Thomas Glick, *Islamic and christian Spain in the Middle Ages. Comparative Perspectives on social and cultural formation,* Princeton, 1979; Miguel Barceló, «Aigua i assentaments andalusins entre Xerta i Amposta», Madrid, 1987.

criterios de elegancia y sus modas. Durante siglos, la presencia de todos estos elementos en tierras de Valencia fue muy visible, y es de suponer que desde el campo presionaran sobre la capital. Jaume podrá decir en su *Crónica* que «todos tenían su ley tan perfecta como si estuvieran en tierra de sarracenos»[12]. Solo en 1372 se aprobará la disposición de que ciertos cargos, por ejemplo, el *mustaçaf*, sea general a todos los grupos étnicos de población de Valencia, lo que da una idea de que antes la comunidad islámica contó con el propio[13]. Obviamente, en la medida en que la población islámica pertenezca al rey, este nombra de su seno al alamín, el recolector de impuestos reales, inicialmente diferente del baile, que hace lo propio en la comunidad cristiana[14]. Cuando miramos el mapa de la demografía árabe que ha confeccionado María del Carmen Barceló, nos damos cuenta de la gran cantidad de tierra poblada por sarracenos. En este mapa no se computan las zonas de población mixta, que debía de ser sencillamente el resto.

Esta sociedad árabe, mientras fue independiente, era eficaz y eficiente en casi todos los ámbitos de la vida social, excepto quizá en el militar, al no contar con una organización propia y específica a este fin, como la feudal. Al hacer recaer la administración sobre hombres religiosos, y al ser su formación sobre todo literaria y legal, los hombres de estas élites tenían escasa capacidad de mando y esto determinó que se resintiera todo el sistema de poder islámico. Los sarracenos eran muy conscientes de esta debilidad: una cosa era interpretar textos religiosos y otra era gobernar[15], sobre todo cuando esto significaba en esencia guerrear. De ahí que, con frecuencia, las élites militares islámicas se aislaran de las culturales y religiosas, produciendo una comunidad quebrada, disfuncional, muy diferente de la integración que garantizó la Iglesia y el poder real en la Europa cristiana. A pesar de todo, era muy clara la solvencia económica de estos grupos humanos islamizados, que podían sobrevivir colocando unos enormes excedentes —los impuestos o parias— en las arcas de los señores cristianos, de quienes se declaraban vasallos. Por ejemplo, los árabes de Valencia daban a Jaume una cuarta parte de sus recursos. Murcia llegó a dar a Alfonso X la mitad de sus ingresos. A pesar de todo, esta sociedad podía sobrevivir a esta sangría económica. Pero dejando aparte la accidental y débil integración de su institución militar, no puede existir duda de la capacidad cohesionadora de la cultura del islam, que controlaba la vida entera de la comunidad alrededor de diferentes tipos de alfaquíes. Como ha dicho Bramon, «los consejeros de la aljama, los jurados, los adelantados, los clavarios, los alaminos, los mustassafs, los salmedinas, los alcadís, los encargados del degüello ritual de los animales, de dirigir el culto y la oración, de hacer la

---

[12] *Crónica*, §437.
[13] Cortes de Pedro IV. *Furs* de Pedro II, rúbrica CXXII; *Aureum Opus* CXLIII.
[14] Cf. M. Carmen Barceló Torres. *Minorías islámicas en el País Valenciano. Historia y Dialecto*, Universidad de Valencia, Instituto Hispano-Árabe de Cultura, Valencia, 1984, págs. 51-63.
[15] Así opinaba Ibn Bassam en un fragmento de su *Dajira* que cita Dolors Bramon en su «Institucions socials islàmiques i la seua perduració», *En torno al 750 aniversario*, ob. cit., pág. 113.

UNA MINORÍA MAYORITARIA: LA POBLACIÓN ISLÁMICA

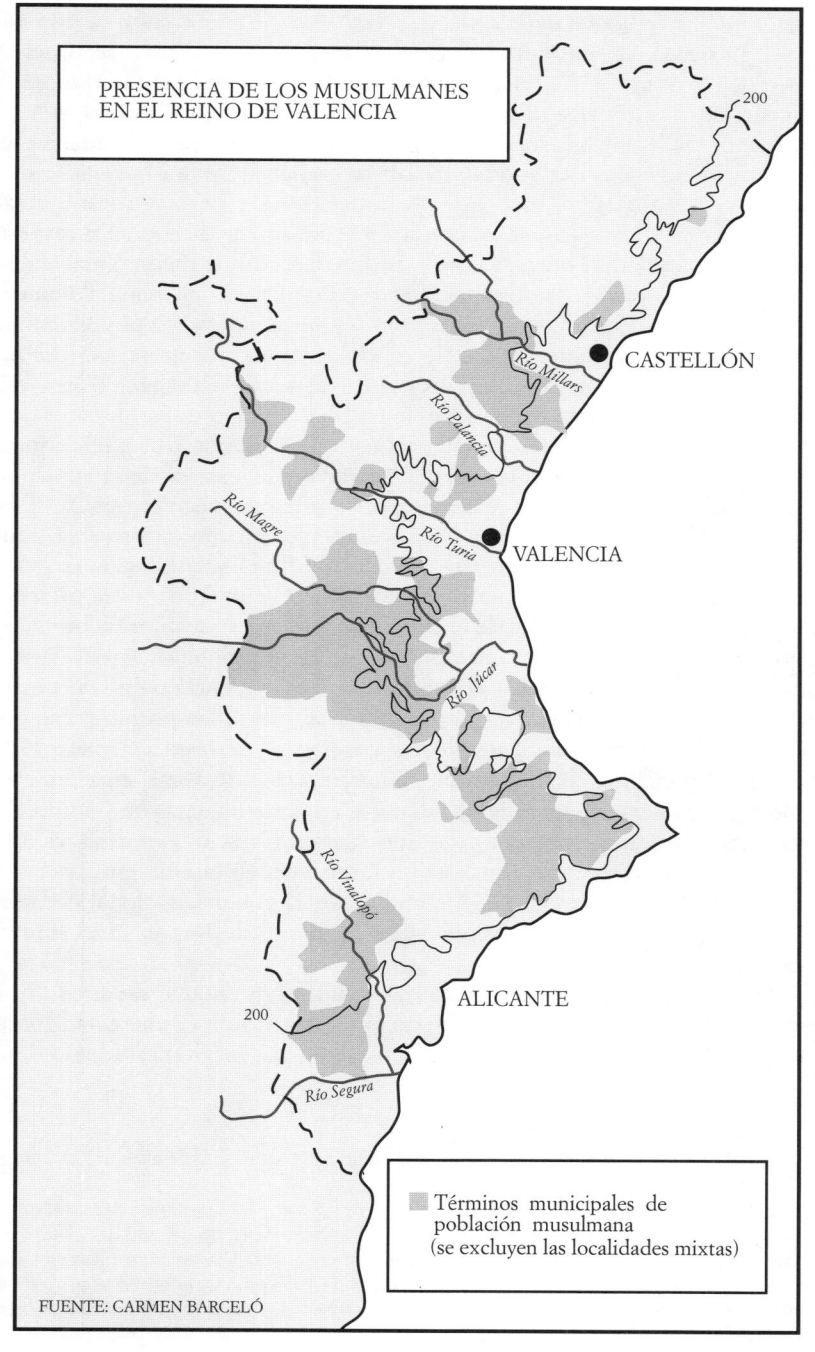

llamada pública a la oración, de circuncidar, de enseñar el Corán, de administrar los bienes de las mezquitas, provienen como siempre en el islam del colectivo de alfaquíes»[16]. La religión, como se ve, atravesaba toda la vida social. Solo cuando esta dimensión religiosa inflamaba el ardor de los fieles, con una predicación de la guerra santa, también determinaba el aspecto militar. Al estar condicionada por estallidos de fanatismo religioso, esta organización militar era accidental, temporal y discontinua. Brava y heroica, desde luego, pero ineficaz por lo explosiva. Ahí radicaba, como ya he dicho, la mayor debilidad de la sociedad islámica, frente a la sencilla y eficaz división del trabajo feudal, en la que una casta de caballeros se especializaba patrimonialmente en el uso y propiedad de armas pesadas y un rey se caracterizaba por apropiarse también patrimonialmente de los derechos de dirección militar, ambos elementos casi siempre ajustados por la política de consenso y paz de la Iglesia. En estas condiciones, muy limitadas eran las posibilidades de los distritos taifas de sobrevivir como potencias independientes ante la creciente presión cristiana.

Digan lo que digan los autores que cantan aquella época de reinos de taifas como dichosa y feliz[17], la Valencia previa a la conquista era una realidad andalusí pura, aunque con un carácter acéfalo plenamente reconocible, como corresponde a una sociedad que no ha generado una sólida forma de poder político al margen de la administración religiosa. Por mucho que su presencia bereber sea más poderosa desde el principio que en otros sitios, como ha señalado Pierre Guichard[18], o quizá por eso, la conquista almorávide despertó inicialmente el entusiasmo de sus habitantes. Esta presencia debió de aumentar la hostilidad con los posibles mozárabes. Mas luego, tan pronto como cesó la oleada de fanatismo almohade, los linajes nativos de Valencia y sus tierras acabaron imponiéndose en el poder, como corresponde a una sociedad en el fondo muy tradicional. La religión islámica, en verdad, jamás ha podido desplegar una cultura que se oponga a estas fuerzas tradicionales de la vida social. Esta es otra diferencia con la cultura cristiana en la que, muchas veces, dada la potencia jurídica del Papado de Roma y la potencia racional de la teología apologética, la propia religión fue la fuente de importantes innovaciones.

Zayyan, el último rey de Valencia, era un representante de estos linajes almorávides y tenía su centro originario en el distrito de Onda. En el fondo, tenemos aquí un problema estructural del islam, que ha sido estudiado desde

---

[16] Bramon, ob. cit., pág. 115.

[17] Mikel de Epalza, «Estructura, evolució y esplendor de les taifes valencianes», *En torno al 750 aniversario,* ob. cit., pág. 131.

[18] Cf. Pierre Guichard, «Otra vez sobre un viejo problema: orientalismo y occidentalismo en la civilización de la España musulmana», *En torno al 750 aniversario,* ob. cit., pág. 81. Cf. su última aportación, «Orientalidad y especificidad del poder en al-Andalus», en *Año 1000, año 2000. Dos milenios en la historia de España,* vol. I, págs. 329-347, donde analiza las semejanzas y diferencias de las formas de poder en Al-Andalus y en el Oriente y el rasgo más tradicional de la forma específica hispana.

antiguo y conocido desde siempre. Al depender de una predicación religiosa de corte fanático y militar, el islam conoce profundas y fulminantes oleadas de poder unitario, que arrasa los poderes locales o los integra en unidades políticas tan amplias como el horizonte que ensanchan los ligeros y nerviosos caballos árabes. Pero tan pronto cede este fanatismo —que no puede mantenerse de forma continua, pues el fruto de la desesperación, la decepción, la humillación y la pobreza decae con el lujo de la conquista— esas unidades de poder empiezan a fracturarse y generan lo que se ha llamado taifas, nombre que designa únicamente un grupo, generalmente dirigido por un clan noble local o un caudillo militar afortunado, que se declara independiente o mero gestor del poder unitario. Tenemos aquí la sístole y diástole del califato de Córdoba, de los primeros reinos taifas, de los imperios militares de los almorávides y los almohades, seguidos cada uno de ellos por nuevos fenómenos de fragmentación. Como es lógico, los territorios que se ordenan en taifa, aunque suelen coincidir con antiguos distritos del poder unitario previo [19], ahora disuelto, varían mucho según la amplitud del linaje que lo dirige, así como de las fuerzas militares congregadas alrededor de un caudillo, que poco a poco pierde el carisma militar. De ahí que, como hoy saben los historiadores, no se pueda decir que el reino de Valencia fuese una unidad política completamente definida. Se sabía que la *magna* Valencia proyectaba su sombra sobre un territorio, pero cuál fuera este con exactitud dependía de muchas condiciones. Por lo general, llegaba más o menos hasta Xàtiva y el Júcar, unas veces dentro y otras veces fuera de esos límites. El tratado de Cazola, en este sentido, nombra el reino de Valencia en esa extensión en que estaba vigente en el momento de su redacción. En ocasiones, después de esta, el reino fue más amplio, integrando Denia e incluso Murcia. Otras veces, sin embargo, el centro de poder de Murcia entraba hasta bien al norte, incluyendo Xàtiva. Este tipo de hechos estructurales al poder árabe determinaron la firma del tratado de Almizra, como veremos [20]. Pero nunca se alteró el hecho fundamental de que Valencia, la gran capital, definía un reino, y eso fue lo que, flexible a los hechos inevitables, aceptó Jaume tras la conquista.

Por lo demás, la taifa valenciana, como dice Epalza, nace más de una necesidad de autogobierno local que de una rebelión contra un poder central. Las taifas tratan de llenar un vacío, y de forma frecuente lo hacen con los mismos altos agentes de la administración del poder que se ha hundido. En muchos casos, estos altos cargos siguen gestionando la sociedad en nombre de un poder ya inexistente. La taifa no tiene que ver con exigencias de poder autónomo, sino que aprovecha las formas del poder local, basadas casi siempre en

---

[19] Mikel de Epalza, «Estructura, evolució y esplendor de les taifes valencianes», *En torno al 750 aniversario,* ob. cit., pág. 134. Cf., además, María Jesús Rubiera, *La Taifa de Denia,* Alicante, 1985 y 1988.

[20] Sobre el carácter impreciso de los grandes tratados medievales, cf. Bonifacio Palacios Martín, «La frontera de Aragón con Castilla en la época de Jaume I», *X CHCA,* 1 y 2, págs. 475-495; esp., pág. 476.

linajes aristocráticos, ahora desencajadas de un poder central que ya no existe, para mantener un mínimo de orden social. El esplendor comercial y cultural que suele acompañar el fenómeno de los reinos de taifas no está causado por los beneficios del poder descentralizado, sino por la intensidad de intercambios comerciales de una sociedad de ciudades que hubiera sido todavía más espléndida de haber conocido un poder político firme. No son ricas las taifas por su descentralización, sino a pesar de ella. Los excedentes que produjeron, con frecuencia, marcharon en forma de tributos militares a las tierras cristianas. Un poder político propio hubiera dejado ese excedente en la propia sociedad islámica. Para conseguir eso, sin embargo, como hemos dicho, los árabes tendrían que haber sabido independizar la fuerza militar respecto de la administración religiosa, el gran hallazgo de esa síntesis que hoy conocemos como el feudalismo europeo. Al no hacerlo, todo el sistema árabe se encaminó poco a poco hacia la ruina frente a una sociedad más compleja, dotada de una clara voluntad institucional.

Tras la pérdida de la independencia política más o menos intensa de la que habían gozado, estas comunidades islámicas sufrieron todavía más los efectos de la desintegración. La mayoría de sus habitantes pasaron a ser siervos del rey o de los señores feudales, perdiendo la libertad de que habían gozado como vasallos de sus reyes propios. No es verdad que todos ellos, sin embargo, fueran mano de obra agraria ni debemos pensar como Fuster que todos ellos fueran serviles respecto a los señores feudales y esquiroles de los campesinos cristianos [21]. Como población sin defensas propias, se vieron sometidos a todo tipo de presiones y de asaltos, lo que explica las frecuentes rebeliones que protagonizaron. Dado que los nobles podían ser más indiferentes a la religión y a su culto que los agentes del rey, más necesitados de coordinación con la Iglesia, es fácil pensar que tuvieran preferencia por vivir en territorios de señorío, aunque tuvieran que pagar con más exacciones fiscales la posibilidad de disfrutar de su fe. En todo caso, el rey Jaume siempre procuró defenderlos y está comprobada la preferencia de los mudéjares por ser súbditos reales. Pero como comunidad marginal —Jaume les prohibió acceder a los cargos públicos— [22] aspiraban a aprovechar todas las oportunidades que le brindaba la sociedad cristiana, reclamando privilegios siempre que podían. A veces tenían suficiente poder para lograrlos o comprarlos. Jaume les concedió algunos muy relevantes, como hacer francos de todo impuesto a los sarracenos de las comarcas de Castellón [23]. De ahí que se beneficiaran inicialmente de la relativa libertad de movimientos de que dispuso Jaume I y que no estuvieran totalmente marginados de profesiones artesanales y comerciales, como se suele pensar [24]. Hinojosa ha podido identificar una élite comercial en Valencia

---

[21] Joan Fuster, *Obra Completa,* I, Tres i Quatre, Valencia, 1968, pág. 67.
[22] *Furs,* Libro IX, rúbrica XVIII, III; cit. por Barceló, ob. cit., pág. 85.
[23] Barceló, ob. cit., pág. 75.
[24] Ibídem, pág. 70.

que controló el comercio con el reino de Granada[25]. No obstante, nadie pudo impedir que la nueva minoría social —por mucho que durante algún tiempo fuera mayoritaria desde el punto de vista numérico— fuese un quiste capaz de provocar la hostilidad, el desprecio y la prevención de los cristianos. La Iglesia de la corona, desde el Concilio de 1248 de Tarragona, trabajó por su expulsión, y desde el pontificado de Clemente IV, en 1266, la reclamó con insistencia[26]. Sin embargo, lo que finalmente atendieron los reyes de la monarquía hispánica en 1606 fue siempre rechazado por don Jaume, salvo que mediara una clara razón política, como la ruptura de la fidelidad o la rebelión. Excepto en estos casos, el rey siempre apostó por mantener su protección sobre los productivos mudéjares. Es por eso que el proceso histórico, con todos los traumas propios de una conquista y varias expulsiones parciales, no puede ser descrito sino como una larga y profunda metamorfosis.

---

[25] José Hinojosa Montalvo, «Las relaciones entre los reinos de Valencia y Granada durante la primera mitad del siglo XV», en *Estudios de Historia de Valencia,* Universidad de Valencia, Secretariado de Publicaciones, 1978, págs. 91-160.

[26] Cf. J. M. Pons y Guri, «Constitucions conciliars Tarraconenses (1229-1330)», *Analecta Sacra Tarraconensia,* núm. 45, págs. 65-128; núm. 48, págs. 241-363.

23
LA METAMORFOSIS

Si hemos de entender la sociedad cristiana que surgía con el nuevo reino de Valencia, hemos de mantener que no fue resultado de una simple *creatio ex nihilo,* como dice Llobregat, ni de una continuidad pura con la sociedad anterior, como desearían aquellos que suponen que una población cristiana y mozárabe nunca faltó de Valencia desde los tiempos hispanorromanos. Veamos ahora estas dos posturas inverosímiles. Comenzaremos por la tesis de la continuidad, que afirma la existencia de un sustrato permanente cristiano en tierras valencianas que atravesaría la dominación islámica, que mantendría su religión y su latín evolucionado, idioma que, de manera autónoma y andando el tiempo, se parecería mucho al valenciano actual.

Creo que se debe ser franco y claro al respecto. Las fuentes en las que se basan las tesis continuistas o mozarabistas son claramente débiles y espurias. En Denia, en efecto, un puerto importante de la época, en permanente contacto con el norte de África, con Baleares y con Italia, un literato árabe se quejaba de que en aquellas condiciones sociales resultaba imposible escribir un buen árabe, porque siempre se vivía en compañía de «no árabes». Esta lamentación, sin embargo, no implica que esta población no árabe fuera la mozárabe cristiana. Dice sencillamente que era ingente la mezcla lingüística de un puerto muy activo del Mediterráneo[1]. Nada indica que, entre estos lenguajes, tuviéramos que contar el propio de unos primitivos habitantes mozárabes en línea de continuidad desde la época de don Rodrigo. Nada sugiere que, en el caso de que algo hubiese escapado a la islamización de cinco siglos, fuese un idioma único, reconocible, visible. Nada muestra que la conciencia cristiana estuviese muy intensamente implantada en los campesinos valencianos de la época visigótica, pues tenemos muchos testimonios de paganismo en las primeras crónicas cristianas[2]. Así que, como ya he dicho en el capítulo anterior, todo parece confirmar la tesis de una islamización radical de la población del reino de Valencia.

---

[1] Cf. Dolors Bramon, *Raons d'identitat del País Valencià,* Pere Sisè, Valencia, 1977. Cf., para este tema, María Jesús Rubiera, *La Taifa de Denia,* ob. cit., pág. 125.

[2] Cf. Llobregat, «L'islam a les terres valencianes...», ob. cit., pág. 145.

Que Valencia, Xàtiva y Denia figuren en todas las listas de la archidiócesis de Toledo, no dice sino que los límites arcaicos entre la vieja provincia cartaginense y la tarraconense estaban a la altura de Sagunto. A pesar de todo, no fueron límites fijos ni unívocos. Su historia varió sustancialmente[3]. Lo que en estos listados se afirma no es otra cosa que una pertenencia de iure a un arzobispado u otro. Estas listas hablan de una previsión de futuro y organizan los obispados para cuando la Reconquista llegue a estas tierras. La fe de que ese día llegaría fue constante y determinó el éxito de la sociedad cristiana. Nada de esto implica que en cada una de estas ciudades hubiese comunidades eclesiásticas organizadas, como quiere Vicent Castell[4]. Aquel título jurídico de pertenencia de la diócesis de Valencia a Toledo legitimó a Alfonso VI para enviar un obispo a Valencia en la conquista del Cid, el sufragáneo de Toledo Geroni de Perigort. Que el obispo Jimeno de Albarracín estuviera en Valencia por los días de la conquista era consecuencia de su ayuda a esta y de la pretensión de su arzobispo, Jiménez de Rada, sobre la diócesis valentina, no de que allí existiera una comunidad mozárabe posterior a la conquista del Cid. Se trataba de dilucidar quién consagraría la diócesis, no de reconocerla en su hipotética realidad mozárabe. Nada de ello queda acreditado en documento alguno. Que, tras la salida de Jimena de Valencia, el obispo Geroni muriera en Bari, testimonia las pocas esperanzas que tenía de recuperar su sede. Que se llevara consigo un brazo de san Vicente Mártir no solo habla de la antigüedad de la leyenda, sino de que no había quedado una comunidad para cuidar esa importantísima reliquia. Que Alfonso VIII diera tierra en Madrid, hacia 1167, a los monjes de la comunidad de San Vicente Mártir puede significar que en Valencia, tras el Cid, ya no quedaba nadie de este monasterio, aunque la comunidad jurídica seguía invocando un derecho de protección del rey. Sabemos que Jaume, desde el Puig, concedía la iglesia y el lugar de San Vicente al monasterio de Santa María de la Grassa, como dice Castell[5], «propasant als monjos que construiren alli un convent tan pronte com pugueren». Luego era el de San Vicente un lugar vacío de monjes, recordado por la tradición posiblemente antes y después de la conquista del Cid, tanto por Toledo como por Tarragona, pero necesitado de recuperación y de nueva construcción.

Esta historia del mozarabismo de Valencia hay que situarla dentro del conflicto de la época. Ya vimos que Jiménez de Rada, el arzobispo metropolitano de Toledo, reclamará ante la Santa Sede la pertenencia a Toledo del obispado de Valencia, y entabló el famoso proceso contra el arzobispo de Tarragona, Pere de Albalat. La tesis mozarabista era una gran ayuda para las

---

[3] Cf. Castell Maiques, *Proceso sobre la ordenación de la Iglesia Valentina entre los arzobispos de Toledo, Rodrigo Jiménez de Rada, y de Tarragona, Pedro de Albalat (1238-1246)*, Corts Valencianes, Valencia, 1996, pág. 78-81.

[4] Vicent Castell Maiques, «Els mossarabs: el cristianism en València abans de Jaume I», *En torno al 750 aniversario*, págs. 182-198; aquí, pág. 187.

[5] Castell Maiques, ob. cit., pág. 195.

pretensiones de Toledo. Pues si se demostraba que la Iglesia valentina había mantenido ininterrumpido el culto desde la época de san Vicente, desde la romanidad, entonces estaba en vigor la pertenencia a la provincia cartaginense, cuya capital era Toledo desde que Cartagena estuvo en poder de los bizantinos. Por eso el obispo de Toledo cita como testigos a ocho vecinos de Albarracín y Teruel para que declarasen que, a su entrada en Valencia, se encontraron con vida religiosa en la capital. Aceptar estos testimonios es sencillamente ridículo, pues responden a un pleito y a los intereses de una de las partes en un proceso judicial, no a una fuente histórica. Tomar en serio este proceso nos llevaría a la locura como historiadores. Es preciso descartar que se hubiese celebrado misa en la iglesia de San Vicente Mártir, situada extramuros como era obligatorio en las leyes musulmanas sobre los mozárabes[6], sin que mediara resacralización alguna, como si hubiese existido en ella continuidad de culto. Jaume I es un rey sin duda creyente y está muy atento a estos detalles: de haber escuchado misa en la vieja iglesia vicentina antes de tomar la ciudad, lo hubiera visto como un signo del cielo y no habría dejado de decirlo en su *Crónica*. Pues por mucho que esto fortaleciese la tesis de Toledo, era difícil que Roma tuviera en cuenta un hecho tan débil para asignar el obispado de Valencia a la capital de la vieja cartaginense, sobre todo tras haber decretado la cruzada en favor de Tarragona y Narbona. En suma, la continuidad de cristianos en la Valencia islámica es más que dudosa.

Las tesis mozarabistas lingüísticas son igualmente pintorescas. Desde luego, los idiomas peninsulares seguían los cursos de los intercambios comerciales que, como ya hemos visto, eran muy intensos. Es lógico que, conforme avanzara este proceso, se hiciesen glosarios a modo de rudimentarios diccionarios para regular los usos comerciales, políticos y jurídicos[7]. Una vez más, las tesis deben discriminar territorios. Es posible que las ideas de Pidal y Ribera valiesen para Córdoba o el valle del Guadalquivir, sede de la aristocracia hispanorromana mozárabe[8]. Pero difícilmente esta tesis puede valer para zonas en las que la sociedad hispanorromana era menos poderosa, estructurada y capaz de imponer sus señas de identidad al poder islámico. Es desde luego fácil de suponer que la islamización, más o menos universal en Valencia, de-

---

[6] En efecto, Vicente Ángel Álvarez Palenzuela, en «Cristianos, musulmanes y judíos. Convivencia, tolerancia y conflicto», en *Año 1000, año 2000. Dos milenios en la historia de España,* describe la situación de los mozárabes clásicos como «aceptable, pero no idílica. Su libertad religiosa está seriamente limitada, casi reducida al ámbito privado: no deberán tocar las campanas, ni organizarán procesiones u otras manifestaciones de culto, y los entierros discurrirán en silencio (aun así fueron ocasión de numerosos incidentes). Las iglesias deberían estar fuera de las ciudades [...] y carecer de símbolos externos» (ob. cit., pág. 293).

[7] Una muestra en Leopoldo Penyarroja i Torrejón, «El mossarap de València y la romanitat de l'Espanya Islamica. Estat de l'investigació», *En torno al 750 aniversario,* ob. cit., págs. 199-225; aquí, pág. 207.

[8] Ramón Menéndez Pidal, *Orígenes del Español: Estudios lingüísticos de la península ibérica hasta el siglo XI* en *Obras Completas,* 3.ª ed. revisada, Espasa Calpe, Madrid, 1950, vol. VIII, §§86-89, págs. 416-420, 425 y sigs.

bía de hacerse sobre un sustrato fonético que el propio árabe no podía cambiar. De ahí que el árabe hispano suene a los autores de Oriente extraño y cercano en los fonemas al latín. Este sustrato fonético, como es obvio, no determina por sí solo una lengua, sino la gama de variación en su apropiación por parte de una población dada. Que esta variación dialectal fuese reconocida por los árabes más puristas no implica que quien la hablase lo hiciese en romance. Entre los árabes también existían dialectos reconocibles, distribuidos por los territorios granadinos y valencianos [9]. Lapesa ha pronunciado aquí la palabra de sensatez al reconocer que la sensación de inseguridad resulta insuperable para el investigador [10]. En todo caso, lo único que sabemos es que, cuando los cristianos y los árabes hablan en las crónicas, tienen necesidad de intérpretes y traductores. Nunca aparecen como tales los mozárabes, hablando una lengua romance, sino judíos o árabes que conocen el romance. La tesis de Ubieto, en el sentido de que los mudéjares hablaran una especie de romance propio, resulta de un pintoresquismo lleno de obstinación, y no convencen al sentido común. Su famoso primer texto valenciano, la carta puebla del Vall de Uxó, que él toma como escrito en la época de la conquista, hacia 1250, resultó ser una traducción muy tardía del siglo XIV, como hoy sabemos gracias a Dolors Bramon [11], y no fue escrita por los pobladores mudéjares, sino por los pobladores tardíos que ya no sabían el árabe y no podían interpretar su propio texto legal. De hecho, esa traducción figura como cita jurídica en un pleito y es parte de un uso muy posterior. Los mudéjares valencianos, desde luego, siguieron hablando el árabe. Así lo dicen los documentos y las fuentes de los siglos XIV, XV y XVI. Los intentos de predicar el cristianismo en ese idioma que emprendieron los dominicos dirigidos por Ramon Martí y san Ramon de Penyafort al fundar escuelas de lengua árabe en Valencia y en Xàtiva, entre 1245 y 1260, así lo demuestran [12]. Otra cosa es que la frontera lingüística fuera absoluta. Sin duda, debió de existir la convivencia de las dos lenguas y de las dos comunidades, tenga la extensión que se quiera —mínima para los que subrayan la tesis que ahora expondré y la normal entre dos comunidades que en el fondo estaban condenadas a vivir juntas—. Como es evidente, el idioma que hablaran aquellos hombres, musulmanes o cristianos, debía de ser de un modo u otro impuro y fonéticamente peculiar. Sin embargo, el árabe no dejó de ser árabe, ni el romance, romance. Al contrario, estos procesos de interacción forman parte de la vida de la lengua y no la destruyen ni la obligan a perder su estructura, pero sí fuerzan su flexibilidad y la caracterizan en sus detalles lexicográficos y fonéticos. Aquí, como veremos, debemos también asumir la variación dentro de la identidad, la metamorfosis. Finalmente, esa es la forma en la que operan las sociedades vivas.

---

[9] Barceló, ob. cit., pág. 161.
[10] Cf. Penyarroja i Torrejón, ob. cit., pág. 223.
[11] En rigor fue datada en 1368. Cf. Dolors Bramon, *Una llengua dues llengues tres llengues. Pels y senyals. Raons d'identitat del País Valencià*, E. Climent, Valencia, 1977, págs. 43-46.
[12] Estos detalles, en Guinot, *Els límits del regne*, ob. cit., págs. 49-50.

Pero si bien no parece muy sensata la tesis de la continuidad cristiana y mozárabe, que supone que el mundo árabe era una especie de costra impropia que ahogaba la realidad eterna de unos habitantes cristianos y apegados a su romance, tampoco parece viable la tesis de la ruptura extrema, la que intenta presentar el reino de Valencia como una *creatio ex nihilo* surgido de la mente y el brazo de Jaume I. Valencia, para estos investigadores, no sería equivalente a la Balansia de las fuentes árabes ni a la Valentia de los autores latinos. Así las cosas, la conquista sería una fundación *ex novo* de la ciudad, incluso desde el punto de vista del nombre. Todo esto, en mi opinión, no parece muy sensato. Sería tanto como decir que Sevilla y su alfoz tras la conquista era una ciudad que nada tenía que ver con Hispalis o con la Sevilla árabe. Puestos a llevar el argumento al límite, la Reconquista sería un acto creador en todos los territorios hispánicos. Llobregat, por ejemplo, dice que para los árabes el nombre de Balansia se refería únicamente a la ciudad, igual que para los autores latinos la colonia Valentia. Así que la creación del reino y del gentilicio *valenciano* sería «obra del rei Jaume y por tanto se puede hablar de valenciano solo a partir del momento de la creación del reino»[13]. Su nominalismo le lleva a decir que no se puede hablar de un islam valenciano. Desde luego, ese gentilicio valenciano, incluso aunque fuera de nueva creación, lo compartían a su manera todos los sarracenos que disfrutaban del régimen jurídico otorgado por el rey Jaume.

Ahora bien, para reforzar esa tesis, Llobregat ha de olvidar algo que ha puesto de manifiesto Enric Guinot[14]: el tratado de Cazola habla de *regnum Valentiae* como el espacio geográfico que va desde el río de Ulldecona, esto es, el Senia, hasta Alzira. Allí se dice literalmente que la corona catalano-aragonesa tendrá soberanía y se encargará de la conquista de «Valentiam et totum regnum Valentiae», territorio al que se le atribuye la frontera en Xàtiva y Biar. Cuando Jaume conquista Valencia, y firma el pacto de la rendición con Zayyan, este le da todos los castillos que tiene al norte del Júcar. Este tratado deja la frontera en Xàtiva, que desde luego queda ya fuera del territorio cedido. A esta realidad hace referencia Jaume para titularse rey de Valencia, y eso es lo que él cree estar haciendo en 1238, recién entrado en la ciudad que para todos —cristianos y musulmanes— es la capital de un distrito o reino. Resulta evidente que ese reino correspondía más o menos a un distrito árabe de la época califal y a una taifa de la época almorávide y almohade. Su extensión y su frontera con el de Tortosa es tan variable como sus límites hacia el sur; pero, en todo caso, ese es el reino que Jaume se apresta a dotar de nuevas instituciones. El texto latino de la primera redacción de la *Costum,* el germen de los posteriores *Furs,* dice: «Vocamus et volumus ut regnum Valentiae appelletur et sit a rivo de Uldecona usque ad terminum de Biar...». Como se ve, esa realidad es la que preveía el tratado de Cazola. Así pues, la sustancia jurídica

---

[13] Cf. Llobregat, «L'Islam a les terres valencianes, pont o frontera?», ob. cit., pág. 142.
[14] Guinot, *Els límits del regne,* ob. cit., pág. 21.

del reino de Valencia previa a la conquista no ofrece duda. Al repartir la zona de influencia, el tratado de Cazola identificaba la unidad política contra la que se debía combatir, la tierra que se debía ganar. Al quedar conquistada, dicha unidad se organiza con instituciones cristianas, entre ellas el obispado, establecido en 1241 con los mismos límites que el reino por el sur, pero con fronteras muy distintas al norte. Así que el reino de Valencia era una realidad islámica, cristiana e hispánica —«legal desde el punt de vista del dret internacional amb Castella», dice Guinot, con un lenguaje impropio—[15] antes y después de su conquista, y tenía vigencia jurídica y política por el derecho hispánico entre nuestros reyes. Castilla reconoció inmediatamente el nuevo título de Jaume porque era legítimo, de la misma manera que Fernando III se tituló rey de Sevilla y de Córdoba, pero no rey de Baeza o de Úbeda, porque no eran distritos reconocidos como reinos taifas en el mundo árabe. Solo así se explica que las donaciones, prácticamente al día siguiente de la conquista, por ejemplo al monasterio de San Vicente, se hagan en «civitate et in toto regno». La continuidad entre el derecho anterior a la conquista y el posterior es obvia. Un distrito autónomo, con dignidad de poder propio para los árabes, es reconocido como reino por los cristianos. En el concepto cristiano de reino, laxo y flexible, no había nada que lo impidiera.

Otra cosa es que esa unidad política estuviese perfectamente delimitada desde el punto de vista territorial o institucional. En este sentido, es claro que en todo este tiempo la conquista y su definición institucional y territorial es una realidad dinámica, un proceso. Pero Jaume no estaba inventando un reino: estaba conquistándolo y, como es evidente, transformándolo desde el punto de vista humano, religioso, cultural, militar y económico de los cristianos. Pero no tenemos aquí una *creatio ex nihilo,* sino una más de las tremendas metamorfosis de la historia que, partiendo de una realidad, la transforma. Entre el origen y el resultado no hay una plena identidad, pero podemos describir el proceso de la variación. La conquista de Valencia y su distrito a los musulmanes, la definición institucional, la ocupación militar y el reparto inicial son, sin duda, grandes saltos en este proceso continuo de la historia, más definitorios que la toma de Xàtiva o de Biar, o que la toma posterior de Denia. Y lo son porque el primer momento produce el germen de la unidad política posterior, mientras que las etapas del proceso subsiguiente definen y perfilan los límites y las características del mismo proceso.

Para darle verosimilitud a la tesis de la *creatio ex nihilo,* Llobregat no solo ha de olvidar estos antecedentes, sino que ha de exagerar la desintegración del mundo árabe valenciano. Esa desintegración, como hemos dicho, fue muy profunda en Valencia capital, pero no tan grande en los territorios del reino. Aquí la diferencia entre centro y distritos, entre ciudad y campo, siguió vigente. Aquel trauma no fue tan grande en la zona norte de Valencia, a excepción de Borriana, cuartel general de los cristianos durante cinco años, ni

---

[15] Guinot, *Els límits del regne,* ob. cit., pág. 33.

tampoco en la zona este y sur de Valencia, que se entregó antes de la ocupación de la capital. Una vez más, la conquista trazó una sima entre el campo y las ciudades, por un lado, y la capital y el resto del territorio, por otro. Es obvio que la capital recién conquistada, al salir del ámbito musulmán, dejó a las comunidades moriscas sin un importante elemento de referencia, de cohesión, de futuro y de sabiduría. Pero no es menos cierto que el islam, como ya dijimos, define una cultura profundamente cohesionada por la religión y, en cierto modo, puede sobrevivir en un régimen de autarquía indefinidamente. Por eso creo que no se puede hablar de una «destrucción de la sociedad islámica», como hace Guinot. Sería mejor hablar de dislocación, de trauma. Que todavía casi cuatro siglos después de la conquista se expulsase a más de cien mil moriscos, sobre una población que podría estar por el medio millón de habitantes, nos da una idea de la capacidad de supervivencia de una sociedad como la islámica en medio de un entorno hostil. Por muy grande que sea la lista de las esclavizaciones, expulsiones, exilios, despoblamientos y desplazamientos, ciertas estructuras siguieron operando, aunque desdibujadas y debilitadas. Por eso me quedo con esta tesis más moderada del mismo Guinot: «Evidentemente hubo supervivencia del grupo humano, pero claramente alterado en sus bases de funcionamiento económico, social y político». Esto no es exactamente la «destrucción de la sociedad islámica»[16]. Como es natural, el partidario de la tesis de la *creatio ex nihilo* tiene que hablar sobre este asunto de una manera que no tengo reparos en calificar de brutal: gentes que llevaban ligados a la tierra varios siglos son vistos como «los últimos restos de la saga de prevalencianos». Ahora «desaparecían y el *regne* era ya cuasi exclusivamente valenciano»[17]. Pero esta brutalidad, de hecho, se sostiene sobre cierta coherencia: la *creatio ex nihilo,* como toda *creatio* que aspire a ser tal en este mundo, tiene que ir precedida por la destrucción total de lo anterior.

Por fortuna, desde todo punto de vista, la *creatio ex nihilo* tiene escasas posibilidades en la historia. De ocurrir en un momento, quizá esa nada del islamismo tuvo lugar cuatro siglos después de la fundación del reino. Entonces se consumó la destrucción de la sociedad islámica. La fecha de esa *creatio ex nihilo* tendría que retrasar su reloj hasta 1606. Según esto, el pueblo valenciano tendría que haber nacido verdaderamente el día en que se expulsó al último morisco. Pero, a la llegada de este año terrible de 1606, la metamorfosis de la historia ya había hecho su trabajo. Los elementos propios de la población y cultura moriscas, tras estos cuatro siglos, no solo estaban en la sangre de los colectivos sarracenos, sino que se mezclaba con todos los núcleos poblacionales adyacentes. Si creemos que la novedad jurídica y política, con sus pomposos títulos, muchas veces más bien teóricos, determina abismos, quiebras, fractura y *creationes ex nihilo,* estamos condenados a tener una visión de

---

[16] Enric Guinot, *Els fundadors del regne de València,* Tres i Quatre, Valencia, 1995, vol. I, pág. 34.
[17] Llobregat, ob. cit., págs. 154-155.

la historia que olvida la realidad fundamental de los hombres, su existencia y su vida cotidiana, sus intercambios y sus influencias, su vida social completa. En este terreno solo podemos imaginar el más lento y obstinado mestizaje, la más permeable ósmosis de comunidades. Una diferenciación racial, religiosa, cultural y económica radical, con la eficacia y tecnificación de los modernos genocidios, *apartheids* o marginaciones, no podemos imaginarla en el siglo XIII.

No quiero caer en la ingenuidad de suponer que, en pleno siglo XIII, la sociedad dual cristiano-islámica tuviera una probabilidad alta de sobrevivir y producir un régimen de tolerancia. Con seguridad, las gentes de entonces, pertenecientes a cualquier cultura, no tenían ni las categorías ni el horizonte cultural y moral capaz de soportar esta dualidad social tan profunda. Hoy se ha deshecho la idílica imagen de la tolerancia activa de las tres religiones y, en su lugar, surge la idea de una perfecta simetría en el trato que musulmanes y cristianos se concedieron a lo largo de nuestra historia. Por eso se ha podido usar con éxito la imagen de que eran enemigos que se miraban en el espejo[18]. Pero todos consideraron un mal la existencia del otro, a quien solo otorgaron un estatuto provisional, algo así como una realidad que tarde o temprano debería desaparecer. Incluso se pueden plantear dudas razonables de que —bajo ciertas interpretaciones extremas de ambas culturas— sea posible una sociedad dual en la actualidad. Por lo demás, no conviene olvidar que la sociedad mestiza del siglo XIII hasta el XVII era también una sociedad de señores y vasallos, y aunque no había una correlación étnica entre estas categorías, se puede asegurar que los moriscos pertenecían más a los segundos que a los primeros. En todo caso, para ellos, durante siglos, fue preferible apegarse a sus formas de existencia, aunque podemos suponerlas humillantes y humildes en casi todos los aspectos, que lanzarse a la aventura de la emigración. En cierto modo, pocos de los expulsados en 1606 llegaron a su destino y muchos fueron tragados por las aguas del mar o apresados como esclavos. Hoy comienza a hacerse el recuento de los que volvieron de forma más o menos clandestina y es más numeroso de lo esperado. Pero, sea como fuere, cuando el intelectual se pone

---

[18] Cf. R. Barkai, *Cristianos y musulmanes en la España medieval. El enemigo en el espejo,* Madrid, 1984. Desde luego, hoy sabemos que los mismos tratamientos jurídicos que los musulmanes concedieron a los cristianos tras la conquista fueron los que luego los reyes cristianos dieron a los sarracenos que quedaban en sus tierras tras la Reconquista, siempre que unos y otros no hubieran planteado cruda batalla y se hubieran rendido con paces firmadas. En realidad, es muy frecuente la opinión de que la conquista musulmana de la Península fue casi toda mediante rendición. El sistema de pactos, por tanto, se haría casi general. Unas y otras comunidades minoritarias son protegidas por esos pactos y conservan más o menos autonomía social y económica, aunque son discriminadas desde el punto de vista fiscal respecto a los creyentes de la religión en el poder. Además, los problemas que tuvieron los conversos cristianos, los cristianos nuevos o moriscos, los conocieron también los *musalima* y sus descendientes los *muladíes,* o musulmanes nuevos, los conversos al islam de entre las poblaciones hispanovisigóticas. Ellos también se vieron sometidos a una sospecha permanente, que los colocaba en una comunidad de segundo nivel dudosa y digna de vigilancia permanente. El mimetismo fue total en todos estos asuntos, así como en las expulsiones que se decretan por parte de los poderes radicales de los almohades y las que luego impondrán los poderes cristianos más consolidados.

delante de estos fenómenos, tiene el deber moral, si no la inclinación, de hablar de los hombres con el respeto a su dolor de hombres, y de invocar su memoria con un cierto sentimiento de piedad hacia su tragedia. La teoría de la *creatio ex nihilo,* incluso en sus más preclaros representantes, no siempre lo hace. Pero cuando se habla de esta manera de los hombres del pasado, se tiende a hablar igual de los del presente. La sensibilidad moral, por cierto, no admite excepciones temporales ni espaciales.

A pesar de todo, y afortunadamente, las metamorfosis de la historia dejan un espacio a la transformación, a la paulatina adaptación, a la lenta y oscura vida natural, y no es tan brutal como algunas de las descripciones de los historiadores especializados. En esa vida, la existencia humana encuentra siempre los momentos de la dicha y de la supervivencia, que equilibran los de la rabia y el dolor. Hoy se puede decir que aquellos cien mil moriscos sufrieron un dolor espantoso, como lo sufrieron los expulsados de Borriana, de Valencia y de Xàtiva por Jaume I. Entre las ingentes tragedias de la historia, esta fue una que vivieron nuestras tierras y forzaron nuestros antepasados. Fueron desde luego tristes episodios de sangre y de fuego. Pero en esos casi cuatro siglos de la lenta vida que antecedieron a la expulsión, siglos en que la presión y la violencia dejaron también espacio a la lenta y sencilla vida de los hombres humildes, el azogue que anima la existencia social impulsó también el roce de los cuerpos y con ello las almas cercanas se vieron inclinadas a mezclarse. La fascinación del otro es siempre ambigua y dual. Muchas veces identifica lo que se repudia, pero también y al mismo tiempo lo que nos atrae. En este sentido, la larga convivencia entre los cristianos y los musulmanes generó, desde luego, formas de reconocimiento y de respeto que los europeos del norte no entendían y que fueron decisivas para conformar en las élites culturales modernas una imagen distorsionada de la realidad hispana.

24
EL REPARTO DE TIERRAS Y EL ELEMENTO CRISTIANO

No podemos identificar este proceso de transformación sin referirnos claramente a la población nueva que entró en Valencia con el rey Jaume. Los investigadores especializados han abordado esta cuestión analizando el complejo manuscrito de lo que se llama *Llibre del Repartiment* [1]. Este libro, que de hecho incluye tres libros, empezó siendo un registro notarial de los compromisos que adquiría el rey para compensar con propiedades en casas y en tierras a los que colaborasen con él en la toma de Valencia y de su reino. Dentro de este manuscrito hay un registro, el llamado número 7 o lo que otros investigadores llaman el tercer libro [2], que es un censo de población realizado hacia 1240; en él se verificaba la realidad del reparto previsto en el registro inicial considerado como un compromiso de futuro, una especie de contrato feudal por el cual, a cambio del servicio de armas, el rey proponía la entrega de una propiedad a un miembro de su mesnada o de su séquito. Naturalmente, este podía ser un señor o un caballero de las milicias cívicas de Teruel o de otra ciudad. Como los señores aportaban a su vez un cuerpo armado, recibían bienes en proporción a las fuerzas que reunían a disposición del rey. Ahora bien, muchos de estos repartos previstos durante 1237 y 1238 no fueron jamás realizados, bien porque el beneficiario hubiese muerto, porque la propiedad no le mereciera la pena, o por cualquier otra circunstancia. Por eso, Jaume había propuesto que hasta el 6 de abril de 1239 se podía tomar posesión

---

[1] Tan cercano y tan diferente por su contenido al libro del repartimiento de la ciudad y alfoz de Sevilla, que editó en 1951 el eminente historiador y académico J. González. Cf. J. González, *Repartimiento de Sevilla,* 2 vols., Madrid, 1951. Cf. también, del mismo autor, «Las conquistas de Fernando III en Andalucía», *Hispania,* VI, 1946, págs. 515-631. Un estudio sobre las consecuencias de este repartimiento para la estructura económica de Andalucía se puede ver en M. González Jiménez, «La gran propiedad en la Andalucía del siglo XIII», *En la España medieval. Estudios dedicados al prof. Julio González,* Madrid, 1980, págs. 143-154.

[2] Cf. Pedro López Elum, en su contribución a *Historia del País Valencià.* Vol. II: *De la conquesta a la federació hispànica,* Edicions 62, Barcelona, 1989. El capítulo se titula «La repobló valenciana», y la página relativa aquí es la 99.

de las propiedades asignadas. Sabiendo que las diferencias entre las previsiones y la realidad eran muy grandes, el rey decidió hacer un segundo reparto, quizá tras una gran reunión en Valencia de su gente principal [3]. Para ello se tenía que verificar puntualmente el estado del primero y el grado de ocupación de las propiedades divididas. Dicha verificación es la que se registra en ese documento 7, que por eso obedece a la población real y tiene efectos de censo, mostrando a las claras el escaso atractivo que para los conquistadores tenía habitar la ciudad de Valencia. Solo el 7 por 100 de los que figuran en el primer registro anterior a la toma de la ciudad coinciden con los del registro definitivo de 1240 [4]. Podemos afirmar con alta probabilidad que el 40 por 100 de la ciudad de Valencia estaba sin poblarse todavía en 1244 [5]. Desde luego, también sabemos que debieron hacerse repartos al margen de los registros del *Llibre del Repartiment*. Nuevos documentos de la época, editados por Jesús Villalmanzo, lo demuestran con claridad [6].

Sin embargo, sobre el análisis de estos materiales, se han logrado resultados muy dispares, lo que ha llevado a algunos investigadores a señalar que no es posible conocer la realidad demográfica valenciana del siglo XIII [7]. A pesar de todo, nosotros nos atendremos a algunos aspectos que son muy verosímiles. Los estudios que se han hecho sobre estos documentos —desde su edición por el gran erudito del Archivo de la Corona de Aragón en Barcelona, F. Bofarull, ya sean los de Llorente, los de Chantal de la Véronne, hasta los de Torres Balbás y López Elum— nos indican que la ciudad de Valencia estaría

---

[3] De esta reunión quedan huellas en la *Crónica*. Cf. López Elum, ob. cit., pág. 95. La ordenación por etapas que realiza este investigador es la más meticulosa. Habría una primera etapa de 1237 a octubre de 1238, de futuros, y sin conocimiento pormenorizado de las realidades a repartir. Serían los diez cuadernos de diez pliegos cada uno del *Llibre,* el último de los cuales incluiría las regalías de la ciudad: hornos, molinos, carnicerías, obradores. Todos los propietarios recibirían un certificado del registro. De octubre de 1238 a abril de 1239 sería la concreción de todo este reparto a priori y en él se ajustarían los repartos a la realidad, reduciendo la extensión de la jovada o unidad de medida. Hacia el mes de abril se reuniría la asamblea mencionada. En esta asamblea se analizaría el estado de la cuestión, se verían los abandonos y las incomparecencias y, a partir de esta fecha y hasta 1240, se realizaría el reparto nuevo de las propiedades abandonadas. Allí se daría el término para tomar posesión en junio de 1240. Todavía en 1270 se revisará la propiedad, reclamando el rey los certificados notariales.

[4] López Elum, ob. cit., pág. 98.

[5] Ibídem, pág. 99.

[6] Cf. Jesús Villalmanzo, «Cinco pergaminos inéditos de Jaime I de Aragón y Alfonso X de Castilla existentes en el Archivo del Reino de Valencia», *BSCC,* tomo LXIV, año 1988, págs. 493-506. En efecto, en un pergamino de mayo de 1239 dado en Valencia aparecen los Ros d'Ursins, un linaje de cuatro hermanos romanos, que reciben una importante donación en la ciudad de Valencia junto con sesenta caballeros de su hueste: se les entrega nada menos que seis calles con sesenta y cuatro casas grandes y muchas pequeñas. Que algo tan importante haya escapado al libro de reparto muestra su limitado valor. Estos documentos del experto archivero Jesús Villalmanzo muestran a la vez que don Jaume hizo un breve viaje a Aragón en las Navidades de 1238, volviendo a Valencia en enero de 1239.

[7] Cf. Ramon Ferrer Navarro, «Aspectes demografics de la conquista. Població preexistent y repoblació en el regne de València», *En torno al 750 aniversario,* ob. cit., págs. 319-333.

poblada por unas quince mil almas [8]. El total de casas que figuran en el *Llibre del Repartiment* es de 3.146. Cada casa debía de albergar entre cuatro y cinco personas. Téngase en cuenta que la cantidad de casas de los cristianos computadas es de 3.053. A eso habría que añadir el número de judíos, unas cien familias, alrededor de medio millar de personas. Los árabes computados por Amparo Cabanes es de 1.614 personas, quizá habitantes de los barrios extramuros. Si la *Crónica* pudo hablar de cincuenta mil es porque, sin duda, en aquellos días la zona amurallada de Valencia, el falsamente llamado *albacar*, recogió mucha población de toda su huerta. El plano de la ciudad que nos ha ofrecido Ubieto, comparado con el que tenemos hoy, hace razonable dicha cifra. Amparo Cabanes, la reeditora del *corpus* documental de Jaume I, habla de aproximadamente dieciocho mil habitantes para los distritos intramuros, a los que habría que añadir los extramuros de Xerea, Boatella y Roteros, que sumarían otros seis mil habitantes. A pesar de todo, las cifras de Cabanes no siempre son coherentes, como ha señalado Guinot.

Con motivo del reparto, la ciudad quedaba dividida en barrios, que se entregaban a los concejos de las ciudades y a los obispados que habían enviado hombres a la conquista. Así tenemos que el barrio de Barcelona, tanto para los hombres del consejo como para los de la Iglesia, disponía de 503 casas. Otros concejos que ocuparon calles o barrios fueron los de Tarragona, Tortosa, Zaragoza, Montpellier, Lleida, Montblanc, Tarazona, Calatayud, Daroca, Teruel, Villafranca y Prades [9]. Eran los «homens de ciutat» que, en el caso de Teruel, casi despoblaron su lugar de origen. A veces, a estos repartos cedidos a los concejos hay que añadir las casas dadas a los particulares procedentes de ellos. Así, al concejo de Calatayud se entrega, según Cabanes, 114 casas, pero hay cerca de cuatrocientos asientos que tienen que ver con hombres de esta localidad. Como es evidente, estas donaciones se hacían a título individual y afectaban a diferentes grupos humanos. Igualmente, por ejemplo, tenemos las casas entregadas a los caballeros, casi todos aragoneses, que según el rey eran más de trescientas. Los oficiales reales, los servidores de la casa real, los notarios y escribanos, cocineros y médicos también debieron de

---

[8] Cf. Teodor Llorente, *Valencia*, en *España y sus monumentos y artes. Su naturaleza y su historia*, Barcelona, 1887; F. Bofarull, *Repartiment de València*, en *Colección de Documentos Inéditos del Archivo de la Corona de Aragón*, vol. XI, Barcelona, 1856; Chantal de la Véronne, «Recherches sur la chiffre de la population musulmane en Valence en 1238 d'après le Repartiment», *Bulletin Hispanique*, LI, 1949, págs. 423-426; L. Torres Balbás, «La población musulmana de Valencia en 1238», en *Al-Andalus*, XVI, 1951, págs. 167-168; F. Roca Traver, «Un siglo de vida mudéjar en la Valencia Medieval (1238-1338)», en *Estudios de la Edad Media de la Corona de Aragón*, 1952, págs. 132-133; María de los Desamparados Cabanes Pecourt, «Aspectos demográficos de la conquista», *En torno al 750 aniversario*, ob. cit., págs. 313-318.

[9] Una descripción de las cantidades se puede ver en López Elum, ob. cit., pág. 98. Tarragona tenía 127 casas; Tortosa, 247; Lleida, 351; Zaragoza, 190; Calatayud, 353; Teruel, 454. Los catalanes tenían así un 48 por 100 de la ciudad y los aragoneses un 44,5 por 100. De hecho, sin embargo, vinieron un 26 y un 20 por 100 de los propietarios de estas adjudicaciones de manera inmediata. Cf. López Elum, ob. cit., pág. 98.

recibir inmuebles. Luego estaría el gran grupo de los esclesiásticos. Se fundaron, además de la catedral, las parroquias de San Lorenzo, San Salvador, San Bartolomé, San Nicolás, San Martín, San Andrés, Santa Catalina, casi imitando los nombres de las parroquias de Lleida. Los obispos de Zaragoza, Huesca, Barcelona, Vic, Narbona, con sus ayudantes y dignatarios, así como los sacerdotes, también recibirían sus casas. Las órdenes religiosas, como los dominicos, franciscanos, cistercienses, y las órdenes militares del Temple, Hospital y Calatrava, también tuvieron las suyas. A todo ello hay que añadir los abades del monasterio de Piedra, Poblet, La Grassa, Bellpuig, Pedralbes, etc. Los judíos mantuvieron su barrio, la *Juheria* del *Llibre del Feyts,* aunque fragmentado por otros repartos. Por fin hemos de citar a los señores más importantes, tanto aragoneses como catalanes, los primeros más numerosos, pues llegaron a setenta y dos, mientras que los segundos, por diferentes razones, menos presentes, solo alcanzan a los treinta y siete[10].

Ahora bien, ni los repartos ni las verificaciones posteriores a abril de 1239 nos dan una idea del número de habitantes. La toma de posesión de las propiedades asignadas significa literalmente esto, la confirmación de la propiedad jurídica. Luego, las casas podían ser alquiladas o destruidas para ser edificadas de nuevo, o para levantar iglesias. Es lógico pensar que algunas de esas casas pudieran ser reocupadas y compradas por los propios árabes, aunque esta idea es difícil que se generalizase. Es muy probable, como sugiere el *Llibre del Feyts,* que la morería viviese extramuros de la ciudad. Además,

---

[10] Hemos de recordar que también había veintidós nobles navarros y castellanos. Este asunto, aunque ha dado lugar a una intensa polémica, no parece muy problemático. Sin duda, las opiniones de Ubieto, en este sentido, son un poco exageradas. No es sencillamente verdad que la proporción sea de 85 al 10 por 100 a favor de los nobles aragoneses. Tampoco es verdad que Aragón estuviera dotado de un afán de conquista, y que Cataluña estuviera dominada por un espíritu religioso, como defiende en *Los orígenes del reino de Valencia,* vol. II, págs. 104-105. Es verdad que los poderosos ricoshombres aragoneses estuvieron casi todos en la conquista de Valencia y que de los cuatro condes catalanes solo estuvo presente uno. Ni los Cabrera, ni los Cardona, ni los Ampurias están en la conquista, aunque sí los condes de Pallars y algunos hombres de los Montcada. Pero participaron catorce nobles catalanes de importancia, frente a los veintiocho aragoneses. Sin embargo, conforme fueron avanzando los tramos de la conquista, hacia Alzira primero y luego hacia Xàtiva y hacia Biar, y después en las rebeliones de Al-Azraq, los nobles catalanes van aumentando, pues se van dando cuenta de las dificultades del rey con los nobles aragoneses y la percepción de que Valencia es una conquista de la corona y no del reino de Aragón, como al inicio podían haber creído. En total, se pueden computar ciento cincuenta nobles catalanes que participaron en la conquista del reino. De ello no cabe extraer sino esta tesis general: los nobles participaron según la situación particular de cada uno en sus relaciones de alianza o enfrentamiento con la monarquía. El hecho de que los nobles catalanes estuvieran retraídos al principio tiene que ver con cuatro cosas: que muchos eran jóvenes, que otros eran mujeres, que por entonces entendían que Valencia era zona de conquista aragonesa y que otros estaban en mala relación con Jaume. Nada que ver con un espíritu del pueblo catalán ni con la forma de ser propia del pueblo aragonés. Las interpretaciones nacionalistas no tienen sentido aquí, como casi nunca. Por lo demás, no hay fuerza más antinacionalista que la alta nobleza. Cf. para todo esto Enric Guinot Rodríguez, «L'alta noblesa catalana en la conquesta de València», en *Anuario de Estudios Medievales,* 26/2, CSIC, Barcelona, 1966, págs. 647-685.

desconocemos la población de los lugares de señorío y de los otros territorios que se iban ganando a los árabes, desde Morella hasta el límite del Júcar. Todo junto ha sido computado como unos veinte mil pobladores nuevos venidos a los lugares recién conquistados del reino de Valencia. Quizá sea esta una cantidad aproximada. Cuando en 1270 el rey haga un reconocimiento general por el nuevo reino, dirá que no estaba poblado por más de treinta mil cristianos. No es un número que el rey diga al azar, porque está demandando pobladores a sus reinos y porque la cláusula introductoria dice «os hago saber que hemos reconocido el reino de Valencia». Era, como se ve, una cifra fundada. El rey decía que para defender bien su conquista se necesitarían cien mil cristianos en el reino de Valencia, cantidad todavía inferior a la de los pobladores musulmanes, de ser ciertos los datos que luego iremos recogiendo de expulsiones y rebeliones. Si en verdad todavía en 1337 el arzobispo de Tarragona dice que los árabes pueden poner en pie de guerra de cuarenta a cincuenta mil hombres, no tiene sentido pensar que la cantidad de pobladores árabes fuera de cien mil personas: las mujeres, los niños y viejos no podían ser la misma cantidad que los hombres en armas. El proceso de sustitución de los árabes por cristianos del norte todavía debería durar siglos y no se habría cubierto sin un proceso de inmigración desde el norte que habría de durar por lo menos un siglo con ciertas cotas de intensidad. No hay que olvidar que también se dieron inmigraciones de sarracenos desde los territorios de Granada hacia Valencia. Pero en la época de Jaume I los veinte o treinta mil cristianos eran, desde luego, una minoría en las tierras valencianas. Los historiadores deberán ser mucho más convincentes si quieren que se imponga la tesis de que a finales del siglo XIII ya era mayoritaria la población cristiana en el nuevo reino. Los que hablan de una *creatio ex nihilo* del reino, desde luego, también. Dado que todos hablan de una disminución constante de la población sarracena, no conviene olvidar que todavía en 1606, tres siglos y medio más tarde, era de más de cien mil almas.

Quizá lo más importante de todo esto sea verificar si en verdad este proceso de transformación se dio de un modo «articulado» y coherente, como ha señalado el investigador Torró [11]. Después de lo que sabemos de la forma de ejercer el poder por parte del rey y de lo que hemos visto en la conquista de Mallorca, de Morella, de Borriana y de Valencia, dudo de que podamos identificar en el reino una instancia central que pudiera impulsar una política articulada y coherente. Hemos visto que cada uno de los actores tiene una idea precisa de sus intereses, pero ninguno está en condiciones de imponerlos, de impulsar una acción capaz de garantizarlos, ni de elaborar un discurso que tenga en cuenta la totalidad de las partes en juego. El resultado de este choque de intereses plurales es siempre una actuación más bien dispersa y caótica. El rey quería ciudades; los nobles, tierras, y la Iglesia, centros episco-

---

[11] *Colonització feudal y ressistència andalusina al regne de València. La frontera meridional. 1238-1277,* Valencia, tesis doctoral, pág. 152, ahora en libro.

pales y parroquiales bien dotados. Podemos suponer el afán de despojar a los sarracenos de todo lo que fuese menester por parte de unos y otros; pero al mismo tiempo existían razones poderosas para moderar estos afanes por parte de todos estos grupos conquistadores. Entre otras cosas, porque no había población suficiente en el norte para traer al sur. Ya veremos que cuando el rey, en 1247, decrete la expulsión total de los moros tras la rebelión de Al-Azraq, los nobles se opondrán y el rey tendrá que aplicar el decreto básicamente a las villas reales. Entonces tendrá lugar una segunda oleada repobladora para estas quince villas reales y Xàtiva. Pero todavía en 1270 el rey se quejaba, como hemos visto, de que todo ello no era suficiente. Podemos ver que, en efecto, había intereses contrarios que imposibilitaban una política coherente, tanto en la repoblación como en todas las demás cuestiones de la reordenación del nuevo reino. Conforme avance su proceso de construcción por parte de Jaume, iremos mostrando los complejos vaivenes de esta política.

En todo caso, debemos acabar con el mito de una repoblación unitaria, única, en la que se distribuyesen y dispersasen por el territorio valenciano los hombres de la mesnada de Jaume. Estamos ante un proceso lento de oleadas, que tiene que ver con las revueltas moras, que implican siempre formación de ejércitos y nuevos repartos para los vencedores cristianos, con las consiguientes despoblaciones y desplazamientos para los vencidos islámicos. Por eso la estrategia de Enric Guinot ha pretendido ofrecer un cambio radical en estas investigaciones: en lugar de quedarnos en este libro del repartimiento de 1239-1240, se trataría de acudir a los documentos generales que nos hablan con nombres y apellidos de los verdaderos pobladores de ciudades y villas valencianas. Dudo, sin embargo, de que hallemos así una imagen del flujo poblacional. Con ello podremos saber que, efectivamente, ciertos hombres, llamados de cierta manera, vivían en cierto sitio. Carentes de todo contexto, dudo de que sean significativos estos datos. Desde luego, podemos hacer un análisis complejo de los gentilicios para saber si la población poseía apellidos catalanes o aragoneses, castellanos o navarros. Esto, sin duda, es un índice que puede ser útil para lo que desea demostrar Guinot, a saber: que la población mayoritaria de Valencia procedía en una amplia proporción de tierras catalanas. Creo que si este era el resultado apetecido, el esfuerzo ha sido heroico, pero innecesario. La población cristiana hablaba romance catalán en su mayoría, y fuese cual fuese la proporción de árabes, a estos efectos ese dato es irrelevante. Pero el flujo de la repoblación no se conoce mejor con el libro de Guinot, que da instantáneas incapaces de generar la idea de una acción procesal. La dinámica poblacional se ha de suponer más por los hechos de armas, si son al estilo de Borriana o Valencia, o más al estilo de Vall de Uxó. En todo caso, no se deben mezclar estas dos cosas: el problema de la lengua de los conquistadores, con el problema de los flujos de población y su origen. Son dos asuntos muy distintos, que a medio plazo —posiblemente treinta años después del rey Jaume— ya no mantenían una relación significativa. Además, estamos hablando de una lengua romance joven, cercana a su origen, todavía sometida a posibilidades evolutivas profundas y plurales. Aquí, una vez más, el sentido común no siempre está presente en la investigación histórica valenciana. Para este momento inicial del reino de Valencia, la opinión más certera podría ser, *mutatis mutandi,* la de Burns, quien ha dicho: «A priori, se podría pensar que en Valencia, en el siglo XIII, se debía encontrar alguna forma de castellano, aragonés, catalán o valenciano nativo. Todas aquellas lenguas los cruzados valencianos las llamaban latín»[12]. Sin duda, la tesis describe bien la mezcla de lenguas al inicio del reino, que poco a poco iría decantándose hasta producir ese hablar de los valencianos, tan peculiar y tan propio.

Guinot en todo caso tiene razón al señalar, como otros investigadores, que el *Llibre del Repartiment* no es el libro de la repoblación[13]. También la tiene al relativizar como fuente el propio libro, quizá demasiado desconexo e inseguro como reflejo completo de los repartos de 1238, 1240 y 1247-1249. Como testimonio de la vida intensa de una población, el *Llibre* es un espejo roto y sin azogue que nos puede dar a lo máximo una imagen desvaída, un fantasma. Apenas unos cálculos, unas cifras, una estructura. Tal vez en algún punto, como en Valencia ciudad, se nos ofrezca un fragmento capaz de darnos noticia de la textura y el color de la masa humana. El resto es un vacío inmenso. Por eso, a efectos de completar nuestra imagen de este paulatino poblarse de cristianos el reino de Valencia, está bien recurrir a las fuentes locales, señoriales y eclesiásticas. Es verdad que la penetración cristiana se hizo por medios que no están recogidos en el libro del repartimiento, al fin y al cabo un registro del botín de una conquista. Pero, a pesar de todo, dice más sobre los procesos de población la investigación de los flujos militares y comerciales que el análisis descarnado de la patronímica. Cualquiera que esté familiarizado con los textos medievales sabe que los apellidos ya no indican siempre la lengua del nombrado. La univocidad entre apellido y lengua castellanos no se daba ya en la Valencia del siglo XIII, tan intensa era la comunicación previa entre las tierras hispanas.

Por eso, una vez analizadas todas estas fuentes hasta donde hoy son accesibles a la investigación, conviene verificar realmente la estructura resultante de la superposición de la repoblación. Pues tenemos, por una parte, villas de realengo que recibieron cartas puebla del rey, territorios de señorío y territorios eclesiásticos. Cuando realizamos esta superposición hallamos algo notable: que las cartas puebla son dadas en razón de la villa de procedencia de la mayoría de la nueva población. Así, el mapa de cartas puebla dadas a fuero de

---

[12] Cf. Burns, *Jaime I i el Valencians del segle XIII,* ob. cit., pág. 308. Frente a esta tesis, que vale solo para el momento de la conquista, están las de Menéndez Pidal, en su *Orígenes del español: Estudios lingüísticos de la península Ibérica hasta el siglo XI,* ob. cit., págs. 425 y sigs., según la cual el romance dominaba entre las masas hispanas, y solo a partir de 1099 los bereberes redujeron su presencia aunque no impidieron el bilingüismo. Luego tenemos las tesis extremas, como la de Ubieto, que piensa que «la región valenciana no experimentó cambio alguno en las estructuras humanas» (*Orígenes,* ob. cit., págs. 190-191).

[13] Cf. Guinot, *Els fundadors del regne,* ob. cit., pág. 83.

Zaragoza y Daroca alcanza treinta y siete villas [14], desde Morella, la más temprana, en abril de 1233, hasta Andilla, en 1292, ya muerto el rey, pasando por Borriana, Almazora, Villafamés, Vinaroz y un largo etcétera [15]. Este mapa cubre todo el noroeste del nuevo reino, y se asoma al mar en Vinaroz, y al sur de Castellón de la Plana, con Borriana, Villarreal y Almazora [16]. Hay unas pocas repoblaciones con leyes árabes, donde se supone que se quedó la población sarracena, al menos en un primer momento: son once villas desde Chivert hasta Serra, pasando por Vall de Uxó y todos los profundos valles de la sierra de Espadán [17]. Luego tenemos las villas y territorios repoblados a fuero de Lleida, que eran costumbres catalanas. Son once villas que ocupan territorios aislados del noreste de Castellón, desde San Mateo hasta Ulldecona [18]. Con fuero de Valencia se hicieron treinta poblaciones desde la capital hacia el sur. Luego, con el tiempo, este fuero madre llegó a aplicarse hasta en ochenta y siete lugares [19]. Los señoríos aragoneses en el reino disponen de un terreno más grande que los señoríos catalanes, pero sus quince o dieciséis territorios quedaron separados, discontinuos, la mayoría en la frontera con Castilla y Aragón o en el norte de Castellón, y no pudieron formar un territorio unitario de régimen de señorío. Los catalanes, menos y más pequeños —como sabemos, dada su escasa participación en la conquista—, tampoco podían significar una amenaza para las villas.

Cuando comparamos todas estas fronteras de repoblación con la frontera lingüística nos damos cuenta de que no coincide con ninguna de estas divisiones. Hay señoríos catalanes en zona actual castellanohablante, y hay señoríos aragoneses en zona actual valencianohablante; así como hay presencia de población al estilo de Zaragoza y Daroca en esta zona, y árabe en ambas. La frontera lingüística no depende, por tanto, del fuero ni del origen de los repobladores. Y es lógico que sea así, puesto que la lengua se extiende por caminos que no son los análisis de los fueros (por lo demás, escritos en latín), ni los pleitos, ni los tribunales de los doctos juristas. Sea cual fuere el idioma que hablaban los hombres en un territorio y en un momento dado, la lengua se acaba imponiendo a partir del estamento que se encarga de la educación y de la transmisión de los valores simbólicos centrales de una cultura y una sociedad. No la imponen los soldados, que hablan un idioma resultado de una mezcla de todas partes, pues muchos de ellos son navarros, castellanos, almogávares, provenzales e incluso romanos. La imponen los elementos que se en-

---

[14] El mejor estudio fuente es el de Miguel Gual Camarena, «Estudio de la territorialidad de los fueros de Valencia», *Estudios de la Edad Media de la Corona de Aragón,* Sección Zaragoza, vol. III, 1948, págs. 262-289.

[15] El listado se tiene en Ubieto, ob. cit., pág. 176.

[16] El mapa se puede ver en Ubieto, ob. cit., mapa 3, pág. 173.

[17] Ibídem, mapa 4, pág. 177.

[18] Ibídem, pág. 179.

[19] Véase para este tema de la dependencia de los códigos valencianos respecto de los demás reinos, Aragón, Cataluña o Castilla, aunque con tesis quizá exageradas, Jesús Lalinde Abadía, «El sistema normativo valenciano», *AHDE,* XLII, págs. 307-330; aquí, pág. 311.

cargan de entregar a la gente las palabras con las que dan sentido a su vida. Estos eran, en la época que nos ocupa, los sacerdotes, los predicadores, los estamentos de la Iglesia —en relación con el pueblo—, y los trovadores, los poetas, que dibujaban el mundo con las idealizaciones y creencias de los actores más relevantes de aquella sociedad.

En muchos casos, como es obvio, unos y otros eran los mismos personajes: los clérigos. Solo la Iglesia disponía de personas capaces de unificar un idioma en la medida de lo posible, de aprenderlo en largos años de estudio, de transmitirlo con una mínima coherencia y unidad lexicográfica. Sobre todo, solo la Iglesia disponía de los suficientes resortes para reunir a la población y hacer escuchar su mensaje de forma continua y coherente, generación tras generación. Solo ella, por tanto, podía transmitir la disciplina de una lengua a la masa del pueblo. Podemos decir sin temor a errar que allí donde correspondía la predicación a sacerdotes de diócesis dependientes de Tarragona, allí se hablaba un idioma que tenía como referencia normal el catalán. Con la frontera de las diócesis, en cierto modo, coincide la frontera lingüística, y donde los obispos eran nombrados por Zaragoza o Toledo se hablaba castellano, como en Segorbe. Por eso, el obispado de Tortosa extendió el catalán por los territorios del norte de Valencia, fuesen cuales fuesen los pobladores de origen de aquellos territorios: aragoneses, árabes o navarros. Daba lo mismo, porque la transmisión cultural se hacía desde la Iglesia y esta predicaba en su romance catalán. Al paso de un par de generaciones, el idioma estaba unificado. Este fenómeno resultó fortalecido, desde luego, porque las emigraciones hacia el sur procedentes de Cataluña fueron más numerosas en el siglo XIV que las procedentes de las casi despobladas tierras turolenses. Ambas realidades iban en paralelo. Quienes enviaban predicadores también mandaban pobladores. El obispado de Segorbe, sin embargo, mantuvo sus fronteras lingüísticas, igual que el obispado de Cuenca proyectó el castellano sobre Requena. Desde el obispado de Valencia se extendió el valenciano hacia el sur, y, de la misma manera, todos los territorios que se desgajaron de la provincia eclesiástica de Cartagena y pasaron a la diócesis de Orihuela, dependiente de Valencia y de Tarragona, pasaron a hablar valenciano.

Faltaría demostrar que la Iglesia catalana del siglo XIII usara el romance en sus predicaciones. Tal cosa está demostrada desde hace mucho tiempo. Lo primero a recordar es que Jaume prohibió la traducción de textos sagrados al romance catalán, y los condenó al fuego, lo que indica que no hablaba de una abstracción: esos libros existieron. Pero también se conoce este hecho desde que se tienen noticias del ejemplar de la Biblia rimada que se conserva en la Biblioteca Colombina de Sevilla. Milá y Fontanals conocía el manuscrito, y Menéndez Pelayo, también. El autor de esta versión rimada de la Biblia podría ser un contemporáneo de Ramon Llull, un mallorquín llamado fray Romeu de Sabruguera, nacido en la segunda mitad del siglo XIII, en plena época de Jaume. En todo caso, suya es la traducción en prosa del salterio al catalán. Retomando noticias antiguas, pero solventes, desde el historiador valenciano

Diago hasta el igualmente valenciano Villanueva, Miret i Sans [20] escribió unas notas biográficas sobre aquel fraile mallorquín en el Primer Congreso de la Corona de Aragón. Este hombre, Romeu de Sabruguera, no fue un cualquiera: había estudiado en París y llegó a ser en 1312 general de los dominicos de la corona. Fue él quien estableció cátedras de lengua árabe en muchos conventos de su provincia, con tal de predicar a los moros en su propio idioma. Ya podemos suponer que con tanta más insistencia se aprestaría a predicar en el idioma de los cristianos.

Esta traducción de la Biblia, que forma un volumen de 228 folios, debió de hacerse hacia el año 1282, tras la muerte de don Jaume. Estaba acabada en 1307, cuando Sabruguera estaba en París, asistiendo a los grandes procesos contra el Temple, de los que informaba puntualmente a su rey Jaume II. Como es obvio, la traducción va desde el Génesis hasta el Nuevo Testamento. Que estaba hecha con previsiones concretas para la liturgia se puede reconocer en el hecho de que a veces el índice explica en qué domingo se lee algún texto del Evangelio. Así, en el folio 200, al reverso, se puede leer: «Este evangelio se dice en el día de navidad o en el día de santa María de septiembre». O este otro: «Comienza el evangelio de San Juan y se lee el día de Nadal a la misa mayor». Por tanto, es una traducción que no tiene efectos meramente literarios, sino religiosos y litúrgicos. En todo caso, aunque no fuera tan habitual la práctica de la lectura del Evangelio en lengua romance, sí que lo era la predicación en las iglesias y en las misiones. En este sentido, esta traducción permitía la preparación de esta actividad. No fue Romeu de Sabruguera ni fueron los catalanes los inventores de esta práctica. Hay antecedentes: los franceses traducían los comentarios a la Biblia en largas series rimadas. Entre 1250 y 1280 ya circulaba el Nuevo Testamento traducido al provenzal por la zona de Narbona. Desde luego, la Biblia estaba traducida al francés hacia 1250 y no faltaron, como recuerda Miret, sermones rimados que debían de facilitar la memoria tanto de los predicadores como de las gentes sencillas que los escuchasen. Por lo demás, Carreras Candí [21] nos dio a conocer que Alfonso II, en 1287, mandó traducir la Biblia al catalán al jurisconsulto Jaime de Montjuic.

Esta serie de hechos nos demuestra que existió una clara vinculación de la predicación religiosa y la normalización de los idiomas romances. Lo que con el tiempo sucedió con Lutero no es sino un caso más de configuración de una lengua desde el texto sagrado de una religión. Dado que la práctica religiosa hacía circular la palabra, creando una comunidad de intercambio lingüístico, estamos en condiciones de decir que la enseñanza religiosa y la predicación fueron el motor fundamental para que la lengua se impusiera con la constancia y la identificación suficientes. Como es obvio, esto era así porque

---

[20] Cf. Miret i Sans, «Notes biogràfiques d'en Pere Salvatge y Fr. Romeu Sa Bruguera ab mostres de la Biblia catalana rimada del XIII centuria», *I CHCA,* págs. 147-171.

[21] Carreras i Candi, «Primera traducció catalana de la Bíblia», *Revista de Bibliografía Catalana,* IV, núm. 7.

existía población que entendía este romance que pronto se hizo dominante en las tierras valencianas. Que no era la lengua normal de los sarracenos se demuestra por el sencillo hecho de que los predicadores quisiesen hablar a los musulmanes en árabe. Sin ninguna duda, sobre ese fondo de población que hablaba romance de múltiples procedencias, la administración religiosa dependiente de Tarragona operaba codificando la lengua, unificándola, definiendo sus fronteras y garantizando una mínima homogeneidad de su uso, más allá de las múltiples diferencias particulares y personales que el complejo mundo medieval pudiera producir. Y fue esta administración religiosa valenciana la que, a pesar de tantos años de convivencia con el castellano como lengua política, culta y cortesana —fue las tres cosas después de Carlos V y mucho más después de Felipe V—, asentó la lengua de los valencianos como lengua propia de la mayor parte de las tierras que conquistara Jaume, entretejió esa lengua con la vida cotidiana y familiar de la gente y determinó su conservación incluso en medio de las peores circunstancias de persecución política de la diferencia, durante el régimen del general Franco. De esta fidelidad de los valencianos a su lengua dice mucho el que siempre la hayan llamado «valenciano», identificándola con su propio ser. Ellos la tomaron como una lengua romance joven, la entretejieron con su reino, la hicieron evolucionar durante siglos al compás de su vida social. Fuera cual fuera su procedencia, al cabo de una generación, los hombres recién llegados ya se tenían por valencianos y hablaban valenciano. Sabían que su tierra y su reino era tan grande como el primero y a él le entregaron su fidelidad y su respeto.

Como es evidente, desde el punto de vista filológico y científico, la lengua que los valencianos llaman «valenciano» es estructuralmente la misma que los catalanes llaman «catalán», la que los pobladores de las islas conocen cada uno según su manera. Como es natural, se debe reclamar de los catalanes el mayor respeto hacia las formas por las que ha evolucionado el valenciano, siempre que sean correctas y no supongan degeneraciones intolerables de la lengua. Pues hemos de ver que pronto el valenciano se convirtió en un pueblo políticamente visible y por completo autónomo dentro de la corona de Aragón, y que alcanzó una verdadera edad de oro en el siglo XV, época en la que su orgullo encuentra un sólido fundamento en su vibrante y única literatura. Por eso, es lógico pensar que, tras siete siglos y medio de evolución propia, una y otra forma de hablar, al sur y al norte del Senia, puede albergar diferencias de léxico y de fonética, igualmente dignas y científicas, en las que las distintas comunidades de hablantes se reconocen sentimentalmente, con independencia de, aunque también con el necesario respeto, lo que digan los académicos y filólogos. Por eso sería lógico que esas variantes específicas valencianas sean dignificadas en el proceso de normalización impulsado de forma autónoma por esta comunidad mediante la fundación de la Academia Valenciana de la Lengua, que en todo caso ha de hacer su trabajo contando con la colaboración de universidades e institutos que tienen como único fin la atención a la ciencia.

25
La «Costum» y la organización de una sociedad nueva

La administración eclesiástica, y la fe que propugnaba, no fue la única instancia que fijó la vida de los nuevos pobladores a una identidad reconocible mediante un idioma que, transmisión del mensaje de Dios, superó los peligros de indiferencia y de confusión que angustiaban a las dos comunidades. Fue la misma administración política creada por el rey la que, con el tiempo, encontrará su mejor medio de expresión en el romance, que pronto fue el habla común de la mayoría de los valencianos. Ambos elementos, eclesiástico y jurídico, no se oponían. De hecho, no hay manera de distinguir entre el estamento *clerc* de los teólogos y el estamento de los altos juristas del rey. Los notarios, desde luego, no son teólogos, pero en cierto modo dependen de las fórmulas jurídicas que aquellos promueven y que se desarrollan en los privilegios de los fueros y en las cartas puebla. De esta forma, la existencia institucional, política y administrativa de los nuevos pobladores quedó permeada por aquel idioma, que pasó a convertirse en un elemento indisoluble de su organización social tras la conquista. Pues aunque inicialmente los fueros de las poblaciones estaban en latín, pronto se produjo la traducción al romance. Con ello, la vida entera de la sociedad valenciana, civil y religiosa, pasó a quedar regulada por palabras decisivas en la vida del reino, capaces de configurar un sentido de su identidad jurídica, institucional y social. En aquel tiempo, la cultura quedaba esencialmente vinculada a estos elementos, junto con el religioso.

No debemos pensar que el rey Jaume tenía un diseño prefijado para su obra de legislación[1]. Ya hemos visto que fue dejando y entregando cartas puebla a los territorios del norte. Respecto a la propia ciudad de Valencia, los detalles que tenemos del libro del repartimiento nos indican que el monarca

---

[1] Para obtener una idea de la complejidad del derecho de la corona de Aragón en este tiempo, se puede ver José María Font i Rius, «El desarrollo general del derecho en los territorios de la corona de Aragón (siglos XII-XIV)», en *VII CHCA*, págs. 289-326. Este trabajo sigue siendo muy útil como una visión general del tema.

El rey Pere II el Catolic, el desgraciado héroe de Muret, entregó a su hijo Jaume un reino arruinado y sin recursos, empobrecido por las deudas y las disensiones entre los dos grandes nobles, Fernando y Sans. Miniatura de *Genealogía de los Reyes de Aragón y Condes de Barcelona*, Monasterio de Poblet

Inocencio III fue el papa gracias al cual Jaume pudo ser rey de Aragón y señor de Montpellier. Su legado, Pedro de Benevento, impuso a Jaume como rey en las primeras cortes unitarias de catalanes y aragoneses. Fresco de la iglesia de la Santa Cueva, Subiaco (Italia), siglo XIII

Castillo de Monzón: el escenario de la desvalida infancia del rey, donde recibirá como educación los ideales templarios de la caballería cristiana

En su infancia, don Jaume padeció las intrigas y banderías de los grandes de sus reinos. Las cortes entonces distaban mucho de la formalidad y eficacia pacificadora que tendrían luego. «Jaime I rodeado por la corte», *Libro de los Privilegios de la Ciudad de Barcelona*, Casa del Arcediano (Barcelona), siglo XIV

Sólo tras las solución del conflicto del condado de Urgell el rey Jaume pudo demostrar una auténtica autoridad y pudo recibir la fidelidad de sus nobles con plena eficacia. «Juramento de vasallaje ante el rey», *Libro de los Privilegios de la Ciudad de Barcelona*, Casa del Arcediano (Barcelona), siglo XIV

La soledad de la potestad real, la escenificación de la entrevista en casa de Pere Martell, con el acuerdo de los grandes nobles catalanes y la comunicación de su decisión al rey sobre la gesta de Mallorca. *Libro de los Hechos del rey Jaime I*, Casa del Arcediano, Barcelona

Los desdichados héroes de la batalla de Portopí, Guillem y Ramon de Montcada, dirigiéndose a la muerte. La batalla se dio en el más absoluto desorden y se estuvo a punto de perder por las tropas cristianas. Frescos del Palacio Aguilar de Barcelona. siglo XIII. Museo de Arte de Cataluña, Barcelona

El campamento del rey en unas pinturas de época. Contrasta la serenidad y orden de su consejo, reunido a su alrededor, con el caos real que fue su campamento. En medio, dominando la escena, el «p[i] dels Montcada». Frescos del Palacio Aguilar de Barcelona. Museo de Arte de Cataluña, Barcelona

Asalto a Mallorca, en la misma serie del Palacio Aguilar, con los estandartes de la media luna y las barras de Aragón, en una perspectiva muy rara en estas representaciones, por cuanto se tiene en primer plano el interior de la ciudad de Mallorca. Museo de Arte de Cataluña, Barcelona

La entrevista de Alcañiz, que preparó la conquista de los territorios valencianos, tuvo lugar en un momento de relajación y deporte del rey. Este es el ambiente que se muestra en la escena de esta miniatura, en la que Blasco de Alagón torna ante el rey tras un tiempo de exilio. Códice de Poblet, siglo XIV

Ese mismo ambiente de caza real es el que se reproduce en el mural del castillo de Alcañiz. Don Jaume hará referencia muchas veces a su maestría con la caza en el *Llibre dels Feyts*

El salón Tinell, del Palacio Real Mayor de Barcelona, se realizó ya reinando Pere. Estos frescos nos presentan una marcha de peones, en la que se aprecia la mezcla de gentes sarracenas y cristianas que configuraban estos grupos de soldados

El asalto a una ciudad no experimentó grandes cambios a lo largo de la Edad Media hasta que la artillería obligó a cambiar las técnicas de defensa y asalto. Esta imagen del siglo XV nos muestra una escena que bien pudo darse en el sitio de Borriana. Viñeta de la cantiga 126, Monasterio de El Escorial, Madrid

El rey Jaume confió a Bernat Guillem d'Entença, su familiar de Montpellier, la operación más importante de su vida: el control del pequeño cerro de El Puig, desde donde se podía dominar Valencia. Esculturas del Monasterio de El Puig, Valencia

En la batalla de El Puig se destruyó la caballería musulmana de Valencia. Desde este momento, nadie podía salvar la dominación islámica sobre la bella ciudad del Turia. Retablo de la Escuela Valenciana del siglo XV. Museo Victoria y Alberta, Londres

En las pinturas murales del castillo de Alcañiz se representa la entrada del rey en Valencia con una solemnidad capaz de impresionarnos. Las barras de Aragón ya ondeaban en sus torres, como nos cuenta la *Crónica* del rey

El recuerdo de la emocionante procesión de entrada en Valencia se mantuvo como la vértebra misma de la historia cristiana de la ciudad. A partir del primer centenario de la conquista, la fiesta quedó perfectamente formalizada el 9 de octubre de cada año. Pinturas murales, castillo de Alcañiz, Teruel

no establecía una diferencia entre la ciudad de Valencia y la forma en que se habían fijado los regímenes municipales en las ciudades del norte. No tenemos ningún caso de ciudad que se dote de carta puebla al día siguiente de su conquista. La de Valencia tampoco debió de ser inmediata. Puesto que uno de los firmantes fue el obispo de Zaragoza, que moría el 9 de marzo de 1240, se ha interpretado que la carta puebla de Valencia, que fue conocida con el título de *Costum,* tuvo que ser anterior a esta fecha. Un importante investigador, Honorio García [2], demostró que otro de los firmantes, el obispo de Vic, estuvo en la ciudad hasta abril de 1239, marchando a Tarragona para un sínodo y no volviendo a Valencia. Así que la *Costum* debió de promulgarse en el tiempo que va desde la toma de Valencia, el 9 de octubre de 1238, a la primavera del año siguiente. Como sabemos que por el mes de abril de 1239 hubo una importante actividad en la ciudad, con reuniones generales para analizar el estado del reparto, algunos investigadores han apuntado a estas fechas para datar la aprobación de la norma de la ciudad [3]. Como veremos, la promulgación puede ser incluso anterior.

Debemos ante todo registrar una paradoja. La norma básica de la nueva ciudad ya desde su fundación se conoce con el nombre de «Costumbre». Este hecho nos indica hasta qué punto esta época no podía concebir una legitimidad distinta de la tradición. Una nueva norma ya se valoraba como una costumbre, sin duda porque en su esencia cada uno de sus elementos ya se había validado con anterioridad en otros sitios. En todo caso, la norma nueva necesitaba acreditarse como antigua y tradicional. Una *Costum* no era un código concreto y acabado, sino una declaración pactada de las relaciones entre señores —en este caso, el rey— y vasallos, en la que se identificaba el código o el fuero de referencia y algunos privilegios y concesiones. Por todo eso no implicaba una gran tarea legislativa. Otro investigador al que nos hemos referido varias veces, Pedro López Elum [4], dejó clara la coincidencia de los firmantes de la *Costum* con los asistentes a las Cortes de Monzón de 1236, en las que se decidió la conquista. Todos ellos, desde luego, aparecen en el libro del repartimiento y todos gozaron de propiedades en Valencia. Vemos así que la continuidad de la tarea de la conquista y la ordenación jurídica era radical. La continuidad temporal también debió de ser estrecha.

Es fácil pensar que esta donación de la *Costum* a una ciudad que era propiedad de realengo, ganada por el rey y organizada por su voluntad, se hiciera desde la propia administración real, sin mediación de una asamblea formal de Cortes. A pesar de todo, hoy los investigadores se inclinan a pensar que tal promulgación, dada a la recién conquistada Valencia, no debió de hacerse sin consenso entre las partes fundamentales implicadas. Por eso podemos supo-

---

[2] Honorio García García, «Un santo en la conquista de Valencia», *BSCC,* XXV, 1949, pág. 71.
[3] López Elum, ob. cit., 1989, pág. 114.
[4] López Elum, *Los orígenes de los furs de València y de las Cortes,* Biblioteca Valenciana, Valencia, 2001, pág. 37.

ner que debió de convocarse una reunión o consejo[5] como una especie de epílogo de la reunión de Cortes de 1236. Por lo general, estas promulgaciones de la *Costum,* puro derecho local, a decir de Mariano Peset[6], no eran ni conflictivas ni complicadas. En muchos casos, estas *Costums* venían determinadas por las concesiones comprometidas en el *Llibre del Repartiment:* así la definición de los oficios del *curia* —el posterior *justicia*— o del *mutaçaf.* Otros investigadores, como García Edo, señalan que la primitiva *Costum* debió de darse hacia 1240, después de una incursión contra Xàtiva. Esta fecha sigue la opinión de Chabás. López Elum, por el contrario, cree que debió de promulgarse inmediatamente después de tomar la ciudad. Yo estoy de acuerdo con esta opción[7]. He aquí las razones.

En efecto, sabemos que, en el mes de junio de 1239, el rey se dirigió a Montpellier y que regresó hacia el final de este mismo año. El 22 de noviembre lo hallamos en Lleida y en diciembre estaba de nuevo en Valencia. Es fácil pensar que no dejaría abandonada la ciudad durante más de medio año sin una mínima regulación de la justicia y de los cargos públicos de jurados, de las ordenanzas municipales, de los notarios y de algunas otras instancias administrativas. De hecho, el propio Chabás reconoce que uno de los elementos de esta *Costum* primitiva debe de ser el fragmento de los *Furs* en el que se establecen los límites del distrito de la ciudad de Valencia, por el que se marcan los de la nueva administración de la ciudad, entre el término de Morvidro, Puzol, Alocau, Chiva, Buñol, Turís, Monserrat, Alzira y Cullera. Se debería

---

[5] Acepto aquí la opinión de Lalinde Abadía: «La redacción de la *Costum* de Valencia se ha realizado por Jaume I con el concurso de obispos y nobles, pero todavía a la manera altomedieval, en cuanto que de aquellos no ha requerido sino el consejo». No sería fruto de una reunión formal de Cortes tal y como luego se producirían, por ejemplo, para la ratificación de 1261. Cf. Lalinde Abadia, «El sistema normativo valenciano», ob. cit., pág. 319.

[6] Mariano Peset, «Observaciones sobre la génesis de los fueros de Valencia y sobre sus ediciones impresas», *Ligarzas,* III, 1971, págs. 47-84; aquí, págs. 51-52. Ya antes se había ocupado del tema en «De nuevo sobre la génesis de los fueros de Valencia», en *Anales del Seminario Metropolitano de Valencia* 16: 397-413 (1968). También conviene ver su prólogo a P. López Elum, *Los orígenes de los Furs de València y de las Cortes en el siglo XIII,* ob. cit., págs. 7-15.

[7] Por cierto, que esta era también la opinión de Gregorio Mayans. En efecto, en una carta a Gerardo Merman, de 11 de abril de 1763, daba cuenta de que los obispos que firmaban la *Costum* ya habían muerto entre 1239 y 1243, por lo que los fueros primitivos debieron de haberse dado antes del 9 de marzo de 1240, fecha en que muere el obispo Bernardo de Zaragoza. Villarroya, en su *Disertacion sobre la justicia y utilidad de una ley que declara a favor del real fisco la pertenencia de bienes de realengo, sutyados en el reino de Valencia, que se destinan a manos muertas, a quienes falta la habilitación del príncipe,* editado en Valencia, en 1789, por Joseph de Orga, y en *Los Apuntamientos para escribir la historia del derecho valenciano y verificar una perfecta traducción de los fueros, recogidos por D. Joseph Villarroya, del Consejo de S.M.,* editada también en Valencia, en 1804 por el mismo editor, defendía esta opinión por la misma razón. Cf. Santiago Cebrián Ibor, en *Los Fueros de Valencia. Apuntes preliminares para su exposición y completo estudio,* Memoria presentada en el III Congreso de Historia de la Corona de Aragón y leída en la sesión celebrada el 3 de julio de 1923, Imprenta Hijo de F. Vives Mora, Valencia, 1925, págs. 12-13. Aquí se pueden ver los manuscritos y las ediciones de los fueros, págs. 31-42. En las páginas 52-65 se da el listado de los comentaristas de los fueros.

suponer que estos límites estaban redactados antes que los límites del reino que aparecen en el primer punto de los *Furs,* porque aquí se mencionan territorios que no estaban conquistados hasta mucho después, como Almizra, donde se debía firmar el tratado de 1245 con Alfonso X. Sin esta fijación de los límites del distrito de la ciudad se hacían imposibles las tareas de reparto de la tierra que inmediatamente se iniciaron. La *Costum* era así una condición básica para cualquier tarea administrativa y, por ello, se suponía previa a todas ellas.

Hay otras razones para afirmar esta fecha de entre octubre de 1238 y abril de 1239, y las daremos después. Aquí interesa recoger la noticia que Francisco Xavier Borrull publicó en 1820. Nos dice el jurista y parlamentario que en el monasterio de Benifassà, en la frontera de los tres reinos, a la extinción de la orden monacal del Císter que allí habitaba, se halló un manuscrito antiquísimo de los *Furs* de Valencia. El gran jurista y diputado por Cádiz lo examinó durante más de dos años. Dice que al principio de los pergaminos de los *Furs* se leía en letras góticas mayúsculas: «En lany de nostre Senyor MCCXXXVIII. nou dies á l'entrada D'Octubre pres lo Senyor en Jaume Rey la Ciutat de Valencia», que traducido dice: «En el año de nuestro señor de 1238, a nueve días de la entrada de octubre, tomada por el señor rey Jaume la ciudad de Valencia»[8]. Esto es: que la primitiva *Costum* fue dada teniendo muy presente la fecha del día 9 de octubre en que Jaume tomó la ciudad. En cierto modo, la *Crónica* apoya esta posibilidad, pues da por sentado que antes de tres semanas desde la fecha de la entrada la ciudad estaba enteramente controlada[9]. Que a este pasaje seguía la *Costum* primitiva, es indudable: Borrull nos informa de que luego se podía leer: «començen les costums». Él mismo nos dice que el manuscrito no trataba de la revisión de 1250-1251, pues aparecen algunos fueros de esta fecha escritos al margen. Al parecer, este documento era la copia de la traducción a «linguam planam legaliter atque romanam» que de la versión original latina hicieron en 1261 Guillermo, Bernardo y Vidal, religiosos de este monasterio. Tal copia debía de tener muy clara y reconocida la fuente original. Este Guillermo sería el Sabartes que identifica Viciana como abad del monasterio a principios de los años de 1260. El propio rey alabó esta traducción, lo que demuestra el profundo conocimiento del romance por parte de la Iglesia. Sin embargo, el códice se perdió quizá en un incendio del convento tras la desamortización. Hoy no podemos analizarlo. Solo pudo conocerlo, como si fuera su mérito y destino propio, el famoso Borrull, autor de *La constitución del rey Jaume a la coronada ciudad de Valencia,* una defensa de la obra leglistativa del rey frente a las nuevas tendencias constituyentes de Bayona y de Cádiz a comienzos del siglo XIX.

En realidad, esta es una historia menor. Fuese cual fuese la fecha de la promulgación, lo bien cierto es que los fueros primitivos brotan del libro del

---

[8] El documento aparece en Fuster, *Biblioteca Valenciana,* tomo I, pág. 34.
[9] *Crónica,* §284.

reparto de la ciudad. Lo decisivo es que Jaume siguió dando la *Costum* de Valencia, como fuero original, a las nuevas ciudades de Denia, en 1245, o Sagunto, en 1248, y así hasta veintinueve villas más [10]. La *Costum* de la ciudad de Valencia, por tanto, se convirtió durante la década de 1240 en código madre de otras ciudades de realengo valencianas. Pero estas *Costums* eran, a su vez, muy parecidas al *Llibre de les Costums de Tortosa*. El viejo estudioso Bienvenido Oliver ya lo había percibido en una obra editada en 1876 [11], si bien explicó este parecido porque identificó el código de Tortosa como madre del de Valencia. En realidad, fueron códigos de la misma época y pueden cifrarse sus analogías como influencias o aplicaciones paralelas de los mismos principios jurídicos, impulsados por el mismo equipo de juristas. Hoy, sin embargo, se tiende a creer que es anterior la norma de Valencia [12]. Por su parte, las fuentes jurídicas de estos equipos de legislación eran conocidas desde antiguo: Roque Chabás [13] ya sintió que era preciso apelar sobre todo a la procedencia romana y canónica de la *Costum*. Es más, identificó en el *Código Teodosiano* el origen de la metodología del primer fuero valenciano. En realidad, el gran Chabás se equivocaba, porque la fuente es más bien Justiniano. Por eso, desde el propio origen y procedencia, debemos considerar que la *Costum* entregada a Valencia era contraria a las ideas feudales del derecho político de Aragón y de Cataluña.

Habría que esperar a Arcadio García Sanz para que se apreciase que, al lado de Tortosa, las *Consuetudines ilerdenses* tuvieron un papel primordial en la *Costum* de Valencia [14]. La importancia de este hecho se explica por la centralidad de Lleida en la administración del rey Jaume y por la relevancia de la emigración de las tierras del Segre a Valencia, desde luego. Además, las costumbres de Lleida ya apelaban como supletorio al derecho romano, por lo que en cierto modo no tenían que desarrollar todo su potencial legislativo. La

---

[10] Cf. R. Chabás, *Génesis del derecho foral de Valencia*, en *Opúsculos*, págs. 193 y sigs.; Guinot, *Cartes de Poblament Medievals Valencianes*, Valencia, 1991, núms. 42-47, 52, 55, 58, 60, 61, 68, 70, 73 y 75.

[11] Bienvenido Oliver, *Historia del derecho de Cataluña, Mallorca y Valencia. Código de las Costumbres de Tortosa*, 4 tomos, Madrid, 1876-1881, t. I, págs. 305-338; y apéndice, págs. 433-454. Especialmente, la pág. 330 dice: «Al tratar de codificar los valencianos su propia legislación era natural que buscasen un modelo; y como hacía poco tiempo que se había publicado el *Llibre de les Costums de Tortosa*, cuyo sistema era entonces el más en boga por hallarse calcado en el del Código de Justiniano, nada tiene de extraño, antes por el contrario parece muy natural, que debiendo ser conocido aquel libro en Valencia por las frecuentes relaciones que mantenían ambas ciudades, tomasen los valencianos como modelo y patrón el *Llibre de les Costums*».

[12] Cf. Honorio García, «Los Fueros de Valencia y la *Costum* de Tortosa», *BSCC*, págs. 326-332; especialmente, pág. 330.

[13] Roque Chabás, *Génesis del derecho foral de Valencia,* Valencia, 1902, págs. 23-24. Reeditada en Roque Chabás, *Opúsculos,* Consell Valencià de Cultura, Valencia, 1995, mantiene la paginación.

[14] Arcadio García Sanz, «Las *Consuetudines ilerdenses* y los *Furs de València*», en *BSCC*, t. XLI, 1965, págs. 1-26. Su conclusión se ve en las págs. 13-14. García Sanz defiende la existencia de «un círculo o familia jurídica» entre la Cataluña nueva y Valencia, «con más profundas afinidades de las que hasta ahora se han venido suponiendo».

de Valencia lo haría un poco más. Por eso, de nuevo, debemos asegurar que la influencia principal de la *Costum* es la romana. Siguiendo a estudiosos anteriores [15], esto lo demostró Ana María Barrero García en 1971 en dos versiones de la misma publicación [16]. En una de ellas, editada en la *Historia del derecho español,* publicó las abrumadoras concordancias entre la *Costum* y el código de Justiniano, ya sea del *Digesto* o de los *Instituta*. El resultado es demoledor. De las 144 rúbricas de los fueros primitivos, 114 se repiten literales en el *corpus* romano, aunque 22 de ellas no tienen el mismo contenido, innovándose al arbitrio del legislador sobre los más diversos temas. De los 1.542 capítulos, 350 se encuentran de forma literal en los textos romanos, afectando por igual a todas las partes del código. Los parecidos que se pueden apreciar con *Lo Codi* provenzal proceden sencillamente de la común dependencia del derecho romano, pero el código valenciano no sigue la estructura del provenzal, obra de Ricardo de Pisa. Además, hay paralelismos con las *Decretales,* pero este derecho canónigo apenas es relevante. Es curioso que solo haya dos normas de los *Libri Feudorum,* lo que se explica porque solo hay dos rúbricas relacionadas con el derecho feudal: la del sacramento de fidelidad y la que regula la tenencia de los feudos. Con ello ya podemos ver la escasa relevancia de este sistema de organización social para los legisladores del rey Jaume en Valencia.

De esta primitiva carta puebla de Valencia de 1239, cuya copia vio Borrull, no tenemos el texto original. Naturalmente, está integrado en la copia de los *Furs* de 1329 que nos ha llegado, la que mandó hacer Alfonso el Benigno a su notario Bonnat Sapera. En esta copia está el manuscrito de 110 folios que recoge los *Furs* aprobados a lo largo de toda la vida de Jaume, a los que se añaden los fueros de las Cortes de 1329. Como es evidente, al recoger la obra legislativa del gran rey, el notario se atuvo a su fase final, por lo que no dio cuenta de los procesos de construcción del código. Este debió de ser revisado en 1250-1251, 1261 y 1271, como veremos poco a poco. En todo caso, López Elum [17] ha mostrado un detalle importante que conviene tener en cuenta para darnos una idea de la evolución de este cuerpo legislativo. Sabemos que en el *Llibre del Repartiment* se le da la magistratura de *curia* a Ferran Garcés, el 25 de junio de 1238. Sin embargo, el privilegio de 21 de mayo de 1239, dado por el rey antes de salir camino de Montpellier, dice que este cargo ha de ser de elección anual [18]. En él se establece que el *curia* juzgará to-

---

[15] García Gallo, *Curso de Historia del derecho español.* Vol. I: *Introducción e historia de las bases de formación del derecho, de las fuentes y del derecho público,* Madrid, 1950, 5.ª ed., págs. 269-270. M. Dualde inició una pormenorizada investigación de este tema, que debía acompañar la edición crítica de *Fori Antiqui Valentiae.* Pero la muerte le sorprendió en esta tarea.

[16] Se trata del artículo de Ana María Barrero García, «El derecho romano en los Furs de València de Jaume I», en *Actas del Primer Congreso de Historia del País Valenciano,* Valencia, 1971, editadas en 1980, págs. 471-478. La misma edición se hizo, junto con las concordancias, en *Anuario de Historia del Derecho Español,* 1972, págs. 639-664.

[17] López Elum, *Los orígenes...,* ob. cit., pág. 43.

[18] Huici-Cabanes, *Documentos,* vol. II, doc. 297.

das las cuestiones civiles y criminales, que su cargo no será vitalicio, que Jaume se compromete a nombrarlo sin mediar retribución económica por parte de la ciudad, que habrá de elegirse en Navidad y que su titular tenía que residir en un edificio público. En solo once meses, una magistratura patrimonial, vitalicia, entregada a un hombre como botín de guerra, se convierte en una magistratura electiva, pública, sin carácter patrimonial alguno, en un oficio en el sentido romano del término. Todavía unos meses más tarde, el 29 de diciembre de 1239, de regreso a Valencia, Jaume promete que ni venderá ni empeñará este cargo. No es una propiedad, ni forma parte del patrimonio personal ni del rey ni de nadie. Por eso no puede venderse, ni cederse o donarse, sino que es una magistratura pública que jamás escapa al control de la *res publica*, aunque sea nombrado por el rey, pues este es a fin de cuentas la cabeza de esa comunidad. De repente, una huella del viejo sentido romano del patrimonio público se hace un hueco e irrumpe en medio de un universo dominado por la comprensión privada del patrimonio y del señorío. Esta huella se afirmará con el tiempo y definirá la estructura misma del reino hasta su final. Para garantizar esta imposibilidad de patrimonializar el cargo de *curia* o justicia, el rey garantiza que no la ejercerá ningún noble o eclesiástico. Al contrario, en la medida en que representa la dimensión pública de la ciudad, el *curia* ha de tomar sus decisiones «con el consejo de los hombres buenos de la ciudad» [19].

Lo mismo habría de ocurrirle al cargo de boticario o *mutaçaf*. Igual sucedió, poco después, con la institución que controlaba el fisco público, el baile, regulado con mucho cuidado y nombrado por el propio rey. Siempre con ese afán de reforzar el espíritu público que él representaba en tanto cabeza del reino, Jaume amplía la competencia de los notarios, habilitándolos para que expidieran documentos de cualquier índole. Lo más importante es que estos privilegios entregados por el rey a «la ciudad de Valencia y de su término», concedidos por su voluntad, a veces llevan la cláusula de «no obstante cualquier costumbre o estatuto jurídico». Esto es: el rey dictaba privilegios el 22 de noviembre de 1239 que ya podían ir en contra de la primitiva *Costum*.

Esto nos permite comprobar con claridad que, antes de esta fecha de mayo de 1239, había alguna *Costum* por la que se regía jurídicamente la vida de Valencia. Pero inmediatamente después, quizá por el tiempo en que los nobles ya habían abandonado la ciudad, tras vender o asegurar sus propiedades, el rey comienza una tarea legislativa, más drástica todavía que la de Mallorca, contra los intereses del clero y de la aristocracia. Este era, sin embargo, un mero asunto derivado. Lo decisivo es que se impone una idea del derecho y de la magistratura como algo que depende de la *res publica* y que no puede adscribirse de forma patrimonial a un hombre como su propiedad vitalicia, comprada o heredada. Es algo del reino, pero no es del patrimonio privado del rey, ni el rey puede hacer con él lo que guste. Adquiere el compromiso de-

---

[19] Huici-Cabanes, *Documentos*, vol. II, doc. 303.

lante de la población de que será de la propia comunidad, un oficio de ella. Que esta visión de las cosas era posterior a la *Costum* primitiva de Valencia se deduce por otro hecho que ha señalado López Elum con agudeza. Cuando el rey da la carta puebla a Denia y a Sagunto, aunque estaban basadas en la de Valencia, introduce de una forma explícita y literal los mismos párrafos por los que se regía la *curia* en el privilegio de mayo-diciembre de 1239. Si estas cláusulas hubieran estado explícitas en la *Costum* de Valencia, no hubieran debido establecerse por separado en los fueros derivados de ella. Justo porque no estaban en el texto original de Valencia de forma expresa, sino como privilegio adicional del rey a la ciudad, debían pasar en *addenda* a las cartas puebla basadas en la de Valencia. Lo que se usaba de referencia era la *Costum* de la ciudad, no los privilegios aprobados con posterioridad, que debían ser añadidos de forma expresa. Este es el problema que las sucesivas revisiones y aprobaciones de los *Furs* resolverán.

Así tenemos que hacia 1239, en la parte norte del reino de Valencia, cada ciudad tenía su propia carta, según los cuatro esquemas que vimos antes: fuero aragonés de Zaragoza y de Daroca, leyes árabes, costumbres de Lleida y señoríos catalanes y aragoneses. Aumentando la complejidad, Valencia disponía de su propia *Costum,* que debía poco a poco extenderse hacia todo el sur. Todo ello nos permite decir que el proceso político que se iniciaba tras la conquista era de la mayor importancia e interés. Ante el rey Jaume debía de alzarse una realidad de jurisdicciones muy diferentes, con términos territoriales mucho menores que los concejos de Daroca, Teruel o la misma Morella. En medio, dispersos e ineficaces, colgados de la frontera, en los fríos yermos de Teruel, los señoríos aragoneses. Y luego estaba Valencia, como una realidad central, ordenada por los repartos, dotada de un término amplio que iba desde Sagunto hasta Cullera y hasta las primeras estribaciones montañosas del interior. Aunque desde siempre Jaume pensaba en fundar un único reino con los territorios de las comunidades árabes de Segorbe, Valencia y Xàtiva, esta heterogeneidad no le escandalizaba. Al contrario, le permitía ganar tiempo mientras la conquista no alcanzaba sus límites definitivos. En cierto modo, aquella heterogeneidad puede leerse como consecuencia del tiempo de la Reconquista, pero también como fruto de una calculada indecisión: al menos con esta amalgama, Valencia escapaba a la unilateral influencia de los señores catalanes y aragoneses.

Pero esta quizá sea una forma excesiva de hablar: el rey temía más a los nobles aragoneses, bien organizados entre sí, que a los catalanes, más independientes, cortesanos y sensibles a los intereses de la corona, incluidos los mercantiles. Además, tampoco confiaba mucho en la colonización sobre la base de los concejos aragoneses, con su fuerte capacidad de autoorganización y de formar comunidades políticas con milicias. Este régimen era el que había movilizado la rebelión de su adolescencia, la que casi le costó el reino y lo humilló ante su esposa, la lejana reina Leonor, orante perpetua en Las Huelgas. En realidad, a poco que recordara, don Jaume debía de darse cuenta de que ninguna de las organizaciones vigentes en sus antiguos dominios estaban diseñadas para reforzar el poder y la iniciativa del monarca. Era fácil suponer que en un reino nuevo de conquista, un reino que se debía a su obstinación y arrojo, debía ejercer el derecho con más libertad y con arreglo a sus intereses. Para eso tenía que innovar, una tarea muy difícil en una sociedad tradicional. En lugar de eso, sin embargo, solo había conseguido por el momento evitar lo peor, que Valencia escapara a su control. Para eso, y quizá solo para eso, dio una ordenanza por la que, excluyendo a los nobles y a los eclesiásticos, entregaba Valencia a los burgueses, más dependientes de la propia protección real, quienes por lo demás debían cambiar cada año al titular de sus magistraturas. Luego, debería impedir que todo el reino se convirtiera en un orden señorial a la manera del de Aragón, diseñado desde la voluntad de disminuir el poder real, en el que la única función del rey era entregar tierras de honor a sus ricoshombres. Evitar lo peor era solo el inicio de su victoria, sin embargo. Hacia 1239, antes de su viaje a Montpellier y después de su regreso, entre mayo y diciembre —como lo atestiguan las correcciones continuas de la *Costum*—, la insatisfacción no podía dejar de rondarle la cabeza. La batalla por la definición de un reino nuevo no había hecho más que empezar. Pero el esquema de la solución, la de una dependencia directa del reino de Valencia de su persona, sin relación de especial dependencia ni de Cataluña ni de Aragón, ya debía de estar forjándose en la mente del rey.

26
LA CIUDAD SOBRE LA QUE JAUME LEGISLA

He aquí que ya tenemos la ciudad, con su catedral, con sus parroquias, con sus nuevos propietarios y reglamentos, con sus magistraturas reales, como el *curia* —también llamado el justicia o la *cort*—, el baile o supremo agente fiscal del rey, con sus notarios[1] con plenas competencias en todo el territorio valenciano[2]. Para atraer a pobladores, Jaume concedió a Valencia el privilegio de los francos, que ya se había impuesto en Jaca dos siglos antes: quien llegara a establecerse en Valencia no tendría que pagar impuestos de pesos y medidas, ni peaje, ni portazgo, ni lezda. A la ciudad se le concedían importantes pastos francos y sin impuestos, y todas las acequias excepto la real, que era la que iba a Puzol, para que se pudiera regar noche y día según la costumbre (esto es: según se hacía en la época de la dominación árabe)[3]. El rey regulaba con sus decretos o privilegios la vida económica de la ciudad, los pagos de intereses que se podían cobrar por los préstamos, las tarifas fiscales con las que gravar el comercio, o lezdas, la contribución que debían hacer los caballeros y los clérigos, los estatutos sobre la nueva moneda, los reales valencianos, y su tipo de cambio con las demás monedas del reino, como la moneda de Jaca, etc. Para esta función, el rey estableció mesas de cambio donde se debían entregar las demás monedas de curso legal para ser cambiadas por los reales valencianos. Era una vida nueva la que crecía y poco a poco se iba dotando de forma.

---

[1] Para el notariado como institución directamente relacionada con la corona, hasta el punto de usar siempre el escudo real, cf. Vicente García Edo, «L'escut reial d'Aragó com element ornamental en el "signum" notarial valencià medieval», *BSCC,* LXVI, 1990, págs. 665-679.

[2] El retrato más ameno y documentado de esta ciudad medieval de Valencia lo ha ofrecido Francisco A. Roca Traver, en «El tono de vida en la Valencia medieval», *BSCC,* LXI, 1983, I y II, págs. 1-59. Solo que Roca nos describe la ciudad como si viviera en un presente medieval. Nosotros nos atendremos sobre todo a la ciudad que Jaume tiene en mente y la que logra instaurar.

[3] Todos estos son los diez primeros privilegios del *Aureum Opus,* dados entre 1238 y 1240. Cf. la edición *Obra de Oro de los privilegios reales de la ciudad y del reino de Valencia, con la historia del cristianísimo rey Jaume, su primer conquistador, compilado por Luis Alanya,* traducción de Francisco Calero, Introducción de Vicente García Edo, índices de M. de los Desamparados Cabanes, Ayuntamiento de Valencia, Valencia, 1999.

El proceso no fue rápido, desde luego. Para comprender la vida política de la ciudad, de la que la *Costum* originaria no hablaba[4], tenemos que avanzar un poco en el tiempo, pero creo que este es el lugar para comentar la obra del rey en este sentido. En Barcelona, el 13 de septiembre de 1245, Jaume dio un privilegio por el que regulaba el cargo de otra figura central para el gobierno de la ciudad, los cuatro jurados[5]. Con anterioridad a esta fecha, la ciudad estuvo gobernada directamente por el lugarteniente del rey o por el propio rey. El régimen municipal que Jaume dio a Valencia en este día fue el más claro ejemplo de su política de innovación, y por eso, ya plenamente conquistado el reino, el rey aspiró a extenderlo a las localidades del sur y, en la medida de lo posible, a ir poco a poco haciéndolo valer en las ciudades del norte de Valencia. Es más, en 1249, lo aplicó a Mallorca y luego a Barcelona[6], mientras que el intento de extenderlo a Zaragoza en 1272 no prosperó[7].

La estructura de este régimen municipal es fácil de describir: el rey permitía que la ciudad eligiese a cuatro jurados para gobernarla, teniendo siempre en cuenta la *Costum* escrita. Su gobierno empezaría en el día de San Miguel, que por aquel entonces se tenía a todos los efectos como el de la toma de la ciudad. Su cargo duraría un año y durante este podían nombrar a tantos consejeros propios como quisieran. El rey prometía ser benévolo con lo que ejecutaran y garantizaba su inviolabilidad siempre que actuasen de acuerdo con su conciencia y promoviendo el bien común. Estos jurados podían mantener el secreto delante del rey respecto a lo que ordenaran o deliberaran. Este hecho testimonia que no era un mero órgano consultivo, como quiso en su día Villalonga[8]. El propio rey permitía que ellos cooptasen a los nuevos cuatro jurados una vez llegado el final de su mandato. La única obligación que imponía el rey es que una vez elegidos se presentasen ante él o ante el baile o el *curia* si el rey estaba fuera. Para ejercer el cargo tenían que jurarlo ante la autoridad real y en presencia de los prohombres de la ciudad. El cargo de jurado no estaba remunerado y los electos quedaban obligados a abandonar sus actividades propias durante el periodo de su mandato. Eran cargos honorarios, como vemos, y se suponía que sus ocupantes debían de estar en posesión de un patrimonio propio considerable. Todas las tensiones que surgirán

---

[4] Esto llamó con razón la atención de López Elum, *Historia del País Valencià*, ob. cit., II, pág. 116.

[5] *Aureum Opus,* ob. cit., pág. 71.

[6] Fue mediante un documento emitido el 13 de abril de 1265 en Barcelona, por el que se facultaba a la ciudad de Barcelona a designar cuatro consejeros del baile y del *veguer* o vicario del rey, y se crea el consejo de los cien, *Consell de Cent*. El documento, muy importante, lo da el Archivo de la Corona de Aragón. Colección de Documentos Inéditos, 2.ª época, vol. XLIII. Privilegios reales concedidos a la ciudad de Barcelona, Barcelona, 1971, ed. a cargo de Antonio M. Aragó y Mercedes Costa, bajo la dirección de Federico Udina Martorell, págs. 7-19.

[7] Álvaro Santamaría, *Crisis del Consell General en el tránsito a la modernidad,* Biblioteca Valenciana, 1. Estudios, 2. Documentos, 1999, pág. 68.

[8] Cf. Ignasi Villalonga, «El régimen foral valenciano: los jurados y el consejo», tesis doctoral, Universidad Complutense, Madrid. 1916.

en el régimen municipal valenciano están implícitas en este otro privilegio del rey por el que se establecía la obligación de los jurados de ayudar al baile y al *curia,* los dos grandes agentes reales. Con ello, los jurados siempre estaban teóricamente subordinados a estos dos oficiales. Es más: el rey dejaba caer al final del privilegio la supremacía de la autoridad real sobre las magistraturas de elección ciudadana, como era lógico en una ciudad que él entendía como territorio de realengo: Jaume se reservaba en este sentido la posibilidad de apartar a los jurados, si por algún motivo lo considerara necesario.

Disposiciones adicionales de 19 de enero de 1250 desarrollaron y completaron este régimen municipal fundacional de la ciudad de Valencia. En aquel día, el rey reguló el ritual de juramento del *curia* y la elección de los cuatro jurados y el *mustaçaf*. En la vigilia del día de Santa María, patrona de la catedral, antes de la lectura del Evangelio en la misa mayor, reunido el *Consell general,* que ya aparece como una entidad configurada, se harían públicos los nombres de los jurados elegidos y ante el pueblo reunido jurarían los cargos. En el plazo de días que transcurre desde la fiesta de la Virgen de Septiembre hasta el día de San Miguel, en que se inician propiamente las actuaciones, los jurados antiguos deberían dar cuenta a los nuevos de toda la administración del año anterior. El *curia* o justicia respondía ante el baile y este ante su sucesor. De esta manera se mantenía la continuidad de la política municipal y se garantizaba su coherencia, aunque quedaba sin definir la responsabilidad de los jurados ante los oficiales del rey. Además, en esta normativa inicial de la ciudad, quedaba sin definir la forma en que los jurados debían elegir a los consejeros y formar así el *Consell General.* El rey vio la necesidad de atender este problema y, en marzo de 1258, otorgó un privilegio, a petición del representante de los valencianos Ramon de Mirambel, por el cual en «cada una de las parroquias de la ciudad sea elegido un prohombre para dirigir los trabajos de calles, albañales y acequias, tanto dentro como fuera de la ciudad, y todos los demás asuntos propios de la comunidad, así como para prestar consejo y ayuda al justicia de acuerdo con el fuero que os hemos dado»[9]. En este privilegio se fijaba el tiempo de ejercicio de estos consejeros en tres meses, aunque podían alargar su permanencia en el cargo. Luego, el rey mandaba que se eligiesen dos secretarios para controlar el patrimonio comunal de la ciudad, para guardar los fueros y privilegios y la tesorería, quienes debían dar cuenta siempre que fueran preguntados por los *consellers* de las parroquias. Finalmente, para permitir el control del poder del monarca en la ciudad, Jaume, en 1260, juzgó que debía prohibir el ejercicio de cargos electos y representativos a quien tuviera franquicias suyas. Con ello se mantenían separadas las dos administraciones, la real y la ciudadana. Otra normativa en el mismo sentido precisaba que debían ser hombres electos de la ciudad —consejeros y no agentes reales— aquellos que tasaran los bienes de los valencianos para calcular los impuestos en general. Esta era, desde luego, una garantía de buen trato fiscal.

---

[9] *Aureum Opus,* Privilegio LV, ob. cit., pág. 92.

A pesar de eso, el *Consell General* aún no quedaba definido. Es posible pensar que al principio estuvieran allí los prohombres de la conquista, pero conforme pasaba el tiempo era necesario regularizar su estructura y función. En relación con los prohombres o consejeros de las parroquias, una normativa de 15 de abril de 1266 permitía la posibilidad de que los propios jurados eligiesen los consejeros que estimasen oportunos. Además, no se dejaba al arbitrio de los jurados elegir a sus sustitutos, ya que esta función pasó a la totalidad del *Consell General* (sumados los jurados y los consejeros). Esta elección debía llevarse a cabo al cumplirse el año de su funcionamiento, que ahora se contaba según la fiesta de Pentecostés. Pero una vez que el consejo saliente elegía a los cuatro jurados, estos elegían al consejo que debía ayudarlos. El mecanismo de la cooptación se cerraba: el cuerpo exclusivo ya no era el de los cuatro jurados, sino el de todo el consejo general, que de esta forma se perpetuaba a sí mismo mediante la elección de los jurados que, a su vez, debían volver a elegir a los consejeros. Era un mecanismo de bucle, típicamente oligárquico. Es de suponer que esta normativa no invalidaba la que permitía elegir por parroquias consejeros destinados a solucionar temas concretos.

En ese mismo mes de abril de 1266, el rey Jaume aceptó una normativa de la ciudad todavía más autónoma: los jurados y el consejo general propondrían anualmente al rey tres hombres de entre los que este nombraría el justicia de Valencia. Por fin la oligarquía ciudadana condicionaba la voluntad del rey. La previsión oligárquica se dejaba ver además en el hecho de que ningún justicia podría repetir en el cargo hasta pasados tres años. Solo ahora, cuando el justicia debía su nombramiento al consejo general, se fueron perfilando los detalles de las relaciones entre los consejeros-jurados y los justicias: aquellos debían jurar ante estos fidelidad y consejo y, además, se les requería a que se presentasen ante ellos siempre que fuera demandada su ayuda. Muy curioso es que tuvieran que hacerlo en el tiempo que tarda en arder un palmo de candela. Cada vez que los jurados o consejeros fueran llamados por el justicia y no vinieran, pagarían una multa que serviría para reparar los puentes de la ciudad. El régimen local de Jaume se cerró con la concesión decisiva a los jurados y al justicia —lo que indica la previsión de cooperación institucional entre ellos— de la capacidad de elegir a dos prohombres de entre los gremios de cada oficio, actividad y ocupación comercial —tal y como dice el fuero—. La misión de estos nuevos consejeros era regular la actividad económica de su gremio, vigilar la calidad de las obras de su oficio, impedir el fraude, comunicar al justicia las infracciones, y demás asuntos relacionados con su oficio. Con ello, el consejo general mostraba su primacía teórica sobre los jurados y sobre el justicia. Jaume, sin embargo, intentó eliminar las tendencias oligárquicas equilibrando la cantidad de consejeros elegidos por los jurados con aquellos elegidos en su mayor parte según parroquias y gremios, de naturaleza más democrática y popular. Este hecho dio a Valencia su aspecto característico de ciudad menestral y artesanal, frente a la más senatorial Barcelona. Aunque los privilegios de Jaume no cerraron el modelo municipal de Valencia, ni lo institucionalizaron de forma plena, podemos decir que propusieron las líneas directrices de su desarrollo.

Vemos así el germen del régimen municipal de Valencia, tal y como iba a cristalizar en la ciudad, al menos desde 1284. Ahora podemos comparar brevemente el régimen que surge de la normativa de Jaume con la que se impone en el tiempo de Pere III, sucesor de Jaume. En efecto, en este tiempo los cuatro jurados fueron el modelo del futuro *Consell Secret,* el grupo directivo efectivo de la ciudad. Ellos dominaban sobre el *Consell General,* que regulaba la forma en que se podían nombrar los consejeros y su número. Desde 1284 al menos, este *Consell* estaba configurado por dos bloques de *consellers:* el que procedía de los trece oficios o *mesters* que la realeza estableció en la ciudad, a petición siempre de los gremios, y un segundo grupo que procedía de las parroquias. Cuando recordamos aquellos oficios, podemos hacernos una idea del tipo de gentes que componían la nueva ciudad, de la vida económica que bullía dentro de las murallas de la recién cristianizada capital. Así vemos los talleres de los pañeros, base de la artesanía textil de la época; los marineros, como correspondía a una ciudad que nacía con vocación comercial y portuaria, y que además tenía en la cercana Albufera una de sus principales fuentes de riqueza; luego venían los notarios, con una presencia cualificada en el *Consell,* como correspondía a la centralidad administrativa de su oficio. Después vemos a los bruneteros, los espueleros, los zapateros, los sastres, los peleteros, los ropavejeros, los carniceros, los correeros, los carpinteros, los herreros, los pescadores y los barberos. Esta era la estructura laboral de la ciudad, y de sus representantes surgían los consejeros de oficios en el *Consell General.* Conforme el mundo laboral medieval se fue enriqueciendo, especializándose los nuevos gremios en tareas que quizá antes se realizaban en uno solo de manera indiferenciada con otras, la representación y la visibilidad política de los artesanos fue cambiando. En 1328 entrarían en el *Consell* los corredores de comercio —lo que nos da una idea de su importancia— y los pelaires, y en 1330, los hortelanos y labradores, luego los plateros, los curtidores y los aludéros o pergamineros. A mitad del siglo XIV se aceptaron los adobadores y los cuchilleros; a principios del siglo XV, los tintoreros, los tejedores, los tundidores y los albañiles; en 1467 entraron los veleros y sederos[10]. A principios del XVI se aceptaron los picapedreros, segregados de los albañiles, y los cirujanos, segregados de los barberos, y así sucesivamente. Siguiendo este esquema de representación política de los oficios, se puede perseguir el grado de complejidad económica de la ciudad medieval de una manera muy fiel.

El segundo bloque, el de las parroquias, daba entrada a la pequeña nobleza instalada en la ciudad, y se elegía entre los tres estamentos de la capital: generosos, caballeros y menestrales —las manos mayor, media y mínima, que superaba en cierto modo el modelo dual de *popolo grasso* y *popolo minimo* de las ciudades italianas—. Este bloque de consejeros elegidos por las parroquias

---

[10] Álvaro Santamaría, *Crisis del Consell,* ob. cit., págs. 50-51.

estaba dedicado a las tareas políticas y representativas, mientras que el grupo anterior de consejeros de los gremios asesoraba en relación con los asuntos económicos. Un número pequeño de estos consejeros parroquiales estaba formado por los viejos jurados, que de esta manera mantenían la continuidad del gobierno municipal.

El número total de consejeros rondaba siempre las cien personas, aunque en épocas posteriores fueron más por la inclusión de nuevos gremios. Como los artesanos se elegían en parte por las parroquias y en parte por los gremios, se puede decir con claridad que Valencia casi siempre estuvo dominada por los menestrales, por los artesanos. Si a esto añadimos que la nobleza de la que hablamos, generosos y caballeros, no era la alta nobleza señorial, que se mantenía en sus tierras de señorío sin entrar en la ciudad, podemos ver de manera clara el perfil burgués y artesanal de la ciudad, que era el deseado por Jaume. Por eso el rey acabó extendiendo su modelo inicial a Barcelona, en 1249, aunque pronto allí evolucionaría con variantes muy propias.

Estos consejeros integrantes del *Consell General* estaban dirigidos por el llamado *Consell Secret,* en el que figuraban ya en 1245 cuatro jurados o *jurats* que preparaban las deliberaciones, el orden del día y mantenían la administración permanente de la ciudad. De entre aquel *Consell General* se elegían los cargos necesarios para la organización de la ciudad, como el guarda del almudín o almacén de grano, los consejeros que examinaban a los notarios, los que ejercían de clavarios o tesoreros de las diferentes cajas de comunidades, los encargados de cobrar algunos impuestos, como la talla, que se pagaba por los cortes de tela que se hacían en el momento de la venta, etc. Vemos así que la ciudad entera se administraba de una forma prácticamente autónoma. Con el tiempo, sin embargo, esta autonomía política se pondría a prueba cuando, al final del reinado de Jaume, las luchas entre los agentes municipales y los reales, que aspiraban a definir la primacía entre sí, provoquen amplios disturbios. Dicha primacía no se decantó de manera definitiva ni del lado de la ciudad ni del lado del rey. Al contrario, a lo largo de la historia conocerá momentos de oscilación que culminarán con el triunfo de los gremios y la ordenación de la ciudad que preparó la revuelta democrática de las *Germanías,* en 1521, ya en plena edad moderna.

El régimen municipal de Valencia ha podido ser definido por Álvaro Santamaría como de cooptación. Es una buena definición. El sistema de elección de cargos reales y jurados por *redolins,* pequeños rollos de seda en los que iban escritos los nombres de los candidatos, daba a las parroquias y a los gremios una importante función, pues ellos eran los que debían proponer los nombres que debían ser escritos en los sedales [11]. Luego, entre todos estos nombres es-

---

[11] Cf. Santamaría, «El municipio en los reinos de la Corona de Aragón mediado el siglo XIII. El sistema de cooptación», *Anuario de Historia del Derecho Español,* LI, 1981, págs. 294-364. Del mismo autor, «El ejemplo del desarrollo municipal valenciano», en *La ciudad hispánica durante los siglos XIII al XVI,* Madrid, 1985, págs. 1271-1299. Ahora, sobre este tema, se puede consultar el

critos, se elegía por sorteo, pero aquella preselección impedía las sorpresas. En Barcelona, el sistema de cooptación fue todavía más claro, pues allí bien pronto el *Consell General* mismo designaba una comisión electoral compuesta por doce miembros que nombraba a los *consellers* entrantes. Este hecho fue reconocido como privilegio de la ciudad en la famosa cláusula *Recognoverunt proceres* [12], que otorgaba el derecho a actuar de esta forma en concesión perpetua de la ciudad. Este sistema garantizó el control del *Consell* siempre a los mismos grupos. En Valencia no se llegaba a una situación tan clara, aunque la preselección de *redolins* era también muy determinada. Como es natural, el conjunto de los jurados del *Consell General* disputaban la hegemonía a los funcionarios reales, ya fuese el *curia*, el baile o luego el maestro racional. Esto dio lugar a tensiones que se aligeraron o bien integrando estos puestos dentro de las mismas oligarquías que dominaban los cargos municipales, o, lo que sucedió con cierta frecuencia en Valencia, interviniendo los cargos del rey, el baile, el justicia y el *mestre racional,* en la preselección de los nombres que aparecían escritos en los *redolins*.

Otra cosa era la vida cotidiana de la nueva ciudad, descrita con parsimonia y amenidad por Roca Traver. En ciertos niveles, esta vida estaba dominada por el régimen matrimonial, regulado por la *Costum* de una manera tal que hacía del notario un verdadero centro de la actividad ciudadana. No es de extrañar que el sexto privilegio de la ciudad regulase esta actividad notarial, haciendo de toda Valencia y su reino un único colegio profesional [13]. En cierto modo, el matrimonio foral valenciano era puramente romano, influencia que es una constante en la primitiva *Costum*. Así, los fueros preveían la separación absoluta de bienes de los cónyuges y la independencia de sus patrimonios [14]. Sin embargo, este régimen no incluía la noción de bienes gananciales para ambos cónyuges [15], pues la mujer quedaba excluida de toda participación en estas ganancias, aunque hubieran sido promovidas por su actividad más propia. Así que, en cierto modo, el patrimonio de la mujer se consideraba *praeter nuptias,* con anterioridad a la boda, y se entendía como estanco. Tal discriminación de la mujer podía superarse si se llegaba a un matrimonio por capitulaciones ante notario, negociaciones en las que las partes llegaban a acuerdos

---

importante artículo de María Isabel Falcón Pérez, «Historia de las ciudades y villas del reino de Aragón en la Edad Media», *En la España medieval,* 23 (2000), págs. 395-439, con una exhaustiva bibliografía de los estudios sobre el tema en los últimos veinticinco años.

[12] Se puede ver completo en el ya citado «Privilegio por el cual el rey Pedro el Grande y el infante primogénito confirman los usos y costumbres de la Ciudad, compilados bajo el título de *Recognoverunt proceres»,* en *Obra de oro de los privilegios reales concedidos a la ciudad de Barcelona,* ob. cit., págs. 8-17.

[13] *Aureum Opus,* ob. cit., Privilegio VI, págs. 57-58.

[14] Cf. «La economía familiar valenciana en el código de Jaume I *(Furs* de Valencia) y su proyección en el llamado privilegio marital», de María de los Ángeles Belda Soler, *VI Congreso de Historia de la Corona de Aragón,* págs. 393-402.

[15] Cf. Dolores Guillot Aliaga, *El régimen económico del matrimonio en la Valencia foral,* Biblioteca Valenciana, Valencia, 2002.

sobre el contrato matrimonial. Era la famosa *carta de nupcies* que casi siempre se basaba en dos modelos. El primero procedía del derecho germánico[16], se llamaba *agermanament* y mandaba que los dos patrimonios quedasen fundidos en uno, y a él se acumulaban los bienes gananciales de forma unitaria, de tal manera que si el vínculo matrimonial se rompía, se dividían en dos partes iguales todos los bienes. El segundo era propio del derecho romano y era el régimen o sistema dotal, por el cual la mujer aportaba unos bienes llamados *exovar,* equivalentes a la dote. El marido se veía obligado a aportar una contradote o *creix,* que por lo general era la mitad de la dote de la mujer y hacía las veces de una provisión de viudedad. Ambas cantidades eran inalienables bajo cualquier concepto. Si el marido contraía deudas, no podía pagar con la dote, aunque sí administraba todas las rentas que esta producía. Disuelto el matrimonio, la dote y el *creix* se restituían a los que los habían aportado. Como se puede imaginar, las resistencias de los maridos a devolver el *exovar* de la mujer, una vez muerta esta, fueron continuas. Hasta tal punto fue así que, con el tiempo, no devolver la dote fue llamado el «privilegio marital», que rigió de forma absoluta para los caballeros y ciudadanos honrados de Valencia. Podemos suponer que este tipo de cuestiones daría mucho trabajo a los abogados y notarios.

Como en toda ciudad cristiana y medieval, sin embargo, había una serie de delitos que apenas reclamaban juicios ni abogados. Los valencianos de la conquista, como sus contemporáneos en general, miraban con verdadera cólera la sodomía y, según la ley, se podía quemar a los que fueran condenados por esta inclinación sexual. Los homicidas tenían como pena la horca, mientras que los ladrones, los raptores y los incendiarios podían recibir penas según decidieran los prohombres que asesoraban al *curia* o justicia, al frente del *Consell* de la ciudad. Para todo lo demás, los abogados tarde o temprano hacían su temida aparición, aunque no sin dificultad. Un privilegio de Jaume demostraba la desconfianza de la época ante los abogados, a los que se prohibía mediar en los juicios. La razón era muy sencilla: producían continuas dilaciones y hacían prolijos los procesos, por lo que sangraban económicamente a las partes con la dificultad de los procedimientos. Por eso, don Jaume decidió que ningún abogado podría trabajar en la ciudad de Valencia. Los juicios de las causas criminales y civiles serían llevados por los justicias y los prohombres que los asesorasen, incluidos aquí los jurados de la ciudad, según su criterio y prudencia, «excluyendo por completo la forma de las leyes y de los abogados»[17]. Aunque no se trataba de implantar en Valencia la justicia material del

---

[16] Brocá, *Historia del derecho de Cataluña, especialmente del Civil,* vol. II, pág. 833. Este procedimiento de *agermanament* se utilizó en el campo de Tarragona, y luego en Tortosa, ámbito jurídico muy cercano al de Valencia. Un estudio sobre las diversas formas de la *germanía* puede verse en el trabajo de Honorio García, «La Germanía», *BSCC,* vol. XXI, 1945, págs. 23-30, y vol. IX, 1928, págs. 170-173.

[17] *Aureum Opus,* Privilegio, XXXVII dado en Alcañiz el 22 de febrero de 1250, ob. cit., págs. 82-83.

cadí islámico, al estilo árabe, sí se deseaba, al contrario de lo que iba a suceder en Inglaterra, separar al abogado de la interpretación de la ley. En el fondo, el rey confiaba en sus oficiales y en los prohombres electos, *jurats* y *consellers*, para administrar justicia. En cierto modo, se iba hacia una justicia sin salvaguardas procedimentales, dejándolo todo al arbitrio y buen juicio de los oficiales del rey y los buenos hombres de la ciudad. En realidad, esto no era sino un piadoso deseo. Este camino era muy difícil de mantener, dada la complejidad del propio código por el que se había de regular la vida social. Los abogados, a fin de cuentas, eran necesarios si se quería introducir el derecho común de origen romano, tan lleno de tecnicismos y ficciones jurídicas, que requerían un alto grado de profesionalidad.

La actitud del rey, en cierto modo, era contradictoria. Quería imponer el derecho romano, pero era sensible a las presiones de las gentes, que miraban con desconfianza a eruditos que se expresaban en latín y eternizaban los pleitos. Como la voluntad de innovación jurídica del rey era prioritaria, estas medidas restrictivas de la actividad de los abogados apenas se cumplían. A fin de cuentas, la nueva ley solo era bien conocida por estos personajes, que pronto se convirtieron en imprescindibles. Por eso, el rey tuvo que dar un privilegio posterior, de 4 de junio de 1264, por el que solo serían permitidos abogados en aquellos casos que llegaran ante la instancia suprema del rey. Obviamente, el derecho canónico también estaba excluido de esta normativa. Pero todo fue inútil. Al final, el rey tuvo que echar marcha atrás, en abril de 1266, y revocó estas ordenanzas. Así se permitió a los abogados intervenir en la justicia, bajo el juramento realizado ante el baile y el *curia* de Valencia de que actuarían en su oficio con «fidelidad y rectitud, y no procederán maliciosamente en nada»[18]. Casi siempre estas fueron palabras vacías.

Como se puede suponer, esta era una sociedad profundamente racista y discriminatoria. En realidad, estos hombres estaban obsesionados por no mezclar sus comunidades ni perder su cohesión grupal. En cierto modo, la vivencia de la comunidad no se basaba en abstractas señas de identidad cultural o nacional, como hoy tendemos a pensar, sino en vínculos profundos de sangre, de familia, de parentesco y de tradición. Si estos vínculos desaparecían, los hombres percibían que su realidad se disolvía. Por eso, se necesitaba diferenciar y mantener al otro en la distancia. Así, los judíos, según dictó el rey en un privilegio de Huesca de 28 de noviembre de 1251, no podían ejercer ni el puesto de baile, vicebaile, *veguer* o inspector de impuestos, justicia, *curia* o juez. En realidad, no podían desempeñar cargo público alguno. Los judíos estaban condenados a ser parias y a vivir ajenos a la actividad política y representativa del reino, aunque no de la vida económica. En relación con este mundo económico, los judíos estaban controlados, pero no discriminados. Aunque algunas ordenanzas prohibían la usura y la recepción de intereses múltiples[19],

---

[18] *Aureum Opus,* Privilegio LXX, pág. 99.
[19] Ibídem, Privilegio XI, pág. 60.

otras facilitaban su tarea, como las ordenanzas de no pagar lezda, portazgo y peajes[20], o la de no poder aplazar dos veces la misma deuda, cosa que casi siempre tenía que ver con ellos, como acreedores fundamentales de la gente. No obstante, si alguien demostraba que no tenía con qué pagar, no podía ser encarcelado por deudas. El espíritu de la normativa queda muy claro en este pasaje, en el que el rey dice que no quiere «cerrarles en absoluto la libertad de prestar su dinero en atención al provecho, necesidad e incluso favor para con los cristianos». Solo aspira, dice don Jaume, «a imponer moderación a su voracidad», lo que no los dejaba en muy buen lugar.

Con todas estas medidas se confesaba, entonces, que los judíos eran necesarios para la vida de la ciudad medieval, pero se procuraba que no fueran prepotentes a la hora de prestar dinero. Para dar fiabilidad al sistema, el rey mandaba que se hiciera un censo de judíos con actividades bancarias y obligaba a los notarios a que no registraran operaciones de préstamos con los judíos que no estaban inscritos en ese libro. Condición para ello era jurar el cumplimiento de la normativa sobre los intereses que se habían de pagar por el capital prestado. Además, toda operación de préstamo debía hacerse ante testigos. Un notario que no cumpliera con estos mandatos sería separado de su oficio notarial para siempre. Los juramentos de los tratos no se podrían hacer en las sinagogas «o en los lugares secretos según acostumbran en algunos sitios», sino ante los oficiales del rey, fueran *curias* o jueces. Es muy digno de mención que la fórmula del juramento de los judíos debía incluir la apelación a la ley de Moisés, pero debían jurar también sobre los diez mandamientos, punto de unión de las dos religiones, si bien se les permitía proferir otras fórmulas y maldiciones recogidas en el fuero de Barcelona. Todo esto se hacía, de forma expresa, para que «la condición de los cristianos no sea peor que la de los judíos». Contrasta esta precisa reglamentación de las relaciones entre judíos y cristianos con la negativa del rey a regular las relaciones entre judíos y sarracenos. De estas dice Jaume, en su privilegio de 11 de noviembre de 1241, que «no establecemos ninguna norma en el presente, pasado o futuro, sino que se arreglen entre sí como quisieran». La condición de parias, como vemos, imponía a estos colectivos unas relaciones entregadas a las fuerzas desnudas del poder social.

Aquella imposición, la de atenerse en las prácticas de sus juramentos a lo establecido para la ciudad de Barcelona, no debió de gustar a los valencianos. El 26 de febrero de 1269, el rey mandó con su sello unas instrucciones acerca de las fórmulas de juramento de los judíos específicas a los fueros de Valencia. La fórmula era larga y prolija, hacía referencia a diferentes pasajes bíblicos y luego glosaba algunos mandamientos. Después, se repetían de forma resumida los grandes sucesos del Pentateuco, se mencionaban los objetos sagrados de la tradición judía y se invocaba a Dios según sus diferentes nombres sagrados. A cada uno de estos párrafos leídos, el judío debía contestar

---

[20] *Aureum Opus,* Privilegio XXIV, de 15 de junio de 1247, ob. cit., pág. 76.

con un solemne «juro». Y cuando se había jurado por todas estas realidades sagradas, se introducían las maldiciones que debían recaer sobre el perjuro, llegado el caso. Huellas de este mismo espíritu y memoria de esta tradición las tenemos en la célebre maldición lanzada sobre Baruch Spinoza en Amsterdam. Es muy curioso que, en este recuento de las maldiciones que esperaban a los perjuros, se hayan escrito algunos de los párrafos más bellos de la literatura medieval. Todo ello testimonia que la cultura judía encontraba su mejor aliento a la hora de expresar la ira y la cólera de su Dios. Pero también es verdad que este *pathos* echó raíces en la sociedad medieval, no menos dispuesta a la explosión airada contra los que entendía culpables ante su Dios. Una de estas maldiciones es muy premonitoria. Dice así: «Que el cielo que está sobre ti sea de bronce y la tierra que pisas de hierro, que el Señor te dé inundaciones de la hermosa tierra. Que descienda del cielo sobre ti ceniza hasta aplastarte y que, desplomado, te entregue ante tus enemigos, que salgas contra ellos por un solo camino y que huyas por siete, y te disperses por todos los reinos de la tierra». Fue un destino terrible: durante siglos los judíos fueron obligados a jurar todas estas maldiciones, con la secuela de desgracias que les esperaban si caían en perjurio. Finalmente, las padecieron todas y, además, sin que nadie se elevara ante ellos para juzgar si efectivamente habían faltado a su palabra. «Que construyas una casa y no habites en ella. Que plantes viñedos y no hagas la vendimia; que tu buey sea inmolado delante de ti y no comas de él, responde Amén.» Y así, sobre páginas y páginas se les hacía imaginar todo lo que podía caer sobre ellos y lo que luego habría de pasarles por el mero hecho de ser judíos.

Lo que en el fondo se decía con todas aquellas maldiciones era que el pueblo judío estaba sometido a la posible cólera de los cristianos. Quien durante siglos reclama este tipo de poder, tarde o temprano lo ejerce, como es natural. «Que el Señor te conduzca a ti, a la esposa que has tomado, y a tus hijas e hijos, a un pueblo que no conoces tú ni tus padres; servirás allí a dioses extraños de madera y piedra.» A todo esto tenía que decir amén el judío por si faltaba al juramento, mientras que el cristiano no tenía que decir amén a nada parecido. Todo acababa con la peor premonición: «Si conoces la verdad y juras la falsedad, que tu alma vaya a aquel lugar en el que los perros evacuan su basura: responde, amén, amén, amén». La normativa sobre judíos y sarracenos se completaba con un privilegio que el rey dio para todo el reino: que cualquiera podía convertirse a la verdadera fe sin necesidad de perder sus bienes, como imponía una costumbre anterior. Así que, finalmente, todas aquellas maldiciones podían desaparecer si se era infiel a la fe de los mayores, si se juraba la falsedad a pesar de conocer la verdad. Era una curiosa paradoja. Tremendas maldiciones esperaban al perjuro y al que faltaba a la palabra, pero todas podían ser esquivadas con ser perjuro y faltar a la palabra dada al propio Dios. El resultado de esta paradoja fue fatal. Los judíos fueron poco a poco abjurando de su fe. Mas cuando se supuso que las conversiones reposaban sobre un falso juramento, las autoridades no tuvieron sino que echar mano del elenco de maldiciones que para estos casos se habían establecido desde antiguo. La expulsión y la Inquisición, con sus efectos complementarios, mostraron entonces que la verdadera maldición, la insuperable, la única, la que no tenía salida, era el sencillo hecho de ser judío.

Pero, a pesar de todo, aquella sociedad, contra lo que podemos suponer hoy, era muy sensible a las garantías judiciales y a los efectos de las sentencias injustas. Así, el rey Jaume asumió que nadie pudiese ser desposeído de lo suyo sin sentencia firme del juez. Vemos así que la sociedad de Jaume ponía mucho cuidado en regular la vida de la justicia. Otras disposiciones perfeccionaban estas garantías, sobre todo las que tenían que ver con la revisión de los juicios. Por eso, a petición de la ciudad de Valencia, el rey determinó un procedimiento de instancias y recursos en los juicios. Si un ciudadano recurría una sentencia, el justicia que hubiera visto la causa podía delegar la revisión en un juez no sospechoso. Pero si esta sentencia era recurrida por segunda vez, entonces debía elevarse directamente ante el rey, instancia donde se le daría, como dice el *Aureum Opus,* «debido fin». Este era también el proceder de los juicios económicos por valor de más de trescientos sueldos, si bien en este caso se debían pagar las costas por adelantado y a instancia de parte. De esta manera, el rey se convertía, según la tradición de los godos, en la última instancia judicial del reino, y la administración de justicia, en la suprema manifestación del poder político.

Más allá de la Iglesia, más allá de los fueros y normas, de las magistraturas y cargos, de las comunidades gremiales y étnicas, la ciudad, sin embargo, era un espacio cerrado, protector, y producía un orden que se mostró muy eficaz a la hora de generar identidades y sentimientos de pertenencia en sus habitantes. Para ello, la ciudad debía entregar algo más que fe y que derecho. Debía configurar una representación simbólica de sí misma en la que los hombres proyectaban sus ilusiones, sus sueños y sus deseos de futuro, sus anhelos de seguridad y de poder. Esta simbología era tanto más necesaria en un universo, como el medieval, en el que todas las realidades naturales invocaban siempre una dimensión ideal y sagrada. En este sentido, la ciudad era también una garantía de futuro, una forma de dominar el tiempo. Los hombres, mucho menos duraderos, tenían como función principal encarnar estos símbolos, tornarlos vivos y eficaces, recordarlos y mantenerlos.

27
LAS SEÑAS DE IDENTIDAD DE VALENCIA

Nadie puede negar que la voluntad definida de Jaume fuera la de hacer de Valencia una realidad política y social bien ordenada, un reino con pleno derecho en el ámbito de la corona, sin dependencias feudales de los otros tres territorios de la federación. Las gentes que poco a poco la iban poblando, aunque con actitudes renuentes, tuvieron motivos para sentirse orgullosas de esa realidad, y la atención del rey quedaba demostrada de forma permanente con privilegios particulares[1] que mejoraban su administración y le conferían una mayor autonomía. La presencia de la gran ciudad sobre todo el territorio valenciano se dejó sentir desde el principio y el rey tenía una firme voluntad de extender su estatuto municipal al compás de la prolongación de sus conquistas. Es muy lógico que Valencia pronto percibiera con claridad el alcance de sus propias posibilidades históricas, presintiera su grandeza, manifestara celo por mantener sus instituciones y creyera en ella misma. Una larga tradición apoyaba esta profunda autoestima. En cierto modo, esta percepción de sí misma de la nueva Valencia cristiana era una más de las metamorfosis que padecía la ciudad desde la época islámica. La hazaña de la conquista de la admirable Valencia llegó hasta la lejana Inglaterra, y el mismo Inocencio IV afirmaba que el nuevo reino de Valencia era más importante que el condado de Barcelona[2]. Ya para los poetas almohades que habían conocido la Valencia de los siglos XII y XIII, la suya era una ciudad paradisiaca, fértil, rica, armoniosa. Ellos no tenían que envidiar a nadie y ese debió de ser el sentimiento que pronto animó a los que, al paso de una generación, vinieran de donde vinieran, eran ante todo y por encima de todo valencianos.

---

[1] La serie de documentos que se realizan sobre este reino está en curso de ser publicadas por R. I. Burns, *Diplomatari del regne Croat de València. Els documents registrats de Jaume I el Conqueridor, 1257-1276*. Vol. I: *Introducció: Societat i Documentació*, Tres i Quatre, Valencia, 1988; vol. II: *Els fonaments del regne Croat de València. Rebel·lió y recuperació, 1257-1263*, Tres i Quatre, Valencia, 1995. Muchos de ellos están en la serie de Huici-Cabanes que recoge los documentos que van desde el 1237 hasta el 1238, y los que ya da el rey en Montpellier, en julio de 1239; cf. vol. II, pág. 62.

[2] R. I. Burns, *Historia del País Valencià*, vol. II, ob. cit., págs. 50 y 52.

Como es normal, todo esto fue fraguando en una compleja idea de la identidad de la ciudad. Y aunque no forma parte de la biografía de Jaume, sí que en cierto modo es un tema que debemos reseñar aquí, pues al fin y al cabo nuestro rey puso las bases para que Valencia tuviese una dimensión política autónoma, que determinó su propia forma de ser histórica en el seno de la corona de Aragón. En aquella época, las señales comunes sobre las que se basaba una realidad política, dejando aparte las instituciones corporativas que ya hemos analizado, eran ante todo sus símbolos. La Edad Media, desde luego, es una época en la que todo adquiere una dimensión simbólica, y aquello que siempre se quiere simbolizar es el poder. Cuando en el siglo XVI Beuter, en su *Cròniques de València,* introduzca la diferencia entre el *poder* y el *valer,* y diga que, respecto a Valencia, el segundo es mucho aunque el primero sea poco[3], no solo está identificando una época de decadencia del reino, sino que también nos anuncia que su espíritu ha salido ya de la Edad Media. En todo caso, resulta indudable que parte de ese valer era, para este historiador, el hecho de que su fundación se debía al mismísimo Jaume y que era él quien había dado las señas de identidad del reino, ese Rat Penat, en cuya figura se quería simbolizar un animal flexible, astuto, zigzagueante, que se mueve en la oscuridad, tal como el propio rey había ganado la ciudad de Valencia[4].

De esta manera, Valencia, en referencia mítica o histórica a Jaume, poco a poco se fue reconociendo en su bandera y en el escudo de la ciudad, y en estas sus insignias depositó el sentido de sus aspiraciones más íntimas. Cuando penetramos en el significado profundo de ambas cosas nos damos cuenta de que esas aspiraciones no iban a la zaga de las que habían hecho valer cualesquiera de los reinos importantes de la Edad Media y que, como en todos ellos, estaban implicadas en las corrientes apocalípticas y milenaristas que jamás abandonaron el Occidente europeo de aquellos siglos. En cierto modo, podemos decir que en los signos y emblemas de la ciudad se depositó un significado esotérico, secreto, y en él las élites valencianas acariciaron un sueño de poder del que a medio plazo la historia les mostraría su inviabilidad, aunque conservaran la noticia de ese valer del que hablara ya Beuter. Ese medio

---

[3] Al describir la bandera de las cuatro barras de Aragón sobre campo de oro y la cruz blanca en el follaje azul con la divisa del Rat Penat dice que esto «mostra lo valer del Regne, encara que no sia tan gran lo poder». Pere Antoni Beuter, *Primera part de l'historia de València,* Valencia, 1538, f. II, ed. facsímil. Como se ve, en 1538 ya la bandera llevaba *lo rat penat* y no el dragón alado.

[4] Beuter, *Segunda Parte de la Coronica de España,* Valencia, 1604, pág. 208. Verdaderamente, Beuter es muy claro sobre la explicación del símbolo, pues precisa que no era hembra, sino ratón, «por la diferencia que hay en el más valer y nobleza del macho a la hembra». Además, Beuter confunde este animal con la lechuza de Minerva, símbolo de la inteligencia y de la filosofía, de la penetración y del juicio. Según Beuter, el símbolo de Valencia sería el mismo que el de Atenas. Ya cuenta también la historia de Plutarco que habla de un murciélago que fue a posarse en el mástil del barco de Pericles y, al ser símbolo de buena fortuna, determinó que los hombres siguieran en la empresa. En suma, mástiles de barcos y de banderas era su acomodo. Desde luego, era un animal «notable y reputado». Esto no tiene nada que ver con la práctica de poner un yelmo en el asta, en señal de protección, defensa y valor de la enseña.

plazo llega, sin duda, hasta las últimas manifestaciones del *encobertismo,* una reivindicación de hegemonía política de Valencia en el seno de la vieja corona de Aragón, que han sido colocadas por investigadores como Pablo Pérez en los brotes de disturbios de 1541, o luego en las llamadas *Segundas Germanías*[5]. Todos estos movimientos suspiraron por un rey nuevo de Aragón que, desde Valencia como capital, hiciera regresar los viejos tiempos de poder.

Las señas de identidad del reino y de la ciudad de Valencia fueron desde luego su señera, el escudo de la ciudad con un murciélago sobre la corona, y el escudo real, con las barras de Aragón coronadas por un dragón alado. Para explicar estos tres símbolos debemos ir al trabajo de Ivars Cardona, el que más ha profundizado en su exégesis[6]. Estos símbolos no conectan de hecho directamente con Jaume, pues son producciones posteriores. Sin embargo, por lo general, la creencia popular los ha referido siempre al fundador del reino. Al hacerlo, los viejos historiadores de Valencia se han dejado llevar por la creencia popular de que todo lo importante debe de estar ya definido en el tiempo del origen. Así, Blancas, confundiendo un pasaje de la *Crónica* que ya citamos, refiere el murciélago de Valencia al episodio de la golondrina que anida en la tienda de Jaume mientras asedia la ciudad. Como es sabido, el rey no puede desmontar su tienda de campaña hasta que la golondrina no haya abandonado su nido. La *Crónica* habla del hecho en el campamento del Puig y Blancas lo desplaza al sitio de Valencia. Por eso, según el historiador aragonés, el rey habría puesto en lo alto de la señera real la figura de un murciélago, en memoria de este hecho[7]. Como es natural, esto es un puro mito. La leyenda se mantiene en las *Tròbes* de Jaume Febrer, escritas por un personaje culto del siglo XVII que nos hace creer que vive en pleno siglo XIII.

La realidad, sin embargo, es que el 10 de marzo de 1377 el *Consell General* de Valencia mandó reformar el escudo de la ciudad para uso de sus justicias. Fue entonces cuando se destruyó el viejo escudo de Valencia, que era de «edificis a forma de una ciutat»[8], como era habitual en la época, por el propio de la casa de Aragón, de barras rojas sobre campo de oro[9]. A este escudo se añadió una corona porque el rey Pere IV solía pintarla de su mano cuando fir-

---

[5] Cf. Pablo Pérez García, *Epígonos del encubertismo,* Biblioteca Valenciana, Valencia, 2000. También el encubertismo está en el origen de la investigación de Eulàlia Duran y Joan Requesens, que luego citaremos por extenso.

[6] Ivars Cardona, «Origen y significado del "Drach alat" y del "rat penat" en les insignies de la ciutat de València». Memoria presentada al *III Congreso de Historia de la Corona de Aragón,* Imprenta Hijo de F. Vives Mora, Valencia, 1926.

[7] Cf. Jerónimo Blancas, *Comentario de las cosas de Aragón,* trad. al castellano de P. Manuel Hernández, Diputación de Zaragoza, 1878, pág. 151. Edición facsímil de las Cortes de Aragón, Zaragoza, 1995.

[8] Ivars Cardona, ob. cit., pág. 40. Este escudo se conoce como de 1312 y era el de la corte del justicia civil de Valencia. Por lo demás, el escudo con la imagen de una ciudad lo había utilizado ya Federico II de Sicilia, sin duda representando el famoso palacio que se hiciera construir en Lucera.

[9] Ibídem.

maba sus diplomas [10]. Luego, a ambos lados se añadieron las LL, letra central de Valencia, lo que no deja de tener aspectos esotéricos. En el acta de aquel acuerdo, dada por Andrés Ivars, no se cita para nada el murciélago [11]. Hasta qué punto la leyenda es más fuerte que el documento se puede ver en el hecho de que Teixidor, un escritor del siglo XVIII, conocedor del acta del *Consell General,* se admire de que «nada se diga del Rat Penat o Murciélago, timbre que el mismo [Jaume] quiso tuviesse el nuevo escudo» [12]. Pero no solo aquel acta nos demuestra lo contrario. Ningún erudito ha visto el murciélago en 1377, pero tampoco se ve en el escudo de piedra de la torre de Santa Catalina, labrado en 1390, ni en la antesala de la Sala Grande del Consejo, del año 1512. En toda esta época no hay señal alguna del murciélago en el escudo. Al parecer, la primera vez que aparece en algún símbolo valenciano es sobre la señera y en 1526, para distinguir la bandera de la ciudad de Valencia en el campo de batalla respecto a la bandera real. Esto era así porque la ciudad, como un señor más, como una coronela, podía aportar tropas, que debían ser identificadas con una bandera propia [13]. Hasta 1598 no se generalizará en el escudo de la ciudad. Todavía Martí de Viciana, al frente de su *Libro tercero de la Crónica,* editado en 1563, cuando nos propone la insignia de Valencia, exhibe el rombo con las cuatro barras y el yelmo con el dragón alado [14].

Por su parte, este dragón alado, tal y como se conserva en el casco que existe en la Armería Real de Madrid, no perteneció, como quiere la tradición, al rey Jaume [15]. Hoy es lugar común atribuirlo a Pere el Ceremonioso, en pleno siglo XIV, que imitaba la moda de otros príncipes europeos. Desde luego, un yelmo parecido tuvo Martín I, como ya lo estudió Juan Menéndez Pidal [16]. La primera vez que el dragón alado se vincula al reino de Valencia es con motivo de las nuevas murallas que hizo Pere IV y que son del año 1375 [17]. Luego, con motivo de la visita de la duquesa de Aragón a la ciudad en 1377, el es-

---

[10] Ivars Cardona, ob. cit., pág. 41.
[11] Ibídem, pág. 41.
[12] P. Josef Teixidor, *Antigüedades de Valencia,* ob. cit., t. I, Valencia, 1895, pág. 138.
[13] J. Vives Ciscar, *Armas de Valencia.* Resumen de las conferencias pronunciadas en Lo Rat Penat por los señores Torres Belda, Vives Ciscar, Tramoyeres y Martínez Aloy, Valencia, 1880, pág. 18. Martínez Aloy dice lo mismo: que Lo Rat Penat era el distintivo militar adoptado por los justicias de Valencia para las compañías armadas de la ciudad.
[14] Al mismo tiempo que coloca por encima el emblema del Salvador del mundo, de tan amplia importancia en la reconquista de la ciudad. Cf. Martí de Viciana, *Libro tercero de la Crónica de la ínclita y coronada ciudad de Valencia y de su reino,* edición a cura de Joan Iborra, Universidad de València, colec. Fonts Historiques Valencianes, Valencia, 2002, pág. 17.
[15] En el mejor sello que se conserva de Jaume, en el que el rey aparece en posición de caballero, no está armado con un yelmo semejante, sino con una sencilla corona. El escudo, sin embargo, es el de las barras de Aragón. Es el reverso de un sello cuyo anverso nos ofrece la imagen del rey en su otra misión: la de impartir justicia. Cf. Miguel Gómez del Campillo, «Un pergamino y un sello de Jaime I del Archivo Histórico Nacional», en *BSCC,* 1952, vol. XXVIII, págs. 169-172.
[16] Juan Menéndez Pidal, «Sello en cera de don Martín rey de Aragón», en *Revista de Archivos, Bibliotecas y Museos,* I, 1897. Cit. por Ivars, pág. 20, n. 2.
[17] Ivars Cardona, ob. cit., pág. 41.

cudo de barras con dragón alado se generalizó en las insignias. Este escudo se reservó como timbre del rey y así aparece en las torres de Serranos, de 1394-1395, y en las torres de Quart, de 1448, acompañado aquí por los escudos de la ciudad, todavía sin el murciélago y sin las LL. La doble L se añadiría en 1633. El dragón alado ya aparecía en 1459, en la nueva bandera real que, encargada por la ciudad, se bendijo solemnemente en la catedral. Desde 1526, como vimos, la bandera de la ciudad, a diferencia de la real, llevó el murciélago. Así se expresó la voluntad de la ciudad de mantener la interpretación propia de los símbolos del reino.

Aunque las señas de identidad definitivas de la ciudad y del reino no proceden de Jaume, sí que conectan con nuestro rey algunas de las aspiraciones y representaciones que daban sentido a estos mismos símbolos. De esta forma, el mito del origen mantenía su presencia viva y operativa entre los valencianos. Una de las primeras es, desde luego, la unidad política de España. El rey Conquistador supo de ellas, con cierta aceptación, por un fraile navarro. En la *Crónica* se cuenta con claridad, y en su momento hablaremos de ello. Otra representación procede de la tensión apocalíptica, que anunciaba el final de los tiempos. La primera profecía sobre la unidad política de España está relacionada con el murciélago; la segunda, la apocalíptica, está vinculada con el Anticristo y con el dragón alado del escudo. Ambas profecías proceden del siglo XIII, y hacen referencia a toda la corona de Aragón, pero solo con el tiempo se transfirieron a Valencia como aspirante a la capital más importante de toda la corona. Una, la apocalíptica, es de dimensiones europeas, y la otra es propia de las tradiciones hispánicas. La que tiene al Anticristo en su centro procede, como tantas otras cosas, de la predicación de Joaquim de Fiore, y tuvo mucha importancia en todo el siglo XIII. Puesto que esta predicación fijaba la fecha del Apocalipsis en 1260, era lógico suponer que por estos años habría de aparecer el último de los poderes universales que san Juan anunciara, el séptimo de los dragones de los capítulos XII y XVII del libro del Apocalipsis. Por aquella época era evidente que tal poder era el imperio mongol, que tanto inquietó a los reyes y papas del tiempo. Como veremos, el Concilio de Lyon de 1245 estuvo dominado por este terror común a toda la cristiandad. Pero en sí mismo, este último rey universal podía ser encarnado por muchos candidatos. No solo era el misterioso imperio mongol, sino el poder capaz de destruirlo y establecer así el reino definitivo. También se identificaba con el mismo emperador Federico II. Al vincularse este dragón alado al Imperio y a la posesión de Sicilia, era lógico que los herederos hispánicos de estas tierras se apropiaran del símbolo y, en cierto modo, de la aspiración de poder imperial que personificaba. Este príncipe universal tenía que conquistar Marruecos, Túnez, Egipto y Babilonia, y todo el Oriente. Como sabemos, no otra era la aspiración de hegemonía del Mediterráneo que guiaba la acción política de los reyes de la casa de Barcelona.

Esta transferencia de la profecía apocalíptica de Joaquim de Fiore a la casa de Aragón quizá fue posibilitada por Arnau de Vilanova, pues este sabio —tan cercano a los círculos esotéricos de principios del siglo XIV— escribió entre los años 1297 y 1300 el tratado dedicado al tiempo *De adventus antichristi.* Según la previsión del médico y cabalista, el año del Apocalipsis sería el 1368. Por este tiempo, el heredero de las tierras del Imperio, en la dorada Sicilia, era desde luego el rey de Aragón. Era lógico que Pere IV se sintiera el último poder magnífico y que su símbolo fuera el dragón alado del último imperio. El prestigio de Arnau apenas podemos magnificarlo y no era inferior a la disposición general de la época a creer en estas cosas. Tanto fue así que hubo muchas predicaciones de seudos-Arnau de Vilanova en el tiempo en que se acercaba la fecha que él había dado de 1368. Una de ellas, aparecida en 1367[18], afirmaba que el sexto dragón de los que citaba el Nuevo Testamento era aquel que descendía de Pere de Aragón. El séptimo poder, el emperador universal, nacería de él. Incluso Pedro el Cruel de Castilla se hizo explicar la profecía por parte de los astrólogos árabes para confirmar si se refería a él[19]. Quizá de este modo tendía a explicar la ruina que veía a su alrededor. Desde luego, en el caso de su homónimo catalán, la creencia estaba más justificada, pues desde Ramon Muntaner, que escribe su crónica en 1330, se veían los dominios del reino de Aragón como un imperio[20]. Por eso, cuando se hizo con el reino de Mallorca de nuevo, Pere IV se atrevió a poner encima de su yelmo real el dragón, símbolo de un poder magnífico y único, y así formó su sello real. Desde 1344 sería el sello de todos los reyes de Aragón[21]. Francesc Eiximenis, en su libro *Lo cristià,* se hacía eco de la profecía, identificando con claridad a la monarquía aragonesa como «la casa de la que es profetat que deu aconseguir monarchia quaix sobre tot lo mon»[22]. Esta parte del libro estaba ya escrita en 1380, lo que testimonia que la profecía resistía a sus propias frustraciones. Pero en 1385, cuando Eiximenis identificó la casa de Francia como la portadora del imperio, Juan I se quejó, por lo que tuvo que darle una explicación cumplida, que el rey agradeció en una carta personal. Luego Martín el Humano simplificó el sello[23] y dejó el escudo inclinado de

---

[18] Copiado por Ivars Cardona del manuscrito 490 de la Biblioteca de Cataluña, ff. 102v y 103r, cit. por él en ob. cit., pág. 58.

[19] Se refiere el hecho en la *Crónica del Rey don Pedro,* en el año de 1369, pág. 537, cap. III, y se nos habla de un ave «negra, comedora y robadora, e tal que todos los panares del mundo querría acoger en sí, e todo el oro del mundo querrá poner en su estómago». La profecía, muy negativa, fue aplicada a don Pere porque en el fondo más bien anticipaba el final de su poder y describía muy bien su proverbial avaricia. Desde luego, hacer esta profecía de la decadencia en las vísperas de la batalla de Montiel no tenía especial mérito. Ponerla en esta parte de la crónica sugiere además que la victoria de los Trastámara no era circunstancial, sino querida desde antiguo por el destino.

[20] Cf. el cap. 292 de la *Crónica o descripció dels fets e hazanyes del inclit rey don Jaume primer e de molts de sos descendents,* Valencia, 1558. Decía literalmente que los reyes de Aragón «poden fer compte que seran sobirans a tots los reys e princeps del mon».

[21] Ivars Cardona, ob. cit., pág. 31.

[22] *Lo cristià,* Libro I, cap. 247. Cit. por Ivars Cardona, ob. cit., pág. 26, cf. Pere Bohigas, *Aportació a l'Estudi de la Literatura Catalana,* Publicacions de l'Abadia de Monserrat, 1982, págs. 103-104.

[23] Ivars Cardona, ob. cit., pág. 31.

barras con el yelmo alado, tal y como ha pasado a escudos posteriores de la Diputación de Valencia y de la Generalitat Valenciana. Fernando de Aragón lo puso coronando no las barras de sus reinos, sino el escudo de la monarquía hispánica[24]. Así lo puede ver todavía el visitante de la Aljafería de Zaragoza en el techo de una de sus salas, el único que no está dedicado a los nuevos símbolos de la pareja real, el yugo y las flechas. Vemos así que las ansias de imperio con que se abre la modernidad española eran compartidas por la casa aragonesa y la castellana. Recordemos que, en el fondo, ambas eran la misma casa de Trastámara. De hecho, aquel matrimonio fue más bien el regreso a una identidad familiar. El que Valencia durante el tiempo de su grandeza, durante los siglos XIV al XVI, mantuviera el dragón alado entre sus símbolos, nos demuestra, sin embargo, que supo mantener vivas expectativas propias de poder, que solo podían referirse a su papel soñado de capital verdadera de la corona de Aragón.

La profecía que se esconde detrás del murciélago es diferente, pero no menos esotérica. Su origen lejano, como ya he dicho, es la profecía del monje navarro que anunció que Jaume uniría los reinos de España, profecía mantenida en vigor en el siglo XIV por Marsili, en su traducción latina de la *Crónica*. Quizá esa leyenda ya estaba circulando entre las fuentes árabes, pues algunas nos hablan de Jaume como «el rey destinado a reinar en toda España». Pero, como sucede en la anterior profecía, su vinculación con el símbolo del murciélago tiene también su origen concreto en Arnau de Vilanova. En una obra llamada *De mysterio cymbalorum*, escrita en 1288, y hablando de España, en un pasaje que se conoce como *Vae mundo in centum annis,* Arnau dice que, para castigar Dios a los reyes españoles por consentir la presencia de los árabes, los haría luchar unos contra otros, hasta que el «vespertilio scinifes Hyspaniae devoret»; esto es: «hasta que un murciélago devore a los mosquitos de España»[25]. Era fácil ver una continuidad entre la leyenda de don Jaume, el fundador del reino de Valencia, el destinado a gobernar sobre toda España, y esta renovación profética. Esta profecía conoció muchas versiones en el siglo XIV, pero para la historia de Valencia es muy relevante una escrita en castellano, de aproximadamente 1344, y que se conoce como *Guay de ti España*. Aquí se repetía la misma historia de las luchas entre los reyes de España, y se decía que duraría hasta que «el Encubierto destruyga a los moros de España. E aqueste Encubierto [...] alcançará el señorio de todo el mundo. [...] Este Encubierto es dicho Aesteo, porque siempre anda sobre astas de madera encubierto, porque Dios ha prometido en él que no descubra su corazón a ninguno. Verspertilio es, porque anda mas de noche que no de dia, por fazer sus fechos encubiertos. Y quiero vos dezir como se començara la destruycion de España»[26]. Vemos que

---

[24] Ivars Cardona, ob. cit., pág. 32.
[25] Ha sido publicada por Josep Maria Pou, en *Archivo Ibero Americano,* XI, 1919, páginas 166-167.
[26] Manuscrito 6.149, Sección de Manuscritos, Biblioteca Nacional. Cf. Ivars Cardona, ob. cit., pág. 57.

es un texto que no tiene desperdicio. Tres elementos decisivos dominan en él: que el Vespertilio, el murciélago de Arnau, era el Encubierto, que se escondía en las astas de madera, y que reuniría los reinos de España en una poderosa guerra que llevaría a la destrucción de los moros. Lo más inquietante de la profecía reside en que, de forma misteriosa, esta derrota de los moros se vinculaba a la propia ruina de España.

Pues bien, el mismo Francesc Eiximenis, en el citado libro *Lo cristià,* en el capítulo 102, comentando esta profecía de Arnau, hacia el año 1397-1380, nos ofrece el cuarto elemento de manera clara: ese encubierto, ese murciélago que mora en las astas de madera oculto, ese unificador de España, «diu aci un gran doctor que aquesta rata penada significa lo rey d'Aragó, per moltes raons queserien llonges de comptar»[27]. Pero Eiximenis vivía en Valencia y su obra debió de alentar entre las élites entregadas al esoterismo las expectativas de relevancia de la ciudad, en un momento en que cada vez más asumía el papel de sede de la monarquía aragonesa. No es de extrañar que hacia 1496 se publicara en Valencia un libro de Jeronim Torrella, *De imaginibus astrologicis,* en cuyo folio 5 se incluye un texto, atribuido a un cierto eremita de Constantinopla, quien hacia 1455 pronosticaba que un rey coronado en Valencia debía conseguir la monarquía universal y conquistar los lugares santos de Jerusalén. Torrella[28] interpretó esta profecía aplicándola a Fernando el Católico o a un príncipe hijo suyo que mantuviera especial relación con Valencia. Como podemos suponer, tal profecía se iniciaba con una invocación mágica al murciélago: «Surge, vespertilio, surge, surge; sume faretram et scutum; mahometicam sectam yudaycamque observantes persequere». La profecía, publicada en 1496, en cierto modo hablaba de sucesos que ya habían tenido lugar en vida de Fernando y de otros hechos cuya realización podía alentar el deseo de las capas populares: la persecución de los moriscos. En ella se hablaba de haber logrado la unidad de España e indicaba que «in sua principali civitate coronam auream atque famosam adipisceris». Que Valencia era entonces la principal ciudad del reino, no ofrecía dudas. En suma, el eremita de Constantinopla comentado por Torrella garantizaba una victoria continua en Francia, en Italia, en el norte de África y «ultra citraque Farum» —lo que indica ya la profecía de América—, porque el propio murciélago coronado con oro se lo

---

[27] Ivars Cardona, ob. cit., pág. 35.
[28] Torrella había nacido en 1450 y murió en 1508. Fue médico y astrólogo de familia conversa. Su padre había estado vinculado a la fundación de la Escuela de Cirugía de Valencia, en 1462. Había estudiado medicina en Siena y luego en Pisa. Sustituyó a Luis Alcañiz, el famoso médico quemado por la Inquisición en 1506, al que debemos el primer libro sobre política social de la medicina, el *Regiment preservatiu y curatiu de les pestilencies,* editado en 1499, cuyo ejemplar con anotaciones se encuentra en la Biblioteca Valenciana, perteneciente a la colección de Nicolau Primitiu. Para más datos, cf. el libro, ciertamente fascinante, de Eulàlia Duran y Joan Requesens, *Profecia y poder al Renaixement,* Edicions Tres i Quatre, Valencia, 1997, págs. 369-385. Aquí se pueden consultar todavía algunas otras profecías, relacionadas con el final de los árabes en España, en la que se confunde «la rata penada» con el dragón, por cuanto se hace echar «foch per la gola». Cf. pág. 396.

había comunicado. Y para que no cupiese duda, Torrella en su interpretación concluía que «para que se comprenda quién es este murciélago, considera mi alma que es rey o príncipe coronado en la ciudad de Valencia». Cuando él comentó la profecía en 1496 ya no tenía que hacer hincapié en que el murciélago era el símbolo de Valencia. Se limitó a decir que Vespertilio es como se llama a la inclitísima ciudad del Turia, y añadió con naturalidad: *ut nemo ignorat*. En efecto, nadie lo ignoraba, aunque todavía no estuviera en su escudo.

En este ambiente, es lógico que la ciudad mantuviera importantes expectativas de ser la capital del nuevo reino, el principal de Europa, orientado todavía al Mediterráneo, pero ya con un camino más allá de las columnas de Hércules. Todavía en la víspera de la muerte de Fernando, la ciudad mandó editar el libro de todos sus privilegios, al que se puso el nombre de *Aureum Opus,* en correspondencia con la corona áurea que caracteriza al murciélago de la profecía, la corona que se ceñiría el rey que allí fuese investido de su poder. Al morir Fernando el Católico, la incertidumbre posterior sobre el futuro de la monarquía hispánica desplegó al máximo las expectativas. Cuando estas esperanzas cristalizaron en la realidad de Carlos, un extranjero, es fácil imaginar la profunda decepción que debieron padecer los elementos ciudadanos de Valencia. De ahí que el Vespertilio generara la leyenda del Encubierto, el príncipe de Aragón que se debería coronar en Valencia y que mantendría la hegemonía de la ciudad y del reino. Era fácil pensar que ese Encubierto alentara disputar la hegemonía a un rey extranjero que no había venido a jurar los fueros y que menospreciaba la profecía que recaía sobre Valencia. Cuando la ciudad fue vencida en las *Germanías,* era lógico que la profecía del murciélago se disciplinara, pero resistiera a pesar de todo. Los jurados la recordaron en 1526 al ponerla en el asta de la bandera de sus milicias, las mismas que habían disputado la victoria al Emperador. Era un ejercicio de flexibilidad, pero también de obstinación. En efecto, la bandera real —desde 1459— podía llevar el sello del rey, el dragón alado, pero las milicias urbanas prefirieron plasmar en la suya el símbolo de un rey que había de venir, el murciélago, la otra forma de nombrar al Encubierto que había alentado misteriosamente la revolución de los *agermanats* de 1521. Era la última forma de resistir a la derrota. Al fin y al cabo, el murciélago vivía en las astas de madera. Así habría de vivir, oculto, en lo alto de su bandera, esperando la ocasión. Por eso, igualmente, tras esa amarga experiencia, la ciudad, en el mes de julio de 1525, pagó un nuevo sello de plata al cual coronó también con «lo rat penat».

Desde este tiempo, la diferencia entre el sello real y la señal de la ciudad, el dragón alado de la monarquía de Aragón y el murciélago del Encubierto de la ciudad, comenzaron a confundirse, como se puede seguir por la sigilografía. Es más: los perceptores de los dos animales alados pronto comenzaron a ver lo mismo a pesar de las evidentes diferencias entre las figuras. El fondo de sentido depositado por la tradición comenzó a disolverse, como consecuencia también de la crisis de la capital. El olvido se convirtió en un consuelo ante lo insoportable de la decepción histórica que poco a poco sumía a la ciudad y al reino en la decadencia. Cuando en 1638 se celebró el cuarto centenario de la conquista de la ciudad y se renovó la bandera real, los jurados, reocupando la insignia del reino, pusieron en su asta el murciélago y no el dragón alado de la antigua insignia real[29]. Era la última huella simbólica de aquellas aspiraciones escatológicas generadas en el paso de la Edad Media a la Edad Moderna. Pero lo que no logró la decepción histórica innegable, bajo ninguna circunstancia, fue retirar la profunda conciencia de valor que alberga la ciudad de Valencia y el conjunto de las tierras valencianas, fuese cual fuese el poder que hayan poseído en cada momento histórico. Esa conciencia de valor alienta en el fondo de su percepción de las cosas y, a veces, se manifiesta como orgullo, a veces como complacencia, a veces como anhelo y aspiración, pero siempre con la certeza de tener a sus espaldas una larga historia, llena de aventura.

---

[29] Pere Maria Orts, *Història de la Senyera al País Valencià,* Eliseu Climent, Valencia, 1979, especialmente las págs. 103-133. Para la vieja tradición de la banda azul, cf. pág. 109.

QUINTA PARTE

LA LARGA CONQUISTA DEL REINO MÁS BELLO
(1238-1245)

28
EL REPARTO DEL REINO Y LA POLÍTICA DEL REY

La tensión de la conquista siempre es saludable para los combatientes. El esfuerzo ante la ciudad de Valencia, cuando ya estaba a punto de caer, unificaba los ánimos, ordenaba los trabajos, producía armonía en la hueste. Las páginas que la *Crónica* le dedica a la vida en el campamento real así lo demuestran. Tras la conquista llegaba inevitable el momento de la división y la disputa. Por mucho que los notarios hicieran bien su trabajo, registrando en sus libros las propiedades pactadas por cada uno con el rey, se trataba de asientos que se escribían desconociendo la realidad que se iba a repartir. Por eso, más tarde, esos confusos renglones tenían que ser interpretados sobre el terreno. Como ya sabemos, nada era más fuerte que el espíritu de aquellos señores feudales ni nada más pronto que su ira. El sentido del agravio se disparaba a la mínima comparación. Era fácil pensar que el reparto del reino que se avecinaba produciría fricciones continuas. Ya vimos algo de esto al hablar de la población de la nueva ciudad. Ahora debemos atender las implicaciones políticas de esas tensiones. Para imaginarlas debemos regresar un poco en el tiempo, justo a los días de la victoria.

Si se recuerda, dejamos al rey entrando en la ciudad. El reparto de las casas empezó a los tres días y acabó a las tres semanas del 9 de octubre. Luego se inició el reparto de la tierra del término de Valencia. Ante todo, fue preciso ultimar las mediciones del distrito, lo que implica que, en efecto, el primer artículo de la *Costum,* que indicaba los límites del territorio de la ciudad, ya estaba escrito o por lo menos definido. Entonces surgieron las dificultades. El rey nombró como directores del reparto a dos aragoneses de su más íntima confianza. Con cierto desprecio por estos asuntos materiales y mundanos, el rey nos dice que «nos no podíamos detenernos en este gran trabajo»[1]. Las resistencias de los obispos y los ricoshombres no tardaron en llegar. Debemos dar sentido de profundidad a este pasaje, pues es relevante para entender la

---
[1] *Crónica,* §286.

evolución de todos los asuntos posteriores del reino de Valencia. En efecto, para el reparto de tierras entre la hueste —que era una actividad soberana— el rey había delegado en dos señores que no eran «ricoshombres»: Asalit de Gudar le había ayudado en el asunto de Aurembiaix de Urgell y desempeñaba el cargo de repostero de Aragón; Gimeno Pérez de Tarazona era el hombre de confianza del rey, el que se había mantenido firme en la decisión de tomar Borriana y en el que el rey había delegado gestiones muy delicadas. Sin embargo, ambos eran caballeros de mesnada y no formaban parte del grupo exclusivo de los ricoshombres *de naturaleza* de Aragón. Estos linajes estaban formados por las doce casas famosas que nos propone Blancas, en sus comentarios *Rerum Aragonensium*[2]. Todas ellas las hemos oído nombrar en este relato[3]. Estas doce familias formaban un grupo cerrado. Su número no podía aumentar ni disminuir. El estatuto de ricohombre solo podía transmitirse al mayor de la descendencia, dejando para los demás hijos de la casa las posiciones de infanzones o de mesnaderos[4]. Pero si una de estas casas quedaba sin heredero, la ricahombría se podía transmitir a uno de sus parientes próximos. En modo alguno podía desaparecer una de ellas. Estas familias formaban par-

---

[2] Cf. Jerónimo Blancas, *De las cosas de Aragón*, ob. cit., págs. 278 y sigs. En la pág. 301 se dan todos los escudos de los ricoshombres. Como es natural, trataremos de este asunto cuando veamos el despliegue de la legislación aragonesa. Para eso convoco al lector para el cap. 35.

[3] Eran los Cornell, las tres casas de Luna (Martínez de Luna, Fernández de Luna y López de Luna), los Azagra, las dos de Urrea, Alagón, Romeu, Foces, Enteza y Lizana.

[4] Para el estatuto de los infanzones conviene consultar el trabajo de Julio V. Brioso y Mayral, «Los infanzones en los fueros aragoneses de la época de Jaume I», en *X CHCA*, partes 3, 4 y 5, Institución Fernando el Católico, Zaragoza, págs. 61-70. En efecto, como defiende Brioso, en Aragón no hay caballería villana. El *miles* o caballero tiene la misma condición que el infanzón y son categorías intercambiables. Hay fueros, como el de Estadella, que confieren a la ciudad la infanzonía colectiva, pero por lo general en Aragón, frente a la franquía colectiva de los fueros burgueses, acaba triunfando el fuero militar del viejo norte de Sobrarbe, de carácter gentilicio. En el título I del libro VII del fuero de Huesca se establece que ningún villano sea elevado a *miles*. Con ello se afirma, como nos sugiere Brioso, el carácter cerrado de la caballería aragonesa y, por tanto, su estrecha relación con los infanzones de sangre. Esta infanzonía se prueba mediante juramento de dos caballeros consanguíneos por línea paterna, mostrando la casa de donde procede su *ingenuitas*. Si los testigos juran en falso, pierden su condición de caballeros, aunque la gana aquel por quien han jurado. Según el *Vidal Mayor,* III, 16, solo el rey puede confirmarla. La infanzonía se transmite por línea paterna, no por vía materna: una infanzona casada con un villano no tiene hijos infanzones. Al revés, desde luego. Hemos de recordar que la infanzonía llevaba consigo la consecuencia de estar exentos de pagar impuestos por bienes raíces, por lo que era preciso que las tierras fiscales no pasasen a sus manos. Como es evidente, también se deseaba impedir por parte del rey el paso de población musulmana real a población de infanzón. En las Cortes de Ejea, que comentaremos en el cap. 51, estas medidas proteccionistas del patrimonio real se suavizaron, pasando tierras fiscales a ser libres si caían en manos de infanzones. Los deberes militares de estos eran seguir al rey a la guerra por espacio de tres meses, a expensas propias. Pasados estos tres meses podían volver a sus tierras. *Las Partidas* también legislan sobre esta categoría en la ley 13 del título I de la Partida segunda. Era la categoría equivalente de la catalana *valvasor,* o *vassus vassorum,* vasallos de vasallos o señores intermedios. Luego esta terminología evolucionará en Valencia a *cavallers* o *generosos*. En Castilla evolucionarán a los hijosdalgos, que no eran exactamente lo mismo antes de *Las Partidas*.

te de la estructura perenne del reino aragonés y debían mantenerse tan duraderas como él. La peculiaridad de estos ricoshombres era que, además, se proponían como máximos intérpretes de los fueros aragoneses. Zurita nos dice que todos se preciaban de poseer la ciencia del derecho y tener conocimiento de todas las leyes civiles del reino [5]. Este estatuto de nobles e intérpretes de la tradición los hacía consejeros natos del rey. Cualquier asunto importante del reino tenía que pasar por ellos. Sin embargo, ahora, el rey, llegado el momento de repartir el nuevo reino, de cumplir los pactos de la cruzada y de la conquista, apartaba a estos linajes principales y nombraba a dos caballeros de mesnada que, aunque nobles, no eran parte de esta oligarquía señorial aragonesa.

Por eso la *Crónica* es muy exacta cuando nos dice que los ricoshombres protestaron. En efecto, así fue. El argumento que proponen al rey es, por lo demás, muy indicativo: Asalit de Gudar y Pérez de Tarazona eran buenos y sabios, pero no eran los «más honrados hombres que aquí tenéis». Solo si nos damos cuenta de que aquí estaba en juego la separación de la casta exclusiva de los ricoshombres respecto a una tarea soberana, comprenderemos la escena. Por lo demás, para penetrar las intenciones del rey solo debemos recordar las continuas humillaciones y traiciones que sufrió desde su infancia, todas ellas procedentes justo de esta casta cerrada de señores. Era muy claro que Jaume deseaba crear una élite de consejeros de entre los caballeros de mesnada o los infanzones, la pequeña nobleza que tantas veces había quedado marginada por los ricoshombres y que, justo por eso, no había logrado imponer sus ideales, más proclives a mantener la fidelidad al rey. A esta pequeña nobleza pertenecían los dos hombres en los que Jaume había confiado el reparto. Su intención parecía muy clara y determinada, pues no se quedó ahí la cosa.

Como vamos a ver pronto, el rey confió a Pérez de Tarazona la lugartenencia del reino de Valencia en su viaje a Montpellier, en el mes de julio de 1239. Al conceder a Tarazona la baronía de Arenós, el rey acabó configurando de hecho un nuevo estamento: los ricoshombres de mesnada, nombrados a discreción real y en pago de servicios prestados. Sabemos que en 1260 ya había seis de tales ricoshombres, justo la mitad de los que lo eran *por naturaleza*. Desde luego, era una ruptura de los fueros tradicionales. Por mucho que Zurita [6] quiera encontrar precedentes en otros reyes y tiempos, en Aragón no los había. Era una innovación radical del rey Jaume, basada en su propio prestigio y poder. Si tenemos en cuenta que estos ricoshombres *por naturaleza* eran aquellos que se representaban como si fueran el «nos», el nosotros constitutivo del reino, el cuerpo colectivo que determinaba el origen electivo de la realeza aragonesa, según los míticos fueros de Sobrarbe, era evidente que la innovación del rey suponía un golpe muy duro a la tradición, según esta se

---

[5] Zurita, *Anales,* Libro III, cap. XXXIV.
[6] Ibídem, cap. LXVI.

presentaba en el imaginario de aquellos hombres. En efecto, ellos eran los que en el fondo deseaban decir al rey, como luego dijeron, «valemos cada uno tanto como vos y todos juntos más que vos»; los que deseaban exigir que «os hacemos nuestro rey, si juráis respetar nuestros fueros, y si no, no». Con certeza, estas fórmulas en su literalidad son posteriores al tiempo de don Jaume. Pero la conciencia política que se expresa en ellas sin duda operaba en el espíritu de aquellos hombres en nuestra época. Para ellos, resultaba claro que el rey, al crear ricoshombres nuevos, rompía el fuero de exclusividad de sus familias, lo más sagrado para la mentalidad tradicional y aristocrática que representaban. Carece de sentido hablar de golpe de Estado, porque no estamos ante un Estado, en el sentido actual del término, ni ante una constitución en sentido propio. La posición misma de estos nobles impide que usemos estos conceptos. Pero no cabe duda de que la medida del rey era una flecha clavada en el corazón mismo de la alta nobleza aragonesa. Una flecha, por cierto, que también deseará disparar el propio Alfonso X, y que finalmente no logrará dar en el blanco. Y, sin embargo, esa innovación estaba en el espíritu de los tiempos. En *Las Partidas* se expone la teoría de lo que Jaume llevó a la práctica: «Y nobles son llamados de dos maneras: o por linaje o por bondad. Y como quiera que el linaje es noble cosa, la bondad pasa y vence; mas quien las tiene ambas cosas, este puede ser dicho en verdad ricohombre, pues que es rico por linaje y hombre cumplido por bondad; y ellos han de aconsejar al Rey en los grandes hechos y son puestos para hermosear su corte y reino»[7]. Tener ambas cosas, linaje y bondad, eso era lo que caracterizaba a los nuevos ricoshombres, a los verdaderos, a los que eran elevados al mayor prestigio por decisión de don Jaume. El linaje por sí solo, lo que esgrimían los ricoshombres, ya no bastaba.

Todos los actores, por tanto, eran muy conscientes de lo que se estaba jugando en este trance. De ahí que todos se comportaran con máximas cautelas. El más prudente, el rey. Inicialmente, y ante la protesta de los grandes, rectificó, se desvinculó de su primer nombramiento y dispuso que la tarea del reparto recayese ahora sobre el obispo de Barcelona, el de Huesca, Vidal de Cañellas, posiblemente el autor de la *Costum*[8], y sobre el señor de Albarracín, Fernández de Azagra, y Gimeno de Urrea, dos de las familias exclusivas de

---

[7] *Las Siete Partidas de Alfonso X,* Partida II, tít. IX, ley 6.
[8] Para este obispo, y esta diócesis, cf. Domingo Buesa Conde, «La diócesis de Huesca-Jaca en tiempos de Jaime I», *X CHCA,* partes 3, 4, 5, Institución Fernando el Católico, Zaragoza, págs. 77-85. Las relaciones de este obispado con la monarquía fueron muy intensas. El primer obispo del reinado, García de Gudal, que pontificó entre los años de 1201 y 1236, y que era monje cisterciense, asistió a la boda de don Jaume y Leonor. El segundo es Vidal de Cañellas, que gobernó la diócesis desde 1236 a 1252, y que era de la familia del rey. El tercer obispo fue Domingo de Sola, árbitro de los sucesos de Ejea y partícipe de la campaña de Murcia, pues predicó la cruzada por mandato de Urbano IV. García Pérez de Zuazo fue elegido en el año 1269, pero no fue consagrado, y a su muerte ocupó el obispado Jaume Sarroca, el canciller del rey, que descendía igualmente del linaje de Pere el Católico. Para Vidal se debe ver todavía Durán Gudiol, «Vidal de Cañellas, obispo de Huesca», en *Estudios de la Edad Media de la Corona de Aragón,* vol. IX, Zaragoza, 1973, págs. 267-370.

los ricoshombres aragoneses. Fue la trampa del rey, quien muy consciente de la dificultad de la tarea y de lo enojoso de los ajustes, esperaba con seguridad el fracaso de los nuevos comisionados. Entonces volvería a nombrar a su gente. Así se lo hizo saber en privado a los dos hombres de su confianza, a los inicialmente nombrados Gudar y Tarazona. La previsión del rey se cumplió. Tras un tiempo prudente, todos vieron que los nuevos comisionados no avanzaban en su tarea. Más de dos semanas pasaron sin resultados. Entonces, el rey ordenó un *grand consell* en el palacio que antes había sido del rey Lobo, el antepasado casi castellano del rey Zayyan. Una vez más, tenemos aquí testimonio de estas prácticas de reunir no solo a los ricoshombres, sino a todos los posibles representantes de la pequeña nobleza y de los estamentos ciudadanos. En una de estas asambleas debió de dar a conocer el rey la *Costum* de la ciudad, a pocas fechas de la toma de Valencia. Pues bien, en la asamblea que nos descubre el *Llibre dels Feyts*[9] hicieron los dos ricoshombres y los dos obispos renuncia de sus cargos y en ellos fueron repuestos los primeros nombrados, los hombres de confianza del rey, Asalit de Gudar y Pérez de Tarazona. Ambos reconocieron la astucia del rey y pudieron redoblar su confianza en él.

Ahora todos trabajaban en secreta colaboración con el rey, que sabía que el problema era muy sencillo: se había prometido más tierra de la disponible. La lejanía de la tierra y la generosidad del papel había jugado a los notarios del rey una mala pasada. De hecho, unos habían tomado demasiado y no habían dejado apenas nada para otros. Las dos razones hacían imposible el reparto. El rey instruyó a sus dos hombres con la única orden: reducir la unidad de los lotes. Así que el rey obligaba a medir de nuevo todo lo repartido. De esta manera, se pudo llevar a cabo el reparto a la baja, pero sin agravios comparativos.

Cuando apreciamos los resultados finales del reparto, con las cautelas normales que reclama la reconstrucción de una documentación parcial, nos damos cuenta de que Gudar y Tarazona cumplieron bien los designios del rey. El reparto no deja lugar a dudas y, como ya dijimos, se puede estudiar en parte por el *Llibre del Repartiment*[10], completado con las cartas puebla[11]. Entre 1237 y 1239, fechas en las que tuvieron lugar estas distribuciones iniciales, se hicieron 1.727 donaciones, siendo el año 1238 el más intenso en estos trabajos. Se repartieron villas, castros, alquerías, rahales, tierras, casas y regalías entre los que acudieron a la conquista del distrito de Valencia. Las

---

[9] *Crónica*, §288.
[10] Estudiado por M. D. Cabanes Pecourt y R. Ferrer Navarro, *Llibre del Repartiment,* 3 vols., Valencia-Zaragoza, 1979-1980. Más reciente y claro, el libro de R. Ferrer Navarro, *Conquista y repoblación del Reino de Valencia,* Editorial Del Senia al Segura, Valencia, 2001, págs. 86 y sigs.
[11] Editadas en su totalidad por E. Guinot Rodríguez, *Cartes de poblament medievals valencianes,* Valencia, 1991. Cf. López Elum, *Historia del País Valencià,* ob. cit., vol. II, pág. 110. La edición de las cartas puebla correspondientes a Castellón se puede ver en la serie prolija de artículos en el *Boletín de la Sociedad Castellonense de Cultura.* Algunas de ellas han sido editadas por prestigiosos profesores, como Vicente García Edo.

villas eran ciudades, con o sin castillo. Los castros eran por lo general lugares fortificados y altos en los que se refugiaba en caso de peligro una zona más o menos amplia de poblamientos rurales o la propia gente de la villa. De ahí que a veces aparezca la denominación «castro et villa». Un rahal era una tierra de cultivo, en secano o regadío, como huerto o viña, con algunas dependencias de habitaciones, pero por lo general cercano a las grandes ciudades [12]. Pero los musulmanes del campo se asentaban sobre todo bajo la forma de alquerías, que eran la unidad de labor y de distribución de trabajo por parte de campesinos libres —propietarios o no— unidos por vínculos parentales, unidad que tenía también efectos fiscales a la hora de recaudar los impuestos. Según los usos musulmanes, una alquería no debía tener tierras tan lejanas como para ir a trabajar a ellas y no volver en el día [13]. Por lo general esta concepción se mantuvo en los tiempos del rey Jaume, que siempre que invoca los límites de estas demarcaciones añade la coletilla «como se tenía en tiempos de los moros». La dimensión familiar de la alquería se aprecia en la toponimia con que han pasado a la nomenclatura actual: todas ellas empezaban con «beni», señalando así el propietario familiar, aunque no necesariamente un clan estable [14]. Por eso era una de las formas de la propiedad privada árabe, lo que luego se reconoció en la legislación cristiana [15]. Esta propiedad podía ser de los campesinos o de los dueños absentistas. En general, la alquería estaba en íntima relación con la ciudad y se veía afectada por la economía de mercado [16] dominante en ella y por sus formas de propiedad [17]. La unidad árabe superior, que ahora desaparecía, era el *yuz,* la circunscripción en la que se unían diferentes alquerías. La expresión política y social de este *yuz* era la aljama o asamblea de las familias de estas alquerías. Los investigadores han logrado reconstruir todos los distritos rurales en que

[12] Para la exposición de los puntos de vista de Antoni Ferrando, María del Carmen Barceló y M. J. Rubiera, cf. López Elum, ob. cit., pág. 111. La tesis de Burns es que, por el contrario, rahal y real no tienen que ver entre sí. Las traducciones dominicas del tiempo hacen del rahal una granja con ganado, pero siempre cerrada. Una alquería podía tener un rahal para el ganado. Cf. obra de la cita siguiente.

[13] Robert I. Burns, *L'Islam sota els Croats,* Tres i Quatre, vol. 1: *Supervivència colonial en el segle* XIII *al Regne de València,* 1990, págs. 114-115 y 119. Se podrán encontrar aquí resumidas las tesis de Leopoldo Torres Balbás y las de Evaristo Lévi-Provençal. También amplios comentarios sobre la labor de Sanchis Sivera y su descripción de las circunscripciones árabes. Cf. ob. cit., pág. 112.

[14] El mito del origen bereber de esta práctica, relacionado con la población que habría dominado en Valencia, ha sido claramente desmantelado por Mikel de Epalza. Cf. «Los beréberes y la arabización del país valenciano», *Miscelánea Sanchis Guarner,* Valencia, 1984, págs. 91-100.

[15] Según una ley de 1246, por lo que la alquería podía cobrar impuestos de paso a los comerciantes que transitaran por ella. Cf. Burns, *L'Islam sota els Croats,* ob. cit., págs. 119-120.

[16] No se puede pensar en el cultivo intensivo de alquerías sin el gran mercado portuario de la ciudad de Valencia, uno de los más importantes del islam. Cf. Burns, *L'Islam sota els Croats,* ob. cit., pág. 129.

[17] Burns, como siempre, es muy sensato al oponerse aquí a las tesis de Guichard, que ve en las alquerías una manifestación del modo de producción asiático. Cf., sobre todo, Burns, *L'Islam sota els Croats,* ob. cit., págs. 126-127.

estaba dividida Valencia y las alquerías que los componían, y a ellos invito a que acuda el lector para estos detalles [18].

Las zonas más distribuidas por los agentes del rey fueron las comarcas del norte de la capital, desde el Maestrazgo hasta la huerta valenciana, pasando por toda la Plana, lo que hoy es la zona de Castellón y por entonces el territorio de Borriana. Desde allí, la distribución inicial llegó incluso hasta La Ribera, bordeando el Júcar, lugar al que alcanzaba de hecho el dominio de la capital del reino [19]. Además de eso, se distribuían casas en todas las ciudades, se aparejaban molinos, se licenciaban obradores, talleres, oficios. Era la actividad entera de una sociedad la que se reorganizaba y, de esta manera, el curso del reparto era el inicio de un proceso a más largo plazo de repoblación, de desplazamiento de los musulmanes. Frente a estas miles de concesiones de tierras de regalía, tierras que pertenecían al rey, casi todas ellas entregadas con propiedad absoluta a los receptores —era lo que se llamaba alodio—, a cambio de un censo perpetuo, estaban las donaciones a los señores, que, por estos mismos años, llegaron a cifrarse en 118 entradas. Aquí, sin embargo, se ofrecen a los nobles casi siempre lugares militares, castros y torres. Es decir: que el reparto entre los nobles tiene que ver con la estrategia militar del rey, no con sus planes de repoblación [20]. Su misión específica era controlar los movimientos de una población islámica que todavía era mucho más numerosa que la cristiana, y no tanto organizar la base poblacional de la nueva sociedad. Pero todavía hay más asuntos a tener en cuenta en la lógica de este doble reparto. Pues, más allá de los tópicos de un señorío aragonés en el interior y una burguesía en la costa y en la tierra de regalía (el llamado dualismo valenciano), lo que vemos es muy diferente. El señorío, casi siempre de extensión corta, se reparte, como hemos dicho, en las zonas relevantes desde el punto de vista militar, y por eso está muy disperso. Así, el rosario de pequeños señoríos alrededor de Valencia coincide con la existencia de un cinturón de torres y castros de vigilancia y refugio. El problema, por tanto, es el de asegurar una dominación militar, y en modo alguno hay un diseño de población según los viejos territorios aragoneses. Por lo demás, hay bastantes señoríos catalanes que se reparten con el mismo criterio. El rey extrema el cuidado en reducir su importancia al conceder casi siempre señoríos territoriales pequeños, sin jurisdicción civil o penal, lo que testimonia que don Jaume era muy celoso de sus competencias judiciales. Para impedir que los señores organicen amplias zonas de control, las concesiones están dispersas, por lo que es frecuente que un señor tenga propiedades muy distantes entre sí. Además, ninguno tiene un régimen idéntico a otro, con lo que tampoco se estabilizaba una forma general de jurisdicción [21].

---

[18] Ferrer Navarro, ob. cit., págs. 118 y sigs. Para las hectáreas que se repartieron en cada uno de estos distritos, cf. págs. 142 y sigs.
[19] Ibídem, págs. 90 y sigs.
[20] Ibídem, pág. 190.
[21] La lista de nobles que recibieron tierras en las diferentes etapas de la distribución se puede ver en Ferrer Navarro, ob. cit., págs. 202-204.

Pero dejando aparte esta voluntad política real, cuando uno observa las tierras entregadas a cada noble nos damos cuenta de que don Jaume no tenía un criterio muy uniforme: no todos los que ayudaron a la conquista fueron recompensados y, desde luego, no de la misma manera. De hecho, de los ciento sesenta personajes de la nobleza que ayudan al rey, solo reciben tierras de señorío cuarenta y tres [22]. El resto tuvo que conformarse con tierras del rey sometidas a censos. Como podemos suponer, los mejor parados fueron los ricoshombres aragoneses y la alta nobleza catalana [23], junto con el estamento de los obispos y las órdenes religiosas. Pero no debemos juzgar este reparto desde criterios de justicia. El efecto buscado por todo este complejo sistema era que los señores no dispusieran de tierra suficiente en Valencia. El rey pensaba que pronto brotaría en ellos la inclinación a marchar a sus lugares de origen y dejarían Valencia como territorio nuevo del rey, dueño de la tierra por conquista y soberano incuestionado del reino por su forma de organización. En cierto modo, como sabemos, sus previsiones se cumplieron.

Por el contrario, el rey logró crear un estamento de agricultores independientes con suficiente tierra como para vivir y pagar impuestos. Así, de las diez mil hectáreas que los agentes del rey distribuyeron alrededor de la huerta de Valencia por estos años, se entregaron más de quinientos lotes de hectárea y media, que recayeron en los marineros y peones, que debían usar tierra como complemento de su trabajo; pero la inmensa mayoría se distribuyeron en lotes de seis y nueve hectáreas, la unidad de tierra que podía cultivar una familia al año [24]. Solo un 20 por 100 de los lotes son de más de nueve hectáreas, siendo muy pocos los lotes que pasan de las quince. Estos, reservados a la nobleza, nunca alcanzarán verdadera importancia.

Como es lógico, los grandes nobles de Aragón no debieron de quedar muy contentos, pero todavía tenían una esperanza: lanzarse a la tierra que estaba fuera de los límites del antiguo reino de Zayyan, y que por tanto no se incluía en los términos de la paz firmada con don Jaume. La frontera no hacía más que ampliarse y más allá de la misma línea de Alzira podían conseguir tierras nuevas. Así empezaron las correrías de los grandes nobles, dirigidas por los catalanes Folch de Cardona y por Artal de Alagón, el hijo del aguerrido Blasco. El rey, como es natural, los dejaba hacer. Primero, porque la tierra que quedaba fuera del territorio de Valencia era de Castilla en los tratados de Cazola. Segundo, porque los tiempos del Cid habían pasado y las ciudades y las villas ponían mucho cuidado en rendirse a la autoridad real, no a la de un caudillo militar, mucho más informal en sus tratos y palabras. En este orden de cosas, el rey permitió una expedición hacia Villena y Sax. La consecuencia

---

[22] Ferrer Navarro, ob. cit., pág. 207.
[23] E. Guinot, «L'Alta noblesa catalana en la conquesta de València», *Anuario de Estudios Medievales* 26: 647-685 (1996).
[24] Ferrer Navarro, ob. cit., págs. 231 y sigs.

fue la muerte de Artal de Alagón en el sitio de esta última peña, coronada por un alargado castillo enriscado. Era todo lo que se podía seguir de aquellas expediciones, eso y el botín de ganados que podían traer los cristianos. Nada que afectase a la autoridad real. Al contrario: era un desprestigio para los nobles y una mejor evidencia de que, sin el rey, apenas eran algo más que una partida de aventureros.

El peligro era otro, y el rey lo vio claro. Estaba en el abandono por parte de los caballeros y nobles de la recién conquistada ciudad, sobre todo cuando lo obtenido por ellos no era demasiado. En efecto, los beneficiarios no tenían espíritu de colonizadores. No entendían los planes políticos del monarca. No compartían el proyecto de un reino ni de una unidad política. La mayoría de ellos habían apostado por una operación económica que, ahora se veía, no resultaba muy productiva. Tenían sus tierras valencianas y ahora podían venderlas, obtener liquidez y marcharse a sus lugares de origen. En cierto modo, se desentendían de comprometerse con una causa que solo estaba en la mente del rey. Es de suponer que muchos de aquellos caballeros y ciudadanos, dueños de casas y tierras, ahora deseaban venderlas a los propios musulmanes que las habían disfrutado hasta unos meses antes. La guerra para ellos era una actividad económica. Poco importaba que Valencia quedara despoblada de cristianos. Por todo ello, el rey los reunió. Nos lo cuenta en un pasaje de su *Crónica*. De nuevo tenemos una de esas asambleas generales en la ciudad, en la que los nuevos pobladores se reúnen para escuchar el discurso del rey, por lo general angustiado por los ingentes problemas que presentaba la estabilidad de su conquista. Entonces les indicó que sería bueno que todos los propietarios nuevos se mantuvieran en la ciudad por lo menos un año. Lo que les proponía era, sin duda, una operación inversa a la hasta ahora más frecuente. Como vemos, también el rey deseaba innovar en este aspecto: en lugar de vender lo recién ganado y volverse a su lugar de origen, él les proponía estar allí un año, tras el cual debían regresar a su lugar de origen para vender lo que tuvieran allí y, así, regresar a Valencia para establecerse definitivamente en la ciudad. Mientras estaban lejos, durante un tiempo prudente, la corona mantendría la conquista para ellos. En el fondo, el monarca también dejaba caer una amenaza implícita: si no volvían en el tiempo prudente, la propiedad de cada uno de ellos correría peligro.

Sin ninguna duda, el ambiente que daba sentido a este problema no era solo la consideración de la guerra como forma económica. También presionaba en contra de los planes del rey la falta de hombres en sus territorios catalanes y aragoneses. No estaba claro que los habitantes de sus antiguos territorios tuvieran que preferir el nuevo reino sobre su vieja tierra. En el fondo, nadie veía la conquista como algo estable, sino más bien como una incursión. Todavía dominaba esta asamblea el infante don Ferran, que en enero de ese año de 1239 había sido nombrado por el rey señor de Liria. Fue este tío del rey el que tomó la palabra y dijo que seguirían su consejo. Lo que este quería decir era muy previsible: la asamblea se atuvo al uso establecido de los tres meses de servicio al rey. Así que en lugar de quedarse los trescientos ochenta caballeros de mesnada con el rey todo el año, ofrecieron permanecer allí por turnos trimestrales. Don Ferran insistió en que «eso era lo más regular», lo que significaba ante sus ojos lo tradicional. El rey sabía que no podía forzar las cosas, después de lo que había pasado con Gudar y Pérez de Tarazona, y aceptó la propuesta.

Todos estos acontecimientos debieron de tener lugar hacia la primavera de 1239. Quizá podamos ver a don Jaume el 21 de mayo por los alrededores de Xàtiva[25], pero no es seguro. En todo caso, difícilmente se puede decir que propusiera un sitio verdadero a dicha ciudad con los cien caballeros de la mesnada que le quedaban. En todo caso, no llegó a realizar un reconocimiento del gran castillo, legendario por su fortaleza. No sabemos a qué se desplazó el rey hasta el valle de la Costera, pues había firmado las paces con Zayyan para siete años. Es más fácil pensar que el rey marchó por la curiosidad y la fama del imponente cerro, coronado por la muralla del recinto. No pudo avanzar hasta Xàtiva en plan militar. El documento dice que lo sella el rey en la bastida de Xàtiva, esto es, en construcciones o caseríos cercanos al castillo, y en ningún caso se dice en el asedio o en el sitio. El caso es que el 13 de abril de 1239 estaba en rey en Valencia y el 2 de junio en Montpellier. Sabemos que el 21 de mayo firma documentos en Xàtiva por los que entrega casas de la ciudad, sin duda para cuando esté conquistada[26]. Los días intermedios no eran suficientes para una operación militar en gran escala. Tanto es así que la *Crónica* no nos relata nada de este viaje a Xàtiva que quizá sea un error del copista del documento. Como veremos, el rey confiesa admirar el fantástico enclave de Xàtiva por primera vez en otro momento posterior. Sin embargo, la *Crónica* se detiene en los asuntos de Montpellier, que iban a ocupar la atención del rey desde los meses de junio hasta el de noviembre. Una vez más, la *Crónica* es fiel a la importancia de los hechos. Pues, en efecto, era muy importante lo que convocaba al rey en su ciudad natal. Tanto como para dejar la conquista de Valencia en esa inestabilidad característica que, a pesar de sus ingentes esfuerzos, iba a tener hasta su propia muerte[27].

---

[25] Miret, *Itinerari,* ob. cit., pág. 139.
[26] Ibídem.
[27] Aunque de una manera un poco exagerada, Burns dice: «Mi teoría es que la cruzada no acabó en el año tradicional de 1245. El rey Jaume va sencillamente a aparejar de manera provisional una tregua y va a anunciar su victoria a la cristiandad, para ocuparse de asuntos desesperadamente urgentes en el sur de Francia. En Valencia, el resultado no va a ser una revuelta postcruzada, sino una larga década de guerrillas, continuación de la conquista, durante la cual Al-Azraq va a mantener una mini-Granada en las montañas meridionales valencianas. Solo después de la campaña de limpieza de 1258 el rey Jaume pudo prestar toda su atención a la reconstrucción y metamorfosis de su nuevo reino». Cf. Burns, *Diplomatarium,* vol. I, ob. cit., pág. 14. Como será evidente en esta historia, la campaña de limpieza de 1258 no será suficiente. En realidad, la sociedad valenciana era endémicamente compleja y podemos decir que Jaume construyó la conquista sobre un volcán perenne, en la medida en que no tenía gente suficiente para impulsar una política de repoblación cristiana.

29
Conjura en Montpellier

Qué reclamaba la atención del rey en su ciudad natal?, ¿qué era tan importante como para hacerle marchar desde Valencia, abandonando los graves asuntos que hemos visto, apenas nueve meses después de haber conquistado la gran ciudad, sin acabar de organizar su funcionamiento y sus instituciones? La *Crónica* es muy elusiva al dar la respuesta a esta pregunta. El rey nos quiere convencer de que va a Montpellier para solicitar ayuda económica. «Queríamos ir a Montpellier para pedirles que nos ayudaran en algo, en vista de los muchos gastos que nos había ocasionado la conquista de Valencia»[1]. Desde siempre se ha cuestionado que este fuera el verdadero motivo de su viaje. De hecho, en el relato posterior de los hechos, jamás se menciona esta ayuda. Por el contrario, al hilo de la *Crónica* nos vamos dando cuenta de la compleja situación del sur de Francia y del peligro que corrían los intereses de Jaume y, en general, de la casa de Barcelona, soberana última de muchos de aquellos territorios. Entre estos conflictos, el menor era el que Jaume arrastraba desde hacía tiempo con el obispo de Magalona, señor teórico de Montpellier, de quien el rey era formalmente feudatario, como ya vimos antes.

Una vez más, pasados los Pirineos, el rey se sumergía en la problemática de la política internacional, por aquel tiempo dominada por la rivalidad entre el emperador y el Papa. Montpellier no escapaba a este escenario. El mecanismo por el que la crisis institucional se palpaba era muy sutil y lejano, pero no menos efectivo. En los territorios de Tolosa y Provenza, que se extendían desde los Pirineos a los Alpes, dicha rivalidad se dejaba sentir hasta los últimos rincones por un complejo sistema de alianzas. En primer lugar estaba la protección del Papado sobre la Provenza, cuyo conde, Ramon Berenguer (primo de Jaume, compañero de los oscuros días infantiles de Monzón), cada vez más era un satélite de Roma, que le imponía una alianza con su principal aliado, el rey de Francia. Fruto de esta alianza era la boda de san Luis con Margarita de Provenza, con la idea de que el condado quedase integrado en Francia en la siguiente generación. Raimundo, conde de Tolosa, incapaz de ver cuáles eran

---

[1] *Crónica*, §295.

sus verdaderos intereses, que pasaban por hacer causa común con el de Provenza, aprovechaba la tensión para alinearse tímidamente con el emperador. Su falta de decisión estaba fundada. Raimundo se daba cuenta de que un mal paso sería suficiente para que Francia hiciera desaparecer su condado, cuna de la monarquía visigótica y enemigo mortal de los norteños francos. Pero el emperador no podía confiar todas sus cartas a este voluble e indeciso conde y halló el camino para mantener una influencia más seria en el Mediodía francés: alentar las aspiraciones de las ciudades del sur a una libertad política que las monarquías y los señores les negaban. De esta manera podía dirigir estas aspiraciones de las ciudades a la vez contra su enemigo, el conde de Provenza, y contra el propio Papa. Se trataba de crear en el sur de Francia un movimiento gibelino, capaz de luchar por sus libertades ciudadanas, igual que las ciudades hermanas de Italia. El conde de Provenza, por su parte, contestaba de la misma manera, sustrayendo las ciudades que podía a la autoridad imperial. Esto es lo que había pasado con Arles, que la había sometido a su poder. El emperador, en contrapartida, había puesto sus miras en Marsella, a quien garantizaba protección y defensa. Ramon Berenguer la sitió. El Papa y el rey de Francia presionaron a Raimundo para que no acudiera en ayuda de los marselleses. El conde de Tolosa, sin embargo, en lugar de hacer causa común con el de Provenza, se puso en su contra, dispuesto a crecer con los despojos de este territorio que el emperador le diera en aquella situación.

Estamos narrando sucesos que ocurrieron en 1237. Aunque el conde de Provenza había pedido refuerzos y ayuda a su primo Jaume, este pudo hacer muy poco, dada su voluntad de conquistar Valencia. Envió unas tropas que, con el auxilio de la población, tomaron Millau para Provenza. Era entrar en la disputa. Fue entonces cuando el obispo de Magalona —que debía de operar siguiendo su propio juego al margen de Roma— se movilizó a favor de Tolosa, a quien entregó el señorío de Montepellier, después de acusar de felonía a Jaume. Esto ocurrió en pleno 28 de agosto de 1238. Sin duda, nadie de la ciudad quería caer en poder de Raimundo, finalmente un señor feudal incapaz de entender las libertades de Montpellier. Por eso, el obispo no recibió mucho apoyo en la ciudad. Pero lo que ofrecía el partido del emperador era diferente. No era cambiar el señorío de un rey lejano y sentimentalmente unido a la ciudad por el señorío de un conde voluble y poco dotado. Lo que un emperador como Federico ofrecía era una libertad comunal y una autonomía política protegida contra la Santa Sede y su aliada Francia, el viejo sueño de toda ciudad libre[2]. Era conseguir lo que estaba detrás del movimiento albigense —la autonomía del sur respecto a Francia y a Roma— sin necesidad de recurrir a una herejía. Es fácil pensar que este movimiento comunal en favor de la libertad política de las ciudades, a imitación de los grandes ejemplos del norte de Italia, llegase a Montpellier. Era lógico que prendiese este ideal de libertad política en el estamento de los burgueses, que podían aspirar a formar parte

---

[2] Cf. Tourtoulon, para los sueños de Montpellier en la época de Pere II, ob. cit., págs. 65 y sigs.

de ese tejido imperial de ciudades unidas por el comercio y la prosperidad. Al fin y al cabo, Montpellier era la segunda ciudad de Francia en aquel tiempo, y pronto su universidad —fundada en tiempos del rey— solo podría compararse con la de París y, en algunas ciencias, como la medicina, superarla. Jaume era su señor lejano y a la postre, en el momento decisivo, aparecería como lo que era: un aliado de la Iglesia. El partido de la libertad de las ciudades, atizado por el emperador, debía llegar a los burgueses de Montpellier, y este era el verdadero motivo del viaje del rey: desmantelar una conspiración contra su poder político sobre ella.

En realidad, el rey había estado demasiado alejado de los asuntos de sus tierras del norte y ahora tenía que luchar duro contra el tiempo. Tan pronto puso el pie en la pequeña ciudad de Lates, el viejo puerto de Montpellier, hoy cegado, comienza el relato político de esta conjura típica destinada a la usurpación del poder supremo. El rey iba acompañado por su fiel Asalit de Gudar, siempre en tareas propias de ricohombre, y del señor de Azagra, que en verdad lo era. Los prohombres y los cónsules de la ciudad —los que luego en Valencia serán los consejeros y jurados— salieron a su encuentro y desplazaron a los cortesanos aragoneses del séquito del rey. Pronto, de entre los burgueses de Montpellier, aparece un nombre, Pedro Bonifaci, como el más influyente de la ciudad. Este rico burgués había sido cónsul en 1238 y, según la carta de la ciudad, no podía repetir al año siguiente. A pesar de ello, aparece en la comitiva del rey como el hombre más importante de la burguesía local. Los cónsules que cita la *Crónica,* y otros que no cita, eran sus aliados [3]. Todos ellos tenían una idea política: reducir la jurisdicción del baile, que allí era el presidente del tribunal de justicia, con capacidad para conocer todas las causas civiles y criminales. Tal baile era nombrado por el rey. Por tanto, cualquier movimiento para garantizar la libertad política de la ciudad pasaba por destruir el poder del principal agente real. Al parecer, la conjura contra el baile estaba tan avanzada que los cónsules tenían el propósito de destruir su casa. Como es lógico, el rey sabe desde el primer momento qué se juega en esta tirada, pues nada más llegar a Montpellier se hospeda en la casa de su baile, Atbrand.

En el fondo, don Jaume también pujaba por superar la figura tradicional del baile, pero en una dirección contraria. De hecho, Atbrand había sido baile muchos años antes, entre 1222 y 1228. En 1239 lo era un tal P. de Murles, según nos informa Tourtoulon [4]. Así que es de suponer que Atbrand era lugarteniente del rey, una figura que no estaba en la carta comunal, aunque el rey usaba de ella en otros sitios, como en Valencia. De hecho, entre sus atribuciones delegadas estaba la de haber dirigido la ofensiva del rey contra el obispo de Magalona. Contra este poder que poco a poco acumulaba Atbrand estaba

---

[3] Se trata de Guerau de la Barca, enlazado familiarmente con los antiguos señores de Montpellier, Berenguer de Regordana, Ramon Bessede, Guillem de Anglada, Guillem de Regordana, etc.

[4] Cf., para todo esto, Tourtoulon, las págs. 10 y sigs. del segundo volumen de su obra.

el consejo y los cónsules de Montpellier, y en una entrevista, en la azotea de la casa de su lugarteniente, se lo hicieron saber al rey. Tomó la palabra allí Bonifaci y dijo que Atbrand no era nadie y que no tenía derecho a impartir justicia. Por eso estaban dispuestos a echarlo de la ciudad a la primera ocasión que tuvieran. El rey confirmó la confianza que tenía en Atbrand y se lo hizo saber con fuerza a los conjurados. Solo él representaba el señorío real en la ciudad, vino a decir el rey.

Tras la entrevista, don Jaume llamó en privado a su hombre de confianza y le dijo que había mantenido su posición y que no se acobardara en el trance. Valor no era lo que faltaba al lugarteniente del rey, pues ya lo había demostrado en la toma de Mallorca. Tampoco le faltaba astucia. Así que, con su margen de maniobra, se movió con rapidez y eficacia. De hecho, la libertad política era una pretensión de la gran burguesía de Montpellier. Los menestrales y artesanos no estaban dispuestos a quedar sometidos a una oligarquía local que usaría el poder político a favor de sus privilegios con más parcialidad que los agentes del rey. Esto lo sabía Atbrand y preparó a la menestralía para hacer manifestaciones a favor de Jaume. Estaban los oficios de Montpellier definidos en seis escalas o categorías para regular el ejercicio de los derechos civiles. Unos tras otros fueron llegando los representantes de las escalas a la casa del lugarteniente, empezando por los terraplenadores, los alfareros y los curtidores. Ante ellos, el rey declaró que Atbrand era su lugarteniente y que cuanto hicieran por este lo hacían por su rey. Con todos ellos, Jaume podría vencer a los «que intentan quitaros la villa», dijo con claridad Atbrand.

El rey se vio con las manos libres. La *Crónica* todavía mantiene una huella de la ambigüedad de la actitud del rey, sin duda contraria a la letra de la carta comunal, bien dispuesto como estaba a aumentar su poder e innovar en relación con la tradición. Al ver las fuerzas con las que contaba, don Jaume dijo que «veíamos el deseo que tenían de que Nos usásemos plenamente del poder que allí teníamos, y que pudiéramos hacer todo lo que quisiéramos en derecho, pues nada sino en derecho debíamos hacer, por lo que les agradecimos la buena voluntad que en ellos conocíamos»[5]. La tensión entre poder y derecho está muy presente en este pasaje y por momentos, tras la insistencia formal del rey, se aprecia su duda de que los hombres de Atbrand le estuvieran proponiendo algo que en cierto modo era ilegítimo. En todo caso, los comentarios de la *Crónica* dejan ver las diferentes caras de un conflicto que, además de ser un reto a la autoridad real, era una lucha interna entre las diferentes facciones de la ciudad. Las palabras de Atbrand no excluyen a veces la venganza, mientras que el rey apela sobre todo al orden. El equilibrio de Jaume se deja ver en la *Crónica*, pero no tenemos la certeza de que sus buenas palabras sean algo diferente de las cautelas del hombre que recuerda pasados los hechos y desea ofrecer una imagen de la impecable legalidad de su conducta. Esas palabras, sin embargo, no se corresponden con las acciones del rey, aunque, a pesar de estar herido

---

[5] *Crónica*, §301.

por la gravedad de los acontecimientos, se comportó con un excepcional dominio de sí. En todo caso, él insiste en que no quiere sino el derecho y la razón. Pero Atbrand quería otra cosa y movilizó a la ciudad demandando una investigación que averiguase si el derecho del rey había sido violado. Hay un lejano disgusto en el relato del rey respecto a estas movilizaciones de gente que, en cierto modo, también eran una presión sobre su persona.

A la postre, don Jaume siguió finalmente este juego. Mandó llamar a Bonifaci y a los cónsules, pero ya no los halló en sus casas. Dio un mes para que se presentaran en la ciudad, pero no lo hicieron. Al acabar el plazo, confiscó sus bienes y, con los mismos artefactos que ellos pensaban usar para destruir la casa de Atbrand, fueron destruidas las de los jefes principales, perdonando todas las demás residencias, para que sus ruinas no afeasen la ciudad. Era la victoria del partido de Atbrand, el partido de los hombres del rey, aliados a la menestralía de la ciudad. De entre ellos, el rey eligió a los cónsules, a los consejeros y al baile. Sabemos que, el 17 de este mes de octubre de 1239, el fiel Atbrand era al mismo tiempo lugarteniente del rey y baile de la ciudad de Montpellier. El rey Jaume confirmó la carta de privilegios que en agosto de 1204 entregara su padre, pero con algunas variaciones. De ahora en adelante, por ejemplo, los cónsules no tendrían que jurar fidelidad al obispo, que según todos los indicios formaba parte de la conjura. El 12 de marzo de 1241, aunque bajo reserva, estos acuerdos con el obispo de Magalona quedaron legitimados en el siguiente viaje del rey a Montpellier, en un documento por el cual Juan de Montlaur, el obispo, pasaba a ser mero señor nominal, sin derecho alguno sobre el gobierno de la ciudad[6]. El partido que aspiraba a una libertad política para Montpellier había sido derrotado. De hecho, nunca más se intentó separar la ciudad de la soberanía de Jaume. Sabemos que, con el tiempo, Bonifaci volvió a la ciudad, donde lo vemos ejercer como baile en 1246, cargo que en 1253 ocuparía un compañero de conjura. Fue esta una de tantas aspiraciones revolucionarias de usurpación y apropiación, por parte de las oligarquías burguesas, de los derechos políticos de los señores de las ciudades, que en este caso fracasó.

Pero el malestar era mucho más profundo. Nadie ignoraba que tanto la conspiración de Bonifaci como los intentos del obispo de Montpellier estaban apoyados por el conde de Tolosa. Una poesía de uno de los trovadores provenzales, Bertrand de Born (que recoge Milá y Fontanals[7], y que fue recordada por Tourtoulon), nos habla en 1240 de que el conde de Tolosa le toma Marsella a la casa de Barcelona —de la que formaban parte el rey y el conde de Provenza—, de la misma forma que «antaño estuvo a punto de tomarle Montpellier». En realidad, la opinión de la gente era que los sucesos de la ciudad no se podían desligar de la situación general del Mediodía francés. Raimundo de Tolosa estaba detrás de todo, y más lejos, el emperador. Así que lo mejor era

---

[6] Tourtoulon, ob. cit., vol. II, págs. 45 y sigs.
[7] Milá y Fontanals, *De los Trovadores en España. Estudio de lengua y poesía provenzal,* Barcelona, Librería de Joaquim Verdaguer, 1861, págs. 170-171.

tomar el toro por los cuernos y propiciar un encuentro entre los más grandes señores del Mediodía e intentar poner de acuerdo sus actuaciones, con la finalidad de mantener el poder de la casa de Barcelona sobre aquella tierra, de impedir la incorporación de aquellos condados a la soberanía de los francos.

Y, en efecto, en Montpellier, bajo el prestigio del gran rey de Aragón, Cataluña, Mallorca y Valencia, se reunieron los condes de Tolosa y el de Provenza, junto con otros señores de aquellas tierras. Debía de ser por el mismo mes de octubre de 1239, pues el rey se acuerda de que fue un año después de la toma de Valencia. Sobre ellos debían de pesar las poesías que circulaban por todo el Mediodía, llamando a la defensa de la libertad de la Provenza frente al salvaje señorío de los francos norteños y violentos. En ellas se pasaba revista uno a uno a los reyes y señores que debían defender la mejor civilización de la Europa de entonces, la que todavía estuvo a punto de elegir Dante como patria del espíritu y de la poesía. Se reclamaba del rey de Inglaterra que defendiese Normandía y Bretaña de los franceses, pero sobre todo la magnífica Aquitania, la zona de los Pirineos atlánticos y toda su franja del norte, hasta el canal de la Mancha. Se exigía de Jaume que no hiciera honor a su nombre. Jacme en provenzal puede significar también «me jac», «me tiendo», una expresión que para los provenzales describía bien el desinterés de nuestro rey por su tierra. «El rey de Aragón debe ser bien nombrado Jacme, porque le agrada demasiado yacer», decía una de estas coplas con picardía [8]. Para los que sabían de los esfuerzos del rey, en pie de guerra desde 1230 hasta 1238, la copla debía de sonar injusta, aunque tenía razón respecto a las aficiones amorosas del rey. Para los provenzales, sin embargo, era prueba de clara debilidad que el rey derivase su odio y sus esfuerzos contra los sarracenos, cuando el enemigo principal era el rey de Francia. En suma, Valencia no valía tanto como Occitania. Además, para ellos la cosa era bien sencilla: se trataba del supremo deber de vengar al padre muerto por manos francas. Si un hombre no cumplía con este sagrado compromiso, entonces su valía no debía de ser mucha. Eso es lo que le recordaban los trovadores a Jaume, sin duda con la intención de herirlo en su amor propio. De los señores de Provenza y de Tolosa decían cosas igualmente duras. Uno de ellos, dirigiéndose a Raimundo, el conde de Tolosa, le dice: «Señor conde, quisiera saber qué preferís: que el apóstol os devuelva la propiedad de vuestra tierra, o reconquistarla como un caballero, con honor, sufriendo el frío y el calor. Yo bien sé lo que preferiría si fuera hombre de valía como vos; que la pena se convierta en placer»[9]. El apóstol que se cita en el texto era el Papa. En efecto, si se rendían a su presión y a la del rey de Francia, el conde de Tolosa se mantendría en su poder solo por una generación. A los ojos de los trovadores era una simple cuestión de tiempo.

Así que los ánimos de los poetas y trovadores, y de la gente en general, estaban a favor de una alianza de todo el sur, desde el rey de Inglaterra, señor

---

[8] Tourtoulon, ob. cit., vol. II, pág. 11.
[9] Ibídem, pág. 15.

de Aquitania, por aquel entonces Enrique III, hasta el conde de Tolosa, el rey de Aragón y el conde de Provenza. El enemigo solo podía ser Luis IX de Francia y, con él, el Papado. Nadie pensó, sin embargo, en una alianza directa con el emperador Federico II. Hubiera sido la primera gran guerra europea, y habría implicado la resurrección de la herejía, la proliferación de ciudades libres. Por eso era inviable como tal unión. A fin de cuentas, Aragón había sido declarado reino protegido por la Santa Sede. ¿Cómo se iban a poner en contra del Papa y a favor del emperador? ¿Pero entonces, cómo detener la continua presión del rey de Francia sobre sus territorios? Además, ¿era seguro que el emperador lucharía contra el rey de Francia? En modo alguno. Era un dilema del que difícilmente se podía escapar, y el rey Jaume, de manera lúcida, se dio cuenta del estrecho margen de maniobra que le quedaba. La *Crónica*, que está redactada en esta parte bastante cercana a los hechos, pues al parecer se escribió más o menos hacia 1244, no dice nada de las conversaciones. En realidad, poco se podía decir de ellas, pues cada uno de aquellos señores estaba ya entregado a su suerte. El brillo y esplendor de aquellas tierras estaba amenazado por una coyuntura fatal. No fue el menor de los símbolos de su reinado que, mientras estaba en Montpellier, en el mes de junio, justo antes de que le visitaran Raimundo VII de Tolosa y Ramon Berenguer V de Provenza, tuviera Jaume oportunidad de presenciar un eclipse de sol que entenebreció la tierra. Era desde luego un triste presagio para aquella civilización que había extendido la belleza y la libertad por las tierras europeas del sur. Un signo del ocaso de una cultura, sin duda, pero también el final de la dominación catalana sobre el sur de Francia.

Y, sin embargo, lo más sorprendente de los símbolos es su capacidad para acoger diferentes interpretaciones. Andando el tiempo, el gran rey Pere, que luchó por incluir todos los territorios del Mediodía francés en la soberanía de la corona de Aragón, con una decisión que solo la muerte pudo detener, interpretó este eclipse de otra manera. En lugar de hacer de este oscurecimiento del sol un índice del ocaso de la cultura provenzal, entendió que el prodigio era una forma de mostrar al mundo que algo importante estaba a punto de acontecer. Si hemos de hacer caso a Ferran Soldevila (y no encuentro motivos para deshacer su argumento), el primer infante varón de Violante, que había de nacer hacia la primavera de 1240, siempre asoció el momento de su concepción con el prodigio del eclipse de sol que sorprendió al rey Jaume en Montpellier. Y, en efecto, la reina Violante, que se había detenido en Barcelona, dada la índole problemática de aquel viaje del rey a su ciudad natal, debió de quedar embarazada de Pere unos días antes de la partida de Jaume hacia Montpellier. El eclipse se interpretó como un índice de la providencia y fue un factor más de la fortaleza con que Pere siempre se vio a sí mismo [10]. De

---

[10] Cf. Ferran Soldevila, *Pere el Gran,* Parte I, vol. I, págs. 4-7. Soldevila cita las crónicas italianas de Bartolomeo de Neocrastro, donde se asocia la concepción con un portento de la naturaleza que no menciona. El único portento en esos meses es el eclipse que hemos referido.

esta manera, Pere mostraba la misma voluntad de su padre para elevarse como un rey carismático. Aragón conocería de esta forma algo fundamental: dos reyes, padre e hijo, capaces de generar a su alrededor una aureola carismática que permitiría sentar las bases de la expansión mediterránea de Cataluña.

Pero por el momento estos tiempos quedaban lejanos. Mientras tanto, en aquella constelación, lo más que podía hacer Jaume, colocado entre Raimundo y Ramon, era moderar sus odios, recelos y hostilidades. Esta moderación duró lo que el rey estuvo presente allende los Pirineos. Tan pronto armó el rey su barco para dirigirse hacia Valencia, arregladas las cosas de Montpellier que le concernían, Raimundo volvió a las andadas e intentó fortalecer su poder a costa de Ramon Berenguer. Este recurrió a sus dos yernos, los reyes de Inglaterra y de Francia, para defenderse. Para los que pretendían detener el poder de Francia en la zona, esta solución de Ramon Berenguer era entregarse de pies y manos a las garras del enemigo. Así que el único que se alineaba correctamente en esta situación era Raimundo, aunque a costa de dividir el sur. Sin embargo, su alianza con el emperador y con las ciudades, en contra del pacífico Ramon Berenguer, de ser impulsada a rajatabla, podría haber conducido a alguna parte. El rey Jaume, como se ve, estaba fuera de este contexto. Sin embargo, no todos los catalanes pensaban de igual forma. Todavía unos meses más tarde, en 1240, el noble Raimundo Trencavel II, al frente de una tropa de catalanes y aragoneses, a la que se sumaron gentes del Languedoc, pasó los Pirineos y puso su gente al servicio de Raimundo. Sin duda, Trencavel deseaba recuperar los territorios de la familia, el vizcondado de Béziers, Albi, Carcasona y Rasez, los viejos escenarios de la lucha contra los albigenses. Por donde pasaba, valeroso y obstinado como era, la población se le unía, pues seguían considerándolo su señor natural. Pero, en lugar de ponerse a su lado y unir sus fuerzas, el conde de Tolosa se retiró a sus dominios, preso del miedo ante las represalias de Francia, y dejó solo a Trencavel. Luis IX se dirigió contra él y lo derrotó. Trencavel tuvo que retirarse a Aragón, lo que permite suponer que su aventura no debía de ser mal vista por Jaume, quien lo acogió inmediatamente. Raimundo de Tolosa, contra las cuerdas por su propia incapacidad, se humilló y firmó un acuerdo con el Papa, con la promesa de ayudarlo contra Federico. Luego le faltó tiempo para prestar vasallaje al mismo rey de Francia. Las coplas de los trovadores se alzaron al cielo y el clamor creció entre las gentes. Las dificultades para garantizar la independencia del Mediodía excedían las fuerzas humanas. El silencio del rey Jaume, que en la *Crónica* no dice nada de la reunión de Montpellier, es muy elocuente. Mientras llegaba de nuevo a tierra hispana, donde le esperaban los estimulantes asuntos de Valencia, allá hacia finales de octubre de 1239, el rey debía de respirar aliviado por escapar de un avispero que, para desgracia de los intereses catalanes, ya no podía controlar.

30
PREPARANDO LA RUPTURA DE LA PAZ

Por mucho que las cosas no estuvieran mucho mejor en Valencia, al menos era un territorio conocido, simple, con la lógica elemental que ofrecen los hechos recientes. Además, en este escenario, nuevo y creativo, Jaume disponía del poder fundamental. En Valencia él marcaba las reglas del juego y dependía de sí mismo. Allí era el conquistador y, aunque bajo sus pies se veían los abismos de una sociedad a medio construir, el esfuerzo tenía un sentido, ofrecía expectativas de resultados. Con cierto alivio debió de contemplar Jaume la tierra de Valencia, casi seis meses después de dejarla camino del norte. En diciembre sabemos que estaba de vuelta. Pero también sabemos que, en contra de lo esperado, no le gustó nada lo que se encontró [1]. En efecto, en su ausencia se había rebelado Guillem Aguiló. Al frente de una partida de almogávares, se dedicaba a sembrar el terror entre los sarracenos, fueran vasallos de su rey o no, estuvieran dentro o fuera de los territorios sujetos a las paces con Zayyan. Nada más llegar, el rey intentó avanzar en el juicio de estos hechos. La partida de aventureros se disolvió y Aguiló se presentó bajo garantías de que no sería detenido. Cuando el rey quiso confiscarle la propiedad que le había entregado, la rica huerta de Rascaña (donde luego se habría de asentar el monasterio císter de San Bernat y, con el paso del tiempo, el jerónimo de San Miguel de los Reyes), el rey encontró que ya había hipotecado todas sus propiedades. La *Crónica* nos relata que a esta especie de juicio debieron de acercarse los sarracenos de la zona, dispersos quizá en las alquerías de los alrededores de la ciudad. La corte jurídica del rey garantizaba la audiencia a las víctimas. Una vez impartida justicia —Aguiló fue desterrado—, la *Crónica* dice que los árabes se volvieron a «sus alquerías ya seguros y confiados, por ver que nos quedábamos en aquella tierra» [2]. Luego, pasando el tiempo, hacia el mes de junio de 1240, el rey confirmó el reparto que había hecho un año

---

[1] Esta es una señal más de que la reina no se había quedado en Valencia, que había marchado con él hacia el norte, por lo menos hasta Barcelona, donde habría concebido a su hijo Pere, según vimos en el capítulo anterior.

[2] *Crónica*, §306.

antes y se apropió de las heredades no ocupadas, tal y como ya había anunciado en su momento[3]. También por estas fechas, sin embargo, vemos ya al rey arreglado con los principales de sus ricoshombres, que le rinden homenaje explícito y se comprometen recíprocamente a hacerse bien en todo[4]. En cierto modo, don Jaume tenía necesidad de lograr estos pactos y los ricoshombres sabían que, con ellos, todavía no se habían cerrado las expectativas de ganar tierras en el sur del Júcar. Este era el horizonte que propiciaba, que reclamaba el pacto. Veamos ahora por qué.

El rey había pactado treguas con el rey Zayyan, como vimos en el capítulo anterior, mas resulta difícil saber a qué lo comprometían. Esta cuestión ha dividido a los historiadores, pero creo que el asunto está suficientemente claro, como lo han estado siempre las cuestiones de política internacional. Aunque de hecho estaba en vigor una tregua de siete años entre Jaume y Zayyan, cada uno de ellos estaba pendiente de interpretar el tratado de forma que perjudicase las expectativas futuras del poder del otro. Y esto es lo que pasó. Aquí la *Crónica,* como en tantos otros pasajes, es autojustificativa. El relato del rey se inicia cuando dice que se hallaba por tierras de Aragón. Ahora bien, por estas tierras solo vemos al rey en febrero de 1240, pues firma documentos en Calatayud. Es aquí donde conviene prender el hilo de este fragmento de la *Crónica.* El caso es que, estando por tierras de Aragón, le llegó la noticia de que uno de sus caballeros, Pedro de Alcalá, de cabalgada por Xàtiva, fue hecho prisionero. Al mismo tiempo, otro caballero, Berenguer de Enteza, que quizá se había desnaturalizado y enrolado en la caballería de los árabes de Xàtiva, hacía cabalgadas e incursiones contra los cristianos, llegando hasta las cañadas de los ganados de Teruel[5]. La región era sumamente insegura, como era lógico en una tierra a medio dominar, y el rey sabía el peligro que ello comportaba en una reconquista tan endeble como la que por ahora había logrado. Don Jaume se descolgó por Altura y desde allí llegó hasta Sagunto. Sabemos que en Valencia estaba en el mes de mayo. Su idea era dirigirse hacia Xàtiva para ver qué pasaba con el tal Pedro de Alcalá. Tal vez fue entonces cuando se aproximó a dicha ciudad con el intento de talar toda la fértil huerta. De hecho, en Xàtiva estaba el 17 de junio de 1240. El rey exigió la liberación de los caballeros presos, con la conciencia tranquila de no romper la tregua. Estamos en eso que se ha llamado el primer sitio de la ciudad, pero que no fue tal. El rey lo recuerda muy bien, pues es una de las grandes ocasiones de la *Crónica.* Don Jaume, que tiene poco séquito, habla con Rodrigo de Lizana y le pide treinta caballeros más, «pues no hemos visto a Xàtiva y queremos ir a verla»[6]. El rey divisa un espectáculo que lo cautiva. El gozo y la alegría lo dominaron. Ante su vista, le salía al paso un castillo impresionante, que seguía

---

[3] Huici-Cabanes, vol. II, doc. 310, pág. 74.
[4] Ibídem, doc. 315, págs. 80-81.
[5] *Crónica,* §316.
[6] Ibídem, §318.

los riscos de la peña desde la cima hasta el llano, dominando un fértil valle, con centenares de alquerías y casas de campo, todas cultivadas. Burns ha dicho que esta de la *Crónica* es la mejor descripción que tenemos de la geografía del reino islámico[7]. Un amplio y fértil valle se abría hacia Montesa, Mogente y la llanura castellana de Almansa. El interior de la ciudad no era menos rico: una industria papelera única[8], sin la que no se puede entender la prodigiosa actividad de la cancillería real aragonesa; una importante artesanía de la seda; una notable industria textil y de tintes[9]. La industria cerámica de la ciudad daba a sus plazas un tono característico, con sus talleres abiertos de cara al público, con sus artesanos trabajando a la vista de todos. Era una riqueza no inferior a la de la propia capital, Valencia.

Desde ese momento, Jaume sabe que ese castillo debe ser suyo. Él confiesa que debe ganarlo por el bien del cristianismo, pero hemos visto que le ha dominado la pasión de la conquista, una obsesión que por el momento el rey quiere mantener oculta a su acompañante, don Rodrigo de Lizana. Repetidas veces insiste el rey en que, desde el momento en que vio Xàtiva, se olvidó de los caballeros presos en su interior. En cierto modo, el rey deseaba que no hubiera trato, que el alcaide de Xàtiva le negara la entrega de sus prisioneros y que le diera un motivo para tomar la ciudad. Esta intención debió de ser transparente a los árabes, que pronto juzgaron que la actitud del rey era desproporcionada al motivo del enfrentamiento. Jaume nos cuenta que destruyó cuantos molinos encontró a su paso, pero que no dispone de gente suficiente para arruinarlos todos. El alcaide musulmán, tras astutos regateos y aprovechando las disensiones de la hueste cristiana, no quiso provocar más a Jaume, devolvió a los cautivos a tiempo y le entregó un castillo que se llamaba Castelló, ahora de La Ribera, en lo alto de un picacho y desde el que se domina el puerto de Cárcer y la loma de Xàtiva. Al mismo tiempo, el alcaide prometió que no se rendiría a nadie que no fuera el rey de Aragón, una promesa cargada de consecuencias, como vamos a ver.

En efecto, era fácil pensar que Xàtiva podría ser objetivo de Castilla, como pronto se iba a demostrar. Por mucho que hubiese acuerdos firmados y certificados desde antiguo, la línea de frontera nunca estuvo clara. Los caballeros de Aragón tomaban por este tiempo Villena, que en principio era de la corona castellana. Alfonso, el infante de Castilla, contestó con la pretensión de tomar Xàtiva, con el pretexto que luego veremos. Así que era muy importante asegurar que aquella plaza se mantuviese como zona de conquista valenciana. Pero además también estaba la posibilidad de que la fortaleza fuese tomada por un caballero aragonés, un nuevo Blasco de Alagón, uno de cuyos hijos había muerto en un primer asalto a Villena[10]. De hecho, la voluntad de

---

[7] Burns, *L'Islam sota els Croats,* vol. I, pág. 129.
[8] De esta industria papelera diría Muntaner en su *Crónica* que a pesar de todo no produciría bastante papel para escribir la historia de todos los crímenes de pisanos y genoveses.
[9] Burns, ob. cit., pág. 175.
[10] *Crónica,* §291.

conquista de la nobleza aragonesa no había disminuido. Al contrario, tras la forma poco ventajosa en que se había rendido Valencia, esa ansia estaba reforzada y los grandes señores estaban deseosos de revancha. Así que no sería improbable que fijaran su atención en Xàtiva. Pero, si esto sucedía, el rey podía temer que los señores no le entregaran la plaza, como Blasco de Alagón se había resistido a entregarle Morella. Los ánimos ya estaban mucho más decantados y el juego era más claro para todos. Con esta promesa de que la ciudad de Xàtiva no se rendiría sino al rey, Jaume se marchó hacia Valencia, donde lo vemos en el mes de julio de 1240. Aquí pudo conocer al hijo que acababa de nacer, el infante Pere, que vino al mundo en Valencia por estos meses[11].

Otro asunto debemos situar en este tiempo. Al tratar de él podremos ver hasta qué punto era elástica la interpretación que de los pactos hacía el rey. El respeto a la tregua impedía armar un ejército, pero permitía contestar las ofensas, realizar las oportunas presiones diplomáticas, aceptar los convenios de rendición pacífica o las entregas voluntarias de plazas, ciudades y castillos. Así, con el intento de presionar en este sentido, al principio de 1240, al poco de llegar a Valencia, el rey se dirigió a Bairén, que en un tiempo fue la frontera de la demarcación de Denia. Don Jaime se aproximó a esta fortaleza, que se asoma al mar frente a Gandía, en los últimos riscos de los montes que se clavan hacia el interior y a través de los cuales se puede llegar a Xàtiva. Si se observa la zona, se descubre que la intención del rey no era otra que ir cortando terreno en dirección al gran castillo del que, llegado el caso, podía depender la suerte de Valencia. Entre esas montañas, y en dirección a Xàtiva, se ordenaban, en valles casi secretos, una serie de castillos como Villalonga, Vilella y Palma. Pero el principal era el de Bairén, frente al mar, de tal manera que los alcaides de las plazas más pequeñas sabían que no podían hacer nada si este castillo se entregaba.

Cuando el rey se aproximó con su mesnada, pudo escuchar cómo los árabes del castillo tocaban su añafil y los fuegos se extendían por doquier llamando a las alquerías a refugiarse en la fortaleza. Una vez frente al castillo, es muy curioso recordar la fórmula por la cual el rey cristiano se dirige al alcaide de Bairén: cualquiera que tuviese ojos en la cara podría reconocer que «nostre Senyor volia que nos haguéssem la terra»[12]. Esta invocación era plenamente pacífica y, por tanto, no implicaba la ruptura de tregua alguna. Desde luego, suponía una amenaza, de la que no estaba excluida la tala de árboles y mieses. Podemos suponer que este era el tipo de actividades que se hacían sin declarar la guerra propiamente dicha. Como es natural, la invocación incluía también la promesa de un buen trato en caso de entrega del castillo. El alcaide de Bairén pactó por escrito la entrega de la plaza a los siete meses a cambio de dotar a su familia de alguna tierra y vestidos nobles de los famosos tejidos de Borriana. Puesto que esto sucedió hacia finales del mes de enero de 1240, el castillo debía entregársele a primeros de septiembre. El rey, una vez recibido,

---

[11] Soldevila, *Pere el Gran,* Parte I, vol. I, págs. 7 y sigs.
[12] *Crónica,* §308.

se lo dio a su caballero Pelegrin de Atrocillo. Durante este plazo de tiempo, el rey recuerda en la *Crónica* que se mantenía militarmente cerca de Cullera, aunque los documentos nos hablan de sus movimientos por toda la frontera[13]. En cierto modo, es fácil pensar que el rey recorría la zona, la inspeccionaba y la reconocía en relación con las dos plazas importantes. Otros caballeros seguían mientras tanto, en una campaña libre, amenazando la frontera de Castilla, como eran los castillos de Villena y de Sax.

En esta comarca, entre Cullera y Xàtiva, por tanto, debió de pasar el rey el año de 1240. Tras tomar el castillo de Bairén, cuyo plazo de entrega cumplía con el mes de agosto, el rey tornó a Valencia. Allí estaba a principios de septiembre, junto con su tío Ferran. El último documento que firma en la capital es de 13 de noviembre. Después se dirigió hacia Cataluña, donde estaba ya firmando despachos el día 12 de diciembre[14]. En realidad, el rey no tenía nada importante que hacer en sus territorios naturales. Se encontraba en Barcelona de paso hacia Montpellier, donde estaba ya el 12 de marzo.

Pero antes de entregarnos de nuevo al relato de los asuntos del norte, volvamos la vista hacia los territorios valencianos, para comprobar la debilidad de la conquista lograda por el rey y referirnos a la última relación que mantuvo con Zayyan. Aunque la paz firmada en 1238, vigente por siete años, le impedía a Jaume organizar un ejército a gran escala, con su leva correspondiente, sí que le permitía e incluso le obligaba a mantener su presencia militar en la frontera. En cierto modo, ese territorio incierto se desmoronaba por doquier. Por lo demás, este juego de presiones era difícil de resistir por parte de los alcaides de los castillos. El rey Zayyan, señor todavía del sur valenciano, sabía que no tenía armas para mantener la fidelidad de todos estos enclaves defensivos, y era muy consciente de que pacíficamente, poco a poco, el rey podía dejar las cosas decantadas para cuando llegara el momento del final de la tregua. Y ese momento, cualquiera lo podía prevenir, marcaría la hora de atacar Xàtiva, la principal fortaleza del centro de Valencia.

Consciente de que entonces no podría mantener poder alguno, Zayyan —que era por estas fechas un mero señor nominal en el reino de Murcia— [15]

---

[13] Los documentos nos hablan de que estuvo en Xàtiva hacia el mes de junio, como nos recuerda Miret (*Itinerari,* ob. cit., pág. 143). El documento de Xàtiva coincide con la *Crónica,* aunque en este tiempo el rey iba de un sitio para otro. Lo sabemos también en Alfandech, el valle que se cierra entre las montañas de Valldigna y que, por tanto, sí que está cerca de Cullera. Para ir desde ahí a Xàtiva se requiere pasar por una zona montañosa y difícil.

[14] Sabemos que estuvo en Barcelona de paso. Los asuntos de la ciudad debían de estar en orden, y el rey tenía conocimiento de ello. En julio, en Valencia, había recibido al baile de la ciudad condal, Romeu Durfort, que le había presentado las cuentas del fisco, de las que el rey quedó muy satisfecho. (Huici-Cabanes, vol. II, doc. 317, págs. 82-85.) Podemos decir, entonces, que hacia finales de 1240 el rey estaba en Barcelona solo de paso. Tanto es así que, en Girona, donde lo vemos en febrero de 1241, volvió a alcanzarle el mismo baile de Barcelona para aprobarle nuevamente las cuentas de la ciudad. (Huici-Cabanes, vol. II, doc. 322, págs. 87-90.)

[15] Cf., para este aspecto, J. Torres Fontes, *La reconquista de Murcia en 1266 por Jaime I de Aragón,* Academia Alfonso X el Sabio, Murcia, 1987, 2.ª ed., pág. 25.

se dirigió al rey y le ofreció un trato definitivo y provechoso. Por aquel entonces, Zayyan había sido promovido por una rebelión a rey de Murcia, sometiéndose al rey de Túnez. En realidad, disponía de una amplia zona de tierra entre Almería, Murcia, el este de Jaén y las tierras del sur del río Júcar. Era un gran reino el que Zayyan dominaba, desde Cullera hasta el límite de Granada. Una plaza muy importante en su poder era Alicante. De esta manera, la oferta que le hizo a don Jaume resultaba muy favorable: estaba dispuesto a entregarle Alicante —y se suponía que toda la tierra del norte hasta Cullera— a cambio del señorío de Menorca, como sabemos todavía en poder de los árabes, aunque ya vasallos de Jaume. Es evidente que el rey habría violado dos acuerdos de aceptar este trato. Por una parte, quedaría rota la palabra dada al jefe árabe de Menorca, que había cumplido con todos sus compromisos de fidelidad y vasallaje, pagando de forma puntual todos los impuestos. Por otra, habría roto el acuerdo de Cazola, entre su abuelo y Alfonso VIII, por el cual la conquista de Alicante correspondía a Castilla. Esta ruptura hubiera dejado a Alfonso las manos libres para atacar Xàtiva con plena legitimidad. El rey Jaume, muy consciente de sus compromisos, recordó ante Zayyan la imposibilidad en que se hallaba de aceptar este trato. Así que el rey cristiano siguió con su política de presiones y de promesas, que parecía honorable y segura.

Zayyan había fallado en su plan y al poco le costó caro, pues era fácil interpretar su componenda como una traición a su reino. A los dos años, el último rey musulmán de Valencia, y ahora rey de Murcia, era derrocado y sustituido por Ibn Hud, perteneciente a la vieja aristocracia murciana instalada desde antiguo en el valle de Ricote, aguas del Segura arriba. Como es evidente, este nuevo caudillo cambió de política y se inclinó hacia Castilla, jurando vasallaje a Fernando III el Santo en Alcaraz, en abril de 1243, y ofreciendo las principales plazas de su reino al poder castellano. El infante Alfonso tomaría posesión del reino en nombre de su padre. Este movimiento del nuevo rey de Murcia a favor de Castilla no perjudicaba de entrada a Jaume. Al contrario, el nuevo poder de Ibn Hud apenas tendría interés en los castillos de la frontera con Valencia, que de hecho eran distritos independientes de su poder [16]. Otra cosa era lo que con el tiempo podía desear Castilla. Así que, en el corto plazo, la estrategia de Jaume fue efectiva. La frontera del sur apenas dejó de ver caballeros aragoneses en pie de guerra. Esa era la tensión que el rey deseaba mantener para cuando se cumplieran los siete años de paz. Mientras, como dijimos, tenía que volver a Montpellier, donde los asuntos no acababan de arreglarse.

---

[16] La propia crónica de Alfonso X pudo hablar ya no de reino, sino de señoríos de Crevillent, de Alicante, de Elche, de Orihuela, de Alhama, de Aledo, de Ricote, de Cieza y Lorca, de Mula y Cartagena. Tal era la descomposición de este reino.

31
Nuevo viaje al Mediodía

Dos cosas reclamaban de nuevo la atención del rey en Montpellier, donde había dejado algunos flecos por cerrar en su anterior viaje. Ante todo, tenía que acabar de firmar el documento que establecía la paz con el obispo de Magalona. Este acuerdo se habría logrado el 12 de marzo de 1241, por la mediación del obispo de Béziers, Bertrand de Cuxac. Al menos en esta fecha sabemos que está don Jaume en Montpellier. Pero este asunto, finalmente, tenía un valor instrumental. Al resolverlo, Jaume retiraba una pequeña piedra en el camino de un mejor entendimiento con Roma. Esta buena disposición de la Santa Sede le era necesaria para los planes en los que inmediatamente se iba a concentrar. Pues, en efecto, además de para firmar la paz con el obispo, el rey volvía a su ciudad natal para retomar los planes que le habían requerido casi dos años antes en Montpellier.

Tras este tiempo, y a pesar de las idas y venidas de Raimundo de Tolosa, las cosas no se habían movido nada. Consciente de ello, ahora, en marzo de 1241, el rey estaba dispuesto a llevar a cabo el último esfuerzo para lograr una alianza pacífica de los señores del sur de Francia, incluido él mismo. Su aspiración era la misma de siempre: impedir que el Mediodía escapara de manera definitiva a la órbita de poder de la casa de Barcelona. Así que nada más llegar a la ciudad firmó un tratado de alianza con Raimundo, el conde de Tolosa, con treguas incluidas [1]. En el tratado se dice con todas las letras que se establecía una confederación, incluyendo paz y concordia, entre el reino de Aragón y el condado de Tolosa. Para que Roma no se sintiera presionada, se confesaba que el objetivo de la confederación era especialmente la defensa de la fe católica y la Santa Iglesia Romana contra cualesquiera impugnadores y herejes de sus territorios. Por la parte de Aragón se decía bien claro que no habría ningún pleito contra Castilla ni contra la Provenza, que no debían sentirse amenazadas por este pacto. También se mencionaba expresamente que la alianza no iba dirigida contra Francia. En el documento de las treguas se le daba un valor de dos años a este acuerdo, y se establecían los mecanismos

---

[1] Huici-Cabanes, vol. II, doc. 326, pág. 99, y doc. 327, págs. 99-101.

de solución de posibles agravios entre ellos. En este añadido, curiosamente, se establecían los acuerdos importantes del tratado. Primero, el compromiso de ambos señores de no ayudar a poder alguno que atacara al otro. Segundo, que si el rey de Aragón fuera mandado por el Sumo Pontífice contra el conde de Tolosa, o el conde fuese requerido por el rey de Francia para ir contra el rey de Aragón, entonces se demandarían treguas entre ellos, que durarían por lo menos seis meses enteros. La plana mayor de los barones de Aragón y de Cataluña, de Montpellier, Rosellón, Tolosa y Narbona debían firmar estos acuerdos, como de hecho lo hicieron.

Estos arreglos no eran sino el inicio de la verdadera operación diplomática. En efecto, el rey permaneció en la ciudad universitaria hasta el mes de junio de 1241, para irse en agosto a la importante ciudad de Aix, la capital de la Provenza. Pero no adelantemos acontecimientos. Tras la firma de estos pactos de alianza recíproca con Raimundo, entre los meses de abril a junio, el rey intrigó en otros acuerdos de los que tenemos reflejo documental. En efecto, mientras Jaume firmaba aquellos documentos, que le garantizaban el señorío real de la ciudad de Montpellier y su gobierno, así como la paz con Francia, Roma y la Provenza, su aliado Raimundo, el conde de Tolosa, estaba en Montargis de tratos formales con el rey de Francia. En realidad, ese encuentro era un engaño. Raimundo, mientras tanto, intentaba casar a su hija Cecilia con su principal aliado, Barral de Baux, llamado el excomulgado, por ser fiel al emperador y contrario al Papa. Con esta boda, por lo menos, esperaba Raimundo impedir que todos los territorios de Tolosa fueran a parar a la corona de Francia, pues poco antes, en 1240, había dotado a Cecilia con el condado de Venaissin. Era en principio una esperanza suficiente para él. Pasara lo que pasara, una parte de su herencia no estaría controlada por Francia, sino por uno de sus enemigos. Era lo mínimo, pero en realidad Raimundo aspiraba a mucho más. Él quería tener un heredero varón, un hombre que fuese consciente de sus derechos sobre la herencia del condado de Tolosa por encima de las hijas casadas. El problema es que su matrimonio con la tía de Jaume, Sancha de Aragón, no parecía propicio para esta descendencia. En efecto, el matrimonio llevaba separado más de diez años. Sancha se había refugiado cerca del enemigo de su marido, el conde de Provenza, Ramon Berenguer V, sobrino suyo en el mismo grado que su primo Jaume, pues el padre del primero, Alfonso, conde de Provenza, Pere el Católico y esta Sancha eran hermanos, junto con Ferran, el abad de Montearagón.

El motivo que alegó Raimundo VII para divorciarse de una mujer que le había dado varias hijas es de lo más pintoresco: su padre, Raimundo VI, había tenido a Sancha en sus brazos en la pila bautismal. Había sido su padrino. Se trataba de un parentesco sacramental, pero a los ojos de aquel tiempo esta realidad ritual significaba mucho más que la meramente natural: en cierto modo, Sancha sería hermana de su esposo. El papa Gregorio IX aceptó la demanda a trámite y ordenó una investigación. La cosa no era trivial. Sin embargo, no se encontró a nadie que diera la prueba decisiva de que el rito se hizo tal y como afirmaba Raimundo VII, y no se dictó sentencia. Pero el hecho verdadero era que el matrimonio estaba roto y que Tolosa necesitaba un varón heredero si quería abrigar la esperanza de contener el avance de los franceses hacia el sur. En este momento entró Jaume en escena: el rey aragonés, en contra de los intereses de su propia tía, tomó la decisión de presionar ante el Papa para que concediese el divorcio. La jugada era maestra: se iba a casar a Raimundo, todavía en edad fértil, con la tercera hija del otro conde del Mediodía, el conde de Provenza, también llamada Sancha. Se obtenía así el divorcio de Raimundo respecto de una tía del rey para casarlo con una sobrina suya. Esta boda era la única salvación que permitían las reglas del juego: por herencia, si la había, los dos condados se unificarían. Si a eso se unía Montpellier y se aseguraba Marsella y Arles, y se mantenía la Cerdaña y el Rosellón, de nuevo se tenía todo el sur de Francia unificado en manos de la nobleza relacionada con la casa de Barcelona. En la lógica patrimonial de la época era una jugada demasiado buena para las circunstancias. Pues este deseado heredero varón podría pasar por encima de la hija mayor del conde de Provenza, Margarita, casada con el rey Luis IX. La otra jugada que se reservaba Jaume consistía en reclamar para sí la herencia de la Provenza, si su primo Ramon Berenguer V llegaba a morir sin herederos varones.

Para cerrar este plan se entrevistó Raimundo con Jaume en Montpellier, entre los meses de abril y junio de 1241. También se debió de entrevistar con Ramon Berenguer. Fruto de estos encuentros son un par de documentos que han llegado hasta nosotros. El primero, firmado el 5 de junio de 1241, hace una petición en favor del divorcio entre el conde de Tolosa y su esposa Sancha. Por tal petición se entregaba este asunto a la decisión de la Santa Sede, pero se anticipaba una amenaza de expulsión de Sancha de su refugio de la Provenza y se presionaba con la no reversión de la dote que el conde de Tolosa había recibido de ella, en caso de que Sancha no se aviniese a esta solicitud de divorcio. De la entrega de la dote serían testigos los dos sobrinos de Sancha, el rey Jaume y el conde de Provenza, Ramon Berenguer. Así que, si bien el asunto del divorcio de Raimundo estaba en manos de la Iglesia, a nivel político la decisión ya se había tomado. Pero el rey de Aragón no dejaba la cosa aquí. El 7 de junio[2] se firmaba un documento por el que Jaume se comprometía a trabajar cerca de la Santa Sede para una reconciliación completa del conde con la Iglesia, lo que implicaba inhumar en tierra consagrada a su padre, Raimundo VI[3], la disolución del matrimonio con Sancha y la dulcificación de la Inquisición en los territorios donde creció la herejía de los albigenses. Si esta mediación fracasaba, Raimundo quedaba libre para aliarse con el emperador como última vía para defender sus derechos. Era evidente que Jaume se abrazaba a la Iglesia y que su estrategia consistía en impedir el mo-

---

[2] Huici-Cabanes, vol. II, doc. 329, págs. 103-104.
[3] Raimundo VI, al morir en plena guerra contra la Iglesia, no había podido ser sepultado en tierra consagrada, como si fuera un hereje más.

nopolio de Francia en sus buenas relaciones con Roma. Si todos se llevaban bien con Roma, no habría motivo alguno para que Francia dominara el Mediodía provenzal. A fin de cuentas, si Francia había puesto allí el pie, había sido a causa de la herejía cátara.

El punto débil era Sancha, y su defensor, su sobrino provenzal Ramon Berenguer. En cierto modo, los lazos familiares de Jaume también recomendaban defender a su tía. Pero la suerte del Languedoc dependía de esta nueva boda entre la hija de Ramon Berenguer —Sancha de Provenza— y Raimundo VII de Tolosa. Jaume, como vemos, estaba dispuesto a sacrificar a su tía y, por eso, citó a su primo en Montpellier para explicarle sus planes con detalle. Puesto que Ramon Berenguer firma el documento[4] por el que el rey se compromete a trabajar para reconciliar a Raimundo con Roma, es de suponer que el conde de Provenza estaba al tanto de todos los demás pactos. Luego, los dos condes debían presentar a la Santa Sede la solicitud de licencias para que el matrimonio entre Raimundo y Sancha de Provenza fuese adelante. El documento, que da Tourtoulon, se cuida mucho de mencionar para qué son las licencias y no revela en sitio alguno la intención política que conocemos.

Sin duda, estos pactos eran propios de lo que con el tiempo sería una razón de Estado, pero que todavía no se hacía consciente de sus propias reglas y de los dudosos aspectos morales que estas implicaban. La lógica de las cosas era la propia del patrimonialismo: la conquista de derechos políticos sobre territorios mediante pactos familiares y derecho de herencia. En este contexto, la familia no era un fin en sí mismo, sino un medio. Por mucho que, desde el punto de vista religioso, el matrimonio tuviese implicaciones sacramentales, el contrato entre los esposos era sobre todo un contrato civil privado, con profundas implicaciones de legitimidad política. El poder de la Iglesia, y su control sobre el matrimonio y la herencia legítima, condicionaba esa lógica, pero no podía alterar su sentido. En realidad, no había otra manera de acceder a derechos políticos que por el estrecho camino de la herencia. Aunque esto no implica que la relación familiar estuviera desposeída de aspectos amorosos, cortesanos y eróticos, estas dimensiones se amontonaban como formas sociales contingentes sobre la realidad jurídica básica y necesaria. Cuando esta realidad chocaba con intereses patrimoniales serios, como en el caso en que ahora estamos, se procuraba alterar o disolver el vínculo apelando a la única instancia que mantenía el monopolio de hacerlo con la legitimidad suficiente como para asegurar la herencia deseada: por la Iglesia. El movimiento era inevitable y Jaume no hacía ahora nada distinto de cuando pidió el divorcio de la reina Leonor de Castilla. En realidad, se demandaba a la Iglesia lo que solo ella podía dar, lo cual era otra manera de reconocer su primacía. Como he dicho, sin embargo, este reconocimiento no implicaba asumir los valores propios de la Institución. Por eso se utilizaba el matrimonio para una finalidad diferente de la prevista por Roma.

---

[4] Huici-Cabanes, vol. II, doc. 330, págs. 104-105.

Esto no quiere decir que no existiera gente capaz de percibir los aspectos problemáticos del infame asunto, gente que miraba las cosas desde los valores morales y caballerescos propios de una época que imponía la defensa incondicional de la dama. Como es natural, no se trataba de eclesiásticos. Esta mirada era la de los trovadores, quienes en esta ocasión defendieron a Sancha de Aragón, por mucho que su causa fuera perjudicial para la supervivencia de la independencia política de la tierra que ellos mismos representaban. Tenemos aquí una lógica caballeresca llevada a sus últimas consecuencias. Pues, como hemos visto antes, los trovadores eran justo los hombres que más presionaban en favor de la independencia política del Mediodía respecto a la lejana capital de los francos Capetos. Pero ellos, los más combativos en este punto, eran también los más sensibles a la injusticia que se cometía contra una noble dama inocente. Había que defender la Provenza de Francia, pero no humillando a Sancha. Una cosa era contradictoria con la otra, pues Provenza era ella misma la cultura del amor cortés[5]. Los trovadores reclamaban la valentía de empuñar las armas para defender la vieja tierra del sur con la misma nobleza con que exigían respeto para defender el amor más puro. No estaban dispuestos a mantener la independencia y la libertad con la falta de dignidad. Cuando leemos los versos que compusieron en esta ocasión, comprendemos lo condenada que estaba esta cultura ante los procesos históricos que se avecinaban. La razón que nos ofrece Rambaldo de Hieres, en una poesía que reproduce Milá y Fontanals[6], es inapelable: «Esta dama es bella, cortés y franca, y embellece nuestro país. El árbol de donde nace tan bella dama, prospera; mientras se mantenga cual es, será una estación favorable». Si analizamos esta poesía nos encontramos con una refutación radical de la operación de divorcio en la que había entrado Jaume. El rey podía creer que de no unir las casas de Tolosa y Provenza el Mediodía francés caería en poder de Luis IX. El trovador proponía, por el contrario, que el futuro de la Provenza estaba asegurado con la existencia de una dama como Sancha de Aragón. Una señora llena de encantos, de cultura, de gracia, que prefería la Provenza a la dura tierra de Aragón, era la prueba inapelable de la superioridad de una civilización, el seguro de la supervivencia de una cultura. Mientras existieran damas como aquella, los hombres de la Provenza sabrían por qué luchaban y despertarían las pasiones necesarias para mantener su independencia con la valentía debida. ¿A qué temer entonces el futuro?

Por lo que sabemos de la actuación de la dama en la ocasión, desde luego, fue testimonio de una superioridad moral irrefutable. Quizá por eso se colocó desde el principio en la posición del perdedor. Como es evidente, el trovador no tenía razón: la belleza en el gesto moral, la dignidad personal, no es un buen

---

[5] Cf. el libro de Giorgio Agamben, *Estancias,* Ed. Pre-Textos, Valencia, 1994, y mi crítica a este en *Debats,* 1995.

[6] Naturalmente, doy una traducción, cf. Milá y Fontanals, *De los trovadores en España,* ob. cit., pág. 60, n. 10.

antecedente para la supervivencia política, sino que más bien conduce a sucumbir a quien las representa. Puesta delante del tribunal eclesiástico que se formó para estudiar su causa, y tras la declaración de los testigos, que aseguraron que su suegro la había sostenido en brazos en la pila bautismal, Sancha permaneció en silencio ante las preguntas del tribunal. Frente a ella estaban sus sobrinos Jaume y Ramon Berenguer V, los dos niños que habían vivido juntos, ateridos, los duros fríos de Monzón. Estaban allí, no se sabe si para defenderla o para amenazarla. Ella no abrió la boca. Ni afirmó ni negó. El obispo de Tolosa, conmovido, afirmó que los testigos no eran de fiar y que no era suficiente la prueba. Pero el divorcio quedó sentenciado. Raimundo de Tolosa podía aspirar a casarse con la sobrina de su esposa, Sancha de Provenza, y reunir las dos casas, con la satisfacción del Conquistador, que veía cercano su propio sueño de la unidad del Mediodía contra Francia. En cierto modo, su astucia diplomática vengaba a su padre y superaba las duras consecuencias para la posición catalana que había tenido la derrota de Muret. Los trovadores podían haber apreciado que esa venganza era la intención buscada por el rey de Aragón. Pero no lo hicieron. En realidad, tenían sus razones. Aquel no fue un acto honorable. Ellos, dotados de una mirada crítica radical, se lo hicieron ver.

Desde luego, tenían razón. Como tampoco fue un acto honorable que, sin esperar a la venia del Vaticano, deprisa y corriendo, por poderes, Sancha de Provenza se casara con Raimundo, ante la presencia de Jaume, el 11 de agosto de 1241. No fue honorable; y aún peor, no fue eficaz. Los trovadores, con su ingenuidad, podían haber dicho algo diferente: esa boda no iba a ser eficaz porque no había sido justa. Primero, porque la personalidad de Raimundo era voluble y variable. Segundo, porque el Papa todavía no había dado la autorización ni entregado la dispensa oportuna, dado que los contrayentes también eran familiares en algún grado. Esta provisionalidad se reconoció al condicionar la validez del matrimonio a su aprobación por el Papado dentro de los siguientes setenta días. Fue una carrera contrarreloj. Los embajadores de los tres principales implicados se equiparon y emprendieron el camino hacia Roma. Todo fue inútil. Cuando los embajadores entraban por las puertas de Pisa, se encontraron con la noticia de que Gregorio IX, el gran defensor de Jaume, acababa de morir. Iba a ser muy difícil que el Papa siguiente diera el visto bueno a este matrimonio. Mientras se reunía el cónclave y se elegía Papa, habría de pasar mucho tiempo. La cláusula de los setenta días no podría cumplirse. La alianza se deshizo. Sancha de Provenza se casó con Ricardo de Cornualles, el hermano de Enrique III de Inglaterra. Era otra posibilidad, más desesperada y estéril: la de vincular Inglaterra de nuevo a la causa de Occitania. Raimundo, soltero de facto, se vio libre para seguir su inclinación, que cada vez era una diferente. Jaume, decepcionado y cansado de un asunto que tenía demasiados cabos, se tornó a sus reinos. La señora Sancha de Aragón, sacrificada en vano, se quedó digna, sola y abandonada por todos.

Este fue el momento que aprovechó Luis IX para profundizar en su penetración por el Mediodía. Así, impuso la autoridad de su hermano Alfonso de Poitiers en el Poitou. Los barones de esta parte se levantaron y lograron coaligarse alrededor de Isabel de Angulema, la madre de Enrique III. Esta mujer logró convencer a Raimundo de que se uniera a las fuerzas de su hijo y de los barones, que ella garantizaba. Jaume ya estaba lejos, en Barcelona, cuando en el mes de octubre de 1241 Raimundo firmaba un tratado con Isabel. Una vez suscrito el pacto, el de Tolosa persiguió al rey aragonés para garantizar su participación con la coalición armada que se estaba formando contra san Luis de Francia. En octubre, lo encontró en Barcelona[7], donde Jaume se enfrentaba a la elección de un nuevo obispo, pues había muerto el gran Berenguer de Palou. Allí estaba el rey con su hombre del Mediodía, el vizconde de Béziers, el esforzado Trencavel. Al parecer, Raimundo y el rey rehicieron su alianza y es posible que Jaume le ofreciera algunas fuerzas, que sin duda debía dirigir el valeroso noble de Béziers. Este, en todo caso, se puso a disposición de los dos aliados y firmó un acta el 17 de octubre de 1241 por la que «se somete a la voluntad del rey de Aragón y del conde de Tolosa, jurando ratificar lo que estos determinen respecto a él, a su tierra y a sus hombres»[8]. Aunque sea adelantar un poco los acontecimientos, hemos de decir que el punto débil de esta alianza estaba en el rey de Inglaterra. Su madre había dado demasiado pronto la palabra por él. Aunque efectivamente pasó a Francia con alguna caballería, no era suficiente para derrotar a san Luis. Las deserciones empezaron pronto, mientras Enrique se gastaba el dinero de la guerra en asuntos más placenteros. Aunque los barones se mantuvieron firmes con Raimundo, que ahora se volvió a llamar duque de Narbona, Jaume no lo vio claro y no aportó fuerzas. Este es el tiempo que se extiende entre finales de 1241[9] y primeros de 1242, tiempo en que perdemos la pista de Jaume y en el que, por precaución, lo presuponemos cercano a los pasos de los Pirineos, controlando la situación por si se veía implicado en una guerra que cada vez estaba más decidida a favor de san Luis[10]. En julio de 1242, en efecto, la batalla de Taillebourg sentenció la suerte de Raimundo, que tuvo que humillarse una vez más ante el rey de Francia. Los trovadores se acordaron entonces de que Jaume no había cumplido su palabra de auxilio a una empresa que solo ellos veían verosímil. Todavía se acordaron más de Inglaterra y de su rey, el disoluto Enrique III, que se entregaba al placer guiado por algún Falstaff en las playas de Bretaña. En todo caso, las poesías de los trovadores ya no podrían acabar nunca bien: los odiados franceses eran una y otra vez los vencedores.

---

[7] El rey firma documentos el 10 de octubre de 1241 en Barcelona. Cf. Huici-Cabanes, vol. II, doc. 332, págs. 106-107.

[8] Tourtoulon, ob. cit., vol. II, pág. 55, n. 2.

[9] En efecto, Jaume firma muchos documentos entre el mes de septiembre y el mes de diciembre de 1241 en Barcelona. Pero en enero lo vemos en Perpiñán, luego en Girona y más tarde en Lleida, siempre cerca de la frontera del norte. Algunos de estos documentos los vamos a estudiar ahora. Cf. Huici-Cabanes, págs. 112-131.

[10] Cabe la posibilidad de que Jaume fuera en peregrinación por este tiempo a Nuestra Señora del Puy, un movimiento que no debía de gustar mucho a los franceses. El rey argumentó que se trataba de una promesa antigua. Cf. Ferran Soldevila, *Pere el Gran,* ob. cit., vol. I, págs. 20 y sigs.

32
GUERRA EN LA PAZ, PAZ EN LA GUERRA

Una resignada indiferencia se puede apreciar en la *Crónica* a la hora de narrar este tiempo, en el que el rey se veda cualquier mención de los asuntos del Mediodía francés. De que motivaron su interés, no se puede dudar. Que no pudiera lograr resultado alguno de sus gestiones, debió de sumirlo en un temporal disgusto. El tabú que el recuerdo impone sobre los fracasos hizo el resto. El silencio del rey es sorprendente. En verdad, de todo aquello no se había derivado ninguna hazaña, ningún hecho memorable. Es lógico que el rey no nos diga nada al respecto. Como veremos, sin embargo, Jaume no había claudicado en relación con los temas de la Occitania. Hemos de verlo todavía en Aix y en Montpellier, mejorando las relaciones con sus súbditos e interviniendo en los problemas de la Provenza. Pero, por ahora, Barcelona sería el escenario de sus inquietudes, y no eran menores que las que acababa de dejar más allá de los Pirineos.

Desde septiembre de 1241 hasta febrero de 1242 estará don Jaume en Cataluña. Era el tiempo de una nueva campaña de Tolosa contra Francia, y el rey se mantenía cercano a ese delicado escenario. Pero en esta época de residencia catalana habrá de enfrentarse a las presiones de su esposa, la reina Violante. El motivo: la herencia y el reparto de su reino. Por Castilla danzaba el hijo de su primer matrimonio con Leonor, el infante Alfonso, que destacaría en la toma de Sevilla, junto con su tío Fernando. Pero desde que contrajera matrimonio con Violante, hasta estos primeros meses de 1242, habían nacido otros hijos, y la reina, que atendía sobre todo a la cuestión de la herencia de su prole, no cesaba de inquirir por su futuro. Algunos de sus hijos, desde luego, ya tenían el destino decidido. La infanta Violante, por ejemplo, estaba comprometida con el infante Alfonso de Castilla, el futuro rey Sabio; la infanta Constanza, en caso de que hubiera nacido, no debía de tener peor suerte. A pesar de que estas promesas no eran una garantía, todo indicaba que la mayor de sus hijas sería reina, como su madre, y esto dejaba contenta a Violante. Pero quedaba Pere, el hijo varón, que necesitaba aclarar su futuro a costa de la herencia de Alfonso, el lejano e inquieto príncipe aragonés, ya casi enteramente castellano.

Sin duda, la lógica de los tiempos encuentra aquí todas sus contradicciones propias. Por una parte, estaba la dimensión política de la herencia, que recomendaba el mantenimiento de la unidad política de todos los reinos, unidad tan difícil y tan necesaria cuando se estaba rodeado por vecinos tan poderosos como Castilla y Francia. Pero, en dirección contraria, pujaba la dimensión patrimonial privada, familiar. Esta dimensión favorecía una interpretación muy clara: los derechos políticos de dirección del reino, junto con su extensión territorial, eran una propiedad como cualquier otra. Por ello, como cualquier otra herencia, podía ser dividida entre los hijos de forma directa. Sin embargo, era lógico que el rey fuera sensible al primer aspecto de la unidad de sus reinos; pero la madre Violante se dejaba llevar sobre todo por el segundo aspecto. Es posible que estos asuntos, y el cuidado de la frontera, ocuparan al rey en Barcelona, en el otoño-invierno de 1241-1242. Según una vieja opinión, el rey se dejó vencer y el primero de enero de 1242 alteró su testamento[1]. Próspero de Bofarull publicó este documento como el pergamino número 867 del Archivo de la Corona de Aragón. Ferran Soldevila, sin embargo, adelanta un año la firma del nuevo testamento, que a su juicio, y en el nuestro, en el fondo venía a concretar el acuerdo del tiempo de la boda con Violante de heredar a su prole con los territorios del sur de Francia, las Baleares y los que pudiera conquistar en el reino de Valencia. Soldevila, con criterio, dice que no tiene sentido que el rey —y sobre todo la reina— tardara dos años en reconocer los derechos del infante Pere, según aquel acuerdo de bodas. Así que, si el infante había nacido en el verano de 1240, era lógico que una vez bautizado en Barcelona, y por tanto declarado cristiano, se le otorgara el reconocimiento jurídico a su herencia. De hecho, los albaceas del testamento son el arzobispo de Tarragona y el obispo de Barcelona. Que el bautizo se hizo en la ciudad condal es perfectamente comprensible desde la lógica de los símbolos de la monarquía: el infante que había nacido en Valencia, el que debía ser su reino, sin embargo, debía nacer a la fe en las manos del primado de la Iglesia de la corona. Por eso el testamento ha de fecharse en 1241 y no en el año siguiente[2].

Sea cual sea la verdad de estas cuestiones eruditas, queda el contenido mismo del testamento, que no ofrece dudas. En él anunciaba el rey, tras reconocer que el matrimonio está destinado a la procreación de los hijos al servicio del Salvador, que se disponía a dividir su patrimonio entre los hijos habidos de los diferentes matrimonios. Al mismo tiempo, dictaba que debía ser enterrado en el monasterio de Poblet, y no en un túmulo «depicto, sino sub terram», y ante el altar mayor de Santa María, en el lugar por el que avancen los fieles hacia el altar mayor. Por último, disponía que su primogénito Alfonso, hijo de Leonor, debía recibir todo el reino de Aragón y toda Cataluña, con Ribagorza, Pallars, Arán y el condado de Urgell. En segundo lugar, dejaba a

---

[1] Huici-Cabanes, vol. II, doc. 340, págs. 116-120.
[2] Ferran Soldevila, *Pere el Gran*, Parte I, vol. I, pág. 8, n. 40; págs. 17 y 18.

su hijo Pere las tenencias en feudo de Nuño Sans: el Rosellón y la Cerdaña, una vez que muriese su señor y la propia reina Violante. Además, le dejaba también el reino de Valencia, desde el río de Ulldecona, el río de Albentosa, y la raya de Requena, en la frontera con Castilla, hasta Biar y el mar de Calpe. Junto a esto, le añadía el reino de Mallorca, Menorca y lo que Pedro de Portugal tenía como feudo en Ibiza. Al mismo tiempo, le dejaba Montpellier y los más que hipotéticos derechos sobre Carcasona. Si uno de los hijos moría sin descendencia legítima, las propiedades heredadas recaerían en el otro hijo varón y, de morir los dos en esta situación, los bienes pasarían a su hija Violante, la futura esposa de Alfonso, el infante de Castilla. El resto eran disposiciones para velar por el cuidado de su alma y las arras que se asignaban a Violante, en la zona valenciana de Segorbe, Xèrica, Sagunto y Peñíscola. La reina viuda se pondría bajo la protección de Fernando III de Castilla.

Como vemos, el documento del rey diferenciaba con toda claridad entre la unidad política de la corona de Aragón, con el vínculo fuerte e indisoluble de Aragón y Cataluña, por un lado, y los territorios heredados de su madre y los conquistados por él, que entregaba como patrimonio personal a su segundo hijo, Pere. En cierto modo, la herencia recibida de su padre la mantenía salvada. Respecto a lo conquistado por él, disponía a su libre albedrío. Era algo así —aunque no exactamente— como diferenciar entre un patrimonio público, la corona de Aragón, y uno privado, su herencia materna y sus conquistas personales. Las demás razones no son relevantes. Que Pere recibiera los territorios dispersos del sur de Francia, de las islas Baleares y de Valencia, esto no le parecía al rey Jaume un serio obstáculo. Ciertamente, él había mantenido todos estos complejos territorios, pero ahora se los daba a un hijo que no podría atravesar Cataluña para llegar a Francia. En cierto modo, a Pere le daba una monarquía orientada al mar y conectada por barcos: tendría que ir desde Valencia a las Baleares y desde allí a Montpellier. Pere, como veremos, debió de llevar en la sangre este destino. En cierto modo, todo aquello tenía una incuestionable lógica, y por lo menos Aragón y Cataluña seguían firmemente unidos. Esa lógica se alterará a lo largo de la vida del rey varias veces, pero siempre se mantendrá fiel a la idea de crear un reino sobre el mar junto con las posesiones de Francia. Ese será finalmente el reino de Mallorca.

Aunque no era sino un equilibrio provisional entre los intereses del rey y los puntos de vista de la reina, el testamento de Jaume fue premonitorio. Ya fuera firmado el 1 de enero de 1241, como quiere Soldevila, o de 1242, como quiere Bofarull, entró en vigor muy poco después por lo que respecta a una cláusula importante. En efecto, el 19 de enero de 1242 moría sin descendencia, como religioso en Elne, en el Rosellón, Nuño Sans, el hijo del viejo conde Sans, y la soberanía del Rosellón y la Cerdaña, Conflent y Vallespir volvía a Jaume. Algún trovador, con su patetismo habitual, creyó morir de dolor al conocer la muerte de quien era su señor. El pesimismo de una cultura que se extinguía encontraba en esta muerte un buen motivo para expresarse. «Siglo malvado, das un doloroso término a todos tus hechos, por lo que no debe el hombre confiar en tu amor, sino en lo que conduzca a su salvación», dijo con razón uno de ellos, Aimerico de Belenoi. El caso es que el rey, todavía por el norte, hacia marzo de 1242, tomó posesión del Rosellón y exigió jurar paz y tregua a los señores de sus dominios ante el canónigo de Barcelona, Guillem de San Roman.

De todos estos asuntos domésticos, la *Crónica* no dice nada. Al no disponer de muchos datos, los cronistas posteriores andan con frecuencia perdidos y respecto a este tiempo apenas cuentan la vida del rey a grandes trazos. En todo caso, no debieron de ser agradables para el rey las presiones de su esposa, aunque desde luego esto no hizo peligrar sus buenas relaciones con ella. En modo alguno fue así y, como veremos, el 30 de mayo de 1243 nacía su segundo hijo, que había de llevar el nombre del rey. Pero don Jaume, por el momento, aspiraba a disfrutar de la paz interior que quizá le proporcionaba el campamento militar. Esto solo podía significar dirigirse hacia el sur y retomar el pulso de la conquista de Valencia[3]. Bien sea de camino hacia la capital, bien sea en una campaña propia, antes de que se cumpliera el verano de 1242, se le rinden los enclaves árabes de la recóndita y bella sierra de Espadán: Eslida, Aín, Veo y otros[4]. En realidad, esta fue una rendición muy especial, pues dentro de las condiciones del acuerdo se deseaba garantizar la exclusividad de la población árabe de la zona. Ningún hombre de otra religión que la musulmana podría instalarse en este precioso valle sin la autorización de los propios vecinos, organizados en una especie de mancomunidad unitaria. Sin duda, esta cláusula ha determinado que esta tierra mantenga todavía un aspecto especial, que no ha perdido enteramente la impronta musulmana que debió de tener en aquellos tiempos.

Hacia el verano de 1242, por tanto, Jaume volvía a Valencia. El rey dice en su *Crónica* que regresaba a la capital del Guadalaviar, el río blanco, un año después de su partida, aunque desde luego no fue muy preciso en esta ocasión. En efecto, se fue de ella en octubre o noviembre de 1240 y volvía en mayo de 1242. La *Crónica,* como vemos, no es muy rigurosa con las fechas, y así sucede en esta ocasión. Mas, sin duda, es fiel al fondo del asunto, al reseñar que el principal interés del rey era conquistar todo el reino de Valencia hasta el río Júcar. La villa más fuerte de la frontera, al margen de Cullera, a pesar de todo, era Alzira. La *Crónica* nos narra que, tan pronto los árabes de esta ciudad supieron que el rey estaba en Valencia, fueron a verlo. Los caballeros más relevantes de la villa la habían abandonado y los vecinos no tenían mejor alternativa que entregarse al rey. Las condiciones eran las habituales: dejarles habitar aquella tierra a cambio de entregar las principales defensas de la ciudad. El rey deseaba poseer una gran torre que custodiaba la puerta que

---

[3] En efecto, en Valencia ya estaba el 19 de mayo de 1242. Huici-Cabanes, vol. II, doc. 352, págs. 133-134.

[4] El documento con las condiciones de capitulación lo dan Huici-Cabanes, vol. II, doc. 354, págs. 138-141.

se abría a la calzada de Valencia. Los árabes asumieron el compromiso, pero impusieron el derecho de asilo en la ciudad para cualquiera que pusiera los pies en ella. El rey se desplazó a Alzira, una hermosa ciudad rodeada por el río Júcar, que en aquel tiempo debía de tener dos brazos y dejaba la villa con sus murallas en medio de la isla. Todos los vecinos principales juraron ante el Corán que serían fieles vasallos, lo que para los musulmanes venía a significar que el rey cobraría las rentas de la ciudad. Vemos en este y en otros casos que Jaume proyecta su lenguaje feudal sobre una sociedad que en el fondo no entendía aquellas relaciones salvo en lo que significaban a nivel fiscal. Este será uno de los motivos que determinarán los continuos conflictos entre el rey y los sarracenos: él tendía a interpretar su conducta desde la mentalidad feudal mientras que, en el fondo, los moros no la comprendían[5]. Esta diferencia[6] producía inseguridades y desconfianzas perceptibles por todos. El rey, desde luego, las tenía muy en cuenta a la hora de firmar paces. Por ejemplo, aquí en Alzira, para proteger mejor a sus soldados, Jaume mandó construir una muralla exterior, de tal manera que la guarnición cristiana quedase separada de la ciudad árabe.

Estos acontecimientos debieron de producirse hacia el mes de agosto de 1242. Roque Chabás pensaba que la rendición de Alzira se produciría en diciembre de ese año[7]. Creo que conviene anticipar esta fecha en unos meses. La *Crónica* se interrumpe de repente en los sucesos y dice que «al cabo de un año y cuatro meses...» de la toma de Alzira se iniciaron las escaramuzas de Xàtiva. Y sabemos que estas primeras incursiones debieron de empezar en diciembre de 1243, en ese periodo que se abre entre las Cortes de Daroca y las de Barcelona, celebradas ya en enero de 1244. Por tanto, si nos desplazamos dieciséis meses antes de diciembre de 1243, tendremos la toma de Alzira. Esto nos sitúa en el mes de agosto de 1242. Durante este tiempo, sin embargo, se sucedieron distintos actos administrativos del rey. Así, por ejemplo, el 18 de agosto de 1242, cedió al obispo de Valencia casi todas las casas que tenía en la ciudad a cambio de cinco mil besantes de plata. Luego, el rey, acompañado

---

[5] Burns, *L'Islam sota el Croats*, vol. II, todo el primer capítulo.

[6] Hoy se tiende a identificar la estructura propia de Al-Andalus en el sentido estatal de su unidad política basada esencialmente en la administración de impuestos por parte de los funcionarios autorizados a ello desde el punto de vista de la legitimidad religiosa. Pero, en todo caso, esta relación política basada en el pago de impuestos a la autoridad religiosamente apropiada era extraña a las relaciones feudales, en la medida en que la administración militar dependía directamente del pago en metálico que producían los impuestos en manos de la autoridad político-religiosa, y no de la cesión de tierras propias o en préstamo a un señor que debía pagar a su propia cohorte. La obligación religiosa de pagar impuestos también impedía una transferencia de lealtad a las autoridades cristianas. Por eso, los cristianos no pudieron jamás reclamar sino impuestos, y nunca legitimidad sobre estas masas de sarracenos. La discusión en términos de legitimidad promete aquí, como en otros tantos sitios, una aproximación útil. Cf. María Jesús Viguera Molins, «La identidad de Al-Andalus», en Luis Ribot García, Julio Valdeón y Ramón Villares Paz (coords.), *Año 1000, año 2000. Dos milenios de Historia de España*, España Nuevo Milenio, Madrid, 2001, págs. 183-204; esp., pág. 195. Cf. su abundante bibliografía muy actualizada.

[7] Roque Chabás, *El Archivo*, vol. VI, pág. 241.

de la reina embarazada de Jaume, se dirigió una vez más hacia Montpellier, con el fin de que en unos meses la ciudad viese nacer al que, según todos los indicios, iba a ser el nuevo heredero del señorío. Además, Montpellier debía realizar el juramento de fidelidad a la reina Violante, pues ella debía gobernar en caso de regencia y viudedad. Camino de Francia, en Barcelona, entregó el 29 de noviembre un feudo a Pedro Sanz. También dio la villa y castillo de Balaguer al conde de Urgell, aunque esto ya fue un poco más tarde, el 17 de enero de 1243[8]. Sabemos que el 25 de febrero de 1243 ya estaba el rey en Perpiñán, en territorios del Rosellón, tomando posesión soberana de ellos y haciendo donación a los predicadores dominicos de la casa de leprosos de la ciudad, para fundar un nuevo convento de la Orden.

Todo ocurrió como estaba preparado, porque la reina salió de cuentas justo en Montpellier, donde dio a luz a Jaume el 20 de mayo de 1243. La idea ya estaba clara y apuntada. La previsora reina, usando con sutileza el lenguaje simbólico de los hechos, quería vincular a su nuevo hijo con la señoría de Montpellier, y forzar con ello al rey a rehacer su testamento. Como es natural, este segundo hijo varón de Violante complicaba las cosas de modo irreparable, pues implicaba alterar el segundo testamento de 1241 para explicitar el lote que debía corresponder a Jaume[9]. Sin embargo, los hechos se habían precipitado y el rey forzó el juramento del testamento de 1241 justo cuando ya a todas luces no iba a ser válido, pues no contemplaba los derechos del nuevo hijo Jaume. Al parecer, aquella estancia en Montpellier, el rey Jaume la aprovechó para otras tareas diplomáticas. Hay una noticia muy lejana e indirecta, en un documento, del testamento del conde de Urgell, del 5 de junio de 1243, en el que se dice que fue dado personalmente ante la curia del rey de los francos y del rey de Aragón. El testamento está fechado en Puy-en-Velay, que allí aparece como Santa Maria de Podio[10]. Si este documento es verdadero, es perfectamente posible que en este viaje Jaume se entrevistara con Luis IX de Francia o con gente de su corte, cerrando las hostilidades que dos años antes habían planeado contra él, en los pactos con Raimundo de Tolosa y Ramon Berenguer. Unos días después, el 29 de junio, día de San Pedro y San Pablo, los cónsules y el pueblo de la ciudad de Montpellier juraron por mandato del rey a su hijo Pere y a la reina Violante como herederos del rey.

Pero no debemos olvidar que todos los acontecimientos familiares se habían precipitado. El rey hacía valer su testamento de 1241 justo después de que le hubiera nacido otro hijo, hecho que implicaba inevitablemente la alteración de todas las previsiones. Que a pesar de todo don Jaume mandara jurar su testamento de 1241, muestra bien a las claras que el rey no estaba dispuesto sin más a alterar las disposiciones que organizaban su herencia sobre

---

[8] Huici-Cabanes, vol. II, doc. 362, págs. 147-148.

[9] Cosa que tuvo lugar en 1 de enero de 1248. De este testamento no tenemos copia, pero Zurita nos lo resume muy bien en *Anales*, Libro III, cap. XLIII.

[10] El documento lo cita Tourtoulon, ob. cit., vol. II, pág. 70, n. 1.

la base de la división en solo dos reinos: el tradicional de la corona de Aragón y Cataluña, y el nuevo de Valencia y Mallorca. A lo sumo podría jugar con las tierras del Mediodía, con el señorío de Montpellier. Pero la lógica patrimonial —que ya se había disparado con el testamento que incluía a Pere— iba a imponerse con claridad y el rey no podría detenerla. La reina insistió en rehacer el testamento y en dotar a su nuevo hijo Jaume como merecía, sin que implicara un agravio con la herencia de los otros. Esto quería decir en la mente de Violante que su nuevo hijo debía disponer de un reino. Como no había más tierra, ni nuevos reinos, ni más conquistas hispanas a la vista, se debía sencillamente repartir de otra manera lo existente. La estrategia era muy clara: se debía disminuir la herencia de Alfonso, el hijo de Leonor, en favor del recién nacido Jaume. Esta operación implicaba separar Aragón de Cataluña. Así, se decidió entregar a Alfonso únicamente el reino aragonés, incumpliendo la promesa de no separar la federación, realizada en 1235. Pere debía mantener Cataluña[11] y Jaume debía hacerse con Valencia y Baleares. La reina podía estar contenta: extremaba la lógica del patrimonialismo en su sentido privado, pero así destruía la obra de la tradición y bloqueaba la tendencia de los tiempos hacia uniones políticas cada vez más fuertes y la formación de cuerpos públicos más poderosos.

Y esto es lo que sucedió en las Cortes de Daroca que, según Zurita[12], se celebraron a finales de 1243, justo al regreso del rey desde Montpellier, Cortes cruciales del reinado, en las que intervinieron los síndicos de la ciudad de Lleida, dando lugar al problema decisivo que iba a determinar las relaciones del rey con su hijo Alfonso y, en el fondo, con los aragoneses. Pues, por mucho que los síndicos de Lleida fueran a todas las Cortes anteriores, como dice Zurita, no habían ido a ningunas en la que se tratara de la partición de Cataluña y Aragón. Esto era lo nuevo, lo imprevisto. Que Lleida tenía un estatuto territorial ambiguo, como tierra de frontera, era claro. Pero que sus representantes pudieran decidir unilateralmente vincularse al reino de Aragón era otra cosa completamente distinta. Allí, en Daroca, desde luego, se tenía que jurar fidelidad al infante Alfonso. Que lo hicieran los de Lleida implicaba su adscripción al reino de Aragón. El rey, que operaba en todo este asunto por presiones, acabó aquella reunión de Daroca como pudo y se fue a la frontera, a pelear contra los enemigos públicos, los sarracenos de Xàtiva. Y allí estaba al acabar el año 1243.

Fue un deseo piadoso. La situación ya se había envenenado. Los catalanes, como es lógico, se agitaron. Los hombres que empezaron el movimiento tenían que ser escuchados. Cuando llegaron los rumores del malestar catalán

---

[11] De hecho, esta disposición testamentaria no se había alterado ya en 21 de enero de 1243, en Barcelona, donde el rey habría firmado un documento por el que entregaba a Pere el condado de Barcelona, como Huici-Cabanes quieren. Todos estos documentos deben proyectarse hacia finales de año. Cf. Huici-Cabanes, doc. 365, págs. 151-152. Previamente, había definido los límites de la frontera entre Aragón y Cataluña en el Cinca. Huici-Cabanes, doc. 364, págs. 150-151.

[12] Zurita, *Anales*, Libro III, cap. XL.

a los oídos del rey, este se vio forzado a abandonar el sitio de Xàtiva hacia finales de enero de 1244 y marchar a Barcelona. Era normal que allí se le pidieran cuentas del significado de aquella asistencia de Lleida a la reunión de Daroca. El rey tuvo que afirmar, desde luego, que la participación de Lleida en las Cortes no implicaba voluntad alguna por su parte de entregar la zona del Segre al reino de Aragón ni a su hijo Alfonso. Si había dicho o hecho alguna cosa que pudiera sugerir esta voluntad, ahora afirmaba que la revocaba y la anulaba en su integridad [13]. Lleida estaba reunida en Daroca, pero él no había querido nunca darle la franja central de la corona a su primogénito. Era muy fácil preguntarle entonces por qué había consentido que la ciudad pronunciara ese juramento ante Alfonso. Ante esta demanda, el rey solo habría podido reconocer su debilidad. En este asunto algo se le iba de las manos y debemos creer que el rey lo sabía. En esa declaración de Barcelona, de enero de 1244, Jaume no podía ignorar que Lleida figuraba también en todas las paces y treguas que hasta entonces se habían dado en Cataluña [14]. Al funcionar como capital administrativa de la asociación catalano-aragonesa, Lleida estaba en todas las reuniones y en todos los encuentros de Cortes relevantes. En suma, había sido un equívoco, fruto de la costumbre de Lleida de presentarse en Cortes. Así que, para refrendarlo, en Barcelona se confirmaron los límites de Cataluña, que iban desde el Cinca a Salses, y los de Aragón, que iban desde Monzón hasta Ariza. Así pues, el Segre, con el Pallars, Ribagorza y Lleida, eran catalanes. «Porque de allí adelante por razon de los limites no pudiese nacer alguna quistion o contienda», dice Zurita que se hizo todo esto. Fue un vano intento. Pues, en el fondo, esta declaración de Barcelona no satisfizo a nadie. A los aragoneses, porque perdían las tierras del Segre. A los catalanes, porque el rey, cediendo ante su esposa, rompía la asociación que constituía la corona. Además, ninguno de estos poderes básicos de la corona se hacía con el reino de Valencia, que se quedaba para Jaume, junto con las Baleares, aunque no hubiese testamento explícito.

Desde luego, el menos conforme con todo esto debía de ser el infante Alfonso, que veía cómo su herencia disminuía una y otra vez. No solo dejaba de ser heredero universal, como implicaban los pactos del divorcio de Jaume con Leonor, sino que ahora ni siquiera mantenía unidos los territorios propios de la corona. Pronto, como es natural, se iba a demostrar la afinidad electiva entre los intereses del infante Alfonso y los de los aragoneses. Este descontento del infante fue aprovechado o exasperado por los viejos rivales del rey Jaume. Allí estaban ahora, cerca del insatisfecho hijo, el abad de Montearagón, el viejo tío Ferran, el señor de Albarracín, los Lizana, y muchos otros caballeros. Zurita lo dice con claridad [15]: a esta alianza se avinieron también muchos cas-

---

[13] Soldevila, ob. cit., pág. 24.
[14] Para entender el sentido genuinamente político de estas paces y treguas debe verse el trabajo de E. Wohlhaupter, *Studien zur Rechtgeschichte der Gottes und Landfriedens in Spanien*, Heidelberg, 1933.
[15] Zurita, *Anales*, Libro III, cap. XLI, relativo al mes de febrero de 1244.

tellanos, deseosos de imponer respeto a los derechos del hijo de Leonor, la reina divorciada del monasterio de Las Huelgas. Como veremos en el capítulo siguiente, a este acuerdo no era ajeno el propio infante Alfonso de Castilla, el futuro rey Sabio, que, mientras tanto, andaba por las tierras de Murcia, merodeando por la frontera sur del reino de Valencia. La constelación decisiva del reinado de Jaume se estaba configurando, como una tormenta [16].

El rey, cogido entre la espada y la pared, entre su conciencia política y las presiones de la reina, no debía de sentirse cómodo en esta situación, que además amenazaba con repetirse una y otra vez, al ritmo rápido de los nacimientos. Miedes, uno de los primeros historiadores de la vida de Jaume, incluye un pasaje en su obra que reza así: «Le oían decir muchas veces que los trabajos de la República y gobierno de reinos, así en paz, como en guerra, eran mucho más tolerables los domésticos y familiares: porque aquellos, como quiera tienen sus pausas y divertimentos, lo que no hacen los domésticos porque son continuos, y hacen amargar la comida, y menoscabar el sueño. Por eso muchas veces le causaba risa el verse tan mejorado de hacienda, y acrecentado de reinos, y por solo cinco hijos que a la sazón tenía, darle mayor cuidado el haberlos de acomodar, que daría al más pobre hombre del mundo, aunque tuviese muchos más» [17]. Desde luego, apreciamos en este pasaje el espíritu socarrón de Jaume y no tenemos dificultad de poner estas palabras, u otras semejantes, en su boca. De hecho, este malestar y estos agobios permiten comprender que el rey no dedique una palabra en la *Crónica* a estos hechos. Sin embargo, como podemos suponer, todavía le quedaban por pasar al rey muchos tragos relacionados con estos asuntos.

---

[16] Cf. para todo esto Ferran Soldevila, *Pere el Gran*, Parte I, vol. I, págs. 23-24.

[17] Bernardino Miedes, *La historia del Muy alto e invencible rey Don Jaime de Aragón, primero de este nombre llamado el Conquistador,* Pedro de Huete, Viuda, Valencia, 1584, pág. 301.

33
DISPUTAR XÀTIVA A CASTILLA.
EL TRATADO DE ALMIZRA

Sobre Xàtiva se concentraron todas las fuerzas y tensiones que hemos visto desatarse en el capítulo anterior. En el fondo, al rey le interesaba sobre todo el castillo que una vez le había fascinado, dominando un amplio valle que debemos situar desde los fértiles llanos al sur del Júcar, a su paso por Alberique, hasta el otro lado del puerto de Cárcer, ya en el campo abierto hacia Montesa. Para entender bien la conducta y los movimientos de don Jaume, debemos rehacer este tiempo de la vida del rey, sus viajes precipitados hacia un sitio u otro para regresar siempre al mismo pliegue rocoso de Xàtiva, rodeado por el largo lienzo de muralla que lo retaba. Regresemos, por tanto, un poco en el tiempo para rehacer el movimiento vital mismo. Recordemos que, tras la jura de Montpellier en el verano de 1243, el rey se había dirigido hacia la Península. En julio lo vemos en Caldas de Malavella y en agosto en Barcelona, recibiendo bajo su custodia los bienes del monasterio de San Cugat[1]. Todavía estaba en la ciudad condal en septiembre de 1243, pues en esta fecha establece la extensión del astillero de la capital catalana[2]. Solo el 22 de septiembre vemos de nuevo al rey en Valencia y, apenas llegado, ya lo hacemos visitando la frontera, marchando hasta Bairén, la fortaleza cercana a los valles por los que se adentra el camino desde la costa de Gandía hasta Xàtiva.

En realidad, en este final de año, el rey no para de moverse por toda la frontera valenciana. Así lo vemos en Corbera, una localidad en el camino hacia Xàtiva, el 15 de noviembre[3]. De ahí se había alejado Jaume, para asistir a las Cortes de Daroca. La lógica de su actuación resulta clara si se pone en relación lo que conocemos por la *Crónica* con aquello que sabemos por la documentación que nos ha llegado. Aquí debemos situar de nuevo el relato de la *Crónica*. En su parágrafo 333, el rey vuelve a hablar de los sucesos de Valencia

---

[1] Huici-Cabanes, vol. II, doc. 375, págs. 159-160.
[2] Ibídem, doc. 378, págs. 164-165.
[3] Ibídem, doc. 383, págs. 171-172.

y nos cuenta cómo el alcaide árabe de Xàtiva hacía frecuentes salidas, cogía prisioneros a caballeros y rompía las treguas que tenía hechas con el rey cristiano. Como se ve, ya nadie confiaba en el tratado de paz vigente, del que se cumplían los siete años en 1245. Así, por ejemplo, cuando se entera por Rodrigo de Lizana de que los árabes le están causando bajas, el rey dice que se alegra, «porque de ese modo él mismo [el alcaide árabe] rompía la tregua que tenía con nos y nos daba un motivo para marchar sobre Xàtiva». Entonces dice el rey que «y esto oído, vinimos desde Aragón, donde estábamos, a Valencia». Como hemos dicho, por estas fechas de finales del año de 1243 solo podía estar Jaume en las Cortes de Daroca, aquí silenciadas en la *Crónica*.

Inmediatamente después, ya en enero de 1244, el rey se dirige al alcaide de Xàtiva[4] y le ordena que se presente ante él en la ciudad de Alzira. En realidad, quien vino ante el rey fue un tal Al-Mufawwiz, una especie de primer ministro del alcaide y hombre discreto y sabio. Como es natural, el rey desea exponerle las quejas que tenía contra Xàtiva por haber causado daño a su gente y por romper las treguas de paz firmadas. La consecuencia es que, al ser suya la mayor parte del reino de Valencia, y al pertenecer Xàtiva a este, le exige la entrega y rendición de la ciudad. Con la generosidad y firmeza acostumbradas, el rey dejó marchar al representante de Xàtiva para que hiciera su consejo. Se pactaron ocho días para dar la contestación y el rey partió con la reina y su tío Ferran a Castellón. La respuesta la obtuvo el rey a los ocho días y no estaba exenta de razón. Nuestro Al-Mufawiz, miembro de un clan muy aristocrático y antiguo, argumentó que los cristianos hostigaban la ciudad desde hacía mucho tiempo y que las treguas estaban rotas por ambas partes sin que nadie hubiera sido requerido a pagar por ello. Era una mala excusa del rey aferrarse a esas escaramuzas para declarar la guerra a la ciudad. De hecho, esta no había disfrutado de paz verdadera desde la conquista de Valencia. Así que no veía motivo alguno para considerar que los sarracenos de Xàtiva fueran culpables de nada. En lo tocante a la entrega de la ciudad, por tanto, no había causa. Por lo demás, su fortaleza es tal «que no n'ha altre mellor en tota Andalusia»[5]. Muy cobardes tenían que mostrarse sus ocupantes para rendirla sin combatir, venía a decir el consejero del alcaide.

Jaume no veía las cosas así, pero se quedó impresionado por el desparpajo y la nobleza del emisario. Pero su sentido del honor y de la fidelidad le imponía una opinión contraria. En efecto, él había firmado un pacto con el alcaide de la ciudad, que de esta manera había reconocido ser su vasallo. Es muy curioso que ese pacto se hubiera firmado en un pergamino del que cada uno conservaba un fragmento, de tal manera que solo podía leerse cuando se juntasen

---

[4] Cf. Miret, año 1244, que mantiene que esto se tiene que poner en relación con el §339 de la *Crónica*, en mi opinión con pleno acierto. También estoy de acuerdo en situar al rey en enero en Barcelona. En Xàtiva lo vemos el 7 de enero de 1244 y en febrero. Es fácil que se desplazara a la ciudad condal en ese mes para dar a conocer a Cataluña el acuerdo de Daroca. Cf. Huici-Cabanes, vol. II, docs. 384 y sigs., págs. 172-179.

[5] *Crónica*, §336.

las dos partes. Pero la cuestión jurídica fundamental era que si el alcaide árabe reconocía el vasallaje del rey, a él o a quien él nombrara, y a nadie más, correspondía juzgar si se habían quebrantado las cláusulas o no. Este punto era muy importante[6]. La soberanía tenía claramente señalada la función de impartir justicia y de juzgar en cada caso. Con una idea muy clara acerca de su soberanía, dice Jaume: «Así pues, ya que el alcaide es nuestro vasallo, debe quedar el derecho en nuestro poder y nosotros debemos darle juez». Era un razonamiento inapelable desde la lógica feudal, salvo por el pequeño detalle de que esta soberanía del rey-juez no la entendían los árabes, para quienes la ley es un asunto de la autoridad religiosa y en último extremo un asunto de Dios. En todo caso, Jaume propuso como juez de aquella situación a su tío Ferran, «qui és dels alts hòmes d'Espanya per llinarge e per noblea»[7].

Obviamente, la decisión del rey no era aceptable para el mensajero de Xàtiva, un hombre sabio y respetable por el modo en que se condujo en este asunto. A los tres días, no obstante, volvería con la decisión definitiva de la ciudad. Y así fue. El rey le pidió que aceptasen como juez a Ferran, su tío, y que prometiesen acatar la sentencia. Los árabes no aceptaron, desde luego. El final de la escena nos indica las formas caballerescas y civilizadas que, a pesar de todo, tenía la violencia entre señores de cultura y de tradiciones tan diferentes. El rey dice que cuando el mensajero aseguró no tener poderes para aceptar el juez de Jaume, montó en su caballo, «fuese por su camino y así quedó declarada la guerra». Vemos, entonces, que la guerra se abre no tanto por el incumplimiento de un acuerdo, cuanto por la no aceptación de una solución pactada y judicial, ya que, como es evidente, las formas del proceso no ofrecían garantías a los árabes de Xàtiva. La formalidad del proceder se impone como un ritual perfectamente asegurado. Desde ese momento, el rey convoca a todos sus caballeros y almogávares y se va a poner cerco a Xàtiva. Pero cuando nos aproximamos a ella, descubrimos que la situación era más complicada para el rey de lo que podía suponer.

Un detalle nos sorprende de entrada, quizá insignificante, pero extraño. Vemos aquí a un hombre, a un castellano, natural de Cuenca, pariente del obispo de esa diócesis, que entra y sale del imponente castillo con mucha facilidad. El rey se extraña y lo detiene. El castellano dice que es un artesano que está construyendo una tienda de campaña al estilo árabe para su señor, que no es otro que don Alfonso, el infante de Castilla, el hijo de Fernando III, el que luego será rey con el sobrenombre: el Sabio. El rey aragonés no puede dar crédito a este asunto. Al parecer, este hombre fue interrogado. La *Crónica* se atreve a decir que era un agente de Alfonso. Además, como es lógico, lo era también del obispo de Cuenca. Este hecho no debe pasarse por alto, pues nos indica hasta qué punto la Iglesia era la institución más implicada en la expansión de los reinos cristianos. Los límites de las provincias eclesiásticas, sin embargo, eran muy

---

[6] Véase para todo esto Burns, *L'Islam sota els Croats,* I, págs. 274-277.
[7] *Crónica,* §337.

difusos en este tiempo. Como vimos, Toledo pretendió la diócesis de Valencia, mientras que Jaume la había hecho depender de Tarragona. Ahora, Castilla volvía a la carga. Es comprensible que el obispado de Cuenca —cerrado en su expansión hacia el sur por la metrópoli de Toledo de Jiménez de Rada, que ya dominaba parte de Albacete y Jaén, y por el noreste, por la de Segorbe y Albarracín— deseara ampliar sus dominios desde Requena hacia Xàtiva. Que el infante Alfonso estuviera implicado en las operaciones es muy comprensible, si tenemos en cuenta lo que se estaba preparando en Castilla y que ahora vamos a narrar. El caso es que Jaume comprendió que Alfonso quería hacerse con Xàtiva y poner la frontera de Valencia justo allí, interpretando a su favor la frontera del tratado de Cazola, aprovechando que por aquel entonces Xàtiva no pertenecía ni al distrito de Valencia ni al de Murcia, casi en disolución. Como el individuo en cuestión, además de construir la tienda, siguió de tratos notorios con los musulmanes, el rey le hizo confesar y comulgar y después lo ahorcó en un árbol.

No sabemos cuándo ocurrieron los hechos que acabamos de narrar ahora, pero quizá correspondan al mismo mes de enero de 1244. Era el tiempo en que el malestar crecía por el norte del reino a consecuencia de los malditos asuntos de la herencia de los hijos del rey y de la confusión creada por las Cortes de Daroca. El caso es que, mientras tanto, los representantes de los catalanes, que ya conocían los resultados de las Cortes de Daroca, se reunieron en Barcelona para demostrar que, efectivamente, en todas las treguas de paz firmadas desde antiguo, el territorio se establecía desde Salses, el castillo que debía albergar una larga historia hasta el siglo XVII, hasta el Cinca, a los pies de Monzón. Por tanto, las constituciones de paz catalanas incluían Lleida y las tierras de más allá del Segre hasta Monzón. El testimonio era irrefutable, como vimos. Así que, abandonando el sitio de Xàtiva hacia el mes de enero, el rey llegó a Barcelona y firmó la serie de documentos que pacificaban los ánimos de Cataluña. Fueron todos ellos publicados por Bofarull en la *Colección de Documentos Inéditos del Archivo de la Corona de Aragón*[8]. Están fechados el 21 de enero de 1244. El primero de ellos fijaba el límite del principado de Cataluña en el Cinca, incluyendo Lleida. El segundo hacía de Cataluña heredad del hijo mayor de Violante, don Pere. Por el tercer documento, el más importante, reconoce Jaume que las Cortes de Daroca, reunidas en su presencia, jamás tuvieron la voluntad de dar Lleida a su primogénito Alfonso. Cuando el rey arregló estos asuntos, se tornó a Valencia, a perseguir su obsesión. El siguiente documento que firma en el sitio de Xàtiva ya es del 11 de febrero de 1244.

Ahora debemos concretar este momento e imaginar a Jaume ante Xàtiva con los caballeros que hubiera podido reunir, con la guarnición de Valencia en todo caso. Debemos dibujar la simultaneidad de los movimientos de su hijo Alfonso[9], el príncipe que se había mantenido lejos del padre desde siem-

---

[8] Bofarull, *Documentos Inéditos,* vol. VIII, Perg. 114; y son los 935, 936 y 937.
[9] Cf. Sagarra, «Noticias y documentos inéditos referentes al infante D. Alfonso, primogénito de D. Jaume», *Boletín de la Real Academia de Buenas Letras,* IX, Barcelona, 1918, 19 págs.

pre. Lo vemos asistido por Castilla, sobre todo por determinados señores feudales de este reino que siempre habían visto en las tierras del Ebro una forma de expandirse desde las campas de Álava y Cameros hacia Molina de Aragón. Así que Castilla habría de defender la integridad de la herencia de Alfonso. Sabemos que, en el mes de febrero de 1244, mientras Jaume se dispone a castigar al alcaide de Xàtiva, su hijo Alfonso se halla en Calatayud, al frente de un pequeño ejército, dispuesto a luchar contra Cataluña y, de camino, contra su padre. Con el hijo del Conquistador va su tío Ferran, eterno rebelde contra el rey, y también le acompaña un viejo conocido nuestro, el infante Pedro de Portugal, el antiguo señor feudal de las Baleares, sin duda resentido por su nuevo despojamiento del señorío del reino insular, y, cómo no, el señor de Albarracín, hombre de frontera, que voluntario se prestaba a las alianzas con Castilla y a la toma de terreno entre el Cinca y el Segre, los centrales condados de Ribagorza y Pallars. El caso es que todo Aragón estaba por Alfonso.

Pero no puede acabar aquí nuestra imagen de simultaneidad. Justo en este momento, otro Alfonso, el infante de Castilla, el hijo de Fernando III, aprovechó para lanzar su ofensiva hacia Xàtiva, llegando a tomar la villa de Enguera, cercana a la ciudad deseada. Vemos así que aquel individuo de Cuenca que entraba y salía de Xàtiva no era un ingenuo artesano. Era el mínimo símbolo que se permite la *Crónica* para indicar la verdadera situación política: que Castilla presionaba, por el norte, por la frontera de Aragón, y por el sur, por la frontera de Valencia. Y en cada uno de los frentes había sabido colocar a un Alfonso. En este contexto, que el rey no nos cuenta en su *Crónica*, conviene situar los problemas que habrían de conducir a la paz de Almizra.

Por fortuna para Jaume, todavía un hombre velaba por los equilibrios. Finalmente, Fernando III tuvo que intervenir para detener lo peor, que el hijo de Jaume levantase la mano contra su padre. Los historiadores dicen que, en cierto modo, el rey Santo no fue capaz de detener el brazo de su propio hijo cuando se lanzó contra Jaume, que al fin y al cabo ya era su futuro padre político. En efecto, la hija del rey Jaume, Violante, por aquel tiempo de siete u ocho años, ya estaba prometida al infante Alfonso de Castilla. Sin embargo, hay diferencias importantes entre las presiones del norte y las del sur. Alfonso de Aragón se dirigía contra su propio padre, que lo había heredado con un reino. Ahora, con poco fundamento, interpretaba que su tierra limitaba con el Segre, no con el Cinca, pues a fin de cuentas los de Lleida le habían jurado fidelidad en Cortes. Pero, en todo caso, este era un asunto interno de la corona de Aragón, y Castilla no tenía nada que decir allí. La presión de Fernando sobre su sobrino podía ser intensa y justificada, y por eso se hizo valer de forma decisiva.

Con su propio hijo, el infante Alfonso de Castilla, la situacion de Fernando era bien distinta. Primero, se trataba de una cuestión de fronteras entre los dos reinos cristianos. Y, además, no de una frontera directa, sino indirecta, con el reino musulmán de Murcia. Además, los tratados dejaban claro que la separación occidental entre los dos reinos estaba en Biar, pero la línea desde esta pequeña localidad de la sierra suroccidental valenciana hasta el mar no estaba definida; podría ir más al sur o más al norte y, aunque Jaume tenía razón al proponer una línea recta que dejaba dentro Denia y que llegaba hasta Calpe, como decían los tratados antiguos, resultaba que para los usos del tiempo todo esto constituía un escenario más ambiguo y permisivo. Por lo demás, estaba el pacto de vasallaje entre el rey de Murcia y el de Castilla en Alcaraz. Puesto que Xàtiva quedaba entonces formalmente sometida a Murcia, esos pactos daban cierto derecho de intervención al infante Alfonso. Como dijimos, el poder de la taifa murciana se proyectaba hacia el norte, hacia Xàtiva y Denia, justo en estos momentos en que Zayyan había perdido el poder ante los huditas procastellanos [10]. Así las cosas, la capacidad de presión de Fernando III sobre su hijo Alfonso de Castilla era sin duda menor. También es verdad que la obstinación y el poco sentido del tacto del que, haciendo justicia a otras virtudes, luego sería llamado el Sabio, hacían más difícil la mediación. Por eso, aunque la situación no llegó a explotar con Alfonso de Aragón, por el norte, sí que se fue complicando todo con Alfonso de Castilla, en la frontera del sur.

El caso es que la toma de Enguera por parte de Alfonso de Castilla provocó la ira y la perplejidad de Jaume. La decisión fue muy rápida. El rey se presentó ante la villa y quiso confirmar la noticia. Era evidente que, de ser cierta, la ofensiva del infante castellano no se podía quedar en la toma de aquella posición, sino que tendría por meta evidente la imponente Xàtiva. La injusticia era para Jaume palmaria y no estaba dispuesto a consentirla. Así que lanzó una hueste contra Enguera, capturó a diecisiete hombres de la villa y, con ellos prisioneros, dijo a la autoridad castellana que se rindiera o peligrarían las vidas de sus vasallos árabes. Enguera no se rindió y el rey cumplió su amenaza. En la *Crónica* real no se oculta esta ejecución, pues el rey se sabía cargado de razones para no consentir aquel acto de usurpación de tierras que, según el tratado de Cazola, eran suyas. En cierto modo, los árabes podían luchar por ser independientes. Pero entregarse a un señor diferente del que les correspondía era un acto de traición para la mentalidad feudal de aquellos hombres. De ahí que el rey no se avergüence de dar muerte a sus prisioneros. Mas no solo eso. Estaba dispuesto a pagar al infante con la misma moneda. Alfonso de Castilla, cuando se enteró de la ejecución de su gente, pensó que la cosa había ido demasiado lejos, y solicitó una entrevista con el rey Jaume, que estaba en Alzira. El rey le contestó que la concedería solo si el castellano estaba dispuesto a retractarse de su conducta. Hemos de ponernos por un instante en la mentalidad del rey, conquistador de Mallorca y de Valencia, el hombre más victorioso de la época —Fernando en 1244 había tomado Úbeda y Baeza, pero no había tomado aún ni Córdoba ni Sevilla—, desafiado por un infante carente de hazañas y con el que además se iba a casar su hija. Mientras aceptó verse con Alfonso, Jaume no se quedó quie-

---

[10] E. Guinot, *Els límits del regne,* pág. 37.

to. Logró que los frailes de la Orden de Calatrava le dieran Villena y Sax. Luego convino con los árabes la entrega de Bugarra y Capdets o Caudete, muy cerca de Almansa. Todas estas eran plazas de conquista de Castilla, aunque ahora pertenecen unas a Valencia, otras a Alicante y otras a Albacete. El infante se dio cuenta de que debía presionar a favor de la paz. El rey aceptó y los futuros suegro y yerno se vieron entre Villena y Caudete, en los llanos del campo de Almizra.

Las comitivas eran numerosas [11]. Debemos situar el hecho durante los días 25 y 26 de marzo del 1244. El encuentro no fue fácil, aunque no faltaron las cortesías habituales de salutación, sobre todo con la reina Violante. En cierto modo, Alfonso sabía que la reina era decisiva en este asunto. De hecho, contaba con la colaboración de la soberana en este encuentro, pues el argumento que esgrimieron no debía de disgustarle a Violante. Se trataba, en suma, de que al fijarse los pactos de matrimonio entre Alfonso y la hija de Jaume era lógico que se diera alguna dote en tierra a la infanta. Esa dote era Xàtiva, dijeron los castellanos, según la había ofrecido el negociador que cerró el trato de la boda real. El rey Jaume se quedó mudo, pidió tiempo para tratar este tema con su gente —quizá con su esposa— y al poco pudo llamarlos para responderles. Como podemos suponer, el rey negó que hubiera prometido dar Xàtiva como dote a su hija. Puede que los ánimos, en la reunión privada de los hombres del rey, se hubieran puesto tensos. En realidad, se sacaron a relucir viejas afrentas. ¿Acaso en su boda con Leonor, la tía abuela del infante Alfonso, alguien había ofrecido alguna dote, en territorio o dinero, a la casa de Aragón? La respuesta del rey devolvió a los castellanos la afrenta de su primera boda: «Nos creemos que no hemos de dar a ningún rey por nuestra hija más de lo que él a nosotros por la suya» [12]. Xàtiva pertenecía a la tierra de conquista de Aragón y el rey no iba a cederla por nada. Los pactos de Cazola estaban escritos desde antiguo para ser cumplidos.

Los castellanos se retiraron con pesar, pero pronto volvieron a la carga. Ahora podían buscar al que cerró los pactos de la boda, a Ovieto García, que testificaría lo que en ellos se contrató. El rey, muy caballero, respondió con claridad que estimaba a Ovieto García como hombre de honor y suponía que diría la verdad, pero esta no era otra sino que nada se había prometido como dote a su hija Violante. Sea como fuere, no era de recibo que un pleito tan importante dependiese de un vasallo de Alfonso, ni era honorable que se pusiera

---

[11] Con el rey iban, además de la reina, los nobles catalanes Guillem de Montcada y Hug de Forcalquier, el castellano de Amposta Pérez de Arenós y el alemán almirante Carrós, un hombre fiel de Jaume desde la aventura de Mallorca. También estaban allí el obispo de Valencia, el aguerrido Andreu de Albalat, y su archidiácono, *mestre* Martí; el maestre del Temple, Guillem de Cardona, y algunos caballeros aragoneses de la mesnada del rey. Con el infante de Castilla iban el maestre del Temple para toda España, Martí Martínez; el maestre de Santiago en Uclés, Pelagio Pérez Correa; luego se distinguía el señor de Vizcaya, Diego López de Haro, y, cómo no, el obispo de Cuenca, Gonzalo, además de otros caballeros, sobre todo de la casa de Guzmán, que tanta importancia iba a tener luego en Castilla.

[12] *Crónica*, §345.

a un súbdito en la tesitura de decir la verdad o faltar a su señor. Cuando el rey Jaume dijo que Dios y él sabían cuál era su derecho, todos entendieron que la causa llegaba a su final. Invocar a Dios era dejar los pleitos a la suerte de las armas. Jaume quiso salir airoso y dijo que aquel matrimonio se había cerrado sin dote y que de ningún modo la habría. Jaume añadió que, a pesar de todo, el infante debía pensar que una buena relación con Aragón todavía podía ofrecerle algo mejor: la ayuda militar de mil o dos mil caballeros una, dos o las veces que hicieran falta. Este argumento del rey Jaume no fue banal, ni en esta ocasión habló por decir cualquier cosa. Pronto iba a demostrarle a su yerno hasta qué punto estaba en condiciones de cumplir su palabra.

Los castellanos regresaron al día siguiente. No debemos olvidar que iban dirigidos por el noble más importante de Castilla, el señor de Vizcaya, un hombre airado y poderoso que puede ser que tuviera excesiva influencia sobre el infante. Lo que vino a decir en el nuevo encuentro solo podía interpretarse como una amenaza. Jaume debía darle Xàtiva a su señor Alfonso, porque de todas maneras este había de tomarla de grado o por fuerza. La cortesía llegó a su límite de nuevo. Cuando el rey preguntó cómo habrían de tomar la ciudad, el señor de Vizcaya reveló que el alcaide árabe de Xàtiva había ofrecido rendir la ciudad a las tropas castellanas. El rey, según se describe en su *Crónica*, mantuvo la serenidad. Sin inmutarse dijo lo siguiente, que en la versión catalana suena como si fuera un verso rimado: «Decidle que no tenemos miedo de que nadie nos quite Xàtiva, ni el alcaide la puede dar, ni ninguno ose tomarla, pues quien quiera entrar en Xàtiva ha de pasar por encima de nosotros. Y vosotros, castellanos, cuidaos de pasar con vuestras amenazas, pues aquellas las he de esperar. Y hablad si queréis decir algo más, pues si no recapacitáis, sabed que seguiré mi camino, y vosotros haced lo que podáis»[13]. A esto siguió la orden de cargar las mulas y de regresar hacia el sitio de Xàtiva. A lo largo del valle de Mogente, de Vallada, de la roca de Montesa, el rey debía de mirar a lo lejos la mole de Xàtiva como una fortaleza a la que no deseaba renunciar por nada del mundo. Era en cierto modo una obsesión del rey, pero también una necesidad de su reino.

Fue entonces, nada más partir, cuando la reina rompió a llorar y a maldecirse. Ella había venido para acordar a su marido y a su futuro yerno, el que había de ser marido de su hija, y nada había conseguido. Ahora la boda de su hija estaba en peligro. El rey no se echó atrás y mantuvo la orden de partir. Todos los caballos estaban ya ensillados cuando llegaron de nuevo el maestre de la Orden de Santiago y el señor de Vizcaya. Con un poco de cinismo, los enviados del infante Alfonso preguntaron al rey por qué se había irritado de tal forma. Don Jaume debió de pensar que aquella provocación excedía de todo límite. Con rabia contenida, destapando el juego de su hipocresía, el rey les dijo: «No hay hombre en el mundo que vosotros no hagáis salir de medida, porque hacéis todas las cosas con orgullo y exigiendo que se haga todo

---

[13] *Crónica*, §347.

lo que vosotros decís»[14]. Era evidente que la generalización del rey era excesiva. Pero también resultaba muy claro que había sido llevado más allá de lo tolerable. Sabiéndolo, los nobles de Castilla apelaron a la reina, que volvió a hablar con su esposo con el llanto en los ojos. Violante fue escuchada. De allí se había de salir con paz, pero para eso Castilla debía renunciar a Xàtiva. Era lo necesario. Efectivamente, de forma explícita, el rey reconoció que el tratado de Cazola no definía bien la frontera sur de los reinos de Aragón y de Castilla. Así que se decidió algo muy elemental, que estaba dentro de la lógica de estos tratados desde el principio: se partió la tierra conforme estaban divididos los reinos moros de Valencia y Murcia. Por ello, para Castilla quedaría Caudete, Villena y Sax hasta Alicante. Para Valencia quedaría Mogente, Enguera y Xàtiva, hasta Denia. Sin embargo, Enguera la ofreció Jaume a la Orden de Santiago, cuyo maestre, como vimos, estaba en la negociación[15]. Tras firmar los acuerdos, los dos hombres se separaron amigos. El camino hacia la boda real quedaba de nuevo expedito. Violante, una vez más, lograba para sus hijos un sólido patrimonio, y para su primogénita el mismo título de reina que ella.

En realidad, este pacto matrimonial firme era consecuencia de la definición de la frontera que se estableció en el campo de Almizra, frente a Villena. En este tratado, firmado el 26 de marzo de 1244[16], se concedía como tierra de conquista de Castilla el castillo y la villa de Alicante con todas sus tierras y aguas, y se ponía la frontera por el norte en Busot, que quedaba dentro de Castilla. Desde allí se lanzaba una línea hasta Biar. Todo lo que quedaba al norte era de Valencia. Hacia el oeste la línea salía de Biar y buscaba Requena. La frontera la trazaba la sierra de la Rúa y el punto en el que el Cabriel va a desembocar en el Júcar. Ayora quedaba para Castilla. Por tanto, el tratado reconocía como valencianos todos los territorios que iban desde Biar hacia Xàtiva y Denia. De esta manera, Jaume conservaba una línea muy importante de castillos que van desde Almizra hasta Torres, pasando por Biar, Castalla, Xixona, Alarch, Finestrat, Polop, La Mola de Aybés y Altea. Todos los detalles pueden verse en el mapa.

Una vez firmados los acuerdos con Alfonso de Castilla, el infante Alfonso de Aragón, hijo de Jaume, perdía su mejor aliado para sembrar la violencia en el reino de Aragón. Sin embargo, sabemos que no se resignó a perder Lleida. Sus agentes merodearon la zona, levantaron a las milicias de la ciudad y lograron que se manifestasen hostiles a jurar como heredero al infante Pere, a quien correspondía Cataluña. Tanto fue así que, en septiembre de 1246, dos años después de los hechos que estamos refiriendo ahora[17], el mismísimo rey Jaume tuvo que dirigirse a la ciudad y declarar delante de ellos que las Cortes

---

[14] *Crónica*, §348.
[15] Huici-Cabanes, doc. 387, págs. 175 y sigs.
[16] Ibídem, doc. 388, págs. 176-177.
[17] Ibídem, docs. 439 y 440, págs. 236-237.

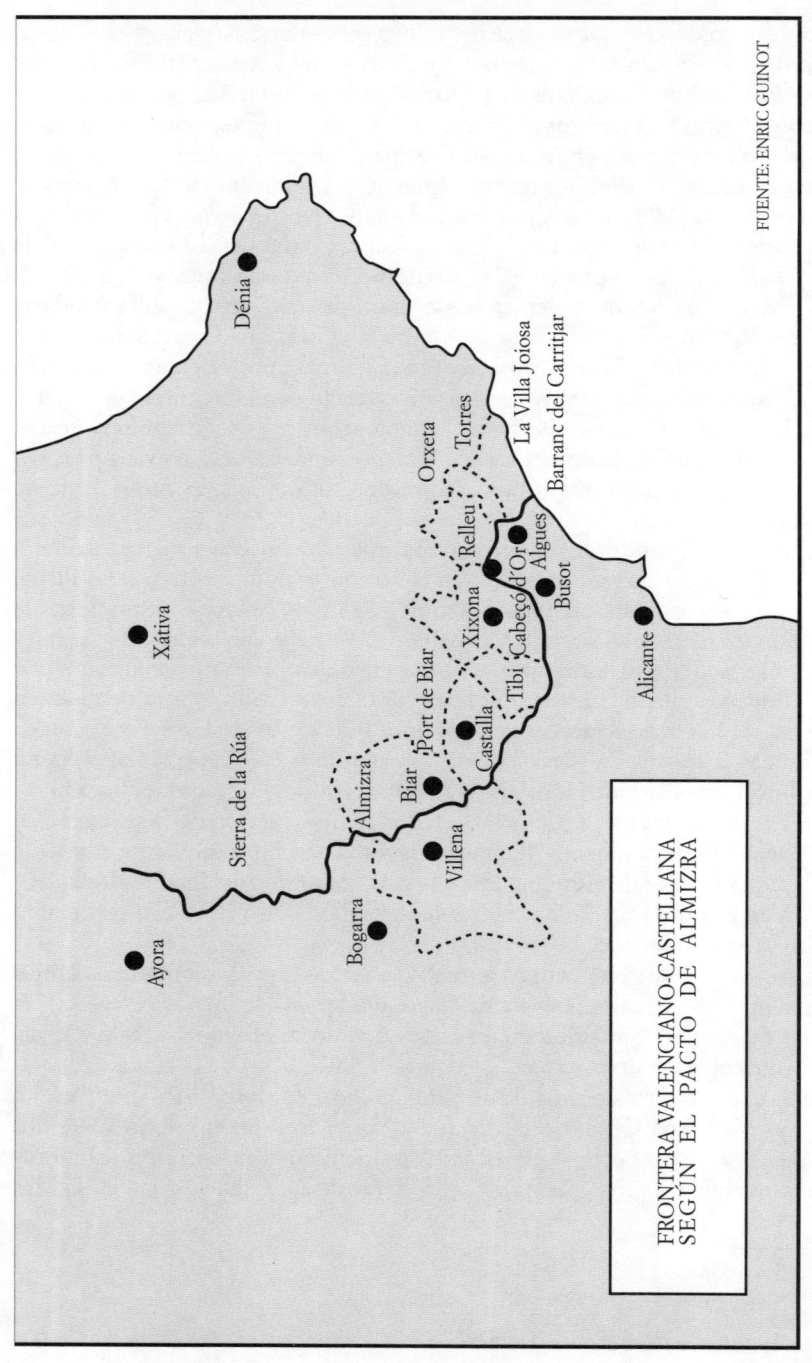

La frontera valenciana según el pacto de Almizra (1244)

de Daroca no pretendieron nunca dar el territorio entre el Cinca y el Segre a su hijo Alfonso. Era una clara demostración de que el rey se alineaba con los catalanes en este asunto. Los leridanos ni siquiera entonces se resignaron a su aspiración y don Jaume tuvo que nombrar a dos árbitros del conflicto, si bien volcó la mano sobre los catalanes, pues eligió a Mateo, arcediano de Girona, y a Guerau de Cervera. Pero no adelantemos acontecimientos de un asunto que todavía nos ocupará a lo largo de los siguientes capítulos.

El caso es que en abril de 1244, en las fechas en las que estamos ahora, el rey volvía desde Almizra a Xàtiva, a continuar el sitio que había descuidado por el asunto del tratado. El caudillo árabe de Xàtiva se vio perdido sin la ayuda de Alfonso de Castilla. Ofreció entonces la rendición a cambio de mantener uno de los castillos de Xàtiva, el mayor, durante dos años, y de obtener Montesa y Vallada para refugio de los árabes de la ciudad que quisieran concentrarse allí. Como veremos, su hijo Pere tendrá motivos para lamentarlo luego, una vez muerto Jaume, en 1278. El rey aceptó las condiciones y el tratado de rendición de Xàtiva se firmó en mayo de 1244[18]. Debemos leer atentamente la *Crónica* del rey, porque testimonia el cambio de percepción de la seguridad del reino que ya tiene Jaume. En un momento de las negociaciones de rendición, el rey dice que «además, Xàtiva es la llave del reino y no nos tendríamos nos por rey de Valencia si no fuésemos dueño de aquella plaza»[19]. De esta manera, Jaume estaba anticipando la desgraciada historia de Xàtiva, que, en efecto, sería la llave del reino en más de una ocasión y por eso habría de ser destruida siempre que alguien atacara Valencia desde el sur, como en la Guerra de Sucesión o en la Guerra de la Independencia. Con ello el rey reconocía que el peligro solo podía venir de Castilla o de los propios árabes, cuya posesión de Xàtiva podía ser una amenaza en caso de que organizaran una fuerza considerable. En cierto modo, el rey era consciente de la superficialidad de la conquista del territorio que había llevado a cabo. Se tenían enclaves y villas, pero la población seguía siendo en su mayoría musulmana. Una concentración de aquella gente producida por un liderazgo oportuno, o el seguimiento de una campaña dirigida desde Andalucía, sin duda arrastraría toda aquella masa humana contra el rey de Aragón, como una marea incontrolable. Xàtiva, de estar en sus manos, detendría cualquier avance desde el sur, lo impulsara quien lo impulsara. De ahí la firmeza negociadora de Jaume, que en

---

[18] Cf. J. Camarena Mahiques y E. Furio Beltrán, «El "repartiment" de la zona de Játiva», *X CHCA*, partes 3, 4 y 5, Fundación Fernando el Católico, Zaragoza, págs. 87-111. Como se nos indica en este trabajo, se dieron propiedades a unos 890 cristianos, además de algunos musulmanes y judíos. Todos ellos reciben 927 edificios habitables y 53 locales industriales (cf. pág. 91). Esta repoblación permitía alcanzar unos 4/5 del total de la población (pág. 97). Como vemos, el rey quiere tener el dominio completo de esta plaza. De hecho, esta conquista determinó una concentración de cristianos en la plaza más fuerte de la frontera. Cada uno de estos repobladores recibió aproximadamente nueve hectáreas. Xàtiva disponía de mucha tierra labrada: más de siete mil hectáreas. La condición en que se entregó la tierra era la de pago de un censo anual. La tasa era de diez sueldos por jovada a pagar a primeros de enero (pág. 108).

[19] *Crónica*, §350.

todo momento se mostró lúcido respecto a su obligación estratégica como jefe militar de su reino de tomar aquella fortaleza.

Poco después, estando el rey en Valencia, dos árabes de Biar, enterados de los tratados entre Jaume y Alfonso, considerando que ya no tenían margen de maniobra, decidieron entregarse a quien las relaciones entre los reinos cristianos habían decidido como señor de su tierra. Vinieron a Valencia y dijeron al rey que ellos eran los de más amplio linaje de la villa y que sus familiares estaban convencidos de que, con su mera presencia, el castillo se le rendiría. Sin duda hablaban dispuestos a obtener los beneficios de la rendición. El rey acudió al castillo montañoso, en la vertiente norte de la sierra de Mariola, en la frontera con el reino de Murcia, control obligado de los pasos entre los dos reinos y una de las fronteras con más tráfico de mercancías. Sin embargo, el alguacil de la plaza decidió oponer resistencia y provocó un largo sitio. El rey dice que estuvo allí desde el mes de septiembre de 1244 hasta el mes de febrero de 1245. La aportación de Guillem de Montcada de sesenta ballesteros tortosinos fue decisiva para impulsar los ataques de un castillo que había concentrado en su interior a una buena cantidad de árabes dispuestos a luchar. Al final, el castillo se rindió y el rey constituyó por escritura la aljama con sus derechos y propiedades. El cambio de Castalla, propiedad de un noble, Pérez de Arenós, por las plazas más cercanas a Valencia de Villamarchante y Cheste, dio al rey los enclaves más fuertes de la frontera occidental. El final de la conquista del reino se nos cuenta así por parte del rey, en este pasaje de su *Crónica:* «De esta manera pasó a nuestro poder Castalla. Entre esto y saberse que teníamos ya Xàtiva y Biar, rindióse al punto todo el reino desde el Júcar hasta la tierra de Murcia; concedimos enseguida a todos los habitantes que pudiesen quedar en el reino, y así lo tuvimos todo»[20]. Desde luego hemos de suponer que Denia debió de rendirse en esta ocasión. Al menos, poco tiempo después Jaume concedía al puerto más cercano a Ibiza el mismo fuero de que ya gozaba Valencia[21], y le ofrecía la franquía de todo tributo de peaje, lezda, pesos y medidas a sus habitantes por todo el territorio de la corona de Aragón[22]. El Conquistador, en febrero de 1245[23], menos de siete años después de la conquista de Valencia, antes de que acabara el plazo de la paz firmada con Zayyan, había ultimado la obra que comenzara en 1229, cuando puso el pie en la nave que lo llevaba a Mallorca. Un reino sobre las aguas era un mérito indiscutible. Pero ahora el más bello reino era oficialmente suyo, aunque en las montañas del sur se ocultaba una realidad rebelde, indomable. Habían sido casi diecisiete años ininterrumpidos sobre las armas. A pesar de todo, el rey contaba a la sazón treinta y siete años de edad.

---

[20] *Crónica*, §360.
[21] Huici-Cabanes, doc. 405, págs. 194-195.
[22] Miret, *Itinerari*, pág. 172.
[23] Obviamente, Zurita se equivoca en todos estos hechos al escribir sus *Anales*. Zurita sitúa la ocupación de Xàtiva en 1248 (cf. *Índices*, pág. 198), y en 1253 la toma de Biar (ibídem, pág. 203).

SEXTA PARTE

LEGISLACIÓN Y ORDENACIÓN DE LA CORONA: LA DÉCADA CENTRAL DEL REINADO
(1245-1255)

34
LA LENGUA Y LA ABSOLUCIÓN

Por mucho que el rey hubiese concluido la conquista de los territorios que los antiguos tratados concedían a su corona, no por eso dejó de pensar en ellos como primera preocupación de su gobierno. Hemos dicho varias veces que el número de cristianos instalados en las tierras recién conquistadas era todavía muy pequeño. Es verdad que los cristianos dominaban los enclaves militares fundamentales, las líneas de castillos, las fortalezas de las principales ciudades; pero no podemos suponer que la población se desplazase tras los caballeros, con ese nivel de organización que permite la ordenación de las ciudades y el funcionamiento de la vida social. En el fondo, no existía un plan de repoblación ni de sustitución de las estructuras sociales islámicas. La reconquista de Valencia garantizó de forma precaria la paz y la hegemonía militar a los cristianos. A partir de aquí podían iniciarse los lentos procesos de colonización, los invisibles desplazamientos de los grupos humanos, el bullicio de las compras y las ventas, las emigraciones y las obstinadas resistencias de los musulmanes. Aunque era urgente mejorar la presencia cristiana en el sur, nadie tenía interés en poblar un sitio nuevo para despoblar otro antiguo. La conquista y el control militar garantizaban que el proceso de cristianización iba a ser irreversible: mientras durase la hegemonía militar, y aunque la seguridad no fuese grande, las nuevas tierras estaban abiertas a los cristianos. Pero el ritmo y la intensidad de la reocupación no estaban predeterminados por nada ni por nadie. En este inmenso proceso de sustitución de una sociedad por otra hemos de identificar miles de actos voluntarios, individuales, dictados por los intereses personales, desorganizados, azarosos.

Estos hechos dieron a la conquista de Jaume un aspecto de debilidad de la que el rey era muy consciente. Aquella isla cristiana flotando sobre un magma islámico debía de preocuparle. En cierto modo, nuestro rey había creado, al conquistar el territorio, un sistema de fidelidad y vasallaje con los habitantes musulmanes, en el que todo dependía de su capacidad permanente de presión militar. Solo ella obligaría a los principales caudillos árabes a mantener sus juramentos de obediencia. Por eso, toda la operación era costosa y difícil, pues había que mantener fuerzas militares permanentes sobre el terreno. Por mucho que el nivel organizativo de la sociedad musulmana quedara descabezado y desestructurado al carecer de la hegemonía militar; por mucho que el espíritu de derrota deprimiera los profundos sentimientos de hostilidad entre los musulmanes respecto a la sociedad cristiana; por mucho que los cambios de asentamiento sacudieran las estructuras de poder social y económico de los grupos humanos sarracenos, su propia presencia mayoritaria en el campo y en parte de las ciudades podía ser motivo suficiente para agrupaciones repentinas. Estas podían ser desvertebradas, pero justo por ello amenazaban con irrumpir tanto más violentas y catastróficas para el incipiente orden cristiano. Que esa era la preocupación del rey se demuestra por el salto que da la *Crónica* a la hora de narrar la vida del monarca. Si en el §360 nos había dicho que el reino por fin estaba ganado, en el §361 ya comienza el relato de los disturbios que conoció el territorio valenciano en el tiempo de la rebelión del caudillo Al-Azraq. El salto temporal de la *Crónica* nos descubre, por el contrario, la continuidad de las preocupaciones y esfuerzos del rey.

En efecto, sabemos que el rey se quedó en Valencia hasta el mes de junio de 1245. Luego se dirigió hacia el norte, residiendo en Barcelona más de un mes. Miret localiza aquí una larga estancia entre el 13 de septiembre y el 22 de octubre[1]. Después, caminando siempre hacia el norte, se halla en Salses hacia el 29 de octubre de 1245[2]. Tras diferentes recorridos por distintas ciudades de sus reinos, resolviendo aspectos concretos de su administración[3], lo vemos en octubre dirigirse hacia Perpiñán, y puede ser que desde allí entrase hasta la Provenza. Y es lógico que avanzara hasta aquellos territorios, porque sobre el suelo de la vieja provincia romana estaban ocurriendo sucesos definitivos para la suerte del Mediodía francés. En ese viaje, una vez más, percibimos la verdadera relación del rey Jaume con las tierras vinculadas a la casa de Barcelona: no puede separar de ellas su mente y su voluntad, sigue con sumo interés sus acontecimientos y muestra el deseo de intervenir en ellos de forma personal. Pero sus fuerzas no acompañan esta voluntad y, por eso, el rey se limita a una política que no supera ciertos gestos explícitos. Una de estas situaciones tensas y contradictorias es la que ahora vamos a ver.

Desde luego, como dice Miret, muy corta debió de ser esta estancia del rey por el Mediodía[4], pues estaba de vuelta en Calatayud hacia el 25 de noviembre de 1245. Es fácil que debiera de ir a los territorios de la Provenza, pues, en agosto de 1245, moría en Aix el conde Ramon Berenguer, su pri-

---

[1] Miret, *Itinerari,* ob. cit., pág. 175.
[2] Firma un documento concediendo a Raimundo de San Raimundo una torre con tres caseríos entre Torrent y Quart. Huici-Cabanes, vol. II, doc. 407, pág. 197.
[3] Así, al rey se le ve en Tarragona, en junio (Huici-Cabanes, vol. II, doc. 410, pág. 201); en Montalbán, en julio (ibídem, doc. 411, pág. 201), y en Barcelona, en septiembre, donde firma el importante documento que concede a Valencia cuatro jurados y regula su elección, tema del que ya tratamos en el capítulo dedicado a Valencia (ibídem, doc. 412, págs. 202-203). Desde allí pasó a Perpiñán, donde estuvo durante el mes de octubre (cf. Miret, ob. cit., págs. 174-175).
[4] Miret, ob. cit., págs. 175-176.

mo. Al parecer, Jaume debió de acudir allí con un cuerpo de tropas para reclamar su soberanía sobre la Provenza y proteger a Beatriz, la hija de su primo. Pero Romeu de Villeneuve, el consejero que el conde de Provenza había dejado como tutor de su hija, ya había apostado por Francia y deseaba casar a Beatriz con Carlos de Anjou, hermano de Luis. Era un momento clave, por tanto. El apoyo de Raimundo habría sido decisivo para don Jaume en esta situación. Pero, en lugar de eso, el conde de Tolosa buscó la protección de Francia en una actuación confusa. El Papa, por su parte, también hizo lo propio: negó la posibilidad de casar a Raimundo con Beatriz. La vieja jugada de la boda con Sancha no se iba a repetir. En esa situación, Francia actuó con decisión. Carlos de Anjou, al frente de las tropas de su hermano, no encontró resistencia alguna. Las pocas tropas de Jaume no podían hacer nada. La Provenza era de Francia ya para siempre, si bien de la rama de Anjou, que pronto tendría Sicilia y Nápoles, tierras estas últimas a las que la Provenza se mantendrá unida hasta la mitad del siglo XV, en que pasará a Francia con carácter definitivo. En enero de 1246, Carlos de Anjou se casaba con Beatriz de Provenza. Los trovadores, con su mezcla de refinamiento y de sal gorda, echaron la culpa de todo al rey de Inglaterra y al rey de Aragón. Otros, más realistas, comprendieron que el asunto era más complejo y que no se podía ignorar la falta de rigor político y de vigor militar de los provenzales. «Este país no debe llamarse ya Proenza; deberá tomar el nombre de Fallenza, puesto que ha trocado una dominación leal y suave por una codiciosa tiranía», dice Guillem de Montagnagol en unos versos. En realidad, la violencia de la dominación francesa mantuvo vivo el recuerdo de la dulce presencia catalana durante mucho tiempo. De la misma manera que habían animado a Jaume, los trovadores todavía animarán a su hijo, el infante Pere, y con más éxito, a emprender una guerra de liberación del sur.

Es muy posible, pues, que Jaume, hacia finales del mes de octubre de 1245, se diera cuenta de que la suerte estaba echada para la Provenza. Su viaje, más que una intervención real en los asuntos del Mediodía, había servido para testificar lo irreparable. Aunque dejara en las tierras del sur de Francia al bravo vizconde Trencavel, él debió de marchar hacia Cataluña. Qué hizo el resto del tiempo hasta finales de 1245, no lo sabemos, aunque a decir de Ferran Soldevila debió de seguir intrigando para casar a Beatriz con Raimundo[5]. Sabemos, desde luego, que estuvo en Calatayud[6] y que en enero de 1246 estaba en Valencia, favoreciendo con nuevas concesiones a los señores del Temple[7]. En estas fechas se celebraba la boda de Carlos de Anjou con la joven Beatriz de Provenza, que trajo aparejada una administración francesa de senescales dura y opresora para aquellas gentes. Los primeros meses de este

---

[5] Ferran Soldevila, *Pere el Gran,* Parte I, vol. I, pág. 87.
[6] Miret, ob. cit., pág. 552.
[7] Ibídem, pág. 176. También por este mes de enero el rey funda una nueva capellanía en la iglesia catedral de Valencia. Cf. Huici-Cabanes, vol. II, doc. 419, pág. 209.

año, al menos hasta marzo, los pasaba el rey en Valencia, reglamentando algunos asuntos importantes, como la concesión del reparto de Denia a su fiel Carròs, el notable almirante de la conquista de Mallorca; o regulando el derecho de pasto de los ganados de Teruel en tierras valencianas[8]. Entre el mes de marzo y el de mayo —que lo vemos de nuevo en Montpellier— perdemos la pista del rey. Miret dice que debió de emprender el viaje en marzo hacia el norte[9]. Ante esta opinión recordemos que, cuando el rey emprende la ruta del norte, siempre deja un rastro de documentos a su paso por los grandes centros catalanes. Es mucho más fácil que sus pasos se pierdan por la frontera sur del reino, verificando las defensas y el estado de las guarniciones. Desde luego, tampoco debía perder de vista los asuntos de la Occitania. Como hemos dicho, con su movilidad característica, el rey se presentó en Montpellier[10] hacia la mitad del mes de mayo, donde legisló sobre la manera en que se deberían elegir los cónsules de la ciudad, al mismo tiempo que consagraba una capilla a la Virgen[11]. Como es lógico, con los franceses en la Provenza, Montpellier también se había convertido, de repente, en otra frontera, y el rey deseaba hacer acto de presencia por aquellos territorios propios. Todo cuadra en esta primera mitad del año, pues lo vemos hacia el mes de mayo pasar por Perpiñán y desde allí bajar a Girona, donde de nuevo concede beneficios importantes a los del Temple que se habían instalado en Valencia: el cambio de Ruzafa por la torre de Montcada, al tiempo que la entrega de seis mil sueldos sobre los derechos de la Albufera[12]. Camino del sur, el 17 de junio estaba en Barcelona[13]. Por fin, hacia el mes de julio de 1246 ya lo vemos en Xàtiva interviniendo como juez en las diferencias entre los moros y cristianos de Alzira[14], actuación en la que Jaume pudo demostrar que consideraba a todos

---

[8] Huici-Cabanes, vol. II, docs. 420-421, págs. 211 y 213.

[9] Miret, ob. cit., pág. 178.

[10] El documento lo dan Huici-Cabanes, núm. 424. No es, por tanto, ni el documento que menciona Miret, que es de primeros de marzo de 1246, sino que es de 18 de marzo; cf. ob. cit., vol. II, doc. 424, págs. 214-215.

[11] Miret, ob. cit., pág. 178.

[12] El documento es de 29 de mayo de 1246 (Huici-Cabanes, vol. II, doc. 426, págs. 218-219). En verdad, la cifra de los impuestos de la Albufera era muy cuantiosa. Para entenderla, no debemos pensar ni por un momento en que la Albufera que conocía Jaume es la misma que la que podemos conocer nosotros hoy. De hecho, la Albufera llegaba desde Silla hasta Cullera. Desde Valencia hasta esta ciudad existía una franja de tierra sobre la que estaba El Saler, lo que hacía de la Albufera un inmenso mar menor. Cf. Carles Sanchis Ibor, *Regadiu i canvi ambiental a l'Albufera de València,* Publicaciones de la Universidad de Valencia, 2001, especialmente el mapa de la pág. 35, donde se dibuja la relación entre la Albufera medieval y la moderna.

[13] Huici-Cabanes, vol. II, docs. 428 y 429, págs. 222-223.

[14] El documento lo firmó el 16 de julio de 1245, y está reproducido en *Los pergaminos de la Cancillería Real del Archivo Municipal de la ciudad de Alzira,* de José María Parra Ballester, Ayuntamiento de Alzira, 1984, págs. 3-8. Es muy importante señalar que la orden del rey consiste en que se devuelvan todos los bienes a los sarracenos, excepto los comprados mediante un contrato «cun cartis sarracenicis». Además, ordena que las rentas que los sarracenos daban al rey deben darse a los nuevos dueños, aunque con el arbitrio de dos cristianos y dos sarracenos idóneos. Además, el rey condicionaba la propiedad de los cristianos que habían obtenido tierras en el re-

sus súbditos por igual, pues los árabes también pagaban sus impuestos[15]. Durante un mes permaneció el rey en Valencia y en el de agosto se dirigió hacia el norte. Fue entonces cuando se quedó durante casi dos meses en Lleida. Llegados a este punto debemos hacer un alto en el camino del rey y detenernos en un asunto interesante y silenciado en la *Crónica*.

En efecto, conocemos el desagradable incidente del obispo de Girona, que ahora vamos a referir por ser un episodio muy característico de la época, porque fue silenciado por el propio Zurita y porque da cuerpo a una leyenda extraña y compleja. Se trataba de que Berenguer de Castellbisbal había conocido en confesión de Jaume la relación adúltera que el rey mantenía con Teresa Gil de Vidaura. El confesor habría comunicado a Roma esta relación. Según esta leyenda, el amor del rey hacia esta dama sería muy antiguo, tanto que la propia Teresa habría puesto una denuncia en Roma contra la boda del rey con Violante, alegando que tenía de Jaume promesa de matrimonio. El Papa no habría hecho caso de aquella denuncia, si es que la hubo[16]. Pero diez años después, por el tiempo en que ahora estamos, hacia 1245, la causa del Papado se encontraba en horas muy bajas y don Jaume había coqueteado con la posibilidad de intervenir en la Provenza. Inocencio IV estaba en Lyon, presionado por Federico, en un nuevo destierro de la Sede romana. Jaume no lo había querido acoger en sus territorios, aunque le había ofrecido Montpellier, cosa que el Papa rechazó. Por lo demás, el emperador ahora estaba a punto de lanzar a Raimundo contra Francia, la protectora del Papa. Así que las relaciones de Inocencio IV con Jaume no eran las mejores. Era evidente que ahí estaba lo sustantivo: la degradación de las relaciones con Inocencio IV, tras las excelentes mantenidas con Gregorio IX. En este contexto, la posible noticia de los amoríos adúlteros con Teresa, ofrecida por el confesor, daba motivos para revisar aquella causa, si es que llevaba diez años empolvada, o para plantearla, si es que no se había hecho antes. De este pleito se podía derivar la ilegitimidad de todos los hijos de Jaume con Violante y, con esto, la existencia de un único heredero de sus tierras: su hijo Alfonso, el infante que bregaba por tierras de Castilla, esperando la ocasión propicia de hacerse con Aragón, Lleida incluida. El golpe para el rey podía ser terrible. Además, con esta sospecha sobre la legitimidad de su familia, el Papado podría impedir de raíz una posible boda entre Pere de Aragón y cualquier heredera de la Provenza o Tolosa. Dejar

---

parto de Alzira a la residencia fija en la ciudad. Asimismo, estas propiedades no podían venderlas en diez años. Se ve así el interés del monarca por la repoblación estable de la importante ciudad. Su atención por esta fue constante, aumentando el sueldo del justicia en 1263, y declarando exentos de tributos a quienes pudieran formar parte de cualquier expedición militar en la que pudiera estar interesada la villa de Alzira. Cf. ob. cit., págs. 18 y sigs.

[15] Huici-Cabanes, vol. II, doc. 431, págs. 226-227.

[16] En realidad, Teresa Gil aparece en los documentos en el año 1255 (cf. Miret, pág. 245), fecha en que el rey le concede las casas que fueron del rey Lobo y Zayyan en Valencia, un regalo que denota la importancia de su relación. Naturalmente, esto no quiere decir que antes no tuviera trato con ella. Cf. Huici-Cabanes, vol. III, doc. 671, págs. 162-163.

a sus hijos como meros bastardos quebraría la lógica patrimonialista y sería un golpe mortal para los intereses estratégicos del rey. Esta podría ser una hipótesis.

Pero quizá la historia de Teresa no debiera mezclarse con la del obispo Castellbisbal y su violación del secreto de confesión. Pudiera ser que aquello que Berenguer de Castellbisbal[17] revelara fuese la noticia de que el rey deseaba alterar su testamento y redefinir las particiones de sus reinos entre los hijos de sus dos matrimonios, Leonor y Violante[18]. De hecho, no había que revelar nada: el documento vigente de 1241 y los actos realizados en 1243 ya daban concreción al testamento *praeter nuptias* que el rey había concedido a Violante en diciembre de 1235. Es posible que la revelación de Castellbisbal afectase a la voluntad del rey de firmar un nuevo documento oficial, y que Jaume se encontrara con la hostilidad de los dominicos ante una partición del reino que en el fondo era contraria a los pactos fundacionales de la asociación catalano-aragonesa. Que esta hostilidad alcanzara a Violante, la verdadera impulsora de esta política, resulta verosímil. Por eso, si era declarada esposa ilegítima, con motivo de las relaciones previas del rey con Teresa Gil de Vidaura, toda la política de escisión de la corona quedaría bloqueada. Sabemos que esta política no sentaba bien en ambientes catalanes en los que san Ramon, y los dominicos en general, eran muy influyentes[19]. En este contexto, un testimonio del confesor del rey sobre relaciones adúlteras del rey, con o sin promesa de matrimonio, era una revelación muy comprometida, por el valor jurídico que podía alcanzar en un caso de juicio ante la curia. Sea como fuese, el caso es que el rey desterró al dominico Castellbisbal. Pero Roma debía pagarle favores y, cuando quedó vacante la sede de Girona, nombró obispo a este clérigo que al parecer había traicionado a su rey. Protegido por este nombramiento de la Santa Sede, Berenguer de Castellbisbal entró en territorio de Cataluña. El rey se indignó y consideró que aquel nombramiento era un desafío del Papa, un gesto de hostilidad que superaba cualquier atrevimiento. Ordenó detener al obispo y, una vez en su poder, le condenó a una pena atroz: le cortó la lengua. El monarca fue excomulgado y se decretó un *interdictum* sobre los territorios de la corona. Esta pena permitía que cualquier monarca legítimo podía asumir la soberanía de los territorios catalano-aragoneses. Era una respuesta radical que solo podía tener sentido desde la tensa situación en la Provenza y desde la incondicional amistad de Francia con el Papado, como hemos dicho ya instalado en Lyon. Puesto que san Luis reclamaba derechos de potestad sobre Cataluña (por ser el heredero de Carlomago y por pertenecer el Principado al Imperio franco en su tiempo), y dado que Alfonso, el infante de Aragón, merodeaba por la frontera castellana con fuerzas propias, un

---

[17] Que pudo ser obispo de Valencia y que lo fue electo por el rey, pero sin llegar nunca a recibir confirmación de Roma. Cf. Josef Teixidor, *Episcopologio de Valencia*, ob. cit., págs. 35-36.
[18] Manuel Betí, «Fundación del real monasterio de Benifazá», *II CHCA*, pág. 412.
[19] Cf. Fernando Valls, *Obras Selectas*, CSIC. Madrid-Barcelona, vol. I, 1955, págs. 328-338.

interdicto del Papado sobre Cataluña y Aragón en ese momento era algo más que un papel mojado. Era casi más bien una invitación a la intervención.

Diago, y el mismo Mariana, al parecer, vieron en el monasterio císter de Benifassà, justo en el límite de los tres territorios de la corona, dos cartas de Jaume al Papa. Es natural que allí estuvieran, porque este monasterio estuvo muy implicado en esta historia. La primera carta, en la que el rey pedía la anulación de la excomunión y el interdicto, la llevó Arnau de Albalat, quien después, en 1248, debería ser obispo de Valencia quizá en pago por este servicio[20]; y la segunda la envió el rey al Papa agradeciéndole finalmente la disculpa. En la primera, el rey acusa a Berenguer de Castellbisbal por la grave falta de haber maquinado contra la autoridad real. Inocencio IV contestó el 22 de junio de 1246 con una evidente hipocresía: le decía que no se podía demostrar que Berenguer hubiera faltado al secreto de confesión. Y si era muy difícil probarlo, la acusación no era razonable. Por tanto, mantener esta tesis no era una actuación digna del rey. Por todo eso, Jaume no parecía albergar espíritu de contrición. Al contrario, toda su carta testimoniaba que la cólera todavía estaba a flor de piel. En todo caso, Roma le proponía el camino correcto en estos casos: debía haber denunciado al confesor ante la justicia de la Santa Sede, y así poner al obispo en manos de sus jueces legítimos. Inocencio IV, después de reclamar al rey que se humillara ante Dios (lo que venía a ser lo mismo que inclinarse ante su persona), le enviaba un penitenciario para estudiar el caso y darle consejo. La carta acaba diciendo que, quizá en atención a las acciones pasadas, «aquel que desea la conversión y la vida del pecador» se digne acordarse del rey. Por el momento, y como se ve, el Papa no estaba dispuesto a ceder.

Afortunadamente para el rey, estas cosas se podían tratar por personas interpuestas, como cualquier otro asunto jurídico. Así que el rey envió a Albalat a encontrarse con el penitenciario, el hermano Didier. Entonces se ajustaron los gastos que iban a merecer el perdón por parte de Inocencio. Las condiciones imponían terminar el monasterio de Benifassà y dotarlo para que pudiera albergar cuarenta frailes. Para ello se debían invertir 200 marcos en su fábrica. Como los títulos de esta construcción eran en cierto modo las cartas de solicitud y la concesión de indulgencia, es lógico que en el monasterio se hallase la documentación del caso que, al parecer, vio Diago[21]. El rey, además, se comprometía a mejorar el hospital de San Vicente de Valencia[22]. Para

---

[20] Este Arnau de Albalat era de la Orden de Predicadores, y era hermano de Pedro de Albalat, obispo de Tarragona. Cuando Arnau de Peralta fue nombrado obispo de Zaragoza, Arnau fue nombrado de Valencia, pero contra todo el cabildo, con el consentimiento de Tarragona y el Papa. A él se debe la fundación del convento de cartujos de Portaceli. Cf. Zurita, *Índices*, pág. 199.

[21] También fue editada por Flórez, en *España Sagrada,* t. 44, pág. 279, y en el *Viaje literario* de J. y J. L. Villanueva, IV, pág. 324. Huici-Cabanes lo dan en vol. II, doc. 433, págs. 229-230.

[22] Por eso también una de estas cartas consta en el cod. 212 de San Vicente de Valencia, en AHN. Huici-Cabanes lo dan como vol. II, doc. 432, págs. 228-229. Pertenece a agosto de 1246.

más humillación, debía pagar una misa diaria y perpetua en la catedral de Girona, donde residía el obispo mudo. Luego venía el acto de humillación ante el vicario de Dios. Jaume, ante una reunión de prelados, abades y ricoshombres del reino, en la ciudad de Lleida, hubo de confesar su crimen de rodillas y de jurar que no tocaría violentamente a persona eclesiástica alguna. Realizados los actos, una bula de 22 de septiembre de 1246 liberaba al rey de la excomunión y al reino del interdicto. La ceremonia tuvo lugar en Lleida, el 18 de octubre de 1246[23]. Sabemos que en esa fecha el rey presentó la satisfacción al obispo antes de ser absuelto y que el mismo día 18 se firmó la carta de gratitud al Papa por la absolución, al tiempo que le comunicaba que la penitencia estaba hecha y cumplida[24].

Hasta aquí los documentos, tan significativos para entender la dimensión fiscal de la penitencia eclesiástica, que imitaba en todo caso a la administración de justicia y su capacidad de imponer multas. ¿Pero hubo o no denuncia de Teresa ante la Santa Sede? Sin ninguna duda, no debemos confundir este asunto con el posterior pleito que puso el propio rey ante el Papa con la finalidad de lograr el divorcio de Teresa. Pero este pleito, posterior a 1260, es completamente distinto del —muy improbable— que la propia Teresa habría debido de poner para declarar ilegítimo el matrimonio con Violante, antes o después de la boda con esta. En todo caso, queda perfectamente claro que la penitencia impuesta al rey por la agresión al obispo fue —además de la humillación ya relatada— acabar de construir el monasterio císter de Benifassà, empezado a edificar recién conquistada Morella, hacia 1233, una vez que se hubiera llegado a un acuerdo para dividir terreno y convento entre la Iglesia de Tortosa y Poblet, y se dejara en libertad a la casa central del Císter para edificar allí un monasterio. Que el asunto debió de ser importante lo muestra la seriedad de la penitencia. En todo caso, el documento de fundación lo editó Manuel Betí, junto con otros documentos importantes sobre donaciones entregadas por el rey al monasterio a lo largo de su vida. Que toda esta serie de documentos de Benifassà haya desaparecido tras la desamortización, es una de las pérdidas más relevantes para la historia valenciana[25].

---

[23] Miret, ob. cit., pág. 182.
[24] Huici-Cabanes, vol. II, docs. 443-444, págs. 240-241.
[25] Todavía se puede leer con agrado el artículo que Honorio García dedicó al monasterio en el *BSCC,* XXVI, 1950, págs. 19-35, titulado sencillamente «Real Monasterio de Santa María de Benifazá». Muy útil es la historia de Benifassà anterior a la época de Jaume y su posterior adscripción a la catedral de Tortosa y al monasterio de Poblet. Jaume dio orden de construir allí un monasterio el 22 de noviembre de 1233, La nueva comunidad se estableció inmediatamente. Solo la multa penitencial a don Jaume permitió realmente avanzar en su construcción.

35
LAS CORTES DE HUESCA DE 1247
Y LOS FUEROS DE ARAGÓN [1]

Durante estos cuatro meses, desde el mes de noviembre de 1246 al mes de febrero de 1247, el rey no estuvo en los territorios entre Lleida y Huesca solo porque esperase las noticias del Papa, ni porque quisiera estar cerca de Girona para facilitarle las cosas al obispo mudo Castellbisbal. En realidad, hacia finales de 1246, una importante actividad lo retenía en los territorios de Aragón y su frontera. La primera cuestión era la decisión sobre Lleida, su pertenencia o no al reino de Aragón y, por tanto, su inclusión o no en la herencia del primogénito Alfonso[2]. Para que este pleito quedase liquidado se precisaba una intervención profunda sobre la estructura política de Aragón y su complejo sistema de arbitraje. Por eso, durante el final del año 1246, vemos al rey desde Lleida a Pina y desde allí a Sigena, el monasterio de su infancia, y luego a Zaragoza. Muy importantes eran los asuntos que se iban a abordar inmediatamente, tanto que no dejaron a Jaume tiempo para acompañar a su hija Violante a las bodas con Alfonso, el infante de Castilla, que tuvieron lugar el 26 de noviembre de aquel mismo año de 1246 en Valladolid —aunque esta fecha es dudosa—[3]. A la hija

---

[1] Para la temática de este capítulo se debe ver la nueva edición de los Fueros de Huesca de 1247, *Vidal Mayor,* a cargo de M. D. Cabanes Pecourt y otros, Zaragoza, 1966; al mismo tiempo, la edición de A. Pérez Martín de *Las glosas de Pérez de Patos a los fueros de Aragón,* Zaragoza, 1993. También la reeditada versión de P. Savall y Dronda, S. Penen y Debesa de los *Fueros, Observancias y Actos de Corte del Reino de Aragón,* en la edición de J. Delgado Echevarría, Zaragoza, 1991. Por último, cf. A. Gargallo, *Los fueros de Aragón,* Zaragoza, 1992. Resulta claro que nosotros solo analizaremos la situación que tiene que ver con Jaume y que explicará el futuro de sus relaciones con sus nobles aragoneses. Ahora todo se puede consultar en la Biblioteca Virtual de Derecho Aragonés, Gobierno de Aragón, 2003.

[2] Miret, ob. cit., pág. 183.

[3] Una fecha alternativa sería noviembre de 1249; cf. infra pág. 404, n. 26. En todo caso, resulta claro y unánime que el enlace se celebró antes de la muerte de Violante, la reina madre. Sin duda, antes de la muerte de san Fernando, que tuvo lugar el 30 de mayo de 1252, pues Jofre de Loaisa, el ayo de la reina Violante de Castilla, dio la noticia al rey de Aragón. Cf. Ballesteros Beretta, ob. cit., págs. 54 y 88.

del rey la acompañarían el caballero Jofre de Loaisa y su mujer Jaumeta, junto con el notario del rey, Bernat Vidal de Besalú[4]. El rey, que tan familiar se iba a mostrar en la última etapa de su vida, se mantiene a distancia no solo de Castilla, sino posiblemente también de su propio hijo, Alfonso. No nos consta, sin embargo, que este estuviera en la boda de su hermana.

En este tiempo, Jaume bregaba por diferentes partes de Aragón manteniéndose cerca de Zaragoza, donde se quedaría hasta finales de año. El resultado de toda esa continua actividad por tierras aragonesas fueron las Cortes generales *(General curia)* de Huesca, celebradas a primeros de 1247. En ellas, el día 6 de enero, ante la presencia de su tío Ferran, el infante de Aragón, el obispo de Zaragoza y de Huesca, los ricoshombres, los caballeros, infantes, próceres y ciudadanos de ciudades y villas, se promulgaron los fueros de Aragón *(Fori Aragonum)*, el código sobre el que habría de regularse la vida del reino desde entonces. Allí se debía encontrar la ley según la que habían de proceder los bailes, los justicias, los salmedinas, los jurados, los jueces, los alcaides, los junteros y los sobrejunteros, así como los oficiales de todos los demás cargos. Sobre estos fueros se debían discutir, juzgar y ver las causas «omnis et singulatis». Cuando los jueces del rey no tuvieran suficiente fundamento para sentenciar sus causas, se debería acudir al «sentido natural y a la equidad». Ya aquella apelación «omnes et singulatis», a todos y a cada uno, testimonia la voluntad nueva de legislar para la universalidad de las gentes del reino. La fórmula, que durará hasta hoy (y a la que el filósofo Michel Foucault le ha dedicado un agudo y extenso comentario), es de procedencia romana. De hecho, era la contraseña por la que se introducía en la Europa feudal —y ahora en el reino de Aragón— la nueva legislación política, inspirada en las categorías de la vieja *res publica* romana, culminando en la figura del príncipe o rey que, así, reclamaba poderes que el régimen de señorío le retiraba por doquier. En realidad, esa fórmula llevaba implícita la apuesta por la jurisdicción general, por una ley que valía para todos y cada uno, sin acepción de nobles, burgueses o villanos. Como es evidente, esto era más una pretensión teórica del rey que una realidad efectiva.

No conocemos los procesos de Cortes que dieron lugar a esta unificación legislativa del reino de Aragón. Tampoco tenemos una idea muy precisa de la situación del derecho con la que se encontró el rey Conquistador al iniciar estas Cortes. La reconstrucción que del derecho aragonés del siglo XII hizo Adolfo Bonilla y San Martín, en el segundo Congreso de la Corona de Aragón[5], es todavía el mejor esquema que conozco de la situación jurídica originaria de aquellos territorios. Como es natural, del mítico fuero de Sobrarbe nada se sabe[6].

[4] Miret, ob. cit., pág. 185.
[5] Adolfo Bonilla y San Martín, «El derecho aragonés en el siglo XII. Apuntes y Documentos», *II CHCA,* Huesca, del 26 al 29 de abril de 1920, Actas y Memorias, vol. I, Talleres Tipográficos de Justo Martínez, Huesca, 1920, págs. 173-294.
[6] En el fondo, la investigación ha considerado el fuero de Sobrarbe como el tronco común y previo del que emanarían una familia de legislaciones: el fuero general de Navarra, el de Tudela,

Ni siquiera si alguna vez existió antes de que la *Crónica de San Juan de la Peña,* ya en el siglo XVI, pretendiera fundar el mito de un Aragón de monarquía electiva. La imagen que el ilustre historiador Bonilla —discípulo de Menéndez Pelayo— nos legó de este tiempo nos presenta un país aragonés cuyos usos provienen de las montañas cantábricas, incluso de más allá de los Pirineos, del territorio del Bearn, que pronto enlazaría con los intereses expansivos de los navarros medios y los sorianos, que conocería como afín la lengua castellana y que acabaría aceptándola, que fecha sus documentos por el sistema de los reyes francos y que debía de disfrutar de leyes y costumbres que constituían una rara mezcla de aspectos godos, francos y prácticas consuetudinarias autóctonas. Que hacia el siglo XII todavía estaba en cierto modo vigente entre estas poblaciones el *Libro de los Jueces* visigótico ya lo sabía Jerónimo de Blancas[7], pero no lo afirma solo él[8]. Sobre todo, al parecer, las relaciones entre poder político y fundaciones religiosas se basaban sobre las leyes góticas, lo que indica una voluntad de organizar una especie de Iglesia nacional, vinculada al poder político autónomo y capaz de mantener las distancias con Roma. Bonilla ofrece documentos a este respecto que apelan *ex lege Gothorum,* o *ad tempore Recensuindi,* documentos que pertenecen aproximadamente al siglo X[9]. Ade-

---

el de Viguera y Funes, los de Estella y determinados pasajes del de Jaca —que sería ya un fuero de ciudad—. Ramos y Locertales, en un estudio publicado en la Facultad de Filosofía y Letras de la Universidad de Zaragoza, en 1923, titulado «El Diploma de las Cortes de Huarte y S. Juan de la Peña», opinaba que ese tronco común era de mitad del siglo XII; pero Ernest Mayer, en un trabajo titulado «El origen de los fueros de Sobrarbe y las Cortes de Huarte», en *AHDE,* III, págs. 156-167, cree que sin duda debe de tratarse de un origen más remoto. Su tesis deriva del hecho de que el final de una carta de 1117, del rey Alfonso el Batallador, confirmada por García Ramírez, su sucesor, intercala una nota referente a la conquista de Tudela y otros documentos en los que se declara que Alfonso I concedió «los bonos foros de Sobrarbe» a la ciudad de Tudela. A pesar de todo, Mayer, que afirma la existencia de un derecho unitario «desde Portugal a Cataluña», cree que todavía sería anterior. Aduce dos documentos relativos a San Juan de la Peña y San Salvador de Leire en los que se refiere al tercer año del pontificado de Urbano II, y por tanto, después del 12 de marzo de 1090. En ambos se nos dan noticias de unas Cortes de Huarte, donde estarían los aragoneses, los pamploneses y los sobrarbenses. Habrían tenido lugar en 1084. Se trataría, dice Mayer, de una asamblea tradicional en muchos países germánicos «que en la época visigoda equivalía seguramente a una asamblea meramente provincial», que debía de celebrarse en algún sitio siempre prefijado, el convento de San Juan de la Peña o Navarra. De ahí vendría la apelación legendaria de los fueros de Sobrarbe en San Juan de la Peña (cf. ob. cit., pág. 165). Sería una asamblea del mismo estilo que la de Vizcaya y Durango, o la que tradicionalmente se celebraría en Guernica. Sin embargo, es muy notable la inclinación de Mayer a considerar válidos todos estos documentos, frente a la prudencia extrema de Ramos al declararlos falsos.

[7] Blancas, ob. cit., págs. 126-127.

[8] Cf. la opinión muy autorizada de José María Font i Rius, «El desarrollo general del derecho en los territorios de la corona de Aragón. Siglos XII-XIV», *VII CHCA,* págs. 289-326; aquí, páginas 290-292. También se puede ver, del mismo autor, el más específico ensayo «En torno a la aplicación del derecho visigodo durante la Reconquista», en *Revista Portuguesa de Historia,* vol. V, 1951. Font y Rius dice que el derecho visigodo era el «básico en todos los condados del naciente Principado», que estaba arraigado en todos los territorios de la Cataluña vieja y que hacia finales del siglo XI o mediados del XII el *Liber Judicorum* se tradujo al catalán.

[9] Cf. Bonilla, ob. cit., pág. 183.

más, las categorías sociales centrales del reino de Aragón nos describen una organización gentilicia más parecida a la goda que a la posterior organización patrimonialista, basada en la línea monoparental propia de una familia más estrecha y evolucionada. Los ricoshombres, como grandes familias que están en condiciones de oponerse de forma unitaria al rey, se aproximan bastante a los magnates godos y, como ellos, apelan más o menos míticamente al poder de elegir al rey entre uno de sus linajes [10]. Es curioso que estos ricoshombres, que eran de riguroso linaje, tuvieran tierras no por patrimonio privado, sino por honor, con lo que en cierto modo accedían en monopolio a los cargos del reino; podemos decir que eran familias públicas, que disfrutaban por derecho propio y político de los más altos cargos de la administración militar del reino. Blancas pudo decir que «fueron los directores de nuestra cosa pública» [11].

Que también los infanzones [12] se llamaran *hermunios* sin duda no procede de una corrupción de inmunidad, como quiere Zurita [13], sino de *Hermmanner,* señores u hombres de guerra en el alemán de los godos, que luego pasó por eso mismo a significar sencillamente libres, *heremani,* o nobles [14]. Por eso se oponían, como categoría, a los *francos de carta;* esto es, a los que obtenían la carta de libertad cuando venían para defender una ciudad. La diferencia, según explica Vidal, reside en que los *hermunios* tenían «la libertad y honra de condición adquiridas desde tiempo inmemorial, o innatas, hablando

---

[10] Es muy significativo el sentido etimológico que Blancas da a esta palabra «ricohombre», que está presente en Castilla y en Aragón. Para él su procedencia no tiene nada que ver con la riqueza, la cualidad del que posee muchos bienes, sino que, al contrario, la riqueza tiene que ver con aquello que caracteriza a los ricoshombres. Su origen deriva directamente de la forma en que se conocían los linajes godos reales. Estos, a diferencia de los suevos, no acababan sus nombres en *-miro*, sino en *-rico.* Así, Alarico, Eurico, Teodorico, Roderico, etc. Por eso, dice Blancas, «las familias que se gloriaban de tener a uno de ellos por ascendiente se apropiaron las dos sílabas últimas como distintivo, denominándose Hombresricos o Ricoshombres». Eran, por tanto, linajes que se autopresentaban con el sufijo de las familias reales de los godos. En realidad, sin embargo, con ello tenían derecho a detentar los cargos de «jefes o gobernadores de los reinos». El mismo Blancas reconoce que significa exactamente lo mismo que barones, pues finalmente una baronía era el conjunto de las tierras de honor que gobernaban los ricoshombres. En efecto, Vidal también entiende que la etimología de barones procede de *bar,* bueno o dichoso o rico —en alemán todavía se aplica al dinero contante y sonante—, y *ones,* que se entiende como la forma sincopada de *omines.* Por eso barones también significa ricoshombres en el sentido ya mencionado. Cf. Jerónimo de Blancas, *Comentarios de las cosas de Aragón,* edición facsímil de la traducción de Manuel Hernández de la obra de Jerónimo Blancas *Aragonensium rerum commentarii,* editada en Zaragoza, 1878, con una Introducción de Guillermo Redondo Veintemillas y Esteban Sarasa Sánchez, Cortes de Aragón, Zaragoza, 1995.

[11] Blancas, ob. cit., pág. 299.

[12] Ibídem, pág. 280.

[13] Zurita, *Anales,* Libro I, cap. XLIII. En realidad, el error ya era de Vidal y de Molino (cf. Blancas, ob. cit., pág. 298): «Y después a los que poco a poco fueron de ellos descendiendo, se les dio en España por costumbre el nombre de infanzones, como si se dijera, hijos de los infantes. Los cuales llamáronse Ermunios, por corrupción del vocablo inmunes, o exento de todo género de servidumbre».

[14] Bonilla, ob. cit., pág. 188.

de una manera más propia y natural»[15]. Estos infanzones o mesnaderos, que se conocían en Aragón pero que no existían en Cataluña, eran estrictamente equivalentes a los *buccellari* godos. Con el tiempo, conforme se desarrollaron las ciudades, surgieron los infanzones francos de ciudades, que eran más o menos como los caballeros villanos de Castilla, especie de soldados milicianos reclutados por los concejos de las ciudades entre los ciudadanos libres de estas. Por este origen godo, desde luego, Aragón mostraba una evolución más primaria que la de Cataluña, cuyas costumbres no solo procedían del reino godo de Tolosa, sino de las reglas de los francos, plenamente feudales y claramente entregadas a la evolución señorial patrimonial. De la misma manera, los cargos públicos que mencionan los documentos aragoneses durante los siglos IX y X resultan sorprendentemente cercanos a los de la monarquía goda: *comes* o condes, representantes del poder real en un territorio; *bailius*, vicario que sustituye al rey en lo judicial; gardingo o noble de la guardia del rey; *tiefadus* o jefe militar de mil soldados; estabulario, mayordomo, *notarius*, etc. Solo hacia el siglo XII aparecen el *iudex*, que veía las causas del rey y que mediaba entre los hombres de la villa y el rey, defendiendo también a los vecinos contra los señores; los alcaldes, que juzgaban las causas criminales y civiles, pero internas a la ciudad; los escribas, los almotazafes o inspectores de mercados, los cónsules o defensores de las ciudades, y los merinos o magistrados mayores ejecutivos de las sentencias. Estos son los cargos anuales que comienzan a aparecer en los fueros de las grandes ciudades. De ellos, el que tendrá más despliegue será el *iudex*, luego llamado «justicia», encargado de mediar primero entre los hombres del concejo y los de la administración real y, luego, entre los ricoshombres y el rey.

Este justicia, que solo debe su origen al momento en que las ciudades iniciaron su camino firme en el siglo XII, llegaría a su apogeo en el siglo XIV. En modo alguno podemos asumir que fuera una institución del mítico código de Sobrarbe. Esta dependencia del justicia respecto a las ciudades se sugiere ya en el Privilegio General de 1283, cuando se invoca el fuero del antiguo uso por el que los burgueses y los prohombres de las villas deben asistir al justicia en la decisión de sus casos[16]. Para entender la creciente entidad de su función hemos de tener en cuenta el momento de 1213 en que, según Zurita[17], cambió la forma de las relaciones feudales en el reino. En efecto, la jurisdicción era una competencia que los señores feudales podían asumir, junto con la administración militar. A partir de ese año, sin embargo, se produjo una especie de trueque: el rey repartió entre los ricoshombres de manera estable, por juro de heredad (esto es, por concesión permanente), las rentas de las villas y ciudades de Aragón[18]. Antes, estas rentas podían ser repartidas al arbitrio del rey,

---

[15] Blancas, ob. cit., pág. 280.
[16] Véase la edición de los Fueros de Savall y Penen, ob. cit., t. 1, pág. 12.
[17] Zurita, *Anales,* Libro, II, cap. LXIV.
[18] Blancas ya parece no saber el origen de este hecho. Cf. su exposición sobre los poderes ciudadanos de los ricoshombres (ob. cit., págs. 282-283).

como una parte que no estaba vinculada a los honores; esto es, a la estricta distribución de tierras que se entregaba a los ricoshombres para que estos cumplieran con sus competencias militares. Los ricoshombres quedaron contentos con esta medida y, a cambio de este aumento de las rentas de las concesiones públicas de que gozaron, entregaron la jurisdicción de la justicia a funcionarios específicos dependientes del rey. Esta separación de los nobles de la administración de justicia determinó la autonomía del cargo del *iudex* y la evolución paulatina de la figura hacia el claro protagonismo que tuvo en la época foral. Sin ninguna duda, no fue un proceso sin tensiones. Sabemos que, en 1264, los nobles piden al rey que «los ricoshombres juzguen según la costumbre antigua». Es sumamente curioso que el justicia, que había nacido de un acuerdo entre el rey y la nobleza, pronto justificó su función al regular el cumplimiento constitucional de los fueros, mediando de forma continua en las diferencias entre el rey y los ricoshombres. De esta manera, de mantener al inicio una función jurisdiccional propia, el justicia mayor pasó a tener prácticamente funciones de lo que hoy sería un tribunal constitucional. Es entonces, hacia el siglo XIV, cuando se le puede aplicar la célebre sentencia de Blancas, de que el poder «del justicia», que hasta entonces había dormido, «como una espada dentro de su vaina», salió para no volver a entrar en ella[19]. De este periodo de gloria, en el siglo XIV, deriva la práctica de apelar a esta institución para revisar cualquier proceso, al grito de «¡Fuerza, fuerza!» con el que el condenado se ponía en brazos del justicia. Dicha revisión del proceso tenía como fundamento la misma competencia general del justicia de cara a exigir el cumplimiento de los procedimientos de los fueros. Tras su fallo, solo se podía llevar ante el rey o ante un juez especialmente delegado por él.

A pesar de todo, el texto más importante del derecho aragonés, con anterioridad a los fueros de Huesca de 1247, no era otro que el de los fueros de Jaca[20]. Estos, aunque procedían de una fecha muy temprana, de 1064, tras varias ampliaciones fueron definitivamente otorgados a la ciudad por Alfonso II en 1187. Desde luego, debieron de ser imitados, según reconoce el preámbulo del mismo rey, por las tierras y ciudades de Castilla y Navarra. Los otros fueros madre de todo Aragón son los de Tudela, Calatayud y los de Daroca. Sobre estos, sobre el latino de Sepúlveda y el de Cuenca, fueron escritos los de Teruel, entregados hacia 1176. Pero todos estos ordenamientos, que habían permitido la amplia actividad de los consejos aragoneses, quedaron en cierto modo superados por la importante obra de las Cortes de Huesca de 1247. La obra legisladora del rey, que en Valencia podía canalizarse mediante la extensión del fuero de la capital, en Aragón debía implicar una cierta revisión del

---

[19] Blancas, ob. cit., págs. 276-277

[20] Que todavía en el siglo XIII se usaría para las tierras de la ribera del Ebro, dando lugar a la famosa recopilación de fueros de Aragón, editada por José María Ramos y Locertales, *AHDE,* II, págs. 491-523; V, págs. 389-411. Estas ediciones continuaban sus trabajos sobre las Cortes de Huesca de 1188 y el fuero concedido a Calatayud por Alfonso I en 1131, que vio la luz en *AHDE,* I, págs. 397-416.

derecho anterior. Y esto es lo que el gran jurista del rey y obispo de Huesca, Vidal de Cañellas, iba a emprender en la ocasión [21].

Los fueros de Huesca se componían de ocho libros, donde se trataban todos los temas del orden social medieval: desde la constitución de la Iglesia, que era el objeto del primero, hasta las cárceles, los delitos y las penas, que se desarrollaban en el octavo. Como es natural, se abordaban las relaciones civiles y familiares, las realidades económicas, las regulaciones contractuales, las relaciones militares y feudales, las estipulaciones sobre la moneda, sobre los tributos y el patrimonio real. En sí mismos considerados, los fueros de Huesca no hacían sino sistematizar el derecho aragonés, disperso en disposiciones reales, en cartas puebla, pero sobre todo en derecho consuetudinario. El hecho de que se llevara a cabo en Huesca no debió de ser ajeno a la circunstancia de que de allí era obispo Vidal de Cañellas, un consejero del rey, jurista y erudito, que dirigió los trabajos de codificación y que después volvería a aparecer en el preámbulo de los *Furs* de Valencia. También debieron de participar con vigor en los trabajos los Pérez de Tarazona, tanto el lugarteniente Gimeno, como todavía más el justicia, don Pedro. El baile de Barcelona, Romeu Durfort, también fue activo en esta empresa.

Aunque el fuero de Huesca estaba escrito en la fabla aragonesa, y las versiones que se han conservado están en latín, podemos ver en su preámbulo una declaración de intenciones de don Jaume que nos resulta sorprendente. Ante todo, aparece la vieja aspiración de los reyes a mantener la paz. Lo decisivo es que la atención a este fin permite al monarca la innovación jurídica de la mejor manera posible: añadiendo, quitando, supliendo, proponiendo lo necesario o lo más útil. Se reconoce así que el rey es legislador y que lo es por su capacidad para sistematizar la ley, aclararla, mejorar su exposición, eliminar lo inútil y adaptarla a un presente cambiante. Pero todo esto debe hacerlo el rey en beneficio de la *res publica,* cuidando de forma extrema «dominio nostro per eos nihil accrescendo [...] nec subditorum nostrorum libertatibus acceptabilibus detrahendo» [22]. Esta confesión del monarca, de no aprovechar la innovación jurídica ni para aumentar su poder ni para disminuir la libertad de sus súbditos, nos resulta tanto más sorprendente cuanto es completamente explícita. Sin embargo, parece muy claro que no corresponde plenamente a la realidad. Los fueros de Huesca no tienen cláusula alguna política y esto parece un olvido premeditado, introducido con claridad por Vidal de Cañellas, con la finalidad de cubrir ese vacío teórico con la práctica de un rey en la plenitud de su carisma. Que este silencio favorecía una práctica del rey, asentada en una favorable correlación de fuerzas contra los ricoshombres, se puede de-

---

[21] La colección del *Vidal* fue editada por Gunnar Tilander, *Los fueros de Aragón según el ms. 458 de la B.N. de Madrid,* Lund, 1937, y en el *Vidal Mayor,* en Lund, 1956. Para este personaje, cf. R. del Arco, *Cuadernos de Historia J. Zurita,* vol. I, págs. 23-113. Los prólogos de la obra de los fueros In excelsis Dei fueron publicados por J. L. Lacruz, *Anuario de Historia del Derecho Español,* XVIII, 1947, págs. 538 y sigs.

[22] Una versión latina de este preámbulo se puede ver en Tourtoulon, ob. cit., II, págs. 428-429.

mostrar de una manera muy sencilla: estos exigieron tan pronto como pudieron la redacción de las cláusulas políticas que regularan su relación con el monarca. Esto sucedió en los fueros de Ejea de 1265, en los que, por cierto, también se reclamó que el cargo del justicia no pudiera ser ejercido por un ricohombre, a fin de que pudiera someterse él también a la jurisdicción y a las penas corporales, de las que estaban exentos los nobles mayores, en caso de que incumpliera sus funciones [23]. Previamente a estos fueros de Ejea, tuvo lugar una ingente sublevación de los ricoshombres contra el rey, que lograron imponerle su voluntad. Ya llegaremos a este momento, pero conviene recordar que una de sus quejas en aquella ocasión se concretaba en la excesiva dependencia por parte del rey de los juristas especialistas en derecho romano. La disputa podemos suponerla. La evidencia: la cláusula por la que se complementa el código de Huesca por el *buen sentido y la equidad,* cláusula que invocaba el derecho romano de manera implícita. Con esta fórmula se indican dos cosas: primera, que muchas costumbres ancestrales aragonesas no pasaron a los fueros, sin duda por la voluntad de innovación característica del rey; segunda, que este no pudo imponer directamente la complementariedad del derecho romano, sino que tuvo que invocarlo mediante esta cláusula indirecta y ambigua. De esta manera, se puede suponer que el fuero de Huesca es la expresión puntual del equilibrio de fuerzas, en aquel momento favorable al rey. Alguien podría argumentar que no sería tan favorable dicha correlación cuando no se innovó con radicalidad. Este sería un razonamiento que olvidaría hasta qué punto se resistía al cambio una sociedad cuya única legitimidad era la tradicional, y cuyo apego a las costumbres ancestrales y a las leyes de sus mayores no resiste comparación con otra tierra.

A pesar de todo, la organización política de la monarquía no era lo más decisivo. Era mucho más importante la organización burocrática a todos los niveles. Sin una buena administración de los agentes reales, la suerte de la monarquía estaba echada. Por eso, tan importante como impugnar determinadas costumbres de los ricoshombres resultaba imponer prácticas de los agentes y oficiales reales. Sobre todo, era relevante la figura del baile, agente supremo del fisco, a quien incluso el justicia tenía que dar cuenta de los aspectos monetarios que implicaban sus sentencias. Hay que tener en cuenta que las multas, confiscaciones, compensaciones y gastos de los tribunales siempre fueron una de las rentas más importantes de los reyes, y cuando se sabían usar eran un arma mortal contra la aristocracia y la Iglesia. De los jueces dependían los merinos, en su origen los *mayorinos* ya mencionados, que se encargaban de hacer cumplir las sentencias y las penas. Sus agentes ejecutivos eran los sayones. No hay que confundirlos con los merinos de Castilla, que eran jueces mayores y

---

[23] Sin duda, esta medida permitió una especialización del justicia en las materias del derecho, evolución que llevó a este cargo a que se haya podido decir de él que «fueron los justicias y sus lugartenientes, mediante decisiones judiciales prestigiadas como instancia suprema, quienes actuaron más eficazmente en esta reelaboración del derecho aragonés». Cf. Font i Rius, «El desarrollo general», ob. cit., pág. 304.

reales. Todo el territorio de Aragón se dividía en juntas. Estaban la de Zaragoza, Huesca, Sobrarbe, Ejea, Tarazona y Jaca. Estas no eran sino la reunión de todos los hombres aptos de ese distrito para llevar armas, y eran dirigidos por un sobrejuntero para perseguir a los delincuentes, restablecer el orden e imponer las paces. Calatayud, Daroca y Teruel, por ser territorios de frontera, tenían una administración militar diferente. Al disponer de guarnición propia, tenían un jefe militar que también dirigía las milicias urbanas. En muchos casos, estos milicianos, caballeros de las villas y ciudades, alcanzaban el estatuto de los infanzones, la categoría más baja entre las de los nobles. En la capital del reino, lo tenían siempre.

Desde el punto de vista civil, los fueros de Aragón eran distintos de las tradiciones catalanas, sobre todo en que no reconocían la figura del *hereu*. Los bienes de los padres se repartían en Aragón por partes iguales, aunque un hijo podía ser beneficiado con una heredad especial, fuese casa o campo. Como detalle curioso, podemos destacar el hecho de que los padres podían desafiliar a sus hijos. Entre los motivos, uno muy extraño era que los hijos hubieran cogido a sus padres por los cabellos. Como podemos suponer, la parte más bárbara y arcaica de este fuero de Huesca estaba integrada por las cláusulas penales. Por ejemplo, si alguien aceptaba un animal doméstico en prenda por una deuda o por una sentencia, podía dejarlo morir, por no estar obligado a su manutención. Ahora bien, si el animal moría, se veía obligado a una compleja ceremonia que suponía guardar la piel completa del animal, incluida la cabeza y las patas hasta los cascos, y ponerse sobre ella para jurar ante el crucifijo y los evangelios que esa piel era la del animal que había dejado morir o había matado en razón de ser una prenda. Otra de las costumbres ancestrales que el rey no tuvo por menos que recoger era la pena por robar un gato. La condena consistía en cubrir de grano de mijo todo lo que medía la altura del animal. Si el ladrón era pobre y no llegaba a ello, debía atravesar el pueblo con el gato a las espaldas recibiendo latigazos que, es de suponer, forzarían al gato a clavarle las uñas. Otra costumbre no menos bárbara era que quien robase un carnero o una vaca que guiara el ganado había de meter la mano en el cencerro. El sayón le debía cortar toda la parte que cupiese en la esquila[24].

También en este ámbito del derecho penal se descubren las dependencias del *Fuero Juzgo,* pues se aceptaba la venganza privada según la ley del talión. La única dulcificación consistía en que los parientes tenían solo un año y medio para ejercer la venganza. Tras este tiempo, el culpable podía ser juzgado, pero no podía ser castigado por los familiares de la víctima. Los fueros se apresuran a decir, sin embargo, que si alguien ejercía la venganza sobre un enemigo no debía coger nada de lo que llevara encima al matarlo. El acto de venganza no debía ser confundido con un robo, ni el vengador con un ladrón. El rey siempre podía detener la venganza, citando a los duelistas a la corte para imponerles una tregua. Pero, si se producía la guerra privada sin el

---

[24] Cf. *Fueros,* Libro IX, t. I, de las injurias, de las penas, del homicidio.

correspondiente desafío, entonces podía ser declarada traición. Esta era castigada con la muerte y la confiscación de los bienes del implicado. El código, por fin, diferenciaba delitos de injurias. Una injuria extrema, desde luego, era coger un caballo de un ricohombre por las bridas.

Como se ve, no estamos ante una traducción de Justiniano, sino ante un conglomerado de costumbres arcaicas y disposiciones nuevas. Como recuerda Tourtoulon, el fuero de Huesca de 1247 debe caracterizarse como un código de transición o, como deja caer Zurita, un código de selección y filtro de la tradición[25]. En este sentido, no tiene casi nada que ver con la novedad radical del código valenciano, que desde luego retira la obligación de la venganza y promueve la necesidad de la denuncia ante la corte de justicia. En este sentido, el sistema de justicia en Valencia, con sus garantías y sus procesos reglados, era un completo avance sobre este código de Aragón, en tantos sentidos primitivo. Gracias a estos arcaísmos, sin embargo, hemos podido conocer preciosos detalles característicos de aquella sociedad aragonesa medieval.

---

[25] En los *Índices* (pág. 197), Zurita dice: «En la fiesta de Epifanía, estando el rey celebrando Cortes en Huesca, por consejo de los ricoshombres y de las ciudades se ordenaron en un volumen las leyes, las formas antiguas y las costumbres: se promulgan y se les dio valor. Este rey, en medio del estrépito de las armas, procuró dar leyes escritas y resoluciones judiciales a los aragoneses, cuando antes usaban las costumbres patrias, y las instituciones civiles de los mayores, por los ejemplos usados que pasaban por tradición de padres a hijos, y se consideraban como de uso común».

36
1247-1251: Enemigo interior y enemigo exterior

Debemos recordar que, con estos capítulos, estamos llenando el salto temporal que la *Crónica* realiza al referirse de manera inmediata a la rebelión de Al-Azraq, tras la conquista de todo el territorio del reino de Valencia hasta Biar y Denia, en 1245. Hemos visto que, entre una cosa y otra, reclamaron la atención del rey la evolución de los asuntos del Mediodía francés, así como un importante pleito con la Santa Sede, a consecuencia del trato dado al obispo Castellbisbal. Además, hacia finales de 1246 y primeros de 1247 tuvo Jaume que ordenar en Huesca la legislación del reino, promulgando los fueros de Aragón. Es muy curioso que toda esta actividad legisladora no aparezca reflejada en la *Crónica* del rey, quien una vez más nos deja claro que él se veía como un caballero y así quería ser recordado. En este sentido, por mucho que fuera central la administración de justicia en su percepción del oficio de rey, no parecía que tuviera mucha relevancia en su valoración de lo que eran sus méritos principales. La justicia podía ser un sacramento, como toda Europa empezaba a reconocer, pero no era a sus ojos una «hazaña»[1]. También podemos pensar que, sobre lo que quedaba escrito como código en los *Fueros de Aragón,* ya hablaban por sí mismos los capítulos de su texto. El rey quizá debía de entender que, de todo esto, ya no era preciso dar ulterior cuenta. A pesar de todo, también cabe suponer que el rey tenía poca inclinación a recordar lo que, a todas luces, era un combate enojoso con los ricoshombres de Aragón. El caso es que, como vimos, la *Crónica* da un gran salto desde la conquista de Biar hasta el momento de la rebelión de Al-Azraq. Con la indiferencia acostumbrada respecto a las circunstancias con que a veces se introduce un nuevo curso de la acción, la *Crónica* dice «marchamos después a Aragón y, pasando por Teruel y Daroca, vinimos a parar a Calatayud. Estando aquí un

---

[1] Curiosamente, en Castilla, el *Fuero viejo* contenía algunas de las antiguas *fazañas,* esto es, los casos jurídicos que debían tenerse en cuenta como antecedentes a la hora de juzgar el presente.

día...». Esto es todo. Los historiadores, con estos datos, como es natural, no se ponen de acuerdo acerca de la fecha en que todo esto sucedió.

Como siempre, debemos vincularnos a la tesis más acreditada. Soldevila, citando a Miret, supone que debemos de estar alrededor de 1247. En estas fechas el rey se hallaba en tierras argonesas, y los acontecimientos son posteriores a las Cortes de Huesca. En efecto, entre los meses de enero y abril el rey siempre deja a su paso documentos firmados que testimonian un camino hacia el sur[2]. El día 16 de abril de 1247, tras pasar por Teruel, ya lo tenemos de nuevo en Valencia, donde en el mes de mayo promulgaría la nueva moneda de la capital, el llamado *real* de Valencia, también válido en Mallorca, y donde dictaría la tabla de cambios con la moneda de Jaca, fijando un plazo de cuarenta días para recoger todas las demás monedas en curso[3]. La moneda de Valencia llevaría en una cara la capital del reino coronada —como en los primeros escudos de la ciudad—[4], y en la otra un árbol a modo de flor sobre el que iría una cruz[5]. En el mes de junio Jaume estaba todavía en Valencia, donde dictó una medida sin duda de interés: las mujeres públicas o meretrices no podían habitar cerca de las casas de la orden de los Predicadores, los ortodoxos dominicos que tanto habían trabajado para destruir la herejía de los albigenses[6]. A quienes se prostituyeran a varón por dinero, fuese de día o de noche, por las inmediaciones del convento, se les harían lesiones en el cuerpo por parte del vicario del rey o del baile. Los gritos de las prostitutas, que seguramente chillarían según el modo que resulta habitual en los países islámicos, debían de irrumpir de modo irreverente en las solemnes oraciones de los frailes. Estos hechos, desde luego, eran intolerables para los austeros dominicos.

Luego, desde Valencia, el rey fue a Huesca[7], arreglando distintos asuntos con los templarios, concediéndoles el diezmo de todos los réditos que correspondían al monarca, tal y como lo había hecho su bisabuelo, Ramon Berenguer. Desde Aragón pasó a Lleida, donde estuvo durante el mes de septiembre en actos normales de gobierno[8]. Desde allí se dirigió otra vez hacia el reino de Valencia. En territorio valenciano lo vemos hacia octubre de 1247, desplazándose en diciembre a la zona de Alzira y en marzo de 1248 a Llutxent[9]. Por lo general, el

---

[2] En febrero sigue en Huesca (cf. Huici-Cabanes, vol. II, docs. 449-452). Desde allí pasa a Ejea, donde lo vemos en el mes de marzo, y el 2 de abril ya está en Teruel (Huici-Cabanes, vol. II, docs. 454 y 455).

[3] Huici-Cabanes, vol. II, doc. 458, págs. 258-259; doc. 459, págs. 260-262.

[4] Era por lo demás típico de los sellos de la época. Cf. los sellos de Federico II de Sicilia en Eickels-Brüsch, *Kaiser Friedrich* II, WbG, Darmstadt, 2000, pág. 140.

[5] Miret, ob. cit., pág. 188.

[6] Huici-Cabanes, vol. II, doc. 461, págs. 265-266.

[7] Está allí el 28 y el 30 de junio, hasta el 15 de agosto. Miret, ob. cit., pág. 189.

[8] Dando instrucciones a Arnau de Foces, como *veguer* o *curia* de Cataluña; cf. Miret, ob. cit., pág. 189.

[9] Miret, ob. cit., págs. 190-191. Los documentos los firma el rey «in obsidione de Luxen», lo que testimonia que el rey estaba en campaña. Llutxent está entre Xàtiva y los valles rebeldes del sur.

rey residió el resto del tiempo en Valencia. Si la rebelión de Al-Azraq ocupó la atención del rey, tal cosa debió de suceder justo ahora, hacia finales del año 1247 y principios de 1248. Solo en estos meses el rey se nos pierde entre esta franja que va de Alzira a Llutxent; esto es, entre el Júcar y la sierra de Ador, la tierra por la que Al-Azraq extendía su poder, amenazando Xàtiva y los pasos entre los montes que llevan hacia los llanos de Gandía. Es fácil que Al-Azraq aprovechase para su levantamiento la relativa desprotección de los territorios valencianos, producida con motivo de la solicitud de auxilio que Fernando III lanzó a Jaume con ocasión del sitio de Sevilla, que justo se cerraba en la segunda mitad de este año. Allí acompañaron al rey Santo más de cien caballeros catalanes con el notario Bernat Vidal, que luego obtendrían el sitio de Camas en el reparto [10].

En su *Coronica de los moros de España*, que Jaume Belda editó en 1616 [11], después de la expulsión de los moriscos, se nos da una descripción muy viva de los sucesos. Tras reconstruir con agilidad la escena sobre la base del propio relato del rey, describe el momento en que don Jaume se entera por boca de Jimeno Pérez de Arenós de la noticia de la rebelión sarracena y de la toma por Al-Azraq de todo el valle de la Gallinera, que va desde Alcoy hasta Denia y Pego. Luego, el autor nos confirma que «el maestro Diago dice que era el año de 1248» cuando se produjo la sublevación de los moros, y añade: «fuerte argumento es el que trae el maestro Diago, en confirmación de su opinión, si es así, como él dice, que el obispo de Valencia don Arnao de Peralta fue hecho obispo de Zaragoza en el año 1248 y, vacante Valencia por resignación suya, fue electo de ella Fray Andrés de Albalat a 30 de octubre del mismo año» [12]. Ahora bien, don Jaume asegura en la *Crónica* que, cuando se entera de la rebelión, el obispo de Valencia todavía era Peralta. Por tanto, es lógico pensar

---

[10] Cf., para estos detalles, F. Valls Taberner, *Obras Selectas,* Estudios de Historia Medieval, vol. IV, CSIC, Barcelona, 1961, pág. 274. Valls cita a Espinosa de los Monteros, *Historia y grandezas de Sevilla,* 2.ª parte, pág. 11, donde se establece que los cien caballeros no podían vender su propiedad en cinco años y que en adelante solo la podrían vender a Ballesteros. Además de esto (cf. Ballesteros, *Sevilla en el siglo XIII,* págs. 14 y 19), añade que los catalanes obtuvieron un barrio de Sevilla al extremo de la calle de Monteros, que regresaba al centro de la ciudad por la esquina de la plaza de San Francisco. Fue la comunidad que más celebró en Sevilla la coronación de Alfonso a la muerte de Fernando, pues al fin y al cabo se trataba de un rey casado con una reina de su tierra. Violante había nacido en Barcelona. Jaume, más realista, lamentó profundamente la pérdida. Cf. Valls, ob. cit., pág. 279.

[11] Cf. Jaume Bleda, *Coronica de los moros de España,* edición facsímil de Biblioteca Valenciana, junto con la Universidad de Valencia y el Ayuntamiento de Valencia, 2002, págs. 465-466.

[12] De hecho, Belda lee mal, porque Diago dice literalmente: «En el año siguiente de 1247 hubo de ser el levantamiento de los moros del reyno, si se repara en la razón que hize en el capítulo quarenta deste libro, con que se provó, que no pudo dejar de ser antes del año de mil y doscientos y cuarenta y ocho» (Diago, *Anales del reyno de Valencia,* Tomo I, Libros V, VI y VII, Casa de Pedro Patricio Mey, junto a San Martin, Valencia, 1613, págs. 344-345). Diago por lo demás vincula, como es debido, el asedio y la toma de Llutxent a esta rebelión de Al-Azraq. De hecho, esta era la plaza más al norte de todos los castillos que tomó el caudillo islámico, y desde allí se podía amenazar Xàtiva, a poco que se saltara la Sierra de la Creu. Cf. Diago. ob. cit., pág. 347 izq.

que los hechos que ahora estamos narrando ocurrieron antes del 30 de octubre de 1248[13].

Que la rebelión preocupó seriamente al rey se puede inducir fácilmente por otro motivo: en enero de ese mismo año el rey, sabiendo que se iba a exponer a peligros relevantes, decidió regularizar el estatuto de sus herederos firmando un nuevo testamento. De él no se ha conservado copia, pero Zurita nos ofrece un resumen, que lo fecha el 19 de enero de 1248 y que lo sitúa en Valencia, de forma plenamente coherente. Menciono este testamento aquí porque no solo es un índice de que el rey se veía expuesto a un peligro militar exterior. También es un factor que agravará la crisis, en tanto que va a despertar de nuevo al enemigo interior, al partido de su hijo Alfonso, molesto por el gesto del monarca de conceder estatuto oficial a su cada vez más disminuida herencia[14]. Los dos frentes que ya vimos configurados con motivo de la toma de Xàtiva, ahora se volvían a organizar de forma simultánea.

Del curso de los hechos nos informa la *Crónica* con el dramatismo acostumbrado. En efecto, la reina sabía, por comentarios privados que se apartaban del rey por el miedo a su ira, que los árabes andaban rebeldes por Valencia. Cuando don Jaume, enterado por Arenós, fue a comunicarle la situación a la reina, esta le dijo con sorprendente ingenuidad que ya lo sabía. No podía albergar intención alguna al callarse una noticia que con tanta franqueza confesaba conocer. A pesar de todo, no pudo evitar el enfado del rey. «Duramente errásteis», le espetó Jaume con firmeza. Sin duda, es mejor conocer los reveses de la política antes de que sea demasiado tarde, y el rey tenía razón al quejarse de su silencio. La consideración podía asumirla la propia reina. Cuanta más tierra Al-Azraq quitase al rey, tanto más difícil sería recuperarla.

---

[13] Otros historiadores antiguos cifran estos hechos, sin embargo, mucho más tarde, aludiendo a que el cambio de obispo fue en 1268, por lo que Diago podía haber leído 1248 de manera errónea. Tal cosa, sin embargo, no es posible. La escena que tiene lugar entre el rey y la reina Violante, en la que hablan de la rebelión, resulta tan nítida y real que impide que todo ocurriera después de 1251, fecha en que muere la reina húngara. Ahora bien, los diplomas que hablan de estancias del rey en Valencia hacen referencia sobre todo a finales de 1247 y a todo 1248, año en el que el rey apenas se mueve de las tierras valencianas. Es fácil pensar que, por todo eso, la fase más grave de todos estos acontecimientos sucediese a finales de 1247 y principios de 1248. En efecto, la forma en que habla el rey del nombramiento de Peralta como obispo de Zaragoza no nos da una idea de total inmediatez, aunque sí de cercanía. Se limita a decir que «después» fue nombrado obispo de esa diócesis. Un detalle ulterior nos obliga a pensar que el inicio de la rebelión no pueda situarse en el año 1248. Cuando tiene lugar la escena del rey en Valencia para preparar el ataque contra Al-Azraq, el rey dice que falta un mes para la fiesta de Reyes. Así que estamos hacia el mes de diciembre de 1247, justo cuando el rey llega a Valencia. Si fuera el mes de diciembre de 1248, Peralta ya sería obispo de Zaragoza. No hay, como se ve, otros huecos en la vida del rey que aquellos meses. Al-Azraq debía de ser por aquel entonces, en enero de 1248, la mayor preocupación del monarca.

[14] De ahí que pueda decir Zurita que «de esto resultó que no solo no se sosegaron las alteraciones que por esta causa se habían ya movido, pero se encendieron más: y el infante don Alfonso y el infante don Pedro de Portugal y los ricoshombres de su opinión se valieron del rey de Castilla y andaban con grandes campañas de gente de guerra, conmoviendo y alterando las ciudades y villas del reino». Zurita, Libro III, cap. XLIII, págs. 160-161.

Descuido, dejadez, timidez o miedo, el caso es que no entendió el rey que algo grave hubiese en la conducta de su reina y, una vez que esta reconoció su error, quedaron conformes. La conversación acabó con el deseo de la reina de acompañar al rey: «Os ruego que me llevéis y que vaya con vos», le dijo. Y así fue.

El rey se empeñó inmediatamente en atajar los hechos. La *Crónica* explica con toda claridad que el monarca se mostró, desde el primer momento, decidido a aprovechar la ocasión para cambiar de forma radical las condiciones de la conquista de Valencia. Al realizarse esta mediante rendición, los pactos firmados comprometían al rey a cumplir la palabra dada a las comunidades musulmanas. Dichos pactos concernían sobre todo a la defensa de sus territorios, su autonomía social e institucional, su propio sistema social. Para Jaume, existía entre los musulmanes y él un pacto de vasallaje que había que cumplir. Ahora, sin embargo, eran vasallos rebeldes y por eso entre las dos partes se abría el desnudo estado de guerra. Era, pues, la ocasión de romper con aquellos pactos. El rey no había violado su palabra. Eran sus propios súbditos musulmanes quienes habían roto el compromiso de fidelidad. Una guerra justa permitiría una expulsión sin complejo de culpa. Por eso, en cierto modo, el rey mostró su satisfacción ante la noticia. Cuando recibió a los jefes y ancianos de Xàtiva con el alcaide de uno de los castillos, el que había permanecido en poder árabe, el rey no tuvo necesidad de mostrarse diplomático. Con rapidez dijo que estaba muy disgustado de que sus correligionarios le hubiesen arrebatado los castillos del valle de la Gallinera. A partir de aquí la escena se llenó de desconfianzas. Nada de lo que puedan decir los árabes hace que el rey los vea como amigos. Por mucho que le confiesen su pesar por la actitud de Al-Azraq, Jaume ve en ellos solo hipocresía y mentira. En el fondo, la interpretación que el rey hace de su visita es más bien la propia de una guerra psicológica. En ningún momento ve en los emisarios de Xàtiva vasallos fieles. Para él, se han llegado al sitio real de Valencia solo para contemplar su cara, su estado de ánimo, su grado de afectación y de resolución. Se han acercado a ver al enemigo, no a ver al rey. Ni siquiera se recataban de mostrar satisfacción por las pérdidas de Jaume, en lo que este consideraba sin duda un acto de provocación que, estando a cubierto por las reglas de la hospitalidad y la palabra sagrada del rey, no podía traerles consecuencias nefastas. Algo debía de haber de verdad en ello, pues todo el discurso sarraceno estaba dirigido a producir debilidad en su interlocutor. Incluso lo que los árabes dicen respecto a Xàtiva tiene ese sentido, pues los jefes de esta ciudad le recordaron al rey que la población del gran castillo, la llave de Valencia, era tan numerosa que por las calles se tenían que codear. Xàtiva no había sido conquistada, parecían decirle. Sin duda era un aviso, un recuerdo de algo que el rey sabía muy bien: que vivía en un avispero musulmán, apoyado tan solo por una población cristiana que no llegaría ni de lejos al tercio del número de los enemigos potenciales.

Don Jaume recuerda así la escena, y es fácil pensar que también la viviese así. Una vez más, tenemos la memoria viva de la conversación con la reina, la compañera a la que solo le quedaba un par de años de vida. No son escenas que parezcan inventadas. Son tan nítidas en el recuerdo del rey porque son casi las últimas de una vida en la que no faltó el respeto y el amor. Cuando ya se han marchado los jefes de Xàtiva, los dos soberanos hablan. «¿Os disteis cuenta de lo que han hecho estos sarracenos, cómo han entrado alegremente ante nosotros, y no se han inmutado ante las noticias de nuestro mal, sino que se lo han tomado a la ligera?», le pregunta el rey a la reina. Esta le responde: «Muy bien entiendo lo que decís respecto a que no se han cuidado de vuestro mal, y poco dijeron de que os vengarais ni os rogaron que os vengaseis»[15]. Era más que suficiente para reconocer que habían sido engañados. Los embajadores árabes habían venido a saber si el rey se preparaba para la guerra o si todavía no se había determinado a ello. Desde luego, tampoco lo indujeron a tomar medidas. Habían venido a conocer la situación en la que él se encontraba. Y esta, por ahora, era de rabia y de impotencia.

En realidad, el rey no se dio prisa en tomar medidas, al menos en apariencia. Dejando a la reina de lugarteniente en Valencia, Jaume se fue a Borriana a cazar. Era todavía el mes de diciembre de 1247 cuando tiene lugar esta escena. El día 24 de marzo de 1248 el rey estará en el sitio de Llutxent, ya en el frente. Lo que ahora vamos a narrar, por tanto, sucede entre estos tres meses. Ante todo, desde luego, debía alentarse la preparación del ejército, que se inició de forma inmediata. En efecto, rompiendo su asueto, a los pocos días y en medio de la madrugada de diciembre, llegó un mensajero. Era enviado por la reina y anunciaba que Al-Azraq acababa de tomar el castillo de Penáguila, cerca del pico redondeado del Benicadell, la llave de todo el valle de Albaida y la frontera desde la que se podía impulsar hacia el sur la reconquista, hacia Alcoy y Alicante. Si los musulmanes tomaban ese valle, estaban a un paso de Xàtiva. Desde esta ciudad, pronto podrían rehacerse hacia Valencia. Las cosas cuadraron de repente en la mente del rey. Entonces se acordó de lo que significaba realmente que los mensajeros no hubiesen manifestado pesar. No era solo que se alegraban de las pérdidas del rey, sino que se preparaban para continuar el ataque contra el reino hasta donde fuera posible. El gesto no solo implicaba una afrenta al monarca en toda regla, sino también un peligro real para el reino. Además, los castillos iniciales conquistados por los rebeldes, sin duda menores y perdidos en los valles del sur, se los habían quitado en su ausencia. Ahora seguían la guerra ante su presencia, como si esta no fuera tenida en valor alguno, ganando castillos a un tiro de piedra de Xàtiva. La determinación de la venganza fue cristalizando en el rey desde ese momento. Como en las grandes ocasiones, en las que el nerviosismo hacía naufragar la serenidad, aquella noche el rey no pudo dormir.

A la mañana cabalgó el rey desde Borriana hacia Valencia, donde lo recibieron los caballeros principales. Entonces es cuando el rey reconoce que el obispo de Valencia era todavía Arnaldo Peralta, que en octubre de 1248 sería

---

[15] *Crónica*, §362.

obispo de Zaragoza. Tras la primera entrevista con ellos, los citó para el día siguiente y les explicó la situación sin moderar la intensidad de la afrenta. Su decisión de vengarse era firme y ahora reclamaba, suplicaba más bien, que lo ayudasen en esta represalia y que ellos se sintieran tan agraviados como él. Al mismo tiempo, presentó las cosas como si se tratase de ultimar la Reconquista: por fin, la religión cristiana se iba a imponer de verdad, pues, desligados de sus promesas de respetar a los musulmanes, ahora podrían destruirlos y expulsarlos. Esa era la voluntad de Dios, concluyó el rey, como siempre que se trataba de poner en primer plano el asunto de la religión. «Poco importa que nos quiten nuestra tierra, y hasta aquella en que nos los dejamos vivir; pues por lo mismo tendré más motivo para poblarla de cristianos»[16], concluyó don Jaume.

Este era su plan: en un mes, antes de que llegase la fiesta de Reyes de 1248, se deberían reunir cuatrocientos caballeros para custodiar Xàtiva y los demás castillos de la frontera. Una vez que estuviera asegurada la posición de los castillos, se produciría la correspondiente declaración de guerra en la catedral valenciana. Allí se leerían las injurias y se declararían nulos los pactos, pues solo se abría guerra honorable allí donde esta hubiese sido declarada. El rey creía que bastaría con esta declaración de guerra y con publicar su intención de expulsar a los que hubieran formado parte de la rebelión, y repoblar las fértiles tierras valencianas con cristianos, para que de todas partes llegaran combatientes deseosos de tomar parte en la repoblación. Así podría liberar a los nobles de formar hueste o de entregarle el impuesto de cabalgada. El rey, a pesar de todo, se comprometía a dejar a los musulmanes pacíficos en la puerta del reino de Murcia, desde donde ellos sabrían llegar a Granada, o más allá, al norte de África.

El obispo de Valencia, el más afectado, no pudo por menos que hablar el primero y reconocer que todo aquello placía a la Iglesia y a Roma. Para la Iglesia, el plan del rey significaba nuevas parroquias, nuevas iglesias, nuevos fieles, nuevas tierras y nuevos impuestos. Ella era la administradora inevitable y, por tanto, no cabía duda de los beneficios que le traería la actuación del rey. Pero los nobles no veían las cosas así. Muchos de ellos ya tenían vasallos musulmanes y, como es natural, el trato que podían darles era mucho más riguroso que el que consentían las leyes para los cristianos. No en vano, con el tiempo, en Aragón circulará un refrán bien expresivo de esta situación: «Quien no tiene moro no tiene oro»[17]. El señorío valenciano, por primera vez, se mostraba firme defensor de la presencia de musulmanes en su territorio y no estaba interesado en una expulsión que empobrecería sus tierras y las llenaría de cristianos con reclamaciones permanentes, gentes que podían contar con la protección del rey y de la Iglesia. Así que los ricoshombres y los no-

---

[16] *Crónica*, §364.
[17] Cf. R. I. Burns, «Els mudejars del regne de València de la generació posterior a la croada», *Historia del País Valencià*, Burns y otros, vol. II, ob. cit., pág. 140.

bles callaron. El rey, desde luego, penetraba la situación, y así lo hizo saber a todos. Allí, con su silencio, manifestaban no mirar sino por su mero interés personal, no por el de su rey. «Es verdad que disminuirá vuestra renta, y os ha de ser más lucrativo emplear sarracenos que cristianos» [18], les dijo el rey, acabando con toda aquella reserva. También las rentas del rey disminuirían con seguridad, hasta el punto de que la Iglesia, la única que obtendría beneficio de todo ello, tendría que indemnizar al rey por esas pérdidas [19].

A pesar de todo, ahora la cuestión no era esa. Se trataba de comprobar hasta qué punto todos se sentían concernidos por un combate en favor de la fe, por una parte, y en favor del rey, por otra. Tras todos los episodios de enfrentamientos pasados, este argumento no impresionaba a los ricoshombres, que venían de celebrar las Cortes de Huesca y de ver cómo buena parte de sus costumbres ancestrales no entraban en el fuero aragonés. Así que el rey puso encima de la mesa la razón principal: ¿de qué les serviría tener vasallos sarracenos si, con ello, dejaban abierta la posibilidad de que se juntaran todos y dejaran a los cristianos sin tierra? Aquí el rey se explayó. No bastaba con decir que la situación de poder de los cristianos era endeble. No bastaba con reconocer el carácter azaroso de los tiempos y lo cambiante de las circunstancias. Era preciso ver lo que habían hecho los musulmanes solos, desorganizados, vencidos todavía hacía poco tiempo. Ahora todos aquellos señores debían imaginar que, por alguna circunstancia, esos mismos rebeldes recibieran ayuda del exterior, de más allá del mar, de Túnez, o de la más cercana Granada. ¿Quién pararía esta ofensiva árabe? Tanto Castilla como Aragón sufrirían las consecuencias. ¿Quién pensaría entonces en los miserables asuntos de una renta mayor o menor?

Interesa exponer estos argumentos porque dejan muy claro hasta qué punto la política del rey es reflexiva, conoce los motivos de los actores e intenta ser persuasivo frente a ellos. Pero es preciso dudar de que los nobles aragoneses se dejasen persuadir por las buenas palabras del rey. Hay siempre una hostilidad latente entre ellos, que no pasa inadvertida al monarca. También es reflexivo el movimiento que entonces inicia el rey: identificar la razón de Valencia, el apoyo de los valencianos, frente a la terca resistencia de los ricoshombres aragoneses. Los valencianos, junto con la Iglesia del reino entero, eran sus aliados. «Los de la ciudad de Valencia, los obispos y los clérigos nos ayudaron a sostener la opinión que habíamos demostrado», dice el rey, controlando de forma consciente la situación [20]. Entre todos, por fin, se logra el consenso. Y cuando se llega ahí, el rey no pone al frente de las tropas de Xàtiva a ningún ricohombre aragonés, sino a su fiel Guillem de Montcada, el descendiente de la gran familia catalana que había dado tantas vidas en la con-

---

[18] *Crónica*, §366.
[19] Se trata del acta de 15 de marzo de 1249. Es fácil suponer que este documento se firmaría cuando ya estaba la campaña estabilizada y sofocada la expansión de los árabes de Al-Azraq.
[20] *Crónica*, §367.

quista de Mallorca y en la expansión de la corona. Entonces, y solo entonces, se produjo el primer decreto de expulsión de los musulmanes valencianos. Por todos sitios el rey envió cartas en su idioma dándoles un mes para salir del reino, ya que se habían mostrado desleales a su señorío.

Sin duda, a los ojos actuales, no parece este un decreto de estricta justicia. Era verdad que se habían levantado muchos contra el rey, pero no todos. Ahora, para castigar a los primeros, se castigaba a la totalidad. La razón, sin embargo, no era la presunción automática de participar en el delito por el hecho de compartir la religión. La clave estaba en el pensamiento corporativo que poco a poco se imponía en la Edad Media. Los colectivos, según este pensamiento, eran equivalentes a una persona. De forma consecuente, los sarracenos fueron considerados como una persona colectiva y todos fueron culpabilizados de la traición de Al-Azraq. Era un argumento demasiado ajeno a la mentalidad islámica, y la respuesta era obvia en exceso para que las élites musulmanas no pudieran esgrimirla. Y así, por doquier llegaron cartas al rey en las que los musulmanes expresaban su dolor por ser tratados como traidores sin serlo. Por todos sitios se ofrecieron los árabes a aumentar sus impuestos y muchos hicieron ofertas en este sentido. Era una irrefutable expresión de su voluntad de mantenerse en su vasallaje, de quedarse en una tierra que, sin duda, juzgaban suya. El rey no se dejó seducir. Al contrario, contestó las cartas diciendo que el problema era militar. Confesó su sentimiento de debilidad y explicitó que temía una alianza entre los moros de allende el mar con los de tierra valenciana adentro. «Oído esto, con gran dolor y llanto, marcharon los mensajeros»[21], dice la *Crónica*. Con ello, los sarracenos comprendieron que el asunto era definitivo por parte del rey. Pero también, y de esta manera, el propio monarca dio alas a la rebelión y muchos que jamás hubieran pensado en ello acabaron engrosando las filas de Al-Azraq.

Puesto que el problema era militar, solo acabaría resolviéndose por la guerra. A los pocos días de estas embajadas, ya eran diez o doce los castillos que los rebeldes, cada vez más numerosos, habían tomado a don Jaume. El propio rey confiesa que con todo ello se levantó «una gran guerra». El resto de los musulmanes se alejaron hacia la frontera del reino, a Montesa, donde se había instalado el antiguo señor de Xàtiva y donde existía todavía una especie de soberanía árabe. Dice el rey que allí, en esos pliegues suaves del terreno que avanza hacia Almansa, en una tierra seca y poco fértil, se juntaron alrededor de sesenta mil personas.

Nadie entre los musulmanes se sintió seguro. Pero el hecho de que se hubieran declarado las hostilidades no implicaba el final de todas las formalidades ni de todas las garantías. El realismo del rey, en cierto modo, le impedía caer en engaños ideológicos. Don Jaume sabía que se estaba ventilando un asunto de seguridad militar. Por eso no hicieron mella sobre él los argumentos económicos que estaban en el fondo del alma de sus nobles. La seguridad solo

---

[21] *Crónica*, §368.

podía restablecerse al precio de la expulsión, pero ni un pelo de los que salieran pacíficamente debía ser tocado. Cuando algunos mensajeros, desconfiados de esta promesa, vinieron a ofrecer dinero para reforzar las garantías de su seguridad, se encontraron con un rey que no lo quiso. Demasiado consciente era de que a los musulmanes se les quitaba todo y no dejó de decir que sentía un gran dolor por el mal que les hacía. Su corazón no podría resistir, dijo, que además de quitarles su tierra les despojasen de sus pertenencias. La expresión más precisa del rey contiene un nivel de conciencia radical: él sabía que los musulmanes perdían «llur natura», su naturaleza, su tierra natal, allí donde podían ser alguien y mantener una vida ordenada y feliz. En cierto modo era así: el rey los desnaturalizaba. Por mucho que, en el momento caliente de la ofensa, hubiera jurado venganza, ahora, aunque no podía desligarse de su palabra, reconocía en su corazón el dolor que producía por doquier, y, en cierto modo, él mismo lo compartía. Para un hombre del siglo XIII, perder su naturaleza era perderlo todo, convertirse en una sombra, ser un condenado en vida. Jaume se puso por un instante en la piel de los que iban a sufrir. Así, aceptó el sufrimiento con realismo y necesidad, pero no lo cubrió con bellas palabras.

Poco a poco los musulmanes se fueron juntando en la frontera de Biar. Muchos quedaron en el campo, quizá protegidos por los señores, y otros se habían ido a Montesa. Pero los que se reunieron voluntariamente para la expulsión fueron cantidades ingentes y desconocidas para la época. El rey dio orden a los nobles de que, desde la tierra valenciana, los guiaran hacia la raya de Villena, que entonces era del rey de Castilla. Allí, rigiendo su fuerte castillo, estaba el infante don Fadrique, el hermano del futuro rey Alfonso X, que dominaba estas tierras hasta las serranías jienenses, a una de cuyas villas puso nombre. Al parecer, este noble castellano no fue tan generoso como el rey Conquistador y, para que los musulmanes pudieran pasar por sus tierras, reclamó un besante por cabeza, como si se tratara de ganado. Según cuentan las crónicas, ese día don Fadrique obtuvo cien mil besantes. En este pago no se incluían los niños, por lo que la cifra de personas podría aumentarse con cierto fundamento.

Los soldados del rey, al regresar, informaron a don Jaume de las operaciones. Desde la cabeza a la retaguardia habían visto una larga fila de más de cinco leguas. Nadie nunca había visto tanta gente reunida, dice el rey. Ni los más viejos recordaban cosa semejante. «No se había visto ni aun en la batalla de Úbeda un gentío como el que allí se desplegó entre hombres, mujeres y chiquillos», comentaron. Los musulmanes marcharon desde Villena hasta Murcia y, desde allí, unos se fueron hacia el norte de África y otros hacia Granada. Como una nube, todo se deshizo. La ingente masa humana, dice la *Crónica*, se diseminó por todas partes. Así se dispersan los hombres, sin duda para que su dolor, tomado de uno en uno, al ser imperceptible, sea más soportable para todos ellos y para los testigos.

Entre los musulmanes que se refugiaron en Montesa y los que se marcharon a Villena, más de ciento sesenta mil almas quedaron desplazadas de sus tierras de origen. Esto da una idea de la fractura que debió de sufrir la sociedad musulmana en tierras valencianas. El resto de árabes que se quedaron se pusieron nominalmente a las órdenes de Al-Azraq. Al recibir ese refuerzo, fruto de la desesperación, los musulmanes no pararon de obtener éxitos en los combates. La *Crónica* nos habla de una matanza de cristianos, en una batalla en la que tres mil de ellos fueron vencidos. Procedían estos de las milicias de todos los dominios del rey, desde Tortosa hasta Alcañiz, pasando por diferentes territorios valencianos. El foco inicial del valle de la Gallinera ahora se extendía hacia el este, hacia el mar. El antiguo castillo de Benicadell, que el Cid ya había ordenado reconstruir, estaba asediado. Si era tomado, todo el sur del reino quedaba cerrado al paso cristiano y toda la huerta de Gandía amenazada. El mismo poeta del *Cantar de Mio Cid,* como recuerda Soldevila[22], y como sabía Menéndez Pidal, ya había sido consciente del valor estratégico del Benicadell, del que se dice en el poema que con él tenía el caballero burgalés «las exidas e las entradas de Valencia».

La inquietud hizo presa en el rey Jaume y reunió a todos sus consejeros. Debió de tener lugar esta reunión en junio de 1248, fecha en la que podemos documentar la estancia del rey en Valencia[23], junto con la del obispo de Vic. Sabemos por la *Crónica* que en la reunión del rey había varios obispos, por lo que es fácil que se aluda con ello a esta presencia. De ese consejo salió la decisión de que el rey no debía ir a la Gallinera, porque en ese abrupto terreno la caballería no podía maniobrar, comprometiendo con ello el resultado de la batalla. Los musulmanes, como se ve, estaban ya usando una táctica de guerra que se parece mucho a las posteriores guerrillas, una lucha cuerpo a cuerpo en la que, según dice el rey, se combatía a menudo con el escudo y la lanza. La guerra tradicional no era eficaz ante este método y el rey, que ya se acercaría a la cuarentena de años, rebajó sus ímpetus militares y se quedó en Valencia. Sus mesnaderos fueron a la peña de Benicadell y allí vencieron a los árabes, matando a su mejor capitán, un tal Abenbazel. Los musulmanes retrocedieron hasta Alcalá de la Jovada, en lo más profundo del valle, la patria del caudillo musulmán. Desde ese momento, el rey nos dice que las luchas con Al-Azraq duraron todavía tres o cuatro años y que, durante este tiempo, el caudillo árabe recibió la ayuda del infante de Castilla y de su hermano don Manuel, con quienes aquel firmó varios tratados[24]. Gracias a la intervención de don Alfonso, el rey Jaume declaró treguas a Al-Azraq, que fueron desde la Pascua de 1249 hasta la siguiente de 1250[25]. Era muy lógico que Alfonso de

---

[22] *Quatre Crónics,* ob. cit., pág. 339, n. 15.
[23] De hecho el rey estuvo en Valencia desde el 24 de junio hasta el 3 de diciembre, que va a Tortosa, para volver a la ciudad del Turia el 13 de este mes. Es más que probable que ese documento de Tortosa no se hiciera en presencia de Jaume. Luego, el rey siguió por Xàtiva, en febrero, por Llutxent y por Valencia hasta el mes de septiembre de 1249. Es lógico que todo este año y más de medio el rey se dedicara a estos temas de Al-Azraq. Cf. Miret, ob. cit., págs. 192-194.
[24] *Crónica,* §371.
[25] Podría ser que estas treguas se dieran también en Llutxent, en los documentos de primavera de 1249 que aparecen reflejados por Miret (ob. cit., pág. 195), que en este caso serían apropiados

Castilla se aviniera a la mediación. A fin de cuentas, por esa época es posible que se estuvieran celebrando las negociaciones finales de su boda con la princesa Violante[26].

Ese era el momento de hacer cuentas de los siervos musulmanes que habían perdido los señores cristianos. La Iglesia indemnizó al rey por las mermas para el tesoro real. A su vez, el rey tuvo que indemnizar a algunos de sus nobles por la misma razón, entre ellos al revoltoso don Pedro de Portugal. Este reclamó ante el rey, usando como árbitro a la misma reina Violante. La sentencia arbitral dictaminó que el infante de Portugal recibiría diez mil sueldos reales y el rey se encargaría de la guarnición militar de sus castillos, al menos mientras se completase la derrota de Al-Azraq. Luego, el rey empezaría con los repartos entre su gente de la tierra que dejaban libres los rebeldes. Son los famosos repartos de Alfandech, que llegaron a más de doscientas cuarenta donaciones en el valle que, con el tiempo, acogería el monasterio de Santa María de la Valldigna[27]. Como era de suponer, en este año que va de la Pascua de 1249 a la de 1250, el rey estuvo cercano a los acontecimientos, y así lo vemos casi todo el año en tierras valencianas[28]. A este periodo, frente a lo que sostiene Soldevila, deben de hacer referencia los §373-377 de la *Crónica*. El primero de ellos enlaza directamente con el hilo conductor de la tregua concedida e invoca la entrada en la Cuaresma, en la que la prórroga debía caducar. La prueba de esto es que, en el §374, los sarracenos rebeldes todavía

---

en su datación. También es posible que se firmaran las treguas el día 7 del mes de abril, en Alzira. Cf. Miret, pág. 196.

[26] Para los detalles de esta boda, cf. Valls, ob. cit., págs. 275-278. Su opinión, muy fundada, da como fecha probable de este enlace noviembre de 1249, siendo las fiestas durante los primeros días de diciembre. Se hicieron en Valladolid, pero los reyes de Castilla ofrecieron la posibilidad de que fuera en Uclés, si el rey de Aragón prometía la asistencia. Era más que difícil que pudiera desplazarse el rey hasta allá, estando como estaba pendiente de los sucesos de Al-Azraq.

[27] Para este momento se puede ver Ferran García García, *El naixement del monestir cistercenc de la Valldigna,* Universidad de Valencia, Departamento de Paleografía y Diplomática, Historia Medieval, Valencia, 1983, págs. 26-27. Naturalmente, la tierra será objeto del levantamiento de 1274, lo que dará lugar a nuevos repartos entre cristianos, esta vez ya por mano de Pere el Grande. Dentro de los afortunados estaría ahora Roger de Lauria (cf. ob. cit., pág. 29). La importancia de la bailía de Alfandech fue muy grande, pues estaba solo por delante Morella, Xàtiva y Valencia en capacidad recaudatoria (cf. ob. cit., pág. 33).

[28] El 30 de marzo lo vemos en Valencia, otorgando a su obispo tierras en Jaca, y dando a los jurados de Jaca poderes para obligar a los ciudadanos a servir en el ejército (cf. Huici-Cabanes, vol. II, docs. 488 y 489, págs. 298-299). En abril, el rey se dirige a Alzira, donde reparte algunas casas, y en mayo regresa a Valencia, donde confirma el reglamento de la curia. En junio entra en las alturas de Villamarchante, para regresar de nuevo a Valencia en julio (cf. Huici-Cabanes, vol. II, docs. 498 y sigs.). Solo en septiembre de 1249 se va a Teruel (doc. 508) y desde allí pasa a Calatayud (doc. 509), donde permanece hasta noviembre. En este mes inicia el camino hacia el sur, y pasa por Villarquemado en diciembre, desde donde llega a Morella (docs. 513 y 514, págs. 324 y 325). Allí se habría de quedar hasta el mes de enero de 1250, regulando las atribuciones de la curia de Valencia, la venta de sal y la pesca (cf. Huici-Cabanes, vol. II, docs. 515 y 516, págs. 329 y sigs.). Al mismo tiempo, el rey confirma la carta puebla que diera a la ciudad Blasco de Alagón y la toma bajo su protección. Solo en el mes de febrero el rey está ya en Valencia. Allí se quedará hasta el mes de marzo de 1250, que regresa a Morella de nuevo.

estudian la posibilidad de que la tregua se amplíe otro año más. Para ello no tenían otra opción que la de solicitar la ayuda de Alfonso de Castilla, que de nuevo se la brindó al caudillo árabe. Esta vez, sin embargo, Jaume no aceptó el consejo y en la Cuaresma de 1250 se lanzó sobre Alcalá[29], que tuvo que ser abandonada por los musulmanes. Con ello, desde luego, no se puso final a la insurrección, que con seguridad duraría más allá de 1250. En todo caso, la *Crónica* se desvincula de este episodio, decisivo en la vida del reino, y se limita a referir que finalmente Al-Azraq se convirtió al cristianismo, se casó con la hija del noble almirante de Cataluña En Carroz y obtuvo el señorío de Rebollet, un final demasiado precipitado, pues todavía Al-Azraq tiene que aparecer en nuestra historia. La forma que tiene la *Crónica* de acabar esta escena es novelesca e indica que, en el fondo, Jaume sabía que, al dominar la revuelta musulmana, había vencido en el pulso que, con este motivo, le había echado su yerno Alfonso. Esta victoria requería también un triunfo retórico. Y este es el que Jaume se ofrece a sí mismo construyendo literariamente el final de este episodio, que significó sin duda alguna la mayor expulsión de musulmanes con anterioridad a 1492 y a 1606 y, con ello, el primer paso para una reconquista efectiva y profunda de las tierras valencianas del sur.

He aquí el relato. En uno de los encuentros que había tenido Al-Azraq con Alfonso de Castilla, este le había preguntado si sabía cazar. El árabe había contestado que desde luego que sabía, pero que le gustaba más cazar castillos del rey de Aragón. La escena fue relatada a don Jaume por un aragonés llamado Miguel Garcés. El rey la guardó en su alma, esperando la ocasión en que debería traerla a mención. Cuando había destruido el poder de Al-Azraq, escribió una carta a su yerno, que había apoyado la rebelión hasta el final; le hizo saber que conocía la escena y concluyó recordando que para cazador él tampoco se quedaba atrás, pues le había quitado al rebelde todo lo que poseía. Era la expresión de una sociedad en la que la guerra, más que la ruptura de las formas de la cortesía, era un escenario más para practicarla. El caso es que para 1250 este asunto debía de estar, si no concluido, sí en vías de solución. Durante 1251 Jaume no puso el pie en las tierras valencianas del sur. De hecho, por lo general estuvo en Morella. Solo en 1252 lo volveremos a ver en Xàtiva[30]. Sin embargo, ni Al-Azraq ni el problema musulmán estaban resueltos. En veinte años, justo al cabo de una generación, el enemigo interior haría acto de presencia con la puntualidad inevitable de los procesos vitales.

---

[29] En efecto, desde el 1 de febrero hasta el 7 de abril, desde Cuaresma hasta Pascua, el rey estaba en Valencia. Cf. Miret, ob. cit., pág. 203.

[30] Para Al-Azraq, cf. Ribera, «El Blau?», *El Archivo,* t. II, pág. 145; y R. Chabás, «D. Jaume el Conquistador y Al-Azraq», *El Archivo,* t. IV, pág. 280.

37
UNA FAMILIA EXTENDIDA: EL SISTEMA HISPÁNICO DE REINOS ENTRE 1251 Y 1256

Como ya dijimos de pasada en el anterior capítulo, mientras discurría el tiempo, la familia real no paraba de crecer y, con ella, las presiones de la reina Violante para obtener una herencia adecuada a cada uno de sus hijos. Ya para 1248 [1] habían visto la luz cuatro hijos más: tras Pere, nacido en 1240, y Jaume, en 1243, habían nacido Ferran y Sancho, y las hijas Sancha y María, más jóvenes que Violante y Constanza. El rey entendió que debía rehacer el testamento, cosa que efectivamente hizo el 19 de enero de 1248, justo por el tiempo en que pensaba emprender la ofensiva contra Al-Azraq. Todo se revisó en esa fecha. Alfonso, el hijo de la reina Leonor de Castilla, era declarado heredero de Aragón, señalando los límites, de norte a sur, desde Somport al río Albentosa, y de oeste a este, desde Ariza al río Cinca. Aragón perdía de manera definitiva los condados de Pallars y Ribagorza, y la ciudad de Lleida, que pasaban al principado de Cataluña. Pere, el primogénito de Violante, recibía Cataluña y las Baleares. Jaume, por su parte, recibiría el reino de Valencia. Para Ferran quedaban los problemáticos derechos de la casa de Barcelona al norte de los Pirineos, desde el Rosellón y Cerdaña hasta Montpellier y todo lo que pudiera revertir a la soberanía catalana de los territorios meridionales de Francia. Don Sancho era destinado a la Iglesia, institución en la que hizo una brillante carrera. En caso de que muriera un varón, se iría depositando su herencia en el hijo siguiente, y si faltaran todos, la herencia pasaría a la infanta Violante, esposa del príncipe heredero de Castilla, Alfonso, con la condición expresa de que nunca se reunificarían los reinos en su descendencia. En su caso, el hijo de la princesa Violante que hubiese de heredar la federación aragonesa se comprometería a no reconocer nunca la soberanía del rey de Castilla. Constanza, como ha quedado dicho, con el tiempo sería esposa del

---

[1] Zurita, *Índices,* ob. cit., pág. 198.

hermano de Alfonso de Castilla, el infante don Manuel. Sancha, la tercera hija, dio lugar a impactantes leyendas sobre su viaje a Jerusalén, donde murió envuelta en fama de santidad, y María fue religiosa. Después aún nacería Isabel, que se casaría con el hijo del rey Luis IX de Francia, aquel llamado Felipe el Atrevido, y que por eso tendrá que aparecer al final de nuestra historia por la pugna que su marido habrá de mantener con su cuñado Pere, el hijo y sucesor del rey Jaume.

Podemos suponer que en el interior de una familia tal las pasiones que Freud ha descrito como habituales en el seno de la horda primitiva podrían hacerse presentes hasta extremos que habrían dado evidencia a la teoría. Los hijos no entendían a un padre que no cesaba de darles más hermanos. Como es evidente, cada uno de estos recién nacidos era un bocado a la herencia de los mayores, motivo por el que se explican mejor los sentimientos de hostilidad hacia el padre que por ese extraño complejo de Edipo. Por eso era bastante normal la unión de los hermanos para dirigirse contra un padre que parecía humillarlos a todos a la vez. Aquí, como sucede en la naturaleza animal, el más atrevido era el primogénito, Alfonso, en este caso también el más lejano al padre por vivir en un reino distinto y ser el más dispuesto a exigir lo suyo conforme veía pasar el tiempo de la propia vida. Alfonso, ni corto ni perezoso, se plantó en Sevilla para ver a su tío, Fernando III, y rogarle ayuda para que el rey aragonés le diese lo suyo. El rey no atendió las súplicas, quizá adoctrinado por la propia experiencia familiar respecto a la transformación del carácter que solía producir en los príncipes la tardanza en reinar. Quien atendió al complot fue Pedro de Portugal, que puso en pie de guerra las ciudades valencianas que tenía de don Jaume a cambio del feudo de Mallorca, y que se ordenaban a lo largo de toda esa línea de castillos que iban desde la frontera de Teruel, pasando por Segorbe, hasta llegar a Sagunto. Fue la señal precisa para que todos en el reino aragonés buscaran una posición propia en esta nueva constelación política.

La relación de fuerzas entre las diversas facciones (que ya vimos en el capítulo dedicado a la conquista de Xàtiva) estaba a punto de reconstruirse, y el tema era el mismo: los aragoneses entendían que Pallars-Ribagorza, así como Lleida, eran del reino. Los catalanes, obviamente, tenían la opinión contraria. Fue entonces cuando, tomada la villa y el castillo de Alcalá al caudillo Al-Azraq, todavía en Valencia, entre febrero y marzo de 1250, Jaume convocó Cortes Generales de catalanes y aragoneses en Alcañiz[2]. Tras esta convocatoria, el rey se dirigió hacia el norte, y así lo vemos en marzo en Morella, donde se quedó hasta mayo, con la voluntad de que no tomara posesión del castillo el infante Pedro de Portugal, quien lo habría puesto en manos de la gente del infante Alfonso, que mientras tanto estaba en el séquito del rey castellano en

---

[2] Cf. ACA, Pergamino 1.233 de don Jaume. Zurita las reseña igualmente (cf. *Anales*, Libro III, cap. XLV, pág. 163) y las fecha en el mes de febrero de 1250. Que las convocara en este mes no quiere decir que se reunieran entonces.

Sevilla[3]. Es de suponer que el rey se queda en Morella después de las Cortes, pues, según Zurita, estas se celebraron en el segundo domingo de Cuaresma de 1250[4]. En Alcañiz[5] se nombraron árbitros de entre los principales personajes del reino para sentenciar los problemas que se venían arrastrando sobre la frontera del Cinca y del Segre, y para aclarar la situación de los castillos que Jaume le había dado a Pedro de Portugal, desde Morella hasta Castellón, a cambio de liberar Mallorca para la administración real. Estos castillos, a todos los efectos, habían pasado a manos de la gente del infante Alfonso, por la alianza entre ambos infantes. En caso de que ese arbitraje no fuera aceptado por Alfonso y Pedro, las Cortes se comprometían a recurrir a un arbitraje de Roma. Así que enviaron embajadores ante los dos infantes, que se encontraban junto al rey de Castilla. El 18 de mayo de 1250 se aceptó la mediación por su parte y se firmaron treguas. El rey no se fió del todo. Por eso no solo esperó a que las Cortes aceptaran su testamento, sino que se dispuso a trabajar con ahínco para impedir lo peor.

Y esto sin duda era una alianza entre los dos infantes —Alfonso de Aragón y Pedro de Portugal— y los nobles aragoneses. Por eso, adelantándose a esta posibilidad, el rey ofreció pactos de ayuda mutua a los nobles más importantes del reino, tanto catalanes como aragoneses[6]. La sentencia de las Cortes refrendó el testamento del rey de 1248, pero añadiendo algunas ventajas a don Alfonso. Este, en efecto, obtuvo el *gobierno* o procuración del reino de Aragón y el de Valencia[7]. Don Pere, entonces un niño de diez años, obtuvo el gobierno de Cataluña, que sería efectivo en 1254, con la mayoría de edad[8].

---

[3] Huici-Cabanes, vol. II, docs. 526-537, págs. 345-354. Zurita nos cuenta que el rey reclamó al infante estos castillos de la línea Morella-Sagunto, porque el infante —según el acuerdo de permuta por el reino de Mallorca— los tenía según costumbre o *usatge* de Cataluña, y no podía ponerlos en manos de nadie sino del rey (cf. Zurita, ob. cit., págs. 163-164). De hecho, el rey ya no volverá a dar Morella al infante (cf. pág. 164 izq.). Para este punto del pacto de permuta de Baleares por los castillos de la franja interior de Valencia, se debe leer el importante trabajo de Pau Cateura Bennasser, «Las cuentas de la colonización feudal (Mallorca, 1231-1245)», en *La España Medieval*, núm. 20, Universidad Complutense, Madrid, 1997, págs. 57-141; esp., pág. 68. La primera entrevista tuvo lugar en marzo de 1243 en Lleida. Cinco meses después se llegó al acuerdo, el 28 de agosto. El rey tuvo que deshacer el pacto que cedía estos castillos a Violante como prenda de la dote.

[4] Zurita, *Índices,* pág. 199.

[5] Efectivamente, Miret da el documento en Morella, a 25 de febrero de 1250, pero reconoce que estaba datado en Alcañiz. Los árbitros eran el arzobispo de Tarragona, los obispos de Zaragoza, Huesca, Lleida y Barcelona, los maestres provinciales del Hospital y el Temple, los nobles Ramon de Cardona, el conde de Ampurias Pons Hugo III, Ramon Berenguer de Ager, Jaume Cervera y Artal de Luna.

[6] Así, llegó a acuerdos con los Montcada, Guillem y Pere, sus aliados más decisivos en Cataluña, y con Pere Cornell, García Romeu, Jimeno de Foces, Pérez de Arenós, Martínez de Luna, Enteza, Antillón, muchos de los cuales eran además árbitros designados. Zurita *(Índices)* da la noticia sin apenas insistir en ella (ob. cit., pág. 200, final).

[7] Zurita, *Índices,* ob. cit., pág. 201.

[8] En efecto, solo a partir de esta fecha firma diplomas oficiales, como reconocer los privilegios de los leridanos y la catalanidad de la ciudad de Lleida; cf. Ferran Soldevila, *Pere el Gran*, Parte I, vol. I, págs. 39 y sigs.

Pedro de Portugal perdió los castillos de Valencia, por haber hecho «una guerra contra el derecho humano y divino», pero a cambio el rey promete que sacará de prisión a un nieto suyo, Rodrigo Martínez. Esta distribución de poder habría de mantenerse en vigor mientras el rey viviese. A su muerte, el testamento quedaría como ya vimos. Por si acaso, y para evitar cualquier tipo de veleidad, el rey no se movió de Aragón durante todo el año 1250[9].

La muerte del infante Ferran, justo por estas fechas, mejoró la herencia de Pere y Jaume. El testamento del rey quedó rehecho en las Cortes de Barcelona que había convocado Jaume el 26 de marzo de 1251, Cortes en las que, además, se prohibió recurrir a las leyes romanas, góticas y decretales, y se obligó a juzgar usando solo las *Costums* de Cataluña[10]. El primer hijo, Pere, heredero de Cataluña y las Baleares, recibió los territorios contiguos del Rosellón y la Cerdaña, Conflent y Vallespir, integrando Lleida y el valle del Segre en Cataluña[11]; mientras, el segundo, Jaume, heredero de Valencia, recibiría Montpellier y los derechos meridionales de la casa de Barcelona. Para complicar más las cosas familiares, la reina Violante también moría el 12 de octubre del mismo año de 1251 en Huesca[12], siendo enterrada en el monasterio de Vallbona de les Monges, en la misma tierra en que lo sería su esposo, cerca de Poblet. De una manera extremadamente curiosa, la primera esposa del Conquistador, Leonor de Castilla, madre del infante Alfonso, moría asimismo en 1251, en el monasterio de Las Huelgas de Burgos. A partir de este momento, don Alfonso poco a poco fue aproximándose a su padre, al desaparecer la doble influencia contraria de su madre Leonor y de Violante. Así que el 21 de noviembre de 1251, Alfonso aceptó la sentencia de las Cortes de Alcañiz y Barcelona, entregó a su padre Jaume el permiso para dividir la herencia entre sus hijos[13] y prometió jurar los testamentos en unas Cortes que debían celebrarse en el día de San Juan de 1252. Al decir de Soldevila[14], estas Cortes no se celebraron, e incluso si se lee con atención el documento no se está seguro de que los firmantes tuviesen verdadera intención de convocarlas. En todo caso, Alfonso no debió de quedar contento con su padre. De hecho, las negociaciones siguieron. Solo el 20 de septiembre de 1253 quedó confirmada la re-

---

[9] Desde el mes de mayo en Zaragoza (Huici-Cabanes, vol. II, docs. 537 y 538, págs. 354-355), vemos al rey en Jaca en julio (ibídem, docs. 539, 540, 541), luego pasa en agosto a Huesca (ibídem, docs. 542-543), para desde allí, a finales del mes de agosto, pasar a Lleida. Todavía lo hacemos en la ciudad el 13 de septiembre (ibídem, doc. 549, págs. 365-366), para luego pasar a Ariza y a Zaragoza en diciembre (ibídem, doc. 551, págs. 367-368). Desde allí pasó a Pina. No podemos saber, por tanto, cuándo tuvo lugar la entrevista del rey con su hijo Alfonso en Puzol, de la que habla Zurita, porque el rey en todo este año no baja hacia Valencia de nuevo. Tal entrevista no debió de llevarse a cabo en esta localidad. Cf. infra, pág. 413.
[10] Cf. Huici-Cabanes, vol. III, doc. 562, págs. 20-21. Zurita también las reseña (*Anales*, Libro III, cap. XLVI, pág. 164).
[11] Miret, ob. cit., pág. 212.
[12] Ibídem, pág. 217.
[13] Soldevila da el documento en el vol. III de su libro *Pere el Gran,* Parte I, págs. 424-425.
[14] Ibídem, vol. I, pág. 30.

conciliación entre el padre y el hijo[15]. De los nuevos pactos salía perdiendo el infante Jaume, pues se le quitaba el reino de Valencia, que pasaba a don Alfonso, y se le dejaba Montpellier y Mallorca. A cambio de este aumento de su dote, Alfonso aceptaba la frontera de Aragón en el Cinca y no en el Segre. El día 22 de este mes, en Barcelona, ante la plana mayor de la corona, Alfonso firmó finalmente un documento por el que confirmaba la herencia de sus dos hermanos, Pere y Jaume, tal y como había quedado tras la muerte de Ferran[16].

Solo Zurita nos da noticia de un hecho que debió de suceder en 1252[17]. Se trata de la embajada que Jaume envió a París, ante la corte de Blanca de Castilla, la reina francesa, en un momento en que la constelación internacional había cambiado considerablemente. En efecto, a finales de 1250 había muerto en Fiorentino el gran Federico II, dejando como heredero suyo a Conrado y desplazando a Manfredo de la herencia principal, por mucho que este pronto ocupase Sicilia y toda Calabria. La inestabilidad de Europa tenía otro motivo central: la expedición cruzada de san Luis, que en este tiempo de 1252 se hallaba en Siria. En esta situación, Jaume envió a su hijo Alfonso a la corte de su tía Blanca, la madre del rey Santo, para llevar ante Alfonso de Poitiers, el hermano de Luis, una extraña reclamación de la región de Aimillán. Sin embargo, las incertidumbres no paraban de aumentar: en ese mismo año, y quizá mientras estaba en su corte Alfonso, moría su tía Blanca, dejando a Francia sin gobierno. Para más problemas, el día 30 de mayo de 1252 moría el rey de Castilla, Fernando III[18], deceso que dejaba como heredero del reino a su hijo Alfonso X el Sabio, el aliado de los árabes de la frontera valenciana. De repente, y en poco tiempo, la muerte dejaba el siglo sin muchos de sus más importantes personajes.

Todos estos datos nos permiten comprender que el rey Jaume quisiera poner fin a esta larga cuestión de las disputas con su hijo. Dado que no había logrado mantenerlo en Francia y que ahora, hacia 1253, el nuevo rey de Castilla estaba dispuesto a mantener la alianza con el infante, era preciso llegar a un acuerdo definitivo con la familia. En efecto, la presión en la frontera de Castilla aumentó de forma considerable una vez muerto Fernando III y alzado al trono Alfonso el Sabio[19]. La situación era extrema y en este motivo hace pie la leyenda de que el rey castellano amenazaba con el divorcio de la reina Violante. Según Zurita[20], incluso tenía buscada la esposa que había de susti-

---

[15] Gracias a esta reconciliación, Alfonso aparecía como «señor natural» de Valencia «después de la muerte» de su padre. Es muy curioso que, además de eso, Jaume ofrece a Aragón los territorios que van desde el Ebro al Senia, con la finalidad de darle una salida al mar (Soldevila, ob. cit., pág. 32). Cf. pág. 414.

[16] ACA, Pergamino 1.347 de Jaume I, editado por Ferran Soldevila, vol. III de su libro *Pere el Gran*, Parte I, págs. 426-427.

[17] Zurita, *Índices,* pág. 203.

[18] Ballesteros Beretta, *Alfondo X el Sabio,* ob. cit., pág. 54.

[19] Zurita, *Anales,* Libro III, cap. XLVIII, pág. 166.

[20] Zurita, *Índices,* pág. 204.

tuirla, la princesa Cristina de Noruega²¹. Cuando esta llegara a la corte, se encontraría con que Violante estaba embarazada, por lo que el divorcio tenía pocas probabilidades de prosperar. Así que el llamado rey Sabio habría casado a la que venía dispuesta a ser su prometida con su hermano Felipe, que para entonces estaba ordenado *in sacris* y regía como arzobispo electo de Sevilla. Con independencia de esta leyenda, con seguridad falsa²², el rey Jaume estaba preocupado porque no podía impedir la vieja alianza de los dos Alfonsos, su hijo con su yerno, sobre todo en un momento en que acababa de mantener un largo conflicto militar con el vizconde de Cardona por el condado de Urgell, disputa que también acabaría en septiembre de 1253²³. Como vemos, don Jaume estaba rodeado por Castilla y por su propia familia, con las inevitables alianzas de los ricoshombres de Aragón. Además, de haber cristalizado este frente contra don Jaume, a buen seguro que don Alfonso el Sabio habría levantado de nuevo los profundos rescoldos de la hoguera islámica de Al-Azraq, con quien el poder real castellano seguía en íntimo contacto, bien a través

---

²¹ Zurita se basa en la *Crónica de Alfonso X*, pero Mondéjar, en las *Observaciones a la Crónica del rey Alfonso el Sabio* (X-XIV), dice que la princesa debió de llegar a España un poco más tarde, solo que tampoco da la fecha correcta. Valls Taberner, tomando inicialmente en serio el hecho, ya señaló que, puesto que Fernando de la Cerda nació el 23 de octubre de 1255, la princesa debió de venir a lo largo de este año de 1255, por lo que el motivo del divorcio no fue el detonante de las hostilidades, sino más bien una consecuencia de ellas, que, por tanto, tuvieron que tener como motivo central el asunto de Navarra, como así fue. Cf. Valls, ob. cit., pág. 280.

²² Para disolverla hay que acudir a Ballesteros Beretta, *Alfonso el Sabio*, ob. cit., págs. 88 y sigs. En efecto, en otoño de 1253 nace la infanta Berenguela, la primera hija de don Alfonso y Violante. La reina, por tanto, no era estéril. Podían surgir problemas porque no tenía hijos varones, pero esto es otra cosa. Además, la clave de la indisponibilidad de Alfonso era Navarra, cuyo rey Teobaldo I había muerto. Las pretensiones de Alfonso sobre Navarra, que han sido valoradas por Ballesteros como extemporáneas, fueron las responsables de las malas relaciones. No era solo este problema. La cuestión de Navarra tenía importantes implicaciones. La primera era la relación de Alfonso con Gastón de Bearn, barón de Montcada y conde de Bigorra, que pretendía el auxilio del rey Sabio para ayudar a los gascones contra los ingleses. Como es sabido, estas tierras eran a todos los efectos Basconia, y por tanto afectaban a la suerte de Navarra. Es conocido que Alfonso, en lugar de auxiliar a Gastón, casó al primogénito inglés con su hermana Leonor. A cambio de esta alianza, Alfonso renunciaba a todos sus derechos «in terra nostra Wasconiae». En compensación, el inglés le ofrecía el auxilio para la futura guerra de Navarra (cf. Ballesteros Beretta, ob. cit., págs. 93 y sigs.). El asunto de la princesa noruega ocurrió en 1257 y tiene sentido dentro de la política de alianzas matrimoniales del rey Sabio para asegurar su elección al Imperio. Desde el principio, sería un pacto de matrimonio entre el rey de Noruega y un hermano del rey Sabio. Ballesteros cita el texto noruego construido por un tal Sturlam. La princesa llegaría a la Península por Barcelona. Allí la recibiría el propio Jaume, que debió de quedar prendado de ella, pues, ya seis años viudo, ofreció su mano a los embajadores que la acompañaban. Estos rechazaron la oferta alegando razones de edad. En efecto, el rey tenía ya casi cincuenta años. La princesa eligió al infante don Felipe, que era abad de Valladolid. Gracias a eso pudo ocupar su sitio el hijo de don Jaume, el infante Sancho, futuro arzobispo de Toledo. Cf. Ballesteros Beretta, ob. cit., págs. 189-199.

²³ Todavía en mayo de 1252 el rey pide se penalice a Ramon de Cardona por el pleito que mantiene con él, y le exige que mantenga la tregua con su rey, sobre todo mientras este tiene guerras contra sus enemigos, hace ejército general y convoca *curia* general (Huici-Cabanes, vol. III, doc. 602, págs. 77-79). El 5 de febrero de 1253, todavía promete a Guillem de Cerveró y a otros nobles no hacer paces con Cardona (ibídem, pág. 99).

de don Manuel, bien a través del propio rey. Era una situación delicada para Jaume y por eso se avino a cerrar el pacto con su hijo en septiembre de 1253.

Esta necesidad de paz, en un momento en que Jaume estaba rodeado de enemigos, sin duda influyó mucho en el rey a la hora de resolver otro conflicto que se presentó hacia este año 1253, y que conviene narrar ahora, pues quizá incluso está en el origen de todas las hostilidades. Se trata de los sucesos de Navarra, reino que desde siempre había estado vinculado a los destinos de Aragón, por cuanto compartía con él la hostilidad a la nobleza vizcaína, siempre integrada en el reino de Castilla. A su vez, como era lógico, este reino y su nobleza también tenían reivindicaciones sobre Navarra. Como se recordará, Jaume había firmado un acuerdo de filiación recíproca con el rey Sancho. Pero a la hora de la verdad, a la muerte de este, don Jaume no había hecho valer este contrato de ahijamiento recíproco, sino que, de acuerdo con los intereses de la Santa Sede y de Francia, Jaume había cedido Navarra a la influencia francesa y aceptó que reinara allí Teobaldo I de Champagne, un personaje importante en la corte de san Luis y decisivo para mantener a raya la penetración de los ingleses en el continente. Hay constancia de que don Jaume no cedió a Teobaldo sus derechos más que de manera provisional, pues un documento nos habla de una tregua entre ambos reyes por solo cuatro años, desde septiembre de 1243 hasta el mismo mes de 1247 [24]. El caso es que el 8 de julio de 1253 moría Teobaldo y se presentaba de nuevo la ocasión de reclamar el reino pirenaico y, con él, cerrar el dominio del Ebro y disputárselo a los vizcaínos.

Que el propio Jaume creyera que Navarra, en cierto modo, era un reino integrado en su derecho, no determinó una actitud de hostilidad hacia Teobaldo. Al contrario, las relaciones entre los dos monarcas fueron buenas, aunque no faltaron momentos de debilidad en Teobaldo que el rey aragonés no aprovechó jamás. Tanto fue así que, antes de su muerte, entregó a sus hijos Teobaldo y Enrique a la protección del Conquistador. En esta situación Jaume tampoco podía faltar a su palabra, pues una guerra con Navarra hubiera implicado desatar un conflicto que solo aprovecharía las apetencias de Castilla. Así que Jaume necesitaba más que nunca la paz con sus hijos y apagar todo conflicto en Navarra, pues podía arrastrarlo a una guerra en la que se vería rodeado por todos. Esta es una de las ocasiones que aprovechó el rey para apaciguar los ánimos de su hijo Alfonso. De hecho, fue a este hijo a quien el 1 de agosto de 1253 envió a Navarra para firmar un tratado con la familia real de Teobaldo, con la idea de probar la fidelidad de su hijo y de su decisión para indisponerse con su antiguo aliado, el ahora rey de Castilla [25]. Y, en efecto, se concluyó un pacto con Margarita de Dampierre, la viuda de Teobaldo. Este tratado [26] era de defensa recíproca contra Castilla. Las condiciones del pacto eran muy amplias: Aragón se hacía amigo de los amigos de Navarra y

---

[24] ACA, Pergamino 923.
[25] Zurita, *Índices,* pág. 204.
[26] Huici-Cabanes, vol. III, doc. 624, págs. 105-110.

enemigo de sus enemigos, y se daba un plazo de treinta días para intervenir en cualquier guerra que se moviera contra Navarra. Además, Jaume, quizá rompiendo compromisos anteriores, ofrecía en matrimonio a su hija Constanza, y en su defecto a su hija Sancha, al hijo del difunto Teobaldo y Margarita que heredara la corona. De esta manera, al parecer, Jaume intentaba cumplir su palabra dada a la esposa Violante, entregada en el lecho de muerte, de que su hija más bella, Constanza, también se casaría con un rey. Ambos reinos se comprometían a no celebrar pacto alguno con nadie que tuviera relaciones con Alfonso el Sabio. Aragón ponía por testigo al Papa en el cumplimiento de estas obligaciones y reclamaba la excomunión del futuro rey navarro en caso de que no las cumpliera. Además, Margarita se comprometía a no casar a ninguno de sus hijos con ninguna de las hijas del rey Alfonso ni «con ningún hombre de España que sea morador en España». Era evidente que se quería impedir una alianza de Navarra con cualquier otro territorio hispánico y, por eso, reconocía el tratado la relación privilegiada de Navarra con Francia. Cuando, unos meses después, Teobaldo II subiese al trono, el rey fue a verlo a la vieja plaza visigótica de Monteagudo. Fruto de esta entrevista fue una ratificación del tratado anterior, firmada el 9 de abril de 1254, donde, tras confesarse «amor mutuo»[27], se hace una salvedad en la recíproca ayuda de los dos reyes. Jamás se podrían dirigir contra el rey de Francia o contra su hermano Carlos, el duque de Anjou, que ya había tomado posesión fáctica del condado de Provenza al casarse con la hija de Ramon Berenguer.

Vemos así que la inestabilidad en el sistema hispánico de reinos forzaba a mantener la propia familia en paz. Y al contrario: que las turbulencias en el seno de la familia generaban problemas en el sistema de reinos hispanos. En cierto modo, este sistema se comportaba como una familia ampliada de relaciones políticas, donde tendían a reproducirse y proyectarse las relaciones entre amigos y enemigos que se generaban en el seno de uno de sus reinos. Por eso, cuanto más complicado era el escenario hispano, más esfuerzos hacía Jaume por mantener a su lado al primogénito Alfonso. Cuando Alfonso el Sabio, a finales del verano de 1253, se preparaba para conquistar el reino de Navarra, don Jaume dejó las cosas donde estaban y propuso una tregua por un año, hasta septiembre de 1254[28]. Entonces, y en este tiempo, aprovechó Jaume una entrevista en Biar[29] para arrancar a su hijo Alfonso un tratado por el cual este no abrazaría nunca el partido de Castilla, mientras que el rey se obligaba a no quitarle jamás los reinos de Aragón y Valencia al infante[30]. Zurita,

---

[27] Zurita, *Índices*, pág. 206. Cf. Huici-Cabanes, vol. III, doc. 645, págs. 130-133. En realidad, el tratado dice «amor firme et estable seya entre nos por todos tiempos». El tratado concretaba el anterior, porque ya cifraba los castillos que se debían dar en prenda. Este tema, a pesar de todo, estuvo rodando mucho tiempo, en manos de diferentes comisiones de jueces.

[28] Zurita, *Índices*, págs. 204-205.

[29] El lugar lo da Ballesteros Beretta, *Alfonso el Sabio,* ob. cit., pág. 97. La fecha: hacia el 15 de junio de 1254.

[30] Huici-Cabanes, vol. III, doc. 626, págs. 113-115.

que resume el documento, nos dice que el rey se compromete a lograr que toda la nobleza y la ciudad de Valencia le declaren como rey y señor natural, desvinculándose de los juramentos de fidelidad que tenían hacia Jaume. Como vimos, aquí se produciría un cambio del testamento acordado en las Cortes de Alcañiz de 1250, pues hasta el presente Alfonso solo tenía el *gobierno* del reino de Valencia, pero no su señorío y herencia. Ahora se hablaba de ser el rey y señor natural de Valencia «post dies nostros». Era muy claro que Jaume le daba Valencia «así como ya tenía Aragón». En todo caso, el rey cifraba una paga de cien mil sueldos anuales para sus gastos. Los pactos se juraron de palabra y, como Zurita nos recuerda, se cruzaron las manos y se entrelazaron los pulgares «según costumbre [...] como un pacto sagrado»[31]. Estos pactos se formalizaron en Barcelona, donde el 23 de septiembre de 1253, en presencia del rey, y ante una reunión muy numerosa, se aprobaron todas estas negociaciones. Allí se obligó a jurar a Alfonso que jamás reclamaría Lleida. Fue en esta ciudad, un poco después, el 11 de octubre de 1253, donde se comunicó a todos la decisión del rey de entregar a su hijo Alfonso la gobernación general de Aragón y la última instancia jurisdiccional[32]. Cumpliendo estos acuerdos, el rey mantuvo otra reunión en Valencia, en la catedral, el 11 de marzo de 1254, donde impuso a Alfonso como señor natural y rey una vez muerto el padre, anulando el juramento que los valencianos habían hecho a Jaume[33]. De esta manera, Aragón se disponía a perder la franja entre el Cinca y el Segre a cambio de someter a su dominio, en el futuro, el reino de Valencia. El futuro político de la corona, de haberse cumplido este pacto, sin duda hubiera sido muy distinto.

Pero el rey Jaume todavía se movió más y mejor, siempre alertado por un sentido del peligro que enraizaba en su propio ser, acostumbrado desde niño a caminar por un abismo. Así, aprovechándose de la fortaleza de sus relaciones con Teobaldo y de la mejora de sus tratos con su hijo Alfonso[34], no paró hasta atraerse al importante señor de Vizcaya, Diego López de Haro, con quien firmó un tratado el 8 de agosto de 1254, en Estella[35]. Cuando se enteró, Alfonso el Sabio montó en cólera y tan pronto la tregua vigente estuvo vencida, en septiembre de 1254, puso su ejército en Alfaro, amenazando Navarra.

---

[31] Zurita, *Índices*, pág. 205.

[32] Ibídem, pág. 206. En *Anales*, Zurita es más sutil. Dice allí que Jaume le dio a su hijo Alfonso la procuración del reino de Valencia y de Aragón; y añade: «lo cual en aquellos tiempos aún no era concedido por fuero a los primogénitos, como después lo fue: puesto que era la costumbre que el primogénito tuviese las veces de la procuración y gobernación general, que era una misma cosa: lo cual hizo el rey por entretenerlo con esto, esperando ocasión como le pudiese tener sujeto y obediente a toda su voluntad» (*Anales*, Libro III, cap. LI, pág. 169 izq.).

[33] Efectivamente, Jaume estaba en Valencia, según Miret, desde el día 3 al 12 de marzo de 1254. Cf. *Itinerari,* ob. cit., pág. 237.

[34] En Biar, en 1254, sin duda con asuntos relacionados con la pacificación de la frontera, Jaume confirma a Alfonso que no le arrebatará nada de cuanto le ha dado hasta el momento. En la carta de confirmación el rey prometía no hacer pactos con el rey de Castilla sin conocimiento y voluntad del infante. Aunque en la carta no se establecía reciprocidad, parece de sentido común que era exigida. Cf. Huici-Cabanes, vol. III, doc. 653, pág. 142.

[35] Zurita, *Índices,* págs. 207-208. Huici-Cabanes, vol. III, doc. 657, págs. 147-148.

El rey navarro, por el contrario, situó el suyo en Tudela. Don Jaume, que desplazó su gente hacia Estella, se mostró dispuesto a cumplir sus tratados con Teobaldo y se lo hizo saber a su yerno en una entrevista entre Ágreda y Tarazona en la que Bernat Vidal de Besalú hizo de intermediario[36]. Zurita[37] nos cuenta esta época de forma particular, e insiste en cómo don Jaume, mucho más hábil en política que su yerno, acabó rodeándolo, atrayéndose todos sus enemigos y fortaleciendo continuamente las relaciones con su hijo Alfonso, que no era ni mucho menos un aliado claro. Así, Jaume volvió a firmar un pacto con el nuevo señor de Vizcaya, Lope Díaz de Haro, a la muerte de su padre. No solo eso: también se atrajo al mismísimo hermano de Alfonso el Sabio, el infante don Enrique, muy amigo de don Diego López de Haro[38]. La lista de los que iban con López de Haro y don Enrique es impresionante: allí estaban los Mendoza, los Velasco, los Íñiguez, y otros importantes nobles castellanos y vascos[39]. Ante la eventualidad de que Alfonso X se propusiese ganar el favor del infante de Aragón, don Jaume aseguró todavía más el favor de su hijo con nuevos pactos y contratos.

Los acuerdos de los nobles castellanos con el rey de Aragón iban muy en serio. Durante todo el año 1255 no hicieron sino fortalecerse. Según Ballesteros Beretta, era público y notorio que entre estos pactos estaba la defensa del infante don Enrique hasta que recuperara todo su patrimonio y, lo que era más importante, la entrega en matrimonio de la infanta Constanza. Es preciso entender que Violante no tenía hijos varones, y que la sucesión de Alfonso no estaba asegurada. El plan de las operaciones era, por lo demás, muy eficaz. Don Enrique atacaría el sur, rompiendo las hostilidades por la parte de Morón, donde lo vemos luchando hacia octubre de 1255. La reina viuda Margarita de Navarra debía atacar por la frontera del norte, intentando recuperar los territorios vascos anexionados a la corona de Castilla. Don Jaume debía

---

[36] Zurita, *Índices,* pág. 208.
[37] Zurita, *Anales,* Libro III, págs. 48-49.
[38] Entre la leyenda y la realidad histórica se puede encontrar un relato de estas cosas en el texto del infante don Juan Manuel *Tractado sobre las armas que fueron dadas a su padre el infante Don Manuel*. Ballesteros Beretta (ob. cit., págs. 112-121) da amplios extractos de este texto. Parte esta historia de las malas relaciones entre Violante y Constanza, las dos hijas de Jaume. Al parecer, la reina madre, sabedora de estas disputas, había hecho prometer a Jaume en el lecho de muerte que casaría a Constanza con un rey, de tal manera que no fuera menos que la hermana Violante. En esta alianza con don Enrique habría encontrado Jaume la ocasión para cumplir la promesa dada a su esposa. Así habría prometido a su hija Constanza al infante don Enrique, que al parecer quedaron enamorados nada más verse. El proyecto era que don Enrique se proclamase rey de Niebla. Todo esto implicaba unos acuerdos muy íntimos entre don Enrique y don Jaume, quizá verosímiles. Como es natural, don Juan Manuel tiene mucho interés en mantener vivo el recuerdo de la promesa de que la suya debía ser familia de reyes. Cuando el rey Jaume pactó con Alfonso, don Enrique se vio desplazado y tuvo que dirigir sus ansias de aventura hacia Túnez, después de pasar por Valencia, donde quizá el rey Jaume, su antiguo aliado, le sugeriría esta vía de escape con un rey aliado suyo. La promesa de ser reina dada a Constanza se debía desplazar hacia el infante don Manuel, que debía gobernar el reino de Murcia.
[39] Cf. Ballesteros Beretta, ob. cit., págs. 98-99.

atacar al mismo tiempo por la frontera de Tarazona y Tudela. De hecho, en Calatayud estaba el rey por estas fechas del otoño de 1255. Pero en lugar de declarar un ataque en toda regla, que sin duda hubiera asfixiado al rey Sabio, don Jaume permaneció casi inactivo, dejando que solo algunas bandas de fieles de don Enrique asaltaran la frontera. ¿Qué estaba pasando? ¿Por qué un rey tan fiable como don Jaume, de repente, no atendía a su palabra y dejaba solos a sus aliados? ¿Por qué un monarca tan realista no aprovechaba aquella situación de ventaja y bajaba los humos de una vez al rey de Castilla, que de forma tan insolente se comportaba con él?

Había un motivo, y muy importante. Mientras el rey estaba en Calatayud, entre noviembre y diciembre de 1255 recibió una visita inesperada. Era su hija Violante, que tenía un notable carácter y una fortaleza de ánimo considerable. Era ella, y echó por delante un mensajero que reclamó la atención del rey con palabras muy duras: en aquella situación su hija ya no podía llamarse reina, puesto que su propio padre estaba a punto de destruir a su marido y quitarle el reino. Don Jaume quedó muy sorprendido y fue a buscar a su hija. Cuando la encontró en el camino, debilitada por el viaje, se desmayó de la cabalgadura. Luego recobró el aliento y volvió a su argumento: no entendía por qué su padre deseaba vencer a su esposo, el rey de Castilla, y quitarle el reino. Sin embargo, puesto que esa era la clara voluntad de don Jaume, ella se volvía a su tierra, con su padre, pues era preferible estar en casa que en una tierra extraña de la que no iba a llamarse reina. El golpe de efecto, que explicaba la debilidad de la reina, sin embargo, era que entre la prole que iba con ella no solo estaban sus hijas Berenguela y Beatriz. También pudo enseñarle a su abuelo un nuevo infante, esta vez varón, que había nacido unos pocos días antes, entre el 3 y el 5 de noviembre. Así que, finalmente, el rey no solo le quitaba a ella el reino: se lo quitaba a su nieto Fernando, a su descendencia. Quizá el infante don Juan Manuel tenga razón en su relato y mencionara la cuestión decisiva que afectaba a Violante con toda la fuerza de la rivalidad familiar: que todo aquello lo hacía don Jaume para elevar a reina a la guapa Constanza, la preferida de la difunta reina, al casarla con el hermano del rey, el infante Enrique. Con toda seguridad, aquella escena explica que don Jaume quedara paralizado en Calatayud y no ordenara el ataque pactado con la nobleza castellana y la reina Margarita de Navarra.

El rey de Castilla comprendió que su esposa lo había salvado. No sería la última vez, sin embargo. El caso es que, tras algunas victorias en el frente del norte[40], viendo que la constelación de fuerzas no era favorable, se avino a

---

[40] Ballesteros asegura que el rey de Navarra, al ver que el rey de Aragón no cumplía su palabra de ayuda, dadas las razones que hemos visto, se fue a Vitoria, donde estaba el rey Sabio, y le rindió vasallaje. Es un hecho dudoso, pero su fuente es Pero Marín, que está cercano a los hechos (cf. Ballesteros Beretta, ob. cit., pág. 128). En Vitoria, y hacia el mes de enero de 1256, habría logrado el rey el juramento de aceptación del infante Fernando como heredero de Navarra (ibídem, pág. 146). Esto será decisivo para los sucesivos enfrentamientos entre el abuelo don Jaume y su nieto Fernando de la Cerda.

pactar con Jaume⁴¹. Los dos reyes se vieron en Soria, donde se firmó un tratado en marzo de 1256 que moderó la tensión⁴². Uno de los puntos de este acuerdo fue el matrimonio de la bella Constanza con el infante don Manuel, rompiendo Jaume la palabra dada al infante don Enrique en las vistas de Maluenda de entregársela como su esposa. Este matrimonio, que debió de ser inmediato⁴³, tranquilizaba a todos: al rey Alfonso, pues su hermano era pacífico y obediente, y a la reina Violante, que vio asegurado su trono en Castilla. Por este tiempo, como nos recuerda Zurita, empezaba a rondarle por la cabeza a Alfonso la candidatura al Imperio, que estaba vacante al morir el emperador Guillermo en este mismo año⁴⁴. De hecho, don Alfonso ya había recibido la famosa embajada de Pisa que iba a marcar el inicio de su implicación en el asunto del Imperio⁴⁵. La atención de Alfonso el Sabio a los asuntos de política exterior favoreció los acuerdos entre los dos reyes. Jaume aprovechó para pedirle que retirara su ayuda a los levantiscos árabes del valle de la Gallinera, que ponían en la torre de sus castillos los estandartes y las armas de Castilla. Luego, en 1257, Alfonso X, en un gesto que debía algo al aprendizaje de su suegro, se atrajo a su bando al vizconde de Narbona, Amalrico, dispuesto a presionar al rey de Aragón. Sin embargo, todo este juego de fuerzas llevaba camino de no arribar a parte alguna. Aburrido, lo que era frecuente en él, Alfonso se despreocupó de este tema hacia 1257, al parecer después de lograr que Teobaldo, según las crónicas navarras, le rindiera vasallaje. Era un reconocimiento de la supremacía castellana, que tanto colmaba a su rey⁴⁶. Mas aquel vasallaje navarro, en caso de que existiera, no fue suficiente: para entonces ya se había despertado en él la estéril fiebre del Imperio alemán.

Jaume, como es natural, prometió ayudar a su yerno en esta nueva e insensata empresa. Así que, finalmente, Navarra quedó bajo la órbita de la protección de Jaume —no sin algunas dificultades finales a la hora de definir la frontera—⁴⁷ y Castilla acabó reconociendo por enésima vez que la unidad

---

⁴¹ Desclot, con su lirismo habitual, relata un encuentro en el propio frente entre los dos reyes, sin que lo supiesen sus huestes, y allí se entregaron a las formas caballerescas y a la sentimentalidad propia de la época. Cf. *Cronica del Rey En Pere,* cap. L.
⁴² Zurita, *Índices,* pág. 209; *Anales,* Libro III, cap. LII, pág. 170. «Adonde quedaron muy confederados y conformes: y renovaron las alianzas y amistades que los reyes sus antecesores se tuvieron.»
⁴³ Según Ballesteros, debió de realizarse entre el 26 de junio y finales de julio de 1256, siempre en la fortaleza de Calatayud. Cf. ob. cit., pág. 152.
⁴⁴ De hecho, según Ballesteros, en Soria misma debió Alfonso de recibir a los embajadores de Pisa que le ofrecían la investidura de Rey de Romanos a cambio de la ayuda contra las ciudades güelfas. Cf. «Alfonso X de Castilla y la corona de Alemania», *Revista de Archivos, Bibliotecas y Museos,* enero-febrero de 1916, cap. II. De este encuentro debió también de seguirse el pacto de matrimonio entre Constanza y Manuel de Castilla. Cf. Valls Taberner, ob. cit., pág. 284. Ballesteros opina lo mismo.
⁴⁵ Ballesteros Beretta, ob. cit., págs. 153-161.
⁴⁶ Ibídem, pág. 146. Cf. n. 40 supra.
⁴⁷ Zurita, *Anales,* Libro III, cap. LVI, pág. 172 izq. Por ejemplo, el señor Gil de Rada fue a Barcelona a ponerse en la obediencia del rey, entregándole los castillos que tenían él y su esposa María de Lehet.

territorial de los reinos hispanos no podría hacerse por la violencia. En efecto, en el mes de agosto de 1257 se confirmaron las paces de Soria y se intercambiaron indemnizaciones por todos los perjuicios que se habían hecho los dos reinos desde el día en que subió al trono Alfonso X de Castilla. Aunque las cosas se tensaron de nuevo hacia septiembre de 1259, fecha en la que Alfonso quiso proclamarse emperador de las Españas, lo que desde luego no podía consentir Jaume [48], y aunque nunca faltarían las normales diferencias de criterio —que el rey de Castilla interpretaba siempre como desprecios personales del rey de Aragón—, ya nunca fueron importantes los motivos de enfrentamiento ni hubo peligro de guerra entre ellos [49].

Los problemas con su hijo Alfonso, sin embargo, continuaron agobiando a don Jaume [50]. En realidad, no era un hijo querido. Una profunda separación, producida por la lejanía desde su infancia, había imposibilitado que entre padre e hijo prendiera el afecto. Las reglas de la herencia, y los intereses de Aragón dentro de la federación, encontraron en los derechos del infante un buen camino para complicar la vida del rey. De hecho, lo que realmente deseaba el partido aragonés era mantener la unidad de la corona, no solo con el principado, sino con los nuevos territorios conquistados. Separar Cataluña, y además enriquecida con la franja de Lleida, era para los aragoneses un duro golpe que identificaron con el que Jaume daba a su hijo, al no entregarle todo el derecho de herencia. Por eso Zurita, que es muy sensible a esta causa, recuerda que Alfonso siempre «se intitulaba primogénito, y heredero del Rey, para más publicar el agravio que le hacía su padre». La antipatía, finalmente, no había disminuido un ápice después de las sucesivas mejoras que le había ofrecido don Jaume en los diferentes testamentos. Era demasiado evidente que esas mejoras se habían arrancado a Jaume con la presión y la fuerza. Ni el infante ni los aragoneses estaban contentos. Todo empeoró cuando el rey, para conformarlo, le entregó tierras que pertenecían a los honores de los ricoshombres de Aragón. Fue el caso de la villa de Luna, que desde antiguo era honor —tierra del reino pero entregada a la administración de los nobles— de la casa de Luna. Los hombres de esta familia echaron de la villa a los oficiales y ministros del infante, que eran del rey por cuanto que aquel era su go-

---

[48] En carta al Papa de septiembre de 1259 (cf. *Memorial Histórico Español*, I, pág. 151, cit. por Valls, ob. cit., pág. 285). También lo cita Ballesteros (ob. cit., pág. 235). Al parecer, la propuesta partió de unas Cortes en Toledo, celebradas en 1259. Esta circunstancia no sería baladí. Las palabras de Jaume a sus representantes en este asunto son terminantes: debía rechazar «quod sit Imperator Hispaniarum, vel quod Nos, sive regna et terras nostras in aliqua subjectione ratione imperi, vel qualibet alia ratione». A pesar de todo, Alfonso se llamó en algunas ocasiones «rey despanna», como en el prólogo del *Libro de las Cruces,* escrito por esta misma época de 1259. Cf. Ballesteros Beretta, ob. cit., pág. 247.

[49] En efecto, Ballesteros nos informa de las vistas de Ágreda, que tuvieron lugar en 1259, el día 11 de marzo. Allí se revisaron los acuerdos de Soria, se renovaron las entregas de castillos y se dieron indemnizaciones. Cf. ob. cit., págs. 254-255.

[50] Cf., para todo esto, Sagarra, «Noticias y documentos inéditos referentes al infante D. Alonso, primogénito de D. Jaume», *Boletín de la Real Academia de Buenas Letras,* Barcelona, 1918.

bernador general por entonces. En verdad, el rey había violado el fuero de Aragón al entregar honores a su hijo, una reclamación de los ricoshombres que acabaría reconociéndose de justicia. Pero el caso es que aquella humillación al infante no fue perseguida por el rey con la fuerza suficiente. Alfonso quedó sin recibir una satisfacción en un caso tan elemental que implicaba una grave deshonra. La carta que el rey le escribió desde Montpellier, a finales de febrero de 1258, le recordaba que el juez supremo era el rey y que, hasta que él actuara, el hijo no debería hacer nada sino cumplir el derecho y mantener la tierra en paz. Sin embargo, desde todo punto de vista, el infante iba poco a poco afirmando su posición. Un paso decisivo fue la boda con la hija de Gastón, el vizconde de Bearn, nieta de Guillem Ramon I de Montcada, el principal noble de Cataluña, lo que revelaba el deseo de hacer inviable la separación entre Aragón y el principado tras la muerte del rey Jaume. Pero justo cuando Alfonso estaba en la cima de su poder, y cuando parecía difícil detener su reivindicación sobre toda la corona, todo se quebró. El infante moría a los pocos días de la boda, en 1260, y era enterrado en el monasterio císter de Veruela, donde muchos siglos después Bécquer escribiría las leyendas de las ánimas del Moncayo, en esa frontera entre Castilla y Aragón que fue, en verdad, su patria. Todavía el visitante puede ver la losa que cubría su sepulcro, en la capilla de San Bernardo, con las barras de Aragón en medio, bajo las cuales se descubre un pequeño castillo, no se sabe si de los Montcada o del reino que lo amparó y le dio la gloria de tomar Sevilla. Esta muerte, sin embargo, finalmente fue providencial para Jaume y una decepción para los intereses de Aragón, que se habían identificado con la persona del infante. Al poco tiempo, el 11 de febrero de 1260 ya aparece el infante Pere como procurador de Aragón. La desaparición de Alfonso dejaba paso a un nuevo testamento de Jaume, el de 21 de agosto de 1262, que ya sería prácticamente definitivo en cuanto a previsiones sucesorias.

38
LA EVOLUCIÓN
DE LA LEGISLACIÓN VALENCIANA.
DE LA «COSTUM» A «ELS FURS»

Como he dicho antes, a veces tenemos que regresar un poco en el tiempo para abordar los asuntos con una lógica organizada. Esto es lo que tenemos que hacer ahora para analizar uno de los momentos más importantes del reinado de Jaume: el de la codificación del reino de Valencia. Por los documentos editados por Huici-Cabanes sabemos que el rey se hallaba en Morella entre el 14 de enero y el 16 de febrero de 1250, justo por el tiempo en que tuvieron lugar las Cortes de Alcañiz[1]. Allí estaban junto a él la élite de lo que poco a poco se iba configurando como su equipo de gobierno más fiable: Pere Cornell, Guillem de Montcada, el almirante Carròs, Gimeno Pérez de Tarazona. Entonces, además de confirmar la carta puebla entregada a la villa que conquistara Blasco de Alagón[2], se promulgaron nuevos privilegios para la ciudad de Valencia, se reguló el trabajo de los acequieros, se definió las competencias de la magistratura de la *curia* o justicia, etc.[3]. Fue entonces cuando el rey ordenó a los notarios que fechasen los documentos por la fiesta de Santa María del mes de marzo, esto es, la fecha de la Encarnación de Jesús, y no en la fiesta de la Natividad, nueve meses después. Por eso, es lógico pensar que el 25 de marzo de 1250 del año de la Natividad pasó a ser el primer día del año de 1251 de la Encarnación. El caso es que esta estancia del rey en Morella conoció una amplia actividad legislativa. Ahora debemos referirnos a ella en detalle.

Ya vimos en el capítulo correspondiente el brusco giro que Jaume, entre octubre de 1238 y abril de 1239, había dado al sentido de sus nombramientos y ordenamientos de Valencia. De propiciar en el libro del reparto de cargos y tierras una política patrimonialista, el rey pasó, casi inmediatamente después,

---

[1] Huici-Cabanes, vol. II, docs. 514-522, págs. 325-339.
[2] Ibídem, doc. 520, págs. 334-336, de 16 de febrero de 1250.
[3] Ibídem, docs. 515-517, págs. 326-332, todos del mes de enero de 1250.

a promover una política claramente electiva en la distribución de cargos que, por lo general, pasaron a tener una duración anual. Esta nueva orientación exigía una alianza muy firme del rey con los hombres buenos de las ciudades, que eran quienes debían elegir los puestos más relevantes de la administración. Esas nuevas disposiciones, que el rey iba promulgando mediante órdenes de su voluntad, y generando privilegios para la ciudad de Valencia, luego las extendía a las ciudades que iban asumiendo las *Costums* de la capital, desde Sagunto a Denia. Con ello, la ciudad del Turia se iba alejando de la forma de gobierno de Aragón y, poco a poco, dejaba sentir la influencia de la nueva comprensión burguesa de las cosas sobre el resto del territorio real valenciano. Todos estos cambios, amontonados desde 1239 mediante disposiciones particulares, hicieron sentir al rey la necesidad de revisar la *Costum* original de la ciudad. A primeros de 1251, tras las Cortes de Huesca y de Alcañiz, y dominada la revuelta de Al-Azraq, parecía tocarle a Valencia el turno de la sistematización de su código.

El cambio se dejó sentir hasta en el nombre. La vieja *Costum* pasó a denominarse oficialmente *Furs*. Era una indicación explícita por parte del rey de que Valencia no sería menos que Aragón. Con los *Furs,* Valencia alcanzaba el estatuto de un verdadero reino. La principal de las innovaciones consistió en que párrafos enteros de privilegios y disposiciones particulares concedidos a la ciudad de Valencia pasaron a formar parte literalmente del nuevo cuerpo jurídico de los *Furs*[4]. Esta será la última vez que sucedería, por dos motivos: primero, porque los privilegios fueron casi en su totalidad concedidos inicialmente a la ciudad de Valencia, por lo que era lógico que pasaran al texto revisado de su código; pero además porque, en 1251, los *Furs* dejaron de ser un código municipal específico para Valencia, aunque fuera el código madre de otros municipios importantes, y se convirtieron en el código general oficial de todos los territorios del realengo valenciano. De ahí que la transferencia desde los privilegios de la ciudad a los fueros resultase textual. El rey quería construir un territorio homogéneo para todas las ciudades de realengo, de tal manera que usaba el código de Valencia como modelo, pero sin que fuese necesario hacer transferencias especiales de caso en caso, sino mediante la pro-

---

[4] La demostración de este hecho se puede ver en el apéndice 1 de la obra de López Elum, *Los orígenes de los Furs de Valencia y de las Cortes en el siglo XIII,* ob. cit., págs. 60-67. Ahí se pueden ver los textos de los privilegios desde 1239 y los textos de los fueros a los que ha pasado el privilegio. Esto es así para concesión de casas a la curia, para la concesión de franquicias a los habitantes de la ciudad de Valencia, de 1239, para las atribuciones de los notarios, las regulaciones sobre la usura de los judíos de 1241, sobre la lezda y los naufragios de 1243, sobre la reglamentación de los acequieros de 1250, y sobre las atribuciones de la curia, así como la regulación de comercio de la sal, la pesca, la caza, de 1250. Que a partir de 1250 no haya un privilegio de la ciudad de Valencia que pase literalmente a los fueros de todo el realengo, testimonia que hasta 1250 se llevó una política, y que a partir de esta fecha se llevó otra, que buscaba diferenciar la ciudad del reino. Por eso en 1250 debió de producirse una incorporación de legislación desde los privilegios de la ciudad al texto de los *Furs* válido para todas las ciudades y de esta manera se fundó la existencia de una reforma de la *Costum* originaria.

mulgación de su validez universal para todas las ciudades del reino. De ahí que ningún noble pudiera protestar por este movimiento del rey, que en modo alguno quería legislar para los territorios de señorío. Luego, con las siguientes innovaciones en Cortes, los *Furs* pasaron a ser un código para todo el reino. Los posteriores privilegios concedidos a la ciudad de Valencia inspiraron a lo sumo el texto de otras mejoras de los *Furs,* pero no pasaron literalmente a ellos. La consecuencia posterior fue que la ciudad de Valencia, que siguió siendo objeto de importantes privilegios, se vio obligada a mantener un listado propio de estas concesiones reales, el cual fue objeto de sucesivas ediciones, siendo la principal de ellas el *Aureum Opus,* la edición recopilatoria de 1516, justo cuando se suponía que se iniciaba una nueva época, vísperas de la muerte de Fernando el Católico, dominada por la inquietante situación producida por la enfermedad de Juana la Loca y la distancia confusa de la corte de Carlos de Flandes.

Dado este carácter universal, que pretendía generalizar al territorio de realengo los textos legales de la ciudad de Valencia, no fueron necesarias Cortes propiamente dichas para la reforma de 1250, aunque sí consejeros muy cualificados del rey. Esto hizo decir a Chabás que esta reforma «procedía de la libre y suprema potestad real»[5]. Memoria de esta revisión doctrinal y organizativa de la vieja *Costum* en nuevos *Furs* es el fragmento que se puede leer en la edición de Pastor, *Fori Regni,* en la que, basándose sin duda en evidencias que nosotros ya no poseemos, el insigne editor dejó dicho que «las cuales costumes e *Furs* fueron hechos en el año 1250 por aquel [rey Jaume], doce años después de que fuera tomada la dicha ciudad y reino por aquel»[6]. A pesar de todo, como he dicho, no disponemos de la copia original de estos fueros compilados en Morella. El códice más antiguo de los *Furs* de Valencia (del que se conserva copia en el Archivo Municipal del Ayuntamiento, y del que existen otras copias en la Academia de la Historia de Madrid y en la Biblioteca de Cataluña de Barcelona, en la Biblioteca de El Escorial y en el Archivo de la Catedral de Valencia) reproduce los *Furs* de Jaume I y de las Cortes de 1329. La redacción de este texto, escrito en valenciano, fue ordenada por Alfonso IV al notario Bonnat Sapera, quien no numeró las rúbricas ni los fueros en el texto[7].

---

[5] Roque Chabás, *Génesis del derecho foral valenciano,* ob. cit., pág. 46.

[6] «Les quals costumes e Furs per aquel foren fets en lo any MCCL. Dotze anys aprés la dita Ciutat y Regne per aquell fonch guanyat.» Cf. Pastor, *Furs,* f. 1v. de la edición de J. de Mey, 1547.

[7] Cuando, en la edición que ha hecho López Elum, vemos el contenido de este código de 1329, nos damos cuenta de que incorpora algunos fueros de los que se dice que fue «splanà e romançà lo senyor rey» o «mellorà e romançà» o «declarà e romançà», mientras que otros se introducen mediante la cláusula «fem fur nou» o «fur enadeix», etc. Esto es, de unos fueros se dice que son nuevos y que se han traducido al romance, mientras que de otros se dice sencillamente que son fueros nuevos. López Elum, que ha estudiado este texto con mucha atención, nos propone que las novedades que se introducen únicamente diciendo que son añadidos del rey, sin hacer referencia a que se han traducido al romance, son los añadidos de 1261, porque en esta fecha se romancearon todos los fueros, razón por la cual no se hacía constar la traducción especial de algunos de ellos. En efecto, dado que se habían traducido todos al romance, no tenía sentido que el

Cuando analizamos este texto, nos damos cuenta de que se trata de un código claramente asistemático para nuestra sensibilidad. Así, este código valenciano, después del preámbulo sobre el sentido justiciero del rey, tomado casi literalmente del *Fuero Juzgo*[8], y los puntos que marcan los territorios del reino, comienza regulando los pastos y el ejercicio de la ganadería en el término de la ciudad de Valencia. Curiosamente, de forma inmediata, pasa a ordenar la corte de justicia, y luego revisa toda una serie de cuestiones penales para introducir, sin orden ni concierto, muchas otras civiles que son muy relevantes para cualquier descripción histórica de esta sociedad. Solo al final aparece la rúbrica sobre el *batle,* que complementa la anterior rúbrica sobre la *cort.* La misma temática que se trata en las primeras rúbricas salta luego a una de las últimas, la CXXXI. Esto nos da una idea del poco sentido de sistema jurídico externo que tenían los juristas de la época, formados en el romanismo del código de Justiniano. Esto, como resulta obvio, no quiere decir que fuera incoherente el pensamiento jurídico expresado de esta forma más bien caótica.

A pesar de todo, los *Furs* son el mejor documento para conocer desde dentro una sociedad. Dudo de que exista un recuento del comercio de la época más riguroso y pormenorizado que el que se incluye en la rúbrica CXLVI, dedicada a la regulación de la lezda y el *ostalatge,* los impuestos que tenían que pagar los comerciantes extranjeros cuando vendían sus cosas en la ciudad y el reino de Valencia. Prácticamente, todos los objetos de la vida cotidiana están mencionados, con sus impuestos correspondientes, por lo que podemos hacernos una idea de su precio tanto absoluto como relativo. Pero no solo se reflejan en los *Furs* los asuntos de la vida cotidiana. También se dejan ver los valores centrales de la sociedad. Así, por ejemplo, el fuero que señala que una serie de crímenes pueden ser perseguidos y sus autores prendidos por cualquiera, nos da una referencia inmedita acerca de lo que esta sociedad detestaba por encima de todas las cosas: ladrones manifiestos, herejes, sodomitas, taladores de noche de viñas, de huertos y de campos: todos estos podían ser

---

escribano ni el notario dijesen que efectivamente se romanceaba un fuero concreto. Por el contrario, los que indican novedad más traducción al romance, esos deben de ser los añadidos de 1271. Los juristas, por lo general canónigos, debían de escribirlos en latín y para su aprobación se debía establecer una versión romance, que era la que entendían los notables reunidos en corte. Según esta hipótesis, esto significa que, si quitamos los fueros añadidos en 1261 y los añadidos y romanceados en 1271, se nos abre la posibilidad de acceder al texto verdadero de 1250. Esto es lo que hemos hecho siguiendo a López Elum.

[8] El *Furs* dice: «La razón por la que debe reinar un rey es principalmente la justicia, que se le ha dado, y si no hubiese justicia, las gentes no necesitarían rey». («E la rahó per què rey deu regnar, mojorment sí és per justícia, car aquesta li és donada, que si justícia no fos, les gens no aurien mester rey.») López Elum, *Los orígenes de los Furs...,* ob. cit., pág. 109. El *Fuero Juzgo,* en la edición de la Real Academia Española de Madrid, Ibarra, 1815 dice: «Haciendo justicia es como el rey debe tener el nombre de tal, por lo que los antiguos tenían este proverbio: rey serás cuanta justicia harás y si no haces justicia no serás rey, de donde se deduce que el rey debe tener principalmente dos virtudes: la justicia y la verdad», p. II, De la election de los príncipes, et de lo que ganan.

detenidos por cualquiera (VII, 1). Asimismo se podía denunciar a quien hubiera vendido, alienado o robado una bestia herrada, y quien lo supiera y no lo denunciara podría ser tratado como ladrón. Sin duda, el rey se está protegiendo contra una disminución de las caballerías, fundamentales para un momento de guerra. Naturalmente, una cláusula prohíbe que ningún judío o hereje o sarraceno tenga un siervo cristiano (VIII). De esta manera, la sociedad se protege de que el sentimiento de superioridad cristiana no quede disminuido por un signo de desprestigio tan extremo como la servidumbre. Un ejemplo de esa falta de sistematicidad significativa, a la que me he referido, lo tenemos en el tratamiento del agua, la rúbrica más larga casi del código, que se deja caer en medio de regulaciones de estricto derecho civil, como el usufructo, y de la jurisprudencia sobre el *hereu*, el hijo mayor que recibe la totalidad del patrimonio familiar. De esta manera se refleja el interés ancestral de la sociedad valenciana —islámica o cristiana— por la regulación del agua (XLVIII)[9]. No en vano, cuando Valencia conoció el vacío de poder antes de la dominación almohade, tomó la dirección del gobierno de la ciudad justo el director de los regadíos.

La regulación de la corte de justicia y la forma de prestar juramento del oficial que la ocupaba, así como la necesidad de mantener el consejo de los prohombres de la ciudad, son medidas muy importantes para conocer la administración del reino. Aquí se recoge el fuero por el que el rey se compromete a no entregar estos cargos a la propiedad patrimonial de una familia, sino que serán de nombramiento anual, mediante una elección que se ha de hacer por la fiesta de Navidad, delante del baile del rey y jurando sobre los Santos Evangelios en la misa, ante todo el pueblo («denant tot lo poble e públicament»)[10]. Como es obvio, el justicia podía elegir un asesor, pero este cargo debía dimitir junto con el justicia que lo había nombrado. Este tribunal debía reunirse en la casa próxima a la sepultura de los reyes sarracenos y el rey se comprometía a no vender las rentas con las que se podía pagar el cargo. La jurisdicción de la *cort* era completa: podía entender en las causas criminales y civiles y podía operar de oficio ante la denuncia de determinados crímenes, como homicidios o vicio de sodomía, robo o tala de campos. De esta jurisdicción civil y criminal está separado el baile, que tiene la competencia exclusiva de los asuntos económicos en los que se ven afectadas las rentas del rey. Otro fuero impide que los lugartenientes, los bailes o el *curia* o justicia puedan intervenir como abogados en cualquier juicio. De no ser así, la corrupción quedaría asegurada en este caso, pues serían jueces y partes. Al mismo tiempo, el fuero 16 de esta rúbrica regula los testigos y las formas de publicidad que deben tener los juicios, la posibilidad de impugnar jueces que sean sospechosos de parcialidad y las condiciones en que se debe denunciar esta sospecha, lo

---

[9] Th. F. Glick, *Regadío y sociedad en la Valencia medieval*, Biblioteca Valenciana, Valencia, 2003. Sobre todo, cf. 437-447 para identificar el «tiempo de los moros» como tradición legal.

[10] López Elum, ob. cit., pág. 115.

que siempre ha de producirse antes de que el juicio haya empezado. Es sorprendente la modernidad de algunas cláusulas, como la que reclama que en treinta días se haya visto la causa (XXXIII, 6) o las que proponen al rey y a la corte como garantes de los intereses de los más humildes y desfavorecidos de la comunidad, como huérfanos, viudas e impedidos. Esta alta racionalización de la administración de justicia nada tiene que ver, por tanto, con aquellas normas completamente irracionales y arcaicas del fuero de Huesca, que más bien obedecen a las señas de identidad de una sociedad pendiente de no romper sus prácticas tradicionales.

Como ya he dicho, la regulación del *batle* o baile aparece al final del manuscrito, justo en la rúbrica CXXXI. Aunque se trataba de un funcionario real, en modo alguno está sometido al arbitrio del rey. Los *Furs* no solo han cuidado de que el cargo no sea patrimonial; también han establecido que el rey no pueda cesar ni al baile ni a la corte en el uso de sus funciones. Obviamente, también ha impedido que los sarracenos y los judíos puedan ejercer la *baitlia,* así como que la tengan los prestamistas públicos, conocidos con el despectivo nombre de «usurs públics». Todo indica que el *batle* debe mantener la imparcialidad en su administración fiscal, y no puede ser propietario ni manipular las rentas públicas de las que se nutre su oficio, ni comprar nada que tenga que ver con los casos que juzga. El punto 5 de esta rúbrica regula las relaciones entre la corte del justicia y el *batle.* Aquella, en el momento en que se cumpla su año de administración, debe dar cuentas al *batle* delante de algunos prohombres de la ciudad. A su vez, el *batle* responde, ante la corte del justicia, de todas las rentas y de las entradas y salidas de dinero. De esta manera, tenemos que la corte ha de dar cuenta al *batle,* que a su vez responde ante el justicia siguiente. Vemos, pues, que los dos funcionarios públicos supremos del rey se controlan recíprocamente. Otra posibilidad es que el *batle* pudiera rendir cuentas al fisco, que en el libro aparece como *fisch* y que siempre se refiere al lugarteniente del rey, *aquell qui té loch de prínceps,* término romano para designar al soberano (CV). Esta función fiscal suprema recaía sobre el del lugarteniente, antes de que se impusiera en 1419 la figura del *mestre racional* en Valencia[11]. En todo caso, resulta evidente que la terminología romana del derecho público se introduce alrededor del sentido del fisco, como hace tiempo lo dejó claro Ernst Kantorowicz en su clásico libro *Los dos cuerpos del rey.*

Como ya dijimos al hablar de la primitiva *Costum,* los *Furs* de Valencia están inspirados en la concepción de la ley propia del código de Justiniano. Así, por ejemplo, quedan reconocidos el carácter no retroactivo de la ley (X, 1); su valor para todo el tiempo futuro (X, 3); el principio de que la ignorancia de la ley no excusa su cumplimiento; la cláusula de que ningún acuer-

---

[11] En toda la corona se introdujo en 1282, por parte de Pere el Grande, tomada del colegio de funcionarios que en el reino de Sicilia llevaban el mismo nombre. Cf. Carlos López Rodríguez, *Patrimonio regio y orígenes del maestre racional del reino de Valencia,* Valencia, 1998, págs. 7 y sigs.

do, ni siquiera el hecho por el rey, puede ir en contra del derecho de otro (XII, 3), aunque este derecho no se mencione o se desconozca en el momento de hacer el acuerdo. Se reconoce igualmente que cualquier pacto hecho «contra constitucions o contra bones costumes» no tiene en absoluto valor de derecho (XVIII, 3), así como tampoco lo tienen aquellos pactos que impliquen la comisión de algún delito. En este tipo de previsiones y de cláusulas el código goza de una sutileza importante. Además, distintos fueros prestan mucha importancia al procedimiento jurídico, identifican quién puede emprenderlo y quién no, cuándo se puede pleitear, y establecen la regulación de la apelación y el carácter siempre voluntario de la acusación o el pleito. También se presta atención a las pruebas y a quién y cómo debe proponerlas, así como el valor superior de las pruebas reales respecto a las meramente documentales (LXII). La divisa del código es que vale más lo que en verdad se hace que lo que está escrito. La regulación de los testimonios es muy detallista (LXIV). El legislador se ha preocupado mucho, en este contexto, de definir el juramento de calumnia, lo que la rúbrica XXXII llama «sagrament de calúmpnia», por el que se introduce la dimensión religiosa en la administración de justicia, tan decisiva en la evolución de la conciencia jurídica en la Edad Media. El perjuro en el juicio es un maldito blasfemo, pues menosprecia (XXXII, 12) la religión del sacramento. La apelación, como es natural, no podía hacerse hasta que el procedimiento no estuviera terminado y nadie podía aspirar a tener la gracia del rey si no había agotado la vía jurídica. La regulación de la actividad de los abogados y su capacidad de representar a sus defendidos también está muy fijada, otorgándoles la posibilidad de enmendar su propia actuación cuando se hayan equivocado en derecho (XXI, 2). Los procuradores son contemplados en la rúbrica XXIII, muy extensa, pues contiene dieciocho fueros, de los cuales el más importante es aquel que establece la necesidad de que, para condenar a alguien, haya existido la posibilidad de la defensa y permitiendo, por tanto, que, siempre que su ausencia esté justificada, pueda intervenir en el juicio un procurador. La figura está pensada para garantizar siempre el derecho de defensa (XXIII, 9). El procurador, como es lógico, no podía estar incurso en pena por delito confeso, y el vínculo entre el procurador y el imputado debía ser libre y voluntario. El fuero es muy claro al decir que el oficio de procurador es de hombre y no de mujer, de tal manera que si la mujer es tutora de un pupilo, no podrá ser también su procuradora. Pero la mujer podía ser procuradora *(procuradriu)* de sí misma, de su padre y de su madre, si no tenía otras personas que pudieran cuidar de ellos. Una razón escondida del oficio de procurador, que no aparece en esta rúbrica, sino en la XXIV, es la de impedir que determinadas personas poderosas se vean obligadas a presentarse ante la corte. Por eso, esta rúbrica impide que cualquiera pueda delegar como procurador a alguien que sea más poderoso que él. En cierto modo, el procurador canalizaba una justicia vicaria, que no afrentaba al poderoso o a quien podía permitirse no asistir ante los tribunales.

El fuero de Valencia, ya lo he dicho, presta mucha atención a los débiles de la sociedad. Rúbricas enteras se dirigen a regular la restitución de los menores o la relación entre estos y sus tutores. En realidad, podemos decir que estamos ante un código que pretende regular jurídicamente relaciones morales muy protegidas por la sociedad. Un ejemplo: prohíbe que en el seno de la familia puedan existir pleitos. No pueden ser demandados ni el marido por la mujer, ni la mujer por el marido, ni la madre por el hijo, con lo que se defiende la imagen de la familia como una entidad superior al derecho (LIX). El código reconoce que los pleitos entre judíos deben verlos sus propios jueces, pero que si son mixtos, deben verlos los tribunales cristianos[12]. Sorprende por ello, tanto más, que dentro de estas estructuras sociales protegidas nunca esté la Iglesia ni los clérigos. En efecto, estamos ante un código que procura eliminar las inmunidades de la Iglesia y reducir al máximo sus privilegios y propiedades. De esta manera, no es ni mucho menos una leyenda la actitud proburguesa del rey: ni la Iglesia ni los caballeros son estamentos sociales que el rey quiera fortalecer. Así, en el fuero 5 de la rúbrica XXXVII, se exige que todos «los hombres del clero y todos los religiosos y la gente de los caballeros del término de la ciudad» serán llevados ante los tribunales de la ciudad (XXXVII, 5). Una enmienda de 1261 amplía esta cláusula a los caballeros mismos que sean vecinos o habitantes de la ciudad. A pesar de todo, el código prevé la jurisdicción señorial para los territorios de «castillo, villa, torre o alquería u otro lugar». De esta manera hace valer su condición de código ciudadano y deja abierta la posibilidad de vigencia de otros fueros señoriales en territorio valenciano, lo que no será definitivo, como veremos. El código, por lo demás, pone mucho interés en no aumentar la propiedad de los caballeros y de la Iglesia. Así, cualquier pleito sobre casas, huertos, campos o viñas de Valencia, entre laicos o entre clérigos, será visto en el tribunal de Valencia. La razón es muy clara: la jurisdicción de realengo, propia de la ciudad, en razón de su propia universalidad, está por encima del estamento particular. El rey lo dice claramente: «Car al començament totes les damunt dites coses foren de nostra senyoria, a aquel qui les preseren e les reberen no vengren per rahó de religió ni d'esgleya, e per aquesta rahó deuen ésser dites e jutjades per tots temps del realench» (XXXVII, 17).

Pero donde se defiende con más fuerza la jurisdicción del realengo es en la rúbrica que regula la alienación de las cosas. El código prohíbe alienar un bien comunal y regula cómo se deben tratar estos bienes. Pero al llegar a los bienes de los caballeros y de los clérigos, dice con toda claridad que «establecemos por todo el tiempo que, ni entre vivos o en última voluntad, sea dejada

---

[12] Para una comparación con el tratamiento de los judíos en los fueros castellanos, se puede ver Pilar León Tello, «Disposiciones sobre judíos en los fueros de Castilla y León», *Mediaevalia* 8: 223-252 (1989). La tesis fundamental es que los judíos eran hombres del rey, «maguer que sean so poder de ricos omnes o con sus cavalleros o con otros omnes o so poder de monesterios, todos deven ser del rey en su guarda o para su servyçio». En otros lugares se dice que «los iudios siervos son del rey e acomendados por la bolsa del rey propia». Cf. ob. cit.; aquí, pág. 225.

o donada o vendida o empeñada o de otra manera alienada, cualquier posesión o heredad o casas o huertos a lugares religiosos o a clérigos. Nadie puede, sobre algunos bienes suyos, censos o tributos o cierta parte de los frutos o de servicios que aquel tenga, donarlos o asignarlos a iglesia o a lugar religioso, así como algunos hacen o dicen: "tal iglesia tenga por todo el tiempo cada año dos sueldos o semejante, de mis casas o de los huertos de mi posesión" y así aquella cosa entre por siempre en la señoría de los clérigos o de los religiosos. Por tanto queremos que tales cosas no tengan valor en tiempo alguno» (LXXIII). Las consecuencias de esta política quieren ser extremas. Los *Furs* desean que las propiedades de los clérigos, aquellas que tienen a título personal, no puedan pasar a ser patrimonio de la Iglesia como corporación. Esa donación, que aliena un bien de un clérigo privado en manos de la Iglesia como institución, el código prevé que «per tot temps sia vana e no haja valor» (LXXIII, 7). En el mismo sentido, los caballeros tampoco pueden vender ni alienar sus propiedades en manos de la Iglesia. Pero, sobre todo, los ciudadanos no pueden vender ni alienar propiedades a los caballeros o a los clérigos. Estas previsiones, contrarias a que propiedad alguna de manos libres pase a manos muertas, desde los ciudadanos que pagan impuestos a los estamentos exentos de impuestos, como la nobleza o la Iglesia, todavía se endurecerán en las reformas de 1261 o 1271. Una de estas, por ejemplo, distingue entre los bienes de los caballeros que no están sometidos a servicio alguno del rey y aquellos otros bienes sobre los que el rey tiene algún derecho. Estos no se pueden dejar a la Iglesia bajo ningún concepto. Se trataba de que los bienes de realengo, que constituyen el fisco, el poder del principado, no pudieran disminuir en ninguna transacción económica ni revertir a los estamentos inmunes.

A pesar de todo, el código valenciano se hace eco de las relaciones feudales, como no podía ser de otra manera. De forma semejante a la administración de justicia, que se amparaba en el sacramento de verdad y que impedía la emisión de calumnias, las relaciones feudales se organizaban sobre el sacramento de lealtad, el juramento por el que alguien se compromete a servir a aquel de quien ha obtenido bienes suficientes para cumplir con una misión. La rúbrica CXXVI dice que aquel que jura lealtad debe tener seis cosas todo el tiempo en su memoria y en su corazón. De entre ellas, las fundamentales son que no debe dañar a su señor ni en sus bienes ni en su derecho; que no tenga relaciones con sus mujeres, sea madre, esposa o hija; que no haga cosa deshonesta en la casa del señor; que no le desee mal en su corazón, y que le descubra el daño que otros preparan para él en caso de que lo sepa. La lealtad, como vemos, compromete seriamente el interior del ser humano, reclama de él una disposición favorable y benevolente del alma, e implica una consideración de respeto que ha de mantenerse de por vida. La relación de fidelidad no es meramente una compraventa de servicios, sino un vínculo recíproco, de naturaleza ética, capaz de organizar relaciones muy estables entre hombres que no tienen parentesco entre sí. Varias rúbricas más adelante, en la CXXXIV, el código nos detalla veintisiete fueros concernientes a los feudos y las formas jurídicas de relación entre el señor y el vasallo, las vinculaciones con terceros, las previsiones para el caso de que muera el señor y se produzca la sucesión del feudo, y las posibles compensaciones que por vender o empeñar feudos concedidos deben recibir los vasallos por parte de los señores. Uno de estos puntos, el 16, establece que todos los habitantes que han heredado en el reino de Valencia tienen relaciones vasalláticas con los reyes, por ser de realengo el territorio del nuevo reino. «Todos los ricoshombres, nobles, caballeros, ciudadanos y otros habitantes que tienen heredad en el reino de Valencia, deben hacer sacramento y lealtad a nos y a nuestros sucesores que nos sucederán por derecho en Valencia», dice finalmente el rey. En cierto modo, todos eran vasallos por el hecho de habitar un reino que era propiedad jurídica del monarca, y por eso el rey, en el punto 18, establece que todos los habitantes del reino de Valencia «fermen dret el regne de Valencia a nós quanquequam e quantesque vegades de nós seran demanats si nós clamaren d'aquelles, jasia ço que ells no tendran feu per nós». Que nadie pueda vender ni cambiar bienes de realengo es así un caso más de la cláusula feudal que impone que nadie puede alterar un feudo entregado por el señor al vasallo sin el consentimiento de aquel. Vemos de esta manera que, incluso aquellas relaciones más fáciles de comprender a partir del derecho público romano —la imposibilidad de disminuir el fisco o el patrimonio público—, acaban siendo pensadas a través del espíritu feudal.

Tenemos ahora que matizar el aspecto proburgués del rey. Desde luego, está presente. Pero sencillamente porque estos vasallos plantean menos problemas que los nobles y que la Iglesia, no porque se quiera tener con ellos otra condición que la de vasallos. Ciertamente, el rey se nos muestra en su aspecto más avanzado justo en aquellas medidas que quieren atajar las propias debilidades de la mentalidad burguesa, y sobre todo la tendencia oligárquica en que se ha organizado la burguesía allí donde una autoridad superior no lo ha impedido. En este sentido, el rey no está dispuesto a intercambiar una oligarquía noble por otra burguesa. La principal medida en este ámbito es la que impide el patrimonialismo de los cargos administrativos, camino por el que la burguesía se ha convertido en oligarquía allí donde no se ha mantenido firme el espíritu de elección de las magistraturas públicas. No tenemos, por tanto, solo un espíritu prociudadano del monarca, sino la voluntad de que ningún ciudadano pueda hacerse con la propiedad de los cargos públicos, introduciendo en las filas de la burguesía diferencias fundamentales, que se han conocido en Barcelona y en todas las demás ciudades marineras que —desde Cartago hasta Valencia— han acabado formando una especie de senado capaz de administrar la ciudad en beneficio de sus propios intereses. Desde luego, andando el tiempo, estas tendencias oligárquicas acabarían imponiéndose. La obra de Jaume pudo mantenerse durante el tiempo en el que su presencia carismática mantuvo a raya estas aspiraciones elementales y omnipresentes en la vida histórica medieval. Pero el recuerdo de la fundación de un reino interviene siempre de forma muy determinante en su futuro, y el de Valencia tenía, desde su origen, una clara dimensión artesanal y menestral. Esa fue la previsión del propio rey. Las tensiones que ha de conocer Valencia en su historia, de forma consecuente, serán las propias de cualquier ciudad burguesa, según el modelo italiano, en la que se enfrentan las clases con aspiraciones oligárquicas a las clases artesanales, mejor dispuestas a las formas democráticas. Valencia, finalmente, siempre tuvo su *popolo grasso* y su *popolo minimo,* y en esto, y en sus irrupciones revolucionarias, fue una típica ciudad mediterránea.

39
PERE ALBERT Y LA INTERPRETACIÓN DE LA LEGISLACIÓN CATALANA

Por doquier se leen los mismos juicios. El siglo XIII fue para Cataluña y para Barcelona una época de consolidación, de crecimiento, ese momento previo a la plenitud que trae consigo la madurez histórica. Quizá no se dispone todavía de la grandeza futura, pero ya se la presiente por todas partes. Los privilegios otorgados por Jaume a la capital ponen las bases de su régimen municipal[1]. La riqueza económica permite la construcción de un nuevo perímetro amurallado que protege los barrios de reciente creación. Sobre la vieja muralla, los más ricos empiezan a abrir ventanas, edificar muros, construir casas[2]. Al hilo de esta evolución, las viejas figuras del baile y del *veguer* o *curia* van poco a poco definiendo sus perfiles: más económico y fiscal aquel, más funcionario de servicios este. Pronto, la administración se multiplica y vemos aparecer los *sots-batlle* o vicebailes, los adjuntos del *veguer,* y se deja sentir ese funcionario que inspecciona las obras públicas de la ciudad, el *obrer.* Lo hemos dicho varias veces: la barcelonesa es la sociedad más desarrollada de la corona. Por lo demás, el principado goza de una forma jurídica clara, con un esquema administrativo fijado y estable, capaz de diferenciar entre aquellos puestos de servicio privado del príncipe y aquellos otros del patrimonio público del principado[3]. Esta última rama de la administración ya teje una buena red de

---

[1] Cf. el listado completo en *Privilegios reales concedidos a la ciudad de Barcelona, Colección de Documentos Inéditos del Archivo de la Corona de Aragón,* 2.ª época, Barcelona, 1971. Muy importante el documento 22, que, aunque no pertenece a Jaume, es el privilegio de Pere el Grande que confirma los usos y costumbres de la ciudad, el famoso *Recognoverunt proceres* (págs. 8-17).

[2] Cf., con once documentos relativos a estos temas, el trabajo de Carme Batlle i Gallart, «La casa burguesa en la Barcelona del siglo XII», en *La societat barcelonina a la baixa Edat Mitjana,* Acta Mediaevalia, Anexos d'Història Medieval, Annex 1, Universidad de Barcelona, Facultad de Geografia e Historia, Pedralbes, Barcelona, 1983, págs. 9-51. Y, adicionalmente, «La familia y la casa d'un draper de Barcelona. Burget de Banyeres (Primera meitat del segle XIII)», *Acta Mediaevalia* 2: 69-91 (1981), con un apéndice documental.

[3] Aunque con las normales transferencias de uno a otro. Las mismas élites ejercen de hecho en unas y otras magistraturas. Los funcionarios, en su totalidad, pertenecían a la élite barcelonesa. Una

funcionarios a lo largo de toda la tierra catalana[4]. El desarrollo del sistema notarial laico, separado de las parroquias y de los centros religiosos, da estabilidad al sistema de la propiedad, a las herencias, a las compraventas[5]. Unos nuevos astilleros multiplicaron la capacidad constructiva del puerto barcelonés, al que las nuevas conquistas de Mallorca y Valencia daban una actividad desconocida hasta la fecha. Las nuevas ordenanzas marítimas de la ciudad impulsaron y regularon el comercio[6]. Las grandes familias de comerciantes y de burgueses, como los Marcús, los Grony y los Durfort, o las nuevas como los Banyeres, desplegaban la actividad económica de Barcelona, ahora capaz de atender con solvencia los nuevos mercados[7]. La feria de Barcelona, operativa por lo menos desde mayo de 1239, era un mosaico en el que estaba presente el Mediterráneo entero[8]. Mas también los propios productos de la tierra, la agricultura que poco a poco se organiza sobre el sistema de la enfiteusis, los arrendamientos vitalicios, verdadera condición para que mejore el campo y su producción, junto con las condiciones de vida de los labradores[9]. Más allá de sus murallas, de su campo y de su puerto, sus cónsules en Alejandría, en Túnez, elegidos por los propios *consellers* de la ciudad, ofrecen seguridades al peligroso comercio. Desde luego, Barcelona sabe usar su autonomía política como ciudad[10]. Pero la aventura del rey Conquistador también la beneficia. A ciencia cierta, no podemos decir cuál es la causa y cuál el efecto. Podemos dejarlo en una armonía preestablecida, una de esas constelaciones históricas que la fortuna prepara de tarde en tarde. Una gran ciudad dinámica siempre estimula a un gran rey. Eso es lo innegable. Tanto como que la realidad de Cata-

---

biografía de estos altos funcionarios que primero fueron humildes hombres de negocios y que pronto entran en la oligarquía de Barcelona y desde allí pasan a la nobleza se puede registrar en el trabajo de Joan Cruz i Rodríguez, «Pere de Capellades, notari de la Cancilleria de l'Infant Jaume, tutor del rei Jaume de Mallorques: esbós biogràfic d'un funcionari del segle XIII», *XIII CHCA*, Palma de Mallorca, págs. 179-198.

[4] Cf. Tomàs de Montagut i Estragués, «Els funcionaris y l'administració reial a Catalunya (segles XIII-XIV)», en *La societat barcelonina a la baixa Edat Mitjana*, Acta Mediaevalia, Anexos d'Història Medieval, Annex 1, Universidad de Barcelona, Facultad de Geografía e Historia, Pedralbes, Barcelona, 1983, págs. 136-150; esp., págs. 143-145.

[5] Cf. el todavía interesante «Desenrotllament de la institució notarial a Catalunya en lo segle XIII», *I CHCA*, de Francesc Carreras i Candi, ob. cit., págs. 751-789.

[6] Según se ve en el documento que publicó Capmany en sus *Memorias*, y que ahora dan Huici-Cabanes, doc. 1.058, vol. IV, págs. 145-152.

[7] Cf. el trabajo de Carme Batlle y Gallart, «La burguesía de Barcelona a mediados del siglo XIII», en *X CHCA*, Institución Fernando el Católico, Zaragoza, págs. 7-19.

[8] Cf. Carme Batlle y Gallart, «Sobre la fira de Barcelona (segle XIII)», en *Cuadernos de Arqueología e Historia de la Ciudad*, XVII, Barcelona, 1977, págs. 129-139; cf. igualmente «La vida y las actividades de los mercaderes de Barcelona dedicados al comercio marítimo (siglo XIII)», *XVII Coloquio de Historia Marítima* (Nápoles, 1980). También, «La familia y la casa d'un draper de Barcelona. Burget de Banyeres (Primera meitat del segle XIII)», cit.

[9] Una nota importante sobre los orígenes de la enfiteusis en «Lo Territori de Barcelona»; cf. Francesc Carreras i Candi, *La ciutat de Barcelona*, 1910.

[10] C. Batlle, «El municipio de Barcelona en el siglo XIV», *Cuadernos de Historia. Anexos de la revista Hispania*, 8, Madrid, 1977, págs. 203-211.

luña y de Barcelona es más fuerte, más antigua, más duradera que la de Jaume. En cierto modo, él ha impulsado un proceso histórico, pero es menor su huella sobre esta realidad constituida desde antiguo. Por eso la estructura de Barcelona y de Cataluña condiciona, opera en su reinado, pero no forma parte de su biografía. La vida del principado trasciende la vida del príncipe y por eso no podemos detenernos aquí en todo aquello que viene construyendo la historia, con su ritmo lento, siglo tras siglo. Pero he aquí que sobre esta realidad el rey quiere intervenir de una manera decisiva en un punto, en el fundamental. Él no puede alterar la suma de las fuerzas tradicionales que forman la vida catalana, pero puede variar la interpretación vigente de algunas de ellas. Sobre todo, de la nobleza. Porque alterar la interpretación de esa nobleza es también cambiar el propio significado de la realeza, del principado. Aquí sí se deja ver la voluntad, la idea política, la grandeza de Jaume. Eso sí forma parte de su biografía y es su obra.

Al imponer un cambio en la percepción de las relaciones entre la nobleza catalana y su príncipe, Jaume opera con suma coherencia. Primero vimos cómo el rey introducía innovaciones en el complejo mundo jurídico aragonés, apegado de manera casi fetichista a la tradición. Luego mostramos cómo los juristas del rey, con cierta facilidad, establecían en Valencia el derecho más avanzado, en directa dependencia de las teorías romanas. Ya dijimos que este nuevo derecho era más proclive a las realidades burguesas emergentes de la época. A pesar de todo, dijimos que el rey subrayaba las medidas destinadas a evitar la patrimonialización de los cargos fundamentales de su administración por parte de algunas familias de privilegiados burgueses. Habría sido una incongruencia que Jaume no intentara transformar también la concepción del derecho en las tierras catalanas, que apoyaban con más vigor sus empresas de expansión. Y como Barcelona ya era una realidad profundamente burguesa, el rey solo tenía que intervenir en el otro gran estamento social, en la nobleza feudal y señorial. Sin embargo, los procesos políticos de reforma del derecho fueron diferentes en cada territorio. No conocemos reunión alguna de Cortes catalanas que alterara el sentido del código tradicional, como las que tuvieron lugar en Huesca, en 1247. No sabemos de reuniones más o menos generales de su consejo, como hemos detectado en Morella en el año 1250-1251, para organizar la casuística de los privilegios concedidos a Valencia a la hora de darle validez para todas las ciudades del nuevo reino. El proceso catalán fue más intelectual y, en este sentido, más obra de la iniciativa del rey, menos fruto del acuerdo con los nobles. Pero como quiera que la realidad social catalana era más claramente burguesa, esa nueva interpretación de su código ancestral acabó siendo la más efectiva en la realidad. De esta manera, se dio la paradoja de que el código más claramente feudal acabó acogiendo la realidad social más burguesa. Esto, sin embargo, no iba a suceder sin importantes conflictos, a veces traumáticos, que veremos reproducirse una y otra vez hasta el final de la vida del rey, que estaba condenado a mantener una larga y decisiva lucha contra los nobles catalanes.

En efecto, los condados catalanes se regían por un código que pudo tener su origen en la época de Ramon Berenguer I, y que solo se ultimó en la primera mitad del siglo XII [11]. Este código era conocido con el nombre de *Usatges de Barcelona* [12]. Cuando las Cortes posteriores a Jaume fueran añadiendo normativas a este libro originario, la regulación legal del principado pasó a llamarse *Usatges i Constitucions de Catalunya*. Nadie puede creer que este puñado de artículos fuera la única norma por la que se regía la sociedad catalana. Además de estos artículos, Cataluña se ordenaba por costumbres ancestrales de procedencia muy compleja. Al lado de unas costumbres francogermanas, sin duda existían otras prácticas de influencia carolingia [13]. En sí mismo, el código de los *Usatges* —finalmente cerrado y sancionado por Jaume como único en Cataluña— era típicamente feudal, de clara procedencia franca, que debemos entender como complementario de la ley visigótica [14], de

---

[11] El investigador Carlo Guido Mor («En torno de la formación del texto de los *Usatici Barchinonae*», en *Anuario de Historia del Derecho Español,* 1958, págs. 431-459) cree que se debe a una recopilación posterior de Ramon Berenguer IV. Tras él, Ramon d'Abadal —en su *Pere el Ceremoniós y els inicis de la decadència politica de Catalunya,* Edicions 62, Barcelona, 1972, págs. 65 y sigs.— precisó que era obra de los legistas de la corte de Ramon Berenguer IV. La clave de su argumento sería que solo este gran conde tuvo prestigio y autoridad suficientes para imponer un texto de esta naturaleza, tras las conquistas de Tortosa y de Lleida, en los años 1128 y 1149. En efecto, con este texto se habría impuesto la teoría del principado, que explicaba que Cataluña no se estableciera como reino. Joan Bastardas, por su parte, en su *Discurs de recepció a la Reial Acadèmia de Bones Lletres de Barcelona,* en el año 1977, págs. 37-44 y 48, que lleva por título «Sobre la problemàtica dels Usatges de Barcelona», observó que las sentencias de los años 1150 son más modernas que el lenguaje de los *Usatges* y que, por eso, el código tenía que ser un poco anterior, quizá de la época de Ramon Berenguer III. Además, en los grandes juicios de 1150 ya se hace apelación a la *lex usuaria,* lo que indica que existía ya un código. Cf. *Usatges de Barcelona,* ob. cit. en nota 13, pág. 12.

[12] De este código existe una traducción catalana en el Archivo de la Corona de Aragón, realizada hacia la segunda mitad del siglo XIII. De él se editó una versión latina por F. Valls Taberner y R. d'Abadal y Vinyals, en *Textes de Dret Català,* I, Barcelona, 1913, con el nombre de *Usatges de Barcelona editats amb una introducció per...,* que sigue el manuscrito 1 de la colección de códices del ACA. Este manuscrito latino obedece a la compilación hecha en las Cortes de Barcelona del año 1412. Esta versión ya está mezclada con disposiciones más recientes, y por tanto no es fiable. La de la Biblioteca Nacional de París, manuscrito latino 4792, es la version más antigua, pues corresponde a los últimos años del siglo XII, pero es muy poco fiel porque el copista introduce muchas cosas que perturban las lecturas originales del texto. Así que es preciso llegar a una depuración del texto en latín con el texto catalán del Archivo, de la época de Jaume, como ya hemos dicho. Eso es lo que hizo Joan Bastardas con la colaboración de Teresa Gràcia, Lluisa de Nadal y Pere Puig i Ustrell para la Fundación Noguera, Barcelona, 1984. Así editaron en la colección Textos y Documents, 6, los *Usatges de Barcelona. El codi a Mitjan segle XII. Establiment del text llatí y edició de la versió catalana del manuscrit del segle XIII de l'Arxiu de la Corona d'Aragó de Barcelona.*

[13] Cf. *Usatges de Barcelona y Commemoracions de Pere Albert*. A cura de Josep Rovira Armengol, Editorial Barcino, Els Nostres Classics, Barcelona, 1933, pág. 12. En la pág. 29 vemos que hay usos relacionados con las *Etimologías* de san Isidoro de Sevilla, con los capitulares francos, con las *Exceptiones Petri Legum Romanorum,* con las colecciones canónicas de Ivo de Chartres, con el Concilio de Clermont y con la interpretación del *Breviari* de Alarico.

[14] Bastardas (ob. cit., pág. 27) señala los usos 159-160 como reproducción literal de la *Lex Wisigothorum*. Esta validez del código visigótico en Cataluña es afirmada como «derecho común, de fondo básico en todos los condados del naciente principado» por J. M. Font i Rius, en «El desarrollo ge-

amplia vigencia en Cataluña. Como todo texto que en el fondo era un *liber judicorum,* los *Usatges* fue el punto de referencia utilizado por la *curia* de Barcelona para impulsar un proceso social que podemos identificar de manera clara. Se trata, en el fondo, del cambio de sentido de las instituciones feudales. Al principio, en el tiempo de la edad de oro de la caballería franca, cuando desde el siglo VIII esta acreditó su valor y su función al detener a los musulmanes en los Campos Cataláunicos, las relaciones de vasallaje fueron vínculos de naturaleza ética y sacramental[15]. Las obligaciones y deberes se juraban y se mantenían por el sentido del honor. Cuando estos vínculos empezaron a separarse del carisma de la ética —demasiado exigente para la vida cotidiana—, comenzaron a canalizarse bajo el régimen del señorío y a devenir esta mezcla de relaciones de fidelidad y de propiedad que conocemos como el feudalismo propiamente dicho. Conforme ese vínculo de vasallaje determinó la propiedad o el uso estable de tierras, así como un firme estatuto social, se inició un proceso por el cual las viejas relaciones de naturaleza ética y sacramental se fueron convirtiendo en relaciones de naturaleza jurídica, con pleitos, reclamaciones y sentencias.

Este proceso de reglamentación jurídica del mundo feudal es el que se aprecia en los *Usatges.* Que esta fijación jurídica de lo que al principio era una relación ética sucediera en Europa por primera vez en Cataluña, es más bien testimonio de la decadencia de los vínculos éticos y de la ineficacia del sentido del honor como amalgama de unión de estos estamentos militares, ya convertidos en propietarios. Por eso, en cierto modo, los *Usatges* son complementarios de las leyes visigóticas, que no desean derogar. Estas podían servir para las relaciones civiles, pero no para las feudales. De ahí que, sobre la base de la llamada *lex gotica,* tenía que formularse desde el poder del príncipe una normativa para regular jurídicamente las relaciones entre señores y vasallos. Que este proceso implicó una mínima racionalización, es indudable. A fin de cuentas, el texto catalán establecía una norma y dejaba sin validez la única forma por la que el mundo feudal dirimía sus asuntos: invocando el carisma de la guerra, concebido siempre como una relación directa con la fuerza divina y, por tanto, entendida siempre como un juicio de Dios. Cuando se apela a un juez, y este quiere sentenciar siempre de la misma manera los casos iguales, se inicia un proceso de antecedentes y de coherencia que implica racionalizar el derecho. Esto es lo que hizo este código catalán.

---

neral del derecho en los territorios de la Corona de Aragón (siglos XII-XIV)», *VII CHCA,* págs. 289-326; aquí, pág. 291. Esto sería hasta tal punto así que, a finales del siglo XI o mediados del XII, el *Liber Judicorum* se tradujo al catalán. La constitución de las Cortes de 1251 prohibió su uso, pero su vigencia se mantuvo en las recopilaciones posteriores de los *Usatges,* en los llamados «adventicios». Font i Rius ve como visigótico en espíritu el mismísimo privilegio *Recognoverunt proceres.*

[15] Se debe ver para esto el libro *Guillermo el Mariscal,* de Georges Duby, Altaya, 1996. Duby explica esta dimensión como una transferencia de la caballería religiosa, en declive, hacia la nueva caballería laica. Cf. págs. 18-20 y 23-24.

El que todos los manuscritos de los *Usatges* que se conservan tengan un contenido muy semejante —aunque con cambios de disposición— indica que quien mandó hacer la compilación no era un abogado o un juez, ni ordenó el articulado para su propio uso, sino alguien con más autoridad, pues existe un arquetipo que se respeta a lo largo de todas las repeticiones a pesar de las divergencias. Gracias a ello, y comparando los diversos textos disponibles, se ha llegado a un acuerdo acerca del contenido originario del código[16]. Esta dimensión de los *Usatges,* el ser un código de la curia o corte condal de Barcelona, elevada a sede central del principado, se ve en los números 80 y 81, que serían una especie de epílogo. El primero dice: «El juicio dado por la corte o dado por el juez electo de la curia, sea aceptado por todos y seguido por todo tiempo, y nadie, por cualquier ingenio o arte, se atreva a recusarlo; que quien lo haga o lo quiera hacer, su persona y todas las cosas que se saben suyas, queden en mano del príncipe para que haga según su voluntad; porque quien recusa el juicio de la corte y quien niega la curia, daña al príncipe, y quien al príncipe quiere dañar sea castigado y dañado por todo tiempo y en todo su linaje; y loco es y sin sentido quien quiera resistir o contrastar la sabiduría y el saber de la corte, pues en ella están los príncipes, los obispos, los abades, los condes, los vizcondes, los comodoros, los *vasvassors,* los filósofos y los sabios, además de los jueces». Tenemos muy claro que quien dice esto está respaldado por la autoridad del príncipe y opera como funcionario suyo y de toda la colectividad de su consejo[17]. El texto, al beneficiar sobre todo la figura del príncipe, indica a quién servía la recopilación y quién la mandó hacer[18].

Por su lado, el uso 81 nos da cuenta de la naturaleza complementaria de los *Usatges* respecto a la ley visigótica. En él se nos dice que todos pueden pleitear y debatir sus propios casos, pero no todos pueden por sí mismos organizar un proceso judicial, pues la composición del juicio según la ley se tiene que atener a su severidad. Después de reclamar su formalidad expresa

---

[16] Para curiosidad, el código debe llegar hasta el *usatge* 138, siendo los demás, hasta el 175, un apéndice añadido a lo largo de los siglos. Asimismo, tampoco eran propios los artículos que van desde el 85 al 90, ni el 63 ni el 82. Así que el texto originario era el que conforman los números 1-62, 64-81, 83-84, 91-138. Estas conclusiones fueron establecidas por Mor y Ficker, en el trabajo citado del primero y en el que tradujo Rovira Armengol, *Sobre los Usatges de Barcelona y sus afinidades con las Exceptiones legum Romanorum,* Universidad de Barcelona, Facultad de Derecho, Barcelona, 1926, págs. 18-20.

[17] Armengol cree que este funcionario fue Guillem Borrell, un juez eclesiástico del obispado de Vic, que habría hecho la primera compilación después de la muerte de R. Berenguer I (cf. ob. cit., pág. 19). Otro redactor de la compilación sería Pons Bonfill Marc, a quien J. Balari Jovany, en sus *Orígenes históricos de Cataluña,* pág. 448, considera el principal redactor de la compilación. Otro juez sería Escrivà, maestro, notario y juez de la curia, del que se conoce su actuación en un litigio en el condado de Urgell.

[18] Será el mismo proceso que llevará a Pere el Ceremonioso a intentar una penetración de las *Partidas* castellanas en el principado. Esta es la razón de la voluntad de traducción del código al catalán, pues el texto alfonsino era más favorable a la realeza respecto a las tenencias de castillos y los deberes feudales que los *Usatges* catalanes. Cf. R. d'Abadal, «Les Partidas a Catalunya durant l'Edat Mitja», en *Estudis Universitaris Catalans,* VI, 1912, págs. 13-37 y 159-180.

como un monopolio de la corte, el artículo declara algunas penas monetarias muy concretas por determinados delitos. Lo que está en juego en esa formalidad de la ley es que «se juzgue a todos los hombres igualmente». Como es natural, para que se pueda juzgar a los hombres de manera igual, han de ser hombres iguales entre sí. Por eso no se puede juzgar nada en común entre un vasallo y un señor, justamente porque esta diferencia, basada en el juramento de fidelidad, no puede estar contemplada en la legislación. El texto dice literalmente «nihil vero iudicant inter vasallum et seniorem, quia in legibus non inuenitur hominaticum». El texto catalán traduce: «e res no jutgen entre vasall e senyor, car en les ligs no trobam omanatge». Bastardas cree, a mi parecer con razón, que las leyes *(in legibus)* aquí mencionadas son las góticas y que, por tanto, los *Usatges* son necesarios justamente porque la ley visigótica no incorpora las formalidades feudales. De ahí que el código catalán exija que los jueces se atengan ante todo a los usos, porque la realidad feudal es la fundamental en el momento. «Y por eso debe hacerse lo que es según el uso o como fue hecho, y por eso establecieron los arriba dichos príncipes que se juzgara según los usos, y allí donde no bastaran los usos que se volviera a las leyes y al arbitrio del príncipe y a su juicio y al de la corte»[19]. Vemos así que los *Usatges* reconocen la mayor antigüedad de las leyes visigóticas, pero afirman con carácter rotundo la mayor actualidad social de los usos, por hacer referencia a la cuestión del vasallaje y homenaje feudales. Solo donde no basten los usos, el juez queda autorizado para que se regrese *(reverterentur)* a las leyes godas. Que esta codificación es anterior a la incorporación del nuevo derecho romano se ve por un detalle: no se mencionan el sentido común ni las decretales, sino únicamente las leyes visigóticas y el arbitrio del príncipe junto con la curia, realidades en sí pertenecientes al mundo antiguo más que al mundo del derecho romano que se ve surgir en las ciudades italianas y que hemos visto imponerse en Valencia.

Este proceso era perfectamente consciente para los que mandaron realizar este código. Según el uso 3, fue su autor Ramon Berenguer I o el Viejo[20]. Como es natural, del texto de este artículo no se sigue que toda la compilación fuese mandada hacer por este conde, aunque desde luego algunos de sus artículos o usos se deben remontar a él[21]. Que en parte debamos el código a Ramon Berenguer, de esto no cabe duda[22]. La justificación que da el conde para poner por escrito un código feudal, para lo que movilizó una importante reunión de magnates, como el vizconde de Girona, el de Cardona, el de Barcelona, los Montcada, los Cerveró, los Cervera, Queralt, y otros (uso 4.1), es

---

[19] *Usatges,* ed. Bastardas, pág. 159.
[20] Ibídem, pág. 51.
[21] Cf. Pierre Bonnassie, *La Catalogne du milieu du X a la fin du XI siècle,* Toulouse, 1975-1976, vol. II, pág. 725, quien cree que son solo los primeros de la serie, con lo que sería desde luego un texto muy breve.
[22] Sería el núcleo al que Armengol llama *Usualia,* y que iría desde el número 1 al 51. Cf. Armengol, ob. cit., pág. 20.

sencillamente que vio que «las leyes godas no podían ser observadas en todos los pleitos y en todas las causas de la tierra y vio muchas reclamaciones y muchos pleitos que las leyes especialmente no juzgaban [...]». Por eso, «constituyó y puso estos *Usatges* con los cuales fueran juzgadas todas las reclamaciones y todos los males». Ramon Berenguer invoca una legitimidad muy clara para impulsar esta innovación, legitimidad que no refleja un uso judicial de antecedentes, sino una verdadera disposición soberana. En efecto, Ramon Berenguer se presenta como *Ispanie subiugator,* lo que no está muy claro lo que quiera decir. Bastardas, con sentido, quiere leer *subiusticiator,* lo que vendría a ser algo así como vicejuez[23]. Esto solo tiene sentido desde la comprensión visigótica del rey como juez, *iusticiator.* El príncipe catalán aparecería aquí dotado de la máxima autoridad judicial en un territorio, pero sin querer ser portador del título de rey. Y de hecho, cuando tiene que justificar la innovación jurídica, Ramon Berenguer cita directamente el *Liber Judicorum* de los visigodos[24] y dice: «Y esto lo hace el conde por la autoridad del libro de los jueces que dice: "el príncipe tiene licencia para añadir una ley si lo exige la novedad de la causa justa" y "sea tratado por la discreción de la potestad regia de qué manera una causa se inserte en las leyes" y "solo la verdadera *potestas regia* estará libre en todas las cosas para introducir en los pleitos cualquier tipo de pena que quiera"»[25]. Aquí, como en tantas otras ocasiones, la antigua traducción catalana ha eliminado la cuestión de la *potestas regia* y se ha quedado únicamente con la traducción de la *potestat* o del *princep,* algo que tiene mucho que ver con la opción de Cataluña por el principado y no por el reino. Paradójicamente, sin embargo, Cataluña concede a su príncipe, según el modelo de los reyes, unos poderes de innovación jurídica que los monarcas de Aragón jamás tuvieron. Que Cataluña apostara por el principado, como se ve, no implicaba que reconociera por encima de sus príncipes a rey alguno o que sus príncipes no desearan tener todas las competencias de innovación propias de un rey. Al contrario, al vincular su destino al reino de Aragón, sus príncipes fueron siempre también reyes.

El nivel de autoconciencia de la autoridad catalana es tal que los *Usatges* disponían de una pequeña introducción histórica en la que se marca el antes y el después de la codificación. Así, se dice que antes de que los *Usatges* estuvieran establecidos, los jueces solían juzgar los crímenes y delitos de tal manera que fueran enmendados —si no podían ser olvidados ni pasados por alto, lo que testimonia una clara inseguridad jurídica— mediante «sacramento o

---

[23] Rovira Armengol leyó «apoderador d'Espanya», lo que tampoco está muy claro lo que quiere decir. Cf. Armengol, ob. cit., pág. 16.

[24] Como ya dijimos al hablar de los fueros de Huesca, ahora debemos recordar la presencia de las leyes godas en los *Usatges* catalanes, hasta el punto de que al parecer circuló una traducción catalana hacia fines del siglo XI o mediados del XII, esto es, por la fecha de la que hablamos. Cf. Font i Rius, «El desarrollo general del derecho en los territorios de la corona de Aragón», ob. cit., pág. 291.

[25] *Usatge* 3; ed. Bastardas, pág. 51.

mediante batalla, o por agua fría o por agua caliente»[26]. Esto es: se trataba de procedimientos estrictamente feudales, basados en el carisma del valor: ordalías, juramentos o juicios de Dios. Pero ahora se trataba de disminuir el valor de aquellos procedimientos bárbaros, de regularizar el juicio sobre los crímenes en una sociedad atravesada por las relaciones señoriales. Y, en efecto, cuando recorremos los usos nos damos cuenta de que todos ellos pertenecen al mundo feudal, pero en lugar de apelar a juicios de Dios y de carisma militar, ahora se insiste en los procedimiento jurídicos y en las penas que deben derivarse de romper el vínculo de fidelidad.

Los *Usatges* no se limitan a introducir el concepto nuevo de la *potestas regia*. Una buena parte de artículos, sobre todo a partir del 57, corresponden a las constituciones de paz y tregua como práctica que afecta a todo el territorio político del principado y que reúne a todas sus personas principales. Muchos de ellos llevan la cláusula de *Item statuerunt* («igualmente establecemos»), que refleja muy bien la identidad de un legislador consciente que establece una norma positiva. Esta fórmula se encuentra también en las actas de las cortes de paz y tregua. Otros, como el *usatge* 135, son explícitamente una confirmación de una paz y tregua, en este caso la del año 1064, organizada para ir a la conquista de Barbastro[27]. La noción de paz y tregua procede del derecho canónico. En el fondo se trata de una institución eclesiástica y tuvo su origen en la prohibición de que el carisma de la guerra se ejercitara en determinados días, muy señalados por tratarse de festividades religiosas destacadas. De hecho se llamaron paces y treguas de Dios, justo por ser paréntesis religiosos en un mundo entregado a la violencia endémica. Por eso no es de extrañar que la primera paz y tregua que conozcamos se decretase en un Concilio, el de Tologes, un pueblecito cercano a Perpiñán[28]. Otras eran decretadas por el propio Papa a través de un legado pontificio, como la referida de 1064, que tiene su origen en Alejandro II, a través de su enviado Hug Càndid[29]. Vemos que la institución de las paces fue la manera de acordar dos sociedades basadas en valores diferentes: el militar y el cristiano. Como se puede suponer, cuando la autoridad religiosa decretaba la paz y tregua, amenazaba con penas religiosas a quienes las rompieran. Luego, se esperaba que la autoridad militar actuara de brazo civil, persiguiendo a los culpables y castigándolos. De esta manera, el poder religioso y el civil se ayudaban recíprocamente. Lo específico de las paces y treguas era que se invocaba al pueblo de Dios, y tenían un valor verdaderamente comunitario, pues debían estar vigentes para personas y cosas, desde los siervos y vasallos a los señores. Por tanto, si bien no eran decretos realizados por una asamblea popular, las constituciones de paz y tregua tenían en su base la comprensión de que todo el pueblo de Dios era una unidad polí-

---

[26] *Usatges* 1-2; ed. Bastardas, págs. 49-50.
[27] *Usatge* 133; ed. Bastardas, págs. 144-147.
[28] Rovira Armengol, ob. cit., págs. 24-25.
[29] Ibídem, pág. 25.

tica y, allí donde esta institución perduró, pronto pasó a ser plenamente civil, dando lugar a instancias como el consejo abierto de ciertas ciudades italianas, que pronto usurparon los poderes de sus obispos para decretar medidas jurídicas.

Pues bien, las costumbres ancestrales, las invocaciones de la ley goda, las constituciones de paz y tregua, y todo el articulado de los *Usatges,* cuando llegó el tiempo del rey Jaume, necesitaron una adaptación a la sociedad que crecía plena de vigor sobre la base de las ciudades, realidades cada vez más ajenas al mundo del señorío y de las relaciones feudales. Lo peculiar del caso es que el rey no apeló a su *potestas regia,* ni produjo un nuevo derecho. Al contrario, lo que hizo fue cerrar la codificación y dar por sentado el texto de los *Usatges.* Pero tampoco clausuró este proceso por una voluntad de inmovilismo. Al contrario, lo entregó a un jurista de primera fila, Pere Albert, que había estudiado en Bolonia y que luego fue canónigo de Barcelona, entre 1233 y 1261, un hombre de la misma talla que Vidal de Cañellas, además de amigo de san Ramon de Penyafort. Miret lo identifica varias veces en el séquito del rey, quien le encarga ni más ni menos que preparar el matrimonio de su hijo Pere. Pues bien, este hombre redactó por las fechas centrales del reinado de Jaume, hacia 1250, una obra pequeña, pero destinada a dar una interpretación actualizada de las cláusulas del texto de los *Usatges,* que un siglo después de su recopilación tenía una capacidad limitada de ordenar la realidad, sobre todo en medio de un mundo jurídico dominado por la recepción del derecho romano. Tan decisiva fue esta interpretación de Albert que resultó incorporada al propio texto de los *Usatges.* En las recopilaciones posteriores a 1470, tras las Cortes de Monzón de esta fecha, su texto pasó a formar parte de las *Constitucions de Catalunya.* Como tal, ofrece un caso único en que la obra hermenéutica de un jurista pase a ser algo parecido a un texto constitucional de todo un pueblo.

El título del comentario es un poco extraño, pero las partes en que se divide no dejan lugar a dudas. Se lo conoce como *Commemoracions* de Pere Albert, y sus dos partes tienen largos epígrafes[30]. Podemos pensar, por el título, que se trataría de un comentario del derecho feudal. Pero esto solo es una apariencia. En el fondo, el comentario trata de regular la retirada de feudos por parte del señor; de la reversión del castillo al señor en caso de que lo requiera; de las relaciones que hay que tener en todo caso con los propietarios plenos de una propiedad que está dentro de la jurisdicción de un castillo o de las personas que habitan dentro del terreno del castillo, pero no están sometidas al vínculo feudal. Vemos así que Pere Albert registra sobre todo los casos en que la realidad feudal choca con dos realidades que poco a poco se van

---

[30] La primera se titula *Costumas generals de Cathalunya entre senyors e vasalls, tenents castells e altres feus per senyor, compilades per Pere Albert, cononge de Barcelona.* La segunda lleva por título *Los casos en los quals lo senyor no és tengut, segon los Usatges de Barcelona, e observància de Cathalunya, retre la postat presa de castell, en emparement de feu, a son castlà, o vasall, compilats per dit Pere Albert.* Rovira Armengol, ob. cit., pág. 43.

abriendo paso: primero, la autoridad del rey, como figura que puede reclamar los castillos en feudo a los vasallos señores que los tienen por él; segundo, los propietarios económicos libres que están al margen del régimen de señorío y que pueden verse afectados por él.

Así que el comentario de Pere Albert, en el fondo y ante todo, servía al rey y tendía a regular el ejercicio de su poder frente los señores feudales. Este sentido se puede encontrar desde la primera palabra de sus comentarios. Dice así[31]: «Que ninguna excepción ni expoliación sea recibida contra el señor que demanda la potestad y *ferma de dret*[32]. Si el señor [rey] demanda a su vasallo la potestad del castillo o casa que tiene por él, o *ferma de dret,* el vasallo, sin excepción alguna, ni siquiera la excepción de expoliación, en caso de que sea propuesta, debe dar a su señor cada una de estas cosas. Y brevemente, si señor y vasallo pleitean en juicio sobre algo que requiera fidelidad, el vasallo dirá, si es despojado por su señor de alguna parte del feudo o de alguna otra cosa, y si por eso dice que no se debe responder al señor hasta que no sea restituido, en este caso el vasallo no debe ser escuchado, pues esto es contra aquellas cosas que requieren lealtad y de eso se seguiría felonía *(bauzia);* si se contradice esto no se debe recibir ninguna excusa». Como vemos, el asunto es claro: si el rey pide un castillo de alguien que lo tiene en feudo por él, debe serle dada su potestad. Cualquier pleito que desee poner el vasallo debe proponerse después de que la cesión del castillo se haya efectuado, no antes. En caso diferente, se rompería el vínculo de fidelidad, con lo que se declararía la felonía. Obviamente, esta declaración ya sería motivo de retirada del feudo. La estrategia es muy clara: la autoridad del rey es irresistible y, por tanto, la desobediencia equivale a la ruptura del vínculo de fidelidad. En todo caso, y sea cual sea el resultado, el rey impone su autoridad. Sin duda, como se dice en sucesivos comentarios, el vasallo se puede llevar todas sus cosas sin excepción, pero ha de librar el castillo al rey. Entonces, tres o cuatro hombres del rey subirán a la torre y pronunciarán su nombre. El vasallo abandonará el término del castillo y solo se podrá quedar en aquel territorio que sea propiedad completa suya, la llamada propiedad alodial. Mientras no abandone el término, no se entenderá que ha dado la potestad al señor.

El sentido de los comentarios de Pere Albert aspiraba a dar más fuerza a la autoridad del rey, que incluso podía establecer pactos de entrega de

---

[31] Traduzco del catalán de Rovira Armengol, ob. cit., pág. 141.
[32] *Ferma de dret* es el restablecimiento del vínculo feudal de vasallaje y fidelidad a cambio de protección una vez que se ha denunciado alguna violación por parte de alguno de los dos contratantes. En sí mismo, implicaba un compromiso de resolver el asunto por la vía del juicio. Es la forma plenamente jurídica del vínculo feudal. También existía en Aragón, como registra Blancas. De él dice que era uno de los dos escudos «para proteger nuestras leyes y libertades». Blancas, sin embargo, interpreta la firma de derecho como el recurso que tiene todo ciudadano de que se le haga derecho. Sin duda, Albert pretende usar esta fórmula siempre al servicio del monarca, para darle una herramienta de denuncia de acuerdos incumplidos por parte de los señores (cf. Blancas, ob. cit., pág. 325). Con ello tiene la previsión de mejorar su mando militar a partir de su más intensa vinculación al derecho, como supremo juez.

castillos en contra del uso general y de las costumbres y observaciones de Cataluña[33]. Pero, en todo caso, acudirá a ella cuando no tenga otro remedio. El espíritu de las *Commemoracions* es, más bien, reforzar la figura del príncipe ordenando la normativa tradicional a su favor. En general, para ello bastaba el mantenimiento de la formalidad feudal. El proceso en el que está embarcada la monarquía, por el momento, no aspira a desarmar a los señores y separarlos de sus castillos, algo que solo impulsará con éxito la monarquía inglesa a lo largo del siglo XV, la francesa a lo largo del siglo XVII y un poco la monarquía de los Reyes Católicos en España, cuando la aspiración al monopolio de la violencia legítima se deje ver claro en el horizonte. Jaume, mientras tanto, aspira solo a garantizar la supremacía feudal del rey. Las medidas para que él se haga con el control de los castillos no tienen como finalidad, todavía, que esos castillos queden ocupados por sus soldados exclusivos, cosa inexistente por ahora. Más bien, estas medidas aspiran a que el rey tenga el poder de entregarlos a otro o al mismo vasallo, pero reclamando de nuevo el acto de homenaje y las seguridades jurídicamente pactadas de obediencia y protección —la *ferma de dret*—. Esta renovación continua del juramento de fidelidad es lo que se busca. Es más: en el fondo, se trata de transformar esta relación ética-sacramental de juramento y promesa de homenaje por una más jurídica, la *ferma de dret*[34]. Con ello se bloquea la posibilidad de que la posesión o tenencia del feudo pase a implicar propiedad. Una vez pactada y aceptada esta relación de derecho, el señor debe entregar al vasallo el castillo sin minoración alguna de sus rentas. En la misma línea, aunque en otros asuntos, estos comentarios al código pretenden dar formalidad jurídica a la denuncia por felonía, la declaración de alguien como *baare* por haber cometido injuria o *baya* contra el señor. Regular esta denuncia por parte del rey era uno de los objetivos del comentario de Pere Albert, y reconocerla como potestad del «senyor sobiran», uno de sus medios. Así, por ejemplo, se declara injuria que un vasallo no otorgue *ferma de dret* a su señor en los diez días siguientes a su demanda[35]. El que se incluyan entre los receptores de injurias no solo al señor soberano, sino a sus bailes o a sus hombres de compañía, es también una forma de fortalecer la figura del príncipe, que ahora proyecta su autoridad y supremacía sobre su administración propia[36].

Estas medidas no son las únicas que refuerzan la figura del señor supremo. Entre los comentarios más importantes se encuentran aquellos que están destinados a impedir que los feudos se conviertan en propiedad de los vasallos. Hemos de tener en cuenta que los aquí llamados vasallos son en realidad los principales nobles de Cataluña y que contra ellos iban dirigidas estas inter-

---

[33] Esta capacidad de innovación la reconoce expresamente Pere Albert: «la qual convinença, si aparrà, porà ésser conta lo general ús et costuma e observància de Catalunya». Ed. cit. de Bastardas, pág. 145.
[34] Pere Albert, ed. Bastardas, pág. 146.
[35] Ibídem, pág. 149.
[36] Ibídem, pág. 151.

pretaciones novedosas. Estas disposiciones antiseñoriales son muy coherentes con el sentido originario del feudalismo, en el cual los bienes entregados al vasallo son únicamente con el objeto de que realice la misión encomendada por el señor y vinculada al juramento de fidelidad. La presión del régimen de señorío sobre el vínculo feudal inclinaba a interpretar el feudo como una propiedad absoluta del vasallo que lo disfrutaba. La manera de hacerlo era entender que la entrega del feudo era en alodio o *alou;* esto es, en propiedad absoluta del que lo recibía. De esta forma, el sistema feudal era engullido por el régimen de señorío [37]. El rey Jaume, muy consciente de que este era el sentido de una época marcada por la presencia de señoríos, intentaba detener este proceso y, en cierto modo, lo consiguió en su tiempo, aunque pronto las monarquías hispánicas —sobre todo Castilla— sufrirían durante los siglos XIV y XV el renovado proceso de fortalecimiento de la nobleza señorial.

De forma muy aguda, Pere Albert, haciéndose cargo de los intereses de la monarquía de Jaume, establece en sus *Commemoracions* que la carga de la prueba para demostrar que una propiedad es alodial o de señorío deberá mostrarla el que dice ser propietario en alodio. Por principio, por tanto, se supone que no lo es, que es solo una prestación feudal. Dilucidarlo será motivo de un juicio entre un señor y el rey. «Y si no puede mostrarlo no será alodial, sino que será feudo y entonces no se podrá hacer valer ninguna prescripción de tiempo para él, pues todas las cosas que el castellano tiene en el término del castillo del que es vasallo, se consideran que son del feudo, si no se muestra lo contrario, según se ha dicho; y el vasallo no puede en esto tener prescripción contra su señor»[38]. La medida, como se ve, implica que una concesión feudal no se convierte jamás en alodial por el paso del tiempo, máxima que se derivaba del axioma romano de que los bienes del fisco no pueden disminuir ni prescribir jamás. En esta interpretación se produce una clara transferencia de la eternidad de los bienes del fisco a los bienes regulados por la relación feudal. Se muestra aquí a las claras que el feudalismo fue inicialmente una forma de distribuir las tierras públicas para organizar la función militar de una sociedad. Otra transferencia de características del fisco a los bienes del feudo se da en la imposibilidad de que un feudo disminuya en su riqueza, como le sucede al fisco desde los tiempos de Roma[39]. De la misma manera que una propiedad del fisco no prescribe, los bienes que el soberano entrega en feudo jamás prescriben ni disminuyen, porque son los bienes necesarios para realizar la tarea pública de la paz. De esta manera, se muestra muy a las claras la hostilidad profunda entre el principio del feudalismo y el régimen de señorío. El libro de Pere Albert, muy consciente de ello, teje sus comentarios

---

[37] Si alguien quiere ver una descripción de este proceso de las relaciones entre la propiedad alodial o señorial y la propiedad feudal, realizada con su habitual serenidad, claridad y limpieza de juicio, debe acudir a las *Lecciones sobre Jurisprudencia* de Adam Smith, Ed. Comares, Granada, 1995, págs. 283-294.

[38] Albert, ed. cit., pág. 152.

[39] Ibídem, pág. 155.

de tal manera que la recomposición de la relación feudal beneficie la potestad del príncipe —como no podía ser de otra manera—. En este aspecto, era ciertamente fiel al sentido originario del texto de Ramon Berenguer I.

Al reconocer que no prescriben los bienes del feudo, Albert se ve obligado a establecer que tampoco puede prescribir la obligación del vasallo de entregar homenaje a su señor. Y esto debe suceder cuantas veces sea requerido por el señor. Para exigir la *ferma de dret* basta que el señor sea señor y el vasallo también lo sea. Albert tiene mucho interés en señalar que esta no prescripción del tiempo es objetiva y no subjetiva. Es indiferente que nadie recuerde que un señor del castillo haya hecho homenaje o servicio al señor soberano. Basta con que no pueda demostrar que su bien es alodial para que esté sometido a la eternidad del vínculo vasallático. Ahora bien, la única manera de demostrar que un bien es propiedad alodial consiste en garantizar que se ha comprado a un propietario alodial. El proceso puede ir al infinito y de él solo se puede derivar una presunción a favor de que un bien sea feudo del señor soberano. La *memòria de hòmes* no vale aquí. Es un mero rasgo subjetivo que no hace ley ni funda costumbre. Albert, por tanto, concede más importancia a los documentos que a la memoria. Así, por ejemplo, es preferible tener *carta de convinences* para demostrar la posesión de feudo que el disfrute factual de la tierra[40]. Solo si no se tiene aquella, bastará la posesión de cuarenta años para asegurarla, siempre que se reconozca que se tiene en feudo por su señor. Finalmente, la clave más poderosa de legitimidad de una posesión consiste en su reconocimiento como tal por parte del señor soberano.

Un buen número de interpretaciones y comentarios se dedican al tema del vasallaje *soliu;* esto es, aquel que solo se puede prestar a un señor. Es evidente que este era otro camino para mejorar el poder y la autoridad del rey entre los nobles vasallos suyos. El vasallaje *soliu* —en el feudalismo franco se llamaba *ligio*— era aquel exclusivo que no podía hacerse a dos señores. Era lógico que, si el rey imponía este tipo de vasallaje, podía garantizarse la obediencia exclusiva de sus vasallos. Esta relación evitaba muchos problemas, pues imposibilitaba las fidelidades compartidas o ambiguas. El homenaje *soliu*, dice Albert, es aquel que implica fidelidad a su señor «contra tots homes»[41]. Si esto era así, no podía invocarse excusa alguna para servir al señor, fuese cual fuese el enemigo. La clave de esta norma era que alguien que tenía un homenaje *soliu* no podía hacer otro *no-soliu* a otro señor. Era un vasallo incompatible y debía obediencia exclusiva. De esta manera, el rey, en la medida en que exigiera a todos sus vasallos fidelidad en *soliu*, se aseguraba el monopolio del disfrute de la fuerza militar.

Esta medida era complementaria de otra por la que se declaraba a los ricoshombres y nobles, desde los más altos hasta los simples caballeros, «vasalls

---

[40] Albert, ed. cit., pág. 154.
[41] Ibídem, pág. 171.

del Príncep de la terra»[42]. Lo que esto implica es que si cada uno de estos nobles, sea el que fuere, tenía otros vasallos por razón del feudo que disponen del príncipe, entonces, todos estos subvasallos son a su vez «homes del Príncep per dret de feeltat». Mas entiéndase bien. No solo por esa fidelidad derivada, sino por otro principio que aparece aquí en toda su plenitud, al servicio de la figura del rey Jaume: «per dret de general jurisdicció que el Príncep ha en son regne». Es muy importante que aquí aparezca este concepto de la «jurisdicción general», pues con él el poder del príncipe catalán salta por encima de los fragmentos del poder feudal para afirmarse sobre el conjunto de la colectividad. La capacidad del príncipe de dar órdenes no pasa obligatoriamente por sus altos vasallos ricoshombres, sino que se puede dirigir de manera directa a cualquier hombre del reino con capacidad de mando. Por eso, Albert inmediatamente añade que «los ricoshombres no podrán dirigir aquellos hombres contra el príncipe, pero el príncipe sí podrá dirigir a tales hombres contra los ricoshombres vasallos»[43]. Esta jurisdicción general del rey o príncipe sobre el reino es superior a la que produce el vínculo de fidelidad entre los nobles y sus vasallos y, por tanto, está lejos de quedar condicionada por el disfrute de bienes feudales. Es decir: todo poder, sea cual sea su orden en la cadena feudal, puede, si llega el caso, convertirse en vasallo *soliu* directo del príncipe. Este es el poder directo y público sobre todo otro poder, sea cual sea su jerarquía y sus relaciones. Tal posibilidad alcanza, desde luego, a los propietarios alodiales, ya que a ese «mer imperi» del rey están sometidos todos los hombres del reino, «pues todas las cosas que son del reino son del rey en cuanto a la jurisdicción». La idea queda muy clara: nadie podría auxiliar a un ricohombre contra el rey. Este concepto de «jurisdicción general» directa del rey sobre todos, por tanto, era la base para la posibilidad de definir el «crim de lesa magestat»[44]. Este crimen, como es natural, solo rige cuando el rey no ha dañado el derecho de sus vasallos. En caso de que se haya incumplido el derecho por parte del rey, entonces y solo entonces puede un ricohombre usar a los hombres de sus alodios contra él. Mas ni siquiera entonces podrá usar contra el rey a los hombres del feudo que tiene por el rey.

La otra manera por la que se especifica la potestad del príncipe, frente a cualquier otra figura dirigente de los asuntos militares, es mediante la dirección de la guerra contra los sarracenos. Solo en este caso puede el señor ordenar a los vasallos que dejen su tierra para ir a combatir. Pero no todos los señores feudales tienen el derecho de ir a combatir contra el islam. Esta guerra es vista como una fuente de ingresos que desea restringirse, como cualquier otro beneficio económico. Solo aquellos nobles cuyos antecesores hayan guerreado contra los infieles pueden hacerlo. Aquí la costumbre es vinculante, pero el sentido de su interpretación resulta restrictivo. Pere Albert señala que

---

[42] Albert, ed. cit., pág. 184.
[43] Ibídem, pág. 184.
[44] Ibídem, pág. 185.

se trata de hacer lo que han hecho siempre el rey de Aragón, el de Francia o el de Castilla. Esta orden que el rey puede dar a sus vasallos de dejar la tierra para ir a combatir el islam tiene una condición muy clara: que el rey pague los gastos. Puede hacerlo mediante feudo o mediante restitución de lo gastado. Sin duda, este fue el fundamento de los pactos notariales de entrega de bienes a los que lo ayudaron a conquistar Valencia o Mallorca, lo que hoy conocemos como *Libros de repartimiento*. Era la manera de hacer frente a la restitución de los gastos de esa guerra a la que sus vasallos no estaban obligados. En estos casos, sigue interpretando Albert, la orden del rey tiene prioridad sobre las órdenes de los ricoshombres sobre sus propios vasallos. Estos tienen que obedecer antes al rey que a sus señores inmediatos, cosa que no estuvo clara, por ejemplo, en la revuelta de Zaragoza, cuando el rey aún era un muchacho, ni tampoco lo estará en los continuos choques entre la familia real y la nobleza catalana que oscurecerán los últimos años del reinado.

La razón en cierto modo explica el significado de aquella jurisdicción general. Se trata de que la orden del rey llama a los hombres «per rahó de pública utilitat». Esta razón es propia del que tiene una «mayor se[n]yoria». Vemos así cómo el texto de los comentarios de Pere Albert crea un cosmos de categorías de máxima relevancia en el futuro: el señor que tiene jurisdicción general es mayor o soberano porque sus órdenes afectan a la utilidad de la totalidad de la tierra y de la gente, a la comunidad. Ahora bien, lo que es de utilidad general o pública es preferible a lo que es de utilidad privada[45]. Esa utilidad pública se condensa en la necesidad de que la tierra no se pierda, pues esta es el bien común que a todos afecta. La versión latina no tendrá sino que mencionar aquí la *patria*. Y ante estos asuntos, un hombre ha de obedecer al señor soberano, al príncipe, antes que a su propio padre, pues los vínculos públicos son más fuertes que los privados. Albert dice que el rey obliga a todos por derecho primero, *per primer dret o dret de general jurisdicció*. Con ello, la soberanía como espacio público y comunitario, que afecta a todos porque afecta a la patria y a toda la tierra, inicia su camino con plena conciencia en estos comentarios de Pere Albert, que son plenamente convergentes con el espíritu de la actividad del rey Jaume.

Uno se habría esperado encontrar en los comentarios de Albert un espíritu más burgués. Pero no es así[46]. Los negocios burgueses de Barcelona, que conocemos por su nivel de comercio con Mallorca y el Mediterráneo, no aparecen en este código. Por el contrario, la guerra sigue estando muy presente en él, pues al fin y al cabo Albert está escribiendo el comentario de un código feudal. Así, por mucho que los propietarios alodiales sean protegidos directa-

---

[45] Albert, ed. cit., pág. 187.
[46] Por ejemplo, contra el derecho romano, Pere Albert contempla la posibilidad de que hombres libres se declaren adscritos a un señor y se conviertan en siervos por pura conveniencia, mientras que medie un escrito. Esta era una costumbre de Cataluña que no tenía respaldo en el derecho romano, pero que Albert reconoce como viable. Albert, ed. cit., págs. 174-175.

mente por el rey, tienen obligación de ayudar en la guerra para defender el castillo que, por sus competencias administrativas, ha de proteger esa propiedad alodial. Este detalle es muy interesante porque abre el camino para introducir una noción de comunidad política que está más allá de las relaciones feudales. En efecto, los bienes de los propietarios alodiales no están sometidos al criterio del señor feudal. Esto significa que si un señor discute o pone en duda que uno de los llamados propietarios alodiales de su término lo sea realmente, este no deberá someterse al juicio del señor feudal. «Amduy deuen venir en poder de comunal persona qui aquels jutge»[47]. *Comunal persona* quiere decir uno que sea aceptable por las dos partes. Ahora bien, si no llegan a un acuerdo acerca del juez, entonces el hipotético propietario alodial puede acudir al príncipe y a sus funcionarios, recurso que el señor feudal no podrá rechazar[48]. Este detalle es de suma importancia, sobre todo por la forma de argumentar esta disposición. Ante todo, se asegura que el príncipe o sus funcionarios son «personas comunes» y esto quiere decir que son imparciales por naturaleza, y que a ellos debe someterse cualquier natural de la tierra, sea señor feudal o propietario alodial civil. Lo que en este caso se reclama es que el señor feudal no puede ser juez de los propietarios, incluidos aquellos que poseen tierras inmersas en su distrito militar. Derecho del príncipe, propiedad territorial y milicia empiezan a separar su destino, como una primera prueba de la complejidad social de Occidente. En este punto, sea cual fuere la costumbre antigua, prescribe cualquier relación de dependencia entre el propietario alodial y el señor feudal militar. Mantener esta separación jurisdiccional del señor respecto a los propietarios libres de su distrito es una tarea que recae en el poder del monarca, que así ve aumentada su función política y judicial con la protección de cualquier propiedad no señorial frente a la señorial. Ahora bien, eso no es obstáculo para que los propietarios alodiales libres tengan que defender el castillo en caso de guerra. La razón es siempre la misma: la guerra, por afectar a la tierra, afectaría a la jurisdicción general y a la suerte de la patria. El que defiende al propietario alodial del señor, como vemos, puede ordenar al mismo propietario participar en la guerra bajo la dirección última del príncipe. El argumento se repite: la jurisdicción general del príncipe, de procedencia romana, empieza a generar un poder que afecta a todos y que representa la utilidad general.

Con todo ello vemos cómo las *Commemoracions* de Pere Albert, por una parte, interpretan la lógica feudal para hacerla regresar a su sentido originario[49]; mientras que, por otra, adaptan esta misma lógica a las nuevas

---

[47] Albert, ed. cit., pág. 157.
[48] «Si el aloer vol venir en poder del Príncep ho de son veguer, lo senyor del castel és tengut que ho fasça, vuyla ho no, o desempar lo plet, per ço cor lo Príncep ho son veguer és comuna persona a tots los habitadors en aquesta terra.» Ibídem, págs. 157-158.
[49] Así, por ejemplo, fortalece el vínculo feudal al declarar que es preciso hacer homenaje al heredero, una vez muerto el señor, sea cual sea la costumbre y la memoria que se tenga de este hecho (cf. Albert, ed. cit., pág. 168). Esta sentencia va desde luego propuesta para fortalecer el

realidades de la sociedad del siglo XIII. En uno y otro caso, la estrategia consiste en disminuir el poder del señor y abortar los peligros del régimen de señorío como estructura de propiedad y jurisdicción militar y judicial en manos de altos vasallos del rey. Otras de las previsiones de adaptación a los tiempos, por ejemplo, consiste en establecer las formas en que un señor puede comprar un castillo con su distrito de tierras, lo que indica una penetración de la economía de dinero en la administración militar. Albert da indicaciones acerca de cómo se debe tomar posesión de ese castillo. La ceremonia se celebrará en un lugar público, como la iglesia o el patio del castillo. Entonces, allí, todos los vasallos y *pageses* vendrán ante el vendedor y el comprador. El primero declarará públicamente que ha vendido el castillo y desvinculará a todos los vasallos del sacramento de fidelidad hacia él. Su último acto de autoridad será mandar que todos los presentes juren fidelidad al comprador, los cuales tendrán que hacerlo de uno en uno, «axí com custumat és». Ahora bien, si la «universitat», la colectividad, es muy grande, entonces tendrán que jurar solo los cuatro o cinco más notables del lugar, a voluntad del comprador. Una vez realizada esta ceremonia, el vendedor declara solemnemente que pone el castillo en posesión del comprador. De esta manera, tenemos una mezcla curiosa de costumbres señoriales, de ritos feudales y de prácticas nuevas, puesto que el fundamento del vínculo de servicio es únicamente el dinero, medio de la compra. Desde este punto de vista, la nueva forma de propiedad basada en el dinero, la propiedad libre burguesa, se deja ver también en los comentarios de Pere Albert.

José Antonio Maravall, en sus *Estudios de historia del pensamiento político español*, dedicó un capítulo a Pere Albert. El título de este ensayo es «La formación del régimen político territorial en Cataluña». Y en cierto modo, como hemos visto, es así. Este es el sentido del concepto de «jurisdicción general del reino». Maravall, sin embargo, interpretó este movimiento como resultado de «la influencia del romanismo, triunfante en su tiempo»[50]. Según el gran erudito xativense, lo más decisivo del libro de Pere Albert consiste en tener la idea de un territorio que ya se comprende «como la unidad de un espacio caracterizado políticamente». Sería la primera vez que Cataluña aparecería como una entidad jurídica clara y unificada[51]. No podemos interpretar esta comprensión de las

---

vínculo del vasallo con el señor. Si no lo hace así, el vasallo podrá ser declarado *baare* (felón) y acusado de haber cometido *baya* por su sucesor. Esta nueva declaración de vasallaje y el nuevo acto de homenaje deberá hacerse antes de que pase un año y un día. Si no es así, el vasallo perderá el beneficio, si el señor lo quiere (Albert, ed. cit., pág. 169). Es muy importante señalar que esta normativa depende de la costumbre de Cataluña del *hereu:* pues el *hereu,* a todos los niveles, representa a la persona de la que es heredero y, por tanto, debe ser tratado como si fuera el antecesor. Como es natural, aquí, una normativa del derecho civil se traslada al derecho feudal porque beneficia la política de fortalecimiento del vínculo feudal con el príncipe (cf. Albert, ed. cit., pág. 170).

[50] José Antonio Maravall, *Estudios de historia del pensamiento político español,* Serie Primera, Edad Media, 3.ª ed. ampliada, Ediciones Cultura Hispánica, Madrid, 1983, pág. 151.

[51] Aparición en todo caso muy relativa, porque Pere Albert no tiene ningún interés en eliminar las costumbres específicas de los diferentes territorios catalanes. Así, en la pág. 180, sobre todo, se hace valer las diferencias jurídicas entre la Cataluña Vieja, que comprende el obispado

cosas al margen de la voluntad de Jaume. En este sentido, Maravall cita un cartulario del rey en el que habla a todos sus agentes reales «per totam Cataloniam constitutis». Con mucha agudeza, nuestro autor defendió que inicialmente la invocación del derecho romano —y esta sería la tarea de Albert—, contra todo pronóstico, consistió en dotar a la corte del rey de categorías jurídicas capaces de consolidar las instituciones feudales. Así que la incorporación del derecho romano, en pleno siglo XIII, perfeccionaba las instituciones feudales y, solo a través de esta perfección, acabó destruyéndolas. Maravall, sin embargo, no explica bien esta paradoja. A mi entender, la clave estaba en el origen mismo del feudalismo como forma de administración militar de una unidad política clara y aceptada por las partes. Como tal, el feudalismo siempre fue dependiente de una figura central suprema, definida, reconocida y relativamente fuerte. Las relaciones feudales se diseñaron y gozaron de sentido en la medida en que existiera una figura soberana fuerte y central. El régimen de señorío, verdadera amenaza de toda forma política, y anterior a la institución feudal, la puso en peligro desde siempre, presionando sobre la figura del príncipe militar y judicial con la finalidad de asumir su poder al máximo. Pero allí donde surgió un rey con carisma y fuerza, este siempre quiso mantener las relaciones feudales bajo dependencia de su poder real, separándolas de las formas de señorío tanto como fuera posible. En suma: tal rey desearía que las formas feudales regresaran a su principio.

El camino para este regreso no fue otro que el derecho romano, desde luego, pues solo él podría ofrecer la noción de soberanía, de potestad regia, de imperio directo, de jurisdicción general, de utilidad pública, frente a todas las relaciones privadas propias del régimen de señorío. Esta es la verdadera paradoja: que el derecho romano no podía operar sino en sentido tradicional, condicionado por las realidades sociales efectivas. Con el tiempo, las formas de aumentar el poder del rey no tuvieron necesidad de pasar por una administración militar de corte feudal, basada en la concesión de tierras, sino por ejércitos profesionales pagados con dinero, como fue el caso del Imperio español, o por la anulación de todo ejército permanente, como en la Inglaterra de Isabel I. Conforme aumentase la posibilidad de pago en dinero al ejército por parte del príncipe, era lógico que este lo prefiriese al vínculo feudal, pues de esta manera se aseguraba el mando directo, sin necesidad de crear el peligro de una deriva del régimen feudal hacia el régimen de señorío, su enemigo mortal. Mas, para ello, la jurisdicción general del rey tuvo que desplegarse también como autoridad fiscal. Por eso, de forma paradójica, la afirmación de la autoridad regia propia del derecho romano, aunque inicialmente diseñada para fortalecer las relaciones feudales, con el tiempo las destruyó, en la medida en

---

de Girona, la mitad del obispado de Barcelona, la parte oriental del río Llobregat y la mayor parte del obispado de Vic, frente a la parte occidental de Cataluña que fue llamada desde Ramon Berenguer Cataluña Nueva. Por lo demás, Cataluña como unidad política o pueblo aparece ya en las paces y treguas anteriores.

que su desarrollo pronto permitió otras formas de administración pagadas en dinero, radicalmente diferentes de aquellas basadas en la entrega de tierras reguladas por el sacramento de la fidelidad. En todo caso, José Antonio Maravall ha contraído un inolvidable mérito por su inmenso esfuerzo de estudio de la historia intelectual hispánica. Este último comentario no tenía otro objeto que recordar su intensa y admirada obra.

40
EN EL ALTAR DE LA RELIGIÓN DE LA DAMA. VIOLANTE DE HUNGRÍA Y TERESA GIL DE VIDAURA

A menudo el historiador se encuentra con el mismo problema que tuvo ya el rey Jaume al narrar su propia vida. El cronista, casi siempre, toma la línea de uno de los sucesos y, atraído por su lógica, lo narra hasta el final, de manera unitaria, saltando por encima de los tiempos y los espacios. Muchas veces el rey se deja llevar, sobre todo cuando está implicada su propia imagen de rey caballero, de rey guerrero, pendiente de los valores de la ética tradicional de la caballería. Nosotros, en cierto modo, también a veces dejamos ir nuestro relato más allá del tiempo central para luego regresar a un suceso anterior todavía no tratado y, partiendo de él, recoger un nuevo hilo conductor. Así ha pasado en nuestros tres últimos capítulos. Hemos visto que hacia 1251 sucedían varias cosas decisivas: quedaba terminado el código valenciano, el rey llegaba a acuerdos con su hijo Alfonso para encarar de la mejor manera posible los conflictos del sistema de reinos hispánicos y lograba aislar el problema de la rebelión morisca, inviable a medio plazo sin la ayuda de Castilla, cada vez más clara aliada de Jaume tras el encuentro de Soria. Ahora vamos a desplegar otro tema, la muerte de la reina Violante, del que la *Crónica* no nos da noticia, sin duda porque, aunque central en la vida del hombre, la mujer no es relevante en la hora de su propia muerte. Ella no determina la secuencia del patrimonio ni la línea de la herencia. Solo la mujer viuda tiene cierta importancia para hacer valer la voluntad del marido. La esposa que muere antes que el consorte ya no cumple función alguna y por eso ha de ser olvidada. En efecto, en aquel año de 1251, Jaume iba a quedar doblemente viudo, pues morían las dos esposas reinas que había tenido. De ninguna de las dos se nos dice nada. Sin embargo, la muerte de la reina amada dejaba al descubierto uno de los problemas centrales de la vida del rey, *home de femmes,* como él mismo diría de su padre. Quizá esto nos sorprenda, pero es así. La cultura que tanto proclamó el amor a la dama no sabe nada de la memoria a la dama muerta.

Cuando Jaume llegaba a la madurez de su vida, con cuarenta y tres años, la época gloriosa de los trovadores ya quedaba atrás. En efecto, ya hacía mucho que Guillermo de Aquitania, Marcabrú o Jufré Rudel habían escrito sus mejores poesías. Se acercaban los tiempos en que Guiraut Riquier habría de escribir su última composición en 1292. La decadencia de esta forma poética, refinada y culta, se había mostrado como inevitable a mitad del siglo XIII, cuando la independencia de los territorios del Languedoc, y las cortes que durante tiempo acogieron a los trovadores y juglares, tocaban a su fin, ante el potente empuje de Francia y la casa de Anjou. Además, por mucho que en 1323 la ciudad de Tolosa quisiera mantener esta tradición, y siete de sus ciudadanos fundasen el *Consistorio del Gai Saber,* tal voluntad explícita testimoniaba más la ruina de un mundo que su renacer[1]. El ideal del amor cortés ya no era un modelo vigente e inapelable, en el caso de que alguna vez lo hubiera sido[2]. Pero en todo caso, por mucho que estos ideales hubieran penetrado en todas las cortes, desde la de Federico II de Sicilia hasta la de Castilla, siguiendo la línea de los mares o la línea de los caminos que conducían a Santiago de Compostela, una cosa era la estilización de la literatura y otra muy distinta la vida real de la gente.

En efecto, nada más lejos de la verosimilitud histórica que pretender dotar al mundo de los trovadores y sus canciones de rasgos biográficos reconocibles en la época. En todo caso, cuando comparamos la vivencia histórica de un hombre como Jaume con los modelos de las canciones provenzales de los trovadores, nos damos cuenta de la distancia entre el ideal y la realidad. Con toda seguridad, Jufré no se enamoró de la señora de Trípoli, a quien nunca había visto, ni se mantuvo fiel a ella en toda su vida, sin dar un paso hacia su encuentro. De la misma manera, Marcabrú no se encontraba con decentes y sensatas serranas pastoras a las que intentaba seducir, como no lo hizo el marqués de Santillana un siglo después. Con claridad, muchas veces, la canción provenzal es crítica y satírica, y otras altamente paródica. Hacer teorías sociales sobre una forma literaria, como tantos autores han intentado, resulta así muy arriesgado. Posiblemente, las canciones provenzales dotaban de herramientas de sociabilidad a una época y a una gente que debía ritualizarlo todo. Resulta por lo demás claro que la sociedad feudal, que tenía que vivir en medio de un universo altamente idealizado por el cristianismo, debía de presentar sus propios valores con suficiente estilización como para hermanarlos en dignidad con aquellos religiosos, exigentes y obstinados en su exclusividad. El amor carnal, asunto de este mundo donde los haya, presentado sin las oportunas sublimaciones, resultaba muy difícil de aceptar por parte de la gente de la Iglesia. Tenía que recubrirse casi bajo la forma de una religión y, de hecho,

---

[1] Costanzo de Coriolano, *Els trobadors,* IVEI, Valencia, 1994, pág. 16.
[2] Duby se ha referido al sentido del amor a la dama como forma de ganarse el amor del esposo superior por parte de un caballero vasallo. Desde este punto de vista, la dama sería únicamente un medio para un fin: la obtención del favor del esposo.

muchas veces la amada fue dotada de tantas virtudes como la propia Virgen. Como Hegel diría mucho después, el amor a la dama imposible mantenía vigente entre aquellos hombres la forma de la fe cristiana, finalmente una devoción hacia lo ausente. Pero, al mismo tiempo, la época feudal identificaba sus valores con claridad, y estaba ansiosa de presentarlos de forma coherente, en tanto capaces de ordenar su vida entera. Se trataba de oponer al *clerc* de la Iglesia un tipo humano, el caballero, que no quedara por detrás en cuestiones de dignidad y esfuerzo. De ahí que muchas virtudes básicas del feudalismo, que incluía en su origen una ética muy rigurosa, se proyectaran sobre las formas del amor. Por eso no es de extrañar que el primer trovador, Guillermo de Aquitania, en una de sus canciones venga a decirnos:

> Dama no hace pecado mortal,
> si ama a caballero leal;
> pero si ama a monje o clero
> que no se equivoque.
> Con razón se la habría
> de quemar en la hoguera [3].

De igual forma, Guillermo el Mariscal está dispuesto a dejar marchar a una dama y a su acompañante que ha encontrado en el camino. Mas cuando se entera de que él es un clérigo prófugo, monta en cólera. Aunque su religión caballeresca no le permita tocar a la dama, sí que humilla al infame, sin preguntarse jamás si lo que une a los jóvenes es amor u otra cosa. En todo caso, alguien que en la batalla y en la vida gustaba de parecer íntegro era normal que en cuestiones de amor mantuviera la misma inclinación e hiciera de ello un valor para ser elegido por la dama. De esta manera, la expresión del amor a un ser humano podía canalizarse sin que nadie sintiera conciencia de culpa por dar vía libre a sus deseos. En cierto modo, podemos decir que la poesía amorosa provenzal justificó a todas aquellas gentes a la hora de realizar lo que deseaban. Los hombres de la Iglesia no podían reclamar más coherencia en relación con sus votos que aquellos amantes en relación con sus promesas.

En todo caso, aquellos ideales no parecen estar vigentes en la época de Jaume sino al modo de los ecos y las huellas del pasado. Por eso, nosotros queremos hablar de las prácticas reales y no estamos seguros de que en ellas podamos registrar algo más que una lejana presencia del amor cortés. En esas prácticas reales, muchas veces recogidas en testimonios jurídicos muy precisos, debemos descubrir aquello que de verdad tenían los ideales del amor cortés. Al pasar a la vida social, nos damos cuenta de que sus prácticas reales no integraban, ni mucho menos, estas formas idealizadas de que nos hablan los poemas provenzales, en los que unos amantes yacen desnudos sin pasar de ligeras caricias, como prueba contundente de que su amor es algo más que un

---

[3] De Coriolano, *Els trobadors*, ob. cit., pág. 67.

intercambio de fluidos naturales. Tanto es así que algunos poetas provenzales, como Marcabrú, se especializaron en contrastar los ideales puros con las prácticas de la época, censurando el amor impuro al que muchos se entregaban y recordando que el amor sagrado a la dama estaba libre de toda carnalidad. No era preciso, como Jufré, elegir a una dama a la que nunca se había visto, perdida en la distancia más allá del mar. Pero sí era preciso mantener en pie el tabú de la consumación del amor. Se trataba de afirmar que, en medio de este mundo, nuestra condición de peregrinos era insuperable. Por tanto, también debían despedirse de la dama desde el primer instante del encuentro. Se trataba de una concesión a la presión de la Iglesia, que por cierto así interiorizaba entre la gente una imagen muy querida al cristianismo. «Ay, si fuese yo peregrino, allí, y mi bastón y mi esclavina fueran contemplados por sus bellos ojos», dice Rudel. No era como postrarse a los pies de Dios, en el lejano Santiago o en la eterna Roma. Era postrarse ante los pies de una mujer, desde luego, pero tanto más real cuanto más se pareciera a la propia divinidad, cuanto más inasequible, lejana y trascendente fuera. De esta manera, se aplicaba a las relaciones instintivas de los hombres la misma paradoja cristiana: que lo más valioso era lo más invisible[4]. Así la fe pasaba a regir también las relaciones eróticas. Con ello, el universo cristiano lograba la torsión más intensa de la naturaleza humana. De todo esto, sin embargo, no descubrimos nada en Jaume.

Hoy nos es difícil comprender el sentido del amor de aquellos trovadores y las tensiones en medio de las cuales la época exigía que se canalizasen sus violentas pasiones. Por mucho que se introdujeran representaciones y actitudes que procedían de la Iglesia, también se dieron muchas transferencias de sentido desde la propia realidad mundana. Por ejemplo, con mucha frecuencia, como han visto los estudiosos, el amor cortés era considerado como una relación feudal. Incluso es posible que, en su origen, fuera la forma de relacionarse por parte de un vasallo con la dama de su señor sin romper las exigencias del juramento de fidelidad. Por eso, con mucha frecuencia, se describe esta relación con la dama en términos de obediencia, de fidelidad, de entrega, exactamente como el vasallo se relaciona con su señor. El amor hacia la dama sería así una expansión de las relaciones éticas hacia el señor. Desde luego, el amante no puede tener otra actitud que la sumisión, y no puede tomar la iniciativa en el galanteo si no recibe una señal inequívoca de ser aceptado. Todos los elementos de la relación feudal, los símbolos y ritos que hacen de ella un sacramento y un juramento, aparecen en la poesía provenzal sobre el amor: el pacto entre los amantes es muy semejante al pacto feudal; la donación de un anillo en prenda, o cualquier otro objeto que testimonie la permanencia de la unión, simula lo que se realizaba en la ceremonia de investidura; cubrir al amante con un manto, aparte de las connotaciones eróticas que integra, se basa en una analogía con la señal de protección que el señor feudal debía entregar a su vasallo, cubriéndolo con un velo. Cuando investigadores como Duby insisten en

---

[4] De Coriolano, *Els trobadors,* ob. cit., pág. 83.

que el amor cortés ofreció a las mujeres una promoción de su condición y dignidad[5], deberíamos recordar que solo les concede tal cosa proyectando sobre ellas un cierto reflejo del mundo feudal de los hombres. En el fondo se las somete a un mundo imaginario que solo los hombres viven y entienden. El llamado «diferimiento» de la satisfacción, en este sentido, no solo esconde el respeto. Con la misma probabilidad podía esconder un cierto desprecio por la mujer real. En esa relación valía más cumplir con la formalidad que conquistar el goce carnal en una relación verdaderamente humana. Y sin embargo, frente a todo este imaginario, lo que vemos cuando conocemos la historia amorosa de Jaume es, más bien, un realismo hedonista preciso, un aprecio de la mujer real como objeto de pasión amorosa, una continua dependencia de su presencia y de su gozo. Todo aquello que hoy podemos llamar actitud natural ante lo erótico, lo descubrimos en el rey Jaume, y, junto a ello, una amplia capacidad de aceptar la regulación jurídica oportuna para la preservación de un bien tan preciado. Esa traducción jurídica de casi todas las relaciones eróticas es lo dominante en la época de Jaume. Como en cualquier otro trueque de bienes, estos hombres intercambian los cuerpos bajo una rigurosa disciplina contractual, bajo una muy compleja definición de previsiones.

Tanto o más complejo que este continuo juego de convenciones a la hora de conquistar el lecho de una dama era su actitud real, quien jamás se expone al abrazo final del hombre sin un complejo juego de reservas y garantías. Cuando mencionamos —cada vez menos— la palabra «conquistar» para hablar de relaciones amorosas, apenas podemos darnos cuenta ya de hasta qué punto la metáfora era comprendida de forma literal, al pie de la letra, por aquellos hombres del siglo XIII, que veían a las damas como un castillo roquero fortificado y elevado. Las damas, por lo general, no se veían a sí mismas de otra manera. La metáfora militar del asedio, sin embargo, no es la más importante. Por mucho que la dama tuviera que ser asediada, sitiada, lo decisivo era el momento de la rendición. Como en toda forma de paz, la del amor debía ser objeto de la intervención del derecho. Tal situación debía ir acompañada de todo tipo de pactos y garantías jurídicas, como ya hemos visto que por lo demás sucedía en la vida militar. Esta transferencia de procesos jurídicos de garantías se da también en el complejo código de prendas que se deben entregar los amantes, semejantes a las ceremonias de boda entre nobles o a los tratados para ordenar las relaciones de los reinos fronterizos.

Como es natural, esta comprensión jurídica del amor tiene su máximo sentido cuando la mujer es una alta dama y forma parte de la nobleza. Pero también se da cuando la mujer es libre, aunque villana. Entonces también debe llegarse a acuerdos y pactos para consumar el acto de yacer. Marcabrú, en una de esas poesías en las que quiere dar una lección a los falsos amantes, escribe un poema en el que un caballero se encuentra con una serrana, como

---

[5] Cf. G. Duby, *El modelo cortés,* en el vol. II de la *Historia de las mujeres. La Edad Media,* Editorial Taurus, Madrid, 1992, págs. 319-340.

sucede en cierto modo en Santillana. Puesto que la poesía tiene efectos educativos, el trovador se permite imitar la realidad y describirla. La escena, un magnífico diálogo donde vence la pastora villana, incluye los intentos del caballero de llegar a un acuerdo con la mujer y pactar el homenaje correspondiente a su estado a cambio de la entrega amorosa. Se trata, sin duda, de dinero. El desgarrado moralismo de Marcabrú hace decir a la pastora: «Por una mísera propina no quiero cambiar mi virginidad por el nombre de puta». Hay aquí todavía una apelación al cristianismo de base de una sociedad que reivindica la medida, el sentido común y los mandamientos de la Iglesia para todos los seres libres. Al fin y al cabo, nada podrá hacer el señor ante aquella respuesta de alguien que, a pesar de todo, era sujeto de derechos. Pero cuando se trataba de una mujer sierva, las relaciones se desprendían de todos estos aportes del sentido cristiano o feudal y quedaban desnudas y entregadas a la brutalidad. Entonces no valían ni la fe, ni las distancias, ni los tabúes, ni los rituales, ni las garantías jurídicas. Como dijo un especialista en aconsejar a los señores italianos hacia 1190, un tal Andrea Cappellano, en un capítulo de su libro *De amore:* respecto a las siervas, el señor «no dude en satisfacer su deseo y tomarlas a la fuerza»[6]. Hasta qué punto era esto frecuente, no lo sabremos nunca. Era lógico que una sociedad siempre pendiente de hacernos llegar su propia grandeza no viera en ello nada registrable. El tabú del silencio, en caso de que aquella fuese una práctica real, operaría aquí con una insistencia definitiva.

Tenemos así un complejo mundo de significados religiosos, éticos y jurídicos, todos los cuales rigen la vida de las relaciones amorosas, excepto entre aquellas personas que están más allá de la humanidad, en la mera naturaleza de la servidumbre y la dominación. Huellas de todos esos significados hay en la propia poesía provenzal, desde luego, pero no nos interesa perseguir más allá este tema. La decisivo es que este mundo de los trovadores había estado muy presente en Cataluña, pues Alfonso II había sido muy amigo de ellos y la lengua romance en la que las dos comunidades provenzales y catalana se expresaban era franca. De forma consiguiente, las relaciones amorosas del rey Jaume están perfectamente integradas en estas costumbres de la época. Por lo demás, él siempre viene representado por todos los cronistas catalanes como el perfecto amante, integrando todas las pautas del hombre cortés. Desclot dice de él: «Este rey Jaume de Aragón fue el hombre más bello del mundo: le llevaba un palmo a todos los demás, estaba bien proporcionado y fuerte en todos sus miembros. Tenía la cara rosada y alargada, la nariz larga y recta y una hermosa boca, bien delineada, dientes grandes y blancos, que parecían perlas, y ojos negros y cabellos rubios, como hilos de oro, espaldas anchas, cuerpo largo y delgado y los brazos fuertes y bien hechos, y las piernas largas y rectas y proporcionadas, y los pies largos, bien hechos y gentilmente calzados. Y fue muy valiente y ducho en armas, y generoso, y agradable a toda la gente y muy misericordioso». Como se ve, es la descripción

---

[6] Andrea Cappellano, *De amore,* 1, 11, trad. francesa a cargo de Cl. Buridant, Klincksieck, París, 1974, pág. 148.

del hombre idealizado, perfecto caballero entre los hombres y admirable a las damas. Aunque este ideal no es el mismo que tiene en cuenta Gonçal Peris a la hora de pintar al rey en la famosa tabla de la Casa de la Ciutat de Valencia, en 1427, no cabe duda de que también esta imagen es la de un hombre perfecto en su género, aunque ahora descubramos en él la melancolía dulce y generosa de los cristos góticos. El otro cronista, Muntaner, que lo conoció de niño, pudo recordar que era «rey por naturaleza y rey por virtud y gracia» y que «fue el más bello príncipe del mundo, y el más sabio y el más gracioso y el más justo y que fue el más querido de todas las gentes, ya de sus súbditos como de otras gentes extranjeras y privadas». Estas cualidades tan excepcionales presagiaban una vida amorosa más bien tormentosa, que produjo más escándalo a los ojos de los circunspectos historiadores del siglo XIX que a los de los contemporáneos —si exceptuamos a los Papas—. En una persona tan arrebatadora, aquellos lances de amor estaban más bien justificados, y los hombres medievales, que no olvidaban la mitología del amor cortés, lo comprendían muy bien. Gauberto Fabricio de Vagad, un escritor que hizo su obra hacia 1499, todavía reconocía que «la falta era menor en un rey tan gallardo que no tenía en toda la cristiandad quien lo igualase, y de aspecto tan hermoso y gentil que todas las damas giraban los ojos hacia él y no tenía que tomarse más trabajo que elegir entre ellas»[7].

---

[7] Gauberto Fabricio de Vagad, *Coronica de Aragón,* Pablo Hurus, Jorge Cocci, Leonardo Hutz y Lope Appenterger, Zaragoza, 1499; ed. facsímil a cargo de María del Carmen Orcástegui Gros, Cortes de Aragón, Zaragoza, 1996, pág. LXXV dcha. El texto no tiene desperdicio: «Culparon algunos al rey don Jayme de Aragon: por haber tanto estropeçado en mugeres: y no saben de reconoscer y sentir los tales de quanto sea menor la tal culpa: en un Rey y principe tan fermoso y dispuesto: que su par en la cristiandad no lo hauia: y tan amado por todos que damas: y caualleros no se podian fartar de mirarle. Porque por los más coronistas se escriue: que allende del ser mas alto de cuerpo: que ningún caualiero de sus reynos: dize quando menos de un palmo. Tenia el rostro tan fermoso y de tan dulce y gentil parecer que todas las damas ponian los ojos en el y bien que las honestas le mirauan con tiento y mesura: mas las mas se vencían de tan real amigable: y tan dulce belleza, porque no menos era gracioso, mesurado, suaue, llano y cortés: que fermoso galan y de gesto especial. Tenia el cuerpo, el semblante y persona tan bien repartido, tan aventajado y gentil: que todas sus facciones acompañauan tanto su real presencia y beldad: que parece que andaua como a porfia sobre qual dellas pareçeria mejor. En la color, en el cabello, en la derechura, grandeza y semblante: mas parecía aleman que español; en la gracia, en el representar: y saber mucho a rey, más español que estrangero; en ganar los deseos, en robar las aficiones y vistas: mas celestial que terreno; en poner espanto y pauor en los aduersarios y enemigos del reyno más parecía a don Hector el troyano que a su hermano Troyllos; en el consejo, Catón; en el despacho, Marcello; Scipios el mayor en la grandeza de corazón y de esfuerzo». Sería muy interesante analizar la tarea historiográfica de este autor, que escribe su historia proyectando de manera directa la figura de don Jaume sobre la de Fernando II el Católico. De hecho este sería el final de los tiempos de decadencia que emergieron a la muerte de Jaume: «Llegado en fin la vez de siempre victorioso y bienaventurado rey don Jayme, comenzó a anochecer nuestra España» (ob. cit., pág. LXXXII dcha.). Su prioridad sobre los demás reyes hispanos la establece así: «Fue rey tan de reyes amado, tan de todos obedecido y buscado» (ob. cit., pág. LXXXI izq.). Sin duda es una invocación de las relaciones que mantuvo con Alfonso X. Para la figura de este historiador puede verse Carmelo Lisón Tolosana, «Vagad o la identidad aragonesa en el siglo XV», *Revista Española de Investigaciones Sociológicas,* CIS, Madrid, 1984, págs. 95-136. Imprescindible es consultar la obra de Robert Tate, *Ensayos sobre la historiografía peninsular del siglo XV,* Gredos, Madrid, 1970.

En realidad, hay aquí un eco de la fantasía cortesana que se abrió camino en el Renacimiento, una vez que Botticelli reanimara con vida gloriosa los pliegues de las vestes femeninas de los viejos sarcófagos latinos. Sin embargo, y a pesar de sus encantos, amar en los tiempos de nuestra historia no fue nunca para don Jaume tan fácil como elegir. Las damas, por el contrario, dieron muchos problemas y disgustos a nuestro rey y nunca tuvieron suficiente con el mero premio de gozar de él. Desde luego, sería un exceso exponer aquí la vida amorosa de Jaume, un tema que posiblemente necesitaría un libro por sí solo. En todo caso, las historias amorosas se suceden en su vida con una continuidad indudable. Quizá a los tres años de casado, cuando no contaba sino dieciséis, mantuvo relaciones con una tal Elo Álvarez, «dilecte nostre dompne», a quien entrega la villa de Alfajarín en marzo de 1224. Esa entrega podía ser el pago de la relación amorosa, aunque también es posible que fuera un mero pago de deudas, ya que la señora formaba parte del séquito de la reina Leonor. Hacia 1229 se divorció de esta, como ya dijimos. Pero entre estos dos hechos tuvo otra aventura, también jurídicamente avalada. Ya lo vimos en el caso de la duquesa de Urgell, Aurembiaix, desde niña destinada a ser esposa de Jaume, unida después a él por un matrimonio morganático plenamente válido desde un punto de vista jurídico, aunque no sacramental. Por amplio que sea el número de estas aventuras, siempre dejan un rastro documental. Los castillos de prenda, las donaciones de bienes y de tierras, acompañan siempre a la entrega de los bienes más íntimos de las damas. No hay acto de amor sin acto jurídico, sin los sellos y las firmas de los notarios, sin la intervención pública de la administración del rey.

Siempre fue así. Pero, en el desierto de la madurez de la vida, el rey manifiesta un comportamiento todavía más activo, hasta cierto punto previsible. Conforme disminuye su espíritu belicoso, aumenta la necesidad de las conquistas amorosas. No esperó a la muerte de su esposa Violante para dejarse llevar. Las relaciones con Blanca de Antillón se pueden datar hacia 1241, pues en esta fecha el rey le cede los derechos del castillo de Castro, en la magnífica sierra de Espadán. Su hijastro, Fernando Sánchez, llevaría luego el título de barón de Castro, antes de enfrentarse al infante Pere, casi de su misma edad, en una lucha fratricida que luego describiremos. Hacia octubre de 1250, poco antes de la muerte de Violante, otra mujer entró en su vida, Guillerma de Cabrera, a quien le da el castillo de Aramprunyá con lo que luego sería el mero y mixto imperio[8], y dos años más tarde, el 8 de agosto de 1252, le dará el castillo y la villa de Terrassa. Pero, al parecer, el gran asunto amoroso de su vida, el más largo, quizá debamos identificarlo en su relación con Teresa Gil de Vidaura. Es posible que, cuando el rey concertó su matrimonio con la hija del rey de Hungría, mantuviese ya relaciones con Teresa. De hecho, como vimos, tal vez ella protestase ante Roma, arguyendo promesa formal de matrimonio por parte del rey. Roma dejó el asunto sin decidir. El historiador jesuita Mariana invoca

---

[8] Soler y Palet, ob. cit., pág. 546.

esta escena, diciendo que perdió Teresa el pleito por ser la promesa clandestina y no poder aportar testigos. Pero, cuando la reina Violante estaba en el lecho de muerte, Teresa volvió a hacer valer sus reclamaciones, sin duda para explorar las posibilidades de alcanzar un matrimonio oficial. Miedes, que suele estar bien informado, nos lo cuenta, y pone énfasis en el hecho de que Roma reactivó la causa, citando al rey para que enviara a sus procuradores a prestar declaración [9]. Sin duda, la Iglesia quería intervenir ante el rey en el momento en que, viudo, podía irrumpir en él un renovado deseo de contraer matrimonio, con lo que esto podría significar en el complicado escenario europeo de esos años.

El caso es que, bien fuera por la belleza de la dama, o por las invocaciones de la Santa Sede, Teresa y Jaume volvieron a reunirse. Fue una vez muerta la reina cuando las relaciones quizá se hicieron más estables. En estos años debió de tener con ella dos hijos, también llamados Jaime y Pedro, sin duda un testimonio público por el que se le daba cierto carácter oficial a sus relaciones carnales. Si los hijos hubieran nacido antes del casamiento con Violante, Roma posiblemente la hubiera reconocido como esposa legítima. Es difícil pensar que doña Teresa se hubiera entregado al rey sin ulteriores compromisos jurídicos. Sabemos por Zurita que el 9 de mayo de 1255 el rey entregó a Teresa el importante castillo de Xèrica para que lo heredara el hijo o hija que tuviera de ella. Dos años más tarde, en abril de 1257, le daría las villas de Begís, Liria, Andilla y Altura. Es de suponer que este tipo de concesiones se hacían cuando el fruto de la relación ya era seguro. Un hijo era una realidad que el rey no podía desamparar por propia estima. Pero el primer documento hace evidente que hasta esa fecha no había hijos de Teresa y del rey. Además, en un documento anterior, de finales de marzo de 1255, no se mencionan hijos recientes ni lejanos de Teresa. En agosto de 1257 las cosas cambian y ahora sí se mencionan los «filius nostris, quos a vobis habemus et habebimus» [10]. Otro documento, que nos llega de 9 de abril de 1260, solo habla de Jaime «dilecto filio nostro et Domine Theresie, et vestris im perpetuum», lo que no quiere decir que Pedro no hubiese nacido todavía, sino que estas donaciones se hacían mancomunadas a la madre y a aquel de sus hijos que la heredaría. En efecto, sabemos con certeza que para enero de 1258 ya había nacido también Pedro [11]. Sin embargo, por el testamento último de don Jaume sabemos que el primero de sus hijos con Teresa era justamente el que recibió el nombre del padre [12]. En apoyo de esto estaría que Jaime recibiese título de Valencia

---

[9] Cf. Julián Avellanes Coscojuela, *II CHCA*, pág. 791.
[10] ACA, Reg. 9, f. 22.
[11] Cf. Huici-Cabanes, vol. IV, doc. 902, págs. 12-13. El documento recoge la donación de los castillos de Arcos, Zancarés y Peña de Ahija a Teresa Gil de Vidaura y a «Petro filio ex nobis et vobis procreato».
[12] El testamento fue reproducido por Martí de Viciana en su *Libro tercero de la Crónica de la ínclita y coronada ciudad de Valencia y de su reino*, ahora recién editado por Joan Ibarra, Universidad de Valencia, Fuentes Históricas Valencianas, Valencia, 2002, págs. 95 y sigs. En todo momento se menciona primero a Jaime, testimonio inequívoco de que era mayor.

—territorio en que se instaló la madre— y el segundo de Aragón[13]. Al parecer, el llano de la Zaidia, al otro lado del río Turia, enfrente de las torres de Serranos actuales, así como una casa «infra muros civitatis Valencia et hortum», fueron entregadas solo a Jaime, y luego serían transferidos a su madre. En las mismas fechas, Pedro recibió Fanzara y Cullera, en Valencia[14]. Con ello, parece muy verosímil que los dos hijos —don Jaime de Xèrica y don Pedro de Ayerbe— nacieran siendo ya el rey viudo, y no a muchos años de distancia de la muerte de Violante: entre 1256 y 1257 ya debían de haber nacido los dos[15].

Estamos hablando de una relación estable y poco enigmática. Si no fue un matrimonio en el sentido público de la palabra, sin duda tuvo todos los reconocimientos sociales como tal. Los bienes y regalos que el rey hizo a su compañera y a sus hijos testimonian un continuo afecto y jalonan los años de la relación, y aun los posteriores, cuando el rey ya se había separado de doña Teresa. No eran regalos cualesquiera. El 10 de abril de 1255, el rey le hace entrega en Valencia ni más ni menos que de las casas que él tenía en la ciudad y que fueron antes del rey Lobo y de Zayyan. Que en el acta de donación se llame a Teresa «nostra domina» no quiere decir desde luego que estuviera casado con ella, pero sí que existía un vínculo amoroso conocido por todos. La época no debía de ser ignorante de este hecho, que la posteridad elaboró a su antojo, pues las *Tròbes* de mosén Jaume Febrer (dirigidas a Pere el Grande de manera espuria, pues fueron escritas a finales del siglo XVII, quizá por el jurista y genealogista valenciano Onofre Esquerdo)[16], en las que se cuenta el linaje de los Ayerbe, hablan de la promesa de casamiento dada por el rey y de su incumplimiento. «La flor del rosal sen portà enganyós», dicen estas coplas espurias, que reflejan sobre todo el sentir tradicional del pueblo en relación con este tema. Como es natural, todo esto nos habla de los regateos propios de una relación que debía tener inevitables compensaciones jurídicas. Tanto era así que se puede confirmar que el vínculo jurídico no se rompió cuando las relaciones amorosas terminaron. Todavía los hijos de Teresa son mencionados

---

[13] De hecho, los de Ayerbe acabaron siendo ricoshombres de Aragón, aunque fueran de mesnada, como recuerda Blancas (ob. cit., pág. 305). Una rama patricia dio un hijo que fue justicia general de Aragón (ibídem, pág. 419).

[14] Huici-Cabanes, vol. IV, doc. 1.171, pág. 256.

[15] Según se acepta por lo general, Pedro nació hacia 1257, pero la primera ocasión de comprobar su existencia es del 2 de enero de 1258. Allí se le hizo donación de los castillos de Arcos, Zancarés, Peña de Ahija, en el reino de Valencia. A pesar de todo, Chabás y Soler i Palet piensan de otra manera. El hecho de que en 1270 se convoque a Pedro a prestar servicio ante el rey, indica que en esta época ya debía de tener la suficiente mayoría de edad para dar servicio. Esto solía ser para los hijos de los reyes a los catorce años. Luego es posible que su nacimiento fuese hacia noviembre de 1256. Cf. «La casa dels senyors d'Ayerbe, d'origen reial», de Mercedes Costa, en *Mediaevalia* 8: 99-132 (1989); especialmente, págs. 100-106.

[16] De Onofre Esquerdo se puede consultar todavía con interés su *Nobiliario valenciano*, manuscrito que había quedado inédito en el siglo XVII y que ahora ha sido editado por la Biblioteca Valenciana. En él se recogen todas las sagas nobiliarias desde el tiempo de la conquista.

en el testamento de Jaume, confirmando todas las donaciones que el rey les había hecho. Incluso después de muerto el rey, el sucesor Pere tendrá que confirmar muchos documentos de herencia y donación a sus hermanastros. Sería muy largo enumerarlos. El lector apasionado por estos temas puede remitirse al trabajo ya citado de Soler i Palet.

Teresa era hija de Juan de Vidaura y hermana de Pedro Gil, un infanzón de los más antiguos. Su padre don Juan procedía de una familia originaria de Navarra, que debía de prestar servicios a la corona de Aragón desde hacía tiempo. Como ya defendió Chabás[17], era viuda de don Sancho Pérez de Lodosa cuando se unió al rey. Establecida en Valencia de manera definitiva, compró hacia 1257 las dos alquerías de Almazora y Alboraya al obispo de Huesca, Vidal de Cañellas. Por este tiempo, Teresa debía de tener prendido a Jaume. Zurita nos dice que «en este tiempo el rey gobernaba gran parte de sus negocios por el consejo de una dueña muy principal que se decía Doña Teresa Gil de Vidaure»[18]. Los amores con don Jaume debieron de durar hasta los primeros años de la década de 1260, aunque quizá no debieron de impedir otros. Hacia 1264 todavía abundan los documentos en los que el rey la sigue llamando «dilecte nostre dompne». Después el rey, tal vez dejándose llevar por leyendas muy frecuentes, como la que posteriormente se aplicaría a Ramon Llull, escribió al Papa con la historia más bien inventada de que su amada Teresa había contraído la lepra, razón evidente por la que no podía convivir con ella. Era la excusa que daba para mantener los amores que en él había despertado otra señora, la castellana Berenguela Alfonso, hija del infante Alfonso de Castilla, señor de Molina, aliado decisivo en la frontera clave para Aragón, y a la que veremos aparecer en los siguientes capítulos.

Que el rey tuviera que escribir aquella carta al Papa deja bien claro que Teresa no era considerada como una mera amancebada. Que el Papa contestara al rey el 17 de febrero de 1265 en términos duros y terminantes, permite concluir con rotundidad que, a los ojos de Roma, Jaume y Teresa eran marido y mujer. Lo que el rey pedía, el divorcio, era «contrario a Dios y abominable a los ángeles y monstruoso para los hombres». Sin embargo, el papa Clemente IV reconocía que la boda había sido atípica y que no había incluido una forma sacramental. «Cuando os desposasteis por palabras de futuro con la noble matrona doña Teresa», dice un pasaje de la carta del Papa, que cita la misiva del mismo Jaume. Luego el rey reconoce que hubo promesa de boda. El Papa no tiene sino que inferir las consecuencias: aunque en el momento de la promesa no fue verdadero matrimonio, «principió a serlo», de tal manera que llegó a verdadero y consumado «por la subsiguiente cópula carnal». El Papa se preguntaba cómo iba él a desatar lo que Dios había unido. Como vemos, no era necesaria una ceremonia eclesiástica propiamente dicha para dar por bueno un matrimonio. Respecto a la lepra, Roma no parecía confiar demasiado

---

[17] Roque Chabás, *El Archivo*, VI, 1882, núm. 22.
[18] Zurita, *Anales*, Libro III, cap. LI, págs. 169-172.

en el argumento. En caso de que doña Teresa tuviera lepra, esa era la voluntad de Dios y el rey debía resignarse a las órdenes del Señor. El Papa, desde luego, no las iba a violar. Y añadía lo decisivo: aunque todas las reinas del mundo tuviesen lepra, Roma no daría permiso a sus maridos reyes para cambiar de esposa, aunque, faltos de descendencia, se acabasen todas las dinastías del mundo. Era una forma muy explícita de quitarle toda esperanza a nuestro rey.

Don Jaume volvió a la carga, sin que estas marrullerías jurídicas lo avergonzaran ni perturbaran su imagen de hombre gentil. Esta vez aludió a algo aún más pintoresco para nuestra mentalidad, aunque no para la de la Iglesia. Aseguró que, antes de conocer a Teresa, había tenido amores carnales con una consanguínea suya en tercer grado, cosa que podía probar. Esta alegación nos encogería de hombros hoy, pero para cualquiera que conozca la formidable batalla contra el incesto que impulsó la Iglesia en la Edad Media, comprenderá que no era un asunto baladí. En efecto, como ha demostrado Pier Maria Conti, en un bello trabajo [19], la unión incestuosa entre familiares era una práctica germánica muy notable, de la que tenemos noticias incluso en la literatura muy tardía, como en *Hamlet*. La política de la Iglesia era impedirla por todos los medios. La consanguinidad era una condición que impedía la sacralización de la boda. De esta manera, la Iglesia tenía un filtro para diferenciar entre los matrimonios permitidos y prohibidos, con lo que su administración obtenía los beneficios y rendimientos propios de organizar un bien al que todos tenían que acudir. Así que Jaume, con su último ataque, no hacía sino usar las armas de la Iglesia: su matrimonio no valía porque había incesto. Era de esperar que, ante aquella acumulación de monstruosos pecados, Roma optase por poner punto y final a la situación.

Pero Roma no se dejó engañar. A los ojos de Roma la situación era la siguiente: todo lo que venía a decir el rey era que había pecado doblemente y que, además de adúltero por haber sido infiel a su esposa Teresa, había sido también incestuoso al yacer con ella. Así que, como ambos eran pecados muy graves y solemnes, la bondad del Papa declaraba que dejaba sin atender el pecado de incesto. Era un acto de generosidad: Roma prefería ver al rey como un adúltero que a los dos cónyuges incestuosos. Si la Iglesia dispensaba del incesto, este no existía como tal. Al fin y al cabo, Teresa de Vidaura no tenía ninguna culpa respecto del adulterio, pero podría quedar manchada injustamente por el incesto. Salvar a Teresa, como se ve, fue lo que buscó el Papa, que, para concluir, culminó su argumento con un sentimiento de perplejidad: ¿cómo era posible que el vencedor de tan terribles enemigos de la cristiandad, como los moros de Valencia y de Mallorca, pudiera caer vencido por la carne? El que había mantenido una carrera virtuosa en defensa de la cristiandad,

---

[19] Pier Maria Giusteschi Conti, «La disponibilità nuziale e le sue riduzione nella società barbarica», en *Medioevo e oltre, Georges Duby e la storiografia del nostro tempo,* a cura di Daniela Romagnoli, CLUEB, Bolonia, 1999, págs. 78-101.

ahora, por su imprudencia, iba a encarar los pocos años que le quedaban de vida con una vejez impura y adúltera. En realidad, cuando el Papa le escribía de forma tan dura en 1265, el rey tenía casi sesenta años, lo que por aquel entonces era la más extrema vejez. Para demostrar quizá que el Papa se equivocaba, pero también para manifestarle su voluntad de obtener el perdón, Jaume se comprometió a realizar la cruzada. El Papa, muy duro en este asunto, como luego volveremos a ver, se negó en redondo hasta que no volviera junto a Teresa. Si de verdad tenía la lepra, cosa poco probable, el rey debía asumir lo que por lo demás tanta gente asumía en su tiempo: un virtuoso celibato.

Cansada de este ir y venir de cartas, pero separada del corazón del rey, que depositó sus amores por entonces en Berenguela Alfonso, la prima carnal de Alfonso X de Castilla, Teresa pidió permiso en 1265 para fundar un monasterio císter en un solar del llano de la Zaidia. Era el monasterio de *Gratia Dei.* Muy diligente, solicitó monjas bernardas del monasterio donde se había mandado enterrar la reina Violante, otro gesto lleno de significado. Era una forma de explicitar que se sentía reina y que actuaba como tal al encerrarse en vida. De Vallbona de les Monges vinieron Beatriz de Anglesola y dos monjas más cuyos nombres conocemos: doña Catalina y doña Guillerma. La fundación oficial se produjo el 1 de noviembre de 1265. Por fin, hacia 1268, Teresa obtuvo todos los permisos y licencias de la orden y así pudo fundar el convento con todas las exenciones y privilegios. Todavía un año antes de morir, el rey la beneficiaba con el permiso para abrir un horno en los terrenos del monasterio y, en 1288, en su testamento, publicado por Torres[20], se hace titular «mujer del Ilustrísimo Don Jaume de Aragón», dejando dote para una misa diaria por el alma de quien siempre consideró su esposo. En cierto modo, así debía de ser, ya que por su parte el propio rey Jaume consideró que los dos hijos habidos con Teresa entraban en el orden de la sucesión real. De una manera muy significativa, ella levantó un pequeño palacio al lado del monasterio, que llevó por nombre *Realet,* en simetría al llano donde el rey instaló su palacio real. Fue enterrada en el monasterio que ella fundara, y allí reposó junto con su hijo Jaime.

En cierto modo, el destino císter la unió intensamente con don Jaume, quien también expresó su deseo de ser enterrado en el monasterio de Poblet, el centro de los bernardos de la corona. Teresa, sin embargo, no solo fue reverenciada por su piedad, sino venerada por su aureola de vida ejemplar. La tradición cisterciense la considera como santa y en su martirologio de 1670 se puede leer que «el 5 de julio falleció en Valencia la Beata Teresa, reina, la cual, menospreciando las delicias y riquezas del siglo, fundó el monasterio de *Gratia Dei,* donde fue monja profesa, viviendo con las demás una vida casi angélica, habiendo obrado muchos milagros en vida y después de muerta». Uno de estos milagros es que, en 1517, una crecida del río Turia, que pasaba junto al llano de la Zaidia, inundó el convento y lo llenó de cieno. Todas las monjas

---

[20] Chabás, *El Archivo,* VI, págs. 35-36.

pensaron que el barro habría destruido el cadáver de quien llevaba en su tumba más de dos siglos. Dispuestas a limpiar el sepulcro, lo abrieron y encontraron que el cuerpo de la reina seguía incorrupto y limpio, como si los dos siglos no lo hubieran descompuesto, ni el cieno ni el lodo hubieran rozado el interior. Entonces decidieron enterrarla en alto, en el altar mayor, junto a la epístola. Allí se quedó hasta 1655. Entonces, y para cumplir una promesa, el sepulcro volvió a ser abierto por la abadesa del convento, con permiso de la congregación. Esto se llevó a cabo el 26 de septiembre de 1655 y, al hallarlo igualmente incorrupto, fue expuesto hasta el día 9 de octubre, una fecha muy señalada. Luego, los restos de la reina fueron trasladados a un túmulo que descansaba sobre cuatro leones. El cadáver fue llevado por cuatro nobles principales, entre ellos el almirante de Aragón. Toda la nobleza valenciana acompañó ese traslado y fue una fiesta para la ciudad. Conviene señalar cómo las fechas de veneración de aquel cuerpo incorrupto de la reina Teresa coincidieron exactamente con las fechas en que se produjo la toma de Valencia por parte del que fuera su esposo. Sin duda, en la mente de la orden del Císter podía rondar la nostalgia de los tiempos en que eran la referencia espiritual de la corona de Aragón, los tiempos de la gran época de Jaume el Conquistador. Una santa local, esposa de su fundador, podía convertirse en una patrona del reino, un sueño para la fe de muchos valencianos que veían cómo sus antiguas formas de vida y libertades se dirigían hacia su final y cómo su Iglesia era ocupada por religiosos venidos de otras regiones de la monarquía hispánica[21]. Hoy, sin embargo, el mito de Teresa yace en el olvido. Cuando Julián Avellanes escribía un artículo sobre su vida, todavía podía asegurar que cualquiera podía ver el cuerpo de la santa Teresa en su urna en el convento de *Gratia Dei*, en la Zaidia, excepto su mano izquierda, que había sido cortada para extraer reliquias. Hoy este convento ya no existe en la ciudad y los valencianos ya no tienen otras reinas enterradas allí que María de Castilla, la esposa de Alfonso el Magnánimo, y Germana de Foix, la última esposa de su sobrino Fernando el Católico; una en el convento franciscano de la Trinidad, donde estuvo Isabel de Villena componiendo su *Vida de Cristo*, y la otra en San Miguel de los Reyes, el monasterio de los jerónimos, la orden rival del Císter.

---

[21] Este es el tiempo de las importantes luchas para producir una devoción popular estrictamente valenciana, tras la muerte de san Juan de Ribera, frente a los arzobispos castellanos que impuso la monarquía, muy bien conectados con la Inquisición hispana. Cf. Emilio Callado Estela, *Iglesia, poder y sociedad en el siglo XVII. El arzobispo de Valencia fray Isidoro Aliaga,* Biblioteca Valenciana, Valencia, 2001.

SÉPTIMA PARTE

ADIÓS, FRANCIA; BUENOS DÍAS, ITALIA: LAS RELACIONES INTERNACIONALES DE JAUME I
(1255-1265)

41
GLORIA EN FRANCIA, HUMILDAD EN ARAGÓN

Sorprende que los historiadores españoles de la Edad Media no hayan logrado todavía transmitirnos una visión realista e integral de las relaciones internacionales entre los reinos de la época [1]. El prejuicio que subyace a bastantes autores, y a más lectores, hace de la política exterior un invento de la época del sistema de Estados europeos, forjado allá por el siglo XVII. En esta medida, tal asunto se supone de escasa importancia en la Edad Media. Se suele pensar, además, que esta situación sería consecuencia del retraso de la civilización europea en estos tiempos. Todo esto, como es natural, tiene escaso fundamento en la realidad. La política exterior, como he dicho a lo largo de este libro, es decisiva para entender las realidades sociales, culturales y políticas de cada uno de los reinos. Se podría decir que Europa era un sistema político cuajado de relaciones de gran intensidad en el siglo XIII. Ninguna evolución hacia lo que serán los Estados nacionales se podrá entender sin elementos de comparación entre los procesos específicos de estos reinos y sin comprender sus relaciones recíprocas. Por lo demás, a veces se toman decisiones que afectan a las formas de gobernar propias de cada reino, y se abordan elementos de novedad en su ordenación política interior, aprovechando circunstancias y situaciones propicias de la política exterior. Por ejemplo, cualquiera familiarizado con la época de Federico II puede comprender hasta qué punto la evolución interna de Alemania hacia la modernidad, y las dificultades de su construcción nacional, están enraizadas con el fracaso de la política exterior del emperador y la ruina del gran objetivo de la causa de los Staufen: asentar un imperio patrimonial unitario y reducir el poder temporal de la Iglesia. La importancia de estos hechos para la construcción nacional italiana no necesita ser recordada.

Por lo demás, aquel prejuicio aislacionista no es propio ni exclusivo de nuestra historiografía. También afecta a las historiografías europeas en su

---

[1] Cf. sin embargo, L. Weckmann, *El pensamiento político medieval y los orígenes del derecho internacional,* Fondo de Cultura Económica, México, 1993.

conjunto. Estas consideraciones, sin embargo, permiten comprender lo unilateral que puede ser un planteamiento que aborde una biografía de Jaume de Aragón sin referencia alguna a sus relaciones con Luis IX de Francia. Este punto de vista surge de un error de perspectiva que confunde lo que es hoy relevante con lo que fue decisivo en el pasado. En la Francia del presente la relación con Aragón no es desde luego un tema central. Pero en la Francia del siglo XIII, desde Lyon hacia el sur, Castilla, Aragón, Navarra y Cataluña se abrían hacia las realidades políticas aquitanas, inglesas, tolosanas y provenzales. Todas ellas marcaron de forma central el destino de la monarquía norteña de los francos que, poco a poco, se iba asomando hacia el Mediterráneo. Por eso hemos de escribir esta parte de nuestro libro, que muestra de manera independiente y específica el gran giro de la política europea que se produce en estos años, que marcará el rumbo de la política hasta bien entrado el siglo XVII y que, desde luego para las tierras hispánicas, será determinante para su futuro. Gran giro, también, por cuanto sus protagonistas, los reyes Luis y Jaume, consolidarán una forma de ejercer el poder que ya será definitiva para sus respectivas casas reales. Por eso, los perfiles de nuestro Jaume, y los de su reino, se fortalecen cuando se comparan con san Luis y con su estilo de gobernar, tanto como debería suceder a la inversa. Por desgracia, esta tarea no se ha emprendido de forma especializada, por lo que aquí solo podemos sugerir algunas líneas maestras. Espero que ellas nos den contrapuntos importantes acerca de un buen número de aspectos.

Sin ser tan contrarios entre sí como san Luis y Federico II, de quien es su antítesis más precisa, una serie de rasgos separan a don Jaume del rey de los franceses. Hombres que vivieron casi el mismo tiempo, Luis y Jaume reflejan su mundo bajo dos formas muy diferentes de comprender el poder y la figura del rey[2]. Nacido Luis en 1214 —Jaume contaba entonces seis años—, moriría el francés en 1270, cuando todavía a nuestro rey le quedaban seis años de vida. En la medida en que refractan sus universos sociales y políticos respectivos, no podemos detenernos aquí en todos los contrastes que los caracterizan. El monarca francés se vio como Cristo sufriente, mientras Jaume no dejó de verse como un caballero cristiano, con todas las complejidades de quien asume dimensiones paganas y mundanas junto a la inevitable certeza de la fe. Jaume, desde luego, desea presentarse como personaje de una saga épica, y así quizá mandó versificar muchos de sus recuerdos, como un rey de leyenda, en

---

[2] La mejor semblanza de los valores que sostienen la vida de Jaume la ofrece R. I. Burns en su artículo «La vida espiritual de Jaime el Conquistador», ahora en su *Jaume y els valencians del segle XIII*, Tres i Quatre, Valencia, 1981, págs. 3-49. Obra de una rara elegancia y objetividad, se distancia de las versiones más extremistas de la obra del rey, como la ofrecida por Andrés Giménez Soler, en su trabajo «La frontera catalano-aragonesa», en *II CHCA*, Huesca, 1922, o por la línea de Ubieto, para quien el rey es un empedernido traidor. Burns considera que el espíritu dominante en el rey es el de los caballeros templarios, dotados de un espíritu épico y de una religiosidad ingenua. Para Burns el rey disponía de una personalidad cordial y apasionada, y por eso ingenua, que le hacía receptor de todas las creencias religiosas más populares, como la mariana. Esa síntesis de espíritu caballeresco y religioso sería lo más propio de su vida.

la línea de los que fueron objeto de la admiración de los trovadores y *Minnersingen*. Luis, por el contrario, siempre pensó en la vida de los santos para identificar su más ferviente deseo. En efecto, su carisma fue verdaderamente sacramental, religioso, sacrificial, mientras que Jaume siempre tuvo como última razón del suyo el reconocimiento de sus hazañas militares, símbolo evidente de una protección divina que jamás lo abandonó.

Ambos reyes nacieron bajo los mejores auspicios. Uno, Jaume, contra toda probabilidad humana, como si hasta su misma concepción fuera expresamente querida por Dios. El otro, Luis, vino al mundo en el mismo año en que su abuelo, Felipe Augusto, vencía a los ingleses en la decisiva batalla de Bouvines, sentando las bases definitivas de lo que llegaría a ser Francia[3]. El príncipe catalán se puso bajo la protección del apóstol Santiago, mientras que el rey francés, nacido el día de San Marcos, se puso bajo la advocación del evangelista, justo el día en que Francia entera se llenaba de cruces negras, como nos recuerda el cronista Joinville, el testigo de la historia del rey. Era un signo premonitorio de la vida de quien ha sido llamado «un rey fúnebre»[4]. Frente a este hombre, que interiorizó el Evangelio como ningún rey anterior y que asumió quizá por primera y única vez entre los reyes medievales los ideales de castidad de la Iglesia, Jaume no pudo ocultar el tremendo conflicto entre su fe y su pasión mundana, su inclinación por las damas.

Todo en ellos fue tan diferente como su inicio. Luis heredó de su abuelo y de su padre un reino entero, rico, saneado, victorioso. Jaume apenas tenía qué comer cuando heredó el suyo. Este apenas vio a su madre el tiempo necesario para sobrevivir. Aquel siempre tuvo a su madre, Blanca de Castilla[5], como el más firme apoyo, como la más férrea voluntad, la que le permitía representarse como un mártir lejano sin que su reino sufriera por ello. Es comprensible que Jaume apenas pensara en otra cosa que en rehacer su poder y conquistar tierras que no estuvieran hipotecadas por las deudas y las usurpaciones de sus barones, mientras que san Luis solo pensara en imitar la dura vida de Cristo, en un ejercicio sacrificial continuo de cruzado. Al fin y al cabo, el reino de Francia le había sido dado por añadidura y seguiría grande y honorable sin él. Por mucho que ambos reyes buscaran las buenas relaciones con la Iglesia, Jaume, protegido hasta el extremo del vasallaje, no siempre se mantuvo servicial respecto a Roma, mientras que Luis, a veces, elevó críticas justo porque Roma no era lo suficientemente cristiana. Mientras que este fue sensible a las ideas de los franciscanos, discípulos secretos de Joaquim de Fiore, dotados de un alto sentido de la penitencia, Jaume fue un caballero afinca-

---

[3] En efecto, Luis, según todas las versiones, debió de nacer hacia el 25 de abril de 1214, mientras que la batalla de Bouvines sería el 27 de julio de este mismo año. Para esta batalla se debe ver Georges Duby, *Le dimanche de Bouvines*, París, 1973.
[4] Cf. para esto J. Le Goff, *Saint Louis*, —Gallimard, París, 1996—, págs. 34-55.
[5] Un vigoroso Edipo, lo llamó David O'Connell, en *Le propos de Saint Loui*s, Collection Archives, Gallimard, París, 1974, pág. 19.

do en el culto de las damas, de las que no pudo prescindir jamás. La religiosidad del francés era casi mendicante. La del aragonés, caballeresca y aristocrática, cisterciense, templaria. Si el primero asumió los nuevos valores de la castidad conyugal, propia del matrimonio sacramentado que la Iglesia deseaba imponer por doquier, el segundo usó del matrimonio extraeclesiástico y jamás logró imponerse la disciplina que prohibía los amores no conyugales.

Luis confiesa por doquier que no es de este mundo, mientras que Jaume se muestra amante de todo lo que este mundo puede dar a un hombre. Curiosamente, a Luis no se le concedió el don de las lágrimas [6], mientras estas manan de forma abundante de los ojos de Jaume, cuando se presenta la ocasión. Esta diferencia es un índice de la manera en que ambos sufren las pérdidas terrenales. Luis siempre tiene la palabra de Dios en los labios. El Señor se lo daba y el Señor se lo quitaba, comentaba con la misma tristeza, ya se tratara de su madre, de sus hijos, de sus tierras o de su gloria. A pesar de la piedad, a menudo sospechamos tras estas palabras frialdad. En verdad, él lo dijo una vez, al recibir la noticia de su madre muerta: no había querido a nadie en el mundo como a ella. Si ahora Dios disponía de su muerte, bienaventurada había de ser la voluntad de Dios. Jaume siente zozobra ante las adversidades del mundo y quiere vincular a la Providencia en su favor, pero sobre todo sufre, suda, siente el infortunio, y su dolor de hombre brilla ante nosotros con sencillez, naturalidad y franqueza. San Luis era un Cristo sufriente, y Blanca, su amada madre, era la viva imagen de la Virgen, siempre asistiendo a su hijo en el trance de la pasión. Jaume fue huérfano desde muy niño y su devoción ante la gran Señora era la fe en una madre lejana pero protectora, que le obligaba a cuidar de sí mismo y reclamar su ayuda solo en el último momento, en la hora crucial de la inseguridad radical en que nuestra vida se juega el éxito o el fracaso.

En su aparente distancia del inmenso París, el francés san Luis no inicia una comida sin dar antes de su plato a sus pobres, mientras que el aragonés muchas veces vive a la manera de un buen paisano de su tierra yerma. El alto carisma sagrado de Luis, que todavía participa de las gracias otorgadas a los reyes taumaturgos [7], le reclama prácticas refinadas de cercanía cristiana con la gente, sin que las distancias esenciales entre su persona y los franceses puedan jamás acortarse; el carisma militar de Jaume le indispone con las ceremonias elaboradas y las ritualizaciones encorsetadas, pero le somete a veces a insolencias de sus vasallos que en Francia serían inimaginables. El primero mantuvo su fama a pesar de sus continuas derrotas [8]; el segundo solo pudo llegar a te-

---

[6] O'Connell, en *Le propos,* ob. cit., pág. 19.

[7] Cf. el famoso libro de Marc Bloch, *Les rois thaumaturges. Étude sur le caractère surnatural attribué à la puissance royale particulièrment en France et en Angleterre,* Gallimard, París, 1983 (trad. italiano: *I re taumaturghi,* Einaudi, 1989, págs. 56 y 67).

[8] Basta recordar el desastre de Mansourah, en la Primera Cruzada, tras su única victoria, la toma de Damietta, que le impidió tomar El Cairo. Cf. O'Connell, en *Le propos,* ob. cit., págs. 44-45. Esta derrota fue terrible y acabó con sus mejores caballeros templarios y hospitalarios y dejó al

nerla por sus continuas victorias. Por mucho que se mantenga digna, la realeza de Jaume no está reñida con la franqueza y la llaneza, y algunas veces incluso tiene que reconciliarse con la marrullería y el realismo. Su austeridad no se basaba en una renuncia cristiana, como en el caso de Luis, sino en la necesidad. La lucha contra la herejía albigense los marcó a los dos, pero a Luis le obligó a prender fuego a los primeros herejes condenados por la Inquisición dominica, instituida en Francia en 1233, mientras que Jaume, que nunca se mostró muy celoso en cuestiones de herejía, dejó que los dominicos más bien abrieran sus escuelas de idiomas para convertir a los sarracenos. También como Luis, nuestro rey presenció con atenta curiosidad las discusiones teológicas de los dominicos con los rabinos judíos. De forma paradójica, sin embargo, san Luis protege a los sospechosos beguinos parisienses, la forma más extendida y disciplinada de los joaquimitas y albigenses, mientras que Jaume tendrá que estar alerta a las formas nuevas de los cátaros en sus dominios. En suma, y finalmente, uno será santo apenas muerto, mientras que para canonizar a Jaume habría sido necesario que la Iglesia regresara a tiempos anteriores al siglo XIII. Sin duda, este regreso implicaría un ingente olvido que Roma no podía permitirse.

 Estas diferencias subjetivas no eran menores que las objetivas entre sus reinos. Francia era entonces el país más poblado de la cristiandad y también el más próspero: diez millones de habitantes lo enriquecían en medio de una Europa que no pasaba de sesenta millones [9]. París tenía por esta época más de ciento cincuenta mil almas y su universidad reunía las cátedras centrales de los franciscanos y de los dominicos. Nada parecido tenía Jaume, rey de enormes desiertos despoblados y solo de un puñado de pequeñas ciudades. Universidad en sus reinos, antes de la de Lleida, solo había una: la de Montpellier, y por eso allí tendría que ir Arnau de Vilanova [10]. Pero París era algo más que una universidad: allí se forjaba el centro de un sistema bien trabado de fidelidades, sentimientos, símbolos y poder. De este sistema también formaba parte Reims, donde el rey era consagrado y donde se conservaba la santa ampolla con la que el rey Clodoveo había sido ungido; Saint-Denis, donde Felipe Augusto había entregado las insignias del poder sagrado; y el recién construido monasterio de Rougemont [11], donde al rey Luis le gustaba entrar y recogerse ajeno al mundo. Nada parecido disfrutaba la compleja federación de territo-

---

rey prisionero en Sharamsah. La Segunda Cruzada de Luis no fue menos desastrosa. En ella iba a encontrar la muerte.

 [9] L. Genicot, *Le XIIIe siècle européen,* ob. cit., pág. 52.

 [10] Cf. J. Le Goff, *Los intelectuales en la Edad Media*, Gedisa, Barcelona, 1998. Aquí se nos describe la figura del universitario, una vez ultimada la crisis de las escuelas diocesanas. Para la Universidad de Montpellier con Jaume, cf. J. Gavá, «El ambiente científico de Montpellier en los siglos XIII y XIV», *Estudios Lulianos* 21: 59-65 (1977). En realidad era un estudio de medicina, teología y artes. Estaba patrocinado por el rey. Solo en 1300 Jaume II fundará el Estudio General de Lleida, impartiendo las disciplinas de Derecho canónico, Medicina, Filosofía y Artes.

 [11] En efecto, fue construido en 1228 y entregado al Císter, la orden preferida por la reina Blanca. O'Connell, en *Le propos,* ob. cit., pág. 39.

rios catalano-aragoneses, sobre todo con los reinos añadidos balear y valenciano. Sigena y Poblet son monasterios en los que el rey Jaume piensa de continuo, y los visita a menudo, bien para emocionarse ante las tumbas de sus antepasados, bien para depositar algunos documentos; pero no son centros diseñados para dotar a los reyes del carisma que los transfigura ante su pueblo en portadores de un poder casi divino. Basta comparar las consagraciones de los reyes franceses en Reims, basadas en una ceremonia gloriosa oficiada por su arzobispo, que ofrece la unción con los santos óleos tocados por el mismo Cristo, capaces de potenciar la fuerza del rey hasta permitirle realizar sus milagros curativos, con la ceremonia raída por la que Jaume se hizo rey y caballero en la humilde iglesia de Santa María Magdalena de Tarazona. Si lo hacemos, nos daremos cumplida cuenta de las diferencias de gloria entre una y otra monarquía. Todo eso por no comparar el abundante tesoro de Felipe Augusto, depositado en el recién fortificado Louvre, con las arcas siempre vacías de los reyes hispanos y, sobre todo, de aquel chiquillo que tuvo que comer de las rentas de los templarios de Monzón. El carisma del rey francés se forja en ese lento paseo por la nave central de la catedral de Reims, de arcadas todavía románicas, camino del altar y de la unción, ante su pueblo reunido y silencioso, como los viejos reyes davídicos. Allí se hace visible que el rey lo era por la gracia de Dios. La ceremonia semiprivada de Jaume —allí, en una pequeña iglesia de la frontera occidental con Castilla, lugar improvisado— no dispuso a la obediencia a casi ninguno de los grandes hombres de su reino.

Y, sin embargo, ambas monarquías, una de manera rutilante, otra de forma más humilde pero no menos decidida, emprenden el camino de la administración real centralizada, con sus bailes y sus *curias* o justicias extendidos por todos los dominios reales, con sus prebostes y sus jurados a sueldo del rey, oficiales suyos, independientes y responsables ante él, imposibilitados para comprar sus cargos o tenerlos vitalicios. Si es verdad que el papa Inocencio III, en 1202, había establecido que el rey de Francia no reconocía superior en lo temporal, ni recibía su poder de nadie excepto de Dios, no será menos cierto que, incluso sin esta declaración, Jaume siempre se sentirá dotado de un poder semejante, aunque inicialmente su reino fuese feudatario de Roma. Por mucho que su reino estuviera protegido por la Iglesia desde su frágil infancia, la política de Jaume será independiente, más que la del rey francés que no conocía superior en lo temporal, y que a la postre lo puso casi todo a disposición de quien era superior en lo espiritual. Ni una cosa ni otra vemos en Jaume. En cierto modo, es verdad que él jamás se atrevería a publicar algo parecido a los *Statuta sancti Ludovici,* la gran ordenanza por la que Luis organizaba su reino después de su regreso de la primera de sus cruzadas, hacia diciembre de 1254. Pero no es menos verdad que, aunque Jaume no tiene la potestad de imponer al reino textos generales, el contenido de las medidas legales que promueve es muy semejante al que podemos ver en aquella gran pragmática francesa. Bajo formas más pactadas y difusas, Jaume poco a poco va regulando y ordenando sus reinos en el mismo sentido que el francés. Se trata en el fondo de abrir el camino a la administración real, libre e independiente de relaciones señoriales y de los hábitos oligárquicos de los burgueses. Más pactista, porque tiene condicionantes tradicionales más fuertes, Jaume no será menos moderno en su exigencia de una justicia y una administración del rey. En este sentido, ambos fueron reyes conscientes de su lucha y de sus aspiraciones.

Pero lo que más unió a estos dos hombres, y lo que más nos interesa ahora comentar, fue el legado común que les dejaron sus padres. Luis VIII y Pere II implicaron a sus hijos en el asunto del Mediodía, en los temas de la Provenza y del Languedoc, y este es el motivo central por el cual hemos de referirnos a ellos en esta historia. Pues, en efecto, tanto Luis VIII como Pere II se vieron involucrados de forma radical en los dos bandos que se disputaban la suerte del sur y, además, en el momento clave en que su destino se dirimió, en la época de la herejía albigense. Fue Luis VIII quien, aceptando los derechos de Amaury de Monfort, el hijo de Simon, se puso al frente de las tropas de los cruzados papales ante las que había caído años atrás, en Muret, el padre de Jaume. Los hijos se vieron implicados en este escenario por razones diferentes, sin embargo. Luis, por un testamento real, escrito por su padre cuando este todavía era cruzado, y por tanto con la garantía de la Iglesia y con todos los requisitos para que fuera de obligado cumplimiento. Jaume, por el contrario, quedaba atado al problema meridional por la tradición de la casa de Barcelona: el vínculo pagano de la sangre derramada de su padre que, aunque nunca llegó a ser motivo de venganza para el rey, siempre fue entendido por los demás como una exigencia que le obligaba a ello.

Este padre de Luis IX fue el que más duro luchó contra Raimundo, el conde de Tolosa, en la cruzada de enero de 1226. En el curso de una lucha que no podía ser sino victoriosa para Francia, encontró la muerte ese mismo año, dejando el reino en manos de su esposa Blanca. ¡Qué diferencia, sin embargo, entre la infancia de uno y otro rey! Tanto como hay distancias entre los infantes de Aragón, Ferran y Sans, siempre conspirando contra Jaume, y una madre admirable, firme, conocedora de los asuntos del gobierno, que estuvo al lado de su hijo Luis incluso después de su boda, en 1234, con Margarita de Provenza. Blanca siempre fue llamada por todos *regina,* mientras que la esposa del rey era para todos solo la *juvenis regina* [12]. Bonifacio VIII, en el acta de la canonización de san Luis, pudo hablar de Blanca como una de las fuertes heroínas del Antiguo Testamento. Y lo fue. No consintió que los barones se hicieran con la voluntad de su hijo, sino que los fue conformando o derrotando uno tras otro. Para unos nobles usó Navarra; para otros, la guerra contra los ingleses; para los terceros, el sur. Pero ella siempre utilizó esa fuerza que da la decisión irrenunciable, esa que avisa a los enemigos de que el juego va en serio. En 1229 terminó la cruzada contra Raimundo de Tolosa y en ese año se firmó el tratado de Meaux, confirmado un poco después en París. Raimun-

---

[12] Le Goff, *Saint Louis,* ob. cit., pág. 95.

do obtuvo buena parte de sus viejas propiedades, pero perdió Albi, el centro de la herejía, y Arles, que pasó al Papa. La hija de Raimundo, Juana, se casaría con Alfonso de Poitiers, hermano del rey de Francia, y aportaría como dote la propiedad de todo el condado de Tolosa. Detenido en el Louvre, Raimundo se reconcilió con la Iglesia. En hábito de penitente juró fidelidad al arzobispo de París e hizo homenaje *ligio* o exclusivo a Luis IX. La reconciliación con Raimundo de Tolosa no fue, desde luego, definitiva. Aprovechando las luchas de Luis con Enrique III, hacia 1241, Tolosa se puso del lado de los ingleses. Fue una gran constelación de fuerzas, pues se unieron todos los señores de Foix, Comenge, Armagnac, Rodez, Narbona, Béziers. En mayo de 1242, agentes de estas fuerzas asesinaron a dos inquisidores en la propia casa del conde de Tolosa[13]. Pero todos ellos no pudieron hacer nada contra el ejército francés, y el conde tuvo otra vez que pedir perdón y firmar un nuevo tratado, el de Lorris, en 1243, por el que renunciaba a Narbona y se comprometía a destruir sus castillos y a irse a la cruzada. Fue entonces cuando se puso sitio a Montsegur, cuando todos los defensores declarados heréticos fueron quemados. Era el final de la resistencia del sur contra la penetración del norte. Desde 1244 a 1249, fecha de su muerte, Raimundo dejó de tener capacidad de maniobra. Al cabo de cincuenta años, la región de Tolosa sería del rey de Francia con pleno derecho gracias a aquella boda de Juana con el infante de Poitiers. Por la misma época se firma un tratado con Ramon Trencavel, vizconde de Béziers y Narbona, por el cual este cedía sus derechos sobre Carcasona al rey de Francia. La compra a la ciudad de Aviñón de la marina de Belcaire permitía una salida al mar Mediterráneo a la monarquía de Francia. Allí fundará Luis, en Aigues Mortes, el puerto desde donde debería realizarse su sueño de cruzado, embarcarse para tierras de infieles, sin tener que recurrir a Marsella o Génova. Pero todos estos pasos fueron marcados por su sabia madre, la castellana, trabajando codo con codo con su joven hijo.

Para 1230, mientras Jaume salía poco a poco a flote gracias a su conquista de Mallorca, Luis ya estaba plenamente asentado en su poder y podía reunir a todos sus barones en Melun y establecer una forma de gobierno sobre la base de ordenanzas emanadas de su autoridad soberana y válidas para todo el reino[14]. Por mucho que Pere Albert haya querido establecer la figura de un príncipe con jurisdicción general, nunca pensó en dotar a la figura de su rey catalán con la capacidad de dictar ordenanzas de este tipo, superiores a la tradición y a la costumbre. Poco después, en 1233, la boda de Luis con Margarita de Provenza pretendía lograr para los Capetos en el Mediodía oriental lo mismo que tendrían en Tolosa, en el occidental. Para esta boda, el Papa tuvo que eliminar el obstáculo de consanguinidad, que entonces se entendía como incesto. Se apeló a la evidente utilidad del matrimonio, pues coronaba una

---

[13] Cf. Diago. *Historia de la Provincia de Aragón de la orden de Predicadores*, ob. cit., cap. III, pág. 8 -dcha. -izq.

[14] Le Goff, ob. cit., pág. 110.

política de la Iglesia y de Francia. En este caso, sin embargo, para reunir las coronas, se hizo necesario un rodeo y, además, más largo que esos cincuenta años que tardaron los franceses en hacerse con Tolosa. La segunda hija de Ramon Berenguer V, Leonor, casó con el rey de Inglaterra, Enrique III, sin duda para contrarrestar el posible efecto de esa boda de Margarita con Luis. Sancha, la otra hija, se casará con el hijo de Enrique, Ricardo de Cornualles, y mucho después será coronada reina de Romanos en Aquisgrán, en 1257, cuando su marido llegue a emperador. Al morir Ramon Berenguer, sin embargo, dejó heredera de toda la tierra de la Provenza a la bella Beatriz. La constelación internacional, dirigida por Roma, impuso al poco de la muerte de Ramon Berenguer, en 1246, su boda con Carlos de Anjou, hermano de san Luis, desplazando cualquier posibilidad de intervención de Jaume. Cuando a la muerte de Manfredo el Papado hizo a Carlos rey de Nápoles y Sicilia, Beatriz fue coronada reina y la Provenza pasó a ser parte de ese reino de las Dos Sicilias, la espina que, desde el sur de Francia hasta Túnez, se clavó en el Mediterráneo central, la que hacía sangrar la aspiración catalana a expandirse por esas tierras y aguas. En 1481 se extinguió la casa de Anjou y entonces la Provenza pasó a ser parte de Francia. El destino ya había marcado que esa extinción se hiciera allá por el tiempo en que otro rey aragonés destruyera a otro Carlos de Anjou en su batalla por el control de Nápoles. Entonces el eje Provenza-Sicilia-Nápoles fue sustituido por el que Alfonso el Magnánimo construyó desde Cerdeña y Sicilia hasta la punta de Calabria. Aragón pensó en esta ocasión disponer de un Papa cercano a su poder e instaló en el Vaticano a Calixto III, el primer papa Borgia. Pero baste este comentario para mostrar la carga de destino que se jugó en esta época. Ahora lo importante es otra cosa.

 Este era el hecho decisivo: en el reinado de Luis IX vemos todo el Mediodía, el oriental o provenzal y el occidental o la Occitania tolosana, caer en la órbita de la monarquía francesa. Las viejas historias cuentan el postrer camino que recorrió el último conde de Tolosa, Raimundo VII, desde la parte oriental de sus dominios hacia las tierras occidentales. Embalsamado, el cadáver fue paseado por los viejos territorios que habían plantado cara al poder de Roma, al de los cruzados del norte, a los aliados del rey de Francia. Albi, la cuna de los herejes, Gaillac, Rabastens, Tolosa, y desde allí, remontando el Garona, hasta Agen: todas las ciudades lo vieron pasar derramando lágrimas. Simbólico es que iba a ser enterrado a un monasterio llamado Paraíso. Por una ironía de la historia, el poder político que había sostenido a los enemigos de Roma merecía una sepultura piadosa y pacífica. Quizá era así porque, con Raimundo VII, llegaba el final de la dinastía de los condes de Tolosa. A la hora del descanso eterno, era más fácil que Roma fuese generosa. Los planes de Jaume, de casar a Raimundo con Sancha o con Beatriz, las hijas del conde de Provenza, se habían venido abajo. Fuese cual fuese la idea de Jaume al preparar ese matrimonio —y no es fácil describirlo en los términos de unidad nacional de la vieja casa de Barcelona, como la comprendieron los escritores de la *Renai-*

*xença*¹⁵—, el proyecto había fracasado con esta muerte, ocurrida el 27 de septiembre de 1249. La casa de Francia podía ahora hacer valer el tratado de París de 1229 y reclamar los derechos prioritarios de los hermanos de su rey sobre el territorio meridional. Alfonso de Poitiers, el hermano de Luis, yerno de Raimundo, tomó posesión de todos estos territorios. Por este tiempo sabemos de las dificultades que el rey Jaume tenía con los árabes de Al-Azraq y con su yerno, el rey de Castilla Alfonso X. Aragón, en esta constelación, apenas pudo hacer nada por reivindicar sus derechos sobre Tolosa. La combinación objetiva, producida por la lógica de las cosas, de la presión de Castilla por el sur y de Francia por el norte, mostraba sus efectos de manera radical, marcando un camino para las relaciones internacionales que habría de recorrerse muchas veces. El rey Jaume, que casi nunca se equivocó acerca de las verdaderas relaciones de fuerzas, comprendió esa lógica de las cosas y orientó su política desde ella. Eso implicaba preparar una paz definitiva con Francia.

---

[15] Daniel Girona, «Mullerament del Infant en Pere de Cathalunya», *I CHCA,* ob. cit., pág. 235.

42
UNA FRONTERA DE PAPEL AL NORTE

De lo que sería con el tiempo el territorio de Francia solo conservaba el rey Conquistador la influencia sobre la ciudad de Montpellier, más el Rosellón y la Cerdaña y algunos valles pirenaicos como el Conflent, con Prades. Mantener aquellos fragmentos ya no podía ser fácil. Fue poco después de la muerte de Violante cuando los problemas volvieron a surgir en el eslabón más débil de los dominios de Jaume: justo la isla de Montpellier. La situación de esta ciudad era la propia de una vieja comunidad urbana con aspiraciones políticas inextirpables, que había logrado expulsar de su seno la dominación de su obispo y que todavía peleaba por una libertad parecida a la que gozaban las ciudades italianas. Para no caer en manos de la Iglesia, Montpellier había preferido entregarse a diversos señoríos. El azar histórico la había entregado a manos de don Jaume, quien en diversas ocasiones de su vida había tenido que defender su dominio con todos los medios a su alcance. Desde sus lejanos territorios del sur hispano era muy difícil para el rey controlar los sutiles movimientos de esta política republicana, y resultaba casi imposible distinguir entre los amigos y los enemigos, entre las ofertas beneficiosas y las trampas. Justo por eso, el rey tenía necesidad de sentir su poder sobre la ciudad con medidas y mandatos de dudosa oportunidad. Además, don Jaume siempre tenía necesidad de dinero. Montpellier era una ciudad sin puerto, pero con un intenso comercio que canalizaba por Lates. Para regular el tráfico de mercancías desde el mar a tierra y desde la ciudad al puerto se conocía un impuesto antiguo: la *mealha,* una especie de lezda o impuesto por transacciones comerciales con el exterior. Este impuesto era gestionado por la ciudad, cobrado por ella, y se empleaba para mejorar sus obras públicas. Quizá fue el rey por iniciativa propia, pero es más probable que fuese su lugarteniente en la ciudad, cabeza de fila de su partido, quien sugiriese a don Jaume la posibilidad de hacerse con ese impuesto, contando con que ellos lo administrarían. En el fondo, se trataba de la apropiación real de un impuesto municipal. Los burgueses de Montpellier, que guardaban una clara memoria de los antiguos disturbios y la forma en que se habían consumado, se alzaron en armas y la milicia urbana se apropió del impuesto por la fuerza. Era el año 1252.

El rey no estaba por aquel entonces en Montpellier, sino en Barcelona. Así que pidió a los ciudadanos que se acercaran a la capital catalana, donde él juzgaría esta causa. Como era lógico, los burgueses de Montpellier protestaron. El rey no podía ser juez y parte en aquel pleito. Además, iba en contra de todos los usos de la época que un asunto fuera juzgado lejos del lugar donde se tenía el problema y por tribunales ajenos. Los aragoneses no hubieran permitido jamás algo semejante, y el rey lo sabía. Por lo demás, siempre estaba detrás el mismo problema. A fin de cuentas, Jaume era un soberano secundario de Montpellier y había reconocido su carácter vasallático respecto del soberano originario: el obispo de Magalona. Así que los burgueses apelaron al último señor, intrigante y astuto. La reacción fue grave: el baile, la autoridad fiscal y judicial más importante de un territorio de la corona, se nombró sin autorización suya. El siguiente paso de los rebeldes consistió en buscar la alianza de Amalrico, el vizconde de Narbona, la vieja capital goda. Los términos de este pacto no dejaban duda alguna sobre el sentido estratégico de los conjurados: las partes se prometen recíprocamente hacer la guerra a todos los que atenten contra los cónsules, síndicos y representantes de la comuna de Montpellier. Las únicas excepciones que se contemplan son los reyes de Francia y de Castilla. Los coqueteos con Carlos de Anjou, dueño consorte de la Provenza, no se hicieron esperar. Jaume ya no era el rey querido de los montpellerinos. Si la necesidad más urgente de Montpellier era defenderse, en toda circunstancia, de la hostil e imperial ciudad de Marsella, esta tarea la podía cumplir ahora Francia con mayor eficacia que el rey de Aragón.

La pieza fundamental de todo el rompecabezas era de nuevo el obispo de Magalona. Un hombre decisivo de la política francesa de la época, fiel agente de Blanca de Castilla, Guido Foulques, futuro Clemente IV, trabajaba después de la muerte de la reina viuda para que el obispo se hiciese vasallo de Francia, con lo que se complicaría la situación de Jaume: el rey señor de Montpellier sería, a su vez, vasallo del rey de Francia. Dado que había posibilidad de iniciar una causa contra Jaume por incumplimiento de los pactos vasallaticos —pues desde luego había violado el privilegio de la ciudad—, el movimiento de aproximación a Francia dejaba a nuestro rey sin legitimidad para reclamar el dominio sobre Montpellier. Al final, la operación se culminó con toda solemnidad y el obispo Pedro de Conques declaró que era vasallo de Francia y que el rey de Aragón tenía en subfeudo la ciudad de Montpellier a condición de señor de la ciudad, y no de rey. Montpellier no era parte de la corona de Aragón, ni de la casa de los condes de Barcelona, sino un territorio de gobierno circunstancial del rey Jaume, que había llegado a él por herencia materna. En realidad, era un movimiento envenenado. Montpellier podía resistir una soberanía lejana y suave, acostumbrada a la integración de centros de poder diferentes, como era la corona de Aragón. Pero la ciudad no estaba dispuesta a resistir una dominación intensa, que afectara a su autonomía fiscal y le privara de sus impuestos. Aunque por aquel entonces se percibía la intensidad del poder de Francia y resultaba igualmente complicado anticipar sus maneras de gobernar, para los de Montpellier lo más urgente era impedir aquel abuso del rey aragonés. Los burgueses de la ciudad republicana, quizá con el pie forzado, aspiraban a mantener sus libertades políticas mejor con el rey de Francia que con Jaume. Sin duda, fueron engañados por la historia. Finalmente, se mostraron incapaces de ver que el obispo de Magalona servía la causa de Francia y que esta era mucho más reacia al mantenimiento de las libertades políticas que la monarquía aragonesa.

Pero, por mucho que los trovadores lanzaran sus serventesios reclamando la unidad de acción militar de Inglaterra y Aragón para hacer frente a Francia, Jaume sabía que las cosas no podían llegar a la guerra, por mucho que Francia estuviera sin rey, perdido en una cruzada estéril, catastrófica, y a pesar de que la madre de san Luis, la poderosa reina Blanca, acabase de morir en noviembre de 1252. La constelación internacional impedía ese movimiento. Por una parte, los aragoneses eran claramente afines a los Staufen, mientras que los ingleses eran aliados de los güelfos, los aspirantes sajones al Imperio. Un acuerdo a largo plazo entre ellos era más bien improbable. Los ingleses, además, sabían que esta alianza acabaría lanzando a Castilla desde el señorío de Vizcaya contra sus territorios de la Gascuña, un problema que tarde o temprano irrumpiría en la historia hispana. Al final así pasó, desde luego, y tuvo una amplia influencia sobre las relaciones internas de la historia de España y el ascenso de los Trastámara al poder del reino castellano. En suma: la alianza entre ingleses y aragoneses intensificaba la de los castellanos y franceses, mientras Aragón, el peor parado de todos, perdía de vista sus intereses en el Mediterráneo, vinculados a Sicilia y a los Staufen. Así que Jaume vio con claridad que en la crisis de Montpellier únicamente cabía una solución diplomática, y eso era lo que se precisaba emprender tan pronto como el rey de Francia estuviera de nuevo en las tierras de su reino. Y así fue. Luis, avisado de la muerte de su madre, se embarcaba el 25 de abril de 1254 en Acre y llegaba a tierra francesa en el verano del mismo año. Entonces tuvo el encuentro con Hugues de Digne, el franciscano apocalíptico, el joaquimita que transformó su vida e hizo de él un rey preocupado por el final de los tiempos [1]. Era una respuesta de su espíritu apropiada a la situación en la que se hallaba. San Luis, por entonces, no dejaba de ser un rey huérfano, derrotado y confuso.

En efecto, el famoso historiador francés Le Goff ha escrito en alguna parte [2]: «Hay un san Luis antes y después del periodo 1250-1254. Antes era un soberano seguro de sí, confiado en la ayuda de Dios, cierto de ser su instrumento y, por eso, fue vencedor. Después, un rey vencido, abandonado por su Dios, que busca reencontrarse con su favor, que explica su caída por sus pecados y por los de su pueblo y que tras una larga penitencia, privada y pública, quiere probar y probarse que ha reencontrado el amor de su Dios recomenzando la empresa que le servía de test, la cruzada». Mateo París también

---

[1] Le Goff, ob. cit., págs. 212-213.
[2] Ídem, en el Prólogo al libro de O'Connell, *Le propos de Saint Louis,* ob. cit., pág. 22.

nos descubre un rey en crisis regresando de su primera expedición a Egipto: fijos lo ojos en el suelo, dominado por una honda tristeza, entregado a profundas lamentaciones y suspiros, sumido en la depresión. Ninguna de todas estas inclinaciones enfermizas descubrimos en don Jaume, que sabe leer mejor los mensajes de la divinidad y, sobre todo, interpretarlos a su favor. Cuando fracase su intento de cruzada, no se amargará ni se culpará, a pesar de que Roma había intentado por todos los medios avisarle de que ya no podía gozar de la confianza de Dios para impulsar una guerra santa, pues en el fondo amaba ya con más intensidad a Berenguela Alfonso que su gloria militar. No por ello la repudió ni dejó de gozar de su compañía. Volvió a su tierra y se entregó a sus asuntos de rey con cierta normalidad, como veremos. Una sencilla confesión con el Papa en Lyon le otorgó una plena serenidad y, a pesar de la tristeza que lleva aparejada la decadencia y la vejez, nunca padeció los abismos de la depresión. Por el rostro de don Jaume no pasó jamás la niebla de la melancolía, «el grandísimo e incalculable pecado que engendra la blasfemia contra el Espíritu Santo», como tuvo que decirle a san Luis el obispo que lo contempló a su regreso del Nilo. Desde entonces, los mejores momentos fueron aquellos en los que san Luis se entregaba a fomentar la paz en Europa, mientras que don Jaume, como vamos a ver, siempre prepara nuevas jugadas en el tablero de la política. Por fin, nada más diferente que sus muertes, el momento de la prueba final, el certificado definitivo de la verdadera relación de cada uno con el Dios protector. Reconciliada y serena la de don Jaume, casi en brazos de su hijo y heredero, luchando la guerra de siempre contra los musulmanes, en su tierra nueva de Valencia, ganada con su esfuerzo y con su Dios. Olvidada, lejana, ante las puertas de Túnez, que nunca se le abrirían, impotente y abandonado, fue la de san Luis. Allí no le sirvieron, como aquella vez en la campaña de Poitou de 1242[3], ni la madera de la santa cruz, ni la corona de espinas de su Señor, comprada con tanto dinero, ni la lanza que había abierto el costado de Cristo. Allí, en las puertas de Túnez, san Luis no regresó a la vida, como en aquélla casi resurrección que asombró a todos. Don Jaume no tiene ninguna reliquia porque casi no padeció enfermedades. Por lo demás, la muerte no le cogió dormido: lúcido entrega el poder a su hijo y lúcido emprende el camino hacia Poblet, dispuesto a llegar hasta donde Dios le deje. Su muerte fue la de un padre en su tierra. Sin embargo, y aunque su entierro fue provisional y no le garantizó el descanso definitivo, no fue tan extraño como el que tuvo que soportar el cuerpo lacerado de san Luis: su corazón y sus entrañas fueron enterradas en Monreale, cerca de Palermo, a pocos kilómetros de donde yacía el emperador Federico, en la basílica imponente que parece un fragmento de Bizancio en tierra de la Magna Grecia. Sus huesos, desprovistos de la carne, ya que su cadáver había sido hervido en una mezcla de agua y de vino para que se desprendiera de ellos, fueron enviados a Saint-Denis.

---

[3] O'Connell, ob. cit., págs. 123-124.

¿Era este el final desgraciado y triste que presentía san Luis cuando volvió del Nilo y dudaba de que el Espíritu Santo le asistiera? Puede ser que lo temiera desde el mismo momento en que su madre abandonara este mundo. Pero el miedo a esa desolación confusa le inclinó a encarnar con la más extrema coherencia el oficio de rey cristiano. Desde ese momento, en que publica la gran ordenanza, el famoso *Établissement,* por el que debían regir su reino, Luis aspiró a la justicia y a la paz. Así que tampoco era el hombre para enrolarse en una campaña contra Aragón, contra Inglaterra, contra el sur de Francia. Este programa de justicia y de paz, profundamente sentido por el rey francés como un ejercicio penitencial, produjo el tratado de Corbeil con Jaume y el tratado de París con Enrique III, de 1259 [4]. Pero ni siquiera entonces las cosas fueron fáciles. A la paz se llegó, como casi siempre, tras un largo proceso. En junio de 1255 los dos reyes, Jaume y Luis, llegaron a un principio de acuerdo. El deán de Bayeux y el sacristán de Girona, Guillem de Montgriu, se comprometían a estudiar el asunto de los derechos catalanes sobre el Mediodía francés y los derechos franceses sobre el principado catalán, el antiguo territorio de la Marca Hispánica en el tiempo de los carolingios. En un año debían pronunciar una sentencia de obligado cumplimiento. Mientras tanto, las relaciones entre los dos reyes eran formalmente buenas, pero las tensiones se acumulaban tras el escenario principal. Jaume seguía empeñado en reducir la rebelión de Montpellier. Luis no podía negarle el derecho, pero tampoco quería darle facilidades, pues Montpellier finalmente había aceptado el trato por el que Luis le había compensado con creces por instalar el cercano puerto francés de Aigues Mortes. Así que Luis permitió el paso de Jaume por una tierra que ya era de Francia para vengar su honor en Montpellier, pero prohibió a sus súbditos que se pudieran enrolar en las tropas del rey. Por el contrario, no movió un dedo para impedir que los caballeros franceses al servicio de Castilla hostigaran al rey aragonés en la frontera común. A pesar de todo, hubo escaramuzas en Carcasona, donde el infante del rey aragonés, un jovencísimo Pere recién nombrado *heres Catalonia* [5], perdió los nervios contra una fortaleza ocupada por soldados del rey de Francia.

En esto, los jueces de la cuestión demoraban la sentencia. La problemática, en efecto, era ardua. Cataluña había sido la Marca Hispánica, desde luego, pero Hugo Capeto la había abandonado cuando debía haberla defendido contra los musulmanes. Luego, Tarragona ya había ordenado fechar sus documentos según la era cristiana y no según el sistema de los reyes de Francia.

---

[4] Para el relato de las relaciones entre Luis y el rey inglés Enrique III, desde 1242, con la victoria de Tailleburg, hasta el tratado de París, junto con la entrevista de 1254, donde se visualiza para los historiadores del presente, como Mateo París, el estatuto del rey de Francia como «rois de rois de la terre», tanto a causa del óleo celeste con el que había sido ungido, como de su «pouvoir et sa prééminence en chevalerie», cf. *Le propos,* ob. cit., págs. 137-138. Es curioso que nada se cuente de la relación con Jaume.

[5] Así se titula en un documento de 30 de septiembre de 1254. Cf. Soldevila, *Pere el Gran, L'Infant,* Parte I, vol. I, ob. cit., pág. 33.

Desde 1162, los condes de Barcelona eran también reyes de Aragón y, por eso, no debían prestar homenaje al rey de Francia. Por lo demás, resultaba dudoso que Luis fuese el depositario de los derechos de Carlomagno. Eran cuestiones difíciles de resolver, por no hablar de la imposibilidad de sentenciar sobre los derechos acerca de Carcasona, Millau, Provenza o Tolosa, perdidos en un marasmo de enlaces familiares. Como podemos suponer tras estas consideraciones, había concluido con creces el plazo de un año que se había dado a los jueces y se echó encima el año nuevo de 1258 sin acuerdo y sin guerra. La situación demostraba muy a las claras que nadie podía vencer ni ceder. Así que se acabó, como siempre, entregándolo todo al azar de las relaciones familiares, que permitían a todos ganar tiempo. Esta vez se concertó el casamiento de la infanta más joven de don Jaume, Isabel de Aragón, con Felipe, el segundo hijo del rey de Francia. Los embajadores plenipotenciarios del rey Jaume, con autorización para pactar con el rey de Francia un tratado que pusiera punto y final a las diferencias jurídicas entre ambos, salieron de Tortosa el 14 de marzo de 1258 [6]. Entre ellos iban el obispo de Barcelona y el hombre del rey en Montpellier, Guillem de Roquefeuil. Encontraron al rey de Francia en Corbeil. Allí, el 11 de mayo del mismo año, llegaban a un acuerdo que será decisivo para entender la suerte de Cataluña y de España. Dos meses después, el tratado era ratificado por Jaume, en Barcelona, incluido el pacto de matrimonio entre los dos infantes. La consecuencia de este acuerdo matrimonial era que Jaume renunciaba a sus derechos sobre la Provenza en favor de la reina Margarita de Francia, prima suya, con lo que pasaría en derecho antes a los hijos de la monarquía de los Capetos que a los hijos de la casa de Barcelona. Este documento se aprobó el 17 de julio de 1258 [7]. Francia renunciaba como contrapartida a sus derechos sobre la Marca Hispánica. A su vez, Jaume renunciaba a Carcasona, Millau y Tolosa. Montpellier fue dejado al margen del tratado y en 1264 Luis todavía lo reclamaría con fuerza. El Rosellón y la Cerdaña seguían siendo parte del principado de Cataluña y lo serían hasta 1659, fecha en la que se firmó la paz de los Pirineos.

El tratado de Corbeil reconocía la prioridad del rey de los francos sobre el rey de los aragoneses. San Luis era citado en primer lugar y hablaba de Jaume como «dilectum amicum nostrum». En el tratado se mencionaban todos los territorios del Mediodía a excepción de la Provenza, objeto de un documento adicional en el que se afirmaba expresamente la donación de los derechos a Margarita [8]. El derecho que pudiera o debiera tener Jaume sobre todos aquellos territorios era cedido a la autoridad de Luis. En realidad, el tratado hablaba de todos los territorios al norte del Rosellón y la Cerdaña, los iba citando de uno en uno, y de todos ellos el rey de Aragón se comprometía a no reivindicar derecho alguno. A cambio de ello, Luis se comprometía a no re-

---

[6] Cf. los documentos en Huici-Cabanes, vol. IV, docs. 1.003 y 1.004, págs. 91-99.
[7] Huici-Cabanes dan la fecha de 16 de julio. Cf. vol. IV, doc. 1.018, págs. 109-112.
[8] Cf. Huici-Cabanes, vol. IV, doc. 1.019, pág. 112.

clamar ninguna de las tierras del Rosellón, ni por él ni por sus sucesores. El condado de Foix resultó excluido del tratado, con lo que Jaume desautorizó a sus embajadores, que lo habían incluido. Es muy curioso ver cómo, en 1644, los defensores franceses de la incorporación de Cataluña a la Francia de Luis XIII impugnaron el tratado de Corbeil, aludiendo a que no había sido firmado por los Estados Generales de París y que, por tanto, era nulo. Tampoco lo habían jurado las Cortes de Cataluña. En aquella ocasión, los franceses afirmaron que la cesión de derechos por parte del rey de Francia era nula. Este es un ejemplo de lo sufrido que es el papel de los tratados: casi cuatrocientos años después de ser pactado, los políticos activos sentían la necesidad de desprestigiar un acuerdo que los dos reyes firmaron con la mejor voluntad. En realidad, aquella de 1644 fue una interpretación cínica. De hecho, ya lo era en 1258. Los títulos que podía esgrimir Luis IX para reclamar Cataluña eran radicalmente ajenos al presente histórico: Carlomagno quedaba muy lejos y resultaba evidente que la evolución convergente del Mediodía francés y la de Cataluña había acercado a todos estos pueblos en una comprensión común de la vida, de la cultura, del derecho, expresado todo ello en una lengua franca que, a pesar de sus variantes dialectales, se podía entender desde la Provenza hasta Valencia. Esa relativa continuidad cultural y social era la realidad que se rompía al abrirse paso la influencia de Francia sobre el Mediodía.

Por lo demás, la pretendida dependencia catalana de Francia no se había renovado desde los lejanos tiempos de la Marca Hispánica. Desde una perspectiva histórica, el dominio del imperio franco fue un cierto paréntesis en la evolución propia de los territorios que habían sido antes la Galia más romanizada y luego objeto de la dominación visigótica. Sin duda, de haberse tenido en cuenta las preferencias de las gentes, se habría mantenido la presencia de la casa de Barcelona en estas tierras. Es verdad: Luis no renunciaba a nada real con este tratado de Corbeil. Jaume renunciaba a una posibilidad cercana, próxima, a una causa que se había jugado de verdad en Muret con la muerte de su padre, que había movilizado las energías de toda la nobleza meridional, que había dirigido toda la política matrimonial del rey; una causa, en suma, que podía volver a jugarse en una constelación histórica más favorable, mientras se pudiera apelar al derecho que aquellas gentes reconocían: el patrimonial y el feudal. Tras la derrota de Muret la moneda podía volver al aire. Tras Corbeil era más difícil. Quizá fuese un regateo corto, jugado por el rey para salvar Montpellier. Don Jaume creía que el tratado de Corbeil era la paz y la solución de sus problemas más inmediatos en suelo francés. Mirando los acontecimientos posteriores que habría de impulsar, comprendemos que el tratado de Corbeil le dejaba las manos libres para otros frentes de su política exterior. Que la firma estaba muy relacionada con la rebelión de Montpellier, se descubre fácilmente por el hilo de los acontecimientos. En diciembre de 1258, el rey se dirigió a su ciudad natal, donde proclamó una amnistía general. Aunque las tensiones no acabaron del todo, al menos su ciudad, aquella por la que podía sentir la debilidad sentimental que acostumbramos a proyectar sobre el primer paisaje que vieron nuestros ojos, la herencia de su madre, el palacio donde había sido engendrado y salvado milagrosamente, todo ello seguía siendo de su soberanía. Los demás territorios, mirándolo bien, jamás habían sido suyos. Nunca tendría, ni en el mejor de los casos, una autoridad diferente de la formal y feudal sobre sus señores reales. Desde cierto punto de vista, Jaume también se desprendía de un derecho sobre el papel. Pero, como hemos visto, digan lo que digan los papeles, estos jamás impiden los sueños de los soberanos. Al poco tiempo de la muerte de don Jaume, su esforzado hijo, Pere III, todavía soñaba con un Estado único casi desde los Alpes hasta Murcia, con las islas que este inmenso arco mediterráneo albergaba en su seno, desde las Baleares hasta Sicilia. Pero no hubo que esperar a la muerte de Jaume. En cierto modo, como vamos a ver, Carlos de Anjou se había hecho con la Provenza y con Sicilia, al mismo tiempo. En la medida en que la política catalana pasaba por Sicilia, Pere tendría que enfrentarse al de Anjou. Para explicar este futuro, sin embargo, tenemos que dar paso al relato sobre el inicio de las relaciones catalanas con Sicilia. Este será el objeto del capítulo siguiente. Por el momento, debemos anticipar que el tratado de Corbeil no iba a impedir futuros desencuentros entre los dos reinos vecinos, en modo alguno. La frontera del norte estaba firmemente establecida. Pero solo en los papeles. Curiosamente, en este caso el papel iba a ser lo real y lo perdurable. Como si las acciones de estos dos grandes reyes no pudieran ser violadas ni alteradas, su tratado representó la sustancia perenne de la historia, fuera cual fuera la voluntad de los reyes que vinieran después.

43
JAUME Y FEDERICO:
LOS ANTECEDENTES DE LA AVENTURA MEDITERRÁNEA

Mientras Jaume resolvía los problemas de Montpellier y arreglaba las relaciones con Francia, otros conflictos crecían en sus reinos. Como es natural, cuando se padecen dificultades en el exterior, siempre crecen las del interior. La constelación de estas turbulencias internas presentaba siempre la misma lógica: el infante Alfonso de Aragón presionaba sobre su padre con el apoyo a media distancia de Castilla, con la simpatía de los ricoshombres de Aragón, y ante la cauta y atenta mirada de los nobles catalanes, pendientes de no perder la franja del Segre, los condados de Pallars, Ribagorza y la ciudad de Lleida. La solución a este juego de presiones solo podía ser una: ceder lentamente a las exigencias del primogénito, para impedir que las hostilidades estallaran con toda su violencia. De llegar a este extremo, el rey Jaume tenía mucho que perder. Finalmente, dejándose llevar por su instinto, cedió ante su primogénito y reajustó las relaciones de fuerzas haciendo jurar a Alfonso como heredero del reino de Valencia. Esto ocurría en septiembre de 1257, tal y como se puede leer en el libro áureo de los Privilegios de Valencia y en otros textos documentales [1].

Sin embargo, por este tiempo, la situación empezaba a complicarse en Cataluña, sin duda, a partir de la nueva política de feudos que el rey Jaume impulsaba y que ya vimos reflejada en las nuevas interpretaciones de los *Usatges de Catalunya* que había escrito Pere Albert. Esta política fue aplicada al pie de la letra por el infante Pere, que desde septiembre de 1257 ejercía funciones de procurador de Cataluña [2]. Así sucedió, por ejemplo, con el asedio que el infante organizó sobre el castillo de Ostoles, contra el señor Guillem Galceran de Cartellà. El motivo que nos ofrece la *Gesta Comitum* era que el

---

[1] Cf. el documento 53 del vol. VI, pág. 126, de la *Colección de Documentos Inéditos del Archivo de la Corona de Aragón,* y *Aureum opus,* ps. LIII, pág. XVII.

[2] Ferran Soldevila, *Pere el Gran*, Parte I, vol. I, ob. cit., pág. 107.

señor de Cartellà dañaba las tierras y los hombres del rey. Un documento que cita Soldevila[3], firmado por Jaume desde Montpellier el 9 de enero de 1259, indica el verdadero motivo: que Galceran de Cartellà había tomado el castillo de Ostoles a un hombre del infante Pere y ahora este tenía pleno derecho a recuperarlo.

Quizá tuviera que ver con esta nueva interpretación del derecho feudal la sublevación de los barones catalanes dirigidos por el conde de Urgell. Tal vez el motivo adicional fuese la autorización que dio el rey para que se pudiesen formar hermandades[4] de vecinos armados con ballestas y espadas para repeler los ataques del bandolerismo, por lo general actividad propia de los nobles cuando no estaban en guerra o cuando eran desposeídos de sus feudos. Estas hermandades iban, obviamente, en contra de las leyes feudales. Sea por una u otra razón, la nobleza catalana se alzó revoltosa. El vizconde de Cardona, Ramon Folch, así como Alvar, conde que entonces ocupaba este feudo de Urgell en nombre del rey, debió de manifestarle su desnaturalización, pues hay una carta del rey en la que se dice: «En las cartas que nos has transmitido se contenía que vos nos dejabais». Como era habitual, el rey le reconocía que esto «nos marevellam» y a continuación impugnaba que existiese razón alguna para la deserción. En verdad, si hemos de ser concretos, el rey negaba «aquel feyt» que invocaba el de Cardona como motivo de su comportamiento, fuera cual fuera[5]. El rey, como conclusión, le proponía que en el mes de enero de 1259 un «consell de nostres richs homes que sien a vos sens tota sospita» juzgaran el caso. De no hacerlo, el rey se reservaba el derecho de impedir que hiciera daño a hombres y tierra. No sabemos mucho de estos conflictos, pero hemos de suponer que pronto se habrían de mezclar con los problemas viejos que provocaba el infante Alfonso de Aragón. Tenemos noticia de que en septiembre de 1259 el rey Jaume rebatía alguna carta anterior del vizconde de Cardona, refutando que hiciera injusticia a los ricoshombres de Cataluña y que les rompiese «lurs costumes». Sin ninguna duda, esto tenía que ver con la nueva interpretación de las relaciones feudales de las que ya hemos hablado. Pero cuando el rey pasa a la ofensiva para defender su posición y su derecho, lo que viene a decir es que se siente agraviado porque Cardona no había cum-

---

[3] Ferran Soldevila, *Pere el Gran*, Parte I, vol. I, ob. cit., pág. 108.
[4] Cf. *Colección de Documentos Inéditos del Archivo de la Corona de Aragón*, vol. VI, pág. 124.
[5] El señor de Cardona del que aquí se habla es siempre Ramon Folch IV (1233-1276), hombre extraordinario por su corpulencia y fuerza, puesta al servicio de su hostilidad hacia don Jaume, rey que siempre estuvo cercano a los intereses de los Montcada, los enemigos de Cardona. En cierto modo, esta hostilidad fue la razón de ser de su vida, hasta tal punto que Ramon moría el mismo año que el rey. Su alianza con Alvar de Urgell y con Pons Hugo III de Ampurias, así como con los Rocabertí y los Anglesola, configura el núcleo nobiliario hostil a su príncipe. Su hijo, Ramon Folch V (1276-1320), conoció una primera época de hostilidad hacia Pere, pero tras los acuerdos de 1281 se convertirá en un fiel aliado del rey, defendiendo con pundonor en 1285 su tierra de Cataluña contra los invasores franceses. Así defendió Girona incluso contra sus viejos aliados, los hombres de Foix, en aquellos momentos a favor de los franceses. Cf. Sobrequés, *Els Barons de Cataluña*, ob. cit., págs. 113-115.

plido su promesa de defender al infante Pere «de l'infant Alfonso et de tot altre home del món». Vemos aquí que la hostilidad del infante de Aragón, Alfonso, no había desaparecido. Por eso el rey acababa ordenándole que entregara al infante todos los castillos que tenía en feudo suyo[6]. Sabemos que el 2 de noviembre de 1259 escribió al conde de Cardona de nuevo ofreciéndole paces y que luego el 19 de abril de 1260 ofreció a Alvar la mediación del obispo de Barcelona, cosa que no aceptó, porque en junio de este mismo año seguía haciéndole la guerra en el Rosellón.

Fue entonces cuando moría el infante de Aragón, Alfonso, desactivando durante años la conflictividad aragonesa. La muerte descabezaba el partido aragonés, neutralizaba por el momento las intrigas de los ricoshombres y dejaba sin alianzas a los nobles catalanes rebeldes. La división del reino dejó de contemplarse. Ahora Pere podría heredar a la vez Aragón y Cataluña. Los desencuentros entre los dos hijos del rey, Pere y Jaume, junto con la propia voluntad de su padre de conceder al hijo más joven los reinos conquistados por él[7], pronto se disolvieron. Al final, Jaume solo se quedaría con el reino insular mallorquín. El rey entonces nombró un equipo de gobierno para Pere, equipo que debería regir en todo Aragón y Cataluña[8]. Fue este el tiempo en que Pere juró que aceptaba con reservas el testamento de su padre, si implicaba la división de los reinos, y que se sentía legitimado a desobedecerlo tan pronto pudiera[9]. Todo esto debió de calmar la situación en relación con los nobles rebeldes hacia la segunda mitad de 1260, cuando el rey, a su regreso de Montpellier, ponía en marcha los preparativos de la boda de Pere con Constanza de Sicilia, la gran operación de política internacional en la que acabarían encontrando su protagonismo justo los nobles más relevantes de la oposición al infante, como ese Galceran de Cartellà, que llegaría a ser el conde de Catanzaro y del que Muntaner pudo decir que para contar sus hazañas en Italia se necesitaría escribir un libro tan grande como el de Lanzarote del Lago[10]. Las paces con Alvar debían de estar vigentes hacia finales de julio de 1261, pues en esa fecha Jaume reconoce una deuda con él de quinientos morabatinos de oro por haberse prestado a una misión en Barcelona con sus soldados para preparar las bodas de Pere y Constanza de Sicilia, la legítima heredera de Manfredo. El rey prometía un pronto pago de la deuda, hacia la feria de San Miguel. Es de suponer que el rey no habría confiado una misión tan cercana y honorable al conde de Urgell si no estuviera ya en paz con él. Aquí, una vez más, bajo la fría letra de los documentos, descubrimos lo esencial: tras la firma del tratado de Corbeil, de la paz con Francia y tras la amnistía general para Montpellier, después de la muerte de Alfonso, la nobleza em-

---

[6] Ferran Soldevila, *Pere el Gran*, Parte I, vol. I, ob. cit., pág. 109. Aquí se cita el doc. 854 de Huici.
[7] Zurita nos informa de ellos en el Libro III, cap. XLI, de los *Anales*.
[8] Soldevila, *Pere el Gran*, Parte I, vol. I, ob. cit., pág. 110.
[9] Que se firmó el 15 de octubre de 1260.
[10] Muntaner, *Crónica*, ob. cit., cap. CXXVIII.

pieza a relajar su presión sobre el rey y este vuelve de nuevo a ganar su batalla. De hecho, la paz externa con Francia, y las buenas perspectivas de Sicilia, se traducen en paz interna. Al tener el rey las manos libres para nuevas empresas exteriores, puede ofrecer un nuevo campo de acción a la sed de protagonismo de sus nobles. Expansionismo exterior y unidad interior se dan la mano. Por eso era tan importante la boda de Sicilia, donde tremendos acontecimientos estaban teniendo lugar y donde Castilla ya tenía un protagonismo importante, primero con el infante don Enrique y luego con el infante don Fadrique [11]. Por eso, ahora, tras arreglar los asuntos con Francia y pacificar su situación interior, debemos analizar este movimiento del rey de Aragón que lo llevó al corazón mismo de la cuestión del Imperio, a Sicilia. Pues en este paso desde Occitania a Sicilia descubrimos de la manera más precisa el cambio de lo viejo a lo nuevo, de la vieja lógica feudal de los nobles catalanes a la nueva aventura nobiliaria mercantil y burguesa de una monarquía expansiva, que desplazaba su principal enemigo desde París hasta la casa de Anjou, pronto dueña de la Provenza y de Sicilia.

Hemos de insistir en que solo una clara situación interior dio margen a don Jaume para iniciar la gran aventura mediterránea de Aragón. Pero esta mirada hacia los problemas de Sicilia no era nueva. Para analizar los antecedentes de la implicación catalano-aragonesa en Sicilia, debemos remontarnos un poco en el tiempo. Pues, en efecto, las relaciones entre el rey de la isla, el gran emperador Federico II, y la casa de Barcelona de Jaume eran antiguas e intensas. Y no solo eso. Las afinidades entre estos dos reyes son todavía más fascinantes que las contraposiciones descubiertas, en los capítulos anteriores, entre el rey san Luis de Francia y nuestro rey aragonés. Como puede suponer el lector, para dibujar la figura del emperador Federico II se requiere todavía invocar el nombre de Ernst Kantorowicz. Cuando releemos las páginas del capítulo dedicado a su infancia [12], durante muchos momentos creemos estar ante la viva estampa de Jaume. He ahí al niño nacido igualmente contra todo pronóstico, al día siguiente de la Navidad de 1194, catorce años antes que Jaume. Hijo, como este, de un matrimonio imposible entre el heredero del Imperio, Enrique VI, el hijo de Barbarroja, y la heredera del reino normando de Sicilia, Constanza, pronto lo vemos huérfano tras apenas vivir un año al lado de su madre, como le sucedió a Jaume. Esta madre deseaba sobre todo que heredara su reino patrimonial, Sicilia, como María de Montpellier deseaba sobre todo ver a su hijo señor de su ciudad natal. Como a Jaume, vemos al pequeño Federico niño y solo, rey nominal de una isla, vagar por los barrios de Palermo, sin tener de qué comer, asistido por los burgueses del puerto, como vimos al rey de Aragón en el monte pelado de Monzón, alimentado por las rentas de los templarios. Nadie creyó en Federico, como nadie creyó en Jaume. Pero los dos adolescentes se iban poco a poco haciendo a sí mismos,

---

[11] Ballesteros Beretta, ob. cit., págs. 262-273.
[12] Ernst Kantorowicz, *L'Empereur Frédéric II*, Gallimard, París, 1998, págs. 20 y sigs.

comprendiendo las distancias inmensas entre su derecho y su realidad, en contacto con un mundo que los miraba con ironía; aprendiendo de él, pero siempre sin perder un ápice de conciencia de su dignidad. Estos dos reyes conocieron a los hombres de mundo tal y como estos se manifiestan ante quienes juzgan que no llegarán jamás a tener poder alguno. Sabían hasta qué punto todos podían ser brutales con quienes juzgaban impotentes. Aprendieron a identificar quiénes tienen pronto el desprecio y quiénes conservan en toda circunstancia un fondo de respeto a los hombres y de fidelidad a sus soberanos. De sus estados en completa disolución, ellos supieron hacer realidades de poder temibles y eficaces, dignas de ser tenidas en cuenta.

Sin duda, Federico se nos presenta todavía como dotado de una grandeza sobrehumana, casi demoniaca, fáustica. No es solo la sensibilidad nietzscheana de Kantorowicz la culpable de que se alce ante nosotros como la figura más fascinante de su siglo. La flexibilidad, el instinto, la agudeza, la penetración para resolver de un tajo situaciones complejas, la obstinación, la furia, todo hace de Federico un rey cuya resistencia interna fascina aún más por su aspecto suabo, su figura gentil, su rostro juvenil y melancólico. Frente a él, Jaume, por envergadura un gigante y por naturaleza impulsivo, siempre es un realista, un rey calculador. El primero sabe que domina todas las situaciones, en las que siempre es el principal actor y en las que por doquier lleva la iniciativa. Jaume se hace cargo de la lógica muy compleja y poderosa que se le impone, en la que su inteligencia y su realismo siempre le dictan la manera de explotar las mejores posibilidades. Ambos supieron completar su naturaleza adquiriendo lo que ella no les había dado. Pero mientras Federico jugaba en los arrabales de Palermo con los demás niños sicilianos, en aquel puerto donde se daban cita todas las lenguas y todas las razas, o mientras Jaume dejaba crecer sus miembros entre los fríos inviernos de Monzón, por doquier en sus tierras se escuchaba el mismo lamento: «¡Ay del país cuyo rey es un niño!». Ambos fueron descritos por las crónicas de la manera más gráfica: como corderos entre lobos hambrientos. De hecho, ambos reinaron por el mismo hombre: Inocencio III.

Que el gran Papa salvó a los dos y los hizo reyes, no debemos dudarlo. En el fondo, los dos reinos, Aragón y Sicilia, eran feudatarios de la Iglesia. Roma tenía necesidad de salvar al rey de Sicilia para que la isla y el sur italiano no se unieran a los territorios del Imperio alemán. Por eso, Inocencio protegió al niño hijo de Constanza, no al hijo del emperador, como protegió a Jaume para impedir que el señor de Aragón y Cataluña fuera uno cualquiera de aquellos nobles aliados de la nobleza feudal occitana, amiga de los herejes cátaros. Los dos reinos de Aragón y de Sicilia, antes de que sus reyes pensaran en ningún tipo de unión, ya estaban unidos por la política de la Iglesia de Roma, los dos aliados y vasallos, ambos destinados a apoyarse recíprocamente llegado el caso. Hemos de decir, sin embargo, con toda rotundidad, que jamás se equivocó tanto Inocencio III como en este asunto de Federico y de Sicilia. Pero, sea como fuere, el hijo del emperador no se inventó el juego.

Cuando llegó el momento de casar a Federico, el Papa siguió la política de la reina madre Constanza, que antes de morir ya había previsto la boda de su hijo con alguna princesa de la casa de Aragón. La meta de la reina normanda y del papa Inocencio era la misma: mantener a los alemanes lejos de la isla. Los caballeros de Aragón eran necesarios para ello. Kantorowicz nos dice que, en 1202, el Papa firmó el compromiso de casar a su pupilo Federico con Sancha, la hermana más joven de Pere II, el padre de Jaume. Hubiera llegado a ser entonces Federico tío político de nuestro rey Conquistador. El pacto implicaba desplazar a Sicilia los suficientes caballeros para expulsar a los alemanes, dueños de la isla en alianza con los árabes, que todavía poblaban sus montañas. El matrimonio no prosperó. Pero la opción política de Aragón era la única, y así, en 1208 se contrató en firme el matrimonio de Federico con la otra hermana de Pere II, Constanza, viuda del rey de Hungría, diez años mayor que su nuevo esposo, que todavía no tenía los catorce años. Como en el caso de nuestro Jaume, el matrimonio marcaba el final de la tutoría y la regencia de la Iglesia, el inicio de la mayoría de edad del rey, el encuentro con las duras realidades del gobierno. La boda con la viuda Constanza tuvo lugar en 1209 y desde luego no fue en Sicilia. Al contrario, se celebró en la catedral de Zaragoza y un obispo siciliano representó a su rey. En agosto de 1209 la reina desembarcó en Sicilia, con su hermano, Alfonso II, el conde de Provenza, el padre del niño Ramon Berenguer, el primo del rey que pronto iluminaría los tristes días de Jaume en Monzón. Con ellos iban los quinientos caballeros prometidos en el contrato de bodas. Por fin, Federico tenía un ejército propio, aunque fuera de caballeros catalanes. Con ellos ganaría Mesina, y desde allí pasaría a la Apulia, para conquistar todo el sur de Italia, su reino completo. Todo acabó en un desastre, sin embargo. Una epidemia acabó con la casi totalidad de los caballeros hispanos y, además, con su capitán, el conde de Provenza y hermano del rey Pere II. La primera oportunidad de unir estrechamente Sicilia y Aragón se la había llevado una enfermedad.

No podemos narrar la peripecia por la que el joven Staufen llegó a dominar un reino y un Imperio. Debemos encaminarnos al segundo acto del encuentro entre Federico y Aragón, tan diferente del primero. Para ello debemos ser muy selectivos a la hora de exponer los elementos políticos de nuestro relato. Así que de 1209 debemos dar un salto a los primeros años de 1230.

Sin duda, Federico II hacía todo lo posible por establecer su posición, pero hoy se tiene la impresión de que toda su política, que apenas le sobrevivió, fue propia de una restauración. Desde la primera medida que tomó el joven rey, a los quince años, se vio muy claro que su idea era la reconstrucción de la antigua monarquía normanda siciliana. Inocencio III se lo dijo bien claro: si se guiaba por el pasado «debes recordar que tus ancestros, por sus faltas, han llevado tu reino al caos en que se encuentra»[13]. Pero fue inútil la advertencia. Federico II deseó volver a la gloria de los Staufen anteriores, sobre

---

[13] Cit. por Kantorowicz, ob. cit., pág. 44.

todo de su abuelo Federico Barbarroja. Cualquiera que estudie la evolución de los asuntos del reino de Sicilia y del Imperio desde 1231 —desde el momento central en que Federico hace valer su autoridad al publicar en Melfi, al norte de Potenza, su *Liber Augustalis,* la primera codificación política occidental que usaba el *Corpus Iuris Civilis* de Justiniano— comprenderá que la voluntad del joven Staufen ya era imparable. Esta fecha es de amplia significación en la evolución de Europa entera. Basta con pensar que ese *Liber Augustalis,* las constituciones de Melfi [14], están en el origen de la renovación del derecho real en toda la Edad Media. Aquí tenemos la base de toda la racionalización jurídica occidental, el inicio del reconocimiento de una fuente legislativa en la autoridad real. Nada menos que el mismo Gregorio IX, en el año 1234, imitando el gesto del emperador, publicó su *Liber extra,* la gran codificación papal del derecho canónico [15].

No obstante, en el caso de Federico, no se trataba tanto de construir un reino según un nuevo modelo como de asegurar la soberanía de la que habían

---

[14] También conocido como *Liber constitutionum Regni.* De él ha dicho Grossi: «¿Es por esto el *Liber* un cuerpo extraño en la civilización jurídica medieval y Federico el primero de una cadena futura de príncipes autócratas armados de una visión estatal y constructores de un estado en sentido propio y moderno? El salto sería demasiado grande. Examinado analíticamente y en su complejidad, el *Liber* revela ambigüedades y contradicciones casi como la misma construcción política federiquiana, que mantiene casi intacta su estructura de organismo feudal. Excesivamente defendido por cierta historiografía jurídica, denuncia su ambivalencia en su carácter propiamente inorgánico; sobre todo por cuanto respecta a la vida jurídica cotidiana, sus intervenciones son pocas y fragmentarias; pero lo que más sobresale es su ideología político-jurídica, que sin embargo permanece también ambivalente. El principio decisivo es el de un monarca que es todavía el gran juez y cuya tarea primaria es «universis et singulis, prompto zelo, justitiam ministrare», que respecto a la justicia es —como Federico mismo confiesa en una frase famosa y discutida— al mismo tiempo padre e hijo, señor y súbdito. El autócrata que entiende que ha de instrumentalizar el derecho aparece aún cercano a un núcleo antiguo de persuasiones conectadas a una visión antigua del príncipe. Testimonio singular, este del *Liber Augustalis,* ligado a un personaje extraordinario y por tanto singular y solitario con toda su carga sugerente de ambivalencias». Cf. *L'ordine giuridico medievale,* Laterza, Roma, 2001, págs. 134-135. Para este *Liber* se debe consultar, como refiere Grossi, R. Calasso, «Rilegendo il "Liber Augustalis"», en A. L. Trombetti Budriesi (ed.), *Il Liber Augustalis di Federico II di Svevia nella storiografia,* Pàtron, Bolonia, 1987. Sin embargo, debo hacer una apostilla a estos comentarios. Con frecuencia se cree que la aspiración de los monarcas más conscientes a reforzar su propio poder implicaba romper con la imagen del rey juez y con la estructura de poder feudal. En modo alguno es así. Antes al contrario, como vimos en la interpretación de Pere Albert de los *Usatges* de Cataluña, el refuerzo del poder del príncipe se canaliza por su refuerzo del poder judicial que, aplicado a las relaciones con los señores, aspira sobre todo a una restauración de los vínculos feudales y a detener la separación de estos vínculos que promueve el régimen de señorío. En este sentido, los reyes refuerzan su poder separando a los señores del *mero et mixto imperio;* esto es: aspirando al monopolio de la justicia como forma de imponer su poder sobre la base misma del poder militar de los señores. Se confunde la idea básica de la Edad Media si se cree que el fortalecimiento de la figura del rey tiende a sobrepasar el ámbito feudal y judicial. Antes bien, tiende a destruir el régimen de señorío para reconstruir el régimen feudal. Cf. Harold Berman, *Los orígenes de la traducción jurídica occidental,* FCE, México, 1996, págs. 424-483.

[15] Cf. Klaus van Eickels y Tania Brüsch, *Kaiser Friedrich II. Leben und Persönlichkeit in Quellen des Mittelalters,* WbG, Darmstadt, 2000, págs. 215 y sigs.

disfrutado los antepasados normandos y que, ahora, estaba muy debilitada tras largos años de ausencia de un verdadero rey en la isla. En el fondo, con estas constituciones, Federico deseaba volver a los tiempos dorados de la *monarchia Sicula*, la monarquía siciliana de Roger II, Guillermo I y Guillermo II, restablecer el gran poder de las monarquías normandas del siglo XII, con sus sistemas centralizados de administración y de derecho [16]. Pues aquellos normandos, por misterios de la historia [17], habían sido los guardianes de la comprensión romana de la realeza que ahora Federico renovaba en tiempos más favorables, como antes Guillermo el Conquistador la había impuesto a los nobles sajones en Inglaterra.

Esto no resta ni un ápice de importancia a la empresa de Federico, desde luego. Para asegurar un poder antiguo tuvo necesidad de poner de nuevo en circulación los elementos del derecho romano. Así, poco a poco se abrió el camino para dotar la figura de los reyes con un poder semejante al que había gozado el antiguo principado romano. Ahora el rey podía innovar, era fuente de derecho y no estaba vinculado al consenso de sus súbditos expresado en Cortes que, por lo general, eran claramente defensoras del orden arcaico. Al tener que defender su forma antigua siciliana con armas conscientes y nuevas, su sentido del Estado dio un paso más allá. Así se estableció un *cultus iustitiae* que, poco después, Jaume introdujo en nuestras tierras de la forma más imponente, sobre todo en Valencia. En todo caso, y conviene recordarlo, Federico afirmaba su autoridad como rey de Sicilia. Confesaba así que, en el territorio del Imperio, no gozaba de los mismos poderes. Fuente de ley solo era Federico en el reino de Sicilia, pero esto era suficiente para sus planes. La jugada del rey implicaba dotar al poder político de la misma dimensión sagrada que tenía el poder del Papa, por una parte, y ofrecer al Imperio una base patrimonial en las ricas tierras de Sicilia y Nápoles, por otra. Con este patrimonio se aseguraría la hegemonía fiscal y militar sobre los electores imperiales del norte. El Imperio jamás escaparía al control hereditario de los Staufen si estos contaban con el patrimonio de Sicilia. Como podemos suponer, los príncipes alemanes no podían ver con muy buenos ojos esa vinculación fuerte del Imperio con Italia. Pero todavía menos gustaba esta estrategia a Roma, que se vería asfixiada por el nuevo poder.

Esto se pudo comprobar al año siguiente, cuando, en la primavera de 1231, Federico convocó, tras diversos intentos frustrados en Nuremberg, una Dieta

---

[16] De hecho, los normandos habían operado de la misma manera allí donde habían logrado imponer su dominación. En Inglaterra, Guillermo el Conquistador impuso un sistema feudal plenamente centralizado que transformó todos los señoríos alodiales en cesiones feudales. Cf. Adam Smith, *Lecciones sobre jurisprudencia*, Comares, Granada, 1995, en el capítulo dedicado a la diferencia entre el gobierno alodial y el gobierno feudal, págs. 283-289.

[17] Es preciso señalar que los normandos mantuvieron la tradición romana como ningún otro pueblo neobárbaro, tanto en Inglaterra como en Sicilia. Quizá la mediación fue el hecho de que sus reinos en cierto modo fueron debidos a los encargos y misiones de la propia curia romana. Cf. para esta tradición E. Kantorowicz, *Los dos cuerpos del rey*, Alianza, Madrid, 1985; especialmente el capítulo dedicado al anónimo normando, págs. 53-70.

en Worms. Entonces, los señores imperiales exigieron poner sus derechos por escrito como *domini terrae,* justo al contrario de lo que se había hecho en Melfi. De aquí surgió el llamado *Statutum in favorem principum,* un documento que se denominó de esta forma en el siglo XIX, pero que reflejaba bien el sentido del acuerdo. Por esta confederación de los príncipes electores se exigía al emperador que no se inmiscuyese en sus tierras, ni tuviera posibilidad de ejercer la justicia, el modo por el que en Sicilia se había renovado el carisma de la figura del rey. Las medidas de este estatuto tenían como finalidad detener la evolución urbana del centro de Europa, y por eso se imposibilitaba al emperador fundar ciudades, mercados, carreteras o monedas [18]. Todas ellas eran medidas contra la nueva vida económica, contra el dinamismo comercial que por todos sitios se apreciaba. La más significativa era la prohibición de los *Pfahlbürger,* esas oleadas de siervos que escapaban de los dominios de sus señores y que, enracimados alrededor de las murallas de las ciudades, disfrutaban de la libertad urbana y de los privilegios de los burgueses [19]. Por mucho que estos movimientos de emancipación fuesen procesos progresivos, el emperador no pudo impulsarlos y ni siquiera pensó nunca en imponerlos a los señores imperiales. Estos se manifestaron como hombres que apostaban por el pasado, desde luego, y el Imperio desde ese día quedó condenado como una estructura política y social poco operativa. Pero, al menos, su retraso no planteó problemas a Federico ni a nadie que viniera después. Más bien todos decidieron vender sus votos imperiales al mejor postor. En realidad, vendían vanidad, cosa que afectará a esta historia cada vez con más intensidad. Al quedar cosificado en su evolución, neutralizado en su eficacia, claramente regresivo en su estructura jurídica, el Imperio se fue separando del destino de las ciudades italianas y de la isla de Sicilia. Desde ese momento, Sicilia sería lo relevante.

Mientras el reino de Sicilia estuviera en manos de los Staufen, y estos dominaran el Imperio, Roma se sentiría asfixiada por el norte y por el sur. Y esto es justo lo decisivo de nuestra historia. Pues la separación de Sicilia respecto del Imperio alemán —la obsesión de Roma— permitió que Cataluña mirara más allá de las Baleares, hacia la siguiente escala de su expansión por el Mediterráneo central. Pero también permitió explicar las diferencias de juicio y penetración política entre Alfonso X de Castilla y Jaume de Aragón, por mucho que estas diferencias constituyeran, en el fondo, una división de traba-

---

[18] Van Eickels-Brüsch, ob. cit., págs. 258-259.

[19] Recuerda esta exigencia de los señores alemanes a la otra que impusieron los castellanos a don Alfonso X, con motivo de las vistas de Burgos, hacia 1271-1272, cuando la época de la rebelión nobiliaria dirigida por el propio infante don Felipe: que no fundara *pueblas,* ciudades, donde efectivamente se fomentaba el caldo de cultivo que podía hacer peligrar la ordenación señorial del mundo. Finalmente, Alfonso X era un «suabo» en este sentido, y su política imperial era vista por la Iglesia como demasiado continuista de la suaba de Federico. Cf. Ballesteros, ob. cit., págs. 517 y sigs. (para 1271), y 568 y sigs. (para 1272); especialmente, págs. 575-576. Fue entonces cuando don Alfonso se vio obligado a hablar con don Jaume y cuando tuvo lugar la visita de Violante a Valencia y otros encuentros entre ellos que luego referiremos.

jo entre Castilla y Aragón en los asuntos de la política internacional. Mientras que el primero se concentró sobre todo en las ciudades imperiales de la Toscana, y se metió en el laberinto de un juego de señores electores que solo vendían su voto sin poder, Jaume puso los ojos en Sicilia, que ofrecía un reino bien definido en su poder, clave para la estrategia de cualquier potencia mediterránea. Castilla, de esta manera, quedaba anclada al pasado imperial y Aragón al futuro, al potente comercio mediterráneo. Cuando ambas dimensiones de la política europea volvieran a concitarse en la monarquía hispánica de Carlos V, las dos lógicas contrarias promovieron inexorablemente la decadencia española.

Desde el primer día de su reinado, todo lo que hizo Federico fue asegurar su dominio sobre Sicilia y, por eso, tuvo que dar a entender a Roma que no iría contra el Papa. Además, tenía que mantener a Francia en la distancia, a la Francia que tanto le había ayudado contra el sajón Otón, su enemigo güelfo. El primer paso, muy tímido, consistió en casarse con Isabel, la hermana de Enrique III de Inglaterra, justo por iniciativa de Gregorio IX. En cierto modo, era un intento de Federico de salir fuera de la tutela de Francia, más bien que un movimiento antirromano. A fin de cuentas, también Roma quería mantener el equilibrio político. En realidad, este paso tenía una lógica que residía en la voluntad de Federico de mantener unidos a los señores imperiales. Inglaterra era un aliado de los güelfos sajones y, con su matrimonio, Federico quería sobre todo no extremar las tensiones con esta casa nobiliaria. La boda tuvo lugar en Worms, en 1235, y el propio Gregorio IX escribió a París tranquilizando a los viejos aliados. Era preciso que el santo rey francés no tuviera la más mínima inquietud por esa boda, pues el emperador deseaba ardientemente, decía el Papa, que la vieja amistad entre ambos floreciera. El propio Federico hizo lo mismo. Y así fue: la boda no significó nada. En el año 1241, Isabel de Inglaterra moría de parto de su tercer hijo.

Que todas las grandes decisiones del emperador seguían la lógica de las relaciones con los poderosos señores imperiales, esto se vio todavía más claro en las paces de Mainz de 1235. Sabemos lo que son las constituciones de paces por las que tuvo que hacer Jaume en su vida. En realidad, estas eran instituciones feudales que deseaban poner un momento excepcional de paz en una sociedad que no necesitaba ninguna razón especial para estar en guerra. Es verdad que dichas constituciones permitían la instauración de un germen de poder público, entregado por lo demás a la comunidad y al rey. Era evidente que era el único camino que tenía Federico para afirmar su autoridad en el Imperio, ya que implicaba competencias para juzgar a los quebrantadores de las treguas. Con todo, este método estaba muy lejos de la vía del derecho romano que el emperador había usado en Sicilia. Si bien se pudo crear un juez del imperio —*Reichshofrichter*—, este puesto se entregó a un noble, con lo que no dependió del emperador, sino de los señores imperiales.

Así que, finalmente, los problemas de Federico, y esto es lo que nos interesa para nuestra historia, no surgieron por Roma, ni por Francia, ni por sus señores imperiales. La cosa fue de otra manera que ahora intentaré explicar. Lo cierto era que un imperio dirigido desde la base patrimonial de Sicilia hacía muy relevante dos cosas: las ciudades toscanas y lombardas, que podían ordenar la ruta desde los Alpes hacia el mar Mediterráneo por Pisa, y la isla de Córcega, que era una escala central desde Génova hasta Sicilia. Si el Imperio de Federico constituía un conjunto de dominios señoriales de las tierras centroeuropeas que riegan el Rin, y una isla cercana a las costas de Túnez, entonces se necesitaba una espina central que solo podían formar las ciudades italianas del norte y la isla de Córcega. Ahora bien, la evolución de estas ciudades, que iban desde las faldas de los Alpes hasta el mar Mediterráneo, había sido justo diferente de la evolución de las tierras del Imperio. Pues las ciudades italianas, primero, habían usado a los obispos para separarse del Imperio y, luego, habían usurpado el poder de los obispos para configurarse como centros comunitarios de dominio burgués [20]. Pero no solo esto. Estas ciudades habían neutralizado a la nobleza de tal manera que, en contra de lo que había sucedido en el proceso alemán, la habían obligado a residir en la ciudad. Cualquier intento de aplicar a esta zona, vital para el Imperio, el sistema de acuerdos suscritos entre el emperador y los príncipes alemanes estaba destinado a fracasar. Cualquier invocación de los derechos del Imperio era un atentado a estos centros urbanos de poder perfectamente soberanos. Y, sin embargo, ese cinturón de ciudades era vital para Federico, pues sin él sus territorios carecerían de unidad geopolítica entre el norte y el sur. Además, estas ciudades habían logrado una irritante riqueza, por lo que desde el punto de vista fiscal eran muy atractivas para el rey-emperador.

El movimiento resultó muy evidente: Federico firmó con los señores la paz de Mainz justo para lanzar todas las fuerzas contra las ciudades independientes del norte de Italia, dirigidas por la opulenta Milán, la tradicional potencia antigibelina. Por sorpresa, Federico alcanzó al ejército lombardo cerca de Cartenuova y, a pesar de que no había gran diferencia de fuerzas, le infligió una gran derrota. Milán aceptó tener un magistrado imperial como juez supremo y entregó los oportunos rehenes. Esta fue la cima del poder imperial. Luego vendría la decadencia. El punto de inflexión lo marcó la forma en que Federico administró su victoria. En lugar de imponer una dominación razonable sobre las ciudades italianas, las humilló. En lugar de dividirlas, las unió. Alessandria, Brescia, Piacenza, Bolonia, Faenza no tardaron en ponerse al lado de Milán. La medida que colmó el vaso fue el *carroccio*, un elefante que tiraba de un carro en el que iban las banderas vencidas de Milán y en cuyo mástil truncado iba la cabeza del *podestà* —el magistrado superior— de la ciudad lombarda. Esta caravana de vencidos y humillados iba de ciudad en ciudad hasta que llegó a Roma, la principal enemiga de Milán. Fue una humillación adicional, insoportable.

---

[20] Para este problema, cf. Elisa Occhipinti, *L'Italia dei Comuni, secoli XI-XIII*, Carocci, Roma, 2000, sobre todo las págs. 17-22, dedicadas al gobierno del obispo y el origen del gobierno comunal.

Esta historia tiene una íntima relación con Jaume, e inició el segundo gran encuentro de Aragón con el Imperio. Pues, en efecto, y como ya hizo notar Zurita [21], las ciudades del norte de Italia mandaron llamar a nuestro rey justo para que las defendiera del emperador. Este, a su vez, envió misivas a otros reyes, en lo que sin duda se planteaba como un conflicto europeo. Zurita, obviamente, se deja llevar por su amor a la Iglesia y lanza sobre Federico los peores dicterios. En todo caso, nuestro cronista habla desde el curso ya decantado de los acontecimientos. El hecho indudable es que fueron las propias ciudades italianas las que enviaron legados ante el rey aragonés, que por estas fechas de junio de 1238 estaba en el sitio de Valencia. Debemos imaginarnos la escena. En medio del fragor del campamento de los sitiadores, con el caos característico de los peones, los gritos de los ballesteros, los peligros de los caballeros y los sobresaltos de las cabalgadas, se abren paso media docena de legados venidos de las tierras lombardas y toscanas, con sus riquísimas ropas, con sus formas solemnes, tan contrastadas con el trasiego informal de los hombres de guerra. Para los embajadores aquel espectáculo debía de inspirarles alegría y confianza. Un ejército en campaña, numeroso y bien dispuesto, como se veía en aquel campamento del rey, era todo lo que necesitaban aquellos italianos. Por lo demás, si aquella hueste había llegado allí convocada por el espíritu de cruzada, con más fuerza todavía debía comprender la urgencia religiosa de salvar al Papa de un emperador diabólico, hereje y amigo de los musulmanes, según todos los informes de la propaganda. Zurita dice que venían con el encargo de que Jaume se encargase de «la protección del Estado eclesiástico» y de la Lombardía [22]. Ambas causas no estaban todavía completamente identificadas, pero en el horizonte de todos ya se avistaba la comunidad de intereses. Fueron las ciudades italianas, y no Roma, quienes ofrecieron a Jaume la ingente suma de ciento cincuenta mil libras y los derechos imperiales de toda la Galia cisalpina si se ponía al frente de su ejército, preparado para asaltar Valencia, y lo embarcaba para enfrentarse a Federico. Las ciudades le garantizaron que lo nombrarían defensor de la paz y gobernador. Zurita añade que se había de efectuar también un «juramento de fidelidad mientras viviese» el rey [23].

He aquí, pues, un momento formidable para entender el estilo y sentido de las relaciones políticas de la Edad Media. Entre italianos y aragoneses no media vínculo nacional alguno, ni se invoca obligación patriótica. Se reclama protección y se ofrece obediencia. Todo ello se realiza mediante un pago en metálico y se consagra por un juramento de fidelidad. Esta es la índole de las relaciones políticas, siempre acogidas en el seno de un código de honor que permite al débil solicitar la protección del fuerte. Por este proceder, un rey podía convertirse en señor de territorios lejanos, de ciudades mucho más

---

[21] Zurita, *Índices*, ob. cit., págs. 190-191.
[22] Zurita, *Anales,* Libro III, cap. XXXII, págs. 152-153.
[23] Ibídem, pág. 153.

avanzadas que las de sus reinos propios, y mantener una relación puntual con tierras y culturas diferentes de las suyas. Todos estos vínculos éticos, militares y personales se romperían tan pronto muriese el rey. La constelación de fuerzas, entonces, se volvería a reconstruir según las circunstancias y el mundo medieval daría una de sus continuas y características vueltas.

Lo más importante de todo reside, sin embargo, en que nada obligaba al rey a dar una respuesta a estos hombres desesperados, que hacían un viaje de más de mil kilómetros para ofrecer sus vidas y haciendas a un señor del que lo ignoraban todo. Era un asunto de cálculo y de interés, y así se trató por parte de todos. El rey reclamó consejo de sus más cercanos, personas que conocían muy bien la política de la Iglesia y la situación de Italia. También en esta ocasión se dejó aconsejar por la reina Violante. Contra lo que podía ser más fácil, los consejeros de Jaume, muchos de ellos gente de Iglesia, le sugirieron que no despreciara la oportunidad. Literalmente, Zurita nos dice que «le respondieron que no abandonase la floreciente y plausible fortuna que le trae consigo la realización de las mayores empresas». Para los obispos del séquito del rey era más gloriosa la fortuna de salvar directamente los asuntos de Italia y de Roma de la presión tiránica del emperador que la conquista de la ciudad y el reino de Valencia. El rey no vio las cosas así. El 13 de junio de 1238, tres meses antes de la toma de la ciudad, el rey Jaume, sin duda halagado por la propuesta de los lombardos, se comprometió ante los legados de Milán y Piacenza (Otón Cendatario), y los de Bolonia y Faenza (Julian Leonardo), que pasaría a Italia con dos mil caballeros y en son de guerra, que residiría en Lombardía y en la Romaña, y que haría la guerra contra Federico y contra todas las ciudades gibelinas que lo seguían. El rey, como es sabido, no cumplió esta promesa, a la que solo podía haberle inclinado la vanidad y el mal sentido de las cosas. Por lo demás, las ciudades contrarias al emperador, las ciudades güelfas, no tuvieron necesidad de esta ayuda. Por aquellos mismos días, el propio Federico tuvo que abandonar el campo en Brescia, y la fama de que aquel Anticristo había sido detenido y derrotado se extendió igualmente por toda Europa[24].

Esta primera guerra con Milán tuvo más repercusión de la que alguien podía imaginar en un principio. Pues, con la llegada de la carroza de los vencidos a Roma, se fortaleció tanto el partido del emperador de la Ciudad Eterna, que el Papa se vio amenazado y tuvo que huir de la ciudad. Al poco volvía y la controlaba de nuevo, pero por un momento había visto claro: un triunfo del emperador comprometía la relación de fuerzas de la Ciudad Santa. Así que Gregorio IX tomó la iniciativa. Entonces ordenó resistir a las ciudades

---

[24] No es de extrañar que en 1238 se iniciara el comercio de los primeros navegantes catalanes con Sicilia, con el viaje de Bernat y Guillem de Banyeres a la ciudad de Reggio. Sicilia ya fue desde entonces la escala natural de los aragoneses hacia Oriente, hacia Alejandría o Rumanía. Uno de los tráficos más frecuentes era el de esclavos sarracenos que se vendían en Sicilia. Cf. Carme Batlle, «Les relacions entre Barcelona i Sicilia a la segona meitat del segle XIII», en *XI CHCA*, vol. I, págs. 147-185; esp., págs. 149 y 152.

del norte. Este es el momento en que Milán hace la oferta a Jaume. Con una astucia geopolítica notable, el Papa pidió ayuda a Génova y a Venecia y las dispuso para bloquear el paso del emperador desde el continente a Sicilia. Este descubrió el movimiento y escribió al Papa diciéndole con claridad que lo que él impulsaba no era una guerra, como el Pontífice se empeñaba en denominar sin razones, sino sencillamente la exigencia de su derecho imperial. «Italia es mi herencia. Esto lo sabe el mundo entero»[25], le dijo al Santo Padre, añadiendo que no podía abandonar lo que era propio, sobre todo si era tan rico en armas, caballos y dinero como Milán. Pero era evidente que, al ejercer su derecho, Federico se había comportado como un tirano endurecido, y esa fama ya no podía reconciliarlo con Italia. Las cosas ya no podían quedarse ahí: el dominio de Italia, el vínculo del Imperio del Rin con el reino de Sicilia, ya era un asunto de vida o muerte para el emperador.

En efecto, en los primeros días de 1239 se casó uno de los hijos de Federico, Enzo, con Adelasia, la heredera de la mitad de la isla de Cerdeña. El hijo del emperador se nombró rey de la isla. Roma protestó, pues, como consecuencia de la doctrina oficial de la Iglesia, desde la mítica donación de Constantino, aquella tenía soberanía plena sobre todas las islas. Que ahora viniera un hijo del emperador a proclamarse rey, sin autorización del Papa, suponía una ulterior declaración de guerra. Lo más que podía hacer el emperador era solicitar una posesión en feudo de la isla. Pero, tal y como estaban las cosas, esto era imposible. El emperador se justificó por escrito ante los cardenales, muchos de los cuales compartían su posición. El Papa, al leer lo que de él se decía en el escrito, se decidió por la guerra abierta. Todas las armas se usaron contra Federico: sus amistades árabes, sus costumbres exóticas, su harén, la célebre frase de los tres impostores, Moisés, Mahoma y Cristo, que tanto juego iba a dar en la historia de las ideas y que iba a entregar su divisa al libertinismo posterior, desde Bruno hasta Diderot. La gran campaña empezó. El 20 de marzo de 1239 se publicó la bula de excomunión. El motivo central era que Federico hacía imposible la libertad de la Iglesia. En Padua, en el ayuntamiento del común —en el *Palazzo della Ragione,* que da en sucesivas arcadas a la plaza del viejo mercado de la ciudad—, el emperador reaccionó con un manifiesto a los príncipes de Occidente. Gregorio IX, decía el emperador, a causa de un *defectus personae,* no podía ser ni su juez ni su Papa. Se había asociado además a los heréticos lombardos y había tomado decisiones gravísimas, como la excomunión del emperador, sin contar con sus cardenales. Es muy curioso que Federico acusara a la Iglesia de escándalo en esta actuación, lo que en el propio derecho canónico tenía la gravedad de la herejía. Roma era la nueva Babilonia. Las acusaciones recíprocas se dispararon. Para Gregorio IX, la furia de Federico era la cólera del Leviatán, la bestia marina que debía anteceder al Apocalipsis. Cuando se corrió la voz de que Federico había negado la presencia de Cristo en la eucaristía, empezó a presentarse como el

---

[25] Van Eickels-Brüsch, ob. cit., pág. 327.

verdadero precursor del Anticristo. En este punto era evidente que las cosas solo se podían resolver en un concilio, y hacia 1240 fue convocado. Pero el que otrora lo requería, el propio emperador, ahora lo impedía. Prohibió a los cardenales de sus reinos que asistieran a Roma, y fueron hechos presos los prelados de Inglaterra y de Francia cuando se dirigían a Roma. Dos cardenales, tres arzobispos y alrededor de cien obispos cayeron en poder del emperador y fueron presos en la Apulia, en pésimas condiciones. Para Federico, esto fue un juicio de Dios [26].

El paso siguiente de Federico solo podía ser ocupar el patrimonio de san Pedro, controlar el poder temporal de la Iglesia. Por azar, todo parecía colaborar con la idea del emperador. El 22 de agosto de 1241 moría Gregorio IX. Ahora, el partido del emperador en Roma tenía las manos libres para imponer su voluntad. El viejo sueño de un *verus imperator* universal, con poderes espirituales, estaba a un paso de cumplirse. Pero un senador romano hostil al Imperio, Matteo Orsini, encerró a los ocho cardenales que quedaban en Roma en las antiguas ruinas sobre el Palatino, en el llamado Septizonium, y los amenazó con no dejarlos en libertad hasta que no hubiesen elegido un Papa capaz de continuar la política de Gregorio. Las condiciones eran extremas. Aquel agosto de Roma minó la salud de los viejos cardenales, que, cuando por fin eligieron Papa a uno de ellos, apenas pudieron verlo morir, debilitado por la enfermedad, solo un mes después. Fue un tiempo suficiente para que todos los demás huyeran de Roma. El viejo milanés Celestino IV se había sacrificado por ellos y, así, la Sede del Santo Padre quedó vacante durante dos años. Sin embargo, aunque a primera vista todo parecía sonreír a Federico, no fue así. Ahora no tenía interlocutor, no podía oponerse a nadie. El Imperio comprendió que necesitaba a su enemigo, a la Iglesia, sin cuya figura y poder apenas tenía justificación propia. Con casi todo el patrimonio de la Iglesia en sus manos, el emperador no pudo hacer nada cuando los cardenales se reunieron en Agnani, en 1243, para elegir como Papa al gran jurista genovés Sinibaldo Fiesco, con el nombre de Inocencio IV. No fue un gesto inútil este de llamarse como el Papa que había llevado el poder y la autoridad de la Iglesia a su cima, en aquella demostración sin precedentes que fue Letrán, casi treinta años antes. La primera petición que Federico cursó al nuevo Papa fue la solicitud de estabilizar su dominio sobre toda la tierra de la Iglesia como feudo. El Papa se negó y uno de sus cardenales logró que la ciudad de Viterbo escapara al control de las tropas del emperador. La leyenda dice que este exclamó que si estuviera a un pie de entrar en el paraíso y le ofrecieran a cambio la venganza sobre Viterbo, no lo dudaría: despreciaría el paraíso por el placer de la venganza. Lo que indisponía a Federico con la Iglesia era algo más que una lucha por la tierra. Entre ellos se abría el abismo de una comprensión diferen-

---

[26] Francia fue quien logró que se liberara a los cardenales que Federico había detenido en mayo de 1241, cuando iban al concilio convocado por Gregorio IX. Cf. Van Eickels-Brüsch, ob. cit., pág. 282.

te de las cosas: por un lado, la creencia en las viejas promesas del más allá, consolatorias y dudosas, y por otro, la atenencia a las duras realidades de la vida del poder. Así las cosas, viendo el Papa que era imposible la paz, asfixiado por el emperador, abandonó la península italiana y se dirigió a Génova. Desde allí pidió auxilio a san Luis para instalarse en Francia. El acuerdo fue que lo hiciera en la frontera, en la ciudad de Lyon, donde debería convocarse para el año 1245 el concilio que debía restituir a la Iglesia su poder. Era el final de la gloria de Federico, quien, con su conducta, había desafiado a Europa entera.

44
EL PRIMER CONCILIO DE LYON DE 1245

Inocencio IV, elegido Papa en junio de 1243, llevó el conflicto con el emperador alemán a la máxima expresión. Como hemos dicho, el Papa mandó una carta a Luis IX pidiéndole asilo, pues no se sentía seguro ante los ataques de Federico. Pensaba así repetir el gesto de Alejandro III, cuando fue perseguido por Federico Barbarroja. Una vez más, la Iglesia se veía obligada a peregrinar para garantizar la independencia. El consejo real sugirió a su rey que no acogiera al Papa en tierras de Francia, pues nadie quería jugar una baza tan fuerte contra el emperador. Pero el santo rey tampoco quería abandonar al Papa. Todos pensaron en Lyon, parte nominal del Imperio, desde luego, pero de facto una ciudad independiente bajo la autoridad de su arzobispo y muy cercana de la tierra de Francia. Era difícil que el emperador deseara llevar sus ataques hasta allí, pero, en caso de que lo hiciera, el Papa sería defendido. Como en su día recordó Kantorowicz, el precedente de Aviñón estaba sentado[1]. Inocencio IV llegó a Lyon el 2 de diciembre de 1244, tras un penoso viaje de invierno, y el 27 de diciembre estaba reconvocando el concilio para el día de San Juan de 1245. En él se debería tratar ante todo de la deposición del emperador. Unos días después, Federico explicaba la situación a los pisanos de esta manera: «Mientras que llevaba mi partida de ajedrez con el Papa y estaba cerca de darle el jaque mate, o al menos de comerle una torre, llegaron los genoveses, metieron la mano en el tablero y removieron todas las piezas». Era la ironía de un rey frío, observando con objetividad una situación histórica en la que ponía toda su pasión. Sabía, desde luego, de lo que hablaba. Ahora el Papa era ante todos el perseguido, el pobre exiliado, el hombre impotente que solo podía invocar su fe y su confianza en Dios. Era una victoria de Roma, y Federico lo comprendió. Su enemigo no solo había huido, sino que se había volatilizado. Ahora el tiempo contaba a favor de Roma, una corporación más estable que un emperador electivo.

Federico fue muy consciente de todo esto y antes de que llegara el verano de 1245 ofreció la paz al Papa. De hecho, las propuestas que hizo llegar a Ino-

---

[1] Kantorowicz, *Frédéric II,* ob. cit., pág. 533.

cencio IV partían de la comprensión de que, de no alcanzar la paz, el Imperio de los Staufen no le sobreviviría. Así, ofreció al Papa el arbitraje exclusivo con las ciudades lombardas, abandonar el patrimonio de san Pedro y marchar por tres años a la cruzada y reconquistar Jerusalén. Prometía no regresar sin el permiso del Papa. Invocó la autoridad de Luis IX como testigo. Inocencio comprendió que tenía que ceder y mandó levantar la excomunión al emperador. Hay dudas de que Federico aspirase a otra cosa que a instalarse definitivamente en Oriente, donde había sido feliz en los tiempos de su cruzada. De hecho, el emperador se decidió a abandonar los territorios del centro de Italia. A su paso por Viterbo, sin embargo, no pudo reprimir un gesto de debilidad, una cesión al espíritu de venganza, y le taló los campos. El cardenal Renier de Viterbo, entonces, informó al Papa de la actitud de Federico. En realidad, este informe es el fruto ejemplar del odio y la rabia. También de la mentira. Cuando llegó a Lyon el informe del cardenal, en el que ni una sola de las señales del Anticristo dejó de atribuirse a Federico, la suerte para el emperador estaba echada. ¿Quién podría perdonar a quien había violado a vírgenes cristianas ante los altares del Señor, a quien había envenenado a sus esposas en aposentos propios de Gomorra, a quien había deseado como Lucifer sentarse en el trono de Dios, pues había querido expulsar al Papa de su Sede? ¿Acaso no cifraba la profecía el Apocalipsis hacia 1260? ¿No llegaba el tiempo del Anticristo? Cuando los obispos y cardenales reunidos en Lyon leyeron este informe de Renier, mantuvieron los cargos contra Federico. Aunque el emperador envió al concilio un legado suyo para organizar su defensa, los ánimos ya estaban en su contra. Tadeo de Suessa —el abogado de Federico— no pudo sino gritar en vano.

Ni siquiera entonces, cuando todo se preparaba en su contra, Federico perdió la esperanza de la paz. Ascendiendo por Italia, se presentó en Turín, para estar más cerca de Lyon por si el concilio reclamaba su presencia para firmar la paz. Pero los ciento cincuenta prelados reunidos en Lyon hicieron callar a los pocos que levantaron la voz por el emperador. Los embajadores de los reyes de Francia y de Inglaterra, que presionaron a favor de la paz, no fueron escuchados. Mientras todos cantaban el tedeum en la catedral de Lyon, tras declarar depuesto al emperador el 17 de julio de 1245, los pocos representantes de Federico abandonan la nave central del templo con lágrimas en los ojos. La vieja potestad que se había atribuido Gregorio VII por fin se había aplicado. ¿Se refería el Papa a esta vengativa compensación cuando, al iniciar las sesiones, había invocado el verso del Salmo XCIII, 19, que aseguraba que «después de los numerosos dolores, los consuelos han alegrado mi alma»? [2]. Es posible. Un libelo gibelino, que llevaba por título *Pavo,* dio su respuesta: representó a todos los prelados del concilio como pájaros y al Papa como un gran pavo real [3]. Aunque sin llegar a los extremos de esta sátira, na-

---

[2] Hefele, ob. cit., pág. 1636.
[3] Ibídem, pág. 1634.

die podía pensar en serio que este fuera el momento de mayor poder de la Iglesia. Desde luego, no lo pensó Federico. Se cuenta que cuando el emperador conoció el resultado del concilio, pidió que le trajeran sus coronas. Él mismo se las fue colocando una tras otra, mientras aseguraba que no las había perdido y que nadie se las quitaría sin la más terrible guerra. Entonces pronunció la frase que Nietzsche saludó como si hubiera sido dicha por un hermano espiritual, por alguien que animaba también su pecho, por una lengua y un corazón que regresaban en sus libros: «Hasta ahora he sido el yunque por mucho tiempo. A partir de ahora seré el martillo».

Lo que sucedió después en esta lucha de Federico contra el Papa fue fruto de la desesperación y no nos concierne. Pero todavía tenemos que situar su verdadero significado, lo que de verdad se jugaba en la disputa entre el Papado y el Imperio, para comprender algunos aspectos que serán relevantes para la vida de nuestro Jaume. El papa Inocencio había invocado el salmo que habla de numerosos dolores, pero en realidad se mostró afligido por cinco: el primero de todos era el escándalo que daban muchos clérigos, que todavía no habían integrado las medidas que el Concilio de Letrán había establecido para la reforma de la Iglesia. Pero este era un tema complicado y difícil que pronto pasó a segundo plano. La situación internacional, por el contrario, requería la atención urgente del concilio y de toda la cristiandad. Pues los musulmanes habían tomado de nuevo Jerusalén, poniendo fin al dominio cristiano que había instaurado pacíficamente el propio Federico. Los turcos vencedores habían saqueado el templo del Sepulcro y pasado a cuchillo a los cristianos. Allí estaba el obispo de Beirut para confirmarlo ante todos. Era su segundo dolor. El tercero quedaba muy cerca: el Imperio latino de Oriente apenas podía conservar Constantinopla, asediada por el griego cismático Vatazo. La ciudad que debía garantizar el auxilio a Jerusalén no podría resistir mucho. Allí, en el concilio, estaba también el emperador latino Balduino, que lo podía contar con toda su angustia. El cuarto dolor era el más peligroso: los salvajes tártaros habían arrasado las tierras del este y habían invadido y destruido Hungría. En un magnífico orden, el Papa hizo notar que ningún obispo de aquellas tierras había podido acudir al concilio. El clímax estaba creado. Quien debía proteger a la cristiandad de todos estos males, la espada de la Iglesia, el emperador Federico, lanzaba sus fuerzas en persecución del Papa y de Dios. Era el dolor más terrible, pues del defensor de la fe venía el sacrilegio, la herejía, la persecución.

De todos estos temas, el propio Federico había manifestado al Papa su voluntad de ocuparse como correspondía. Jamás renegó de su voluntad de defender a la cristiandad, sobre todo contra el poder ingente de los tártaros. La Orden de los Caballeros Teutónicos, creada por el propio Federico y mimada con continuas donaciones, diseñada para detener el paso de los orientales por el territorio de Prusia, lo mostraba con claridad. El mismo Inocencio IV reconoció sus méritos [4]. Hefele cita un diploma de Federico en el que

---

[4] Hefele, ob. cit., pág. 1615.

este protestaba ante el Papa y le mostraba las consecuencias de su hostilidad: al mantener a las ciudades lombardas contra el emperador, este no podía atender a sus obligaciones militares y preparar la campaña contra los tártaros. Si la Iglesia no era capaz de mantener la paz, decía Federico, reclamaría la ayuda de todos los príncipes cristianos para defender la causa de Dios. Y así fue. Federico II, hacia 1241, enviaba a sus príncipes cristianos una carta que avisaba del peligro tártaro y evocaba a esta «gente bárbara salida de las extremidades de la tierra, de la que se ignora el origen, enviada por Dios para corregir a su pueblo y no para hacer perecer —esperémoslo— a toda la cristiandad, sino que él la guardará en reserva para el fin de los tiempos»[5]. Quien era presentado como el Anticristo por Roma se autopresentaba como el enviado por la providencia para defender a la cristiandad del peligro oriental[6]. El rey de Hungría estaba dispuesto a someterse al Imperio a cambio de esta protección. Y lo mismo harían todos los territorios orientales. Así que, según la visión de Federico, era la propia Iglesia la que no dejaba cumplir con su misión al defensor de la fe. En cierto modo, su sagrada tarea era impedida por la voluntad de la Iglesia de usurpar su potestad soberana y mantener en pie de guerra a las ciudades de Italia.

Lo que estaba en juego, entonces, era la dirección de Europa, de la cristiandad. El emperador también reclamaba su función espiritual y no deseaba ser rebajado a mero brazo ejecutor de nadie. El Papado, por su parte, no deseaba disponer de la simple función sacerdotal, sino de apoyos políticos reales. Cada una de estas potencias aspiraba a desalojar a la otra de sus atributos. Al deponer al emperador, el Papado prefería pasar por el mayor peligro a condición de ser el exclusivo director de la defensa de la cristiandad, de la cruzada contra los musulmanes y los tártaros. En esta visión de las cosas, los arzobispos Juan de Santiago y Pere de Tarragona fueron los más decididos, reclamando al Papa que se procediese sin más dilaciones contra Federico. No solo recordaban la humillación de la prisión que habían padecido algunos representantes del clero hispano al ser detenidos por el emperador, sino que debían recordar la vieja simpatía que había producido sobre ellos los legados de las ciudades toscanas que, en 1238, habían llegado hasta el campamento valenciano de Jaume. De hecho, la presencia de los obispos hispanos fue la más numerosa de entre las naciones del concilio. Cuando el emperador responda a la sentencia, de ellos dirá que habían aportado testimonios torcidos: «Los dos obispos hispanos de Compostela y de Tarragona no saben nada de Italia y están animados de una cólera ciega», dijo entonces. Es para ellos un honor póstumo aparecer en el mismo documento de Federico en que con plena conciencia se declara al poder soberano como aquel *qui omnibus legibus imperialiter est solutus*[7].

---

[5] Le Goff, *Saint Louis*, ob. cit., pág. 46.
[6] Hefele, ob. cit., pág. 1605.
[7] Ibídem, págs. 1680-1691.

Aunque el triple frente de turcos, griegos y tártaros era demasiado amplio, la Iglesia deseaba dirigir todas las fuerzas europeas contra los tres poderes a la vez. Este era el núcleo de la hostilidad hacia Federico, el único que desde luego podía haber impulsado una campaña oriental con cierto éxito. Que esta era la intención de Inocencio IV, una vez más inclinado a imitar al Papa anterior de su mismo nombre, queda claro en los cánones del Concilio de Lyon. Así, en el canon 14 [8] se hablaba de la necesidad de procurar al Imperio latino de Constantinopla y a la Tierra Santa un auxilio rápido e indispensable. Para ello, el concilio ordenaba a todos los que gozaban de prebendas eclesiásticas con más de seis meses de antigüedad que entregaran la mitad de sus rentas a los recolectores designados al efecto. El mismo Papa comprometía un diezmo para Tierra Santa y otro para Constantinopla, al tiempo que garantizaba la absolución de todas las penas temporales y de sus pecados a todos los que marcharan a la defensa de estos territorios. Como es lógico, el emperador quedaba excluido de este perdón general. El canon 15 ofrecía una medida ulterior para recoger dinero para la cruzada: «Todos los clérigos deberán, en sus predicaciones y en el tribunal de la penitencia, animar a los fieles a legar limosnas pías en sus testamentos en favor de la Tierra Santa y del Imperio de Constantinopla. El dinero consagrado a este fin deberá ser depositado en un lugar designado después de haber sido puesto bajo llave sellada, y los otros dones, como por ejemplo los bienes inmuebles, serán designados por escrito de la manera más explícita».

Pero el peligro mayor que a todos angustiaba era, desde luego, el de los tártaros, que en realidad eran los mongoles. De hecho, la irrupción de estos pueblos había sido un gran acontecimiento mundial. La construcción del Imperio mongol por el Gran Khan, un rey cuya fama se forjaba bajo la presión de un terror mítico, no tiene precedentes en los anales de la humanidad. Hijo del lobo azul y de la bicha salvaje, elegido del cielo, el dios omnipotente de la religión turco-mongola, sometió desde 1207 a los pueblos de la tundra siberiana, y en 1212 a los pueblos chinos del norte, de Manchuria. Desde allí sometió a los pueblos asentados al lado del lago Baljash y del río Ili, hacia el oeste, y a los pueblos del Tíbet y la China del norte, como Pekín y Corea, en 1215. A partir de 1211 atacó los países musulmanes del oeste, destruyendo a los turcos, los turquestanos orientales, Afganistán y Persia. Sus enviados llegaron al mar Caspio y al mar Negro a través de las llanuras del Volga. En 1226 dominaba toda la China del sur. En 1237 y 1240, ya muerto Gengis Khan, las últimas oleadas mongolas llegaban a Rusia, tomando Moscú, Novgorod, Kiev, Ucrania, y en 1241 irrumpieron en la Polonia del sur, Cracovia, Hungría, y llegaron hasta los alrededores de Viena [9]. En estos tártaros, llamados así por los cristianos porque en ellos creían ver las mezclas de pueblos paganos del in-

---

[8] Hefele, ob. cit., pág. 1651.
[9] David Bigalli, *I Tartari e l'Apocalippse. Ricerche sull'escatologia in Adamo Marsh e Ruggero Bacóne,* Olschi, Florencia, 1971.

fierno griego, Occidente identificó el Gog y Magog del Apocalipsis XX, 7-8. Eran las hordas de Satán que debían servir al Anticristo, los pueblos que Alejandro Magno había encerrado en las altas murallas del Tíbet y que volverían a salir en el tiempo del Apocalipsis. Roger Bacon, franciscano de Oxford, escribe al papa Clemente IV (antiguo consejero de san Luis con el nombre de Guido Foulques), entre 1265 y 1268, una obra llamada *Opus Majus,* en la que dice: «El mundo ha caído en estado de condenación. Cualquier cosa que sea de los tártaros y de los sarracenos, es cierto que el Anticristo y los suyos vendrán pronto. Y si la Iglesia no se preocupa con medidas santas de hacer frente a estas maquinaciones y de destruirlas, ella será abatida de manera intolerable para calamidades de los cristianos. Todos los hombres sabios creen que nosotros no estamos muy lejos de los tiempos del Anticristo». Roger Bacon no ve más que un arma contra esto: la *reformatio* de la Iglesia. La verdadera ley evangélica debía imponerse. Estas profecías y otras parecidas sumieron en la inquietud a Blanca de Castilla y a su hijo san Luis. Su sentido del sacrificio y de la conquista del paraíso se forja bajo la presión de esta mirada apocalíptica [10]. Con el tiempo, como veremos, la sobria mirada de don Jaume, quizá ayudada por la extrema lejanía hispana respecto al peligro tártaro, entenderá que en ciertas circunstancias aquel terrible poder podía ser de ayuda para la cristiandad.

El Concilio de Lyon, mientras tanto, mantenía los espíritus alerta. Pero reunido bajo la presión de la lucha contra el emperador, debía de sentir una inquietud añadida. En todas las descripciones de la época se caracteriza a estos pueblos como el Anticristo. Dios parecía abandonar al mundo cristiano cuando el emperador, el único que podía detener aquel peligro, también venía caracterizado como Anticristo. Era el dominio del Maligno que rodeaba el Occidente cristiano. Para resolver la situación, el canon 16 entregaba al propio Sumo Pontífice la dirección de la guerra contra este terrible enemigo, magnificado por la imaginación medieval. Este canon dice así: «Los tártaros han invadido Polonia, Rusia, Hungría y otros territorios cristianos; se han librado a todo tipo de excesos sin distinción de edad y de sexo. Amenazan aún otros lugares y ha llegado el tiempo de oponerse a su invasión. Por esto se fortificarán por medio de muros, torres y trincheras todas los caminos y todos los

---

[10] Pero pronto los mongoles se urbanizaron, algunos casaron con princesas cristianas armenias y los cristianos empezaron a ver en ellos aliados contra los musulmanes de Siria y de Egipto. Hacia 1260 habían conquistado Damasco, pero los mamelucos de Egipto los expulsaron rápidamente. Para esta época, los mongoles ya no iban a expandirse más. En relación con esta alianza con los cristianos, desde luego, no se daban las condiciones oportunas de la diplomacia. Los mongoles juzgaban a los europeos pueblos pequeños e insignificantes, por lo que reclamaban la sumisión y tributación. Las relaciones que se conocen desde 1248 a 1253 con san Luis chocan con este obstáculo. Hacia 1262 se envió otra embajada a París, con veinticuatro notables tártaros, para lograr una alianza contra Siria, de tal manera que los franceses marcharan por mar y los tártaros por la tierra oriental: una alianza de la tierra asiática y el mar Mediterráneo. Jerusalén sería el botín para los cristianos. Pero tendrían que garantizar sumisión al Gran Khan. No se llegó a nada. Lo mismo sucedió con la alianza que anudaron con don Jaume, que fracasó con su cruzada.

pasos por los cuales puedan penetrar en territorio cristiano: además, se advertirá al Papa de todos sus intentos de invasión, de tal manera que pueda convocar a toda la cristiandad a llevar socorro a los países amenazados. Él mismo contribuirá a reunir los recursos necesarios a este efecto y pedirá a los demás cristianos que le proporcionen el suplemento indispensable». Para concretar sus planes, Inocencio deseaba levantar tres puertas y tres muros frente a los tártaros: Polonia, Lituania y Volynia [11]. Era muy clara la doctrina: el director de toda la resistencia contra los mongoles era el Papado. En Lyon la cristiandad actuó como si no tuviera emperador.

Es fácil pensar entonces que el Papa operaba de una manera que podemos definir como *amateur* desde un punto de vista militar. Nadie de entre los obispos y prelados asistentes se dio cuenta de algo que pronto Jaume de Aragón descubrirá: la naturaleza contraria de los intereses turcos y tártaros, la posibilidad de utilizar a estos para favorecer el poder latino en Oriente frente a los turcos musulmanes. Además, no estaba claro que la mejor manera de mantener una influencia profunda en aquellos territorios fuera mediante la ayuda continua a Balduino frente a los emperadores griegos. Cualquiera que se hubiera enfrentado a aquella constelación de política internacional, de hacerlo con criterios y experiencia, se habría dado cuenta de los márgenes de maniobra que se abrían a las fuerzas occidentales. Frente a esto, el Papado reclamaba dinero de todos y la dirección de la cruzada. Era más bien una política débil, pero era la única que tenía a su disposición Inocencio IV.

Cuando leemos el canon 17 del concilio nos damos cuenta de que el tiempo de las primeras cruzadas ya había pasado [12]. De hecho, esta convocatoria no nos parece mucho más realista que aquella que había recogido a los jóvenes de media Europa y los había lanzado a la muerte. El canon solicitaba que todos los cruzados se reunieran en un lugar dado para iniciar el viaje a Tierra Santa. Los clérigos que acompañaran a la gente de armas deberían mantener alta la moral de la tropa. Las prescripciones eran las más evangélicas: mantener la humildad, observar la modestia, evitar toda discordia y todo sentimiento de odio, abstenerse de toda orgía y de todo festín por respeto a la

---

[11] Oscar Halecki, «Diplomatie pontificial et activité missionaire en Asie aux XIII-XIV siécles», *XII Congrès International des Sciences Historiques,* Raports. II: *Histoire des continents,* Viena, 1965, págs. 5-32. Lyon, en todo caso, tomó conciencia de que la cristiandad era un asunto de Europa.

[12] Christopher Tyerman, en su libro sobre *L'invenzione delle crociate,* dice justo de este momento de Inocencio IV: «Lo mejor que el Hostiense, un alumno de Inocencio IV, logró hacer fue afirmar que la cruzada era una guerra justa pontificia. Fue por tanto la autoridad, más que la finalidad de la empresa, la que llegó a obtener un relieve que habría tenido un profundo eco sobre la praxis» (ob. cit., pág. 65). Se refiere al Hostiensis, autor de la *Summa Aurea,* que se editaría en Venecia en 1574. El mismo Papa, dotado jurista, escribió sobre la teoría de la guerra justa y lo hizo para justificar las más variadas intervenciones de la Iglesia, con la versatilidad que cabe pensar. De hecho, Inocencio IV estuvo a un paso de reconocer que la Iglesia tenía necesidad de una administración militar propia, dirigida directamente por ella. Así se habría dado el paso definitivo hacia la teocracia. Cf. ob. cit., pág. 74.

santa cruz que llevaban en sus pechos. No era el ejército que necesitaba la época. Además, todos los que hicieran voto de cruzado serían obligados a cumplirlo bajo excomunión. Todas las jerarquías y poderes civiles deberían ponerse en camino de la cruzada o enviar suficientes hombres armados durante tres años. A cambio, obtendrían la remisión de todos sus pecados. Quien se negara a prestar ayuda «se le tendrá en cuenta en el juicio final». La misma excomunión se lanzaba contra los corsarios y los piratas que asaltaran los navíos de los cruzados y sobre aquellos que vendieran armas, barcos o materias primas a los infieles. El comercio con Oriente debía paralizarse durante cuatro años para que los cruzados pudieran tener medios suficientes de transporte. La paz entre todos los pueblos cristianos fue decretada durante tres años. Europa entera se debía poner bajo la soberanía de la Iglesia. Justo porque nadie podía dirigir un ejército propiamente dicho, Europa entera se debía convertir en un seudoejército de cruzados. Se trataba de una dominación que ningún emperador había soñado, pero proporcionalmente ineficaz a su extensión. La Iglesia, que abandonaba su legitimidad propia, no solo traicionaba su función, sino que destruía la competencia directiva militar que invadía, propia del Imperio. Pero, al mismo tiempo, las verdaderas armas coactivas de la Iglesia para reunir aquella hueste habrían hecho sonreír al más inexperto alférez de Federico. En suma, la voluntad eclesial de liderar el siglo chocaba con la realidad de las cosas: la Iglesia no era un reino y no tendría nunca un ejército propio.

En realidad, todos estos cánones reflejan muy bien la personalidad de Inocencio IV. San Luis de Francia, aunque invitado al concilio, no asistió a ninguna de sus sesiones. Tras ellas, se mantendría una entrevista entre el rey, el Papa y Blanca de Castilla, encuentro que será secreto. El rey, de cuya fe nadie podrá sospechar nunca, quedará sorprendido de la arrogancia del Papa y de la inflexibilidad de su carácter. Entonces se dio cuenta de que jamás llegaría a un acuerdo con el emperador. Luis, no obstante, siguió declarándose amigo de Federico, aunque pronto, al enterarse de que este preparaba una armada para dirigirse contra Lyon, acabará mandando fuerzas para defender al Papa. Sin embargo, nada más lejos de su intención que presentarse con una actitud humillada ante el Papa. Él sabe que tiene la llave de todo el juego y está dispuesto a meter en cintura a la Iglesia en toda la extensión de su reino[13]. Tras su entrevista con Inocencio, san Luis comprendió que, de imponerse su personalidad, todos los poderes cristianos verían peligrar su independencia. Mientras la Iglesia de Roma (como se había demostrado en el concilio, con las discusiones con el representante de la *universitas angliae,* Guillermo de Poweric)[14] mantuviera su intenso control sobre Inglaterra, ganado en la época de Juan Sin Tierra, Francia la apoyaría. Pero el rey Santo no permitiría jamás que una mínima parte de su poder desapareciera en manos del Papa. No era exclusiva opinión de Federico que los principios sentados en Lyon represen-

---

[13] Le Goff, ob. cit., págs. 166-168.
[14] Hefele, ob. cit., pág. 1676.

taban un peligro para todo príncipe temporal. «Se comienza por mí —decía Federico en una carta a Luis IX en septiembre de 1245 [15]—, pero pronto llegará el turno de los reyes y de los príncipes. Defended en mí vuestra propia causa.» Estas palabras debieron de hacer más efecto en Blanca de Castilla que en san Luis. Este, desde luego, predicó la cruzada en su reino, pero prohibió que los fondos fueran a la curia romana y que se emplearan en la lucha contra Federico. Pero esta carta también llegó a poder del Papa. En marzo de 1246, Inocencio IV lanzó una misiva a todos los príncipes cristianos. Allí pudo leer Jaume la tesis más propia de la Iglesia: «La esposa del Cordero, la Santa Iglesia, reina sobre el universo entero, lo mismo que su esposo Jesucristo, del cual deriva todo poder. Sus hijos (los obispos) reciben de su Padre la gracia de la omnipotencia para desarraigar y para destruir, para construir y para plantar [...] Así, ornada con la diadema de tal esposo, la Iglesia no teme nada» [16]. Uno —el emperador— había hablado de gozar de un poder *legibus solutus,* de estar más allá de la ley. El otro, el Papa, de la gracia de la omnipotencia concedida por Dios. Las dos palabras que subyacen a la teoría moderna de la soberanía se habían pronunciado ya en el terreno de juego de esta lucha entre el Papado y el Imperio. Aprovechando los espacios que dejaba esta lucha, los reinos europeos, y entre ellos los hispanos, iban a encontrar el camino para la afirmación propia. Ahora debemos verlo.

---

[15] Hefele, ob. cit., pág. 1681.
[16] Ibídem, pág. 1683.

45
CASTILLA ENTRA EN EL JUEGO

Desde determinado punto de vista, el que alentaba la obstinación de Federico, el Concilio de Lyon no había significado nada. Por mucho que en Colonia, el 29 de septiembre de 1247, se reuniera un concilio para elegir un nuevo emperador de los alemanes, por mucho que Guillermo de Holanda aceptara el cargo, y por muy solemne que fuera su coronación en Aix-la-Chapelle en noviembre de 1248, nadie pensaba que estas decisiones del Papado alterarían los planes de Federico. Su proyecto seguía en pie: asegurar el dominio unitario del Imperio y de Italia. Para eso debía conseguir el control militar de Milán y desde allí, dominando Génova, mantener la espina de Cerdeña y Sicilia. El problema de esta estrategia pronto se hizo visible: la necesidad continua de financiación llevaría a Sicilia y a la Apulia a la ruina, pues de aquí extraía el emperador sus ingresos principales. El único camino honorable que le quedaba al emperador, a largo plazo, era la reconciliación con el Papado. Eso significaba de nuevo ponerse la cruz en el pecho y levar anclas hacia Jerusalén. Sin embargo, Federico sabía que esto era abandonar el poder de manera definitiva. Así que se aferró todavía más a él, despidió a muchos de sus lugartenientes, se vinculó a la familia como única realidad política y rechazó la posibilidad de la cruzada. Dispuesto a otro arreglo más favorable, con la nobleza francesa como aliada y san Luis como imparcial, se dirigía hacia Lyon en 1247, con la esperanza de que el Papa, ante la presión de su ejército, aceptaría un arreglo jurídico estable para su poder. Pero por las armas apenas podría lograr sus objetivos. Cuando iba a dirigirse a Lyon se enteró de que Parma se pasaba al Papa. Con ella, toda la Liguria podía rebelarse. Sin duda, era perder el camino hacia Cerdeña. Regresó, le puso sitio, pero, en una acción valiente, los de Parma quemaron el campamento del emperador, robaron su sello como rey de Sicilia y se llevaron parte del tesoro real. Mil quinientos hombres murieron y más de tres mil fueron hechos prisioneros. Tadeo de Suessa, su defensor en Lyon, perdió aquí la vida.

El otro gran revés tuvo lugar en 1249: los boloñeses tomaron prisionero a su hijo Enzo cerca de Nápoles y ya no lo soltarían hasta su muerte, en 1272. No tenemos la seguridad de que a partir de entonces Federico estuviese en sus cabales. Su proceder para acusar de traidor a su mejor ayuda, el notario imperial Petrus de Vinea, y la paranoia de su acusación, nos muestran a un emperador cercano a su final. La forma de castigarlo fue desleal y llena de crueldad, propia de alguien que había perdido todo criterio moral: lo dejó ciego y lo montó sobre un asno cerca de San Miniato, una ciudad güelfa y enemiga. De esa manera lo entregó a quienes sin duda ejercerían la venganza con él. Un pago terrible, por cuanto el odio que las ciudades profesaban a Vinea se debía a su fidelidad con quien así lo entregaba. Ya unos años antes, el suplicio al que sometió a unos conjurados en 1246 en Grosetto fue de una crueldad infrahumana: puesto que habían atentado contra su padre-emperador y habían cometido un crimen contra la naturaleza, debía ser esta la que matara a los condenados: los cuatro elementos, el fuego, el aire, el agua y la tierra, debían ser los agentes justicieros. Y así fueron en parte quemados, en parte arrastrados, en parte ahogados y en parte envenenados. Era el final de un gran personaje. Tras una cacería, el rey cogió unas fiebres y murió el 12 de diciembre de 1250, a la edad de cincuenta y seis años. Su deseo era que Conrado IV mantuviera la misma estructura de poder que él había intentado construir en vano, luchando contra el tiempo. Mientras tanto, había transferido, delante de los grandes que estaban en su lecho de muerte, el principado de Tarento a su hijo natural, Manfredo. Además, su testamento le nombraba administrador del reino de las Dos Sicilias en nombre de su hermanastro Conrado. Este Manfredo fue quien trasladó el cadáver de su padre a la catedral de Palermo y lo enterró en el sarcófago de pórfido que el visitante puede contemplar todavía hoy.

Alguien ha dicho que Federico solo transmitió sus virtudes a sus hijos naturales. Manfredo, desde luego, estaba mejor dotado para el mando que Conrado, y tarde o temprano acabaría imponiéndose sobre él. No era, en todo caso, el único que deseaba acabar con su vida. En la Navidad de 1250, recién muerto su padre, mientras estaba en el monasterio de San Emerando, Conrado escapó a una conjura casi por puro milagro. Pero Manfredo tenía tras de sí las fuerzas intactas de los Staufen. Los arzobispos de Palermo y Salerno estaban con él, como muchos otros alemanes. La situación era, a pesar de todo, magnífica para el Papado. Ahora los dos hermanos se sabían condenados a enfrentarse. Mientras Conrado complicaba las cosas de Manfredo en Sicilia, favoreciendo a sus enemigos, el Papa, en un gesto trascendente, ofreció la corona del reino feudatario a Carlos de Anjou, casado con Beatriz, la heredera de la Provenza. Era el verano de 1253, y aunque el hermano del rey san Luis IX rechazó este primer ofrecimiento de la corona, esta fecha tendrá una relevancia decisiva para el destino del Mediterráneo durante siglos. En lugar de la línea Milán, Génova, Cerdeña, Sicilia, Nápoles, ahora el Papa procuraba una nueva línea de influencia que no rodeaba los territorios pontificios de Roma, sino que, al contrario, dejaba paso a la potencia aliada de Francia en los asuntos italianos del sur, mientras mantenía la independencia de las ciudades toscanas del norte. Al mismo tiempo, Roma procuraba vincular a Guillermo de

Holanda con la casa de Inglaterra, dejando ver su verdadera intención de equilibrio europeo: el Imperio se dejaba para la influencia inglesa o sajona de los güelfos, mientras las Dos Sicilias se reservaba para la influencia francesa. En cierto modo, el movimiento reflejaba también la impotencia de la Iglesia. Solo era viable separar el Imperio de Sicilia fortaleciendo los dos Estados nacionales más emergentes y poderosos. Ni Castilla ni Aragón eran fiables para la Iglesia ni fueron invitados a este reparto. Ambos reinos, como pronto se iba a ver, tenían vínculos demasiado cercanos a los Staufen y solo podían significar alianzas para Manfredo.

Hablo ya solo de Manfredo porque el 20 de marzo de 1254 moría Conrado en Lavello, cerca de Melfi, de unas fiebres súbitas que fueron muy sospechosas para la época. Ahora quedaban frente a frente Manfredo y Guillermo de Holanda. Las peripecias de estas luchas no son de nuestro interés, desde luego. Baste decir que la estrategia de la Iglesia tenía un punto débil: la hostilidad recíproca de ingleses y franceses. El partido de Guillermo de Holanda no podía consolidarse sin contar con Francia. Pero por doquier los intereses eran contrarios. Los príncipes alemanes, según veían la correlación de fuerzas, se vinculaban a uno u otro bando. Al final, el juicio de la época sobre Guillermo se impuso: este podría ser el hombre de paja de los príncipes, pero jamás podría llegar a ser su señor. Sus campañas contra Manfredo fueron desconcertantes. Su forma de dilapidar todo el dinero que la Iglesia ponía en sus manos, proverbial. Al final, su muerte fue absurda e insensata: en una escaramuza con los frisones, atravesando un río helado, se rompió la placa y el emperador se hundió con su caballo. Paralizado, los frisones acabaron con él.

De repente, Manfredo vio cómo sus dos grandes enemigos, Inocencio IV y Guillermo de Holanda, desaparecían en un año. Era la única esperanza del bando gibelino. El nuevo papa, Alejandro IV, ofrecía otra oportunidad y Manfredo se dispuso a aprovecharla. Sin embargo, fue inútil. El odio de los papas hacia los Staufen trascendía las personas. Para la curia, los herederos de Federico eran una raza de escorpiones. Nadie podría reconciliar a la Iglesia con ellos. Como Carlos de Anjou se había manifestado muy reacio a entrar en Sicilia, el Papa ofreció el reino a Edmundo de Inglaterra. Manfredo lo destruyó y, por fin, el 11 de agosto de 1258, el hijo bastardo de Federico se hizo coronar rey de Sicilia en la catedral de Palermo. Nadie podía disputarle ese poder, al menos por el momento. El sur italiano, por tanto, quedó claramente dominado por los Staufen, y esto fue decisivo para la política de Jaume de Aragón.

En esta lenta preparación de la política de Jaume por el Mediterráneo queda por narrar el último elemento: la entrada de Castilla en el juego de la política internacional. Entrada breve, desgraciada, tan lejana de la eficaz intervención catalano-aragonesa en el Mediterráneo central. Pues, en efecto, cuando en 1256 murió Guillermo de Holanda, el Rey de Romanos, las cosas se complicaron. Los electores imperiales, con el obispo de Colonia al frente, no querían repetir una aventura como la de los Staufen, pero no todos se ponían de acuerdo sobre el reino periférico que podía entrar en escena. Colonia, muy cercana a Roma en este punto, prefería a Ricardo de Cornualles, el hermano de Enrique III de Inglaterra. Fue entonces cuando Alfonso el Sabio, aludiendo a sus derechos sobre el ducado de Suabia, heredados de su madre, reclamó la corona imperial[1]. Quizá Alfonso no habría dado nunca ese paso si Alejandro IV no le hubiera animado ya en febrero de 1255 a que alcanzara el ducado de Suabia y hubiese presionado a los grandes de esas tierras para que lo reconocieran como señor. Sin duda, con ese juego, el Papa deseaba retirar a Manfredo la base de la legitimidad imperial. Lo que pasa es que, para decirlo con Meyer, «en el siglo XIII ser *Rex Romanorum* significaba dominar el ducado de Suabia, y viceversa, ser duque de Suabia significaba una poderosa posición en el Imperio»[2]. Alfonso, de forma coherente, pensó que los ánimos que le daba el Papa para ganar Suabia implicaba también el apoyo para obtener la dignidad del Imperio. Esta es una opinión general[3].

Aquel apoyo del Papa no era el único que disfrutaba Alfonso. Ya a la misma muerte del emperador Guillermo, por invitación de los pisanos, que le enviaron una embajada a Soria, tomó el título de Rey de Romanos. Los electores se dividieron según sus cálculos acerca de la riqueza de los candidatos. Cornualles era muy rico y Alfonso habría de dejar Castilla empobrecida. Al final lo que decidió el partido de los electores fue la subasta de su voto. La maldición de la *traslatio imperii* que, como Gierke observara, siempre destruye el país sobre el que recae, empezó a cebarse con las tierras castellanas.

El 13 de enero de 1257 se convocó una reunión de los príncipes en Frankfurt. Unos, los defensores de Cornualles, entendieron que ese mismo día debía celebrarse la elección. Los partidarios de Alfonso, por su parte, interpretaron que era una reunión preparatoria de la votación. El arzobispo de Trier, del partido de Alfonso, llegó el primero a Frankfurt, con el duque de Sajonia y el representante del rey de Bohemia. Brandemburgo también delegó el voto en ellos. Cuando llegaron el arzobispo de Colonia, el duque de Baviera y el conde palatino, que traían el voto del arzobispo de Maguncia, vinieron acompañados de mucha gente de guerra. El partido de Alfonso les conminó a dejar la gente de guerra fuera de la ciudad y, al negarse, se les cerraron las puertas. Los siete electores se dividieron. Los de fuera, el arzobispo de Colonia, el de Maguncia, el duque de Baviera y el conde del Palatinado, interpre-

---

[1] Su hermano, Federico o Fadrique, al que correspondió el ducado de la madre, llevaba desde 1240 hasta 1245 en la corte de Federico, donde figura en diplomas como «dilectus nepos noster». En 1245, Fadrique se fugaría a Milán, la gran enemiga de Federico, tras la condena que sobre el emperador lanzó el Concilio de Lyon. Cf. Bruno Meyer, «El desarrollo de las relaciones entre Castilla y el Imperio en tiempos de los Staufen», *En la España Medieval* 21: 29-48 (1998), aquí, pág. 41.
[2] Meyer, ob. cit., pág. 43.
[3] En efecto, cf. W. Giese, «Der Reichtag vom 8. september 1256», en *Deutsches Archiv für die Ersforschung des Mittelalter* 40: 573 (1984). Para otros aspectos, cf. Máximo Diago Hernando, «La monarquía castellana y los Staufen. Contactos políticos y diplomáticos entre los siglos XI y XIII», *Espacio, Tiempo y Forma*, UNED, 1995, vol. III, núm. 8.

taron que la elección podía hacerse en la ciudad o en los alrededores, y ese mismo día optaron por Ricardo de Cornualles, el hermano de Enrique III. Al poco tiempo, el rey de Bohemia enviaba una embajada para comunicar que se adhería a esta votación. El arzobispo de Trier y el duque de Sajonia, por su parte, tras una convocatoria dudosa a los demás miembros, optaron por la lejana Castilla y nombraron emperador a don Alfonso en el Domingo de Ramos, que aquel año cayó el 1 de abril de 1257. El embajador del rey de Hungría votaba ahora a favor de Alfonso. El Papa se quedó perplejo ante esta división e intentó por todos los medios lograr una concordia entre los electores. Desde luego, la perplejidad y la buena voluntad de la curia no impidió al Papado tener buen juicio a la hora de discriminar al culpable de la situación. Este no era otro que el rey de Hungría-Bohemia, que había votado a los dos candidatos. No contento con esto, el 9 de agosto de 1258 cambiaba de voto otra vez y se pasaba al bando de Cornualles, para todavía después manifestar que estaría dispuesto a votar a un tercer pretendiente. En realidad, Otokar de Bohemia, que así se llamaba el rey de Hungría, no quería votar a ningún emperador. Al contrario, lo que él deseaba era debilitar y desprestigiar al máximo el Imperio, para fundar en las tierras del Este una gran monarquía con plena soberanía. El caso es que, a pesar de todo, el príncipe inglés fue coronado en mayo en Aix-la-Chapelle, mientras que Alfonso de Castilla se limitaba a nombrar al obispo de Spira como su representante en Alemania. En honor a la verdad, hemos de decir que Ricardo de Cornualles fue un emperador invisible y que se pasó casi todo el tiempo en Inglaterra. En realidad, todo estaba preparado para que el cargo de emperador no significara nada.

A pesar de todo, los dos príncipes se consideraron emperadores, desde luego. Enviaron al Papa sus exigencias y reclamaron ser reconocidos como tales. El papa Alejandro IV se dio cuenta de que ninguno de estos dos hombres era el destinado a vencer a Manfredo, rey de Sicilia, quien mientras tanto había obligado al Papa a refugiarse en Viterbo, había invadido los territorios de san Pedro y había tomado la Marca Ancona y Spoleto. Con el apoyo de los sarracenos de Lucera, el magnífico castillo que había construido Federico, fuerte como pocas construcciones medievales, Manfredo tomó casi toda la Toscana. Florencia fue destruida y Lucca fue la única que resistió gracias a su magnífica muralla. El partido de los Staufen era el caballo vencedor y el papa Alejandro IV no pudo resistirlo: bajo el peso de la responsabilidad, moría en mayo de 1261 [4]. Otro viejo aliado de Federico, el griego Miguel VIII Paleólogo [5],

---

[4] No sin antes intentar que Alfonso desistiera de sus intenciones. Así, envió a España a su legado el cardenal Godofredo de San Jorge, en 1259. Un agente especial del Papa en todo este asunto fue el arzobispo de Sevilla, don Remondo. El rey prestó oídos a quienes le aconsejaban enviar una embajada a Roma para garantizar la empresa de la coronación. La embajada iba dirigida por don Manuel, el infante, su hermano preferido, pero el hombre fuerte era el propio arzobispo don Remondo. Cf. Ballesteros Beretta, ob. cit., págs. 236 y 240.

[5] A pesar de todo, el Peloponeso quedará en manos latinas, dominado por los venecianos y los genoveses. Cf. Le Goff, *Saint Louis*, ob. cit., págs. 40-42.

poco después de su muerte acababa con el imperio latino de Bizancio, obligando a Balduino al exilio. Manfredo ahora no tenía enemigos hacia Oriente. Era el momento, por tanto, de escapar al gran juego, de eludir la pinza de Francia y de Roma. Aquí debemos centrarnos, pues justo entonces se fraguó la boda de la hija de este rey con el hijo de don Jaume, el infante Pere, boda por la que un rey aragonés iba a ser el heredero de los derechos del último Staufen en Sicilia. En este tiempo recuperamos de nuevo el momento en que dejamos a Jaume, muerto ya el infante Alfonso y reconstruidas las relaciones internas con la nobleza de Cataluña, tal y como dijimos en los capítulos anteriores.

Pero veamos mientras tanto la suerte del rey Alfonso el Sabio, porque también merece la pena que insistamos en un hecho: en los intereses contrarios que, a partir de esa aproximación entre Jaume y Manfredo, iban a separar la política internacional de Castilla y Aragón. En un documento muy interesante que nos da Zurita[6], podemos conocer la forma en que Urbano IV —sucesor de Alejandro IV— se dirigió a Ricardo de Cornualles y al rey Alfonso el Sabio de Castilla cuando estos le exigieron la confirmación de la elección, sin reconocerle capacidad alguna de arbitraje[7]. Leyéndolo podemos extraer la comprensión de las cosas que era dominante en la época. En él, con una clara idea de hasta qué punto la suerte del Papado iba asociada a la suerte del Imperio, y temiendo que su destino, como pronto se iba a ver, también fuera el propio de un cisma, el nuevo Papa defendió la necesidad de que la institución del poder temporal recuperara la unidad necesaria para cumplir con su función. El sacerdocio y el Imperio eran dones supremos de Dios a los hombres y sin ellos no habría paz, justicia ni unidad del mundo. La teoría oficial era que ambas instituciones debían trabajar juntas, convergentes, para lograr la salvación del género humano. Con aquella discordia, la posibilidad de una Iglesia sólida y unitaria, verdaderamente católica, capaz de erradicar las herejías, se alejaba a la vista de todos. El exilio en Lyon, que ya duraba desde 1245, no parecía llegar a su fin.

Pero la Iglesia solo podía recurrir al derecho para regular este problema, y a él apeló recordando la formalidad a la que debía atenerse la elección del emperador. Urbano IV recordó que, según se había hecho desde que Otón III había muerto sin descendencia, en caso de que los electores se hubieran dividido, nombrando a dos emperadores en discordia, el juicio sobre tal situación correspondía al conde palatino. Pero como algunos de los príncipes electores ya disfrutaban del estatuto de reyes, su veredicto no podía resolverlo un conde. La cuestión debía llevarse a la Santa Sede. Y en el uso de este legítimo derecho, la Iglesia reconoció que ni el arzobispo de Trier ni el duque de Sajonia permitieron entrar en Frankfurt al obispo de Colonia ni al conde palatino, y que tampoco quisieron salir para reunirse con ellos, por lo que era manifies-

---

[6] Zurita. *Índices*, págs. 210 y sigs.
[7] El contexto del documento lo da Hefele, ob. cit., Libro XXXVII, t. VI, pág. 434.

to que deseaban impedir que se pudiera realizar el sufragio en el plazo previsto. Fueron estos últimos los que, viendo en peligro la elección del emperador, decidieron nombrar a Ricardo de Cornualles, nombramiento al que después se adhirió el rey de Bohemia. Por eso, cumpliendo con los plazos, Ricardo de Cornualles se dirigió a Aquisgrán, donde el arzobispo de Colonia lo nombró emperador y lo consagró sin oposición de nadie, recibiendo los homenajes de los magnates del Imperio. Además, y a los ojos de Urbano IV, Ricardo había gozado de la recomendación de Gregorio IX, quien había escrito a los príncipes eclesiásticos para inclinarlos a su elección. Hasta aquí el Papa daba la razón al hermano de Enrique III. Todo parecía indicar que Alfonso el Sabio tenía su causa perdida. Mas no era así. Alfonso argüía por medio de sus legados que a sus electores se les había impedido reunirse con todos los demás y que, imposibilitados para ejercer su derecho, se habían visto obligados a realizarlo de la única manera que les dejaban las tropas del grupo contrario en la ciudad sitiada. Además, añadía que el conde del Palatinado estaba excomulgado por haber ayudado a Federico y a su hijo Conrado y que, por eso, no tenía posibilidad de votar. Por otra parte, se recordaba que el obispo de Mainz estaba preso y que difícilmente podía ser libre la delegación de voto en el arzobispo de Colonia, que lo mantenía en prisión. Así que, en efecto, Roma también daba la razón al rey de Castilla. Finalmente, el Papa invocaba la necesidad de que los dos príncipes se presentasen ante su Sede y se sometiesen al dictado que prepararía en presencia de los embajadores de las dos partes.

Parecía que la Iglesia, dirigida por Urbano IV, solo quería lograr la concordia. Pero en realidad no quería nombrar emperador. Su juego consistía en lograr que los dos candidatos abdicaran de manera voluntaria. Esta intención no podía ser declarada, sin embargo. Por eso, de forma explícita, la Iglesia afirmó que no podía intervenir en la disputa si no era reconocida como juez, otra manera de afirmar su hegemonía sobre el Imperio. Al principio, los dos candidatos se negaron a ello y, afirmando sus derechos respectivos, exigieron ser reconocidos como emperadores legítimos. Pero luego, Alfonso, tomando las palabras de Urbano IV al pie de la letra, cambió de táctica. Pensó que, en verdad, sería reconocido emperador si afirmaba la posición de juez que reclamaba la Iglesia para intervenir en el asunto. Es lo que hizo al escribir al Papa el 17 de abril de 1262, en una carta firmada por sus delegados en Viterbo [8]. Una embajada de enero del año siguiente enviada por Castilla reclamó que, en igualdad de derechos entre ambos candidatos, el Papa se debía inclinar hacia Alfonso porque confiaba en su papel de juez. Cediendo ante esta incuestionable verdad, en agosto de este mismo año, el Papa concedió a Alfonso el título de *Rex Romanorum electus,* lo que no era mucho, pues esto mismo ya lo había hecho antes con Ricardo de Cornualles [9]. Con ello, sin embargo, el Papado deseaba poner a los dos candidatos en plena igualdad. Estaba fuera de sus

---

[8] Hefele, ob. cit., pág. 435.
[9] Ibídem.

planes reconocer a un lejano emperador hispano que no podía servir a sus propósitos contra Manfredo. Las protestas del de Cornualles no tardaron en aparecer, y entonces el Papa volvió a declararse único juez del asunto, al tiempo que sentaba la tesis de que el *Imperium* debía estar dirigido por la *sacerdotalis auctoritas*. Demasiado bien se veía que aquella situación de interinidad era lo que convenía a la Iglesia, que, mientras tanto, buscaba destruir a Manfredo de otra forma.

Debemos reconocer que nada quedaba más lejos de los propósitos de la curia que reproducir la noción y la práctica del Imperio tal y como la había ejercido Federico. Así que Urbano IV ideó un plan: diferenciar claramente entre el rey de los alemanes y el Rey de Romanos. Mientras que el primero podía ser elegido por los príncipes, el segundo solo podía serlo por Roma, manteniéndose como un reino feudatario del Papa [10]. Emperador podría ser uno u otro, de forma indiferente, pero siempre entronizado por Roma. Con ello se lograba algo fundamental que también satisfacía a Francia: quien tenía Alemania, no tendría Italia. Cualquiera podría ser así emperador, pero jamás se formaría un poder unitario. Como es natural, las ciudades del norte de Italia quedaban libres para continuar su peculiar política de autonomía municipal y esas hostilidades recíprocas continuas que jamás inquietaron a Roma. Por el sur, quien tuviera Sicilia y Nápoles sería un vasallo papal. En el centro de Italia, la Romaña y los territorios del patrimonio de san Pedro serían administrados por un rey delegado de Roma. Nunca más la Ciudad Santa quedaría asfixiada por el mismo poder. Así que el Papado no tuvo prisas en resolver el asunto del Imperio, ni en lograr la concordia entre Alfonso y Ricardo de Cornualles. La diferencia es que, mientras que Ricardo era un príncipe que no arriesgaba la felicidad de un reino, Alfonso era un rey que puso todos los recursos de sus naturales al servicio de esta obsesión personal. Castilla quedó depauperada. Todavía será recordada esta ocasión cuando, con más títulos, otro rey de Castilla quisiera emprender de nuevo la vía del Imperio. En efecto, cuando se debatiera en 1520 la elección de Carlos V como emperador, los monjes de Salamanca, contestando el discurso de Mota en las Cortes de Santiago, recordarían con sarcasmo el estado en que Alfonso X dejó Castilla por idéntica obsesión. Pero fue el mismo cardenal Adriano, en noviembre de 1520, el que escribía al joven Carlos que si «vuestra majestad no viene con toda celeridad y presteza, temo que hallará peor el reino de lo que el rey don Alfonso cuando volvió a estos reinos, después de la elección que entonces se hizo de él para el Imperio» [11]. En las dos ocasiones, Castilla perdió: en la primera, porque la debilidad de Alfonso dio entrada a una guerra civil que apenas cesaría ya hasta los Reyes Católicos; en la segunda, porque la rebelión de

---

[10] Hasta ahora el *Rex Romanorum* no implicaba ser coronado emperador. Los príncipes que elegían al primero no daban con eso automáticamente su asentimiento al segundo acto. Ahora el Papado quería separar la elección del Rey de Romanos del poder de los príncipes alemanes.

[11] Se puede ver en Joseph Pérez. *La revolución de las Comunidades de Castilla, 1520-1521*, Siglo XXI, Madrid, 1998, págs. 152-153. Véase la nota 140 para los comentarios de los valencianos.

las comunidades y las germanías determinó que la monarquía hispánica se convirtiera en la herramienta de una idea imperial que ya era antigua e ineficaz para las tareas que el nuevo mundo atlántico reclamaba [12]. Sin duda, en el caso de Alfonso X, este pensó que su nombramiento como emperador significaba el cumplimiento del sueño de hegemonía hispánica de Castilla. Finalmente, la traducción rigurosa de *imperator romanorum* para Alfonso habría sido únicamente el título de *imperator hispanorum,* renovando el viejo sueño de Alfonso VII. De hecho, su abandono de Alemania demostraba que su interés se dirigía sobre todo a la corona imperial, no al título de Rey de Romanos [13]. Pero lo que era viable con Alfonso VII ya no tenía sentido ante la consolidación de los reinos hispanos. Mas ahora debemos dejar las cosas aquí. En realidad, no hemos sino descrito un contexto. En él, como si tuviera plena conciencia de todos los movimientos del tablero europeo, Jaume orientó su política internacional de la forma en que vamos a ver.

---

[12] Cf. mi intervención en *Carolus Valentiae Rex,* Biblioteca Valenciana, Valencia, 2001, págs. 1-9.
[13] Cf. Meyer, ob. cit., pág. 46.

46
JAUME MIRA A SICILIA

Don Jaume y su corte, con una penetración indiscutible, se dieron cuenta de los intereses de Roma y no concentraron sus aspiraciones en un Imperio que no les decía gran cosa. Al contrario, descubriendo la lógica de las relaciones internacionales, se interesaron por uno de los elementos de la separación impulsada por Urbano IV[1]: Sicilia. Y, en efecto, Jaume tuvo una manera astuta e inteligente de llegar al corazón mismo de la casa de los Staufen. En cierto modo, no podía pactar directamente con Manfredo, el sucesor de Federico, un hombre odiado por la Iglesia de Roma. Esta alianza directa, además, habría levantado la hostilidad de Luis IX. Así que entró en el juego europeo de una manera indirecta, apoyando a la casa de Saboya. Las ciudades güelfas del Piamonte se habían rebelado contra esta casa saboyana, que sin duda había emparentado con los Staufen para mantener aquellas ciudades dentro del Imperio y de su control. Por aquel entonces, la decisión de Roma estaba tomada: Carlos de Anjou, el hermano de Luis IX de Francia, era el hombre de la Iglesia para eliminar el poder de los Staufen sobre Sicilia, Calabria y Tarento, y para controlar la herejía albigense en la Provenza. En cierto modo, así se impedía también que hubiese un poder continuo desde el Rin hasta las ciudades italianas del norte. Su posición en la Provenza permitía intervenir con facilidad contra las ciudades gibelinas imperiales. En este tiempo, la Iglesia había hecho valer su soberanía formal sobre Sicilia y Nápoles, reinos feudatarios de Roma, dando legitimidad a cualquiera que se los arrebatase a Manfredo. Pero, mientras tanto, sus triunfos obligaban al Papado a mantenerse en el exilio. Nada permitía creer que Roma desalojara a Manfredo del sur. Además, Aragón no estaba interesado en ese desalojo.

Pues bien, en esta constelación, Jaume apoyó a la casa de Saboya. Era una forma de vincularse a los Staufen mediante la alianza con uno de sus

---

[1] Para Urbano IV, cf. Dorez y Guiraud, *Les registres d'Urbain IV,* París, 1899; E. Georges, *Histoire du pape Urbain IV et de son temps,* Arcis-sur-Aube, 1866. Cf. igualmente la revista *Civiltà Cattolica,* 1894, serie XV, vol. IV, págs. 140 y sigs. Para una versión actual, cf. Bernhard Schimmelpfennig, *Die Papstgeschichte von Petrus in Rom bis zur ersten Hälfte des 16. Jahrhunderts,* WbG, Darmstadt, 1996.

principales partidarios. Así que desde Montpellier, donde estaba en febrero de 1259, Jaume envió una embajada a la señoría de Aste por la que exigía que se pusiese en libertad en el plazo de un mes a los hijos del conde Bonifaci y que terminasen la guerra que llevaban contra la casa de Saboya. Aste y Turín eran importantes ciudades antiimperiales y, al amenazarlas de esta forma, don Jaume se ponía del lado de Manfredo. Como nos cuenta Zurita, en cierto modo los de Saboya recuperaron posiciones en su tierra y «reconociendo este beneficio fue muy aliado y confederado con el rey don Jaume»[2].

Las ventajas de estas luchas residían en que no se podía dar por aludido Luis IX de Francia. Eran luchas directas contra los intereses de Carlos de Anjou, desde luego, que por aquel entonces había puesto los ojos sobre el Piamonte[3] para iniciar su penetración en Italia, con lo que amenazaba de manera directa a la Saboya. Pero se sabía que san Luis no deseaba ver cómo su hermano se convertía en una potencia europea, así que nadie pensó que el rey francés se daría por aludido con aquel movimiento del Conquistador.

El siguiente paso, sin embargo, fue más atrevido. Para entenderlo, conviene recordar que Manfredo estaba en la cima de su poder y mantenía seguro su control sobre las Dos Sicilias. Además, hacia los primeros meses de 1260, y a los pocos días de su matrimonio, moría el infante de Aragón, Alfonso. De repente, el hijo Pere, que manifestaba un bravo corazón y un espíritu militar claro, se quedaba como heredero indiscutible de la federación. El diseño de la corona, que Jaume había ido desmontando poco a poco para impedir la guerra civil con su hijo Alfonso, volvía a tener vigencia. De nuevo Cataluña y Aragón estaban juntos y de nuevo Valencia se mantenía como un reino más, sin incorporarse ni a Aragón —como el rey había tenido que aceptar de manera provisional— ni a Cataluña. Así que era el momento de que el esforzado primogénito entrara en el juego de la política europea, eligiendo el mejor partido para su boda. Y así fue como don Jaume se decidió a desarrollar aquella alianza con la casa de Saboya, pasando a negociar la boda del infante Pere con la hija que Manfredo había tenido con su primera esposa, Beatriz de Saboya, la bella Constanza, de la que Dante dirá que fue «genitrice dell'honor di Sicilia e d'Aragon»[4], y a la que Muntaner comparará directamente con la Virgen Ma-

---

[2] Zurita, *Anales,* Libro III, cap. LVII, pág. 173.

[3] Ferran Soldevila, *Pere el Gran,* Parte I, vol. I, pág. 89.

[4] Dante, *Purgatorio,* Cant III, vv. 115-116. Dante nos propone en este canto el ejemplo de aquellos excomulgados que hicieron acto de contrición en la última hora. Por eso se salvan, pero han de pasar un tiempo en el prepurgatorio, antes de empezar su camino de transformación. Mientras todos se admiran de que Dante proyecte sombra como cuerpo real, una de aquellas sombras se acerca: es Manfredo de Sicilia tal y como murió en la batalla de Benevento. Dante, que había participado en las guerras entre güelfos y gibelinos en Florencia, salva a este magnífico héroe. Esta sombra se acerca al poeta y le dice: «Io son Manfredi, / nepote di Costanza imperadrice / ond'io ti priego che, quando tu riedi / vadi a mia bella figlia, genitrice / de l'onor di Cicilia e d'Aragona / e dichi 'l vero a lei, s'altro si dice». Lo que tiene que decirle a la esposa de Pere es que se ha salvado y que rece por él para acortar el tiempo de su paso por el prepurgatorio.

ría en sabiduría y honestidad[5]. Los pactos se iniciaron inmediatamente después de la muerte del infante Alfonso[6]. Ahora la posición del infante Pere, muy mejorada con la herencia de Cataluña y la procuración de Aragón[7], podía hacerse valer en una apuesta muy seria, pero que no dejaba de obedecer a la constante inclinación de la historia a la repetición. De la misma manera que Federico había necesitado caballeros aragoneses para defender Sicilia, y se había casado con una Constanza catalana, ahora su hijo Manfredo también miraba a las costas orientales de Hispania para alcanzar ayuda y casaba a su hija, otra Constanza, con el heredero de la casa de Aragón. Los intereses de los reinos coincidían así[8].

Desde luego, era fácil suponer que aquel enlace no iba a gustar ni a Francia, ni a Castilla, ni a la Iglesia. Aquí, sin embargo, los historiadores catalanes, con Ferran Soldevila al frente, suelen defender el protagonismo de Pere frente al de Jaume, a quien hacen más proclive a seguir la política de Roma. Creo que no se puede entender ninguna política regia en este tiempo sin reconocer un espíritu inmutable de resistencia ante la política de la Iglesia, cuando los reyes entendían que esta iba más allá de sus prerrogativas y contra los intereses propios. A pesar de todo, la buena relación de Jaume con la Iglesia, y el pacto firmado con san Luis en Corbeil un poco antes, eran argumentos a los que el rey tenía que atender, reclamando fiabilidad ante estas dos potencias. Con cierta ingenuidad, el rey Jaume pensaba que él era suficiente garantía para la Iglesia de Roma y que, por tanto, sería fácil convencer al Pontífice de que la casa de los Staufen, mezclada con la de Barcelona, podría convertirse en un aliado fiel de la Iglesia. En cierto modo, la alianza era ante todo con la casa de Saboya, pues Manfredo era a fin de cuentas un bastardo y además ya no estaba casado con Beatriz. Constanza, la hija que le había dado su primer matrimonio, no iba a heredar nada de los Staufen, pues Manfredo ya estaba casado de nuevo con la princesa Helena y había tenido descendencia de ella. Así que aquella saboyana podía casarse con el infante Pere, ahora el primero de los hijos de Jaume, sin levantar la hostilidad ni de Francia ni de la Iglesia romana. La casa de Saboya, que veía con ello la posibilidad de una alianza que aseguraba sus tierras del Piamonte, no tenía sino que ganar en esta operación. Aragón, desde esta estrategia, no esperaba nada más que la espléndida dote de la novia, las cincuenta mil onzas de oro.

Pero Roma no podía dejarse engañar por esta estrategia. Ella sabía que el principal beneficiado de este movimiento era el propio Manfredo, a quien el Papa deseaba asfixiar. Nadie podía olvidar que era el mismo Manfredo el

---

[5] Muntaner, *Crónica,* cap. XI.
[6] Ferran de Sagarra, «Noticias y documentos inéditos referentes al infante don Alfonso», *Boletín de la Academia de Buenas Letras de Barcelona,* vol. IX, 1917, pág. 297.
[7] ACA, Pergamino 1.647 de Jaume I. Cit. por Ferran Soldevila, *Pere el Gran,* Parte I, vol. I, pág. 86, n. 5.
[8] Por mucho que Desclot (*Crónica,* cap. LI) diga que fue a iniciativa de Manfredo, era evidente que había una constelación favorable para la boda a la que concurrían las dos potencias.

que había mandado sus embajadores a Jaume, como cuenta la crónica de Muntaner [9], para casar a Pere con Constanza, «la pus bella creatura, e la pus sabia e honesta qui hanch en aquell temps fos». El 28 de julio de 1260 llegaron cuatro mensajeros de Manfredo a Barcelona. El matrimonio quedó fijado para el mes de mayo de 1261 y se habría de realizar en la ciudad de Montpellier, lo que era muy significativo, por haber sido herencia de la hija del emperador de Oriente. La dote fue fijada en una suma astronómica para los ingresos del rey de Aragón: cincuenta mil áureos, una moneda de gran valor, aunque Manfredo se comprometía a sumarla con «argentum, et lapides preciosos», según reconocieron cuatro hombres buenos, dos de cada parte. La corona se obligaba a dar en hipoteca, como contraprestación de la dote, los condados de Rosellón, Cerdaña, Conflent y Vallespir, las villas de Caldes y Llagostera, así como los condados de Besalú y Prats. Si Constanza moría sin hijos, la dote tornaría a Manfredo, y si moría Pere con hijos, ella sería la reina efectiva de las tierras hasta que sus hijos tuvieran veinte años. Si Pere moría sin hijos, sería Constanza señora de todas aquellas tierras, hasta que los legítimos herederos de Pere le devolviesen los cincuenta mil áureos de la dote. El pacto fue jurado por el rey en Barcelona, ante los Santos Evangelios, lo que era desde luego normal, a pesar de que Manfredo estuviera excomulgado. El infante Pere juró, «domini Patri nostri presentis», cumplir este contrato, al tiempo que se comprometía a dar en el momento de la boda la ciudad de Girona con todos sus ingresos. Los embajadores plenipotenciarios del rey Jaume —el «dilectum consanguineum» Ramon Galcelm— marcharon a Sicilia para cerrar los acuerdos y tomar juramento a Manfredo. Con ello, sin duda, se consolidaba la nueva ruta comercial entre Barcelona y la isla, que tanta gloria debía dar a Cataluña. La ilusión del rey Jaume era que, a la llegada de su embajador, Manfredo le pagaría la dote. A este efecto, entregó por si acaso un billete de recibo a Galcelm, que no tuvo validez porque tal cantidad no le fue entregada.

La colección de documentos publicada por Daniel Girona nos permite seguir muy bien el curso de los hechos que estos acuerdos produjeron [10]. Ante todo, el primero que reaccionó fue el propio rey Alfonso de Castilla, el yerno del rey Jaume [11]. La carta la llevaba en mano Alfonso Téllez. Iba firmada en Córdoba, el 20 de septiembre de 1260, a pocos meses de los pactos [12]. En su carta anterior, Jaume le hablaba de los planes de matrimonio de su hijo Pere y, sin duda para atraerse el beneplácito de la Santa Sede, confirmaba su proyecto de ir a la cruzada a Tierra Santa. Además de eso, Jaume le aseguraba que era profundo deseo de Manfredo reconciliarse con Roma. El rey Sabio re-

---

[9] Muntaner, *Crónica,* cap. XI.
[10] La mirada de Zurita está en *Anales,* Libro III, cap. LX, pág. 174.
[11] *Documentos Inéditos,* vol. VI, pág. 153.
[12] Daniel Girona, en su trabajo «Mullerament del infant en Pere de Cathalunya ab Madona Constança de Sicilia», *I CHCA,* págs. 232-300, por lo demás muy útil, tiene una divertida errata en este punto, señalando que la carta va fechada en 1760.

chazó ambas cuestiones con la misma fuerza[13]. Aquello era entrar decididamente en el escenario del Imperio, por cuya corona anhelaba tanto Alfonso, como hemos visto antes. Además, era entrar en el mismo bando gibelino, entregando su apoyo a Manfredo y, por tanto, manifestando la pretensión de disputar la dirección del proceso a los actores hasta ahora principales, los dos candidatos al Imperio. El tono no podía ser más claro, pues claridad no le faltó al rey de Castilla, aunque no siempre tuvo prudencia y tacto. De cumplirse estos planes, «ningún hombre del mundo tan grande tuerto nunca recibió de otro como nos recibiremos de vos», dijo Alfonso a Jaume. El dolor de Alfonso era evidente: Jaume lo desplazaba poco a poco de todas las empresas de su vida, y siempre con éxito. Ante su clara superioridad política y personal, el rey de Castilla no podía ni siquiera imaginar una colaboración con su suegro. Para él, más débil en todos los órdenes, la colaboración con don Jaume siempre significaba seguimiento[14].

Don Alfonso no iba a colaborar en la dulcificación de la posición de la Santa Sede. Eso era evidente, si pensamos que su reconocimiento como emperador estaba pendiente de la decisión del Papa. Jaume también lo sabía y por eso envió un embajador específico para este asunto. Nombró para tal cargo al obispo de Girona, Pere de Castellnou[15]. Quizá estuviera acompañado en esta ocasión por el mismo Ramon de Penyafort[16], pero no se ha podido documentar. El diploma de acreditación lo firmó en Valencia, el 15 de marzo de 1261. No sabemos el resultado de esta carta, que el obispo debía entregar a Alejandro IV, pero sí que el rey siguió adelante con los planes. Lo más probable es que este Papa, descendiente de los condes de Seguí, que acababa de lanzar una nueva excomunión sobre Manfredo, se opusiera en redondo a los tratos de Jaume. Este, sin embargo, no alteró sus planes. El caso es que en el idus de abril de 1261, también desde Valencia, el rey envió un nuevo embajador a Sicilia. Esta vez era un hijo natural, Fernando Sánchez de Castro, habido con Blanca de Antillón, se supone que unos veinte años antes, hacia 1241. Lo acompañaba —según dice Bernat Desclot—[17], un hombre de experiencia, Guillem de Torroella, caballero catalán, que muestra una vez más el interés de Barcelona en la expansión del tráfico marítimo catalán hacia el Mediterráneo oriental. Ambos iban en dos naves, con una buena compañía. Cuando fueron recibidos en Nápoles, se nos dice que los caballeros y juglares que iban en las naves catalanas fueron objeto de grandes regalos de Manfredo. Cuando los catalanes avistaron el inexpugnable Castell dell'Ovo, donde los esperaba

---

[13] Cf. la versión de este momento en Ballesteros Beretta, ob. cit., pág. 287.

[14] *Documentos Inéditos*, vol. VI, pág. 154. A pesar de todo, hacia 1268, cuando Alfonso ya reconocía la superioridad de Jaume, debieron trabajar juntos contra Carlos de Anjou. Cf. Amari, *La guerra del vespro siciliano*, 9.ª ed., vol. I, pág. 53, cit. por Ferran Soldevila. Esta colaboración será también seguida por Sancho IV y Pere el Gran.

[15] Ferran Soldevila, *Pere el Gran*, Parte I, vol. I, pág. 96.

[16] Lo dice Zurita, *Índices*, pág. 222.

[17] Desclot, *Crònica*, cap. LI.

Manfredo, quizá ya sintieron que aquel lugar estaba destinado a acogerlos. De hecho, enfrente mismo del castillo, que se alza sobre un islote a cien pasos de la costa, todavía hoy se puede visitar el Quartiere dei Catalani. Con el tiempo, allí escribiría la reina Juana de Nápoles la carta de ahijamiento a Alfonso el Magnánimo, carta que le daría derecho a reclamar y luego conquistar el reino de Nápoles contra los mismos enemigos de Jaume: los Anjou. Pero para que la historia mostrara su constancia, debían pasar todavía casi dos siglos. Por ahora, solo tenemos dos mensajeros, el hijo natural del rey y el caballero catalán, que han de llevar una carta a Manfredo. En ella se identificaba con claridad al enemigo, Castilla, con cuyo rey no se debía entrar en ninguna alianza —*nullam compositionem*—. El rey Jaume se mantenía fiel a los pactos de matrimonio que había firmado con Manfredo. Castilla, con sus pretensiones de Imperio y con su presión sobre las fronteras aragonesas, era sin duda el enemigo de los dos reyes. Renovadas las confianzas, se fijó la fecha del 23 de abril del año siguiente de 1262[18] para llevar a la princesa Constanza a las tierras de Cataluña.

Pero la diplomacia no cesaba en su febril agitación, a pesar de que Alejandro IV había muerto en el castillo de Viterbo el 15 de mayo de 1261. En ese mismo año, su sucesor, Urbano IV, nombrado tres meses después de la muerte del anterior, escribía a Luis IX de Francia exigiéndole que rompiera todos los pactos de matrimonio entre su hijo Felipe el Atrevido y la hija de Jaume, Isabel[19]. La ruptura de este contrato matrimonial dejaba sin validez el tratado entero de Corbeil, del que aquel contrato era parte. De producirse esta quiebra, implicaba la reapertura de todos los contenciosos entre Francia y Cataluña. La carta del Papa, escrita desde el castillo de Viterbo, era un prodigio de suavidad y dureza: comenzaba alegrándose de la buena fortuna del rey de Francia, pero cuando llegaba al punto del matrimonio de la hija de Manfredo y del hijo de Jaume se mostraba duro y cortante: Manfredo era un manifiesto perseguidor de la Iglesia, un excomulgado. El primogénito de Jaume no podía «copular matrimonialmente» con la hija de un excomulgado «sine magna derogatione sui nominis». En estas condiciones, el rey de Francia no podía unirse en familia a la casa de Jaume. Esta era una decisión que el Papa esperaba de la devoción de Luis, de su celo para honrar a la Iglesia y de su obediencia probada. Sabemos, además, que por esta época el Papa explicitó la oferta al rey de Francia de entregarle Sicilia como corona de uno de sus hijos. San Luis renunció. Entonces el Papado se vio obligado a renovar la oferta a Carlos de Anjou, que ahora habría de aceptar.

La Santa Sede no podía contemplar impasible que cristalizaran acontecimientos tan peligrosos para su causa. Sin duda, teniendo la garantía de san

---

[18] Véase este punto contra Girona, en Ferran Soldevila, *Pere el Gran*, Parte I, vol. I, pág. 97.

[19] Sin duda, para la situación política internacional, y para la de Manfredo en particular, la muerte de Alejandro IV en 1261 y la coronación de Urbano IV significó un cambio radical. El Papa impuso su criterio no solo a Carlos de Anjou, sino al clero siciliano. Cf. Johannes Irmscher, «La politica orientale di Manfredi, re di Sicilia», en *XI CHCA*, vol. III, 1982, págs. 249-255; aquí, especialmente, la pág. 250.

Luis a su favor, no cabía temer grandes males para Urbano IV. Pero su poder de intervención quedaba muy mermado. De hecho, estas constelaciones de intereses mostraban que los reyes podían llegar a acuerdos sin la mediación papal, antes bien contra ella. Esa posibilidad de un orden político autónomo, producido en exclusiva por los poderes de los reyes, no traía buenas noticias para Roma. El caso es que el Papa había escrito unos meses antes, el 26 de abril de 1262, una larga carta a Jaume, que llevaba en mano Guillem de Pontons, el maestre de la Orden del Temple. No estaba mal elegido el mensajero. En los momentos más dramáticos de su infancia, en el tiempo en que la soledad y la impotencia más extremas le rodeaban, el Papa había puesto al muchacho bajo la protección del maestre del Temple. Ahora, quien antaño le ayudara por decisión de Roma, le traía una carta del mismo Papa en la que le recordaba a quién debía todo lo que tenía.

Esa carta es un ejemplo insuperable de los finos resortes del alma que la administración eclesiástica podía tocar. Todos los registros de la comunicación se dan cita en este largo escrito, en el que las alabanzas por su heroica vida y los agradecimientos por los servicios prestados se conjugan con las humillaciones, las amenazas y las indicaciones autoritarias. Lo esencial en la reclamación de la Iglesia es que Jaume se mantenga fiel a la tradición personal de devoción sincera a Roma. Si eso se cumple, Urbano IV le promete fama y admiración. Por eso, el Papa no comprende que don Jaume interceda ante él por Manfredo, tan despiadado y cruel en sus relaciones con Roma, tan amenazante siempre, a no ser que el rey haya actuado aquí con buena fe y honradez extremas, increíbles. Para que no quepa error en este sentido, el Papa describe pormenorizadamente al tal Manfredo. Entonces deja caer todo el odio hacia la casa de Federico y se explaya en descripciones irrepetibles «para que a todas las naciones del mundo le sea patente la malicia de Manfredo». Finalmente, dice el Papa, Manfredo es un desagradecido. La Iglesia le dio Tarento, y le habría dado Sicilia —cosa ciertamente falsa— si hubiera reconocido la soberanía del Papa, «el dominio de ese reino».

En el fondo, el Papa avisa de que un sujeto tal no puede firmar pactos legítimos con nadie. Él siempre ha procedido con fraude, por mucho que Jaume lo hubiera hecho con pureza. Sus ofensas contra la Iglesia se amontonan y multiplican de forma incesante, y Jaume debía de conocer la amarga verdad. Contrasta su permanente alianza con los sarracenos, frente a la continua batalla que Jaume les dio en nombre de la Iglesia. Como única recompensa por la liberalidad con que la Iglesia lo había tratado, Manfredo no había dudado en asesinar al conde Burello de Anglona en presencia de su antecesor, Alejandro IV. La prueba de su ambición y maldad fue la ocupación del reino de Conrado tras celebrar la muerte de este, sin avergonzarse de su condición de bastardo. Desde ese momento implantó la tiranía contra la Iglesia y los nobles, pues solo así podía sostenerse en el poder un gobernante tan ilegítimo. Después asaltó la Toscana y la Marca de Ancona. Y aquí el Papa dejaba caer el golpe de efecto, la pregunta decisiva ante Jaume: «¿Y así pues, cómo es que estas y otras obscenidades del mismo Manfredo, que omitimos por no querer manchar nuestros labios con ellas, todas tan públicas, tan manifiestas, son desconocidas por ti? ¿Nunca las oíste en el pasado?». A pesar de todo ello, el Papa estaba dispuesto a reconciliarse con Manfredo si, como un hijo pródigo, se acercaba y hacía penitencia. Una vez más, la oferta del Papa era la repetición del gesto de Canosa, una inclinación que desde entonces caracteriza a toda persona autoritaria, que solo se permite perdonar cuando media humillación, como si la inocencia estuviera de su parte y la culpa siempre del otro. El Papa reconoce que en su nombramiento Manfredo le envió un mensajero para recomponer la situación. De este encuentro entre iguales, el Papa explica que no escuchó sino «desilusoria». En realidad, no había sido así: Manfredo ofreció por la paz ni más ni menos que trescientas mil monedas de oro, que en verdad el Papa despreció. En cierto modo, reconocer el poder de Manfredo sobre Sicilia era un asunto vital para la Iglesia, un interés de principio que no podía traducirse a dinero. Por todo ello, cerrados los caminos, el Papa «ruega afectuosamente» que Jaume no se deje seducir por las sugerencias de un acuerdo con Manfredo. De una manera paternal, el Pontífice insistía en que deseaba, como sus antecesores, derramar gracias y bendiciones sobre él, mientras esperaba que el rey de Aragón las mereciera como antes. Luego, con un medido equilibrio, el Papa dejaba caer la ración de amenazas: la descendencia de tal matrimonio no podía traer más que deshonra a la casa de Barcelona. Primero, porque concedía un honor desmedido a un bastardo, a un traidor a su propia familia, que por lo demás no era sino hijo de una raza de escorpiones. La amenaza no era cualquier cosa: un matrimonio en estas condiciones siempre podía ser impugnado como ilegítimo. Los hijos de un matrimonio ilegítimo no podían ser reconocidos como verdaderos herederos de la realeza. Por eso se le recomendaba a Jaume que no insistiera en ese enlace matrimonial. Solo así conservaría la buena fama que hasta ahora había merecido.

Nada de esto sirvió para que Jaume desistiera de sus planes. Como si en ellos se jugara un asunto vital para sus gentes, el rey de Aragón siguió adelante con su voluntad. Las galeras del puerto de Nápoles, con la novia a bordo, partieron en la fecha prevista del 23 de abril de 1262. Llegaron a Palermo, sin duda para recoger el tesoro con el dinero prometido a Jaume. Las gentes de Sicilia, que debían cargar con la tributación para la dote, no quedaron tan contentas como los embajadores catalanes que acompañaban las galeras de Manfredo hasta Lates. La familia real de Manfredo tampoco estaba muy contenta. Su segunda esposa, Helena, veía cómo la herencia del reino iba a depender de la prole que formaran Constanza y Pere. Era una alianza demasiado fuerte como para tener por cierto que los hijos de Helena reinaran en Sicilia. Este motivo era tanto más intensamente sentido por cuanto que Helena llevaba en su vientre su primer hijo, un varón que se llamaría Henrich. Su única opción era secundar la posición de la Iglesia y esperar que esta se dignara reconocer su herencia. Como es evidente, su posición resultaba arriesgada, pero en todo caso Helena no veía sentido alguno a una boda con los catalanes, a los que llamaba «pobres y mal vestidos», en contra de la voluntad del Papa, y de la que solo se podía seguir que los catalanes dominaran la isla. De hecho, si Jaume arriesgaba su relación con la Iglesia y con Luis IX, era solo por esta recompensa soñada. Helena, en cartas que envió por todas las cortes, recordó que Manfredo se había limitado a dar a su primera hija, sugiriendo que los verdaderos hijos del matrimonio, los hijos comunes y legítimos herederos de Sicilia, todavía estaban por venir.

El cortejo siciliano, sin reparar en estas inquietudes de Helena, llegó a Lates hacia la mitad de mayo. Constanza iba acompañada de su tío Bonifacio de Anglano, el conde de Montalbán, y de dueñas y caballeros. Un mes después, el 13 de junio de 1262, se celebraba el matrimonio en la iglesia de Nuestra Señora de las Tablas, en Montpellier. Los testigos de Pere fueron el rey, el infante Jaume, el infante Sancho, que por aquellos tiempos era abad de Valladolid, la infanta Isabel y su hermana María. También estuvo allí el hijo natural Fernando Sánchez de Castro, que firmó el acta de la boda. Las fiestas fueron muy reconocidas. Los pactos, un poco más complejos. El rey, que no tenía sino que aportar títulos, los firmó, entregando a Constanza la ciudad de Girona «con todos sus judíos» y otros usufructos. El infante Pere, que firmó los documentos como el heredero de Cataluña —luego veremos por qué esto es significativo—, le entregó a la joven el cuchillo plegado, en señal de reconocimiento y consentimiento, como testigo de la dote en el mismo momento de la boda. Las monedas de oro sicilianas eran otro cantar. Manfredo no había podido reunirlas, dada la pobreza extrema de una Sicilia agotada por las guerras y las imposiciones. Así que prometió completar lo que faltaba de la entrega en dos plazos: el primero, en el próximo San Miguel, y el segundo, en el año siguiente, por la misma fiesta. Al final se cambió esta oferta por otra más favorable a Sicilia: la primera mitad se pagaría en la Resurrección del año siguiente, y la segunda, en Génova, un año después. Además, Jaume compensó a su hijo Pere con la villa de Huesca por la entrega a Constanza del castillo de Colliure.

Aunque la boda de Pere y Constanza estaba realizada, y su honor salvado, Jaume se vio obligado a dar ulteriores garantías a san Luis, presionado de forma incesante por la Iglesia. De hecho, esas garantías fueron necesarias para cumplir el tratado de Corbeil y casar a su hija Isabel con el hijo de san Luis, Felipe, el futuro rey Atrevido, enemigo mortal de su cuñado Pere. Todo se tejió con suma sensatez y tino. Isabel había acompañado a su padre a Montpellier para la boda de su hermano con la bella Constanza. Cuando los recién casados se tornaron hacia Cataluña, los dos, padre e hija, se dirigieron hacia Clermont-Ferrand, donde llegaría san Luis con su hijo Felipe el día 2 de julio. La boda se realizó cuatro días después, no sin superar algunas tensiones, fruto de las presiones de Roma sobre Francia [20]. Y, en efecto, conocemos un documento, del 8 de julio de 1262, en el que el rey aragonés declara que los pactos

---

[20] Ferran Soldevila, *Pere el Gran*, Parte I, vol. I, pág. 103.

matrimoniales de su hijo Pere con Constanza solo aspiran a eso, a realizar una inocente boda, sin que exista cláusula alguna de dar socorro o ayuda militar a Manfredo en su lucha contra la Iglesia. Al contrario, manifestaba al mundo entero que entre él y el rey de Francia no había hostilidad alguna. Que la boda de Pere hubiese vinculado a la casa de Barcelona y la de Sicilia no era una amenaza ni al Papa ni a la fe, ni ponía en duda su buen nombre. A Manfredo no se daría «contra la Iglesia romana nuestra madre, ni consejo, ni auxilio, ni favor alguno». Además, Jaume juraba que ningún súbdito ni vasallo ayudaría con armas o consejo a Manfredo. De esta manera, aunque reconocía que era infundada cualquier sospecha, nuestro rey deseaba alejar todo malentendido sobre su posición y acallar así las dudas de conciencia del rey de Francia. Delante de los nobles que firmaban el documento, el rey entregaba su palabra. Su pasado en defensa de la Iglesia podía avalar sus palabras. Hay mucho orgullo en las palabras de Jaume, quizá demasiado. Los nombres de los testigos son impresionantes: obispos y arzobispos de la parte francesa y catalana, entre ellos Felipe, ahora el primogénito del rey de Francia, y otro Filipo, el primogénito del emperador de Constantinopla. Resulta claro que esta carta o documento de intenciones fue redactado y cerrado en el tiempo de las bodas. Está firmado en la misma ciudad y por personas que es de suponer asistieron al sacramento. Sin duda, san Luis debió de imponer una declaración de este tipo para celebrarlo y ahora esta condición se cumplía al punto. De esta manera, si bien es verdad que Jaume entraba en contacto con Sicilia, también lo era que quedaba más atado y dependiente de Luis y que, jurando no entrar en disputas con la Santa Sede, su campo de maniobra era más limitado que de haber actuado sin trabas. San Luis quedó contento, desde luego. Por los mismos días del mes de julio, y en la misma ciudad, firmó el documento de los derechos de viudedad de Isabel en caso de que faltara su esposo Felipe, ya sea antes o después de reinar. Así fijó diversas tierras y las ricas salinas reales de Carcasona como compensaciones y, en el caso de que muriese una vez que ya era rey, la cantidad equivalente a seis mil libras al año en rentas de tierra. Dentro de las contrapartidas arrancadas, san Luis obligó a Jaume a jurar que no intervendría en la Provenza ni ayudaría a la ciudad de Marsella contra su hermano Carlos de Anjou [21]. Jaume se obligaba así a mantener la neutralidad catalana en dichas tierras. Pero sus juramentos no vincularían, desde luego, a su hijo Pere.

---

[21] *Layettes du Trésor des Chartes,* IV, París, pág. 4774. Cit. por Ferran Soldevila, *Pere el Gran,* Parte I, vol. I, pág. 106.

47
LA CRISTALIZACIÓN DE LA POLÍTICA INTERNACIONAL DE JAUME

El pacto que había jurado Jaume ante san Luis no era una ocurrencia caprichosa del rey francés. Hacia los primeros meses de 1262, poco antes de la doble boda que acabamos de narrar, coincidiendo con la aceptación de la corona de Sicilia por parte de Carlos de Anjou, sucedió algo importante en la ciudad de Marsella, imperial por tradición, libre por tanto, pero rodeada de las tierras del nuevo poder Anjou de la Provenza. En efecto, tuvo lugar entonces una rebelión contra Carlos de Anjou encabezada por Hugo de Baus, Bonifacio de Castellana y otros líderes. Para realizar sus objetivos, restaurar la forma republicana y libre de la ciudad de Marsella, estos hombres esperaban ayuda de la nueva constelación de alianzas que se generaba entre Manfredo y Jaume. El pacto firmado con san Luis bloqueaba toda posibilidad de ayuda activa a los rebeldes marselleses desde la parte catalana. Al menos, de toda ayuda pública, visible. Carlos de Anjou, por su parte, no solo tenía las manos libres, sino que logró la alianza de Génova. Con ella sitió Marsella. Los cabecillas se vieron perdidos y huyeron hacia Montpellier, mientras un gran número de partidarios se dirigían por mar hacia Lates. Persiguiéndolos, Carlos de Anjou entró en territorio de soberanía del rey Jaume. Una cosa era que el rey de Aragón no ayudase a los rebeldes y otra que dejase invadir su territorio por el príncipe francés. Se impuso la necesidad de una protesta. Tourtoulon, y luego Ferran Soldevila, nos ofrecen un documento que sitúan en esta fecha, pues solo se comprende en este contexto que acabamos de explicar. En él, el rey Jaume se quejaba de la injuria que acababa de infligirle el de Anjou. Había entrado en su tierra sin su autorización y con gente armada. Malamente pagaba los esfuerzos que él había hecho por impedir que sus naturales se dirigiesen hacia Marsella para ayudar a los que luchaban contra el odiado nuevo conde de la Provenza. Además, también debía recordar que el condado provenzal había pasado a la casa de Francia por la cesión que Jaume había hecho a san Luis de los derechos de Cataluña en esa tierra, que había sido de su linaje y de su querido primo Ramon Berenguer. Por tanto, debía retirarse inmediatamente de aquella tierra del rey, liberar a los montpellerinos que hubiese retenido presos en Marsella y comprender que no podía dejar sin protección ni defensa a todos los marselleses que, por una u otra razón, vivieran en sus territorios o llegaran a ellos, fuese cual fuese su condición y origen [1].

Las cosas debieron de apaciguarse durante el tiempo de las dobles bodas de los infantes de Aragón, Pere e Isabel, con la heredera de Sicilia y con el que luego sería el rey de Francia. Jaume, con su hijo primogénito ya casado, tornó a Cataluña hacia el 17 de agosto de 1262. Allí tuvo lugar cuatro días después un gesto muy significativo [2]. Aquella boda con la hija de Manfredo fortalecía la posición de Pere. Ahora el rey lo reconocía explicitando y clarificando sus intenciones sobre la partición de los reinos. Si en alguna ocasión se había mantenido confuso el estatuto de Valencia, como si una vez muerto Alfonso debiera regresar a la herencia del infante Jaume, ahora el rey dejaba bien claro que Valencia se mantendría dentro de la herencia de Pere, junto con Aragón y Cataluña, y que Jaume solo tendría el reino de Mallorca con Montpellier y los territorios franceses de la casa de Barcelona. En caso de que Pere muriera sin hijos, le sucedería su hermano. Si tuviera hijas, el infante Jaume se comprometería a darles una boda honrosa. Como Pere había hecho movimientos para no aceptar las disposiciones testamentarias de su padre, este se curaba en salud afirmando que el infante Pere perdería todos sus derechos sobre el Rosellón y la Cerdaña si atacaba a su hermano. Al mismo tiempo alentaba a los dos hijos a mantener la buena relación y la paz, exigiéndoles que reconocieran con buena voluntad las disposiciones testamentarias de lo que sería la partición definitiva de sus dominios. La historiografía nacional catalana siempre ha considerado, sin embargo, cargada de fatalidad esta partición, en la medida en que amenazaba con quebrar la unidad de los territorios del norte de los Pirineos con los del principado de Cataluña. De esta manera, se ha cuestionado la «falta de un sólido sentido nacional y dinástico» en la personalidad del rey Conquistador. Pero ese sentido nacional no era una falta del rey, sino de la época. No es que no lo tuviera él: es que no lo tenía nadie. Lo que legitimaba el poder del rey sobre tantos territorios unidos era la razón patrimonial, la razón de la herencia recibida. Esa misma razón le obligaba a dotar a sus hijos varones con la herencia pertinente de sus derechos políticos. No se podía aceptar la legitimidad patrimonial a la hora de recibir una herencia y rechazarla a la hora de distribuirla. Ahora bien, lo que no podía hacer el rey a su arbitrio era dividir una unidad política como Cataluña o Aragón, y Jaume no lo hizo [3]. Pues lo que él había heredado era la dirección militar y judicial de estas unidades territoriales y no podía transmitir otra cosa. Por eso el rey no des-

---

[1] Cf. Tourtoulon, ob. cit., vol. II, apéndice XV, y Ferran Soldevila, *Pere el Gran,* Parte I, vol. II, pág. 181.

[2] Bofarull, *Documentos Inéditos,* vol. XXIX, pág. 8.

[3] Cf. Ferran Soldevila, *Pere el Gran,* Parte I, vol. I, pág. 115.

vinculaba los condados del Rosellón y la Cerdaña de esa dirección política catalana. Simplemente los entregaba en señorío a Jaume, que tenía que mantener los vínculos feudales con su hermano, el conde de Barcelona. De la misma manera, podría haber transmitido el condado de Urgell a un noble, que no por eso se vería libre de prestar vasallaje al conde de Barcelona. La entrega de aquellos territorios como feudos en modo alguno cambiaba el hecho de que, los tuviera quien los tuviera, habría de dar homenaje a su soberano político, el rey de Aragón. Como es evidente, si Pere no cumplía con su obligación de señor, Jaume podría considerar disuelto el vínculo feudal. Pero esto en el fondo sucedía con cualquier relación feudal.

Interpretar esta compleja normativa desde una conciencia nacionalista es claramente imposible. Se trata de mundos conceptuales diferentes. Cuando leemos los textos de la *Gesta Comitum* sobre esta partición definitiva de los reinos, de agosto de 1262, no alcanzamos a ver esta conciencia nacional por ningún lado. El buen monje de Girona que escribe esta crónica se queja de las discordias que tal partición abrió entre los hermanos. Su ideal de paz, naturalmente, no podía sino lamentar el peligro de la guerra, sin duda uno de los males de la tierra patria. Pero esta discordia no se fundaba en que un hermano tuviera conciencia nacional y el otro no, sino sencillamente en el hecho de que el primogénito reclamaba la totalidad de la herencia, como si todo el dominio político fuera una unidad inseparable y pública. El rey Jaume, en cierto modo, consideraba que el reino de Mallorca y el de Valencia era un patrimonio propio, obtenido por conquista. Por eso podía separarlos de Cataluña y Aragón. Estos dos dominios eran el patrimonio de la casa de Aragón. Aquellos otros reinos de Mallorca y Valencia eran su patrimonio personal. Sin duda, esta confusión es endémica a toda la Edad Media y a todo el patrimonialismo medieval, que nada tiene más confuso que la diferencia entre los ámbitos de lo público y lo privado. Cada uno lo interpretaba de la manera que le convenía dentro de los límites posibles. Como es evidente, Pere y sus herederos consideraron siempre a Mallorca como parte del patrimonio de la casa de Aragón, no como un patrimonio privado del rey Conquistador. En cierto modo, su idea era que la persona pública del rey lo absorbía todo y que no se podía marcar en su seno una dimensión privada. Por eso, cuando Pere IV el Ceremonioso quiera justificar su actuación contra Jaume III de Mallorca, como recuerda Soldevila, no podrá sino decir que la donación de Mallorca era ilegítima en su origen, porque «rompía una parte mayor o grande del patrimonio de la casa de Aragón». Aquí se hizo valer la noción de patrimonio público de la monarquía, que como tal era inalienable, fuese cual fuese la voluntad privada de sus reyes [4]. Confundir esta interpretación pública del patrimonialismo, siempre posible en la Edad Media, con el nacionalismo tendría poco sentido.

---

[4] *Crònica* de Pere el Ceremonioso, cit. por Ferran Soldevila, *Pere el Gran,* Parte I, vol. I, pág. 116.

Cerrado este asunto, a finales de agosto de 1262, Jaume tuvo que ver cómo se volvían a tensar las relaciones con Carlos de Anjou, con motivo del asunto de la rebelión de Marsella. Fue hacia primeros de noviembre. Aquí, como en otras situaciones, el rey estaba inclinado a relacionarse con el de Anjou de una manera arrogante, indicándole que era preciso aceptar la clara superioridad que tenía sobre él. Cuando algunos hombres de Montpellier desearon entrar en Marsella, por lo visto con cartas de gente del partido rebelde, refugiados como vimos en tierras del rey, el señor de Anjou los detuvo y elevó una protesta contra Jaume. Las cartas eran, al parecer, comprometedoras. Jaume, sin embargo, le respondió al rival de la expansión catalana con cierta altanería, aunque sin desprecio. Él desconocía de qué le hablaba y no sabía nada de las misivas que portaban sus naturales. Pero en este caso se debía hacer justicia como mandan las costumbres, en un juicio con dos hombres de cada parte como jueces. Además, el rey reclamaba que si el tal Guerau de Tremont fuera declarado culpable, solo a él y a su hijo Jaume, que era el heredero de Montpellier, les tocaría hacer justicia ejemplar, por lo que reclamaría su entrega. Para ese juicio, el rey se pone a disposición del conde de Provenza y le garantiza que enviará a sus representantes cuando y donde le diga. El final de la carta de Jaume[5] es muy indicativo de la actitud moral en esta relación. Jaume acaba así: «Os rogamos que en el asunto del mencionado Guerau os conduzcáis de tal manera que no os tengamos que volver a escribir una segunda vez sobre este asunto».

La carta no tuvo éxito en esta pretensión. Solo tres días después, Jaume tenía que escribir de nuevo al hermano del rey de Francia[6]. Este, según parece, no cejaba en su voluntad de hacerse con los rebeldes refugiados en las tierras de Montpellier. El rey no daba crédito a esta obstinación. Aquellos hombres estaban bajo su protección y el conde de Provenza debía saber lo que eso significaba. En realidad, estaban concernidas las reglas fundamentales de la caballería: el rey de Aragón no podía desproteger a los débiles que se habían puesto bajo su invocación. Carlos podía haberlos prendido mientras estaban en el mar, porque allí no rigen las reglas de la relación feudal. Entonces incluso él se habría alegrado. Pero una vez que estaban en su tierra, no podían ser tocados. Por eso le aseguraba que, en caso de que no cejase en sus intenciones de apresarlos, encargaría a su hijo Jaume su defensa con todas sus fuerzas. Finalmente, Carlos se atuvo a razones y desbloqueó la celebración de unas vistas, con dos jueces de cada parte, tal y como le había ofrecido el rey. La reunión tuvo lugar en Gardana, cerca de Aix, el 31 de octubre de 1262. Para poder celebrarla con tranquilidad, se decretaron ocho días de tregua, ampliables. Mientras tanto, las naves de los rebeldes de Marsella estarían en Lates, el puerto de Montpellier, con todas sus pertenencias a salvo. Quien rompiera

---

[5] Publicada por E. González Hurtebise, «Recull de documents inèdits del rey En Jaume I», *I CHCA*, 2.ª parte, pág. 1215.

[6] Ibídem, pág. 1217.

esta tregua pagaría una suma elevada. Si no pesaba sentencia contra los marselleses refugiados en Montpellier, podrían volver a su tierra con todas sus cosas; si no fuera así, regresarían, pero sin nada[7].

De todo este embrollo solo cabe extraer una conclusión: que Jaume consideraba como aliados propios a los marselleses que se habían alzado contra Carlos de Anjou. Esto no significaba, desde luego, que él hubiese alentado la rebelión de Marsella. Quizá estaba más cerca la mano de Manfredo. Pero el rey aragonés se hace cargo de la correlación de fuerzas tanto como de las verdaderas alianzas que juegan aquí. Defiende en todo momento a los que se integraban en la constelación aragonesa-siciliana. Logra una plena inmunidad para todos los marselleses que se hubieran alzado, y mantiene bajo su protección a los cabecillas de la rebelión, Hugo de Baus y Bonifacio de Castellana. Aquello pasó a los versos de los trovadores de Marsella, sobre todo a los de Paulet de Marsella, un trotamundos que rondaría las cortes hispanas de Alfonso el Sabio y de Pere el Grande[8]. Pronto volvieron a incitar a la vieja alianza de siempre: Inglaterra, Aragón y Sicilia. Pero la cosa no había sido nunca fácil y tampoco lo fue en aquella ocasión. Para empezar, la alianza entre Jaume y Manfredo no era todo lo sólida que se precisaba a fin de impulsar esa ofensiva contra Carlos de Anjou.

En efecto, Manfredo tuvo muchas dificultades para pagar la dote de su hija. Sabemos que, todavía un año después de la boda, nada se había pagado de lo que restaba. Una carta de Jaume rogaba al rey de Sicilia que pagase, por lo menos, diez mil monedas de oro de las veinticinco mil debidas cuando su hijo Pere marchara a la isla, un viaje que no iba a tener lugar por ahora. Mientras tanto, el mismo rey se las adelantaría. Sin duda, esta voluntad de calmar a su hijo en relación con el dinero debido tiene otros componentes que pronto veremos. El caso es que los documentos son inobjetables: el rey hizo una donación de aquella primera cantidad bajo promesa de no revocarla jamás. De esta manera mostraba su buena disposición hacia el hijo y reclamaba de él el mismo trato. Los agobios económicos del infante debían de ser muy grandes, pues la princesa Constanza estaba acostumbrada a un lujo superior al que tenían las reinas de Aragón[9]. Un documento muestra un reconocimiento de deuda de Pere hacia Jaume de Montjuic por valor de 1.758 sueldos que se habían gastado en el resposterío de Constanza, y otra deuda de 2.495 sueldos fue reconocida a Francesc Soler. No fueron las únicas. Los documentos en este sentido son abundantes. Mientras tanto, Manfredo no pagaba su parte. Quizá la carta que escribiera Jaume estaba relacionada con un posible viaje de

---

[7] Todavía en noviembre de 1262, Jaume tenía que responder al de Anjou sobre los daños que le habían producido gente suya de Montpellier, que habían desobedecido a don Jaume y habían querido entrar en Marsella. Se trataba de nuevo de Guerau de Tremont. Aunque es posible que sea un documento mal fechado que reproduce uno anterior. Cf. Huici-Cabanes, vol. IV, doc. 1.294, pág. 359.

[8] Cf. Ferran Soldevila, *Pere el Gran,* Parte I, vol. II, págs. 185 y sigs.

[9] Ibídem, págs. 157 y sigs.

Pere a Sicilia para ayudar a Manfredo. Al no consumarse el viaje (tal vez porque Luis IX recordara los compromisos de no ayudar militarmente a Manfredo contra la Santa Sede), el rey Jaume tuvo que hacer frente al pago previsto a su hijo.

En cierto modo, era lógico que las expectativas de Manfredo respecto a una ayuda militar aragonesa quedaran defraudadas y que sus gastos crecieran más allá de toda cuenta. El papa Urbano IV había dado formalmente la isla a Carlos de Anjou, el hermano de san Luis [10]. Jaume no podía ir en ayuda de Manfredo contra el francés si el rey siciliano no pagaba la mitad de la dote. Pero el pago de la deuda, en realidad, estaba condicionado a que el príncipe fuera a Sicilia con ayuda militar. Al no producirse esta ayuda, Manfredo no pagó. Las cartas de reclamación y los mensajeros para hacerla efectiva se multiplicaron. De hecho, Daniel Girona, que ha recogido todos los documentos contables, ha demostrado que el rey de Sicilia solo pagó al final unos treinta y tres mil áureos.

Hacia 1263 la situación se había complicado para Manfredo. Formalmente, Carlos de Anjou había aceptado el nombramiento de senador romano en agosto de ese año. Aragón, por su parte, no acudía en su ayuda para no indisponerse con el Papa ni con san Luis [11]. La alianza con Inglaterra, con su príncipe Eduardo, no era fuerte ni efectiva. Así las cosas, Manfredo hizo lo que pudo: después de que Carlos de Anjou entrara en Roma como protector oficial del Papa y dictador de la ciudad hacia el mes de septiembre, envió una flota siciliana a Marsella con la finalidad de sitiarla [12]. Contaba con la revuelta interna que apenas había quedado sofocada el año antes en las negociaciones con Jaume. La nueva conspiración se puso en marcha, ahora con un nuevo jefe que pronto veremos refugiado igualmente en Cataluña, ascendiendo los escalones de la administración del infante Pere: el jurista Albert Lavàina. Desgraciadamente, los agentes franceses en Provenza y Marsella eran muy eficaces y la conspiración fue descubierta. Los cabecillas, como siempre, huyeron, y Albert el primero. Las cárceles, sin embargo, se llenaron de conjurados. En la plaza de San Miguel de Marsella rodaron las cabezas de todos, en octubre del año siguiente.

Mientras tanto, por aquel entonces, Manfredo tenía que hacer frente a la guerra abierta con Carlos de Anjou, ayudado por la Iglesia —de hecho, el 28 de

---

[10] Para todo esto siempre es preciso referirse todavía a E. Jordan, *Les origines de la domination angevine en Italie,* París, 1909, sobre todo el capítulo «L'abandon du projet anglais et l'offre de la Sicile à Charles d'Anjou», págs. 370-409. También es útil todavía C. Merkel, *La dominazione di Carlo I d'Angio in Piamonte e in Lombardia,* 1891.

[11] Al parecer, Urbano IV dudaba nombrar a Pere I el Grande si Carlos de Anjou no aceptaba la senaduría de Roma. El juicio lo da Ferran Soldevila, *Pere el Gran,* Parte I, vol. II, pág. 208. Es posible que una facción moderada de los senadores romanos llegara a proponer la elección de Pere. Sin duda, sería la más proclive a Manfredo. No salió elegido porque los güelfos abandonaron a Ricardo de Cornualles y se pasaron a Carlos de Anjou.

[12] Ferran Soldevila cita el documento de los *Annales Siculi* (Ferran Soldevila, ob. cit., pág. 195).

junio de 1265 [13] se le había entregado el estandarte de la Iglesia y se le había investido rey de las Dos Sicilias—[14]. Desde luego, no estaba para pagar una dote. En la península Ibérica, sin embargo, la gran campaña de Murcia impedía que Jaume o Pere acudieran en auxilio de Manfredo. A pesar de todo, los huidos de Marsella, para esta época, ya estaban en la corte de Pere y de Jaume, pues los documentos registran intermitentes comidas en las que figuran sus iniciales [15]. Pero hacia 1265, cuando estos hombres aparecen cerca de Aragón, apenas ya se podía hacer algo más que transmitir información puntual de la gravedad de la situación para Manfredo. Por ejemplo, la inmensa flota provenzal que con ayuda de Génova había partido desde Marsella hacia Roma, el 14 de mayo de 1265, llevando más de mil quinientos caballeros [16]. Por ejemplo, que el infante Enrique de Castilla, el hermano de Alfonso X el Sabio, le había entregado el tesoro ganado en Túnez [17] a Carlos de Anjou, para financiar la guerra contra los partidarios de Manfredo [18]. Ellos sabían que el partido angevino se imponía y que debían buscarse el futuro en tierras hispanas, y así lo hicieron. Lavàina, conocido jurista, fue la mano derecha del rey en los asuntos del reino de Valencia y en algunos pleitos que luego veremos. Más tarde el rey le pagaría con el señorío de Onil. A Hugo Baus nuestro rey también lo premiará con propiedades en Alzira. A otros patriotas marselleses, como Roger de Besiers, le daría la alquería de Vallada [19]. En fin, todos ellos van y vienen durante 1265 informando al infante y al rey Jaume, trayendo nuevas de los asuntos de Sicilia y de la guerra que se preparaba. Y aún más: en este año, ya con el de Anjou en Italia, será el propio Manfredo el que envíe a la corte de su hija Constanza y del infante Pere, por ese tiempo en Valencia, a su mejor capitán, el conde de Ventimiglia, quizá demandando ayuda, o tal vez reclamando de su hija que no abandonase jamás los derechos al reino de Sicilia, por mucho que el Papa se los hubiera dado ya a Carlos. Esto debió de ser así. Desde ese momento, hacia el mes de julio de 1265, los libros de cuentas se refieren a Constanza como *regina*.

---

[13] Los tratos comenzaron el 17 de junio de 1263, y el acuerdo final no se firmó hasta el 15 de agosto de 1264. Cf. A. de Saint-Priest, *Histoire de la conquête de Naples par Charles d'Anjou, frère de Saint Louis,* 4 vols., París, 1847-1849. Sobre él, cf. E. Jordan, *Les origines de la domination angevine en Italie,* ob. cit., Introd., págs. V-XVI.

[14] Zurita, muy consciente de la relevancia que tenía este punto para la historia de Aragón, nos propone una larga y confusa historia de todo el reino de Sicilia y sus relaciones con Roma, desde la dominación normanda hasta la época de Jaume. Cf. Zurita, *Anales,* Libro III, cap. LXX; sobre todo, págs. 190 y sigs.

[15] Ferran Soldevila, *Pere el Gran,* Parte I, vol. II, págs. 196-199.

[16] El papel de Génova está muy bien estudiado en Georges Jehel, «Angevins, Génois et Sicilians aux temps des Vêpres (1276-1337)», *XI CHCA,* vol. III, págs. 257-277; especialmente, pág. 259. Para Génova era preferible la dominación angevina a la catalana. Anjou era sobre todo un poder territorial, que siempre necesitaría de su marina, mientras que Cataluña y Aragón eran poderes territoriales y marineros a la vez.

[17] *Crónica* de Alfonso X el Sabio, BAE, Madrid, núm. LXVI, cap. III.

[18] Ballesteros Beretta insiste en que fue con motivo de la guerra contra Marsella, en 1262. Cf. *Alfonso X el Sabio,* ob. cit., pág. 264.

[19] Ferran Soldevila, *Pere el Gran,* Parte I, vol. II, págs. 201-202.

El margen de maniobra del rey Conquistador, con la situación de Murcia y la revuelta de los nobles de Aragón que veremos en el capítulo siguiente, era muy escaso. A pesar de todo, don Jaume encontró un hueco en aquellos meses para atender los asuntos del norte. Su viaje desde Pallars, pasando por Arán, hasta llegar al Rosellón y la Occitania, tenía todo el aspecto de una revista militar. Por todos sitios iba alarmando a los junteros, hasta llegar a Montpellier. La visita que el rey hizo por este mes de agosto a la iglesia de Santa María del Carmelo de Tolosa levantó la alarma de Alfonso de Poitiers, el nuevo conde francés de aquel territorio, hermano como vimos de Carlos de Anjou. Cuando el senescal de la ciudad informó a su señor, este le ordenó airado que prohibiera al rey aragonés el paso por sus tierras. El rey apeló a su promesa de cumplir un voto de peregrinación a la famosa iglesia. Él mismo no iba acompañado de gente armada, como se podía comprobar. Así las cosas, es posible que el rey deseare conocer de cerca la situación en el norte, en un momento tan delicado, o que quisiese producir inquietud en los dominios de Tolosa, para que no se pudiera enviar más tropas a favor de Carlos de Anjou. Soldevila dice que de esta forma ayudaba indirectamente al rey Manfredo. Es posible que así fuera, y en todo caso el rey dejaba bien visible con quién estaba y declaraba de manera franca su hostilidad a los franceses, que poco a poco se cruzaban en el camino de la casa de Aragón.

Pero el rey no podía hacer nada más. El asunto de Murcia, con la ofensiva musulmana, no le permitía dedicar ni más tiempo ni más recursos a la política internacional. Así que Carlos de Anjou y Manfredo se iban a enfrentar sin que Aragón pudiera inclinar la balanza en favor de su aliado. A pesar de todo, en las crónicas antiguas se dice que además de los sodados alemanes, lombardos y sarracenos de Manfredo, también había soldados catalanes [20]. Pero el destino estaba decidido: el 26 de febrero de 1266, en la batalla de Benevento, Manfredo moría. El mismo mes, Murcia capitulaba ante el rey Conquistador. El cadáver del rey de Sicilia no recibió cristiana sepultura. La prudente pero intrigante Helena volvía al Castell dell'Ovo, pero ahora como prisionera, junto con su hijo Henrich. De allí no habría de salir viva. Su vida se consumió tras cinco años de tratos infames y crueles penalidades, que en la boca de los contemporáneos hicieron merecer a Carlos de Anjou infamia eterna [21]. Nápoles y Sicilia comenzaban su dominación angevina, que debería darle a la ciudad una de las piezas más importantes de su idiosincracia: el Castell Novo.

---

[20] *Monachi Patavini Chronicon,* R. I. S. VIII, 726. Cit. por Ferran Soldevila, *Pere el Gran,* Parte I, vol. II, pág. 216.

[21] Esto hizo de Manfredo un héroe literario. Lord Byron le dedicó un poema y Robert Schumann escribió una música magnífica para ese texto. Ezra Pound puso por título a su primer libro de 1908 *A lume spento,* justo la forma en que se hizo el traslado de los restos de Manfredo desde Benevento hasta Garigliano, ya situado fuera del reino de Nápoles, donde el Papa no quería que reposaran. Por ser un excomulgado, el cadáver se trasladó con cirios apagados. Contra esta leyenda de condenación se alza Dante, con piedad.

Los mensajeros pronto trajeron noticia a Constanza de la derrota y la muerte de su padre. Puede que el mismo 5 de marzo ya estuvieran en Valencia, dándole la triste nueva. Ella partió el mismo día 6 hacia Murcia, donde estaba su esposo. A marchas forzadas, quizá con la angustia en la garganta, olvidando su duelo con el esfuerzo, llegó a Xátiva en un solo día, y al siguiente ya estaba en Albaida. Los mensajeros de Pere le dijeron allí que Murcia ya era tomada y que su esposo venía de camino. La reina volvió a Xátiva y luego pasó a Valencia, donde debió de esperarlo. Desde allí se fueron a descansar a Huesca, donde quizá nació su segundo hijo, Jaume. El momento terrible había pasado, pero el futuro no se presentaba fácil, pues en Sicilia y en Roma se daban prisa para atar todas las cosas. En efecto, Carlos de Anjou se convirtió en señor de Sicilia y vasallo de la Iglesia. Las condiciones de su investidura fueron muy estrictas, pues Roma deseaba condicionar al máximo la creación de un poder tan cercano a la Santa Sede y que tantos problemas le había dado en el pasado. Sobre todo, era preciso impedir que se repitiera la experiencia de Federico y de Manfredo. Así, entre las cláusulas encontramos una de significado evidente: a Carlos solo podrían sucederle los hijos legítimos. Si moría sin ellos, el reino de Sicilia volvería a la Santa Sede. Además, si el heredero legítimo era menor de edad, quedaría bajo tutela y protección del Papa que en ese momento gobernara la Iglesia. Las contribuciones que se pedían del rey eran muy elevadas: ocho mil onzas de oro al año, entregadas el día de San Pedro. Además, el Papa era muy puntilloso en la demostración de vasallaje. Cada tres años debía serle entregado un palafrén blanco «en reconocimiento del verdadero señorío de aquel reino»[22]. Como es natural, la Iglesia mostró un interés extremo en que Carlos de Anjou o sus sucesores no pudieran aspirar a la elección como Rey de Romanos, ni como emperador de Alemania, ni como señor de Lombardía o de Toscana. Sicilia y Nápoles debían ser reinos sin vínculos al norte, en los territorios de las ciudades donde el Papa tenía muy bien asentado su poder. Desde luego, había obligación de acudir en defensa de Roma o de los territorios del patrimonio de san Pedro, por tierra o por mar, prestando especial atención a la Toscana, al ducado de Spoleto y a la Marca de Ancona. Además, se exigió a Carlos que revocase cualquier constitución de la época Staufen que afectara a los derechos de la Iglesia. Como Roma apenas tenía de quién echar mano sino de la casa de Francia, Carlos, en caso de morir sin hijos, se comprometía a mantener a la casa de París en la isla. El primer heredero sería Alfonso de Poitiers, el segundo hermano del rey Luis y conde de Tolosa. Si muriese sin descendencia, entonces pasaría al segundo hijo del rey de Francia.

Estas decisiones implicaban un severo revés para el plan previsto de que el infante Pere se convirtiera en rey de Sicilia. La reina Constanza lo sufrió todavía con más intensidad. Muntaner, que tanto la admiró, escribió que la infanta prometió ante su propio corazón que jamás volvería a estar alegre mien-

---

[22] Zurita, *Anales,* pág. 190 izq.

tras su padre no estuviese vengado. Esta venganza no iba a ser fácil. La resistencia de Conradino (el hijo de Conrado, que había sido privado del trono por su hermanastro Manfredo), aunque pronto entró en relaciones con Pere, apenas tenía posibilidades de éxito[23]. El 23 de agosto de 1268, la batalla de Tagliacozzo puso fin a las esperanzas de que Carlos de Anjou abandonara Sicilia. Sin embargo, no faltaría mucho para su derrota. Hemos de decir que, en aquella ocasión, no fueron los catalanes los que más ayudaron a Conradino. Fueron trescientos caballeros castellanos dirigidos ni más ni menos que por el infante de Castilla, el inefable don Enrique. En efecto, este aventurero, nombrado senador de Roma al tener que dejar dicho cargo Carlos de Anjou, por ser investido rey, pronto se rebeló contra la autoridad papal. Entonces reclamó de Carlos de Anjou el tesoro que había puesto a su disposición en la lucha contra Manfredo. El rey de Sicilia no se dio por aludido y el bizarro infante, ni corto ni perezoso, se pasó al partido contrario de Conradino[24]. En la batalla de Tagliacozzo tuvo un comportamiento valeroso, pero no pudo evitar la derrota de la causa de los Staufen. Tuvo que refugiarse en terreno sagrado, pero Carlos de Anjou lo persiguió e hizo preso, sentenciándolo a un cautiverio vitalicio. La suerte del increíble infante, alguna de cuyas hazañas han pasado por caminos extraños a las páginas de *El Quijote,* no encontraría una nueva época afortunada, reclamada por todos los trovadores de la causa provenzal, hasta muchos años más tarde. El mismo Paulet de Marsella exhorta a todos los españoles, «desde Girona hasta Compostela», a llorar por su suerte, en manos del cruel Carlos de Anjou[25]. Veintitrés años permaneció en las cárceles de Sicilia[26], y las intervenciones de Jaume, como veremos, no pudieron liberarlo. Finalmente, cuando ya reinaba en Castilla su sobrino Sancho IV y en Sicilia el hijo de su enemigo, Carlos II de Anjou, fue liberado y pudo regresar a Castilla, donde todavía intervendrá activamente en la minoría de edad de su sobrino nieto Fernando IV[27].

El hombre por quien había luchado, Conradino, no tuvo tanta fortuna ni tan larga vida. Preso y juzgado, fue ajusticiado en Nápoles por su rival Carlos, que así vio fortalecida su fama de hombre implacable. De él nos viene una leyenda hermosa y significativa, transmitida por el humanista y posterior papa Eneas Silvio Piccolomini[28]. Se dice que, estando en el patíbulo, lanzó un guante a la multitud, entre la que muchos de sus partidarios lloraban su inme-

---

[23] Ferran Soldevila, *Pere el Gran,* Parte I, vol. II, pág. 223.
[24] Desclot, *Llibre del rey En Pere,* cap. LX.
[25] Ferran Soldevila, *Pere el Gran,* Parte I, vol. II, pág. 225.
[26] Según Meyer, se le liberó en 1291, con lo que los años de cautiverio serían veintitrés. Cf. Meyer, ob. cit., pág. 41.
[27] Para la actividad de don Enrique en la minoría de edad de Fernando IV, cf. D. Antonino Benavides, *Memorias de D. Fernando IV de Castilla, que contiene la Crónica de dicho rey, copiada de un códice existente en la biblioteca nacional, anotada y ampliamente ilustrada,* Imprenta de José Rodríguez, Madrid, 1860, tomo I, págs. 6-66.
[28] La recoge Zurita, *Anales,* Libro III, cap. LXXIX.

diata muerte. El guante fue cogido por Joan de Pròcida, un hombre de la corte de Manfredo, que lo enviaría a Cataluña, para que estuviera en poder de Pere y de Constanza. Era una forma simbólica de transferirles la herencia de las dos ramas que procedían de Federico II. Además, también era un modo de identificar entre la multitud al hombre que más iba a hacer para que Sicilia pasara a manos catalanas, preparando la rebelión de la isla. Onofre Esquerdo, ya en el siglo XVII, contará todavía esta leyenda, muy bien adobada, en su *Nobiliario valenciano,* al tiempo que narra la fortuna de la familia de los Pròcida en tierras valencianas. Pero más que la acción de Joan, iba a ser la cruel administración del francés la que llevaría a la gente siciliana a cuestionar su dominación. Muchas partidas engrosaron las fuerzas de otro infante castellano, Federico o Fadrique, sobrino del emperador del mismo nombre, hermano de don Enrique, que luchaba contra Carlos. Este llegó a reunir más de quinientos caballeros, que pronto fueron conocidos como los caballeros de la muerte. Finalmente, asediado en Girgenti, Federico tuvo que huir, dejando la isla a merced de la completa represión angevina.

Una vez más, Jaume tenía claridad de concepto, pero falta de fuerza. Sabía lo que quería, pero Francia se ponía de nuevo en medio. Sin embargo, la siembra en el sistema patrimonialista es siempre a largo plazo. Así que la batalla no estaba perdida. Al contrario: a los ojos de muchos, la dominación de Carlos de Anjou era fruto de la violencia. Si Pere llegaba a tener descendencia legítima de Constanza, esos hijos podían apelar al derecho más fuerte a largo plazo, el de herencia. De hecho, eso era lo que contaba para los sicilianos, quienes reclamaban la presencia de unos reyes legítimos. Esos solo podían serlo Constanza y su esposo. Al parecer, ese fue también el juicio de Luis IX, que no se avino a ayudar a su hermano en esta empresa. Una vez más, el mismo conde que había hecho abandonar la Provenza a los catalanes, ahora iba a impedir su entrada en Sicilia. Jaume tenía las manos atadas por el mismo lazo. Cualquier movimiento que hacía Aragón parecía quedar abortado por la misma constelación: Castilla hacia occidente y Anjou hacia levante.

Cualquier guerra hacia un lado era una invitación a la otra potencia para intervenir del otro. Jaume había tenido que despedirse de Francia y ahora parecía que tenía que hacerlo de Sicilia. Más allá de Francia, además, ya no había enemigos sólidos con los que conspirar contra ella. Los Staufen, en el fondo, eran los líderes de las viejas ciudades gibelinas de Europa.

Estas, era preciso reconocerlo, ya no tenían a nadie que marchara a la cabeza. Ningún rey podía ser aliado de aquellas comunas asentadas en el sentido de la libertad política. Ningún emperador podía ya disponer de un poder real como el que tuvo en su mano Federico. Así que Francia no estaba amenazada. Solo un rey como Pere, más joven y menos previsor, más intrépido y tocado en su honor por la muerte de Manfredo, podía irrumpir en estos escenarios. Esto iba a suceder en 1282, a seis años de la muerte de Jaume. Pero a finales de la década de los sesenta, Jaume rondaba esta misma edad y ya no estaba para ponerse al frente de unas tropas que tampoco serían fáciles de reunir, porque no estaba claro que la aventura siciliana gozara de consenso en sus reinos.

El concepto no le faltaba a Jaume, pero sí la oportunidad y las fuerzas personales. No gozó de ellas. Mas pronto llegaría la ocasión de Aragón, cuando Castilla, también con intereses en el Imperio, comprendiera que tenía el mismo enemigo que Aragón: Carlos de Anjou. Entonces Castilla, lejos de aprovechar la ocasión de intervenir en Aragón, compartió la política internacional con Pere y con Cataluña. En efecto, Alfonso X concentró sus intereses en las ciudades toscanas, mientras Cataluña se centraba en Sicilia. Entonces, sin enemigo a la espalda, podía ser el momento de atacar los intereses de Francia en el Mediterráneo, aunque eso implicara también atacar a la Santa Sede profrancesa. La otra posibilidad era atraer la política de Roma a la causa aragonesa. Cataluña y Aragón ensayaron los dos caminos: el primero, para hacerse con Sicilia contra Carlos de Anjou; el segundo, casi dos siglos después, para hacerse con Nápoles justo contra otro Carlos de Anjou.

Para dejar un apunte en este espléndido futuro, baste decir que, tan pronto se presentó la ocasión, Aragón supo aprovecharla. Para su fortuna, no tardó en llegar. Carlos de Anjou no fue un gobernante querido ni afortunado. La ejecución de Conradino, el nieto de Federico, no fue olvidada. Sin duda, no podemos pensar que Carlos fuera un monstruo. En su descargo hemos de decir que Sicilia era una realidad muy difícil de gobernar, con una amplia tradición de revueltas e insurrecciones. Rebeliones como la de 1282, las famosas *Vísperas sicilianas,* sufrieron todos sus gobernantes. Carlos de Anjou era un hombre silencioso, reservado y serio. De él se decía que jamás reía. Su aspecto era sobrio y un poco tenebroso. No fue querido. Hasta los trovadores a sueldo hablaban de él con reservas. Era, sin duda, un hombre del norte, austero y piadoso, ordenado y con capacidad de mando. Un historiador de primeros de siglo, Jordan, nos lo describe como un gobernante meticuloso, ambicioso, calculador y dispuesto a usar a su favor el aparato de poder que los normandos impusieron en Sicilia [29]. Era una dominación demasiado estricta para los sicilianos y, sobre todo, para los palermitanos, el corazón de los defensores de los Staufen.

Pronto, los movimientos de Pere de Aragón por atraerse aliados entre los nobles catalanes y sicilianos fueron evidentes. En enero de 1268 firmó un acuerdo con la mejor nobleza catalana —con los Foix, Cardona, Pallars, Berga— por el que esta se comprometía a defender por todos los medios los derechos del heredero de Cataluña y especialmente los de su esposa Constanza. Era un pacto que aseguraba la paz en el interior a cambio de una nueva empresa expansiva en el exterior. Soldevila lo reconoce: se trataba de encarrilar la indisciplinada nobleza hacia las luchas exteriores y, concretamente, hacia la conquista de Sicilia [30]. Las relaciones exteriores tampoco se descuidaron. Al-

---

[29] Cf. Jordan, ob. cit., págs. 412-417.
[30] Ferran Soldevila, *Pere el Gran,* Parte I, vol. II, pág. 229.

fonso X estaba enojado con Carlos de Anjou por mantener a su hermano en prisión y, además, ya había perdido toda esperanza de que la Santa Sede le hiciera justicia. Así que se convirtió en un aliado claro para Pere, que no tenía aspiraciones al Imperio, sino solo a Sicilia, para defender el honor y la herencia de su esposa. Por una vez, la política internacional de los dos reinos hispanos iba a ser convergente. Ambos buscaron ganarse las alianzas del partido gibelino de Italia y entraron en relación, hacia el otoño de 1269, con algunas ciudades de Lombardía y de Toscana. Algunos de los refugiados de Sicilia sirvieron en estas negociaciones. Otros acabarían siendo míticos personajes de la corte catalana, como Conrado y Manfredo Llansa y, sobre todo, Roger de Lauria, que pronto se naturalizaron adaptando las costumbres catalanas y siendo armados caballeros de Pere. También debieron de llevarse a cabo negociaciones con el Papado. Cuando Carlos de Anjou se quedó viudo de Beatriz de Provenza (la condesa que no podía soportar la humillación de no ser reina ante su hermana Margarita de Francia, la que había presionado a su esposo para aceptar del Papa el reino de las Dos Sicilias en condiciones muy duras, la que, finalmente, no había podido disfrutar casi de la victoria de su marido ni de la condición real), el Papa le recomendó que se volviese a casar. Nadie podrá imaginar que la candidata del Papa fuera ni más ni menos que la hija del rey Jaume, la infanta María, que por entonces contaba con veinte años[31]. Era un resultado del juego de presiones que no podía agradar a Pere, quien finalmente vería cómo los derechos de su esposa se disolvían en favor de su propia hermana. El Papa, que deseaba eliminar la legitimidad de los Staufen, se dio prisa y envió una embajada a Jaume, tomando muchas precauciones para que llegara a su destino. Como vemos, el papa Clemente IV dejaba poco margen de maniobra a Carlos de Anjou, al fin y al cabo un rey vasallo de Roma. Al mismo tiempo, en otras cartas, le demandaba dulcificar la presión que mantenía sobre sus nuevos súbditos sicilianos, muy consciente de que esa fama de cruel era su peor enemigo.

Pero hacia enero de 1268, todavía alguien se dio más prisa que el Papa. Pere, siempre impetuoso, hizo un viaje a Sigena, donde estaba su hermana María como religiosa, para convencerla de que no aceptara aquel compromiso matrimonial. No sabemos el resultado de esta entrevista. Solo sabemos que la princesa marchó hacia Zaragoza. Es posible que estuviera decidida a presentarse ante su padre para disponerse a la boda. En todo caso, aquel matrimonio, quizá una mera estrategia de Roma para ganar tiempo, iba contra la naturaleza de las cosas y solo podía disparar la tragedia. Y así fue. En ese mismo mes de enero de 1268, la princesa moría en Zaragoza, donde fue enterrada. El rey, que estaba en Valencia, no pudo asistir al entierro y ni siquiera marchó a Zaragoza cuando se enteró de que su hija ya descansaba para siempre en la tierra de la capital. El proyecto del Papa se hundió, como tantas otras veces, en los brazos de la muerte.

---

[31] Soldevila da el documento de la carta en Viterbo, del 17 de diciembre de 1267, a Carlos de Anjou. Ferran Soldevila, *Pere el Gran,* Parte I, vol. II, pág. 235.

Pere pudo así mantener sus derechos intactos. Como es sabido, apenas seis años después de la muerte de Jaume, los palermitanos se rebelaron en las *Vísperas sicilianas* y solo pudieron invocar a la hija de su último rey, Constanza, la esposa de Pere de Aragón. Sin miedo a Castilla, Pere se embarcó hacia la isla y, apoyado por la población de la capital, la tomó. Para los contemporáneos fue la demostración del gran corazón del rey aragonés, de la fidelidad y del amor a su esposa, la verdadera portadora de los derechos sicilianos. Como ha señalado un historiador con acierto, «Pedro el Grande, rey de Aragón, cuando pensó en Sicilia no vio en ella ni un centro productor de trigo, ni una excelente plataforma para saltar a los santos lugares, ni un objetivo consecutivo e irremediable que lo liga a la conquista de Mallorca por Jaume I. Él vio en Sicilia la muestra inmediata de un objeto para seguir sustentando su preeminencia social y política; para alzar sus valores monárquicos al destino de la comunidad catalana. Enlazó el saber de este juego [caballeresco] con la práctica del poder»[32]. Su representación de las cosas, sin embargo, no excluía la visión que impulsaban otros estamentos. Por eso, la empresa de Sicilia logró el consenso de todo un pueblo. Desde entonces, a cualquiera que se pasee por el viejo Palermo le será fácil descubrir los escenarios y las huellas de aquellos hechos.

Aquí, como siempre, los movimientos dados por Jaume el Conquistador determinaron el destino, por mucho que el rey, conforme avanzara en su reinado, tuviera las manos atadas para impulsar una política decidida en ese frente. Pero para ello estaban los príncipes, desligados de todo compromiso que, en aquel tiempo, solo podía ser la palabra personal dada. Aun con todo, Pere conquistó Sicilia, pero no Nápoles, la otra parte del reino. Con el tiempo, lo que empezó contra los Anjou debía acabar también contra ellos. Esto sucedió en el alba mismo de la modernidad, cuando Aragón conquistara finalmente el reino de Nápoles, ya con la nueva dinastía de los Trastámara, que bien pronto se hizo con la lógica interna de la federación sobre la que reinaban y sobre la lógica de la política internacional que había llevado a esa rama secundaria de Francia al poder en Italia. Que aquella lógica pasaba por Roma fue la enseñanza que extrajeron los reyes de la casa de Barcelona. Por ello situaron allí a los cardenales aragoneses de la familia Luna. Pero la misma lección la aprendió Alfonso el Magnánimo, andando el tiempo, cuando supo situar en Roma a su canciller, Calixto III, el primer papa Borgia.

El caso es que, para 1285, Cataluña ya dominaba en Sicilia[33]. Carlos de Anjou, el papa Martín IV, Felipe el Atrevido, el viudo de Isabel de Aragón, ya

---

[32] Me refiero a J. E. Ruiz-Domenech, «¿Por qué la conquista de Sicilia? Una lectura receptiva de Desclot», *XI CHCA,* vol. IV, págs. 161-179; aquí, pág. 178. Su interpretación, muy sugerente, propone la conquista de Sicilia como una exigencia caballeresca del amor a su dama y esposa, así como un deporte caballeresco contra el rey Carlos de Anjou.

[33] Para aquel entonces, los catalanes tenían una colonia y una lonja en Mesina. Cf. Batlle (ob. cit.) sobre las relaciones entre Barcelona y Sicilia en la segunda mitad del siglo XIII (pág. 156). En Palermo ya existía un cónsul en 1287, de nombre Bernat Tripò (pág. 159).

eran todos enemigos declarados del mismo Pere, que sin duda habría dado la batalla para recuperar la Occitania, vengar a su abuelo y deshacer el efecto de Muret. Fue la ocasión perdida. Pues, sin duda, muerto el gran rey francés, debilitada la Iglesia, conquistada Sicilia, Castilla con un rey amigo como fue Sancho IV, era el momento en que la corona de Aragón, con una dinámica Cataluña, con un bravo Aragón en retroterra y un reino de Valencia aliado en su expansión y beneficiado de ella, con la magnífica plataforma de las Baleares, hubiera podido ser el gran Estado mediterráneo, el que hubiera unido las tierras que iban desde la frontera de Murcia hasta los Alpes, con todas las islas que podían encontrarse en ese inmenso arco de mar y de comercio. Roma, situada en el centro de ese arco, no hubiera podido escapar a la intensa presión de la corona aragonesa, como de hecho sucedió después, ya fuera con los últimos reyes de la casa de Barcelona, después con Alfonso el Magnánimo o, luego, con el joven Carlos de Flandes.

Aquella unidad política, desde luego, tenía verosimilitud por las afinidades culturales entre Cataluña y el Mediodía, pero solo era viable en la medida en que Aragón mantuviera las buenas relaciones con Castilla. En el fondo, Aragón luchó por esa entente con cierto criterio, al limitar su pretensión a la hegemonía sobre Sicilia. Pero no conviene olvidar algo decisivo. Aquella pugna por Sicilia, y luego por Nápoles, dependía de la vieja lucha por rehacer el poder mismo del Imperio, tal y como se había constituido en la época de Federico. Este doble frente, siciliano e imperial, amenazaba con extender la lógica del conflicto, se iniciara por donde se iniciara. Y así fue como volvió a reconstruirse en la época del emperador Carlos. La cuestión es que, para entonces, las dimensiones territoriales y culturales que había tomado el mundo atlántico eran muy superiores en dinamismo a las del mundo mediterráneo. Eso tardó mucho en quedar claro a los ojos de los hombres, pues lo más difícil es ajustar la mirada para descubrir los desplazamientos de la realidad. Pero aunque el juego de fuerzas pasara inadvertido a unas sociedades muy tradicionales en sus imaginarios, no era menos efectivo y decisivo. El mar Mediterráneo, ya en la época de Carlos y de Felipe II, iba a ser una trampa en la que iban a caer potencias tradicionales, en exceso vinculadas al mundo antiguo. Las potencias periféricas que no cayeron en ella, o que se libraron a tiempo —como Inglaterra, las ciudades hanseáticas, o las ciudades de las bocas del Rin—, gozaron de una relación mucho más libre con el futuro. Para ello, como es lógico, tuvieron que desembarazarse de la romanidad que representaba la Iglesia católica y fracturar la más bien invocada que real unidad espiritual de Europa. Sin pensar en ello, siguiendo la vieja lógica imperial, la casa de Habsburgo arrastró a Castilla y a España entera —no sin violencia— a esa trampa antigua, persiguiendo un ideal de imperio que deseaba asegurar el antiguo poder continuo entre el norte alemán, Milán y Nápoles-Sicilia con que soñara el gran Federico, rompiendo así con la estrategia parcial de Aragón y su interés exclusivo por el Mediterráneo. Castilla sufrió las consecuencias, tanto más trágicas por cuanto que su mundo siempre había sido atlántico. Pero el atraso llegó a todos los reinos hispánicos, porque la nueva monarquía tampoco estuvo en condiciones de configurar una verdadera unidad a través de la nueva empresa atlántica que significó el descubrimiento de América. Incapaces de desprenderse de la antigua vanidad que ya había arruinado una vez a Castilla en los tiempos del rey Alfonso, los reyes Austrias no solo derramaron mucha sangre hispana en la tierra europea, sino que además desperdiciaron la empresa americana como forma de cohesión hispánica, al rebajarla a empresa castellana y a mero instrumento de una idea imperial europea que desde hacía mucho tiempo era un fantasma.

OCTAVA PARTE

LA MAYOR GLORIA:
LA CONQUISTA DE MURCIA
(1261-1270)

48
LAS REPERCUSIONES DE LA MUERTE DEL INFANTE ALFONSO: LA «UNIVERSITAS VALENTINA»

El gran giro en política internacional, que había llevado a don Jaume a poner sus ojos en Sicilia, estaba determinado por la mejora temporal de las relaciones internas con los nobles catalanes y aragoneses. Esto había tenido lugar por la muerte del infante Alfonso de Aragón. La nueva posición de Pere como principal heredero se dejó ver en la boda con la princesa Constanza de Sicilia. Allí se evidenciaron las nuevas pretensiones de la corona. Ahora vamos a ver cómo aquella muerte afectó a la evolución política de toda la federación. En efecto, como hemos dicho, en los primeros meses de 1260 moría el infante Alfonso, hijo de Leonor de Castilla, que tanto había presionado para mejorar su testamento desde que muriese la reina Violante y que tantos apuros hizo sentir a su padre, por sus fuertes vinculaciones castellanas y por encabezar las reivindicaciones territoriales de Aragón contra Cataluña. Las cesiones cada vez mayores que tuvo que hacer Jaume en favor de su primogénito y su partido aragonés culminaron en la integración de Valencia en su herencia. Por fin, Aragón había logrado que el territorio valenciano fuera una prolongación de su reino. El rey había liberado a los valencianos del juramento que en otro tiempo hicieran a su tercer hijo homónimo y los había obligado a jurar fidelidad a su primogénito. Ahora, los ricoshombres aragoneses podrían aspirar a que el fuero de Aragón estuviera vigente en las tierras valencianas. Fue un momento complicado de la corona, desde luego. Cataluña, que heredaba Pere, quedaba sola. Además, en aquellos años, la forma impulsiva en que el heredero gobernaba sus asuntos en el principado complicó las cosas con la nobleza catalana, como vimos. Fue la época de la llamada guerra de Urgell.

La muerte de Alfonso hizo necesaria la revisión del testamento. Pero sobre todo obligó a constituir una especie de consejo de gobierno para auxiliar a Pere en su nueva responsabilidad de heredero principal. Un diploma del 26 de agosto de 1260 lo dejaba configurado por dos nobles, un aragonés y un catalán, y tres ciudadanos, uno de Lleida, otro de Barcelona y un tercero de Zaragoza. Al parecer, don Jaume pensaba destinar Valencia a su segundo hijo, Jaume. Tal intención, sin embargo, no se iba a cumplir, como ya sabemos. A partir de esta circunstancia, la figura de Pere, convertido en primogénito, adquirió la relevancia que el lector habrá apreciado en las páginas del capítulo anterior.

En realidad, Pere fue un hombre de carácter extraordinario y habría sido un rey inigualable de haber vivido lo suficiente. Su propio coraje y grandeza de corazón estuvo en el origen de su muerte, pues nadie hubiera podido resistir por mucho tiempo la actividad que él desplegó. En todas las ocasiones actuaba con franqueza y limpieza, y de esa manera persiguió siempre sus intereses. Puso su naturaleza en juego hasta el límite, y lo pagó caro. Cuando murió su hermanastro Alfonso, supuso que su padre reordenaría el testamento, como así fue. Anticipándose al resultado de esta reforma testamentaria y previendo que su padre dividiría sus reinos, dando Valencia a Jaume, expresó de manera clara que no aceptaría el nuevo testamento, aunque lo juraría por respeto a su padre, por no causar daño al reino y por miedo a verse desheredado. Esto es lo que dijo ante una reunión de notables de todo el reino, a los que citó en Barcelona el 15 de octubre de 1260. Entre ellos estaban Ramon de Penyafort, Berengario de Turri, archidiácono de Barcelona, diversos nobles aragoneses, ciudadanos de Zaragoza, y notarios de Barcelona y de Valencia. Era muy claro que la reunión incluía hombres de todos los territorios peninsulares de la corona de Aragón. Allí estaba lo mejor de sus reinos, un verdadero partido por la unidad de estos, y entre ellos, sin duda, san Ramon, con su ejemplar autoridad. Con toda probabilidad, esto sería conocido y tenido en cuenta por el propio rey.

Todas estas cuestiones sucesorias quedaron en suspenso mientras se estaba negociando la boda de Pere con Constanza de Sicilia, entre 1260 y 1261. Pero tan pronto como en 1262 se celebró dicho enlace, y de regreso desde Clermont-Ferrand, donde había casado a su hija Isabel con Felipe de Francia, al paso de la corte real por Montpellier hacia Barcelona, el rey trabajó en un nuevo testamento. Jaume llegaba a Barcelona el 17 de agosto. El 21 de este mes ya daba la revisión del testamento, que dejaba las cosas así: el reino de Aragón, con el condado de Barcelona y el reino de Valencia —es decir, todos los territorios hispanos peninsulares—, irían a manos de Pere, el mayor. Los territorios extrapeninsulares, ya fueran los insulares de Mallorca, ya fueran los transpirenaicos, los destinaba a su segundo hijo, Jaume. El Rosellón y la Cerdaña seguirían vinculados a la casa de Barcelona, pero estarían entregados en feudo al reino de Mallorca. De esta manera, el rey dejaba claros los conceptos definitivos con los que operaba en su reinado: por una parte, la opción hispánica, fortaleciendo la unidad de los territorios que iban desde los Pirineos y el Ebro hasta el reino de Murcia; por otra, los territorios mediterráneos extrahispánicos. En verdad, era un testamento claramente favorable a Pere, pues además de todo esto se regulaba la necesidad de vasallaje del rey de Mallorca sobre el de Aragón y se garantizaba que la moneda de Barcelona seguiría de curso legal en el Rosellón. En cierto modo, se aseguraba así que todos estos territorios extrapeninsulares siguieran vinculados a su raíz catalana, pues se consideraban vasallos del condado de Barcelona en caso de que la descendencia del infante Jaume fuese femenina. Quizá conocedor de las protestas de Pere, o previéndolas, el rey Jaume incluyó varias cláusulas de garantía para el cumplimiento de su testamento. La primera, que Pere perdería la soberanía feudal sobre Mallorca y el Rosellón si atacaba a su hermano Jaume sin ser provocado. La segunda, que los hijos debían jurar su conformidad con el testamento. Como había previsto Pere, el rey le exigía este gesto, que el infante asumió, con todas las reservas que ya hemos visto [1].

En todo caso, los problemas con los hijos ya no podían ir a más. Al contrario, con la muerte de Alfonso, quedaban claramente simplificados. Se había acabado aquella posición de Alfonso, siempre a mitad de camino, en el umbral, entre Castilla y Aragón, que daba ocasión a las actitudes levantiscas de los ricoshombres contra la autoridad real. Ahora Pere parecía tener detrás de sí fuerzas suficientes de todos los territorios de la corona. Las islas estaban muy distantes, llevaban su propio camino histórico y no podía temerse un movimiento de presión sobre la Península. Al contrario, como sabemos, su dependencia económica y diplomática reforzaba los vínculos de vasallaje con la corona de Aragón. Los territorios del Rosellón y la Cerdaña formaban una unidad tan estrecha con Cataluña que tampoco era verosímil que se separaran de su entorno natural. El reino de Mallorca no podía segregarse de Aragón. De hecho, eso es lo que garantizaba el testamento de Jaume: una autonomía del reino de Mallorca, no una radical independencia. El acuerdo era lo suficientemente estable como para que nada inquietara a la familia real. Otra cosa eran los propios ricoshombres aragoneses, que no habían quedado muy satisfechos ni con el fuero de Huesca de 1247, ni con la adscripción del Pallars y las tierras del Segre a Cataluña. Ellos aprovecharían cualquier opción para disminuir el poder innovador de don Jaume. Pues, a los antiguos agravios del rey, tenían que añadir uno, todavía más grave, ya que representaba una innovación inaudita, radical. Una que había tenido lugar en Valencia y de la que ahora debemos hablar.

En efecto, todavía tenemos que explicar el cambio de actitud de Jaume en relación con Valencia. Como señalamos, el rey albergaba quizá la intención de entregarla en el testamento definitivo a su segundo hijo, Jaume. Sin embargo, a la hora de la verdad, la había dado a Pere. Este cambio de actitud no solo se explica por la presión que sobre el padre ejercía la reserva moral del primogénito, que había confesado aceptar el testamento sin convicción. Aunque los principales del reino que apoyaron este gesto de Pere eran muy queridos por el rey, y es de suponer que serían tenidos en cuenta, tampoco fueron determinantes del cambio de su voluntad. Los sucesos que debemos destacar

---

[1] Bofarull, *Colección de Documentos Inéditos,* vol. VI, pág. 155.

ahora hicieron que Jaume encontrara la solución. En principio, Valencia no tenía razones para la inquietud. Ya hemos visto que, desde octubre de 1260 hasta abril de 1261, el rey manda muchos diplomas desde la capital del Turia[2]. En este tiempo, sin ninguna duda, el rey Jaume mantuvo una gran actividad en el nuevo reino, desplegando iniciativas destinadas a aumentar su poder real. Y aquí es donde está la clave del asunto. Los estudiosos de la evolución de los fueros del reino de Valencia, desde Chabás[3], Martínez Aloy[4] y Sylvia Romeu[5], hasta Pedro López Elum[6], reconocen que en 1261 se celebraron Cortes en el reino, aunque no existe documentación que lo atestigüe, ni huella documental de su existencia. Sin embargo, su celebración se puede deducir de una serie de indicios. Estas reuniones tuvieron como finalidad revisar la legislación que se iba acumulando sobre el código definido de los *Furs* en 1251. La cuestión es que tenemos un diploma del 11 de abril de 1261 en el que el rey confiesa que ha pronunciado el juramento de cumplir los fueros y costumbres de Valencia el día 7 de abril anterior[7], promesa que vincula a los herederos de su monarquía. Estos deben proceder a venir y celebrar en Valencia, en el plazo de un mes desde el fallecimiento del monarca anterior, una «curia generalis», unas Cortes generales del reino, en las que han de jurar explícitamente conservar, guardar y respetar los fueros. La clave de este documento, en el que el rey Jaume confirma aquel juramento realizado unos días antes, ha sido explicada por los investigadores con precisión. Ahora voy a exponerlo.

Si recordamos, la anterior revisión de los fueros de Valencia se había culminado en 1251. Entonces se propuso y se decidió que los usos y constituciones de la capital se pudieran llevar a otras ciudades del reino. Para eso, los privilegios dados a Valencia se podían extender a las ciudades que se habían poblado a su fuero. Pero en 1261 se dio un paso más allá, hasta el punto que podemos decir que fue en esta fecha cuando Valencia se constituyó en un verdadero reino, con un concepto moderno de la ley. Esto fue posible porque se llevaron a sus últimas consecuencias los conceptos del derecho público romano, que reforzaba a la vez la figura del rey y la del pueblo. Sin ninguna duda, eso hizo de Valencia el reino hispánico en el que las ideas más progresistas y

---

[2] Burns, *Diplomatarium,* II, ob. cit., doc. 305, de octubre de 1260, dado en Alzira, hasta el doc. 374, de abril de 1261, dado en Tortosa, págs. 339-410.

[3] Roque Chabás, *Génesis del derecho foral valenciano,* ob. cit., págs. 34-37.

[4] Martínez Aloy, *La Diputación de la Generalidad del reino de Valencia*, Valencia, 1930, págs. 14-16.

[5] Sylvia Romeu, «Catálogo de las Cortes valencianas hasta 1410», *Anuario de Historia del Derecho Español,* 40, 1970, pág. 583.

[6] P. López Elum, *Los orígenes de los Furs de Valencia y de las Cortes en el siglo XIII,* ob. cit., págs. 70 y sigs.

[7] «Conozca todo el mundo que nos, Jacobo, por la gracia de Dios rey de Aragón y Valencia etcétera, reconocemos y confirmamos que juramos en la ciudad de Valencia, el día 7 de abril del año del señor de 1261, mantener, conservar y jamás contravenir en algo los fueros y costumbres de Valencia.» Huici-Cabanes, ob. cit., vol. IV, doc. 1.227, págs. 301-302.

racionalistas del derecho acabaron plasmándose con rotundidad, como corresponde a un reino de nueva planta. De forma directa: lo que sucedió en 1261 fue que se unificó la jurisdicción sobre todo el territorio valenciano. Fuese cual fuese el modelo de repoblación, fuese cual fuese el fuero de origen de esos repobladores, fuese quien fuese el señor del territorio, todos, hombres y tierras, estaban ahora sometidos a la misma ley, al fuero de Valencia, que se generalizaba a todo el territorio y a todos los hombres, sin diferencias de estamento, fuesen nobles, religiosos o burgueses, árabes o judíos: todos tenían la misma ley o el mismo fuero y todos podían llamarse con pleno derecho valencianos. Por primera vez se habló en la corona de Aragón con pleno sentido «omnes et singulatim», a todos y a cada uno. «Queremos y concedemos a vosotros, a todos y cada uno de los hombres que habitáis la ciudad y el reino de Valencia, presentes y futuros, a perpetuidad, dichos fueros y costumbres que hoy juramos y confirmamos.» La frase latina «universis et singulis» era la decisiva. Hacía referencia a todos los hombres tomados en su conjunto y a cada uno tomado en su singularidad. Esa expresión garantizaba el valor universal de la ley y la relativa superación de las jurisdicciones especiales estamentales.

Sin duda era una innovación profunda, dependiente de un nuevo concepto de la ley y de su valor para el territorio y los hombres. Era un paso muy decidido que implicaba dejar sin efecto decisiones anteriores del rey Jaume. Hay que recordar que el rey había permitido a cada noble con tierras en Valencia mantener su propio fuero. Del mismo modo, las ciudades que se habían repoblado a fuero de Aragón podían reclamar que ese derecho se cumpliese en el reino de Valencia. Ahora el rey, al parecer sin consultar a los nobles, imponía el mismo fuero de Valencia en sus tierras y villas, un fuero que como ya sabemos era mucho más favorable al poder del rey y de los burgueses. Zurita nos informa de que los nobles presentes en Valencia, los grandes ricoshombres Pedro Fernández de Azagra, señor de Albarracín, Jiménez de Urrea y Artal de Luna, salieron de Valencia airados y violentos y se fueron a Quart de Poblet [8]. Era un gesto que se repetiría en otras ocasiones antes de que acabara el siglo, el primer gran antecedente de la futura guerra de la Unión.

Desde luego, los nobles podían protestar cuanto quisieran. Los conceptos de *universitas,* de *generalitat,* de *populus,* se imponían con esta medida. Era el triunfo de la nueva teoría de la personalidad ficticia de los cuerpos políticos, que se imponía sobre las relaciones de tipo personal del feudalismo y sobre las prácticas tradicionales de un derecho subjetivo basado en la primacía de la herencia y del patrimonio. En realidad, aquellos ricoshombres no veían en sitio alguno nada parecido a un pueblo o a una *universitas.* Veían linajes, familias, herencias y estamentos, cada uno con sus derechos y sus prácticas. Los elementos nobiliarios, aspirantes a un patrimonialismo señorial y jurisdiccional que, de hecho, dividía el reino en territorios independientes y confederados por vínculos personales, quedaban contrariados por esta medi-

---

[8] Zurita, *Anales,* libro III, cap. LXVI.

da, en la que se venía a reconocer que, en cierto modo, el reino de Valencia era un territorio unitario, un cuerpo único, y todos los habitantes del reino se sometían a la ley que el rey concedía al pueblo del que era cabeza y representante. Existe un documento [9] por el que, a cambio de esta concesión a todos los valencianos del mismo fuero, por la generalización de los privilegios de que gozaba la capital y por la eliminación de privilegios especiales de los que disfrutaban los nobles, los valencianos concedían al monarca un donativo de cien mil sueldos [10]. Este dinero se debía recaudar entre la totalidad de los habitantes del reino, que así compraban su derecho a disponer de la misma ley y de verla jurada cada vez que un rey ascendiera al trono. El negocio para la capital fue redondo, pero no fue peor para el rey. Con lo recaudado en la ciudad y su término, ya fuera por el brazo de realengo, por los señores o por los eclesiásticos, junto con lo recaudado en Castellón, Cullera, Gandía, Liria y otras ciudades importantes, se pagaría la deuda de cuarenta y ocho mil sueldos que tenía el rey con la capital. El resto pasaría al Tesoro real [11]. Con este gesto se afirmaba el protagonismo de la capital sobre el reino, pues todas las ciudades y todos los hombres se regían a semejanza de ella. Pero, al mismo tiempo, se transfería dinero de todo el reino hacia la capital, lo que sin duda inauguraba una mala costumbre. Que esta disposición de 1261 tuvo eficacia y continuidad se demuestra por el hecho de que, en septiembre de 1262, una vez nombrado príncipe heredero de Valencia, Pere juró los fueros tal y como lo había dispuesto Jaume [12].

Este momento es el fundacional del reino. Antes, Valencia se había conformado como un territorio de conquista a la manera general de la época, según se ordenó, por ejemplo, la orilla derecha del Guadalquivir por parte de Fernando III. Aquí siguieron siendo efectivos los viejos distritos árabes, los llamados reinos de Córdoba, Sevilla, Jaén, que ahora se mantenían operativos a partir de las grandes ciudades y el alfoz o campo de su señorío colectivo, preludiando la estructura de provincias alrededor de una omnipotente capital [13]. De forma diferente a este proceso, desde 1261, Valencia era una unidad

---

[9] En ACA, Reg. 11, pág. 233.
[10] Esta entrega de dinero daba al pacto un estatuto de derecho de gentes y, por tanto, vinculante también para el monarca. De hecho, se trata de un contrato de naturaleza pública que genera derechos eternos de obligado cumplimiento por las partes. De ahí que, andando el tiempo, F. Borrull entienda que la constitución valenciana ejemplifica la teoría del contrato social con más exactitud y fuerza que las modernas teorías contractualistas. De ahí también que la reforma de 1261 sea la que, por su forma, se aproxima más a la constitución de un reino como realidad política con una cabeza y un cuerpo, según la manera canónica que se impone en la Edad Media a imitación de la estructura de la Iglesia. De hecho, se debería decir que Valencia es una unidad política solo a partir de este año. Cf. R. Lalinde Abadía, «El sistema normativo valenciano», *AHDE,* vol. XLII, págs. 307-330; aquí, sobre todo, págs. 320-321.
[11] Huici-Cabanes, ob. cit., vol. IV, doc. 1.228, págs. 302-303.
[12] *Aureum Opus,* rúbricas LXII, LXIII, ob. cit., pág. XIX.
[13] Cf. Ana Rodríguez López, *La consolidación territorial de la monarquía feudal castellana,* ob. cit., págs. 279-284.

política reconocida, formada por un tejido de ciudades del rey, todas ellas con el mismo código, rodeadas de tierras que, aunque de muy diversa titularidad, no rompían la unidad del fuero. Esa unidad política tenía un valor jurídico pleno, sobre el que Jaume había configurado un sistema fiscal unitario y un sistema jurisdiccional, administrativo y económico homogéneo. Podemos decir que ese reino había pactado su consistencia legal y su constitución mediante una contribución general, única y definitiva. De ella fueron excluidos los judíos, con lo que se venía a decir que no eran parte de la *universitas,* sino directamente vinculados al rey, su patrimonio. Este es el momento contractualista que Francisco Xavier Borrull apreciaba en la constitución del reino de Valencia, lo que le hizo decir que los fueros que Jaume entregó a Valencia le parecían más ilustrados que la normativa que se imponía a los españoles en Bayona, a principios del siglo XIX, con la presión del código y los fusiles de Napoleón. De hecho, Borrull había conocido, como ya vimos antes, un manuscrito del fuero de 1261 que todavía pudo ver en el monasterio cisterciense de Benifassà, del que también hemos hablado en relación con la reconciliación del rey con el Papa, con motivo de su contencioso con el obispo de Girona, Castellbisbal. El caso es que Borrull nos transmitió el colofón de esta traducción que, ya desaparecido, decía así: «Guillermo y Vidal, y el compañero de ambos Bernardo, tradujeron estos fueros y los redactaron fielmente en lengua llana y romance, y el señor rey los alabó y con juramento los ratificó. Este libro fue concluido en el año de mil doscientos sesenta y seis, el día antes del treinta y uno de marzo. Bendito sea Jacobus».

Hemos mencionado este proceso no solo por su importancia intrínseca, sino para reflejar dos cosas: primera, que el rey no tenía problemas en Valencia; segunda, que los ricoshombres de Aragón habían recibido una ulterior y grande afrenta del rey, al ver cómo se les imponía el fuero de Valencia y se les hacía abandonar el fuero territorial de Aragón y, con él, sus prerrogativas jurisdiccionales. Ahora, por primera vez, el territorio primaba sobre las personas, sobre el patrimonialismo personal de los derechos subjetivos privados. Si alguien era aragonés y vivía en Valencia, ahora se regía por el fuero valenciano, no por el fuero aragonés. Era, en suma, valenciano. Se trataba de una revolución en los conceptos tradicionales de la política, de naturaleza señorial, para los que la persona y su estatuto, sus derechos subjetivos y sus privilegios estaban por encima de la unidad territorial. Ahora, con la disposición de Jaume, era la propia unidad territorial la portadora básica de derechos, que por eso mismo afectaban a todos. El reino de Valencia, por fin, era algo, una tierra en la que a todo lo largo de su extensión regía una misma ley a la que estaban todos obligados, los hombres que componían el cuerpo político y el rey que estaba a su cabeza, unidos por un juramento que debía tener efectos eternos. El gesto, para la comprensión del poder que tenían los ricoshombres de Aragón, solo se explicaba desde el personalismo excesivo de un monarca orgulloso e irrespetuoso con la tradición. Ellos no comprendían que allí había surgido un sujeto nuevo, ideal, el pueblo valenciano, una persona ficticia en cierto modo, pero efectiva en su doble representación, la de unas Cortes que debían reunirse por los siglos de los siglos, y la de un rey como cabeza de ellas, que transfería también por toda la eternidad a sus hijos la obligación de respetar los privilegios de aquel cuerpo. Esa nueva entidad eterna era un reino. Para los que pensaban que el único reino era Aragón, y para los que creían que Aragón era con carácter exclusivo la suma de sus ricoshombres, este paso dado por Jaume era un atentado. Las ciudades y los consejos aragoneses, por el contrario, no lo vieron así. Casi todos ellos habían establecido a sus hombres en las nuevas ciudades y ahora la nueva normativa beneficiaba a sus comunidades urbanas respecto a los fueros de origen que podían invocar. Eran los ricoshombres, que al parecer abandonaron la reunión de Valencia hacia 1261 de forma airada y violenta, los que no lo iban a olvidar jamás [14].

Con toda probabilidad, esta es la razón de que Jaume, cuando tuvo que rehacer su testamento en 1262, cambió su parecer inicial y reintegró Valencia a la corona, formando parte de la herencia de Pere. La rebelión o el plante de

---

[14] No quisiera dar la impresión de que don Jaume hubiese logrado imponer una vigencia territorial de los *Furs* y arruinar definitivamente el sentido personal del derecho que subyacía al régimen señorial y al propio régimen de ciudades que imponía el rey Conquistador. Desde luego, como ha defendido siempre Honorio García, es simplista pensar que con la territorialización de los *Furs* las localidades repobladas con otros fueros hubiesen perdido su referencia jurídica, tanto más por cuanto en los fueros hay siempre un elemento consuetudinario. En todo caso, como ya dijo Chabás a primeros del siglo XX, a partir de 1261 los *Furs* funcionarían como derecho supletorio para las poblaciones que no tuviesen una legislación particular. Esta cuestión es muy debatida, pero debemos siempre reconocer que el Medievo occidental permite que convivan códigos entre sí, pactándose el valor de los acuerdos según la referencia elegida. Por lo demás, la reivindicación permanente de los señores aragoneses será mantener en vigor su fuero de Aragón en tierras valencianas, lo que conseguirán en ocasiones, según sea la correlación de fuerzas. Cf., para todo esto, Honorio García, «Problemática acerca de los *Furs*», en *BSCC,* vol. XXX, 1954, páginas 7-105; aquí, págs. 93-94. Debe verse también Juan Beneyto Pérez, «Sobre la territorialización del derecho valenciano», en *BSCC,* vol. XII, págs. 187-197, y Gual Camarena, «Contribución al estudio de la territorialidad de los Fueros de Valencia», en *Estudios de la Edad Media en la Corona de Aragón,* vol. III, págs. 269-289. Cf., igualmente, Juan Beneyto Pérez, «Iniciació a la Història del Dret Valencià», Curs breu professat a l'Universitat Popular Valencianista els dies 20-26 de febrer de 1934, *BSCC,* págs. 97-102. Aquí podemos leer: «La territorialización del código de Valencia es obra trabajosa, pesada e incompleta: a principios del siglo XIV el código de Jaume I regía únicamente en la capital y en las villas reales; durante esa centuria encontramos tentativas de territorialización mediante renuncias al fuero aragonés y merced a un acuerdo de Cortes en 1329, que permitió la extensión del fuero local de Valencia a determinados territorios señoriales. Pero todavía en el siglo XV algunos señores quieren que se reconozca el fuero de Aragón en sus territorios. De todas las maneras, el código otorgado por Jaume I a Valencia llegará a ser un texto de derecho territorial; si no estuvo vigente en todo el reino, es la ley de extensos territorios». Sylvia Romeu Alfaro ha citado un privilegio de Pere el Grande dado el 3 de octubre de 1283 en Zaragoza por el que hace extensivo el fuero de Aragón a los que deseen observarlo en el reino de Valencia. La clave de este asunto era que los oficiales de justicia de los lugares según fuero de Aragón, debían nombrarlos los señores, no el rey. Obviamente, el fuero de Aragón restringía el monopolio del rey sobre salinas, redención de huestes y cabalgadas, peaje, herbaje y otros impuestos. Como es natural, llevaba aparejado el mero y mixto imperio. Lógicamente, Pere neutralizó esta concesión a la Unión tan pronto como pudo. Cf. Sylvia Romeu Alfaro, «Los fueros de Valencia y los fueros de Aragón», en *AHDE,* vol. XLII, págs. 75-115; aquí, págs. 83-85.

los ricoshombres había demostrado algo decisivo: que no se podía sustraer Valencia a los procesos de poder que se tejían en Aragón. No tenía sentido entregar Aragón a un hijo y Valencia a otro. Esto era condenarlos a una guerra inevitable. La única forma de detener las aspiraciones de los ricoshombres de Aragón sobre Valencia era que ambos territorios tuvieran un mismo rey. Si además ese rey era Pere, que ya mostraba en estos años su vigor a la hora de defender la potestad regia contra las pretensiones de los señores, tanto mejor. Por eso, en agosto de 1262, los ricoshombres aragoneses vieron que sus pretensiones sobre Valencia se alejaban un poco más de la realidad. Los valencianos habían jurado a Pere, habían iniciado su marcha como reino y habían configurado su primera curia o corte general del reino. Ese proceso era casi irreversible. Nada de lo que sigue a continuación se podrá entender sin este estatuto de Valencia como reino autónomo dentro de la corona de Aragón, como un cuerpo político cuya cabeza era inmediatamente el rey. Pero nada de lo que suceda será comprensible sin identificar el único afán de los señores aragoneses: mejorar su posición respecto al poder del rey, impedir que los procesos por él impulsados llegaran a cristalizar como definitivos.

49
LA SITUACIÓN DEL SUR HACIA 1263

Con la decisión de Valencia y con el testamento de 1262, se había abierto entre el rey Jaume y sus nobles aragoneses la brecha más relevante para el futuro de la vida del reino. Era fácil prever que le pasarían factura tan pronto se presentase la ocasión. El momento de apuro llegó de la mano de Alfonso el Sabio, su yerno, cuyos problemas crecían conforme se adentraba en los años centrales de su reinado, envenenado por la obsesión del Imperio. En efecto, como hemos visto, Alfonso había pretendido que el Papa le coronara emperador, sin conseguirlo. Luego, había pretendido erigirse en emperador de las Españas, invocando la legitimidad de la continuidad entre Castilla y la monarquía visigótica. Jaume, que en modo alguno aceptaba una merma de su soberanía en favor de Alfonso, protestó de manera inmediata. Aquella invocación de la monarquía goda era, en su opinión, del todo improcedente para fundar la supremacía castellana [1]. Su reacción tuvo lugar el 23 de octubre de 1259. Incapaz de contener su afán de aventuras bizarras, todas ellas fracasadas, el rey Sabio se lanzó a su viejo sueño de conquistar el norte de África, en su pretensión de eliminar los orígenes y los fundamentos del poder islámico sobre la Península. En 1260 formó una escuadra que pensaba dirigir desde Sevilla hasta el norte de África. Para la cruzada pidió auxilio a Jaume. El rey de Aragón

---

[1] Ballesteros Beretta narra este momento así: «Mayor importancia reviste el mutilado documento que copió Villanueva y en el cual don Jaime otorgó poderes a sus procuradores para que se opusieran a las pretensiones de su yerno Alfonso al imperio de las Españas. Observemos que el instrumento se produce en el año de las Cortes de Toledo, y de seguro como una consecuencia de las mismas y respondiendo a algún alegato alfonsino que no ha llegado hasta nosotros». Cf. *Alfonso X,* ob. cit., pág. 234. En el documento, Jaume rechaza cualquier tipo de legitimidad del título *Imperator Hispaniarum,* y también tener «aliqua subjectione ratione imperii, vel qualibet alia ratione». Para darle la mayor firmeza a su emisario, don Jaume utilizaba su sello más solemne. Esto sucedía en Mora, el 27 de septiembre de 1259. A pesar de todo, don Alfonso, en documentos del mismo año, como el prólogo al *Libro de las Cruces,* una especie de tratado sobre astrología judiciaria, se titula «rey despanna». Ballesteros cree que todo esto era consecuencia de las Cortes de Toledo, que apoyaban la pretensión al imperio de Alfonso. Este pensaba que, por derivación, en caso de ostentar el título de emperador, se debería reconocer como emperador de las Españas. Cf. ob. cit., págs. 247-248.

solo autorizó partir hacia la guerra contra el infiel a los ricoshombres de Aragón. En modo alguno podía consentir Jaume que unos reinos tan poco poblados como los suyos, con una elevada presencia de sarracenos en su seno, quedaran todavía más despoblados y desprotegidos. Además, recordaba que mantenía vigente una alianza con el rey de Túnez, una pieza clave en las redes comerciales que Barcelona y Valencia habían tejido en el norte de África. Alfonso —que según Zurita quedó muy mal contento de la respuesta del rey aragonés— [2] protestó y con arrogancia escribió al rey una carta inadmisible. En la *Colección de Documentos Inéditos del Archivo de la Corona de Aragón* [3] se nos transcribe este documento, que dice así: «Si os hemos pedido esto, no es gracias a Dios porque necesitemos de vuestra ayuda, sino porque queríamos que en un hecho de esta importancia tuvierais parte. Creemos que no habréis leído las cartas que se nos han dirigido en vuestro nombre y os suplicamos que en adelante veáis las cartas que nos enviáis, o las hagáis leer en vuestra presencia». Era un insulto. En pocas palabras, Alfonso acusaba a su suegro de descuidado o de analfabeto. Además, lo engañaba con cierta hipocresía, porque tenía necesidad de su ayuda, como pronto se demostraría. En aquella situación se temió que los acuerdos de Soria se quebrasen y que la frontera de Molina se pusiese de nuevo en pie de guerra.

Jaume olvidó esta arrogancia y con generosidad contestó a las solicitudes de ayuda que habría de hacerle el rey Alfonso en el inmediato futuro. Cuando algunos señores, como Bernat de Santa Eugènia o Jofre de Cruïelles, fueron al rey a pedirle licencia para servir al infante Enrique de Castilla, que entonces estaba enemistado con su hermano Alfonso, el rey se lo prohibió, para no empeorar las cosas con su yerno [4]. Pero la generosidad a la que estaba dispuesto Jaume no tenía nada que ver con la debilidad. Al contrario, con mucha firmeza le dijo a Alfonso que las cosas estaban como estaban. Que el rey de Túnez era un aliado firme suyo, que la buena fe era la mejor fuerza que unía a los reyes y que no podía alterar su palabra. En relación con sus vasallos, él debía procurar, sobre todo, que Alfonso no hiciera más fuertes a los señores feudales que él no quería bien. Al final, Alfonso, que no era militar por vocación, abandonó la idea de la cruzada sobre el norte de África y las cosas se quedaron ahí.

Quienes no renunciaron a tomar la iniciativa fueron los sarracenos de Granada, que para entonces contaban con la ayuda garantizada del norte de África, cuyas fuerzas se habían dispuesto a la lucha justo ante la amenaza de Alfonso. Como cuenta Jaime Bleda en su *Coronica de los moros de España*, «estando el rey don Alonso ocupado en conquistar las tierras del Algarbe, los moros del reino de Murcia con su rey llamado Aben Hudiel o Aben Masar se rebelaron con algunos pueblos andaluces nuevamente conquistados, en el año de mil y

---

[2] Zurita, *Anales,* Libro III, cap. LIX, pág. 174.
[3] Bofarull, *Colección de Documentos Inéditos,* VI, pág. 149.
[4] Lo cuenta Zurita, en *Anales,* cap. LIX, pág. 174.

doscientos y sesenta y uno, confederándose con el rey de Granada. Con lo cual Jerez, Arcos, Béjar, Medina Sidonia, Rota y Sanlúcar tornaron al poder de los moros. Es muy celebrado el valor de Garci Gómez, alcaide de Jerez, en la resistencia que hizo a los moros, tan honrosa, que habiéndole muerto a todos los soldados del presidio, quedó él solo defendiéndolo, sin querer jamás rendirse, hasta que lo asieron con garfios. Y estimaron tanto los moros la vida de tan fuerte capitán, que le curaron las recias heridas con mucho cuidado». Las cosas estaban muy mal en el sur y Alfonso prometió librar del impuesto de la martiniega y otros tributos a quienes vinieran a auxiliarlo tres meses al año con armas y caballos. El rey de Granada, Ibn Alhamar[5], reaccionó rápido y pidió auxilio al rey de Marruecos, Ben Yusuf, y reclamó el favor de los benimerines de Fez. Al parecer, fueron enviados mil jinetes a la Península, que si por un lado fortalecieron el ejército del rey de Granada, por otro sembró agravios entre los musulmanes naturales del país, sobre todo al famoso clan militar de los Escaiolas, por las ventajas que los africanos recibieron del poder real de Granada. De hecho, como saben bien los medievalistas que han estudiado las fuentes árabes, nunca los andaluces autóctonos dejaron de considerar como extranjeros a los bereberes, pobladores del norte del África. Pero cuando un ejército cruzaba el Estrecho, ninguno de los poderes árabes andalusíes podía oponerle resistencia. Alfonso intentó detener el paso de estas tropas por el Estrecho enviando su escuadra, pero no logró paralizar las filtraciones. El ejército que puso en marcha el rey de Castilla, por su parte, fue batido en Alcalá la Real.

Justo aquí regresamos a la *Crónica* del propio rey Jaume. En el §378 se nos dice: «Más adelante, concluida ya del todo la campaña de Valencia, y rescatado cuanto habíamos perdido, nos fuimos a Aragón. Antes, sin embargo, nos contaron que el rey de Castilla había reñido con el de Granada, quien hacía tiempo que había llamado en su ayuda a los moros de ultramar, de modo que los jinetes avanzaban ya tierra adentro, pensando que pronto podrían recobrar todo el territorio del rey de Castilla y además todo cuanto habían perdido por Nos o por cualquier otro que fuese en toda Andalucía». Vemos así cómo los relatos antiguos del rey y del historiador Bleda se ajustan entre sí, sin que el tiempo introduzca cambio relevante alguno. Bleda, en el siglo XVII (1618), nos propone una historia que puede cuadrar perfectamente con la que Jaume recordaba tres siglos y medio antes. Pero también nos da una idea de la forma de ejercer la memoria por parte del rey. Desde que describimos el final de la sublevación de Al-Azraq, habíamos dejado el relato real porque no nos iluminaba sobre toda una serie de puntos intermedios de su reinado. Sin embargo, siguiendo su técnica de mantener núcleos temáticos compactos y de atender sobre todo a las hazañas que lo acreditan como caballero, el rey pasa en su recuerdo desde una sublevación de moros a otra, de un hecho de armas a otro.

---

[5] Cf. A. González Palencia, *Historia de la España musulmana*. Labor, Barcelona, 1945.

En cierto modo, Jaume tenía razón al identificar ambas cuestiones, pues la rebelión mudéjar se centraba sobre todo en la frontera del reino de Murcia, y tenía rasgos estructurales parecidos a los de la rebelión de Al-Azraq. De hecho, la misma realidad social, con el dominio de la población musulmana, determinaba la fragilidad de la penetración cristiana y hacía temer que sus conquistas fuesen reversibles. Por lo demás, ambas revueltas estaban íntimamente impulsadas por el sueño de los andalusíes de reunificar todo el territorio del Xarq Al-Andalus, «La Puerta de Andalucía», y proponer un único poder islámico que desde el oriente almeriense llegase hasta la propia Valencia. Si alguien podía llevar a cabo aquella empresa era el poder musulmán que residía en Murcia. Que esta ciudad recompusiese ese poder debía de inquietar a Jaume, pues la frontera del distrito murciano nunca había estado clara por el norte. Era fácil prever que la expansión de Murcia amenazara al reino de Valencia. Por eso, sabemos que entre los meses finales de 1260 y los primeros de 1261 el rey don Jaume apenas se mueve de la capital del Turia.

Para entender la situación debemos recordar lo que el reino de Murcia significaba [6]. En efecto, por el tiempo de Fernando III y Jaume, el rey Diaodaula (Baha al-Dawla) luchaba por mantener unido un extenso territorio que iba desde Lorca a Cartagena y Águilas, por el sur, hasta Alicante y Biar, por el norte; hasta Villena, Ayora, Chinchilla, Peñas de San Pedro y Alcaraz, por el oeste, incluyendo las grandes ciudades de Elche, Petrer, Elda y Sax [7]. Como es natural, era un territorio muy presionado por Castilla, y sobre todo por la Orden de Santiago, que lo amenazaba desde la sierra de Segura hasta Alcaraz, con importantes puntos de penetración por Santiago de la Espada, Galera y Huéscar. Esta presión había llevado a los dirigentes de Murcia a entregar la soberanía del reino a Fernando, a cambio de altos impuestos y de seguir gozando de su señorío efectivo. Esta era la situación desde que, en febrero de 1243, el mensajero Ibn Hud, hijo del rey de Murcia, ofreciera en Toledo la soberanía del reino murciano al rey Fernando. La embajada fue recibida por el infante Alfonso, que por aquel entonces preparaba una campaña contra Granada. El pacto, que se cerró en Alcaraz, la frontera noroeste del reino, en el mes de abril, hablaba de dividir las rentas de todo el territorio en dos mitades: una para el rey cristiano y otra para los señores árabes. A cambio, los cristianos se comprometían a proteger a los murcianos frente al poder militar de Granada. Así entró Alfonso en Murcia el día 1 de mayo de 1243, ocupando los castillos y fortalezas que debían pasar a su control.

Una buena parte del territorio, sin embargo, quedó fuera de este arreglo, y se declaró en rebeldía. Este fue el caso de Cartagena, Mula, Lorca y Orihuela, así como los castillos de Aledo y Ricote [8]. Cuando se cerraron los acuerdos

---

[6] Cf. «Los puertos de Cartagena y Alicante en la segunda mitad del siglo XIII», de Juan Torres Fontes, *XI CHCA*, Palermo, vol. IV, págs. 347-366.

[7] Para todo esto, cf. Juan Torres Fontes, *La reconquista de Murcia en 1266 por Jaime I de Aragón*, ob. cit., págs. 33 y sigs.

[8] Ibídem, pág. 37.

de Almizra, con Jaume I, Alfonso quedó libre para mandar sus fuerzas contra los castillos rebeldes del reino de Murcia. Primero se dirigió a Mula, en el mes de julio de 1244. Luego, en el mes de noviembre, cayó Lorca. Cartagena se rendiría en 1245, cuando una flota castellana procedente de Santander atacó desde el puerto. Alicante se ofrecería al protectorado castellano sin resistencia, a excepción del impresionante castillo, que sin embargo ya debía de estar en poder de los cristianos para 1246. El primer documento que tenemos es de agosto de 1252, por el que se constituye el privilegio real que instituye el consejo alicantino. Pero conviene insistir sobre esta diferencia entre un territorio del reino de Murcia que se ha entregado voluntariamente, manteniendo su integridad social, y otro que ha tenido que ser conquistado por la fuerza, con el consiguiente trauma para las estructuras sociales musulmanas.

El historiador murciano J. Torres Fontes nos ha dado las claves de la fisonomía de esta revuelta y la razón de su origen. Torres Fontes ha señalado que hay dos etapas muy claras en la evolución de los territorios del reino de Murcia desde la culminación del proceso de sumisión a Castilla hasta el momento de la rebelión mudéjar de Murcia de 1263. Una fase tranquila, que transcurriría desde la conquista de Alicante hasta la visita de Alfonso, ya rey, a las tierras de Murcia, en 1257. Y una segunda que iría desde este momento a la rebelión [9]. La primera tendría una doble cara. Por una parte, habría sido un tiempo pacífico y tranquilo para las tierras voluntariamente sometidas al pacto de vasallaje con Castilla, pues la penetración castellana sería muy suave y los oficiales del rey se reducirían a un merino para recibir las rentas prometidas. Pero, por otra, Castilla habría propiciado una muy intensa expulsión de los musulmanes en las ciudades rebeldes, como Mula, Orihuela y Cartagena [10]. Lorca, que se rindió ante el asedio enemigo, conservó sus moros. La diferencia entre ese avance pacífico y el otro violento y traumático de Castilla fue decisiva para explicar el estado de cosas en 1263.

Como es lógico, esta doble cara determinó que, en estas ciudades conquistadas a la fuerza, con la consiguiente expulsión de los moros, la soberanía castellana no se discutiera en el futuro. Por el contrario, fueron las ciudades pacíficamente entregadas a Castilla las que vieron crecer el disgusto y el malestar con el reinado de Alfonso. Dicho malestar llevaría a la rebelión que aquí nos ocupa. La inquietud entre la población musulmana creció desde que Alfonso se acercó a las tierras de Murcia hacia 1257, ya siendo rey. Entonces comenzó a alentar una mayor y más intensa penetración castellana en el territorio. Así, por ejemplo, cambió el merino por el adelantado, aumentó la presencia militar y, sobre todo, animó la repoblación cristiana. Como vemos,

---

[9] J. Torres Fontes, ob. cit., págs. 44-47.

[10] Por cierto, que el obispo de esta diócesis, que en la antigüedad romana había sido la cabeza de la provincia Cartaginense, fue consagrado por Inocencio IV, en 1250, en una bula que dictó en Lyon, donde estaba, y que lleva por título *Spiritu exultante*. El primer obispo fue el confesor del infante Alfonso, fray Pedro Gallego.

Alfonso se enfrentaba a los mismos problemas que unos años antes había conocido Jaume en Valencia. Consciente de la desproporción entre la población islámica y la cristiana, Alfonso sabía que no podría mantener un señorío estable sobre aquellas tierras sin disminuir la abrumadora mayoría islámica. Así comenzó el rey a repartir tierras entre cristianos, repartos que violaban los pactos de Toledo. Al poco tiempo, los cristianos ya estaban situados en el arrabal de la Arreixaca de Murcia y disponían del dominio de la Condomina, tenían iglesia dedicada a la Virgen de la Arreixaca y se organizaban en un consejo propio.

Todo esto no gustaba a los mudéjares, que veían decrecer su poder y su propiedad. Tenían razones de queja, porque los pactos propuestos en Alcaraz no permitían estas prácticas repobladoras. Mientras tanto, la autoridad de Ibn Hud Baha al-Dawla iba en descenso. A su muerte, en 1260, solo con dificultad podía mantenerse un poder estable. Una familia de alto linaje, también descendiente de los reyes de Murcia y rival del clan hudita, se hizo entonces con el poder. Así fue como el caudillo Al-Wathiq —el Alboaquez de la *Crónica* de Alfonso X— se alzó con la dirección de los asuntos de Murcia. Jaume sabía de qué se trataba porque su legitimidad era la misma que disfrutaba Al-Azraq en el reino de Valencia: dirigía el descontento de los mudéjares que veían cómo, por mucho que fuera de forma pacífica, eran desalojados del poder y de la tierra por parte de la lenta penetración cristiana. La misma tesis vale al contrario: los musulmanes también sabían cuál había sido el destino de los seguidores de Al-Azraq, pues aquel exilio fue muy comentado en las fuentes árabes. M. J. Rubiera Mata nos ha ofrecido un testimonio de esta resonancia, en el que se dice: «Quando el déspota barceloní rompió los pactos y tratados que tenía con los musulmanes de Al-Andalus, los expulsó de su tierra y les robó su riqueza, como sucedió en Xàtiva y en otros sitios»[11]. Ante los ojos de aquellos musulmanes era evidente que no se estaban cumpliendo unos pactos que ellos pensaban únicamente políticos, y que solo implicaban un cambio de señorío y de receptores de impuestos. Todos aquellos cambios sociales ulteriores, tan ingentes, no eran aceptables en su concepto. Pero la suya era una mirada ingenua. Frente a los sarracenos se aproximaba un torrente humano imparable, que lanzaba a los cristianos sobre sus propiedades y tierras y los separaba del que consideraban su modo de vida. Contra aquella fuerza no se podía hacer la vista gorda porque era una amenaza de muerte a medio plazo. Al-Wathiq miraba a lo lejos y veía cómo el destino social de su gente estaba escrito si no volvían a ganar la independencia militar y política. Pero esto sería difícil de conseguir mientras considerasen extranjeros a las tribus belicosas del norte de África, las únicas que podían detener el empuje militar cristiano. Era, como se ve, una situación delicada, cargada de dilemas.

A la desesperada, los mudéjares de Murcia enviaron una embajada al Papa, denunciando que Alfonso X no respetaba los pactos que había firmado

---

[11] M. J. Rubiera Mata, *La corte literaria de Said de Menorca,* pág. 121.

con ellos. Es fácil suponer la atención que prestaría el Papa a las quejas de los mudéjares de Murcia. Los pobres legados sarracenos habían escapado del rey de Castilla para suplicar la protección de la institución que había promovido la Reconquista y le había dado a la cruzada el soporte financiero y la tremenda fuerza de la fe. Como luego veremos, la Iglesia tenía más interés que el rey en la eliminación de la sociedad islámica de las tierras hispánicas. Pronto, los moros andalusíes se dieron cuenta de que ese era un camino cerrado. Así que, cuando en Granada surgió el caudillo militar oportuno, en este caso Ibn Alhamar, que supo pactar con los *ghâzî* o voluntarios de la fe del norte de África, los llamados zenetes o benimerines que habían proclamado la *jihad,* resultó muy difícil a los mudéjares de Murcia no ponerse a sus órdenes y engrosar sus filas. Esto es lo que sucedió en 1263, tal y como ya hemos visto. Desde la irrupción de los almohades de Las Navas, no había pasado un contingente de caballeros musulmanes tan importante. El propio cronista de Alfonso X lo identificó así [12], de la misma manera que el rey Jaume. De nuevo, sobre el norte cristiano se cernía el peligro de un poder militar musulmán en expansión.

---

[12] *Crónica del rey D. Alfonso décimo,* BAE, LXVI, Madrid, 1953, c. 13.

50
LAS RELACIONES ENTRE JAUME Y ALFONSO
(1262-1263)

El rey Jaume, desde el primer momento, deja claro en su *Crónica* que aquella situación era seria y peligrosa. Ya hemos visto que puso por escrito con claridad que la sublevación no era solo contra el rey de Castilla. La aspiración de los árabes no era parcial. Se trataba de reconquistar todo Al-Andalus, término que para los musulmanes incluía, desde luego, Valencia. Aquella era una amenaza común a los dos grandes reinos hispánicos. El rey insiste en que no era una rebelión desorganizada y sin apoyos. En realidad, era una revuelta temible. No solo contaba con la ayuda de los bereberes del norte de África, los mismos que habían pasado el Estrecho en Las Navas y no habían perdido todavía la esperanza de vengarse de aquella derrota. Además, acechaba todavía un peligro mayor y, al descubrirlo, Jaume nos presenta uno de sus motivos continuos de preocupación. La idea que desea transmitirnos el rey es que aquella rebelión fue la primera que organizó a las poblaciones islámicas que habitaban ya las tierras controladas por los cristianos. Era la primera vez que, ante la ocasión de un poder árabe suficiente, aquella ingente quinta columna de mudéjares se entendía entre sí, mantenía tramas de conspiración y había decidido alzarse contra los cristianos el mismo día y a la misma hora. Los conjurados aspiraban a levantar incluso a los moros que vivían en Sevilla, muy numerosos, para detener al rey en su palacio.

Que yo sepa, no disponemos de documentos que demuestren esta conspiración sarracena en la que tanto insiste la *Crónica* de Alfonso X y que vemos afirmada en la carta que el mismo rey enviase al obispo de Cuenca, Pedro Laurencio[1], y en otra remitida al obispo de Sigüenza[2]. Pero no necesitamos

---

[1] «Hizo hablar encubiertamente a los moros que moraban en nuestras villas y en nuestros castillos, que se alzasen todos con él a día señalado. Y a la sazón que él tuvo pasado cuanto poder pudo de allende el mar y preparadas todas sus cosas, cuando entendió que estábamos más asosegado y asegurado, y con más poca compañía de que a esta tierra vinimos, envíonos decir que no era nuestro vasallo.» Se encuentra en A. Ballesteros, *Alfonso X el Sabio,* ob. cit., pág. 370.

[2] Torres Fontes, ob. cit., pág. 66.

documentos ante las evidencias históricas de su existencia. Es más decisivo subrayar que, de una forma u otra, justo este tipo de conspiración era lo más temido por los reyes cristianos, el peligro ante el que se veían más indefensos. Tenía aquel miedo una razón sobrada: los reyes cristianos, y cualquiera que tuviera ojos, podían ver que todavía sus poblaciones eran más sarracenas que cristianas y que solo su desorganización política las hacía dominables. Por eso temían que alguien los encuadrase en una trama de relaciones políticas y devolviese a aquellas gentes una esperanza de unidad, dignidad y poder. Algo de eso debió de lograr Ibn Alhamar de Granada, pues la *Crónica* dice que, a pesar de ser descubierta la conspiración de Sevilla, y quedar libre el rey Alfonso, su poder real perdió «en menos de tres semanas trescientas entre villas grandes y castillos». Bleda confirma este dato y afirma que se «habían rebelado al rey don Alfonso trescientos pueblos de moros entre villas y ciudades», lo que parece significar que Bleda asume la fuente de Jaume. La autoridad real es aquí autoridad historiográfica.

El apuro de don Alfonso era extremo. Pero las relaciones con su suegro nunca habían sido buenas. El rey castellano debía de recordar muy cercanas las insolentes cartas que envió al gran rey aragonés con motivo de su frustrada cruzada sobre África. ¿Cómo rebajarse ahora y pedir ayuda tras esas cartas y tras su larga historia de desencuentros? Alfonso optó por lo más fácil. En lugar de dar él la cara, envió a su esposa, la hija de Jaume, la reina Violante, que portaba el mismo nombre que su madre y que, al parecer, era una consumada diplomática, si hemos de contar las veces que ejerció este oficio en favor de su esposo, en las circunstancias más difíciles[3]. La *Crónica* dice que el padre tuvo noticias de una carta que le enviaba su hija en el monasterio de Sigena, en la fiesta de Ramos. Podemos reconstruir la fecha con cierta claridad. Zurita dice que es del año 1263, aunque como siempre otros historiadores discuten el dato[4]. En mi opinión, es seguro que fue así. La derrota más decisiva del rey Alfonso contra los moros había tenido lugar en 1262, pero la petición de ayuda no debió de ser inmediata. El problema de que en la fiesta del Domingo de Ramos de 1263, al parecer, Jaume estaba en Zaragoza, según dice Miret[5], no es relevante. Además, por aquellas fechas de primeros de 1263 el rey Alfonso

---

[3] Desde luego, en los años setenta, lo hizo de forma continua y eficaz en el asunto de la rebelión y desnaturalización de los ricoshombres castellanos en firme alianza con el rey de Granada. El rey Alfonso le estaba verdaderamente agradecido por su fidelidad, claridad y firmeza, y así se lo hizo saber en cartas oficiales. Cf. Ballesteros, ob. cit., págs. 786-788, 841 y sigs.

[4] Con su continua hostilidad al rey, Ubieto reconstruye el pasaje y las fechas mostrando los desajustes entre los documentos y la *Crónica*. Al situar la fecha en 1265 dice que es imposible que el rey estuviese el Domingo de Ramos porque en este tiempo se halla en Girona. Miret, sin embargo, nos informa de estancias del rey en Zaragoza y Épila por estas fechas, pasando el 15 de abril a Huesca. Desde luego, puede haber pasado por Sigena o haberse desplazado allí por estas fechas sin ningún problema. Si alguien tiene que ir desde Zaragoza a Huesca puede fácilmente pasar por Sigena. Los esfuerzos de Ubieto por dejar al rey por embustero son desde luego extraños. Cf. Ubieto, *Orígenes del reino de Valencia*, t. II, págs. 109-126.

[5] Miret, ob. cit., pág. 335.

se volvió a dirigir a su suegro, proponiéndole una sentencia arbitral para resolver sus diferencias sobre castillos, asunto que todavía coleaba desde las vistas de Soria [6]. Esto significa que estaban iniciadas las negociaciones para establecer una pacificación entre los reinos o que acababan de ser culminadas. En este contexto, Alfonso se jugaba la última carta, la más desesperada, que era utilizar como mensajera ante Jaume a su propia hija. Es más, Zurita nos da cuenta de que antes del Domingo de Ramos, el día 7 de marzo, un enviado de Alfonso, Pedro Juánez, el maestre de Calatrava, se presentó ante el rey en Zaragoza, le narró las extremas pérdidas que había sufrido su yerno y le pidió en su nombre ayuda [7]. Es lógico pensar que Violante le habría escrito un poco después, mientras su padre estaba en el viejo monasterio de monjas cistercienses, tan querido de Jaume. Sigena adquiere aquí un valor simbólico, pues permitía recordar la íntima implicación de las familias reales castellana y aragonesa. No conviene olvidar que el monasterio estaba muy vinculado a una hija de la corona de Castilla. Había sido fundado por Sancha, abuela del rey Jaume, hija de Alfonso VII el Emperador y esposa de Alfonso I de Cataluña y II de Aragón. Ahora, en el momento de peligro para Castilla, Sigena se invoca en la *Crónica* como un recuerdo de la suerte común que durante tiempo habían compartido sus casas reales.

El mensajero de la reina Violante, Beltrán de Vilanova, un catalán según su apellido, a quien el rey llamaba «natural nuestro y hombre que conocíamos y amamos», estaba en Huesca. El rey, al recibir la noticia de que portaba una carta de su hija, se dirigió hacia esa ciudad. Este hecho cuadra realmente con el itinerario, pues, en efecto, vemos al rey en Huesca del 17 al 24 de abril de 1263. La comitiva del rey y el mensajero de Violante debieron de encontrarse en Agrañen, el actual Grañén, justo a mitad de camino entre Sigena y Huesca [8]. Allí el rey Jaume pudo leer la carta. La misiva es muy importante para entender la mentalidad de la época y el sistema político del patrimonialismo. En ella no hay consideración alguna a la suerte de un Estado, como Castilla, ni a una comunidad de pueblos, como los hispanos. Ninguna consideración pública o política se abre camino en esta carta de Violante, que se agota en poner ante los ojos de Jaume su condición de padre, origen de una prole amplia y cumplida que ve comprometido su futuro patrimonial. Señor y Padre: estos son los nombres preferidos por la reina Violante. El argumento central es que, por decisión de Jaume, ella estaba casada con Alfonso y que ahora el patrimonio de sus hijos estaba en peligro, porque los sarracenos amenazaban con dejar sin tierras al rey. Solo el rey de Aragón podía evitar que ella viera a su marido y a sus muchos hijos sin heredad.

El rey era muy consciente de que no podía decidir por sí solo la entrada en una campaña que se manifestaba tan decisiva e importante. Así nos lo hace

---

[6] Cf. Ferran Soldevila, *Pere el Gran*, Parte I, vol. I, pág. 121.
[7] Zurita, *Índices*, ob. cit., pág. 224.
[8] Cf. el *Atlas de España,* Aguilar, pág. 224, coordenadas F9.

saber en su *Crónica*. Al mensajero le dijo lo que podía: que reuniría su consejo. Pero su consejo no era solo eso: eran las Cortes de los diferentes territorios de su corona. Y allí estaban esperando los ricoshombres de Aragón, que no olvidaban la afrenta de 1261 en Valencia, cuando habían perdido el fuero propio de Aragón en tierras valencianas. De hecho, aquella imposición del fuero valenciano había sido una ilegalidad: porque las condiciones bajo las que se les había convocado en su día a la conquista de Valencia implicaban el reconocimiento del señorío de los ricoshombres sobre las tierras que le tocaran por pacto escrito y jurado con el rey, refrendado por sus notarios. Esos acuerdos se habían convertido en papel mojado tras los otros pactos suscritos entre el monarca y la representación general de los valencianos. Los ricoshombres no iban a olvidarlo.

Así que el rey se enfrentaba al momento de la verdad, el de la guerra contra los sarracenos del sur, y para hacerle frente el reino tenía que manifestarse unido y fuerte. Era evidente que no se podría formar una buena hueste tras el rey sin contar con los ricoshombres, los jefes de las milicias. La primera reunión del consejo real se celebró en Huesca, donde el itinerario de Miret halla al rey justo después de las fechas de Semana Santa, como hemos dicho hacia el 17 de abril. Iban con el rey los ricoshombres principales de Aragón y algún notable de Valencia, como el arcediano de su catedral, pues el obispo de la ciudad, Andreu de Albalat, había participado en las negociaciones de paz por los castillos de la frontera de primeros de año. Allí tuvo lugar una primera reunión del consejo. Habló el obispo de Huesca para decir que no había otro asunto tan grave como este, al menos desde los tiempos de la batalla de Úbeda o cualquiera de las demás «que hayan tenido lugar en España». Venía a decir el prelado que, sin lugar a dudas, la situación de Alfonso de Castilla era un asunto que afectaba a la totalidad del reino de Aragón y que, justo por eso, el consejo real se debía inhibir en favor de unas Cortes generales. El rey no se quedó satisfecho con esta evasiva y quiso conocer el fondo del alma de los reunidos. Tras vacilaciones, habló Bernat Guillem. Su discurso fue muy claro: Alfonso había amenazado y atacado la frontera de Aragón muchas veces. Si ahora tenía necesidad de los aragoneses, era justo que entregara de una vez los castillos de la frontera, que tornarían más tranquila la vida aragonesa y valenciana. De hecho, el único veredicto del consejo fue reclamar Requena «y los demás lugares nuestros que tenía». Pero, en todo caso, los presentes estaban de acuerdo en que se debían reunir las Cortes, aunque con tibieza manifestaban que era preciso auxiliar a la reina. Por fin, el rey habló, y lo hizo con una madurez y realismo incuestionables. Aceptó, como es lógico, la razón del patrimonialismo: él no podía consentir que su hija y sus nietos se quedaran sin lo suyo. Pero esta ya no era la razón fundamental para el rey Jaume. De Alfonso, como es obvio, no había nada que hablar. El rey recordó su poca franqueza y su mala conciencia. Había cometido tantas imprudencias con Aragón y con su rey que era normal que ahora no se atreviera a dar la cara. «Por las faltas de que se ha hecho reo conmigo, no se ha atrevido a pedirme que lo ayude», aseguró. Sin embargo, la decisión del monarca aragonés estaba tomada. Varias veces señaló que no quería consejo, sino ayuda. El consejo vale para deliberar y hallar la decisión. La ayuda, para llevarla a cabo. Y la decisión no podía ser otra que ayudar a Castilla contra los sarracenos. El rey quiere mostrarse ante la posteridad como certero y razonable. No ha dudado ni un instante que debía ayudar a Castilla. Eso es lo que ha querido transmitir en su *Crónica*. Pero no solo porque se lo debía a su hija. Además de esta razón, el rey ofrece otros dos motivos. El primero, que Castilla seguía siendo un reino muy fuerte. En este caso, si vencía al rey de Granada era lógico que considerase como enemigo mortal al reino de Aragón, dado que no había querido ayudarle en el momento más grave de su historia. Una vez destruido Ibn Alhamar, sería inevitable que Alfonso dirigiese todas sus fuerzas contra Aragón, el reino que no quiso ayudarle cuando estaba en un gran apuro. Pero si Alfonso era vencido, entonces la situación sería todavía peor, pues nadie podría evitar que el ejército árabe se dirigiera contra las tierras valencianas. Si Castilla no estaba segura en sus tierras, Aragón tampoco podría estarlo. La consecuencia era inevitable: de no intervenir en la lucha, Aragón solo podría recoger en el futuro consecuencias negativas y amargas. El segundo motivo era obvio: parecía mejor defender la corona fuera de su territorio que en el interior. Al fin y al cabo, de esta forma los naturales no sufrirían los terribles dolores de una guerra. Por tanto, Jaume iría en auxilio de su hija, de Castilla y de su propio reino, porque los intereses eran comunes y convergentes. Aquí, finalmente, se comprende que el patrimonialismo de los reyes hispanos no era un asunto voluntarista, entregado al prestigio y a la vanidad, sino una forma histórica de administrar intereses que trascendían a los diferentes reinos, intereses convergentes de los que dependía su propia autonomía, independencia y paz. A sus Cortes, a las de Aragón en Zaragoza, y a las de Cataluña en Barcelona, puesto que su consejo insistía en reunirlas, pediría ayuda para llevar a cabo esta decisión, que para Jaume venía impuesta por el «seny natural».

Era lógico, sin embargo, que estas palabras no impresionaran a los ricoshombres. ¿Salvar Valencia? ¿Acaso les había dejado el rey Jaume algo allí? ¿No había declarado inoperante su fuero aragonés sobre el territorio valenciano? ¿Por qué tenían ellos que defender un reino que se les había sustraído, después de haberlo conquistado con su esfuerzo? El rey, sin embargo, no podía atender estas razones. Los ricoshombres seguían teniendo tierras de honor para ayudar a su rey. Así que Jaume cumplió su palabra y convocó las Cortes. Pero, sin esperar su celebración, se puso a organizar una fuerza para auxiliar a Castilla. La ayuda le vino de un judío rico, que Zurita llama Jahudano [9]. Armó una flota y nombró almirante de esta a su hijo natural Pedro Fernández. Las tropas de tierra las puso tras la dirección de Arnaldo de Fontova. Esto se produjo en febrero de 1264 y se renovó en mayo del mismo año, dando un salvoconducto a todos los que desearan enrolarse en la campaña. Muchos caballeros

---

[9] Zurita, *Índices,* ob. cit., pág. 225.

aragoneses de mesnada, ajenos a los ricoshombres, se pusieron al frente de estas fuerzas. Eran Arnaldo de Fontova, Ferriz de Lizana, Gimeno Pérez de Ayerbe, Fortun de Ahe y otros, que no pertenecían a las grandes familias de siempre. De los grandes ricoshombres, de sus movimientos por estas fechas, no tenemos noticias. Todo esto hacía presagiar problemas cuando las Cortes de Zaragoza fueran convocadas. Desde 1259 no se habían celebrado Cortes generales de Aragón, las que habían tenido lugar en Teruel y se habían convocado para regular la crisis económica del reino. Su resultado fue una ordenación de las formas de pago de las deudas y una prohibición de moratorias concedidas por parte del propio rey. Desde entonces, lo relevante había sido el plante de los caballeros en Valencia, la retirada a Quart de Poblet, y la violenta y airada marcha a sus feudos de Aragón en 1261. Era el momento decisivo, en el que los ánimos se dejarían ver con las realidades profundas que albergaban. Y esas realidades, no debemos dudarlo, eran el resentimiento y el afán de venganza.

En el camino desde Huesca a Pertusa y Monzón, bajo el pesado sol de julio de 1264, Jaume debía de pensar en todos los detalles de la asamblea, en todas sus posibilidades y escenarios. Desde Pertusa, el rey pasó a Lleida. Para el día 10 de julio, bajando los anchos llanos, por los que en amplias plataformas poco a poco descienden hacia el mar las tierras catalanas, ya estaba en Tarragona. Por fin podía tomar la vieja vía Augusta, paralela al Mediterráneo, hacia el norte, sintiendo la brisa de levante. La comitiva llegaba a Barcelona hacia mitad del mes de julio. Quizá fue una decisión muy meditada convocar primero las Cortes de Cataluña, donde no eran previsibles enfrentamientos con los nobles. El rey se equivocaba, sin embargo. Cuando en noviembre de 1264 se reunieron las Cortes catalanas, la verdad se hizo explícita. El rey se dirigió a los nobles, ciudadanos y clérigos con urgencia. Les pedía ayuda. Eso era todo. Esperaba de ellos una respuesta como la que le dieron antes de la conquista de Mallorca. Para su sorpresa, los nobles, dirigidos por los Cardona, con quienes ya vimos que el rey había tenido pleitos con motivo de algunos castillos, apelaron a las formas que entendían tradicionales. Primero, reparación de los agravios; luego, mercedes. Jaume subrayó la urgencia del asunto. Jamás se había negado a hacer justicia. Si alguien tenía algo que reclamar, que lo hiciera, y se pondría en marcha la acción del rey reduciendo agravios. Jaume se oponía, sin embargo, a condicionar la ayuda justa que pedía a que se establecieran lentos y costosos procesos de mediación y arbitraje. Las Cortes, tras escucharlo, no se movieron de su postura.

El rey regresó a su argumento fundamental, el que ya había esgrimido ante los hombres de su consejo en Huesca, meses antes. Acusó a los hombres de las Cortes de poco previsores, de imprudentes. El futuro era claro: si el rey de Castilla perdía lo suyo, vanamente conservarían ellos lo que tenían. De repente, las mismas razones y argumentos no eran convincentes. El rey insistió con más fuerza: ¿es que acaso a los clérigos les daba igual que tantas iglesias pasasen a ser convertidas en mezquitas y que, en lugar de predicar a Cristo, se predicase a Mahoma? El rey no se daba cuenta del problema central: la suerte de Castilla no era sentida como propia por aquellos hombres. Eso era todo. Para ellos era más importante aclarar las cosas en relación con los agravios reales o presuntos a los Cardona, que embarcarse en una lucha con un enemigo lejano que no se había asomado a sus tierras y a sus casas desde hacía siglos. La Reconquista no era reversible para ellos porque muchas tierras y un ancho y caudaloso río se interponían entre sus hogares y los ejércitos sarracenos. Por eso el argumento de Jaume no era eficaz ante aquellos hombres. El conde de Barcelona montó en cólera y abandonó la sesión de las Cortes. Se fue a su casa enojado, quizá herido en su amor propio. En la *Crónica* confiesa el motivo: no había imaginado esa respuesta de los representantes del territorio que más había colaborado con él en todos los avatares importantes de su vida. ¿No sentían Valencia como algo propio? ¿No sentían las tierras del sur como el fruto de sus esfuerzos anteriores? ¿Hasta qué punto influía en la percepción de aquellos representantes de Cataluña la elevación de Valencia a reino autónomo en 1261? [10]. Pero en cierto modo la pregunta era irreparable: ¿No había impuesto el rey la personalidad propia de aquel reino? ¿Por qué tenían que ser ellos ahora los que la defendieran? No ser capaz de prever esa resistencia hería a Jaume en su sentido de la realeza. Había sido un poco imprudente al no anticipar estos hechos, al no prever las respuestas. El largo camino desde Huesca a Tarragona, a fin de cuentas, bajo el sol tórrido del verano, lo había confundido. Ahora, perplejo, en la soledad, el rey no podía reprimir su enojo.

En su casa barcelonesa, a punto de comer, llegaron dos representantes de las Cortes, Berenguer Arnau y Pere de Berga. Que el rey hubiese abandonado las Cortes era un suceso gravísimo, síntoma de desencuentros futuros. Los

---

[10] Sobre esta palabra «autonomía» se puede considerar el sentido apropiado de emplearla aquí si atendemos a lo que sobre ella dice el gran jurista Paolo Grossi. En efecto, tras utilizar la palabra varias veces para describir el orden del derecho y la especificidad de su experiencia respecto a otros órdenes sociales (págs. 23, 24 y 31), acaba por reparar en ella de forma explícita y dice: «En este libro no hablaremos jamás de Estado o de soberanía en relación con el medioevo. [...] Por tanto, *una* experiencia jurídica por *múltiples* ordenamientos jurídicos, un pulular de autonomías, pero no de soberanía, de Estado, donde la dimensión jurídica es tan fuerte y central como para representar la auténtica constitución del universo medieval, una dimensión óntica precedente y superior a la política». Cf. Paolo Grossi, *L'ordine giuridico medievale*, Laterza, Roma, 2001, 8.ª ed., pág. 35. El sentido de esta autonomía se explica unas páginas más allá: «El derecho no es monopolio del poder, es la voz de la sociedad, voz de innumerables grupos sociales, cada uno de los cuales encarna un ordenamiento jurídico. Un mundo de ordenamientos jurídicos y esto significa de realidades "autónomas", de realidades caracterizadas por la autonomía» (ob. cit., pág. 48). Pero esta realidad autónoma no «aparece nunca como una cosa *per se stat*, separada de todo el resto; antes bien, es pensada —por el contrario— como bien inserta en el centro de un trabajo tejido de relaciones que la limita, la condiciona, la concreta, porque jamás se piensa como solitaria, sino dentro de la trama de relaciones con otras autonomías. El mundo político-jurídico es mundo de ordenamientos jurídicos porque es mundo de autonomías» (ob. cit., pág. 48). Este es el sentido de las sociedades perfectas: la perfección aquí lleva el significado de autonomía en el sentido expreso, no de independencia, un concepto que no puede ser entendido por un medieval. El conjunto de estas autonomías configura una constitución, en el sentido de orden concreto, de *Verfassung*.

comisionados intentaron remediarlo, y lo consiguieron a fuerza de ruegos e insistencias. Le dieron seguridades de que, de cumplir con las formalidades, el rey quedaría complacido. Al final se descartaron: estaban dispuestos a darle voluntariamente un cuarto *bovatge* —el impuesto sobre la ganadería, que se pagaba por cabezas de reses mayores y menores— si atendía las reclamaciones de los Cardona. Esto convenció al rey. Es muy curioso, sin embargo, que en la *Crónica,* una vez que el rey recibe esta noticia, todo el proceso de Cortes pierde relevancia. Ni siquiera se molesta en decir que volvió a las sesiones, ni nos revela si resolvió el agravio de los Cardona. Se limita a decir que desde ese momento convocó Cortes en Zaragoza para tres semanas más tarde. Eso es todo para él. Nosotros sabemos que el *bovatge* fue votado en las Cortes el 23 de noviembre de 1264, posiblemente ya sin la presencia del rey. En un acta anterior firmada en Barcelona, el día 12 de noviembre, el rey y sus hijos reconocían el carácter voluntario de este impuesto, con lo que no sentaba precedente alguno respecto a una futura reclamación de los reyes. Quizá esta fuera una condición impuesta por los catalanes, quienes, de esta forma, demostraban más una escrupulosa atenencia a sus costumbres ancestrales que falta de solidaridad para con la suerte de la lucha castellana contra los sarracenos. A fin de cuentas, no habían regateado frente al rey: se habían limitado a reclamar que, para ayudarlo como un pueblo unido, antes debía hacer justicia a uno de los suyos, que había planteado una cuestión de agravios. Aquella negociación, tensa, digna y coherente, sin embargo, interesa poco al rey, una vez que ha impuesto sus criterios. La obsesión de Aragón, con sus pésimos augurios, centraba toda su atención.

51
Interludio: Las Cortes de Ejea

Sin duda, el punto más importante, el que de verdad reclamaría toda la atención y toda la memoria del rey, estaba por venir. Las Cortes de Aragón, efectivamente, se abrían tres semanas después de las de Cataluña, en la iglesia de los hermanos predicadores de la capital aragonesa. El rey estaba en la ciudad desde el 28 de noviembre de 1264. Esta vez, el discurso que habría de pronunciar ante los representantes aragoneses se lo preparó mejor, y esto se nota en la *Crónica*. Eligió un tema clásico, que el rey dice tomado de la Escritura, pero que en el fondo procede de Ovidio, del *Ars Amandi,* libro II. El lema dice «non minor est virtus quaerere quan quae sunt parta tueri». El lema venía a decir que perseguir la virtud no es menor que proteger lo propio. Y ese era el motivo de su discurso: convencer a todos de que con la ayuda a Castilla no solo protegían lo propio sino que además conseguían una gloria mayor. Porque ¿de qué habría valido alcanzar Mallorca y Valencia si ahora no se sabían defender? El rey fue más persuasivo que en Barcelona: los vínculos que unían al rey de Aragón con Alfonso de Castilla resultaban muy fuertes y la causa era común. Parecía fácil pensar que los reyes hispanos no se habrían dicho nada diferente en 1212, cuando preparaban la batalla de Las Navas. Como entonces, era preciso dar gracias a Dios porque los aragoneses conquistasen su libertad y su seguridad en tierras lejanas a las propias, sin tener que asistir en sus casas y sus campos a la terrible desgracia de la guerra. El rey quería proyectar sobre los presentes la imagen de lo que sería una lucha contra los musulmanes en propia tierra, con la estela de sangre y fuego que llevaría a los campos y las ciudades de Aragón. Ahora tenían la oportunidad de lograr la seguridad sin someter a su gente a este terrible peligro. Todo lo que se invirtiera en este asunto era rentable y produciría diez por uno. Ningún sacrificio sería costoso en esta circunstancia.

La prudencia del rey operó con medida. Desde hacía tiempo sabía lo que quería pedirles. De hecho, un lector atento de la *Crónica* podría haber percibido lo que quería el rey a partir del momento en que escuchó la palabra *bovatge* de labios de los comisionados de las Cortes catalanas. El efecto de esta palabra sobre el monarca fue fulminante. En ese mismo instante, como vimos, dejó de sentir el menor interés por las Cortes catalanas, pues estas le ofrecían algo excelente, quizá más de lo esperado. Ahora, frente a los aragoneses, era fácil que demandase lo mismo. Pero aquella solicitud era inaudita y no se podía plantear en una asamblea de Zaragoza. Era mejor decírselo a dos ricoshombres, por separado, para que luego estos fueran ganando poco a poco la voluntad de los demás.

Entonces fue cuando ocurrió una escena de la que ya hablamos en un capítulo anterior y que muestra muy bien la sensibilidad de la época, la vinculación de las situaciones apocalípticas con la problemática de la unidad de España. En efecto, en medio de la asamblea tomó la palabra un franciscano. El buen hombre declaró haber tenido noticia en confesión del sueño de uno de sus hermanos frailes. Ahora lo iba a contar para dar ánimos a los presentes. La escena era tanto más sorprendente por cuanto que las Cortes estaban reunidas en la iglesia de los dominicos. Por lo demás, el padre visionario era un navarro, con lo que neutralizaba toda sospecha patriótica. Navarra había tenido problemas con Castilla, justo por su rivalidad con Vizcaya, tanto como Castilla podía tenerlos con Aragón, por el asunto de la frontera de Molina. Así que no cabía sospechas procastellanas en la profecía. Lo que dijo el franciscano debo citarlo al pie de la letra porque es un testimonio relevante: «A fin de que el rey y vosotros tengáis mayor ánimo y disposición, os contaré la visión que tuvo un fraile nuestro, que era de Navarra. Pues dice que vino un hombre de vestiduras blancas cuando él yacía dormido y llamándole por su nombre le dijo si dormía. Él hizo la señal de la cruz y tuvo miedo, y le preguntó: "¿Quién eres tú, que me has despertado?". Y el hombre le dijo: "Soy el ángel de Nuestro Señor y te digo que esta guerra que ha surgido entre los sarracenos y los cristianos en España ten por cierto que un rey la ha de ganar y logrará que este mal no llegue a España". Y preguntando aquel fraile navarro quién sería ese rey, el ángel le respondió que el rey de Aragón que lleva por nombre Jaume». Obviamente, el fraile navarro confesó que se sintió muy contrariado de que aquel rey predestinado por el ángel para salvar del mal de los sarracenos a España no fuera el de Navarra, como en cierto modo ya había sucedido en 1212. El mensaje era muy claro, tanto que aconsejaba revelar el secreto de confesión: los aragoneses debían estar contentos de que su rey fuese el salvador de aquel gran mal que se cernía sobre todos los cristianos de las tierras de España. De esta manera, un poco de mesianismo bien entendido podía ser la clave para superar las resistencias de unos ricoshombres que todavía no habían mostrado ante el rey sus verdaderas intenciones.

La operación era muy oportuna: se trataba de presentar a Jaume como el rey providencial y carismático que, en una ocasión más, era bendecido por Dios. Pero en esto se levantó un ricohombre, Gimeno de Urrea, uno de los que se había ido a Quart cuando lo de Valencia de 1261. No era hombre de creer en visiones y así lo hizo saber a todos. «Las visiones buenas eran, pero que ellos ya vendrían ante nos y que acordarían sobre lo que decirnos», recuerda el rey que se le dijo. No era el tono de alguien que cree en el papel providencial del rey, sino en su propio sentido y la defensa del propio interés. Allí se disolvió la reunión. Al poco, no dos, sino siete u ocho ricoshombres se presentaron ante el rey. No era una buena señal. Prácticamente venían en bloque y el rey se dio cuenta de lo que eso significaba. Así que les habló con franqueza: lo que tenía que decirles era un tema que debía tratarse en secreto. Se trataba de pedirles, como le habían ofrecido los catalanes, el *bovatge* o algún impuesto similar que ellos inventaran. El rey prometía recompensas de dos y tres veces la recibida una vez acabada la campaña. Además, se trataba de un servicio único, que no sentaría precedente. De eso daba garantías el rey como se las había dado a los catalanes.

Un silencio de muerte recorrió la sala. El mismo rey que había violado la legalidad feudal aragonesa con la unificación del fuero de Valencia, el fuero que hacía de Valencia un reino distinto de Aragón, un cuerpo político que acogía a la universalidad de sus gentes, sin acepción de personas, ese rey ahora les venía con una innovación fiscal también desconocida en tierras aragonesas. Y, además, lo hacía de una manera artera, reservada, sin la claridad que debían tener los acuerdos de las Cortes, con una especie de promesa oscura de un resarcimiento posterior. A todas luces era claro que el rey había medido mal su paso. El *bovatge* era en Cataluña un impuesto que afectaba al campo y a la montaña. Podía cargarse más sobre los campesinos que sobre la burguesía. Esa había sido la razón por la que se había votado con tanta generosidad en las Cortes barcelonesas. Pero en Aragón el tributo sobre el ganado era otra cosa: afectaba a la riqueza fundamental de la nobleza, a la ganadería. En muchas ciudades se había impuesto el fuero de la frontera de la Extremadura castellana, el fuero de Sepúlveda, y las tierras secas de los altos aragoneses solo podían atender una ganadería extensiva. Un impuesto sobre las cabezas de ganado era un atentado directo a la fuente de bienes fundamental de los ricoshombres. El silencio de aquellos hombres era estupefacción y miedo ante un impuesto oneroso. El rey eligió al que suponía más favorable a su posición, a su hijo bastardo Fernando Sánchez de Castro, y le pidió su opinión. El que había sido embajador del rey ante Manfredo, con la fuerza que caracteriza a su clase social, habló con una descarnada franqueza. Sin pelos en la lengua, dijo a su padre y a su rey: «Yo no creo que en este asunto estemos de acuerdo todos estos y yo, pero de mí os digo que si queréis prender fuego a todo lo que tengo, empezad por un cabo y acabad por el otro». Aquel impuesto era lo mismo que arruinarlo. Así que, si quería lo suyo, tendría que quemarlo, porque él no se lo daría. Era un mal presagio para el futuro de las relaciones entre padre e hijo, y habría de cumplirse con creces, como veremos. El rey aguantó el revés, pues con sentido de la oportunidad dijo que él no venía a prender fuego a tierra alguna, sino a defenderla para heredarlos a todos como ya lo había hecho con ese mismo Sánchez de Castro. Los demás nobles, de uno en uno, fueron negándose a aplicar ese impuesto. Gimeno de Urrea fue el más irónico y dijo con sorna: «Señor, nosotros en Aragón no sabemos qué es eso del *bovatge*».

Si aquello era lo que los ricoshombres decían delante del rey, mucho más duro sería lo que dijeran cuando estuvieran reunidos a solas entre sí. El rey avisó: aceptaba que se marcharan a deliberar, pero esperaba de ellos contestaciones más favorables que las que su estado de ánimo denunciaba. En las palabras del rey había una especie de amenaza: él solo quería su bien y el de ellos. Se suponía que alguna contestación ponía en peligro ese mismo bien. Mas aquellos hombres no eran ni flexibles ni cobardes: así que no agacharon la cabeza. Estuvieron todo un día hablando y solo a la noche buscaron al rey. Con franqueza le avisaron de que la respuesta que traían no iba a gustarle. El rey se negó a escucharlos y ordenó que se presentasen al día siguiente ante él. Allí estaban de nuevo, todos en silencio, sin que nadie se atreviera a romper el hielo. Por fin lo hizo Gimeno de Urrea y repitió lo mismo que había dicho un par de días antes, que en Aragón no se sabía lo que era el *bovatge*. Significaba de esta manera que no se estaba dispuesto a hacer una innovación tan sustantiva sobre la vida tradicional del reino. En este momento, todos a una gritaron que no lo pagarían. Era una oposición frontal. No habría más novedades en el reino, parecían decir a gritos. Habían sido derrotados en Valencia, pero no lo serían en el mismo Aragón.

Lo que dijo aquel día el rey ha de ser repetido aquí: «Gran maravilla siento de vosotros, pues sois gente dura de entrar en razón. Bien deberíais mirar este asunto tal y como es, y deberíais mirar si lo hago por buen entendimiento o por malo: pues tenemos por cierto que nadie podría contar por mal todo esto, pues lo hacemos, primero, por Dios; segundo por salvar España, y la tercera para que nosotros y vosotros tengáis tanto aprecio y tan buen nombre de que por nosotros y por vosotros se salve España. Y, por la fe que debemos a Dios, pues aquellos de Cataluña, que es el mejor reino de España, el más honrado, el más noble, y por eso tienen cuatro condes, como son el conde de Urgell, el conde de Ampurias, el conde de Foix y el conde de Pallars: y tiene ricoshombres tantos que por uno que aquí haya, cuatro tiene Cataluña, y por un caballero de aquí, allí hay cinco, y por un clérigo que aquí tengáis, hay allí diez, y por cada ciudadano honrado, cinco hay en Cataluña. Y pues aquellos de la tierra más honrada de España no tuvieron cuidado de darnos de lo suyo y vosotros, que tenéis nuestros honores, quien treinta mil, quien ciento mil, quien cuarenta mil sueldos, bien deberíais de ayudarme, y mayormente porque todo se quedaría en vosotros, pues además nos os ayudaríamos con lo nuestro».

Este discurso, que muestra de una manera clara la solidaridad hispánica del rey Jaume, y la solidaridad clara con la causa cristiana de Cataluña, no fue escuchado por los ricoshombres de Aragón. Lo decisivo en su negativa, desde luego, no fue su ausencia de comprensión para lo delicado del asunto, ni su falta de solidaridad con la suerte de los demás territorios cristianos de España. La clave eran las malas relaciones con Jaume, los enfrentamientos con el rey con motivo de la supresión del fuero de Aragón en Valencia, en 1261. Ese desencuentro también obraba en el ánimo del rey, que había pronunciado un discurso más bien resentido e imprudente. Además, había mencionado la herida de Pallars, añadiendo el agravio al desprecio. A pesar de todo, insistiendo

El impresionante castillo de Xàtiva era querido por don Jaume y por Alfonso de Castilla, luego rey con el título de El Sabio. Para don Jaume era la llave del reino y su posesión una necesidad militar y estratégica irrenunciable

Castillo de Biar (Alicante), frontera suroccidental del reino, enfrente de la entonces castellana Villena. Era un importante núcleo comercial y canalizaba todo el tránsito con el reino de Murcia

La conquista significaba la ordenación de una sociedad nueva. Mallorca recibió unas ordenanzas avanzadas, destinadas a promover el comercio y la propiedad libre, frente a las formas privilegiadas de la nobleza y de la Iglesia. «Jaume I el Conquistador coronado por los ángeles», *Libro de los Privilegios de los Reyes de Mallorca*

Don Jaume, a través del jurista Pere Albert, impulsó la transformación del sentido de los Usatges de Cataluña, el texto básico de su legislación feudal, que venía primero a complementar y luego a sustituir el antiguo código visigodo. *Códice de los Usatges*. Biblioteca del Monasterio de El Escorial, Madrid

A menudo, las cortes implicaban acuerdos que, o bien recopilaban antiguas ordenaciones, o bien innovaban con medidas capaces de atender las nuevas necesidades sociales. Esto es lo que sucedió en las cortes de Huesca, en 1247. Archivo Corona de Aragón, Barcelona

Al principio, la *Costum* de Valencia era una ordenanza municipal de la capital. Posteriormente se fue extendiendo a otras ciudades y en 1261 se hizo valer para todo el territorio valenciano, siendo el primer código con valor territorial formalmente pactado de los reinos hispánicos

El tratado de rendición de Murcia y su ordenación se hizo según las prácticas tan exitosas anteriormente comprobadas en Valencia. El rey era un experto negociador con los musulmanes, cuyo sentido de la formalidad, como se puede ver en esta miniatura, se respetaba con cuidado. *Cantigas de Santa María*, de Alfonso X el Sabio

Los dominicos, fundado[s] para mantener la predica[c]ción contra la herejía cáta[r]ra, pronto se especializaro[n] también en la predicació[n] para convertir a los moris[?]cos y a los judíos. En est[e] sentido, se convirtieron e[n] un importante element[o] intelectual en la coron[a]. Ilustración del folio 41v de la *Crónica* del rey Jaum[e]

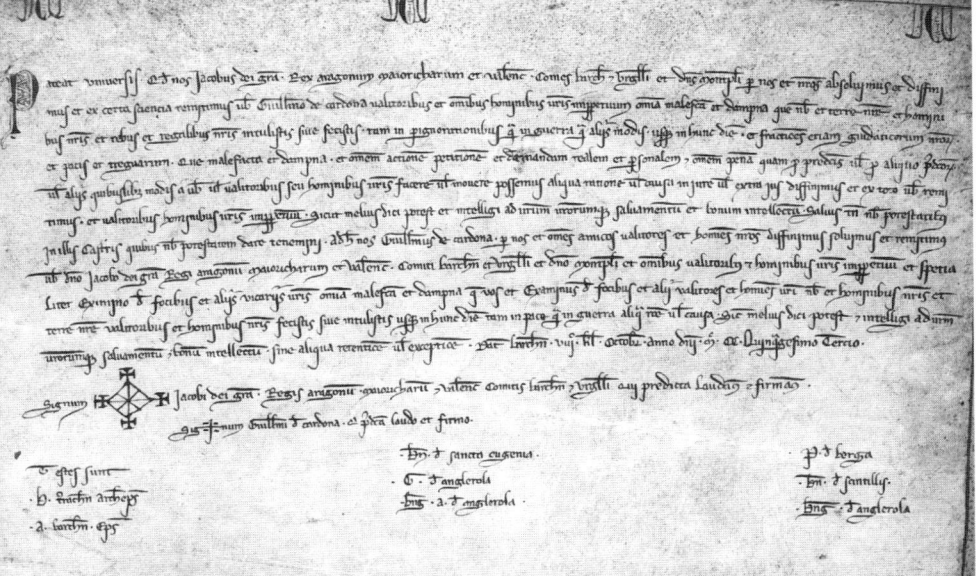

La nueva interpretación de los Usatges de Cataluña produjo continuas desavenencias y enfrentamientos entre el rey y los nobles catalanes. Estos conflictos oscurecieron los últimos años de vida del rey. Perdón concedido a Guillem de Cardona, Pergaminos de Jaume I. Archivo Corona de Aragón, Barcelona

Barcelona era una potencia comercial y marinera y mantenía abiertos consulados en el norte de África, en Túnez y Alejandría. Los cónsules no sólo representaban los intereses barceloneses, sino también los mallorquines. Página del libro *Consulado del Mar* (siglo XIV), Archivo Histórico, Barcelona

La figura del rey, desde la época de los godos, se caracterizaba por atender con igual dedicación las obligaciones de la milicia y la judicatura. El rey don Jaume era consciente de su dimensión de juez y de caballero y así lo dejó expreso en los relieves de este sello real. Archivo Histórico Nacional, Madrid

La tumba del rey en Poblet nos lo presenta con la belleza ideal de la época gótica, con los rasgos estilizados de una alegre serenidad que más sugiere la vida contemplativa del más allá, gozando de la presencia de Dios, que el frenesí de actividad que fue su vida en la tierra. Sepulcro de Jaume I, Monasterio de Santa María en Poblet, Tarragona

Este retrato de Gonzal Peris, del siglo XV, también es sin duda una idealización a partir de los rasgos que las crónicas nos han ofrecido del rey. En él ya domina una melancolía prerrenacentista, con su mirada concentrada y ligeramente triste, que contrasta con la sana alegría del rey

Portada de la *Crónica o descripción de los Hechos y hazañas de Jaume I*. Palacio del Senado, Madrid

La estatua de don Jaume domina el Par[ ] terre valenciano que, curiosamente, est[á] dedicado a Alfonso V el Magnánimo, e[n] un contrasentido que se debería corregi[r]. La estatua es una representación histori[ ]cista muy del gusto de finales del siglo XI[X] con el anacronismo, bien sabido, de coro[ ]nar al rey con el yelmo de Pedro IV en su equivocación, el rey tiró por el camino de en medio y reclamó un acuerdo político más bien marrullero [1]. Se trataba de que ellos decidieran ayudar, pero de tal manera que no tuvieran que contribuir con nada, simplemente para animar a los demás, caballeros, clérigos y ciudadanos. Con esto descubrimos algo decisivo: al frente de la oposición estaban los ricoshombres, la alta nobleza aragonesa, que además se veían a sí mismos como la representación fundamental del reino y su propia base política. Ahora el rey les reclamaba que hicieran cuerpo común con él para hacer recaer las cargas sobre la pequeña nobleza y las ciudades. Esta diferencia entre la alta y la baja nobleza, entre los ricoshombres y los caballeros, es decisiva en la evolución política de Occidente, y allí donde la relevancia de la alta nobleza se mantuvo, como sucedió en Castilla con los Trastámara y después, tras las guerras de las Comunidades, el poder real nunca gozó de la suficiente fuerza ni prestigio como para imponer su carisma. Por el contrario, donde la alta nobleza desapareció, dejando paso a la representación política de la baja nobleza, allí los parlamentos colaboraron con el rey y este pudo disfrutar de un margen de maniobra creciente frente a la gran nobleza señorial. Tal cosa ocurrió sobre todo en Inglaterra, que pronto organizó la baja nobleza en la Cámara de los Lores, lo que supuso tanto una ordenación de su influencia política compatible con la del rey, como una presión hacia la distribución de la tierra en lotes más pequeños que los deseados por los grandes nobles, casi siempre entregados a la ganadería.

Pues bien, esta es la batalla a la que Jaume asiste en estos momentos decisivos. Como en Inglaterra, y a diferencia de Castilla, Jaume desea rebajar las pretensiones de la alta nobleza de ser la representación fundamental del reino. Este proceso, como es natural, solo podía llevarse a cabo en una época de paz o como consecuencia de una gran derrota, como ocurrió en Inglaterra con Juan Sin Tierra. Ahora el rey se encontraba en una contradicción en la que no había esperado caer de nuevo: se enfrentaba a una situación militar delicada y necesitaba cerrar pactos con la alta nobleza, a la que ya había humillado muchas veces. Nunca imaginó que la poderosa Castilla, dirigida por un rey inconstante, estaría a punto de ser derrotada por el pequeño reino nazarí de Granada, ni que para salvarla él tendría que poner en pie de guerra sus reinos, una vez terminada la parte de reconquista encomendada desde antiguo por los tratados. Ahora, era preciso parar la ofensiva andalusí, y nadie sino él podía hacerlo. Pero, para ello, tenía que contar con sus ricoshombres de Aragón, sin los cuales el ejército real no era viable. Entonces comprendió que tenía que ceder y, con su sentido de la flexibilidad y de la oportunidad, lo hizo. Mientras tuviera necesidad de altos mandos militares para la campaña, Jaume debía contar con los ricoshombres, los que podían aportar más fuerzas

---

[1] Cf. R. I. Burns, «La vida espiritual de Jaume el Conquistador», en *Jaume I i els Valencians*, ob. cit., pág. 34, donde vierte este juicio más bien psicologista: «Puede ser que la marrullería y el sentido práctico que muestra reflejen la infancia impotente y cautelosa que jamás dejará de oscurecer su carrera de adulto». Yo estoy inclinado a considerar como realismo la actitud del rey, que sabía muy bien de qué índole era la batalla que mantenía contra los ricoshombres.

armadas, al disponer de más tierras. Esta situación describe, de hecho, una ley histórica. Por eso, los países europeos que han mantenido guerras continuas en los tiempos premodernos, después del siglo XIII, no han podido eliminar la influencia política determinante de la alta nobleza. De ahí que fuese menester que Inglaterra abandonara el territorio de Francia y quedara reducida a una isla sin ejército para dar inicio a todo este proceso moderno. España, desangrada en continuas luchas europeas, no pudo iniciar una evolución parecida hasta el siglo XVIII, época en la que la pequeña nobleza, diezmada la alta con el cambio de dinastía, comienza a fomentar la agricultura y la industria, en un modelo parecido al de la *gentry* británica.

Pero dejemos estos procesos históricos generales y volvamos a Jaume. Debemos acordar que la propuesta del rey —pagar el *bovatge*— era injusta, desde luego. Proponía que los costes de la guerra recayeran sobre los clérigos, las ciudades y los caballeros. La alta nobleza, en el acuerdo secreto que ofrecía el rey a los ricoshombres, terminaba por ser una clase absolutamente privilegiada, ajena a la suerte común de los naturales del país. Sin duda, al rey le pareció que esta falta de solidaridad sería muy afín al sentir de los ricoshombres, que se veían a sí mismos como personas esenciales del reino. Pero el rey se equivocó. De hecho, tenemos razones para decir que no comprendió a los ricoshombres aragoneses. En cierto modo, era verdad que los nobles se veían como partícipes de la soberanía del reino, pero el rey no comprendió lo que eso implicaba. Pensó que los ganaría aumentando sus privilegios, pero los ricoshombres, duros, francos y justos a su manera, no querían eso. A pesar de que la oferta era muy ventajosa, no dieron su aprobación en el acto. Demandaron tiempo, y a la mañana siguiente se presentaron ante el rey y le dijeron sencillamente que «eso que les has rogado lo tienen por la mayor cosa que nunca antes les dijese un rey, pero os dicen que no harán nada de eso, antes dejarían perder todo lo que tienen»[2]. ¿Qué había pasado? ¿Se habían vuelto locos aquellos señores, que dejaban pasar la oportunidad de obtener mérito, tierras, favores y gloria sin que les costara nada? ¿Cómo era posible? Si efectivamente reconocían que nunca ningún rey les había hecho una oferta tan ventajosa, ¿cómo es que se negaban a ello con la misma obstinación con que antes se habían negado a pagar un impuesto que consideraban injusto? Al parecer, para aquellos hombres era injusto pagar y dejar de pagar. El rey, una vez más, se había equivocado con ellos.

La clave de este asunto creo que reside en un punto aparentemente trivial: los hombres que se presentaron ante el rey a la mañana siguiente, en la misma iglesia de los predicadores, y esperaron pacientemente a que el rey acabara de pronunciar sentencia sobre un asunto de su ex esposa Teresa Gil de Vidaura, no eran los ricoshombres, la docena de representantes de las viejas familias que dirigieron desde siempre a los aragoneses desde los altos de Sobrarbe hacia los llanos del Ebro. Eran los ricoshombres y los caballeros in-

---

[2] *Crónica*, §393.

fanzones. La alta y la pequeña nobleza se habían unido. Desde luego, los ricoshombres se veían como partícipes del máximo poder del reino y por eso querían salvaguardar sus estatutos frente a un rey innovador que, a los ojos de su inflexible mentalidad tradicional, los había violado de manera continua. Jamás pensaron que esa violación obedeciera a una buena intención, ni que en el fondo fuera necesaria para dar origen a un pueblo nuevo, que tenía que iniciar su camino en la historia. Estas son consideraciones que podemos hacer nosotros hoy, pero en una sociedad dominada por la legitimidad tradicional no se entendían. Esa voluntad de respetar el estatuto de todo el reino, sin duda, permitió la unidad de las dos noblezas. Cuando esto sucede, allí donde se dé, el rey tiene poco margen de maniobra. Cuando el rey escuchó lo que le dijeron sus hombres de armas, estaba delante el obispo de Zaragoza, Arnau de Peralta, el que antes lo fuera de Valencia. Don Jaume amagó la terrible afrenta y sonrió. Aquella sonrisa desconcertó a los mensajeros. Al salir, fueron a reunirse con todos los que formaban Cortes y abandonaron Zaragoza. La nobleza rompía las Cortes generales del reino y se constituía en asamblea del reino en Alagón. Eso es lo que han hecho todos los parlamentos cuando, sin querer ceder un ápice de su representación y poder, han querido recomponer su relación con la realeza. El rey, con objetividad, incluso recreándose en lo difícil de una situación que acabaría resolviéndose, se limitó a decir: «Y salieron todos de la villa, y no quedaron con nos sino dos caballeros»[3].

Con ser mala la situación, todavía tenía que ponerse peor. Pues, en efecto, de estos dos caballeros que le quedaban fieles vino uno, Pedro Jordán de Ejea, se acercó al rey y le dijo que tenía que ir a Alagón. Era la demostración de la altísima solidaridad entre los caballeros. Hasta los más fieles al rey se dejaban llevar por el espíritu de grupo. Con todo, Jordán de Ejea se ofreció como mediador. El rey no aceptó esta mediación y se limitó a decir que únicamente quería que les llevara un mensaje a sus compañeros: que el camino por el que iban los llevaba a una radicalización continua y que, al cabo de un año, se arrepentirían. El rey exigió que solo les dijera eso, y airado le lanzó una maldición condicional: que Dios lo confundiera si no lo decía así. La expresión revelaba el estado de ánimo del monarca. Al final de esta conversación, sin embargo, nos deja caer el rey su interpretación de los hechos, la palabra que describía a su parecer la situación: aquello era una conjura. Ya estaba tramada en Zaragoza, y quizá él la había descubierto demasiado tarde. Ahora se manifestaba, pero estaba forjada antes de que él pronunciara su discurso en las Cortes. De hecho, ahora se entiende la poca diplomacia del rey en su discurso y la honra a Cataluña que en él se contenía. Tal vez era el discurso apropiado para despreciar a unas gentes que ya daba por perdidas. Ante ellas recordaba que todavía le quedaba Cataluña. Lo más curioso de todo esto es que de Valencia no dice nunca nada. Al parecer, en su mente, Valencia era suya, su reino propio, cuya fidelidad no podía ni siquiera cuestionarse. Por eso, por

---

[3] *Crónica*, §393.

este tiempo, como dice Muntaner, Jaume nombró vicario mayor y procurador de todo el reino valentino a su hijo Pere[4].

Pero el rey no podía seguir el camino del enfrentamiento en esta circunstancia, tan delicada desde un punto de vista militar. Así que envió a un mediador, que era el obispo de Zaragoza. Su mensaje fue muy sencillo: el rey no sabía por qué se habían rebelado. Si él les había agraviado en algo, estaba dispuesto a reparar el mal. Con un salvoconducto, vinieron a verlo tres grandes nobles: el de Lizana, el de Alagón y el de Enteza. El rey los recibió en la iglesia de Santa María, una señal clara de que no habría violencia durante el encuentro. Don Jaume nos dice que allí, en la iglesia y en los atrios, había reunidas más de tres mil personas para escuchar sus palabras, una noticia que nos demuestra hasta qué punto el poder del rey era también un poder espiritual y, por eso mismo, vinculado a la Iglesia, a la asamblea de los fieles. Cuando el rey preguntó por los motivos de su rebelión y de su conjura, y por qué no se los habían dado a conocer por si podía remediarlos, los mensajeros de los ricoshombres solo tuvieron que decir algo que flotaba en el ambiente: el rey quería quebrantar los fueros de Aragón. Este fue un momento victorioso para don Jaume. Pues entonces el rey llamó a alguien para que trajera el libro de los fueros recopilado en Huesca, en 1247, y exigió que se leyesen qué fueros se habían quebrantado por la acción del rey. Si se hallaba ese fuero violado por escrito, el rey manifestaba estar pronto a la reparación de la injusticia cometida. Los mensajeros apelaron a que no era preciso traer libro alguno, que los agravios ellos se los sabían de memoria. De hecho, en su actitud se puede identificar una voluntad de desprecio del código. Para ellos, los fueros eran ante todo su memoria de la tradición. Como sabemos, la recopilación de Huesca servía sobre todo al poder judicial y no incluía los fueros feudales o políticos en los que los nobles aragoneses podían basar su reclamación. El rey, sin embargo, deseaba imponer ya otra cultura, basada en los estatutos escritos y en la institucionalización de las relaciones políticas. Frente a lo que representaban los nobles, la tradición inmemorial de la tierra, él había creído en la cultura escrita, como lo demuestra el hecho de su propia *Crónica*. Así que demandó que las quejas se hicieran por escrito, en un memorial. Era demasiado para aquellos hombres aguerridos.

Fue entonces cuando estalló la queja de las quejas, la fundamental, la que daba a aquellos hombres rudos y orgullosos la señal de que llevaban razón, aunque esa era también la señal más precisa de que su mundo se acababa. La cuestión era que el rey siempre iba acompañado de juristas, de sabios en derecho que lo juzgaban todo con normativas nuevas, diferentes y contrarias a las tradicionales, con largos memoriales e interminables procesos, con ambiguas sutilezas y con citas eruditas a personajes italianos que ellos desconocían y despreciaban. Para el rey, esta queja no tenía «cap ni sol», ni pies ni cabeza. Don Jaume, como vemos, ya no podía concebir sus funciones reales sin el

---

[4] Muntaner, *Crónica*, cap. XIV.

cuerpo de juristas. Pero estos constituían una amenaza para las viejas tareas de intérpretes de la ley que habían venido ejerciendo los ricoshombres desde los tiempos antiguos. La asociación grupal de los ricoshombres debía dejar paso a la ordenación de la administración según reglamentos escritos, el paso previo a la racionalización de la justicia según los modos del derecho moderno.

En efecto, la defensa de Jaume ya asume como un hecho consumado esta institucionalización del derecho, signo de civilización y de progreso en aquellas fechas. Por eso puede decir, con naturalidad, que «en toda corte del rey debe haber decretalistas, legistas y furistas, pues de todas estas maneras hay que entender en los juicios»[5]. La queja verdadera de los ricoshombres era que el rey aplicaba siempre que podía el nuevo derecho común, en detrimento del viejo derecho tradicional. Pero la contrarréplica del rey fue contundente. Aquella pluralidad de entender el derecho no era un capricho suyo. En el caso del rey de Aragón, era todavía una necesidad radical. Al reinar sobre tres o cuatro territorios se tenía que mantener una cierta cantidad de juristas entendidos en diferentes leyes. Todo aquello impresionaba en escasa medida a los ricoshombres que, en el fondo, solo veían que con la introducción de ese derecho común se estaba creando una élite de juristas que les disputaban a ellos las tareas sociales directivas. Al tener que verificarse los procesos de forma diferente, apelando a leyes distintas, los nobles en general se sentían inseguros y con frecuencia vejados. Si algún jurista pedía pruebas de nobleza, esto era interpretado como una ofensa. Si un jurista iniciaba pesquisas contra un noble, esto era un desafuero. Si en el proceso de hacer justicia se perseguía al criminal hasta la casa del noble, que antiguamente era refugio y asilo sagrado, la propia comprensión de la inmunidad de esa casta se rompía. La justicia para aquellos hombres no era un asunto público, sino algo que estaba sometido a los derechos subjetivos de cada casa noble, a la jurisdicción personal propia y al señor. El señorío, en tanto territorio del señor, igual que un Estado en potencia, no podía ser objeto de la justicia de nadie que no fuera su dueño.

Esto es lo que había detrás de todo: un mundo en el que una administración militar cedía parcelas de su poder a una burocracia nueva de legistas, necesaria para el nuevo Estado que por doquier se adivinaba. Por eso el rey desprecia la queja de los ricoshombres como un asunto que no tiene ni pies ni cabeza. Pero todavía había más. Cuando acudimos a Zurita, que es muy sensible a la causa de Aragón, descubrimos varios puntos importantes, varias quejas adicionales que venían de muy lejos. Ante todo, estaba el contrafuero de aumentar el número de las familias de los ricoshombres, contra el carácter exclusivo que de forma tradicional habían disfrutado estos linajes. Ya vimos que esta medida era considerada por la casta cerrada de las grandes familias como la quiebra suprema de la ley, pues ellos mismos se consideraban como la vértebra eterna del reino. El rey, como vimos, había repartido honores a gentes

---

[5] *Crónica*, §396.

que no eran ricoshombres por naturaleza, sino que eran mesnaderos, caballeros segundones fieles a su poder. Además, también repartía honores, esto es, tierras feudales del propio reino, a sus propios hijos. En cierto modo, esta medida ampliaba también el número de los ricoshombres, y a ella se opusieron los aragoneses. En el fondo, la medida aspiraba a producir una nobleza de mérito y de fidelidad exclusiva al rey, capaz de contener el exclusivismo y el monopolio de las grandes familias de los ricoshombres a los grandes feudos. Las peticiones de los nobles insistían en mantener el estatuto exclusivo de esta gente a la hora de repartirse las tierras del reino, aquellas con las que se debía alimentar la hueste del rey. Ellos exigían, además, que el rey estuviera obligado a educar a los hijos de los ricoshombres, a casarlos y armarlos caballeros, como partes que eran del ejército del reino. Además, los ricoshombres reclamaron que no debían auxiliar al rey en una guerra fuera del reino. Si el movimiento había triunfado era, no obstante, porque había sabido unir las quejas de los mesnaderos a estas de los nobles mayores. Los mesnaderos, en efecto, se quejaban de que su salario era escaso. En realidad, esa era una reclamación más viable que la de acceder a los grandes honores, situación a la que finalmente solo podían aspirar algunos cercanos al monarca. Un mejor sueldo era algo de lo que todos los mesnaderos podían disfrutar sin agravios, una ventaja segura para todos.

Con ser mucho, todavía no hemos acabado de identificar la raíz misma de las quejas. El Libro III, cap. LXVI, de los *Anales* de Zurita es todavía más revelador. De hecho, los ricoshombres no solo habían logrado unir a los mesnaderos, sino que invocaban intereses que desde su punto de vista afectaban a todos los aragoneses. En cierto modo, como ya he dicho, ellos se veían como los representantes supremos del reino y no hacían sino velar por lo que consideraban lo mejor para él. Y esto era en su concepto la atenencia extrema a los órdenes tradicionales de vida. Por eso se opusieron tan duramente al *bovatge*, una novedad incomprensible para ellos. Luego, reclamaron vender libremente la sal de sus salinas en los territorios del rey. Después, reclamaron el condado de Ribagorza, que en su opinión había sido separado ilegalmente de Aragón. Era el asunto de la famosa frontera de Aragón en el Segre, en Lleida, que ya había provocado los conatos de guerra civil entre el infante Alfonso y su padre Jaume. Pero, por si quedaba lugar a dudas de que el tema era el difícil ajuste entre Aragón y Cataluña, los ricoshombres y los caballeros declararon que el conde Ramon Berenguer, príncipe de Aragón, había abolido ilegalmente los fueros del monasterio de la Peña, los viejos y míticos fueros navarroaragoneses, los del país de Sobrarbe, que en el fondo reunían en su recuerdo el conjunto de tradiciones que garantizaban los privilegios de las familias de ricoshombres. Los unidos contra el rey reclamaban, por tanto, su restablecimiento. Y, finalmente, una vez identificado este mítico fuero de Aragón, los nobles pedían reparar la ofensa de 1261: que el reino de Valencia fuera declarado conquista de Aragón, que se aplicara el fuero de Aragón en todo su territorio, que se dividieran sus tierras en caballerías de honores feudales y que fueran adscritas en exclusiva a la nobleza de Aragón.

Lo que esgrimían los aragoneses no era un asunto trivial. Afectaba, por el contrario, a la naturaleza misma de la federación con los catalanes y a la comprensión de la expansión hacia el sur. La decisión de crear un reino diferente en Valencia, con su estatuto propio, escrito, pactado entre el rey y sus habitantes, debía ser revocada. Al hilo de estas noticias, el famoso discurso del rey, el *laus Cataloniae,* adquiere un nuevo sentido, más preciso. Pues afirmar, como el rey hizo, que Cataluña era el mejor reino de España no era una frase insignificante y fruto del azar. Era el reconocimiento de que Jaume contaba con Cataluña, y que era suficiente para realizar la gesta que se proponía impulsar y para imponer su visión en relación con el reino de Valencia. Sin ninguna duda, al menos durante el reinado de Jaume, la creación de un reino autónomo en Valencia era necesaria no tanto para separarlo de los catalanes, sino para detener la voluntad de anexión de los aragoneses. No menos indicativa es la posición de los ricoshombres. Estos eran plenamente conscientes de que, en la nueva corona, ellos eran el reino que disminuía su peso específico, su poder, sus territorios y su riqueza. Por eso no querían quedarse atrás en la federación y deseaban el dominio sobre Valencia para, así, poder equipararse al poder de Cataluña. Mas para eso debían mantener una radical unidad, dirigida por las familias de los ricoshombres y basada en sus leyes tradicionales. Esta fue la causa de que el rey no lograse romper el firme abrazo que todos los estamentos aragoneses se habían dado. Porque lo que se planteaba en aquella ocasión era una reivindicación general como reino que implicaba redefinir su papel y su poder en la nueva federación de territorios lograda por Jaume.

El rey en su *Crónica* se niega a recordar la integridad de las quejas de los ricoshombres. De hecho, este olvido es esencial a su relato. Es fácil pensar que, para el rey, estas quejas no eran reales ni fundadas. Su sentimiento era más antiguo, más radical: se trataba de un enfrentamiento viejo, no escrito ni olvidado, una lucha tenaz entre dos realidades que desde épocas remotas se disputaban la hegemonía y la dirección del proceso político y social: la alta nobleza y la realeza. Era la misma lucha del rey contra quienes lo venían humillando desde que era un niño, contra los que habían intentado con tesón dejarlo reducido a la impotencia. Todo lo demás era secundario. Por eso, cuando el rey debe intervenir en su respuesta, acusa a los nobles de ser como Pilatos: exigen crucificar a Cristo, pero sin causa alguna. Así, ellos gritaban «desafuero», pero no concretaban cuál de los capítulos y parágrafos del libro de Huesca estaba siendo violado [6]. El rey, por su parte, no entendía —o entendía demasiado bien— que solo la mención de ese libro ya era un desafuero para ellos. Pero todavía había algo más: don Jaume no se daba cuenta, o no quería percibir, que allí se hacía presente un desencuentro que hundía sus raíces bastante más lejos de la época de Huesca, en 1247. En el fondo, los nobles expresaban el desagrado por la forma de la unión de Cataluña y de Aragón.

---

[6] *Crónica,* §397.

Cuanto más fuerza producía esta unión en el exterior, más se volvía contra la tradición aragonesa en el interior. Pero el rey Jaume no podía identificar este motivo porque, de hacerlo, hubiera tenido que poner en cuestión su propia legitimidad como heredero de la casa que había forjado aquella unidad. Pero, que esa era la secreta aspiración de muchos ricoshombres aragoneses se aprecia en la facilidad con que se pusieron tras el infante Alfonso cuando este logró de su padre la unidad de Aragón y Valencia y la separación frente a la Cataluña de Pere. Así que el rey interpretó la situación de una manera franca y singular: no iba contra ellos porque era su prioridad ayudar a Castilla y porque era un rey prudente. Pero si no, debían saber con claridad que «no habría monte ni llano en el mundo, ni muro ni roca de donde no os arrojásemos». Entonces invocó la fuerza de Cataluña y la juzgó suficiente para destruirlos. Por si no fuera bastante, reveló que contaba con las ciudades de Aragón, con sus milicias, tan entendidas en guerra como los propios nobles. El momento final del mensaje llegaba a despreciar sus fuerzas. En el fondo, venía a decir, no los necesitaba para nada.

Los ricoshombres y caballeros aragoneses se reunieron en Almuniente, cerca del río Flumen. Debemos situar este momento allá por los primeros meses de 1265. El rey don Jaume, que no se alejaba mucho del escenario de los hechos[7], entonces se desplazó a Huesca y desde allí envió como mensajero al obispo de la ciudad. Su mensaje a los nobles era que depusieran su actitud. Al mismo tiempo, el rey les prometió que sometería aquel asunto a la mediación de los obispos de Zaragoza y Huesca. La entrevista con los nuevos representantes de los unidos —entre los que estaba de nuevo el hijastro del rey con Blanca de Antiñón, Fernando Sánchez de Castro— tampoco produjo resultados. Así que el rey convocó a todos los catalanes en Monzón. Los debía de dirigir el senescal del rey, Pere de Montcada, señor de Aitona, nombrado para el cargo poco antes, el 19 de noviembre de 1264, lo que nos indica que estos hechos debieron de ocurrir después de esta fecha. Su hermano Ramon Montcada era señor de Albalat. Todavía en febrero de 1265, el rey le ofrece mil sueldos por el servicio que le hará contra el rey de Granada. Mientras tanto, el rey recorre Cataluña entera para recabar fuerzas y ayudas contra los árabes de Granada y contra los unidos aragoneses[8]. Es evidente que el rey no pisa en este tiempo Valencia. No lo necesitaba. Allí estaba su hijo Pere, ultimando los preparativos de la campaña de Murcia, declarando fran-

---

[7] Cf. Miret, *Itinerari* del año 1264, ob. cit., pág. 561. En enero estaba en Calatayud, desde donde pasó a Ejea y Huesca en el mes de febrero, hacia la mitad. Durante los meses de marzo y abril estuvo en Barcelona, para pasar a Ejea de nuevo el 1 de mayo. En la primera quincena se detuvo en Zaragoza y el 13 de mayo lo vemos en Tarazona. Desde allí, pasando por Zaragoza de nuevo, fue a Lleida y a Barbastro a primeros de junio. En Monzón estaba a finales de junio y luego en Lleida entre los días 12 y 15 de julio.

[8] El día 20 de abril de 1265 volvía a estar en Lleida y desde allí reconoció el ambiente que se respiraba en Aragón, llegándose hasta Ejea, Zaragoza y Tarazona. De vuelta a Lleida se dirigió a Barbastro.

cos a todos los valencianos que tuvieran caballo y armas [9], implicándolos en la defensa del reino siempre que este estuviera amenazado en todo o en parte.

A Ejea, según Zurita, el rey debió de llegar el 30 de abril de 1265 y estuvo allí hasta el 4 de mayo. La tradición dice que las Cortes de Ejea fueron el 15 de abril, con seguridad en una de esas iglesias fortificadas que todavía alberga la ciudad, con su inconfundible aspecto almenado. El hecho de que se formara una reunión de este tipo puede indicar tanto que el rey había logrado fuerzas suficientes entre los catalanes, como que no podía sino ceder a un encuentro general con las Cortes de Aragón. No debieron de ser muy favorables al rey, cuando este no menciona el suceso en el relato de sus relaciones con los ricoshombres. Pero Zurita las documenta perfectamente, por lo que no cabe duda de que existieron. De hecho, para los historiadores del derecho aragonés, como Lalinde Abadía, las Cortes de Ejea son el antecedente más importante del Privilegio General de la Unión que concederá en 1283 Pere III, rey que pasará a llamarse Pere I de Aragón por la nueva numeración de los fueros, como si se tratase de la nueva fundación del reino. Por supuesto, en estas Cortes el rey renunció a imponer el *bovatge* a los aragoneses. Al mismo tiempo, se comprometió a no conceder honores sino a la nobleza aragonesa y aseguró que los infanzones y caballeros no tendrían que probar nobleza ante los oficiales reales, sino que bastaría con su mera declaración. Además, el rey les aseguró la venta de la sal, aceptó bloquear la vía de los honores a los que no fueran herederos de las grandes familias y definió la figura del justicia para mediar en los pleitos entre el rey y los ricoshombres. En este sentido, se aseguró que el justicia siempre fuese un caballero, un noble menor, con lo que podría ser castigado en caso de desafuero por los propios ricoshombres. Lalinde ha dicho de estas medidas que «constituyen el germen de las conocidas posteriormente como libertades aragonesas, las cuales se insertan totalmente dentro de la foralidad militar que había triunfado sobre la foralidad burguesa y que el monarca había eludido en los fueros de Aragón al compilar exclusivamente el ordenamiento jurídico» [10].

Los unidos no pudieron lograr, sin embargo, que los ricoshombres heredaran las tierras de honores concedidas por el rey, pero mantuvieron el monopolio exclusivo a su disfrute. Con ello el rey conservaba la libertad de repartirlas en cada caso. Aunque no impusieron el patrimonialismo señorial radical sobre las tierras del reino, lo que implicaba su completa privatización, al menos impidieron que el rey las pudiera entregar a quien quisiera. Ahora, aunque con cierto margen, tenían que acabar en sus manos. Se trataba de una derrota del rey en toda regla, pues se lograba incluir en los fueros elementos centrales de la reivindicación nobiliaria aragonesa, elementos que habían sido silenciados en la recopilación de Huesca de 1247. Pero, a fin de cuentas, se trataba

---

[9] Huici-Cabanes, doc. 921. Cit. por Ferran Soldevila, *Pere el Gran,* vol. I, págs. 127 y 139.
[10] Jesús Lalinde, *Los fueros de Aragón,* ob. cit., pág. 70.

de una derrota parcial, porque el rey lograba mantener el reino de Valencia formalmente al margen de la aplicación del fuero de Aragón, a pesar de que se produjeron autorizaciones parciales, que dieron lugar a continuas diferencias entre los nobles aragoneses y los oficiales reales en suelo valenciano. De todo lo que allí se acordó, lo más relevante fue la institución del justicia de Aragón, que todavía se desplegaría en su regulación y competencias en una normativa del 5 de octubre de 1266, dictada por el rey desde Perpiñán[11]. De ser el asesor jurídico del rey, ahora se especializaba en los pleitos que se levantaran entre el rey y los ricoshombres, o entre estos entre sí. Si era un litigio del primer tipo, se necesitaba la asistencia del consejo de los ricoshombres y los caballeros de Cortes, seleccionando a aquellos que no tuvieran implicación directa en el asunto debatido. Si era un pleito del segundo tipo, de nobles entre sí, se debía resolver con el consejo del rey y los nobles no afectados por el problema. El punto de equilibrio, garante del éxito de esta institución de mediación y garantías forales, se halló porque, por una parte, el justicia era de nombramiento real y hombre de su confianza; pero, por otra, era un caballero, podía ser teóricamente castigado si incurría en desafuero —pues no pertenecía a los ricoshombres— y compartía en cierto modo los intereses de la aristocracia.

En todos estos enfrentamientos entre el rey y los nobles apenas hemos mencionado a la Iglesia aragonesa. En realidad, hemos visto que el rey acudía a ella para mediar entre los dos frentes, pero en cierto modo la Iglesia estaba más con la nobleza que con el rey. Desde hacía tiempo, la Iglesia había protestado por las menguas continuas de sus propiedades y derechos. Cuando en 1264 Jaume le pidió su colaboración para la guerra contra los granadinos, la mayor parte de la Iglesia se negó. Tuvo que intervenir Clemente IV para que el clero cumpliera con la demanda, pero a cambio de eso el Papa presionó al rey para que fuera escrupuloso en el respeto a los derechos y libertades del clero y para que afirmara su jurisdicción, sin someter a los clérigos a los tribunales reales. El clero de Valencia no opuso menos resistencia a cumplir con las bulas de Clemente IV, y también tuvo que ser reconvenido. Por doquier, el rey no hacía sino reclamar dinero, y por doquier tenía dificultades. En esta época quiso extender el *bovatge* a Montpellier, lo que no logró[12]. Se tuvo que contentar con recoger todos los derechos pertenecientes a los judíos y así pagar los gastos de los hombres que debían ir a la guerra de Granada. Las ciudades que contestaron mejor fueron Teruel y Valencia, que dieron muchos bienes en especie, sin regateos.

Se aproximaba, pues, el momento de partir hacia el sur para detener el avance de Ibn Alhamar. De Ejea, como dijimos, el rey se fue a Zaragoza y a Tarazona, y desde allí de nuevo a Barbastro. Y estando aquí recibió un nue-

---

[11] Aunque puede tratarse de un error, porque el rey pasa por Perpiñán hacia el mes de agosto, a finales, de regreso de un viaje a Montpellier.

[12] Ese debió de ser el motivo de su viaje a Montpellier en el mes de agosto de 1265.

vo mensaje de los ricoshombres. Ante él estaban otra vez Fernando Sánchez de Castro, Guillem de Enteza y Ferriz de Lizana, celebrando audiencia en la iglesia de Santa María. Eran los descontentos con el acuerdo al que habían llegado las Cortes de Ejea. Pues Fernando Sánchez de Castro, al ser hijo del rey, no podía tener honores propios de ricohombre, tal y como se había acordado. Los otros dos nobles debían de haber perdido algo en las disputas entre sus compañeros y el rey. El caso es que ahora reclamaban la reposición de todo ello. El rey apeló al acuerdo de Ejea como definitivo y siguió su camino.

El recorrido de Jaume por todo Aragón y por la frontera de Lleida a lo largo de estos meses de junio y julio de 1265 tenía dos fines: primero, recoger hombres, y después, destruir los castillos que pudiera de estos nobles rebeldes y levantiscos. La *Crónica* nos da suficientes noticias para entender esta época. Pues los tres nobles mencionados, junto con todos sus vasallos, se declararon en rebelión y, en el tiempo mismo en que debían marchar contra los árabes, se negaron a auxiliar al rey. El justicia de Aragón, Martín Pérez, por mediación de su hijo Pedro Martínez, intervino en la lucha y ejerció sus poderes de mediación, proponiendo a los obispos de Zaragoza y Huesca de nuevo como consejeros. Es muy importante la forma de resolver este caso porque nos da un testimonio certero del trabajo del justicia. Primero, el rey debía mantener los honores de los rebeldes; luego, estos se comprometían a ponerse a disposición de los dos prelados; por su parte, el rey debía darles un lugar donde poder recluirse —que en este caso fue la villa de Gil— y asegurar que allí se resolvería este asunto. Mientras tanto, se firmaba una tregua que debía durar hasta quince días después de que el rey volviera de ayudar al rey de Castilla. Todo esto se puso por escritura que fue firmada por los tres nobles rebeldes en Monzón, el 30 de junio de 1265 [13]. Con la misma escritura se les daba seguridad y salvoconducto [14]. Esto permitió que más de ciento cincuenta caballeros se reunieran al mando del señor de Antillón, de Lizana y de Enteza. El rey convocó al resto de los caballeros y ricoshombres en Zaragoza, en condiciones extremas, pues era el tiempo de la siega, por lo que la mesnada y la hueste querían ir a sus campos para recoger la cosecha. Desde allí, como si se tratase de una nueva reconquista, el rey haría el mismo camino que, en 1233, lo llevó a las tierras valencianas. De hecho, a la ciudad del Turia llegaba el 26 de octubre de 1265. Era como el eterno retorno.

Mientras tanto, en el sur, las cosas no se arreglaban. A fines de agosto o comienzos de septiembre, Alfonso X llegaba a un acuerdo provisional, in extremis, con Ibn Alhamar, en Alcalá la Real, que en principio obligaba al granadino a colaborar con el castellano en la conquista del reino de Murcia. La jugada no estaba destinada a garantizar la paz, sino a dar tiempo a su suegro, don Jaume. Por lo demás, los dos reyes firmantes se estaban enga-

---

[13] Cf. Miret, ob. cit., págs. 372-373.
[14] Huici-Cabanes dan el 31 de mayo. Cf. vol. V, doc. 1.461, pág. 155.

ñando a la vez. En efecto, Alfonso necesitaba tiempo para que nuestro rey organizara el ejército que preparaba con dificultad, e Ibn Alhamar esperaba que le llegaran los refuerzos de África y trabajaba en obtener una paz con los arraeces de Málaga y Guadix, para lanzar todas sus fuerzas contra los cristianos. Era una tregua que se lograba a favor de don Jaume, para la gloria de don Jaume.

52
LA CAMPAÑA DE MURCIA

El conflicto con aquellos tres nobles aragoneses quedó atrás y, en verdad, tenía muy pocas posibilidades de resolverse. El obispo de Huesca se puso enfermo y el de Zaragoza no quiso sentenciar. Así que el rey, olvidándose del asunto, siguió adelante en su plan de auxiliar a Alfonso de Castilla. Don Jaume, entonces, pasó por Zaragoza y se fue a Teruel. La generosidad de sus ciudadanos para con el rey fue extrema. En una hora de deliberación le ofrecieron al rey, en un entrañable aragonés, vituallas tan importantes como veinte mil carneros y más de dos mil vacas, así como tres mil cargas de pan y otras tantas de grano. Desde allí, plenamente satisfecho «por el amor que nos mostraron», el rey llamó a la nobleza catalana y a los infantes para verse en Valencia. Pere, que posiblemente había estado recorriendo el frente de Murcia y que quizá llegó incluso a la capital, regresó a Valencia hacia finales de octubre[1]. Una vez en la ciudad del Turia, el rey confesó que confiaba en los valencianos más que en ninguno de sus vasallos en razón de los bienes que les había dado conquistando la gran ciudad. Esta se rindió a la voluntad del rey, que necesitaba sobre todo pan, vino y avena. La huerta entera fue examinada y se dejó de entregar solo el grano suficiente para resistir un año. Mientras se realizaban estas operaciones acudió el infante Jaume —Pere ya estaba en Valencia— y los nobles catalanes, y todos juntos marcharon hacia Xàtiva. Llegaron al centro militar de la frontera el día 5 de noviembre. Varios días después, la comitiva partía para el reino de Murcia, hacia el puerto de Biar.

Desde allí se pueden ver perfectamente las últimas estribaciones de la pequeña sierra tras la cual se alza el castillo de Villena. Esa era la frontera y por ese lugar, camino de Murcia, habían salido todos los árabes expulsados en los días de la rebelión de Al-Azraq. Pero el panorama había cambiado ahora. Ya no gobernaba en ella don Manuel, el infante de Castilla a quien el rey Alfonso había encomendado aquellas tierras. Ahora el fuerte castillo de Villena estaba en poder de los árabes. El rey, con toda la autoridad que le daba haber con-

---

[1] Ferran Soldevila, *Pere el Gran,* Parte I, ob. cit., pág. 130, ofrece los documentos: Rg. 17, ff. 53, 55, 63 y 65.

quistado aquella tierra, envió mensajes a los de Villena. Al día siguiente les proponía un encuentro de paz. En él, celebrado en los llanos de las afueras, el rey Jaume les garantizó el perdón del rey de Castilla por aquella rebelión, ya que estaba seguro de lograrlo de su yerno Alfonso para ellos. De lo contrario, los rebeldes no solo tendrían que luchar contra don Manuel, sino contra él mismo. Su método era el de siempre: o convenio de entrega, con lo que podían mantener sus casas y propiedades, o la lucha. Pero debían saber que en esta guerra ya no iba a quedar sitio tranquilo ni refugio alguno para los musulmanes que no se rindieran. En cierto modo, se trataba de una guerra que podía haber sido la última contra el islam en España. Si no lo fue se debió a la falta de unidad del reino y a la relativa carencia de liderazgo de Alfonso el Sabio.

Al parecer, y como vimos en el caso de la ciudad de Murcia, también los musulmanes de Villena se habían rebelado contra don Manuel por el incumplimiento de los tratos de rendición de la ciudad. Así que los mensajeros musulmanes dijeron que volverían a prestar fidelidad al infante de Castilla si este juraba y cumplía los acuerdos que pudieran cerrar con el propio rey Jaume. Esto era, de facto, reconocer a Jaume como soberano último, pues los moros mostraban su disposición a pactar exclusivamente con él la forma de vida de la ciudad y exigían que este pacto fuese respetado por el infante de Castilla, don Manuel. En realidad, los árabes dijeron que si Jaume quería tomar posesión de la villa y del castillo, que ellos se le rendirían *a él* de forma inmediata. Pero si don Manuel no los perdonaba, desde luego seguirían alzados. Era evidente que la fama y la autoridad de don Jaume eran muy superiores a las del infante castellano que, hemos de recordarlo, también era su yerno. En efecto, era sabido que, en los tratos con los sarracenos, Jaume siempre había cumplido sus palabras y había mantenido los acuerdos. Por eso debieron de sonarle muy elogiosas aquellas palabras de los de Villena. Por si acaso, el rey en secreto dio cien besantes a uno de los embajadores, el que hablaba lengua romance, para asegurarse un buen tratado. Así fue: al día siguiente la ciudad se rindió a Jaume, se firmaron pactos para regular la vida de la ciudad, se prometió el perdón de don Manuel y todos los árabes mayores de veinte años juraron los acuerdos.

Desde allí, siguiendo el terreno que desciende levemente en pendiente hacia Alicante, el rey Jaume se dirigió a Elda, que estaba en la misma situación que Villena. Los sarracenos pactaron con el rey para evitar todos los daños en los campos y en las huertas. El rey Jaume avanzaba imparable, poniendo en juego únicamente su prestigio, su fama, su autoridad. Su papel era más bien restaurar los viejos acuerdos por los que los castillos de la zona se habían entregado al vasallaje castellano. Jaume, por doquier, les daba garantías de cumplimiento de aquellos acuerdos y, por todos sitios, tenía que rechazar la oferta que le hacían los sarracenos de entregarse a su señorío. Jaume no cedía: si tenía algo, era su palabra. Ahora estaba allí para ayudar al rey de Castilla y no tenía sentido que se quedara con sus tierras. Si tal cosa hiciese, faltando a su palabra, nada sería sólido. Pero la señal siempre era la misma: el pendón real de las cuatro barras ondeaba en el rosario de fortalezas que va desde Villena a Orihuela, y este estandarte era la señal de que los castillos podían ser entregados a Castilla. Todo esto fue muy rápido. Sabemos que el rey, que había partido de Xàtiva el día 8 de noviembre de 1265, ya estaba en Alicante el 21 del mismo mes.

 Esto quiere decir que Alicante no había caído en manos de los árabes y que se mantenía bajo el control de Castilla, como por lo demás había establecido el tratado de Almizra, refrendando los viejos tratados de Cazola. Quizá en la iglesia de Santa María, situada extramuros, el rey tuvo una asamblea importante de su ejército, dirigido por sus dos hijos. Allí dio las instrucciones más importantes y explicó el sentido de la campaña. Aquella era una participación en la zona de la reconquista de Castilla, pero el rey reclamaba su autoridad absoluta sobre la hueste. Nadie debía intervenir sin su permiso y sin su orden. Nadie debía provocar rencillas en el seno del ejército. Nadie debía atacar por su cuenta ni lanzarse a la lucha sin guardar el orden debido. El rey debería recordar bien estas palabras, sobre todo en atención a lo que habría de pasarle a su hijo Pere, dotado de un carácter muy arrojado. El rey era consciente de que se enfrentaban a una hueste sarracena experimentada, crecida por sus victorias sobre Alfonso el Sabio. La lucha contra una Murcia fuerte de por sí, apoyada por la intensa población granadina, no iba a ser fácil. Por mucho que Alfonso X, mientras tanto, obtuviera algunos éxitos en Andalucía, donde el poder de Ibn Alhamar se debilitaba por los pactos más o menos secretos del rey castellano con el clan de los *Axkilulas* —dirigentes del ejército autóctono de los nazaríes granadinos afincados en los distritos de Guadix y Málaga— [2], las fuerzas bereberes aliadas de Granada estaban en su mayoría en el reino de Murcia. Por eso eran tan temibles y peligrosas para el rey aragonés.

 Interesa, no obstante, explicar el motivo por el que el rey Jaume apenas encuentre resistencia entre los mudéjares del reino de Murcia. En su *Crónica* no descubre la razón última de esa facilidad, porque el relato está interesado en realzar la autoridad de la figura regia. Pero el caso es que, como nos recuerda Josep David Garrido y Valls [3], durante los meses de marzo y julio de 1265 tuvieron lugar sendas cabalgadas del infante Pere a lo largo de todo el solar del reino de Murcia [4]. La crónica de Ramon Muntaner nos ha dejado testimonio preciso de todo esto [5], aunque Bernat Desclot, como casi siempre, lo cuenta con un gran sentido de la epicidad. En la primera incursión, el infante Pere llegó hasta el castillo de Manteagudo, que se alza en un cerro cortado a cuchillo y que domina la entrada de la huerta de Murcia. Esta incursión duró un mes entero y al parecer fue muy abundante en botín, pues Muntaner

---

 [2] Cf. Ballesteros Beretta, *Alfonso X,* ob. cit., págs. 378-379 y 383.

 [3] Josep D. Garrido y Valls, *Jaume I i el regne de Murcia,* Colección Bofarull, Rafael Dalmau Editor, págs. 76 y sigs.

 [4] Cf. Torres Fontes, *La reconquista del reino de Murcia,* ob. cit., pág. 103, donde se aportan índices documentales de estos hechos.

 [5] *Crónica* de Muntaner, cap. XIII.

dice que hizo ricos a todos los que participaron de ella. Una segunda cabalgada, que tendría lugar en el verano, sí es descrita con todo lujo de detalles en la *Crónica* citada. Tenía por finalidad no dejar que los mudéjares segaran los campos, con la consiguiente hambre y decepción de los habitantes. El plan fue trazado con toda meticulosidad por Jaume y el infante, y trataba de preparar el sitio de Murcia, reducir sus reservas e impedir que recibieran auxilio adicional del reino de Granada. El propio infante, cuando comenta el plan con su padre, le hace ver que todo está diseñado para que luego el gran rey pueda pasearse con todo su poder por la región. «Y de aquí a un año, vos, señor, con gran rey de vuestro poder, volveréis desde Valencia.» Y así sucedió, como hemos visto. Es fácil suponer que, en efecto, las comunidades mudéjares no pudieran resistir un segundo año de razias. Por eso se sentían muy presionadas para lograr un acuerdo con Jaume. Esto es lo que explica también los continuos gastos en provisiones para la hueste, que comienzan a producirse a todo lo largo del año 1265, el que ahora llegaba a su fin.

A primeros de diciembre de 1265 el rey debió de desplazarse hasta Alcaraz, para encontrarse con su yerno Alfonso de Castilla [6]. Durante estos primeros días del mes no tenemos testimonio alguno del rey [7], mientras que todos sus movimientos siguientes, hasta primeros de 1266, están muy claros. La entrevista de Alcaraz dejó bien a las claras la diferencia de poder y autoridad entre los dos reyes. Jaume iba con más de trescientos caballeros, mientras que Alfonso apenas tenía sesenta. Para dejar las cosas más claras, Jaume recuerda que fácilmente podría haber llevado consigo trescientos más. Junto con sus temibles doscientos almogávares, resultaba muy claro quién tenía allí el mando. En Alcaraz pasaron el rey y sus hijos unos ocho días, que junto con los que echaran en el camino pueden cubrir la primera quincena de diciembre. La segunda mitad del mes la emplearía el rey en tomar Elche y llegar a Orihuela, donde efectivamente viviría la entrada del año nuevo de 1266.

El encuentro de Alcaraz, en plena montaña, en medio de las lomas rojas de las primeras estribaciones de la sierra de Segura, cercana ya la frontera de Jaén, fue muy feliz. El rey no puede dejar de comunicarnos el tono distendido y familiar de la estancia, pues allí volvía a encontrar a la prima del rey, hija del infante Alfonso de Molina, su joven amante de entonces, Berenguela. Sorprende la tolerancia que esta sociedad mantenía hacia las formas caballerescas del amor. Ahí está el rey Jaume departiendo con su hija Violante, casada con Alfonso el Sabio, acogiendo gustosa las relaciones de su padre con la prima de su marido [8]. Pero el asunto que había llevado a Jaume hasta Alcaraz no era disfrutar de la vida galante, sino los pactos que debía establecer con don Alfonso acerca de la ayuda prometida en la guerra contra Murcia. Si asombra el

---

[6] Zurita, *Índices,* pág. 227.
[7] Miret, *Itinerari,* ob. cit., págs. 381-382.
[8] Era hija del infante de Molina, hermano de Fernando III y, por tanto, prima del rey de Castilla. Cf. Ballesteros Beretta, ob. cit., pág. 395.

tono festivo de las jornadas, todavía es más extraño que el rey de Castilla no se marchara con el rey de Aragón al frente, a defender sus tierras y sus reinos. Jaume, por lo demás, no nos ofrece una idea de lo que allí se habló. Sin duda, podemos sospechar que ni Jaume habría consentido que el rey de Castilla dirigiera unas operaciones en las que apenas aportaba fuerzas armadas, ni habría exigido que el rey Sabio se pusiera a sus órdenes. Parecía evidente cuál era la mejor manera de sustanciar la colaboración, la menos humillante para todos. Resulta muy claro que tuvo que llegarse a acuerdos sobre reparto de tierras y otros beneficios a los caballeros catalanes, porque, por ejemplo, Guillem de Rocafull recibió el castillo y la villa de Alpera, en las mismas condiciones que cualesquiera otros señores del reino de Murcia, como recuerda Miret [9]. A pesar de todo, para el reparto, todavía tuvo Jaume que insistir varias veces ante el rey Sabio para que mejorase los lotes de sus gentes. Finalmente, el rey de Castilla lo hizo a satisfacción de todos [10].

Fueran cuales fueren los pactos, debieron de llegar a buen término y la campaña de don Jaume continuó como hemos dicho durante la segunda mitad del mes de diciembre. La primera gran ciudad en el camino hacia Murcia era Elche, situada entre los profundos barrancos de un Vinalopó que, a pesar de estar cerca del mar, no deja de mostrar su fuerza en las riadas del otoño. El rey aplicó el método de la negociación que tantas veces le había servido. Hizo venir a tres embajadores de entre los hombres más notables de la ciudad y les contó cómo todas las poblaciones rebeldes desde Villena se habían ido entregando de nuevo a Castilla, mediante pactos de los que él había salido fiador y garante. Pero Elche era una gran ciudad ya entonces y tuvo que extremar la otra parte del discurso, la de las amenazas. Si no aceptaban esta gracia suya, «los conquistaremos y morirán al filo de la espada». Ante ellos incluso llegó a decir que si don Manuel y don Alfonso habían faltado en algo a sus pactos, acuerdos y respeto a la ley árabe, que él haría por que lo enmendasen. Como se ve, la noción de rey como emperador en su reino, una máxima que por aquel entonces empezaba a circular [11], no era sino una palabra en las prácticas

---

[9] Miret, *Itinerari,* ob. cit., pág. 390.
[10] Ballesteros Beretta, ob. cit., págs. 495-496. En realidad, don Jaume le recomienda a su yerno que los lotes de tierras tengan doscientas tahúllas y no cincuenta como pensaba el rey Sabio. La tahúlla tenía 1.600 varas cuadradas o 1.118 metros cuadrados. La tahúlla era mayor que la fanegada valenciana, que solo tenía 1.012 varas cuadradas u 831 metros cuadrados. El sistema de medidas de la tierra de Murcia y de Valencia es muy diferente. La fanegada era la unidad básica. Seis fanegadas hacían un cahizado o jornal. Seis cahizados hacían la jovada o yugada. La yugada hacía, por tanto, 36 fanegadas. Cf. el trabajo de M. Manrique, «La jovada valenciana», *BSCC,* XV, 1934, págs. 156-166; aquí, pág. 157. Como es lógico, estas medidas superaron cualquier intento de unificación con Castilla, por mucho que la *Novísima Recopilación* la impusiera para toda España (Ley 5.ª, tít. IX, lib. IX), y a pesar de que el paso al sistema métrico decimal estuviera impulsado por un valenciano ilustre como fue don Gabriel Ciscar y Ciscar, posterior regente de España. Cf. igualmente tablas de equivalencia para todas las medidas en José M.ª Orenga Beltrán, «El sistema de medidas, pesos y monedas del Reino de Valencia», en *BSCC,* XLIX, 1973, págs. 130-143.
[11] Cf. para este tema, Sergio Mochi Onory, *Fonti canonistiche dell'idea dello Stato,* Ed. Vita e Pensiero, Milán, 1951.

medievales. Un rey podía comprometerse, por su especial autoridad y en razón de la ayuda ofrecida, a que otro rey mejorase su comportamiento en relación con sus propios súbditos. Ya en privado, y con su práctica habitual de atraerse el favor de los dirigentes locales, el rey prometió a uno de los embajadores ser propuesto como representante de don Manuel en la villa de Elche, ofreciéndole como señal trescientos besantes. Los árabes exigieron mantenerse en sus propiedades, poder llamar a la oración desde las mezquitas y ser juzgados por los propios jueces y según la ley coránica. El rey aceptó una vez más lo que había garantizado por todas partes. Los árabes se recogieron en la ciudad, allí establecieron y firmaron las escrituras correspondientes y, al día siguiente, ante el asombro de todos los de su ejército, que no sabían nada de estos pactos, la ciudad entera salió a recibir al rey con toda su pompa y juró los acuerdos. La torre Calahorra fue entregada y el pendón real se izó en ella. Jaume la ofreció a un judío de su confianza, Astruc Bonsenyor, yerno de Jahudano de la Cavalleria, que era el baile general del rey. Sus habilidades como traductor y conocedor de las comunidades islámicas lo hacían especialmente hábil para este cargo. Los bienes y los campos de los musulmanes de Elche no fueron tocados. Era el día 21 de diciembre de 1265.

Desde allí, el rey pasó a Orihuela, donde los cristianos resistían en la fortaleza con escasas fuerzas [12]. Estando en esta ciudad, vino a verlo el arrayaz de Crevillent, quien había detenido a su propio padre, rebelde, y se disponía a entregar los pasos montañosos del Alto Vinalopó al rey aragonés. Con ello, todo el actual territorio alicantino desde Villena hasta Alicante quedaba en poder de don Jaume. Es muy curioso y significativo el *lapsus* del rey en la *Crónica* al narrar estos hechos. Cuando ha recibido la entrega de Crevillent, señala literalmente: «E haguem delliurat et cobrat ço que havíem perdut de Villena tro en Oriola, e d'Alacant tro en Oriola, aixi que tot hom podia anar pels camins salvament e segura» [13]. La frase puede traducirse así: «Y así libramos y cobramos lo que habíamos perdido desde Villena a Orihuela y desde Alicante a Orihuela, de tal manera que todo el mundo podía ir por los caminos salvo y seguro». Resulta claro que no es una frase que pueda interpretarse de forma literal. El rey no había perdido nada con la revuelta de las tierras del distrito árabe de Murcia. Las tierras las habían perdido Alfonso y los infantes de Castilla, y a lo sumo significaban una merma para los nietos de don Jaume. Sin embargo, el rey nos habla en plural, como si él mismo también las hubiese perdido. Hasta tal punto se sentía partícipe de la campaña contra los sarracenos y la consideraba como cosa propia. En cierto modo, ese «nos» delata el sentido político de la «casa» del rey, y aquí, en este sentido específico, no dudamos en decir que don Jaume era y se sentía el jefe de su casa, a la que aquellas tierras no eran en absoluto ajenas.

Y es que aunque el rey Jaume era el capitán del ejército, este estaba formado por castellanos y aragoneses, catalanes y valencianos. La *Crónica* lo deja

---

[12] Torres Fontes, ob. cit., pág. 94.
[13] *Crónica*, §422.

claro cuando relata el episodio de Lorca, el momento en que más cerca se estuvo de dar una gran batalla [14]. En efecto, una importante expedición de víveres y gente de armas venía en auxilio de la capital. Los almogávares la detectaron y cabalgaron rápidamente hasta donde estaba el sitio del rey, en Orihuela. Este aparejó el ejército y durante toda la noche lo hizo marchar hasta situarse justo entre las tropas de auxilio y la capital, exactamente en las lomas de la pequeña cordillera que desde Murcia sube hacia Cartagena. Entonces dispuso el orden de batalla hacia el alba. Como es natural, la emulación entre los naturales de los diferentes reinos era muy sentida e intensa. En un momento determinado, cuando todos suponen que van a entrar en combate, una vez que el rey ha puesto en paz su conciencia en relación con el asunto de Berenguela Alfonso [15], el caballero Bernat de Vilanova dice en voz alta: «Cavallers de Catalunya, catalans, fe que devets a Déu, membre-us qui és vostre Senyor, car ui es mester que tal cosa façam que tot lo mon parle del bé que nós farem» [16]. Era un ejemplo del espíritu caballeresco de emulación y gloria que animaba a aquellos hombres. El ambiente de este campamento, tan heterogéneo, no debía de ser malo. Cada uno hablaba su idioma, como es natural, pero nadie reparaba en ello como una diferencia, y en los consejos, muy frecuentes, se mantenía el respeto por todos los presentes, como cuando se preparaba la toma de Alhama y se reclamó la opinión de Alfonso García, que la había tenido un tiempo en su poder. Entonces se nos dice que se le concedió la palabra «car sabiem més en la terra que ells», esto es, que los caballeros de Jaume.

Este era el ambiente cuando, tras retomar la villa de Orihuela con el mismo sistema que hemos visto en Elche, se llegó a Murcia. Debió de ser hacia el día 5 de enero de 1266. La *Crónica* se demora en estos detalles, porque el rey está muy interesado en mostrar su manejo de la situación, su maestría militar,

---

[14] Allí se nos dice que dirigía la hueste, aparte de los hijos del rey, Pere y Jaume, el infante don Manuel, hermano de Alfonso; el maestre de Uclés, Pedro Núñez de Guzmán, que era la parte castellana de la Orden de Santiago; el hombre que representaba al maestre del Hospital; el delegado de la Orden del Temple, don Lope Sánchez, que en un documento posterior de 23 de junio de 1266, ya tomada la ciudad de Murcia, firma como (Miret, ob. cit., pág. 385) «maestre de la cavalleria del templo en los tres regnos et visitador en los V regnos d'Espanya», y don Alfonso García, adelantado de Castilla en la frontera del reino de Murcia.

[15] Es muy curioso que el rey se disponga a recibir la protección divina en el momento de la batalla. Para ello debe, naturalmente, limpiar su alma de pecado, dado que, en efecto, su relación con Berenguela es adúltera. Sin el perdón de Dios no cabía protección divina, con lo que vemos que las relaciones teológicas imitan a las señoriales. Dios es el Señor del caballero y protege a cambio de fidelidad y obediencia. El sacerdote dominico Arnau de Segarra, consciente de que nada podría arrancar del corazón del rey el amor por Berenguela, le perdonó de una forma muy elemental: le aseguró que el gran servicio que hacía a Dios le procuraría el perdón de sus pecados tan pronto entrara en combate. Como se ve, aquí el dominico aplica la teoría oficial de la cruzada, que promueve la indulgencia plenaria de los pecados o de las culpas merecedoras de los pecados. Esto no es contradictorio con lo que hemos dicho antes de las relaciones con Dios como relaciones señoriales. El rey don Jaume hace un servicio a Dios y Este le renueva su confianza y su perdón. El pasaje de la *Crónica* en este sentido es muy ilustrativo de estas ideas religiosas. Por lo demás, Ballesteros Beretta lo señala con suma conciencia. Cf. ob. cit., pág. 394.

[16] *Crónica*, §428.

su madurez y experiencia, superiores a la de todos sus capitanes. Cualquier cosa, desde el sitio donde hay que montar el campamento hasta cómo hay que situar las guardias, la proporción que hay que mantener entre caballos armados y sin armar para facilitar las persecuciones, los avisos contra las prácticas militares de los moros, sus estratagemas: todo lo sabe el monarca y a todos corrige. El rey se nos presenta dominando la situación, decidiendo lo oportuno, como la prudencia con que dejó replegarse hasta Alhama la ayuda que Granada enviaba a Murcia, pues de presentar batalla podía haber dejado a su ejército en una muy peligrosa situación en tierra de nadie, entre los dos fuegos de Alhama y los refuerzos que podría haber recibido a retaguardia desde la capital [17]. Si además de esto tiene una nueva compañera, joven y atractiva, uno entiende que este hombre, a punto de cumplir los sesenta años, se sienta todavía joven y animoso.

Los cronistas nos han hablado de una cierta rivalidad entre don Jaume y su hijo Pere, y han llegado a mencionar la envidia del padre por las gestas del hijo [18]. En cierto modo, todo esto sería un poco verdad y, para certificarlo, ahí está el hecho de que la campaña estuviera dirigida personalmente por él, demostrando además un celo de principiante, mientras el rey de Castilla intentaba poner orden en sus tierras. También se ve muy bien la pauta de conducta del rey en la clara disposición del sitio de Murcia y en el inicio de las negociaciones para su rendición. Y es que don Jaume tiene algo así como un ritual a la hora de conducirlas. Manda a sus traductores y secretarios competentes en la lengua árabe, conectan con los representantes musulmanes, que son llevados ante el rey. Entonces Jaume exige secreto total y mantiene las negociaciones a solas con los enviados. Una vez reunidos sin testigos, el rey les presenta la doble posibilidad: la de vivir en paz, como tantos otros árabes viven en sus tierras, o la de la conquista, la expulsión y el desastre, como ha sucedido en las rebeliones que tuvo que acallar en su tiempo. Esta doble cara de tolerancia y de violencia era verosímil por la fama de cumplidor de su palabra que tenía el rey. Ahora se muestra muy persuasivo para con los embajadores de Murcia. Como en Elche y en Villena, su estrategia es muy clara: perdón por la rebelión, atenencia a los antiguos pactos entre el rey de Castilla y Murcia, y cumplimiento de los nuevos pactos que se firmen con él. Jaume subraya que lo que él acuerde será inviolable. Es altamente curioso el final del diálogo entre el rey y los embajadores musulmanes de Murcia, en su primer encuentro. El rey no quería ni la muerte ni el sufrimiento de los murcianos: solo quería que «viviesen por todo el tiempo con el rey de Castilla y que tuviesen sus mezquitas y su ley» [19]. A partir de aquí todo se sigue con la mayor previsión: los árabes se retiran a deliberar y al cabo de unos días —tres, en este caso— vuelven. Entonces el rey estudia claramente la situación, identifica quién es el

---

[17] Torres Fontes, ob. cit., pág. 83, n. 54.
[18] Así lo dice la *Gesta Comitum*, XXVIII, 4, y Desclot, ob. cit., cap. LXV.
[19] *Crónica*, §437.

embajador más predispuesto al pacto y la rendición, quién manifiesta más poder, quién en suma era el mejor aliado. Sobre este, luego, el rey no tenía escrúpulos en dejar caer la presión adicional del soborno.

Esto fue lo que sucedió con los embajadores de la ciudad de Murcia. Hablando con ellos, el rey se dio cuenta de que no habían comunicado sus acuerdos al gobernador militar del alcázar, un hombre de Granada. Esto le pareció al rey un detalle fundamental, porque testimoniaba que estaban dispuestos a hacerle traición. Pero también hacía insegura la rendición, al no implicar a la guarnición. En realidad, las diferencias entre la población civil y la milicia musulmana marroquí se resolvieron a favor de la primera. Los embajadores, en representación de los ancianos de las familias principales, traían ya redactados los términos en los que se debía producir la rendición. En general, sus peticiones eran las que el rey había ofrecido. Un detalle, sin embargo, hirió el orgullo del rey Jaume: los árabes exigían enviar un mensajero al rey de Castilla para que también jurase aceptar aquellos acuerdos. Don Jaume impuso que antes tenían que entregarse. La noticia que debía llegar a Alfonso era únicamente la de un reino rendido ante su poder. El pacto debía hacerse con él, porque esa era suficiente garantía de que Alfonso cumpliría lo que él pactara. Los musulmanes iniciaron una nueva ronda de negociación, bajo la presión de que el tiempo se acababa para evitar la tala y la destrucción de la rica huerta de la ciudad. Al tercer día volvieron y aceptaron el plan del rey.

Es muy curioso cómo se produjeron los sucesos. Los árabes querían conservar una parte de la ciudad. El rey les dio la que estaba más lejos del alcázar. Luego los árabes despidieron al alcaide impuesto por Granada. Al cuarto día los sarracenos habían concentrado todos sus habitantes en la parte de ciudad concedida y habían desalojado el alcázar. El rey entonces mandó entrar en la ciudad a cincuenta caballeros con sus escuderos, y situó en el alcázar a ciento cincuenta ballesteros de Tortosa, muy famosos por su experiencia, aunque al parecer casi todos eran de procedencia sarracena. El rey debió de recordar la toma de Valencia. De nuevo esperó a orillas del Segura a que la señera de las barras de Aragón estuviera en el alcázar de la ciudad. El momento debió de ser intenso. Don Jaume esperaba, pero los cristianos no se asomaban a los muros. Por un momento, todos se temieron una trampa. La pérdida hubiera sido ingente, y la moral de victoria de los sarracenos, intensa. Además, el rey habría quedado desautorizado ante sus hijos y su hueste. Sus negociaciones secretas habrían significado un fiasco por el que, con seguridad, habría tenido que dar cuenta a sus hijos y a sus nobles. Políticamente, todo su prestigio estaba en juego y una treta de los musulmanes habría significado su fracaso, quizá el definitivo. El rey entonces, como siempre que se ve en apuros, recurre a Santa María y ruega que consienta en ser adorada en la nueva ciudad cristiana. La devoción mariana concentra los sentimientos del rey, reúne las fuerzas de su entera subjetividad, como si en ese gesto se apropiara de la energía del mundo. Por fin, la súplica es atendida, y cuando ve su señera en la torre, entonces el rey recuerda la emoción: «Davallam en terra de nostre cavall e gram a Nostre Senyor Deu la mercè que ell nos havia feita, e ficam los genolls, ploram e besam la terra»[20].

Otro asunto estuvo a punto de estropear la negociación con los enviados de los musulmanes murcianos. Una vez que Jaume había superado aquel momento, del que dependía su mayor gloria, una conquista regida por la generosidad y la lealtad, prometió a la Virgen construirle una gran iglesia, como había hecho allí donde había ganado alguna ciudad importante a los moros. Ahora tenía que cumplir. Pero también había dado su palabra a los musulmanes de que conservarían sus mezquitas. Así que por una vez tenía que ser infiel a su promesa y, puestos en este caso, era preferible para él faltar a los pactos escritos con los musulmanes que a los pactos secretos, emocionantes, íntimos, sellados ante la propia conciencia, en el profundo abismo de su zozobra, con la Madre de Dios. El rey optó por el camino más corto y retiró a los musulmanes la gran mezquita cercana al alcázar. Lo que el rey había jurado era mantener las mezquitas y el culto de los musulmanes. Estos debían comprender que también los cristianos necesitaban tener su culto. Así que podían conservar todas sus mezquitas excepto una, que iba a ser la nueva iglesia catedral de Santa María. Y esta no podía ser otra que la mezquita mayor, la que estaba cerca del alcázar. La razón de Jaume no era muy convincente, pero fue la única que se le ocurrió: «¿Os parece conveniente que la mezquita se quede en la puerta del alcázar y que yo cuando duerma tenga cerca de la cabeza los gritos de *Sabaçala?*». Era su forma de justificar el pacto que había hecho la víspera con la Virgen, uno que desde luego no podía participar ni explicar a los imanes murcianos.

Este no sería el mayor de los conflictos con los que tuvo que enfrentarse el rey. Una vez más, estaba la secuela inevitable de su forma de negociación. Puesto que esta había sido secreta, el rey se exponía a las iras de los grandes y los nobles, con los que no se había contado para nada a la hora de la verdad. Así que, tan pronto pudieron, le hicieron ver su malestar. El pacto no había sido bueno. La partición de la ciudad era demasiado favorable a los musulmanes y era muy pequeña la parte que restaba en manos de los cristianos. Cuando Jaume se fuera, fácilmente podrían los sarracenos hacerse de nuevo con todo. En el fondo, las quejas venían a decir que nada se había ganado con aquella nueva campaña. Aquel inmenso esfuerzo no era ni guerra ni paz, pues la victoria dejaba intactas las bases del poder islámico. El rey, que los escucha en silencio, se muestra dominador, en la plenitud de su gloria. Comprende el motivo psicológico de su protesta[21], pero está dispuesto a defender la superioridad objetiva de su posición política: lo importante es el proceso, ganar tierras a los árabes. Es lo de menos empezar por poco: pronto será todo. Jaume se muestra muy consciente del proceso imparable que él, más

---

[20] *Crónica*, §443.
[21] «E per ço quant els no eren estats en lo pleit nostre e dels sarraens ni sabien lo secret que hi era, pesavalos de ço que nós no havíem feit» (*Crónica*, §446).

que ningún otro, ha impulsado. Sabe que la Reconquista es un hecho irreversible. Por eso pudo decirles que estaban equivocados y que se fiaran de su más profunda experiencia. Ya que no había hombres en las tierras cristianas para sustituir a la población árabe, era preferible un sistema de dominación contemporizador, que garantizase la riqueza de la tierra y la posibilidad de una lenta sustitución de población. En el fondo, el rey tenía razón. Era preferible una población árabe sometida que una tierra baldía, mucho más reconquistable por cualquier oleada de fanatismo islámico que atravesase el Estrecho.

La situación no mejoró para Jaume. Por un momento, todo estuvo en el aire. Los ancianos de los musulmanes, negándose a entregar la mezquita mayor, y los nobles cristianos, rechazando el acuerdo por ser desventajoso para ellos. El rey estaba cogido por dos frentes, pero de repente vio que el escenario podía mejorar para él: bastaba decir a todos los ballesteros y los caballeros que estaban en el alcázar que se prepararan para el asalto y el saqueo de la villa. Los nobles pudieron ver hasta qué punto los pactos estaban en el fondo sostenidos por la fuerza. La presión cedió por ambos lados a la vez. El rey entonces mandó adornar la mezquita mayor con las joyas de su propia capilla. Reunió al obispo de Barcelona, a todo el clero de su hueste, y al obispo de Cartagena, García Martínez. Ordenó a todos vestirse de gala y dio orden de que se iniciara la procesión de los cristianos desde el campamento militar hasta la villa. Una especie de memoria de su vieja procesión valenciana animaba ahora a Jaume. Así entraron todos en Murcia —la principal ciudad de Andalucía después de Sevilla, como nos dice el rey— y se dirigieron hacia la mezquita mayor, convertida en iglesia de Santa María. El rey recuerda: «Nosotros, abrazados al altar, llorábamos tan fuerte y con todo el alma que por la distancia de una milla larga no podíamos dejar de llorar ni abandonar el altar. Y cantábamos *Veni creator spiritus* y después la misa de *Salve sancta parens*. Y hecho esto, entramos en el alcázar para habitar con gran alegría»[22]. Sin duda, el rey tuvo esa rara fortuna y dicha de ver repetido en su vida uno de esos momentos tan claros de felicidad que, dada su intensidad, siempre creemos que no puedan regresar. Pues esta escena recuerda, como dos gotas de agua, aquella otra que, veintiocho años antes, había tenido lugar en Valencia. En efecto, Murcia era tomada en los primeros días de febrero de 1266. Por una vez, el rey volvía a su propio principio, algo que un filósofo posterior, al que le tocó vivir un tiempo sin tanta mítica grandeza, deseó elevar a ley cósmica.

Y, sin embargo, aquellas dos ciudades, Murcia y Valencia, no iban a ser del mismo reino, por mucho que tengan actos de fundación cristiana simétricos, calcados uno del otro. En efecto, no hay un dato en toda la *Crónica*, ni en ninguna fuente histórica, que nos permita sospechar que una sola vez cruzase por la mente del gran rey, ni de ninguno de sus hijos, ni de sus nobles, que Murcia quedara en manos de la corona que había sabido ganarla. Si tal cosa

---

[22] *Crónica*, §450.

hubiera ocurrido, con toda seguridad, la Reconquista no hubiera durado todavía dos siglos largos. Desde Murcia, Almería quedaba a un tiro de piedra y el dominio de la parte oriental del reino de Granada hubiera sido muy fácil para la federación catalano-aragonesa-valenciana, que habría encontrado la forma de esquivar los pasos de los sistemas béticos que, desde Úbeda y tras sierra Mágina, llevan a Granada por Iznalloz y Baza. La casa condal de Barcelona, que todavía habría de dar un rey magnífico como Pere el Grande, podría haber extendido toda una franja costera hasta Almería, lo que habría permitido el dominio de todo el Mediterráneo oriental y una plataforma magnífica para el norte de África. Estos pensamientos no son fruto de la mera imaginación del narrador de esta historia. El ansia de conquista de Jaume no estaba saciada con su entrada en Murcia. La *Crónica* nos refiere que, una vez tomada la capital, el rey reunió a su mesnada para proponerles una buena cabalgada hasta Almería. Su gente se negó. El rey aquel día sufrió una decepción, pues no comprendía el desinterés de sus nobles por una campaña que se prometía muy beneficiosa en términos económicos. A fin de cuentas, los nobles principales sabían que ellos no podrían establecer señorío alguno importante en aquellas tierras y que, así las cosas, lo mejor era volver a sus dominios.

En efecto, que Murcia fuera del reino de Aragón no entraba en los planes de nadie, sin duda por la intensa comunidad de derecho que se había configurado entre los dos grandes reinos hispánicos. Aunque los tratados entre Castilla y Aragón solo estaban sometidos al criterio autónomo de lo que las dos coronas entendían su propio interés, su respeto en tiempos de don Jaume generó una especie de tabú que aseguraba su cumplimiento. En cualquier otro acuerdo internacional, el pacto de Murcia habría sido violado aquel día. El sentimiento de una muy intensa relación militar y jurídica, humana y cortesana, presionaba en favor del cumplimiento del tratado del Almizra, que a su vez obedecía a los viejos pactos de Cazola. Y así fue. Cuando se acabó todo, el rey volvió a reunir a su consejo ampliado. Allí, en las lejanas tierras del sur, a treinta kilómetros de la capital de la vieja Cartaginense, tan lejana de Tarragona, estaban de nuevo sus hijos, Pere y Jaume, el obispo de Barcelona, los ricoshombres de Aragón y los nobles de Cataluña. El rey pidió consejo sobre lo que era menester hacer. Sus hijos hablaron los primeros: solo restaba para culminar su gloria real que llamara al rey de Castilla para que viniera a tomar posesión de la ciudad y de la tierra. Los dos hijos estaban de acuerdo. Sin duda, este acto habría obligado al rey a permanecer durante más tiempo en Murcia. Pero este gesto triunfal habría sido el momento más dudoso para Alfonso el Sabio, el más humillante, el más simbólico: tomar una tierra de manos del rey de Aragón, su suegro, era la manera más clara de evidenciar que en el fondo era un rey dependiente, incapaz de cuidar de lo propio. En ese gesto de la entrega militar de la ciudad y el alcázar en las manos de su propio rey castellano, don Jaume habría aparecido como el soberano, mientras que el teóricamente más poderoso Alfonso aparecería realizando un gesto propio de vasallo. Por mucho que Jaume hubiera preferido este momento, era poco menos que inviable. Alfonso era un rey débil, pero inteligente y susceptible. Nunca tomaría Murcia de las manos del Conquistador.

Quizá en todo este asunto el más sensato fue el obispo de Barcelona. Habló tras los infantes y, con el tono de realismo y sentido común que podemos imaginar en un viejo clérigo catalán, «dijo que él no entregaría [Murcia] al rey de Castilla, sino a Alfonso García que la tenía por él, y que bastante habíamos cumplido con nuestro deber pues la entregábamos a quien la tenía por él, pues ya hicimos aquí una gran misión y que debíamos ahorrarnos cualquier otra, pues todo lo que hiciéramos de más lo perderíamos»[23]. Como es natural, todos acordaron con el obispo. Todos, excepto el rey, que tuvo un escrúpulo. Dejar Murcia sin gente cristiana era correr un riesgo demasiado grande de volver a perderla, dado que los castellanos no tenían fuerzas suficientes para mantenerla en su poder. El rey apeló a lo más querido y, era de suponer, a lo más impactante sobre el ánimo del obispo de Barcelona. No se podía consentir que las voces de los imanes resonaran de nuevo en la iglesia de Santa María. Así que era preciso enviar a decir a Alfonso que la ciudad estaba tomada y que enviara refuerzos. Solo cuando la guarnición castellana de la ciudad quedara completa, los ballesteros de Tortosa la abandonarían. Era la propia mesnada del rey la que tenía que quedarse y él cargaría con el gasto. Como pagaba el rey, nadie objetó nada. Así que la carta se envió a Alfonso. En ella se le decía que se le entregaban veintiocho castillos hasta la bien defendida Lorca, ya en la frontera de Granada. El rey Alfonso lo agradeció. Pero apenas podía hacer nada más. Cuando contestó diciendo que iba a tomar sus disposiciones, no hizo sino simular un poder que no tenía. De hecho, la única medida relevante se tomó por parte de Jaume: repobló toda la tierra murciana con más de diez mil hombres de sus reinos, hombres de armas y peones. El propio Alfonso X lo reconoce en su *Crónica*: «Y porque no podía haber gentes de su tierra que los poblasen, vinieron a poblarla muchos catalanes de los que eran venidos a poblar en el reino de Valencia»[24].

El 4 de marzo de 1266, tras dictar muchos documentos de reparto de propiedades[25], dejaba el rey la ciudad de Murcia, a la que todavía debería volver. El día 9 estaba en Alicante. Allí trató las últimas cuestiones de este suceso, siempre con una previsión generosa y meticulosa. Dejaría dos adelantados de frontera para velar por la paz en la línea de Alicante y Villena, de hecho la frontera de Castilla con sus reinos. Eran los grandes nobles Artal de Luna y Gimeno de Urrea, con cien caballeros. Su base sería Alicante, lo cual significa que ya por este tiempo debía de estar en la órbita de influencia del rey Jaume, aunque desde luego no estaba incorporada al reino de Valencia. Bernat Arnau y Galceran de Pinós se encargarían de organizar patrullas móviles para asegu-

---

[23] *Crónica*, §451.
[24] *Crónica* de Alfonso X, cap. XVI.
[25] Cf. la larga serie de documentos que ha publicado Torres Fontes y que reproducen Huici-Cabanes, vol. V, docs. 1.479-1.484, págs. 171-175.

rar los caminos. De esta manera, con un buen sistema de señales, todos estarían en condiciones de socorrer a los castellanos de Murcia y de Orihuela. El rey corrió con los gastos de todo esto y dejó generosos víveres para cinco meses, con los que muchos se enriquecieron. «Nuestra campaña de Murcia», como dice el rey, llegaba al final. Sin pesar, sin arrepentimiento y sin nostalgia, el rey comenta sencillamente que se volvió a Valencia. El día 7 de abril de 1266 entraba de nuevo en la querida capital del reino que le debía su existencia política [26].

El reino de Murcia, por su parte, pasó al señorío de su yerno Alfonso y bajo el dominio de su otro yerno Manuel, el marido de su hija Constanza. Este tuvo algunas dificultades para tomar posesión efectiva de Villena, pero Elche se puso a sus órdenes sin problemas. Allí dictó un perdón general y una amnistía para todos los rebeldes. Al parecer, la política de Manuel siguió con cierta fidelidad la de Jaume, y en 1267 ordenó repartos de tierras para las gentes que venían en nombre del rey. La ciudad de Elche fue su preferida: allí entregó los mismos fueros que tenía Murcia, y que antes había tenido Sevilla. Cuando hubo problemas entre el adelantado del reino y el *almoxerif* de Elche, don Manuel salió en defensa de Elche, y en 1281 exigió del primero que respetara los fueros de la ciudad de las palmeras. Allí también permitió el establecimiento de catalanes, como demuestra el hecho de que le diera la alcaldía de la magnífica torre Calahorra, que todavía se puede contemplar, al obispo de Barcelona, Arnau de Gurb. Allí se instaló una dependencia de los frailes del convento de Santa Eulàlia de Barcelona y se les concedieron los baños viejos, que estaban cerca de la gran torre de la ciudad. Cuando en 1273 la nobleza castellana se rebeló contra su rey Alfonso, obsesionado por el *fecho* del Imperio, Jaume de nuevo tomó sus medidas en toda la frontera, consciente como era de que los Lara, la alta nobleza de Vizcaya, la más importante de Castilla, concertaba sus pactos con el rey moro de Granada. A esta frontera envió al noble catalán Ramon de Cardona. Luego, el señorío pasaría al infante don Juan Manuel y con él entraría en la fase de inseguridad que conoció Castilla hasta Sancho IV, quien impondría una paz provisional durante cierto tiempo. Este clima sería aprovechado posteriormente por Jaume II, que acabaría anexionando a la corona aragonesa los territorios desde Alicante hasta Orihuela, fijando los límites del reino de forma definitiva.

Si hemos de dejar que el asunto de Murcia todavía nos reclame un poco la atención, debemos recordar que tuvo lugar una segunda visita de Jaume a estas tierras. Fue en el mes de enero de 1274, poco después de los enfrentamientos de la nobleza castellana con Alfonso. El rey lo recuerda en el §522 de la *Crónica:* «Y habíamos ido allí para ver cómo se poblaba y teníamos tan

---

[26] Justo a su regreso entregó nuevas normativas a la ciudad, como la confirmación de la moneda valenciana, las franquicias a todos los ciudadanos de Valencia que posean caballo y armas, o regulando la forma de elegir a los jurados o el justicia. Cf. Huici-Cabanes, vol. V, docs. 1.488-1.492, págs. 182-185. Extendió algunas de estas medidas a Alzira en estos mismos días.

gran alegría de su bien como si fuera nuestro», dice el rey. Allí estuvo en Murcia, cazando y descansando durante diecinueve días. Hay que recordar que el rey tenía entonces sesenta y seis años de edad. El recibimiento que tuvo en la ciudad del Segura fue apoteósico, pues todos sus habitantes eran muy conscientes de lo que le debían. En efecto, la población entera salió a recibirlo, alabando a Dios y a la Virgen y haciendo alarde ante él. El rey, que está junto a su nieto, el heredero Fernando de la Cerda, y su hija la reina Violante, se presenta ante la posteridad como una especie de protector de la monarquía de Castilla, e insiste ante los ricoshombres de Murcia (al frente de los cuales estaba Andreu de Odena) en que él no abandonaría jamás la ciudad a su suerte y que permanentemente intervendría ante Alfonso en su favor. Desde luego, no se comportaba como un rey al que los asuntos de Murcia le fueran ajenos.

Sin duda, la actitud de Jaume era de lo más transparente y tiendo a pensar que estaba más allá de las cuestiones de poder. Lo que allí se dejaba ver era la generosidad de alma, propia de un hombre colmado por el destino y la dicha. Con la rotundidad del que sabe que se muestra ante todos tal y como desde siempre había soñado que los demás lo vieran, así se paseó Jaume por la rica ciudad del Segura. Las implicaciones políticas que tuvieran sus gestos no parecen preocuparle. Allí estaba el patrimonio de su hija Constanza, y el de su gente, los que habían venido con él en la campaña contra los rebeldes mudéjares, esos diez mil hombres llegados de Cataluña, de Aragón y de Valencia, que dice la *Crónica,* y que en esta nueva visita podían ser más, pues todos sabían que el único seguro contra otro levantamiento era aumentar la población cristiana. Cualquiera que desee saber hasta qué punto la parte catalana fue mayoritaria (cerca del 38 por 100, frente a un 17 por 100 de castellanos), no tiene sino que ir a los estudios de Gual Camarena[27] o de Torres Fontes[28], que sitúan la proporción de los pobladores de la corona de Aragón en el 46 por 100 del total de los cristianos. Estos hechos determinaron que Muntaner, en el capítulo XVII de su *Crónica,* todavía pueda decir que «todos aquellos que en la dicha ciudad de Murcia o en los sitios anteriormente citados son casi catalanes y hablan uno de los mejores catalanes del mundo, y son todos hombres de armas y de buenas hazañas». Por eso, el habla de muchos de esos pobladores continuó en las tierras murcianas hasta el siglo XV, y ha dejado cierta huella, como se puede ver en sus toponímicos y en sus gentilicios, así como en muchas palabras de su entrañable dialecto huertano, ya casi perdido.

Como es sabido, no siempre los reyes de Aragón mantuvieron la misma claridad que don Jaume a la hora de atenerse a la situación jurídica oficial.

---

[27] Gual Camarena, «La corona de Aragón en la repoblación murciana», *VII CHCA,* II, Barcelona, 1962, págs. 303-310.

[28] J. Torres Fontes, *Los repartimientos murcianos del siglo XIII. De Al-Andalus a la sociedad feudal: los repartimientos bajomedievales,* Barcelona, 1990, págs. 71-94.

Jaume II interpretó la actitud de su abuelo como si luchara por la dote de su hija Constanza, dote que al morir la infanta sin hijos [29] entendió que podía pasar a su marido don Manuel, pero que luego habría de revertir a la corona de Aragón [30]. La situación de debilidad endémica de Castilla sería el mejor aval para reclamar un nuevo reparto de las tierras del viejo territorio del reino de Murcia. Esto es lo que pasó en tiempos de Jaume II, quien pactó con los infantes de la Cerda, en la primavera de 1296, que Aragón recibiría el reino de Murcia a cambio de la ayuda militar para hacerse con el reino de Castilla frente a Sancho IV, el segundo hijo de Alfonso [31]. Desde entonces, hasta 1304, el reino de Murcia, diferenciado del de Valencia, regido por un lugarteniente general, perteneció a la corona de Aragón. Pero estos pactos no se habían cerrado con el rey de Castilla, sino con un pretendiente rival al trono. Cuando la monarquía vecina regularizó su vida con Fernando IV, fue preciso retomar el asunto de la soberanía de Murcia, desde Villena y Alicante hasta la frontera con Granada. Entonces se acudió a una sentencia arbitral que dictó el rey de Portugal, don Dionis. En Torellas, el 8 de agosto de 1304, se repartió el reino de Murcia, que dejó de ser un distrito unitario. Este reparto era muy beneficioso para Aragón. Desde luego, la ciudad de Murcia y Molina seguían siendo de Castilla para que su rey pudiese llevar el título de rey de Murcia. Pero todas las tierras, desde la ciudad de Murcia hacia el norte, incluyendo Cartagena y la desembocadura del Segura por Guardamar, pasaban a Aragón. Así, eran ahora de Aragón las importantes villas de Orihuela, de Elche, de Sax, Novelda, Villena y Caudete. La peculiaridad de este reparto consistía en que un gran señorío, el de don Juan Manuel, mantenía una parte en el reino de Aragón (Villena, Sax y Caudete) y la otra en el reino de Castilla, donde Fernando IV tuvo que compensarlo con el distrito de Alarcón por la pérdida del señorío de Elche. De todos modos, don Juan Manuel siempre llevó a gala ser nieto del Conquistador y amigo de los reyes de Aragón [32].

Poco después, el 19 de mayo de 1305, en la misma villa de Elche, se revisó este reparto, dejando a Castilla el puerto de Cartagena, situado al sur del Segura, y fijando la frontera, salvo pequeños detalles, más o menos en los límites actuales de la Comunidad Valenciana, entre Murcia y Orihuela [33]. Fue, por tanto, la debilidad de Castilla, y sus insensatas luchas civiles, la causa de que el reino de Valencia definitivo incorporase en su seno la mitad del viejo

---

[29] Y en extrañas circunstancias, como dice la leyenda de don Juan Manuel. Cf. Ballesteros Beretta, ob. cit., págs. 552-553.
[30] Y no a la prole que don Manuel tuvo con Beatriz de Saboya, entre la que hay que situar a este infante don Juan Manuel. Naturalmente, esto no era fundado. Constanza había muerto antes que su padre, pues hay que datar su extraña muerte hacia 1271 o 1272. Ballesteros Beretta, ob. cit., pág. 555.
[31] Para más detalles, E. Guinot, *Els límits del regne*, págs. 103 y sigs.
[32] Como se puede ver en la dedicatoria del libro de los *Tres Estados* a Jaume II.
[33] Cf. Guinot, ob. cit., mapa de pág. 114.

distrito musulmán de Murcia. En este trasvase de territorios operó una legitimidad histórica y política subterránea, pero intensa e irrebatible: al fin y al cabo, todas aquellas tierras habían sido arrebatadas a los musulmanes por la generosidad y el arrojo de las gentes de Valencia, de Aragón y de Cataluña. La sombra de Jaume el Conquistador las acogía a todas desde 1266.

53
¿QUÉ HACER CONTRA LOS MUSULMANES?

Desde que Jaume había conquistado Valencia en 1238, hacía ya cerca de treinta años, el reino había sufrido dos grandes rebeliones de los musulmanes que poblaban sus tierras. Por mucho que importantes poblaciones sarracenas hubieran sido desplazadas y expulsadas de sus lugares de origen, todavía los que se quedaron en tierras valencianas eran mayoría sobre la exigua población cristiana. El flujo y reflujo de sometimiento y rebelión no cesaría de amenazar el endeble entramado de la dominación de los reyes hispanos, mientras no se controlara el Estrecho de Gibraltar ni el norte de África[1] y nuevas oleadas de jinetes bereberes pudieran llegar a la Península con afanes de expansión. En verdad, ya ninguna dominación musulmana podría estabilizarse sobre tierra hispana, pues a fin de cuentas los bereberes eran percibidos por los andalusíes como extranjeros, ajenos a sus estructuras sociales y culturales y perturbadores de su organización de clanes. Pero esta escasa probabilidad de una dominación estable de los musulmanes del norte de África no impedía los estallidos violentos de los mudéjares, ni quebraba las expectativas más bien resentidas de emancipación propias de las poblaciones a la postre sometidas a una profunda dominación política y social. Como veremos en el último capítulo, todavía le tocaría a Jaume conocer otro foco de ese incendio, a veces aletargado, a veces violento. En esta última campaña de sometimiento moriría el propio rey, no sin conocer antes la triste suerte de su hijo, el infante Sancho, primado de Toledo, y de su nieto Fernando de la Cerda. Pero antes de llegar a este tiempo final del reinado, la guerra de Murcia mostraba a las claras que la sociedad musulmana de Xarq-Al-Andalus seguía planteando problemas al mundo cristiano y que este apenas tenía soluciones a la mano para hacerle frente. Ni integración, ni asimilación, ni sometimiento resignado eran caminos para aquellas sociedades. El suyo era un orden social autárquico y aislado que no podía bloquear el deseo de ser políticamente autónomo.

---

[1] Cf., para este tema, Charles Dufourcq, *L'Espagne catalane et le Maghrib aux XIII et XIV siècles,* París, 1966.

En efecto, la situación valenciana era muy diferente de la castellana o de la aragonesa [2]. En Castilla, como hace tiempo estudió el profesor Ladero [3], los moriscos eran una población residual, estática, que aunque todavía mantenía cifras de casi el 20 por 100 del censo, apenas podía resistir la presión integradora de la sociedad cristiana [4]. En Valencia, por el contrario, como ha estudiado Burns en diferentes monografías [5], la sociedad mudéjar no había adquirido todavía ese aspecto estancado y definitivo que caracteriza a los grupos humanos que se disponen a ser asimilados y desaparecer. Al contrario, y aunque no conociera la herramienta fundamental de la organización corporativa fundada en el derecho [6], la musulmana era una sociedad dinámica y respondía con algunas innovaciones a las presiones de la sociedad cristiana. Como vieron los estudiosos de estos temas (Roca Traver, Gual Camarena, Guichard y otros) [7], los musulmanes valencianos todavía mantenían una flexibilidad social capaz de adaptarse a las nuevas circunstancias, creando territorios exclusivos, como Montesa y Crevillent, dominando poblaciones tranquilas como Vall d'Uxó, manteniendo sus minorías intelectuales y gobernantes, sus alfaquíes y cadíes, sus escuelas y mezquitas. Podemos decir que la generación de la conquista vio surgir una organización señorial musulmana parecida a la cristiana, tan tradicional como ella, aunque inarticulada y debilitada. Eso es lo que pasó con los Banu Issa, que dominaron primero Xàtiva y luego Montesa, o con el señor de Crevillent. Incluso cuando, a partir de 1268, empezaron a ser encerrados en guetos —como sucedió en Murcia inmediatamente después de la conquis-

---

[2] Por el tiempo del siglo XIII, hasta el momento de la expulsión en el siglo XVII, los mudéjares aragoneses estaban muy integrados, trabajando las tierras más ricas de las huertas de Huesca, Teruel y Zaragoza, desplazándose, por tanto, hacia el campo y abandonando las ciudades y los lugares estratégicos. En Zaragoza, por ejemplo, en 1300, los mudéjares tenían doscientos hogares, lo que era muy poca gente para aquella ciudad. Su presencia en el campo del Jiloca, del Jalón, y hasta en la misma Teruel, es mucho más intensa y han dejado sus huellas en los sistemas de construcción, con ese magnífico gótico-mudéjar, o sus variaciones renacentista y barroco, que se puede apreciar en sitios como Tarazona, Teruel, Daroca o las iglesias-fortaleza de la línea del Jiloca. Cf., para todo esto, R. I. Burns, «La història dels mudéjars», en *Jaume I i els valencians del segle XIII*, ob. cit., pág. 255.

[3] Cf. el estudio definitivo de Miguel Ángel Ladero Quesada, *Los mudéjares de Castilla en tiempos de Isabel I,* Instituto Isabel la Católica de Historia Eclesiástica, Valladolid, 1969.

[4] Para estos temas hay que acudir todavía a F. Fernández y González, *Estado social y político de los mudéjares,* Madrid, 1866; Isidro de las Cagigas, *Los mudéjares,* 2 vols., Madrid, 1948-1949.

[5] Cf. R. I. Burns, *Colonialisme medieval, Explotació postcroada de la València Islàmica,* Tres i Quatre, Valencia, 1987; y luego en *L'Islam sota els Croats,* vol. I: *Supervivència colonial en el segle XIII al Regne de València,* Tres i Quatre, Valencia, 1990, y vol. II. La serie documental más importante referida al reino es *Societat i Documentació. Diplomatarium,* vol. I. *Introducció,* Tres i Quatre, Valencia, 1988, y *Diplomatarium,* vol. II: *Els fonaments del regne Croat de València. Rebel·lió y recuperació, 1257-1263,* Tres i Quatre, Valencia, 1995.

[6] Burns, *Colonialisme medieval,* ob. cit., pág. III.

[7] Roca Traver, «Un siglo de vida mudéjar en la Valencia altomedieval (1238-1338)», en *Estudios de Edad Media de la Corona de Aragón,* 5, 1952, págs. 115-208; Miguel Gual Camarena, «Mudéjares valencianos, aportaciones para su estudio», en *Saitabi* 7: 165-199 (1949); Pierre Guichard, «Un seigneur musulman dans l'Espagne chrétienne. Le ra'îs de Crevillente (1243-1318)», *Mélanges de la Casa de Velázquez* 9: 283-334 (1973).

ta—[8], no cesó su capacidad de penetración en la sociedad cristiana. Solo así se explica la legislación cada vez más represiva y prohibitiva: la que impedía contraer matrimonios entre miembros de las dos culturas, o compartir los funerales, los baños, los herederos y los albaceas; la que prohibía la prostitución o negaba la posibilidad de que los musulmanes llevaran nombres cristianos, así como todas aquellas normas que vetaban el ejercicio de ciertos oficios ciudadanos. Puesto que esta legislación creció a lo largo del siglo XIV, hemos de suponer que hacía frente a un fenómeno poco deseado por parte de las autoridades cristianas, como era la fusión de los dos colectivos. Que, poco a poco, los mudéjares fueran expulsados de las ciudades para refugiarse en el campo, testimonia la misma voluntad de segregación, pues era evidente que la dispersión en el campo los hacía menos visibles.

Decididamente, la tolerancia no era el procedimiento propio del siglo XIII para relacionar una sociedad dominante y una dominada. Aunque no creo que la expresión «colonialismo» defina el tipo de dominación que encontramos en este tiempo[9], resulta claro que la sociedad cristiana soportaba la molesta presencia de la islámica en la medida en que obtuviese un beneficio de ella. Desde el viejo *Cantar de Mio Cid,* la idea de usar a los sarracenos como especie de contribuyentes fiscales especiales[10] era todo lo que podían imaginar aquellos hombres para contener su voluntad de eliminar una gente tan diferente a la cristiana. Cuando las fuentes nos hablan de que los musulmanes estaban *sub tributo,* podemos entender que la dominación que padecían era especialmente económica. No se trata de una especial perversión de la cultura de los hombres de la Reconquista. Lo mismo había sucedido en el mundo islámico con las minorías cristianas.

---

[8] Juan Torres Fontes, «Los mudéjares murcianos en el siglo XIII», *Murgetana* 17: 57-90 (1961). Cf., del mismo, *La reconquista de Murcia en 1266 por Jaime I de Aragón,* Murcia, 1967.

[9] Para Burns este concepto señala un tipo de relación evolutiva en la que una minoría extranjera y dominante va creciendo gracias a la inmigración hasta hacerse con el control de la tierra perteneciente a la población nativa. Cf. *Colonialisme medieval,* ob. cit., pág. 17. El colonialismo es una figura moderna y tiene connotaciones específicas, como la diferencia evolutiva entre nativos y extranjeros, e implica el par asimétrico entre civilizados y bárbaros. Cf. R. Koselleck, *Futuro Pasado,* el artículo «Por una semántica histórico-política de algunos conceptos antitéticos-asimétricos», en la tercera parte del libro, Paidós, Barcelona, 1995. Frente a esta forma de relación entre dos comunidades, la dominación de la que estamos hablando en este libro se basa esencialmente en una derrota militar de una sociedad frente a otra de igual nivel evolutivo. Es la diferencia militar lo que determina la dominación, nada más. Desde ciertos puntos de vista podemos decir que la islámica era una sociedad más civilizada que la cristiana y sus relaciones religiosas eran de hostilidad simétrica, no asimétrica, como la que se da entre colonizadores y colonizados.

[10] Es la tesis de Roca Traver, «Un siglo de vida mudéjar en la Valencia medieval (1238-1338)», *EEMCA,* V, 1952, págs. 138-139. A pesar de todo, conviene recordar que, con frecuencia, la tributación de los reyes hispánicos era más ligera que la que imponían los reyezuelos musulmanes en la época de la descomposición de los reinos taifas. Esta es una de las razones por las que las comunidades musulmanas estaban prontas a rendirse. Que esta disminución fiscal fue una herramienta consciente de sometimiento, cabe pensarlo. Cf. Burns, *Colonialisme medieval,* ob. cit., pág. 46.

El caso es que, como ha defendido Burns [11], Jaume no rompió el modelo tradicional de vida de los mudéjares, que era de una evidente prosperidad. Mención especial merece aquí, como sabemos, el sistema agrario de regadío, tan imponente. No solo se mantuvieron las acequias árabes, que muchas veces fueron declaradas libres, sino que bajo la dominación cristiana se construyeron otras, como la de Villarreal y Alzira. El sistema de coordinación de las dos sociedades se puede ver en este hecho: observamos que el *sequier* mayor, por lo general un cristiano propietario de tierras regadas por una acequia, inspeccionaba, junto con su ayudante musulmán elegido por su aljama, el recorrido de la conducción. Esta práctica nos da una idea bastante clara de cómo las dos comunidades, cuando llegaba el momento de la verdad, el de cultivar la tierra, tenían que asumir responsabilidades comunes, dado que la distribución de la propiedad era muy compleja. Con el tiempo, el impuesto sobre las acequias, la alfarda, que debían pagar por las tierras regadas, no por el agua usada, se convirtió en un impuesto por el mantenimiento de la conducción, lo que implicaba a la comunidad de regantes en un mismo futuro [12]. Pero no solo el campo unía a las dos sociedades. Baste recordar que en la parte de propiedad real de la ciudad de Valencia, la que se había reservado el rey Jaume para sí, había trescientos veinte obradores o talleres de todo tipo; Alzira tenía setenta y siete y Xàtiva todavía debía de contar con más, entre ellos los muy conocidos de tintes y papeleras. Los documentos señalan que el rey estaba muy interesado en que se mantuvieran los oficios en el barrio árabe, para que así le pagaran el censo debido [13]. De hecho, mantuvo independientes, no sin mencionar las razones rituales, las carnicerías árabes y judías de la ciudad. Con razón pudo decir el papa Inocencio IV, en una fecha tan temprana como 1251, que Valencia era mucho más grande en riqueza y ganancias que el condado de Barcelona [14]. Es evidente que el reinado de Jaume —con anterioridad a la toma de Murcia— marcó la mejor de las situaciones posibles para la población musulmana valenciana; incluso después de la conquista de este reino se produjo un movimiento de inmigración mudéjar desde tierras controladas por los musulmanes a las zonas valencianas, flujo provocado y controlado por las capas dirigentes cristianas, deseosas de aumentar la población y la explotación de la tierra. Pronto, el funcionario que controlaba los impuestos reales entre los musulmanes [15], el

---

[11] Cf. Burns, «La historia dels mudèjars», ob. cit., pág. 263, con bibliografía propia cit., nn. 32 y 33.

[12] Burns, *Colonialisme medieval*, ob. cit., págs. 169-179. Cf. la tesis de Thomas Glick en el libro ya citado sobre la evolución de los sistemas de regadío y sus impuestos.

[13] Ibídem, ob. cit., pág. 64.

[14] Las ganancias anuales de los impuestos árabes en el reino debían de ser de aproximadamente 1.875.000 sueldos; 3,75 sueldos era equivalente a un besante árabe. Cf. Burns, *Colonialisme medieval*, ob. cit., pág. 42. Un sueldo era 12 dineros y 24 óbolos o mealla. La moneda en Barcelona se cambiaba a 18 dineros, 15 en Jaca, mientras que el real valenciano sufría las mayores variaciones; 48 sueldos valencianos se cambiaban por un marco de plata. Cf. Burns, *Colonialisme medieval*, ob. cit., pág. 55.

[15] El principal de los cuales era el *besant* o impuesto personal. Se le conoce así por el uso de la moneda islámica en la que se pagaba. *Besant* era el término occidental de dinar y cada jefe de fa-

al-amin, acabó siendo una especie de baile para la comunidad sarracena, lo que testimonia que el interés fiscal era el prioritario, y no la explotación de la mano de obra. Todo parecía diseñado para mantener la situación en una prórroga, en una indecisión política.

En cierto modo, podemos decir que ni el rey ni los nobles estaban interesados en una solución drástica que implicase la pérdida fiscal de un solo besante o de un único sueldo [16]. Mas tampoco estaban interesados los nuevos dominadores en oprimir a los musulmanes. Desde luego, la presión fiscal no era superior entre los musulmanes que entre los cristianos [17]. A pesar de todo, las diferencias de intereses entre los particulares eran evidentes: allí donde un cristiano estaba peor que un musulmán, se alzaba un resentimiento que deseaba imponer su propio sentido de la justicia. Pero de entre todas las demás cosas, la religión seguía siendo la fuente de la que manaba el desprecio recíproco insuperable entre estas dos poblaciones. Y fue esta dimensión de la vida la que presionó de forma continua a la sociedad dominadora de los señores cristianos para que, en atención a su Dios, los musulmanes fueran expulsados de estas tierras. Como vemos, por primera vez se registra aquí esta abierta contradicción entre los intereses religiosos y los económicos de la sociedad cristiana. O, por decirlo de otra manera, aquí se comprueban los intereses contradictorios de las élites sostenidas por la legitimidad religiosa frente a aquellas fundadas en la legitimidad militar, finalmente dependiente de la correcta tributación económica.

---

milia pagaba uno anual como tributo especial, aparte de las rentas que debía entregar sobre la casa o sobre la propiedad. Era un impuesto de capitación, (Burns, ob. cit., págs. 114-115). Se pagaba generalmente por San Miguel y era una forma de recordar que se había conquistado el dominio bajo la protección de este ángel militar. Algunas veces, dentro de la política de atraer musulmanes a las tierras, el rey renunció a este impuesto en localidades particulares en las que necesitaba más pobladores (Burns, ob. cit., pág. 117).

[16] Eso es lo que determinó que se mantuvieran, a pesar de las críticas habituales, los baños, las fondas o *alfondec,* las alcacerías o mercados cubiertos y el almodí, todas ellas instituciones árabes que implicaban pagos de impuestos permanentes. Cf. Burns, *Colonialisme medieval,* ob. cit., págs. 100-111.

[17] Es la conclusión a la que se llega después del estudio de Burns, sobre el pago de la lezda y el peaje, impuestos sobre la venta de mercaderías. El pasaje, el pontazgo y el portazgo, así como la sisa, eran los mismos que entre los cristianos, y muchas veces, como ellos, los musulmanes estaban exentos de pagarlos. La *peita,* o pequeñas cargas comunitarias, y la *questia,* o subsidios ocasionales y arbitrarios, que rondaban lo opresivo, se cebaban más en ellos, pero el hecho de que estuvieran mal vistos señala que se tenía plena conciencia de la dificultad de generalizarlos. La *peita* era un impuesto comunitario y se calculaba sobre el grupo y sus dimensiones, propiedades y riqueza. Servía para establecer las *jarquías* de las ciudades. La *questia* era de hecho una confiscación. Existía un impuesto de tierras de regadío como el *almagran* que gravaba las unidades de terreno, y luego estaba el *zakat* o censo, que era lo que determinaba el valor fundamental de los moriscos, por cuanto gravaba entre un décimo y un cuarto de los productos de la tierra, lo que prácticamente hacía de los moriscos una especie de trabajadores con cargas impositivas, que solo con el tiempo vieron endurecidas sus condiciones hasta convertirse en siervos. Ahora podemos decir que eran aparceros o arrendatarios estables, que tenían que pagar un censo a los propietarios, por lo general el rey y los señores (Burns, ob. cit., págs. 120-165).

Jaume no parecía sufrir esta contradicción. Fue por ese tiempo de 1265, en plena guerra con los musulmanes de Murcia, cuando Clemente IV exhortó al rey Jaume a una verdadera cruzada «contra los moros levantinos», como dice Zurita, quien nos da la carta papal [18]. El sentido de la misiva de Roma era inequívoco: se trataba de exterminar y expulsar de sus reinos a los que el cronista llama con desprecio «gente mora». Esa era la obligación que se desprendía del voto de cruzada que en su día había pronunciado el rey aragonés. Con su lenguaje lleno de pompa y de dobles sentidos, el Papa venía a decirle al rey que estaba bien conquistar territorios y que la Iglesia se alegraba mucho con sus éxitos militares, tanto los antiguos como los nuevos. Por ellos entonaba y repetía «cantos de alegría». Pero las obras del rey no se podían quedar ahí. Cito un breve pasaje de la carta para darnos cuenta de las cualidades retóricas del discurso de Roma: «Exulta y se regocija en la conmemoración de tus felices éxitos, por los cuales la diestra del Señor en tus manos, y por el valor que te ha dado, ha buscado la salvación del pueblo cristiano contra los sarracenos blasfemos de su nombre y perseguidores rabiosos de la fe católica». Todos estos éxitos estaban muy bien, venía luego a decir Clemente IV, pero como Vicario de Cristo se veía obligado a señalar un peligro constante que se cernía sobre el rey. Era una amenaza compleja, pues no solo le afectaba a él, sino a todos sus descendientes; y no solo tenía relevancia temporal, sino eterna. Algo podía ensuciar la limpieza del nombre de Jaume y «provocar» gravemente al Creador. Ese peligro no era otro que la retención de los sarracenos sobre la tierra ya cristianizada. La tesis del Papa era muy clara: no había que fiarse de las apariencias pacíficas y las maneras inofensivas de los musulmanes. Ellos ocultaban por necesidad su iniquidad, pero la manifestarían tan pronto tuviesen ocasión. Eran enemigos pérfidos, como serpientes: podían parecer aletargados, pero guardaban el fuego del odio en su seno y morderían con todo su veneno tan pronto pudieran.

Con sutileza, el Papa daba por sentado que había un interés y un beneficio bien concreto en esta voluntad de mantener a los sarracenos sobre el terreno conquistado. En todo caso, se trataba de una miserable seducción material en la que el rey no podía caer. ¿Qué valía esa utilidad económica ante el peligro de que el Creador mismo mirara al rey con «acerba contumelia»? En el fondo, ¿qué podían significar aquellas ventajas económicas ante la furia que Dios debía de sentir por seguir escuchando el nombre de Mahoma en medio de las iglesias cristianas? Todo aquello le parecía al Papa indigno y, lo que era peor, incomprensible en un rey que desde niño se había esforzado en la causa contra los musulmanes. Si ahora no ultimaba su obra —formando una sociedad exclusivamente de cristianos—, daría pie a que fuera interpretada no como fruto de la fe, sino como afanosa búsqueda de poder, riqueza y utilidad. Con todas sus letras: la cohabitación de cristianos y sarracenos era para el Papa una infección de la cristiandad. Era preciso que el cuerpo de los fieles

---

[18] Zurita, *Índices,* pág. 227.

de Cristo no estuviera cerca de la suciedad horrenda de los fieles de Mahoma. Si el rey se mostraba razonable y coherente, no tendría más remedio que satisfacer las reclamaciones de la Iglesia: la expulsión de aquella gente, la limpieza de la tierra cristiana. Solo así proveería el rey por su salvación y merecería el calificativo de justo que, aunque lo hubiese ganado antes en otras etapas de su vida, no lo tenía asegurado hasta el final de su carrera.

Desde luego, la clave de todo este asunto era la tesis de Roma de la íntima unidad de intereses temporales y espirituales. El rey, desde el uso de su potestad regia, en último extremo derivada de la gracia de Dios, debía atender por igual a los dos. Así, pudo escribir el Papa a don Jaume que «conviene atender a la prudencia real, que el estado de la Iglesia y de la fe y sus intereses están indivisiblemente unidos, de guisa que no puede honrarse a los unos si la otra no es tenida en consideración». El texto recordaba que la prudencia real consistía en atender de la misma manera sus intereses que los de la fe y la Iglesia. La una y los otros eran la misma cosa. Por eso, mantener a los enemigos de la fe en tierra de Iglesia era un atentado indiscutible e insufrible, una contradicción. La carta acababa con un párrafo que no tenía desperdicio. Recordaba el Papa que el rey no solo mantenía a los sarracenos en la tierra bendicida ya por la Iglesia, sino que además daba favores a los judíos, «que son quienes más la persiguen y blasfeman más del nombre cristiano». Era preciso, pues, no admitir a los judíos para cargo alguno. En caso de que hubiera alguna excepción, la Iglesia tenía que conceder la dispensa, con el consiguiente cobro por ese acto jurídico. Mientras esto no ocurriera, el rey debía hacer caso al Papa. Con fuerza le dice Clemente IV que la única política sensata con los judíos es que «los deprimas y pisotees refrenando su malicia y no dejes pasar sin corregir sus blasfemias, sino que castigues especialmente la audacia de aquel que se dice que compuso un libro al que añadió un cúmulo de mentiras sobre la disputa que había tenido en tu presencia con el amado hermano Pablo, de la Orden de Predicadores»[19]. Luego veremos lo que esto significa realmente y a quién alude de manera tan directa el Papa, así como los motivos que tiene para identificarlo de manera tan precisa.

Pero ahora debemos seguir con el problema de los moriscos. Comprobamos entonces que el Papa no olvidaba las duras realidades de la vida política, perdido en su lenguaje claramente dogmático. Sin embargo, exigía que esas realidades se sometieran al punto de vista supremo —soberano, diríamos hoy— del interés de la Iglesia. A pesar de toda su insistencia, desde luego, esas realidades mundanas, en último extremo económicas, no se podían administrar con la sencilla tesis de la unidad e identidad de intereses temporales y religiosos. Pues lo bien cierto es que el rey no había elevado al banquero Jahudano, como es obvio judío, en un momento de debilidad para con la fe católica, sino esencialmente por necesidad financiera. Así que la cosa estaba clara: si quería vencer a los musulmanes debía formar un ejército, y si no po-

---

[19] Zurita, *Índices*, pág. 229.

día contar con sus ricoshombres, ni con sus nobles aragoneses, entonces tenía que contar con ese a quien el Papa llamaba maldito, mentiroso, blasfemo e insidioso, pero que a los ojos del rey era el providencial Jahudano, con cuya ayuda podría vencer la ingratitud y la infidelidad de los muy cristianos aristócratas. Así que el Papa finalmente no pedía sino imposibles: si hubiera escrito a los ricoshombres de Aragón y hubiera conmovido sus corazones en favor de la campaña del rey, quizá este habría podido «deprimir y pisotear» a Jahudano, quien, con perplejidad, debía ver cómo era obligado a poner en peligro su fortuna sin gratitud alguna de aquellos a quienes tenía que socorrer con su dinero.

Ni que decir tiene que el rey atendió sus asuntos reales con criterio propio y libertad. Como vimos, en la campaña de Murcia se atuvo a sus viejas prácticas de protección y entrega de garantías generales a los pobladores musulmanes, aunque siempre que pudo presionó en favor de los cristianos. La dura realidad era que los reinos de Aragón y de Castilla no tenían suficiente población para sustituir a los sarracenos. Estos eran necesarios para mantener la productividad de la tierra y los niveles necesarios de fiscalidad real. Sin ninguna duda, esa era la utilidad que despreciaba el Papa. Y la despreciaba tanto más porque los musulmanes no estaban obligados, desde el 25 de marzo de 1263, a pagar diezmos a la Iglesia por sus frutos; cosa obvia, puesto que no recibían los servicios propios del pueblo de Dios. Aquí se planteaba, quizá, una cuestión decisiva: los musulmanes, lo mismo que los judíos, eran parte del fisco del rey, pero no lo eran del eclesiástico. Por eso rompían la aspiración más básica de Roma, la inseparable unidad de dos sociedades perfectas, la Iglesia y el reino [20]; dos sociedades formales que debían cooperar para lograr la justicia y la paz, en la tierra, y la salvación divina en el futuro celestial. Esas poblaciones gentiles rompían este esquema clásico de la cultura cristiana y mostraban las resistencias del mundo medieval a la simplificación de una única teología. Las sociedades musulmanas hacían visible esa franja de realidades en la que los intereses religiosos y políticos se separaban con toda la fuerza e intensidad de sus diferencias.

De ahí que la Iglesia siempre presionara a favor de la identidad radical entre cristianos y súbditos del rey. Los cuerpos populares que organizaba Roma debían configurar súbditos y reinos cuya última legitimidad procedía del Dios cristiano y de su representante y Vicario en la tierra, el Papa de Roma. Y esto debía hacerse mediante dos políticas muy claras: por una parte, la eliminación de la herejía; por otra, la expulsión de los musulmanes y judíos. Ambas estrategias tenían sus problemas específicos. La lucha contra la herejía, ya lo hemos visto, se complicaba porque a veces los herejes eran apoyados por los propios nobles. La expulsión de los musulmanes, por su parte, se demoraba por la imposibilidad de esos mismos nobles de asumir las consecuen-

---

[20] Cf. Paolo Grossi, *L'ordine giuridico medievale*, ob. cit., págs. 205 y sigs. Cf. además, para este asunto, Carl Schmitt, *El concepto de lo político*, Alianza Editorial, Madrid, 1989.

cias económicas de la medida. En ambos casos, las élites militares cristianas se oponían a sus élites religiosas. Es curioso ver cómo estas dos grandes necesidades de la Iglesia, que quería mantener la teoría de la convergencia con el reino, fueron atendidas por una orden religiosa que había nacido en la idea de un castellano, Domingo de Guzmán, pero que se había estabilizado en el talento jurídico formidable de un hombre del rey Jaume, san Ramon de Penyafort. La doble actividad de esta orden fue la especial atención a la lucha contra la herejía mediante el tribunal de la Inquisición, por una parte, y la elaboración de políticas pacíficas sustitutorias de la cruzada como forma de reducción de la presencia de los musulmanes y los judíos. Así fue como surgió la idea mucho más moderna de misión, idea que acabó desplazando del mundo medieval, poco a poco y para siempre, la idea anterior y militar de cruzada.

Situemos primero el problema del origen de la Inquisición. Hasta el momento, este tribunal era una competencia episcopal y solo los obispos juzgaban, y pedían la colaboración del poder civil para ejecutar las sentencias. El Papa, en esta práctica antigua, apenas intervenía de otra manera que mediante normas conciliadoras y legaciones, admoniciones y sentencias de excomunión. Tras la época de los albigenses, que se fortalecieron a consecuencia del desprestigio generalizado de los obispos occitanos, los papas se ocuparon de manera directa de un fenómeno que amenazaba extenderse como la pólvora. A partir de este momento, la Inquisición era una especie de milicia espiritual de la Santa Sede, una administración eclesial específica y centralizada, que enviaba sus legados de manera periódica con instrucciones y normas de carácter general a los territorios afectados por la herejía. Así, por ejemplo, la legación papal del cardenal de Sant'Angelo, que prohibía el ejercicio de cargos públicos a quienes fueran sospechosos de herejía y propiciaba la investigación exclusiva de los inquisidores. Ellos tenían ahora el monopolio de la solicitud de declaración y la apertura de procedimiento. Fue san Ramon el que redactó la famosa *Nota raymundi*, contestando a la solicitud del arzobispo de Tarragona sobre el trato que debían recibir los herejes y solicitando del rey Jaume la instauración del tribunal[21]. La actividad de san Ramon no se redujo a esto. En 1242 redactó el manual práctico o directorio para uso de los inquisidores. Con su mentalidad de jurista, organizaba las distintas penas y delitos según el grado de implicación subjetiva y de resistencia a la abjuración. Ese manual tuvo vigencia en toda la tierra del Languedoc. Por eso, con frecuencia, inquisidores formados en la casa central de los dominicos de Barcelona se desplazaron a Narbona y los territorios más proclives a la herejía para ejercer sus tareas. De esta manera, Roma logró algo decisivo: un cuerpo administrativo estable de naturaleza judicial; algo, por cierto, que no había logrado con la cruzada. De haber instituido con ocasión de la cruzada un cuerpo militar propio mandado desde Roma, sin duda la Iglesia se habría convertido en un Estado propiamente dicho.

---

[21] Valls Taberner, *San Raimundo*, ob. cit., pág. 303.

Por el fracaso de la cruzada la idea de misión estaba destinada a tener tanta o más importancia que la de un tribunal finalmente destinado a reducir herejes. En el fondo, por esa idea se recuperaba el espíritu apostólico en contacto con ingentes masas de gentiles que también esperaban su salvación. Eran los musulmanes del norte de África, los musulmanes de los territorios conquistados, los judíos de toda España. También aquí san Ramon, con sus predicadores de Barcelona, como Ramon Martí, o los franciscanos que inspiraron a Ramon Llull, o incluso los que tuvieron contacto con los círculos beguinos, como Arnau de Vilanova, fueron decisivos para esta penetración pacífica del cristianismo sobre las poblaciones que, hasta la fecha, solo habían conocido la espada. Como podemos suponer, se trataba de ir a predicar a tierra de infieles, algo que por principio tenía que realizarse desde el más firme celo y convicción. Los peligros no escaseaban y las vocaciones no abundaban. Una vez más, el espíritu jurídico y reglamentista de san Ramon, por el que la Iglesia sistematizó el nuevo afán sin que se pusiera en duda su autoridad suma, forjó un código misional. Desde bien antiguo, desde el capítulo general de los dominicos de 1236, había propuesto san Ramon el estudio de la lengua arábiga. No debió de tener mucho éxito cuando el capítulo de 1250, celebrado en Toledo, impuso el estudio por obediencia santa y con valor de remisión de los pecados. Fue entonces cuando se abrió una casa de estudio de lenguas en Murcia y otra en Túnez, aprovechando las buenas relaciones del rey Jaume con el caudillo de esta costa del norte de África. A ella estuvo destinado Ramon Martí [22]. Puesto que en 1256 los consejos generales de la orden impulsaron ingentes oraciones en favor de esta empresa, hemos de pensar que no debía de estar muy consolidada. Por fin, en 1259, se fundó otra escuela en Barcelona, y solo en 1281 se erigió la casa de predicadores en Valencia y luego otra en Xàtiva. Para dar contenido a las predicaciones en lengua árabe, prever las reacciones de los creyentes en otra fe y refutar lo que los dominicos consideraban ingentes errores, se necesitaban manuales apologéticos. Unos de ellos lo escribió el mismo Ramon Martí, en un escrito que se nos ha conservado [23]. Pero la penetración intelectual de Martí dejaba mucho que desear y, así, san Ramon de Penyafort pidió al talento más impresionante del siglo, a

---

[22] Nacido en 1230 en Subirats, Martí estudió en París, donde conoció a san Alberto. Podemos llamarlo, como han hecho otros, el primer orientalista europeo, pues realizó un vocabulario del árabe. Escribió además un tratado contra los filósofos, desde Aristóteles hasta Al-Kindi. Además compuso una *Explanatio symboli apostolorum* para apoyar la predicación de los dominicos, muy cercana a la apologética contra los árabes.

[23] Se trata del *De Se[c]ta machometi o de origine, progressu, et fine quadriplici reprobatione prophetiae eius*. Ahora editado por Josep Hernando, *Acta historica et archeologica mediaevalia*, 4, Facultad de Geografía e Historia, Barcelona, 1983, págs. 9-67. Su argumento, basado en el libro de Pedro el Venerable, *Contra Sectam Saracenorum*, es que Mahoma no fue profeta por falta de veracidad, porque no fue puro, sino un inmundo pecador; no hizo milagros y no ha propuesto una ley santa y buena, sino viciada, nociva y mala. Por eso mereció sufrir desgracias y padecimientos sin cuento, como los que creyeron en él.

santo Tomás de Aquino[24], que elaborara una *Summa contra gentiles* como manual de predicación[25]. La obra debió de escribirse entre 1259 y 1261. El optimismo de los predicadores era muy grande y contrasta con las opiniones de Clemente IV, que ya hemos visto. Para este, todos los árabes eran insidiosos y perversos en su secreto corazón. Para los dominicos, según una fuente de la época, «hay muchos mahometanos, sobre todo en Murcia, que tanto en oculto como en público se conducen como verdaderos convertidos»[26].

Apenas podemos hacer frente aquí a una valoración de los inmensos cambios que supuso esta transformación de las relaciones entre los cristianos y los musulmanes. Puesto que no era factible mover a los señores y al rey a una expulsión de los sarracenos, era casi inevitable intentar convertirlos al cristianismo. Ese era el sentido de la institución de la misión. Sin ninguna duda, asistimos en este punto a la estrategia de especialización y análisis que desde entonces sería típica de Occidente. Si, en la primera mitad del siglo XIII, la misma idea de cruzada servía para destruir a los albigenses y para conquistar las tierras del islam, en la segunda mitad, siempre bajo la dirección de la orden de los Predicadores, se estableció la institución específica para investigar y perseguir a la heterodoxia, como fue el tribunal de la Inquisición, y se forjó una serie de instituciones para que los musulmanes, forzados a residir en suelo de soberanía cristiana, abandonaran su antigua fe y adoptasen la fe del Evangelio. Al mismo tiempo, para controlar los efectos de una y otra política, justo por este tiempo, surge la regulación del sacramento de la penitencia como acto privado semejante al juicio, y no ya como un acto público y general. En el bisbiseo de la confesión personal, la culpa y la constricción, el arrepentimiento y la promesa de no reincidir, adquieren cada vez mayor relevancia[27]. Esta regulación solo podía ser creación de un jurista, de alguien que veía el mundo desde los ojos del derecho. Una vez más tenemos que citar aquí a san Ramon, que supo proyectar su aguda formación de canonista para definir las formas del sacramento de la penitencia. Sorprende que Foucault, un estudioso de este rasgo de la cultura occidental, que está en la base del examen de conciencia y de sus formidables avances en el dominio y elaboración de la subjetividad, no se haya referido a san Ramon de Penyafort como el pionero de esta comprensión de las cosas en la que una forma jurídica se introduce como método para hallar la verdadera relación del hombre con la fe, finalmente la ley propia de la Iglesia. Por lo demás, es poco conocido, pero debe decirse que fue esta construcción sistemática de la Iglesia en lucha contra los herejes lo que determinó la emergencia de la otra obra decisiva del siglo XIII católico debida a santo Tomás de Aquino. Hoy sabemos que Tomás escribió la *Suma teológica* para definir la ortodoxia, criterio último para identificar a

---

[24] Quizá por mediación de Ramon Martí, en 1269. Cf. Thomas Murphy, «The Date and Purpose of the *Contra Gentiles*», *Heythrop Journal* X: 409-410 (1969).
[25] Valls Taberner, *San Raimundo,* ob. cit., pág. 318.
[26] Ibídem, pág. 319.
[27] Ibídem, pág. 357.

los herejes. Con ello, la Iglesia deseó atender su necesidad de unidad y de infalibilidad a través de esa síntesis característica de puntos de vista jurídicos, filosóficos y espirituales. Pero esta extrema racionalización doctrinal inició un proceso imparable que sembró el dinamismo de la propia superación de la época medieval: los problemas de coherencia y de ajuste de su doctrina, desde todos sus puntos de vista, llevarían a la Iglesia a un proceso de racionalización teológica y de autocrítica que, al cabo de dos siglos, la obligarían a perder el protagonismo que durante tanto tiempo había mantenido. Otras formas más libres del pensar se mostraron entonces más capaces de dotar de coherencia a los sistemas teológicos configurados por ella. Así, acabaría surgiendo el nominalismo y el naturalismo, que destruyeron desde dentro el sistema teológico franciscano y el dominico, respectivamente.

Que la orden de los Predicadores fuera fundada por un castellano, configurada esencialmente por un catalán y codificada en su fe por un italiano formado en París, demuestra claramente la profunda flexibilidad de la Iglesia, que sin dejar de ser sensible a lo que hoy, con el curso de los tiempos, podemos llamar realidades nacionales, en muchas ocasiones supo estar por encima de ellas embarcando a los hombres en proyectos de dimensión más amplia. Esta *complexio oppositorum* es lo específico de su organización. El hecho de que san Ramon fuera, además, un hombre del rey Jaume, demuestra que en esta época de plenitud, por mucho que se apreciaran tensiones entre las instituciones, la tónica general quedaba dominada por una práctica de colaboración entre la razón del reino y la razón de la Iglesia. Desde cierto punto de vista, la sociedad cristiana estaba mucho más organizada y vertebrada de lo que podemos imaginar, y la Iglesia era la clave central de esa organización. Ella persiguió imponer la universalidad de su punto de vista con tesón y disciplina, y, desde luego, podemos decir con toda claridad que tal pretensión se impuso en los reinos hispanos con éxito. Por eso, lo mismo que en el caso de los musulmanes, sucedió con los judíos. Ahora debemos referirnos con cierta atención a estos fenómenos, porque sin duda alguna tienen una relevancia para el futuro difícil de exagerar. En este epígrafe, como ya podemos suponer, también será dominante la figura de san Ramon. Aunque no podemos hacer aquí una biografía de biografías[28], debemos exponer la forma en que

---

[28] San Ramon nació en 1180 en la tierra de Villafranca, estudió en la escuela capitular de Barcelona y marchó a Bolonia en 1211. En Bolonia conocerá a santo Domingo y allí se celebraron los primeros capítulos de la orden. En el año 1223 ya estaba en Barcelona, donde la orden también se había instalado desde 1211. Probablemente entonces se hizo dominico. En Bolonia escribiría la *Summa Juris,* la *Summa de Penitentia* a instancia del que sería primer provincial de España, Suero Gómez. Es la famosa *Summa de casibus conscienciae,* escrita entre 1227 y 1233. En 1237 fue elegido tercer general de la orden, en ausencia suya. En 1239 impulsó la redacción de las nuevas constituciones, que procuraban una orden más austera y fiel a la pobreza originaria. En 1240 renunció al cargo y se refugió en Santa Catalina de Barcelona, decretando el rey Jaume un impuesto sobre mercaderías del puerto para que se pudiera ultimar la construcción del convento. Allí vivió treinta y cinco años, obtuvo del rey todo tipo de protecciones y en 1262 el rey de Francia le regaló una espina de la corona de la Pasión de Cristo. En 1259, en el Congreso de Valenciennes, con

los dominicos de Aragón intentaron mostrar la superioridad de la religión cristiana sobre la judía y sembrar en las comunidades hebreas el sentimiento de una insoportable inferioridad doctrinal y teológica. El espíritu de la misión pasaba justamente por ahí. Como veremos, sin embargo, la cultura judía no era tan vulnerable como la islámica y el resultado de estos encuentros no siempre se saldó de forma favorable a los predicadores. Cuando lo expongamos en el siguiente capítulo estaremos en condiciones de identificar a ese judío al que el Papa se refería en su carta al rey Jaume, cuya insolencia consistía en defender su fe con toda la libertad que permitía la época.

---

san Alberto y santo Tomás presentes, su texto se impuso como manual de toda la orden. En 1286 sería el texto de la Universidad de París. En 1230 el Papa lo reclamó como penitenciario suyo, esto es, el juez que juzgaba los pecados y las penitencias que solo Roma podía desatar, los casos gravísimos que ninguno sino el Papa podía escuchar. Durante el tiempo que estuvo en Roma ejerció como capellán y jurisconsulto en el tribunal antecedente de la Rota. En este tiempo acabó la compilación de las *Decretales*. El Papa lo quiso promover a arzobispo de Tarragona, pero él se negó. En cartas muy sentidas a una hermana del convento de Santa Inés de Bolonia le da una cumplida idea del frenesí de la administración de Roma y de su voluntad de no permanecer allí mucho tiempo. No hubo un caso importante desde el punto de vista jurídico que no fuera consultado a san Ramon. Luego, ya en su tierra, el santo fue el gran mediador, el gran albacea, el gran testigo en los pleitos de la sociedad catalana, que le confió todo tipo de funciones en asuntos relacionados con el derecho y con los testamentos, dada su serenidad y su sentido común. Las mediaciones matrimoniales, las solicitudes de indulto ante el rey que promovió, indican que gozó de una gran confianza en la corte. Su relación con Jaume fue muy intensa, desde que en 1229 predicara la cruzada de Mallorca en los territorios de Arles y Narbona, hasta la última visita de Alfonso X en 1274, camino de Francia, para entrevistarse con el Papa en Lyon. En medio quedaban importantes servicios, como la intervención en las paces y treguas de las Cortes de Monzón de 1236, como su apuesta por la unión catalano-aragonesa en 1241, o su intervención en el juramento de Pere en 1260 de no obedecer el testamento de Jaume en caso de que incluyese un reparto *contra natura* del reino, o la embajada ante la Santa Sede para favorecer la boda entre Pere y Constanza, también en 1260, o su apuesta por la estabilidad de la moneda en 1269, ya que san Ramon se preocupó de los aspectos formales y jurídicos del oficio de prestamista y comerciante. También intervino en el nombramiento de Sancho como arzobispo de Toledo y por su mediación se nombró a su amigo Vidal de Cañellas obispo de Huesca. La vida del santo, como vemos, siempre se mantuvo cercana a la vorágine de la corte y fue un punto de referencia inigualable, que daba a la sociedad de Barcelona este punto de estabilidad que le faltaba a otras sociedades hispánicas de la época.

54
¿QUÉ HACER CON LOS JUDÍOS?[1]

En la carta de Clemente IV al rey don Jaume, citada en el capítulo anterior, se hacía referencia a la necesidad de perseguir a un judío que había escrito un resumen de una polémica mantenida con «el amado hermano Pablo, de la Orden de Predicadores». Como el Papa le recordaba, la disputa se había realizado en presencia del rey Jaume, lo que en cierto modo daba solemnidad y respaldo a los debates. Era otra forma diferente, mucho más caballeresca, de las prácticas de misión que por aquel entonces empezaban a perfilarse, y con las que el cristianismo occidental se hacía cargo de la necesidad de disputar al islam y al judaísmo la hegemonía intelectual y religiosa. Y, en efecto, fue un combate reglado. La fecha de esta polémica fue el 20 de julio de 1263. Su lugar, la ciudad de Barcelona. El sitio no nos consta, pero sabemos que la última sesión, ya en el mes de agosto, debió de tener lugar en la sinagoga de la capital. Como vemos, el tiempo era oportuno. No solo porque estamos en medio de las rebeliones de Murcia. También porque unos meses antes, el 25 de marzo de 1263, se había promulgado un edicto por el que se facilitaban las misiones entre judíos y sarracenos y se protegían los bienes de los convertidos para facilitarles el tránsito a la verdadera religión. Al mismo tiempo, se mejoraba la condición de los musulmanes, como vimos, eliminando la obligación de pagar diezmos a la Iglesia. Ignoramos si estas medidas fueron tomadas desde la voluntad desmovilizadora de las revueltas del sur y desconocemos que tuvieran efecto alguno. Pero es muy indicativo de la voluntad de asimilación

---

[1] Para otros detalles sobre la vida de los judíos en Cataluña, deben recordarse aquí sobre el particular: Francisco de A. de Bofarull i Sans, «Jaime I y los judíos», *I CHCA*, págs. 819-943, con una serie documental de primer orden que agrupa 158 documentos de todo el reinado. Dedica a la época de Jaume desde las págs. 831 en adelante y pasa revista a los principales judíos del reinado. Ulteriormente se puede ver I. Ollich i Castanyer, «Aspectes econòmics de l'activitat dels jueus de Vic, segons el Libri Iudeorum (1266-1278)», en *Miscel·lània de Textos Medievlas,* 3, CSIC, Barcelona, 1985, con la edición de 323 documentos de la época. Para la incorporación de los judíos al nuevo reino de Valencia, cf. José Hinojosa Montalvo, «La inserció de la minoria hebrea en la formació social valenciana», en *Revista d'Historia Medieval,* 4, págs. 45-64, que apuesta por unas relaciones mucho más fluidas y extensas entre judíos y cristianos, antes de que estallase la pedagogía del miedo que coaccionó siempre a la conversión que ofrecía la misión.

de la sociedad cristiana el hecho de que, dos meses después de estas medidas, tuviera lugar una disputa teológica entre un judío converso (que ahora, y a imitación de Saulo de Tarso, se hacía llamar Pablo Cristiano) y el jefe de los rabinos de la comunidad de Girona[2] (Moisés Nahmanidas, también llamado Rabi ben Astruch de Porta). La disputa teológica se hizo en presencia del rey Jaume, como ya hemos dicho, lo que no hacía sino imitar el modelo de la disputa entre judíos y profesores de la Universidad de París que tuvo lugar en 1240[3] ante la persona de san Luis IX, rey de Francia[4].

El texto latino de esta disputa se nos ha conservado por los registros de la cancillería de Jaume. Pero también tenemos un texto en hebreo, que quizá corresponda al original latino que Nahmanidas redactó para el obispo de Girona, del que tenemos una edición moderna[5]. Del primero, del que tenemos dos copias[6], nadie puede dudar de su autenticidad como versión oficial de la

---

[2] Para la comunidad judía de Girona en el siglo XIII, cf. el artículo de Jaume Marqués Casanovas, «Judíos de Gerona en el siglo XIII», en págs. 283-298, con un apéndice documental, sobre la forma del sacramento de los judíos (pág. 295), que se halla en el *Libro Verde,* ff. 231v-233v, con breves referencias a nuestro tema en las págs. 290 y sigs.

[3] En esta polémica, las partes implicadas en el debate fueron fray Nicolás Donín, como nuestro Pablo Cristiano, un judío converso que se había pasado a la orden de Predicadores. Frente a él estaban cuatro rabinos franceses, entre ellos el de la sinagoga de París, Rabi Yehiel. Los debates se centraron en aquellos pasajes del Talmud que transmitían una noticia inaceptable de Dios. Cf. para esto el artículo de José María Millás Vallicrosa, «Sobre las fuentes documentales de la controversia de Barcelona en el año 1263», en *Anales de la Universidad de Barcelona,* Memorias y Comunicaciones. Publicado en 1949, Imprenta Elzeviriana y Lib. Camí, S. A., Barcelona, págs. 25-43; aquí, pág. 26.

[4] Nos informa del paralelismo Valls Taberner, *Obras Selectas,* vol. I, 2.ª parte, *San Raimundo de Peñafort,* CSIC, Madrid-Barcelona, 1953, pág. 326. Sobre este tema en general puede verse *Judaims on Trial. Jewish-Christian Disputations in the Middle Age,* edición y traducción de Hyam Maccoby, Associated U. P., Londres y Toronto, 1982. Cf. Jeremy Cohen, *The Friars and the Jews. The Evolution of Medieval Anti-Judaism,* Cornell, U.P., Ithaca-Londres, 1982.

[5] Cf. *Disputa de Barcelona, de 1263, entre mestre Mossé de Girona y Fra Pau Cristià.* Investigación inicial de Jaume Riera y Sans. Traducción de los textos hebreos y latinos, y notas de Eduard Feliu. Pórtic de Pasqual Maragall, Columna, 1985. Josep Perarnau y Espelt, en su trabajo «Sobre el protocol hebreu de la Disputa de Barcelona, del 1263», en *ATCA,* VI-VII, 1988-1989, páginas 272-275, se ve forzado a defender, contra las afirmaciones de Riera, que hay pruebas que demuestran la existencia de un protocolo judío de la disputa en el que se afirmaba la victoria del rabino de Girona sobre el converso Pablo. Encuentra dos testimonios indirectos: una disputa de 1286 en Mallorca, en la que se invoca la polémica de 1263 y cuyo autor afirma tenerla por escrito y haberla distribuido por todo el mundo. La segunda es la del *Speculum Hebraeorum* de fray João, monje de Alcobaça, que cita también el libro. En realidad, no hay que buscar tanto: la propia carta de Clemente IV a Jaume afirma que la polémica fue puesta por escrito por el rabino y que en su resumen se daba por vencedor. Luego había un escrito largo y un resumen, quizá el entregado al obispo. Dado que la carta es de 1265, según Zurita, el resumen sería muy reciente a los hechos. El estudio más serio es el de Hans-Georg von Mutius, *Die Christlich-Jüdische Zwangsputation von Barcelona nach dem hebräischen Protokoll des Moses Nachmanides,* Peter Lang, Frankfurt, 1982.

[6] Aparte de la cancillería real, se encuentra otra en un cartulario de la catedral de Girona. Fue publicado por los Villanueva en su *Viaje literario,* vol. XIII, págs. 332-335. Ahora en una edición digital de la empresa Facsímil, Valencia, 2002.

disputa, pues su final recoge la declaración notarial del propio rey acerca de la verdad de todas y cada una de las cosas dichas y hechas en su presencia «y de mucha gente, tal y como se contiene en la presente acta, en testimonio de lo cual he querido poner aquí nuestro sello para memoria perpetua de este hecho»[7]. La disputa tuvo también otro testigo de excepción: el penitenciario del Papa, san Ramon de Penyafort. Puesto que el texto latino es más acreditado y fiable, por razones del tiempo en que fue escrito, podemos usarlo para los detalles ambientales. El texto judío es radicalmente favorable al rabino, pero sobre él pesa la duda de que sea una copia tardía y falseada del texto que debió de escribir el propio rabino. Pero no cabe duda, entonces, de que existió el texto hebreo y de que ese texto, vertido al latín, debió de afectar profundamente a la Iglesia, pues en él aparecía como perdedora en un idioma que todos podían entender. Para los planes de hegemonía espiritual de Roma, aquel resumen fue un escándalo. Por eso mereció la atención y el enojo del Papa.

Debemos ofrecer entonces una idea precisa de los hechos. Los padres predicadores, impulsados por san Ramon, proponen al rey que asista a una discusión teológica, no porque la verdad de la Iglesia católica pueda estar sometida a discusión alguna, sino para que fuera evidente a los que profesaban el error del judaísmo que vivían en la confusión y la oscuridad. Es muy importante señalar que no se trataba de debatir sobre los fundamentos de la religión católica. Esto no estaba en cuestión. Sobre esto no podía hablar el rabino. La pretensión de Pablo Cristiano era demostrar que el Mesías, el Hijo de Dios, ya había venido al mundo, que había sufrido pasión y muerte por el género humano, que era Jesús y que, por todo ello, el culto judío no tenía sentido alguno, pues este culto solo podía mantenerse si el Mesías, que por doquier el mundo judío esperaba, todavía no había llegado. El rabino de Girona aceptó este orden del día y se mostró dispuesto a ir a Barcelona a discutir sobre estas cuestiones todo el tiempo que fuera necesario. Cierto: demostrar que el Mesías ya había venido y que era el Hijo de Dios era asumir la estructura trinitaria de Dios, según profesaba la Iglesia católica, que vivía todo el tiempo de su peripecia terrenal asistida por el Espíritu Santo. Este dogma chocaba con el monoteísmo radical del credo judío. Por eso, aceptar que el Mesías había venido tenía un efecto disolvente sobre la religión judía: en el fondo era afirmar que ya se habían realizado todas sus previsiones. La doctrina de san Pablo se ponía de nuevo en circulación y con el mismo efecto: hacer de las comunidades hebreas parte de la Iglesia cristiana. El judaísmo, para este punto de vista, quedaba superado justo porque era plenamente verdadero. El cristianismo lo hacía verdadero. El dilema era radical: si el judaísmo era verdadero, el cristianismo era verdadero. Si el judaísmo era falso, entonces había una razón de más para pasarse a la Iglesia de Cristo. Pablo Cristiano, que conocía muy bien el Talmud y la Ley, aludió a todas las citas de la cultura judía que efectivamente afirmaban que el Mesías había venido ya. Ahora bien, Jesús era el úni-

---

[7] *Disputa de Barcelona*, ed. cit., pág. 69.

co que se había atrevido a proclamarse tal. Luego si el Mesías había venido y Jesús había dicho que era Él, no tenía sentido ni negarlo ni buscarlo en otra parte. Pero entonces se debía creer que Jesús había enviado a sus discípulos el Espíritu que ahora asistía a la Iglesia. El relator anónimo del informe latino autentificado por el rey nos dice que, tras la exposición del dogma de la Trinidad, el judío calló y otorgó. La última línea de resistencia que propuso Nahmanidas fue, según esta versión, que, aunque el Mesías había *nacido,* todavía no había *venido.* Venir para los judíos implicaba que el Mesías les diera la soberanía como pueblo y los liberase de todos los poderes que los tenían sometidos. Pablo se dio cuenta de que esta aspiración política de los judíos se podía cumplir de manera muy sencilla: bastaba con su conversión al cristianismo. Era cuestión de integrarse en la Iglesia, clave para la emancipación política, para evitar la persecución, para liberarse y llegar a disfrutar del poder correspondiente. Así que el Mesías podía *venir* para ellos si pasaban a formar parte del pueblo de la Iglesia. La distinción entre nacer y venir era, pues, incomprensible y trivial. Si el cetro nunca le será retirado a Judá —argumentaba Pablo Cristiano—, Nahmanidas debía aceptar que quien de verdad portara el cetro continuamente, ese sería el heredero de Judá. Pero quien nunca había perdido ese cetro era la Iglesia católica. Nadie se acordaba ya del tiempo inmemorial en que los judíos habían tenido el poder. Durante trece siglos, los judíos habían sido un pueblo paria, justo desde la venida de Cristo. En vano recordó Nahmanidas la pura verdad: que el tiempo apenas cuenta en las promesas de Dios. Era inútil: la rotundidad del poder del presente era favorable a la Iglesia. Si la voz de Dios era verdadera, la Iglesia y nadie más era la heredera de Judá, la heredera legítima, por cuanto solo el Mesías podía haberle entregado un cetro que Dios se había reservado para sí.

Como podemos suponer, las dos versiones, hebrea y latina, son tan distintas como las dos creencias que allí se enfrentaban [8]. Para el anónimo relator cristiano, el rabino, al no poder mantener su posición, tras callar y aceptar su argumentación, huyó en secreto, abandonando la población y confesando así que la fe que alentaba era indefendible. Por mucho que el rey fuese testigo y estampase su sello en este relato, es poco verosímil que coincida con la realidad. Sin embargo, esa fue la interpretación verdadera, la que tuvo efectos prácticos, como se descubre cuando recordamos que el 29 de agosto de 1263 se publicó una orden por la que los judíos debían mostrar a fray Pablo Cristiano sus libros, para que fueran expurgados de todos los textos que atentaran contra la dignidad de la religión cristiana. El equipo de censores era espléndido: tras la primera censura de Pablo Cristiano, los judíos en segunda instancia podían acudir a san Ramon, Arnau de Segarra, Ramon Martí y fray Pedro de Génova. Como veremos, sin embargo, esta orden real no impidió un trato caballeresco hacia el rabino por parte del rey.

---

[8] Una comparación muy ponderada de ambas se puede ver en el trabajo de F. I. Baer, en la revista hebraica *Tarbiz,* en 1931-1932, artículo que está traducido en el trabajo antes citado de Millás.

Como ya hemos dicho, Nahmanidas también escribió un texto en el que reflejaba su visión de la polémica. Cuando en la edición moderna de una copia hebrea que nos ha llegado lo leemos, tenemos la impresión de estar frente a la vieja estilización de los actos del rey, con su protocolo, su nobleza, su dignidad, su alto estilo. Que esta versión hebrea se hizo con extrema rapidez es un hecho absolutamente cierto. Por lo demás, era muy lógico su planteamiento: si al judío se le había negado la posibilidad de hablar sobre la religión cristiana y sus fundamentos, ahora, en el texto, se podía desquitar. Esta autoafirmación, interpretada por la Iglesia como mera soberbia, fue decisiva para el futuro de Nahmanidas. El gesto era tanto más peligroso por cuanto que otro texto afín había sido traducido al latín y podía ser leído por todos. De ahí que no podamos negar una autenticidad total o parcial de la copia que nos ha llegado. Por lo demás, cualquiera que conozca el sobrio respeto a la letra de la cultura rabínica, con su sentido reverencial hacia la tradición de los sabios de sus estirpes, se sentirá inclinado a pensar que la copia que se nos ha transmitido, del siglo XV, debe de ser suficientemente fiel a la versión del propio rabino [9].

Cuando leemos ese texto nos damos cuenta de que el éxito teórico del rabino de Girona es indiscutible. Ni uno solo de sus argumentos es ajeno a una época en la que ya se había podido leer y disputar acerca de la *Guía de Perplejos* de Maimónides [10]. La superioridad dialéctica de Nahmanidas debió de doler a la Iglesia, y lo podemos apreciar por dos cosas: primero, por la creación de esa comisión real [11], ordenada por Jaume, para censurar los libros judíos, presidida desde 1264 por el omnipresente Ramon Martí, quizá recién regresado de Túnez; segundo, por la famosa carta de Clemente IV pidiendo justicia al rey por el libro que Nahmanidas difundía por doquier. Ambas reacciones no son las propias de un ganador en buena lid intelectual, desde luego. El rey no tuvo más remedio que ceder ante la presión, como lo prueba el documento del 12 de abril de 1265, en el que acoge la acusación que contra el rabino de

---

[9] No es cosa de entrar ahora en el tema de la vieja polémica entre el dominico Denifle y el hebreo Loeb, mantenida allá por el año 1887, en la que los dos partidos seguían disputando como seis siglos antes. Referencia a ella se encontrará en casi todos los estudios que abordan después la cuestión. Cf. la bibliografía en Josep Saranyana, «La razón especulativa versus la fe teologal», en José María Rábanos (coord.), *Pensamiento medieval hispano. Homenaje a Horacio Santiago Otero,* CSIC, Consejería de Educación de Castilla y León y Diputación de Zamora, 1998, pág. 1521, n. 27.

[10] Cf. Josep Ribera Florit, «La polémica sobre la *Guía de Perplejos* en Catalunya y Provenza», en Jesús Peláez del Rosal (ed.), *Sobre la vida y obra de Maimónides,* Eds. El Almendro, Córdoba, 1982, págs. 431-444.

[11] Cf. el clásico J. Regné, «Catalogue des actes de Jaime I, Pedro III y Alfonso III, rois d'Aragon, concernat les Juifs (1213-1291)», *Révue des Études Juives,* LX (1910), págs. 161-201; LXI (1911), págs. 1-43; LXII (1911), págs. 38-73, y LXIII (1912). Se trata de los documentos 215 y 249. Hay una nueva edición, *History of the Jews in Aragon. Regesta and Documents. 1213-1327,* ed. Yom Tov Assis y Adam Gruzman, Jerusalén U. P., 1978. Para una crítica de esta colección de documentos, cf. Burns, «Jaume Primer i el jueus», en *Jaume I i els valencians del segle XIII,* ob. cit., págs. 151-155.

Girona hizo Ramon de Penyafort, Arnau de Segarra y el propio fray Pablo Cristiano por haber escrito su versión de la jornada de Barcelona, «en vituperio de Nuestro Señor y de toda la religión católica, y así mismo contra el libro que había escrito» y traducido al latín para el obispo de Girona. Finalmente, el asunto debía ir a juicio del rey.

Sin ninguna duda, ese libro era el que el Papa denunciaba y era el que daba cuenta de la polémica con el celoso converso dominico. El propio Nahmanidas, presente ante un tribunal de obispos y canónigos, respondió ante el rey que esas palabras eran las que él había pronunciado en la disputa de Barcelona. Dado que aquella polémica se había realizado con permiso del rey, que el rabino había obtenido de don Jaume libertad para hablar según su conciencia, y que las reglas se habían pactado y aceptado por todos, según los usos caballerescos, ahora no podía ser recriminado de haber puesto sus palabras por escrito. El judío tenía razón y, en cierto modo, estaba en apuros solo por la presión de Roma. San Ramon no tuvo más remedio que reconocer que las cosas eran como el judío decía. Pero, a pesar de todo, la sentencia fue de dos años de exilio para quien —con plena libertad— había ido a discutir de teología a petición de los cristianos. Además, se imponía la pena adicional de llevar al fuego el libro donde se recogía la polémica.

Era una condena muy pequeña para lo que había de venir, desde luego, pero Nahmanidas se dio cuenta de que se trataba de una cuestión de principios. Injusta era la sentencia como la que más. El rey, como lo demuestra el documento, se dio cuenta de su peculiar situación. Había sido forzado a cometer una injusticia con un súbdito directo, ajeno a la jurisdicción de la Iglesia, pero se había resistido a conceder todo lo que pedían los acusadores dominicos. En tierra de nadie, concedió un *guiatge* al maestro rabino y amenazó con quinientos morabetinos de multa a quien le saliera al paso con ánimo hostil. Además, para proteger a Nahmanidas de la Inquisición dominica, le concedió la gracia de «que en ningún tiempo ni por potestad de ninguno sea obligado a responder de las cuestiones antes declaradas ni de nada que esté en relación con ellas, si no es por la potestad y en presencia nuestra»[12]. El rey sabía que la comunidad judía era cosa suya, estaba bajo su protección, y no parecía dispuesto a que la Inquisición —cuyo campo eran los herejes cristianos— se cebara en ella. Así que, por parte del rey, allí se acababa el asunto.

Los pueblos parias y marginados son siempre ricos en casos de obstinada y sencilla valentía. Aquella sería la última palabra del rey. Pero no lo fue por parte de Nahmanidas. Este emprendió el camino del exilio, pero no por dos años. Más fiel que los que habían de venir, no traicionó su fe. Apeló contra la sentencia ante el rey y consiguió su revocación. Los dominicos apelaron a Roma y en 1266 el papa Clemente IV exigió al rey que procediera contra él. Finalmente, se impuso el exilio, pero no por dos años ni fuera de las tierras de don Jaume. Una sentencia injusta puede incluso provocar en la víctima una

---

[12] *Disputa de Barcelona*, ed. cit., pág. 74.

autocondena mucho más pesada y gravosa, pero la víctima se libera de la primera y ajena si acoge la segunda con libertad propia. Eso es lo que hizo Nahmanidas, que se dirigió a Tierra Santa [13] y allí murió, en San Juan de Acre, en 1269 [14]. En sus carnes había vivido la injusticia y no estaba dispuesto a esperar que lo peor se cerniera sobre él.

La época de la disputa teológica todavía no había acabado, sin embargo. Las discusiones siguieron, repitiendo exactamente los mismos argumentos, en Mallorca, en 1280; luego en Valladolid, en 1316; después en Pamplona, en 1375; en Ávila, en el mismo año, y en Tortosa, en 1413. Durante siglo y medio, desde aquella disputa de París que tuvo como consecuencia la quema del Talmud ante Blanca de Castilla, hasta finales del siglo XIV, la presión sobre los judíos para reclamarles la conversión fue muy intensa. Con motivo de estas polémicas posteriores siempre se seguían los bautizos en masa, sobre todo cuando la predicación dominica de san Vicente Ferrer alcanzó su perfección apocalíptica. Justo cuando acabó esta fase de misión, empezaron los conocidos «alborotos», verdaderos *pogroms,* como el que tuvo lugar en Sevilla en 1391, seguido luego de matanzas en toda España.

No podemos detenernos en el contenido de las disputas y ni siquiera nos podemos parar mucho sobre la que presenció nuestro rey en Barcelona. Pero debemos decir algo sobre el sutil y paradójico procedimiento por el cual los cristianos, perdedores en aquella batalla retórica, acabaron siendo los vencedores en el debate. Como siempre sucede en las victorias de la tierra, esta de la Iglesia de Roma también fue provisional y, a la postre, ella también sucumbió al mismo veneno que destruyó la fe de los judíos. Para explicar este punto debemos volver al asunto principal. El elemento común de las dos referencias que nos han quedado de la polémica de 1263, la cristiana y la judía, inciden en los mismos temas centrales: primero, si el Mesías ha venido; segundo, si los propios textos rabínicos lo proclaman así. Puesto que era la estrategia de Pablo Cristiano, Nahmanidas sólo podía contestar que los textos que parecían proclamar el nacimiento del Mesías no eran centrales en la fe judaica.

En el fondo, se trataba de establecer una jerarquía de fuentes en la creencia judía: primero, la Biblia; después, la Torá, que sistematizaba sus leyes; en tercer lugar, el Talmud, que las explicaba; por último, el Midrash, conjunto de narraciones ejemplificadoras que se podían considerar alegorías de doctrinas, pero no dogmas en sí mismas. La estrategia de los conversos cristianos era, desde el mítico Pedro Alfonso (1062-1110), otorgarle valor literal a lo que era una mera narración alegórica. Pero resultaba evidente que las groseras expresiones antropomórficas de Dios, incluidas en las narraciones del Midrash, no podían ser entendidas en su literalidad. Esto lo sabía demasiado bien Pa-

---

[13] Cecil Roth, «The Disputation of Barcelona (1263)», *The Harvard Theological Review* 43: 117-144 (1950/2).

[14] Cf. «A propósito de la disputa de Barcelona de 1263 (La razón especulativa *versus* la fe teologal)», de Josep Ignasi Saranyana, ob. cit., vol. II, pág. 1517.

blo Cristiano, que lo había vivido. Si a pesar de todo puso el dedo en esta llaga, era porque se sabía que de allí no se podía seguir sino un desprestigio de los rabinos, que seguían usando el Midrash en su predicación. Los efectos destructores de esta estrategia eran ingentes. Mientras que las diferencias entre la Hagadah —las narraciones del Midrash— y la Halakka —explicaciones de la Ley o Torá— fueran internas a la comunidad hebrea, no pasaría nada. Las narraciones alegóricas no ponían en peligro los comentarios de la ley religiosa. El Talmud podía contener ambas doctrinas sin ponerse en cuestión. Pero si, desde la presión cristiana, se obligaba a no usar el Midrash porque era contrario a la razón, al sentido común, y se despreciaba como un mero recurso fantástico, entonces la práctica entera de los rabinos se ponía en cuestión. Alguien que interiorizara el argumento de Pablo Cristiano exigiría un aporte de racionalidad a la fe hebrea y sembraría la semilla del racionalismo, que bloqueaba la exégesis rabínica del Midrash como fuente de verdades prácticas, como forma de transmisión popular de las prácticas virtuosas de la gente sencilla.

Cuando Pablo trajo a mención el Midrash Eha Rabatti (I, 57), que dice que el Mesías nació el mismo día que fue destruido el templo de Jerusalén, para demostrar que el Talmud afirmaba que el Mesías ya había venido, obligó al rabino de Girona a confesar que no creía en la literalidad de esa Hagadah o relato tradicional en absoluto. Entonces Pablo pudo señalar a los fieles seguidores del rabino y decir claramente «Mirad, reniega de sus libros». Era una estrategia que no podía fallar [15]. Pues, aunque desde esta conclusión no se derivase la verdad del cristianismo, que no estaba en cuestión en la polémica, quedaba claro que obligaba a los judíos a unas distinciones sutiles entre sentido racional y sentido figurado que solo unos pocos podían asumir conscientemente. Lo básico es que ahora se podía *no* creer en el Midrash. Pero una vez sembrada la duda, ¿dónde pararía este nuevo afán racionalizador? La escisión de la comunidad hebrea era tan inevitable como el desprestigio de la autoridad de sus rabinos. Pues, a fin de cuentas, el más grande rabino había confesado no creer en una Hagadah. Los que no estaban en condiciones de asumir la sutileza, los conservadores y escandalizados judíos, los sencillos fieles que organizaban su vida tradicional sobre estos relatos llenos de encanto y de humanidad, no tenían otra salida que reforzar sus posiciones; pero ahora ya estaban a la defensiva. En quien prendiera la llama del racionalismo, ese estaba ya predispuesto a quebrar sus relaciones doctrinales con el rabino de su comunidad. La consecuencia, como dice el reportaje latino de la disputa, es que los propios judíos más conservadores insultaron al rabino. Pues resulta cierto que, en opinión del sentido común de los judíos, el Midrash era parte integrante de la construcción intelectual y espiritual y, en verdad, inseparablemente interrelacionada con el judaísmo normativo, y estaba indisolublemente

---

[15] Cf. Marc D. Angel y Herman P. Salomon, «Nahmanides' Approach to Midrash in the Disputation of Barcelona», en *American Sephardi,* vol. VI, 1973, págs. 41-51; aquí, pág. 44.

unido a él. Así que, al rechazar tan frontalmente la Hagadah, Nahmanidas introducía una senda racionalista en el mundo hebreo que inevitablemente facilitaba su fractura. Sin ninguna duda, esa fractura y desmoralización era lo que esperaba el mundo católico como condición previa a la conversión en masa de los judíos. Pues, en el fondo, su apostasía no parecía tener como fundamento el carácter evidente y seductor del catolicismo —una religión difícilmente explicable para una creencia basada en la comunidad familiar, como el judaísmo—, sino el desencanto previo con el mundo propio tradicional, que ahora se mostraba contradictorio.

Los dominicos no cesaron de presionar en este sentido. Pero los judíos tampoco se rindieron inmediatamente. El gran rabino de la ciudad de Barcelona durante toda la segunda mitad del siglo XIII, Salomon ben Aderet o Adret (1235-1310), tomaría el testigo de Nahmanidas. El polemista Ramon Martí (1215-1285) desempeñaría el papel del converso Pablo Cristiano. La escena la cuenta Ramon Llull, que también se implicó en estas tareas, como es sabido, en el *Liber de acquisitione Terrae Sanctae*[16]. Es muy curioso el reportaje que ofrece Llull de la disputa entre Martí y Adret[17], basado, según confesión propia, en diversas entrevistas que mantuvo con el judío. Para los que han puesto en duda la fidelidad de la reseña de Nahmanidas, podría ser de interés comprobar hasta qué punto Llull nos ofrece de nuevo el argumento con el que se cierra justo la disputa de 1263 en su versión judía. Adret, claramente, escapó a la estrategia en la que se había encerrado a Nahmanidas, si es que no lo hizo el propio rabino de Girona. El caso es que fue el judío Adret el que, pasando a la ofensiva, rogó al dominico que hiciera comprensible la fe católica. Dado que el fraile confesó que no podía entender racionalmente la propia fe, el judío Adret permaneció con la suya propia, juzgando la ley cristiana como improbable o incierta. Este hecho muestra cómo no había llegado a los dominicos la corriente racionalista que por aquel entonces santo Tomás empezaba a desplegar en París, la que sembraría bien pronto la tendencia averroísta implícita en el catolicismo tomista, de la que andando el tiempo surgiría el naturalismo occidental. El veneno de la razón, por tanto, amenazaba con destruir la fe judía, pero no iba a detenerse en ella. Pronto mordería el cuerpo del catolicismo. El hecho cierto es que este contraataque del mundo judío dejaba las cosas en el campo de la racionalización de la fe, campo por el que iba a transitar la Iglesia católica en su lucha por la hegemonía intelectual.

---

[16] Se trata del pasaje 3.1 en la edición de Longpré, *Criterion*, III, 1927, págs. 276-277. Está citado por Jeremy Cohen, de la Cornell University, en su trabajo «The Christian Adversary of Solomon ben Adret», *The Jewish Quarterly Review* LXXI: 48-55 (1980).

[17] Todos los aspectos sociales y económicos de las polémicas, en la medida en que son relevantes para analizar las formas de las comunidades judías, han sido estudiados por Rabbi Dr. Isidore Epstein, en su libro *The «responsa» of Rabbi Solomon Ben Adreth of Barcelona (1235-1310) as a source of the History of Spain,* de la serie *Studies in the communal life of the Jews in Spain as reflexted in the «Responsa»,* Kegan Paul, Londres, 1925.

La noticia de la polémica que nos ofrece Ramon Llull es interesante también por otros datos. En efecto, Llull nos permite identificar a este Ramon Martí como aquel que fue enviado por san Ramon de Penyafort a Túnez para aprender árabe y empezar a predicar la misión entre los musulmanes del norte de África. El relato de Llull acerca de la relación de Martí con el rey de Túnez, aliado de nuestro rey Jaume, quien habría de defenderlo contra los planes militares de Alfonso de Castilla, parece el mismo que el ya conocido de su relación con el judío Adret: el rey de Túnez le dijo que él no deseaba especialmente ser sarraceno, y que si le demostraba la fe cristiana se haría cristiano. Pero el dominico argumentó que la fe no podía ser demostrada. Era evidente para el *miramamolín* que no merecía la pena abandonar una fe —de la que quizá no se sentía muy seguro— por otra igualmente incierta. Él deseaba abandonar una creencia por una correcta comprensión de las cosas. Creencia por creencia, se quedaba con la suya, con la que había sido la de sus padres. Lo mismo había pasado con el judío Adret. Era posible que la fe judía tuviese sus inconsecuencias, pero era evidente que la fe cristiana era misteriosa e irracional.

Es fácil comprender lo urgente que debería parecer a estos dominicos la redacción de una obra apologética que permitiera defender el carácter racional de la fe cristiana como el argumento distintivo del catolicismo frente a las otras creencias rivales. Al fin y al cabo, la racionalidad era el único motivo que podía fundar la misión en tanto que actividad dirigida a que los musulmanes y judíos cambiaran de fe. Mientras que no se contara con esta racionalización superior de la fe cristiana, apenas tenía valor la predicación en la lengua de los árabes o de los judíos ni las campañas de misión. El aprendizaje de sus lenguas sería efectivo si se disponía de una verdad que comunicar con argumentos válidos. Por eso, Martí no se limitó a supervisar el *studium hebraicum* de Barcelona, sino que se puso a la tarea de redactar una obra apologética que lleva por título *Pugio fidei Raymundi Martini ordinis praedicatorum adversus mauros et iudaeos,* y en la que volvía a los argumentos de la polémica de Barcelona de 1263 ante el rey Jaume y el valor de la Hagadah, para demostrar que incluso el judaísmo confesaba en sus textos talmúdicos que el Mesías ya había llegado. La obra fue editada muy tarde, hacia 1651, en París[18], por lo que no fue muy usada. Es comprensible este abandono del que fue objeto, si pensamos que pronto el mundo cristiano dispuso de la monumental obra de Aquino.

Por su parte, y como antes hiciera el mismo Nahmanidas, el propio Adret relató para la comunidad de Lleida las respuestas principales que dio a Martí en su disputa. El texto ha sido editado por Moises Orfali Levi[19]. En él

---

[18] *Pugio fidei Raymundi Martini ordinis praedicatorum adversus mauros et iudaeos,* con las observaciones del presbítero y ex senador de Burdeos Joseph de Voisin de París. Con el epígrafe *Nunc primum in lucem editus.* La casa editorial era Mathurinum Hanualt, en la Via Iacoboea, sub signo Angeli Custodis y apud Iohannem Henault, sub signo S. Rapfael y cerca de San Benito.

[19] R. Moises Orfali Levi, «Selomon ibn Aderet y la controversia judeo-cristiana», *Sefarad*, vol. 39 (1979), págs. 111-122.

se puede ver que la disputa sobre la venida del Mesías seguía donde la había dejado Nahmanidas y que alcanzaba tal sutileza filológica en manos del rabino de Barcelona que le permitió salir de apuros sin cuestionar la fe en la Hagadah. Adret mantenía así con más eficacia el judaísmo ortodoxo. Explicaba con claridad el sentido de los textos aducidos cuando eran bien interpretados y mantenía viva la fe en la promesa divina de heredar la tierra de Israel, cuando llegasen a ella los judíos de todas las naciones. «Y quitaré de vuestro cuerpo el corazón de piedra y os daré un corazón de carne», termina el texto de Adret, afirmando que esto sucederá sin duda y «volverá el Señor a regocijarse con nosotros, como se regocijó con nuestros antepasados». Era una forma muy diferente de acabar, si la comparamos con la disputa de Nahmanidas. Una por cierto verdadera y propia de una fe madura y consciente. Nahmanidas a lo sumo invocaba la fría falta de razón del catolicismo, pero Adret se hacía fuerte en la esperanza escatológica por la que una comunidad como la judía se mantenía en pie [20].

---

[20] El tercer protagonista de esta serie es el mismo Ramon Llull, que escribió un *Liber predicationis contra Judeos,* editado por J. M. Millás Vallicrosa, Madrid, 1957, lo que se dice poco con el hecho de que fuera amigo de Adret y mantuviera con los líderes de la aljama de Barcelona una muy buena relación. Cf., para todo esto, Jeremy Cohen, «The Christian adversary of Salomon ben Adret», en *The Jewish Quarterly Review* LXXI: 48-55 (1980). Pero este debate escapa al tema de este libro y a la época de don Jaume I, y no podemos sino citarlo.

NOVENA PARTE

IGUAL EN POTESTAD, PRIMERO EN AUTORIDAD
(1266-1274)

55
EL OFICIO DE REY

Cuando, siguiendo el consejo de su buen obispo barcelonés, el rey Jaume regresaba desde Murcia a Valencia, una vez apaciguada la última rebelión musulmana, era notorio que entraba en la última etapa de su vida. Tras la conquista de Murcia cumplía cincuenta y ocho años. Pero nada sugería que hubieran disminuido en él los rasgos del espíritu de aventura, la sana disposición realista de su gobierno y las aficiones caballerescas del amor, la caza y la guerra. En cierto modo, el mundo a su alrededor no se lo permitía. Ante todo, había logrado una nueva victoria contra los infieles, quizá la más gloriosa por ser la más generosa. Luego, era reconocido como el jefe de la familia extendida que reinaba en los dos principales reinos hispánicos. Esta prioridad, de la que Jaume podía haber dicho, como Augusto dijo en su día ante el Senado para asentar el principado, que reposaba sobre una igual potestad pero una mayor autoridad, lo llenaba de orgullo. Y no solo a él. Recaía también sobre sus herederos, de tal manera que Pere y Constanza mantenían excelentes relaciones con su sobrino, el infante Sancho, el segundo hijo de Alfonso que luego sería rey como el cuarto de este nombre, y con su cuñado Manuel, casado con su hermana Constanza, a quienes sabemos que invitaron a Valencia para pasar el inicio del año 1267, ya pacificada Murcia[1]. Por doquier, como vemos, todo iba bien. Por si faltara algo, Berenguela Alfonso recordaba a don Jaume la felicidad de un amor joven, que también fortalecía a su manera los vínculos con Castilla.

    Y, sin embargo, alrededor de la vida del rey, por principio, nunca desaparecen los conflictos. Y estos le exigían esa firmeza de carácter que se requiere para garantizar la supervivencia en medio de un mundo de ruda competencia y de continua rivalidad, en el que la autoridad tenía que ser acreditada de manera permanente con la victoria diaria. En este sentido, nada en la *Crónica* nos sugiere que el rey disminuyese su actividad o que diera síntomas de cansancio hacia mitad del año 1266. Cuando recorremos los caminos que el rey emprendió tras la conquista de Murcia, nos damos cuenta de

---

[1] La noticia la ofrece Ferran Soldevila, *Pere el Gran,* Parte I, vol. II, pág. 242.

que la *Crónica,* como en otras ocasiones, no miente. Pues, en efecto, desde Murcia el rey se desplaza a Valencia. Lo hacemos en la capital el día 7 de abril. Tardaba cinco días en llegar desde Alicante, lo que significa que, para recorrer los más de ciento sesenta kilómetros, tenía que hacer una media de más de treinta al día. Quizá estuviera unos meses en su amada ciudad, pero el 8 de junio ya lo vemos en Barcelona. Allí, el 28 de julio de 1266, delante de su heredero Pere, que acababa de venir de Huesca donde pasaba el verano con su esposa Constanza, el rey emitió un diploma que había pasado inadvertido hasta que Ferran Soldevila reparó en él[2]. Por él podemos darnos cuenta de hasta qué punto al rey nunca le faltaban asuntos que tratar. Esta vez era de nuevo el problema de Navarra, el único punto de fricción entre Aragón y Castilla, una vieja herida que todavía habría de sangrar en el futuro. En el diploma, don Jaume daba treguas al rey de Navarra, Teobaldo II, conde de Champagne, hasta el día de San Miguel de 1267. Se trataba de mantener la relación privilegiada de Aragón con el reino pirenaico, relación que todavía fue asegurada con la visita de Pere a Teobaldo realizada en la Navidad de 1266. Por lo que sabemos, las cosas se quedaron ahí. En septiembre el rey estuvo en Girona, adonde llegó el primer día del mes. La *Crónica,* siempre amiga de resumir las cosas, nos dice sencillamente que el rey se dirigió a Montpellier y, efectivamente, así fue, pero con un lento periplo por sus tierras, resolviendo asuntos normales de la administración, como se deja ver en las fuentes documentales y la propia *Crónica.* Estos asuntos normales de gobierno incluían, sobre todo, impartir justicia en los pleitos de los grandes señores feudales. La *Crónica* nos habla de uno que surgió por entonces entre el conde de Ampurias y Pons Guillem de Torroella[3]. El rey era la máxima instancia de justicia en estos casos y, a pesar de las presiones en contra, se tomaba su tiempo para pronunciar una sentencia. Así que escuchó a las partes en Girona y se comprometió a dictar sentencia a la vuelta de Montpellier. De Girona fue a Perpiñán, donde estuvo la primera quincena de octubre, y luego pasó a Montpellier por Béziers. En su ciudad natal residiría tres meses, según ha demostrado Miret[4]. Allí tenía que tratar de la boda de su hijo Jaume con otra princesa de Saboya, Beatriz, hija de Amadeo, enlace que finalmente se frustró. Que el rey iba en serio en este proyecto lo demuestra el que unos días antes hubiera hipotecado el Rosellón como aval de la dote que debía dar a Beatriz. El caso es que el rey

---

[2] Soldevila, *Pere el Gran,* Parte I, vol. II, pág. 243.

[3] Todavía estamos hablando aquí de Pons Hugo III, que habría de morir en 1269, uno de los hombres de más confianza del rey don Jaume a lo largo de los cuarenta años de su gobierno del condado. Esta lucha con su vasallo rebelde, el señor de Torroella de Montgrí, ocupó sus últimos años. Durante toda la parte final de la vida de Jaume, el conde de Ampurias fue Hugo V, que gobernó el condado desde 1269 a 1277, muriendo casi al mismo tiempo que el rey. A pesar de todo, ayudó a don Jaume en la guerra contra los musulmanes de Granada en 1265, pero luego rompió las buenas relaciones tradicionales con la corona, siendo uno de los más rebeldes señores en la Liga de 1274. De él hablaremos de ahora en adelante. Cf. Santiago Sobrequés, *Els Barons de Cataluya,* ob. cit., págs. 84-86.

[4] Miret, *Itinerari,* ob. cit., págs. 389-396.

salió de Montpellier el 7 de febrero, pasó por Perpiñán y de vuelta a Girona, el 24 de febrero de 1267, debió de dictar aquella sentencia entre los nobles referidos, de la que sin embargo no sabemos el sentido.

A veces, sin embargo, estos conflictos no eran entre los nobles ni el rey tenía que ser juez entre ellos. En ocasiones, sencillamente, se trataba de un conflicto directo de los nobles con el rey, que difícilmente podía terminarse con una sentencia por parte real, sino con la apelación directa a las armas. Ejemplo de este tipo fue el caso que nos dice la *Crónica* del desafío de Ferriz de Lizana. Era este uno de los tres cabecillas de los rebeldes aragoneses que tanto habían resistido al rey en el asunto de Murcia y que se habían negado a entregarle nuevos impuestos. Como se recordará, estos ricoshombres habían forzado las Cortes de Ejea, que habían logrado una entente entre el rey y los nobles aragoneses. De esas Cortes había salido decretada una tregua entre ellos, que había de durar por lo menos hasta acabada la campaña de Murcia. Ferriz mantenía ese trato, y ahora, a la vuelta del rey, enarbolaba de nuevo la bandera de la resistencia. Ahora escribía una carta al rey en la que lo desafiaba abiertamente, si bien por lo que sabemos se quedó solo en una actitud. En estos casos, sin embargo, tal actitud significa la guerra entre un señor y un vasallo, lo que en el fondo venía a reconocer que la justicia entre ellos se entregaba a la decisión de Dios. El rey Jaume en la *Crónica* se permite ser altanero. No nos comunica el motivo de este enfrentamiento, aunque desde luego podemos intuir que es el viejo pleito de los contrafueros en los que el rey se había visto envuelto. El parágrafo en el que nos manifiesta esta situación es muy característico para identificar el estado de humor de un monarca en la plenitud de la gloria. Pues es el caso que el mismo día que recibe el desafío de Ferriz de Lizana, Jaume recoge una carta de una embajada del rey de los tártaros, que de ser una peste apocalíptica para Occidente había pasado a ser un poder con ansias de reconocimiento entre los príncipes cristianos. Que ahora este poder terrible le enviara embajadores a Jaume era el reconocimiento explícito de su fama ante el más lejano monarca del mundo conocido, con cuya amistad todavía no contaba ningún rey de la cristiandad. Y allí, cuando los embajadores del lejano y fiero rey se inclinaban ante él con un amistoso saludo, el mismo día, uno de sus señores alzaba el brazo contra él y lo desafiaba en combate. Era una insolencia y una presunción. El rey sabe que el enemigo que se le ha declarado no está a su altura, pero es tan fuerte su alegría por la reverencia que le viene de la lejana Rusia, que ni siquiera le causa enojo la agria carta del aragonés [5]. El rey dijo que él estaba acostumbrado a ir de caza mayor, y que ahora Lizana le ofrecía salir de caza menor. Lo suyo eran las grullas y las avutardas: Lizana era una tórtola o una paloma. Pero en modo al-

---

[5] Era este Ferriz de Lizana hermano de madre de Fernando Sánchez de Castro, el hijo natural del rey habido con Blanca de Antillón. Vinculado a una familia de ricoshombres, junto con los Urrea, conformará el núcleo de la gran rebelión de nobles aragoneses que dirigirá el señor de Castro y que cuestionará los últimos años del gobierno de don Jaume, pero sobre todo la autoridad del infante Pere.

guno merecía el desprecio. Así que el rey se dirigió desde Perpiñán a Barcelona, donde estuvo todo el mes de marzo y la mitad de abril de 1267. El día 25 de ese mes llegó a Lleida y allí pidió ayuda a los prohombres de la ciudad contra el noble Lizana, que le desafiaba.

Y entonces, de repente, surge la primera noticia de la debilidad del rey. Es una noticia que no nos habla de él, sino de cómo lo ven los demás. Y no se trata de una debilidad física, sino, bien al contrario, de una debilidad anímica. Lo paradójico es que sea fruto de su excesiva gloria, de su extrema generosidad. Cuando el rey pide ayuda, los hombres notables de la ciudad de Lleida le dicen: «¿De qué os ha de servir nuestra ayuda, si al cabo los perdonáis siempre a todos, y así cobran nuevos bríos para haceros daño?»[6]. Era verdad: los nobles desde siempre se habían mostrado desconsiderados con el rey, pero este jamás los había castigado de manera clara. La ciudad, como vemos, exigía medidas más drásticas, algunas de las cuales los reyes tenían en su mano desde antiguo, como la destrucción de sus fortalezas y la confiscación de sus bienes. Los notables de Lleida en el fondo pedían este tipo de trato, y por detrás de ellos estaba un hombre de extrema energía y sentido del poder real, el infante Pere.

El rey no pudo menos que aceptar el reproche. Pero, rápido de reflejos, aseguró que esta vez todo sería diferente. Y, en efecto, a partir de ese momento, el rey nos da cuenta de que cada fortaleza que conquista al noble enemigo queda demolida, una política que no se impulsaría de manera metódica hasta los Reyes Católicos. Y no solo eso: el rey por primera vez se mantiene intransigente en su voluntad de dar un castigo ejemplar a los sublevados. A pesar de que estos, viéndose muy perdidos, pidan gracia, el rey se la niega. El cambio de actitud viene provocado por la presencia del infante Pere, siempre tras el rey[7], introduciendo un punto de nuevo vigor en sus actitudes y decisiones. De esta manera, cuando los de Lizana se rinden, tras un duro asedio de su castillo, el rey manda ahorcar a los culpables en las murallas. Debía de ser hacia el día 21 del mes de mayo de 1267 y por el momento se daba tregua al problema de las relaciones con los nobles de Aragón. Pero era un final provisional. Aunque el rey ya estaba en Huesca hacia el mes de junio, todos eran muy conscientes de que tan pronto entrase en un momento de debilidad los nobles volverían a unirse para disminuir el poder real.

Otro de los problemas que atrajo la atención del rey en este tiempo de paz fue el fraude de moneda que se extendió por las tierras aragonesas y que a punto estuvo de producir una gran crisis social. Solemos pensar que, en aquellos tiempos, la economía monetaria, la que se expresaba en dinero, era una parte insignificante de una sociedad que estaba sobre todo preocupada por la subsistencia material. Nada más lejos de la realidad. Hoy sabemos que la sociedad medieval, en el siglo XIII, aunque no producía para el mercado, estaba

---

[6] *Crónica*, §458.
[7] Soldevila, *Pere el Gran,* Parte I, vol. II, págs. 287 y sigs.

muy condicionada por la economía monetaria. Es más: los autores que han estudiado la crisis del siglo XIV, como por ejemplo Guy Bois[8], han visto la génesis de esta aguda ruina que padeció todo el orbe europeo, justo en los efectos perturbadores que produjo la economía en dinero sobre una sociedad que todavía se basaba en otro tipo de relaciones económicas más primitivas. El dinero acabó alterando las relaciones éticas en las que se basaba el imaginario de los nobles y las relaciones de fidelidad feudal y endureció las condiciones de explotación agraria para poner en manos de los señores rentas en dinero cada vez mayores. Además, la creciente importancia del dinero determinó la entrada en los círculos de poder de unas nuevas élites, reclutadas entre grupos que hasta ahora vivían marginados, como los judíos y los grandes banqueros. El excedente de la sociedad se destinó al gasto suntuario, lo que motivó nuevas formas de producción artesanal, entregada a la fabricación de productos más refinados. Así se formaron burguesías urbanas que alteraron las formas gremiales de trabajo, al convertir los oficios en dependientes de los propietarios de capital, que con frecuencia además surtían de materias primas o controlaban los puntos de comercio. En fin: que la sociedad de la segunda mitad del siglo XIII vivía más pendiente de la moneda y del dinero de lo que podemos imaginar. Este hecho motivó que el rey, desde el inicio de su reinado, se comprometiese a no alterar la aleación de las monedas, para que estas mantuviesen su valor estable. A cambio de eso, el rey recibía cada siete años un impuesto. Como se ve, este compromiso solo podía cumplirse si el rey mantenía el monopolio de acuñar moneda y controlaba los pesos y las aleaciones de los metales nobles en el proceso de fabricación. Cuando esto no era así, la moneda dejaba de inspirar confianza y generaba carestías considerables. Se iniciaban así nuevas alteraciones a la baja de su valor y se entraba en el círculo de la subida de precios y de nuevas acuñaciones devaluadas. En ese círculo tiene sentido la crisis de los siglos XIV y XV.

Pues bien, por este año de 1267 se descubrió una falsificación de moneda en Tarazona, y el rey tuvo que ir a la frontera a resolver el problema con tanta o más urgencia y empeño que si se tratase de una rebelión de sus ricoshombres. Afortunadamente, tenemos el documento de octubre de 1267 donde el rey describe el crimen y dicta sentencia. Al parecer, en algún sitio se estaba acuñando moneda en nombre del rey de Aragón y del rey de Castilla. Se nombraron jueces y se investigó. Zurita lo cuenta en sus *Anales*[9]. Uno de estos jueces era el famoso jurista provenzal Albert de Lavània, que se había refugiado en Cataluña huyendo de la dominación de Carlos de Anjou sobre Marsella. Al parecer, las pesquisas no dieron resultado. Nadie encontraba rastro alguno de la ceca ilegal. El rey, mientras los jueces investigaban, estaba de caza. A la vuelta de una de estas excursiones, Jaume reclamó resultados. Los jueces

---

[8] Cf. Guy Bois, *La gran depresión medieval: siglos XIV-XV. El precedente de una crisis sistémica*, Biblioteca Nueva, Universidad de Valencia, Valencia-Madrid, 2001.

[9] Zurita, *Anales,* Libro III, cap. LXXII.

estaban perplejos: nada se había averiguado de esta acuñación. El rey comenzaba a inquietarse cuando, como suele ocurrir, ante él se presenta la solución, sin duda debido a la fuerza de su autoridad. Un delator se personó en la casa del rey y le ofreció información de uno de los implicados en este caso de falsificadores de moneda. Era un clérigo, por nombre Marqués, hermano de un tal Domingo López, y a cambio del perdón se comprometía a delatar a sus compañeros de crimen. La *Crónica* es muy interesante en este punto porque nos muestra la forma procesal en la que intervenía el rey como último brazo de la justicia.

El caso es que llegó a la cámara del rey el tal Marqués. Jaume tenía preparado a su notario y un texto de los Evangelios sobre el que había de jurar el delator. La fórmula del juramento está plenamente ritualizada: se trata de decir la verdad y de no callar nada, fuese cual fuese el motivo: amistad, temor, dádiva o miedo. Además, se proponía el juramento de decir la verdad incluso sobre las cosas acerca de las cuales no era preguntado. Antes de declarar en contra de él y de sus cómplices, sin embargo, el delator reclamaba ser perdonado a priori. Si el rey le concedía el perdón, el delator le besaba la mano en señal de gratitud. Es interesante subrayar que solo se cuenta la verdad si ya hay perdón. Así fue: el sujeto confesó y delató a sus cómplices con toda formalidad. Después de esto, el rey aceptó la declaración con una fórmula semejante a esta: «Ben siats vós vengut, que ben començats». Así pudo el rey saber quiénes eran los falsificadores, cómo habían fabricado moneda de Burgos y de Aragón, dónde se acuñaba y el nombre de los cómplices y encubridores. Como señal de no decir sino la verdad, el delator propuso un careo con los denunciados, si bien se trataba de un careo muy especial, siguiendo prácticas arcaicas de las que todavía se tiene un eco en las obras de teatro clásico. El delator se mantenía oculto tras la cortina y, cuando estaba el acusado en el momento de la negación de su crimen, entonces se le hacía salir para causar un impacto más determinante. Así se tuvo que hacer y, por el efecto que esta escena tuvo en el semblante del sospechoso, el rey reconoció la verdad de la denuncia. El semblante no es la prueba, pero sí un síntoma para que el rey pronuncie una sentencia de culpabilidad antes incluso de que sea probada y confesada. «El cargo que se te acaba de hacer te será probado», dice el rey, en una expresión muy paradójica, porque se afirma la verdad del hecho antes de probarlo fehacientemente. En todo caso, todo está preparado para hacer confesar al sospechoso, prometiéndole gracia, siempre en analogía de la que Dios concede a quien confiesa sus faltas con sinceridad. Ante esta presión, el delatado confesó y contó todo el complot de la falsificación de moneda. Uno a uno se fue citando a los descubiertos y entonces se comprobó la coherencia de todos los testimonios. Con esto dice el rey que «quedó todo completamente probado»[10]. Como hemos de subrayar, jamás se emplea el castigo corporal ni la tortura.

---

[10] *Crónica*, §470.

Finalmente, todo se dilucidó: un tal Pedro Pérez fabricaba falsos maravedíes de cobre y luego les ponía una lámina fina de oro. Pedro Ramírez era el que los distribuía. Como había personas del clero, el rey los entregó a su obispo respectivo. Ya que sobre ellos no se podía derramar sangre, el obispo encerró de por vida al cómplice, un sacristán, hasta que murió en la cárcel. Don Pedro Ramírez, su hija y su esposa, Elfa de Torella, fueron ajusticiados, pues aunque eran nobles, no eran ricoshombres, sobre los que nadie podía poner la mano de forma violenta. La muerte que se le dio al criminal principal fue la que por aquel entonces se consideraba la más humillante: la de ahogarlo en un río, castigo ejemplar que todavía tendremos oportunidad de volverlo a encontrar en esta historia. Otro de los procesados, juzgado en rebeldía, fue el tal Pedro Pérez, que en octubre de 1267 fue condenado. Como es evidente, de la investigación se derivó que estos crímenes no podían hacerse sin la complicidad de los nobles, en cuyos castillos se conseguía escapar a los controles de los oficiales del rey. Así, sabemos que esta acuñación se hizo en el castillo de Santolalla, cerca de Sangüesa, en la frontera de Navarra, en un apartado valle a los pies de Sos. El señor del castillo era Pedro Jordan, que por lo visto fue quien impulsó toda la operación. Elfa sería su esposa viuda, que habría continuado con Ramírez lo iniciado por su anterior esposo. Como es natural, dentro de las penas se incluía la confiscación en favor de la corona de todos sus bienes.

La *Crónica* da señales de estas actividades judiciales del rey, y sobre todo de esta intervención fundamental en la vida económica del reino, porque se muestra muy consciente de la centralidad de estas tareas dentro del oficio real. Es más: puede sonar pintoresco, pero de este pasaje de su vida, como de los más notables por su heroicidad, quizá también existía una versión rimada anterior a la narración de la *Crónica,* lo que muestra una aguda conciencia de la importancia de los temas de justicia por parte del séquito de cortesanos y juglares que acompañaban al rey. En cierto modo, hacer justicia en estos casos espectaculares era una de las *fazañas* de los reyes, y, por tanto, debía figurar en el *Llibre del Feyts* de En Jaume.

No debió de pasar mucho tiempo desde el final de este año de 1267 sin que un grave dolor se presentara ante el monarca, por mucho que fuese también un dolor natural, propio de la vida cotidiana. Acabado este asunto de la falsa moneda de Tarazona, el rey se dirigió a Zaragoza, donde estuvo la segunda mitad de noviembre y los primeros días de diciembre. Aquella Navidad la pasó en Alcañiz y el Año Nuevo lo sorprendió en Tortosa, en las llanuras finales del Ebro. Hacía un año y casi nueve meses que no volvía a Valencia y el rey, según nos dice en la *Crónica,* echaba de menos la ciudad del Turia. El 17 de enero de 1268 ya lo tenemos en Sagunto y el 23 dicta documentos en la capital. En Valencia fue donde le llegó la noticia de la muerte de su hija María, la más joven de las hijas de Violante de Hungría, la que el Papa por aquel entonces proponía como esposa de Carlos de Anjou, viudo de Beatriz de Provenza. Había muerto en la ciudad de Zaragoza de repente, a los pocos días de salir del monasterio de Sigena. No sabemos de qué ni cómo. Su hermano Pere la había ido a ver al monasterio un poco antes de su muerte, en enero de 1268. Desde luego, como dijimos en capítulos anteriores, Pere no deseaba por nada del mundo aquella boda. La salida de María del monasterio de Sigena no implica que la joven fuese a tomar una decisión en contra de la voluntad del hermano. Quizá iba simplemente a tratar del asunto con su padre. El rey, nada más recibir la noticia de su muerte, se dispuso a tornar a Zaragoza, para llevar el cadáver hasta el monasterio de Vallbona de les Monges, cerca de Cervera, donde estaba enterrada la reina madre Violante. Pero los zaragozanos se adelantaron y enterraron el cuerpo de la infanta en la capital de Aragón. El rey desistió de ir a recoger su cadáver. El motivo de las prisas para el entierro, sin duda, era administrar la herencia de la infanta. Aunque era escasa, apenas unas joyas que le entregara su padre, fue suficiente como para que los albaceas hicieran un largo viaje a Valencia, donde se hallaba Jaume. En el fondo venían a ofrecerle la reversión de las joyas, pues era de suponer que el rey querría conservarlas, como así fue. A cambio de ellas, don Jaume entregó durante un tiempo las rentas de Barbastro, Daroca y Roda. En total supuso una suma de mil marcos que, todo hay que decirlo, de esta manera no salían de Aragón. Aquella muerte de la hija, sin embargo, era solo el principio de lo que había de venir.

Desde entonces, la escena se iba a complicar para un rey que llegaba a la edad de sesenta años. Por el mes de marzo de 1268 otra muerte sorprendió al rey: la del conde Alvar de Urgell [11]. La personalidad de este conde, dominada por el pesar y la tristeza, producidos por una vida conyugal terrible y calamitosa, es característica [12]. A su muerte, dejó el condado cargado de deudas, que el rey pagó a cambio de hacerse con importantes pertenencias. Esta intervención del monarca decepcionó a los albaceas del conde Alvar, que deseaban

---

[11] Zurita, *Anales*, Libro. III, cap. LXXIII.
[12] La historia de este desventurado conde Alvar es muy significativa de la nobleza hispana. Alvar había nacido en Burgos en 1239, hijo de María Girón y de Pons de Cabrera. Cuando llegó a Balaguer en 1253, la primera vez que pisaba tierra catalana, se enteró de que los nobles ya lo habían casado con Constanza, hija de Pere de Montcada y sobrina de Jaume I. Los nobles contrarios a los Montcada, sobre todo los Cervera, preparon un matrimonio alternativo, con una hija de los Anglesola. Alvar, en el altar, sin embargo, con lágrimas en los ojos, gritó que en realidad quería casarse con Cecilia de Foix. Así se hizo, pero a costa de una guerra civil. Como el rey se inclinó por los Montcada, a fin de cuentas familiares suyos, los demás nobles de Cataluña, dirigidos por los Cervera, junto con los Anglesola, se pusieron en su contra. Pronto entró en juego san Ramon de Penyafort, que legitimó el matrimonio de Constanza, pero el conde no se avino en principio a su sentencia. Cansado de este asunto, finalmente convivió con su primera esposa Constanza durante un año, pero mientras tanto un tribunal eclesiástico de Roma, forzado por los Foix, logró reconocer como válido el matrimonio con Cecilia, con lo que el joven conde se fue a vivir con su amada. De nuevo, la curia romana, inspirada por Penyafort, apostó por el primer matrimonio, pero esta vez Alvar no cambió de pareja. Bígamo contra su voluntad, Alvar vio sus tierras invadidas por el rey y sus aliados. Refugiado en los Pirineos con su amada Cecilia, murió a los veintiocho años, tísico y cansado, dejando herederos de los dos matrimonios. Cf. Sobrequés, ob. cit., págs. 76-78.

hacerse con el condado. Los que más expectativas tenían eran Ramon Folch IV de Cardona y su sobrino Ermengol, conde de Urgell, junto con Roger Bernat de Foix. Las negociaciones se hicieron inevitables y, como no llegaban a sitio alguno, el rey Jaume pronto tuvo que apoyarse en su hijo Pere. Juntos los vemos por los meses de septiembre y noviembre de 1268 en diferentes ocasiones, entre Lleida y Barcelona. Ferran Soldevila[13] nos dice que sin duda el rey le dio las instrucciones necesarias a su hijo acerca de cómo tratar estos temas en su entrevista de Huesca del 17 al 20 de noviembre. Al poco tiempo, sabemos que el séquito de Pere ya lo formaban más de trescientos caballeros, entre los que iban algunos sicilianos, que habían obtenido trabajo en la corte del infante. Eran fuerzas demasiado grandes para los nobles rebeldes. Además, el infante tenía una oferta muy clara que hacerles: más bien pronto que tarde se levantaría la opción de Sicilia, cuyos derechos reclamaba íntegros su esposa Constanza, a la que todos llamaban por estas fechas reina. Así que, hacia el mes de enero de 1269, el infante llegó a un acuerdo con los señores rebeldes (con Roger de Foix, Ramon Cardona, Arnau de Pallars y Pere de Berga), por el que se comprometían a defender al infante y a su esposa en la persecución de su derecho. Pere, a su vez, se comprometía a defenderlos, sobre todo al conde de Foix, contra todo poder que amenazara sus tierras de más allá de los puertos pirenaicos.

Como vemos, Pere no temía a Francia. Como consecuencia de este pacto, los nobles se someterían a la sentencia arbitral con el rey Jaume para resolver el litigio del condado de Urgell. Las posiciones eran muy claras. La nobleza catalana quería que Ermengol tomara posesión del condado de Urgell en su integridad, con todas las tierras que el rey se había reservado en compensación por el pago de las deudas de Alvar. Por su parte, el rey reclamaba que el conde de Foix le entregara todas las tierras de feudo por no haber obedecido la orden del rey. El juicio se vio ante el infante Pere en Lleida, en el palacio de la Suda, el viejo recinto real que había visto alzar a Jaume en su infancia como rey de Aragón. La sentencia fue aceptada por todas las partes. Aunque al parecer el conde de Foix perdió algunas tierras, pronto fue compensado con el vizcondado de Castellbó, vacante por la muerte de sus titulares como herejes. Aunque esto no significó el final de los disturbios —en realidad, estos no tenían fin—, la actividad dominadora de Pere se dejó sentir con fuerza. Su capacidad de mando y su fidelidad al padre no dejan lugar a dudas. En cierto modo, los problemas iban a crecer desde entonces, pero la realeza ahora tenía dos cuerpos y una sola cabeza. Jaume podía tomar distancia de los asuntos más enojosos. Poco a poco, y cada vez más, allí estaba su hijo Pere para tomar el pulso de las cosas.

---

[13] Soldevila, *Pere el Gran,* Parte I, vol. II, pág. 291.

56
Toledo

Hemos visto que, por la fiesta de Todos los Santos de 1268, el rey tomaba parte en la guerra por la sucesión del condado de Urgell a la muerte del conde Alvar de Cabrera. Por estos días, estando en Cervera, le llegó la noticia de que el Papa había elevado a la sede primada de España, al arzobispado de Toledo, a su hijo menor Sancho. En las cartas de anuncio que envía a su padre, el nuevo primado le ofrecía la buena nueva, le pedía perdón por no ir en persona a dársela y le invitaba a pasar con él las Navidades de 1268, fechas en las que tenía que cantar su primera misa en su nueva sede. Con todo, el nuevo arzobispo se ofrecía para ir a buscar a su padre y rey hasta la frontera de Aragón, hasta Calatayud, y hacer juntos el camino que los llevaría luego hasta Toledo, pasando por los territorios que la archidiócesis tenía en Brihuega y en Alcalá de Henares. El rey aceptó la invitación y lo hizo en una carta que escribió con claras expresiones de afecto. En la *Crónica* hay palabras sentidas del estrecho vínculo que le unía con él y el reconocimiento del padre hacia la personalidad del hijo. Así que Jaume se dirigió desde Cervera hacia Lleida, llegando el 17 de noviembre a Huesca, donde dejó a su hijo al frente de las escaramuzas con los barones catalanes. Desde allí, es de suponer que, pasando por Monzón, se dirigió hacia Zaragoza, donde se encuentra en el último día del mes de noviembre. Sabemos que el día 10 de diciembre, por fin, estaba el rey en Calatayud. La *Crónica* en esta parte conserva la memoria fresca de los acontecimientos y es puntillosa en extremo a la hora de referir los días y de hacer los cómputos. Para darle más honra al viajero real, enterado el rey de Castilla de que Jaume iba camino de su reino, lo esperó en la frontera, justo en el monasterio de Santa María de Huerta, en la provincia de Soria. Desde entonces no se separaron hasta llegar a Toledo. Allí habría de permanecer el rey don Jaume hasta después de la fiesta de los Reyes Magos.

Puede sorprender que el hijo del rey de Aragón fuera consagrado arzobispo de Toledo y primado de España. En realidad, las relaciones entre los ámbitos de gobierno eclesiástico y los del gobierno político no eran unívocas. Cada rey podía ser emperador en su reino, como decía la reciente doctrina papal; pero en modo alguno podía decidir por sí solo la forma de cubrir los altos cargos de la Iglesia. Esta decisión, en último extremo, correspondía a la curia del Vaticano. Pero es que, además, la archidiócesis de Toledo tenía el primado de las iglesias de España y, como tal, su titular no tenía por qué pertenecer a Castilla. Finalmente, Castilla no era la vieja Hispania o Espanya, como se dice en la *Crónica* de Jaume. Así que nada, desde un punto de vista estrictamente eclesiástico, impedía que el primado recayese en un natural de los reinos de Aragón.

Esto que aquí decimos, no obstante, aporta una reflexión formal y un poco mecánica, que apenas roza el importante fondo de las cosas. Pues lo decisivo, lo que hemos de tener en cuenta, es que un largo pleito se venía arrastrando desde 1239 entre la archidiócesis de Toledo y el metropolitano de Tarragona por la adscripción de la diócesis de Valencia. No era el único. Otro pleito estaba abierto entre Toledo y Valencia por la extensión y la definición de los límites de la diócesis de Albarracín-Segorbe. Como podemos ver, la no equivalencia entre las instituciones eclesiásticas y las políticas permitía este tipo de pleitos, que no fueron ni mucho menos exclusivos de los agentes que ahora nos interesan. En el contexto de estos pleitos entre Toledo y Tarragona, y entre Toledo y Valencia, el hecho de que el hijo del rey de Aragón cantase misa en la vieja capital de los godos, y tomase posesión de su sede primada, adquiría una relevancia central.

Si he mencionado ahora la vieja capital de los godos es porque a ellos tenemos que remontarnos para entender algo de lo que aquí pasaba. Pues, en efecto, al ser conquistada la zona de Cartagena por los bizantinos, hacia el siglo VI después de Cristo, la capital de esta provincia eclesiástica se desplazó a Toledo. Al ser la capital del reino de los godos y sede de su Tesoro, y por tanto centro de los concilios del reino, verdaderas asambleas en las que se reunía la aristocracia militar de los germanos con la aristocracia civil y episcopal de los viejos hispanorromanos, Toledo obtuvo la primacía de toda Hispania, única solución sensata cuando Narbona quedó fuera del control visigótico. El caso es que el más importante de los primados toledanos, el cardenal Jiménez de Rada, que por cierto era navarro, impuso la doctrina de que a Toledo debían volver todos los obispos sufragáneos de la vieja provincia cartaginense. Esta política no la inventó él. De hecho, tiempo atrás, cuando se creó la diócesis de Burgos, Tarragona declaró que pertenecía a su provincia, pues todo ese territorio quedaba, desde luego, dentro de la tarraconense hispanorromana[1]. Pero aunque no la inventara Jiménez de Rada, esta política fue perseguida con toda constancia y obstinación por el cardenal de Toledo, que no cesó de mantener luchas con todas las nuevas diócesis de la Reconquista, desde Cuenca hasta Baeza.

---

[1] Como se puede suponer, Castilla no consintió que así fuera. Urbano II acabó haciendo de Burgos una sede exenta, sometida al control directo de la Santa Sede. Sería el mecanismo que Roma propondría para Mallorca. Cf. Demetrio Mansilla Reoyo, «Episcopologio de Burgos. Siglo XII», *Historia sacra,* IV, 1951, pág. 314.

La política de Jiménez de Rada no era arbitraria. Más bien tenía firmes fundamentos jurídicos. Desde el punto de vista del derecho canónico, de corte corporativo, los privilegios y derechos de un instituto eclesiástico eran eternos. Esta razón jurídica se aliaba con la forma de pensar más básica de las sociedades medievales, que se prestaba a defender todo lo tradicional como índice de lo mejor. La suma de estas razones debió de inclinar en su día a Urbano II a confirmar la primacía peninsular de Toledo tras su conquista de 1085. Desde luego, con ese reconocimiento, Toledo tenía asegurada solo la primacía de las iglesias de España. Pero otra cosa muy distinta era el alcance de su propia provincia, el conjunto de sus diócesis sufragáneas, aquellas sobre las que Toledo tenía algo que decir a la hora de nombrar obispos. Se trataba, en suma, de definir el alcance real de la provincia cartaginense. A Jiménez de Rada le importaba muy poco que los dominios de su provincia estuvieran en reinos distintos. ¿Acaso el poder espiritual de la Iglesia no estaba por encima del poder secular en aquellas cosas propias de su jurisdicción? ¿No alcanzaba Roma tanto a las cosas espirituales de Francia como a las de Alemania o Inglaterra? ¿Por qué no había de alcanzar Toledo a los reinos de Castilla y de Aragón?

En apariencia, el argumento de Jiménez de Rada era impresionante. Desde cierto punto de vista, sin embargo, su posición no se hacía cargo de las nuevas realidades emergentes, los reinos que poco a poco controlaban la Reconquista y asimilaban los territorios de los sarracenos, ellos mismos fracturados desde antiguo en distritos más o menos autónomos. Como reconoce el nada sospechoso Robert I. Burns[2], desde el punto de vista del derecho y de la historia, la razón estaba con Jiménez de Rada. Pero, como él mismo añade, desde el punto de vista de la lógica de los nuevos tiempos, la cosa era muy discutible. Por mucho que, en principio, los poderes espirituales y los temporales aparecieran como independientes entre sí, mil lazos de todo tipo los unían. Justo por eso era lógico que los reyes aspirasen a interpretar la administración religiosa como una dimensión más de sus reinos, impidiendo que en ellos tuviesen peso unas autoridades eclesiásticas que, en principio, residían en territorios de reinos ajenos y estaban condicionados por poderes políticos distintos.

Esta fue una de las razones que hizo imposible la plena autonomía eclesiástica en un mundo cada vez más configurado por lo político. Además, estos conflictos entre iglesias demostraban las tensiones que producían los restos de un viejo y mítico sistema político unitario —por mucho que el visigótico no fuera jamás nada parecido a un reino firmemente unido—[3] cuando chocaban con el sistema de reinos hispánicos, plurales y soberanos entre sí. La invocación de aquella unidad —rememorada por Alfonso VII el Emperador— des-

---

[2] Cf. R. I. Burns, *El regne Croat de València,* Tres i Quatre, Valencia, 1993, pág. 546.
[3] Cf. Ramon d'Abadal, *Els primers comtes catalans,* Editorial Teide, Barcelona, 1958; y *Dels visigots als catalans,* 2 vols., Edición 62, Barcelona, 1969-1970.

pertaba ambiciones hegemónicas claras. Como es evidente, esta aspiración hegemónica no tenía un solo candidato, sino que se daba allí donde se disponía del poder suficiente. Las disputas no solo fueron entre Toledo y Tarragona, o entre Toledo y Valencia: también se dieron entre Braga y Santiago y entre ambas y Toledo. Todas reclamaban la primacía de España, unas por una razón y otras por otra. Así, Braga ofrecía la razón de que fue la que primero se conquistó a los árabes. Esta razón hacía de Narbona la sede primada, porque nunca había sido dominada por el infiel. Santiago quería serlo por la dignidad del apóstol enterrado en ella y por ser la heredera de Braga como cabeza de la provincia Galaica. Estas disputas se concretaron en la asignación de la diócesis de Zamora, entre 1123 y hasta 1228, que finalmente pasó a Santiago. En el fondo, no había fuerza humana capaz de eliminar aquellos enfrentamientos. A lo largo de toda la Baja Edad Media, por ejemplo, las guerras civiles que debilitarán a Castilla durante los siglos XIV y XV conocerán una constante eclesiástica: allí donde está Santiago, en el bando de enfrente se halla ineludiblemente Toledo. Por lo demás, los enfrentamientos se llevaban fuera de España y eran tratados en los concilios, supremos órganos de la Iglesia. Como vimos, por ejemplo, en el IV Concilio de Letrán de 1215 todos los prelados hispanos rechazaron la primacía de Toledo.

Pero en la situación hispana había una circunstancia que complicaba las aspiraciones de la Iglesia a ser un poder por encima de los reinos. Estaba el hecho evidente de que la Iglesia no podía por sí misma ganar las tierras al islam. Desde cierto punto de vista, en la Península no se luchaba por recomponer un poder político antiguo, pues ese viejo poder político godo no era representado por nadie. En fin, si existía una razón constante y última para impulsar una reconquista de terreno a los árabes era porque había que devolver sus antiguas tierras e iglesias al Dios cristiano. Tierras que habían sido sacralizadas no podían estar en manos de otro Dios. Para este fin cristiano y eclesial, el poder militar del rey era el instrumento esencial. Pero con ello se introducía una ambigüedad considerable: el rey reconquistaba la tierra, refundaba las iglesias, las dotaba de bienes. ¿Acaso perdía todo derecho sobre ellas, tras haber realizado ese ingente esfuerzo? Puesto que tenía que dotarlas de tierras y de bienes, era su patrono. ¿Pero hasta dónde llegaba su potestad como patrono de ellas? Y esas tierras que el rey había entregado con su poder militar a la iglesia local, ¿podían ir a manos de un primado arzobispal que residía en tierras de otro poder político, potencialmente hostil, con el que —como de hecho sucedía con Toledo en Castilla— vivía en íntima cercanía y connivencia? Para iluminar la importancia del caso, conviene recordar que el arzobispo de Toledo, Jiménez de Rada, era además primer canciller de la corona de Castilla [4].

---

[4] Sobre Jiménez de Rada conviene ver Gorosterrazu, *Don Rodrigo Jiménez de Rada,* Bescansa, Pamplona, 1925. Cf. también Manuel Ballesteros Gaibrois, *Don Rodrigo Jiménez de Rada,* Barcelona, 1936; reimpresión en Labor, Barcelona, 1943.

Estas preguntas ni se las hacía el rey Jaume. De hecho, para todos los reyes hispánicos la respuesta a estas demandas era tan evidente que ni siquiera cabía planteárlas. No darían tierra a una iglesia que después iría a parar a un obispo y a un arzobispo sobre el que, de hecho, no tenían ninguna capacidad de presión, protegido, como podía estarlo, por otro poder militar y real. Jaume había dotado la diócesis de Valencia, había alojado en ella a una importante nobleza secundaria de sus reinos y los límites de la tierra de su diócesis llegaban hasta la misma Xàtiva: de todas estas tierras los hombres del rey entregaban sus diezmos. ¿Cómo iba a disfrutar del control sobre todos estos recursos, que él había conquistado con su esfuerzo y dinero, si eran administrados por un prelado sobre cuyo nombramiento él no tenía poder alguno y sobre cuya actividad no podía ejercer ningún control? Así que, más allá de la tradición y de la historia, más allá del derecho canónico, el poder secular incipiente que eran aquellos reinos propiciaba una innovación: las diócesis nuevas debían depender de un metropolitano cuya sede estuviera dentro de los límites del poder político que las había reconquistado, del poder que había dotado la nueva catedral y su iglesia. Valencia debía depender de Tarragona porque esa era la sede metropolitana de la corona de Aragón[5]. Las viejas provincias romanas debían sufrir una profunda metamorfosis para adaptarse al nuevo orden político hispano. De esta forma se impulsó un proceso por el cual las fronteras de las nuevas provincias eclesiásticas ya no venían definidas por los viejos límites hispanorromanos, sino por los nuevos límites vigentes entre los reinos cristianos.

Pero la Iglesia de Roma no podía aceptar sin más esta innovación política, porque atentaba contra su autonomía y porque además iba contra la supremacía del poder espiritual sobre el temporal en asuntos eclesiales. Sin ninguna duda, el Papa no estaba interesado en una dependencia directa de los obispos del poder político de los reyes. Este movimiento, que llevaba a la creación de iglesias nacionales, era demasiado parecido al del propio emperador, que intentaba hacer del Papa un mero obispo de Roma bajo su control. Era demasiado parecido a los intentos germanos arrianos de tener una Iglesia propia, una especie de Iglesia nacional. En suma: Roma no quería saber nada de iglesias coincidentes con el poder real, porque daba la impresión de que la organización eclesiástica quedaba determinada por la organización política. Además, la Iglesia de Roma había colaborado en la Reconquista tanto como el poder militar del rey: no solo porque los obispos acudían al frente con sus propias huestes, sino porque la Iglesia entregaba las rentas de sus diezmos para pagar la campaña. Por eso, el derecho de patronato de los reyes no era absoluto, ni mucho menos. La Reconquista era una cooperación intensa entre

---

[5] Esto sucederá hasta 1318 en que Zaragoza sea elevada a metrópoli. Antes de esta fecha estaban: Santiago, desde 1120; Braga, desde 1089; Toledo, desde 1088, y Tarragona, desde 1117. Esta diócesis tenía los sufragáneos de Barcelona, Vic, Lleida, Tortosa, Urgell, Huesca, Zaragoza, Tarazona, Calahorra y Pamplona. Se ve aquí que Tarragona tenía una diócesis castellana y una navarra, saltándose así los límites políticos de su dominio. Desde 1248, Sevilla se convirtió en la quinta metrópoli. Los problemas con Toledo no tardaron en asomar.

la Iglesia y el reino, y estaba prevista para que el rey jamás tuviera la palabra exclusiva y única sobre algún asunto. Cualquier proyección de lo que significa hoy la palabra «Estado», con su sentido de la soberanía, sobre los procesos políticos de la Edad Media, nos condena a no entender nada de aquellos siglos.

Así que tenemos, por un lado, la inclinación de los reyes a determinar la administración eclesiástica y, por otro, la resistencia de Roma a este proceso. En todos estos casos, como es lógico, las tomas de decisión eran más bien caóticas, por más que se hicieran con mucha previsión. Esa fue la actitud de Jaume cuando en 1236, en las Cortes de Monzón, declaró que Valencia —todavía por conquistar— dependería de Tarragona. Esto fue suficiente para que los toledanos movieran ficha. En la conquista de la ciudad del Turia, el arzobispo de Tarragona Pere Arnau desempeñó una actividad frenética: no solo había ofrecido cinco mil libras de plata y su hueste a la cruzada de Valencia, sino que estaba allí tomando posesión de las mezquitas, consagrándolas como iglesias, demostrando que ejercía la jurisdicción que le había entregado su rey y sus Cortes. Pero el agente del arzobispo de Toledo no fue menos activo. Se trataba del obispo de Albarracín, ya que ni corto ni perezoso el propio Jiménez de Rada se había marchado a Roma para entablar personalmente el pleito ante el Papa por la diócesis de Valencia. Sabemos que expuso la cuestión hacia la primavera de 1239. Una bula del mes de abril le reconoció claramente los derechos a la primacía[6]. Mientras el arzobispo de Toledo fortalecía su posición en Roma, desde los propios días de la toma de la ciudad, su agente, el obispo Jimeno de Albarracín-Segorbe, iba al lado del metropolitano de Tarragona y realizaba las mismas ceremonias que él para dar a entender que Toledo ejercía la jurisdicción a la que tenía derecho. Aunque se trataba de algo ridículo, pues dos obispos realizaban los mismos actos sagrados, en el fondo la estrategia de Toledo era efectiva, pues ofrecía una forma de atender a los dos frentes: el jurídico, con su primado negociando en Roma, y el de los hechos consumados, con su enviado ejerciendo la misión sagrada.

Y, en efecto, el obispo Jimeno de Albarracín-Segorbe cantó las vísperas en la nueva catedral de Santa María, que también intentó purificar y consagrar por su cuenta. Es más: se había apoderado de una iglesia el mismo día de la toma de la ciudad, la de San Miguel, y había dicho en nombre de Toledo la primera misa de la ciudad. En ella realizó también bautismos, matrimonios, funerales: se trataba de mostrar la totalidad de la función ministerial y sacramental. El arzobispo Pere Arnau montó en cólera y lanzó una excomunión sobre la iglesia de San Miguel. No se contentó con eso: destruyó el altar que había levantado en nombre de Toledo el obispo de Albarracín y ultrajó a su párroco. La competencia por ocupar la diócesis y sus parroquias fue intensa. El arzobispo de Tarragona lo dirigía todo personalmente, desde la solicitud de diezmos hasta la organización del altar mayor de la nueva catedral, cuya primera misa dio personalmente el día siguiente de la entrada en la ciudad. Si

---

[6] Burns, ob. cit., pág. 584, n. 84, citando a Gorosterrazu, ob. cit., págs. 327-328.

hoy sabemos todas estas cosas es por la *Ordinatio eclesiae valentinae,* que editó Sanchis Sivera en 1920[7]. Finalmente, Arnau nombró obispo electo a Castellbisbal (el mismo al que Jaume con el tiempo le cortaría la lengua), aunque jamás fuese consagrado y en estos primeros tiempos apenas interviniera, dejando toda la iniciativa al propio Arnau.

Todo este pleito había sido posible gracias a un hecho bastante claro: que el arzobispo de Toledo tenía en pleno territorio de Aragón un obispo sufragáneo propio, el de Albarracín-Segorbe. Por eso, Jaume no podía negar a un obispo de su reino participar en la cruzada de Valencia, ni podía retirarle la plenitud de sus funciones. Es verdad que los límites de esta diócesis eran muy borrosos y que estaban destinados a serlo todavía más, una vez que Valencia se organizara como diócesis eficaz. Pero nadie podía negar que el pequeño obispo era tal y que podía consagrar con plena formalidad jurídica y eficacia sacramental. De hecho, este obispado era un resultado bastante ejemplar de lo que pasaba cuando la Iglesia se sometía a las veleidades del poder secular. Pues, en Albarracín, los Azagra habían configurado un señorío prácticamente autónomo, muy vinculado a Castilla[8]. El señorío tenía interés en recibir el obispado de Segorbe. La evolución de estas tierras, donde se había instalado Abuceit, el viejo rey almohade de Valencia convertido al cristianismo con el nombre de Vicente, también iba en dirección de crear allí un obispado, aunque se trataba de uno más bien teórico, dado que apenas había cristianos en esas montañas de sarracenos. El caso es que con Albarracín, porque era territorio cercano a Cuenca, y con Segorbe, porque fue confundida con la antigua Segóbriga, el arzobispo de Toledo consiguió que su arzobispado llegara hasta treinta kilómetros de la costa del Mediterráneo. Como es natural, el rey Jaume impidió que ese espacio eclesiástico llegara hasta Borriana, que entregó a la sede de Tortosa, aunque allí también se ensayaron las prácticas de competencia a la hora de decir la primera misa. Se sabe que en Almenara y Borriana la primera misa la dijo Domingo, el obispo de Albarracín. Aunque Jaume no deseaba despejarle el camino al mar, tuvo que reconocer este obispado de Segorbe, que en cierto modo reunía tierras que no estaban siendo objeto de conquista, por pertenecer al rey vasallo Abuceit. Por lo demás, el poder efectivo del rey sobre las tierras de los Azagra, los señores de Albarracín, fue siempre más bien escaso. De este modo, Jaume no pudo hacer nada contra el hecho de que el obispo de Albarracín, el tal Jimeno[9], acudiera al

---

[7] J. Sanchis Sivera, en *La diócesis valentina. Estudios históricos,* Anales del Instituto General y Técnico de Valencia, La Voz Valenciana, Valencia, 1920, seguido de *La diócesis valentina. Nuevos estudios históricos,* 1921.

[8] La mejor obra sobre esta tierra es la de Martín Almagro Barch, *Historia de Albarracín y su sierra,* 4 vols., Teruel, 1959-1964. Cf. asimismo su *Presencia histórica de la sede de Segorbe en el reino de Valencia,* Segorbe, 1960. También Francisco de Asís Aguilar y Serrart, *Noticias de Segorbe y de su obispado,* 2 vols., Segorbe, 1890. Hay edición facsímil en 1999.

[9] Cf. Villanueva, *Viaje literario a la iglesia de Segorbe,* ed. de Pablo Pérez García, carta II: *Catálogo de los obispos segrobigenses,* ob. cit., págs. 67 y sigs.

lado de su señor Azagra a la cruzada de Valencia, dijera la primera misa en la iglesia de San Miguel, y acompañara por doquier a Arnau, como una sombra o como una pesadilla, tomando posesión de la diócesis en nombre de su arzobispo Jiménez de Rada.

Como es natural, los dos asuntos se mezclaron. No solo estaba en cuestión la dependencia de Toledo, sino los límites de la diócesis de Segorbe. Valencia y Tarragona no querían ni una cosa ni otra: ni reconocer dependencia alguna de Valencia respecto a Toledo, ni aceptar la existencia de una diócesis que estaba dispuesta a introducir una cuña de Toledo entre las diócesis de Tortosa y Valencia, rompiendo la continuidad de la metrópoli de Tarragona. Si esa cuña se introducía, Toledo ganaba la batalla, pues Valencia quedaría separada de la Tarraconense. Lo que estaba en discusión, realmente, eran las iglesias de Morviedro, el *Muroveteri* de la Edad Media, el antiguo Sagunto de los romanos. Si esta iglesia caía en manos de Segorbe, desde luego nadie impediría que Toledo llegase al mar. Vemos así que también el terreno de la organización diocesana y eclesiástica se jugaba con una lógica estratégica que no tiene nada que envidiar a la de la guerra. Así que, mientras Jiménez de Rada entablaba su pleito en Roma, el obispo de Albarracín-Segorbe recurría al mismo Gregorio IX para que fijara los límites de su diócesis. El Papa reaccionó a favor de Segorbe, como antes lo hizo en provecho de Rada, quien posiblemente seguía en Roma hacia mayo de 1239, cuando proponía una comisión de tres archidiáconos castellanos para investigar la región y trazar los límites de Segorbe. Como en el fondo se trataba de una cuestión interna al reino de Aragón, se suponía que los tres castellanos eran imparciales. Era obvio que, con esta resolución, Valencia perdía desde un punto de vista jurídico. Además, el Papa escribió a Jaume instándole a que se inclinara a reconocer los derechos del obispo de Albarracín-Segorbe.

Vemos así que los dos asuntos de Segorbe y Valencia iban parejos. Pero, de ellos, el más importante era, con mucho, la adscripción de Valencia a Toledo. Pues si este pleito se ganaba, sería una decisión del mismo Jiménez de Rada la que impondría los límites de esas dos diócesis, ya que ambas devendrían sufragáneas suyas. Pero Gregorio IX, sin embargo, no dio la razón directamente a Jiménez de Rada. Al contrario, ordenó una comisión de tres jueces, uno de los cuales tenía que ser imparcial y los otros dos de Toledo y de Tarragona, respectivamente. Mientras tanto, Jaume no había dotado la diócesis valentina, pues debía de temer al menos la posibilidad de que el pleito se resolviera contra Tarragona [10]. Las sesiones empezaron en diciembre de 1239. En sí mismas, las vistas constituyen uno de los acontecimientos más apasionantes de la historia medieval.

---

[10] Las vistas debían celebrarse en Tudela y los delegados del Papa eran el abad y el prior del monasterio císter de Santa María de Fitero, entre Pamplona y Tudela, dentro de los límites de la diócesis de Tarazona. El juez por la parte de Toledo era Juan Pérez de Aranjuez, el de Tarragona era Guillem Vidal, y el miembro imparcial era el obispo de Oloron, cercano a Pau, que por entonces pertenecía al dominio del Bearn.

Desde luego, no podemos aquí exponer estas sesiones con todo detalle. Por extenso quedan expuestas en las publicaciones de Sanchis Sivera y en la reconstrucción que de ellas han hecho Burns y Castell[11]. Allí se dijo y se hizo de todo. Con dificultad imaginaríamos las marrullerías de que eran capaces aquellos serios canónigos, trabajando con todas las técnicas de Bolonia delante de sus respectivos arzobispos. Desde el punto de vista interno al esquema de valores de la Iglesia de Roma, la razón estaba con Toledo. Allí se aportaron actas de los concilios visigóticos de los años 610 y 675, en las que Valencia aparecía como dependiente de Toledo, y la descripción que ofrecía de la Iglesia hispana san Isidoro, una autoridad suprema. Se presentó la división eclesiástica de Wamba, un documento espurio del siglo XII, pero que contaba como una fuente original reverenciada[12]. Todos estos montones de papeles valían bien poco frente a la posesión de facto que de Valencia tenía el arzobispo de Tarragona, con el beneplácito del rey Jaume. Se dice que esta posición era efecto de un sentimiento nacional. Nada más lejos de este punto: lo que dice el representante del arzobispo de Tarragona es que «el reino de Valencia es parte de aquella provincia que se llama Aragonia o Aragón». Las palabras son *regnum, pars* y *provincia*. ¿A qué se refería esto de *provincia?* Toledo recordó que un reino no tiene nada que ver con una provincia eclesiástica. Pudo añadir que ninguna provincia eclesiástica hispanorromana se llamaba Aragonia[13]. Era evidente que un reino podía aspirar a organizarse como un centro de poder con decisión sobre todos los aspectos de la vida social, incluido el religioso, pero esto le parecía a Toledo una peligrosa innovación, a la que subyacía una clara usurpación de derechos eclesiásticos. Tarragona estaba dispuesta a aceptar esta superioridad del poder real sobre el religioso porque así se obstaculizaban las ambiciones de Toledo.

Esto quedó claro cuando el arzobispo de Tarragona dijo que «había tomado posesión de las mezquitas de Valencia por autoridad del ilustre rey de Aragón que ocupó la ciudad y el reino». Como vemos, la cuestión decisiva era la consecuencia que tenía una decisión política del rey. Este punto de vista no era aceptable por el juez imparcial ni por Roma, porque en el fondo suponía la supremacía temporal sobre la eclesial. Tarragona minoraba la fuerza del

---

[11] La edición más reciente es la de Castell Maiques, V., y a ella remito al lector. Cf. Bibliografía.

[12] Cf. José Orlandis, *La Iglesia en la España visigótica y medieval,* EUNSA, Pamplona, 1976. La reverencia de Alfonso X por este rey godo es proverbial. Cuando camino de las Cortes de Zamora pasó por el sitio en que estaba enterrado, al no verlo con la suficiente dignidad —de hecho, solo estaba marcado por un hierro clavado en la tierra frente a la iglesia de Pampliega—, el rey mandó exhumar el cadáver y trasladarlo a Toledo, donde habría de recibir otra sepultura más decorosa. Ya el rey Fernando III en la misma iglesia no había querido salir por donde estaba enterrado el rey, y había mandado hacer otra puerta.

[13] Repárese en que el argumento de la estructura hispanorromana no era baladí. De él dependía que efectivamente la empresa que se estaba impulsando se llamase y se viese como una Reconquista. Si no se tornaba a lo anterior, a lo tradicional, no había argumento para la legitimidad de aquella guerra. De ahí la importancia del asunto.

argumento diciendo que Jaume se había visto forzado a este acto de soberanía ante el poco interés mostrado por Toledo antes de la conquista de Valencia. Decirle eso a Jiménez de Rada era, como recuerda Burns, una injusticia, pues el navarro fue un hombre que muy pocas veces se desciñó la espada. Así que, en cierto modo, cuando Jiménez de Rada dijo que la única defensa de Tarragona era la posesión de hecho de Valencia, tenía razón. Sin embargo, se equivocaba al pensar que esto se podría mover. Era algo más que oportunismo lo que vinculaba la organización de la Iglesia valentina con Tarragona. Era una natural dependencia de la Iglesia respecto del rey en relación con los bienes de este mundo, tan necesarios para que la Iglesia peregrina realizase su misión en esta tierra. Para Rada, aunque el patronato del rey Jaume sobre las iglesias de Valencia no era dudoso, eso no tenía nada que ver con la dependencia eclesiástica de la diócesis entera de su metrópoli. Esa diferencia de puntos de vista, sin embargo, no tenía visos de disolverse.

Los testimonios, las entrevistas, las consultas a archivos, todo se multiplicó. De ello no se podía sacar más que confusión y caos. En suma, ya no había nada comparable a la serena autoridad de san Isidoro. Tarragona, en un instante de desesperación, adujo que todo lo que se había encontrado documentado en relación con la dependencia histórica de Valencia respecto a Toledo tenía que ver con otra Valencia, que formaba parte de Castilla. En la antigüedad, al menos tres ciudades se llamaban así, dijeron. Se presentaron testigos que recordaban cómo no hacía más de veinte años que se producían cambios de nombres de ciudades a las que se ponían de nuevo Valencia. En suma, todo era ridículo. Frente a los tozudos hechos estaba, además, que el Cid trajo a la ciudad un obispo castellano —de Toledo, aunque francés—. Esto había sido así por la adscripción del Cid a Castilla. Tarragona no protestó entonces, como era notorio. Ahora que un rey aragonés había tomado Valencia, Toledo tampoco debía protestar. En fin, nada se avanzaba y el tribunal, cansado, iba a dictar sentencia en enero de 1240. Entonces, Tarragona impugnó al juez de Toledo, pero no le sirvió la estrategia. Finalmente, la sentencia se leyó al unísono por el juez independiente y el castellano. Ambos concedían el control de la Iglesia de Valencia a Toledo.

El rey se enteró por una copia del 31 de enero de 1240. El juez de Tarragona anunció el recurso, pero el independiente, el obispo de Oloron, no quiso escucharlo. Finalmente, el representante de Tarragona salió corriendo a la posada donde se hospedaba el obispo de Oloron, se las ingenió para introducir una copia de su apelación por debajo de la puerta y la dio por entregada. El tribunal volvió a reunirse para escuchar esa apelación, sin duda pensando que le retiraba posibilidades de prosperar. Nada se alteró. Tarragona apeló en febrero de 1240 a Roma. El asunto llegó al cardenal Sinibaldo, un famoso jurista, mano derecha del Papa y él mismo posterior Pontífice. Este, tras las consultas pertinentes, aseguró que la sentencia de Tudela no estaba anulada, pero no consideró que fuera definitiva: todavía se podía apelar a Roma. Él creía que su decisión consistía sencillamente en afirmar el valor jurídico de

Tudela, pero no consideraba que la suya fuera ya la sentencia de la vista de apelación. Todo quedó dispuesto para uno de esos infinitos juicios, costosos y arduos, en los que la curia romana obtenía importantes ingresos, pero con los que Roma ganaba el mejor tesoro: tiempo. En efecto, Tarragona presentó recursos en 1241 y en 1243. La cosa quedó así. Desde luego, es muy improbable que la sentencia fuera contra Toledo, como quiso el gran erudito Roque Chabás.

Los problemas de la Iglesia hacia 1241 impidieron dar una sentencia firme. En la semana de Pascua de 1241, Gregorio IX convocó un concilio para reforzar su posición contra Federico II. Como vimos, este, ni corto ni perezoso, asaltó las galeras de los que venían al concilio y encerró a todos los prelados que pudo. Tras estos hechos, el Papa nombró nuevo tribunal, esta vez estando presente el gran jurista Pere Albert, a quien ya hemos visto como el comentarista de los usos y costumbres de Cataluña. El Papa, sin duda, quería atraerse ahora a Jaume en su lucha contra el emperador. Pero Gregorio IX moría en agosto de 1241. Tuvo entonces lugar el cónclave del terror, por las duras condiciones a las que Matteo Orsini sometió a los trece cardenales que debían elegir nuevo Papa. Este fue curiosamente el jurista Sinibaldo, con el nombre de Inocencio IV. Pero el nuevo Papa tuvo que huir de Italia hacia Lyon y allí comenzó a preparar el concilio ecuménico de 1245. Era difícil en estas circunstancias tomar una decisión, tanto más por cuanto que ahora Alfonso y Jaume peleaban por Xàtiva, la manifestación política y militar de aquel pleito religioso. Sin duda, esta es la época en la que el famoso representante del obispo de Cuenca merodeaba por la ciudad, esperando lograr para ella lo mismo que intentaba el de Albarracín en Segorbe: una salida al mar. Que este agente muriera ajusticiado por Jaume muestra bien a las claras lo serias que estaban las cosas.

Burns supone que el tratado de Almizra incluía alguna cláusula secreta respecto a la cuestión de Valencia y Tarragona. El hecho de que el obispo de Valencia sea un firmante del tratado no dice sino que este imponía un límite a la diócesis de Valencia por el sur, que tenía que ver con Villena y su línea hasta Denia. Pero esto no tenía nada que ver con la dependencia jerárquica de la diócesis misma respecto a Toledo. El caso es que Roma defendió un nuevo aplazamiento en 1246. Que el asunto seguía abierto lo prueba que Jiménez de Rada fue de nuevo a ver al Papa a Lyon, sin duda para tratar de este asunto. Allí murió. La cuestión quedó abierta. En la práctica, sin embargo, la sentencia de Tudela quedó sin efecto. Arnau de Peralta fue consagrado, como antes Ferrer, por el arzobispo de Tarragona. Los concilios que se convocaron en la provincia tarraconense contaron con la presencia de Valencia. Incluso alguno de ellos se celebró en la capital del Turia. Aunque existía la sentencia, y no había sido revisada, la práctica se fue imponiendo. Sin embargo, eso podía durar el tiempo que Toledo quisiera. Un nuevo recurso siempre se podría activar y reabrir la causa. Por eso era muy importante para el rey Jaume disponer de una clara influencia en la sede primada de Toledo. Que el Papa nombrara a su propio hijo Sancho fue sin duda una victoria decisiva, una de las más importantes de su reinado, la demostración de su prestigio y de su poder. Nadie desde Toledo reclamaría ya Valencia.

Que la disputa no estaba cerrada tras la muerte de Jiménez de Rada lo demuestra el hecho de que siguiera abierto el otro caso de Segorbe. Pedro Garcés, el obispo cisterciense que gobernaba la diócesis entre 1246 y 1259, apeló a Roma para ampliar los límites de su obispado, y el cardenal Sinibaldo, ya Papa, lo confirmó en la posesión de la diócesis. Lo que sucedió entonces demuestra el punto central de la cuestión: cuando Pedro tomó posesión de una mezquita de Segorbe y la consagró catedral, comenzando la construcción de una diócesis, Arnau de Peralta, entonces obispo de Valencia, se dirigió a Segorbe al frente de su hueste de clérigos armados. Era la primavera de 1248. El obispo Pedro se encerró en la catedral, de donde fue desalojado, vilipendiado, humillado y ultrajado. El obispo Peralta ocupó entonces todas las iglesias del Alto Palancia. La residencia episcopal fue saqueada. El Papa protestó indignado, pero sin fuerza. Todavía en 1258 el asunto continuaba igual, pues el nuevo papa Alejandro IV reclamaba que fueran restituidas a Segorbe las iglesias que se le habían retenido en aquel ataque. Entre ellas estaba la misma iglesia de Segorbe, cuyas rentas pasaron al decano del capítulo de Valencia en 1260. El obispo Pedro Garcés, todavía en activo en 1266, se decidió a resolver el asunto y marchó a Roma. Entonces es cuando el papa Clemente nombró arzobispo de Toledo al hijo de Jaume, al que jamás había querido ayudar a la diócesis de Segorbe, el que no había parado los pies a Arnau de Peralta, a quien, por el contrario, había elevado a obispo de Zaragoza.

Podemos decir entonces, con plena razón, que el nombramiento de Sancho como arzobispo de Toledo fue muy relevante para la política eclesiástica de Jaume. Tal fue el caso, que el rey empleó a su mejor embajador ante la Santa Sede para recomendar el nombramiento. Y así fue: el penitenciario del Papa, Ramon de Penyafort, el que luego sería santo y patrono de los juristas y de los estudios de leyes, presionó a favor de la candidatura de Sancho. Esto es al menos lo que cree Valls Taberner, en la monografía que le dedicara al santo, y que ya hemos citado antes. Pero la presión fundamental sobre el Papa la ejerció la propia situación del cabildo de Toledo, escindido entre sus miembros sin perspectivas de reconciliación. El enfrentamiento entre las partes, dirigidas por un canónigo de Talavera y otro de Burgos, se hizo todavía más fuerte en la época del interregno entre Urbano IV y Clemente IV. Las razones de este último Papa para nombrar al infante Sancho también fueron internas a la administración de la Iglesia. El cisma de la Iglesia toledana amenazaba no solo su patrimonio, sino su ejemplaridad y función como primada de España. Así que, a pesar de contravenir la norma de que el obispo fuera elegido por el cabildo, el Papa asumía el nombramiento directo y lo hacía en un hombre que difícilmente sería contestado por nadie. Desde luego, no por Alfonso X, que podría garantizarse unas buenas relaciones con su cuñado, parte de la familia real y defensor de sus intereses, como se verá. El detalle de que no contara con la edad requerida para el obispado fue superado con una apropiada dispensa.

Hay, sin embargo, como no podía ser de otra manera, un trasfondo político en el nombramiento de Roma. A su vez, este hecho tenía profundas consecuencias económicas. Pues, en efecto, la diócesis de Toledo había comprometido sus rentas para cincuenta años al ayudar al rey Alfonso el Sabio en su famosa aspiración al cargo de emperador. Era muy lógico que el Papa deseara nombrar a un obispo que pudiera resistir la presión del rey castellano y su obsesión imperial. Nadie mejor que el propio hijo de Jaume, el suegro sensato que intentaba por todos los medios disolver la desmesurada pretensión de Alfonso por ser coronado emperador, de Alemania o de España. En este caso, como pudo, el propio Sancho hizo frente con sus bienes personales a esta inmensa ruina del patrimonio de Toledo, pues consta que sus joyas fueron empeñadas tras su muerte para hacer frente al calamitoso estado económico de su diócesis, que mientras tanto debió de empeorar con sus propias deudas. El mismo rey Jaume tuvo que venir en ayuda de la diócesis, concediendo una suma anual, mientras él viviese, de siete mil florines sobre los impuestos de Teruel y sus aldeas. Con un arzobispo aragonés en Toledo, y con las dependencias que ya vemos en el orden económico y político, se podría olvidar definitivamente el asunto de Valencia. También sería fácil llegar a un acuerdo claro sobre Segorbe, que pasara por impedir que la pequeña diócesis llegara hasta el mar de Sagunto. Sin embargo, aunque todas las cuestiones se aplazaron, nada de todo ello se arregló.

El infante don Sancho de Aragón tuvo una vida desdichada y breve en su nuevo cargo, y en los apenas diez años de su pontificado no pudo resolver nada, sino mantener en paz la colegiatura de canónigos de Toledo [14]. Como dice uno de los registros de los arzobispos de Toledo, incrementó el patrimonio diocesano [15]. No era poco fruto, vistos los antecedentes. En todo caso, aparcar el asunto de la adscripción de Valencia a Toledo era ganar tiempo y consolidar los hechos consumados impulsados por Jaume. Con él cerca de Alfonso X era muy difícil pensar en decisiones que no favoreciesen la paz en aquella familia extendida que gobernaba los dos reinos. En todo caso, la fidelidad familiar de don Sancho, desde luego, estaba fuera de toda duda. Ya antes, desde 1255, había sido abad de Valladolid, donde atendió con esmero los intereses de su hermana Violante, que era señora de la ciudad. Siempre había trabajado cerca de la familia de Alfonso de Molina, tan cercana igualmente al rey don Jaume. Que el rey se empeñó en su nombramiento queda claro por los ingentes gastos que asumió para enviarlo a Roma. Que el propio Sancho

---

[14] Puede verse, para este personaje, Ramón Gonzálvez Ruis, «El infante D. Sancho de Aragón, arzobispo de Toledo (1266-1275)», *Escritos del Vedat,* vol. VII, 1977, págs. 97-122. Una breve referencia se puede encontrar en J. F. Rivera Recio, *Los arzobispos de Toledo en la Baja Edad Media,* Toledo, 1969, págs. 31-33.

[15] Cf. J. F. Rivera Recio, *Los arzobispos de Toledo en la Baja Edad Media (siglos XII-XV),* Diputación Provincial, Toledo, 1969, págs. 63-64.

estuvo en la ciudad santa no ofrece dudas por las cartas de consulta que produjo y recibió la curia. Alfonso X intervino también en favor de su nombramiento por medio de su embajador ante Roma, el mismo que procuraba por sus derechos sobre el Imperio. La resolución de su nombramiento testimonia, además, que el infante era conocido personalmente por el Papa, que invoca rasgos de su carácter que debieron de agradarle, a pesar de su mocedad. Por sus cualidades de moderación, discreción, honestidad y bondad, testimonios de un alma madura, aprobó la dispensa de la edad que, de otro modo, lo hubiera invalidado como candidato [16]. Pronto, Sancho tuvo que firmar como electo de Toledo y canciller del rey de Castilla. Como es evidente, tan pronto atravesó Narbona a finales de 1266, de regreso a España, elevó la cruz de su cortejo, indicando la ancestral pretensión de Toledo sobre toda la vieja Iglesia gótica, un gesto que no fue ni discreto ni moderado. Narbona protestó con fuerza a Roma. Cuando a primeros de 1267 llegó a Sevilla, donde debía atender su papel de canciller del rey, que por aquel entonces tenía la corte en la capital andaluza, hizo lo mismo por dos veces con su cruz. Es muy curioso para nuestra mentalidad actual ver a un infante de Aragón, arzobispo de Toledo, invocar su derecho como «primado de las Españas y Chanceller de Castilla» y provocar la irritación del cabildo sevillano. El rey, finalmente, intervino para poner paz entre los dos arzobispos.

Allí donde hay un pleito entre las dos casas reinantes, allí aparece el arzobispo Sancho como un elemento de paz y de buenas relaciones. Lo tenemos de hombre mediador cuando todos ruegan al rey, en el monasterio de Huerta, que no vaya a la cruzada. Él intentará entonces mediar con el obispo de Pamplona por una solución hispana a la crisis del reino navarro. Cuando, en octubre de 1272, Alfonso tuvo que hacer frente a un movimiento de eclesiásticos alborotadores que quizá obedecían órdenes de una Roma cansada de su pretensión imperial, allí estaba don Sancho apoyando a su cuñado. Por esta época, don Sancho no es solo canciller, sino capellán mayor de su cuñado, el rey de Castilla [17]. Cuando en el inicio de año de 1273 estallaron los más serios conflictos del rey Sabio con sus ricoshombres, que se oponían a la introducción de un nuevo derecho en Castilla, don Sancho hizo lo que pudo de mediador, aunque la situación era difícil, porque los nobles, dirigidos por el infante Felipe, ya habían hecho sus acuerdos con los musulmanes de Granada. Cuando la entrevista de Requena entre los dos reyes, Alfonso y don Jaume, allí estará también el arzobispo, preparando la acción conjunta de los reinos [18]. Después, veremos a don Sancho de nuevo cuando se levanten conflictos en Navarra entre don Jaume y Fernando de la Cerda, hacia 1274. En los días todavía más terribles de 1275, cuando la gran ofensiva de los benimerines, su participación en las Cortes de Castilla será clara y decidida, como

---

[16] Cf. Ballesteros Beretta, ob. cit., págs. 446-447.
[17] Ibídem, pág. 616.
[18] Ibídem, pág. 670.

correspondía al jefe del brazo eclesiástico. No era, por tanto, hombre de producir conflictos, sino de ayudar a resolverlos.

Así que el asunto de Valencia no se pudo concluir en el pontificado de este infante aragonés, que acompañó la suerte de su padre hasta el punto de sucumbir en las últimas luchas que oscurecieron los días finales de su reinado. En efecto, el infante moría en un asalto por sorpresa de las tropas sarracenas de Granada a la altura de Martos, en tierras de Jaén, defendiendo el reino de su cuñado Alfonso, mientras el rey de Castilla estaba en Lyon entrevistándose con el Papa, para exigir su coronación imperial contra todos los consejos de Jaume. La inexperiencia militar del arzobispo, que en el fondo era un hombre de letras [19], le costó la vida. Sobre el campo de batalla, el 21 de octubre de 1275, se le cortó la cabeza y la mano derecha, en la que llevaba el anillo arzobispal. Luego, sería sepultado en la catedral, en la capilla de los Reyes Viejos de Toledo, al ser rescatado su cadáver de manos de los musulmanes. En las sandalias con las que fue enterrado estaban bordadas las armas de Aragón y de Castilla. Así que la operación de Jaume de nombrar arzobispo a un hijo suyo no había dado todo el fruto debido, antes bien significó otro más de sus sacrificios por Castilla. Pero por eso mismo no sería la última vez que tal cosa ocurriera. Sentar en la sede toledana a uno de sus hijos fue voluntad de Aragón siempre que pudo, y así, en los tiempos que nos tocan recorrer, todavía llegó al primer pontificado de España don Juan de Aragón, entre los años de 1319 y 1328, a quien don Juan Manuel dedicará su *Libro de los Estados;* y luego le siguió don Jimeno de Luna hasta 1338 [20]. El primero era hijo de Jaume II y el segundo procedía de la ilustre familia de ricoshombres de la que saldría el papa Luna, en cuyo tiempo también sería aragonés y sobrino suyo el arzobispo de Toledo.

Como todavía tendremos que referirnos al contexto de la muerte de don Sancho, debemos dejar este asunto aquí. Para concluir, sin embargo, recordaré el destino del obispado de Segorbe, que cambió a medio plazo de una

---

[19] La biblioteca personal del infante era de más de setenta y tres volúmenes, que deben ser comparados con los sesenta y seis libros que tenía por aquel entonces la biblioteca capitular de Toledo. Su procedencia era muy diversa. Un documento de 28 de abril de 1272 nos muestra a la reina Violante de Castilla rogando a fray Diego de Royz que entregue a su hermano Sancho los libros de la reina Mencía de Portugal que habían pertenecido al obispo de Sigüenza (Ballesteros Beretta, ob. cit., pág. 549). De ellos había dieciocho códices jurídicos, algunos de los cuales deberían de ser facticios. Entre ellos poseía un *Decreto* de Graciano, un *Fuero Juzgo,* decretales varias, las obras de Roffredo de Benevento y las *Summas* de Azzón, Dámaso y las *Questiones* de Pillio de Medicina. También estaban las *Ordo judicarius* de Tancredo de Bolonia. De teología tenía a san Anselmo, la *Summa* de Pedro de París, hasta ocho volúmenes. De contenido bíblico había once tomos, entre ellos muy trabajado el de Job, con glosas, así como las cartas de san Pablo y el Apocalipsis. Como se ha dicho con razón, cabe presumir que la predicación asumiera tonos apocalípticos y paulinos. Pero las joyas reales eran once volúmenes de traducciones orientales de carácter científico. Hacían referencia a aritmética, medicina, alquimia, geometría, agricultura, física y astronomía. En filosofía sobresalen los libros de Séneca, sobre todo las *Epístolas,* los Santos Padres como san Gregorio y san Bernardo. De entre los latinos solo estaba Terencio.

[20] Rivera Recio, ob. cit., págs. 99-103.

manera lógica aunque inesperada. Al encontrar esta solución, la Iglesia de Roma dio muestras de su capacidad de adaptación y de su agudeza jurídica sin precedentes. Pero antes las cosas tuvieron que entregarse a la lógica de la violencia una vez más. El obispo de Segorbe Pedro Jiménez de Segura, hacia 1273, se puso al frente de cuatrocientos hombres de Teruel y le devolvió el golpe a Peralta, controlando las villas que este había ocupado. El papa Gregorio IX nombró al obispo de Tortosa como juez y propuso un arbitraje hacia 1275. El resultado fue que Valencia mantuvo casi todos los lugares que Peralta había ocupado. La diócesis de Segorbe solo incluía esta ciudad, con Begís, Altura y Castellnovo. El obispo protestó, pero cuando se disponía a llegar a Roma, murió en Teruel en 1277. Pere III, ya muerto Jaume, no estaba dispuesto a que este asunto se le fuera de las manos y, sin perder el tiempo, nombró obispo de Segorbe a su confesor, Pere Sacosta. El obispo que había nombrado Toledo tuvo que huir a Castilla. Era la forma drástica que tenía Pere de abordar los problemas. La solución vino en 1318, cuando el Papa creó el arzobispado de Zaragoza y de él pasaron a depender las dos sedes del obispado de Albarracín y Segorbe. Muchas de las localidades que había perdido Segorbe volvieron al obispado, como Xèrica, Alpuente, Chelva y Andilla. Ahora los dos obispados en lucha pasaban a depender de autoridades eclesiásticas del reino de Aragón, pero Segorbe no lo haría de la sede de Valencia, sino de Zaragoza. Esto sería definitivo para decidir el idioma en que se iba a realizar la catequesis y la predicación. Segorbe sería durante la época foral un obispado aragonés en tierra valenciana, pero jamás llegaría al mar. Por eso el castellano se detiene ante las lomas de Sagunto.

57
La cruzada frustrada

Fue mientras el rey Jaume estaba en Toledo cuando el problema de la cruzada llegó al primer plano de su agenda. En realidad, el asunto venía de muy lejos. Pues, en efecto, el 25 de enero de 1245, Inocencio IV expidió un breve por el cual instaba al rey a pasar a Palestina y lo animaba a realizar la cruzada. Era el último esfuerzo del Papa por dar eficacia a las conclusiones del Concilio de Lyon, que don Jaume no podía corresponder. Si el rey hubiese hecho caso al Papa en aquella ocasión, sin duda, Xàtiva habría pasado a poder de Castilla. El rey, con cierta lógica, se atuvo al programa de la conquista del reino de Valencia y se quedó en la Península. Luego, el Papa, cada vez que recordaba al rey su compleja vida amorosa, le exigía como penitencia la celebración de esa cruzada pendiente. El 16 de enero de 1266, el Santo Padre escribía una carta desde Viterbo exigiendo a Jaume que abandonara a Berenguela Alfonso, y que no crucificara de nuevo a Cristo con un vínculo adúltero e incestuoso. «Incestuoso contubernio» fue la definición que el Papa dio de esta relación. Solo si ese vínculo se rompía, la Iglesia y Dios lo ayudarían a llevar a término la cruzada que Jaume, al parecer, confiaba realizar. Bastante antes, ya había calado este espíritu de cristianización de los Santos Lugares en la hija de Jaume, la princesa Sancha, que en 1251 se lanzó a la aventura de viajar hacia Oriente, según dice la tradición, vestida de vulgar peregrino. Instalada en el Hospital de San Juan en Jerusalén, moriría pronto, agotada por los esfuerzos de su dedicación a los enfermos. Es fácil pensar que este hecho presionara en el ánimo del rey en favor de la realización de la cruzada, y el Papa debía de recordárselo a don Jaume. Al fin y al cabo, su hija había quedado enterrada en aquellos Santos Lugares, como el mismo Cristo. Era lógico pensar que el rey fuese sensible a una indicación papal que implicaba poder visitar la tumba de su propia hija. Pero, por encima de todas estas cosas, don Jaume comprendía que impulsar la cruzada era su obligación. En efecto, marchar a Tierra Santa era la cima de la vida entera de cualquier caballero, el último esfuerzo obligado para realizar a la perfección el ideal que todo gran rey deseaba encarnar. Caminar hacia Jerusalén no era para un gran caballero un medio de expiación, fuesen cuales fuesen sus pecados, sino la demostración de la más alta lealtad a los propios ideales y la cima de su honor [1]. La vida de don Jaume no podía concebirse sin este último esfuerzo, en el que pondría de nuevo a prueba su carisma militar.

Pero preparar una cruzada era un asunto complejo y delicado. En cierto modo, la cruzada era una operación de máximo nivel en la política internacional de la época. Todo el mundo sabía que no podía realizarse con un mínimo éxito si no contaba con el apoyo del Imperio bizantino. Por aquel tiempo, sin embargo, Bizancio, tras diferentes guerras civiles, había escapado de la dominación latina de Constantinopla, y había logrado poner en la silla imperial a Miguel Paleólogo, el fundador de la dinastía griega que sería la última de aquel Imperio. En todo caso, el poder de Miguel era todavía incipiente, situación que daba a los musulmanes de Oriente Medio una fuerza añadida. Además de eso, una nueva potencia presionaba por Oriente contra los musulmanes e intervenía en los conflictos civiles de Bizancio. Se trataba de los tártaros, que desde Mongolia habían llegado bien organizados a las llanuras de Ucrania y constituían un nuevo poder formidable desde el punto de vista militar. Cualquiera que quisiera enfrentarse a los musulmanes de los Santos Lugares con un mínimo de eficacia debía atraerse a estos nuevos pueblos que presionaban sobre la retaguardia oriental del poder sarraceno.

Y esto es lo que hizo Jaume. Como vemos, la política internacional de la época configuraba un continuo a lo largo de todo el Mediterráneo y el rey conocía la lógica de este espacio. Quizá fue el primero de los hispanos que tuvo una mirada completa sobre este escenario y, desde luego, se dio cuenta de que, para romper el equilibrio que hasta ahora había fortalecido a los musulmanes en Oriente, se debía lograr que nuevos agentes de la periferia del sistema de reinos entraran en juego. El Gran Khan era el más poderoso, pero no era el único. Otro agente era, por ejemplo, el rey de Armenia Hethun I (1224-1267), vasallo de aquel, pero importante para dar auxilio a los cruzados. Y por eso, antes de 1265, Jaume ya había enviado sus embajadas a este último para propiciar una alianza entre los dos reinos. Esta embajada le era devuelta al rey aragonés el 25 de enero de 1265. Fue recibida por el infante Pere, y su repostero, Bernat de Peralada, nos ha dado cuenta de todos los presentes que trajo para el rey [2]. Como ya sabemos, don Jaume estaba entonces en el asalto de Murcia y en la conferencia de Alcaraz con su yerno Alfonso de Castilla. Otro agente importante en este escenario era el sultán de Alejandría, un poder islámico rival del que dominaba en Jerusalén, con el que Cataluña tenía una buena relación, pues Jaume disponía allí de un administrador de justicia y de impuestos para controlar el comercio de las naves catalanas. Así, también tenemos noticia de que un mensajero de este sultán llegó a Barcelona hacia 1266, en respuesta a la embajada que el montepelegrino Ramon de Con-

---

[1] Cf. Christopher Tyerman, *L'invenzione delle crociate,* Einaudi, Turín, 2000, pág. 46.

[2] Cf. J. Miret i Sans, «Una embaixada del rey d'Armenia a Jaume I», en *Lo Geronés,* 2 de febrero de 1908.

ques le hizo en mayo de 1264[3]. Comprendemos así que don Jaume estaba trenzando una tupida red de relaciones internacionales que, sin el plan de una cruzada, no tenía sentido alguno.

Pero el poder decisivo de toda la zona era, sin duda, el Khan Abaga, que por aquel entonces dominaba en el gran imperio mongol, principal amenaza en la retaguardia de los turcos seléucidas. Este rey estaba casado con una hija de Miguel Paleólogo, el emperador griego de Oriente a la sazón. Para él, por tanto, y frente a todos los imaginarios occidentales, forjados desde el terror hacia los tártaros, los cristianos eran aliados en su intento común por detener la expansión del islam por tierras de Asia. Para entrar en relaciones con el khan, y gozar de su alianza en una posible cruzada, había enviado el rey Conquistador a Jaume Almerich, un hombre de Perpiñán. Justo esta embajada, acompañada de «dos tártaros muy principales», según dice la *Crónica,* era la que había regresado a Barcelona cuando Jaume se encontraba en Toledo, en la consagración de su hijo Sancho como arzobispo primado de España. La noticia causó sensación en la corte de Castilla y el rey Jaume pudo demostrar una vez más su gloria y su poder delante de familiares y cortesanos. Nunca antes había llegado a la Península una embajada de los tártaros. Los hijos del Anticristo, que tanto pavor habían provocado en la cristiandad, ahora llegaban ante el rey de Aragón con sus pacíficos embajadores, dispuestos a colaborar en la lucha contra el principal enemigo común: el islam.

Sin embargo, la irrupción de aquella pintoresca novedad era demasiado repentina como para producir tranquilidad en la corte. Era por eso natural que el propio rey Alfonso el Sabio le recomendara a su suegro mucha prudencia y le aconsejara mantener un ánimo desconfiado respecto de aquellos lejanos paganos. Para Alfonso aquellos hombres eran absolutamente desconocidos, como es natural; pero, de forma inconsecuente, deja caer sus prejuicios sobre ellos diciendo que es gente falsa y que nadie debía creer a pies juntillas lo que sus mensajeros dijeran, porque seguro que cuando estuviera allí, entre ellos, no cumplirían ninguna de sus promesas. Jaume debió de explicar con todo detalle su apuesta y su plan. La política de alianzas entre Bizancio, los tártaros, el sultán de Alejandría y el rey de Armenia rodeaba a los turcos y, por primera vez, se podrían ciertamente conquistar los Santos Lugares con las fuerzas conjuntas de todos. Finalmente, el rey Alfonso tuvo que reconocer que se trataba de una gran empresa, por mucho que no manifestara un gran interés en compartirla. Jaume entonces insistió. A la postre, todo parecía indicar que era la voluntad de Dios emprender aquella cruzada, siempre pospuesta. Ante la fuerza de la providencia, Jaume sugirió a su yerno Alfonso que pensara también en sus hijos. Pues si se llegaba a conquistar la Tierra Santa, alguno de ellos podría disponer allí de un apropiado señorío. Aquí, en este pasaje de la *Crónica,* el rey deja bien claro que operaba como el jefe de una

---

[3] Cf. Prosper Bofarull, *Colección de Documentos Inéditos del Archivo de la Corona de Aragón,* vol. VI, pág. 166.

misma casa: él velaba por sus nietos —por los hijos de Alfonso— y por su futuro. En dotar a todos ellos del patrimonio debido le iba su honor de rey. Este gesto no es muy entendido por los autores modernos, como Ferran Soldevila. Por ejemplo, este dice lo siguiente: «Aquí se muestra el concepto patrimonial y familiar que el Conquistador tenía de su Estado y de sus conquistas. Ahora, aquí, ya parece soñar con algún posible reino para sus nietos, hijos del rey de Castilla: en lugar de pensar en un crecimiento de sus propios dominios y de sus propios hijos y pueblos»[4]. No creo que sea una buena comprensión de aquella época, pues parece indicar que Jaume tenía varias alternativas ante sí y elegía la mala, la peor. En realidad, no tenía opción: él era rey porque patrimonialmente su familia disponía del poder real, del gobierno militar y judicial de determinados territorios. Al dotar a sus nietos de patrimonio, pensaba continuar con la misma forma de vida que él había recibido. Él se veía impelido a actuar así porque era lo que le imponía el sistema de valores en el que había crecido, y en el que los reyes crecerían todavía por mucho tiempo. Así que ninguna inquietud atravesó el ánimo del rey al entregarse a estos planes. No era, por tanto, un concepto caprichoso del Conquistador: era el espíritu de la época.

Además, plantear la cruzada como un asunto que beneficiaba a los infantes de Castilla obedecía a otra razón. Con este planteamiento, Jaume esperaba que Castilla le dejara tropas, ahora que los musulmanes habían sido vencidos. Sin embargo, el rey Alfonso, en tantas ocasiones imprudente, en esta fue cauto. Mantuvo su incredulidad sobre el éxito de la empresa y debió de ofrecer al rey las razones esperables para que desistiera de su empeño. El caso es que, tras todas aquellas conversaciones, Jaume no logró tropas castellanas para la cruzada y con este pesar, aunque con los mejores deseos de Alfonso, abandonó la ciudad de Toledo. Sin embargo, no todo había acabado allí. Es muy curioso comprobar, para el conocimiento de las costumbres de la época, cómo se produce el viaje de regreso de Jaume a sus reinos. Desde Toledo el rey pasó a Illescas, camino de Madrid. De manera paralela se desplazaba casi toda la corte de Castilla, mientras que el rey seguía de lejos la comitiva, cazando al tiempo que viajaba. Por el camino, todos estos influyentes personajes seguían dándole vueltas a las conversaciones de Toledo. La *Crónica* nos dice que en Illescas tuvo lugar la entrevista con dos personajes importantes de la corte de Castilla, dos hombres que debían de mostrar una mayor sensibilidad que la del rey Alfonso al proyecto de la nueva cruzada. Se trataba del maestre de Uclés, la Orden de Santiago plenamente castellana, Gonçalvo Ibáñez, y el maestre de la Orden del Hospital, Gonçalvo de Pereira, portugués, porque la Orden tenía un alcance hispano. Como dice Jaume en su *Crónica*, «el maestre de l'Espital qui era maestre en tota Espanya»[5]. El caso es que este personaje se acercó al rey, lo apartó del camino y le confesó que su Orden colaboraría con

---

[4] Cf. *Quatre Cròniques,* ed. Ferran Soldevila, ob. cit., pág. 372, nota al §476.
[5] *Crónica,* §477.

todo lo que tuviera «en los cincos reinos de España». Eran estos, como es natural, Aragón, León, Castilla, Navarra y Portugal [6]. Solo faltaba que el rey de Castilla le permitiera salir con el rey de Aragón y llevar con él todas las riquezas de la Orden. El rey se lo agradeció y le dijo que se mantuviese a la vista por si tenía necesidad de llamarlo a su presencia en la ocasión propicia. Entonces el rey Jaume envió un mensajero a Alfonso para rogarle que lo esperase, porque el de Castilla iba por delante cazando. Así se hizo, y la *Crónica* nos transmite la conversación entre los dos reyes con cierta literalidad, por cuanto que pone en boca de Alfonso sus propias palabras en castellano. De ellas se desprende que al rey Sabio le pareció bien que el comendador del Hospital ayudase a Jaume en la cruzada. Es más, ya que había manifestado su inclinación, el rey le ordenaba que la siguiese con plena libertad. Delante de todos quedó claro que el rey lo mandaba y así se dio por enterado Gonçalvo de Pereira. Jaume se lo agradeció.

El rey Alfonso, sin embargo, no quedó con la conciencia muy tranquila. Allí estaba el hombre que le había sacado de apuros cuando la rebelión de Murcia, el que le había conquistado el reino con el que podía rodear Almería y Granada y controlar los estallidos musulmanes, el hombre que le había sido fiel en todo como un padre. Y ahora él se limitaba a permitir que el maestre del Hospital, como era su obligación, ayudara a la conquista de los Santos Lugares de Jerusalén. ¿Estaba haciendo todo lo que debía? Era muy dudoso. Así que al día siguiente, cuando iban las dos comitivas por separado, avanzando hacia la frontera aragonesa, donde debían despedir al rey Jaume, justamente hacia Ademuz, entre Cuenca, Teruel y Valencia, el rey de Castilla alumbró una decisión. Entonces, Alfonso esperó en el sitio por donde tenía que pasar Jaume y el encuentro se hizo inevitable de nuevo. Allí el rey castellano le fue sincero: por una parte, la cruzada le parecía un motivo de gloria, pero por otra le parecía una empresa llena de riesgo, una acción que le inspiraba miedo. Llevado por esa conciencia de culpa, Alfonso le dijo que no deseaba que corriera más riesgos de los que él pudiera permitir y le ofreció su ayuda, «car assí lo feystes vos a mi, quamt mester m'era»[7]. De esta manera, le ofreció cien mil maravedíes y cien caballos. La contestación del rey Jaime nos da una idea de las reglas del juego: él no quería ninguna ayuda sino de la Iglesia, cuya obligación era colaborar en la conquista de Tierra Santa. Vemos así que las órdenes militares eran, en un contexto de cruzada, parte de la Iglesia. Sin embargo, en atención al amor que le tenía, aceptaba su ayuda. Así, uno a uno, se fueron sumando algunos ricoshombres de Castilla: el maestre de Uclés le ofreció cien caballos, Gil Garcés iría con cuantas fuerzas pudiera reunir. Cuando el rey de Castilla volvió a alcanzar al de Aragón, llevaba con él sesenta mil besantes recién enviados por el reino nazarí de Granada en señal de

---

[6] Cf., para la estructura y relaciones de estos reinos, el estudio de R. Menéndez Pidal, *El Imperio hispánico y los cinco reinos,* Instituto de Estudios Políticos, Madrid, 1950.

[7] *Crónica,* §479.

vasallaje. Alfonso se los dio a Jaume y le prometió los restantes cuarenta mil para después. Vemos aquí un movimiento de continua reflexión por parte de Alfonso, que va siendo cada vez más generoso para con su suegro, lo que en él era un gran sacrificio, desde luego. Así, con estas buenas nuevas, el rey Jaume entró finalmente por Ademuz, y desde allí pasó por Santa Cruz de Moya hacia Alpuente y Chelva. El 14 de enero de 1269 estaba en esta localidad, muy cercana ya a Valencia.

Mientras tanto, el rey había avisado a Jaume Almerich para que bajara desde Barcelona a la capital del Turia, para aquí recibir la embajada del rey de los tártaros. Pero he aquí que la *Crónica,* con sencillez, nos revela la más compleja política internacional cuando confiesa que el mensajero de los tártaros iba acompañado también de una embajada, quizá escrita, de Miguel Paleólogo, el nuevo emperador de Bizancio, que venía de conquistar Constantinopla en 1261 al último emperador latino. Ambas potencias presionaban con fuerza sobre la dominación otomana y estaban interesadas en una alianza con los cristianos occidentales. Así que prometían a Jaume todo tipo de ayudas por mar y por tierra en el caso de que lanzara su ataque sobre los Santos Lugares. Jaume no dilató los preparativos del viaje militar. En la misma *Crónica* lo dice: «Dímonos prisas en disponer y arreglar nuestro viaje, de tal manera que a los siete meses estábamos en Barcelona prestos para zarpar»[8]. Efectivamente, fue así. En agosto de 1269, Jaume estaba allí, desde donde partió hacia Mallorca dentro del mismo mes de agosto.

Estos siete meses fueron muy intensos en actuaciones y preparativos. Ante todo, el rey necesitaba mantener la tranquilidad en sus reinos. Para ello debía firmar paces en las fronteras. Así, Jaume solicitó la mediación de Alfonso X para lograr una paz con Granada y con Ceuta. El mecanismo diplomático era muy sibilino. En realidad, Jaume hizo como si Alfonso le solicitara una tregua con Ceuta y Granada, en atención a que estos eran aliados del castellano. Así, Jaume ocultaba su propósito y su iniciativa. Entregaba la paz como un favor, cuando de hecho la necesitaba. Estos tratados y negociaciones con los musulmanes del sur debieron de iniciarse en Toledo, pues llevan fecha del 6 de enero de 1269. Las cartas de paz nos han llegado y han sido editadas por Carreras i Candi. En una de ellas, la de Granada, se dice que «por amor del dicho rey [Alfonso] os damos la dicha tregua mientras que él tuviera por bien»[9]. En la dirigida al poder de Ceuta, Jaume señala que el rey de Castilla «nos rogó que vos diésemos tregua».

Durante estos siete meses el rey viajó por Daroca, Teruel, Valencia y Barcelona. Es fácil pensar que estuviera reuniendo fuerzas y vituallas. Barcelona, Mallorca —con cincuenta mil sueldos— y Menorca —con más de mil vacas— fueron las ciudades que más contribuyeron, lo que quizá es un índice de la relevancia comercial de la cruzada. El infante Pere a veces lo acompañaba en es-

[8] *Crónica,* §482.
[9] Cf. Francesc Carreras i Candi, «La creuada a Terra Santa», *I CHCA,* pág. 112.

tos viajes, pero no parecía ayudar mucho a su padre, pues se dedicaba a cazar siempre que podía. Hacia el día 4 del mes de mayo, sin embargo, sabemos que Pere entraba en Toledo, sin duda a reclamar los cuarenta mil besantes que su cuñado había ofrecido a su padre en el viaje de la Navidad anterior. Durante diez días, el infante estuvo con su hermano Sancho, el arzobispo. El viaje fue señalado por Ferran Soldevila en su día, aunque no pudo confirmar que Pere pudiera hablar con Alfonso [10]. Sabemos, desde luego, que su hermano Sancho lo acompañó hasta Sigüenza, ya en el camino de vuelta, y que en Monreal, el 6 de junio, se le unía la reina Violante. Desde allí, los tres hijos contactaron con Jaume, que por este tiempo estaba en la villa cercana de Ariza. En estos días de primeros de junio de 1269 se debió de reunir casi toda la familia en el monasterio de Huerta, tal y como dice la *Crónica*, que vuelve a ser rigurosa [11]. El encuentro fue intenso y emotivo. Todos apreciaban que el viaje a Tierra Santa iba en serio y, por eso, la reina de Castilla, junto con los otros infantes, Pere, Jaume y Sancho, defendieron en esta reunión familiar que Jaume no emprendiera esa aventura. El rey menciona que salieron a relucir las lágrimas de sus hijos, pero él nos sugiere que su voluntad se mantuvo muy firme. Atenerse a la palabra dada sigue siendo el valor con el que el rey se nos quiere presentar en todo momento. Los historiadores, sin embargo, sospechan de la teatralidad y el dramatismo de la escena familiar y la interpretan como la preparación del desenlace que la *Crónica* nos ofrece del final de la aventura. En todo caso, nosotros no adelantaremos acontecimientos. Por ahora solo sabemos que, con su intención reafirmada, el rey volvió a Barcelona. Desde allí debió de bajar a Amposta, desde donde pasó a Mallorca, a reclamar ayuda, que obtuvo de muy buen grado. El 21 de julio estaba el rey en la isla y diez días después ya se encontraba de nuevo en Barcelona, donde aprovechaba los últimos días anteriores al viaje para mejorar, mediante las oportunas sentencias, sus relaciones con la nobleza catalana [12]. Además, nombraba a Pere, antes de partir, lugarteniente general de Aragón, quien a su vez, justo el día antes de la partida, el 3 de septiembre de 1269, entregaba la procuraduría y administración del reino a Ato de Foces, reservándose él para dirigir los asuntos desde Cataluña [13].

En realidad, la aventura era espléndida. Un rey sexagenario, con un pasado glorioso, se disponía a poner toda su fortuna en el tablero de una guerra lejana. Los poetas comenzaron a escribir sus serventesios sobre la hazaña. Oliver el Templario ha hecho el más famoso de estos poemas. Barcelona debía de hervir de emoción. Allí dice el rey que se reunieron las tropas, que según la

---

[10] Ferran Soldevila invoca la obra de Ballesteros Beretta, *Itinerario de Alfonso X,* Boletín de la Academia de la Historia, CIV-CV, 1934; CVI-CVII, 1935, y CVIII-CIX, 1936. Pero no dice si en el itinerario se cruzan los dos hombres. Ver Ballesteros Beretta, *Alfonso X,* ob. cit., pág. 454, donde no cita en ningún momento a Alfonso como testigo de estas conversaciones.
[11] Soldevila, *Pere el Gran,* Parte I, vol. II, págs. 250-259.
[12] Ibídem, vol. III, págs. 297-298
[13] Ibídem, pág. 299.

Crónica debían de ser más de un millar de caballeros y cerca de dos mil hombres de armas. El 4 de septiembre salió la escuadra del puerto. Iban tres grandes naves, doce galeras y un número mayor de bajeles. A bordo viajaban los embajadores del reino de Trebisonda y de Bizancio, además de los obispos de Barcelona, de Huesca, los hijos naturales del rey Jaume, Fernando Sánchez de Castro y Pedro Fernández, así como los maestres de Calatrava, Temple y San Juan del Hospital. De los caballeros de Uclés no quedó ni rastro. El almirante era Ramon Marquet, una de las glorias de la marina catalana, que todavía habría de servir a su patria de manera ejemplar en la defensa de Barcelona frente a la escuadra francesa en tiempos del reinado de Pere el Grande. Ferran Soldevila le dedicó una monografía hace ya tiempo, llena por lo demás de admiración y compasión por su desgraciada vida [14].

Esta aventura real no fue más afortunada. El mar estaba muy alterado en el camino de Barcelona a Mallorca y la escuadra se dispersó. El almirante temía que no se pudieran concentrar las naves de nuevo y que buena parte de ellas se perdiera. Al no ver a los demás barcos, supuso que se habían vuelto a tierra y recomendó al rey que regresase, de tal manera que pudiera recomponer la expedición desde la costa. El rey regresó a la primera dificultad. Lo que haya de verdad en estos hechos, se puede suponer. La escuadra no debía de llevar un buen orden de partida. Además, se podía haber dado orden de reunirse en Mallorca o de regresar todos. El caso es que cuando el rey desembarcó en la costa catalana, a la altura de Sitges, allí no había nadie más. Una única galera había tornado, mientras todas las demás estaban en el mar. El rey se volvió a embarcar en esa galera y se alegró al descubrir una buena parte de la escuadra cerca de Menorca. Pero el día 7 de septiembre, víspera de la fiesta de la Virgen, sucedió lo imprevisto. La *Crónica* es puntillosa a la hora de dar las indicaciones de todo tipo, sobre todo en relación con las fechas, que aquí son verdaderas. Todo obtiene, en estos parágrafos de la autobiografía del rey, ese carácter puntilloso de las justificaciones. Parece como si el rey estuviera sobre todo pendiente de dejar a salvo su honor y sentido común de caballero. Pues la fecha que se había elegido para zarpar no era una cualquiera. Era la festividad de la Virgen de septiembre, la protectora universal de la vida de Jaume, a quien siempre le había dedicado sus conquistas y quien lo había sacado de todos los apuros en los momentos oportunos y cruciales. Era su buena estrella, la base central de su carisma. Y ahora, la víspera de su fiesta, del día elegido para la hazaña más grande de su vida, la Virgen parecía mandarle un aviso de que en esta ocasión le iba a volver la cara.

Además, acercándose a Menorca, tuvo lugar en el cielo un fenómeno extraño, inquietante. A lo lejos apareció un arco iris, un arco de San Juan azul y encarnado, según nos dice el monarca. En realidad, era el anuncio de nubes, de aguas torrenciales, de tormenta. Del mar se alzó entonces una espesa nube

---

[14] Ferran Soldevila, *Ramon Marquet, Almirant de Catalunya,* Collecció Popular Barcino, Barcelona, 1953.

negra que ocultó el sol en pleno día. El levante se agitó. La galera del rey se tornó a quedar sola. Ninguno de sus compañeros se avistaba. En realidad, no se veía nada. El domingo soplaron todos los vientos, uno tras otro. El rey finalmente confiesa que «se juntaron los cuatro vientos y todos combatían entre sí». Ni los marineros más viejos habían conocido algo parecido, confiesa don Jaume[15]. La nave del Temple perdió el timón, pero en aquellas condiciones era un suicidio prestarle uno y quedarse sin timón de reserva. Nadie pudo ayudarla. La escuadra se dispersó en desorden. Todo aquello era un mensaje divino: no era voluntad de Dios que ese viaje se hiciera. Todo en la vida pasada del monarca se había realizado siempre de acuerdo con las señales de Dios. Ahora, tras súplicas insistentes a Santa María de Valencia, se le negaba la ayuda divina. Así debía de entenderlo el rey. Cuando todos los obispos y consejeros coincidieron en esta lectura de los designios de la providencia, el rey se resignó. Pero, por encima de todas aquellas recomendaciones de su corte, el rey debía de recordar la dura carta del Papa, la que le dirigió cuando le comunicó su deseo de la cruzada: «Aunque hemos sabido con alegría que os proponéis ir en auxilio de Tierra Santa, queremos que sepas que el Crucificado no acepta las ofrendas de quien, manteniendo una unión incestuosa, lo crucifica nuevamente». Aquellas palabras debían de resonar en su interior con fuerza. Quizá nunca de forma tan clara el Papa había sido vicario y voz de Dios ante los ojos de don Jaume. Berenguela Alfonso era algo más que un motivo perenne para la habladuría popular: era la causa comprobada de la indisposición divina.

El rey regresó. Desembarcó el 11 de septiembre cerca de Montpellier. No fue a Barcelona hasta el mes siguiente. En Peralada, el 13 de octubre, recibió a su hijo Pere, que en buena lógica debía reintegrarle los poderes. Podemos suponer la vergüenza del padre ante el hijo intrépido y valeroso. Era fácil que en el ánimo de los dos pesara la comprometida situación como una losa. Un hijo que no quiere humillar al padre anciano y desventurado, y un padre que duda entre la autoafirmación frente al hijo o la entrega de poderes definitivos en sus manos. Finalmente, Pere mantiene la lugartenencia. El encuentro casi opera como una transferencia de poder. Pero por poco tiempo. El 21 de octubre, ya en Barcelona, juntos padre e hijo, aparecían en la sala del monasterio de Predicadores, al lado de importantes personajes del reino, entre los que estaba el obispo de Barcelona, Arnau de Gurb, san Ramon de Penyafort, el abad de Ripoll y la flor y nata de la burguesía de la ciudad. También estaba el sacristán de Lleida, Jaume Sarroca, y el jurista de Marsella Albert de Laváina. Tal asamblea general no podía ser baladí. Al contrario, un asunto de la máxima gravedad los reunía a todos. Y es que, incumpliendo el juramento que había dado su padre en 1254 de no acuñar moneda hasta diez años después de su muerte, Pere, ni corto ni perezoso, una vez en poder de la lugartenencia del reino, había empezado a fabricar moneda de plata, sin duda para

---

[15] *Crónica*, §486.

financiar su propia política. Aquella medida había soliviantado al principado, que necesitaba la estabilidad monetaria para la salud de su comercio. La reunión debía aclarar las cosas y determinar si el rey Jaume se atenía a su palabra. El rey volvió a controlar la situación. Habló con todos, tomó consejo, escuchó a los más sabios y se reafirmó en su juramento. Pere quedó desautorizado, y aunque perdió la posibilidad de impulsar una política autónoma, no perdió la lugartenencia. Sin embargo, el primer roce entre el padre y el hijo no presagiaba nada bueno.

Pero eso era el futuro. Mientras tanto, los Santos Lugares quedaron abandonados. Los poetas dejaron de cantar. En su lugar, se levantaron las murmuraciones. La vida al lado de Berenguela Alfonso era mucho más agradable que la brega en medio del mar encrespado, decían muchos con picardía. Entonces se mencionó la fábula de Júpiter, que era mantenido lejos de su deber del gobierno del Panteón persiguiendo a la bella Europa. Puy Laurens, un escritor de la época, no pudo menos que reflejar estos hechos «si vera fuere quae publice dicebantur»[16]. El rey debía de saber de estas murmuraciones. Cuando llega a Montpellier, allí se le recomienda que vuelva a embarcarse, aunque la ayuda que se le ofrece es mínima. La razón es que la gente podía hablar sobre su falta de coraje, sobre su valor acabado. El rey, enojado, se justifica. Ha perdido, sin duda, cien caballeros en la tormenta, y en su barco más de diez. ¿Todavía se necesita más prueba de que el viaje no pudo ser? «Mucho habla la gente —dice el rey—, pero Nuestro Señor sabe que nos vimos y aún nos vemos obligados a hacerlo así»[17]. No parecía un argumento muy convincente, desde luego.

Mientras tanto, las naves restantes, hasta un número de once, dirigidas por los dos hijos bastardos del rey, llegaron a Beirut y San Juan de Acre en la segunda quincena de octubre. Habían hecho la travesía de todo el Mediterráneo en un mes y nueve días. Carreras nos dice que en total llegaron unos cuatrocientos cuarenta caballeros armados y ciento ochenta ballesteros. Pedro Fernández fue el capitán de la expedición en ausencia del rey, que mientras tanto era esperado por la hueste. Como muchos de los caballeros habían recibido paga para tres meses, al cumplirse, volvieron. Con ellos, unos trescientos hombres, entre caballeros, peones y oficiales, regresó el hijo del rey Fernando Sánchez de Castro. Otros continuaron, bajo la dirección del otro hijo bastardo, Pedro Fernández. Dieciocho navíos y galeras en Barcelona se aprestaron para llevar grano y enseres a los cristianos que se mantenían en Acre, quienes además recibieron la ayuda prometida de Miguel Paleólogo. Es de suponer que estas naves traerían de regreso a los compatriotas que quedaban allí. Carreras calcula que, en febrero de 1270, Acre sería abandonada por los catalanes, aprovechando el viaje de vuelta de las naves de auxilio. Era el final de una aventura que había mostrado los límites de las posibilidades expansivas

---

[16] Carreras i Candi, ob. cit., pág. 119.
[17] *Crónica*, §491.

de un rey y un reinado. El sistema medieval de reinos no podía compararse todavía con el que posteriormente irrumpiría en el siglo XVI, en el que Turquía dejaría caer su peso aplastante sobre las relaciones europeas, sobre todo las franco-hispanas. Tampoco podía ser el sistema del siglo XVIII, cuando la potencia de Rusia obligaría a redefinir el sentido de Austria y de Prusia en todo el centro de Europa. La lógica de esta ampliación del sistema de la política internacional ya la conocía Jaume, pero no pudo dirigirla a favor del Occidente cristiano. Sin duda, para que los catalanes pudieran llegar al Oriente y controlar las vías comerciales faltaba una gran escala intermedia: Sicilia. Cuando los catalanes dispusieran de este gran navío varado en medio del mar Mediterráneo, Oriente estaría mucho más cerca y a su alcance. Las gestas de los almogávares de Jaume II ya estaban esbozadas en la aguda conciencia de Jaume I. Al menos, la cruzada frustrada del gran rey había mostrado que Aragón no conocía impedimentos técnicos ni políticos para realizar la hazaña. Pero las condiciones materiales de su realización todavía no se habían hecho realidad[18]. Para ello, Aragón debía disponer de un rey más joven.

La autoridad del rey debió de quedar tocada con este fracaso rotundo. En el juego de fuerzas tan sutil de la época, esta debilidad se dejó sentir de inmediato. La primera señal fue el conflicto con Montpellier. Allí, a su ciudad natal, había llegado el rey, casi náufrago, para solicitar una ayuda con la que reponerse de las pérdidas de la expedición. Los de Montpellier, cónsules y administradores de la ciudad en su nombre, le ofrecieron una ayuda para el caso de que volviera a embarcarse y hacerse a la mar rumbo a Palestina. En el supuesto de que regresara a su tierra entendían que no se veían obligados a ayudarle en cosa alguna. El rey se quedó perplejo y descorazonado. Se lo dijo en la cara a sus súbditos: le daban dinero si arriesgaba la vida y el trono, pero no le daban ayuda para ejercerlo y quedarse entre ellos[19]. No era un gesto amistoso. La dureza de las relaciones políticas se deja ver en este encuentro con plena claridad. Un rey solitario regresa de un cierto peligro de muerte, derrotado por los vientos y por las olas antes de dar la batalla. Su gente, en lugar de alegrarse, se dispone a ayudarlo para que se vuelva a embarcar. Solo les faltaba decirle que deseaban perderlo de vista, lejos de sus tierras. No deja de ser extraño, según las formas actuales. Al lector de la *Crónica,* con este y otros detalles, se le va dibujando la atmósfera de la decadencia de un rey. Este es uno de ellos. Otro, que el rey no tuviera en su mano sino ese discurso que humillaba a los cónsules de la ciudad, pero que no los podía vencer. Era una demostración de impotencia. La *Crónica* no nos dice si el rey se vengó de ese trato. Pero si no lo hizo ni lo intentó fue porque, en el fondo, no era justo. El tercer síntoma de su debilidad era precisamente ese: haber ido hasta su ciudad natal para pedir a sus súbditos algo a lo que Jaume no tenía derecho.

---

[18] Para conocer documentos de la vida cotidiana de los cruzados catalanes en Acre, se pueden consultar los de Carreras i Candi, págs. 123-138.

[19] *Crónica,* §494.

58
Don Alfonso devuelve los favores

Tras el encuentro de Barcelona de alrededor del verano de 1269, el rey llegaba a Lleida el 29 de octubre, mientras su hijo Pere restaba en la ciudad condal. No sabemos nada de lo que el rey hizo inmediatamente después de su salida de Barcelona. Solo sabemos que de nuevo le vinieron noticias de Castilla. Esta vez era la invitación a las bodas de su nieto Fernando, el infante de la Cerda, el primogénito del rey Alfonso X el Sabio, que había de casarse con Blanca de Francia, la hija del rey san Luis. La boda debía celebrarse en Burgos. El rey, que de nuevo podía operar como el jefe de la familia, se mostró encantado de marchar hacia la capital de Castilla, por la ruta de Tarazona. Los dos reyes se encontraron en Ágreda, y se abrazaron —según dice la *Crónica*— por tres veces. El rey Alfonso lloró de alegría al ver a su suegro, o este al menos lo recuerda así. La *Crónica* de Cardeña nos cuenta que la entrada de los dos reyes en Burgos tuvo lugar el 27 de noviembre de 1269. Las bodas del infante de la Cerda tenían que celebrarse el día 30 de ese mes.

La situación de Castilla se complicaba por momentos debido a la poca capacidad de Alfonso para gobernar. La *Crónica* de Jaume nos cuenta vaga la historia, pero transmite clara la pena. El rey aragonés se brindó a darle consejo a su yerno, pero no nos dice nada de los antecedentes de este ofrecimiento. Sin duda, Alfonso debió de confesarle a Jaume que tenía problemas para mantener la tranquilidad en sus reinos. Zurita nos informa de algunos de ellos, como esa conspiración de Lerma [1], en la que se juntaron muchos ricoshombres contra su rey [2]. El glorioso rey don Jaume, más avezado y prudente, se prestó a darle consejo en todo lo que le pidiera, cosa que el rey castellano agradeció. La índole de estos problemas tenían que ver con esas agitadas reuniones de los nobles castellanos, los cuales se habían dado cita en Burgos, también para la boda. Allí estaban Alfonso de Molina, tío del rey de Castilla, uno de los muchos hijos naturales de Alfonso IX de León, que no podía estar muy contento con la unificación de los dos reinos; los hombres del importan-

---
[1] Cf. Ballesteros Beretta, ob. cit., págs. 517-535.
[2] Zurita, *Anales,* Libro III, cap. LXXI.

te linaje de los Lara, siempre pendientes de sus prerrogativas; todos los infantes de Castilla, aparte del novio Fernando, como eran el pequeño pero impulsivo Sancho, Pedro, Juan y Jaime; el hermano del rey Alfonso, don Manuel, también yerno del rey Jaume, y Sancho, el arzobispo de Toledo, hijo del aragonés. Por lo demás, hasta allí había viajado don Felipe, hermano de Blanca de Francia, él también yerno de don Jaume, que luego habría de ser rey con el tercero de su nombre y apellidado el Atrevido, y Enrique, el hijo del rey Enrique III de Inglaterra, sobrino de Alfonso X, pues era hijo de su hermana Leonor. Otro príncipe inglés, Eduardo de Inglaterra, que luego inauguraría el número de los reyes ingleses así llamados, también estuvo presente en la boda y fue armado caballero por el rey Alfonso[3]. Eran demasiadas personalidades fuertes, demasiadas ambiciones, como para que la situación se desarrollase sin violencias.

La escena que nos describe la *Crónica* está cargada de simbolismo y de futuro, pero también de los negros nubarrones que habían de asolar Castilla solo unos años más tarde. Con motivo de la boda con la hija del rey de Francia, Alfonso debía hacer a su hijo Fernando caballero. Pero había dos posibilidades: que el rey lo armara caballero y que luego este armara a todos sus hermanos, o que el propio rey armara caballeros a todos sus hijos. El asunto no era baladí y, en cierto modo, prefiguraba el problema que iba a complicar los años finales del reinado de Alfonso el Sabio. Si el rey hacía caballero a Fernando de la Cerda declaraba al primogénito como el portador de la línea de descendencia y le entregaba ya el derecho de representación[4]. Los demás hermanos no eran sino sus vasallos, separados ya de la figura del padre. Pero si el rey armaba por igual a todos los infantes caballeros, entonces se sugería que todos estaban en relación directa con el padre y que todos se mantenían en la línea de sucesión. Hoy tendemos a pensar que esa concentración sobre Fernando y su descendencia de los derechos de sucesión era una condición de Francia para acceder al matrimonio de Blanca con el infante castellano. De hecho, luego Francia presionará en este sentido con mucha fuerza. El rey Alfonso, por tanto, debió de decir la verdad a medias cuando confesó a Jaume que todos los hermanos estaban conformes en someterse al mayor, recibiendo la orden de caballería de él. Dada la naturaleza pacífica del infante Fernando, no parecía que fuese él quien impusiese esta opción. Pero Jaume leyó bien los hechos, detectó la influencia francesa en esta situación y actuó en consecuencia dejándose llevar por su certero instinto contra Francia. La escena tuvo lugar en medio de todos los ricoshombres de Castilla y de los testigos de la boda. El rey Jaume, lleno de prudencia, avisó a su yerno de que se estaba introduciendo «ira y bando» entre los hijos y que quien le hubiese dado el consejo de establecer entre ellos esa gradación le había aconsejado mal. Pues, en el fondo, era como si Fernando asumiera en vida las funciones de padre res-

---
[3] *Crónica* de Alfonso X, BAE, Madrid, vol. LXVI, cap. XVIII, pág. 13.
[4] Ballesteros Beretta, ob. cit., págs. 767, 785, 823, 866, 991, 1002 y 1005.

pecto a los hermanos menores. La lógica del sistema patrimonialista era de esta manera alterada. Mientras que el rey y padre estaba vivo, todos los derechos debían recaer sobre él. En caso de que muriera el hermano mayor antes de reinar, con el padre todavía en plenitud de derechos, era el hermano siguiente el que debía heredar y no los hijos del primogénito muerto. Esta nueva línea hereditaria —favorable a los descendientes de Blanca, la hija de la casa de Francia— es la que parecía predibujarse con el gesto del rey Alfonso. Pero más grave todavía que esta quiebra de la igualdad plena de los hermanos ante el padre fue la actitud débil e incoherente de Alfonso.

En el fondo, es posible que a Jaume no le gustase aquella alianza entre Castilla y Francia, casando a Blanca con el futuro rey de Castilla. Si Fernando y su descendencia iban a monopolizar la herencia del reino, para siempre serían reyes de Castilla los hijos del linaje de san Luis. De ahí que Jaume, dirigiéndose a los suyos y en defensa de los intereses de Aragón, no se cuida de velar su intención. En cierto modo pretendía atraerse a Sancho, el segundo hijo de Alfonso, quien sería el posterior rey de Castilla, a la sazón un niño de pocos años cuyos derechos de sucesión al trono en cierto modo quería preservar. En privado le aconsejó que no aceptara esta minoración de dignidad siendo armado caballero por el heredero y no por el rey. La razón oficial que dio Jaume para defender su posición era que si los infantes caballeros armados se portaban de manera injusta e infame, un hermano no tendría suficiente autoridad para corregirlos. Un padre siempre era más eficaz en estas situaciones. Así que, una vez ganado Sancho para su causa, Jaume impuso una consulta pública y explícita. Cuando se preguntó a don Sancho si quería ser armado caballero por su hermano o por su padre, el pequeño infante contestó que él quería lo que su abuelo quisiese. Entonces, el rey Jaume declaró en público que su deseo era que don Sancho fuese armado caballero por su padre y «no por otro hombre». Y así se hizo. El rey Alfonso, a pesar de mantener una línea de conducta discutible al privilegiar a Fernando, a fin de cuentas la violó y excluyó al infante Sancho de este gesto, tan cargado de simbolismo. Con ello sembró el desconcierto entre todos, pues defendió las dos vías sucesorias a la vez: la de Fernando de la Cerda y la que reconocía que Sancho no era vasallo de Fernando, sino del propio rey, y que, por tanto, no debía prestar obediencia a nadie sino a su padre. Estos detalles, sin embargo, no enturbiaron las relaciones entre los hermanos. De hecho, no tenemos noticia de que en vida de ellos se diera enfrentamiento alguno. Cuando Fernando de la Cerda muriera en noviembre de 1275 y el rey Alfonso se empeñe en mantener la línea sucesoria de sus nietos los infantes de la Cerda, con la ayuda de Francia y de los señores de Lara[5], Sancho, entonces un joven valeroso de diecisiete años, se mostrará dispuesto a defender su derecho con el ímpetu que lo caracterizaba. Luego, la definición de dos partidos fue inevitable y las terribles

---

[5] Ballesteros Beretta, cf. el epígrafe dedicado a «El infante Sancho de Castilla» (ob. cit., págs. 765-769) y el posterior «Las pretensiones de don Sancho», págs. 781-785.

guerras civiles estallaron en el campo castellano. En este suceso de la investidura de los hermanos como caballeros, según vemos, quedaba simbolizado un futuro difícil.

Los nobles castellanos quizá interpretaron el gesto del rey de Aragón como un acto de autoridad sobre Alfonso X. La escena que nos cuenta la *Crónica* puede ser valorada de muchas maneras, pero desde luego creo que la actitud de Jaume estuvo determinada por su hostilidad a Francia. Por lo demás, la *Crónica* también nos ilustra sobre las tensiones entre los nobles castellanos. Así, por ejemplo, detecta una intención perversa por parte de uno de los más importantes señores castellanos, uno del linaje de los Lara. Este se ofreció a servir al rey Jaume y se mostraba dispuesto a auxiliarlo con doscientos caballeros cuando tuviera necesidad de ellos. Jaume no se dejó sorprender. La escena se nos dibuja tan nítida que debe de ser verdadera. Alfonso de Molina está enfermo y el rey va a visitarlo al hospital de Burgos. Allí se encuentra con Nuño González de Lara. Cabalgan juntos de regreso al hostal real. Entonces, el noble vizcaíno le hace el ofrecimiento de ayuda y servicio. El rey, muy cauto, le descubre el juego. Él sabe que el rey Alfonso no quiere a don Nuño, pero reconoce que el desencuentro es recíproco. Así que, en lugar de aceptar la oferta del caballero, que en el fondo es un desaire a su rey natural, Jaume se brinda a disolver sus problemas con su rey. Era una de esas oportunidades que buscaba don Jaume para operar como autoridad suprema de los reyes hispanos. De hecho así se lo dijo a don Nuño: «Yo tengo mejor razón para meterme en sus cosas que ningún hombre, y lo que otros no pueden osar decirle, yo se lo diría tan confiadamente como a un caballero»[6]. Este pasaje es muy curioso. No solo porque se emplea un adverbio que me parece germánico —*treüdament,* que quizá procede de *Treu,* lealtad, confianza—, sino porque el rey Jaume reconoce que habla a su yerno y rey de Castilla más como caballero que como rey. Por eso está dispuesto a usar su capacidad de presión y a mostrarse herido con él en caso de que no le haga caso. Aunque Jaume opera en todas estas situaciones con una actitud de clara superioridad, nunca ocultada, no lo hacía humillando a su yerno. El rey usa así las maneras de la relación de caballería, pero siempre con respeto. La *Crónica* en este sentido es muy sutil. No cuenta cómo habló Jaume con el rey de Castilla. Solo añade que, al día siguiente, Nuño se acercó al rey de Aragón y le rogó que se olvidase de su oferta, pues había hecho las paces con su señor, del que había obtenido todas las satisfacciones oportunas, entre ellas, la de gozar de un patrimonio. El rey Jaume nos sugiere que él fue el artífice de este arreglo, pero jamás deja en mal lugar a su yerno Alfonso.

Este, por su parte, seguía con su deseo intacto de mantenerse cerca de su suegro, quien tan hábil se mostraba a la hora de deshacer los malentendidos de su corte. Así que los dos monarcas se dirigieron juntos a la frontera de Aragón, por Tarazona. Allí, Jaume le ofreció pasar las Navidades juntos.

---

[6] *Crónica,* §496.

Puesto que el rey había salido de Burgos entre el 10 y el 12 de diciembre de 1269, las fechas navideñas debían de estar desde luego muy cerca. En este contexto relajado, el rey Jaume le expuso a su yerno las normas más claras de su política, reglas que son un programa de gobierno plenamente consciente, enunciado por el propio actor con una simbología explícita e inconfundible. Se encuentran en el §498 de la *Crónica* y, en su conjunto, permiten identificar la política que el rey Jaume deseaba impulsar hasta el final de su vida, si bien hemos de decir que no siempre está en condiciones de explicarnos cómo pudo aplicarla en cada caso concreto. Toda la escena tiene lugar en Tarazona, justo en la frontera entre los dos reinos, en las cercanías del Moncayo, en una ciudad que los mudéjares poco a poco embellecían con sus esbeltas torres y sus casas colgadas. Estuvieron juntos los reyes una semana y el rey de Aragón confiesa que en estos siete días le ofreció a su yerno siete consejos. La analogía con la actividad del Dios creador es muy clara: son siete días y en cada uno de ellos le ofrece un consejo acerca del buen gobierno. Ahora los voy a traducir para que se puedan leer por extenso en castellano.

«El primer consejo es que, si hubiese dado su palabra a alguno, que la cumpliese de cualquier forma, que más valía sufrir vergüenza por decir no a quien le demandara algo, que sentir el dolor en su corazón por no haber cumplido lo que había prometido. El segundo consejo es que antes de dar a alguno carta, que antes de entregársela se pensase bien lo que iba a hacer y lo que no. El tercer consejo es que mantuviera a toda su gente, pues todo rey ha de mantener con agrado y placer a la gente que Dios le ha encomendado. El cuarto consejo es que, si tuviese que elegir entre la gente que ha de mantener, por no poder conservarla toda, entonces habría de elegir dos partes, las iglesias y los pueblos y ciudades de la tierra, pues estas son las gentes que Dios ama más que a los caballeros, pues los caballeros son los que más pronto se levantan contra la señoría, y que si puede retener a todos, mejor, pero que si no, que retenga estas dos partes, porque con ellas destruiría a las otras. El quinto consejo fue que, puesto que Dios le había dado Murcia y nos con nuestro Señor le habíamos ayudado a tomarla y ganarla, que hiciese guardar las cartas que nos habíamos hecho a los pobladores de Murcia, pues las que él había hecho no podía mantenerlas nadie, antes bien las rompían y quitaban heredades, pues les daban veinte o treinta tahúllas, y al que más le daban, le daban cincuenta, y que estas cincuenta tahúllas no eran sino dos yugadas de Valencia, que no hacen sino doce cahíces de sementera, y que Murcia era la mejor villa de Andalucía, salvada Sevilla, y que erraba mucho dando lugar a que la gente dijese que ni él ni sus hombres sabían partir aquella tierra. Y que Murcia ya no sería buena nunca más si no hacía una cosa, a saber: poner allí a cien hombres de valor que os sepan acoger cuando entréis en la ciudad y que les dé tanto que sean bien heredados, pues por cien tahúllas ni por doscientas no se puede dar heredad a un hombre de valor, y lo demás que lo tengan los menestrales y así harás una buena villa. Y si lo has dado a gentes que no residen allí, aveníros con ellos y dádselo a pobladores. El otro consejo es que no hagáis justicia de manera oculta, pues no es de rey que haga justicia en su casa, ni oculto.»

Como vemos, el programa de gobierno del rey se concentra en Murcia, aunque el rey Sabio podría aplicarlo igual en Sevilla y en Córdoba, en Úbeda y Baeza, todas ellas importantes plazas que apenas llevaban treinta años en poder de los cristianos. Los consejos que Jaume da al rey Alfonso se pueden resumir en una frase: repetir la experiencia de Valencia, repoblar con instituciones y repartos que beneficien a la burguesía, a la menestralía, a la artesanía y a la Iglesia, y que reduzcan la importancia de los señores. El rey Alfonso todavía estaba a tiempo de hacer esto con Murcia y don Jaume le viene a decir, sin duda por experiencia, que si no mete en cintura el poder de los señores, ni la paz ni la señoría del rey tienen futuro. Como es natural, no hay en todo este discurso un concepto ajeno al régimen de señorío. El del rey y el de los caballeros es de la misma naturaleza y por eso deben competir entre sí. Las gentes de las ciudades y de las villas prefieren el señorío del rey, porque sin duda pasa por más obligaciones y mediaciones, frente al de los señores, que es más directo y personal. Pero en ningún momento se identifica el destino de los menestrales y burgueses con el destino del pueblo, ni se cita para nada categorías del derecho romano. El rey se orienta en un juego de presiones y sabe dónde puede encontrar sus enemigos y sus aliados. Eso es todo. No hay comprensión del derecho, sino de la física social del poder. De hecho, el rey Jaume aprovecha la ocasión para mejorar los lotes de sus hombres de Murcia, como en efecto habrían de ser favorecidos con el reparto definitivo que emprenda el mismo rey Sabio en una estancia posterior en aquella ciudad.

El rey Alfonso, mientras tanto, debió de desplegar algo parecido a una elevada dependencia anímica de su suegro. A pesar de todo, tan pronto se separaron los reyes, Alfonso marchó hacia Castilla. Pero en el primer pueblo, en Fitero, a un día de camino de Tarazona, el rey de Castilla envío a un mensajero para dar cuenta a Jaume de que se encontraba muy enfermo. La causa era un antiguo golpe que un caballo le había dado estando en Burgos. El rey de Aragón se inquietó y se puso de camino con cinco caballeros y su médico Joan Jaume, con la idea de que curara al rey. Tras unos días más de estancia común, Alfonso pidió al rey que regresara a sus tierras, por sentirse ya mejor. Prácticamente, habían pasado juntos toda la primera quincena de enero. Luego, el rey Jaume se dirigió hacia Calatayud, donde permaneció durante un mes. Aquí la *Crónica*, que sin duda ha sido redactada con los hechos muy recientes, es de una exactitud total. Si el rey debió de llegar hacia el día 15 de enero de 1270, efectivamente pasó un mes allí, porque el mismo día de febrero ya estaba Jaume de nuevo en Valencia para resolver problemas muy importantes que se habían declarado en la ciudad del Turia entre los oficiales reales y los jurados de la villa[7]. Sin duda, salvo esto, fue aquella una época de plena

---

[7] De ellos tendremos ocasión de hablar más adelante, cuando nos refiramos a los disturbios de 1275-1276 en Valencia. Cf. cap. 64.

tranquilidad. Como dijo Ferran Soldevila, este año de 1270 no está marcado por ningún gran acontecimiento [8]. Iba a ser, no obstante, el pórtico de importantes sucesos.

Pero la mirada de Alfonso, aunque en la distancia, no abandonaba a nuestro rey. Al contrario, estando en Valencia don Jaume, le llegó un mensajero para comunicarle que el rey de Castilla quería verse con él en la frontera, en la raya de Requena con Buñol. Con la generosidad que ya hemos visto en todo este tiempo, el rey viajó hasta Chelva, subió los puertos de Siete Aguas y se dirigió a Requena, donde se encontró con su yerno, que venía acompañado de la reina, su esposa Violante. Jaume les invitó a entrar en Valencia, cosa que alegró mucho a la reina, que desde que había salido para su boda con Alfonso no había regresado a sus tierras. La ciudad del Turia debía de ser para ella un lugar de lejanos rumores, objeto de pura imaginación, y ahora entraba en ella dispuesta a ver los efectos de la política de su padre. El espíritu festivo de los valencianos bien pudo manifestarse en aquella ocasión por primera vez, pero ya sería de una manera característica para siempre. El caso es que el rey ordenó una recepción digna de él y de sus invitados, por lo que mandó hacer juegos y fiestas maravillosas. Engalanó la ciudad con tapices y banderolas, dispuso bailes populares y juegos marítimos. Era voluntad del rey mostrar el éxito de su política y, complacido, dice que se le hizo un recibimiento como si la ciudad estuviera habitada por cristianos más de cien años. En realidad, apenas llevaba treinta y dos, pues estos hechos debieron de tener lugar hacia el mes de abril de 1271. Luego el rey se dirigió con su familia hacia Villena, donde entró con Alfonso. Desde allí, los reyes de Castilla se dirigieron hacia el reino de Murcia y Jaume se fue hacia Denia y luego al valle de Albaida, donde hacia el mes de mayo fundó diversas poblaciones, como Montaverner. El itinerario de Miret nos da cuenta de que el rey estaba muy interesado en reforzar esta frontera, pues su actividad por estas tierras se mantuvo hasta el mes de junio de ese año.

Pero las intensas relaciones con Alfonso no pararon aquí. El rey Jaume seguía con su gobierno normal de Aragón. En realidad, dado el carácter de algunos de sus ricoshombres, no le faltaban pleitos en los que debía impartir justicia. Uno de ellos lo llevó a perseguir por todo Aragón a don Artal de Luna, que en una emboscada había matado a veintisiete peones del pueblo de Zuera. El rey llegó hasta Zaragoza [9] para hacer justicia, y efectivamente la hizo, porque condenó a Artal a cinco años de destierro y a pagar una multa de veinte mil sueldos, que el rey repartió entre las viudas y huérfanos de la matanza [10]. Pues bien, estando en estas, le llegó un mensajero del rey de Castilla.

---

[8] Ferran Soldevila, *Pere el Gran,* Parte I, vol. III, pág. 304.
[9] Miret lo hace en Zaragoza en el mes de agosto y en el mes de septiembre. De hecho, se mantendría por esta tierra hasta el mes de diciembre de 1271. Cf. Miret, *Itinerari,* pág. 565.
[10] Pere Beuter, en su *Crónica de Valencia,* pág. 303, nos informa de que el rey recibió presiones para condenarlo a muerte, cosa que finalmente no hizo. También cuenta que solo distribuyó entre las viudas y huérfanos la mitad de la multa.

Alfonso mostraba de nuevo necesidad imperiosa de hablar con él. Esta vez, sin embargo, el rey estaba lejos y cansado. Llevaba dos meses recorriendo Aragón, pues debemos de estar por el mes de agosto de 1271. Además, todavía no había podido reducir el lugar de Luna, hecho en el que no lo ayudaba demasiado su hijo Pere, por aquel entonces más interesado en preparar alguna incursión contra Tolosa, que se había quedado sin señor a la muerte de Alfonso de Poitiers y de Juana, su esposa[11]. Así que envió un mensajero junto con su notario y sacristán de Lleida, Jaume Sarroca, rogándole al rey Alfonso que tratara con él de los temas que fuese menester, que él se los transmitiría con fidelidad. El rey de Castilla le suplicó: tenía necesidad de hablar con él, en persona.

Finalmente, el rey cedió y se dirigió hacia Alicante, donde lo esperaba Alfonso. Sin duda, lo que en la *Crónica* se nos cuenta como si fuera un tiempo continuo debió de estar separado por meses. En el entreacto, entre la embajada de Sarroca y la entrevista de Alicante, el rey Jaume convocó a sus hijos tenidos con Teresa Gil de Vidaura, Pedro de Ayerbe y Jaime de Xèrica, y a muchos nobles de Aragón, para ultimar el asalto a Luna. Esto tenía lugar el 19 de diciembre. Solo después de reducir este famoso lugar de la gran familia aragonesa, el rey se puso en camino hacia Alicante. El 13 de enero de 1272 llegó a Calatayud y el 16 de febrero entraba de nuevo a Valencia[12]. Desde allí se marchó a Alicante, inquieto por las misteriosas noticias que tenía que darle su yerno en persona, a él y solo a él. Y, en efecto, la noticia era terrible, y solo con claras pruebas podría darla el rey castellano. Se trataba de que los nobles de Castilla y de Aragón se habían confabulado entre sí. Además, contaban con la alianza del nuevo rey sarraceno de Granada. Sin duda, debemos suponer que Artal de Luna, uno de los que había sido condenado al exilio, debía de estar dentro de la conspiración. En realidad, esta conjura existía y el asunto era tanto más grave por cuanto que el cabecilla de todo el movimiento era el mismo hijo bastardo del rey Fernando Sánchez de Castro. Si alguien hubiera tenido memoria, habría recordado que era la repetición de la constelación de fuerzas y de alianzas que se había constituido cuando el infante Alfonso de Aragón reclamaba su herencia. La única diferencia era que ahora el antiguo infante de Aragón era sustituido en su papel de líder del partido nobiliario por el hijo bastardo del rey Fernando Sánchez de Castro. De la misma manera que la antigua, esta nueva conspiración, en el fondo, no solo iba contra Jaume, sino también contra su hijo Pere, el infante heredero y lugarteniente del rey aragonés. La gravedad de la situación era, por tanto, innegable.

Para analizarla, debemos conocer más de cerca al nuevo caudillo, el que había sido hombre de confianza del rey en la cruzada frustrada y había hecho llegar los barcos aragoneses hasta Tierra Santa. Algo había cambiado a su regreso, desde luego. La actitud de Fernando Sánchez de Castro era compleja,

---

[11] Zurita, *Anales*, Libro III, cap. LXXIX.
[12] Miret da la fecha. Cf. *Itinerari*, año 1272, pág. 565.

pues hemos de suponer que no le faltaba inteligencia y claridad política[13]. Quizá su aventura comenzase en Sicilia, cuando volvía de la cruzada fallida en la que lo dejamos. Allí debió de conocer a Carlos de Anjou, rey de la isla y que por entonces desarrollaba aspiraciones a proyectar su influencia en tierras del Imperio. Sin duda, Carlos de Anjou tenía como principal enemigo al infante Pere de Aragón, que había casado con la hija de Manfredo, Constanza, y que, por tanto, mantenía intactos sus derechos sobre la isla[14]. Así que el bastardo no dudó en aliarse con los enemigos de la línea principal de su propia casa. Sabemos, por un documento expedido en Nápoles, que el de Anjou le pagaba un sueldo de ocho mil libras tornesas para mantener un pequeño ejército con el que debía servirle cerca de Trapani. Otros documentos testimonian que Fernando Sánchez de Castro siguió recibiendo dinero del rey de Sicilia[15]. Además, el hijo natural del rey Jaume era yerno de Gimeno de Urrea, por lo que tenía tras de sí a los más rebeldes de los ricoshombres de Aragón, que en estas ocasiones operaban de la manera corporativa que ya conocemos. Ahora, la agresión contra Artal de Luna fácilmente podría haber reavivado la rebelión. Si tenemos en cuenta este contexto, la información de Alfonso X estaba contrastada y no hay que excluir que, en efecto, los conjurados aspiraran a envenenar al infante Pere[16]. Sobre Jaume debían de rodar aquellas palabras duras y secas del castellano que no anunciaban sino violencias extremas para los dos reinos hispánicos. Pero, por encima del estupor y de la incredulidad inicial que pudiera sentir nuestro rey, una evidencia se imponía: esa conjura era el primer efecto de la decadencia de su reinado, el primer síntoma que demostraba la disminución de su prestigio y de su poder entre los principales actores de la política de su reino. El fracaso de la cruzada, que sin duda fue interpretado desde la falta de coraje de un rey viejo, empezaba a pasarle factura a don Jaume. Pero los señores se equivocaban. El rey había regresado a sus reinos porque se había sentido abandonado por la protección del Cielo. Sin sentir esa protección y sus seguridades, el carisma de la guerra era inviable. Pero su inteligencia, iluminada por su sentido de la justicia, era todavía vigorosa, lo suficiente para enfrentarse a las dificultades que ya se avistaban en el horizonte.

---

[13] Cf. Ferran Fondevilla, «La nobleza catalano-aragonesa capitaneada por Fernando Sánchez de Castro en 1274», *I CHCA,* págs. 1061-1169, con todos los documentos principales.
[14] El hecho lo cuenta Desclot, *Llibre del rey Pere,* cap. LXVIII. Pero la versión está comprobada en Ferran Soldevila, *Pere el Gran,* Parte I, vol. III, pág. 314.
[15] Ibídem, pág. 316.
[16] *Crónica,* §514.

59
EL ENEMIGO ES MI HERMANO

El caso es que, enterado el rey Jaume de la conjura de los nobles aragoneses, dirigidos por Fernando Sánchez de Castro, se aseguró ante todo la paz con el rey de Granada, de tal manera que se pudieran neutralizar las conexiones de los rebeldes con el exterior. Pero respecto a todo lo demás, Jaume se movió con muchas cautelas. No quería tomar partido inicialmente por Pere, pero tampoco podía dejar de tener en cuenta la información de su yerno Alfonso. Mientras tanto, y por una coincidencia sospechosa, el rey recibió una carta del señor de Castro en la que se narraban hechos gravísimos. Al parecer, el infante Pere estaba dispuesto a terminar las cosas a su manera y se había lanzado sobre la casa de Fernando Sánchez en Borjamán[1], espada en mano, buscando por todos los rincones de cada estancia. El padre lo cuenta en la *Crónica* de una manera gráfica y sentida. Como en tantas ocasiones, el rey lamentó la perturbación de la familia, pero esta vez exclamó que prefería pagar mil marcos de plata a que alguien se enterase de esta infamia. De hecho, el incidente demostraba la debilidad del padre, desde luego, lo que todavía decidía más al rey en favor de la discreción. A pesar de todo, el bastardo logró escapar del infante y pidió la protección de don Jaume.

El rey tenía sin duda su opinión sobre el asunto y sobre su hijo natural, pero tampoco podía aprobar los métodos de su heredero. Lo mejor era llamar al infante y ordenarle que compareciera ante él. Eso es lo que hizo en una carta de 20 de febrero de 1272. La orden debió de llegarle a Pere antes del 25 de febrero, mientras estaba en Lleida. Para facilitarle las cosas, el rey se decidió a convocar las Cortes para tratar este asunto. Estas se reunieron en Lleida a finales de marzo de 1272, aunque las actas de convocatoria, muy abstractas, se firmaron en Ejea, por lo que esta reunión ha confundido un poco a los histo-

---

[1] Efectivamente, muchos historiadores hablan de Borriana, traduciendo así el Boriamanum. Pero en un diploma que aporta Ferran Fondevilla, en el estudio que dedicó a Fernando Sánchez de Castro, se indica que Pere III, en febrero de 1285, restituye los lugares de señorío del bastardo de Jaume a su hijo, Felipe de Castro. Dentro de estos lugares está Borjamán. Es por tanto aquí, en un lugar de su propiedad, donde Pere debió de buscar a su hermanastro Fernando con ánimo agresivo, desde luego. Cf. Fondevilla, «La nobleza catalano-aragonesa», ob. cit., pág. 1070.

riadores[2]. El objetivo era tratar de todo este asunto. Pero el infante Pere se había ido de la ciudad, ya que hacia primeros de marzo estaba en Girona. Nuevas cartas le fueron enviadas para que reconsiderara su actitud de rebeldía y regresase a las Cortes. En una de ellas, el rey Jaume lo avisaba de que procedería contra él si no venía a su presencia. No vino a la convocatoria hasta una tercera citación, el 7 de abril. Cuando llegó, el rey lo sometió con testigos a un oportuno interrogatorio. De él concluyó que la defensa de su causa que ofrecía Pere no parecía muy sólida. En el fondo, había querido matar a su hermano, eso estaba claro. Por todo ello, el rey le retiró la procuraduría general que disfrutaba y lo privó de las cenas mientras estuviera en la tierra del reino[3]. El príncipe, de repente, se había convertido en un paria, en un vagabundo, en una figura mitológica que todavía en el siglo XV sería objeto de la saga popular[4]. El rey no tuvo más remedio que hacer pública esta circunstancia, por lo que debió explicar los hechos ante el reino.

El infante, al parecer, se retiró indignado. Las Cortes de Lleida no pudieron acabar con la enemistad entre los hermanos, tras la que se jugaba, en el fondo, la situación de la nobleza aragonesa dentro del reino. Es de suponer que, por aquel entonces, el estamento de los nobles ya sabía que Pere era todavía más fuerte que su padre y que podía presionar sobre su poder en una línea de continuidad con la política de Jaume. El caso es que el heredero no estaba dispuesto a romper totalmente con su padre, pero no se mostraba inclinado a ceder y reconciliarse con el hermanastro. Sin embargo, todos estos movimientos no hacían sino preparar la situación que todo el mundo esperaba cercana: la propia muerte del rey. Eran alianzas para tomar posiciones en el seno del juego de fuerzas que se iba a presentar cuando Jaume entregara el reino a sus dos hijos. No eran crisis agudas, sino que testimoniaban más bien las relaciones de partidos y de caudillaje que habían de hacerse plenamente explícitas a corto plazo.

La *Crónica,* siempre con su política de perseguir los temas dándoles una unidad, acorta aquí los tiempos. Después de las Cortes de Lleida, hacia el 25 de abril de 1272, el infante se fue hacia tierras de Valencia, donde lo encontramos en Borriana el 11 de mayo. Don Jaume, por su parte, se dirigió a Cataluña, y hacia el 30 de junio llegó hasta Montpellier. El rey no nos dice nada de todo esto. Tiene motivos para no acordarse, desde luego. Los asuntos que le reclamaban al norte de los Pirineos eran, de nuevo, las cuestiones de Francia. Aprovechando la muerte de Luis IX en la cruzada —una circunstancia que debió de dar qué pensar a Jaume, que se había visto en peligro de muerte un año antes por la misma circunstancia, como si la ruta hacia Jerusalén quisiera

---

[2] Miret da los documentos en este sentido. Cf. *Itinerari,* pág. 459.
[3] Ferran Soldevila, *Pere el Gran,* Parte I, vol. III, pág. 322.
[4] Me refiero, naturalmente, a la parte de «Del Infants en Pere qui anà per tota la terra exerrant», del manuscrito de J. Francesch, *Llibre de les nobleses dels reys.* Ms 487 de la Biblioteca de Catalunya. Cf., sobre este particular, Miquel Coll y Alentorn, en *Estudis Universitaris Catalans,* XIII, 1928, págs. 485-524.

cobrarse la vida de un gran rey—, los nobles del Mediodía francés intentaron mejorar su situación o, al menos, tantear la posición del sucesor, quien con el tiempo sería conocido como Felipe el Atrevido. Así que el conde de Foix se sublevó contra el rey francés. Foix era un condado feudatario de Cataluña y su conde Roger Bernat entregaría la mano de su hija al infante Jaume[5]. Este conde de Foix fue imprudente en aquella ocasión y confió en sus fuerzas. Jaume no quiso secundar su causa y prohibió a sus súbditos que le diesen ayuda. No solo eso. En su intento por conservar la potestad última de la casa de Barcelona sobre el condado de Foix, se mostró dispuesto a la mediación y se reunió con Felipe en la abadía de Bolvonne[6]. No fue posible la paz y el rey francés atacó. Jaume, entonces, en una estrategia de mínimos, intentó mantener sus derechos sobre los castillos de la montaña, que podían ser importantes para defender los pasos de frontera de los Pirineos, dejando la tierra llana al rey de Francia. Todas estas negociaciones se dieron en el otoño de 1272. Pues, en efecto, por aquel entonces el rey envió cartas a los señores de Bearn, de Foix y de Cardona explicándoles la situación, y también desplazó embajadores a la corte de Francia para cerrar los arreglos. De hecho, Miret ve al rey toda esta segunda mitad del año en los territorios de Occitania[7].

Que el rey no hable en su *Crónica* de todos estos graves asuntos es muy explicable. Que prefiera perseguir la reconciliación de los hermanos es también muy lógico. Durante esta segunda mitad de 1272 el rey tuvo que ver disminuida su soberanía sobre los territorios de Foix, lo que en cierto modo era una tendencia que afectaba a todos los estados de señorío catalán al norte de los Pirineos, que estaban a punto de ser perdidos por la doble presión de ingleses y franceses. No solo eso: durante su estancia por tierras del Languedoc ocurrió otro hecho que sin duda marcaría el ocaso de algo vital para el rey. Me refiero a sus relaciones amorosas. En efecto, el 17 de junio de 1272, moría Berenguela Alfonso, en Narbona, donde está enterrada en el monasterio de los hermanos mínimos. El rey, enfermo, se dirigió a Montpellier, donde logró escapar de la muerte, como nos cuenta Beuter, sin duda haciéndose eco de viejas leyendas sobre milagros[8]. Eran momentos cruciales para don Jaume, que veía cómo su amada Berenguela quedaba enterrada en tierra extraña, dejándolo solo. La muerte se acercaba de nuevo a su lecho, pero ahora lo cogía con más de sesenta y cuatro años, una edad que no era habitual en aquel tiempo. La amada Berenguela, en una expresión clara de amor, le dejaba todas sus

---

[5] Pere Beuter da otro nombre del conde, Ramon Benet Berenguer. Su hija sería Esclaramunda, condesa de Nives. Como se ve, Jaume desearía redondear sus territorios del Mediodía francés, sobre los que tendría que ejercer un complicado poder a la muerte de su padre. Cf. P. Beuter, *Crónica*, ob. cit., pág. 303.

[6] Como siempre que se trata de relaciones entre Cataluña y Francia, Tourtoulon es muy detallista. Cf. *Jaime I*, vol. II, pág. 381, n. 3.

[7] Esto tenía implicaciones con Castilla. Cf. la evolución de la alianza de Foix con Castilla con motivo de las guerras civiles de Navarra, una vez muerto don Jaume. Cf. Ballesteros Beretta, ob. cit., págs. 792-796.

[8] *Crónica General de España*, Libro II, cap. LIV.

posesiones de Galicia, como si de una esposa se tratara. Por su parte, era lógico que el rey, muy débil, deseara hacer testamento y, en efecto, este fue el último que dictó. Sucedía en el mes de agosto de 1272, y con esto retomaremos el hilo de las relaciones entre los dos hermanos. En el testamento confirmaba el reparto de los reinos hecho en 1262 y renovado en 1270. Dejaba a Pere Aragón, Cataluña y Valencia, declarando estos reinos indivisibles. Dejaba Mallorca y las islas a Jaume, así como el señorío de Montpellier, el Rosellón y la Cerdaña, corona que también declaraba indivisible. De esta manera, consideraba el rey Jaume, como recuerda Tourtoulon, que el rey de Mallorca tendría las manos libres para intervenir en Francia, al quedar al margen de los problemas de la Península. Don Jaume dispone ser enterrado en Poblet, donde su abuelo Alfonso, pero de tal manera que el monumento de este sea el más importante, disposición que naturalmente nadie pudo obedecer. Luego establece el orden de sucesión. Aquí está el detalle importante. El rey reconoce en el orden de sucesión a los hijos de Teresa Gil de Vidaura. Esto es: tras Pere y Jaume iban como herederos Jaime de Xèrica y Pedro de Ayerbe. Solo si estos morían sin sucesión reinarían los hijos de Violante y Alfonso X y luego los de doña Constanza y don Manuel, y después los de Isabel, la reina de Francia. Las hijas quedan excluidas. También se deja al margen de la línea sucesoria a Fernando Sánchez de Castro, el enemigo de Pere. Todo ello indica el carácter necesario de la justicia del rey, que no podía violar derechos básicos de Pere.

Pero el rey se recuperó en Montpellier de forma inesperada. Hacia el mes de enero de 1273 ya estaba de nuevo en actividad. Concluido el asunto de Foix, regresó a la Península, sin duda solicitado de nuevo por Alfonso, que luchaba contra el rey de Granada, Ibn Alhamar, aliado ahora de los nobles castellanos. El rey de nuevo convocó a sus nobles para ayudarlo. Pero, tal y como había informado el rey Alfonso, los nobles de Cataluña y Aragón también habían tomado sus decisiones sobre esta lucha y se negaron a seguir la orden que el rey Jaume les dio el 30 de enero de ese año. Los pretextos eran las disputas por el condado de Urgell. Así que la convocatoria del rey no tuvo éxito. Fue entonces cuando, hacia el mes de mayo, se dirigió hacia Valencia, y aquí es donde enlaza la *Crónica,* retomando los temas de las disputas entre los hijos. Pues estas desavenencias impedían unir el reino y luchar contra Ibn Alhamar, que por entonces preparaba una importante invasión de benimerines, conducidos por Ben Yusuf de Marruecos. Mientras que Fernando Sánchez de Castro se mantuviera al frente de los ricoshombres de Aragón y de los nobles catalanes, el rey no podría disponer de ellos para auxiliar a Alfonso contra sus nobles castellanos y sus aliados granadinos. En cierto modo, se trataba de una operación casi imposible, porque todos estaban interesados en disminuir el poder de la monarquía. La denuncia que en Alicante le hiciera Alfonso, que implicaba a los nobles de los dos reinos, se cumplía de facto ahora, solo que con algunas complicaciones adicionales: la más que probable intervención del francés Carlos de Anjou en el partido del señor de Castro y la presión marroquí, que se disponía a cruzar el Estrecho de Gibraltar.

El rey, sin embargo, no desmayó. Se dirigió hacia tierras de Valencia, donde debían de estar los dos hermanos, con la intención de lograr la mediación. En Borriana tuvo un encuentro con el infante Pere. El rey venía de acariciar la muerte. Había visto morir a la encantadora Berenguela y él mismo había estado a punto de sucumbir con ella, lejos y solo. Ahora se le concedía el don de volver a ver a su hijo. La alegría del reencuentro era natural. El rey lo recuerda con cierta dulzura. Padre e hijo cazaron con la mayor alegría, dice la *Crónica*. El 15 de mayo de 1273 ya estaba el rey en la capital con su infante. Con los testigos pertinentes, como el predicador fray Pedro de Génova, el jurista Tomás de Junqueras y el sacristán de Lleida, Jaume Sarroca, rogó y ordenó a su hijo Pere que depusiera la actitud hacia su hermano, que por lo demás parecía estar en disposición favorable a ello. El rey ofreció su tribunal para las diferencias y su amparo para ambos. El asunto habría de tratarse en una reunión en Valencia. Pero he aquí que el infante Pere, a pesar de asegurar que le daría una respuesta, de nuevo se negó en redondo de la forma más expresiva: salió de la capital vestido de guerra, con algunos caballeros, en un gesto claro de no avenirse. Fernando Sánchez, por el contrario, acudió con los suyos. Estuvo con el rey ocho días, pero al no comparecer el infante, se fue a sus tierras. El rey se quedó con los ricoshombres de Aragón, que en el fondo representaban el partido de Fernando. Allí estaban Urrea, Lizana, Luna y otros. Si se iba a imponer la paz, se habría de lograr con representantes. Ahora solo faltaba que Pere enviara a los suyos.

Por fortuna, así se aseguró y con ello se podía convocar una curia en Valencia, hacia el mes de agosto de 1273. Así que el rey, tras recorrer los castillos de la frontera sur, desde Denia a Xàtiva, pasando por Cocentaina, Castalla y Biar, en una operación de reconocimiento de las defensas [9], regresó a la capital. Los representantes de Pere acudieron allí, conscientes de que la causa del infante estaba quedando en una situación de debilidad. Fue entonces cuando denunciaron al rey, ante el palacio lleno de gente de Valencia, las graves traiciones en las que había caído Fernando Sánchez. Este iba diciendo entre los nobles que el rey Jaume ya no debía seguir reinando y conspiraba con aquellos y las ciudades de Aragón para sublevarlos contra el rey. Eran noticias que coincidían con las denuncias de Alfonso X. Si Pere hablaba ahora, y dejaba de mantener en secreto estas evidencias, era porque veía al rey más cercano a Fernando que a él, legítimo heredero del reino. La cosa no era así, desde luego, pero por lo menos el señor de Castro quiso mantener el acto público de reconciliación, mientras que Pere se negaba a ello. Así que el rey estaba cogido por las formas jurídicas y no podía quitarle la razón a Fernando sin procedimiento. Además, quedaba el asunto de la violencia en casa del hermanastro, espada en mano, mirando debajo de las camas y despertando a todos los criados. El rey exigió pruebas de todo ello, pero dejando caer que las necesitaba para abortar esta conspiración. En el fondo, sus intereses eran los de Pere,

---

[9] Miret da todo el recorrido de forma oportuna en la pág. 565 del *Itinerari*.

pero debían defenderse con la justicia pública del rey, como había aconsejado a su yerno Alfonso cuando le habló de las normas propias del buen gobierno.

Esa curia de Valencia, un consejo especial, una comisión propia y restringida, se destinó a analizar la situación de los dos hermanos. Allí estaban los acusados, desde luego, los ricoshombres de Aragón, Enteza, Urrea —suegro de Fernando Sánchez—, Lizana y Luna. El rey no tuvo empacho en decirles con claridad: «Ya veis cuán graves cargos acaban de haceros a vosotros, aragoneses; menester será que alguien responda de ellos»[10]. Urrea, que era el más directamente implicado, no tuvo más remedio que contestar. Pero lo que dijo no era sino una evasiva que denotaba la forma en que el mundo aristocrático hacía uso de sus prerrogativas. Su defensa consistió en decir que él no podía contestar a un hombre vil, como aquel jurista Junqueras. Así que nombraría a un abogado caballero que pudiera hablarle de igual a igual. El rey, por toda sentencia, recuerda con sencillez que jamás respondieron de los cargos ni el ricohombre ni su caballero. El rey nos quiere transmitir que esta conspiración era verdadera. Sin embargo, el margen de maniobra del rey era muy limitado. Ya vemos con claridad que su poder iba en decadencia. En cierto modo, no podía avanzar por otro camino que el ya iniciado: tratar el asunto de manera judicial. Así que dijo a los enviados de Pere que los cargos contra Fernando Sánchez eran muy graves y que lo citaría ante su curia para responder de ellos. Si el infante no se presentaba, lo consideraría culpable y le impondría la pena debida. Pero los mensajeros del infante no confiaban en este camino judicial y fríamente declararon que no tenían orden de permanecer ante el rey, por lo que se retiraron. Habían traído la acusación y eso bastaba. Al parecer, el infante pensaba arreglar las cosas de otra manera.

Pero el rey no cejó. El juicio debía celebrarse en las Cortes de Alzira, para las que convocó a todos los participantes. En las cartas, el rey se vio obligado a explicar las acciones de su hijo. En efecto, el rey estuvo en Alzira del 10 al 20 de septiembre de 1273, para regresar hacia el 3 de octubre a Valencia. Volvió a la pequeña ciudad el día 10 de octubre y todavía una tercera vez, justo entre el 6 y el 16 de noviembre. En medio, el rey iba a Valencia y a otras localidades del reino. En una de estas breves estancias de Valencia se presentó ante él Fernando Sánchez. El rey le recordó que ni Urrea ni ninguno de los acusados había respondido. Ahora, en el §517 de la *Crónica,* el rey claramente los considera cómplices. De hecho, tampoco respondió nadie de los cargos antiguos, que desde los tiempos del encuentro con Alfonso X se habían puesto en los oídos del rey. Así que, a mitad de noviembre, la curia entera se iba reuniendo en Alzira. Que esta es la fecha en que tuvieron lugar las Cortes se puede demostrar, como insiste Ferran Soldevila[11], por los documentos que en esta ciudad y días firman muchos nobles convocados: el arzobispo de Tarragona, Bernat de Olivella; el obispo de Barcelona, Arnau de Gurb; el de Valen-

---

[10] *Crónica,* §515.
[11] *Les Quatre Cròniques,* ob. cit., pág. 387, n. 11 al §517.

cia, Andreu de Albalat; el de Lleida, Guillem de Montcada, y luego todos los ricoshombres mencionados antes y los nobles catalanes de Puig, Cervera y Montcada[12]. Los documentos de estos días, que resolvieron algunos pleitos, reconocen que estaban «in curia constitutis». Pero las reuniones formales debieron de comenzar hacia diciembre, pues nos consta que el rey estuvo bastante tiempo en la ciudad, controlando el río Júcar, para impedir el paso del infante.

De hecho, las Cortes se celebran en un clima de tensión que la *Crónica* no refleja, pero que los documentos traslucen. El rey Jaume se temía que el infante Pere intentara un asalto a sus posiciones en Valencia. Por eso dio orden de reforzar todos los castillos valencianos. Ese es el motivo de los frecuentes viajes a Denia y a otros pueblos, tal y como se registra en el *Itinerario*. De hecho, el infante había detenido en Sueca a fray Berenguer de Almenara, maestre de Ultramar de la castellanía de Amposta, porque se empeñaba en tareas de mediación entre los dos hermanos[13]. Por fin, Pere pasó el río hacia el sur y se instaló en Corbera, dejando preso en Bairén a Berenguer[14]. Desde allí, con treinta caballeros, se negó a aceptar la sumisión de su hermanastro[15]. El rey le retiró entonces todos los feudos que tenía en Aragón y Cataluña. En cierto modo, la conducta de Jaume, al profundizar la enemistad con su primogénito, no era la más favorable a sus intereses, pero las formas jurídicas no le dejaban otra opción. De esta manera, el partido de Fernando crecía con la ley a su favor, siendo así que era el partido de la hostilidad hacia la monarquía. Es fácil pensar que, por aquel entonces, todo el mundo descontaba ya los días del reinado de Jaume y la nobleza esperaba que el infante Pere gobernara en situación de debilidad, si es que llegaba a reinar. En todo caso, las formas jurídicas obligaban también a los conspiradores y a las Cortes. Así que, como era sabido que el infante estaba en Corbera, una delegación de las Cortes manifestó su deseo de ir a hablar con él. No solo fue un gesto inútil, sino que empeoró las cosas, como por lo demás era previsible. Cuando el infante vio ante él a los ricoshombres conspiradores, montó en cólera. Las Cortes iban a ser un fracaso. Cuando regresaron los delegados a Alzira, expresaron al rey su voluntad de volver cada uno a su tierra. Aquello era inútil, porque lo que estaba jugándose era el futuro, la herencia del reino, en una lucha fratricida entre los hermanos.

El rey se dio cuenta de que nadie estaba interesado en la paz. Censuró a la delegación de ricoshombres, entre los que iban los arzobispos y obispos, por la forma en que habían hablado al infante. En el fondo, el rey descubría que los enviados habían indispuesto todavía más al infante con el padre, cuan-

---

[12] Cf. Ferran Soldevila, *Pere el Gran,* Parte I, vol. III, pág. 329.

[13] Cf., para todo esto, García Antón, *Las Cortes de Aragón,* ob. cit., pág. 50.

[14] El rey lo contaba después en una carta al arzobispo de Tarragona, del 15 de diciembre de 1273. La ha publicado Fondevilla, ob. cit., pág. 1110.

[15] Cf. Juan Fernández de Heredia, *Grant Corónica de los Conquistadores. Gestas del rey don Jaime de Aragón,* Ed. Foulché Delbocs, Madrid, 1909.

do lo que debían haber comunicado a Pere era su buena disposición para hacerle justicia, si había algún entuerto que enderezar. Tenían que haberlo convencido de que el príncipe debía elegir entre la paz justa con su padre o ser declarado rebelde contra él. Por eso era preciso manifestar a Pere la clara disposición del padre a recibirle en paz. Podemos apreciar que la situación del rey era muy delicada. Si las Cortes se disolvían en aquel momento, la relación de fuerzas podía tornarse peligrosa y trágica para don Jaume. Los ricoshombres en alianza y padre e hijo en guerra: era el peor escenario. El partido de Urrea y Fernando Sánchez no tenía sino que esperar a que don Jaume y Pere se despedazaran. Interpretando bien la situación, algunos nobles insinuaron que el infante se preparaba para una acción grave contra su padre. Don Jaume no quiso creerlo. En el último momento, el rey suplicó a todos los ricoshombres que hicieran un postrero esfuerzo. Hay patetismo en las palabras del rey, que no tiene sino argumentos retóricos que lanzarle a sus nobles. «¿Qué diréis cuando encontréis a un hombre por el camino y os pregunte cómo habéis abandonado al rey y a su hijo en guerra y en mal, yéndoos como si fuerais fugitivos?»[16]. Era un argumento muy débil, que apelaba, sin embargo, al honor de aquellos hombres. Mas, aunque débil, era un cargo que lanzaba una denuncia sobre la ilegitimidad de su posición: no se mostraban dispuestos a dar auxilio y consejo a su señor, lo que era una clara deslealtad. Así que reconsideraron su posición y regresaron con una nueva embajada ante el infante.

La comisión era imponente. Iban todos los arzobispos, obispos y ricoshombres. Mas ninguno quiso hablar. No es que fueran hombres poco atrevidos. Entre ellos iba Arnau de Albalat, que no había reparado en ponerse al frente de trescientos hombres y asaltar Segorbe para expulsar al obispo que había puesto Toledo. El estamento eclesiástico no debía de ser ajeno al malestar, o al menos tenía razones para ello, porque el rey acababa de empeñar todos los bienes del obispado y del cabildo de Valencia el 10 de diciembre de 1273. Además, allí estaban los aguerridos ricoshombres aragoneses. Sin embargo, cuando llegaron ante el infante, ninguno quiso hablar. Es posible que nadie creyese en lo que estaba haciendo. Los presentes ofrecieron el turno de palabra al arzobispo primado de Tarragona, que dejó pasar la ocasión. Así, la palabra fue pasando de uno a otro, y ninguno habló. El infante, ante ellos, debió de sentir un profundo desprecio. Por fin, el más humilde de los presentes, Juan Gil, fue obligado a hablar. Con aquella conducta vergonzante, nada se consiguió. A su regreso, los nobles comentaron la visita a Jaume. Las palabras de este y su interpretación no dejan lugar a dudas. El rey se daba cuenta de la trampa en la que estaba, pero al mismo tiempo no podía hacer nada por salir de ella. En principio, él no podía enfrentarse cara a cara a su hijo, porque era su heredero; pero tampoco podía disculparlo, porque su rebeldía era manifiesta y porque él esperaba pronunciarse en un juicio imparcial. Pero, en la

---

[16] *Crónica*, §518.

medida en que tenía necesidad de mediadores, caía en las manos de sus enemigos, los nobles militares y eclesiásticos. Así que estaba bloqueado. Las palabras de los enviados nos sugieren su profunda satisfacción con la posición delicada del rey. Las palabras de Jaume denotan que comprende el juego de presiones y capta la hipocresía de sus nobles, pero tampoco puede destapar el juego. Así, la *Crónica* nos dice: «Cuando regresaron, diéronnos cuenta de los resultados de su embajada, diciéndonos los intentos que el infante tenía, que amenazaban con sernos fatales». El rey, por respuesta, insiste en que se queden con él hasta arreglar el asunto. Pero los nobles recuerdan que están gastando mucho en estas Cortes. El rey entonces les contesta: «Idos pues en mala hora, que para nada os necesitamos y de un modo u otro sabremos nos alcanzar lo que pretendemos»[17]. Aquí acabaron las Cortes. A partir de entonces, el rey cambió de política. Era un rey viejo, y quizá débil. Ante él, la muerte era el horizonte seguro. La constelación política, además, era endiablada, pues le dejaba abiertamente en contra de sus continuos enemigos y aislado de su único soporte real, su heredero Pere. Pero su tino y su agudo juicio no lo habían abandonado todavía.

En buena lógica, si el rey hubiera hecho política y no justicia, se habría dirigido a su hijo el infante, le hubiera recomendado la necesidad de aceptar la paz que le ofrecía y de mostrar buena disposición hacia Fernando Sánchez de Castro. Entonces lo habría tenido cerca y lo habría separado de los nobles. Al menos no habría dado motivo para la violencia o habría dejado a sus nobles ante la necesidad de declarar el astuto juego en el que andaban y ponerse abiertamente en su contra. Sin duda, esto es lo que pretendía el rey: lograr que salieran de la hipocresía en que se habían instalado con la excusa de la provocación de Pere. El rey habría convencido entonces a su hijo Pere de que ya vendrían tiempos mejores para ajustar aquella cuenta. Pero el violento Pere tampoco deseaba hacer política, sino guerra. Así que el rey estaba solo en su camino y no tenía más que el procedimiento de mediación jurídica para defender su posición. Era su arma más débil. Quizá el infante se dio cuenta de ello. O tal vez, cuando conoció que los ricoshombres de Aragón se habían marchado, descubrió lo evidente: que el rey no quería hacer junta con la nobleza contra él, sino que deseaba sobre todo no tenerla claramente enfrente, vencerla con las armas de la ley. El infante quizá comprendió entonces que siempre había tenido a su padre de su lado, y que esa era la lógica profunda de la situación. La violencia entre el rey y los nobles era lo sustantivo, lo decisivo, y ahora quedaba claro. Pere no los tenía enfrente como infante, sino como futuro rey. Su causa era la de la realeza, llevara el nombre que llevara, el suyo o el de su padre.

Tal vez este gesto de los nobles fue el error más grave de su posición. Lejos del rey, preparando su próxima tirada, dejaban el campo libre para que padre e hijo se reconciliaran. Y así fue. Quizá el movimiento de Jaume de lla-

---

[17] *Crónica*, §518.

mar a ciudades y villas en su ayuda, desde Teruel hasta Girona, hizo ver al infante que la cosa iba en serio y que el rey ya no se basaba en los nobles. El caso es que, tan pronto se fueron a sus tierras, el infante mandó llamar a su padre para que le enviara una embajada con gente de su confianza. El rey Jaume, con previsión, fortaleció Alzira y se dirigió al bastión de Xàtiva. Entró en el castillo que otrora le pareciera el más bello del mundo el día 17 de diciembre. Ahora estaba solo y enfrente se alzaba su hijo, en una actitud que por primera vez ofrecía esperanzas. Cuatro días antes de la Navidad, los mensajeros que habían ido a deliberar con Pere le dijeron al rey la buena nueva. El príncipe estaba dispuesto a entregarse al padre sin condiciones. Era evidente que, de esta forma, el infante se agarraba a su única legitimidad, la que era decisiva de cara al futuro. La noticia se mantuvo en secreto. El rey no cabía en sí de alegría. Era lo que había deseado desde el principio de todo este asunto, que estuvo a punto de dejar fuera del poder a la línea legítima de la corona. Ese mismo día, Pere se dirigió desde Corbera con todos los suyos al castillo de Xàtiva, donde Jaume residía. El padre lo recibió de pie y con el mejor ánimo. La *Crónica* nos refiere que le aconsejó que se fuese a dormir y que al día siguiente hablarían de todos los asuntos. El príncipe se negó: antes su padre tendría que darle el perdón delante de los caballeros y de los hombres buenos de la villa de Xàtiva. «En ningún sitio del mundo tomaría posada hasta tanto no lo hubiésemos perdonado», recuerda el padre que dijo su hijo aquel día. Así se hizo. Reunidos todos, el infante habló.

La *Crónica* le hace expresarse en aragonés, lo que resulta muy extraño, porque, sin duda, el infante conocía perfectamente el catalán [18]. El caso es que dijo, en un tono que refleja contrición, que sentía gran dolor de su corazón por lo que había hecho y que allí estaba, dispuesto a que el rey hiciera de él y de sus cosas lo que quisiese. Acto seguido se lanzó al suelo y besó los pies del rey, solicitando perdón. El rey no pudo contener las lágrimas. Con todo su corazón le perdonó. Al día siguiente hicieron cuentas y el padre liquidó todas las deudas de Pere, que en los días siguientes fueron documentadas. Además, se liberó al castellano de Amposta, Berenguer de Almenara, que el infante entregó al monarca. También se documentó la decisión del infante de no dañar ninguno de los bienes o intereses de Fernando Sánchez. Esto lo juró delante de los dos hermanos del noble bastardo, Marco Ferriz y Jordán de Peña, del obispo de Valencia y del obispo electo de Huesca, Jaume Sarroca [19]. Las cartas anunciando la reconciliación del padre y del hijo llegaron a todos los rincones del reino. La alegría podemos suponerla casi general. El trovador más importante de la corte del príncipe, el Cerverí, dejó su versión en una composición muy conocida, en la que declaraba las causas de aquella hostilidad en-

---

[18] Cf. Ferran Soldevila, *Pere el Gran,* Parte I, vol. III, págs. 227-228, sobre este tema. Creo que, ciertamente, por ser dirigidos los testimonios a Fernando Sánchez de Castro, se escribieron en aragonés. Quizá por eso el cronista, que debió de ver la documentación pertinente, citara las palabras del infante aquí en esa lengua.

[19] Fue publicado por Fondevilla, ob. cit., págs. 1111-1112.

tre el padre y el hijo que ya jamás se llegaría a reproducir y que aquí ofrezco en la transcripción modernizada:

> Los fayt seran comú
> d'erenan, e seran
> d'un cor y d'un talan
> y no's partiran may
> per fals conseyls savays [20].

Así, por ejemplo, el 7 de enero, en Denia, donde el infante fue a ver a su padre, consta documentalmente que el rey le perdonó importantes gastos contraídos en la época de rebelión. Sabemos que la intervención de un conocido judío Vives, de Valencia, que administraba diferentes bailías de otras tantas ciudades valencianas, fue decisiva para recomponer la situación económica del infante. El rey reconoció de nuevo todas las deudas del hijo, siempre que estuvieran documentadas con cartas de entrega, que se hubieran contraído antes de su reconciliación y que se hubieran firmado con ciudadanos valencianos. Como se puede ver, don Jaume fue generoso porque no ponía límite de antigüedad a las deudas contraídas. Luego, el príncipe se dirigió hacia Cataluña, donde estuvo presente en la consagración del nuevo obispo de Huesca, el antiguo sacristán de Lleida, el tantas veces nombrado Jaume Sarroca. El rey, por su parte, se dirigió a Murcia, a ver a su yerno. Era un símbolo de que las cosas iban a mejor y de que la vieja conspiración que Alfonso le denunciara de hecho ya había fracasado. El recibimiento en Murcia fue apoteósico. La gente cristiana no olvidaba que poblaban la ciudad por el rey Jaume, a quien debían toda su fortuna en una de las ciudades más ricas del antiguo Al-Andalus. Don Jaume se hospedó en casa del infante de la Cerda, don Fernando, y aunque quería pasar un solo día, estuvo veinte, cazando y en solaz, sintiendo «gran alegría de la prosperidad de sus habitantes, que los mirábamos como si fuesen súbditos nuestros» [21].

Todo esto muestra muy a las claras la íntima relación entre los asuntos internos de Aragón y de Castilla. De hecho, la situación mostraba la recíproca dependencia de las políticas de los dos reinos, y cierta homogeneidad entre ellos. En efecto, en ambos se daba una batalla decisiva entre la realeza y la nobleza, y las fuerzas en lid se asociaban entre sí. No se trataba de una diferencia nacional, de una lucha de aragoneses contra castellanos, ni de nada parecido. En este momento de la historia hispana, el conflicto no estaba ahí. Ahora se trataba de la alta nobleza contra la monarquía, entendidas ambas como realidades políticas, con independencia de cualquier otra consideración. Justo por esta cierta homogeneidad de procesos se pueden componer alianzas entre las fuerzas correspondientes de los dos reinos. Cuando la nobleza castellana

---

[20] Lo cita Ferran Soldevila, *Pere el Gran*, Parte I, vol. III, pág. 339, tomado de Martín de Riquer, *Obras Completas del trovador Cerverí de Girona*, Barcelona, 1947, n. 116, págs. 347-358.
[21] *Crónica*, §522.

haya mermado la capacidad de su monarquía para operar, entonces se entregará a procesos de descomposición interna incontrolable. La monarquía catalano-aragonesa, por el contrario, y por obra de Jaume y Pere, supo implicar a su nobleza en la expansión mediterránea y fortalecer la posición de la realeza. Mas ningún rey, por separado, de ahora en adelante, podría impulsar la convergencia y homogeneidad de los dos reinos, en la que el gran rey Conquistador se había implicado. Este sería el principio de un profundo desencuentro hispano.

De esta manera, vemos cómo la lógica patrimonial de los reyes, siempre de naturaleza expansiva, implicaba una conexión política estrecha entre los reinos hispanos, mientras que las noblezas respectivas, que aspiraban a neutralizar este proceso, desde luego mantenían vivas las tendencias de dispersión. Este fue el origen de la debilidad hispana: que la convergencia de sus reinos obedeció únicamente a la lógica patrimonial, sin que esta supiera implicar capas sociales más amplias en esa unión. Es más: justo porque esa lógica patrimonial se dirigía a fortalecer a los reyes, siempre chocó contra las fuerzas que se oponían a este aumento de poder real. La clave de la historia heterogénea que poco a poco se iba a generar entre Castilla y Aragón fue que el modelo de las nuevas ciudades, como Valencia y Murcia, no se generalizó en Castilla. En lugar de este modelo, de ciudad burguesa y de claro dominio menestral, se impuso la ciudad castellana de señorío colectivo, que a todos los efectos era un ejemplo de alta nobleza y que, como esta, impedía y bloqueaba una política real seria. La heterogeneidad de las tierras hispanas se iba tejiendo paso a paso, y cada una de estas diferencias crecientes hacía más endeble la inevitable unión patrimonial a la que sus reyes inexorablemente aspiraban.

En este sentido, el momento de Jaume, con su apuesta por una política común, pudo abrir una posibilidad a la homogeneidad hispánica, que sin embargo nunca se consumó. El primer acto de esta divergencia tendría lugar cuando la fuerte política antiseñorial de Pere no fuese correspondida por la débil política de Alfonso el Sabio. Así, la alta nobleza castellana habría de mantener un poder desintegrador, desconocido para la nobleza catalano-aragonesa. En este sentido, el destino de una monarquía fuerte en Aragón se había tejido precisamente en esta providencial reconciliación del infante con el rey Conquistador, verdadero elemento determinante de la lucha antinobiliaria de Pere. Por eso, no parece muy oportuno, como en su día interpretara Ferran Soldevila, presentar este suceso como una sumisión del padre ante el hijo o del hijo ante el padre. Fue la aguda percepción política de ambos, la conciencia de sus intereses comunes en defensa de la realeza, la que retiró los problemas de orgullo personal que, de otra forma, podían haber elevado un muro insalvable entre los dos. Mas no por eso tiene menos razón el gran historiador catalán cuando añade que «desde ahora podemos decir sin exagerar en nada que existía un correinado». Así fue, desde luego. El gran rey, que había disfrutado de todos los bienes que pueden hacer envidiable la vida de un hombre, todavía debería gozar quizá del supremo: sentir cómo el brazo fuerte de un hijo joven daba nuevos bríos al suyo cansado. Era el final de la vida de don Jaume, desde luego, lo que se avecinaba. Pero a pesar de todas las dificultades presentes, pasadas y futuras, esa final alianza con su hijo era una razón suficiente para llamarlo, como lo conocía la época, *Jacobus fortunatus*.

DÉCIMA PARTE

CONCILIO, IMPERIO, REINO
(1274-1276)

60
EL REY EN EL CONCILIO [1]

Restablecidas las relaciones con su hijo, tranquilizada la frontera de Murcia, hacia mediados de febrero de 1274 el rey ya estaba en Valencia, de regreso desde el sur. Había venido por Biar, por Xàtiva, por Alzira, pero debía dirigirse hacia el norte de forma inmediata [2]. El día 20 ordenaba a todas las aljamas del reino de Valencia que mandaran representantes, dos por cada una de ellas, para reunirse con él en Barcelona, el domingo anterior al de Ramos, para tratar un asunto de máxima importancia. Resulta evidente que Jaume tenía ya el proyecto de seguir su marcha hacia la ciudad condal. Su meta, sin embargo, estaba todavía más al norte, en la ciudad de Lyon, donde efectivamente debía celebrarse pronto un nuevo concilio. Y, en efecto, en Valencia lo alcanzó un mensajero de Gregorio X, un tal fray Pedro de Alzana, para informarle de la invitación a las sesiones del Concilio de Lyon, en el que se pensaba preparar definitivamente la cruzada hacia Tierra Santa. El Papa, haciendo uso de las formas vasalláticas, le pedía consejo y auxilio, y el rey se mostraba encantado de poder dárselos. Ya habían quedado atrás los asuntos de Berenguela Alfonso. Muerta la noble castellana, finalizado el escándalo y el pecado del rey, Roma se avenía a recomponer la relación con don Jaume al menos en términos formales. En efecto, entre la Iglesia y el rey Jaume había diferencias de fondo muy importantes. La unión tan estrecha del rey de Aragón con Castilla no placía a la curia, que no olvidaba la procedencia Staufen de Alfonso ni la boda de Constanza con el infante de Aragón. Fernando Sánchez, el jefe de la alta nobleza aragonesa, tampoco era sensible a esta política procastellana de Jaume, dadas sus alianzas con Carlos de Anjou, él también enemigo del hermano de Alfonso el Sabio, el infante don Enrique, a quien tenía preso. Pero el concilio era una ocasión muy especial y el Papa había de pedir en él ayuda a los poderes políticos para organizar la soñada cruzada. De hecho, el rey de Aragón no era el único invitado al concilio, que pretendía reunir a todos los

---

[1] Cf., para este asunto, el oportuno resumen de Jordi Bruguera, «Jaume I al segon Concili de Lió», en *Miscel·lània a Ramon y Serra,* I, Curial, Barcelona, 1979, págs. 119-126.

[2] Miret, *Itinerari,* ob. cit., págs. 493-494.

reyes de la cristiandad con la finalidad de unir a las dos Iglesias, la ortodoxa oriental y la católica occidental, reformar las prácticas eclesiásticas y, sobre esta base, lanzar a Europa a la conquista de la Tierra Santa. El caso es que el rey Jaume estaba invitado a asistir al Concilio de Lyon, lo que —si hemos de seguir el espíritu de la *Crónica*— le complacía. Al más que sexagenario don Jaume le gustaba pensar que el Papa quería asegurar sobre todo su asistencia, pues él más que nadie era testigo de la vieja época, llena de un entusiasmo cruzado tantas veces acreditado en sus acciones [3].

Así vemos que en la Cuaresma salió el rey de Valencia camino de Francia. Su paso por toda Cataluña está ampliamente confirmado, como los encuentros intermitentes con su hijo Pere, a quien solía acompañar Jaume Sarroca, obispo electo de Huesca que fue consagrado por estas fechas en Tarragona. Justo en esta ciudad, hacia el 9 de marzo, el rey Jaume firmó un documento que estaba destinado a tener profundas repercusiones en sus últimos años. Aplicando la interpretación de los *Usatges* de Cataluña que había establecido Pere Albert, el rey había retirado al vizconde de Cardona los honores o feudos que tenía por él. El motivo, «el falliment de servii», que implicaba deslealtad y ruptura del vínculo feudal. Cuando un representante de Cardona, ya en Barcelona, prometió ante diversos notables que él estaba en condiciones de «fer firma de dret» por el vizconde, entregando fianzas elevadas por los feudos del noble, el rey no lo aceptó. En efecto, el vínculo de fidelidad, ahora claramente un vínculo jurídico, era personal e intransferible. Según los *Usatges,* que fueron de nuevo invocados [4], un noble no podía darlo en nombre de otro, sino que tenía que hacerse por la persona implicada ante el propio rey. La defensa que había esgrimido el de Cardona nos muestra la comprensión del servicio feudal que mantenía la nobleza catalana: el vizconde argumentaba que él no tenía por qué prestar servicio al rey fuera de Cataluña y, por tanto, no tenía por qué acudir a las Cortes de Valencia, cuando Jaume le había pedido ayuda contra su hijo Pere. Así que no aceptaba perder sus feudos por no acudir a un dudoso servicio del rey. Podría perderlos si el rey se los reclamara, pero ante una corte catalana y mediando los usos feudales vigentes. Cardona era una hombre digno, sin duda, pero el nuevo interés de la realeza era disponer de la fuerza armada de sus nobles fuera de sus territorios, para servir a la política expansiva que sin duda Pere estaba diseñando. De lo que se trataba era de fundar

---

[3] Burns no ha puesto en relación de una manera clara el espíritu de cruzada de don Jaume con su devoción mariana. Pero en cierto modo era general que, cuando la cruzada no se dirigía hacia los Santos Lugares, las tierras conquistadas a los infieles se entregaran a la protección de la Virgen, como si fueran sus tierras. Era el ejemplo de la cruzada hacia los países bálticos de Lituania y Estonia. Enrique de Lituania, por ejemplo, entendió la conquista de estos lejanos lugares como una cruzada porque declaró esta tierra propia de la Virgen María. «Como Jerusalén era la tierra del Hijo de Dios, así la Lituania era la tierra de su Madre.» Esto es lo mismo que hace siempre Jaume. Su espíritu cruzado en este sentido no deja lugar a dudas. Cf. Christopher Tyerman, *L'invenzione delle crociate,* Einaudi, Turín, 2000, pág. 59.

[4] Miret, *Itinerari,* ob. cit., pág. 497.

una nueva relación de poder: que los señores feudales quedaran obligados a ir «on nostra persona vaja»[5].

Esta política, por tanto, impulsaba a rajatabla los intereses de la realeza y testimoniaba un acuerdo nuevo entre Pere y Jaume. Todo esto nos indica que las relaciones entre padre e hijo estaban bien asentadas[6]. En Pascua, que aquel año cayó el 1 de abril, estaba de nuevo con el infante Pere, con quien pasó la fiesta en la villa de Torroella, que Pere acababa de comprar. Las relaciones con su hijo quedaban completamente recompuestas. Para más satisfacción del padre, también se les unió el infante Jaume. Allí trataron juntos de los problemas que Galceran de Cartellà mantenía con Ramon de Pontons, a quien había tomado preso. Resolvieron pedir al impetuoso noble (que debería tener un papel heroico en Sicilia andando el tiempo, lo que le valdría el título de conde de Catanzaro) que dejara en libertad al señor de Pontons. El rey, desde Peralada, vuelve a pedir a los amigos de Cardona y al vizconde mismo, por tercera vez, que entreguen a su *veguer* o *curia* barcelonés Guillem Durfort la potestad de todos sus castillos en feudo. Fue allí, en una visita, cuando el conde de Ampurias le prometió no ponerse de parte del señor de Cardona, lo que por el momento neutralizaba la posibilidad de una oposición frontal de la nobleza catalana. Más tarde, padre e hijo fueron juntos hasta la frontera de las tierras catalanas. Todavía en Perpiñán, el rey dio orden al infante de que se volviera, pues tornaba a disfrutar de la procuraduría general del reino, para intentar superar la lucha contra el vizconde de Cardona y otros nobles, que no se avenían a cumplir las demandas del rey[7].

Por fin don Jaume se dirigió hacia Montpellier, donde estuvo desde el 15 al 22 de abril de 1274[8]. Los documentos y la *Crónica* aquí son convergentes día a día, por lo que, como defiende Ferran Soldevila, esta parte del *Llibre dels Feyts* debe de haberse redactado teniendo los diplomas a mano. Miret opina lo mismo: «Fem constar que la *Crònica* reial resulta una vegada més, y en petits detalls, documentalment confirmada»[9]. En efecto, fue en Montpellier, el 17 de abril, cuando el rey dio orden a los grandes señores aragoneses y catalanes —entre ellos, sus dos hijos de Teresa Gil de Vidaura, Pedro de Ayerbe y Jaime de Xèrica, que cada vez ejercen más tareas propias de infantes en el esquema militar del rey— de ponerse a las órdenes del infante Pere para ir a la guerra contra Ramon de Cardona y los otros nobles catalanes. Las ciudades, sobre todo Zaragoza, también fueron convocadas a la lucha. Al mismo tiempo, el rey dio orden a los bailes reales a fin de que facilitaran la financiación al infante. Por su parte, este dictó una orden que prohibía a todo el mundo la venta de víveres y armas a los nobles que luchaban contra él.

---

[5] Según reza en la carta del rey de 9 de marzo de 1274, Reg. 22, f. 3, publicada por Fondevila, ob. cit., págs. 1112-1113, que da también Ferran Soldevila, *Pere el Gran*, Parte I, vol. III, pág. 354.
[6] Miret, *Itinerari*, ob. cit., págs. 495-496.
[7] Ibídem, pág. 499.
[8] Soldevila, *Pere el Gran*, Parte I, vol. III, pág. 352.
[9] Miret, *Itinerari*, ob. cit., págs. 495 y 500.

Finalmente, el rey, que había ido captando recursos y dinero sobre la marcha para financiar este viaje, llegó a Viena del Delfinado y se detuvo en el pueblecito de San Sofferi, a tres leguas de Lyon, donde los delegados del Papa le rogaron que pernoctase para que se le pudiera ofrecer un mejor recibimiento al día siguiente. En la gran ciudad del concilio entró el rey el primero de mayo y allí estaban para recibirlo, a más de un kilómetro de la ciudad, todas las dignidades, incluidas las que de sus reinos habían llegado al concilio. El rey disfrutó del gran día, como un poco antes había gozado con la intensa recepción que le habían tributado en Murcia. El relato de la *Crónica* no puede ocultar su vanidad, por lo que una vez más comprobamos hasta qué punto se refleja en ella sus propios sentimientos y debilidades. Nos dice que esa distancia tuvo que caminarla con dificultad durante toda la mañana, tanto era el gentío que se acercaba a su presencia. El Papa lo recibió en su propia casa, que abrió en audiencia a todos los que desearan saludar al rey. Al poco, el Pontífice le concedió la entrevista, mostrándole el afecto que le tenía al sentarlo a su diestra. Fue una recepción oficial y de protocolo. El rey deja caer con sutileza que, en aquella entrevista inicial, él llevó la voz cantante y que dominó el ritmo del encuentro. Él señaló al Papa que podía comprobar hasta qué punto había cumplido su palabra de llegarse allí ante él. Como no era costumbre en el primer día abordar asuntos reales, quedaron emplazados para el día siguiente, en el que el rey procuraría satisfacer las peticiones del Papa. En efecto, ya en la entrevista oficial, el rey se hizo acompañar de sus prelados y el Papa de sus cardenales. Allí estaban el arzobispo de Tarragona y los obispos de Barcelona, Valencia y Mallorca. El de Huesca, desde luego, por lo que vimos, se había quedado quizá en Cataluña auxiliando a don Pere, a quien tan lealmente servía. No sabemos nada de los obispos de Zaragoza y de Tarazona. En cuanto se sentaron todos, el Papa abordó el tema de la nueva cruzada a Tierra Santa, proyecto para el que esperaba el apoyo de Jaume.

La escena viene relatada con todo el colorido del que la *Crónica* es capaz. Es una reunión en cierto modo privada, pero con una clara función política. Allí están los mandatarios de la Iglesia de Roma y los de la Iglesia catalana, con su arzobispo al frente. Cuando el rey se levanta y se descubre para hablar, con toda la formalidad, el Papa lo interrumpe para decirle que se mantenga sentado y cubierto. Los cardenales aclaman el gesto de cortesía y de afecto. El rey, con la solemnidad que sabía darle a sus oraciones públicas, invocó el Evangelio. Es fácil que el latín hablado de su discurso fuese mejorado por el redactor de la *Crónica,* pero el sentido de la frase era muy preciso: el rey no abriría su corazón más que al Papa y por eso se había negado a darle una opinión a su mensajero. La invocación de pasajes sagrados del Nuevo Testamento tiene que ver con la dimensión inspirada que tiene el discurso real. Al fin y al cabo, se trataba de conquistar los lugares del Santo Sepulcro. La voluntad real era que por fin se cumpliera el tiempo en que esos lugares volvieran a manos cristianas, para que la luz de Cristo se revelara a todas las gentes. Así que don Jaume pensaba que quien no tuviera la misma voluntad de atender al

Papa quedaría al descubierto. El rey, en cierto modo, se mostraba tan efusivo que obligaba a los demás príncipes cristianos a ponerse al lado del Papa. Era un discurso un poco fanfarrón, desde luego, propio de un rey que lo había sido todo y que hablaba desde la cima de su gloria. El Papa y los cardenales sonrieron, sin duda porque les parecería un poco pueril aquel entusiasmo en un hombre que se acercaba a los setenta años. La reserva de aquellos jerarcas de la Iglesia, la frialdad jurídica de que sabían hacer gala, la dura pelea diplomática en la que se habían curtido, todo esto contrastaba con el arrojo de un rey caballero que, a poco que hubiera aguzado la vista, habría descubierto en el horizonte más cercano la propia muerte. El rey, sin embargo, interpreta esa sonrisa como satisfacción «por lo bien que habíamos hablado». Creo que aquel día el Papa y sus cardenales no hicieron mucho caso a don Jaume, aunque desde luego todos deseaban comprobar hasta dónde llegaría nuestro rey. Él, por su parte, tan ufano, se volvió a su posada.

La apertura del concilio tuvo lugar el día 7 de mayo, un viernes, o al menos eso dice la *Crónica*[10]. El rey fue puntualmente invitado. Una vez más, el orgullo pueril del rey anciano aparece en el primer plano de su memoria. Todos los cardenales estaban allí desde el alba, pero el viejo rey se tomó la libertad de acercarse a la salida del sol. El Papa, como es natural, ordenó que se retrasara el inicio de la sesión hasta que el rey de Aragón estuviera presente. Don Jaume entró cuando ya todos estaban en su sitio. Más de quinientas personas llenaban la iglesia catedral de Lyon, todos arzobispos, obispos y abades. El Papa estaba sentado en el coro, en la parte más alta. Frente a él, los cardenales y patriarcas, en una doble fila un poco más rebajada. Luego, todos los demás. El Papa hizo una señal al rey de Aragón para que se acercase a él. Don Jaume pasó entre todos los representantes de la Iglesia universal y fue a colocarse en el sitio de privilegio, al lado del Papa, «tan cerca que entre él y Nos no podía caber otra persona». Nunca hizo tan visible su prestigio y su poder. En aquel concilio de todas las naciones cristianas, don Jaume ocupó el sitio del primer rey, la silla que, de haber estado el cargo ocupado, debía haber usado el mismísimo emperador, y que, recogiendo la anécdota de las cosas, solo era un palmo más baja que la del Papa[11].

Aquel concilio sería un triunfo de la Iglesia peregrina. Contra viento y marea, expulsada de la cátedra de San Pedro, había mantenido el prestigio, la autoridad, y había logrado convocar un verdadero concilio. La manera coherente de afirmar dicha autoridad era poner todos los poderes cristianos al servicio de la causa religiosa. Esto y no otra cosa testimoniaba la cruzada: la superioridad de las metas religiosas sobre las terrenales, la necesidad de que todos los poderes, al proceder de Dios, le dieran a Él una parte de sus bienes. Para animar a la cruzada, el Papa prometió el perdón de todos los pecados contra Dios y contra sí mismo, a condición de que se enrolasen en el ejército

---

[10] Cf. Miret, *Itinerari*, ob. cit., pág. 500; *Crónica*, §528.
[11] *Crónica*, §528.

de Cristo o de que, de serles imposible, los fieles pagaran en dinero lo mismo que se habrían gastado en caso de ir a Tierra Santa. Para ello, Gregorio X dividió la cristiandad entera en veintiséis colegios de recaudación, lo que en el fondo fue una medida minuciosa, aunque no siempre efectiva [12]. Era el último gran esfuerzo de la Iglesia de impulsar una acción de naturaleza bélica sin crear una administración propia de naturaleza militar, lo que sin duda ni el propio espíritu eclesial ni los poderes de la época podían permitirse. Al día siguiente el Papa se reunió con todos los poderes seculares presentes en el concilio, entre ellos con don Jaume. El discurso fue el mismo. Puesto que todos los bienes terrenales son como estopa y se consumen con la muerte, carecía de sentido apegarse a ellos como si fuesen definitivos. En realidad, nadie perdía nada sustantivo poniéndolos a los pies del Señor. Al contrario, de esta manera se lograba que tuvieran una utilidad eterna, pues servían a la causa de la salvación y producirían bienes en el paraíso. Era lo mejor que el cristiano podía hacer con bienes, riquezas y poder, cosas todas que, de forma evidente, no servían para nada definitivo mientras se empleasen en este mundo. Puesto que tenemos que perderlas con la muerte, venía a decir el Papa, era mejor entregarlas en un servicio a Dios que mantenerse en el vano intento de poseerlas [13].

Como podemos suponer, inmediatamente después del Papa, habló don Jaume. Allí era el primero, y lo expresó. «Queremos hablar antes que todos sobre este asunto, ya que somos el único rey que aquí se encuentra.» Felipe el Atrevido, el rey de Francia, heredero de Luis, no apareció por allí. No era su intención reanimar una cruzada que se había llevado la vida de su padre. El rey de Inglaterra tampoco quería exponerse tan lejos de su tierra. El rey de Sicilia podía haber ido, pero sabemos las continuas dificultades en que lo ponían los alemanes y los gibelinos. Alfonso de Castilla podía haber llegado al concilio, pero no tenía menos dificultades en su tierra. Era cierto: el único rey estable sobre Europa y cercano a Lyon era Jaume. Por eso se podía permitir dar consejo al Papa: debía enviar a Tierra Santa a quinientos caballeros y dos mil peones. Estos tenían que cumplir la misión de construir castillos y fortificar los lugares de guarnición. Al cabo de dos años se deberían enviar todas las fuerzas que se pudieran reunir. En este caso, si el Papa se embarcaba, el rey de Aragón iría con él y con una hueste de mil caballeros. Si no se embarcaba, entonces entregaría todos los diezmos de su corona.

Aquello era un órdago que, en efecto, dejaba en evidencia a todos los demás príncipes allí reunidos. Puede que el discurso del rey les pareciera fruto

---

[12] Cf. Tyerman, ob. cit., pág. 72.
[13] Como podemos suponer, este tipo de discurso hacía poca mella en los espíritus de finales del siglo XIII, traspasados ya por un espíritu económico considerable. De hecho, las cruzadas se habían convertido en una costosa empresa en la que se implicaban sobre todo los grandes armadores de las ricas ciudades comerciales. Desde este punto de vista, las cruzadas cada vez aparecían menos como empresas religiosas y estaban expuestas a la crítica, ya que dejaban ver en toda su plenitud su dimensión económica. Cf. Tyerman, ob. cit., págs. 152-153.

de la ignorancia y de la senilidad. El caso es que nadie quiso contestar. El silencio fue enojoso para todos. Pero don Jaume exigió que se alcanzaran compromisos allí mismo, porque de otra manera sería inútil cualquier acuerdo. El Papa animó a cada uno a decir lo que fuera menester. Nadie habló. Por fin se ordenó a quien no podía rehuir la orden: el maestre del Temple. Este, sin embargo, pasó la palabra a Juan de Cartellà, el maestre más viejo de los monjes caballeros. Resultaba bastante indigna la cobardía de todos los presentes. Al final, obligado, el maestre dijo que era preciso madurar el consejo, lo que venía a desautorizar las palabras de don Jaume. Para él, la empresa era mucho más difícil de lo que se podían imaginar. Además, y esto fue lo fundamental, sabía que muchos no estaban comprometidos con la cruzada. Desconocer este hecho era absurdo. El rey Jaume se impacientó. No podía sino interpretar como mala fe los circunloquios de aquel viejo templario y, rompiendo la solemnidad, todavía con la sangre caliente, lo interpeló preguntándole: «Al grano, maestre —le dijo—; si el Papa resuelve enviar allá mil caballeros, ¿con cuántos contribuiríais vos?». Esta era la cuestión. El rey sabía de qué hablaba, porque debía de recordar cómo se plantearon las cruzadas contra Mallorca y contra Valencia. En cada caso, todos los que allí estaban debían definir su compromiso, teniendo en cuenta sus posibilidades. Pero, entre gentes que no estaban atadas por lazos de comunidad política alguna, nadie quiso comprometerse. Al contrario, los que siguieron hablando avalaron las tesis del templario. Nadie las contradijo. El rey se dio cuenta de que no solo era el único monarca allí, sino que además se había quedado solo defendiendo al Papa. Entonces pidió permiso al Pontífice para marcharse, se reunió con su gente y se fue. Lo que entonces dijo el rey de Aragón merece ser tenido en cuenta para comprender su personalidad y la relación entre el rey y el redactor de la *Crónica*. Pues esto es lo que pasó luego, tal y como lo dice el texto del rey: «Y luego, levantándonos, salimos fuera con nuestra comitiva y les dijimos: Barones, podemos irnos, que hoy es honrada toda España. Y saliendo fuera de allí, montamos en nuestro caballo. Y estaba allí Joan de Grili. Y al espolearlo le hicimos hacer una gran parada y dijeron los franceses: El rey no es tan viejo como se decía, que todavía puede dar al Turco una gran lanzada. Y así nos fuimos a nuestra posada»[14].

La escena es muy coherente con los rasgos que el rey quiso demostrar ante el Papa: impetuoso, arrojado, intrépido al hablar, valiente al dar la cara, generoso en su oferta, directo y franco en sus preguntas y exigencias. Pero, junto a ello, también vanidoso y altanero, pendiente siempre de su gloria. Eran los gestos del último rey caballero de la cristiandad. Así es, sin duda, como quiere verse el rey, que pone énfasis en demostrar que el tiempo no lo había vencido todavía, que seguía siendo el hombre fuerte y glorioso que causaba admiración por doquier, el mítico *Jacobus fortunatus*. Y, por último, siempre, por encima de todo, ese placer de ser admirado, tanto más por cuan-

---

[14] *Crónica*, §535.

to ya era un hombre de edad. Y por eso cita a España: no como una unidad política, que sin duda no era; no como un reino, que ciertamente no lo fue, ni entonces ni en mucho tiempo después. Pero sí como una unidad humana de valor, como un territorio de referencia, como una comunidad de juicio que debía hacerse visible, sobre todo frente a los poderes existentes más allá de los Pirineos. Que España había sido honrada quiere decir ante todo que lo que allí había hecho el rey frente al concilio sería motivo de admiración y de respeto, de orgullo y de alegría para todos los hombres de todos los reinos hispánicos, y lo sería con una intensidad mayor que en otras partes, como si el rey representara ante el mundo esa unidad de juicio ante la que desea acreditarse con las mejores de sus virtudes. No es, por tanto, solo un territorio, ni una geografía: es una realidad de criterio que vincula con más fuerza que la mera fe —que unía a todos los cristianos—, aunque con menos intensidad que los lazos políticos de los reinos. No estoy en condiciones de afirmar que, en el comentario de don Jaume, España fuera una realidad desde el punto de vista de la política internacional, pues en muchas ocasiones los reinos hispánicos tenían criterios separados y divergentes, cuando no opuestos. Pero sí creo que fuese un territorio ante el que acreditarse como el mejor de su rango en algo, una zona donde se hace efectiva la emulación, por una parte, y una realidad que unificaba y prestigiaba la visibilidad deseada ante el resto de Europa [15].

Y creo que esa visibilidad ante todos era lo buscado por el rey. También la había buscado Alfonso VII, quien había reinado sobre León y Castilla, al proclamarse emperador. Eso mismo había obsesionado a Alfonso X el Sabio, aunque él deseó conseguirlo por el procedimiento espurio y contraproducente, como fue comprar ciertos votos de lejanos príncipes para coronarse en Roma. Por su parte, don Jaume también buscaba en esta ocasión, y con el reconocimiento de los poderes extranjeros, la primacía sobre los demás reyes hispanos, pero solo en prestigio y autoridad. Y por eso lo preparó todo para obtener un privilegio que estuvo a punto de conseguir: el de ser coronado por el Papa, como ya lo fuera su padre Pere el Católico. Si el Pontífice se hubiese avenido a este gesto, merecido y justo, sin duda le habría otorgado la primacía buscada. En el fondo, esa coronación era muy parecida a la que se ofrecía a un emperador. Que el rey había acariciado esta ilusión se puede reconocer en el sencillo hecho de que había llevado consigo una magnífica corona de oro y

---

[15] En relación con este mismo episodio, España aparece en la *Crónica* de Beuter de otra manera, ya adaptada a los nuevos tiempos. Pues aquí se justifica la negativa de Jaume a pagar al Papa de otra manera. El rey, que había tomado un reino libre, no quería tornarlo pechero. Él había servido a la Iglesia como sabía: siendo un caballero cristiano y fundando nuevas iglesias. Entonces Beuter añade: «Por tanto, más quería volverse sin corona a su tierra libre y franca que por tomar allí la corona hubiese de sojuzgar Aragón a pecho ni tributo: ca no sabe España qué cosa es reconocer superior» (*Crónica*, ob. cit., pág. 309). Claramente, ya vemos aquí que España es un sujeto de poder político y además plenamente soberano. Tenemos aquí una sensibilidad propia de la época del Imperio. Hay que recordar que la primera edición de su obra es de 1538.

piedras preciosas. No sería una ceremonia indigna de un Papa, desde luego. Esto es lo que hizo saber don Jaume a algunos catalanes del séquito papal, como un tal Ramon March y Bernat de Castanet. No es que la riqueza de la corona fuera un motivo adicional para que el Papa se aviniese a la ceremonia. Pero al menos el rey demostraba que la gloria era para él un asunto serio, sobre el que había pensado con rigor.

El Papa, sin embargo, entendió otra cosa. Para él, esa ceremonia no implicaba distinguir al rey de Aragón sobre los demás reyes hispánicos. Al contrario, suponía renovar el vasallaje que el reino de Aragón tenía respecto a Roma, tal y como fue jurado por su padre, el rey Pere, cuando fue a la Ciudad Eterna a coronarse. El Papa lo entendió como un gesto que afirmaba su propia protección sobre el reino. Y entonces, dándose cuenta de que la gloria del rey estaba por medio, Roma buscó hacérsela pagar, como si fuera vanidad. Así que se avino a coronar a don Jaume a condición de que este pagase todos los impuestos acumulados desde el tiempo de Pere, que no habían sido nunca transferidos a Roma. Asimismo, el Papa quería que el rey le anticipase algunas anualidades más. En total, era una cantidad de dinero muy considerable. Pero no solo eso. Además, le exigía que firmase escritura pública declarándose tributario de Roma. Para describir su reacción, el rey emplea en la *Crónica* la palabra que suele anteceder al momento de la franqueza final. Se «maravilló» de las exigencias del Papa, desde luego. Hoy diríamos que se quedó mudo, sorprendido, perplejo. Pero esa reacción es la de reprimir el verdadero sentimiento, que no es otro que la cólera. Así que, con buenas palabras y mejores razones, el rey arguyó que cómo era que el Papa le pedía tributos del tiempo de su padre, cuando él estaba allí para ofrecerle un servicio de cruzada que valía mucho más. Y sobre todo aseguró que «en cuanto a firmarle escritura confesándonos tributario suyo, no lo haríamos de ninguna manera, porque los servicios que Nos habíamos prestado a Dios y a la Iglesia de Roma eran tales, que no debían caber entre él y nos esas mezquindades»[16].

Esa era la palabra dominante en toda la respuesta del rey, lanzada a la cara de la suprema autoridad de la Iglesia: mezquindad. Para el viejo don Jaume, sin duda, el Papa la había demostrado con creces. El rey había sostenido la posición de Roma, había ofrecido más que nadie, había exigido a todos los demás que estuvieran a la altura de su generosidad. ¡Y ahora el Papa pretendía cobrarle por darle el reconocimiento que sin duda se merecía por su trayectoria vital! Era una sencilla gracia la que le pedía en atención a los servicios que a lo largo de toda una vida había entregado a Dios y a la Iglesia. El Papa contestó con una nueva argucia de leguleyos. Dijo, con toda desenvoltura, que de buen grado coronaría al rey, tanto él como los demás cardenales. Sin embargo, no podía hacerlo. El motivo resultaba hiriente. Allí estaba el Papa en el concilio, con la mayoría de los cardenales y de los obispos. Pero no habían acudido dos de los más grandes cardenales de Roma, en opinión del

---

[16] *Crónica*, §537.

papa Gregorio. Sin su voto, dijo entonces el Papa, no podía asumir la petición del monarca. Era tremendo: según el Papa, todos los presentes querían complacer al rey, pero al no contar con el voto de dos ausentes, nada se podía hacer. De aplicarse este método al concilio, nada se hubiese hecho, ni debatido, ni acordado. El rey lo vio claro: si aquella era la condición, se volvería a casa con su corona y sin coronación. El rey reclamaba la justicia del reconocimiento, no calmar la pasión arbitraria de la vanidad. Por eso no entendió que debiera pagar por un acto de justicia. No estaba dispuesto a sacar de Aragón un sueldo para costear algo que se merecía gratis. Su orgullo y su realismo, aquel día, fueron más fuertes que su vanidad, cosa que solo los grandes pueden distinguir.

Al parecer, todavía el Papa tuvo otra sesión plenaria de concilio a la que asistió el rey. En ella el Santo Padre alabó al rey ante todos y rogó por su alma y por su vida, recomendando a los presentes que cantaran misas pidiendo a Dios que le diera vida suficiente para cumplir sus promesas de servicio en la nueva cruzada. Es evidente que todo esto era una compensación mínima para mantener las formas, quizá innecesaria por cuanto que todavía restaba hacer una gestión ante el Papa en la que el rey demostró sangre fría y serenidad. Se trataba del asunto del infante Enrique de Castilla que, tras enfrentarse a su hermano el rey Alfonso X en los lejanos días de la guerra de Navarra de 1253, se había marchado a Túnez. Luego, sintiéndose inseguro de los moros, como dice Zurita [17], se pasó al ejército de Carlos de Anjou. Este era de Carlos sobrino de primos hermanos [18], pues eso eran entre sí su padre san Fernando y el propio Carlos. Al combatir con Carlos recibió del Papa el cargo de senador romano. Pero su naturaleza inconstante, y el hecho de que el de Anjou no le devolviera el dinero que le prestó, le hizo pasarse al bando de Conradino, el descendiente de Federico, contrario a la Iglesia. En estos nuevos enfrentamientos entre los gibelinos y el de Anjou, ahora elevado por el Papa a pacificador general, Enrique fue hecho prisionero en la definitiva batalla de Tagliacozzo, y en la cárcel seguía cuando tuvo lugar el II Concilio de Lyon.

Sabemos que, desde 1268 por lo menos, Alfonso X y Jaume trabajaban juntos contra los de Anjou y, por tanto, hemos de creer que Enrique podía ser un aliado importante de los dos reyes para defender los intereses de cada uno en los asuntos del Imperio. En efecto, Carlos de Anjou se interponía tanto en el camino de Aragón, respecto a Sicilia, como de Alfonso, respecto del Imperio, pues poco a poco iba ocupando cargos, como el de pacificador, que solo tenían sentido desde la voluntad de Roma de no otorgar al cargo de emperador la plenitud de poderes que había tenido con Federico. Así que, de manera expresa, don Jaume salió fiador por él y por el rey de Castilla, ante el Papa, en el sentido de que «de su libertad no debía resultar ningún daño al rey Carlos

---

[17] Zurita, *Anales*, Libro III, cap. LXXVIII, pág. 200 izq.
[18] En efecto, Carlos era hijo de Blanca de Castilla, hermana de Berenguela, y por tanto primo hermano de Fernando III, el padre de Enrique.

ni a la Iglesia de Roma»[19]. El Papa, una vez más, hizo uso de su frialdad diplomática. Así que le dijo al rey que la Iglesia no tenía nada que ver con la prisión de Enrique; que, al contrario, había rogado muchas veces a Carlos que lo pusiera en libertad, aunque siempre se había negado a ello. El rey aceptó la respuesta, pues de ponerla en duda habría hecho saltar por los aires las reglas de un juego que nadie podía impunemente romper. Con una diplomacia que más parece del clérigo redactor de la *Crónica* que propia del rey, se nos ha transmitido que don Jaume dijo que le gustaba oír eso del Papa porque así él haría valer las mismas razones cuando se le presentase una ocasión parecida.

Era señal de que la respuesta del Papa había producido su herida. Ahora, la sonrisa del Papa durante el primer día del concilio, tras la intervención bizarra de don Jaume, podía ser interpretada de otra manera. Pero el rey, hombre a fin de cuentas positivo, miró hacia delante y por lo menos se mostró dispuesto a obtener el único beneficio que el Papa no podía negarle: la confesión. Vemos así cómo, en el curso de unos días, puede sucederse la más variada gama de matices en la relación entre un soberano y un Papa: desde la camaradería de dos poderosos, desde la mejor disposición de ayuda y servicio en la formación de un ejército cruzado, hasta la lucha por la primacía política entre ambos, pasando por la hipocresía propia de la diplomacia, para llegar a esta escena final, en que, a pesar de todo lo anterior, se manifestaba la conciencia cristiana del rey solicitando el sacramento de la penitencia. A esto el Papa accedió y aquí fue generoso con lo que en cierto modo costaba poco: tras escuchar la vida del rey en confesión, no le puso penitencia alguna, exhortándole únicamente a que continuase en el bien y se alejase del mal. El Papa le dio la bendición apostólica por cinco veces y el rey marchó contento a Cataluña. Finalmente, hacía verdadero el conocido refrán, que él mismo había invocado ante el Papa: «Quien loco a Roma va, loco volverá». Él, que no había ido loco, había vuelto con algo bueno de esta Roma errante. Por una parte, su entereza como rey; por otra, su conciencia limpia como cristiano[20].

---

[19] *Crónica*, §540.
[20] Por lo demás, el Concilio de Lyon fue importante para algunas de las líneas de fuerza de este libro. Aparte de la curiosidad de que allí pudo conocer el rey Jaume al gran san Buenaventura, el general de los franciscanos que iba a iniciar una corriente filosófica fundamental a lo largo de toda la Edad Media, y habría podido conocer a santo Tomás, de no haber muerto cuando iba camino del concilio, en Piperno, cerca de su Aquino natal, el 7 de marzo de 1274, es preciso decir que al final de las sesiones se solventaron las cuestiones del hecho del Imperio de Alfonso. En efecto, el Papa se decidió el 16 de septiembre de 1274 por Rodolfo de Habsburgo, de cuyos electores logró que se atuvieran a las viejas reglas de relación entre el Imperio y la Iglesia, todas ellas tendentes a disminuir el poder político del emperador. Así: que este no acumulara el cargo de senador romano, que no pudiera unir al Imperio las Dos Sicilias, que se llevara bien con Carlos de Anjou. El Papa usó al obispo de Valencia Andreu de Albalat para transmitirle a la reina Violante de Castilla, con un gran ascendiente sobre su marido, que estaba dispuesto, si renunciaba al Imperio, a concederle el diezmo de los seis años que todos los reinos cristianos tenían que pagar para la cruzada. Esto deberían usarlo contra los moros del sur de España. Cf., para todo esto, Hefele, Libro XXXVIII de la *Historia de los Concilios*, ob. cit., págs. 170-171.

61
DE VUELTA AL INFIERNO

El rey pasaba por Montpellier el día 29 de mayo de 1274. Dice en el *Llibre dels Feyts* que estuvo en Lyon veinte días. Además, en su ciudad natal permaneció dos semanas, pues el día 12 de junio salía de ella para no regresar jamás. La tradición dice que allí padeció una grave enfermedad, pero nada de ello nos dice la *Crónica*. Probablemente debe de tratarse de la visita anterior, cuando estuvo en la ciudad tras la muerte de Berenguela Alfonso. Ahora de nuevo podía recordar el rey la atmósfera de luto y de dolor que había padecido poco tiempo antes, cuando vio irse a su amiga y desaparecer para siempre su amado cuerpo en la ciudad de Narbona. Por doquier recibiría detalles que le recordaban su propia enfermedad, la debilidad de la que milagrosamente se había restablecido. Y en medio de todo ello, la grave situación de rebelión general de los nobles de sus reinos. Sabemos que el rey iba avisado de los complejos problemas con que se iba a enfrentar a su regreso. Desde Montpellier lanza una convocatoria de hueste y cabalgada a todos los hombres de las villas catalanas y les solicita un servicio de tres meses. No será la última vez que lo haga, siempre apurando hasta el último momento las posibilidades de paz, prorrogando una y otra vez la reunión de su ejército.

El rey, como sabemos, no tenía mesnada catalana, pero sí podía convocar a las milicias de las villas, desde Salses hasta Lleida [1]. El motivo de esta convocatoria se nos descubre pronto. Don Jaume nos dice que se enteró del asunto al llegar a Girona, pero en realidad hay un documento en Perpiñán en el que convoca a todos los ricoshombres y soldados de las villas cerca de Solsona, ocho días después de la fiesta de San Juan, para contrarrestar la reunión de nobles que se había formado alrededor de Bernat Alemany d'Orriols. Con él estaban los de siempre: los condes de Ampurias y de Pallars [2], el vizconde de Cardona, Ermengol de Urgell, Pere de Berga y otros. Una y otra vez el rey tie-

---

[1] Miret, *Itinerari*, ob. cit., pág. 501.
[2] Para un análisis de los condes de Pallars y sobre todo del titular en este tiempo, Arnau Roger I, cf. Josep Baucells i Reig, «La sucessió dels comtes de Pallars en el dos-cents», en *X CHCA*, Partes 3, 4 y 5, Fundación Fernando el Católico, Zaragoza, págs. 33 y sigs.

ne que demostrar su propio criterio, su propio camino. Ahora su decisión es defender al noble Orriols frente a la reclamación del infante Pere, que le solicitaba un castillo que él tenía en feudo, bajo la razón de que no podía heredarlo su esposa, la hija de Pons Guillem de Torroella. El rey les hace saber que no hagan nada de forma precipitada, que él analizará el asunto y que si es menester desautorizará a su hijo, pues le parece que cada uno puede dejar sus castillos tanto a sus hijos como a sus hijas. El rey sabe que no es buena época para conjuras y comprende que Pere no puede aumentar la nómina de sus enemigos en este momento de inquietud. En efecto, de ir contra el de Orriols, se las tendría que ver con importantes nobles, como los Anglesola y los Puigvert. De forma consecuente, manda un embajador a los juramentados y ante ellos se manifiesta flexible y contemporizador, frente a su enérgico hijo.

Sin embargo, las cosas no debieron de apaciguarse. Los nobles mantuvieron que no tenían nada contra el rey, sino a favor de los usos y costumbres de Cataluña. Los mensajeros replicaron que la misma voluntad era la del rey. Las noticias que llevó el enviado de vuelta al rey no debieron de tranquilizarlo. Sabemos que los condes se juramentaron en Solsona, en el famoso «aplec» del mismo nombre, decididos a que el príncipe no impusiera su criterio. El rey se quejó: aquello se podía juzgar con la ley en la mano. Si cada vez que hubiera que resolver un pleito los nobles se juramentaban, desde luego ninguna ley se podría aplicar. Así que debían presentar el agravio o *greuge* respectivo y confiar en la justicia del rey. Tal y como estaban las cosas, sin embargo, era pedirles demasiado. Ellos mantuvieron su actitud. Un documento real, de 17 de junio, dirigido a los bailes de Cataluña y dado en Perpiñán, prohíbe vender caballos y armas a los nobles juramentados[3]. Luego, el rey cursó cartas por separado al vizconde de Cardona, citándolo para que expusiera los motivos de queja que podía tener contra el rey en relación con la demanda del castillo de Cardona. Según había interpretado Pere Albert los *Usatges,* resultaba claro que para demostrar la propiedad absoluta o alodial de un castillo se tenían que presentar las cartas correspondientes. En caso de duda, como se recordará, el castillo sería considerado feudo del rey. Don Jaume estaba dispuesto a dar una prórroga a Cardona para presentar las cartas de propiedad respectivas. Aunque el noble de Cardona había acogido a bandoleros en sus tierras, había dado auxilio al asesino del jurista de Aragón Rodrigo de Castillazuelo y se extralimitaba en sus funciones dentro de su tierra, asumiendo la jurisdicción penal propia del rey, Jaume se mostraba dispuesto al perdón y a la concordia[4]. Había una esperanza de que la guerra abierta contra los nobles catalanes se pospusiera y, en señal de paz, el rey retrasó la convocatoria de los hombres de las villas para que se reunieran el 1 de agosto.

Ferran Soldevila ha descrito este momento con su sensatez habitual. «El objetivo del rey es bastante claro: contra el bloque nobiliario en formación, el

---

[3] Miret, *Itinerari,* ob. cit., pág. 503.
[4] En una carta del 18 de junio de 1274. ACA, Reg. 22, f. 10. Cit. por Fondevillá, ob. cit., pág. 1125.

alzamiento de todas las milicias comunales»[5]. Esto es exacto. Pero la razón de fondo es que había muy pocas posibilidades de paz. Aunque los conjurados de Solsona le hicieron saber el 2 de julio que no tenían nada contra el rey, sino contra el infante, y le garantizaron que se sentían «fort pagats» del rey, y que estaban dispuestos a tratar el tema con sus procuradores, no todos albergaban buenas disposiciones. Pronto llegaron al rey noticias de ruptura de las treguas por parte de un Montcada[6]. En realidad, lo que estaba en juego era que el monopolio de la violencia legítima estuviera en manos de los reyes, que los nobles no tuvieran autonomía militar. Este objetivo solo se podía conseguir con la retirada de su poder del máximo de castillos posible, la reivindicación fundamental de cualquier rey que ha llegado a ser consciente de su verdadera vocación de poder: el mando exclusivo, personal e intransferible del ejército. Pere era ese rey, y heredaba en su sangre la más férrea voluntad, más fuerte incluso que la de su padre. La tendencia que los nobles veían en la política del rey les indisponía a la vez con el padre y con el hijo[7].

De Perpiñán salió el rey el día 7 de julio, después de tres semanas de estancia. Pasó por Girona y por Granollers y, como dice la *Crónica,* llegó a Barcelona el día 13 de julio, tres meses después de su marcha hacia el Concilio de Lyon. Allí estaba esperándolo el infante Pere desde hacía una semana. Inmediatamente se hizo evidente que había que posponer la reunión de la hueste medio mes más, hasta la Virgen del 15 de agosto. De nuevo fueron convocados los barones, quizá a petición de una delegación de ellos, como la que se registra en la *Crónica*[8]. El rey, aunque dispuesto a reunirlos en corte, se negó a dar a esa reunión relevancia judicial. Aquí don Jaume ponía en juego la interpretación de los *Usatges* que Albert había hecho valer en su tiempo. El príncipe tenía el monopolio en la interpretación de si había sido servido en sus peticiones de auxilio y servicio por los vasallos que tenían de él tierras en feudos. Él era en estos asuntos la última instancia de juicio. Este, al decir

---

[5] Soldevila, *Pere el Gran,* vol. III, ob. cit., pág. 359.

[6] Miret, *Itinerari,* ob. cit., pág. 503.

[7] De todos los cronistas antiguos, Beuter es el más consciente de lo que se jugaba en este caso. En efecto, cuando narra esta parte de la historia, entiende perfectamente que lo que Pere deseaba eliminar era el privilegio de los nobles de «guerrearse unos con otros». Desde luego, era un derecho que eliminaba el monopolio de la violencia de las manos del rey. Los nobles se defendían con las únicas armas a su alcance: invocando la tradición: «sus antepasados siempre lo habían usado». Pero la realeza era cada vez más consciente de que debía impulsar esta innovación. «Así que parecía a los ricoshombres que se les debía guardar este uso y costumbre de guerrear. El infante, como era siervo de Dios y entendía de poner el reino en justicia y sosiego, pesándole que los ricoshombres con tales pretensiones recogiesen matadores en sus casas, rufianes y salteadores, que con espaldas del favor de estos se atrevían y sostenían de él o matando y robando, y haciendo grandes excesos, castigaba muchos doquier que les hallaba» (Beuter, ob. cit., pág. 304). Mas no solo estaba aquí implicado el monopolio de la violencia legítima, sino también el problema de la inmunidad, base del régimen de señorío. El mismo Beuter nos informa: «Eran las cuestiones sobre la inmunidad de las casas de los caballeros, que se pretendía por ellos que había de valer a los que se acogiesen a ellas, aunque fuesen malhechores». Cf. Beuter, ob. cit., pág. 309.

[8] *Crónica,* §545.

del rey, era el sentido tradicional de los *Usatges* catalanes, cuya norma «spoliatus ante omnia...» no se podía seguir ahora en el sentido tradicional. En efecto, esta norma solo se aplicaba al caso de que alguien hubiera sido echado de una posesión sin conocimiento de causa de derecho. Por eso, antes del juicio, el expoliado debía ser ante todo restituido en su posesión [9]. Esta no era la situación actual, pues estaba clara la causa del derecho que tenía el rey para realizar el expolio de los castillos de los nobles. El *usatge* que se debía invocar aquí era el de *Si quis contradixerit,* que daba autoridad al señor para tomar medidas contra un noble rebelde. En efecto, ahora, el rey había juzgado que no había sido atendido en sus demandas de servicio, luego él había decidido quitar los castillos a los nobles que no habían acudido a su demanda. Se había negado auxilio al señor, por lo que este podía tomar el feudo que por él tenía el noble. No había nada más que juzgar, so pena de que antes se entregaran los feudos. «Supuesto que era ya cosa juzgada, ningún otro juicio era menester, ni hallarían ya medio alguno para alcanzarlo de nos.» Esto es lo que les decía el rey a Ramon Folch IV de Cardona y al señor de Berga en una carta firmada el 29 de julio de 1274.

Era evidente que si el rey mantenía el privilegio de juzgar unilateralmente la felonía, mantenía de forma incondicional en sus manos un medio muy poderoso: el arma mortal de las confiscaciones, el uso político y económico de los poderes jurídicos del monarca para disminuir el poder militar de la nobleza. No estaba claro, por supuesto, que esto lo permitieran los *Usatges.* Pero tampoco lo prohibían. Se trataba de una posibilidad que siempre estaba abierta tan pronto se interpretara de manera fuerte el poder del príncipe. Ante este juicio unilateral del rey, los barones promovieron la unilateralidad que estaba en su mano. Se desnaturalizaron de su señor, se declararon exentos de toda autoridad soberana y se lanzaron al desafío abierto de las armas. Puesto que se trataba de dilucidar el monopolio de la violencia, era previsible que se acabara decidiendo por la fuerza. De forma consecuente, el rey acudió a un juego posible: entendió su autoridad política sobre Cataluña como derivada de su poder real sobre la corona entera de Aragón. Su relación con la tierra catalana se basada en un poder independiente y superior a sus relaciones naturales con los señores catalanes, al fin y al cabo parte de su reino. Así que convocó a las milicias y a los ricoshombres de Aragón. Tenían todos que verse con él en Monzón, catorce días después de San Miguel. Era un paso peligroso, porque tampoco estaba muy claro que el rey debiera fiarse de los señores aragoneses en este trance, aunque se cuidó mucho y citó sobre todo a las milicias urbanas. En todo caso, Artal de Luna le escribió desvinculándose

---

[9] Esta norma nos la ofrece Beuter, ob. cit., pág. 310. «Que en aquello no había menester más conocimiento de derecho, sino saber que los feudos tenían ellos de sus manos, y por él, y pues mandándoles el infante que le sirviesen no habían ellos querido servir, hiciera muy bien en quitárselos. Y que en aquello no tenía lugar la regla del derecho, *Spoliatus ante omnia,* que dice que el que es echado de posesión sin conocida de derecho, sea primero restituido en su posesión de que de la causa se conozca.»

de la convocatoria, a lo que el rey tuvo que responder que siempre estaba dispuesto a hacer justicia y a mantener «los usatges y bones costumnes de Catalunya»[10]. Al fin y al cabo, había algo así como intereses corporativos de la alta nobleza militar, con independencia de que fueran aragoneses o catalanes.

Esta llamada real del día 8 de septiembre[11] no hizo sino enfurecer a los barones catalanes. En el mismo día, el rey escribía una carta a su hijo Fernando Sánchez de Castro[12], por la que nos informa de una cruda realidad. De esta carta deducimos que el hijo de Blanca de Antillón se había visto con los rebeldes catalanes en la frontera, en Estadella, junto con Artal de Luna y algunos ricoshombres aragoneses y catalanes más, para establecer una alianza entre las dos noblezas. Fernando, que había estado después de esto con su padre, no le había dicho nada. Era una traición inexplicable, por cuanto que el rey lo había recibido ingenuamente tras los hechos, ajeno por entero a los movimientos de su hijo. Era el peor escenario posible: la nobleza íntegra de Aragón y de Cataluña se alzaba en el mismo bando, dirigidos por un hijo del rey, hostil en extremo al heredero legítimo y dispuesto a todo, incluso, desde luego a reinar en el futuro. Era preciso deshacer aquella alianza y dejar bien claro que cualquier cosa que se hiciera contra el infante Pere se hacía contra el propio rey. Cuando un mensajero de Fernando Sánchez —quizá su propio hermano Marco Ferriz— [13] fue a ver a Jaume para darle explicaciones, este se mostró muy airado. Jurar contra su hijo Pere, le dijo el rey en buen aragonés, era lo mismo que jurar contra él mismo, porque «lo de nostro fillo e lo nostro todo es uno, e deve regnar después nostres dias». Era el aviso definitivo. Fernando Sánchez de Castro solo podía encontrar un sitio en Aragón como vasallo del infante Pere. A esto el mensajero replicó que el Papa había llamado a ultramar a su señor y que se disponía a abandonar los reinos. Resultaba evidente que todo era una mentira y que aquellos hombres pensaban engañar al rey, por aquel entonces un hombre ya de sesenta y seis años. La llamada del Papa solo podía denunciar los viejos acuerdos de Fernando Sánchez con Carlos de Anjou, los que había hecho a su regreso de la cruzada fallida de Jaume. De una manera u otra, el rey comprendió que el camino para la reconciliación con su hijo se cerraba: sus amigos internos y externos eran los enemigos declarados de la realeza.

Cualquier trato era inviable. En una carta al infante Pere, escrita en aragonés para recoger mejor el espíritu de la conversación con el enviado del señor de Castro y firmada el día 10 de septiembre, el rey se mostraba herido y decepcionado. Con la energía que le daba la ofensa del hijo, le dice al infante que le coja a su hermanastro todos los castillos y honores, pues se los daba a él por todo el tiempo. Sin embargo, le recomendaba que no lo tomase preso,

---

[10] Miret, *Itinerari*, ob. cit., pág. 509.
[11] Ibídem, pág. 507.
[12] Fondevilla, ob. cit., pág. 1132, y Soldevila, *Pere el Gran,* ob. cit., pág. 361.
[13] En efecto, Fernando Sánchez tenía dos hermanos, Sancho Jordán de Peña y Marco Ferriz de Lizana. Cf. Fernando Fondevilla, ob. cit., pág. 1070.

para que pudiera venir a su llamada, no tanto por la esperanza de que lo hiciera sino para acumular sobre él una felonía pública más. En realidad, su estado de ánimo lo reflejaba mejor una palabra central: esperaba vengarse de su artera traición, la peor que se podía uno imaginar, la que había hecho a su padre y a su hermano [14]. Ese mismo día 10 de septiembre, para dejar constancia de su lealtad y franqueza, del cumplimiento de los usos más nobles de la época, el rey escribía además a su hijo traidor. Dolorido, le recuerda cómo dio la cara por él y por su causa cuando conoció sus primeras hostilidades con Pere; cómo había arriesgado la amistad de su hijo y heredero por defenderlo, y cómo lo había perdonado por su real intercesión. Ahora el galardón que les daba a ambos por su buena conducta era una fea ofensa, una conspiración con sus enemigos [15]. Por eso lealmente le declaraba las hostilidades: le exigía que le devolviese los honores y le aseguraba que le iba a devolver mal por mal. El final de la carta era fulminante. La maldición paterna quedaba en el aire, símbolo de los peores augurios. «E Dios vos confonda», decía el padre por toda despedida. Pues incluso en estas relaciones entre padres e hijos debían mediar las formas jurídicas y caballerescas de la época. La intención del rey había quedado clara y Fernando Sánchez estaba avisado. Ya nada tendría marcha atrás. Para calmar los ánimos, en una carta posterior, del día 15 de septiembre, el rey convocó asimismo a todos sus nobles y a la hueste para que se vieran en Monzón quince días después de San Miguel, dándoles a entender que el rey no iba contra nadie en especial, sino contra quien no acudiera a la cita. En relación con su hijo rebelde, la única orden es que sea tomado preso y traído ante él. Los nobles, sin embargo, no cedieron. Así que uno tras otro, invocando la quiebra de las costumbres de Aragón y de Cataluña, le fueron enviando la pertinente declaración de rebeldía y desamparo. Los principales entre los principales lo dejaban. En una reunión tenida por todos en Ager hacia el día 25 de septiembre de 1274 [16], los nobles se mostraron unánimes para dar el paso de la desnaturalización.

Para acabar de empeorar las cosas, el infante Pere tuvo que abandonar el frente de la rebelión nobiliaria para atender los asuntos navarros. Es este un tema muy importante y conviene que lo traigamos aquí a colación, para hacernos una idea de la complejidad de los últimos años del rey Jaume. Pensemos que, en medio de esta crisis general del reino, todavía se abre otro frente en el gobierno del rey, como si su espíritu no se amilanara ante las dificultades. Veamos lo sucedido. El rey de Navarra, Enrique I, había muerto el 22 de julio de 1274, día de Santa María Magdalena, en el palacio de Pamplona [17]. Don Jaume, que siempre miró las cosas del reino pirenaico con especial atención, lanzó un manifiesto a los nobles y a todos los súbditos navarros, una semana

---

[14] Fondevilla, ob. cit., pág. 1135, y Soldevila, ob. cit., pág. 363.
[15] Ibídem, pág. 1135, y Soldevila, ob. cit., pág. 364.
[16] Miret, *Itinerari,* ob. cit., pág. 508.
[17] Soldevila, *Pere el Gran,* Parte I, vol. II, ob. cit., pág. 269.

después de la muerte del rey, haciendo valer los antiguos derechos y los pactos firmados con su rey Sancho sobre su ahijamiento recíproco. No era preciso invocar el tiempo en que Aragón y Navarra habían estado unidos hasta Sancho III el Mayor (1000-1035), ni la reunificación efectuada con Sancho Ramírez (1076-1094), ni la discutible separación de los vínculos de unión tras la muerte de Alfonso I el Batallador (1104-1134). No era preciso remontarse tanto en el tiempo. Bastaba con que el rey recordara que estos pactos habían sido jurados por los navarros, en unos homenajes que muchos del reino recordarían todavía. Además, argumentaba el rey, él los había defendido siempre que Castilla los había amenazado. Por todo ello, y sin romper el buen espíritu que desde antiguo había caracterizado sus relaciones, les anunciaba que les enviaba a su hijo con la esperanza de que prefiriesen, antes que caer bajo una dominación extraña, vincularse a la corona de Aragón, la única que podía mantenerlos bajo la «fraterna et quasi socia libertate». Le era indiferente que lo recibieran por rey a él o a su hijo: en todo caso, respetaría su libertad y su inclinación, aunque se veía obligado a recordarles sus derechos, que en modo alguno reclamaría con violencia.

Los historiadores catalanes, con Ferran Soldevila a la cabeza, hablan aquí de un sentido de la libertad del rey y lo traducen como sentido de «autodeterminación, que diríamos hoy»[18]. En realidad, este concepto era obviamente impensable en esa época, pues implica un sentido de la libertad absoluta que nadie en el siglo XIII tenía. Lo que estaba en juego era el procedimiento romano de federación por el que dos reinos, con el mismo o parecido sentido de las instituciones, devenían socios para asegurarse la defensa contra terceros, al tiempo que mantenían sus prerrogativas internas. El texto latino lo dice con claridad. Para dar este paso hacia la federación, los navarros tenían que manifestarse voluntariamente. Era el mismo paso voluntario que podían dar para ponerse bajo la protección de Castilla, cuyo rey Alfonso había transferido los derechos que pudiera tener a su hijo Fernando de la Cerda, con la finalidad de concentrarse en el problema de su coronación como emperador[19]. Era un problema adicional para Jaume, que ahora se hallaba en el dilema de oponer sus derechos, y los de su hijo, a los hipotéticos de su nieto. Pero el Conquistador no lo dudó: él tenía derechos personales sobre Navarra y no podía cederlos a su nieto. Al contrario, el propio Fernando debía hacerse cargo de los mayores derechos de su abuelo y poner todo de su parte para ayudarlo a cobrarlos. Incluso si el infante de la Cerda tenía un derecho a Navarra, era evidente que estaría mejor garantizado con la realización del derecho de Aragón que de ninguna otra manera. Pues el enemigo, parecía decir Jaume, no era él, sino el rey Felipe de Francia. En esa insinuación, desde luego, tenía razón. Al fin y al cabo, Francia recuperó la posición sobre Navarra porque los dos reinos hispánicos no supieron tener una política común en esta ocasión. Balles-

---

[18] Soldevila, *Pere el Gran,* Parte I, vol. II, ob. cit., pág. 270.
[19] Ballesteros Beretta, ob. cit., pág. 701.

teros Beretta, que naturalmente defiende a Alfonso X, pudo decir que «las razones básicas del pensamiento alfonsino nacían de un sentimiento hispánico de unidad peninsular contra una intromisión extranjera, particularmente francesa, que llevaría el dominio de Francia hasta el Ebro»[20]. Se nos hace difícil aceptar esta conclusión. Si efectivamente lo más deseado hubiese sido que Francia no mantuviese su mano en Navarra, y si hubiese dominado el sentimiento hispánico, desde luego Alfonso habría dejado valer las reivindicaciones de Aragón, apoyadas por el derecho y la historia. Pero Alfonso no tenía un proyecto hispánico, sino castellano. Su sentido de la unidad estaba condicionado por el sencillo supuesto de que fuera Castilla la beneficiada. Esta circunstancia muestra, a su vez, que no había un diseño político de equilibrio entre los reinos hispánicos, sino una innegable aspiración castellana a la hegemonía.

Todo esto se había ido tratando a lo largo del verano de 1274. Hacia el 20 de septiembre de ese año, en lo más grave de la crisis de la nobleza, Pere no podía dejar de atender el asunto de Navarra y se trasladó a la frontera de Tarazona. Desde allí, dejando la situación catalana y aragonesa en manos de su padre, mantenía embajadas con las Cortes Generales que los navarros tenían en Puente de la Reina[21]. En todas ellas demandaba a los reunidos que lo tomaran por rey, mientras que los nobles catalanes y aragoneses uno a uno se le iban desnaturalizando. Mientras tanto, don Jaume escribía a primeros de septiembre a Felipe de Francia, instándole a que reconociese los derechos de Aragón sobre Navarra, que al fin y al cabo se había separado de sus reinos por un acto injusto y violento, al elegir propio rey tras la muerte de Alfonso el Batallador en Fraga. Por eso exigía, tras haber dejado sin cumplir sus derechos en tiempos de los Teobaldos, que el reino regresara a su lugar natural dentro de la corona de Aragón[22]. Una carta al rey de Castilla de la misma fecha solicitaba que le fueran retirados a su nieto, el infante Fernando de la Cerda, los derechos que Alfonso X le había dado. La actividad de don Jaume no cesa. Otra carta sale de su cancillería el día 12 de septiembre hacia su hijo Pere. En ella le informa de la intervención de su hermano Sancho, el arzobispo de Toledo, cerca del obispo de Pamplona, a fin de que se mantengan las paces y treguas, así como de las buenas relaciones con el gobernador de Navarra, Pedro Sánchez de Monteagudo. Además, don Jaume le recuerda que todo debe hacerse respetando la voluntad de los caballeros y de las buenas gentes navarras, pues sin su asenso no podría llegarse a un buen fin en esta empresa.

Todas estas iniciativas surtieron efecto. Por fin, los navarros se comprometieron a dar una respuesta hacia el 7 de octubre. El partido más proaragonés ofreció a Pere la boda de Juana, la hija de Enrique de Navarra, con su hijo mayor, el infante Alfonso. Una vez más, apreciamos cómo la federación

---

[20] Ballesteros Beretta, ob. cit., pág. 700.
[21] Soldevila, ob. cit., pág. 276.
[22] El documento lo da Ballesteros Beretta, ob. cit., pág. 703.

era un procedimiento inviable mientras hubiese partidos enfrentados en el reino. Ante las facciones, se apostaba más por el mecanismo automático de la unión dinástica. Pero esta política estaba en manos de dos potencias: de Blanca, la viuda de Enrique, francesa e inclinada a mantener la monarquía navarra en la órbita de Francia, y la Iglesia de Roma. Por tanto, en la medida en que la política matrimonial se impusiera, fracasaría la solución surgida de la expresión de la voluntad de las Cortes Generales que esperaban don Jaume y su hijo Pere. A pesar de todo, Pere hizo pactos iniciales: él garantizaría los fueros y los mejoraría. Además, tendría un gobernador aconsejado por las Cortes navarras y se comprometía a poner todos los cargos en manos de los naturales.

Mientras los navarros enviados ante Pere se marchaban hacia Olite, el 10 de octubre el infante Fernando Sánchez de Castro, el hijo rebelde de Jaume, demandaba audiencia a su padre. Jaume la concede bajo la condición exclusiva de que se haga justicia a él y a su heredero. Con plena lucidez, el rey comunicó el movimiento a su hijo Pere, en Tarazona como hemos visto. Iba a conceder salvoconducto a Fernando durante unos días y debía respetarlo. Pero si no acudía o no cumplía su voluntad, seguía teniendo autorización para hacerle todo el daño, por él o por sus hombres. Sin embargo, Fernando no acudió a la cita. Sabiendo que el heredero estaba implicado en los asuntos de Navarra, su hermanastro se lanzó a ocupar sus castillos y le tomó el de Nabal[23], y se desnaturalizó de su padre en razón de las afrentas que le había hecho el heredero y aliado suyo. Entonces se produjo un hecho sin precedentes. Cuando la hueste de los nobles se lanzó contra la villa de Figueres, que estaba siendo construida por el infante, la sometieron a sangre y fuego y la destruyeron. Era un paso grave que situaba a los barones fuera de todo derecho[24].

Para fortuna de todos, las Cortes de Olite mantuvieron sus sesiones con rapidez y a primeros de noviembre estaban en condiciones de darle una respuesta al infante. Zurita, que vio los documentos originales, nos ha resumido sus acuerdos[25]. Estos abrían una oportunidad única para el infante y para su anciano padre. Pues los navarros comprometían a su princesa Juana para casarla con el hijo de Pere. Y además, en virtud de los pactos de defensa del reino frente a Castilla y Francia, le anticiparían doscientos mil marcos de plata, incluidos los setenta mil que desde tiempos de Sancho debían a Jaume. Estos acuerdos los jurarían los navarros, pero se vinculaban con menos fuerza a los tratados matrimoniales, para cuyo incumplimiento no reclamaban la sanción propia de una traición. Tan pronto como el príncipe pudiera estar en Navarra, todos le jurarían homenaje[26]. Era evidente la importancia de la jugada:

---

[23] Fondevilla, ob. cit., pág. 1138, y Soldevila, *Pere el Gran,* Parte I, vol. III, pág. 366.
[24] En realidad, la villa de Figueres estaba dentro del territorio del conde de Ampurias, por lo que este entendía la construcción de la villa como una provocación del príncipe. Cf. Beuter, que indica que se llamó Figueres porque había muchas higueras por allí. Cf. *Crónica,* ob. cit., pág. 309.
[25] Zurita, *Anales,* Libro III, cap. LXXXIX.
[26] Bofarull, *Colección de Documentos Inéditos,* vol. VI, doc. 52.

con aquel dinero, la hueste del príncipe sería invencible frente a los señores rebeldes. A fin de cuentas, el príncipe no había perdido el tiempo en la frontera. Todo parecía sonreír de nuevo la causa de la realeza.

Pero por poco tiempo. El acuerdo de los navarros había sido impuesto por el partido proaragonés. No era un acuerdo de unanimidad. Al contrario, importantes personajes, como García Almoravid y Pedro Sánchez de Monteagudo, comenzaban a pasarse al bando castellano. El infante Fernando de la Cerda, el pretendiente castellano, tampoco se había quedado quieto y se había plantado con su ejército ante Viana. Conocía perfectamente Fernando la situación débil de su abuelo y de su tío Pere y sabía que no podían oponerle fuerzas armadas en este momento. Así que, ante el ejército del infante de la Cerda, el partido procastellano creció y el enfrentamiento civil entre los navarros se hizo más intenso [27]. En estas condiciones, Blanca, la reina viuda, se sintió ajena a los dos bandos y, con su hija Juana, se marchó a la corte de Felipe de Francia y allí le ofreció la jugada contraria a la pretendida por Aragón: casar a Juana con el heredero de Francia, el que llegaría a ser Felipe IV. Con esa hija se llevaba las esperanzas de la unión dinástica entre Aragón y Navarra. Ahora todo se volvía en contra del infante: sin posibilidad de realizar la boda y sin fuerzas que oponer al infante de Castilla, su sobrino, Pere veía cómo su oportunidad se diluía. A pesar de todo, seguía allí, en Tarazona, atado a su destino, con el ejército castellano delante y el violento y hostil enemigo detrás: su hermano Sánchez de Castro, al frente de la nobleza catalano-aragonesa. El Año Nuevo de 1275 le traía una clara noticia al infante Pere: no sería rey de Navarra. Y si no se apuraba, incluso peligraba la posibilidad de que algún día fuera rey de la corona de Aragón. Afortunadamente para él, con las fuerzas mermadas, pero con la conciencia muy clara de los intereses que representaba, su padre todavía velaba en Cataluña.

---

[27] Ballesteros Beretta, ob. cit., págs. 705-706.

62
«QUE DIOS OS CONFUNDA»

Eso es lo que había dicho en su última carta don Jaume a su hijo Fernando Sánchez de Castro. Tras esa maldición, cualquier cosa era posible, sobre todo después de la toma de Figueres, de la sangre y el fuego que habían devastado la recién fundada ciudad, y de la saña con que los nobles la habían sometido a la rapiña y al saqueo, como aquel conde de Ampurias que se había llevado las puertas de la ciudad, arrancadas con sus propias manos, a sus posesiones de Castellón. El rey, que ya debía de saber a mediados de noviembre de las dificultades del asunto de Navarra, puso en marcha una política de conciliación. Es de suponer que subiera hacia la frontera, pero al conocer que la villa de Figueres ya estaba quemada, se volviese a Barcelona. Por doquier se abría paso una situación de inquietud general. Como es natural, en esta ocasión todas las fuerzas posibles se concitaban contra el rey y el infante. Pero cuando las cosas llegaban a mayores, y la borrasca amenazaba la paz interna de toda la tierra hasta límites intolerables, siempre acababan apareciendo los pacificadores, los altos prelados. Esta vez fue el obispo de Barcelona, pero también el maestre de la Orden de Santiago en Uclés, que desde el asunto de la cruzada y de las visitas a Castilla había mantenido una estrecha relación con don Jaume. Una vez más, se avinieron a mediar una tregua con los nobles catalanes. El rey, según nos cuenta en la *Crónica,* estuvo de acuerdo [1].

Su voluntad, en verdad, era convocar unas Cortes definitivas en las que se pudiera arreglar todo aquello, reforzando el valor vinculante de los fueros de Aragón. Los mediadores se dieron prisa y, mientras el rey esperaba en Tarragona a su yerno, el rey de Castilla, que venía de Valencia e iba camino de Lyon, él también a visitar al Papa con el propósito imposible de que lo reconociera como emperador [2], se presentaron con uno de los cabecillas de la rebelión, el vizconde de Cardona, Ramon Folch IV, junto con otros ricoshombres catalanes. Estamos hacia primeros de diciembre de 1274. Entonces se atacó el punto decisivo: si el rey tenía o no el monopolio del juicio acerca del cumpli-

---
[1] *Crónica,* §546.
[2] Ballesteros Beretta narra este viaje a partir de las *Crónicas catalanas,* ob. cit., págs. 719-721.

miento o no del servicio feudal de sus nobles. Los ricoshombres fueron prudentes: pidieron perdón por anticipado, pero inmediatamente señalaron que era preciso nombrar jueces para decidir si el tuerto estaba de su parte o no. El rey no pudo negarse. Una vez que había aceptado mediadores era preciso aceptar jueces. Es más: básicamente serían los mismos. Fueron propuestos para ello el arzobispo de Tarragona, el obispo de Girona, el abad de Fuenfría, y algunos señores que se habían venido con el partido del rey, pero que podían ser sensibles a la causa de los rebeldes. Se citaron para la Cuaresma en Lleida. Allí debían concentrarse todos los ricoshombres de Aragón y de Cataluña, junto con todos los jueces. Allí estarían también el rey y el infante. Allí se decidiría la causa de la que dependía la afirmación del poder real sobre la alta nobleza.

El rey pasó todas las Navidades de 1274 en Barcelona, con su yerno Alfonso y su hija Violante, intentando que aquel desistiera de hacer su viaje hacia Lyon, el viaje para reclamar el Imperio. Jaume, que conocía la sutil fortaleza del papa Gregorio X, sabía que el castellano no obtendría nada de él y que lo iba a humillar sin contemplaciones. Allí pudieron hablar los dos reyes, con toda franqueza. Evidente era que Alfonso había perdido aquella batalla. Gregorio X, a quien don Jaume había conocido en el concilio, al que Alfonso se había negado ir, no era hombre de echarse atrás en las decisiones. Había mandado realizar una nueva elección de emperador en septiembre de 1273 y le había placido la designación de Rodolfo de Habsburgo. Este era el hombre que llegaría a una entente con Carlos de Anjou, impidiendo que surgiera un nuevo Federico II. Por mucho que Alfonso hubiera conseguido algunos éxitos al unir a las ciudades gibelinas del norte de Italia, por mucho que Génova estuviera de su parte desde marzo de 1274, por mucho que le hubiesen seguido Asti y Pavía, por mucho que le hubieran jurado rey las ciudades de Verona y Mantua, todo esto no quebraría la voluntad de Gregorio, que veía demasiado clara la posibilidad de un plan, completamente contrario al suyo, de una alianza entre Alfonso y Jaume, que impidiera la alianza de Rodolfo y Carlos de Anjou. Alfonso pudo argüir ante su suegro que el Papa había relajado su posición hacia él, que de nuevo le saludaba con el título de Rey de Romanos, sin duda como resultado de los éxitos militares de los procastellanos en Italia. Además, su actitud sumisa jamás habría podido molestar al Santo Padre. No había por qué considerar la aprobación de la elección de Rodolfo como irreversible. ¿Acaso se había aprobado su nombramiento en sesión pública en Lyon? ¿No se había aceptado la elección en una vergonzante sesión privada? Los argumentos de Alfonso, desde cierto punto de vista, dejaban la jugada sin cerrar. Desconocía lo más importante: la astucia, la dureza, la meticulosidad, la ductilidad y, sobre todo, la obstinación de las relaciones diplomáticas de la curia de Roma. Don Jaume lo sabía por experiencia y estaba seguro de que su yerno no tenía nada que hacer en Lyon, ante el Papa. La posición definitiva de este no iba a variar: si por su renuncia había ofrecido a don Alfonso la décima de todas las rentas eclesiásticas de Castilla, debía coger el dinero y montar un ejército verdadero para asegurar la frontera del sur y para atender sus demandas de ayuda contra los nobles de Cataluña[3]. Para confirmarlo, allí estaba la carta que con fecha del 18 de diciembre le enviaba el papa Gregorio al propio Alfonso, y en la que le anunciaba la visita del obispo de Valencia Andreu de Albalat para quitarle de la cabeza la idea de su venida a Lyon. Consta que otra carta salió para don Jaume, rogándole ayuda en este asunto.

Por este tiempo, antes de la partida de Alfonso, con su esposa Violante y sus hijos todavía en Barcelona a excepción de Sancho de Castilla, que se mantenía en la frontera, ocurrió un hecho que debemos referir. Debió de ser antes del 22 de enero de 1275, fecha de la partida del rey Sabio hacia Lyon. En esos días alrededor de la Epifanía[4], la muerte se llevó también a otro de esos grandes hombres que había forjado la vida del principado, del reino y de Europa con excepcional energía y sabiduría: tras recibir con seguridad pocos días antes las visitas de don Alfonso, que habría expresado a don Jaume la voluntad de conocerlo, moría en la ciudad san Ramon de Penyafort. Aquellos funerales hicieron visible la profunda unidad de los dos reinos en el homenaje al hombre que había definido la estructura jurídica de la Iglesia católica y que había servido de consejero y guía a la comunidad catalana. El que iba a pasar a la historia como el principal de los reyes legisladores, por un azar muy significativo, podía presenciar las honras fúnebres del patrono de los juristas, junto con toda su familia, con el maestre de Santiago, el obispo de Cuenca y todos los notables de la corte de don Jaume.

Mientras, Alfonso pidió autorización a Felipe III de Francia para pasar por sus tierras para llegar hasta Lyon. El rey francés le contestó con una carta más bien hostil y humillante, prohibiéndole ir con gente armada. Era evidente que tampoco Francia veía con buenos ojos aquella visita, tanto más cuanto los acontecimientos de Navarra estaban aún muy recientes. Sin embargo, lo que era claro para todos no lo era para el rey de Castilla, que siguió aferrado a su idea. El caso es que, cuando Alfonso marchó rumbo a Montpellier[5], el rey volvió a sus graves asuntos y convocó las Cortes el día 26 de enero de 1275. Serían Cortes Generales de catalanes y aragoneses, y el rey parecía que estaba dispuesto a ceder en todo por razón de la paz entre los hijos. Esto implicaba ceder de nuevo los castillos al bastardo, lo que significaba despedirse del mo-

---

[3] En efecto, el 9 de octubre le había escrito don Jaume a su yerno solicitando su ayuda para intervenir con fuerza contra los nobles catalanes. Don Alfonso recibió la carta el 16 de octubre de 1274, mientras el rey de Castilla estaba en Alicante, tras pasar por Murcia. Cf. Ballesteros Beretta, ob. cit., pág. 716. Desde allí, el rey Alfonso pasaría por Valencia hacia el 20 de noviembre. Un ciudadano de esta localidad, llamado Ben Zaplana, le prestó cuatro mil sueldos para atender los gastos del rey de Castilla. Don Jaume había establecido que mientras Alfonso atravesara sus tierras no gastara nada de su propio dinero.

[4] Ballesteros Beretta, ob. cit., págs. 725-726.

[5] El viaje de Alfonso lo cuenta muy bien Muntaner, pues a su paso por Peralada se hospedó en su casa natal, ocupando la habitación que en otras ocasiones hospedara al mismo don Jaume. Muntaner se muestra muy orgulloso de la generosidad de los catalanes, que agasajaron al rey de Castilla demostrando su riqueza, tanta que los castellanos no podrían pagar los gastos de aquel viaje en cuatro años. Cf. Ballesteros Beretta, ob. cit., págs. 728-729.

nopolio del juicio acerca del cumplimiento del servicio feudal. El infante Pere sabía que no estaba en el mejor momento de fuerza y aceptó la restitución el mismo día 26 de enero. Cuando el rey tiene que comunicarle los hechos a su hijo natural, todavía puede llamarlo *dilecto filio*. Pero Fernando Sánchez no dejó de tomar castillos sobre los que no tenía derecho, y así asaltó el de Alquézar el día 18 de febrero. No era un buen presagio para una reconciliación profunda.

Saliendo de Barcelona, el rey Jaume se marchó a Lleida, donde llegaría hacia el 4 de marzo de 1275. Su hijo Pere lo acompañó desde el día 10 de ese mes, pues quería estar en esta ciudad mucho antes de que acabara la Cuaresma, para controlar el terreno donde se había de celebrar el juicio entre él y los ricoshombres catalanes —el rey la llama Corte y en realidad eso era, pues a veces las Cortes tenían misiones de instancia judicial para revisar agravios—. La *Crónica* nos dice que el infante se quedó en el castillo, una medida militar de precaución y de prudencia[6]. Los nobles que fueron llegando no quisieron entrar en la ciudad y se quedaron en Corbins, hoy un pueblecito y entonces un lugar en dirección noreste de Lleida, un poco antes de la confluencia del Noguera con el Segre, en el camino hacia Balaguer. Desde cierto punto de vista, era otra medida de prudencia que los nobles reconocieron: no se sentían seguros en Lleida, por mucho que el rey les ofreciera salvoconductos. Allí habían ido para organizar el juicio y querían llevarlo a cabo con representantes, no en persona. Y así se hizo. Los nobles exigieron que el rey reconociera a sus delegados y el soberano nombró a los suyos. Los primeros acudieron a algunos señores y el rey recurrió al mundo eclesiástico, concretamente al canónigo de Lleida.

Cuando se reunieron todos, el forcejeo se definió muy pronto. Los nobles quisieron disolver determinados agravios con anterioridad a cualquier abordaje de cuestiones concretas. Ante todo, reclamaron que el rey devolviese a su hijastro Fernando Sánchez los castillos que Pere le había quitado. Mientras esto no sucediera, no contestarían a demanda alguna. Era evidente que el rey no podía aceptar esta metodología, pues Fernando no estaba allí, se mantenía en pie de guerra y seguía hostigando los castillos de Pere. Por su parte, el rey pensaba que tanto Fernando como otros nobles se habían extralimitado en su derecho al desafiar al infante. Además, Fernando, que cada vez más aparecía como el cabecilla del partido nobiliario, mantenía todavía algunos castillos que no eran suyos, como el de Alcácer y el de Nabal. En cierto modo, era el juicio antes del juicio. Si el rey cedía hasta devolver los castillos a Fernando, implícitamente declaraba culpable a Pere. Si los nobles aceptaban las demandas del rey, sin mediar otra consideración, reconocían que esos castillos estaban bien quitados. Así que no había condiciones ni tan siquiera para aceptar un procedimiento, lo cual, bien mirado, era tanto como no aceptar el poder de la justicia. Cataluña no había avanzado por el camino del justicia de

---

[6] *Crónica*, §547.

Aragón, que tenía como virtualidad servir de mediación entre los nobles y el rey. Pero, además, el propio cargo en Aragón no se había estabilizado en el cumplimiento de esta tarea. Al no tener nadie imparcial en medio, reconocido por las dos partes, resultaba evidente que los enfrentamientos amenazaban con reproducirse a cada nivel de la relación y, por tanto, condenaba a las partes a la lucha.

Tanto fue así que la *Crónica* nos dice que los nobles tiraron por el suelo las reclamaciones del rey. Era la ruptura de las Cortes, justo por esta falta de acuerdo en el procedimiento judicial a seguir. Don Jaume calificó aquello como una rebeldía. Puestos a endurecer las condiciones, el rey solicitó a los nobles el pago de los costes del proceso. Aquello era otra forma de dar por supuesto que la culpa estaba en los nobles, justo lo que era preciso demostrar. Así que no quisieron pagar las costas del rey y se marcharon. En este tiempo tenemos que situar la carta que el 29 de marzo de 1275 [7] escribió el rey al príncipe Pere diciéndole que las Cortes habían fracasado por completo y que ni siquiera los nobles querían pagar su parte de los costes de los jueces y los gastos del propio rey, que se desplazó allí dispuesto a que se hiciera justicia. Por ello comunicaba al infante que convocaba a la hueste y a los barones para la tercera semana de mayo en la misma capital de Lleida y que tenía la intención de impulsar una guerra sin cuartel contra los nobles.

La confianza entre el padre y el hijo no deja lugar a dudas. Es completa y cómplice. El rey le dice: «Y queremos que vos hagas todo el mal que puedas a Fernando Sánchez y a Gimeno de Urrea» [8]. Era un ruego lleno de consecuencias, una de ellas terrible. Luego, el rey le pedía que estuviese con él ese día de mayo en Lleida y que no le fallara por nada del mundo. «Pues Nos, si Dios lo quiere, os ordenaremos la tierra de tal manera que tendrás paz después de nuestros días, y después de nuestros días ya no tendréis que trabajar vos.» Era evidente que los dos hombres sabían lo que se jugaban: someter a la nobleza para siempre, preparar de la mejor manera posible el reinado de Pere, garantizar que en la transmisión de poderes no sufriese el hijo las penalidades que el propio Jaume había conocido en su infancia. Esa continuidad de la política del padre y del hijo obedecía a la razón de una familia, desde luego, pero también era la forma de identificar su suerte con la de un reino como ámbito político unitario, capaz de definir un bien y unos intereses generales. Y, en efecto, la convocatoria se hizo unos días después, ya en Huesca, el 6 de abril, con la admonición de que no hicieran lo mismo que el año anterior, que no se llegaron al rey como les había demandado, con grave daño de toda la tierra [9]. Cuando vemos el listado de nobles a los que se enviaron las cartas, comprendemos que el rey ya no perdía tiempo dirigiéndose a la gran nobleza rebelde. De hecho, los receptores, a excepción de los señores de Pallars y Ribagorza,

---

[7] Fondevilla, ob. cit., págs. 1149-1150, y Soldevila, *Pere el Gran,* ob. cit., pág. 372.
[8] La carta la da Miret, ob. cit., pág. 515.
[9] Ibídem, pág. 516.

eran la mediana nobleza catalana, junto con algunas familias, como la de Montcada y sus parientes de Bearn, Ramon de Cervera y el vizconde de Rocabertí, junto con Berenguer de Enteza y otros. Como dice la *Crónica,* el infante Pere entró en Aragón «a fin de defender nuestra tierra y hacer daño a sus enemigos» [10], y lo confirman nuestros documentos, pues en estos meses de marzo y abril recorrió la tierra aragonesa desde Tarazona hasta Huesca, pasando por Monzón y Barbastro. El séquito que iba con él integraba importantes nobles, que firman como testigos de sus documentos [11]. Algunos de estos son muy valiosos y demuestran hasta qué punto Pere impulsaba una política propia. En uno de ellos se nos dice que Pere reconoce una deuda a Jiménez de Luna con motivo de las vistas que mantuvo con el rey de Inglaterra [12]. Era un aviso del profundo cambio de relaciones internacionales que iba a impulsar Pere, que no estaba dispuesto a aceptar el statu quo con Francia, a quien ya consideraba el principal obstáculo para la expansión catalano-aragonesa tanto en Navarra como en el Mediterráneo. Esta decisión marcaría la clave de su vida, corta e impetuosa, llena de esfuerzo y pundonor.

El caso es que padre e hijo desplegaron una política coherente. Jaume se mantuvo en Lleida hasta el 8 de mayo, señal de que no esperaba mucha hueste la tercera semana de este mes. Pere, que dirigía el ejército de manera efectiva, acosaba al conde de Ampurias. Desde Lleida se dirigió el rey hacia Barcelona, donde había ordenado ahora que se reuniera la hueste. Al pasar por el Ampurdán supo que su hijo asediaba el castillo de La Roca, una propiedad del conde. Al parecer, don Jaume le obligó a levantar el sitio, ignorando el motivo. Sabemos que el rey, desde Barcelona, hacia el 13 de mayo, escribió al conde recordándole que en el lecho de muerte de su padre se le había recomendado la obediencia al rey sin excusas ni condiciones. La carta del rey declaraba la previa desvinculación del conde respecto al monarca de manera formal, ya que, a pesar de las recomendaciones de su padre, el de Ampurias había atacado a su rey por agravios supuestos. Todavía en Barcelona, el rey recibió una carta de Ramon Folch IV de Cardona quejándose de los preparativos de guerra y justificando la desvinculación formal del conde de Ampurias. La respuesta del rey, que recoge Miret, es muy importante porque permite identificar que aquellos hombres sabían por qué estaban luchando. El rey había convocado la hueste, desde luego, y no pensaba disolverla porque ya no confiaba en ese derecho que invocaba ahora el vizconde de Cardona. Tiempo para eso había habido en la corte de Lleida de marzo pasado. Ahora ya estaba dado el paso hacia las armas, pues no se podían soportar «las injurias que nos hacen algunos hombres de nuestra señoría cuando quieren quitar nuestra regalía y nuestro derecho —nostre regalia et nostra dretura» [13]. Se tra-

---

[10] *Crónica,* §549.
[11] Miret, ob. cit., pág. 517.
[12] Ibídem.
[13] Ibídem, pág. 519.

taba exactamente de eso: de las regalías del rey, de aquellos poderes específicos que acompañaban a la realeza y que no podían ser enajenados en el poder de los señores por ser dimensiones públicas del reino. Una de ellas eran las tierras de honores, que se daban en feudo, pero no en propiedad alodial a los señores. Justo por eso, porque eran tierras que el jefe político y militar del reino daba a sus nobles, estos tenían que cumplir con su función y no dirigirlas contra el propio poder político. Eso iba contra el derecho de regalía del monarca. El régimen feudal genuino, basado en el procedimiento de entregas condicionadas, chocaba de manera frontal con el régimen de señorío, finalmente un régimen de propiedad exclusiva y absoluta de la tierra. Los señores pretendían considerar las tierras que recibían o habían recibido del rey como propias. El rey pensaba que eran tierras públicas, de regalía, y que estaban sometidas a su control respecto al buen uso que de ellas se hacía.

Desde Barcelona, el rey se dirigió a Perpiñán, para ver a su hija Violante, que se había quedado en la capital del Rosellón mientras su marido Alfonso iba a Lyon, a ver al Sumo Pontífice para humillarse ante él, a fin de lograr una coronación imposible. Llegaba allí hacia el 8 de junio, mientras su hijo Pere sitiaba el castillo de Pomar, donde estaba encerrado su hermano Fernando. Sin conocer estas nuevas, el rey tornó a escribir a Ramon Folch Cardona, que estaba al lado del conde de Ampurias, renovándole la negativa a disolver la hueste que con tanto esfuerzo estaba formando. Al contrario, don Jaume le confirma que él ha cumplido la «nostra missió» real. Quizá por eso reforzó todavía la convocatoria de nuevas huestes, ahora de las abadías y de las villas del norte de Cataluña, desde Salses a Puigcerdà, Formiguera y Colliure. Aquí, una vez más, la *Crónica* y los documentos coinciden en todo, señal de que esta última parte se escribió cercanos los hechos y puede que con registros de la cancillería real en la mano.

Y así fue como, antes del 25 de junio, fecha en la que el rey salía de Perpiñán, le debió de llegar la noticia más terrible, pero no por eso menos deseada. En efecto, cumpliendo al pie de la letra las órdenes del padre, el infante Pere hacía todo el daño que podía a su hermanastro Fernando Sánchez. Durante el mes de mayo de 1275 había estado sitiando el castillo de Antillón, al sureste de Huesca, la propiedad originaria de su madre. Luego, su gente tomó el pequeño castillo de Artasona y el 1 de junio el infante pasó al sitio de Pomar. Allí estaba encerrado Fernando Sánchez. Al final de la primera quincena de junio, el infante debió de localizar a su hermano, que procuraba escapar al duro sitio. Es esta una pequeña localidad en la frontera del Cinca, un poco al sudoeste de Monzón. Viéndose perdido, el señor de Castro ideó una treta para escapar al cerco. Vistió con sus ropas a un escudero y lo hizo escapar al galope. Él mismo, vestido con las del escudero, se dirigió en dirección contraria. Era un gesto infantil en un sitio férreo, impulsado por la pasión y el odio. El infante fue descubierto. Obligado a desmontar, se refugió en los trigales de la ribera del Cinca. Pero allí fue también identificado por los hombres de Pere. Solo podía hacer una cosa: cruzar a nado el río. Sin embargo, este bajaba muy crecido y el infante se asustó. Detenido en la orilla, quedó a merced de los hombres del heredero. El mismo Pere, con su propia boca, dio orden de que allí mismo se ahogara a su hermano, quien en medio de la gente de la hueste apenas pudo hacer nada. Y allí, en el Cinca de la frontera, en el río de Monzón, al que se había asomado la infancia del rey, allí mismo, el futuro rey de Aragón mandó ahogar a su hermanastro, el jefe de la coalición de los nobles aragoneses y catalanes [14].

Morir ahogado, para la época, era una de las formas más infames de ser ajusticiado, y no es un azar que Pere la elija para acabar con quien desde ya hacía varios años le disputaba la hegemonía política futura. Alguien que caracterizó la extrema rivalidad entre los dos hermanos dijo que su lucha era a vida o muerte. Es muy acertada esta visión de las cosas. Más problemática era la posición del rey Jaume, padre de los dos hombres, el fratricida y la víctima. Cuando el rey recibió esta noticia, antes del 25 de junio como hemos dicho, solo tuvo un comentario: «Y antes de que saliésemos [de Perpiñán] nos llegó la noticia de que el infante En Pere, teniendo sitio a un castillo de Fernando Sánchez, lo había cogido preso y lo había hecho ahogar. Y a nos placionos mucho cuando lo oímos, porque era cosa muy dura que era nuestro hijo, y se había alzado contra nos, a pesar de que le habíamos hecho bien y le habíamos dado tan honrada heredad» [15]. Esta frase de la *Crónica* ha escandalizado a muchos lectores. No creo que fuera un escándalo para los contemporáneos del rey, y por eso don Jaume pudo expresar con franqueza sus sentimientos en su relato autobiográfico. Para la época, el hijo rebelde había cometido todas las injusticias imaginables con su actitud. Cualquiera que recuerde toda la peripecia de este asunto, se dará cuenta de que la paciencia del rey fue casi infinita y que intentó por todos los medios llegar a un acuerdo con su hijo bastardo.

El rey Jaume había vinculado su suerte y la de Pere de forma tan intensa que, en esas circunstancias de traición y de guerra abierta con su bastardo, no podía menos que alegrarse de la muerte de Fernando Sánchez. Justo porque era su hijo y porque lo había dotado muy bien, sentía tanta más indignación por la ingratitud que le había mostrado. La alegría de la muerte refleja más

---

[14] Pere Beuter nos ofrece un relato muy novelesco del intento de huida de Fernando Sánchez de Castro. Este se habría visto envuelto en una emboscada cuando iba al castillo de su madre, en el sitio de Antillón. Había escapado a la emboscada a uña de caballo y se había refugiado en el castillo de Pomar. Muy consciente de que esa era una mala estrategia, quiso abandonar el castillo, ya asediado. Para ello, dio sus ropas a un escudero y le obligó a que cabalgase en su caballo. Por su parte, el hijo del rey se vestiría las ropas de un pastor y marcharía por otro lado. Los de Pere cogieron al falso infanzón y descubrieron la trampa. Así que persiguieron al vestido con ropas de pastor que también se había visto salir del castillo y le dieron alcance en el Cinca. Fernando quiso pasar el río a caballo, pero el animal se espantó «del gran golpe de agua» y volvió a la ribera, donde descabalgó. Se escondió en unos trigos hasta que un pastor lo descubrió y lo señaló a Pere. El rey Jaume reclamó a su nieto, Felipe de Castro, y le entregó las tierras que diera a su padre. Beuter dice que «lo mandó criar, como a tal persona convenía, de quien descendieron tantos y tan valerosos caballeros como han sido los Castros». Beuter, ob. cit., pág. 312.

[15] *Crónica*, §550.

bien el contento por el castigo que por fin ha recibido. Para la época, los vínculos paternofiliales se interpretan desde los vínculos de servicio y fidelidad feudal y señorial. Cuanto más había dado el rey al hijo natural, tanto más grave era su rebelión. En el límite, determinadas acciones solo debían ser contestadas con la muerte. Y esto es lo que dice Jaume con toda tranquilidad. Como es natural, esto en modo alguno implicaba que el padre no sintiera el lógico dolor personal al imaginar muerto a un hijo. La tranquilidad de Jaume ante la muerte de Fernando no es la propia de un monstruo que se alegra cruelmente del final de la vida de su hijo. Es más bien la alegría de quien sabe que con esa muerte termina una situación de infinito desorden político y militar. Por eso, quizá Bernat Desclot reflejase la complejidad de la época y de los propios contemporáneos al recordar de forma ponderada que «cuando el rey se enteró de que el infante Pere había hecho ahogar a Fernando Sánchez, le pesó mucho, porque era su hijo; pero por otra parte se alegró mucho, porque les había hecho mucho mal, a él y al infante»[16]. Era la mirada propia de una época igualmente sensible a las relaciones familiares y a las relaciones militares y políticas, una época que no podía ocultar la lógica del poder, que siempre estaba encerrada en la lógica de la familia.

Aquella de la muerte de Fernando Sánchez de Castro fue una buena noticia militar. Su desaparición implicó la disolución del partido aragonés. Todos los bienes del difunto fueron a parar a las manos del infante Pere. Sus hermanos, miembros importantes de su partido, quedaron exiliados. Algunos de ellos, como Jordán de Peña, marcharon a Navarra. Pronto cayeron los centros más importantes de la resistencia, los castillos de los Luna y de los Urrea. El infante repartió importantes tierras a sus más fieles servidores, como Joan de Pròcida, que había sido uno de los consejeros del rey Manfredo y que sería uno de sus mejores hombres en Italia, importante por la preparación de la rebelión de las *Vísperas sicilianas,* según cuenta la leyenda[17]. Aquí, una vez más, se vio cómo el viejo enemigo de Carlos de Anjou había auxiliado a Pere en la derrota de uno de los aliados más estratégicos del rey de las Dos Sicilias, el infante Fernando Sánchez de Castro. Al poco tiempo, el heredero de Aragón conquistaba el feudo principal de los rebeldes, el castillo de Antillón, la propiedad de la madre de Fernando. Luego se fueron haciendo las paces con los restantes implicados, entre ellos la viuda del cabecilla de la rebelión, Aldonza de Urrea, que logró que su hijo Felipe Fernando heredara el señorío de los de Castro. Así que el rey tenía razón al celebrar la noticia de la muerte de su hijo desde el punto de vista militar, el único que podía hacer valer en aquel momento de guerra, caos y confusión.

---

[16] Desclot, ob. cit., cap. LXX.
[17] Onofre Esquerdo, en su *Nobiliario valenciano,* editado por la Biblioteca Valenciana, 2002, nos da una cumplida versión de esta leyenda en la entrada que nos ofrece de este personaje.

63
Días de luto

La victoria sobre el partido nobiliario, a costa de la muerte del hijo del rey, tuvo profundas consecuencias sobre los problemas que desde antiguo arrastraban don Jaume y su heredero con la nobleza catalana. Como podemos intuir, ambas luchas estaban muy implicadas. Ya vimos que los propios rebeldes se habían conjurado entre sí, bajo la divisa común de la defensa de las libertades y fueros de Aragón y Cataluña. El caso es que, siguiendo la lógica militar de esos días, el rey se puso en movimiento. Descabezado el partido nobiliario, ahora resultaba necesario dar la batalla definitiva a los barones catalanes, especialmente al más valeroso de todos ellos, al conde de Ampurias. En realidad, las dos luchas fueron simultáneas y se habían abordado al unísono antes de la muerte de Fernando Sánchez de Castro. En efecto, a los pocos días del mes de mayo de 1275, el rey Jaume mandó las primeras cartas de desafío al conde Hugo. En ellas le recordaba la promesa que había hecho a su padre en el lecho de muerte de defender siempre al rey. Hugo contestó unos días más tarde desde su refugio en Castellón. En su carta dejaba ver que no había posible acuerdo entre ellos desde que el infante Pere comprara Torroella, un castillo que amenazaba todos sus dominios. Por eso consideraba rotos todos los pactos de fidelidad con la realeza. Aquella compra era una amenaza y por eso él tenía que defenderse con todas sus fuerzas, buscando los aliados apropiados y, entre ellos, sus familiares, como su cuñado el vizconde de Cardona. Pero Ampurias dejaba bien claro que él nada tenía contra el rey. Su único agravio era contra el infante Pere.

El rey Jaume aceptó las razones y reclamó el cumplimiento de las reglas del desamparo por parte del conde. Hasta treinta días no se debían iniciar los ataques. Hay dudas de que el rey los cumpliera, pues, con algunas huestes, hizo incursiones por las tierras de La Bisbal, destruyendo varios de los castillos del enemigo. Con todas las fuerzas reunidas, puso finalmente sitio a Rosas, donde ya estaba el 11 de julio. Es muy posible que el día 27 del mismo mes ya la hubiera tomado. Los nobles aliados más próximos al conde de Ampurias, sobre todo Ramon Cardona y Pere de Berga, se refugiaron en las tierras de Castellón. Los demás aliados pusieron al conde de Ampurias a disposición del rey, aprovechando que el infante Pere estaba lejos. Aunque quedaba ciertamente a su merced, el rey no podía ajusticiarlo. La persona del conde, fuera de un hecho de armas, era inviolable. Así que se llevó al conde hasta Girona para interrogarlo y exponerle las quejas que el rey tenía contra él. El de Berga, un hombre sin duda franco y leal, acudió donde estaba el rey para unir su suerte a la de su amigo el conde de Ampurias. En las conversaciones, los dos nobles suplicaron que se hicieran Cortes Generales de Aragón y Cataluña, en Lleida. Estas eran necesarias, pues, como hemos visto, las hostilidades alcanzaban todos los territorios desde Huesca hasta la costa. Solo una curia general podía pacificar la totalidad del reino. Hemos de recordar que, aunque en una condición menos favorable para los nobles, se trataba de una vuelta al principio, pues las luchas habían estallado justo por la imposibilidad de llegar a un acuerdo sobre el procedimiento de la anterior reunión de Cortes. Pero ahora el rey estaba en una posición favorable, con su hijo natural muerto y muy mermados los castillos a disposición de los rebeldes. Así que asumió la petición y se comprometió a que su hijo Pere estuviese en la reunión, que se fijó para la fiesta de Todos los Santos en la misma ciudad, en Lleida.

El rey se quedó unos días en Girona, desde finales de julio hasta el día 18 de agosto. Uno de los actos administrativos que llevó a cabo entonces fue mejorar la suerte de los dos hijos tenidos con Teresa Gil de Vidaura, Jaime de Xèrica y Pedro de Ayerbe, entregándoles diferentes plazas y localidades en la frontera entre Valencia y Teruel. Sin duda, el rey no quería que la insatisfacción prendiera en sus ánimos y se lanzaran a una aventura como la de Fernando Sánchez, el hijo de Blanca de Antillón[1]. Es posible que, tras el fragor de la pasada batalla, la mala conciencia asaltara al monarca. De dicho estado depresivo, muy lógico y motivado, solo emerge el rey porque se acuerda de que había mandado hacer Cortes en Lleida hacia finales de octubre. Resulta claro por el contexto que el rey se había olvidado de este compromiso y que solo pensar en él le había devuelto a la realidad de su cargo. Cualquiera podía ver que un futuro de extremos dolores se aproximaba a pasos vertiginosos. Pero, muy cercana, la dura realidad imponía acudir a Lleida e intentar pacificar el reino, ahora con tanta más necesidad por cuanto de nuevo llegaban noticias inquietantes del sur. En efecto, un Aragón dividido era una invitación a los benimerines de Fez para intervenir en la frontera valenciana. Pero también, al contrario, la amenaza musulmana al sur ofrecía a los señores una oportunidad para hacerse de valer ante un rey que de nuevo necesitaba urgentemente de su ayuda.

Con duro esfuerzo, el rey se entregó a preparar el terreno a la paz interna mediante un claro compromiso personal con el conde de Ampurias, por el que don Jaume reafirmaba su libre disposición sobre los feudos del conde, aunque concedía a este importantes usufructos[2]. Era su forma de imponer el

---

[1] Pere Beuter da la fecha de este nuevo favor a los de Vidaura: el 26 de agosto de 1272. Sin duda, debe de ser un error: se trataría de 1275.

[2] Ferran Soldevila, *Pere el Gran,* Parte I, vol. III, ob. cit., pág. 384.

sentido feudal de la monarquía frente a la inmunidad señorial. Este acuerdo fue firmado el 3 de septiembre, en Barcelona, donde el rey estaba desde el 21 de agosto[3]. El 6 de este mismo mes salieron los correos a todos los ricoshombres catalanes y aragoneses para celebrar la Corte de Lleida, que fue finalmente fijada para quince días después de San Miguel. Pero las preocupaciones interiores del rey continuaban. Incluso podemos decir que se agudizaban. Desde luego, se había alegrado de la muerte de un hijo a manos de otro, de un crimen brutal, inhumano, que tenía que ofender a Dios y a los hombres. Por el mismo tiempo, sin duda, había recibido la noticia de la muerte de su hijo arzobispo en los pasos de Jaén, el que tan gustoso firmaba como *primado de las Españas*[4]. El rey, viejo y cansado, con la muerte dibujada en un horizonte que no podía estar demasiado lejos, quizá se preguntase si ambas cosas tenían algo que ver. Además, en modo alguno había que olvidar que la suerte del reino dependía de un buen resultado en las Cortes próximas de Lleida. Aquello era una carga demasiado pesada, un trabajo que amenazaba llevarle al pie mismo de la tumba. El caso es que, pocos días después de la convocatoria de Cortes, el 9 de septiembre, el rey firma un documento muy especial. Y lo hace con algunos ricoshombres de testigos, algunos de esos mismos que eran sus enemigos, como Pere de Berga. Es un documento dictado en favor de la salvación «pro anima nostra». El rey pone en la balanza de su propio juicio una declaración imponente, sin duda señal de que hallaba en él una culpa no menor. Lo que exige es que, mientras él viva y de manera perpetua tras su muerte, mil pobres de sus reinos reciban cada uno veinte sueldos al año para vestidos. De manera minuciosa, el rey destacaba las principales ciudades de su tierra, desde Calatayud a Barcelona, y propone el número de pobres de cada una, desde los veinte de Teruel hasta los cien de Zaragoza o de la ciudad condal, así como las partidas de impuestos de las que debían salir estos gastos. ¿Qué culpa era tan grande como para ser compensada con este ingente acto de caridad?

Por estas fechas, o un poco posteriores, debió el rey de tener la entrevista con los ricoshombres que menciona en la *Crónica*. En efecto, este documento de los pobres de 9 de septiembre todavía lo firma Pere de Berga y la conversación con los nobles tiene sentido solo tras la muerte de este y por causa de ella. Las fechas de la *Crónica* deben ser ajustadas según el corpus documental, porque es seguro que las fechas de las Cortes se retrasaron un poco respecto a la fecha prevista de 14 de octubre. En efecto, el rey estuvo en Barcelona hasta el 27 de septiembre y vuelve a estar en la ciudad condal el 7 de octubre. Lue-

---

[3] Miret, ob. cit., pág. 522.
[4] F. Fernández Serrano, «La muerte y el epitafio de don Sancho de Aragón, hijo de Jaime I, 1275», *X CHCA*, Partes 3, 4 y 5, Institución Fernando el Católico, Zaragoza, págs. 509-516, cita el lugar exacto de su sepultura: en la urna de la capilla mayor de la catedral, superpuesta al lado del evangelio y ejecutada por Diego Copin, de Holanda, en 1507. Llevó un epitafio renacentista escrito en hexámetros, en el que se llamaba *Hesperiae primas*, primado de España, y en el que se aconsejaba prudencia a los jóvenes para no convertirse en sus peores enemigos. Cf. pág. 515.

go, el rey estaba en Lleida el 24 de octubre, que es quizá el momento en el que tiene lugar la escena que ahora vamos a contar. De ser así, la *Crónica* no diría nada del retraso de las Cortes de Lleida, ni de la larga estancia en Barcelona[5]. El caso es que, ya en Lleida, los nobles se reunieron con el rey antes de que el infante Pere estuviera en la ciudad —de hecho, no llegaría sino hacia el 19 de noviembre—[6], para tratar de un asunto previo, con el que deseaban tantear los ánimos del monarca. Pere de Berga, que había muerto a lo largo del mes de septiembre o de octubre, había dejado en herencia el feudo de Berga al conde de Pallars. Los ricoshombres deseaban que el rey aceptara esta donación en herencia. Ello implicaba reconocer que, aunque el feudo de Berga era tierra de honor, de las que el rey podía hacer uso feudal, los nobles podían transmitirlo a su voluntad, con lo que se transformaba de facto en una propiedad alodial o absoluta, en régimen de señorío. Los nobles afirmaron que esta era una condición indispensable para mantener su voluntad de arreglar con el rey todas las cosas de la tierra. El rey se manifestó bien dispuesto, pero reconoció que estas cosas requerían de la opinión del infante Pere. A pesar de todo, se comprometió a intervenir ante su hijo para «enderezar de tal manera lo hecho que no se mantuviera ningún entuerto y que él haría que lo adobasen todo lo de ellos»[7].

Vemos que el del rey es, en todo momento, el lenguaje de un caballero. Pero, desgraciadamente para él, las virtudes caballerescas apenas ya vinculaban a nadie entre su gente. El rey habló con el hijo, que se manifestó de acuerdo con la actitud conciliadora de su padre. Pero cuando don Jaume iba a transmitir a los ricoshombres de Cataluña y Aragón la buena disposición de la realeza para con sus asuntos, en presencia de los prohombres de la villa de Lleida, aquellos se marcharon de la ciudad sin dar razón alguna, abandonando las Cortes como ya hicieran el año anterior. Quedaba bien claro que esperaban otra cosa. Quizá deseaban que el violento Pere se enfrentara a la actitud conciliadora del padre y así volvieran a quedar ambos separados, para ventaja de los nobles, como había sucedido años antes, cuando el liderazgo de Fernando Sánchez de Castro. El caso es que los nobles no deseaban llegar a una paz con el infante. Esa paz implicaba en su opinión iniciar el reinado de Pere en clara inferioridad, lo que auguraba malos tiempos para la nobleza. Pues, si en el momento de la máxima debilidad del rey, al inicio de su reinado, la nobleza quedaba sometida, tenía pocas posibilidades de rehacer sus posiciones de poder en la madurez del monarca. Además, la nobleza era muy consciente de haber perdido mucho terreno con Jaume. Si no escapaban a esa presión en el momento del inicio del reinado del hijo, el poder de la realeza se haría irreversible. Pere, que era un hombre de coraje, les parecía todavía peor enemigo que Jaume, por cuanto recibía en vida el auxilio de su experimenta-

---

[5] Miret, ob. cit., pág. 524.
[6] Soldevila, ob. cit., pág. 385.
[7] *Crónica*, §552.

do padre, que de esta manera deseaba por encima de todo que sus hijos no padecieran la misma humillación que sufrió él cuando vino al reino apenas siendo un niño.

Para entender mejor el estado de ánimo del monarca y el movimiento estratégico de los nobles debemos recordar que Ben Yusuf, el rey de Fez, con diecisiete mil jinetes, había atravesado el Estrecho, decidido a ayudar a Granada contra su rival Málaga. En efecto, el verano de 1275, en el mes de agosto, este caudillo hacía pasar tropas por el Estrecho «como las olas, cábila tras cábila»[8]. Armados, los benimerines habían logrado jurar la guerra santa a los arrayanes de Guadix y Málaga y, todos juntos, habían asolado toda la orilla derecha del Guadalquivir. El pánico se adueñó de toda Andalucía. Las crónicas árabes narran con entusiasmo las arengas que Ben Yusuf lanzaba contra los politeístas. El 8 de septiembre de 1275, las tropas de Castilla, dirigidas por Nuño González de Lara, fueron destruidas cerca de Écija, en una batalla en la que perecieron más de cuatro mil peones. Sobre la montaña de los cadáveres, teñidos de su sangre, los almuédanos o almudines cantaron ese día la oración de la tarde. El arzobispo de Toledo, Sancho, el hijo de don Jaume, enterado de que se había desbordado la línea del Guadalquivir, lanzó un llamamiento a toda la gente de su distrito. El Papa, al saberlo, le envió una carta el 3 de septiembre de 1275 en la que lo alentaba a la guerra contra los infieles, sin duda para recalcar la diferencia entre el arzobispo y su rey, a quien acababa de despedir de Beaucaire. Con todas sus tropas y sus aparejos se dirigió hacia el frente. Antes de avanzar recibió el mensaje de que el señor de Vizcaya se acercaba con buenas tropas y que en un día podrían unir sus ejércitos. La prudencia aconsejaba esperar, tanto más por cuanto el arzobispo nada sabía de armas. Sus tropas fueron deshechas en Jaén, y más concretamente entre Martos y Torredelcampo. Y aquí es donde debemos detenernos un poco más, justo para descubrir la constante que rodea más y más la vida de don Jaume, la realidad de la muerte que se ceba de nuevo con sus hijos. Pues allí, entre Martos y Torredelcampo, moría de una lanzada el mismo hijo del rey Jaume, el arzobispo de Toledo, Sancho, en una batalla sin orden[9], mientras el rey de Castilla perdía el tiempo de forma indigna ante el Papa reclamando un Imperio que en nada beneficiaba a su gente. Pero para el rey de Aragón era como si la muerte de su bastardo fuera contestada por el destino con la muerte de su hijo legítimo. La muerte así reclamaba siempre más muertes. Pero los asuntos políticos apenas dejaban tiempo para elaborar el duelo. El enemigo al que se enfrentaban ahora los castellanos, sin rey y sin su arzobispo[10], era sin duda formidable, porque el poder de Marruecos acababa

---

[8] Ballesteros Beretta, ob. cit., pág. 754.
[9] Bleda, *Coronica de los moros de España,* ob. cit., pág. 489, da los detalles de la batalla con precisión.
[10] Cf. Bleda, pág. 489, que da el mes de agosto de este año de 1275. Debía de ser un poco posterior, hacia mediados de septiembre.

de unir a los reyezuelos o arrayanes de Málaga, de Guadix y de Granada. Y aunque el señor de Lara reparó un poco aquel desastre, la amenaza no se había disuelto. Al contrario, como dicen las crónicas árabes, «llegaron en nuestro auxilio los ángeles con prisa»[11] y las fuerzas de Ben Yusuf amenazaban directamente Sevilla a primeros de noviembre de 1275. Frente a ellos solo se podía alzar un hombre: Fernando de la Cerda, el hijo primogénito de Alfonso, el nieto mayor de don Jaume. Todo esto se debía de saber en Lleida mientras el rey de Aragón preparaba las Cortes.

El caso es que, entre el día 31 de octubre y el 19 de noviembre, debieron de tener lugar estos acontecimientos y otros más, cargados de noticias siniestras y angustiosas. En esos días el rey está en Lleida. Además, es plenamente coherente el sentido de algunos de los diplomas que firma el rey con los acontecimientos que rodean a estas Cortes. En efecto, el día 3 de noviembre manda a las villas de los alrededores de Lleida hasta la más lejana Cervera, pasando por Balaguer, Albesa y Liñola, para que reúnan gente armada y equipajes en tres días. Era evidente que el rey deseaba movilizar alguna tropa por si los nobles, huidizos, iniciaban alguna operación militar. Pero el partido rebelde, muerto Fernando Sánchez de Castro y Pere de Berga, estaba muy debilitado. Es de suponer que en el ánimo del rey se abrían otros urgentes asuntos que atender, como vamos a ver. La *Crónica* todavía no dice nada de ellos, pero los documentos sí. El día 19 de noviembre se produce un acta muy importante y curiosa. Se trata de una autorización del rey Jaume a su hijo Pere para que, en caso de muerte, haga testamento a favor de su hijo Alfonso y le pueda dejar los reinos de Aragón y Valencia y el principado de Cataluña. Se trataba del mismo proceder que antes había impulsado Alfonso de Castilla respecto a los herederos de su primogénito Fernando de la Cerda[12]. El infante Pere podía transmitir los derechos de la realeza a sus hijos incluso antes de ejercerlos, en preferencia a los que pudiera tener el segundo hijo de Jaume, el futuro rey de Mallorca que llevaba su mismo nombre. Algunos prohombres de Aragón y Cataluña firmaron esta acta. El infante no debió de quedar satisfecha con ella. Pues, al día siguiente, el rey Jaume se compromete a que los condes, vizcondes, barones y el pueblo de los reinos juren a su nieto Alfonso como heredero legítimo de los reinos a la muerte de Jaume e incluso a la muerte del infante Pere. No bastaba, pues, con la declaración: Alfonso debía ser jurado heredero. Según Zurita, además, el rey Jaume hizo jurar a su nieto mayor Alfonso todavía en las Cortes de Lleida[13]. El motivo y la urgencia eran muy claros: la posibilidad de que el infante Pere marchase «ad partes Yspa-

---

[11] Ballesteros Beretta, ob. cit., pág. 760.
[12] El infante dejaría dos hijos, Alfonso de la Cerda y Fernando de la Cerda. Fue entonces cuando, por consejo de sus tíos, sobre todo de Fadrique, Manuel y Felipe, tomó el mando del reino el hijo Sancho. Beuter dice que «de allí se urdió la tela mala que despuyes se tramó». Beuter, ob. cit., pág. 313.
[13] Zurita, *Anales*, Libro III, cap. XCIX.

nie» para ayudar al rey de Castilla y al servicio de Dios contra los musulmanes rebeldes de Granada. Era evidente que el infante se sometía a un peligro de muerte, al ponerse al frente de la hueste del reino, para combatir en una guerra que ya se había llevado a su hermano Sancho. Como era un acto de obediencia a la realeza, de él no se podría derivar la pérdida de los derechos al reino que poseía su hijo primogénito. El infante Pere se embarcaba en el hecho de armas a condición de que antes su hijo fuese jurado como heredero. Un diploma posterior, de 20 de noviembre [14], concretaba la operación. El rey se daba tres meses para reunir mil caballeros y cinco mil peones. Pasados estos tres meses, el infante dejaba de tener responsabilidades en la campaña a la que era enviado por el rey, «in servicium Dei et auxilium Regis Castelle in partes Yspanie contra sarracenos». Es otra vez la noticia de una nueva oleada de rebeliones islámicas en las tierras del rey de Castilla, y la confirmación de un ulterior esfuerzo por parte de su yerno, el rey de Aragón, de auxiliarle con un ejército dirigido por su propio hijo.

Este cambio brusco del tiempo de los acontecimientos, la urgencia de este nuevo objetivo militar y esta forma de juramento del nieto de don Jaume, el infante Alfonso, tenían un sentido por las terribles noticias y las recientes circunstancias que ahora hemos de relatar volviendo al frente de Andalucía. Y es que la sentimentalidad del rey fue puesta a prueba, y de manera brutal, una vez más en Lleida, justo en estos días de primeros de noviembre, donde con seguridad recibió una noticia que, en el futuro, sería terrible para la tierra de Castilla y, a la larga, para toda España. Era además casi como la confirmación de un cambio de la fortuna, de una maldición creciente que venía a golpear una y otra vez sobre su casa y descendencia. Para entenderla, debemos recordar algunos acontecimientos. Pues mientras Jaume intentaba pacificar su reino, la caballería benimerina de Marruecos no había hecho sino progresar en su incursión por toda Andalucía. En el mes de noviembre la gravedad de este hecho llegaba a su punto más álgido. Si hemos de creer a Ballesteros Beretta [15], y todo cuadra a la perfección en este sentido, muchas de estas graves noticias quizá debía de traerlas consigo ni más ni menos don Alfonso el Sabio, que regresaba del encuentro con el Papa en Lyon con las manos vacías [16] y

---

[14] Miret, ob. cit., pág. 525.

[15] Ballesteros Beretta, ob. cit., pág. 775. «¿Se encontraron don Jaume y don Alfonso al volver este a Castilla? Creemos que sí. El de Aragón estuvo en Lérida el 24 de octubre y luego los días 11 al 14 de noviembre y del 19 al 26. En algunos de esos días se entrevistó con su yerno saludando a su hija y sus nietos. La desgracia había alcanzado a los dos reyes. Si Alfonso había perdido a su primogénito, don Jaume sintió en lo íntimo de sus entrañas la muerte de su hijo don Sancho, el arzobispo de Toledo.»

[16] En efecto, el Papa había escrito a Rodolfo de Habsburgo que lo coronaría en Roma en la fecha del 1 de noviembre de 1275. El pleito con Alfonso estaba resuelto, como sin duda le había avisado don Jaume en su encuentro en Barcelona. A pesar de todo, Alfonso, con el infante don Manuel, se dirigió hacia Belcaire, donde el Papa le había escrito que lo recibiría en la octava de la Pascua de Resurrección, esto es, el 21 de abril. El encuentro se retrasó, desde luego. El 3 de mayo volvía a escribirle el Papa al rey para proponerle un encuentro en Tarascon. Las negociacio-

que, conocedor de la estancia del rey en Lleida, se dirigió a la frontera de su reino por Ágreda. Tendría lugar aquí, en un ambiente de luto y tensión, el último y doloroso encuentro del suegro y del yerno. Es de suponer que ambos reyes verían un signo del cielo en todas las desgracias que ahora los unían en la misma situación de impotencia. Aquel encuentro entre ellos debió de ser tenebroso. Tras el fracaso del hecho del Imperio, los dos reyes tenían que contarse y dolerse de las peores noticias.

Así, a primeros de noviembre de 1275, de nuevo la tragedia se presentaba ante su cara, reiterativa, creciente. Entonces, el rey Sabio pudo comunicarle a su suegro la muerte en Montpellier de su nieto Alfonso Enmanuel, el hijo de la bella Constanza y de don Manuel, y de su hija Leonor, la más pequeña de los infantes. Pero con ser dolorosas estas muertes de la familia real castellana en tierra catalana, no era lo más inquietante. Como dijimos, la única esperanza de Andalucía era Fernando de Castilla. Pero aquí podemos comprobar la debilidad de este hijo pacífico del rey Sabio, incapaz de controlar la situación militar. Sabedor de la muerte de su tío Sancho y de don Nuño, el infante de Castilla operaba bajo la mayor presión. Sin duda, para hacer frente a los benimerines, esperaba las tropas de su hermano Sancho y de su tío don Fadrique. El caso es que una extraña dolencia, quizá un colapso general de su organismo frágil y fatigado, fulminado por el rayo de la preocupación y la responsabilidad, se llevó en Villa Real la vida de don Fernando, el primogénito de Alfonso X el Sabio, el hijo preferido del rey y el nieto mayor de Jaume, en quien estaban puestas todas las esperanzas de una paz larga para Castilla. Además, llegaban noticias a las Cortes de Lleida de que su hijo Fernando de la Cerda había quedado en poder de don Juan Núñez, el señor de Lara, que afirmaba defender sus derechos a la corona, mientras sus enemigos, los Haro, habían decidido apoyar como heredero al segundo hijo de Alfonso, el infante Sancho[17]. Interpretaban

---

nes duraron los meses de mayo hasta julio. Mientras tanto, Alfonso no abandonaba los asuntos de Italia, haciendo ver a sus aliados que pronto podría ayudarles con más legitimidad. Una vez en Belcaire Alfonso pudo comprobar por sí mismo la dureza de Gregorio, como ya antes hiciera el propio don Jaume. Viendo que el asunto del Imperio fracasaba, reclamó el rey al Papa los derechos del ducado de Suabia, lo que era otra forma indirecta de reclamar el Imperio. Luego, rebajando las cosas, pidió la mano de Juana de Navarra para uno de sus hijos. Nada de todo eso concedió el Papa, quien ya había firmado la licencia para la boda de Felipe de Francia con la princesa navarra. Por el contrario, la curia deseaba implicar al rey castellano en la cruzada, y recordaba al propio rey de Aragón su palabra sobre este asunto dada en Lyon, en el concilio. En realidad, la situación era la que vimos en Barcelona. El rey Alfonso debió de renunciar al Imperio de palabra, pues el Papa concedió la décima de sus rentas en Castilla por escrito. Como es natural, importantes elementos castellanos seguían luchando con los gibelinos en Lombardía. El Papa aconsejaba a Rodolfo combatir a todos los elementos de este partido, pero *specialiter Yspanis*. Hacia finales de 1275 las ciudades gibelinas estaban vencidas. Cf. Ballesteros Beretta, ob. cit., págs. 730-732.

[17] Tenía el infante de la Cerda cinco años entonces. Los Haro se dirigieron inmediatamente a Villa Real para entrevistarse con Sancho, que había llegado para unirse con su hermano muerto. Cf. Ballesteros Beretta, ob. cit., págs. 764-765. Desde entonces, don Sancho se llamaría «fijo mayor heredero». La guerra civil de Castilla estaba iniciada. Los pasos de Sancho fueron los acertados: liberó Sevilla del miedo y desde allí dirigió la flota hacia el Estrecho para bloquearlo.

estos que los derechos del primogénito Fernando no habían llegado a sustanciarse, al no heredar realmente del padre la realeza. Algo que no se había disfrutado, no podía transmitirse, pensaba el partido de Sancho, que mantenía muy buenas relaciones con Pere. Los dos partidos estaban, por tanto, definidos, mientras Alfonso seguía fuera de su reino. Estos bandos iban a ser decisivos para el periodo de guerras civiles que conocería Castilla con mayor o menor intensidad a lo largo de buena parte del siglo XIV.

En medio de las Cortes de Lleida aquella noticia cambió el curso de los debates. El rey de Aragón, sin duda, debió de quedar muy afectado por la disolución del reino de Castilla. Por primera vez apreciamos en la *Crónica* un detalle que testimonia el cansancio del rey ante las obligaciones de su oficio, pero al mismo tiempo el grave peso de la responsabilidad ante el reto de cumplirlas. El rey dice que la noticia de la muerte del infante le produjo «un gran despagament»[18]. Sin embargo, no había tiempo que perder. Sin gobernante en Andalucía, y con el rey ausente, los castellanos se mostraban incapaces de detener el asalto de los benimerines. Por eso se decidió que Pere marchara con urgencia a las partes de España amenazadas por los sarracenos. Pero la noticia de la muerte del infante Fernando, y la formación de los bandos entre los nobles castellanos, era demasiado premonitoria para que Pere no la tuviera en cuenta. Es lógico pensar que, como condición para desplazarse a la frontera andaluza, exigiera que las Cortes jurasen a su hijo Alfonso como heredero. No quería, por nada del mundo, ni era bueno para nadie, que una muerte en el frente del infante de Aragón produjese la situación que conocía Castilla por la muerte del primogénito Fernando. Este era el sentido del rápido acuerdo de las Cortes de Lleida. Y también este era el contexto de la huida de los nobles de la ciudad. Al fin y al cabo, era un movimiento análogo al que había emprendido la nobleza castellana. En una situación de crisis, tan inestable, los nobles buscaban expresar sus reservas frente a la monarquía y su destino.

Con plena conciencia de la extrema gravedad de las cosas, el rey Jaume intentaba responder a la situación de nuevo con más conciencia que el propio Alfonso. Así que se dispuso para avanzar hacia la frontera de sus reinos, hacia el sur valenciano, donde le venían noticias alarmantes que, sin duda, hacían muy posible una rebelión musulmana. De ellas hablaremos en el capítulo siguiente. Por lo demás, no sabemos a ciencia cierta lo que hizo Pere. Bleda afirma que, en efecto, el infante salió para Murcia con los hombres prometidos por su padre y llegó hasta Almería. Añade que el rey Jaume se tomó este hecho como un asunto personal, a fin de vengar la muerte de su hijo a manos de los infieles. Zurita, que debe de ser su fuente, también coincide en afirmar que Pere se dirigió a Granada para ayudar en el frente oriental a su sobrino Sancho. Pero Ferran Soldevila lo ha discutido basándose en Desclot, que afirma que desde Lleida Pere se dirigió hacia el norte, haciendo un viaje hasta París[19].

---

[18] *Crónica,* §552.
[19] Desclot, ob. cit., cap. LXX.

Muntaner, que es más explícito, confiesa que Pere se dirigió hacia París para ver a su hermana Isabel, la reina de Francia, la esposa de Felipe el Atrevido, porque durante el invierno se habían detenido las luchas contra los sarracenos del sur [20]. Lo primero es absurdo, porque Isabel había muerto casi cinco años antes, en 1271, regresando de África, de la cruzada que se llevó también la vida de Luis IX. En todo caso, se dejaría así claro que, en efecto, sería el tiempo de la lucha contra el poder sarraceno de Granada y que solo por el tiempo inhábil para la guerra el infante se había permitido hacer aquel viaje para mirar a los ojos, cara a cara, a quien, desde el primer momento de su reinado, iba a ser su principal enemigo, el hombre que se cruzaba en todos sus caminos, desde Navarra hasta Sicilia. Y también para otra cosa, sin duda: para rezar delante de la estatua de su hermana Isabel, que en Saint-Denis quizá dispusiera ya de la efigie que había de inmortalizar su bella faz de «princesa catalana» [21].

El caso es que, al regreso de París, hacia el mes de marzo de 1276, el último año de la vida de Jaume, su hijo recomenzaba el asunto de los barones catalanes. Una vez más, hacia el mes de abril, se cruzaron cartas con el conde de Ampurias en las que el infante le hacía saber que las treguas con él habían terminado. El de Ampurias se dirigió hacia Girona, donde estaba el infante, y se puso en sus manos. Desclot lo ha contado de forma muy luminosa. El resultado de esta entrevista no debió de ser muy positivo. Los acuerdos entre el infante y el conde eran poco menos que imposibles. Que el rey, el 21 de abril de 1276, desde Xàtiva, tenga que dar un documento por el que prohíbe a todos sus naturales formar parte del ejército que el infante está reuniendo contra el conde de Ampurias, indica bien a las claras que se preparaban nuevas luchas. El rey Jaume, en el umbral de su muerte, tuvo que recordar a todos que necesitaba ayuda y auxilio contra los sarracenos valencianos, que amenazaban con incendiar el reino. En estas circunstancias, el conde de Ampurias era un elemento importante. De hecho, un poco antes, Ampurias se había dirigido a sus tierras valencianas y, desde allí, se había ido a ver al mismo rey para ofrecerle su ayuda militar contra los moros. Sabemos que el 22 de marzo Ampurias y Jaume estaban juntos en Valencia. Ahora, ante la intención del príncipe de reabrir las hostilidades, el rey agradecía al conde de Ampurias su ayuda en Valencia y la volvía a reclamar de todos los demás.

Pero el príncipe no podía dejar las cosas a medias. Algunos nobles, aprovechando su marcha a París, habían atacado las propiedades y castillos de gente de su séquito. Pere no podía consentirlo. Así que, demostrando a todos las reglas del juego, se dirigió contra los barones que asediaban el castillo de Montboló, de su fiel Guillem de Castellnou. Al alba, con un puñado de caballeros, se dirigió contra los sitiadores, con riesgo de su vida. Sin el escudo, que ya se había roto, sin su lanza, ya quebrada, blandiendo su espada, redujo a sus

---

[20] Muntaner, ob. cit., cap. XXXVII.
[21] Ferran Soldevila, *Pere el Gran,* Parte I, vol. III, pág. 392.

enemigos, más numerosos, y los tomó prisioneros. El príncipe era una fuerza demasiado generosa, demasiado apasionada. Los nobles vieron que ya no podían seguir con su vieja política de usar la benevolencia y la prudencia de Jaume para dirigirlas contra la decisión de Pere. Ahora tenían que ir hacia aquella fuerza de la naturaleza, hincarse de rodillas ante Pere y solicitar su perdón. Eso hizo el conde de Ampurias, en una escena que Desclot describió dando rienda suelta a su capacidad expresiva, invocando los gestos altisonantes del llanto, de los desplomes de rodillas, de los besos en los pies y en las manos. Por fin, los barones de Cataluña se rendían ante la superioridad militar de Pere. En esta ocasión, sin embargo, la desgracia, la tragedia y la sangre no habían levantado muros entre el futuro rey y sus nobles. Justo por eso, las relaciones del rey con la casa de Ampurias se reconstruyeron y aunque, pocos años después, nuevas rebeliones amargarían el inicio del reinado del gran Pere, el sucesor del conde ya no formaría parte de ninguna conjura contra él.

Ahora, pacificado el Principado, hacia el mes de junio de 1276, el infante podía pensar en ayudar a su padre, que desde las Cortes de Lleida se había dirigido hacia Valencia, para controlar la zona de la frontera. No era para menos. La situación en modo alguno era tranquilizadora. Aunque por el occidente castellano el infante Sancho de Castilla defendió bien la frontera y armó galeras para impedir que llegaran refuerzos del norte de África, las noticias del gran poder islámico movilizado pronto sembraron la inquietud en los territorios valencianos. Este era el momento decisivo hacia finales de 1275 cuando, coincidiendo con esta nueva amenaza islámica, el nerviosismo de los valencianos, los más expuestos a esta nueva irrupción del poder musulmán del sur, estalló a lo largo de todo el reino. En Lleida estaba todavía el rey Jaume cuando le llegaron los ecos de esta intranquilidad. Es la primera noticia que nos da la *Crónica* del polvorín que acababa de estallar por el reino más joven de la monarquía y al que ahora debemos dirigirnos con nuestros personajes. Con estos tumultos el rey llegaba a sus últimos días de vida. Viejo y cansado, por su parte, tenía que enfrentarse a una crisis radical a la que había quedado sometida la corona por una triple presión: la nobleza rebelde por el norte, los sarracenos en la frontera del sur y los disturbios civiles en el interior del reino de Valencia. Toda la ingente obra de una vida estaba en peligro y el rey Jaume lo sabía tan cierto como que se agotaba el plazo que la vida le había entregado. Mas a pesar de todo, ahora, con su hijo Pere perfectamente libre para ayudarle, las cosas podrían empezar a superarse. De hecho, el control de la situación ya quedaría para siempre en el haber del gran sucesor. Su padre, el rey Conquistador, solo podía esperar una muerte digna, protegido por la fuerza impetuosa de su hijo.

64
VALENCIA EN LLAMAS

Una vez más, la *Crónica* y los documentos oficiales coinciden de manera perfecta en este último paso de la vida del rey, tramo de inquietud, de violencia, pero al mismo tiempo de vigor postrero. Sorprende la normalidad de la vida del rey, la eficacia de sus actos, la agilidad de este hombre que se acerca a los setenta años y que ya camina sobre la frontera del precipicio de la muerte. Una vez decididos los asuntos de la intervención en la guerra de Granada del infante Pere, leemos en el §554 de la autobiografía de don Jaume: «Pasada la corte estábamos en Lleida y nos vino mensaje de Valencia de que todo el pueblo de Valencia se había alzado». En efecto, el último documento que tenemos del rey en esa ciudad es de 26 de noviembre. El día 9 de diciembre ya estaba en Valencia. Era evidente que los asuntos de la capital del Turia reclamaban toda su atención. El rumbo de las cosas cambiaba rápidamente. No solo tenía que marchar en auxilio de Alfonso X: ahora el rey tenía que socorrer a su querida ciudad de Valencia. El incendio prendía en la propia tierra. Así que, como él mismo dice, «luego de desliar algunos negocios que teníamos que desliar en Lleida, resolvimos encaminarnos hacia Valencia»[1]. De hecho, este sería su último viaje. Con él también se iría la vida del propio monarca, que murió, como vamos a ver, prácticamente sobre la montura de su caballo, ejerciendo el oficio de rey tal y como siempre lo había comprendido, como el propio de un caballero incansable.

Una vez más don Jaume tenía que apagar un incendio, pero esta vez los problemas de Valencia eran antiguos y variados. Unos años antes, cuando pasaron juntos los dos reyes, don Jaume y Alfonso de Castilla, las Navidades de 1269-1270 cerca de Tarazona, a la altura de Calatayud, le vinieron al rey cartas de que Valencia había estallado en rivalidades violentas. El motivo no era otro que los enfrentamientos entre el baile, oficial del rey, y un jurado principal de Valencia, Guillem de Escrivá. Estas disputas entre los oficiales del monarca y los representantes autónomos de la ciudad eran frecuentes, pero en este caso llegaron a la más extrema violencia. Beuter, en su *Crónica*,

---

[1] *Crónica*, §554.

nos dice que «vinieron a las manos, de que hubo gran ruido en la ciudad, y muchos descalabrados y heridos de una parte y otra, de que viniera la ciudad en punto de ser perder, y quedara en gran división hecha dos parcialidades»[2]. El rey don Jaume pacificó la ciudad en esta ocasión castigando a los cabecillas de las dos partes, pero sobre todo limitando los poderes del baile y estableciendo mejor sus competencias. Cuando poco después recibió a su yerno Alfonso y a su hija Violante en Valencia, la ciudad se mostró tranquila y hospitalaria. Los problemas, sin embargo, no habían concluido. Ahora, con el paso del tiempo, en una constelación muy complicada, volvían a salir a la superficie.

Debemos leer con atención este parágrafo de la *Crónica* de don Jaume porque encierra algunos matices que no podemos pasar por alto. Primero, se nos dice que todo el pueblo de Valencia en general se había «aunat», lo que significa obviamente que se había sublevado o alzado. La consecuencia de esta unidad y rebelión fue que las casas de prohombres, oficiales del rey, habían sido incendiadas. Don Jaume interpreta claramente esta unidad del pueblo de Valencia «contra la señoría nuestra». Esta nueva violencia le pudo recordar los incidentes de años atrás, cuando los jurados de la ciudad de Valencia se opusieron al baile del rey[3]. Pero el asunto actual era otra cosa bien distinta. Un tal Miguel Peris, con gran cantidad de gente y de peones, se dirigía a saquear las casas de los árabes a todo lo largo y ancho del reino de Valencia. El ataque a los intereses del rey era doble: a sus oficiales y a su patrimonio, ya que los sarracenos por lo general formaban parte del fisco real, pagaban sus impuestos al rey y estaban bajo su protección. Si don Jaume se dirigió directamente a Valencia fue porque ambas acciones violentas disminuían su autoridad y ponían en peligro su figura en el reino recién conquistado. Pero aunque los dos movimientos tuvieran una base popular muy amplia[4], se trataba de problemas distintos que conviene analizar por separado. Para empeorar las cosas, cuando el rey está en Valencia, se entera de que algunos cadíes sarracenos se estaban sublevando en la sierra del Finestrat, al occidente de Benidorm. Tenemos, pues, un tercer problema: la propia rebelión de los sarracenos contra los cristianos. A una rebelión civil contra los oficiales del rey, a la violencia y el saqueo contra los moros del reino, ahora se añadía lo inevitable, dado esos dos fenómenos anteriores: la rebelión de los musulmanes en un intento desesperado por defenderse y recuperar el poder y la independencia perdidos. En realidad, todo aquello tenía el aspecto típico de un reino amenazado por la anarquía.

---

[2] P. Beuter, *Crónicas de Valencia, Libro Segundo de la Coronica de España,* Pedro Patricio Mey, Valencia, 1604, pág. 302.

[3] Beuter dice: «Supo también, como los pueblos de Valencia hicieron unión y derribaron algunas casas principales, de los que tenian la administración de la justicia por el rey que les contradecían». Esta era una de las dimensiones centrales en el origen de los disturbios. Cf. Beuter, ob. cit., pág. 313.

[4] Beuter dice claramente que el rey tomó medidas para impedir estas uniones. «Reformando el rey don Jaime aquel desconcierto que por la unión acaeciera en Valencia, proveyendo que no tuviesen oportunidad los populares, o plebeyos, de ayuntarse en uno y quitando las ocasiones para venir en ello.» Beuter, ob. cit., pág. 315.

Y, en efecto, anárquico debía de ser el estado del reino de Valencia a finales de 1275 y principios de 1276, momento central de todos estos tumultos, en que el rey puso por fin su planta en la ciudad del Turia. Robert I. Burns, que ha estudiado esta época final del reinado de Jaume con suma competencia, considera que es preciso comprender como un todo el tiempo que abarca desde finales de 1275 hasta finales de 1277. Una buena parte de los documentos reales que él ha revisado hacen referencia a procesos judiciales de castigo de poblaciones y villas del reino. Teniendo en cuenta las prácticas de la época, hemos de computar el tiempo transcurrido desde las denuncias, las investigaciones, la reunión de los datos relevantes para las causas y la presentación de estas. Después de todo eso se dictaba la sentencia y se ejecutaba la sanción. A todo ello habría que añadir los hábitos dilatorios de los abogados. Sucesos que se iniciaran en octubre de 1275 podrían estar juzgándose y sentenciándose con toda probabilidad hacia 1277. Por eso es conveniente usar los documentos de los dos años para identificar el grado y la intensidad de las revueltas de los años anteriores.

Cuando Burns analizó estos documentos, se dio cuenta de que la fecha que invocan como inicio de los actos violentos son la destrucción de las propiedades de los moros en la capital de Valencia en octubre de 1275 [5]. En efecto, el 26 de octubre debió de producirse la invasión y la destrucción de la morería de Valencia [6]. No sabemos el origen de estos hechos, pero hemos de recordar que a mitad de noviembre el rey estaba preparando una fuerza militar importante para ayudar a su yerno Alfonso X contra los sarracenos «de las partes de Hispania». Es fácil suponer que, ante las noticias de la dura guerra que se había levantado entre Granada y Castilla, ante los rumores de rebeliones de sarracenos por el sur valenciano, los cristianos de este joven reino reaccionaran contra sus vecinos musulmanes, a los que identificaban como seguros aliados de los enemigos armados de Granada. Quizá refuerce esta hipótesis el hecho de que los mismos ataques a las aljamas tuvieran lugar en Onda, la patria de Zayyan, donde los sarracenos locales debían de mantener los ánimos de revancha con más intensidad que en otras tierras. Pero las cosas no pararon ahí. Los disturbios se extendieron desde el norte valenciano, por Peñíscola y Oropesa, hasta el sur, en Cocentaina, un lugar cercano a la ciudad de Alcoy, pasando por Sagunto, Valencia y Alzira. Bleda nos da la curiosa información de que al mismo tiempo estallaron este tipo de alborotos en Zaragoza [7]. Que todos estos lugares reales hayan dejado documentación relativa a procesos judiciales penales, nos permite suponer que en todos estos territorios la paz no fue completa.

En realidad, debieron de quedar afectadas por los disturbios las principales ciudades de todo el reino. Se observa, sin embargo, una peculiaridad:

---

[5] Cf. R. I. Burns, *Jaume I i els valencians del segle XIII*, ob. cit., pág. 277.
[6] La referencia del documento la ofrece Burns, n. 11 de la ob. cit., pág. 279.
[7] Bleda, *Coronica*, ob. cit., pág. 491.

que las revueltas principales se produjeron en aquellas zonas donde el poder del rey ya estaba bien asentado, en la franja del litoral y en las poblaciones del norte, las que se habían rendido en cadena después de la toma de Borriana. Allí donde el elemento sarraceno era más heterogéneo en medio de una población ya claramente cristiana, los movimientos de venganza, de odio o simplemente de usurpación y pillaje se hicieron más intensos. También es posible que fuera en esas zonas donde las poblaciones islámicas disfrutaran de mayores propiedades y ventajas, consecuencia directa de su forma de rendición, de haber mantenido a veces grupos humanos más integrados y de no haber secundado los movimientos de Al-Azraq. Quizá muchos de estos moros ya estaban convertidos, pero la sima entre ellos y los cristianos no había disminuido con la eliminación de la diferencia religiosa. Frente a una historiografía que tal vez ha sido demasiado benevolente a la hora de apreciar los fenómenos de integración[8] de los mudéjares en las poblaciones cristianas, convendría atenerse a lo que sabemos de los testigos de la época, como Ramon Llull. Este sabio mallorquín consideraba que el fracaso de las predicaciones cristianas entre los sarracenos residía en que los conversos seguían siendo tan objeto de deshonor como sus hermanos musulmanes fieles a su fe. Sin duda, para la gente de todas las épocas y creencias, los motivos para que la envidia cristalice en violencia pueden ser muy variados. La religión no es, en este sentido, el motivo exclusivo. Puede llegar a serlo también la diferencia de riquezas o de fortuna, junto con la de etnia o, sencillamente, de costumbres. En todo caso, la inseguridad militar siempre es un motivo mucho más intenso a la hora de disparar la violencia y, para aquellos hombres que escuchaban noticias alarmantes del sur, quizá era el más apremiante.

En estos asaltos a las morerías participaban todo tipo de personas: desde caballeros hasta agentes reales desleales son citados en los juicios y en las condenas, a veces consistentes en multas muy elevadas que se imponían tanto a los participantes e implicados directos como a sus herederos. En muchas ocasiones, al frente de estos saqueos estaban nobles y señores, como el de Fortaleny[9], y la consecuencia de sus actos violentos era la esclavización de los sarracenos, que luego tuvieron que ser liberados por las sentencias del rey, en muchos casos ya firmadas por el sucesor de Jaume, su hijo Pere. Como reconoce Burns, los linchamientos no eran desconocidos en estos asaltos a las morerías. Pero siempre, con mayor o menor violencia, el resultado era el botín extraído de sus propiedades, y por eso hemos de considerar la codicia como

---

[8] Como Roca Traver, «Un siglo de vida mudéjar en la Valencia medieval. 1238-1338», en *Estudios de Edad Media de la Corona de Aragón*, V, 1952. Cf. Felipe Mateu y Llopis. «Consideraciones sobre nuestra Reconquista», *Hispania,* enero-marzo 1951; Gual Camarena, «Mudéjares valencianos. Aportaciones para su estudio», en *Saitabi* VII: 165-199 (1949). En este sentido es más realista la historiografía del siglo XIX, que pudo hablar de «cargas y vejaciones» insufribles por los sarracenos que, cansados de ello, abandonaron el reino y las ciudades ante la perspectiva de servidumbre y abatimiento. Para esta bibliografía, cf. Burns, ob. cit., págs. 274-275.

[9] Burns, ob. cit., pág. 282.

un móvil adicional fundamental. En el caso de los nobles, se ambicionaba disponer de nuevos siervos en sus tierras, condición que en el sur valenciano ya padecían muchos mudéjares. En los demás casos, se buscaban las casas, las propiedades, las tierras de los moriscos. En el fondo, la gente normal era partidaria del sistema de conquista de Borriana, con la limpieza y el botín subsiguientes. Esas mismas personas podían pensar que solo el interés del rey, y quizá su generosidad, habían impedido tratar a todos los árabes valencianos como a los de Mallorca o los de Borriana. En cuanto que podían, poblaciones menos interesadas que el rey en el mantenimiento de los moros en las nuevas tierras cristianas se mostraban dispuestas a presionar en su desalojo definitivo o en su esclavización directa. En cierto modo, los asaltadores y revoltosos podían justificar su avaricia declarando que el propio rey los perjudicaba al mantener bajo su protección a quienes no merecían la gracia real. El rey cobraba las rentas de aquellos sarracenos, pero los cristianos, súbditos naturales suyos, no sacaban de ellos ningún beneficio. A sus ojos, era el rey el avaricioso, el que por unos impuestos más altos y directos de los musulmanes les privaba a ellos de disfrutar de sus pertenencias, de sus tierras y de su servidumbre. Así que los movimientos iban dirigidos contra el propio rey, cuya posición no era entendida. Además, todo aquello tenía el aspecto de un círculo vicioso. Cuantos más decretos y sentencias reales favorecían a los moros, más alborotos de este tipo se producían.

    Y así fue. Los conflictos de 1275 se deben poner en la misma línea de discusión de la autoridad real que las tensiones de los jurados municipales de Valencia contra los agentes reales y que los movimientos de los nobles catalanes y aragoneses contra don Jaume. Todos estos agentes sociales y políticos veían en el rey una parte más del reino y trataban por todos los medios de equilibrar las fuerzas que se inclinaban a favor de Jaume. No pensaban ni por un momento en la necesidad de mantener una administración real, unitaria, con sus funcionarios y sus cuerpos de oficiales, un poder que iba más allá del tradicional de mantener la paz. Así que todo aumento del poder económico del rey lo veían como un obstáculo al mantenimiento de esa dispersión y autonomía de poderes que caracteriza a la Edad Media. Pero las revueltas urbanas valencianas eran, sobre todo, la forma en que aquella sociedad nueva, sin fuerzas nobiliarias prestigiosas capaces de organizarse militarmente, actuaba en el contexto de un rey debilitado, discutido por sus nobles, en medio de una situación preocupante desde el punto de vista de la seguridad exterior e interior. Es fácil pensar que todos estos demagogos y cabecillas estuvieran dispuestos a luchar contra los árabes de Granada y de Marruecos. Pero debían de pensar que antes era preciso acabar con el enemigo interior y destruir las formas suaves de dominación que el rey había instaurado para beneficiar su propio fisco. Es posible que el rey no pensara de manera diferente respecto a los moriscos, como al parecer le dijo a su hijo en su lecho de muerte. En el fondo, don Jaume había aceptado aquel estatuto de los sarracenos por el miedo superior al despoblamiento de aquella rica tierra. En todo caso, resultaba evidente que los bienes de los musulmanes eran parte del fisco, y no del primero que los usurpara. Solo el rey tenía el poder de repartirlos entre los cristianos, como sucedió el 6 de mayo, que distribuyó entre los hombres de Roger de Lauria y Poncet Guillem de Vilafranca los bienes de los moros de Cocentaina[10]. Pero el gran monarca no estaba dispuesto a que de manera ilegal, injusta y violenta le arrebataran sus bienes.

Estas opiniones quizá deben contrastarse mediante el conocimiento concreto de la procedencia social de los líderes de los agitadores. Sabemos que, en Valencia, el movimiento de discusión de la autoridad real fue liderado por unos hombres como Miguel Peris, un viejo escudero del ricohombre aragonés Pere Cornell, caballerizo de su majestad y a quien se le había concedido un solar para edificar una casa en Valencia. Era, por tanto, un caso muy representativo de esas oleadas de inmigrantes cristianos que debían abrirse camino en una sociedad desorganizada, cuyas oportunidades mayores y más fáciles se concretaban en despojar a los musulmanes de sus bienes. Estos hombres eran esencialmente guerreros y aventureros y, por muchas que fueran las tierras por cultivar, jamás pensaron en trabajarlas ellos con sus propias manos. Por eso, ante las primeras medidas del rey, señaladas en la misma *Crónica*, optaron por el bandolerismo, saliendo del reino. Quizá se unieron a violentas bandas de almogávares errantes, que tan pronto estaban entre las fuerzas de los cristianos como entre los rebeldes árabes del sur. Se trataba, por tanto, de elementos de la población dispuestos a obtener beneficios en una sociedad amenazada por el caos interno y externo. Sin la oportunidad de aquella circunstancia, en la que se concitaba un rey viejo, una nobleza en continua rebeldía, un príncipe cuestionado y violento, un reino de Castilla hundido en las luchas de facciones, un enemigo exterior imprevisible en su fuerza y una población sarracena en el interior que en caso de duda bien podría unírsele, sin toda esta compleja constelación, no podemos explicar ni la general extensión ni el profundo sentido de los alborotos de 1275.

Aquello era casi la verificación del principio del eterno retorno de orden y anarquía que conocieron tantos territorios europeos en la Edad Media. La señal era la inminente muerte del rey y la voluntad de todos de disminuir el poder de la realeza que habría de recibir el sucesor. En el fondo se trataba de una redistribución masiva del poder, cuyos límites habían quedado claros en la infancia de don Jaume: mínimo poder para el rey y máximo para el de los nobles y las ciudades. Este es el denominador común de todos los disturbios. El movimiento narrado por el rey y dirigido contra sus moros y sus oficiales es la punta de un iceberg de insurrecciones de las que tenemos documentación. La secuencialidad entre todos estos sucesos les presta su verdadera significación. Primero, la rebelión de los nobles catalanes contra el príncipe heredero; luego, la huida de los nobles de las Cortes de Lleida; después, las noticias de guerra en Granada; más tarde, las diferencias entre el rey y el príncipe sobre

---

[10] Miret, ob. cit., pág. 532.

los objetivos prioritarios a perseguir; por último, los asaltos y ofensas contra los agentes reales y contra los musulmanes. En este contexto, resultaba evidente la rebelión de los sarracenos valencianos, sin duda impulsados por la necesidad de defenderse y por la esperanza de recibir ayuda de la caballería ligera de Ben Yusuf. En medio de todo este mar de inquietud y de violencia, el rey don Jaume, sin duda, debería de preguntarse por lo que había edificado tras una larga vida de entrega y sacrificio. Nada era sólido a su alrededor, nada fundado. Y, sin embargo, como si su ánimo se hubiera endurecido en el mismo combate de siempre, sin dejar un mínimo espacio a la melancolía, don Jaume se enfrentó a la situación como si se tratase de su primer combate.

Soldevila hace tiempo que llamó la atención sobre la fidelidad en este punto de la *Crónica* de Desclot, al juzgar que los cristianos atacaron a los musulmanes antes de que estos se rebelasen [11]. Conviene recordar que, en efecto, aunque la situación era tensa con anterioridad, noticias precisas de la insurrección morisca solo las tenemos desde mediados de marzo de 1276, mientras que desde octubre había alborotos en Valencia. De hecho, Desclot sitúa el origen de la rebelión sarracena en una orden dada por el mismo rey Jaume. Para proteger a sus moros de la furia de los cristianos, el rey les habría recomendado refugiarse en los castillos con guarnición real. Al ser esta muy escasa, de repente los moros se habrían visto dueños de las defensas. Desclot dice que hacia junio tenían en su poder los musulmanes más de cuarenta plazas [12]. En este contexto es donde tiene sentido la fortificación de las villas de Alcoy y Cocentaina, lugares del sur por donde podrían entrar en el reino de Valencia los invasores africanos y granadinos, y sus aliados de Guadix y Málaga. Una imprudencia de los caballeros que debían guardar estas dos villas los hizo caer en una emboscada. Todos perecieron o quedaron presos [13]. La noticia alentó nuevas rebeliones moras, ya en tierras valencianas. El rey, conociendo puntualmente estos acontecimientos, y una vez deshecha la banda de Miguel Peris [14], se aprestó a defender el reino. Era la condición indispensable para imponer su autoridad en todos los frentes.

---

[11] Ferran Soldevila, *Pere el Gran,* ob. cit., Parte I, vol. III, pág. 407.

[12] Desclot, *Llibre del rei En Pere,* cap. LXVII.

[13] Curiosamente, el episodio ha fundado las fiestas populares de la ciudad. Se trata de un asalto árabe a la ciudad de Alcoy. En realidad, sin embargo, este asalto era una trampa. Así que, luchando contra los moros, los defensores, de repente, vieron que estos huían. Al parecer, los musulmanes habían visto por lo alto del muro el caballo blanco de san Jorge, al que los árabes llamaban Hualy. Los alcoyanos, encendidos, salieron en su persecución, y cayeron en la emboscada que los sarracenos tenían preparada, donde perecieron todos. Así que, finalmente, san Jorge supo protegerlos del asalto, pero no supo avisar a los cristianos de la trampa en la que iban a caer gracias justo a su intervención. Fue desde luego una ayuda poco inspirada. El mejor momento de esta fue la muerte mítica del obstinado Al-Azraq. Cf. para esto Beuter, ob. cit., pág. 316.

[14] Al frente de las tropas reales iba el hijo bastardo del rey don Pedro Fernández de Híjar, que se dirigió con milicias de Valencia hacia la parte donde estaba Peris. Este murió ajusticiado. Los demás fueron multados con cien mil sueldos. Muchos se dispersaron por Castilla, Portugal y Francia. Cf. Beuter, que da cumplida cuenta de todo esto (ob. cit., pág. 313).

Como es de suponer, don Jaume estableció el centro de sus operaciones en el alto castillo de Xàtiva. En efecto, el rey salía de Valencia el día 8 de febrero y el día 9 estaba en Alzira. Para el 11 ya estaba en Xàtiva, pero no permaneció quieto, sino que fue pasando revista a las diferentes plazas de la frontera. Desde Xàtiva, a través de los valles que se abren hacia el mar, debió de llegar a Bairén y a Gandía para desde allí dirigirse a Denia, un verdadero baluarte en caso de que los africanos asaltaran las tierras valencianas por mar. Luego tornó a Gandía entre el 24 y el 27 de febrero, lo que indica que iba organizando las plazas fuertes. Desde allí se dirigió a Alzira, escribiendo en esta ciudad cartas por las que convocaba a todos los ricoshombres y sus huestes en Valencia para ocho días después de la Pascua de Resurrección [15]. Sucedía esto el día 13 de marzo y desde luego sabemos que esa orden no sería obedecida por casi nadie. Al mismo tiempo, pedía a sus fieles judíos que reunieran moneda para la presente guerra contra los sarracenos, aunque fuese al precio de hipotecar la bailía de Zaragoza [16]. Desde el 28 de marzo hasta el 30 de junio, el rey se quedó en Xàtiva, en el centro del teatro de operaciones [17]. Es muy claro, para conocer la índole de sus prioridades, el escrito que firmó el 17 de abril a todas las ciudades de sus reinos para que no obedeciesen ninguna orden del infante Pere referente a reunir fuerzas contra el conde de Ampurias. El objetivo fundamental ahora era la lucha contra los sarracenos. En la carta, el rey fundaba su desautorización del infante asegurando que el conde de Ampurias le había manifestado su voluntad de mantenerse en estricta obediencia al rey y de resolver cualquier asunto por la vía del derecho. Pere no cesó en su hostilidad y por estas fechas declaró el desvalimiento y la desvinculación del conde de Ampurias, junto con su voluntad de no mantener treguas con él [18]. Los asuntos del aprovisionamiento también merecieron su atención. Así, don Jaume llamó a Zaragoza para que mandara grano a la ciudad y cubrir las necesidades ingentes de pan que requería la numerosa tropa que se iba concentrando en Valencia.

Por este tiempo, los cristianos tenían puesto sitio a Beniopa. Las tropas africanas vinieron a socorrerla, pero habiéndola tomado las de don Jaume, se

---

[15] Soldevila, ob. cit., pág. 409.
[16] Miret, ob. cit., pág. 530.
[17] Ibídem, págs. 530-531.
[18] Ibídem, pág. 532. Beuter también nos cuenta el final de esta hostilidad. Al parecer, hacia Navidades, Pere marchó a Francia para entrevistarse con su cuñado Felipe, ya rey. Se vieron en secreto y nadie supo de qué se había tratado en aquella entrevista. Al regreso del infante, a su paso por Girona, el conde de Ampurias le salió al paso y le pidió perdón por todo. «Y arrodillándose a los pies del Infante, pidiole merced, diciendo que se ponía en su poder, para que del hiciese como fuese servido.» Por el momento lo tuvo preso. Pero cuando poco después marchó a Barcelona, a celebrar consejo, mandó leer el proceso contra el conde. El noble de Ampurias fue aceptando los cargos uno por uno tal y como se le leían. Todos pensaban que quedaría condenado a muerte. Pero el infante lo perdonó. «El conde se puso a sus pies llorando, llorando todos los que le veían de compasión. El infante lo levantó, y lo abrazó, y con mucho le envió a sus tierras. Supo después de esto el infante las revueltas de los moros en el reino de Valencia y partió de Barcelona para servir al rey su padre, que estaba trabajando para ellas.»

dirigieron hacia Llutxent. El rey mandó entonces que la guarnición de Xàtiva se dirigiera contra ellos. Debía de ser hacia finales del mes de junio [19]. El rey mediaba ya sus sesenta y ocho años. Cualquiera puede suponer lo que significaba para un hombre de esa edad ponerse al frente de una hueste y lanzarse al galope, en pleno julio valenciano, por los secos caminos entre Xàtiva y Llutxent. Todos le rogaron que se quedara en Xàtiva. Argumentaron algunas indisposiciones anteriores, síntomas de lo que se aproximaba, del final de su magnífica naturaleza. Era prudente hacerles caso, y el rey se quedó en la retaguardia. Pero tampoco había sido prudente en general la orden de lanzarse a aquella incursión contra Llutxent. Cuando las tropas cristianas llegaron al castillo, agobiadas y cansadas, se encontraron con un enemigo fresco que las destruyó. «La tierra estaba tan empapada en sangre, que parecía que hubiese llovido allí donde fue la pelea, tantos lodos había», dijo un cronista valenciano posterior [20]. El rey, al conocer la noticia, montó en cólera, lo que no favoreció el estado de su salud. La rabia lo dominó, pues habían ido a la muerte los mismos hombres que le habían avisado de la suya. Sin duda, era todo un símbolo. Lo único que podía hacer don Jaume era mandar venir a su hijo Pere. Al parecer, el infante, tras hacer las paces con el conde de Ampurias y aceptar las prioridades de su padre, llegaba a la ciudad-fortaleza el día 27 de junio. Ese día tuvo lugar el traspaso a Pere del poder absoluto de la frontera, autorizándole el rey a tomar cuantos castillos fuera menester y ponerlos directamente bajo su control. Al día siguiente, el rey Jaume se iba a la fresca ciudad de Alzira, pensando que los aires suaves de levante mejorarían su salud. La *Crónica* hace decir al rey que se retiró a la ciudad del Júcar para desde allí enviar provisiones al infante [21]. Bleda da la verdadera razón: la frescura de sus aires marinos, que sin duda aliviarían al rey enfermo.

Antes, Muntaner, en su *Crónica,* insiste en que Pere venció a los árabes de Llutxent mientras don Jaume estaba en Xàtiva. Bleda debió de inspirarse en ella y la contó de una manera apasionada y trágica. El rey habría querido salir al campo y se hizo armar una camilla con los pendones reales. Fue detrás de su hijo, que marchó raudo hacia ese castillo que tantas veces se había mostrado clave en el control de toda la llanura del valle de Albaida. El bravo infante estaba ansioso de vengar a los que habían perecido en la anterior incursión, siguiendo la última orden de su rey. Con su pundonor característico, Pere venció una vez más. Cuando el hijo regresaba de la batalla y vio los pendones reales que salían a su encuentro, se temió lo peor. El rey había muerto y venían a traerle las banderas, en señal de reconocimiento y fidelidad al nuevo poder que en esa hora emergía. Pero el miedo del infante pronto pasó. El del rey no era menor, y quiso saber si su hijo había salido victorioso. Cuando se enteró de que así era, y de que con sus propias manos había matado al obsti-

---

[19] Soldevila, *Quatre Cròniques,* pág. 399, n. 6. al §559.
[20] Beuter, ob. cit., pág. 317.
[21] *Crónica,* §560.

nado caudillo Al-Azraq[22], le besó repetidas veces y los dos se abrazaron. El rey bendijo a su hijo y marcharon hacia Xàtiva, la ciudad que había sido testigo de su reconciliación. Solo después don Jaume se iría a Alzira, donde no mejoró. Como podemos ver, los cronistas alteran la historia para permitir que el rey conozca la felicidad de la victoria y tenga la seguridad de que su hijo controla la situación. Ese gesto de piedad, sin embargo, no se ajusta a la realidad. El tiempo que coincidieron el padre y el hijo en Xàtiva fue mínimo. Solo días después, ya en Alzira, don Jaume podría conocer esta victoria, decisiva aunque no la última de este conflicto. Al fin y al cabo, los cronistas embellecen la felicidad postrera del rey, pero no la alteran. Aunque enfermo, el rey se mantenía con plena conciencia y la noticia de Llutxent contribuyó a formar la serenidad que revelan sus últimos días. Tampoco le faltaron los auxilios de la religión. En el casi mes que el rey estuvo en Alzira aprovechó, según nos cuenta con orgullo, para confesarse «repetidas veces con los obispos y algunos frailes predicadores y franciscanos con grande contrición de nuestros pecados y derramando abundantes lágrimas»[23].

El rey sabía que era el final. Los que escribieron esta última parte de la *Crónica* dibujaron el estado real de don Jaume cuando le hacen decir que tenía perfecto conocimiento del proceso, cada vez más grave, de su enfermedad. Durante todos estos días que van desde el 9 hasta el 20 de julio, el rey aseguró diversas disposiciones que iban destinadas a mejorar la suerte de sus más fieles servidores: su consejero Jaume Sarroca, el obispo de Huesca; su juez, Albert de Lavània; su capellán, Arnau Caynot; su notario, Sant Feliu; los monjes de Poblet, donde tenía prevista su sepultura. Un último nombre femenino es mencionado también en esta demanda al heredero de benevolencia para con sus deudos: el de la dama Sibilia de Saga, su último amor[24]. Al mismo tiempo, nombró albaceas testamentarios a sus dos hijos, Pere y Jaume, y les mandaba cumplir el testamento que había depositado en Poblet. Luego les exhortaría a respetar el de su amada Berenguela Alfonso. Ante tal estado de cosas, se llamó al infante Pere para que viniese desde Xàtiva. Debió de ser el día 20 de julio, y la *Crónica* asegura que Pere ya estaba junto al rey esa misma noche. Al día siguiente, el 21 según todos los indicios, padre e hijo oyeron misa juntos y después tuvo lugar un encuentro ante todos los grandes hombres que los acompañaban. Según la vieja interpretación de Tourtoulon, basándose sobre todo en la *Crónica,* tuvo aquí lugar la abdicación del rey en favor de su hijo Pere. Miret, por su parte, presentó los documentos oficiales que así lo acreditan. Soldevila, al citar el codicilo de los acuerdos, dictado un día antes, dejó la cuestión resuelta[25]. Además, está la carta que el mismo día

---

[22] Esta es una tradición que funda la *Crónica de San Juan de la Peña.* Cf. Soldevila, ob. cit., pág. 413.
[23] *Crónica,* §560.
[24] Debemos citar de nuevo a Soler y Palet, *Un aspecto de la vida privada de Jaume I,* ob. cit., págs. 568-571.
[25] Soldevila, ob. cit., págs. 421-422.

21 el rey Jaume escribió a la iglesia primada de sus reinos, al arzobispo de Tarragona, comunicándole la abdicación y rogándole que, efectuado el testamento, todos los asuntos referentes a las Baleares debería tratarlos con su hijo Jaume, el rey de aquellas tierras. Al mismo tiempo le informaba de que acogía el hábito de la orden del Císter. Ese mismo día 21 el notario de Jaume, Sant Feliu, puso los sellos reales a disposición de Pere, el nuevo rey. Este, sin embargo, no quiso todavía llamarse rey, como veremos.

La escena de la abdicación, según la describe la *Crónica,* debió de ser intensa y llena de emoción. El viejo rey, consumido en sus fuerzas, todavía mantiene la cabeza despejada. Los últimos momentos antes de la despedida de su hijo los aprovecha para los oportunos consejos. Es una escena que posteriormente inspiraría la ardiente imaginación de los pintores historicistas del siglo XIX, pero que nosotros podemos invocar con la debida austeridad. El rey, en la cima de su autoconciencia, tras un reinado ciertamente bíblico, pues ninguno de los patriarcas de Israel llegaron a reinar más de sesenta años como él, resulta bendecido por un don final no menos glorioso. No solo transmite la herencia de sus reinos a sus hijos, garantizando la continuidad patrimonial, sino que también goza del mayor favor que el cielo podía ofrecer a los reyes entrantes y salientes: concederles que entreguen la voz de la muerte a su heredero, ese último aliento del alma en el cual se asegura la continuidad del cuerpo espiritual de la realeza, una continuidad que también era de experiencia y de sabiduría. Ante todo, don Jaume instaba a su hijo a seguir la regla de Dios y de su Iglesia. Luego, ganarse al amor y el afecto de «la nostra gent». Todo lo había dispensado Jesucristo, en atención al sencillo hecho de que el rey había seguido «la sua carrera e els seus manaments». Ese era el ejemplo que debía tomar el infante. Como vemos, la escena está dominada por la representación católica de la realeza, mitad específicamente davídica, mitad cristiana. El rey se gloria de que Dios le haya hecho triunfar sobre sus enemigos y de que le haya dispensado el amor de sus hombres. No menos bíblica es otra inquietud del monarca: la de garantizar la paz entre los dos hermanos, Pere y Jaume. Y esto porque la herencia que le había correspondido a Pere era la mejor y más valiosa, y porque Jaume amaba y aceptaba lo que, sin duda, era la voluntad del rey: que Mallorca fuera un reino vasallo de Aragón.

La voz del moribundo no solo garantiza la continuidad de la experiencia. También reclama la permanencia de los hombres del rey, de su administración, de sus juristas y obispos, por quienes expresamente don Jaume ruega y reclama la confianza de su hijo a fin de que «continuasen los mismos oficios». Después de esto cabe suponer que habría algunas instrucciones reservadas, de las que el infante Pere apenas tenía necesidad, pues estaba asociado al gobierno del reino desde hacía tiempo y conocía perfectamente las dificultades del oficio de rey. Entre estos consejos privados, sin embargo, el cronista se esfuerza por relatarnos uno, sin duda decisivo. Era este el de expulsar a todos los sarracenos de sus reinos. El rey habla ahora de manera muy parecida a la letra de la carta que recibió del Papa en 1265: todos ellos eran indignos de vivir entre los cristianos. Mientras que el rey se había esforzado por hacerles justicia, ellos habían aprovechado siempre cualquier ocasión para sublevarse e impugnar su autoridad. Eran, en suma, un puñado de traidores y no merecían la confianza de un gran rey, como debía ser su hijo. Si no cumplía este consejo, aseguraba don Jaume, tendría con ellos los mismos problemas que él había padecido. Finalmente, también davídica es la función casi sacerdotal que compete al padre: la de bendecir al hijo. Tenemos aquí el acto de transmisión real de poder, que se cumple cuando el hijo acepta la bendición, asume los consejos y promete cumplirlos delante de todos los ricoshombres y caballeros presentes. Entonces el rey extrae la consecuencia jurídica de aquel acto en cierto modo familiar, humano, pero también sacramental y oficial. Explícitamente afirma delante de todos que renuncia al reino en favor suyo y lo declara heredero de todos los reinos y de toda la tierra, invocando la gloria de Dios y de su Madre. Este acto implicaba algo así como la transferencia de la culpa, la remisión de todos los pecados que Jaume había podido cometer en el ejercicio de sus funciones mundanas. Para confirmar ante todos esta inocencia recién ganada, el rey se vistió con el hábito del Císter y se hizo monje de esta orden, señal inequívoca de que ya no recuperaría el reino aunque no muriese de aquella enfermedad, una huella sin duda de la vieja costumbre de los godos. Entonces expresó su última y verdadera voluntad: si moría de aquel mal, no debían preocuparse de él, ni atender su cadáver. Toda la atención debía ser dedicada a la destrucción del infiel. Ya habría tiempo para él. Mientras tanto, su cadáver debía quedar en Alzira o en Valencia, en cualquiera de las iglesias que había erigido en su larga vida a su única dama constante, a Santa María. Así que, sin perder tiempo, Pere debía marchar a la frontera y vencer a los obstinados y rebeldes sarracenos. Tiempo habría de llevar su cadáver a Poblet.

Y así se hizo. El rey marchó a Valencia el día 23 de julio. La *Crónica* habla de lágrimas, y es más que probable que se vertieran en abundancia. Pero toda la escena transpira serenidad y resignación. Era la muerte digna del rey glorioso que siempre había sido Jaume, una muerte en paz con sus hijos, legítimos o naturales, en una paz recién conquistada frente a casi todos sus vasallos, en paz con su religión y con su gente, únicamente en guerra con los hombres que siempre había tenido enfrente como cruzado y caballero. Las últimas fuerzas de su cuerpo cansado se concentraron en una meta: recorrer los caminos cercanos al mar Mediterráneo que tantas veces había transitado, llegar hasta el Ebro, subir a Tarragona y, desde allí, por Valls y Montblanc, llegar a Poblet y servir el tiempo que le dejara Dios a la Dama que jamás había abandonado, la Dama que siempre había atendido sus constantes súplicas, la que le había dado la fuerza necesaria en los momentos de especial angustia: la Virgen, que siempre había simbolizado para él la devoción, la protección, la atención y el amor, la que le había hecho vivir en un mundo en el que, pasara lo que pasara, siempre se sentía a salvo.

La *Crónica* llega hasta este punto en relato directo, como si el rey siguiera escribiéndola en su lecho de muerte, con plena conciencia. Las últimas palabras que se atribuyen al rey en esta magnífica ficción literaria dicen así: «E fóssemja partits d'Algezira, e fóssem en València, a nós cresqué la malaltia; e plac a Nostre Senyor que no complissem lo dit viatge que fer volíem». Esto tenía lugar el día 26 de julio. Ese mismo día moría el rey. Aquí la ficción de la autobiografía no podía mantenerse por más tiempo. El siguiente párrafo dice así: «E aquí en València l'any de M.CC.LCCVI. VIº Kalendas Augusti, lo noble en Jacme, per la gràcia de Déu, Rei d'Aragó, comte de Barcelona et d'Urgell, e senyor de Montpeller, passà d'aquest segle: cujus anima per misericordiam Dei sine fine requiescat en pace. Amen».

Epílogo

Como en las grandes ocasiones, los trovadores entonaron sus llantos más o menos formales tras conocerse la noticia de la muerte del mítico rey, el que había reinado más años que el mismísimo David. De entre ellos, se nos han conservado los poemas de Matieu de Carsí y de Cerverí de Girona. A todos les sorprendió la fecha de su muerte, aunque aquí, como en los demás elementos mesiánicos de esta historia, no podemos excluir una cierta intervención humana a la hora de redondear los hechos y las fechas. Era demasiado evidente la causalidad como para no reparar en ella. El viejo rey había muerto al día siguiente de la fiesta de su santo patrón, el 26 de julio. La vida del niño que había comenzado a la luz de una vela que se resistía a extinguirse, allá en la iglesia de Montpellier, ofrecida a la advocación del hermano de Cristo, terminaba ahora, cuando el día de ese mismo santo apóstol quedaba atrás. Con el regreso de los viejos símbolos y signos, en un círculo que hacía evidente su glorioso significado, se mostraba la plenitud de una vida rica y venturosa. Don Jaume no había perdido la protección divina y, para demostrarlo, Dios se lo llevaba al día siguiente del santo de su nombre, el hermano de Cristo. ¿Había necesidad de una nueva señal de su carisma sagrado? Los trovadores lo hicieron explícito: los dos Jaumes, el santo y el rey, podrían disfrutar de una única fiesta. El recuerdo de ambos produciría para siempre la alegría de los cristianos naturales de sus reinos. De esta manera, la protección del cielo y la del rey parecían vincularse, prometiendo a las gentes del reino un futuro esperanzador. Este rendimiento, la certeza y seguridad que producían, era la última victoria del viejo rey.

«Si bueno es el principio, loable será su fin», había dicho años antes el mismo rey, en el testamento de Montpellier que nos ha transmitido en su peculiar castellano Martí de Viciana en su *Crónica*. Vemos, así, que el rey también estaba interesado, fuese cual fuese su final, en interpretar su vida como un perfecto círculo, que jamás había escapado a la mirada de Dios. «Nunca nuestras obras desamparó ni permitió que peresciessen», dijo con orgullo, aunque añadió inmediatamente que eso sucedió «sin nos merescerlo». Aquella, sin embargo, era una licencia hasta cierto punto redundante. Merecida o no, era la gracia de Dios lo que se derramaba sobre él. Eso era lo que contaba, sobre todo cuando llegaba el momento del final y se tornaba gracia definitiva, salvadora.

Sin embargo, el carisma de los reyes no solo era personal. La prueba de fuego de su eficacia consistía en que se proyectara sobre sus sucesores. En el fondo, la secreta aspiración era que pasara a ser parte de la naturaleza, se transmitiera como se transmitía el alma, animara a los hijos y se hiciera cotidiano generación tras generación. Por eso, en el fondo, la perfección religiosa de aquella vida de Jaume dependía de que, con él, algo más se mantuviera igual, inmutable, desde el principio hasta el final: el reino. Una vez más, religión y política se vinculaban. «Consideramos la doctrina evangélica que dize que todo reino en sí deviso será en decaimiento y desolación», señaló, al tiempo que instó a todos a que se unieran contra los que desearan menguar el derecho de sus hijos. Aunque por extraños caminos, don Jaume no ignoraba la electiva afinidad entre el cristianismo y la monarquía, entre el monoteísmo y la unidad del reino. Solo si pensaba en un reino unido y estable, desde luego, su cuerpo descansaría en la paz propia de una vida cerrada y satisfecha de sí.

En realidad, esa paz no fue tal durante cierto tiempo. La primera cláusula de su testamento dice que, por su voluntad, exigía «la sepultura a nuestro cuerpo» en el monasterio de Nuestra Señora de Poblet. Allí debía descansar junto a su abuelo Alfonso el Casto, tras él, aunque ahora ya no se decía que en el sitio más humilde, donde todo el mundo pudiera pisarlo al ir a tomar la comunión. Por el momento, sin embargo, su hijo Pere no pudo cumplir con esta cláusula de su última voluntad. Las revueltas de los moros impedían el largo viaje y las exequias oportunas. Así que, durante un par de años, el rey Jaume se quedó en la catedral de Valencia. Fue el tiempo que el valeroso rey Pere necesitó para imponer la paz a los rebeldes. No estuvo exenta de dificultades esta empresa. Nada más heredar la corona, el rey quiso cobrar el *bovatge* con que los catalanes saludaban el nuevo reinado. Con ese impuesto, la guerra de Valencia quedaría financiada. Pero los nobles catalanes conocían la belicosa trayectoria del infante lo suficiente como para darle facilidades. Solo le otorgarían el impuesto cuando jurase los *Usatges* de Cataluña. Al no hacerlo, los homenajes recibidos por el nuevo rey no fueron masivos. Así que tuvo que encarar la rebelión de musulmanes con sus propios medios y, sobre todo, con lo que pudieron aportarle los valencianos. Finalmente, con gente de su confianza, entre ellos el gran Roger de Lauria, restableció la administración militar de la frontera en Cocentaina y Alcoy. Con ello, logró la paz de los señores musulmanes principales.

Finalmente, él tampoco iba a cumplir el deseo de su padre de limpiar el reino de la sombra molesta de los moriscos. A pesar de todo, en el mes de septiembre de 1276 tomaba Alfandec, la entrada al valle donde luego se edificaría el monasterio de Santa María de la Valldigna, también en un valle agradable y verde, como el de Poblet. Para pacificar el reino, convocó una asamblea de Cortes en Valencia, donde se debía pactar la política a seguir con los musulmanes y, sobre todo, con los que se habían prestado a bautizarse. Finalmente, se impuso la medida necesaria: que tornasen a sus lugares de origen, fuese cual fuese su religión. Como es obvio, Pere no invitó a la Iglesia a esta asamblea. A los árabes que no quisiesen volver se les dio autorización para irse a Montesa, previo pago del impuesto semejante al de cualquier otro género de exportación. Así obtuvo el nuevo rey un respiro para ir a la coronación de Zaragoza. En efecto, esta tendría lugar el 17 de noviembre de 1276, con la presencia de los nobles catalanes que le habían rendido homenaje. Allí pudo rehacer su ejército y dirigirse de nuevo a Valencia, donde la tregua con los musulmanes ya había llegado a su fin.

Hacia mayo de 1277 el rey Pere reclamaba la rendición de todos las plazas que todavía estaban en poder musulmán, sobre todo la fuerte roca de Montesa. El sitio, que empezó en julio, se presentía largo, y los catalanes no daban señales de pagarle el *bovatge*. Al mismo tiempo, Pere reorganiza la escuadra, clave para impedir el desembarco de nuevos guerreros desde Marruecos. Por fin, el día de San Miguel de 1277, el nuevo rey, tras un combate cuerpo a cuerpo con los defensores, entró en la peña de Montesa. Era también un regreso simbólico de los grandes días, de las grandes fechas. Sin duda, se trataba de un buen augurio. Luego, todos los castillos alzados se rindieron. Valencia fue pacificada. Así llegó el momento de la justicia, el momento de revisar las muchas causas por los alborotos pasados, de restablecer la autoridad real. De nuevo, los sarracenos pacificados fueron protegidos por el rey. Había en esta actitud razones económicas más fuertes que la última voluntad de un rey moribundo, razones que el propio Jaume había entendido y valorado a lo largo de su vida.

Mas tampoco la palabra de don Jaume antes de su muerte podía ser pronunciada en vano. Ahora se abría la paz y, con ella, la primera oportunidad para cumplir su última voluntad. Así, a finales de mayo de 1278, los restos mortales del gran rey hicieron el soñado viaje a Poblet. Los debió de conducir el propio rey Pere, en una larga comitiva que provocaba expectación y reconocimiento por donde pasaba. Muntaner exagera, sin duda, cuando habla de las seis leguas del cortejo fúnebre, o cuando explica que en él, por los largos caminos, se dieron cita reyes, reinas, príncipes, princesas, arzobispos, obispos, abades, priores y demás buenas gentes. Al margen de las naturales exageraciones, debió de ser un acontecimiento brillante, aunque sabemos que el rey iba en un humilde ataúd de madera, como correspondía a su condición de monje cisterciense. Después del entierro de su padre en Poblet, el rey Pere se dirigió hacia Lleida. Desde allí, dio un documento por el que, el 18 de julio de 1278, ordenaba partir a una flota genovesa llevando consigo al reino de Tlemecén una cierta cantidad de moros expulsados. Solo entonces, Pere se dirigió a Cataluña a intentar la clave de su reinado: la pacificación de los nobles catalanes. Tras ella abordaría el reinado más intenso, peligroso y heroico de cuantos vivieron los reyes de Aragón. A los nueve años de su gobierno, cansado, agotado, no pudo superar el invierno de 1285.

El otro gran personaje, testigo de la vida de don Jaume, no tuvo un final tan glorioso y heroico. Cuando Alfonso X el Sabio tornó de la entrevista con el Papa ya relatada, se encontró con el reino preparado para la guerra civil. La muerte del infante don Fadrique y del señor de Cameros, instigadas por el propio monarca, aceleraron los peores augurios. Don Alfonso empezaba a distanciarse de los consejos que le diera don Jaume y comenzaba a impartir justicia privada, la mejor manera de embarcarse en el mar del caos y el desorden civil. Intuyendo la ventaja, Ben Yusuf volvió a la carga sobre Sevilla en el verano de 1277. El rey, desprestigiado y solo, se mostró incapaz de gobernar su reino. Todo en este tiempo parecía a favor del joven Sancho, el que con solo diecisiete años había sabido defender Andalucía. Así, finalmente, se supo imponer frente a los derechos de los infantes de la Cerda, los nietos de Violante, los hijos del infante Fernando, el príncipe preferido que no llegó a reinar. La fama de bravo militar de Sancho todavía se iba a fortalecer más con el inicio del sitio de Algeciras, la clave para impedir la pesadilla del paso del Estrecho a los jinetes benimerines. Pero mientras el rey Pere se inclinaba hacia su sobrino don Sancho, el legislador de *Las Partidas* reconocía el derecho de representación, que entregaba la herencia del reino a Fernando de la Cerda y su descendencia. Era una contradicción cargada de destino que llevaría a Castilla a una larga guerra civil.

Violante, la esposa del rey Sabio, pagó injustamente las debilidades y contradicciones de su esposo. Cuando las Cortes de Segovia se disponían a proclamar heredero a Sancho, en junio de 1278, ella cruzaba la frontera para exiliarse en Aragón, junto con su nuera Blanca de Francia y sus nietos, los infantes de la Cerda. Debió de ser el propio hijo Sancho el que la invitara a regresar a Castilla y el que tratara con Pere para arreglar las cosas. Pere aceptó el acuerdo, pues, en el fondo, él tampoco tenía intereses en que los nietos de la casa de Francia reinasen en Castilla, en un momento en que el Papa quería imponer una paz entre los dos países que dejaría a Aragón presionado por las dos potencias vecinas. Las buenas relaciones entre Sancho y Pere permitieron superar la situación, hasta el punto de que aquel llamaba a este «pare senyor».

El destino de estos dos grandes y esforzados reyes fue triste. Su tiempo, breve. Así que no pudieron consolidar ni su presencia en la historia ni su política de alianzas, tanto en el ámbito hispánico como en el europeo. Tanta fue la desgracia que se puede decir que las dos monarquías comenzaron entonces un camino divergente, que iba a durar un siglo, hasta que las dinastías castellanas de los Trastámara unieran las dos casas reales, a inicios del siglo XV. A pesar de todo, el dominio de la misma casa real no implicó un proceso de convergencia. El siglo XIV fue determinante para la diferente evolución de aquellas dos realidades hispánicas en ese siglo de enfrentamientos, crisis y tensiones que fue el XV. A lo largo del Trescientos, Castilla se entregó a un proceso de crecimiento urbano, cierto; pero ese desarrollo económico no fue a la par con un fortalecimiento de la monarquía, que estuvo siempre sometida a las presiones de una clase nobiliaria no dispuesta a perder el mínimo de sus derechos, tal y como quedaban recogidos en el *Fuero Viejo* de Castilla. Por el contrario, en ese mismo tiempo, la casa de Barcelona supo cohesionar a la nobleza, hacerla cortesana, integrarla en las grandes empresas marítimas y conectar con los intereses burgueses de los puertos de Barcelona y Valencia. Cuando la casa castellana de Trastámara pudo gobernar Aragón, no siempre supo comprender la diferente realidad de sus nuevos naturales. No se puede decir que aragoneses, catalanes, mallorquines o valencianos se sintieran plenamente representados y cómodos con estos Trastámara que o bien murieron demasiado pronto, como Fernando I, o bien buscaron la libertad que les daba un reino nuevo, como el Magnánimo, prendado de Nápoles, o bien no cesaron de mantener guerras civiles, como Juan II. Solo Fernando el Católico logró demostrar que Aragón podía encontrar beneficios en una unión con Castilla. La política internacional de Aragón en el Mediterráneo podía ser realizada con más facilidad con las fuerzas conjuntas procedentes de esta unidad. En cierto modo, era una repetición de aquella breve alianza callada y efectiva de los tiempos de Pere y Sancho IV.

La historia es tan triste como conocida. Castilla también tenía su política internacional, exportadora y comercial, que privilegiaba las relaciones con Flandes y Borgoña. La unión dinástica hispánica podía mantener el equilibrio mientras atendiera los dos frentes de interés: el Mediterráneo y el Atlántico. Así que España, con Carlos I, se convirtió en la primera potencia que definió las formas de la hegemonía moderna europea: dominar las bocas del Rin y el Mediterráneo a la vez, junto con un rosario de enclaves militares desde Nápoles hasta Flandes. Como todas las potencias que se han empeñado en esta hegemonía, desde Federico II hasta Luis XIV, desde Napoleón a Hitler, España también pagó un alto precio por ello. La decadencia, la pobreza, la despoblación, la ruina, todo ello fue el resultado interno de la lucha por una grandeza externa que el propio Nietzsche definió como un sueño excesivo. En estas condiciones, las posibilidades de una unión de los pueblos hispánicos eran más bien nulas. Cuando Cataluña fue reclamada a una unión de armas que, a lo sumo, podía mantener un poco más de tiempo los lejanos intereses de los Países Bajos, la gente del campo y de la ciudad se rebeló. Era para todos evidente que aquella unión de armas llevaría a Cataluña la misma ruina extrema que ya se apreciaba en Castilla. De esta manera se abrieron heridas y reproches mutuos. Las consecuencias y los desencuentros se multiplicaron en la Guerra de Sucesión y sobrevivieron a lo largo de todo el siglo XVIII.

Hago esta proyección hacia el futuro no para ofrecer una visión sobre la peripecia y el destino de las relaciones de los reinos de Castilla y Aragón, tema complejo y delicado, sino para aproximarnos a los hechos que me interesa relatar para cerrar este libro, hechos tristes, cuyo simbolismo terrible contrasta con la grandeza del rey al que va dedicado. Pues lo bien cierto es que el creciente carácter unitario de la monarquía española, el cada vez menor peso de la corona de Aragón en ella, se tradujo en una creciente insensibilidad del Estado hacia una rama decisiva de sus antepasados, los reyes aragoneses. Cuando un aventurero financiero, bajo el pretextado ideario del liberalismo nacional de primeros de siglo XIX, impuso la subasta pública de los bienes de los monasterios, un acto cercano al pillaje económico, nadie estuvo en condiciones de hacer una excepción con Poblet, donde reposaban los reyes de Aragón y, entre ellos, nuestro don Jaume. Tras la venta de sus tierras, el monasterio fue saqueado, y los restos de los reyes, ultrajados y profanados. La ruina se apoderó de todo el monasterio. El sueño de paz eterna del rey Jaume quedó así quebrado. Ninguna autoridad del Estado, ninguna palabra de la monarquía impidió o reparó esta barbarie. Ninguna personalidad estuvo en condiciones de invocar una mínima piedad y exigir respeto por aquella parte de nuestra historia. En realidad, ninguna autoridad del Estado consideró aquellos cuerpos y aquellas cenizas los restos de sus gloriosos antecesores, siendo así que todas las casas europeas reinantes entonces, incluida la española, descendían de una u otra forma de Jaume.

La vergüenza y la indignación movió a un amplio grupo de particulares catalanes de L'Espluga de Francolí y evitó lo peor. Personados en Poblet, lograron recuperar los restos de sus reyes, y entre ellos el impresionante esqueleto momificado de Jaume, reconocible no solo por su estatura gigantesca, sino también por la herida de aquella flecha que le impactara en el sitio de Valencia. Rescatado del anonimato, durante ocho años, el viejo rey durmió en la humilde parroquia de L'Espluga. El 18 de enero de 1843, casi seis siglos después de su muerte, tuvo que hacer de nuevo un viaje, esta vez a la catedral de Tarragona, donde se le buscó acomodo en la capilla de sus grandes nobles, los que le acompañaron en la aventura de Mallorca, los Montcada. Allí reposaría su esqueleto más de un siglo. Por fin, después de la Guerra Civil, tras mucho tiempo de proyectos, quejas, declaraciones y desilusiones, comenzaron las obras de restauración de Poblet, de las que se encargó el eminente arquitecto Alejandro Ferrant. Las tumbas reales de los reyes de Aragón, que otrora adornaron el túmulo mandado construir por Pere el Ceremonioso, quedaron reconstruidas por obra de Frederic Marés, que fue capaz de expresar en su trabajo una simpatía histórica indudable. Sus esculturas idealizan al extremo los rasgos de aquellos hombres mitificados por la reverencia de sus contemporáneos. Sin duda, se trataba de una compensación histórica por el horror y el abandono sufridos por aquellos restos mortales; pero también era el gesto un verdadero testimonio de una fidelidad renacida hacia lo propio que hoy nos parece ejemplar.

En 1952, por fin, los restos de Jaume I abandonaron la sede de su catedral tarraconense, aquellas naves por donde tantas veces caminase junto con su arzobispo Espàrrec, para retornar al lugar que siempre deseó para su descanso eterno. Hoy, cuando el viajero llega a Poblet, por fin encuentra una realidad que hace justicia a la memoria de sus señeros benefactores. No hablo de ese rostro perfecto, demasiado perfecto, que Marés dio a nuestro rey, con la serenidad mesiánica que reúne belleza y bondad en la paz de un sueño tranquilo, tan cercano y lejano a la vez. Ya hemos visto que la vida del rey fue humana, demasiado humana, y que incluso en el momento de la muerte no abandonó la tensión de la lucha, la rigidez de la decisión, la fuerza del combate, la ira contra el enemigo. Marés, como el narrador de la *Crónica* del rey, ha legado a la posteridad un caballero ideal y un rey cristiano perfecto, un hombre superior. Nosotros hemos visto que fue más bien un hombre esforzado y realista, bastante apegado a tierra pero en contacto con un ideal. Por eso, cuando invoco la sensación de justicia histórica que le invade al viajero que llega a Poblet con la mente puesta en Jaume, aludo a otra cosa. Allí nada es imponente, nada es grandioso. Nada pretende la gloria. Cuando se entra en la despejada explanada, no se puede dejar de sentir la agradable sensación de ser bien acogido en la que los monasterios se han especializado, sin duda pensando siempre en el *homo viator,* en el peregrino. Lo que aquí hace justicia a la memoria de Jaume es una atmósfera y un ambiente. Hablo sobre todo de un entorno a la medida del ser humano, dominable y cuidado, limpio y sobrio, dotado de esa alegría especial que mantienen los paisajes que saben unir los cultivos de las tierras oscuras, los pámpanos de las vides y el verde del bosque de pinos en las suaves colinas. Todo en Poblet nos habla de ese mundo a la medida del hombre de la Edad Media, familiar, entrañable, abarcable, sencillo, sin duda bello, pero también productivo, sede de oración y de trabajo, de esa vida que en otro tiempo se llamaba natural. Desde luego, tampoco allí se ha roto el contacto con el ideal. Ese es el ambiente que hace justicia a un tiempo histórico y a un rey que, a pesar de todas sus idealizaciones, muy en el fondo vivió como sus paisanos. Cuando el viajero abandona el monasterio, al atardecer, sabe que la dulce figura de Poblet entonces se viste de sus mejores galas doradas. Es su momento más bello. Pronto el día quedará atrás, inexorable, pero nada es más placentero que ese recuerdo. Esa última imagen es la puerta de entrada al mundo de Jaume. Mientras ella esté abierta, su memoria no podrá abandonarnos.

CRONOLOGÍA

1194   Nace Federico II de Sicilia.
1204   Alianza de Roma con Pere II de Aragón, que recibe el título de Católico.
Junio, 15: Matrimonio de Pere II y María de Montpellier.
1205   Nacimiento de Sancha, hermana de don Jaume. María y Pere están separados.
1206   **Verano:** Concilio de Montpellier para tratar de la herejía albigense.
1208   **Finales de enero:** Nace Jaume en Montpellier.
Boda de Federico II de Sicilia con Constanza de Aragón, hermana de Pere.
Febrero, 2: Presentación de don Jaume.
1209   Victorias de Simon de Monfort en Béziers y Carcasona. Amistad entre el cruzado y Pere II.
Tratado de Pere con Sancho de Navarra para entregar el reino de Aragón a los hermanos de Sancho.
1211   Sínodo de Arles contra Raimundo VI.
Enero: Pacto de boda entre don Jaume y Amicia, hija de Simon de Monfort.
Octubre, 6: Testamento de María de Montpellier que deja a Jaume bajo protección de los templarios.
1212   Batalla de Las Navas de Tolosa.
1213   **Febrero:** Simon de Monfort presta vasallaje a Pere II.
Abril, 19: Muerte de María de Montpellier, en Roma.
Septiembre, 12: Victoria de Simon de Monfort sobre Pere II en Muret.
Noviembre, 28: Bula por la que Segorbe pasa a depender de Toledo.
1214   **Enero, 19:** Inocencio III exige a Monfort que entregue a don Jaume.
Junio: Don Jaume es llevado a Narbona.
Nace san Luis de Francia.
Noviembre: Cortes de Aragón en Lleida para jurar a don Jaume. Procuraduría general del conde Sans.
1215   **Enero, 8:** Concilio de Montpellier, presidido por Pedro de Benevento.
Septiembre: Embajada de aragoneses a Roma.
Paz entre los Montcada y los Sans.
Noviembre, 1: III Concilio Lateranense. Las sesiones plenarias acabarían el 30 de este mes. Convocatoria de cruzada para Tierra Santa en 1217 en Sicilia.
1216   **Enero, 19:** Confirmada por Roma la procuraduría general de Sans.
Mayo: Preparativos para la ofensiva catalana contra Simon de Monfort.
Septiembre, 15: Reunión en Monzón de los fieles de Jaume.
Octubre: Salida de Monzón de Ramon Berenguer V.

1217 **Marzo, 7:** Simon de Monfort recibe el homenaje de Tolosa. Luchas con los hombres de Sans.
Junio, 24: Salida de don Jaume a Sigena.
Julio-septiembre: Cortes de Monzón-Villafranca.
Septiembre, 13: Toma de Tolosa por Raimundo.
Octubre, 23: El papa Honorio III contra don Jaume y Sans.
Principios 1218: Regreso de don Jaume a Monzón.

1218 **Abril:** Salida definitiva de Monzón.
Junio, 25: Muerte de Simon de Monfort en Tolosa.
Julio: Sans deja de ser procurador general.
Septiembre, 28: Cortes de Lleida. Acuerdo de don Jaume con Sans para liquidar la procuraduría.

1219 **Junio:** Felipe Augusto toma Tolosa.
Julio, 25: Honorio III toma bajo su protección a Jaume.
Sequía, hambre y epidemias en Aragón.

1220 **Junio:** Toma frustrada de Albarracín.

1221 **Febrero, 6:** Boda de Jaume y Leonor en Ágreda.

1222 **Abril:** Cortes o Consejo en Huesca o Monzón. Banderías de la nobleza catalana y aragonesa. Luchas contra los Montcada. Durarán hasta 1224.

1225 **Marzo:** Humillación de Zaragoza.
Abril, 28: Constitución de paz y tregua en Tortosa.
Octubre: Sitio fracasado de Peñíscola.

1226 Honorio cede la dirección política de la cruzada del sur a Luis VIII.
Verano: Muerte de Ahonés. Rebelión general de Aragón.
Noviembre, 13: Hermandad de Zaragoza, Huesca y Jaca.

1227 Rendición de los señores del sur ante Blanca de Castilla, regente de Francia.
Marzo: Sentencia favorable al rey en los conflictos con la nobleza aragonesa. Disolución de la hermandad.

1228 **Julio:** Abordaje del problema de Urgell. Pactos con Aurembiaix.
Octubre: Primeros planes sobre Mallorca.
Diciembre, 20: Cortes de Barcelona para la conquista de Mallorca.

1229 **Abril:** Pactos con Abuceit en Calatayud. **29:** Vistas de Tarazona sobre divorcio con Leonor y reconocimiento de Alfonso como heredero. En agosto es jurado por los catalanes.
Tratados de Meaux y París por los que Tolosa pierde la independencia. Pactos de boda entre Juana de Tolosa con Alfonso de Poitiers.
Mayo: Aplazamiento de la marcha hacia Mallorca.
Septiembre, 5, a las siete de la mañana: Expedición a Mallorca. **18:** El rey se instala en el llano Lo Real de Mallorca.
Diciembre, 31: Batalla por Mallorca y conquista de la ciudad. El rey se queda en la isla organizando el poder cristiano.

1230 **Septiembre, 24:** Muerte de Alfonso IX de León.
Octubre, 28: El rey llega de nuevo a Tarragona.

1231 **Febrero:** Pacto de Tudela de afiliamiento recíproco con Sancho. Jurado el 4 de abril.
Edición del *Liber Augustalis* por Federico II.
Abril, 21: Segundo viaje a Mallorca.
Junio, 17: Vasallaje de Menorca.

Agosto, 27: Viaje a Montpellier para agradecer ayuda en Mallorca.
Septiembre, 29: Conmutación de Mallorca por Urgell a Pedro de Portugal. Firmado en Lleida.
Noviembre: Viaje a Tudela.

1232 **Enero:** Pactos con Abuceit en Teruel. Probable encuentro en Alcañiz para preparar la toma de Valencia. **Finales de enero:** Incursión hacia Borriana.
Mayo, 6: Redacción de testamento en Tarragona. Tercer viaje a Mallorca.
Agosto: Regreso a Cataluña.
Gregorio IX funda la Inquisición de Aragón.
Final del verano: Conquista de Morella y Ares por Blasco de Alagón.
Noviembre: El rey toma posesión del castillo.

1233 Preparativos de la toma de Borriana.
Mayo: Se inicia el sitio de Borriana.
Junio, 16: Toma de Borriana.

1234 **Primavera:** Comienzan a rendirse los castillos del norte de Castellón. Rendición de Peñíscola.
Edición de Gregorio IX del *Liber extra,* primera codificación del derecho canónico.
Mayo, 27: Boda de Luis IX con Margarita de Provenza.
Septiembre, 17: Entrevista de Huerta con Fernando III sobre los derechos de Alfonso de Aragón.
Octubre, 13: Pacto con Teobaldo de Navarra.
Diciembre: Entrega de licencia de conquista de Ibiza y Formentera a Guillem de Montgrí.

1235 **Marzo, 17:** Cortes of Tarragona sobre reglamentación cortesana.
Mayo, 11: Paces entre Blasco de Alagón y don Jaume por Morella.
Junio-septiembre: Razias por la huerta valenciana de Foyos y Montcada. En medio de estas fechas, incursión a Cullera.
Diciembre: Boda con Violante de Hungría.

1236 **Noviembre, 13:** La futura sede de Valencia se entrega a Tarragona.
Cortes de Monzón para definir la toma de Valencia.
Diciembre, 6: Juramento de fidelidad al obispo de Magalona, Jean de Montlaur.

1237 **Julio:** Don Jaume se instala en el Puig de Santa María. Se inicia el registro del *Llibre del Repartiment.*
Diciembre: Batalla del Puig, en la que los cristianos derrotan a la caballería árabe.

1238 **Enero:** El rey está en el Puig. Intento de abandono de su hueste.
Pascua: La reina Violante se acerca al Puig. Entre el 22 y el 26 de abril, la hueste se dirige hacia Valencia.
Junio: Las ciudades lombardas piden auxilio a Jaume contra Federico II.
Agosto, 28: El obispo de Magalona, Montlaur, entrega Montpellier a Raimundo de Tolosa.
Mitad de septiembre: Zayyan envía un emisario a negociar. El 15 vuelve. **28:** Se firma la rendición.
Octubre, 9: Entra la comitiva cristiana.

1239 **Marzo, 20:** Bula de excomunión de Federico II.
Abril: Toma de posesión de las propiedades asignadas en Valencia. Establecimiento de la *Costum* primitiva de Valencia.

Junio: El rey se dirige a Montpellier a deshacer la conjura de Bonifaci. Barcelona: embarazo de la reina Violante de Pere.
Octubre: Reunión de los condes de Tolosa y Provenza con Jaume para tratar del Mediodía contra san Luis.

1240 **Enero-febrero:** Visita de don Jaume al castillo de Bairén, cerca de Gandía.
Primavera: Nace el infante Pere en Valencia.
Junio: Registro y reparto definitivo de Valencia. Hostilidades con Xàtiva en junio.
Septiembre: Entrega de Bairén.

1240-1243 Ferrer de Pallarés, obispo de Valencia.

1241 **Enero, 1:** Jaume rehace el testamento.
Marzo, 12: Montpellier. Firma de la paz con el obispo de Magalona.
Junio: Visita a Aix-en-Provence. Divorcio de Sancha de Aragón y de Raimundo VII. Pactos con Tolosa y Provenza. En agosto, nueva boda por poderes de Sancha de Provenza, hija de Ramon Berenguer, con Raimundo.
Agosto, 22: Muerte de Gregorio IX.

1241-1242 Hostilidades de las casas catalanas contra Francia en la frontera.

1242 **Enero, 19:** Muerte de Nuño Sans, conde de Rosellón. El rey toma posesión del condado.
Julio: Batalla de Taillebourg, donde es derrotado Raimundo por san Luis.
Verano: Rendición de enclaves del norte de Castellón. Regreso del rey a Valencia.
Agosto: Rendición de Alzira.

1243 **Mayo, 30:** Nacimiento del infante Jaume en Montpellier.
Junio: Elegido papa Inocencio IV en Agnani.
Noviembre: Regreso a Valencia.
Finales: Cortes de Daroca.

1244 **Enero:** Se inicia el sitio de Xàtiva. Declaración de Barcelona sobre el resultado de las Cortes de Daroca.
Febrero: Regreso al sitio de Xàtiva. Alfonso entra en Calatayud al frente de un pequeño ejército. Alfonso X, todavía príncipe, merodea por Xàtiva.
Marzo, 24 y 26: Encuentros en la raya de Villena entre Jaume y Alfonso.
Mayo: Rendición de Xàtiva.
Septiembre: Toma de Biar.
Diciembre, 2: Inocencio IV en Aviñón.

1245 **Febrero:** Cumplimiento de la conquista prevista en el tratado de Cazola.
Arnau de Peralta, obispo de Valencia.
Permuta del feudo de Mallorca por castillos del norte de Valencia a Pedro de Portugal.
Primer Concilio de Lyon para el día de San Juan.
Fundación de la escuela de árabe en Valencia, impulsada por dominicos.
Julio, 17: Deposición de Federico II en Lyon.
Agosto: Muerte de Ramon Berenguer V.
Septiembre, 13: Régimen municipal de Valencia. El rey en Valencia.

1246 Carlos de Anjou se casa con Beatriz de Provenza tras la muerte de Ramon Berenguer V.
Marzo-mayo: El rey en Montpellier.
Junio: Asunto de Berenguer de Castellbisbal. Solución en Lleida, octubre de 1246.

Noviembre, 26: Boda de Violante con Alfonso de Castilla en Valladolid.
1247 **Primeros:** Cortes de Huesca. Promulgación de fueros de Aragón.
1247-1248 Primeras manifestaciones de la rebelión de Al-Azraq.
1248 **Enero, 19:** El rey rehace su testamento.
Arnau de Peralta es trasladado a Zaragoza. Andreu de Albalat, obispo de Valencia.
Marzo: Arrecian las rebeliones de los moriscos del sur.
Noviembre: Elección de Guillermo de Holanda como emperador.
1249 **Pascua:** Tregua con Al-Azraq, de un año.
Septiembre, 27: Muerte de Raimundo VII de Tolosa.
1250 **Enero, 19:** Mejoras del régimen municipal de Valencia.
Febrero y marzo: Cortes generales de Alcañiz.
Pascua: Se lanza Jaume contra Al-Azraq.
Diciembre, 13: Muerte de Federico II.
1251 Estancia en Morella. Vigilancia a Pedro de Portugal, aliado de Alfonso.
La princesa Sancha se dirige a los Santos Lugares.
Muerte de Violante, el 12 de octubre, en Huesca. Muerte de Leonor, la primera esposa de Jaume.
Noviembre, 21: Sentencia de Alcañiz y Barcelona sobre el permiso al rey de repartir el reino.
1252 **Mayo, 30:** Muerte de Fernando III de Castilla.
Conflictos con el conde de Urgell.
Noviembre: Muerte de Blanca de Francia.
Julio: Muerte de Teobaldo de Navarra.
Agosto, 1: Tratado navarro-aragonés contra Castilla.
Septiembre: Reconciliación entre Alfonso de Aragón y Jaume. Confirmación de la herencia de Pere y Jaume.
Finales del verano: Alfonso X aspira a conquistar Navarra.
Septiembre, 23: Nuevos pactos con Alfonso de Aragón por los que se le entrega la gobernación general de Aragón.
1254 **Marzo, 11:** Alfonso de Aragón, nombrado heredero de Valencia. **20:** Muerte de Conrado de Sicilia.
Agosto y septiembre: Hostilidades en la frontera de Navarra con Castilla.
Verano: Regreso de san Luis de la cruzada. Ordenación del reino.
1255 Los nobles de Castilla, aliados de Jaume.
Junio: Principio de acuerdo entre san Luis y Jaume sobre la influencia catalana en Francia.
Otoño: Vistas de Calatayud entre Jaume y don Enrique de Castilla. Posible compromiso entre Constanza y Enrique.
Primeros de noviembre: Nace Fernando de la Cerda, infante de Castilla.
Marzo: Vistas de Soria y paces entre Aragón y Castilla. Pacto de matrimonio de Constanza con don Manuel.
Mayo: Relaciones de Jaume con Teresa Gil de Vidaura.
Muerte del emperador Guillermo de Holanda.
1257 **Enero:** Reunión en Frankfurt para elegir emperador. Alfonso y Ricardo de Cornualles se presentan. Elección de Alfonso el 1 de abril de este año.
Nacimiento del hijo primogénito de don Jaume en su relación con Teresa Gil de Vidaura, Jaime.

Coronación de Ricardo de Cornualles y Sancha de Provenza en Aquisgrán como Rey de Romanos.
Alfonso, heredero de Valencia.
Septiembre: Pere, procurador de Cataluña.

1258 **Mayo, 11:** Tratado de Corbeil.
Julio, 17: Aprobación del tratado.
Agosto, 11: Manfredo se corona rey de Sicilia.
Concesión de las ordenanzas marítimas a Barcelona.
Diciembre: El rey se dirige a la ciudad de Montpellier para reglamentar su bailía.

1259 **Enero:** Hostilidades entre Pere y Galceran de Cartellà.
Larga estancia de don Jaume en Montpellier. Intervención en los asuntos de Saboya.
Conflictos del rey con el conde de Urgell. Ofertas de paces en septiembre.
Paz de París entre san Luis y Enrique III.

1260 Fundación de la escuela de árabe en Xàtiva.
Primeros meses: Muerte de Alfonso de Aragón. Preparativos de la boda del infante Pere con Constanza de Sicilia.
Febrero, 11: Pere, procurador de Aragón.
Agosto: Se nombra gobierno para auxiliar a Pere.
Octubre, 15: Pere jura no aceptar la división de los reinos.

1261 La Inquisición, en poder de los dominicos.
Abril: Guerra en Cataluña contra el conde de Urgell. Don Jaume jura los fueros de Valencia.
Mayo: Muerte de Alejandro IV. Le sucede Urbano IV.
En Benifassà se traduce *Els Furs* a la lengua romance.
Final del Imperio latino de Oriente.

1262 **Enero:** Viaje a Montpellier. Rebelión de Marsella contra el duque de Anjou.
Junio: Matrimonio de Pere con Constanza de Sicilia en Montpellier.
Julio: Boda de Isabel con Felipe el Atrevido.
Agosto, 21: Testamento casi definitivo de Jaume. Valencia pasa a ser herencia de Pere.
Noviembre: Tensiones con el duque de Anjou.

1263 **Marzo, 25:** Edicto para facilitar conversiones de moros y judíos.
Agosto: Carlos de Anjou, nombrado senador romano. Medidas represivas contra los libros de los judíos. Polémica de Nahmanidas ante don Jaume.
Rebelión mora en Murcia. Alfonso se dirige a su suegro. Amagos de rebelión de los Cornell y otros nobles.

1264 Jaume prepara la guerra para auxiliar a Alfonso X.
Octubre: Represión angevina en Marsella contra los aliados de Cataluña.
Noviembre: Reunión de las Cortes catalanas para apoyar a Murcia. **28:** Se inician Cortes de Aragón para decidir la ayuda a Murcia.

1265 **Febrero, 17:** Intentos de divorcio de Teresa Gil de Vidaura.
Abril, 13: Régimen municipal de Barcelona; se permite reducir los jurados de ocho a cuatro y los consejeros de doscientos a cien.
Abril-mayo: Cortes de Ejea.
Mayo, 14: Flota de Génova y Papado dirigida por Anjou contra Sicilia.
Junio, 28: Carlos de Anjou, nombrado rey de Sicilia.
Don Jaume recorre Aragón recogiendo gente para la campaña de Murcia.

Agosto: Don Jaume en tierras de Tolosa.
Noviembre, 1: Fundación del convento Gratia Dei por Teresa Gil de Vidaura.
Diciembre: Entrevista con Alfonso X en Alcaraz sobre la conquista de Murcia. Campaña de Murcia.

1266 **Enero:** El Papa insta a Jaume a que abandone a Berenguela Alfonso.
Febrero: Toma de Murcia. **26:** Batalla de Benevento y muerte de Manfredo.
Abril: Mejoras en el régimen municipal de Valencia.

1267 **Febrero:** Sentencias sobre disputas nobiliarias en Cataluña.
Abril: Lizana desafía al rey don Jaume.
Octubre: Problemas de falsificación de moneda en Tarazona.

1268 **Enero:** Acuerdo de Pere con la nobleza catalana para defender los derechos de su esposa Constanza. Muerte de la princesa María de Aragón en Zaragoza.
Marzo: Muerte del conde Alvar de Cabrera de Urgell. Problemas con la nobleza catalana.
Agosto, 23: Batalla de Tagliacozzo y derrota de Conradino ante las tropas de Anjou.
Noviembre: Guerra por la sucesión de Urgell tras la muerte de Alvar.
Diciembre-enero 1269: Visita a Toledo para oír la misa de su hijo Sancho como arzobispo. Primeros preparativos de la cruzada.

1269 **Enero:** Acuerdos del infante Pere con la nobleza catalana rebelde.
Reunión de Huerta de la familia real para impedir la cruzada de don Jaume.
Agosto: Viaje de don Jaume a Mallorca para preparar la ida a los Santos Lugares.
Septiembre, 4: Salida de la escuadra de la cruzada. Desembarco en Montpellier el día 11 tras el fracaso.

1270 Muerte de san Luis de Francia.
Enero: Segunda visita de don Jaume a Murcia.
Febrero: Abandono de Acre por parte de los cruzados catalanes.
Noviembre, 27: Entrada de don Jaume en Burgos para las bodas de Fernando de la Cerda.

1271 **Abril:** Encuentro de Jaume y Alfonso X.
Agosto: Problemas con los señores de Luna.

1272 **Enero:** Petición de entrevista de Alfonso X en Alicante; atisbos de rebelión.
Febrero: Estallan los conflictos con el hijo bastardo Fernando Sánchez de Castro.
Abril: Hostilidades en Francia entre el rey Felipe y el conde de Foix.
Junio: Muerte en Narbona de Berenguela Alfonso. El rey, enfermo, realiza testamento en agosto.

1273 **Enero:** Situación de rebelión sarracena al sur de Andalucía y de los nobles catalanes.
Mayo: Intentos de solución del conflicto entre los dos hermanastros, Pere y Fernando Sánchez de Castro.
Diciembre: Reconciliación de don Jaume con Pere en Xàtiva.

1274 **Febrero:** Intento de reunir a todas las aljamas de Valencia en Barcelona.
Muerte de santo Tomás de Aquino antes de ir al Concilio de Lyon.
Mayo, 7: II Concilio de Lyon.
Junio: Se agravan las hostilidades con los nobles catalanes.
Septiembre: Evidencia de alianza entre nobles catalanes y Sánchez de Castro. Estalla el asunto de Navarra. Cortes de Olite.

Navidades: Reunión de la familia real de Alfonso con don Jaume, camino de Lyon.

1275 **Enero:** Blanca de Navarra se lleva a Francia a su hija Juana. Pere no es aceptado como rey. Convocatoria de Cortes generales en Lleida. Fracaso.
Mayo: Derrota de Castilla ante Ben Yusuf. Muerte de don Sancho, arzobispo de Toledo.
Junio: Sánchez de Castro muere a manos de los hombres de Pere junto al Cinca.
Julio: Campaña contra el conde de Ampurias.
Noviembre: Cortes de Lleida. Preparativos para auxiliar a Alfonso X.
Noticia de la muerte de Fernando de la Cerda.
Diciembre: Rebelión de los sarracenos y alborotos en Valencia.

1276 **Abril:** Pere se apresta a destruir la rebelión nobiliaria.
Marzo-junio: Campaña del rey contra los moros del sur valenciano.
Junio: Reunión de Pere y Jaume en Xàtiva.
Julio, 21: Abdicación de Jaume. **23:** Marcha a Valencia. **26:** El rey muere.

Bibliografía

A) Series documentales

Archivo de la Corona de Aragón, *Colección de Documentos Inéditos,* 2.ª época, Vol. XLIII. *Privilegios reales concedidos a la ciudad de Barcelona,* Barcelona, 1971, edición a cargo de Antonio M. Aragó y Mercedes Costa, bajo la direccion de Federico Udina Martorell.
— Pergaminos de Jaume I y Registros de Jaume. 28 registros en 33 volúmenes.
Bofarull, P., *Colección de Documentos Inéditos del ACA,* 41 vols. Barcelona, 1847-1910. Sobre todo, *Repartiment de Valencia,* vol. XI, Barcelona, 1856.
Bofarull i Sans, F. A. de, «Jaime I y los judíos», *I CHCA,* Stampa d'en F. Altés, Barcelona, 1909, págs. 819-943.
Burns, R. I., *Diplomatarium I: Societat i Documentació, Introducció,* Tres i Quatre, Valencia, 1988.
— *Diplomatarium,* vol. II, *Els fonaments del regne Croat de València. Rebel·lió y Recuperació, 1257-1263,* Tres i Quatre, Valencia, 1995.
Cabanes, A., y Ferrer Navarro, R., *Llibre de Repartiment del Regne de Valencia,* Zaragoza, 1979-1980, 3 vols.
Chabás, R., *El Archivo,* I-V, con diversas series de documentos, Imprenta de Pedro Botella, Denia, 1886-1891.
Cunchillos Planos, S., «Inventario analítico de documentos de la serie "Cartas reales" de Jaime I del Archivo de la Corona de Aragón», *X CHCA,* Partes 3, 4 y 5, Institución Fernando el Católico, CSIC, Zaragoza, págs. 485-508.
González Hurtebise, E., «Recull de documents inédits del rey Jaume I», *I CHCA,* págs. 1181 y sigs.
Huici Miranda, A., *Colección diplomática de Jaime I el Conquistador,* vol. 3, 1.ª y 2.ª partes, 1218-1274, y docs. 1001-1483, Renovación Tipográfica, Valencia, 1920 y 1923.

Abreviaturas:

CHCA   Congresos de Historia de la Corona de Aragón. (Lleva el número del congreso antes, en números romanos.)
I CHCA Stampa d'en F. Altés, Barcelona, 1909.
X CHCA Institución Fernando el Católico, CSIC, Zaragoza, 1979.
BSCC   Boletín de la Sociedad Castellonense de Cultura.
AHDE   Anuario de Historia del Derecho Español.
BAE   Biblioteca de Autores Españoles
EEMCA   Estudios de la Edad Media de la Corona de Aragón.

HUICI MIRANDA, A., y CABANES PECOURT, M. D., *Documentos de Jaime I de Aragón,* 5 vols., Anubar Ediciones, Valencia-Zaragoza, 1976 y sigs.

LLORENS Y RAGA, P.-Ll., «Colección diplomática de Jaime I el Conquistador en el Archivo Metropolitano de Valencia», *BSCC,* LII, octubre-diciembre 1976, págs. 265-282.

MARTÍNEZ FERRANDO, J. E., *Archivo de la corona de Aragón: Catálogo de la documentación relativa al antiguo reino de Valencia contenido en los Registros de Cancillería Real,* 2 vols., Madrid, 1934.

MIRET I SANS, J., *Itinerari de Jaume I «El Conqueridor»,* Institut d'Estudis Catalans, Palau de la Diputació, Barcelona, 1918.

Monumenta Hispaniae Vaticana, Sección Registros, diversos volúmenes. Roma, Instituto Español de Historia Elleriastica.

OLLICH I CASTANYER, I., «Aspectes econòmics de l'activitat dels jueus de Vic, segons el *Libri Iudeorum* (1266-1278)», *Libri Iudeorum,* en *Miscel·lània de Textos Medievals,* 3, CSIC, Barcelona, 1985. Con la edición de 323 documentos de la época.

PARRA BALLESTER, J. M., *Los pergaminos de la Cancillería Real del Archivo Municipal de la ciudad de Alzira,* Ayuntamiento de Alzira, Alzira, 1984.

PÉREZ PÉREZ, D., «Documentos de Jaime I en el Archivo del Reino de Valencia», *X CHCA,* Partes 3, 4 y 5, págs. 557-574.

REGNÉ, J., *Catalogue des actes de Jaime I, Pedro III et Alfonso III, rois d'Aragon, concernant les juifs (1213-1327),* 2 vols., París, 1920. Luego ha sido mejorado por Assis-Gruzman, *History of the Jews in Aragon: Regesta and Documents, 1213-1327,* Jerusalén, 1978.

B) FUENTES

ALANYÀ, Lluís, *Aureum Opus regalium privilegiorum civitatis regnum Valentiae,* Felipe Mey, València, 1515. Edición facsímil y transcripción del Ayuntamiento de Valencia, Valencia, 2000.

ALFONSO X EL SABIO, *Memorias históricas del Rei D. Alonso el Sabio y observaciones a su chronica,* Joachim Ibarra, Madrid, 1777.

— *Las Siete Partidas,* edición de D. José Betti, Benito Monfort, Valencia, 1767.

— *Crónica,* BAE, Ediciones Atlas, Madrid, 1955.

ARNAU DE VILANOVA, *De mysterio cymbalorum,* ed. de J. M. Pou, *Archivo Ibero Americano,* XI, 1919, págs. 166-167.

BELDA, J., *Coronica de los moros de España,* Felipe Mey, Valencia, 1618. Edición facsímil de la Biblioteca Valenciana y Universidad de Valencia, 2001. Con estudio introductorio de Bernard Vicent y Rafael Benítez Sánchez-Blanco.

BEUTER, P., *Primera part de l'historia de Valencia,* Valencia, 1538. Ahora en reproducción facsímil por edición del Consell Valencià de Cultura, Valencia, 1995. Introducción de Josep Vicent Escartí.

— *Segunda Parte de la Coronica General, y especialmente de Aragón, Cathaluña y Valencia,* Pedro Patricio de Mey, Valencia, 1604. Ahora en la misma edición facsímil que la anterior.

BLANCAS, J., *Comentario de las cosas de Aragón,* trad. de Manuel Hernández, Diputación Provincial de Zaragoza, 1878. Edición facsimilar de las Cortes de Aragón, Zaragoza, 1995. Introducción de G. Redondo y E. Sarasa.

BLAY ARBUXECH, G., *Sermo de la S. Conquista de la molt insigne, noble, leal e coronada ciutat de Valencia,* Geroni Vilagrasa, Valencia, 1666.

CABANES PECOURT, M. D., *Vidal Mayor,* Zaragoza, 1966.

CAPPELLANO, A., *De amore* (trad. francesa), Klincksieck, París, 1974.

Crónica de San Juan de la Peña, Diputación Provincial, Zaragoza, 1876.

DELGADO ECHEVARRÍA, J., *Fueros, Observancias y Actos de Corte del Reino de Aragón,* edición de la obra de P. Savall y S. Penen, Zaragoza, 1991.

DIAGO, F., *Historia de la Provincia de Aragón de la orden de predicadores, desde su origen y principios hasta el año de mil y seiscientos,* ed. por Sebastián de Cormellas, en Santa Catherina Mártir de Barcelona, 1599.

— *Anales del reyno de Valencia,* t. I, Pedro Patricio Mey, Valencia, 1613.

Disputa de Barcelona de 1263, entre mestre Mossé de Girona y Fra Pau Cristià. Investigación inicial de Jaume Riera y Sans. Traducción de los textos hebreos y latinos, y notas de Eduard Feliu. Pórtic de Pasqual Maragall, Columna, Barcelona, 1985.

ESCAPLES DE GUILLÓ, P., *Resumen historial de la fundación y antigüedad de la ciudad de Valencia de los edetanos, vulgo del Cid, sus progresos, ampliación y fábricas insignes, con notables particularidades,* Antonio Bordazar, Valencia, 1738.

ESQUERDO, O., *Nobiliario Valenciano,* 2 vols., Biblioteca Valenciana, Valencia, 2002.

FERNÁNDEZ DE HEREDIA, J., *Grant Corónica de los Conquistadores. Gestas del rey don Jaime de Aragón,* ed. de Foulché Delbocs, Madrid, 1908.

FLÓREZ, H., *Theatro geográfico-histórico de las iglesias de España, origen, divisiones y límites... antigüedad, traslaciones y estado... en todos los dominios de España y Portugal,* Antonio Marín, 1747 y sigs.

FUSTER Y TORONGER, J. P., *Biblioteca Valenciana de los escritores que florecieron hasta nuestros días, con adiciones y enmiendas a la de D. Vicente Ximeno,* Real Academia de Cultura Valenciana, Valencia, 1999. Reproducción facsímil de la edición de Imprenta y Librería de Idelfonso Mompié, 1830.

GÓMEZ MIEDES, B., *La historia del muy alto e invencible rey Don Jaime de Aragón primero de este nombre,* Pedro de Huete, 1584, Javier Boronat editor, Valencia, 1986.

JIMÉNEZ DE RADA, R., *Historia de los hechos de España,* Alianza Editorial, Madrid, 1989.

LAMARCA MORATA, L., *Noticia histórica de la conquista de Valencia por su rei D. Jaime I de Aragón,* Mallen y Sobrinos, Valencia, 1838.

Liber Jurium Reipublicae Genuensis, en *Monumenta Historia Patriae,* 2 vols., Turín, 1854-1857.

LÓPEZ DE AYALA, P., *Crónicas de los reyes de Castilla Don Pedro, Don Enrique II, Don Juan I, Don Enrique III, por D. Pedro L. A., canciller mayor de Castilla, con las enmiendas del secretario Jerónimo Zurita y las correciones de Don Eugenio de Llaguno Amirola,* Don Antonio Sancha, Madrid, 1779.

LLULL, R., *Liber Predicationis contra Judeos,* ed. por J. M. Millás Vallicrosa, Madrid, 1957.

MARTÍ, R., *Pugio fidei Raymundi Martini ordinis praedicatorum adversus mauros et iudaeos* con las observaciones del presbítero y ex senador de Burdeos Joseph de Voisin de París. Con el epígrafe *Nunc primum in lucem editus,* Mathurinum Hanualt, en la Via Iacoboea, sub signo Angeli Custodis y apud Iohannem Henault, sub signo S. Rapfael y cerca de San Benito, 1651.

— «De Se[c]ta machometi o de origine, progressu, et fine quadriplici reprobatione prophetiae eius», ed. por Josep Hernando, *Acta Historica et Archeologica Mediaevalia,* 4, Facultad de Geografía e Historia, Barcelona, 1983, págs. 9-67.

Memorias de D. Fernando IV de Castilla, que contiene la Crónica de dicho rey, copiada de un códice existente en la biblioteca nacional, anotada y ampliamente ilustrada por D. Antonino Benavides, Imprenta de José Rodríguez, Madrid, 1860.

PÉREZ MARTÍN, A., *Las Glosas de Pérez de Patos a los fueros de Aragón,* Institución Fernando el Católico, Zaragoza-Instituto de Derecho Común Europeo, Murcia, 1993.

PUJOL, M., *Jaume I, Llibre dels Feyst,* Teide, Barcelona, 1991.

Quatre Grans Cròniques: Jaume I, Bernat Desclot, Ramon Muntaner, Pere IV, Les, revisión del texto, prólogos y notas por Ferran Soldevila, 2.ª ed., Editorial Selecta, Biblioteca Perenne, fundada por Josep M. Cruzet, Barcelona, 1983.

ROVIRA ARMENGOL, J., *Usatges de Barcelona y commemoriacions de Pere Albert,* Els Nostres Classics, Editorial Barcino, Barcelona, 1933.

SAMPER I GORDEJUELA, H., *Montesa Ilustrada: Origen, fundación, principios, institutos, casos, progressos, iuridición, derechos, privilegios, preeminencias... de la... Religión militar de N. S. Santa de Montesa y San Jorge de Alfama,* Real Colegio de la Orden de Montesa, Valencia, 1669.

SICULO, L. M., *Crónica d'Aragon,* Juan Jofré, Valencia, 1524.

TEIXIDOR, J., *Antigüedades de Valencia. Observaciones críticas donde con instrumentos auténticos se destruye lo fabuloso dejando en su debida estabilidad lo bien fundado,* Valencia, 1767. Imprenta de Francisco Vivas Mora, 1895; reprod. Librerías París-Valencia, 2001, 2 vols.

— *Episcopologio de Valencia,* ed. de A. Esponera Cerdán, O. P., Facultad de Teología de San Vicente Ferrer, Valencia, 1998.

VAGAD, G. F. de, *Coronica de Aragón,* Zaragoza, 1499; edición facsímil de las Cortes de Aragón, introd. de M. C. Orcástegui Gros, Zaragoza, 1996.

VICIANA, M., *Libro tercero de la Crónica de la ínclita y coronada ciudad de Valencia y su reino,* ed. a cura de Joan Iborra, Universidad de Valencia, Fuentes Históricas Valencianas, 2002.

VILLANUEVA, J. y J. L., *Viaje literario a la iglesia de Segorbe,* ed. de Pablo Pérez García, Segorbe, 2001.

— *Viaje literario a las iglesias de España,* ed. digital de Faximil y Biblioteca Valenciana, Valencia, 2001.

VILLARROYA, J., *El real Maestrazgo de Montesa. Tratado de todos los derechos, bienes y pertenencias del patrimonio y maeztrazgo de la real y militar orden de santa María de Montesa y san Jorge de Alfama,* vols. I y II, Imprenta de B. Monfort, Valencia, 1787.

— *Disertación sobre la justicia y utilidad de una ley que declara a favor del real fisco la pertenencia de bienes de realengo, sutyados en el reino de Valencia, que se destinan a manos muertas a quienes falta la habilitación del príncipe,* Josep de Orga, Valencia, 1789.

— *Colección de cartas histórico-críticas en que se convence que el rey D. Jayme no fue el verdadero autor de la Crónica o comentarios que corren a su nombre,* Oficina de Don Benito Monfort, Valencia, 1800.

— *Los apuntamientos para escribir la historia del derecho valenciano y verificar una perfecta traducción de los fueros, recogios por D. Joseph Villarroya, del consejo de S. M.,* Joseph Orga, Valencia, 1804.

ZURITA, J., *Anales de la Corona de Aragón,* ed. Ángel Canellas López, Inst. Fernando el Católico, CSIC, Zaragoza, 1976 [cito por edición 1610].

— *Índices de las gestas de los Reyes de Aragón desde comienzos del reinado al año 1410,* ed. de Ángel Canellas López, Inst. Fernando el Católico, CSIC, Zaragoza, 1984.

C) Bibliografía

Agamben, G., *Estancias. La palabra y el fantasma en la cultura medieval,* Pre-Textos, Valencia, 1995.
Aguilar y Serrart, F., *Noticias de Segorbe y de su obispado,* 2 vols., Impr. F. Romaní y Suay, Segorbe, 1890. Edición facsímil, Bancaja, Segorbe, 1999.
Aguiló, E., «Antigues franqueses y privilegis del regne», *Boletín de la Sociedad Arqueológica Lulina* VI: 129-130 (1895-1896).
Almagro Barch, M., *Historia de Albarracín y su sierra,* 4 vols., Instituto de Estudios Turolenses, Teruel, 1959-1964.
— *Presencia histórica de la sede de Segorbe en el reino de Valencia,* Departamento de Publicaciones del Instituto Laboral, Segorbe, 1960.
Alomar, G., *Cátaros y occitanos en el reino de Mallorca,* Luis Ripoll editor, Palma de Mallorca, 1978.
Álvarez Palenzuela, Á., «Cristianos, musulmanes y judíos. Convivencia, tolerancia y conflicto», en *Año 1000, año 2000. Dos milenios en la historia de España,* Luis Ribot, Julio Valdeón, Ramon Villares, España Nuevo Milenio, Madrid, 2001, vol. II, págs. 275-301.
Amari, M., *La guerra del vespro siciliano,* Tipografia dell'Arte della Stampa, Florencia- Ulrico Hoepli, Milán, 1886-1887.
Ángel, M., y Salomon, H. P., «"Nahmanides" Approach to Midrash in the Disputation of Barcelona», en *American Sephardi* 6: 41-51 (1973).
Ascheri, M., *Instituzioni Medievali,* Il Mulino, Bolonia, 1994.
Asperti, S., «Indagani sul *Llibre del Feyts* di Jaume I: dell'original all'arquetipo», *Romanistisches Jahrbuch* 33: 269-282 (1982).
— «Il re e la Storia. Proposte per una nuova lettura del "Llibre dels Feyts" de Jaume I», *Romanistiche Zeitschrift für Literaturgeschichte* 3-4: 275-296 (1983).
Atlas Gráfico de España, Aguilar, Madrid, 1990.
Aurell i Cardona, M., «Els fonaments socials de la dominació catalana a Provença sota Alfons el Cast (1166-1196)», *Acta Mediaevalia* 5-6: 83-110 (1984-1985).
Balaguer i Merino, A., «Un document inédit relatif à la Chronique catalane du Roi Jacme 1er d'Aragon», *Revue des Langues Romanes* XII: 161-166 (1877).
Belenguer i Cebrià, E., *Jaume I a través de la Historia,* 2 vols., Editorial Tres i Quatre, Valencia, 1984.
— «Jaume I», en VV.AA., *En torno al 750 aniversario,* págs. 279-303.
Ballesteros Beretta, A., «Alfonso X de Castilla y la corona de Alemania», *Revista de Archivos, Bibliotecas y Museos,* enero-febrero, Madrid, 1916.
— *Alfonso X, emperador (electo) de Alemania. Discursos leídos ante la Real Academia de la Historia en la recepción pública del señor don A. B. y B.,* Establecimiento Tipográfico de Juan Pérez Torres, Madrid, 1918.
— *Itinerario de Alfonso X,* en Boletín de la Academia de la Historia, CIV-CV, 1934; CVI-CVII, 1935, y CVIII-CIX, Madrid, 1936.
— *Alfonso X el Sabio.* Con índices de Miguel Rodríguez Llopis, Ediciones El Albir, Barcelona, 1984.
— *Sevilla en el siglo XIII,* Libanó, Sevilla, 2001.
Ballesteros Gaibrois, M., *Don Rodrígo Jiménez de Rada,* Barcelona, 1936; reed. Labor, Barcelona, 1943.

BARCELÓ TORRES, C., *Minorías islámicas en el País Valenciano. Historia y Dialecto,* Universidad de Valencia, Instituto Hispano-Árabe de Cultura, Valencia, 1984.

BARCELONA, M. DE, «L'ordre franciscá i la casa reial de Mallorques», *Estudis franciscans,* 1923, vol. 30, págs. 363-365.

BARKAI, R., *Cristianos y musulmanes en la España medieval. El enemigo en el espejo,* Rialp, Madrid, 1984.

BARRERO GARCÍA, A. M., «El derecho romano en los *Furs de València* de Jaume I», *Actas del Primer Congres de Historia del País Valenciá, Valencia, 1971,* Valencia, 1980, págs. 471-478. Antes en *AHDE,* 1972, págs. 639-664.

BASTARDAS, J., «Sobre la problemàtica dels *Usatges* de Barcelona. Discurs de recepció a la Reial Acadèmia de Bones Lletres de Barcelona», Barcelona, 1977.

BASTARDAS, J.; GRÀCIA, T.; DE NADAL, Ll., y PUIG I USTRELL, P., *Usatges de Barcelona. El codi a Mitjan segle XII. Establiment del text llatí y edició de la versió catalana del manuscrit del segle XIII de l'Arxiu de la Corona d'Aragó de Barcelona,* Fundación Noguera, Barcelona, 1984.

BATLLE I GALLART, C., «El municipio de Barcelona en el siglo XIV», *Cuadernos de Historia,* anexo de la revista *Hispania* 8: 203-211 (1977), Madrid.

— «Sobre la fira de Barcelona (segle XIII)», en *Cuadernos de Arqueología e Historia de la Ciudad,* XVII: 129-139 (1977), Barcelona.

— «La vida y las actividades de los mercaderes de Barcelona dedicados al comercio marítimo (siglo XIII)», *XVII Coloquio de Historia Marítima,* Nápoles, 1980.

— «La familia i la casa d'un draper de Barcelona. Burget de Banyeres (Primera meitat del segle XIII)», *Acta Historica et Archeologica Mediaevalia* 2: 69-91 (1981).

— «La casa burguesa en la Barcelona del siglo XIII», en *La societat barcelonina a la baixa Edat Mitjana.* Acta Mediaevalia, Anexos d'Història Medieval, Annex, 1. Universitad de Barcelona, Facultad de Geografia e Historia, Pedralbes, Barcelona, 1983, págs. 9-51.

— «La burguesía de Barcelona a mediados del siglo XIII», en *X CHCA,* págs. 7-19, Institución Fernando el Católico, Zaragoza, 1979.

— «Les relacions entre Barcelona i Sicilia a la segona meitat del segle XIII», en *XI CHCA,* vol. I, págs. 147-185.

BATLLORI, M., «El pensament i la cultura del segle XIII a la Corona d'Aragó», en VV.AA., *En torno al 750 aniversario,* págs. 207-227.

BAUCELLS I REIG, J., «La sucessio dels comtes de Pallars en el dos-cents», en *X CHCA,* partes 3, 4 y 5, Institución Fernando el Católico, Zaragoza, 1979, págs. 21-37.

BELDA SOLER, M. A., «La economía familiar valenciana en el código de Jaume I (Furs de Valencia) y su proyección en el llamado privilegio marital», *VI CHCA,* págs. 393-402.

BENEYTO PÉREZ, J., «Sobre la territorialización del derecho valenciano», en *BSCC,* vol. XII, 1931, págs. 187-197.

— «Iniciació a la Història del Dret Valencià», Curso breve impartido en la Universidad Popular Valencianista los días 20-26 de febrero de 1934, *BSCC,* XV, 1934, págs. 97-109, 203-217; XVI, 1935, págs. 73-90.

— «El pasaje aristotélico *Política VII.4,* en la doctrina medieval española», en *BSCC,* XX, 1944, págs. 197-204.

BERMAN, H. J., *La formación de la tradición jurídica de Occidente,* FCE, México, 1996.

BETI, M., «Fundación del real monasterio de Benifazá», *II CHCA,* Diputación y Ayuntamiento de Valencia, 1923, vol. I.

BIGALLI, D., *I Tartari e l'Apocalippse. Ricerche sull'escatologia in Adamo Marsh e Ruggero Bacone,* Olschi, Florencia, 1971.
BIGLIERI, A., «Para una poética del retrato medieval: Sisebuto en la *Primera Crónica General»,* en *Exemplari Hispanica* 2: 64-75 (1992-1993).
— «Alfonso VI en la *Estoria de Espanna»,* en *Olivar, Revista de Literatura y Cultura Españolas,* año 2, págs. 11-27, Buenos Aires, 2001.
BLOCH, M., *Les rois thaumaturges, Étude sur le caractère surnatural attribué à la puissance royal particulièrment en France et en Angleterre,* Gallimard, París, 1983.
BOIS, G., *La gran depresión medieval: siglos XIV-XV. El precedente de una crisis sistémica,* Biblioteca Nueva, Universidad de Valencia, Valencia-Madrid, 2001.
BONILLA Y SAN MARTÍN, A., «El derecho aragonés en el siglo XII. Apuntes y Documentos», *II CHCA,* Justo Martínez, Huesca, 1920, págs. 173-294.
BONNASSIE, P., *La Catalogne du milieu du X a la fin du XI siècle,* Toulouse, 1975-1976.
BOSCOLO, A., «La mutación del siglo XIV en el Mediterráneo», *Cuadernos de Historia* 8: 15-23 (1977).
BRAMON, D., *Raons d'identitat del País Valencià,* Pere Sisé, Valencia, 1977.
— *Una llengua, dues llenguas, tres llenguas. Pels i senyals. Raons d'identitat del País Valencià,* Eliseu Climent editor, Valencia, 1977.
— «Institucions socials islàmiques y la seua perduració», en VV.AA., *En torno al 750 aniversario,* págs. 107-117.
BRIOSO Y MAYRAL, J. V., «Los infanzones en los fueros aragoneses de la época de Jaime I», en *X CHCA,* partes 3, 4 y 5, Institución Fernando el Católico, Zaragoza, págs. 61-70.
BROCÁ, G. M., *Historia del Derecho de Cataluña, especialmente del Civil,* Librería de Agustin Bosch, Barcelona, 1918.
BRODMAN, J. W., «The Mercedearian Order: the problem of Royal Patronage during the reign of James I», *X CHCA,* partes 3, 4 y 5, Institución Fernando el Católico, Zaragoza, págs. 71-76.
BRUGUERA, J., «Jaume I al segon concili de Lió», en *Miscel·lània A. Ramon i Serra,* Curial, Barcelona, 1979, págs. 119-126.
— «Vocabulari militar de la Crónica de Jaume I», *Homenatge a Josep M.ª de Casacuberta,* vol. I, Publicaciones de la Abadia de Montserrat, Barcelona, 1980, págs. 39-64.
— *Llibre dels Feyts,* Editorial Barcino, Barcelona, 1991.
— «Butlletí Bibliogràfic. La *Crònica* de Jaume I», *Arxiu de Textes Catalans Antics* 12: 409-418 (1993).
BRUNNER, O., *Storia sociale dell'Europa nel Medioevo,* Il Mulino, Bolonia, 1988.
BUESA CONDE, D., «La diócesis de Huesca-Jaca en tiempos de Jaime I», *X CHCA,* partes 3, 4 y 5, Institución Fernando el Católico, Zaragoza, págs. 77-85.
BURNS, R. I., *Jaume i els valencians del segle XIII,* Tres i Quatre, Valencia, 1981.
— *Colonialisme medieval. Explotació postcroada de la Valéncia islàmica,* Tres i Quatre, Valencia, 1987.
— *Societat i Documentació. Diplomatarium I. Introducció,* Tres i Quatre, Valencia, 1988.
— *L'Islam sota els croats. Vol. I: Supervivència colonial en el segle XIII al Regne de Valencia,* Tres i Quatre, Valencia, 1990.
— *L'Islam sota els Croats. Vol. II: Supervivència colonial en el segle XIII al Regne de Valencia,* Tres i Quatre, Valencia, 1990.

BURNS, R. I., *El regne Croat de València,* Tres i Quatre, Valencia, 1993.
— *Diplomatarium II,* Documents 1-500, Tres i Quatre, Valencia, 1995.
BUTZER, K. W.; BUTZER, E. K.; MIRALLES, I., y MATEU, J. F., «Una alquería islámica medieval de la Sierra de Espadán», *BSCC* LXI: 305-365 (1985).
CABANES PECOURT, M. D., «Aspectos demográficos de la conquista», en VV.AA., *En torno al 750 aniversario,* págs. 303-319.
CAGIGAS, I. de las, *Los mudéjares,* 2 vols., Instituto de Estudios Africanos, Madrid, 1948-1949.
CALASSO, R., «Rilegendo il "Liber augustalis"», en A. L. Trombetti Budriesi (ed.), *Il Liber augustalis di Federico II di Svevia nella storiografia,* Pàtron, Bolonia, 1987.
CALLADO ESTELA, E., *Iglesia, poder y sociedad en el siglo XVII. El arzobispo de Valencia fray Isidoro Aliaga,* Biblioteca Valenciana, Valencia, 2001.
CAMARENA MAHIQUES, J., y FURIO BELTRÁN, E., «El "repartiment" de la zona de Játiva», *X CHCA,* partes 3, 4 y 5, Institución Fernando el Católico, Zaragoza, págs. 87-111.
CAPMANY, A. de, *Memorias históricas sobre la marina, el comercio y artes de la antigua ciudad de Barcelona,* Cámara Oficial de Comercio y Navegación, Teide, Barcelona, 1961.
CARRERAS I CANDI, F., *La ciutat de Barcelona,* Establ. Editorial de Albert Martón, Barcelona, 1910.
— «La creuada a Terra Santa», *I CHCA,* págs. 106-139.
— «Desenrotllament de la institució notarial a Catalunya en lo segle XIII», *I CHCA,* págs. 751-789.
— «Primera traducció catalana de la Biblia», *Revista de Bibliografía Catalana,* IV, núm. 7.
CASTELL MAIQUES, V., *Proceso sobre la ordenación de la Iglesia valentina. 1238-1246,* 2 vols., ed. crítica y estudio, Corts Valencianes, Valencia, 1996.
— «Els mossarabs: els cristianism en Valencia abans de Jaume I», en VV.AA., *En torno al 750 aniversario,* págs. 182-198.
CATEURA BENNASSER, P., «Las cuentas de la colonización feudal (Mallorca, 1231-1245)», *En la España Medieval* 20: 57-141 (1997).
CEBRIÁN IBOR, S., «Los fueros de Valencia. Apuntes preliminares para su exposición y completo estudio», *III CHCA,* Imprenta Hijo de F. Vives Mora, Valencia, 1925.
CELLI, R., «Il principio del potere popolare nella genesi dei comuni italiani», en VV.AA., *Diritto et Potere nella storia Europea,* Olschki, Florencia, 1982, págs. 195-211.
CHABÁS, R., «Génesis del derecho foral valenciano», en *Opúsculos,* Consell Valenciá de Cultura, Generalitat Valenciana, Valencia, 1995.
— «Don Jaume el Conquistador y Al-Azraq», *El Archivo* IV: 280.
CHALMETA, P., «Estructuras socioeconómicas musulmanas», en VV.AA., *En torno al 750 aniversario,* págs. 13-53.
— «Territorio y sociedad. Al-Andalus», en *Año 1000, año 2000. Dos milenios en la historia de España,* págs. 393-409.
COHEN, J., «The Christian adversary of Salomon ben Adret», en *The Jewish Quarterly Review* LXXI: 48-55 (1980).
— *The Friars and the Jews. The Evolution of Medieval Anti-Judaism,* Ithaca-Londres/Cornell U.P., 1982.
CORDA, M., «Pisa, Genova e l'Aragona all'eppoca di Giacomo I nelle fonti narrative», *X CHCA,* partes 3, 4 y 5, págs. 579-588.

CORIOLANO, C., *Els trobadors,* IVEI, Valencia, 1994.
CORRAL LAFUENTE, J.-L., y SÁNCHEZ USÓN, M. J., «Bases para la construcción del modelo económico en el Mediterráneo occidental en la segunda mitad del siglo XIII», en *XI CHCA,* 1982, vol. I, págs. 407-417.
COSTA, M., «La casa dels senyors d'Ayerbe, d'origen reial», *Medievalia* 8: 99-132 (1989).
— «Assaig cartografic sobre la Catalunya de Jaume I», *X CHCA,* partes 3, 4 y 5, Institución Fernando el Católico, Zaragoza, pág. 463.
COY COTONAT, A., «El derecho llamado "furnático" en el siglo XIII», *I CHCA,* páginas 190-193.
CRUZ I RODRÍGUEZ, J., «Pere de Capellades, notari de la Cancilleria de l'infant Jaume, tutor del rei Jaume de Mallorques: esbos biogràfic d'un funcionari del segle XIII», *XIII CHCA,* págs. 179-198.
CUADRADO, J. M., *Historia de la conquista de Mallorca. Crónicas inéditas de Marsilio y de Desclot en su texto lemosín, vertida la primera al castellano,* Imprenta de Esteban Trías, Palma de Mallorca, 1850.
D'ABADAL, R., *Els primers comtes catalans,* Teide, Barcelona, 1958.
— *Dels visigots als catalans,* 2 vols., Edicions 62, Barcelona, 1969-1970.
— *Pere el Ceremoniós y els inicis de la decadència politica de Catalunya,* Edicions 62, Barcelona, 1972.
— «Les Partidas a Catalunya durant l'Edat Mitja», en *Estudis Universitaris Catalans* VI: 13-37 y 159-180 (1912).
— «A propos de la domination de la maison comtale de Barcelona sur le midi français», *Annales du Midi,* 1964, págs. 315-347.
D'ABADAL, R.; RUBIO, J.; SOLDEVILA, F.; TARRADEL, M., y VICENS VIVES, J., *Moments crucials de la Historia de Cataluña,* Vicens Vives, Barcelona. 1962.
DANTE, *Divina Comedia,* ed. bilingüe italiana y catalana de J. F. Mira, Editorial Proa, Barcelona, 2000.
D'ARCO Y GARAY, R., «El obispo don Jaime Saroca, consejero y gran privado del rey D. Jaime el Conquistador», *Boletín de la Real Academia de Buenas Letras de Barcelona,* 59 págs. 1917, Separata n.º 66-67, año XVII.
DIAGO HERNANDO, M., «La monarquía castellana y los Staufen. Contactos políticos y diplomáticos entre los siglos XI y XIII», *Espacio, Tiempo y Forma,* vol. III, núm. 8, UNED, 1995.
DÍAZ MANTECA, E., *El Libro de Poblaciones y Privilegios de la Orden de Santa María de Montesa, 1234-1490,* Historia i Documents, Diputación de Castellón, Castellón, 1987.
DONDAINE, Antoine (O. P.), «Durand de Huesca et la polémique anti'cathare», *Archivum Fratum Praedicatorum,* vol. 26, 1946, págs. 228-277.
DOREZ L. Y GUIRAUD, J., *Les registres d'Urbain IV,* Bibliothèque des Ecòles Francaises d'Athènes et de Roma (1261-1264), París, 1899-1901, 4 vols.
DUBY, G., *La société aux XI et XII siècles dans la région mâconnaise,* Bibliothèque Générale de l'École Pratique des Hautes Études, París, 1953.
— *Le dimanche de Bouvines,* Gallimard, París, 1973.
— *Guillermo el Mariscal,* Altaya, Madrid, 1996.
— «Recherches sur l'evolution des institutions judiciaires pendant le X et le XI siècle dans le Sud de la Bourgogne», en *Hommes et structures du moyen âge. Recuil d'articles,* París, 1973, págs. 7-60.

DUBY, G., «El modelo cortés», *Historia de las mujeres en Occidente,* vol. II, Taurus, Madrid, 2000.
DUFOURCQ, CH., *L'Espagne catalane et le Maghrib aux XIII et XIV siècles,* Presses Universitaires de France, París, 1966.
— «La question de Ceuta au XIIIème siècle», *Hesperis. Archives Berbérées et Bulletin de l'Institut des Hautes Études Marocaines,* 1.º-2.º trimestres, págs. 102 y sigs., París, 1955.
DURAN, E., y REQUESENS, J., *Profecia y poder al Renaixement,* Ediciόns Tres i Quatre, Valencia, 1997.
ENGELS, O., «El rey Jaime I de Aragón y la política internacional del siglo XIII», en *Jaime I y su época, X CHCA,* Institución Fernando el Católico, Zaragoza, 1979, páginas 215-240.
ENSENYAT PUJOL, G., «El Lou dels genovesos: els canvis operat despres de l'anexió de Mallorca», *XIII CHCA,* págs. 73-83.
EPALZA, M. DE, «Estructura, evolució y esplendor de les taifes valencianes», VV.AA., *En torno al 750 aniversario,* págs. 129-141.
— «Los bereberes y la arabización del País Valenciano», *Miscelánea Sanchis Guarner,* Valencia, 1984, págs. 91-100.
— «L'ordenació del territori del País Valencià abans de la conquesta, segons Ibn-Al-Abbar (segle XIII)», en *Sharq-Al-Andalus,* Alicante, año V, 1988, págs. 41-67.
— «Attitudes politiques de Tunis dans le conflit entre Aragonais et Français en Sicile autour de 1282», *XI CHCA,* págs. 579-602.
EPALZA, M. DE, y LLOBREGAT, E., «¿Hubo mozárabes en tierras valencianas», *Instituto de Estudios Alicantinos. Revista de Investigación y Ensayos,* año XXXVI, 1982, págs. 7-31.
EPSTEIN, R. I., «The "Responsa" of Rabbi Solomon Ben Adreth of Barcelona (1235-1310) as a source of the History of Spain», *Studies in the communal life of the Jews in Spain as reflexted in the "Responsa",* Kegan Paul, Londres, 1925.
FALCÓN PÉREZ, M. I., «Historia de las ciudades y villas del reino de Aragón en la Edad Media», *En la España Medieval* 23: 395-439 (2000).
FERNÁNDEZ SERRANO, F., «La muerte y el epitafio de Don Sancho de Aragón, hijo de Jaime I, 1275», *X CHCA,* partes 3, 4 y 5, págs. 509-516.
FERNÁNDEZ Y GONZÁLEZ, F., *Estado social y político de los mudéjares de Castilla, considerados en sí mismos y respecto de la civilización española,* [s.e.], Madrid, 1866.
FERRER NAVARRO, R., *Conquista y repoblación del Reino de Valencia,* Del Senia al Segura, Valencia, 2001.
— «Aspectes demografics de la conquista, población preexistent y repobladó en el regne de Valencia», VV.AA., *En torno al 750 aniversario,* págs. 319-335.
FERRER I MALLOL, M. T., «Nous documents sobre els catalans a les fires de la Xampanya», *X CHCA,* partes 3, 4 y 5, págs. 151-159.
FICHTENAU, H., *Arenga. Späntike und Mittelalter im Spiegel von Urkundenformeln,* Mitteilungen des Institutes für Österreichische Geschichtsforschung, Erg. Bd. 18, Graz/Colonia, 1957.
FONDEVILLA, F., «La nobleza catalano-aragonesa capitaneada por Ferran Sánchez de Castro en 1274», *I CHCA,* págs. 1061-1169.
FONT I RIUS, J. M., «Los orígenes del régimen municipal de Cataluña», *AHDE,* 1945, págs. 389-529, y vol. XVII, págs. 229-585.
— «El desarrollo general del derecho en los territorios de la Corona de Aragón (siglos XII-XIV)», *VII CHCA,* págs. 289-326.

FURIÓ, A., «Senyors y senyories al País Valencià al final de l'Edat Mitjana», en *Revista d'Història Medieval* 8: 109-151, 1997.
FUSTER, J., *Obra Completa,* I, Tres i Quatre, València, 1968 y sigs.
GALLOFRÉ, G., y TRENCHS, J., «Almirantes y Vicealmirantes de la Corona de Aragón (1118-1462)», en *Miscel·lània de Textos Medievals,* 5, CSIC, Barcelona, 1989, páginas 117-194.
GARCÍA DE CORTÁZAR, J. A., *Historia de España.* Vol. 2: *La época medieval,* Alianza, Madrid, 1988, pág. 267.
GARCÍA EDO, V., «Los escribanos de la cancillería real en la conquista de Valencia por Jaume I», *BSCC* LXIV: 269-291 (1988).
— «Nuevas aportaciones documentales sobre Blasco de Alagón», *BSCC* LXVI: 287-301 (1989).
— «L'escut reial d'Aragó com element ornamental en el "signum" notarial valencià medieval», *BSCC* LXVI: 665-679 (1990).
— (ed.), *El llibre del dret valencià a l'època foral,* Biblioteca Valenciana, Valencia, 2002.
GARCÍA GALLO, A., *Curso de Historia del Derecho español.* Vol. 1: *Introducción e historia de las bases de formación del Derecho, de las fuentes y del Derecho público,* Gráfica Administrativa, Madrid, 1950.
GARCÍA GARCÍA, F., *El naixement del monestir cistercenc de la Valldigna,* Departament de Paleografia y Diplomàtica, Història Medieval, Universidad de Valencia, Valencia, 1983.
GARCÍA GARCÍA, H., «Estudios de Derecho foral valenciano», *BSCC* III: 388-389 (1922); V: 324-326 (1924).
— «Los fueros de Valencia y la *Costum* de Tortosa», BSCC XIV: 326-322 (1933).
— «La germanía», *BSCC* IX: 170-173 (1928); XXI: 23-30 (1945).
— «Estudios de Derecho foral valenciano: Posibilidad de un elemento consuetudinario en el código de Jaime I», *BSCC* XXIII: 428-450 (1947).
— «Un santo en la conquista de Valencia», *BSCC* XXV: 71 (1949).
— «Problemática acerca de los "Furs"», *BSCC* XXX: 7-105 (1954).
— «Real Monasterio de Santa María de Benifazá», *BSCC* XLIV: 19-35 (1968).
GARCÍA MARSILLA, J. V., «La génesis de la fiscalidad municipal en la ciudad de Valencia (1238-1366)», *Revista d'Història Medieval* 7: 149-170, 1996.
GARCÍA SANZ, A., «Las "consuetudines ilerdenses" y los "Furs de València"», *BSCC* XLI: 1-26 (1965).
GARGALLO, A., *Los fueros de Aragón,* Anubar, Zaragoza, 1992.
GARÍ, B., «El linaje de Entença en el Mediterráneo del siglo XIII», *XIII CHCA,* vol. III, 1982, págs. 151-163.
GARRIDO Y VALLS, J. D., *Jaume I y el regne de Murcia,* Colecció Bofarull, Rafael Dalmau Editor, Barcelona, 1997.
GAVÁ, J., «El ambiente científico de Montpellier en los siglos XIII y XIV», *Estudios Lulianos* 21: 59-65 (1977).
GAZULLA. F., *Jaime I de Aragón y los Estados musulmanes,* Imprenta La Renaixensa, Barcelona, 1919.
— «Don Jaime I de Aragón y la Orden de Nuestra Señora de la Merced», *I CHCA,* págs. 327-388.
GEARY, P., «Vivre en conflict dans une France sans État: Typologie des mécanismes de réglement des conflicts», *Annales* 41: 1207-1233 (1986).

GENICOT, L., *Le XIIIe siècle européen,* Presses Universitaires de France, París, 1968.
GEORGES, E., *Histoire du pape Urbain IV et de son temps,* Arcis sur Aube, 1866.
GIESE, W., «Der Reichtag vom 8. september 1256», *Deutsches Archiv für die Ersforschung des Mittelalter* 40: 573 (1984).
— «Waffen nach den Katalanischen Chroniken des XIII Jahrhunderts», *Volkstun und Kultur der Romanen,* vol. I, Heft 2, 1948.
GIMÉNEZ SOLER, A., *La Edad Media en la Corona de Aragón,* Editorial Labor, Barcelona, 1930.
GIRONA, D., «Mullerament del infant en Pere de Cathalunya ab Madona Constança de Sicilia», *I CHCA,* págs. 232-300.
GIUTESCHI CONTI, P. M., «La disponibilità nuziale e le sue riduzione nella società barbarica», *Medioevo e oltre, Georges Duby e la storiografia del nostro tempo,* a cura de D. Romagnoli, Clueb, Bolonia, 1999.
GLICK, Th., *Irrigation and society,* Harvard, Massachusetts, 1970. Nueva edición Biblioteca Valenciana, 2003.
— *Islamic and christian Spain in the Middle Ages. Comparative Perspectives on social and cultural formation,* Princeton U.P., 1979.
GOETZ, H. W., *Moderne Mediävistik, Stand und Perspektiven der Mittelalterforschung,* WbG, Darmstad, 1999.
GÓMEZ DEL CAMPILLO, M., «Un pergamino y un sello de Jaime I del Archivo Histórico Nacional», *BSCC* XXVIII: 169-172 (1952).
GONZÁLEZ, J., *Repartimiento de Sevilla,* 2 vols., CSIC, Escuela de Estudios Medievales, Madrid, 1951.
— «Las conquistas de Fernando III en Andalucía», *Hispania* VI: 515-631 (1946).
GONZÁLEZ ANTÓN, L., «Notas acerca de la evolución parlamentaria en Aragón en el reinado de Jaime I», *X CHCA,* partes 1 y 2, págs. 415-429.
GONZÁLEZ HURTEBISE, E., «Recull de documents inèdits del rei en Jaume I», *I CHCA,* 1908, págs. 1181-1252.
GONZÁLEZ JIMÉNEZ, M., «La gran propiedad en la Andalucía del siglo XIII», *En la España Medieval. Estudios dedicados al profesor Julio González,* Madrid, 1980, págs. 143-154.
GONZÁLEZ PALENCIA, A., *Historia de la España musulmana,* Labor, Barcelona, 1945.
GONZÁLVEZ RUIS, R., «El infante D. Sancho de Aragón, arzobispo de Toledo (1266-1275)», *Escritos del Vedat* VII: 97-122 (1977).
GOÑI GAZTAMBIDE, J., *Historia de la bula de Cruzada en España,* Editorial del Seminario, Victoria, 1958.
GROSSI, P., *L'ordine giuridico medievale,* Laterza, Roma, 2001.
GUAL CAMARENA, M., «Mudéjares valencianos, aportaciones para su estudio», *Saitabi* 7: 165-199 (1949).
— «Contribución al estudio de la territorialidad de los Fueros de Valencia», en *Estudios de la Edad Media en la Corona de Aragón,* vol. III, págs. 269-289.
— «La corona de Aragón en la repoblación murciana», *VII CHCA,* vol. II, Barcelona, 1962, págs. 303-310.
GUDIOL, D., «Vidal de Cañellas, obispo de Huesca», *EEMCA,* vol. IX, Zaragoza, 1973, págs. 267-370.
GUDIOL I CUNILL, J., «Les bregues sobre lo senyoriu de Vic en temps del rei en Jaume I», *I CHCA,* págs. 194-217.
GUICHARD, P., «Un seigneur musulman dans l'Espagne chrétienne. Le ra'îs de Crevillente (1243-1318)», *Melanges de la Casa de Velázquez* 9: 283-334 (1973).

GUICHARD, P., «Orientalidad y especificidad del poder en Al-Andalus», en *Año 1000, año 2000. Dos milenios en la historia de España,* vol. I, págs. 329-347.
— «Otra vez sobre un viejo problema: orientalismo y occidentalismo en la civilización de la España musulmana», en VV.AA., *En torno al 750 aniversario,* págs. 73-97.
GUIDO MOR, C., «En torno de la formación del texto de los *Usatici Barchinonae*», en *AHDE,* 1958, págs. 431-459.
GUINOT RODRÍGUEZ, E., *Cartes de Poblament Medievals Valencianes,* Serveis de Publicacions de la Presidència, Valencia, 1991.
— *Els límits del regne,* IVEI, Valencia, 1995.
— *Els fundadors del regne,* Tres i Quatre, Valencia, 1995, 2 vols.
— «L'alta noblesa catalana en la conquesta de València», *Anuario de Estudios Medievales* 26: 647-685 (1996).
— «La història oficial. Els discurs històric desde la Facultat de Filosofia i Lletres de la Universitat de València en el primer franquisme (1939-1960)», *Saitabi* 47: 11-20 (1997).
— «La historiografía medieval valenciana en temps imperials (1937-1957)», *Saitabi* 47: 119-152 (1997).
— «La creació de les senyories en una societat feudal de frontera: el Regne de València (Segles XIII-XIV)», *Revista d'Història Medieval* 8: 79-108, 1996.
HALECKI, O., «Diplomatie pontificial et activité missionaire en Asie aux XIII-XIV siécles», *XII Congres International des Sciences Historiques.* Raports. II: Histoire des continents, Viena, 1965, págs. 5-32.
HEFELE, CH.-J., *Histoire des Conciles d'après les documents originaux.* Nueva edición francesa, realizada sobre la segunda edición alemana, corregida y aumentada con notas críticas y bibliográficas por Dom H. Leclerq. Tomo V, Segunda Parte, Letouzey et Ané editores, París, 1913.
HIGOUNET, CH., «Un gran chapitre de l'histoire du XIIe siècle: la rivalité des maison de Toulouse et de Barcelone pour la prépondérance meridional», en *Melanges Halphen,* París, 1951.
HINOJOSA MONTALVO, J., *Diccionario del reino medieval de Valencia,* 4 vols., Biblioteca Valenciana, Valencia, 2000.
— «Las relaciones entre los reinos de Valencia y Granada durante la primera mitad del siglo XV», en *Estudios de Historia de Valencia,* Universidad de Valencia, 1978, págs. 91-160.
— «La inserció de la minoria hebrea en la formació social valenciana», *Revista d'Història Medieval* 4: 45-64, 1992.
HINOJOSA Y NAVEROS, E., *El régimen señorial y la cuestión agraria en Cataluña durante la Edad Media,* Victoriano Suárez, Madrid, 1905.
HINTZE, O., *Feudalismo, Capitalismo,* Editorial Alfa, Barcelona, 1987.
HUESCA, R. DE, *Teatro histórico de las iglesias del reyno de Aragón,* tomo VII, Pamplona, 1797.
IRMSCHER, J., «La politica orientale di Manfredi, re de Sicilia», *XI CHCA,* vol. III, págs. 249-255.
IVARS CARDONA, A., «Origen y significado del "drach alat" y del "rat penat" en les insignies de la ciutat de Valencia», *III CHCA,* Imprenta Hijo de F. Vives, Valencia, 1926.
JEHEL, G., «Angevins, Génois et Sicilians aux temps des Vêpres (1276-1337)», *XI CHCA,* vol. III, págs. 257-277.

JEHEL, G., «La place de Majorque dans la stratégie politique et économique de Gênes aux XIIème et XIIIème siécles», *XIII CHCA,* págs. 100-110.
JOVELLANOS, G. M., *Cartas, Obras,* vol. VI, Editorial Oliva, Barcelona, 1839.
Judaims on Trial. Jewish-Christian Disputations in the Middle Age, edited and translated by Hyam Maccoby, Associated U.P., Londres y Toronto, 1982.
KANTOROWICZ, E., *Los dos cuerpos del rey,* Alianza, Madrid, 1985.
— *L'Empereur Frédéric II,* Gallimard, París, 1998.
KERN, F., *Recht und Verfassung in Mittelalter,* WbG, Darmstadt, 1992.
KOSELLECK, R., *Futuro pasado,* Paidós, Barcelona, 1995.
LADERO QUESADA, M. A., *Los mudéjares de Castilla en tiempos de Isabel I,* Instituto Isabel la Católica de Historia Eclesiástica, Valladolid, 1969.
— «Historia institucional y política de la Península Ibérica en la Edad Media (La investigación en la década de los 90)», *En la España Medieval* 23: 441-481 (2000).
LALINDE ABADÍA, J., *Los fueros de Aragón,* Librería General, Zaragoza, 1979.
— «El sistema normativo valenciano», *AHDE* XLII: 307-330, 1972.
— «Los pactos matrimoniales catalanes», *AHDE:* 133-266 (1963).
LAURENS, P., *Historia Albigensium.* XXVI: *Recuil des histoires des Gaules,* París, 1880.
LE GOFF, J., *Los intelectuales en la Edad Media,* Gedisa, Barcelona, 1998.
— *Saint Louis,* PUF, París, 1996.
LEÓN TELLO, P., «Disposiciones sobre judíos en los fueros de Castilla y León», *Medievalia* 8: 223-252 (1989).
LEVI, R. M. O., «Selomon ibn Aderet y la controversia judeocristiana», *Sefarad* 39: 111-122 (1979).
LISÓN TOLOSANA, C., «Vagad o la identidad aragonesa en el siglo XV», *Revista Española de Investigaciones Sociológicas,* CIS, Madrid, 1984, págs. 95-136.
LLADONOSA PUJOL, J., «Jaume I el Conquistador y la ciudad de Lérida», *X CHCA,* partes 1 y 2, págs. 449-459.
LLOBREGAT, E. A., «L'Islam a les terres valencianes: pont o frontera?», en VV.AA., *En torno al 750 aniversario,* págs. 141-159.
LLORENTE, T., *Valencia, en España y sus monumentos y artes. Su naturaleza y su historia,* n.º 24 y 25, Daniel Cortezo, Barcelona, 1887-1889.
LÓPEZ, R. S., «Majorcans and Genovese on the North Sea route in the Thirteenth Century», *Revue Belge de Philologie et d'Histoire,* núm. XIX, 1940.
LÓPEZ ELUM, P., *Los orígenes de los Furs de Valencia y de las Cortes en el siglo XIII,* Biblioteca Valenciana, Valencia, 2001.
— «La conquista de Valencia», *Cuadernos 16,* núm. 143, Madrid, 1985.
— «La conquista», en *Historia del País Valencià.* Vol. II: *De la conquesta a la federació hispánica,* Edicions 62, Barcelona, 1989, págs. 57-87.
— «La repoblació valenciana», en *Historia del País Valencià.* Vol. II: *De la conquesta a la federació hispánica,* Edicions 62, Barcelona, 1989, págs. 87-113.
— «Aspectes institucionals», en *Historia del País Valencià.* Vol. II: *De la conquesta a la federació hispánica,* Edicions 62, Barcelona, 1989, págs. 113-125.
LÓPEZ RODRÍGUEZ, C., *Patrimonio regio y orígenes del maestre racional del reino de Valencia,* Mestre Racional, Valencia, 1998.
LUTTRELL, A., «Malta e Gozo: 1222-1268», *X CHCA,* partes 1 y 2, págs. 589-603.
— «Malta e Gozo: 1268-1282», *XI CHCA,* vol. III, págs. 301-313.

MACABICH I LLOVET, I., «Es feudalisme a Ivissa, Anotacions Històriques», *I CHCA*, págs. 457-482.
MACCOBY, H., *Judaims on Trial. Jewish-Christian Disputations in the Middle Ages,* Associated U. P., Londres y Toronto, 1982.
MANRIQUE, M., «La jovada valenciana», *BSCC* XV: 156-166 (1934).
MANSILLA REOYO, D., «Episcopologio de Burgos, siglo XII», *Historia Sacra,* IV, 1951.
MANZANO MORENO, E., «El regadío de Al-Andalus, problemas en torno a su estudio», *En la España Medieval,* V, 1986.
MARAVALL, J. A., *Estudios de historia del pensamiento español,* Serie Primera, Edad Media, 3.ª ed. ampliada, Ediciones Cultura Hispánica, Madrid, 1983.
MARQUÉS CASANOVAS, J., «Judíos de Gerona en el siglo XIII», en Martínez Aloy, *La Diputación de la Generalidad del reino de Valencia,* Valencia, 1930, págs. 283-298.
MASSIP, J., «Les franqueses del ciutadans de Tortosa al Regne de Mallorca», *XIII CHCA,* págs. 125-135.
MATEU IBARS, J., «El Manuscrito del *Llibre dels Feyts* (a. 1343). Algunas observaciones paleográficas», *X CHCA,* partes 3, 4 y 5, págs. 527-543.
MATEU Y LLOPIS, F., «El "rex Hungarie" y el "res Valenciae". Sincronismos monetarios y sigilográficos. En torno a doña Violante de Hungría», *X CHCA,* partes 3, 4 y 5, págs. 545-555.
MAYER, E., «El origen de los Fueros de Sobrarbe y las Cortes de Huarte», *AHDE,* III, págs. 156-167.
MENÉNDEZ PIDAL, J., «Sello en cera de don Martín rey de Aragón», *Revista de Archivos, Bibliotecas y Museos,* I, 1897.
MENÉNDEZ PIDAL, R., *El Imperio hispánico y los cinco reinos: dos épocas en la estructura política de España,* Instituto de Estudios Políticos, Madrid, 1950.
— *Orígenes del español. Estudios lingüísticos de la península Ibérica hasta el siglo XI,* 3.ª ed., Espasa Calpe, Madrid, 1950.
MERKEL, C., *La dominazione di Carlo I d'Angio in Piamonte e in Lombardia,* C. Clausen, Torino, 1891.
MESTRE, J., *Los cátaros. Problema religioso, pretexto político,* Península, Barcelona, 1995, 2001.
MILÁ Y FONTANALS, M., *De los trovadores de España: estudio de lengua y poesía provenzal,* Librería de Joaquín Verdaguer, Barcelona, 1861.
MILLÁS VALLICROSA, J. M., «Sobre las fuentes documentales de la controversia de Barcelona en el año 1263», en *Anales de la Universidad de Barcelona,* Memorias y Comunicaciones, Imprenta Elzeviriana y Lib. Camí, S. A., Barcelona, 1949, págs. 25-43.
MIRA, A. J., y VICIANO, P., «La construcció d'un sistema fiscal: municipis e impost al País Valencià (Segles XIII-XIV)», *Revista d'Història Medieval* 7: 135-138, 1996.
MIRET I SANS, J., «Una embaixada del rey d'Armenia a Jaume I», en *Lo Geronés,* 2 de febrero de 1908.
— «Notes biogràfiques d'en Pere Salvatge y Fr. Romeu Sa Bruguera ab mostres de la Biblia catalana rimada de la XIII centuria», *I CHCA,* págs. 141-171.
MOCHI ONORY, S., *Fonti canonistiche dell'idea dello Stato,* Editorial Vita e Pensiero, Milán, 1951.
MONTAGUT I ESTRAGUES, T., «Els funcionaris y l'administració reial a Catalunya (Segles XIII-XIV)», en *La societat barcelonina a la Baixa Edad Mitjana,* Acta Mediaevalia, *Annex 1,* Barcelona, 1983, págs. 136-150.

Montes, E., *Federico II de Sicilia y Alfonso X de Castilla.* Anexo al núm. 10 de la *Revista de Estudios Políticos,* Madrid, 1943.

Montoliu, M. de, «La Crònica de Marsili y el manuscrit de Poblet. Contribució a l'estudi de la *Crònica* de Jaume I», en *Anuari de l'Institut d'Estudis Catalans,* vol. V, 1913-1914, págs. 277-310.

Mor, C. G., *Sobre los Usatges de Barcelona y sus afinidades con las Exceptiones legum Romanorum,* Facultad de Derecho, Universidad de Barcelona, Barcelona, 1926.

Morris, C., *The Discovery of the Individual, 1005-1200,* Toronto U. P., 1987.

Müller Mertens, E. M., *Die Reichsstruktur im Spiegel der Herrschaftspraxis Ottos des Großen. Mit historiographischen Prolegomena zur Frage Feudalstaat auf deutschen Boden, seit wann deutscher Feudalstaat?,* Forschungen zur Mittelalterliche Geschichte, 25, Berlín, 1980.

Murphy, T., «The Date and Purpose of the *Contra Gentiles*», *Heythrop Journal* X: 409-410 (1969).

Mutius, H. G. von, *Die Christlich-Jüdische Zwangdisputation Barcelonas nach dem hebräischen Protokoll des Moses Nahmanides,* Peter Lang, Frankfurt, 1982.

Occhipinti, E., *L'Italia dei Comuni, Secoli XI-XIII,* Carocci, Roma, 2000.

O'Connell, D., *Le propos de Saint Louis,* Gallimard, París, 1974.

Oliver, A., «La cultura en el primitiu Regne de Mallorca, 1230-1349», *XIII CHCA,* págs. 103-117.

Oliver, B., *Historia del Derecho de Cataluña, Mallorca y Valencia. Código de las Costumbres de Tortosa,* 4 tomos, Imprenta de Miguel Ginesta, Madrid, 1876-1881.

Oliver Bratchfeld, F., *Doña Violante de Hungría, reina de Aragón,* De La Gacela, Gráfic. Indust. E. Granados, Madrid-Barcelona, 1942.

Ollich i Castanyer, I., «Aspectes econòmics de l'activitat dels jueus de Vic, segons el *Libri Iudeorum* (1266-1278)», *Miscel·lània de Textos Medievals,* 3, Barcelona, 1985.

Orenga Beltrán, J. M., «El sistema de medidas, pesos y monedas del Reino de Valencia», *BSCC* XLIX: 130-143 (1973).

Orlandis, J., *La Iglesia en la España visigótica y medieval,* EUNSA, Pamplona, 1976.

Ortí Gost, P.; Sánchez Martínez, M., y Turull Rubinat, M., «La génesis de la fiscalidad municipal en Cataluña», *Revista d'Història Medieval* 7: 115-134, 1996.

Orts y Bosch, P. M., *Historia de la Senyera al País Valencià,* Eliseu Climent, València, 1979.

Orueta, B. de, *La huerta de Valencia,* Zona Sur, Valencia, 1971.

Palacios Martín, B., «La frontera de Aragón con Castilla en la época de Jaume I», *X CHCA,* partes 1 y 2, págs. 475-495.

Penyarroja y Torrejón, L., «Els mossarap de Valencia y la romanitat de l'Espanya Islàmica. Estat de l'investigació», en VV.AA., *En torno al 750 aniversario,* págs. 199-225.

Perarnau i Espelt, J., «Sobre el protocol hebreu de la *Disputa* de Barcelona del 1263», Arxiu de Textos Catalans Antics VI-VII: 272-275 (1988-1989).

Peray y March, J. de, «Un documento inédito de D. Jaime el Conquistador: la concesión a la sede barcelonesa de las iglesias de Mallorca, Menorca, Ibiza, Denia y Orihuela», *I CHCA,* págs. 444-457.

Pérez, J., *La revolución de las Comunidades de Castilla, 1520-1521,* Siglo XXI, Madrid, 1998.

Pérez Bustamente, R., «El gobierno y la administración de los territorios de la Corona de Aragón bajo Jaime I y su comparación con el régimen de Castilla y Navarra», *X CHCA,* págs. 515-536.

PÉREZ GARCÍA, P., *Segorbe a través de su historia,* Publicaciones de la Mutua Segorbina de Seguros a Prima Fija, Segorbe, 1998.
— *Epígonos del encubertismo,* Biblioteca Valenciana, Valencia, 2000.
PÉREZ PRENDES, J. M., «Aspectos jurídicos de la conquista: las cartas puebla», en VV.AA., *En torno al 750 aniversario,* págs. 335-345.
PESET, M., «De nuevo sobre la génesis de los fueros de Valencia», *Anales del Seminario Metropolitano de Valencia* 16: 397-413 (1968).
— «Observaciones sobre la génesis de los fueros de Valencia y sobre sus ediciones impresas», *Ligarzas* III: 47-84 (1971).
PONS I GURI, J. M., «Constitucions conciliars Tarraconenses (1229-1330)», *Analecta Sacra Tarraconensis* 45: 65-128, 1972; 48: 241-363, 1975.
PONS LLABRÉS, C., «En torno a los privilegios de los caballeros de Mallorca (1230-1349)», *XIII CHCA,* págs. 47-59.
PONS Y FABREGUES, B., «Les franqueses concedides a Mallorca per Jaume I», *I CHCA,* págs. 53-54.
POU Y MARTÍ, J. (O. F. M.), *Visionarios, beguinos y fraticelos catalanes (siglos XIII-XV),* Gil Albert, Alicante, 1996. Estudio introductorio de Albert Hauf i Valls.
PUECH, H. CH., *En torno a la gnosis,* vol. I, trad. de Francisco Pérez Gutiérrez, Taurus, Madrid, 1982.
PUJOL, E., *Ferran Soldevila, Els fonaments de la historiografia catalana contemporània,* Editorial Afers, Catarroja, 1995.
PUJOL, J. M., *Jaume I, Llibre dels Feyts,* Teide, Barcelona, 1991.
RAMOS LOCERTALES, J. M., «Recopilación de fueros de Aragón», *AHDE* II: 491-523, 1925; V: 389-411, 1928.
REGLÀ, Joan, *Breve historia de Cataluña,* Libro de Bolsillo, Alianza, Madrid, 1974.
RIBERA FLORIT, J., «La polémica sobre la *Guía de Perplejos* en Catalunya y Provenza», en Jesús Peláez del Rosal (ed.), *Sobre la vida y obra de Maimónides,* Eds. El Almendro, Córdoba, 1982, págs. 431-444.
RIBERA Y TARRAGO, J., *Orígenes del justicia de Aragón,* II, Colección de Estudios Árabes, Zaragoza, 1897.
— «El Blau?», *El Archivo* II: 145, 1887.
RIBOT, L.; VALDEÓN, J., y VILLARES, R., *Año 1000, año 2000. Dos milenios en la historia de España,* España Nuevo Milenio, Madrid, 2001.
RIERA I SANS, J., «La personalitat eclesiastica del redactor del "Llibre dels Feyts"», en *X CHCA,* 3, 4, 5, págs. 575-591.
RIERA MELIS, A., *La Corona de Aragón y el Reino de Mallorca en el primer cuarto del siglo XIV,* CSIC, Madrid-Barcelona, 1986.
RIQUER, M. DE, *Historia de la Literatura Catalana,* vol. I, Ariel, Barcelona, 1964.
— «La personalidad del trovador Cerverí», *Academia Barcelonesa de las Buenas Letras,* XXIII, 1950.
RIVERA GARRETAS, M., «El origen de la idea de orden militar en la historiografía reciente», *Acta Mediaevalia* I: 77-91 (1980).
RIVERA RECIO, J. F., *Los arzobispos de Toledo en la Baja Edad Media (siglos XII-XV),* Diputación Provincial, Toledo, 1969.
ROCA TRAVER, F., «Un siglo de vida mudéjar en la Valencia altomedieval (1238-1338)», en *Estudios de Edad Media de la Corona de Aragón* 5: 115-208 (1952).
— «El tono de vida en la Valencia medieval», *BSCC* LXI: 1-59 (1983).

RODRÍGUEZ LÓPEZ, A., *La consolidación territorial de la monarquía feudal castellana,* Biblioteca de Historia, CSIC, 1994, págs. 228-237.
ROMEU ALFARO, S., «Catálogo de las Cortes valencianas hasta 1410», *AHDE* XL: 583 (1970).
— «Los fueros de Valencia y los fueros de Aragón: Jurisdicción alfonsina», *AHDE* XLII: 74-115, 1972.
ROTGER, M., «El Temples a Mallorca», *I CHCA,* págs. 142-146.
ROTH, C., «The Disputation of Barcelona (1263)», *The Harvard Theological Review* 43: 117-144 (1950/2).
ROVIRA ARMENGOL, J., *Usatges de Barcelona i Commemoracions de Pere Albert,* Els Nostres Classics, Editorial Barcino, Barcelona, 1933.
RUBIERA I MATA, M. J., *La Taifa de Denia,* Instituto Juan Gil-Albert, Alicante, 1985.
— «La cultura musulmana. Pensament, Llenguatge y Formes Literàries (Aspectes de la poesía aràbigo-valenciana: el paradis y el paradis perdut)», en VV.AA., *En torno al 750 aniversario,* págs. 97-116.
RUIZ DOMÈNEC, J. E., *Observando la modernidad desde la Edad Media,* Alfons el Magnànim, Valencia, 1999.
— «¿Por qué la conquista de Sicilia? Una lectura receptiva de Desclot», *XI CHCA,* vol. IV, págs. 161-179.
RUNCIMAN, S., *Los maniqueos de la Edad Media. Un estudio de los herejes dualistas cristianos,* FCE, México, 1989.
SAGARRA, F. DE, «Noticias y documentos inéditos referentes al infante don Alfonso», *Boletín de la Academia de Buenas Letras de Barcelona,* IX, 1917.
SAINT-PRIEST, A. de, *Histoire de la conquête de Naples par Charles d'Anjou, frère de Saint Louis,* 4 vols., Amyot, París, 1847-1849.
SAINZ DE LA MAZA LASOLI, R., *La Orden de Santiago en la Corona de Aragón. La encomienda de Montalbán (1210-1327),* Institución Fernando el Católico, Zaragoza, 1980, págs. 61-68.
SALAVERT, V., *Cerdeña y la expansión mediterránea de la Corona de Aragón. 1297-1314,* CSIC, Madrid, 1956.
— *La expansión catalano-aragonesas en el siglo* XIV*. La investigación de la historia hispánica del siglo* XIV*. Problemas y cuestiones,* CSIC, Madrid-Barcelona, 1973.
SALRACH, J. M., «Orígens y transformacions de la senyoria a Catalunya (segles IX-XIII)», *Revista d'Història Medieval* 8: 25-55, 1997.
SALVÁ, J., «Instituciones políticas y sociales otorgadas por Jaume I a los pobladores de Mallorca», en *Historia de Mallorca,* vol. III, págs. 386-408 y 459-473.
SAMPERE Y MIQUEL, S., «Minoría de Jaume I. Vindicación del procurador conde Sancho. Años 1214-1219», *I CHCA,* págs. 580-694.
SANCHIS GUARNER, M., *La ciudad de Valencia,* D. G. del Llibre, Arxius i Biblioteques, Valencia, 1999.
SANCHIS IBOR, C., *Regadiu i canvi ambiental a l'Albufera de València,* Universidad de Valencia, Publicaciones, Valencia, 2001.
SANCHIS SIVERA, J., *La diócesis valentina. Estudios históricos,* Anales del Instituto General y Técnico de Valencia, La Voz Valenciana, Valencia, 1921.
— *La diocesis valentina. Nuevos estudios históricos,* Anales del Instituto General y Técnico de Valencia, La Voz Valenciana, Renovación Tipográfica, Valencia, 1921.
SANTAMARÍA, A., *Crisis del Consell general en el tránsito a la modernidad,* Estudios y Documentos, 1 y 2, Biblioteca Valenciana, Valencia, 1999.

Santamaría, A., «El reino privativo de Mallorca», en *Historia de Mallorca,* 6 vols., Gráficas Miramar, Palma de Mallorca, 1964-1975.
— «Determinantes de la conquista de Baleares», *Mayurqa* 8: 80 (1972).
— «La expansión político-militar de la Corona de Aragón bajo la dirección de Jaime I: Baleares», *Jaime I y su época,* en *X CHCA,* Institución Fernando el Católico, Zaragoza, 1979, págs. 91-147.
— «Contexto histórico del reino de Valencia», *XIII CHCA,* págs. 25-60.
— «El municipio en los reinos de la Corona de Aragón mediado el siglo XIII: El sistema de cooptación», *AHDE* LI: 294-364 (1981).
— «El ejemplo del desarrollo municipal valenciano», en *La ciudad hispánica durante los siglos XIII al XVI,* Anales del coloquio celebrado en La Rábida y Sevilla del 14 al 19 de septiembre de 1981, Emilio Sáez y otros (coords.), Universidad Complutense, Madrid, 1985, págs. 1271-1299.
Santonja, P., *La influencia de la cultura judía en la obra de Arnau de Vilanova (1238-1311). La espiritualidad de su tiempo,* Ideas, Biblioteca Valenciana, Valencia, 2001.
Saranyana, J. I., «La razón especulativa *versus* la fe teologal», en José María Rábanos (coord.), *Pensamiento medieval hispano. Homenaje a Horacio Santiguago Otero,* CSIC-Consejería de Educación y Cultura de la Junta de Castilla y León, Diputación de Zamora, 1998, vol. II, págs. 15-17.
Schaller, H. M., «Der heilige Tag als Termin mittelalterlicher Staatakte», *Deutsches Archiv zur Erforchung des Mittelalters* 30: 1-24 (1974).
Schimmelpfennig, B., *Das Papsttum, Von der Antike bis zur Renaissance,* WbG, Darmstadt, 1996.
Shnehdman, Lee, *L'imperi Catalano-Aragonès (1200-1350),* Edicions 62, Barcelona, 1975.
Silano, G., «Episcopal Elections and the Apostolic See. The Case of Aquileia (1207-1420)», en VV.AA., *Diritto et Potere nella storia Europea,* Olschki, Florencia, 1982, págs. 163-195.
Smith, A., *Lecciones de Jurisprudencia,* Edit. Comares, Granada, 1995.
Sobrequés i Vidal, S., *Els Barons de Catalunya,* Editorial Teide, Barcelona, 1957.
Soldevila, F., *Pere el Gran. Part. 1: L'Infant,* 3 vols., Institut d'Estudis Catalans, Barcelona, 1950 y sigs.
— *Pere el Gran. Part. II: El reinat,* 2 vols., Institut d'Estudis Catalans, Barcelona, 1995.
— *Ramon Marquet, Almirant de Catalunya,* Colleció Popular Barcino, Barcelona, 1953.
— *Vida de Jaume El Conqueridor,* Ediciones Aedos, Barcelona, 1958.
— «Fou Aurembiaix d'Urgell amistançada de Jaume I?», *Revista de Catalunya* 28: 399-410 (X-1926).
Soto, R., «La población musulmana bajo dominio cristiano», *Fontes Balearium,* II, Palma de Mallorca, 1978, págs. 65-80.
Stein, P. G., *Römisches Recht und Europa, Die Geschichte einer Rechtkultur,* Fischer, Frankfurt, 1996.
Suárez Fernández, L., «La Corona de Aragón y el Atlántico: problemas y vías de investigación», *XIII CHCA,* págs. 179-197.
Swift, F. D., *Life and Times of James the First, the Conqueror,* Oxford, 1894.
Tate, R., *Ensayos sobre la historiografía peninsular del siglo XV,* Gredos, Madrid, 1970.
Torres Balbas, L., «La población musulmana de Valencia en 1238», en *Al-Andalus* XVI: 167-168 (1951).

Torres Fontes, J., *La reconquista de Murcia en 1266 por Jaime 1 de Aragón*, 2.ª ed., Academia Alfonso X el Sabio, Murcia, 1967.
— *Repartimiento y Repoblación de Murcia en el siglo XIII,* Academia Alfonso X el Sabio, Murcia, 1990.
— «Los mudéjares murcianos en el siglo XIII», *Murgetana* 17: 57-90 (1961).
— «Los puertos de Cartagena y Alicante en la segunda mitad del siglo XIII», *XI CHCA,* IV, págs. 347-366.
Torró Abad, J., *Colonització feudal y resistencia andalusina al regne de València. La frontera meridional. 1238-1277,* Universidad de Valencia, Servicio de Publicaciones, Valencia, 1997.
Tourtoulon, Ch., *Don Jaime I el Conquistador, rey de Aragón,* 2 tomos, Federico Doménech, Valencia, 1874.
Tudela, G., *Chanson de la croisade des Albigeois,* París, 1879.
Tyerman, Ch., *L'invenziones delle crúciate,* Einaudi, Turín, 2000.
Ubieto, A., *Orígenes del reino de Valencia,* tomos I y II, Anubar, Valencia, 1976.
Udina, F., «Un sistema de aculturación en el Mediterráneo. La presencia de la Corona de Aragón», *Medievalia* 1: 119-128 (1980).
Urbano IV, *Civiltà católica,* 1894, serie XV, vol. IV.
Valdeavellano, L. G., *El feudalismo hispano y otros estudios de historia medieval,* Crítica, Barcelona, 2000.
Valls Taberner, F., *Obras Selectas.* Vol. 1, Segunda Parte: *San Raimundo de Peñafort,* CSIC, Madrid-Barcelona, 1953.
— *Obras Selectas,* vol. IV, *Estudios de Historia Medieval,* CSIC, Madrid-Barcelona, 1961.
Valls Taberner, F., y D'Abadal, R., *Usatges de Barcelona editats amb una introducció per...,* en *Textes de Dret Català,* I, Barcelona, 1913.
Van Eickels, T., y Brüsch, K., *Kaiser Friedrich II. Leben und Persönlichkeit in Quellen des Mittelalters,* WbG, Darmstadt, 2000.
Ventura, J., *Pere el Catolic y Simon de Monfort,* Editorial Aedos, Barcelona, 1960.
— *Els heretges catalans,* Editorial Selecta, Barcelona, 1976.
Vernia, P., «El mustaçaf de València y la farmacia en la corona de Aragón», en VV. AA., *En torno al 750 aniversario,* págs. 117-129.
Veronne, Ch. de la, «Recherches sur la chiffre de la population musulmane en Valence en 1238 d'aprés le Repartiment», *Bulletin Hispanique* LI: 423-426 (1949).
Vic, Cl. de, y Vaisette, J., *Histoire general de Languedoc,* Ed. Privat, Toulousse, 1872-1892.
Vicens Vives, J., *España. Geopolítica del Estado y del Imperio,* Yunque, Barcelona, 1940.
Viguera Molins, M. J., «La identidad de Al-Andalus», en *Año 1000, año 2000. Dos milenios en la Historia de España,* págs. 183-204.
Vilallonga, I., *El régimen foral valenciano: los jurados y el consejo,* Tesis doctoral, Universidad Complutense, Madrid, 1916.
Villacañas, J. L., *La Nacioǹ y la Guerra,* Res Publica, Murcia, 1999.
— *Carolus Valentiae Rex,* Introducción, Biblioteca Valenciana, Valencia, 2001, páginas 1-9.
Villalmanzo, J., «Cinco pergaminos inéditos de Jaime I de Aragón y Alfonso X de Castilla existentes en el Archivo del Reino de Valencia», *BSCC,* 1988, págs. 493-506.

Vives Císcar, J., *Armas de Valencia*. Resumen de las conferencias pronunciadas en «Lo Rat Penat» por los señores Torres Belda, Vives Císcar, Tramayores y Martines Aloy, Valencia, 1880.

VV. AA., *La transición del esclavismo al feudalismo,* Akal, Madrid, 1989.

— *En torno al 750 aniversario. Antecedentes y consecuencias de la conquista de Valencia,* Consell Valencià de Cultura, Valencia, 1989.

Webster, J. R., «Los primeros frailes menores en Cataluña», *X CHCA,* partes 3, 4 y 5, Zaragoza, Institución Fernando el Católico, págs. 269-277.

Weckmann, L., *El pensamiento político medieval y los orígenes del Derecho internacional,* FCE, México, 1993.

White, S. D., «Pactum ... Legem Vincit et Amor Judicium. The Settlement of Disputes by Compromise in Eleventh-Century Western France», en *The American Journal of Legal History* 22: 281-308 (1978).

Zambon, F., *El legado secreto de los cátaros,* ed. y trad. de César Pala, Ed. Siruela, Madrid, 1997.

ÍNDICE ALFABÉTICO

A lume spento, de Ezra Pound: 53.
Abahomat, príncipe de Valencia: 128, 217.
Abd al-Aziz, lugarteniente de Muza: 258.
Abderramán I, emir de Córdoba: 258.
Aben Hudiel o Aben Massar, rey de Murcia: 559.
Abenbazel, capitán: 403.
Abhrahim, judío: 101.
Abinsian, Omar: 101.
Aboabdil Mohamed, alcaide de Menorca: 166.
Abolasan Ali, hermano del anterior: 166.
Abu Hafs ibn Seyri. *Véase* Xuaip.
Abu Yanya, rey de Mallorca: 142, 147-150, 154.
Abu Zacaria, rey de Túnez: 139, 161, 174, 232.
Abuceit, rey de Valencia (Vicente Belvis): 65, 69, 104, 128, 129, 169-171, 183, 184, 186, 187, 190, 197, 217, 250, 259, 648, 756, 757.
Abulhamalec, arrayaz de Valencia: 235.
Acre: 624, 667, 761.
Acta Mediaevalia: 24, 47, 125, 134, 219, 427, 431, 460, 615.
Adelasia, reina de Cerdeña: 498.
Ademuz: 129, 195, 662, 663.
Aderet o Adret, Salomon ben: 627-629.
Ador, sierra de: 395.
Adriano VI, papa: 518.
Afganistán: 506.
Afinidades electivas, Las, de J. W. Goethe: 122.
África, norte de: 146, 148, 177, 233, 258, 268, 316, 399, 402, 558, 559, 560, 563-565, 588, 600, 606, 615, 628.
Agamben, Giorgio: 349.
Agen: 44, 475.
Ager: 709.
Ager, Ramon Berenguer de: 234, 239, 408.
Agnani: 500, 758.
Agrañen (Grañén): 567.
Ágreda: 94, 415, 418, 669, 730, 756.
Aguas, Miguel de: 106.
Aguilar, Francisco: 648.

Águilas: 561.
Aguiló, E.: 176.
Aguiló, Guillem: 210, 339.
Aguiló, Marian: 19.
Ahe, Fortun de: 570.
Ahonés, Fernando: 233.
Ahonés, Pedro: 64, 66, 70, 71, 77, 86, 90-93, 95, 98-100, 104-108, 110, 756.
Ahonés, Sancho de (obispo de Zaragoza): 82, 93, 95, 104-106, 110, 111, 116, 237.
Aigues Mortes: 474, 481.
Aimillán: 410.
Aín: 193, 355.
Ainsa: 76.
Aix: 47, 346, 352, 376, 533, 758.
Alagón: 98, 579.
Alagón, Artal de: 209, 328, 329.
Alagón, Blasco de (señor de Morella): 77, 91, 93, 95, 103, 105, 106, 116, 129, 170, 171, 184, 186-192, 194, 199, 200, 202, 209, 216, 322, 328, 341, 342, 404, 420, 580, 587, 757.
Alagón, Gil de (Mahomet): 147, 148, 158.
Alamany, Ramon: 158.
Al-Andalus: 279.
Al-Andalus: 38, 135, 260, 264, 356, 563, 565, 688. *Véase también* Andalucía.
Alanyà, Lluís: 19, 251, 261, 297.
Alarch: 369.
Alarcón: 604.
Alarico, rey visigodo: 434.
Álava: 163, 365.
Al-Azraq, caudillo: 330, 376, 395-398, 401, 476, 563, 737, 740, 743.
Al-Azraq, rebelión de: 193, 280, 282, 393, 400-406, 411, 421, 560, 561, 589, 759.
Albacete: 364, 367.
Albaida, valle de: 398, 538, 675, 742.
Albalat, Andreu de (obispo de Valencia): 254, 356, 367, 381, 395, 568, 687, 696, 703, 716, 759.

Albalat, Pere Arnau de (arzobispo de Tarragona): 237, 252, 253, 255, 269, 281, 353, 381, 408, 505, 614, 647-650, 684, 685, 696.
Albalat de la Ribera: 210.
Albarracín: 169, 170, 183, 195, 270, 364, 643, 657.
Albarracín, asedio de: 92, 93, 97, 102, 103, 237, 756.
Albarracín, obispo de. *Véase* Hispán, Pedro de, y Jimeno.
Albarracín, señor de. *Véase* Fernández de Azagra, Pedro.
Albatá, Ali: 227, 235.
Albentosa: 354, 406.
Alberique: 361.
Albert, Pere: 431, 440-449, 474, 491, 652, 694, 705, 706.
Alberto, san: 615, 617.
Albesa: 114, 728.
Albi: 35, 36, 41, 44, 53, 338, 474, 475.
Alboaquez o Al-Wathiq, caudillo: 563, 564.
Alboraya: 461.
Albufera de Valencia: 256, 301, 378.
Alcácer: 717.
Alcalá, Guillem de: 56, 57.
Alcalá, Pedro de: 340.
Alcalá de Henares: 642.
Alcalá de la Jovada: 403, 407.
Alcalá del Obispo: 110, 111, 190.
Alcalá la Real: 560, 587.
Alcalatén: 102, 202, 205.
Alcañiz: 195, 197-199, 304, 403, 639, 757, 759.
Alcañiz, entrevista de: 169, 170, 183, 184, 189-191, 200, 216.
Alcañiz, Luis: 316.
Alcaraz, entrevista de: 592, 659, 761.
Alcaraz, jura de: 344, 366, 561, 563.
Alcoy: 395, 398, 736, 740, 748.
Alcublas: 223.
Alcudia: 146.
Aldaya: 255.
Aledo: 344, 561.
Alejandría: 123, 135, 178, 432, 497, 659, 660.
Alejandro II, papa: 439.
Alejandro III, papa: 45, 134, 251, 502.
Alejandro IV, papa: 513-516, 524-526, 653, 760.
Alejandro Magno, rey de Macedonia: 507.
Alemania: 28, 41, 53, 518, 519, 538, 644, 654.
Alemany d'Orriols, Bernat: 704, 705.
Alessandria: 495.
Alfajarín: 458.
Alfambra: 187.
Alfandech: 228, 343, 403.

Alfaro: 414.
Alfonso, Berenguela: 461, 463, 480, 592, 595, 633, 658, 666, 667, 680, 682, 693, 704, 743, 761.
Alfonso, Pedro: 625.
Alfonso, infante de Aragón (hijo de Jaume I y de la reina Leonor): 112, 128-131, 138, 163, 172, 173, 186, 213, 214, 341, 352, 353, 358-360, 364-367, 369, 371, 379, 380, 383, 384, 396, 406-415, 418, 419, 451, 485-487, 521, 522, 531, 549, 551, 582, 584, 676, 756-760.
Alfonso, infante de Aragón (nieto de Jaume I). *Véase* Alfonso III, rey de Aragón.
Alfonso, infante de Castilla y señor de Molina: 461, 463, 592, 654, 669, 672.
Alfonso I el Batallador, rey de Aragón y de Navarra: 385, 388, 710, 711.
Alfonso II el Casto, rey de Aragón: 36, 39, 44, 46, 47, 56, 61, 65, 86, 102, 195, 241, 254, 259, 388, 456, 567, 681, 748.
Alfonso II, conde de Provenza: 78, 88, 346, 490.
Alfonso III, rey de Aragón: 175, 256, 711, 728, 729.
Alfonso IV el Benigno, rey de Aragón: 293, 422.
Alfonso V el Magnánimo, rey de Aragón: 464, 475, 525, 543, 544, 751.
Alfonso VI, rey de Castilla y León: 21, 269.
Alfonso VII el Emperador, rey de Castilla y León: 194, 195, 519, 567, 644, 700.
Alfonso VIII, rey de Castilla: 93, 95, 130, 254, 269, 344.
Alfonso IX, rey de León: 93, 137, 138, 161, 669, 756.
Alfonso X el Sabio, rey de Castilla y León: 17, 226, 262, 324, 341, 344, 352, 354, 360, 363-369, 371, 372, 383, 395, 402-404, 406, 407, 410-418, 457, 463, 476, 493, 514-519, 523, 524, 534, 541, 542, 545, 558-569, 573, 587-595, 597, 600-602, 604, 618, 628, 650, 653, 655, 656, 659-664, 669-672, 674, 677, 681-683, 688, 689, 693, 698, 700, 702, 703, 710, 711, 715, 716, 720, 728-731, 734-736, 750, 758-762.
Alfonso X el Sabio, de Antonio Ballesteros Beretta: 93, 130, 383, 411, 413, 416, 417, 493, 536, 558, 565, 566, 591, 593, 595, 604, 655, 664, 669-671, 710, 711, 713, 716.
Alfonso Enmanuel, infante de Castilla: 730.
Alfonso de Poitiers, infante de Francia y conde de Tolosa: 350, 351, 410, 474, 476, 537, 538, 676, 756.
Algarbe: 559.

ÍNDICE ALFABÉTICO

Algeciras: 750.
Alhama, toma de: 595, 596.
Ali: 193.
Alicante: 344, 367, 369, 398, 561, 562, 590, 591, 594, 601, 602, 604, 634, 676, 681, 761.
Al-Kindi, filósofo e historiador: 615.
Almagro Barch, Martín: 648.
Al-Majzumi, poeta: 154.
Almansa: 341, 367.
Almazora: 169, 284, 461.
Almenara: 95, 101, 102, 175, 197, 209, 224, 228, 242, 648.
Almenara, fray Berenguer de: 684, 687.
Almería: 344, 600, 662, 731.
Almerich, Jaume: 660, 663.
Almizra, tratado de: 265, 367, 369, 371, 562, 591, 600, 652.
Almoravid, García: 713.
Al-Mufawiz, ministro de Xàtiva: 362.
Almuniente: 584.
Alocau: 290.
Alomar, Gabriel: 131, 135.
Alpera: 593.
Alpes, cordillera de los: 331, 484, 495, 544.
Alpuente: 128, 183, 184, 195, 197, 657, 663.
Alqueizar: 89.
Altea: 369.
Altura: 340, 459, 657.
Álvarez, Elo: 95, 99.
Álvarez Palenzuela, Vicente Ángel: 259, 270.
Alzana, Pedro de: 693.
Alzira: 195, 272, 280, 290, 328, 355, 356, 362, 366, 378, 379, 394, 404, 536, 602, 609, 687, 693, 736, 741-743, 745, 758.
Amadeo IV, conde de Saboya: 634.
Amalrico, vizconde de Narbona: 417, 478.
Amari, M.: 524.
Amell, Pere (arzobispo de Narbona): 230, 237, 255, 280.
América: 316, 545.
American Journal of Legal History, The: 27.
American Sephardi: 626.
Amposta: 664, 684, 687.
Ampurdán: 719.
Ampurias, casa condal de: 65, 280, 576, 723.
Analecta Sacra Tarraconensia: 267.
Anales de la Corona de Aragón, de Jerónimo Zurita: 24, 60-62, 64, 70, 77, 80, 83, 88, 91, 100, 101, 103, 107, 108, 112, 115, 128, 129, 137, 163, 323, 357-359, 372, 386, 387, 396, 407, 409, 410, 414, 415, 417, 461, 496, 521, 524, 536, 538, 539, 552, 559, 567, 582, 637, 640, 669, 702, 712, 728.
Anales de la Universidad de Barcelona: 620.

Anales del reyno de Valencia, de Francisco Diago: 184, 187, 195, 197, 210, 213, 218, 222, 225, 395.
Anales del Seminario Metropolitano de Valencia: 290.
Anales eclesiásticos: 241.
Andalucía: 277, 371, 416, 560, 591, 599, 673, 727, 729-731, 750. *Véase también* Al-Andalus.
Andilla: 284, 459, 657.
Andrés II, rey de Hungría: 212, 213.
Angel, Marc D.: 626.
Anglada, Guillem de: 333.
Anglano, Bonifacio de: 528.
Anglesola, casa de: 486, 640, 705.
Anglesola, Beatriz de: 463.
Anglona, Burello de: 526.
Anjou, casa ducal de: 377, 452, 475, 488, 525, 540.
Annales du Midi: 47.
Annales Siculi: 535.
Annales. Economies, sociétés, civilisations: 27.
Anselmo, san: 656.
Antigüedades de Valencia, de Josef Teixidor: 255, 312.
Antiguo Testamento: 41, 42, 206, 473.
Antillón: 408, 720-722.
Antillón, Blanca de: 458, 524, 584, 635, 708, 722, 724.
Antillón, Isidoro de: 20.
Anuari de l'Institut d'Estudis Catalans: 20.
Anuario de Estudios Medievales: 24, 280, 328.
Anuario de Historia del Derecho Español (AHDE): 259, 260, 284, 293, 302, 385, 388, 389, 434, 552, 554, 556.
Año 1000, año 2000. Dos milenios en la historia de España, de Luis Ribot, Julio Valdeón y Ramón Villares: 259, 260, 264, 270, 356.
Libro del Apocalipsis, de san Juan: 507, 656.
Apocalipsis, de san Juan: 507, 656.
Apulia: 490, 500, 511.
Apuntamientos para escribir la historia del derecho valenciano y verificar una perfecta tradición de los fueros, de Josep Villarroya: 290.
Aquisgrán: 474, 517, 760.
Aquitania: 36, 336.
Aquitania, Guillermo de: 452, 453.
Aragó, Antonio M.: 101, 298.
Aragón, reino de: 13, 16, 18, 23, 28, 36, 43, 56, 58, 60, 64, 68, 75, 76, 82, 83, 85-87, 89-94, 98, 100, 104, 106, 107, 122, 137, 157, 162, 164, 178, 179, 195, 206, 208, 212-214, 216, 218, 224, 252, 278, 280, 284, 287, 288,

292, 296, 310, 311, 315, 322, 337, 338, 353, 358, 369, 383, 384, 386, 387, 391, 400, 410, 414, 419, 421, 441, 461, 468, 476, 479, 481, 489, 494, 496, 513, 521, 532, 534, 535, 540, 544, 556, 572, 575, 603, 604, 613, 634, 638, 644, 656, 662, 681, 688, 702, 710, 711, 713, 724, 751, 756, 759, 761.
Aramprunyá: 458.
Arán: 353, 537.
Archivo de la Catedral de Valencia: 422.
Archivo de la Corona de Aragón (ACA): 23, 74, 77, 86, 101, 278, 353, 407, 412, 434, 459, 522, 554, 705.
Archivo de la corona de Aragón: catálogo de la documentación relativa al antiguo reino de Valencia contenido en los registros de cancillería real, de J. E. Martínez Ferrando: 23.
Archivo Histórico de Tortosa: 135.
Archivo Municipal del Ayuntamiento de Morella: 422.
Archivo Real de Valencia: 184.
Archivo, El, de Roque Chabás: 356, 405, 461, 463.
Archivum Fratum Praedicatorum: 40.
Arco, R. del: 389.
Arcos: 459, 460, 560.
Arenga. Späntike und Mittelalter im Spiegel von Urkundenfromeln, de Heinrich Fichteneau: 26.
Ares de Alpuente: 183, 187, 192, 194, 195.
Ares del Maestrazgo: 102, 171, 183, 188, 757.
Argel: 175.
Aries, Philip: 30.
Aristóteles: 615.
Ariza: 103, 112, 214, 359, 406, 409, 664.
Arles, arzobispo de: 45, 51.
Arles: 38, 39, 47, 332, 347, 474, 618.
Arles, Sínodo de: 49, 755.
Armagnac: 40, 474.
Armas de Valencia, de Josep Vives Ciscar: 312.
Arnau, Berenguer: 571.
Arnau, Bernat: 601.
Ars Amandi, de Ovidio: 573.
Artà, sierra de: 159, 177.
Artasona: 720.
Artrutx, cabo de: 166.
Arxiu de textes catalans antics (ATCA): 19, 620.
Arzobispos de Toledo en la Baja Edad Media, Los, de J. F. Rivero Recio: 654, 656.
Aspecto de la vida privada de Jaime I, Un, de Josep Soler i Palet: 743.
Asperti, Stefano: 21.
Aste, casa de: 521.
Asti: 715.

Astruch de Porta, Rabi ben. *Véase* Nahmanidas, Moisés.
Atbrand, baile de Montpellier: 333-335.
Atenas: 310.
Atlántico, océano: 135, 139, 212, 751.
Atlas de España: 567.
Atorella, don: 187.
Atrocillo, Pelegrin de: 343.
Aub, Max: 198.
Auch, arzobispo de: 45, 51.
Augusta, vía: 197, 258, 570.
Aurell i Cardona, Martí: 47, 88.
Aurembiaix, condesa de Urgell: 96, 112-117, 121, 167, 198, 215, 322, 458, 756.
Aureum Opus regalium privilegiorum civitatis regnum Valentiae, por Lluís Alanyá: 19, 251, 261, 297-299, 303-306, 308, 317, 422, 485, 554.
Austria o Habsburgo, casa de: 544, 545.
Austria, duque de: 212, 213.
Auxitania 94.
Avellanes Coscojuela, Julián: 459, 464.
Ávila: 192.
Aviñón: 74, 474, 502.
Ayerbe, familia: 460.
Aymerich, vizconde de: 67.
Ayora: 369, 561.

Babilonia: 313, 498.
Bacó, Ramon: 155.
Bacon, Roger: 507.
Baer, F. I.: 622.
Baeza: 211, 273, 366, 643, 674.
Bagdad: 260.
Bairén: 342, 343, 361, 684, 741, 758.
Balaguer: 112, 114, 215, 241, 357, 640, 717, 728.
Balaguer y Merino, Andrés: 20.
Balari Jovany, José: 436.
Baldovín, Guillermo: 163.
Balduino II, emperador latino de Oriente: 504, 508, 515.
Baleares, islas: 125, 133-136, 139, 155, 161, 165, 168, 170, 174, 212, 217, 268, 353, 354, 358, 359, 365, 406, 408, 484, 493, 544, 744.
Baljash, lago: 506.
Ballesteros Beretta, Antonio: 93, 130, 383, 395, 411, 413, 415-418, 493, 524, 536, 558, 565, 566, 591, 593, 595, 604, 655, 664, 669-671, 680, 710, 711, 713, 714, 727-730.
Ballesteros Gaibrois, Manuel: 645.
Baluze, Etienne: 66.
Banu Issa, familia: 607.
Banyeres, familia: 432, 433.

ÍNDICE ALFABÉTICO

Banyeres, Bernat: 497.
Banyeres, Guillem: 497.
Barbarroja, Federico. *Véase* Federico I Barbarroja, emperador del Sacro Imperio.
Barbastro: 76, 218, 439, 584, 586, 640, 719.
Barberán, Guillem de (obispo de Lleida): 218, 241, 408.
Barca, Espàrrec de la. *Véase* Espàrrec, arzobispo de Tarragona.
Barca, Guerau de la: 333.
Barceló, Miguel: 261.
Barceló Torres, María del Carmen: 262, 263, 266, 271, 326.
Barcelona, casa condal de: 47, 65, 85, 115, 219, 331, 336, 345, 376, 473, 475, 478, 482, 483, 488, 522, 529, 543, 544, 600, 751.
Barcelona: 20, 77, 78, 86, 97, 99, 103, 116, 123, 127, 131, 134, 135, 155, 156, 162, 165, 167, 172, 173, 176, 178, 203, 204, 208, 211, 215, 218, 222, 256, 298, 300, 303, 306, 309, 343, 351, 353, 358, 376, 378, 406, 410, 414, 417, 429, 432, 433, 446, 449, 478, 524, 572, 584, 609, 614, 615, 617, 634, 641, 663, 669, 693, 694, 706, 714, 715, 719, 720, 724, 725, 729, 730, 741, 751, 759, 760, 761.
Barcelona, obispo de. *Véase* Palou, Berenguer de, y Gurb, Arnau de.
Barcelona, M. de: 213.
Bárcena: 95.
Bari: 269.
Barkai, R.: 275.
Barons de Catalunya, Els, de Santiago Sobrequés: 65, 86, 109, 113, 215, 241, 486, 634, 640.
Barrero García, Ana María: 293.
Basconia: 74, 411.
Basora: 260.
Bastardas, Joan: 434, 437-439, 442.
Batlle i Gallart, Carme: 431, 432, 497, 543.
Baucells i Reig, Josep: 704.
Baus, Hugo de: 530, 534, 536.
Baux, Barral de: 346.
Baviera, duque de: 514.
Bayona: 291, 555.
Bayona, obispo de: 129.
Baza: 600.
Bearn, Gastón de: 411, 419.
Bearn, vizconde de. *Véase* Montcada, Guillem y Ramon de.
Bearn, vizcondesa de: 97.
Bearn: 36, 39, 40, 51, 74, 80, 385, 649, 680, 719.
Beatriz de Provenza, reina de Nápoles: 377, 413, 416, 475, 512, 542, 639, 758.
Beatriz de Saboya, esposa de Manfredo: 521, 522.
Beatriz de Saboya, segunda esposa de don Manuel de Castilla: 604.
Beatriz de Saboya, prometida de Jaume II: 634.
Beatriz de Suabia, reina de Castilla y León: 139, 212, 514.
Bécquer, Gustavo Adolfo: 419.
Begís: 197, 208, 459, 657.
Beirut: 667.
Beirut, obispo de: 504.
Béjar: 560.
Bela IV, rey de Hungría: 515.
Belcaire: 74, 474, 729, 730.
Belda Soler, María de los Ángeles: 303.
Belenguer, Ernest: 24.
Belenoi, Aimerico de: 355.
Bellpuig, monasterio de: 160, 174, 280.
Belvis, Vicente. *Véase* Abuceit, rey de Valencia.
Ben Abet: 146.
Ben Yacub, Mohamed. *Véase* Miramamolín.
Ben Yusuf, rey de Marruecos: 560, 681, 727, 728, 740, 750, 762.
Benasal: 178.
Benavides, Antonino: 539.
Benevento, batalla de: 521, 537, 761.
Benevento, Pedro de: 35, 51, 60-62, 64, 65, 70, 89, 755.
Benevento, Roffredo de: 656.
Beneyto Pérez, Juan: 556.
Benicadell: 398, 403.
Benidorm: 735.
Benifassà, monasterio de: 130, 195, 203, 251, 256, 291, 381, 382, 555, 760.
Beniopa: 741.
Berbería: 148, 149, 175, 177.
Berceo, Gonzalo de: 154.
Berenguela, infanta de Castilla (hija de Alfonso X): 411, 416.
Berenguela, reina de Castilla y de León (abuela de Alfonso X): 93-95, 137, 211, 702.
Berga, Pere de: 541, 571, 641, 704, 723, 725, 728.
Berman, Harold: 491.
Bernardo, abad de San Feliu de Guixols: 172, 173.
Bernardo, cardenal de San Juan y San Pablo: 90.
Bernardo, conde: 213.
Bernardo, monje cisterciense de Benifassà: 291, 555.
Bernardo, san: 656.

Bernat, obispo de Vic: 71, 237, 280, 289, 403.
Besalú, Bernat Vidal de: 384, 395, 415.
Besalú: 523.
Besiers, Roger de: 536.
Bessede, Ramon: 333.
Bétera: 228.
Betí, Manuel: 380, 382.
Beuter, Pere Antoni: 24, 222, 253, 310, 675, 680, 700, 706, 707, 721, 724, 728, 734, 735, 740-743.
Béziers: 36, 40, 45, 48, 52, 59, 241, 338, 634, 755.
Béziers, obispo de. *Véase* Cuxac, Bertrand de.
Biar: 195, 272, 273, 280, 354, 365, 369, 372, 393, 402, 413, 414, 561, 589, 682, 693, 758.
Biblia, la: 285, 286, 625.
Bigalli, David: 506.
Biglieri, Anibal: 21.
Bigorra: 36, 39, 51, 74.
Bisbal: 723.
Bizancio. *Véase* Constantinopla.
Blanca de Artois, reina de Navarra: 711, 713, 761.
Blanca de Castilla, reina de Francia: 52, 410, 469-471, 473, 478, 479, 507, 509, 510, 625, 702, 756, 759.
Blanca de Francia, infanta: 669-671, 750.
Blancas, Jerónimo: 311, 322, 385-388, 441, 460.
Blay Arbuxech, Gaspar: 248, 249.
Bleda, Jaume: 395, 559, 560, 566, 727, 731, 736, 742.
Bloch, Marc: 470.
Blois, conde de: 47.
Bofarull, Prosper de: 23, 71, 81, 122, 214, 278, 353, 354, 364, 531, 551, 559, 660, 712.
Bofarull i Sans, F.: 619.
Bohigas, Pere: 314.
Bois, Guy: 637.
Bolas, Sans de: 228.
Boletín de la Real Academia de Buenas Letras de Barcelona: 97, 113, 364, 418, 522.
Boletín de la Sociedad Arqueológica Luliana: 176.
Bolonia: 113, 116, 207, 440, 495, 497, 617.
Bolvonne, abadía de: 680.
Bondia, judío: 101.
Bonfill Marc, Pons: 436.
Bonifaci, Pedro: 333-335, 521, 758.
Bonifacio VIII, papa: 473.
Bonilla y San Martín, Adolfo: 384-386.
Bonnassie, Pierre: 437.
Bonsenyor, Astruc: 594.
Borgoña: 751.
Borgoña, duque de: 47.

Borja, pactos de: 103.
Born, Bertrand de: 335.
Borrell, Guillem: 436.
Borriana: 102, 169-171, 183, 184, 186, 193, 206, 208-210, 214, 215, 216, 221, 223, 227, 241-243, 256, 258, 261, 273, 276, 282, 284, 322, 326, 342, 398, 648, 678, 679, 682.
Borriana, conquista de: 194, 198-205, 217, 224, 228, 237, 240, 281, 737, 738, 757.
Borrull, Francisco Xavier: 291, 293, 554, 555.
Boscolo, A.: 134.
Bosnia: 40.
Botticelli, Sandro: 458.
Bourges, arzobispo de: 51.
Bouvines, batalla de: 469.
Braga: 71, 252, 645, 646.
Bramon, Dolors: 261, 262, 264, 268, 271.
Brandemburgo: 514.
Brescia: 495, 497.
Bretaña: 336, 351.
Breve historia de Cataluña, de Joan Reglà: 36.
Breviari, de Alarico: 434.
Brihuega: 642.
Brioso y Mayral, Julio V.: 322.
Brocá, Guillermo: 304.
Brodman, J. W.: 207.
Bruguera, Jordi: 19, 145, 693.
Brujas: 176.
Bruno, Giordano: 498.
Brüsch, Tania: 394, 491, 493, 498, 500.
BSCC (Boletín de la Sociedad Castellonense de Cultura): 24, 102, 183, 189, 193, 278, 289, 292, 297, 304, 325, 382, 556, 593.
Buda, isla de: 101.
Buenaventura, san: 703.
Buesa Conde, Domingo: 324.
Bueso, Rodrigo: 198.
Bugarra: 366.
Bugía: 175, 177.
Bulgaria: 40, 41.
Bulla: 228.
Bulletin Hispanique: 279.
Buñol: 229, 290, 675.
Burbáguena: 100, 105, 106.
Burdeos, arzobispo de: 51.
Burgos: 205, 252, 493, 638, 640, 643, 653, 669, 672, 673, 761.
Burgos, obispo de: 129.
Burns, Robert I.: 21, 23, 78, 144, 243, 251, 253-255, 283, 309, 326, 330, 341, 356, 363, 399, 552, 607-610, 623, 644, 646, 650-652, 694, 736, 737.
Burriol: 205.
Busot: 369.

Butzer, Elisabeth K.: 193.
Butzer, Karl W.: 193.
Byron, Lord: 537.

Cabanelles, Guillem de (obispo de Girona): 127.
Cabanes Pecourt, Amparo: 23, 24, 86, 89, 92, 93, 95, 101, 102, 108, 123, 126, 128, 131, 140, 155, 156, 160, 162-164, 166, 167, 169, 170, 172, 173, 176, 188-190, 198, 199, 202-204, 206, 207, 209, 211, 213, 215-218, 220-222, 228, 229, 237, 279, 293, 294, 297, 309, 325, 340, 352, 361, 369, 372, 376-379, 381-383, 394, 408, 409, 411-414, 420, 482, 554, 585, 601.
Cabrera, Alvar de (conde de Urgell): 486, 487, 576, 640, 642, 760, 761.
Cabrera, Guerau de (Guerau I, conde de Urgell): 96, 112-115, 121, 215.
Cabrera, Guillerma de: 458.
Cabrera, Pons de. *Véase* Pons I de Cabrera, conde de Urgell.
Cabriel, río: 369.
Cádiz: 291.
Caffaro, Andreas de: 160.
Cagigas, Isidro de las: 607.
Calabria: 475, 520.
Calahorra, obispo de: 129, 241, 646.
Calamocha: 104.
Calasso, R.: 491.
Calatayud: 103, 107, 128, 169, 198, 199, 217, 218, 279, 340, 365, 376, 377, 388, 391, 404, 416, 584, 642, 676, 725, 734, 756, 758, 759.
Calatrava, maestre de. *Véase* Juánez, Pedro.
Caldas de Malavella: 361.
Caldas de Montbui: 222.
Calderona, sierra: 209, 221.
Caldes: 523.
Calig: 193.
Calixto III, papa: 475, 543.
Callado Estela, Emilio: 464.
Calpe: 195, 354, 366.
Camarena Mahiques, J.: 371.
Camarena: 82.
Camas: 395.
Cameros, señor de: 365, 750.
Campos Cataláunicos, batalla de los: 435.
Càndid, Hug: 439.
Canet de Berenguer: 102.
Cantábrico, mar: 212.
Cantar de Mio Cid: 403, 608.
Cañellas, Vidal de (obispo de Huesca): 40, 237, 280, 322, 324, 385, 386, 389, 440, 461, 618.
Cañellas López, Ángel: 90.

Capetos, casa de los: 349, 474, 482.
Capmany, A. de: 178, 432.
Cappellano, Andrea: 456.
Carabona: 102, 199.
Carcasona: 35, 36, 39, 44, 45, 48, 49, 51, 59-62, 241, 338, 354, 474, 481, 482, 529, 755.
Cárcer, puerto de: 341, 361.
Cardeña, Manuel: 669.
Cardona, casa de los: 38, 96, 103, 570, 572, 680, 694, 695.
Cardona, Guillem, vizconde de: 60, 61, 70, 81, 96.
Cardona, Guillem de (maestre del Temple): 108-110, 112, 113, 116, 199, 241, 280, 367, 408.
Cardona, Jusep de: 248.
Cardona, Ramon Folch de (Ramon Folch III): 108-110, 116.
Cardona, Ramon Folch de (Ramon Folch IV): 241, 280, 328, 408, 411, 437, 486, 487, 541, 602, 641, 704, 705-707, 714, 719-720.
Carlomagno, emperador de los francos: 38, 40, 380, 482, 483.
Carlos I y V, rey de España y emperador de Alemania: 287, 317, 422, 494, 518, 544, 751.
Carlos II de Anjou, rey de Nápoles: 539, 541, 761.
Carlos II, rey de España: 249.
Carlos de Anjou, rey de Nápoles y conde de Provenza: 377, 413, 475, 486, 512, 513, 520, 524, 529, 530, 533-543, 637, 639, 677, 681, 693, 702, 703, 708, 715, 722, 758, 760.
Carolus Valentiae Rex: 519.
Carreras i Candi, Francesc: 286, 432, 663, 667, 668.
Carròs, almirante: 140, 367, 378, 420.
Carsí, Matieu de: 747.
Cartagena, obispo de. *Véase* Martínez, García.
Cartagena: 135, 252, 270, 285, 344, 561, 562, 595, 604, 643.
Cartago: 429, 600.
Cartellà, Guillem Galceran de (conde de Catanzaro): 485-487, 695, 760.
Cartellà, Juan de (maestre del Temple): 699.
Cartenuova: 495.
Cartes de Poblament Medievals Valencianes, de Enric Guinot: 193, 292, 325.
Caspio, mar: 506.
Castalla: 369, 372, 682.
Castanet, Bernat de: 701.
Castell Maiques, Vicent: 269, 650.
Castell de Cabres: 192.
Castellana, Bonifacio de: 530, 534.
Castellbisbal, Berenguer de (obispo de Girona): 145, 253, 379-383, 393, 555, 648, 758.

Castellbó, vizconde de: 70, 241, 641.
Castellnou, Guillem de: 732.
Castellnou, Pere de (obispo de Girona): 524, 620, 624, 715.
Castellón: 102, 130, 175, 183, 205, 256, 266, 284, 325, 327, 362, 408, 554, 714, 723, 757, 758.
Castellón del Puente: 96.
Castelnau, legado Pedro de: 47.
Castilla, reino de: 13, 17, 28, 48, 58, 70, 93, 94, 100, 117, 128, 137, 138, 163, 164, 168, 195, 211, 212, 226, 273, 284, 322, 328, 341, 343, 345, 352, 353, 364, 365, 369, 371, 384, 393, 400-412, 417, 419, 468, 476, 479, 481, 488, 494, 513, 541, 543-545, 562, 567, 569, 571, 574, 577, 591, 607, 613, 634, 643-645, 660, 688, 710, 711, 714, 715, 730, 736, 739, 740, 750, 751, 759, 762.
Castilla en la época de Alfonso VIII, de Julio González: 254.
Castillazuelo, Rodrigo de: 705.
Castillo, sierra de: 110.
Castro: 228, 458.
Castro, Felipe de: 678, 721.
Castrofabib: 129.
Catalina, monja de Vallbona: 463.
Catalogne du milieu du X a la fin du XI siècle, La, de Pierre Bonnassie: 437.
Catalogue des actes de Jaume I, Pedro III et Alfonso III, rois d'Aragon, concernant les juifs (1213-1327), de Jean Regné: 23.
Cataluña, principado de: 28, 36, 38, 41, 53-55, 58-61, 63-65, 68, 70, 73, 84, 86-90, 92, 95, 97, 100, 102, 107, 113, 121, 122, 128, 132, 134, 139, 147, 158, 160, 161, 177, 179, 186, 206, 208, 213, 216, 218, 224, 280, 284, 285, 292, 296, 338, 353, 354, 358, 359, 364, 369, 380, 385, 386, 406, 418, 431, 433, 449, 456, 468, 481, 483, 493, 521, 523, 530-532, 535, 544, 550, 571, 576, 583, 603, 637, 659, 679, 681, 694, 713, 717, 749, 751, 757, 760, 761.
Cataluña, senescal de. *Véase* Montcada, Guillem Ramon de.
Catanzaro, conde de. *Véase* Cartellà, Guillem Galceran de.
Cátaros y occitanos en el reino de Mallorca, de Gabriel Alomar: 135.
Cátaros. Problema religioso, pretexto político, Los, de Jesús Mestre: 35.
Cateura Bennasser, Pau: 408.
Catí: 192.
Caudete o Capdets: 367, 369, 604.
Cavalleria, Jahudano de la: 569, 594, 612, 613.
Caynot, Arnau: 743.

Cazola, tratado de: 137, 195, 217, 237, 265, 272, 273, 328, 344, 364, 366, 369, 591, 600, 758.
Ceboller: 91.
Cebrián Ibor, Santiago: 290.
Cecilia, condesa de Venaissin: 346.
Celestino IV, papa: 500.
Celli, R.: 45.
Cendatario, Otón: 497.
Cerda, Alfonso de la. *Véase* Cerda, infantes de la.
Cerda, Fernando de la (infante de Castilla): 411, 416, 603, 606, 655, 669-671, 688, 710, 711, 713, 728, 730, 731, 750, 759, 761, 762.
Cerda, Fernando de la (hijo del anterior). *Véase* Cerda, infantes de la.
Cerda, infantes de la (Alfonso y Fernando): 604, 671, 728, 750.
Cerdaña: 215, 347, 354, 406, 409, 477, 482, 523, 531, 532, 550, 681.
Cerdeña y la expansión mediterránea de la Corona de Aragón, de V. Salavert: 121.
Cerdeña: 475, 511, 512.
Cervelló, Guerau de: 122, 158.
Cervelló, Guillem de: 158.
Cervera: 95, 101, 192, 204, 256, 640, 642, 684, 728.
Cervera, Bernat de: 165.
Cervera, Guerau de: 371, 437.
Cervera, Guillem de: 66, 70, 71, 81, 86, 90, 94, 113, 173, 174, 202, 640.
Cervera, Jaume: 408.
Cervera, Ramon de: 719.
Cerverí de Girona, trovador: 113, 687, 747.
Cerveró, Guillem de: 411, 437.
Ceuta: 123, 135, 139, 663.
Chabás, Roque: 290, 292, 356, 422, 460, 461, 463, 552, 556, 652.
Chalmeta, Pedro: 260.
Champaña: 41.
Champaña, conde de: 47, 163.
Chanson de la croisade des Albigeois: 74.
Chartres, Ivo de: 434.
Chelva: 657, 663, 675.
Cheste: 372.
China: 506.
Chinchilla: 561.
Chiva: 290.
Chivert: 101, 183, 192-195, 199, 204, 259, 284.
Christlich-Jüdische Zwangdisputation von Barcelona, Die, de Hans-Georg von Mutius: 620.
Chulilla: 197.

Cid Campeador, el. *Véase* Díaz de Vivar, Rodrigo.
Cieza: 344.
Cinca, río: 61, 65, 68, 76, 82, 358, 359, 364, 365, 371, 406, 408, 410, 414, 720-722, 762.
Cirat: 195.
Ciscar y Ciscar, Gabriel: 593.
Ciudad hispánica durante los siglos XIII al XVI, La: 302.
Ciutat de Barcelona, La, de Francesc Carreras: 432.
Civiltà Cattolica: 520.
Claraval, Bernardo de: 44.
Clarmunt, Guillem de: 122, 158.
Clemente IV, papa (Guido Foulques): 267, 461, 478, 479, 507, 542, 586, 611, 612, 616, 619, 620, 623, 653.
Clermont, Concilio de: 434.
Clermont-Ferrand: 528, 550.
Clodoveo I, rey de los francos: 471.
Cocentaina: 682, 736, 740, 748.
Codi, Lo, de Ricardo de Pisa: 293.
Código Teodosiano: 292.
Cohen, Jeremy: 620, 627, 629.
Colección de cartas histórico-críticas en que se convence que el rey D. Jaume no fué el verdadero autor de la Crónica o coméntarios que corren a su nombre, de Josep Villarroya: 19, 20.
Colección de Documentos Inéditos del Archivo de la Corona de Aragón, de P. Bofarull: 23, 71, 81, 278, 279, 353, 364, 485, 486, 523, 524, 531, 551, 559, 660, 712.
Coll, Miquel: 679.
Colliure: 215, 528, 720.
Coloma, Rafael: 30.
Colongo: 86.
Colonia, arzobispo de: 514, 516, 517.
Colonia: 511, 513, 514.
Colonialisme medieval. Explotació postcroada de la Valencia Islàmica, de Robert I. Burns: 607-610.
Colonització feudal y ressistència andalusina al regne de València. La frontera meridional. 1238-1277, de Josep Torró Abad: 281.
XVII Coloquio de Historia Marítima: 432.
Comenge: 39, 40, 51.
Comenge, Bernardo de: 50, 56, 73, 474.
Commemoracions, de Pere Albert: 440-449, 485, 491.
Comunidades, guerra de las: 577.
Concepto de lo político, El, de Carl Schmitt: 613.
Condomina: 563.
Conflent: 215, 354, 409, 477, 523.

Congrès International des Sciences Historiques, XII: 508.
Congreso de Historia de la Corona de Aragón, Primer (I CHCA): 51, 66, 95, 155, 156, 173, 207, 286, 432, 476, 523, 533, 619, 663, 676.
Congreso de Historia de la Corona de Aragón, Segundo (II CHCA): 380, 384, 459, 468.
Congreso de Historia de la Corona de Aragón, Tercer (III CHCA): 290, 311.
Congreso de Historia de la Corona de Aragón, Sexto (VI CHCA): 303.
Congreso de Historia de la Corona de Aragón, Séptimo (VII CHCA): 260, 288, 385, 435, 603.
Congreso de Historia de la Corona de Aragón, Noveno (IX CHCA): 122.
Congreso de Historia de la Corona de Aragón, Décimo (X CHCA): 63, 64, 84, 121, 134, 178, 207, 265, 322, 324, 371, 704, 725.
Congreso de Historia de la Corona de Aragón, Undécimo (XI CHCA): 133, 178, 497, 525, 536, 543, 561.
Congreso de Historia de la Corona de Aragón, Decimotercer (XIII CHCA): 135, 139, 156, 157, 213, 432.
Congreso de Historia del País Valenciano, Primer: 293.
Conques, Pedro de: 478.
Conques, Ramon de: 659, 660.
Conquista y repoblación del Reino de Valencia, de Ramón Ferrer Navarro: 325.
Conradino (Conrado V Staufen): 539, 541, 702, 761.
Conrado IV Staufen, emperador del Sacro Imperio: 410, 512, 513, 517, 526, 539, 759.
Consell general o Consejo general de Valencia: 299-304, 311, 312.
Consolidación territorial de la monarquía feudal castellana. Expansión y frontera durante el reinado de Fernando III, de Ana Rodríguez López: 168, 554.
Constantino I, emperador de Roma: 43, 254, 498.
Constantinopla (Bizancio): 41, 44, 178, 213, 316, 480, 504, 658, 660, 665.
Constanza, emperatriz del Sacro Imperio y reina de Sicilia: 489, 490, 522.
Constanza, infanta de Aragón (hermanastra de Jaume I): 63, 97.
Constanza, infanta de Aragón (hija de Jaume I): 352, 406, 413, 415, 417, 602-604, 633, 681, 693, 730, 759.
Constanza, infanta de Aragón y reina de Sicilia (tía de Jaume I): 78, 137, 490, 755.

Constanza, reina de Aragón y de Sicilia: 487, 488, 516, 521, 522, 525, 527-529, 531, 534, 536, 538, 540, 541, 543, 550, 618, 633, 634, 641, 677, 760, 761.
Constitución del rey Jaume a la coronada ciudad de Valencia, La, de Francisco Xavier Borrull: 291, 293, 554.
Consuetudines ilerdenses: 292.
Conti, Pier Maria: 462.
Contra Sectam Saracenorum, de san Pedro el Venerable: 615.
Copin, Diego: 725.
Corán, el: 166, 193, 264, 356.
Corbeil, tratado de: 481-484, 487, 522, 525, 528, 760.
Corbera: 361, 684.
Corbins: 717.
Córcega: 495.
Corda, Mario: 134.
Córdoba: 265, 270, 273, 366, 523, 554, 674.
Corea: 506.
Coriolano, Constanzo de: 452-454.
Cormellas, Sebastián de: 52.
Cornell, Jimeno: 66, 70, 71, 81, 86, 111, 237, 322, 760.
Cornell, Pere: 86, 90, 91, 93-95, 107, 111, 144, 147, 148, 159, 188, 202, 205, 210, 223, 234, 243, 408, 420, 739, 760.
Cornualles, Ricardo de: 350, 475, 514-518, 535, 759, 760.
Corona de Aragón y el reino de Mallorca en el primer cuarto del siglo XIV, La, de Antoni Riera Melis: 179.
Coronica de Aragón, de Gauberto Fabricio de Vagdad: 457.
Coronica de los moros de España, de Jaume Bleda: 395, 559, 560, 566, 727, 731, 736, 742.
Corpus Iuris Civilis, de Justiniano: 491.
Corral Lafuente, José Luis: 133, 135.
Corte literaria de Said de Menorca, La, de María Jesús Rubiera: 563.
Cortes de Alzira (1273): 683-686, 694.
Cortes de Aragón en Daroca (1228): 112, 186, 756.
Cortes de Aragón en Daroca (1243): 356, 358, 359, 361, 362, 364, 369, 371, 758.
Cortes de Aragón en Monzón (1236): 217-220, 227, 240, 242, 289, 290, 618, 647, 757.
Cortes de Aragón en Zaragoza (1264): 573, 574, 579, 585, 760.
Cortes de Aragón y Cataluña en Alcañiz (1250): 407-409, 414, 420-422, 759.
Cortes de Aragón y Cataluña en Barcelona (1228): 122-125, 127, 130, 131, 158.
Cortes de Aragón y Cataluña en Huesca (1247): 383, 384, 388, 392-394, 400, 421, 433, 438, 551, 580, 583, 585, 759.
Cortes de Aragón y Cataluña en Lleida (1214): 62, 64, 65, 67-70, 76, 83, 755.
Cortes de Aragón y Cataluña en Lleida (1218): 88, 89, 756.
Cortes de Aragón y Cataluña en Lleida (1275): 716-719, 724-727, 730-733, 739, 762.
Cortes de Barcelona (1244): 356, 758.
Cortes de Barcelona (1412): 434.
Cortes de Castilla en Toledo (1259): 418, 558.
Cortes de Castilla en Zamora (1274): 650, 655.
Cortes de Cataluña en Tarragona (1218): 88.
Cortes de Cataluña en Tarragona (1234): 206-208, 240.
Cortes de Cataluña en Barcelona (1264): 570-574, 760.
Cortes de Cataluña y Aragón en Barcelona (1251): 409, 435, 552.
Cortes de Ejea (1265): 322, 324, 390, 573, 585-587, 635, 678, 760.
Cortes de Huarte (1084): 385.
Cortes de Huesca (1188): 388.
Cortes de Lleida (1272): 678, 679.
Cortes de Huesca en Monzón (1222): 88, 756.
Cortes de Monzón (1470): 440.
Cortes de Monzón (1626): 249.
Cortes de Navarra en Puente de la Reina (1274): 711.
Cortes de Olite (1274): 712, 761.
Cortes de Santiago (1520): 518.
Cortes de Segovia (1278): 750.
Cortes de Tortosa: 100-102, 111.
Cortes de Valencia (1276): 748, 749.
Cortes de Valencia (1329): 293, 422, 556.
Cortes de Villafranca del Penedés (1217): 84, 756.
Cortes Generales (1604): 249.
Costa, Mercedes: 101, 298, 460.
Costera, valle de la: 330.
Costums de la ciudad y reino Valencia: 203, 272, 288-296, 298, 303, 321, 324, 325, 420-422, 425, 757.
Cotanda: 106.
Coy Cotonat, Agustín: 156.
Cracovia: 506.
Creixell, Dalmau: 61.
Creu, sierra de la: 395.
Crevillent: 344, 594, 607.
Crisis del Consell General en el tránsito a la modernidad, de Álvaro Santamaría: 298, 301.
Cristianos y musulmanes en la España medieval. El enemigo en el espejo, de R. Barkai: 275.

Cristina, princesa de Noruega: 411.
Cristo: 40, 42, 47, 72, 75, 126, 220, 468-470, 472, 480, 498, 570, 583, 611, 612, 617, 621, 622, 643, 658, 696.
Crónica, de Alfonso X: 411, 536, 563-565, 601, 670, 680.
Crónica, de Jaume I: 19-23, 48, 50, 55-63, 65-68, 77-80, 84-89, 91, 93-95, 97-103, 105, 106, 108-111, 113, 117, 121, 122, 124-126, 132, 133, 138, 140, 142-150, 152-155, 157-162, 164, 165, 167-170, 177, 186, 187, 189-191, 198-203, 206, 209, 210, 219, 220, 222, 224, 230, 232, 234-237, 242, 257, 258, 262, 270, 278, 279, 291, 311, 313-315, 321, 325, 329-331, 333, 334, 337, 338-343, 352, 355, 356, 361-363, 365-369, 371, 372, 376, 379, 393, 395-403, 405, 451, 560, 565-573, 578-581, 583, 587, 591, 592, 594-603, 633-636, 638, 639, 642, 661-670, 672-674, 676-688, 694-697, 699-701, 703, 704, 706, 714, 717-721, 725, 726, 728, 731, 733-735, 739, 742-745, 753. *Véase* también *Llibre dels Feyts.*
Crónica, de Pere el Ceremonioso: 532.
Crónica, de Ramon Muntaner: 457, 314, 341, 487, 522, 523, 538, 580, 591, 603, 732, 742, 749.
Crónica o Llibre del rei En Pere, de Bernat Desclot: 46, 57, 146, 148, 151, 152, 161, 417, 456, 522, 524, 539, 591, 596, 677, 721, 731, 740.
Crónica de San Juan de la Peña: 64, 65, 385, 743.
Crónica del Rey don Pedro I de Castilla, de Pedro López de Ayala: 314.
Crónicas catalanas, de A. Ballesteros Beretta: 714.
Cròniques de València. Segunda Parte de la Coronica General, de Pere Antoni Beuter: 253, 310, 675, 680, 700, 707, 712, 728, 734, 735, 740-743.
Cruïelles, Jofre de: 559.
Cruz i Rodríguez, Joan: 432.
Cruzadas, expediciones: 41, 410, 470, 471, 479, 503, 506, 507, 658, 662, 676, 679, 693, 694, 698, 699, 732, 755, 761.
Cuadernos 16: 210.
Cuadernos de Arqueología e Historia de la Ciudad: 432.
Cuadernos de Historia J. Zurita: 389.
Cuadernos de Historia: 134, 432.
Cuadrado, José M.: 127.
Cuéllar: 192.
Cuenca: 285, 364, 388, 643, 648, 652, 662.
Cuenca, obispo de. *Véase* Gonzalo, obispo de Cuenca y Laurencio, Pedro.

Culla: 188, 189, 209.
Cullera: 128, 210, 236, 237, 239, 290, 295, 343, 344, 355, 378, 460, 554, 757.
Curso de Historia del derecho español, de A. García Gallo: 293.
Cuxac, Bertrand de (obispo de Béziers): 345.

D'Abadal, Ramon: 36, 47, 434, 436, 644.
D'Arco, Ricard: 55.
D'Erill, Berenguer (obispo de Lleida): 94, 115, 129, 199, 202.
Dajira, de Ibn Bassam: 262.
Damasco: 260, 507.
Damietta, toma de: 470.
Dante Alighieri: 122, 336, 521.
Daroca: 95, 103, 107, 112, 195, 198-200, 217, 218, 220, 222, 279, 284, 295, 388, 391, 393, 640, 663.
De adventus antichristi, de Arnau de Vilanova: 314.
De amore, de Andrea Cappellano: 456.
De imaginibus astrologicis, de Jeronim Torrella: 316.
De los trovadores en España. Estudio de lengua y poesía provenzal, de M. Milá y Fontanals: 335, 349.
De mysterio cymbalorum, de Arnau de Vilanova: 315.
De rebus hispaniam (De las cosas de España), de Rodrigo Jiménez de Rada: 66, 253.
De secta machometi o de origine, progressu, et fine quadriplici reprobatione prophetiae eius, de Ramon Martí: 615.
De vita et rebus gestis Jacobi I (Historia del Muy alto e invencible rey Don Jaime de Aragón), de Bernardino Gómez Miedes: 170, 360.
Decretales, de san Ramon de Penyafort: 207, 293, 618.
Decreto, de Graciano: 656.
Denia: 126, 194, 195, 239, 259, 265, 268, 269, 273, 292, 295, 342, 366, 369, 372, 377, 393, 395, 421, 652, 675, 682, 684, 688, 741.
Denifle, fray: 623.
Descartes, René: 248.
Desclot, Bernat: 46, 57, 146, 148, 151, 152, 161, 456, 522, 524, 539, 591, 596, 677, 721, 731-733, 740.
Deutsches Archiv für die Ersforschung des Mittelalter: 514.
Diago, Francisco: 52, 184, 187, 195, 197, 210, 213, 218, 222, 225, 286, 381, 395, 396, 474.
Diago Hernando, Máximo: 514.

Diaodaula, rey de Murcia (Ibn Hud Baha al-Dawla): 344, 561, 563.
Díaz de Vivar, Rodrigo (el Cid Campeador): 126, 247, 250, 254, 258, 269, 328, 403, 651.
Díaz, López: 95, 163.
Diccionario de historia medieval del reino de Valencia, de José Hinojosa Montalvo: 104.
Diderot, Denis: 498.
Didier, monje cisterciense: 381.
Dieta de Nuremberg: 492.
Dieta de Roncaglia: 136.
Dieta de Worms: 493.
Díez, Fernando: 187, 209, 222, 227.
Digesto, de Justiniano: 292, 293.
Digne, Hugues de: 479.
Dimanche de Bouvines, Le, de Georges Duby: 469.
Diócesis valentina, La, de J. Sanchis Sivera: 648.
Dionis, rey de Portugal: 604.
Dionisio, conde: 213.
Diplomatarium Regni Valentia, de Robert I. Burns: 23, 330, 552, 607.
Diputación de la Generalidad del reino de Valencia, La, de J. Martínez Aloy: 552, 620.
Diritto e Potere nella Storia Europea: 45.
Discovery of the Individual, 1005-1200, The, de Colin Morris: 21.
Discurs de recepció a la Reial Acadèmia de Bones Lletres de Barcelona, de Joan Bastardas: 434.
Disertación sobre la justicia y utilidad de una ley que declara a favor del real fisco la pertenencia de bienes de realengo, de Josep Villarroya: 290.
Disputa de Barcelona, de 1263, entre mestre Mossé de Girona y Fra Pau Cristià: 620, 621, 624.
Disputa teológica de Barcelona entre Pablo Cristiano y Nahmanidas (1263): 619-625.
Documentos de Jaume I de Aragón, de Ambrosio Huici y Amparo Cabanes: 23, 86, 93, 95, 102, 108, 123, 126, 128, 131, 140, 156, 162-164, 166, 167, 169, 170, 172, 173, 176, 188-190, 198, 199, 202-204, 206, 207, 209, 211, 213, 215-218, 220-222, 228, 229, 236, 293, 294, 309, 340, 343, 345, 347, 348, 351, 353, 355, 357, 358, 361, 369, 372, 376-379, 381, 382, 394, 404, 408, 409, 411-414, 420, 432, 459, 460, 482, 534, 552, 554, 585, 587, 601, 602.
Dominazione di Carlo I d'Angio in Piamonte e in Lombardia, La, de C. Merkel: 535.

Domingo de Guzmán, santo: 46, 53, 72, 614, 617.
Don Jaime I el Conquistador, rey de Aragón, de Charles de Tourtoulon: 43, 46, 49, 214, 219, 332, 333, 335, 336, 389, 530, 531, 680.
Don Rodrigo Jiménez de Rada, de Javier Gorosterrazu: 645, 647.
Don Rodrigo Jiménez de Rada, de Manuel Ballesteros Gaibrois: 645.
Dondaine, Antoine: 40.
Donín, fray Nicolás: 620.
Dorez, L.: 520.
Dos cuerpos del rey, Los, de Ernst Kantorowicz: 425, 492.
Dos Sicilias, reino de las: 475, 512, 513, 520, 536, 542, 703, 722. *Véase también* Sicilia.
Dragonera: 142.
Dualde, M.: 260, 293.
Duby, Georges: 27, 435, 452, 454, 455, 469.
Duero, río: 48.
Dufourcq, Charles: 121, 606.
Duran, Eulàlia: 311, 316.
Duran Gudiol, Antonio: 324.
Durango: 385.
Durfort, familia: 432.
Durfort, Berenguer: 146.
Durfort, Guillem: 695.
Durfort, Romeu: 343, 389.

Ebro, río: 47, 48, 64, 75, 103, 163, 186, 202, 204, 226, 227, 240, 365, 410, 412, 550, 578, 639, 639, 711, 745.
Écija: 727.
Eduardo I, rey de Inglaterra: 411, 670.
Egipto: 313, 480, 507.
Eickels, Klaus van: 394, 491, 493, 498, 500.
Eiximenis, Francesc: 314, 316.
Ejea: 391, 394, 584.
El Cairo: 260, 470.
Elche: 344, 561, 592, 594, 596, 602, 604.
Elda: 561, 590.
Elías, profeta: 126.
Elins: 86.
Empereur Frédéric II, L', de Ernst Kantorowicz: 488, 490, 502.
En la España medieval. Estudios dedicados al prof. Julio González: 261, 277, 303, 408, 514.
En torno a la gnosis, de H. Ch. Puech: 41.
En torno al 750 Aniversario. Antecedentes y consecuencias de la conquista de Valencia: 191, 257, 260-262, 264, 265, 269, 270, 278, 289.
Engels, Odilo: 121, 137.
Enguera: 365, 366, 369.

ÍNDICE ALFABÉTICO

Enrique, infante de Castilla y señor de Écija: 415-417, 488, 539, 540, 559, 693, 702, 703, 728, 759.
Enrique I, rey de Navarra: 412, 709, 711, 712.
Enrique III, duque de Aquitania: 336, 337.
Enrique III, rey de Inglaterra: 350, 351, 377, 474, 475, 481, 494, 514, 515, 517, 670, 760.
Enrique VI, emperador del Sacro Imperio: 40, 71, 488.
Enrique de Lancaster, infante de Inglaterra: 670.
Ensayos sobre historiografía peninsular del siglo XV, de Robert Tate: 457.
Ensenyat Pujol, Gabriel: 135.
Enteza, familia de ricoshombres de Aragón: 322.
Enteza, Bernat de: 201, 217, 219, 221, 223.
Enteza, Guillem de: 408, 568, 580, 587, 683.
Enzo, rey de Cerdeña: 498, 511.
Epalza, Mikel de: 24, 232, 259, 264, 265, 326.
Epígonos del encubertismo, de Pablo Pérez García: 311.
Épila: 198, 566.
Episcopologio de Valencia, de Josef Teixidor: 255, 380.
Epístolas, de Inocencio III: 40.
Epístolas, de Séneca: 656.
Epístolas a los Gálatas, de san Pablo: 41.
Epstein, Rabbi Isidore: 627.
Ermengol VIII, conde de Urgell: 96, 112, 113, 115.
Ermengol X, conde de Urgell: 641, 704, 705, 707, 714, 719, 720.
Es Pantaleu: 142.
Escaples de Guilló, Pascual: 253.
Escarp, monasterio de: 86.
Escolano, Gaspar: 24.
Escrivá, Guillem de: 734.
Escrivà, notario: 436.
Escuela de Cirugía de Valencia: 316.
Eslida: 193, 355.
Espacio, Tiempo y Forma: 514.
Espadán, sierra de: 193, 199, 228, 284, 355.
Espadas mágicas en Cataluña en *Obras Selectas*, de F. Valls Taberner: 201.
Espagne catalane et le Maghrib aux XIII e XIV siècles, de Charles Dufourcq: 606.
España. Geopolítica del Estado y del Imperio, de Jaume Vicens Vives: 121.
España Sagrada, de Enrique Flórez: 381.
Espàrrec de la Barca, arzobispo de Tarragona: 50, 53, 67, 70, 77, 81, 90, 108, 111, 122, 124-126, 128, 129, 162, 173, 174, 189, 207, 213, 218, 752.

Espinosa de los Monteros, Pablo: 395.
Espluga de Francolí: 752.
Esponera Cerdán, A.: 255.
Esquerdo, Onofre: 460, 540, 722.
Estadella: 322, 708.
Estado político y social de los mudéjares: 607.
Estancias, de Giorgio Agamben: 349.
Estella: 385, 414, 415.
Estonia: 694.
Estoria de Espanna: 21.
Estudios de Historia de Valencia: 267.
Estudios de historia del pensamiento político español, de José Antonio Maravall: 448-450.
Estudios de la Edad Media de la Corona de Aragón (EEMCA): 279, 284, 324, 556, 607, 608, 737.
Estudios Lulianos: 471.
Estudis franciscans: 213.
Estudis Romànics: 55.
Estudis Universitaris Catalans: 436, 679.
Établissement, de san Luis de Francia: 481.
Etimologías, de san Isidoro de Sevilla: 434.
Eudoxia, princesa bizantina: 44, 56.
Eugenio III, papa: 44.
Europa: 18, 19, 22, 29, 39, 41, 95, 211, 212, 260, 262, 317, 336, 384, 393, 410, 467, 480, 491, 508, 509, 544, 668, 700.
Evangelios: 43, 50, 72, 152, 220, 249, 251, 286, 299, 424, 469, 523, 616, 638, 696.
Exceptiones Petri Legum Romanorum, de Ivo de Chartres: 434.
Exemplari Hispanica: 21.
Expansión catalano-aragonesa en el siglo XIV. La investigación de la historia hispánica del siglo XIV. Problemas y cuestiones, La, de V. Salavert: 121.
Explanatio symboli apostolorum, de Ramon Martí: 615.
Expulsión morisca (1238): 257, 258, 275, 276.
Expulsión morisca (1606): 267, 275, 276.
Extremadura: 192, 575.

Fabra, Miquel de: 145, 218.
Fachina: 164.
Fadrell: 197.
Fadrique o Federico, infante de Castilla: 402, 403, 488, 540, 728, 730, 750.
Faenza: 495, 497.
Falcón Pérez, María Isabel: 303.
Fanzara: 460.
Fatih-Ellah. *Véase* Infantilla, el.
Favara: 230.
Febrer, Jaume: 311, 460.

Federico I Barbarroja, emperador del Sacro Imperio: 136, 488, 491, 502.
Federico II, emperador del Sacro Imperio y rey de Sicilia: 30, 71, 78, 136, 137, 139, 219, 311, 313, 332, 337, 338, 379, 394, 410, 452, 467, 468, 480, 485, 488-498, 500-506, 509-515, 517, 518, 520, 522, 526, 538, 540, 544, 652, 702, 715, 751, 755, 757-759.
Felipe, infante de Castilla y arzobispo de Sevilla: 411, 493, 655, 728.
Felipe II Augusto, rey de Francia: 46, 47, 52, 73, 90, 469, 471, 472, 756.
Felipe II, rey de España: 544.
Felipe III el Atrevido, rey de Francia: 213, 407, 482, 525, 529, 543, 550, 670, 680, 698, 710, 711, 716, 730, 732, 741, 760, 761.
Felipe IV, rey de Francia: 713.
Felipe V, rey de España: 63, 287.
Feliu, Eduard: 620.
Fernández, García: 95.
Fernández de Ayerbe, Pedro de (hijo de Jaume I y Teresa Gil de Vidaura): 63, 459, 460, 569, 665, 667, 676, 681, 695, 724.
Fernández de Azagra, Pedro (señor de Albarracín): 60, 66, 70, 77, 81, 86, 91, 92, 97-99, 107, 169, 187, 205, 220, 223, 237, 322, 324, 359, 365, 553, 648, 649.
Fernández de Heredia, Juan: 684.
Fernández de Híjar, Pedro: 740.
Fernández de Luna, casa: 322, 418, 543, 722.
Fernández Serrano, F.: 725.
Fernández y González, F.: 607.
Fernando I, rey de Aragón: 751.
Fernando II el Católico, rey de Aragón: 316, 317, 422, 457, 464, 751. *Véase también* Reyes Católicos.
Fernando III el Santo, rey de Castilla y León: 93, 94, 137-139, 161, 163, 195, 211, 212, 273, 344, 352, 354, 363, 365, 383, 395, 407, 410, 561, 592, 650, 702, 730, 757, 759.
Fernando IV, rey de Castilla: 539, 604.
Fernando de la Cerda, infante de Castilla. *Véase* Cerda, Fernando de la.
Ferran, infante de Aragón (hijo de Jaume I y de la reina Violante): 406, 409, 410.
Ferran de Montearagón, infante de Aragón: 35, 61, 65-69, 77, 80, 86, 88, 89, 94, 96-99, 107, 112, 116, 131, 173, 199, 205, 210, 214, 218, 223, 226, 227, 329, 330, 343, 346, 359, 362, 363, 365, 384, 473.
Ferran Soldevila, Els Fonaments de la historiografia catalana cotemporània, de Manel Montoliu: 20.
Ferrandis, Pedro: 667.

Ferrando, Antoni: 326.
Ferrant, Alejandro: 752.
Ferrer Navarro, Ramón: 221, 278, 325, 327, 328.
Ferrer de Pallarès, obispo de Valencia: 173, 249, 251, 253, 652, 758.
Ferriz de Lizana, Marco: 570, 580, 587, 635, 636, 683, 687, 708.
Fez: 560, 724, 727.
Fichteneau, Heinrich: 26.
Ficker, J.: 436.
Fiesco, Sinibaldo. *Véase* Inocencio IV, papa.
Figueres, toma de: 712, 714.
Filipo, príncipe de Constantinopla: 529.
Finestrat, sierra del: 369, 735.
Fiore, Joaquim de: 313, 469.
Fiorentino: 410.
Fitero: 674.
Flandes (Países Bajos): 41, 751.
Florencia: 41, 45, 515.
Flórez, Enrique: 381.
Flotats, Mariano: 122.
Flumen, río: 584.
Foces, Arnau de: 394.
Foces, Ato de: 97, 98, 103, 105, 106, 116, 159, 163, 188, 322, 664.
Foces, Jimeno de: 408.
Foix: 36, 39, 40, 51, 74, 483, 680, 681.
Foix, Cecilia de: 640.
Foix, Ramon Roger, 50, 73, 88.
Foix, Roger I de: 241, 474, 486.
Foix, Roger Bernat de: 541, 576, 641, 680, 761.
Fondevila, Ferran: 677, 678, 684, 687, 695, 705, 708, 709, 718.
Font i Rius, José María: 125, 260, 288, 385, 390, 434, 435, 438.
Fontes Balearium: 178.
Fonti canonistiche dell'idea dello Stato, de Sergio Mochi Onory: 593.
Fontova, Arnaldo de: 569, 570.
Forcalquier: 219.
Forcalquier, Hug de (maestre del Hospital): 159, 165, 184, 190, 198, 210, 218, 367, 408.
Fori Antiqui Valentiae: 293.
Fori Regni. 422.
Formentera: 175, 757.
Formiguera: 720.
Formoso, papa: 134.
Foucault, Michael: 384, 616.
Foulques, Guido (obispo de Magalona). *Véase* Clemente IV, papa.
Fraga: 95, 711.
Francesch, J.: 679.

ÍNDICE ALFABÉTICO

Francia: 28, 36, 38, 39, 41, 44, 45, 48, 51, 53-55, 66, 70, 80, 90, 103, 124, 131, 134, 213, 240, 241, 314, 316, 330-332, 345, 346, 348, 353, 354, 377, 379, 380, 412, 413, 452, 469, 471, 474-478, 483, 487, 488, 494, 500, 503, 512, 513, 528, 541, 543, 578, 644, 680, 681, 694, 710-712, 719, 740, 741, 758, 761, 762.
Franco, Francisco: 287.
Frankfurt: 514, 516, 759.
Friars and the Jews, The, de Jeremy Cohen: 620.
Fuenfría, abad de: 715.
Fuentidueña: 254.
Fuero Juzgo: 423, 656.
Fuero Viejo: 751.
Fueros, Observancias y Actos de Corte del Reino de Aragón, de P. Savall y Dronda, S. Penen y Debesa: 383.
Fueros de Aragón, Los, de Antonio Gargallo: 383.
Fueros de Aragón, Los, de Jesús Lalinde Abadía: 585.
Fueros de Aragón: 384-393, 419, 574, 576, 580, 582, 585, 586, 714, 723, 759.
Fueros de Aragón según el ms. 458 de la B. N. de Madrid, por Gunnar Tilander: 389.
Fueros de Valencia. Apuntes preliminares para su exposición y completo estudio, Los, de Santiago Cebrián Ibor: 290.
Fulco, Guillem: 218.
Fundadors del regne de València, Els, de Enric Guinot: 274, 283.
Funes: 385.
Fünfkirchen, obispo de: 213.
Furió, Antoni: 24.
Furio Beltrán, E.: 371.
Furs de la ciudad y reino Valencia: 203, 266, 272, 290, 293, 295, 303, 306, 389, 420-423, 427-429, 552, 553, 556, 575, 760.
Fuster, Joan: 78, 266, 291.
Futuro pasado, de R. Koselleck: 608.

Gaillac: 475.
Galcelm, Ramon: 523.
Galera: 561.
Galicia: 116, 681.
Gallego, fray Pedro: 562.
Gallinera, valle de la: 213, 395, 397, 403, 417.
Gallofré, R.: 140.
Gandía: 342, 361, 395, 403, 554, 741, 758.
Garcés, Ferran: 293.
Garcés, Gil: 662.
Garcés, Pedro (obispo de Segorbe): 653.
García, Alfonso: 595, 601.
García, Ovieto: 367.
García Ramírez VI, rey de Navarra: 385.
García Antón, José: 684.
García de Cortázar, José Ángel: 47.
García Edo, Vicente: 24, 102, 183, 190, 191, 203, 206, 208, 237, 250, 290, 297, 325.
García Gallo, A.: 293.
García García, Ferran: 404.
García García, Honorio: 260, 288, 289, 292, 304, 382, 556.
García Sanz, Arcadio: 292.
Gardana, vistas de: 533.
Gargallo Moya, Antonio: 383.
Garí, Blanca: 122.
Garigliano: 537.
Garona, río: 38, 47, 475.
Garrido y Valls, Josep David: 591.
Gascuña: 36, 111, 479.
Gaston IV de Bearn: 50.
Gazulla, F.: 121, 207.
Geary, Patrick: 27.
Génesis del derecho foral de Valencia, en *Opúsculos,* de Roque Chabás: 292, 422, 552.
Génesis: 286.
Gengis Khan (Gran Khan), emperador de Mongolia: 506, 507, 659.
Genicot, L.: 471.
Génova: 74, 134-137, 160, 165, 176, 474, 495, 498, 511, 512, 528, 530, 536, 715, 760.
Georges, E.: 520.
Germana de Foix, reina de Aragón: 464.
Germanías, revueltas de las: 302, 304, 311, 317.
Gesta Comitum: 485, 532, 596.
Gestas del rey don Jaime de Aragón, de Juan Fernández de Heredia: 684.
Gibraltar, Estrecho de: 176, 560, 565, 599, 606, 681, 727.
Gierke, Otto von: 514.
Giese, W.: 146, 514.
Gil, Juan: 685.
Gil, Pedro: 461.
Gil, villa de: 587.
Gil de Vidaura, Teresa: 379, 380, 382, 451, 458-464, 578, 676, 681, 695, 724, 759-761.
Giménez Soler, Andrés: 468.
Gimeno, Miguel Ángel: 30.
Girard II, conde del Rosellón: 65.
Girgenti: 540.
Girón, María: 640.
Girona, Daniel: 523, 535.
Girona, obispo de. *Véase* Cabanelles, Guillem de; Castellbisbal, Berenguer de, y Castellnou, Pere de.

Girona: 95, 99, 122, 173, 203, 204, 351, 378, 382, 383, 449, 486, 528, 566, 634, 635, 679, 687, 704, 724, 732, 741.
Girona, vizconde de: 437.
Glick, Thomas: 261, 424, 609.
Glosas de Pérez de Patos a los fueros de Aragón, Las, de A. Pérez Martín: 383.
Goethe, Johann Wolfgang: 122.
Gómez, Garci: 560.
Gómez, Suero: 617.
Gómez del Campillo, Miguel: 312.
Gómez Miedes, Bernardino: 24, 170, 214, 360, 381.
González, Julio: 254, 277.
González, M.: 277.
González Antón, Luis: 84.
González de Lara, Nuño: 672, 727, 728, 730.
González Hurtebise, Eduard: 23, 95, 533.
González Palencia, A.: 560.
Gonzalo, obispo de Cuenca: 363, 367.
Gonzálvez Ruis, Ramón: 654.
Goñi Gaztambide, J.: 232.
Gorosterrazu, Javier: 645, 647.
Gozo: 178.
Gràcia, Teresa: 434.
Gran depresión medieval, La, de Guy Bois: 637.
Granada, reino de: 267, 281, 330, 344, 399, 400, 402, 559, 563, 569, 577, 584, 586, 591, 592, 597, 600-602, 634, 655, 656, 662, 663, 676, 678, 727-729, 731, 732, 734, 736, 738, 739.
Granollers: 706.
Gratia Dei, convento de: 463, 464.
Gregorio IX, papa: 53, 129, 130, 139, 176, 207, 211, 212, 219, 232, 241, 253, 346, 350, 379, 491, 494, 497, 498, 500, 517, 649, 652, 657, 757, 758.
Gregorio VII, papa: 503.
Gregorio X, papa: 693, 697, 698, 702, 703, 715, 716, 720, 730, 744.
Gregorio, san: 656.
Grili, Juan de: 699.
Grony, familia: 432.
Grony, Pere: 127.
Grosetto: 511.
Grossi, Paolo: 491, 571, 613.
Guadalquivir, río: 211, 270, 355, 554, 727.
Guadix: 588, 591, 727, 728, 740.
Gual Camarena, Miguel: 24, 284, 556, 603, 607, 737.
Guardamar: 604.
Guay de ti España: 315.
Gudal, García de: 324.
Gudar, sierra de: 187.

Gudar, Asalit de: 93, 105, 110, 113, 165, 166, 322, 323, 325, 330, 333.
Gudiol i Cunill, Josep: 173.
Guerau I, conde de Urgell. *Véase* Cabrera, Guerau de.
Guerra Civil española: 752.
Guerra de la Independencia: 371.
Guerra de Sucesión: 249, 371, 751.
Guerra del vespro siciliano, La, de M. Amari: 524.
Guía de Perplejos, de Maimónides: 623.
Guichard, Pierre: 264, 326, 607.
Guillem, Berenguer: 113.
Guillemon, notario: 221-223.
Guillerma, monja de Vallbona: 463.
Guillermina, monja de Sigena: 101.
Guillermo el Mariscal, de Georges Duby: 435, 453.
Guillermo, monje cisterciense de Benifassà: 555.
Guillermo I el Conquistador, duque de Normandía: 492.
Guillermo I, rey de Sicilia: 492.
Guillermo II, emperador del Sacro Imperio: 417, 492, 511-514, 759.
Guilleumes o Soirot, infante de Navarra: 154.
Guillot Aliaga, Dolores: 303.
Guinot Rodríguez, Enric: 24, 193, 195, 238, 271-274, 279, 280, 282, 283, 292, 325, 328, 366, 604.
Guirart, Berenguer: 125.
Guiraud, J.: 520.
Gurb, Arnau de (obispo de Barcelona): 482, 486, 599-602, 665, 666, 683, 696.
Gurp, Bernat de: 154.
Guzmán, casa de: 367.

Halecki, Oscar: 508.
Harvard Theological Review, The: 625.
Hefele, Charles-Joseph: 38, 41, 45, 46, 49, 51, 71, 72, 75, 131, 503-506, 509, 510, 516, 517, 703.
Hegel, Georg Wilhelm Friedrich: 453.
Heinrich, infante de Sicilia: 527, 537.
Helena de Grecia, reina de Nápoles y de Sicilia: 522, 527, 528, 537.
Heretges catalans, Els, de Jordi Ventura: 36.
Hernando, Joseph: 615.
Hesíodo: 122.
Hesperis. Archives Berbérees et Bulletin de l'Institut des Hautes Études Marocaines: 121.
Hethun I, rey de Armenia: 659, 660.
Heythrop Journal: 616.
Hieres, Rambaldo: 349.

ÍNDICE ALFABÉTICO

Higounet, Charles: 47.
Hinojosa, Eduardo: 156.
Hinojosa Montalvo, José: 24, 104, 266, 267, 619.
Hispán, Pedro (obispo de Albarracín): 60, 66, 71, 186.
Hispania: 277, 432, 737.
Histoire de la conquête de Naples, de A. Saint-Priest: 536.
Histoire des Conciles d'après les documents originaux (Historia de los Concilios), de Charles-Joseph Hefele: 38, 503-506, 509, 510, 516, 517, 703.
Histoire general de Languedoc, de Vic y Vaisette: 51.
Histoire du pape Urbain IV et de son temps, de E. Georges: 520.
Historia Albigensium en *Recueil des historiens des Gaules et de la France,* de Puy Laurens: 74.
Historia de Albarracín y su sierra, de Martín Almagro: 648.
Historia de la bula de cruzada en España, de J. Goñi Gaztambide: 232.
Historia de la conquista de Valencia, Crónicas inéditas de Marsilio y de Desclot en su texto lemosín, de José M. Cuadrado: 127.
Historia del derecho de Cataluña, especialmente del Civil, de Guillermo Brocá: 304.
Historia del derecho de Cataluña, Mallorca y Valencia. Código de las Costumbres de Tortosa, de Bienvenido Oliver: 292.
Historia del derecho español, de Ana María Barrero: 293.
Historia de España. La época medieval, de J. A. García de Cortázar: 47.
Historia de la España musulmana, de A. González Palencia: 560.
Historia de la Literatura Catalana, de Martín de Riquer: 20.
Historia de Mallorca: 121, 175.
Historia de las mujeres. La Edad Media, de Georges Duby: 455.
Historia del País Valencià, coordinada por Ernest Belenguer: 277, 298, 309, 399.
Historia de la Provincia de Aragón de la Orden de Predicadores, de Francisco Diago: 52, 474.
Història de la Senyera al País Valencià, de Pere Maria Orts: 318.
Historia y grandezas de Sevilla, de Pablo Espinosa de los Monteros: 395.
History of the Jews in Aragon: regesta and Documents, 1213, 1327, por Yom Tov Assis y Adam Gruzman: 23, 623.

Hitler, Adolf: 751.
Homenatge a Josep M.ª de Casacubierta, de Jordi Bruguera: 145.
Hommes et structures du moyen âge. Recuil d'articles: 27.
Honorio III, papa: 52, 75, 84, 88, 89, 756.
Horacio: 122.
Hospital, maestre del. *Véase* Forcalquier, Hug de.
Hostiensis, Enrique de Susa el: 508.
Huerta de Valencia, La, de Burriel de Orueta: 261.
Huerta: 214.
Huesca: 71, 89, 90, 96, 98, 107, 108, 183, 204, 208, 216, 218, 222, 305, 322, 394, 409, 538, 566-571, 584, 607, 634, 636, 641, 642, 646, 718-720, 724, 756.
Huesca, obispo de. *Véase* Sarroca, Jaume; Gudal, García de; Cañellas, Vidal de y Sola, Domingo de.
Huesca, Durante de: 40.
Huesca, R. de: 65.
Huéscar: 561.
Hugo IV, conde de Ampurias: 122, 125, 151, 158.
Hugo V, conde de Ampurias: 634, 695, 704, 712, 719, 720, 723, 724, 732, 733, 741, 742, 762.
Hugo Capeto, rey de Francia: 481.
Huici Miranda, Ambrosio: 23, 24, 86, 89, 92, 93, 95, 101, 102, 108, 123, 126, 128, 131, 140, 155, 156, 160, 162-164, 166, 167, 169, 170, 172, 173, 175, 188-190, 198, 199, 202-204, 206, 207, 209, 211, 213, 215-218, 220-222, 228, 229, 237, 293, 294, 309, 340, 352, 361, 369, 372, 376-379, 381, 382, 394, 408, 409, 411-414, 420, 482, 554, 585, 601.
Hungría: 504, 506, 507.

Ibérico, Sistema: 194.
Ibiza: 165, 167, 174, 241, 354, 757.
Ibn al-Abbar, jurista y poeta: 232, 257, 259.
Ibn Alhamar, rey de Granada: 560, 564, 566, 569, 586-588, 591, 681.
Ibn al-Harrat: 195.
Ibn Amira, poeta: 257.
Ibn Bassam, poeta: 262.
Ibn Hud Baha al-Dawla. *Véase* Diaodaula, rey de Murcia.
Ibn Hud, mensajero: 561.
Ibn Khafaja, poeta: 257.
Ibn-Al-Abbar. Politic i escriptor àrab Valencià, de Mikel de Epalza: 232.

Iglesia: 26, 39, 40, 43-45, 47, 49-52, 65, 68, 69, 71-73, 77, 78, 80, 81, 84, 85, 89, 90, 95, 106, 124, 125, 131, 134, 135, 137, 150, 156, 161, 172, 193, 212, 213, 219, 251, 253, 262, 267, 270, 285, 291, 308, 333, 345, 347, 363, 390, 399, 400, 404, 427, 428, 452-454, 459, 462, 467, 469, 474, 475, 477, 489, 490, 497, 498, 500, 502, 504-506, 509, 510, 513, 525-528, 544, 580, 586, 611-617, 619, 621, 622, 624, 625, 644-646, 650, 653, 654, 657, 658, 662, 674, 693, 696-698, 701, 703, 712, 744, 749.

Iglesia en la España visigótica y medieval, La, de José Orlandis: 650.

Iglesia, poder y sociedad en el siglo XVII. El arzobispo de Valencia fray Isidoro Aliaga, de Emilio Callado: 464.

Igualada: 204.

Ili, río: 506.

Illescas: 661.

Imperio hispánico y los cinco reinos, El, de Ramón Menéndez Pidal: 662.

Imperio latino de Oriente: 212, 213, 504, 506, 508, 760. *Véase también* Constantinopla.

Índices de las gestas de los reyes de Aragón, desde comienzos del reinado al año 1410, de Jerónimo Zurita: 90, 91, 97, 99, 167, 169, 372, 381-384, 392, 406, 408-410, 412-414, 417, 496, 516, 524, 569, 592, 612.

Infantilla, el (Fatih-Ellah): 145, 146.

Influencia de la cultura judía en la obra de Arnau de Vilanova (1238-1311), de Pedro Santonja: 40.

Inglaterra: 28, 38, 41, 53, 204, 309, 336, 479, 481, 492, 500, 503, 509, 513, 515, 534, 577, 578, 644, 698.

Inocencio III, papa: 35, 38-40, 45, 47, 49, 50, 51, 56, 60, 61, 66, 71, 73, 74, 92, 134, 472, 489, 490, 513, 755.

Inocencio IV, papa (Sinibaldo Fiesco): 176, 309, 379, 381, 500, 502-506, 508-510, 562, 609, 651-653, 658, 758.

Inquisición: 52, 53, 206, 248, 316, 347, 464, 471, 614, 616, 624, 757, 760.

Inquisition espagnole et la construction de la monarchie confessionelle, de Y. W. Monter: 207.

Instituta, de Justiniano: 292, 293.

Intelectuales en la Edad Media, Los, de Jacques Le Goff: 471.

Invenzione delle crociate, L', de Christopher Tyerman: 508, 659, 694, 698.

Íñiguez, casa: 415.

Iradiel, Paulino: 24.

Irmscher, Johannes: 525.

Irrigation and society (Regadío y sociedad en la Valencia medieval), de Thomas Glick: 261, 424.

Isabel I la Católica, reina de Castilla: 607.*Véase también* Reyes Católicos.

Isabel I, reina de Inglaterra: 449.

Isabel de Angulema, reina de Inglaterra: 351, 494.

Isabel de Aragón, reina de Francia (hija de Jaume I y de la reina Violante): 407, 482, 525, 528, 531, 543, 550, 681, 732, 760.

Isabel de Hungría, reina de Francia: 213.

Isidoro de Sevilla, san: 434, 650, 651.

Islam sota els Croats, L', de Robert I. Burns: 326, 341, 356, 363, 607.

Islamic and christian Spain in the Middle Ages, de Thomas Glick: 261.

Italia: 28, 40, 41, 44, 136, 268, 316, 332, 409, 492, 495, 496, 498, 503, 505, 511, 518, 542, 543, 652, 715, 722, 730.

Italia dei Comuni, secoli XI-XIII, L', de Elisa Occhipinti: 495.

Itinerari de Jaume I «El Conqueridor», de Joaquim Miret i Sans: 23, 55, 80, 86, 95, 96, 113, 114, 117, 128, 159, 162, 165, 183, 186, 202, 204, 217, 221, 222, 330, 343, 362, 376, 403-405, 408, 566, 568, 584, 587, 592, 593, 595, 634, 675, 676, 679, 682, 684, 693-697, 704, 705, 708, 709, 725, 726, 729, 741, 743.

Itinerario de Alfonso X, de Ballesteros Beretta: 664.

Ivars Cardona, Andrés: 311, 312, 314-316, 372.

Iznalloz: 600.

Jaca: 98, 99, 107, 190, 218, 324, 391, 394, 404, 409, 609, 756.

Jaca, fueros de: 108-110, 297, 385.

Jaén: 344, 364, 554, 592, 656, 725, 727.

Jaime, infante de Castilla, hijo de Alfonso X: 670.

Jaime I de Aragón y los Estados musulmanes, de Gazulla, F.: 121.

Jaime I y su época, en X CHCA: 121, 151.

Jalón, río: 607.

Jaume, infante de Aragón (hijo de Jaume I y de la reina Violante). *Véase* Jaume II, rey de Mallorca.

Jaume, Joan: 674.

Jaume II, rey de Mallorca: 175, 178, 357, 406, 408, 410, 528, 531, 532, 536, 550, 551, 589, 595, 600, 602, 604, 634, 656, 664, 668, 681, 695, 728, 744.

Jaume III, rey de Mallorca: 532, 538.

Jaume I en la historia, de Ernest Belenguer: 24.
Jaume I i el regne de Murcia, de Josep D. Garrido y Valls: 591.
Jaume I i els valencians del segle XIII, de Robert I. Burns: 78, 144, 244, 283, 468, 577, 607, 609, 623, 736.
Jaume I, Llibre dels Fets, de Josep M. Pujol: 19.
Javalambre, sierra de: 186, 223.
Jehel, Georges: 135, 136, 536.
Jerez: 560.
Jerusalén: 316, 407, 503, 504, 507, 511, 626, 658, 679.
Jewish Quarterly Review, The: 627, 629.
Jiloca, río: 607.
Jimena, esposa del Cid: 258, 269.
Jiménez de Luna: 719.
Jiménez de Lúzia, Lope: 153.
Jiménez de Rada, Rodrigo (arzobispo de Toledo): 60, 66, 71, 72, 101, 129, 172, 251, 252, 269, 364, 643-647, 649, 651-653.
Jiménez de Segura, Pedro (obispo de Segorbe): 657.
Jimeno, obispo de Albarracín: 237, 252, 269, 647-649, 652.
João de Alcobaça, fray: 620.
Joinville, Jean de: 469.
Jordan, E.: 535, 536, 541.
Jordán de Ejea, Pedro: 579, 639.
Jordán de Peña, Sancho: 687, 708.
Jordi o Jorge, san: 249, 250, 740.
Jovellanos, Gaspar Melchor de: 20.
Juan evangelista, san: 313.
Juan I, rey de Aragón: 314.
Juan II, rey de Aragón: 751.
Juan Sin Tierra, rey de Inglaterra: 52, 509, 577.
Juan de Aragón, arzobispo de Toledo: 656.
Juan de Ribera, san: 464.
Juan, infante de Castilla, hijo de Alfonso X: 670.
Juan Manuel, infante de Castilla: 415, 416, 602, 604, 656.
Juana, condesa de Tolosa y Poitiers: 474, 676, 756.
Juana I, reina de Navarra y de Francia: 711-713, 730, 761.
Juana I de Anjou, reina de Nápoles: 525.
Juana I la Loca, reina de España: 422.
Juánez, Pedro (maestre de Calatrava): 567, 665.
Júcar, río: 194, 209, 210, 237, 247, 265, 272, 281, 327, 340, 344, 355, 356, 361, 369, 395, 684, 742.

Judá: 622.
Judaims on Trial. Jewish-Christian Disputations in the Middle Age, por Hyan Maccoby: 620.
Junqueras, Tomás de: 682, 683.
Jused: 86.
Justiniano: 292, 293, 392, 423, 491.

Kaiser Friedrich II, de Klaus van Eickels y Tania Brüsch: 394, 491, 493, 498, 500.
Kantorowicz, Ernst: 30, 137, 425, 488-490, 492, 500, 502.
Khan Abaga, emperador de Mongolia: 660.
Kiev: 506.
Koselleck, R.: 608.

La Mola de Aybés: 369.
La Ribera: 327, 341.
La Rioja: 163.
Laberinto mágico, de Max Aub: 198.
Lacruz, J. L.: 389.
Ladero Quesada, Miguel Ángel: 607.
Ladrón, don: 154.
Lalinde Abadía, Jesús: 260, 284, 290, 554, 585.
Lamarca Morata, Luis: 248-250.
Lancaster, Edmundo de: 513.
Languedoc: 36-40, 42, 45, 48, 54, 55, 60, 75, 80, 82, 85, 94, 124, 134, 135, 348, 452, 473, 614, 680.
Lanzarote del Lago: 487.
Lapesa, Rafael: 271.
Lara, señores de: 602, 670-672.
Las Huelgas de Burgos, monasterio de: 130, 295, 360.
Lates: 56, 167, 333, 477, 527, 528, 530, 533.
Laurencio, Pedro (obispo de Cuenca): 565, 716.
Laurens, Puy: 74, 667.
Lauria, Roger de: 404, 542, 739, 748.
Lavàina, Albert de: 535, 536, 637, 666, 743.
Lavello: 513.
Le Goff, Jacques: 20, 30, 469, 471, 473, 479, 505, 515.
Lecciones sobre Jurisprudencia, de Adam Smith: 443, 492.
Leclerq, Dom H.: 38.
Lecturas sobre los santos, de Jaime de Varazze: 253.
Legado secreto de los cátaros, El, de Francesco Zambon: 44.
Lehet, María de: 417.
Leicester, condesa de: 47.
León, reino de: 93, 117, 137, 138, 162, 163, 211, 662.

León Tello, Pilar: 427.
Leonardo, Julián: 497.
Leonor, infanta de Castilla: 730.
Leonor de Castilla, reina de Aragón: 93-95, 99, 100, 103, 112, 128-130, 138, 163, 170, 173, 212-214, 295, 324, 348, 352, 353, 358-360, 367, 380, 406, 409, 458, 549, 756, 759.
Leonor de Castilla, reina de Inglaterra: 411.
Leonor de Portugal, reina de Aragón: 312.
Leonor de Provenza, reina de Inglaterra: 475.
Lerma: 669.
Letrán, Concilio de: 52, 60, 71-74, 80, 129, 130, 172, 207, 251, 500, 504, 645, 755.
Lévi-Provençal, Evaristo: 326.
Lex Wisigothorum: 434.
Liber Augustalis de Federico II di Svevia nella storiografia, Il, por A. L. Trombetti: 491.
Liber de acquisitione Terrae Sanctae, de Ramon Llull: 627.
Liber Augustalis o Liber constitutionum Regni, de Federico II: 491, 756.
Liber contra manicheos, de Durante de Huesca: 40.
Liber Donationum Valentiae. Véase *Llibre del Repartiment* de Valencia.
Liber extra, de Gregorio IX: 491, 757.
Liber Judicorum (Libro de los Jueces): 259, 385, 435.
Liber Jurium Reipublicae Genuensis, en *Monumenta Historia Patriae:* 136.
Liber predicationis contra Judeos, de Ramon Llull: 629.
Libri Feudorum: 293.
Libro de Job: 656.
Libro de la cadena de Jaca, El: 110.
Libro de las Cruces, de Alfonso X: 418, 558.
Libro de los Estados, de don Juan Manuel: 604, 656.
Libro tercero de la Crónica de la ínclita y coronada ciudad de Valencia y de su reino, de Martí de Viciana: 312, 459, 747.
Life and Times of James the First, the Conqueror, de F. D. Swift: 20.
Liguria: 511.
Límits del regne, Els, de Enric Guinot: 271, 273, 366, 604.
Linares: 195.
Liñola: 114, 728.
Liria: 197, 329, 459, 554.
Lisón Tolosana, Carmelo: 457.
Lituania, Enrique de: 694.
Lituania: 508, 694.
Lizana, Rodrigo de: 77, 86, 91, 159, 163, 223, 229, 322, 340, 341, 359, 362, 761.

Lizargas: 290.
Lladonosa Pujol, José: 63.
Llagostera: 523.
Llansa, Conrado: 542.
Llansa, Manfredo: 542.
Lleida: 55, 63, 79, 95, 97, 107, 111, 113, 114, 127-128, 130, 131, 160, 162, 167, 168, 174, 183, 186, 193, 198, 199, 204, 205, 215, 218, 219, 221, 222, 241, 279, 284, 290, 295, 351, 358, 359, 364, 365, 369, 379, 382, 383, 394, 406-410, 414, 418, 434, 485, 570, 582, 584, 587, 628, 636, 641, 642, 646, 669, 704, 715, 717, 719, 725, 729, 730, 734, 749, 758.
Lleida, obispo. *Véase* D'Erill, Berenguer y Barberán, Guillem de.
Llibre de les Costums de Tortosa: 292.
Llibre del dret valencià a l'època foral, El, dirigido por V. García Edo: 102, 237.
Llibre de les nobleses dels reys, de J. Francesch: 679.
Llibre del rei En Pere, de Bernat Desclot. *Véase Crónica,* de Bernat Desclot.
Llibre del Repartiment de Mallorca: 174, 446.
Llibre del Repartiment de Valencia (*Liber Donationum Valentiae*): 221, 250, 277, 278, 279, 283, 290, 293, 325, 446, 757.
Llibre del Repartiment del Regne de Valencia, por Amparo Cabanes y Ramón Ferrer: 221, 222, 279, 325.
Llibre dels Feyts, de Jaume I: 19-21, 23, 145, 158, 280, 325, 639, 695. *Véase* también *Crónica,* de Jaume I.
Llobregat, río: 449.
Llobregat, Enrique A.: 257, 258, 268, 272-274.
Llorente, Teodor: 278.
Llull, Ramon: 40, 213, 285, 461, 615, 627-629, 737.
Llutxent: 394, 395, 398, 403, 742, 743.
Lo cristià, de Francesc Eiximenis: 314, 316.
Lo Geronés, de J. Miret i Sans: 649.
Loaisa, Jaumeta de: 384.
Loaisa, Jofre de: 383, 384.
Loarre: 107, 108.
Lobo, rey de Valencia (Mohammad Ibn Sa'd ibn Mardanis): 128, 136, 195, 239, 255, 259, 325, 379, 460.
Loeb, judío: 623.
Lombardía: 53, 496, 497, 538, 542, 730.
Lope, Aben: 243.
López, Domingo: 638.
López, Marqués: 638.
López, R. S.: 176.

ÍNDICE ALFABÉTICO

López de Haro, casa: 727, 730.
López de Haro, Diego (señor de Vizcaya): 163, 168, 367, 368, 414, 415.
López de Luna, casa: 322, 418, 543, 722.
López de Mendoza, Íñigo. *Véase* Santillana, marqués de.
López Elum, Pedro: 24, 210, 277-279, 289, 290, 293, 295, 298, 325, 326, 421-424, 552.
López Rodríguez, Carlos: 425.
Lorca: 195, 344, 561, 562, 595, 601.
Lorris, tratado de: 474.
Lourdes: 74.
Lucas, san: 72.
Lucca: 515.
Lucena: 192.
Lucera: 311, 515.
Luch, Ramón de: 261.
Luis, san. *Véase* Luis IX, rey de Francia.
Luis VIII, rey de Francia: 52, 103, 473, 756.
Luis IX, rey de Francia (san Luis): 19, 30, 52, 211-213, 219, 220, 331, 337, 338, 347, 350, 351, 357, 377, 380, 407, 410, 412, 413, 468-476, 479, 480, 482, 483, 488, 500, 502, 503, 507, 509, 510, 512, 520-522, 525, 526, 528-530, 535, 538, 540, 620, 669, 671, 679, 698, 732, 755, 757-759, 760, 761.
Luis XIII, rey de Francia: 483.
Luis XIV, rey de Francia: 751.
Luna, casa de: 322, 418, 543, 722, 761.
Luna, Artal de: 97, 103, 105, 221, 223, 408, 418, 543, 553, 601, 675-677, 682, 683, 707, 708.
Luna, Jimeno de (arzobispo de Toledo): 656.
Luna, papa: 204, 656.
Lutero, Martin: 41.
Luttrell, Anthony: 178.
Lyon: 379, 380, 468, 480, 500, 618, 656, 714-716, 720, 729.
Lyon, Concilio de (1245): 313, 502, 503, 506-509, 511, 514, 516, 652, 658, 758.
Lyon, Concilio de (1274): 693, 694, 697, 698, 702-705, 730, 761.

Macabich i Llobet, Isidor: 175.
Macastre: 229.
Maccoby, Hyan: 620.
Maconnaise: 27.
Magalona: 45, 51.
Magalona, obispo de. *Véase* Montelauro, Juan de y Foulques, Guido (Clemente IV).
Mágina, sierra: 600.
Maguncia, arzobispo de: 514.
Mahoma: 158, 249, 498, 571, 611, 612, 615.
Mahomet. *Véase* Alagón, Gil de.
Maimónides: 623.
Mainz, obispo de: 517.
Mainz, paz de: 494, 495.
Málaga: 135, 587, 591, 727, 728, 740.
Mallorca, conquista de: 116, 121, 122, 124, 134, 136-141, 145, 147, 148, 155, 161-163, 171, 175, 176, 200, 208, 218, 225, 237, 240, 281, 334, 367, 377, 401, 432, 474, 543, 567, 618, 752, 756, 757.
Mallorca, obispo de: 696.
Mallorca, reino de: 17, 117, 122, 127, 130, 135, 156-160, 165-169, 172-179, 207, 213, 217, 235, 236, 241, 252, 294, 298, 314, 354, 358, 394, 407, 408, 532, 550, 573, 643, 663-665, 681, 738, 758, 761.
Malta: 178.
Maluenda, vistas de: 417.
Manacor: 177.
Mancha, canal de la: 336.
Manchuria: 506.
Manes: 40.
Manfredo, rey de Nápoles y de Sicilia: 410, 475, 487, 512-516, 518, 520, 521-531, 534-540, 575, 677, 722, 760, 761.
Maniqueos de la Edad Media. Un estudio de los herejes dualistas cristianos, Los, de Steve Runciman: 44.
Manises: 209, 221.
Manrique, M.: 593.
Mansilla Reoyo, Demetrio: 643.
Mansourah, desastre de: 470.
Mantua: 715.
Manuel, infante de Castilla: 403, 407, 412, 415, 417, 515, 589, 590, 593-595, 602, 604, 633, 670, 681, 729, 730, 759.
Manuel Comneno, emperador de Bizancio: 44, 56, 59.
Manzano Moreno, Eduardo: 261.
Maravall, José Antonio: 448-450.
Marca de Ancona: 515, 526, 538.
Marca Hispánica: 481-483.
Marca Hispanica: 66.
Marca, Pierre de: 66.
Marcabrú: 452, 454-456.
March, Ramon: 701.
Marción: 41.
Marcús, familia: 432.
Marés, Frederic: 752, 753.
Margarita de Dampierre, reina de Navarra: 412, 413, 415, 416.
Margarita de Provenza, reina de Francia: 211, 331, 347, 473-475, 482, 542, 757.
María, villa de: 188, 190, 191.

María, infanta de Aragón (hija de Jaume I y de la reina Violante): 406, 407, 528, 542, 639, 640, 761.
María de Castilla, reina de Aragón: 464.
María de Montpellier, reina de Aragón: 35, 46, 49, 54-61, 117, 488, 755.
Mariana, Juan de: 381.
Marín, Pero: 416.
Mariola, sierra de: 372.
Marquard, Odo: 15.
Marqués Casanovas, Jaume: 620.
Marruecos: 313, 727, 729, 738, 749.
Marsella: 36, 47, 74, 131, 136, 219, 220, 332, 335, 347, 474, 478, 529-531, 637.
Marsella, Paulet de: 534, 539.
Marsella, rebelión de: 533-536, 760.
Marsella, vizconde de: 56.
Marsili, Pere: 20, 127, 315.
Martell, Pere: 122, 123, 153, 200.
Martí, Ramon: 20, 271, 367, 615, 616, 622, 623, 627, 628.
Martín I el Humano, rey de Aragón: 312, 314.
Martín IV, papa: 543.
Martines d'Eslava, Joan: 154.
Martínez Aloy, Josep: 312, 552.
Martínez, Pedro: 587.
Martínez, Rodrigo: 409.
Martínez de Luna, casa: 322, 418, 543, 722.
Martínez de Luna, Sancho: 106, 408.
Martínez Ferrando, J. E.: 23.
Martínez, García (obispo de Cartagena): 595.
Martínez, Martí (maestre del Temple): 367.
Martos: 656, 727.
Mas Latrie, Louis de: 166.
Massip, J.: 135.
Mateo, arcediano de Girona: 371.
Mateu, Juan F.: 193.
Mateu y Llopis, Felipe: 737.
Mayans, Gregorio: 290.
Mayer, Ernest: 385.
Mayurqa: 121.
Maza, Blasco: 77, 86, 93, 163.
Maza, marquesa de: 101.
Maza, Pedro: 164, 165.
Mazanello, Oglerio de: 136.
Meaux, tratado de: 473, 756.
Mediano: 76.
Medina Sidonia: 560.
Medinaceli: 195.
Mediodía o Meridión: 36, 38, 42, 44-46, 48, 78, 211, 212, 241, 332, 335-338, 345, 347-349, 352, 376, 377, 393, 473-475, 482, 483, 544, 680, 758.

Medioevo e oltre, Georges Duby e la storiografia del nostro tempo, coordinado por Daniela Romagnoli: 462.
Mediterráneo, mar: 53, 55, 121, 133-136, 139, 151, 162, 176, 177, 179, 210, 212, 268, 317, 432, 446, 468, 474, 475, 479, 493, 495, 507, 512, 513, 524, 541, 544, 600, 667, 668, 719, 745, 751.
Mélanges de la Casa de Velázquez: 607.
Mélanges Halphen: 47.
Melfi: 491, 493, 513.
Melun: 73, 474.
Memorial Histórico Español: 418.
Memorias de Fernando IV de Castilla, de Antonio Benavides: 539.
Memorias históricas sobre la marina, comercio y artes de la antigua ciudad de Barcelona, de A. de Capmany: 178, 432.
Menargues: 114.
Mencía, reina de Portugal: 656.
Mendoza, casa de: 415.
Menéndez Pelayo, Marcelino: 285, 385.
Menéndez Pidal, Juan: 312.
Menéndez Pidal, Ramón: 270, 283, 403, 662.
Menorca: 116, 146, 165, 177, 344, 354, 665.
Menorca, rendición de: 161, 166-168.
Merman, Gerardo: 290.
Mesina: 490, 543.
Mestre, Jesús: 35, 40.
Mey Flaudró, Joan: 19.
Meyer, Bruno: 514, 519, 539.
Midrash, el: 625, 626.
Miguel VIII Paleólogo, emperador de Bizancio: 515, 658, 660, 663, 667.
Mijares, río: 197, 199.
Milá y Fontanals, M.: 285, 335, 349.
Milagros de Nuestra Señora, de Gonzalo de Berceo: 154.
Milán: 41, 45, 135, 495, 497, 498, 511, 512, 514, 544.
Milia, monja de Sigena: 101.
Millás Vallicrosa, José María: 620, 622, 629.
Millau: 213, 241, 332, 482.
Minorías islámicas en el País Valenciano. Historia y Dialecto, de Carmen Barceló Torres: 262.
Miracle, playa del: 162.
Miralles, Ismael: 193.
Miramamolín, rey almohade (Mohamed ben Yacub): 197.
Mirambel, Ramon de: 299.
Miraval: 56, 57.
Miret i Sans, Joaquim: 20, 23, 55, 80, 86, 89, 90, 95, 96, 107, 110, 111, 113, 122, 128,

ÍNDICE ALFABÉTICO

159, 162, 165, 183, 186, 202, 204, 210, 217, 221, 222, 286, 330, 343, 362, 372, 376-378, 382-384, 393, 403-405, 408, 409, 440, 566, 568, 584, 587, 592, 593, 595, 634, 659, 675, 676, 679, 682, 693-697, 704, 705, 708, 709, 718, 719, 725, 726, 729, 739, 741, 743.
Miscel·lània a Ramon y Serra: 693.
Miscel·lània de Textos Medievals: 140, 619.
Miscelánea Sanchis Guarner: 326.
Mochi Onory, Sergio: 593.
Modelo cortés, El, en *Historia de las mujeres. La Edad Media,* de Georges Duby: 455.
Moderne Mediävistik, de Hans Werner Goetz: 24.
Mogente: 341, 368, 369.
Moisés: 101, 126, 306, 498.
Mola, cabo de la: 142.
Molina de Aragón: 365, 559, 574, 604.
Moments crucials de la Historia de Catalunya, de J. Rubio, R. d'Abadal, M. Tarradel y J. Vicens Vives: 36.
Monachi Patavini Chronicon: 537.
Moncayo, sierra del: 94, 419, 673.
Mondéjar, marqués de: 411.
Monegros, los: 82, 192.
Monfort, Amaury de: 75, 473.
Monfort, Amicia de: 49, 58, 473, 755.
Monfort, Gui de: 52.
Monfort, Simon de: 35, 36, 39, 44, 47-51, 56, 58-60, 64-68, 71-75, 77-82, 84, 85, 89, 113, 116, 755, 756.
Mongolia: 659.
Monreal: 664.
Monreale: 480.
Montagnagol, Guillem de: 377.
Montagut y Estragués, Tomàs de: 432.
Montalbán: 116, 195, 198, 199, 209, 376.
Montaverner: 675.
Montblanc: 95, 162, 279, 745.
Montboló: 732.
Montcada, Constanza de: 640.
Montcada, Guillem Ramon I de (vizconde de Bearn): 61, 70, 73, 74, 80, 81, 90, 94, 96-98, 100, 103, 107, 110, 111, 113, 116, 122, 125, 126, 140, 143, 144, 146, 149, 159, 161, 419, 755.
Montcada, Guillem de (descendiente del anterior): 173, 280, 367, 372, 400, 408, 420, 486, 684, 719.
Montcada, Guillem Ramon de (señor de Aitona y V senescal de Cataluña): 63, 96-98, 100.
Montcada, Pere de (VI senescal, hijo del anterior): 408, 486, 584.

Montcada, Ramón de (señor de Albalat): 584.
Montcada, Ramon I (señor de Tortosa): 134.
Montcada, Ramon II (señor de Tortosa, primo de Guillem Ramon I): 73, 74, 80, 96, 98, 100, 103, 113, 116, 122, 143, 144, 146, 149, 159, 755.
Montcada, Teresa de: 63.
Monteagudo: 413, 591.
Monteagudo, Bernardo de (obispo de Zaragoza): 207, 211, 280, 289, 290.
Montearagón, abad de. *Véase* Ferran de Montearagón, infante de Aragón.
Montelauro o Montlaur, Juan de (obispo de Magalona): 219, 220, 331-333, 335, 345, 757, 758.
Monter, Y. W.: 207.
Montesa: 341, 361, 368, 371, 401, 402, 607, 749.
Montiel, batalla de: 314.
Montjuic: 86, 534.
Montoliu, Manel de: 20, 55.
Montpellier: 35, 42, 45, 54, 55, 58, 59, 62, 65, 70, 76, 94, 132, 167, 213, 219, 220, 230, 242, 279, 290, 293, 296, 323, 343-348, 352, 354, 357, 378, 379, 406, 409, 410, 419, 477, 521, 523, 528, 530, 531, 533, 537, 550, 586, 634, 635, 666, 668, 679, 681, 695, 704, 716, 730, 747, 757, 758, 760, 761.
Montpellier, Concilio de: 51, 52, 70, 89, 207, 755.
Montpellier, jura de: 330-338, 361.
Montpellier, rebelión de: 479-481, 483, 485, 487.
Montpesat, Francesc de (maestre del Temple): 111, 165.
Montredon, Guillem de (maestre del Temple): 35, 61, 66, 67, 70, 76, 77, 79, 92, 95.
Montroy: 229.
Montsegur: 53, 474.
Montserrat, monasterio de: 128, 290.
Montveri: 155.
Monumenta Historia Patriae: 136.
Monzón: 35, 61, 63, 65, 68, 75, 76-78, 80-87, 90, 95, 112, 123, 131, 162, 169, 173, 212, 220, 221, 247, 331, 350, 359, 364, 472, 488, 489, 570, 584, 587, 642, 707, 709, 719, 720, 721, 755.
Mor, Carlo Guido: 434, 436.
Mora: 558.
Morella: 101, 102, 128, 129, 169-171, 175, 183, 184, 186-192, 194, 195, 197, 281, 284, 295, 382, 404, 408, 420, 433, 757, 759.
Morella, señor de. *Véase* Alagón, Blasco de.
Morón: 415.
Morris, Colin: 21.

Morviedro: 197, 290, 649.
Moscú: 506.
Mota, Pedro Ruiz de la: 518.
Moynos, Pascual: 103.
Mudéjares de Castilla en tiempos de Isabel I, Los, de Miguel A. Ladero: 607.
Mudéjares, Los, de Isidro de las Cagigas: 607.
Mula: 344, 561, 562.
Müller Mertens, Eckhard: 26.
Muntaner, Ramon: 57, 58, 214, 314, 341, 457, 487, 521, 538, 591, 603, 716, 732, 742, 749.
Murcia, campaña de: 536-538, 584, 589-593, 595-597, 599, 600, 607, 609, 611, 613, 619, 633, 635, 659, 662, 761.
Murcia, reino de: 104, 194, 262, 265, 324, 344, 360, 364, 365, 369, 372, 399, 402, 415, 484, 544, 550, 561, 562, 601-603, 615, 633, 673-675, 688, 693, 696, 731, 760, 761.
Muret, derrota de: 35, 50, 54, 60, 61, 67, 68, 75, 82, 84, 88, 350, 473, 483, 544, 755.
Murgetana: 608.
Murles, P. de: 333.
Murphy, Thomas: 616.
Mutius, Hans-Georg von: 620.
Muza: 258.

Nabal: 712, 717.
Nación y la Guerra, La, de José Luis Villacañas: 29.
Nadal, Lluïsa de: 434.
Nahmanidas, Moisés (Rabi ben Astruch de Porta): 620-625, 627-629, 760.
Naixement del monestir cistercenc de la Valldigna, de Ferran García García: 404.
Namur: 213.
Napoleón I Bonaparte, emperador de Francia: 555, 751.
Nápoles, reino de: 377, 492, 511, 512, 518, 520, 524-527, 537-540, 543, 544, 677, 751.
Narbona: 35-39, 51, 53, 60-62, 65, 67, 71, 177, 230, 234, 241, 252, 270, 286, 346, 474, 614, 618, 643, 645, 655, 704, 755, 761.
Narbona, arzobispo de: 45, 50, 51, 239. *Véase también* Amell, Pere.
Navarra, reino de: 70, 74, 93, 137, 138, 162, 163, 169, 170, 240, 384, 411-413, 417, 461, 468, 473, 574, 634, 639, 655, 662, 680, 702, 710, 711, 713, 714, 716, 719, 732, 759, 761.
Navas de Tolosa, Las (batalla de Úbeda): 48, 58, 65, 93, 122, 133, 138, 151, 197, 402, 564, 565, 568, 573, 755.
Negro, mar: 506.
Neocrastro, Bartolomeo de: 337.

Nevers, conde de: 47.
Nicolau d'Olwer, Lluís: 20.
Niebla: 415.
Nietzsche, Friedrich: 504, 751.
Nilo, río: 480, 481.
Nîmes: 74.
Nives, Esclaramunda de: 680.
Niza: 36, 47.
Nobiliario valenciano, de Onofre Esquerdo: 460, 540, 722.
Noguera, río: 717.
Normandía: 336.
Nota raymundi, de san Ramon de Penyafort: 614.
Noticia histórica de la conquista de Valencia por su rei D. Jaime I de Aragón, de Luis Lamarca Morata: 248, 250.
Noticias de Segorbe, de Francisco Aguilar: 648.
Novelda: 604.
Novgorod: 506.
Novísima Recopilación: 593.
Nuevo Testamento: 206, 286, 314, 696.
Nules: 102, 197, 202, 228, 243.
Núñez de Guzmán, Pedro (maestre de Uclés): 595.
Núñez de Lara, Juan: 730.
Nuño Sans, conde de Rosellón: 60, 67, 73, 74, 89, 95-98, 122, 125, 144, 146-149, 167, 168, 174, 175, 205, 237, 241, 354, 758.

O'Connell, David: 469-471, 479-481.
Obispo Don Jaume de Sarroca, consejero y gran privado del rey D. Jaume el Conquistador, El, de Ricard D'Arco: 55.
Obra Completa, de Joan Fuster: 266, 291.
Obra de Oro de los privilegios reales de la ciudad y del reino de Valencia, coordinado por Luis Alanya. Véase *Aureum Opus.*
Obras completas del trovador Cerverí de Girona, de Martín de Riquer: 688.
Obras completas, de Gaspar Melchor de Jovellanos: 20.
Obras Completas, de Ramón Menéndez Pidal: 270, 283.
Obras Selectas, de F. Valls Taberner: 201, 380, 395, 411, 417, 620.
Observaciones a la Crónica del rey Alfonso el Sabio, del marqués de Mondéjar: 411.
Occhipinti, Elisa: 495.
Occitania: 38, 41, 48, 51, 75, 90, 131, 135, 336, 350, 352, 378, 475, 488, 537, 544, 680.
Odena, Andreu de: 603.
Olivar, Revista de Literatura y Cultura Española: 21.

ÍNDICE ALFABÉTICO

Olivella, Bernat de (arzobispo de Tarragona): 683, 685, 715, 744.
Oliver el Templario, poeta: 664.
Oliver, Antoni: 213.
Oliver, Bienvenido: 292.
Ollich i Castanyer, I.: 619.
Oloron, obispo de: 649, 651.
Onda: 102, 197, 222, 264, 736.
Onil: 536.
Opus Majus, de Roger Bacon: 507.
Opúsculos, de Roque Chabás: 292.
Orbieto: 41.
Orden de los Caballeros Teutónicos: 504.
Orden de Calatrava-Alcañiz: 197, 198, 208, 221, 230, 280, 367.
Orden del Hospital: 69, 95, 159, 184, 187, 190, 193, 199, 204, 221, 230, 251, 280, 595, 661, 662, 665.
Orden de Montesa: 19, 199.
Orden de la Merced: 207.
Orden de San Jorge: 199.
Orden de Santiago-Uclés: 198, 222, 367-369, 561, 595, 661, 662, 665, 714, 716.
Orden del Santo Espíritu: 221.
Orden del Temple: 35, 61, 69, 86, 95, 101, 116, 155, 158, 198, 202, 204, 221, 222, 230, 249, 251, 280, 286, 377, 378, 526, 595, 665, 666.
Orden de Santiago en la Corona de Aragón. La encomienda de Montalbán (1210-1327), La, de Regina Sainz de la Maza: 198.
Ordinatio ecclesiae valentinae: 252, 648.
Ordine giuridico medievale, L', de Paolo Grossi: 491, 571, 613.
Ordo judicarius, de Tancredo de Bolonia: 656.
Orenga Beltrán, José María: 593.
Orfali Levi, R. Moises: 628.
Orga, Joseph de: 290.
Origenes de la domination angevine en Italia, Les, de E. Jordan: 535, 536.
Orígenes del Español: Estudios lingüísticos de la península Ibérica hasta el siglo XI, en *Obras Completas,* de Ramón Menéndez Pidal: 270, 283.
Orígenes de los furs de València y de las Cortes, Los, de Pedro López Elum: 289, 290, 293, 421-424, 552.
Orígenes históricos de Cataluña, de José Balari: 436.
Orígenes del justicia de Aragón, de J. Ribera y Tarragó: 261.
Orígenes de la traducción jurídica, Los, de Harold Berman: 491.
Orígenes del reino de Valencia, Los, de Antonio Ubieto: 170, 184, 189, 280, 283, 284, 566.

Orihuela: 126, 285, 344, 561, 562, 591, 592, 594, 595, 602, 604.
Orihuela, Teodomiro de: 258.
Orlandis, José: 650.
Oropesa: 736.
Oropesa, comendador de: 243.
Orsini, Matteo: 500, 652.
Orts, Pere Maria: 318.
Orueta, Burriel de: 261.
Osma, Diego de: 46.
Osma, obispo de: 129.
Osona: 61.
Ostoles: 485, 486.
Otokar II, rey de Hungría-Bohemia: 514, 515, 517.
Otón III, emperador del Sacro Imperio: 516.
Otra Inquisición, La, de Y. W. Monter: 207.
Oxford: 260, 507.

Pablo Cristiano, fray: 612, 619-626.
Pablo o Saulo de Tarso, san: 41, 620, 621, 656.
Padua: 498.
Países Bajos. *Véase* Flandes.
Palacios Martín, Bonifacio: 265.
Palancia, río: 197, 198, 653.
Palatinado, conde de: 514-517.
Palau del Vallés: 222.
Palermo: 78, 260, 480, 488, 489, 512, 513, 527, 543.
Palesí, Pedro: 243.
Palestina. *Véase* Tierra Santa.
Pallars: 74, 75, 80, 241, 353, 359, 365, 406, 407, 485, 537.
Pallars, Arnau Roger I de: 576, 641, 704, 725.
Pallars, condes de: 280, 541, 704, 718.
Palma de Mallorca: 82, 142, 143, 155, 159, 160, 175, 177, 258, 446.
Palma: 342.
Palmes: 193.
Palomera: 142.
Palou, Berenguer de (obispo de Barcelona): 67, 70, 89, 90, 94, 126, 143, 144, 149, 213, 237, 280, 351, 353, 408.
Pampliega: 650.
Pamplona: 240, 646, 649, 709.
Pamplona, obispo de: 711.
Papstgeschichte von Petrus in Rom bis zur ersten Hälfte des 16. Jahrhunderts, Die, de Bernhard Schimmelpfennig: 520.
Paraíso, monasterio: 475.
París, arzobispo de: 474.
París, Mateo: 480, 481.
París, tratado de: 473, 476, 481, 756, 760.

París: 39, 131, 204, 260, 286, 333, 410, 488, 494, 507, 615, 617, 620, 627, 628, 731, 732.
Parma: 511.
Parra Ballester, José María: 378.
Pascual II, papa: 134.
Paterna: 209, 221, 228.
Patot, Ramon (maestre del Temple): 198.
Patrimonio regio y orígenes del maestre racional del reino de Valencia, de Carlos López Rodríguez: 425.
Pavía: 715.
Pedralbes, monasterio de: 280.
Pedro, infante de Castilla: 670.
Pedro, san: 20, 250, 260, 500, 503.
Pedro de Génova, fray: 622, 682.
Pedro Nolasco, san: 207, 249.
Pedro el Venerable, san: 615.
Pedro I el Cruel, rey de Castilla y León: 314.
Pedro de Courtenay, emperador de Constantinopla: 212.
Pedro de Portugal, conde de Urgell: 115, 116, 139, 167, 168, 174, 198, 215, 217, 241, 354, 357, 365, 396, 404, 407-409, 757-759.
Pego: 395.
Pekín: 506.
Peláez del Rosal, Jesús: 623.
Peloponeso: 515.
Penáguila: 398.
Penen y Debesa, Santiago: 383.
Pensamiento medieval hispano. Homenaje a Horacio Santiago Otero, coordinado por José María Rábanos: 623.
Pensamiento político medieval y los orígenes del derecho internacional, El, de L. Weckmann: 467.
Pentateuco: 306.
Penyafort, Ramon de (san Raimundo): 89, 131, 207, 213, 218, 271, 376, 380, 440, 524, 550, 614-618, 621, 622, 624, 628, 640, 653, 666, 716.
Penyarroja i Torrejón, Leopoldo: 270, 271.
Peña de Ahija: 459, 460.
Peñagolosa: 197.
Peñalba: 211.
Peñas de San Pedro: 561.
Peñíscola: 128, 183, 184, 197, 226, 233, 354, 736.
Peñíscola, asedio de: 60, 100, 102, 103, 121, 194, 201, 204, 756, 757.
Pera, cabo de: 166.
Peralada: 666, 696, 716.
Peralada, Bernat de: 659.
Peralta, Arnau de (obispo de Valencia y Zaragoza): 254, 381, 384, 395, 396, 398, 399,
408, 579, 580, 584, 587, 589, 652, 653, 657, 758, 759.
Perarnau, Jaume: 620.
Peray y March, José M.: 173.
Pere, infante de Aragón (hijo de Jaume I y de la reina Violante). *Véase* Pere III el Grande.
Pere II el Católico, rey de Aragón: 35, 39, 45-50, 56, 57, 60, 61, 65, 66, 68, 71, 78, 82, 83, 86, 96, 112, 113, 115, 134, 136, 195, 248, 251, 324, 332, 346, 473, 490, 700, 701, 740, 755.
Pere III el Grande, rey de Aragón y Cataluña: 20, 24, 175, 178, 179, 213, 214, 256, 301, 337, 339, 342, 352-354, 357, 358, 364, 369, 371, 377, 379, 404, 406-408, 419, 425, 431, 440, 458, 460, 461, 481, 484-487, 516, 522, 523, 527-529, 531, 532-536, 538-544, 549-551, 554, 556, 557, 579, 580, 584, 585, 589, 591, 595, 596, 600, 618, 633-636, 640, 641, 657, 659, 663-667, 669, 676-679, 682-687, 689, 695, 696, 705, 706, 708, 709, 711-713, 717-725, 728, 729, 731-734, 737, 741-744, 748-751, 758, 760-762.
Pere IV el Ceremonioso, rey de Aragón: 261, 311, 312, 314, 436, 532, 752.
Pere el Catolic i Simó de Monfort, de Jordi Ventura: 36.
Pere el Ceremoniós y els inicis de la decadencia política de Catalunya, de Ramon d'Abadal: 434.
Pere el Gran, de Ferran Soldevila: 186, 213, 226, 337, 353, 360, 377, 408-410, 481, 485-487, 521, 522, 524, 525, 528, 529, 532, 534-539, 541, 542, 567, 585, 589, 633, 634, 636, 641, 664, 675, 677, 679, 684, 687, 688, 695, 706, 708-712, 718, 732.
Pereira, Gonçalvo de (maestre de Uclés): 661, 662.
Pérez, Alvar: 112, 113.
Pérez, Joseph: 518.
Pérez, Martín: 587.
Pérez, Pedro (justicia de Aragón): 163.
Pérez, Pedro (fabricante de falsa moneda condenado): 639.
Pérez de Aranjuez, Juan: 649.
Pérez de Arenós, Jimeno: 197, 323, 367, 372, 396, 408.
Pérez de Ayerbe, Gimeno: 570.
Pérez Bustamante, Rogelio: 64.
Pérez Correa, Pelagio: 367.
Pérez García, Pablo: 60, 311.
Pérez de Lodosa, Sancho: 460.
Pérez Martín, A.: 383.
Pérez Pons, Rodrigo: 198.

Pérez Prandes, Manuel: 191.
Pérez de Tarazona, Gimeno: 209, 322, 325, 330, 389, 420.
Pérez de Tarazona, Pedro: 389.
Pérez de Zuazo, García: 324.
Pergaminos de la Cancillería Real del Archivo Municipal de la ciudad de Alzira, Los, de José María Parra Ballester: 378.
Pericles: 310.
Perigort, Geroni de: 269.
Peris de Pina, Fernando: 154.
Peris, Gonzalo: 457.
Peris, Miguel: 735, 739, 740.
Perpiñán: 54, 96, 178, 351, 357, 376, 378, 586, 634, 635, 660, 695, 704-706, 720.
Persia: 506.
Pertusa: 108, 570.
Perugia: 52.
Peset, Mariano: 24, 290.
Petrer: 561.
Piacenza: 495, 497.
Piamonte: 520, 522.
Piccolomini, Eneas Silvio: 539.
Piedra Redonda: 164.
Piedra, monasterio de: 280.
Piera: 98.
Pilatos, Poncio: 583.
Piles, Leopoldo: 24.
Pina: 209, 383, 409.
Pinós, Galceran de: 601.
Piperno: 703.
Pirineos, cordillera de los: 35, 53, 54, 64, 70, 75, 76, 91, 125, 241, 331, 336, 338, 351, 352, 406, 550, 640, 679, 680, 700.
Pirineos, paz de los: 482.
Pisa: 135-137, 316, 350, 417, 495.
Pisa, arzobispo de: 134, 176.
Plegamans, Ramon de: 138, 161.
Plutarco: 310.
Poblet, monasterio de Nuestra Señora de: 19, 96, 101, 123, 130, 162, 167, 173, 203, 206, 210, 256, 280, 353, 382, 409, 463, 472, 480, 743, 745, 748, 749, 752, 753.
Poitou, campaña de: 480.
Pollensa: 142, 146, 155, 159.
Polonia: 506-508.
Polop: 369.
Polpis: 101.
Pomar: 720, 721.
Pons I de Cabrera, conde de Urgell: 113, 115, 215, 241, 280, 640.
Pons Hugo III, conde de Ampurias: 408, 486, 634.
Pons Fabregues, Benet: 134.

Pons y Guri, J. M.: 267.
Pons Llabrés, Carme: 156.
Pontons, Guillem de (maestre del Temple): 526.
Pontons, Ramon de: 695.
Portaceli: 381.
Portopí, sierra de: 143.
Portugal, reino de: 139, 662, 740.
Potenza: 491.
Pou, Josep Maria: 315.
Pound, Ezra: 537.
Poweric, Guillermo de: 509.
Prades: 279, 477.
Prats: 523.
Presencia histórica de la sede de Segorbe en el reino de Valencia, de Martín Almagro: 648.
Primera part de l'historia de València, de Pere Antoni Beuter: 310.
Primers comtes catalans, Els, de Ramon d'Abadal: 644.
Primitiu, Nicolau: 316.
Privilegios reales concedidos a la ciudad de Barcelona, en *Colección de Documentos Inéditos,* edición a cargo de Federico Udina, Antonio M. Aragó y Mercedes Costa: 101, 102, 298, 431.
Proceso sobre la ordenación de la Iglesia Valentina entre los arzobispos de Toledo, Rodrigo Jiménez de Rada, y de Tarragona, Pedro de Albalat (1238-1246), de Vicent Castells: 269.
Pròcida, Joan de: 540, 722.
Profecia y poder al Renaixement, de E. Duran y J. Requesens: 316.
Propos de Saint Louis, Le, de David O'Connell: 469-471, 479-481.
Provenza: 35-40, 45-48, 50, 53, 54, 65, 75, 78-82, 124, 134, 177, 211, 232, 233, 241, 331, 336, 345, 346, 349, 352, 376-379, 473, 475, 482, 483, 520, 529, 530, 540.
Prusia: 504, 668.
Puech, H. Ch.: 41.
Pugio fidei Raymundi Martini ordinis praedicatorum adversus mauros et iuadeos, de Ramon Martí: 628.
Puig de Santa María, toma del: 216, 217, 219-225, 227, 228, 240, 255, 269, 311, 757.
Puig i Ustrell, Pere: 434.
Puigcerdà: 720.
Puigvert, casa de: 705.
Pujol, Enric: 20.
Pujol, Josep M.: 19.
Purgatorio, en la *Divina Comedia,* de Dante: 521.

Puy-en-Velay: 357.
Puzol: 221, 290, 409.

Quart de Poblet: 210, 255, 313, 376, 553, 570, 574.
Quatre Grans Cròniques. Jaume I, Bernat Desclot, Ramon Muntaner, Pere IV, Les, por Ferran Soldevila: 23-25, 36, 46, 57, 58, 151, 161, 341, 403, 404, 522, 661, 683, 740-743.
Queralt, conde de: 437.
Questiones de Medicina, de Pillio: 656.
Quijote, El, de Miguel de Cervantes: 539.

Rábanos, José María: 623.
Rabassa, Guillem: 110, 157, 183, 202.
Rabastens: 475.
Rada, Gil de: 417.
Raimundo, san. *Véase* Penyafort, san Ramon de.
Raimundo V, conde de Tolosa: 47.
Raimundo VI, conde de Tolosa: 46, 47, 49-52, 73-75, 80, 103, 124, 131, 346, 347, 755-758.
Raimundo VII (Raimundet), conde de Tolosa: 52, 73, 75, 80, 219, 220, 331, 332, 335-338, 345-347, 350, 351, 357, 376, 377, 379, 473-476, 759.
Raimundo Trencavel II, vizconde de Béziers y Narbona: 338, 351, 377, 474.
Ramírez, Pedro: 639.
Ramon Berenguer I, conde de Barcelona: 434, 436-438, 444, 449.
Ramon Berenguer III, conde de Barcelona: 46, 47, 134, 394, 434.
Ramon Berenguer IV, conde de Barcelona y rey de Aragón: 61, 115, 134, 135, 160, 194, 203, 241, 434.
Ramon Berenguer IV, conde de Provenza (hermano de Alfonso II de Aragón): 47.
Ramon Berenguer V, conde de Provenza (hijo de Alfonso II): 61, 66, 75, 78-82, 103, 131, 173, 212, 219, 220, 331, 332, 335-338, 346-348, 350, 357, 376, 377, 413, 475, 490, 530, 531, 582, 755, 758.
Ramon Folch IV, vizconde de Cardona. *Véase* Cardona, Ramon Folch de.
Ramon Folch V, vizconde de Cardona: 486, 695, 793.
Ramón María, padre: 102.
Ramon Marquet, Almirant de Catalunya, de Ferran Soldevila: 665.
Ramos y Locertales, José María: 385, 388.
Rasez: 338.
Real Maestrazgo de Montesa. Tratado de todos los derechos, bienes y pertenencias del Patrimonio y Maestrazgo de la real y militar orden de Santa María de Montesa y San Jorge de Alfama, de Josep Villarroya: 199.
Reate, bula de: 89, 90, 94.
Recerques y comentaris, de Ferran Soldevila: 114.
Recognoverunt proceres, de Pere III el Grande: 431, 435.
Reconquista: 48, 129, 139, 251, 261, 269, 272, 275, 295, 399, 564, 599, 600, 608, 643, 646, 650.
Reconquista de Murcia en 1266 por Jaime I de Aragón, La, de J. Torres Fontes: 343, 561, 591, 596, 601, 608.
Recueil des historiens des Gaules et de la France: 67, 74.
Recull de documents inédits del Rey Jaume I, por Eduard González Hurtebise: 23, 533.
Regadiu i canvi ambiental a l'Albufera de València, de Carles Sanchis Ibor: 378.
Reggio: 497.
Régimen económico del matrimonio en la Valencia foral, El, de Dolores Guillot: 303.
Régimen señorial y la cuestión agraria en Cataluña durante la Edad Media, El, de Eduardo Hinojosa: 156.
Regiment preservatiu y curatiu de les pestilencies, de Luis Alcañiz: 316.
Registres d'Urbain IV, Les, de L. Dorez y J. Guiraud: 520.
Reglà, Joan: 36, 38.
Regne Croat de Valencia, El. Diplomatarium II, de Robert I. Burns: 251, 254, 255, 309, 577, 644.
Regné, Jean: 23, 623.
Regordana, Berenguer de: 333.
Regordana, Guillem de: 333.
Reichsstruktur im Spiegel der Herrschaftspraxis Ottos der Großen. Mit historiographischen Prolegomena zur Frage Feudalstaat auf deutschen Boden, seit wann deutscher Feudalstaat?, Die, de Eckhard Müller Mertens: 26.
Reims: 471, 472.
Remondo, arzobispo de Sevilla: 515.
Repartiment de València, en *Colección de Documentos Inéditos,* de P. Bofarull: 279.
Repartimento de Sevilla, de Julio González: 277.
Repartimentos murcianos del siglo XIII, Los, de J. Torres Fontes: 603.
Requena: 354, 364, 369, 568, 655, 675.
Requesens, Joan: 311, 316.
Rerum Aragonensium (Comentario de las cosas de Aragón), de Jerónimo Blancas: 311, 322, 385, 386.

«*Responsa*» *of Rabbi Solomon Ben Adreth of Barcelona (1235-1310), The,* en *Studies in the communal life of the Jews in Spain,* de R. Isidore Epstein: 627.
Resumen historial de la fundación y antigüedad de la ciudad de Valencia de los edetanos, vulgo del Cid, sus progresos, ampliación y fábricas insignes, con notables particularidades, de Pascual Escaples de Guilló: 253.
Revista de Archivos, Bibliotecas y Museos: 312, 417.
Revista de Bibliografía Catalana: 286.
Revista d'Historia Medieval: 619.
Revista del Instituto de Estudios Alicantinos: 259.
Revista Española de Investigaciones Sociológicas: 457.
Revista Portuguesa de Historia: 385.
Revolución, de las Comunidades de Castilla, 1520-1521, La, de Joseph Pérez: 518.
Revolución francesa: 22.
Revue Belge de Philologie et d'Historie: 176.
Révue des Études Juives: 623.
Revue des Langues Romanes: 20.
Reyes Católicos: 13, 442, 518, 636. *Véase también* Isabel I, reina de Castilla y Fernando II, rey de Aragón.
Ribagorza: 353, 359, 365, 406, 407, 485, 582, 718.
Ribera Florit, Josep: 623.
Ribera y Tarragò, J.: 261, 270, 405.
Ribot, Luis: 259, 356.
Ricote, valle de: 344, 561.
Riera Melis, Antoni: 179.
Riera i Sans, Jaume: 55, 620.
Rin, río: 495, 498, 520, 544, 751.
Ripoll, abad de: 666.
Riquer, Martín de: 19-21, 55, 113, 688.
Riquer, Raimundo: 230.
Riquier, Guiraut: 452.
Riu, Bernat: 142.
Rivera Recio, J. F.: 654, 656.
Rivera, Antonio: 30.
Rivera Garretas, Milagros: 219.
Roca Traver, Francisco: 24, 197, 279, 297, 303, 607, 608, 737.
Rocabertí, vizconde de: 486, 719.
Rocafull, Guillem de: 593.
Roda: 640.
Ródano, río: 38, 74, 75, 160.
Rodez: 474.
Rodolfo I de Habsburgo, emperador del Sacro Imperio: 703, 715, 729, 730.
Rodrigo, Gonzalo: 95.

Rodrigo, rey visigodo: 268.
Rodríguez Llopis, Miguel: 93.
Rodríguez López, Ana: 168, 554.
Roger II, rey de Sicilia: 492.
Rois thaumaturges, Les, de Ernst Bloch: 470.
Roma: 38-41, 43-47, 49, 53, 59, 64, 67, 70-72, 74, 77, 78, 85, 86, 90, 94, 103, 104, 124, 129, 134, 137, 138, 172, 212, 251-254, 260, 270, 331, 346, 348, 379-381, 399, 408, 454, 458, 459, 469, 471, 472, 480, 493, 494, 496, 497, 500, 509, 512, 515, 518, 520, 522, 528, 536, 538, 542, 611-613, 621, 624, 644, 646, 647, 649, 651, 652, 700, 701, 703, 729, 755.
Romagnoli, Daniela: 462.
Romanistiche Zeitschrift für Literaturgeschichte: 21.
Romanistisches Jahrbuch: 21.
Romaña: 497, 518.
Romei, Guillem: 223.
Romeu, casa: 322.
Romeu, García: 408.
Romeu Alfaro, Sylvia: 259, 552, 556.
Roquefeuil, Guillem de: 482.
Ros d'Ursins, familia: 278.
Rosas: 723.
Rosellón, conde de. *Véase* Sans, conde de Rosellón y Nuño Sans.
Rosellón: 36, 54, 65, 68, 74, 96, 177, 213, 346, 347, 354, 355, 357, 406, 409, 482, 483, 486, 523, 531, 532, 536, 550, 634, 681, 720.
Rota: 560.
Rotger, Mateu: 155.
Roth, Cecil: 625.
Rougemont, monasterio de: 471.
Rovira Armengol, Josep: 434, 436, 437-441.
Royz, fray Diego: 656.
Rúa, sierra de la: 369.
Rubí y Lluch: 20.
Rubiera i Mata, María Jesús: 257, 265, 268, 326, 563.
Rubio, Jordi: 36.
Rudel, Jufré: 452, 454.
Ruiz Molina, L.: 195.
Ruiz-Domenech, J. E.: 543.
Rumanía: 497.
Runciman, Steve: 44.
Rusia: 506, 507, 635, 668.

Sa Porrassa: 144.
Sa'd ibn Mardanis, Mohammad Ibn. *Véase* Lobo, rey de Valencia.
Sabartes, abad Guillermo: 291.
Saboya, casa de: 520-522, 760.
Sabruguera, fray Romeu de: 285, 286.

Sacosta, Pere (obispo de Segorbe): 657.
Sacro Imperio Romano Germánico: 40, 136, 139, 411, 417, 479, 489, 491-493, 495, 496, 500, 504, 505, 509, 511, 513, 517, 524, 544, 558, 602, 655, 677, 702, 703, 715, 720, 730.
Saga, Sibila de: 743.
Sagarra, Ferran de: 364, 418, 522.
Sagunto: 102, 126, 175, 186, 195, 197-199, 209, 210, 221, 258, 269, 292, 295, 340, 354, 407, 421, 639, 649, 654, 657, 736.
Saint Louis, de Jacques Le Goff: 469, 473, 479, 505, 515.
Saint-Denis: 471, 480, 732.
Saint-Priest, A.: 536.
Sainz de la Maza Lasoli, Regina: 198.
Saitabi: 24, 737.
Sajonia, duque de: 514-516.
Sala o Çasala, Guillem de: 113, 115, 116, 157, 183.
Salamanca: 192.
Salavert, V.: 121.
Saler, El: 378.
Salerno, obispo de: 512.
Salomon, Herman P.: 626.
Salou: 79, 131, 132, 165, 174, 222.
Salses: 68, 359, 364, 704, 720.
Salvá, J.: 175.
Salvetat, batalla de: 75, 85.
Salzadella: 192.
Sampere i Miquel, Salvador: 51, 66, 67, 70, 74, 77, 81, 88, 89.
San Bernat de Rascaña, monasterio de: 339.
San Cugat del Vallés, monasterio de: 204, 361.
San Emerando, monasterio de: 512.
San Jorge, cardenal Godofredo de: 515.
San Juan de la Peña, monasterio de: 385, 582.
San Juan del Hospital, monasterio de: 82.
San Mateo: 192, 204, 284.
San Miguel de los Reyes, monasterio de: 30, 339, 464.
San Miniato: 511.
San Pedro de Camprodón, monasterio de: 89.
San Pedro de La Roca: 719.
San Roman, Guillem de: 355.
San Salvador de Leire, monasterio de: 385.
San Sofferi: 696.
San Vicente de la Roqueta, monasterio de: 207, 210, 232, 254-256, 269, 273, 381.
San Victoriano de Huesca, monasterio de: 207, 255, 256.
San Raimundo, de F. Valls Taberner: 207, 614, 616, 620.
Sancet, Ramon: 165.

Sancha de Castilla, reina de Aragón (abuela de Jaume I): 82, 83, 567.
Sancha, condesa de Provenza y Cornualles: 347, 348, 350, 377, 475, 760.
Sancha, infanta de Aragón (hermana de Jaume I): 46, 56, 755.
Sancha, infanta de Aragón (hija de Jaume I y de la reina Violante): 406, 407, 413, 658, 759.
Sancha, infanta de Aragón y condesa de Tolosa (tía de Jaume I): 346, 347, 349, 350, 490, 758.
Sancha, infanta de León: 138.
Sancha Núñez, condesa del Rosellón: 241.
Sánchez, Lope: 595.
Sánchez de Castro, Fernando (hijo de Jaume I y de Blanca de Antillón): 458, 524, 528, 575, 584, 587, 635, 665, 676-678, 681-683, 685-687, 693, 708, 709, 712-714, 717, 718, 720-726, 728, 761, 762.
Sánchez de Monteagudo, Pedro: 711, 713.
Sánchez Usón, María José: 133.
Sanchis Alfonso, Josep Ramon: 248.
Sanchis Ibor, Carles: 378.
Sanchis Sivera, José: 254, 648, 650.
Sancho I, rey de Portugal: 115.
Sancho III el Mayor, rey de Navarra: 710.
Sancho IV, rey de Castilla: 539, 544, 602, 604, 633, 670, 671, 716, 728, 730, 731, 733, 750, 751.
Sancho VII el Fuerte, rey de Navarra: 58, 138, 154, 162-164, 168, 169, 172, 240, 412, 710, 712, 755, 756.
Sancho de Aragón, arzobispo de Toledo (hijo de Jaume I y de la reina Violante): 406, 411, 528, 606, 618, 642, 653-655, 660, 663, 711, 725, 727, 729, 730, 761, 762.
Sancho Ramírez, rey de Navarra y de Aragón: 710.
Sangüesa: 639.
Sanlúcar: 560.
Sans, conde de Rosellón: 35, 61, 63-70, 73-75, 77-81, 84-90, 94, 96, 116, 125, 131, 354, 473, 755, 756.
Sans, Jaches: 146.
Sans, Pere: 163, 202.
Sant Feliu, notario: 743, 744.
Sant Melió, Pere: 174.
Sant Telm: 142.
Sant'Angelo, cardenal de: 614.
Santa Catalina de Barcelona, convento de: 617.
Santa Cruz de Moya: 663.
Santa Eugènia, Bernat de: 160, 164, 172, 200, 559.
Santa Eulalia de Barcelona, monasterio de: 207, 602.

ÍNDICE ALFABÉTICO

Santa Inés de Bolonia, convento de: 618.
Santa María de Fitero, monasterio de: 649.
Santa María de Huerta, monasterio de: 642, 655, 757, 761.
Santa María de la Grassa, monasterio de: 221, 255, 269, 280.
Santa María de Valldigna, monasterio de: 404, 748.
Santa María Magdalena de Tarazona, iglesia de: 94, 472.
Santa Ponsa: 142.
Santa Sabina, Juan de: 128.
Santa Sede (Vaticano): 20, 85, 103, 134, 138, 173, 175, 211, 212, 214, 254, 255, 264, 269, 332, 337, 345, 347, 348, 350, 380-382, 393, 412, 459, 500, 503, 516, 523, 524, 529, 535, 541, 542, 614, 618, 643, 653.
Santamaría, Álvaro: 121, 135, 136, 139, 151, 157, 165, 176, 298, 301, 302.
Santander: 562.
Santángel, legado: 124.
Santes Creus, monasterio de: 82, 173.
Santiago de Compostela: 252, 452, 454, 645, 646.
Santiago, apóstol: 58, 117, 469.
Santiago, arzobispo Juan de: 505.
Santiago de la Espada: 561.
Santillana, marqués de (Íñigo López de Mendoza): 456.
Santolalla: 639.
Santonja, Pedro: 40.
Sanz, Pedro: 357.
Sapera, Bonnat: 293, 422.
Saranyana, Josep: 623, 625.
Sarrión: 223.
Sarroca, Jaime (obispo de Huesca): 55, 95, 129, 324, 408, 666, 676, 682, 687, 688, 694, 696, 743.
Sástago: 188, 190, 191.
Savall y Dronda, Pascual: 383.
Sax: 328, 343, 367, 369, 561, 604.
Scala Dei, monasterio de: 89.
Schaller, Hans Martin: 25, 26.
Schimmelpfenning, Bernhard: 520.
Schmitt, Carl: 613.
Schumann, Robert: 537.
Sefarad: 628.
Segarra, Arnau de: 595, 622, 624.
Segorbe: 128, 169, 175, 183, 184, 186, 194, 195, 197, 198, 227, 285, 295, 354, 364, 407, 649, 654, 685, 755.
Segorbe, obispo de: 251, 643. *Véase también* Hispán, Pedro; Jimeno; Garcés, Pedro, y Jiménez de Segura, Pedro.

Segorbe a través de su historia, de Pablo Pérez García: 60.
Segovia: 192.
Segovia, obispo de: 129.
Segre, río: 112, 292, 359, 364, 365, 371, 408-410, 414, 485, 582, 717.
Seguí, condes de: 524.
Seguí, Román: 30.
Segura, río: 258, 344, 597, 603, 604.
Segura, sierra de: 561, 592.
Sengueir: 193.
Senia, río: 186, 195, 226, 237, 272, 287, 410.
Sepúlveda: 192, 388, 575.
Sermó de la S. Conquista de la molt insigne, noble, leal e coronada ciutat de Valencia: 248.
Serra i Vilaró, Joan: 97.
Serra: 284.
Serra, Ramon de: 165.
Serranos, Los: 313, 460.
Sevilla: 272, 273, 352, 366, 395, 407, 419, 554, 558, 565, 599, 602, 625, 646, 655, 673, 674, 728, 730, 750.
Sevilla, arzobispo de. *Véase* Remondo y Felipe de Castilla.
Sevilla en el siglo XIII, de Antonio Ballesteros Beretta: 395.
Sharamsah: 471.
Sharq-Al-Anadalus: 259.
Sicilia, reino de: 73, 134, 136, 137, 178, 179, 212, 314, 377, 425, 479, 484, 488-498, 511, 518, 520, 522, 525-529, 534, 538-541, 543, 544, 641, 668, 677, 695, 698, 702, 732, 755, 760.
Siècle européen, Le XIIIe, de L. Genicot: 471.
Siena: 316.
Siete Aguas: 675.
Siete Partidas, Las, de Alfonso X: 21, 322, 324, 434, 750.
Sieyès, abate Emmanuel J.: 29.
Sigena, monasterio de: 82, 83, 101, 104, 209, 211, 383, 472, 542, 566, 567, 640, 756.
Sigüenza: 664.
Sigüenza, obispo de: 129, 565, 656.
Silano, G.: 45.
Silla: 184, 198, 228, 232, 378.
Siria: 410, 507.
Sisteron: 219.
Sitges: 665.
Smith, Adam: 443, 492.
Sobrarbe: 76, 89, 322, 384, 385, 387, 391, 578.
Sobre la vida y obra de Maimónides, coordinado por Jesús Peláez del Rosal: 623.

Sobre los Usatges de Barcelona y sus afinidades con las Exceptiones legum Romanorum, de Carlo Guido Mor: 436.
Sobrequés, Santiago: 65, 86, 109, 113, 122, 215, 486, 634, 640.
Societat barcelonina a la baixa Edat Mitjana, de Carme Batlle: 431, 432, 543.
Société aux XI et XII siècles dans la région mâconnaise, de Georges Duby: 27.
Soirot. *Véase* Guilleumes, infante de Navarra.
Sola, Domingo de (obispo de Huesca): 324, 568, 584, 587, 589.
Soldevila, Ferran: 23-25, 36, 46, 63, 65, 114, 115, 122, 150, 152, 161, 162, 186, 213, 214, 226, 337, 351, 353, 354, 359, 360, 377, 393, 403, 404, 408-410, 481, 485-487, 521, 522, 524, 528-530, 532, 534-539, 541, 542, 567, 585, 589, 633, 634, 636, 641, 661, 664, 665, 675, 677, 679, 684, 687-689, 695, 705, 708-712, 718, 723-725, 731, 732, 740-743.
Soler, Francesc: 534.
Soler i Palet, Josep: 458, 460, 461, 743.
Sóller: 159, 174.
Solsona, conjura de: 704-706.
Somport: 406.
Son: 101.
Soria: 94, 195.
Soria, vistas de: 417, 514, 559, 567, 759.
Sos: 639.
Soto, R.: 178.
Speculum Hebraeorum, de fray João de Alcobaça: 620.
Spila, obispo de: 515.
Spinoza, Baruch: 306.
Spiritu exultante, bula de Inocencio IV: 562.
Spoleto, ducado de: 515, 538.
Statuta sancti Ludovici: 472.
Statutum in favorem principum: 493.
Staufen, casa de los: 134, 467, 479, 490, 491, 493, 503, 512, 513, 515, 516, 520, 522, 538-542.
Studien zur Rechtgeschichte der Gottes und Landfriedens in Spanien, de E. Wohlhaupter: 359.
Studies in the communal life of the Jews in Spain: 627.
Suabia, ducado de: 514, 730.
Suabia, Fadrique de: 514.
Suárez Fernández, Luis: 139.
Subirats: 615.
Subirats, Elvira de (Elvira de Urgell): 86, 96, 112, 113.
Sueca: 684.
Suera: 230.
Suessa, Tadeo de: 503, 511.
Suma teológica y *Summa contra gentiles,* de santo Tomás de Aquino: 616.
Summa, de Azzón: 656.
Summa, de Dámaso: 656.
Summa, de Pedro de París: 656.
Summa Aurea, del Hostiensis: 508.
Summa de Penitentia, de san Ramon de Penyafort: 617.
Summa Juris, de san Ramon de Penyafort: 617.
Suna, la: 193.
Swift, F. D.: 20.

Tagliacozzo, batalla de: 539, 702, 761.
Taifa de Denia, La, de María Jesús Rubiera: 265, 268.
Taillebourg, batalla de: 351, 481, 758.
Talavera: 653.
Talmud, el: 620, 621, 625, 626.
Tamarit: 162.
Tamarit, Charo: 30.
Tarancón Fandos, Manuel: 30.
Tarascon: 729.
Tarazona: 162, 218, 279, 391, 415, 416, 584, 586, 637, 639, 646, 649, 669, 672, 673, 712, 713, 719, 734, 756, 761.
Tarazona, obispo de: 70, 81, 93, 94, 129, 237, 696.
Tarbiz: 622.
Tarento: 512, 520.
Tarradel, M.: 36.
Tarragona: 71, 95, 101, 116, 121, 127, 129, 131, 132, 138, 145, 158, 159, 162, 165, 172-174, 195, 205, 218, 233, 254, 270, 279, 285, 287, 288, 304, 364, 481, 570, 600, 643-647, 649, 651, 652, 714, 745, 752, 756, 757.
Tarragona, arzobispo de. *Véase* Espàrrec de la Barca; Albalat, Pere Arnau de, y Olivella, Bernat de.
Tarragona, Concilio de: 208, 267.
Tárrega: 95.
Tárrega, pacto de: 215, 241.
Tartari e Apocalippse. Richerche sull'escatologia in Adamo Marsh e Ruggero Bacone, I, de David Bigalli: 506.
Tate, Robert: 457.
Tauste: 98.
Teatro histórico de las iglesias del reyno de Aragón, de R. de Huesca: 65.
Teixidor, Josef: 255, 312, 380.
Téllez, Alfonso: 523.
Temple, maestre del. *Véase* Montredon, Guillem de; Montpesat, Francesc de; Patot, Ra-

mon; Cardona, Guillem de; Martínez, Martí; Pontons, Guillem de, y Cartellà, Juan de.
Teobaldo I, rey de Navarra: 163, 164, 205, 240, 241, 411-413, 711, 757, 759.
Teobaldo II, rey de Navarra: 412, 414, 415, 417, 634, 711.
Terrassa: 98, 458.
Teruel: 93, 103-105, 129, 169, 183, 184, 186, 188, 191, 192, 195, 198-200, 217, 218, 220, 222-224, 227, 233, 240, 270, 277, 279, 295, 340, 378, 388, 391, 393, 394, 404, 407, 570, 586, 589, 607, 654, 662, 663, 687, 725, 757.
Testamento de Jaume I (1241): 353, 354, 357, 757.
Testamento de Jaume I (1248): 396, 406, 408.
Testamento de Jaume I (1262): 419, 550, 556-558, 760.
Testamento de Jaume I (1272): 761.
Testamento de Teresa Gil de Vidaura (1288): 463.
Tíbet: 506, 507.
Tierra Santa (Palestina): 38, 41, 47-49, 71-73, 122, 131, 136, 506, 508, 624, 629, 658, 660, 662-664, 666-668, 676, 693, 694, 698, 759, 761.
Tilander, Gunnar: 389.
Tizona, espada: 65, 201, 247-249.
Tlemecén: 749.
Toledo: 72, 126, 129, 172, 251-253, 259, 260, 269, 270, 285, 364, 561, 563, 642-645, 647, 649-654, 658, 661, 663, 670, 755, 761.
Toledo, arzobispo de. *Véase* Jiménez de Rada, Rodrigo; Sancho de Aragón; Juan de Aragón, y Luna, Jimeno de.
Tologes, Concilio de: 439.
Tolosa: 35, 36-40, 44, 45, 47, 50-53, 59, 74, 88, 131, 331, 346, 347, 349, 379, 387, 452, 474, 475, 482, 756, 761.
Tolosa, Concilio de: 131.
Tolosa, obispo de: 350.
Tolosa, toma de: 75, 81-85, 756.
Tomás de Aquino, santo: 53, 616, 618, 627, 628, 703, 761.
Torá, la: 621, 625, 626.
Tordsson, Sturlam: 411.
Torella, Elfa de: 639.
Torellas: 604.
Torredelcampo: 727.
Torrella, Jeronim: 316, 317.
Torrellas, Pons de (obispo de Tortosa): 60, 89, 101-103, 199, 237, 251, 657.
Torrent: 184, 198, 248, 376.
Torres, Francesc: 30.
Torres Balbás, Leopoldo: 278, 279, 326.
Torres Belda, Josep Maria: 312.
Torres Fontes, Juan: 343, 561, 562, 565, 591, 593, 596, 601, 602, 608.
Torres-Torres: 199, 220, 369.
Torró Abad, Josep: 281.
Torroella: 695, 723.
Torroella de Montgrí, Guillem de: 174, 524, 634, 705, 757.
Tortosa: 126, 127, 135, 163, 186, 194, 195, 197, 202-204, 218, 221, 222, 225-227, 233, 261, 272, 279, 285, 304, 382, 403, 434, 482, 597, 601, 639, 646, 648, 649, 756.
Tortosa, obispo de. *Véase* Torrellas, Pons de.
Toscana: 515, 526, 538, 542.
Tourtoulon, Charles de: 20, 24, 25, 43, 46, 49, 214, 219, 332, 333, 335, 336, 348, 389, 392, 530, 531, 680, 681, 743.
Tractado sobre las armas que fueron dadas a su padre el infante Don Manuel, de don Juan Manuel: 415.
Tramontana, sierra de: 159, 164, 174.
Tramoyeres, Lluís: 312.
Trapani: 677.
Trasmoz: 204.
Trastámara, casa de: 314, 315, 479, 543, 577, 750, 751.
Trebisonda: 665.
Tremont, Guerau de: 533, 534.
Trencavel, casa de: 36, 50.
Trenchs, José: 140.
Trier, arzobispo de: 514-516.
Trinidad de Valencia, convento de la: 464.
Tripò, Bernat: 543.
Trípoli, señora de: 452.
Trobadors, Els, de Constanzo de Coriolano: 452-454.
Tròbes, de Jaume Febrer: 311, 460.
Tucídides: 150.
Tudela, Guillem de: 75.
Tudela: 138, 261, 384, 385, 388, 415, 416, 649, 652, 756, 757.
Tudela, tratado de: 162, 163, 167-169, 173.
Tudillén, tratado de: 194, 195.
Túnez: 135, 139, 147, 160, 161, 173, 176, 177, 233, 234, 313, 344, 400, 415, 432, 475, 480, 495, 559, 615, 623, 628, 702.
Turia, río: 170, 209, 227, 230, 317, 403, 460, 463, 552, 587, 736.
Turín: 135, 503, 521.
Turís: 290.
Turquía: 668.
Turri, Berengario de: 550.
Tyerman, Christopher: 508, 659, 694, 698.

Úbeda: 211, 273, 366, 600, 674.
Úbeda, batalla de. *Véase* Navas de Tolosa, Las.
Ubieto, Antonio: 27, 38, 170, 184, 189, 239, 271, 279, 280, 283, 284, 468, 566.
Uclés: 116, 198, 222, 404.
Uclés, maestre de. *Véase* Núñez de Guzmán, Pedro, y Pereira, Gonçalvo de.
Ucrania: 506, 658.
Udina Martorell, Federico: 101, 134, 298.
Ulldecona: 226, 238, 272, 284, 354.
Una llengua dues llengues tres llengues. Pels y senyals. Raons d'identitat del País Valencià, de Dolors Bramon: 268, 271.
Urbano II, papa: 252, 385, 643, 644.
Urbano IV, papa: 324, 516-518, 520, 525, 526, 535, 653, 760.
Urgell: 78, 84, 122, 139, 167, 215, 353, 411, 436, 532, 549, 641, 646, 681, 756, 757, 759, 761.
Urgell, campaña de: 96, 112-115, 117, 121, 122.
Urgell, conde de. *Véase* Ermengol VIII y X; Pons I de Cabrera; Guerau I de Cabrera; Pedro de Portugal, y Cabrera, Alvar de.
Urgell, condesa de. *Véase* Aurembiaix.
Urgell, Elvira de. *Véase* Subirats, Elvira de.
Urgell, Marquesa de: 112, 113.
Urgell, obispo de: 241.
Urraca, monja de Sigena: 101.
Urrea, Aldonza: 722.
Urrea, Felipe Fernando: 722.
Urrea, Gimeno de: 144, 202, 204, 205, 210, 220, 223, 234, 237, 322, 324, 553, 574-576, 601, 635, 677, 682, 683, 685, 718, 722.
Urrea, Sancha de: 101.
Usatges de Barcelona: 434.
Usatges i Constitucions de Cataluña: 152, 156, 208, 408, 409, 434-440, 485, 491, 694, 709, 748.
Usatges de Barcelona, en *Textes de Dret Català,* de Ramon d'Abadal y F. Valls Taberner: 434.
Usatges de Barcelona y Commemoracions de Pere Albert, por Josep Rovira Armengol: 434, 438-441.
Usatges de Barcelona. El codi a Mitjan segle XII, de Joan Bastardas: 434, 438, 439.
Uxó, Vall de: 192, 197, 228, 271, 282, 284, 607, 705-707.

Vagdad, Gauberto Fabricio de: 457.
Vaisette, J.: 51.
Valdeón, Julio: 259, 356.
Valdés, Pedro: 40.

Valencia, ciudad de: 201, 209, 222, 237, 248, 249, 251, 252, 255-262, 264-266, 269-271, 273, 276, 278, 279, 282, 288, 289, 292, 294-304, 308-313, 315-318, 321, 326, 327, 329, 341, 342, 364, 372, 377, 379, 394, 396, 398, 403, 414, 429, 437, 524, 561, 609, 615, 639, 640, 643-647, 649, 650, 656, 657, 663, 674, 675, 689, 694, 716, 732, 734-736, 738-741, 745, 748, 749, 751, 759, 762.
Valencia, conquista del reino: 127-129, 159, 168-171, 183, 187, 188, 190, 212, 277, 280, 330, 355, 375, 393, 397, 432, 497, 568, 649, 650, 658.
Valencia, obispo de. *Véase* Ferrer de Pallarès; Peralta, Arnau de, y Albalat, Andreu de.
Valencia, reino de: 17, 23, 99, 102, 126, 130, 184, 186, 191, 192, 195, 200, 201, 204, 210, 213, 225, 241, 247, 250, 255, 265, 268, 272-274, 277, 281, 283, 296, 309, 322, 323, 328, 339, 353, 354, 358, 359, 362, 369, 400, 409, 410, 414, 430, 433, 480, 483, 485, 492, 521, 531, 532, 544, 549, 552, 554, 555, 571, 573, 576, 579, 583, 586, 601-604, 607, 633, 662, 673, 681, 714, 733, 736, 748, 760, 761.
Valencia, toma de la ciudad de: 176, 214, 216-219, 224, 227, 228, 230, 234, 236, 237, 239-241, 248, 272, 289, 325, 336, 496, 497, 597, 599, 757.
Valencia, en España y sus monumentos y artes. Su naturaleza y su historia, de Teodor Llorente: 279.
Vallada: 368, 371, 536.
Valladolid: 116, 198, 383, 404, 654.
Vallbona de les Monges, monasterio de: 409, 640, 761.
Valldigna: 251, 256, 343, 404.
Vallespir: 215, 354, 409, 523.
Valls Taberner, F.: 201, 207, 380, 395, 404, 411, 417, 418, 434, 614, 616, 620, 653.
Valls: 745.
Varazze, Jaime de: 253.
Vatazo: 504.
Vaticano. *Véase* Santa Sede.
Vaux Sernay, abate: 51, 67.
Vázquez, Guillermo: 207.
Velasco, casa de: 415.
Venecia: 498, 508.
Ventimiglia, conde de: 536.
Ventura, Jordi: 36, 39.
Veo: 193, 355.
Verdú, Gabriel: 248.
Vernia, Pere: 261.
Verona: 715.

ÍNDICE ALFABÉTICO

Véronne, Chantal de la: 278, 279.
Veruela, monasterio de: 419.
Viaje literario a las iglesias de España, de Jaime y Joaquín Lorenzo Villanueva: 60, 71, 186, 381, 620, 648.
Viana: 713.
Vic: 165, 173, 436, 449, 646.
Vic, obispo de. *Véase* Bernat, obispo de Vic.
Vic, Cl. d: 51.
Vicens Vives, Jaume: 36, 121.
Vicente Ferrer, san: 625.
Vicente mártir, san: 221, 269, 270.
Viciana, Martí de: 291, 312, 459, 747.
Vida de Cristo, de Isabel de Villena: 464.
Vidal, Guillem: 649.
Vidal, monje cisterciense de Benifassà: 291, 555.
Vidal, Pedro: 94.
Vidal Mayor, por Amparo Cabanes Pecourt: 280, 383, 389.
Vidaura, Juan de: 461.
Viena: 506, 696.
Viguera Molins, María Jesús: 356.
Viguera: 385.
Vila, Guillem Ramon de: 228.
Vilafranca, Poncet Guillem de: 739.
Vilagrasa, Geroni: 248.
Vilanova, Arnau de: 40, 313, 314-316, 471, 615.
Vilanova, Beltrán de: 567, 595.
Vilella: 342.
Villacañas, José Luis: 29, 519.
Villafamés: 284.
Villafranca del Cid: 192.
Villafranca del Penedés: 84, 89, 279, 617.
Villalmanzo, Jesús: 278.
Villalonga, Ignasi: 298.
Villalonga: 342.
Villamarchante: 372, 404.
Villanueva, Jaime: 60, 71, 186, 286, 381, 620, 648.
Villanueva, Joaquín Lorenzo: 60, 71, 186, 381, 620, 648.
Villares, Ramón: 259, 356.
Villarquemado: 404.
Villarreal: 609, 730.
Villarroya: 187.
Villarroya, Josep: 19, 20, 199, 290.
Villena: 328, 341, 343, 367, 369, 402, 561, 589, 590, 593, 594, 596, 601, 602, 604, 652, 675, 758.
Villena, Isabel de: 464.
Villeneuve, Romeu de: 377.
Vinalopó, río: 593, 594.
Vinaroz: 284.
Vinea, Petrus de: 511.

Vinromà, Coves de: 183, 188, 189, 205, 209.
Violante de Aragón, reina de Castilla: 226, 352, 354, 365, 367, 383, 395, 404, 406, 408, 410, 411, 415-417, 566, 567, 592, 603, 654, 656, 664, 675, 681, 703, 715, 716, 720, 735, 750.
Violante de Courtenay, reina de Hungría: 212.
Violante o Yolanda de Hungría, reina de Aragón: 139, 204, 210-214, 217, 226-228, 236, 250, 337, 339, 352-354, 357, 358, 364, 367, 369, 379, 380, 382, 383, 396, 398, 404, 406, 409, 413, 416, 451, 458-460, 463, 477, 497, 549, 639, 640, 757-759.
Vísperas sicilianas, rebelión de las: 178, 541, 543, 722.
Viterbo: 41, 500, 503, 515, 517, 525, 658.
Viterbo, cardenal Renier de: 503.
Vitoria: 416.
Viver de las Aguas: 198.
Vives, judío: 688.
Vives Ciscar, Josep: 312.
Vizcaya: 96, 385, 479, 574, 602, 727.
Vizcaya, señor de. *Véase* López de Haro, Diego.
Voisin, Joseph de: 628.
Volga, río: 506.
Volkstum und Kultur der Romanen: 146.
Volynia: 508.

Wamba, rey visigodo: 197, 650.
Weckmann, L.: 467.
Werner Goetz, Hans: 24, 28.
White, Stephen D.: 27.
Wittelsbach, Otón de: 494.
Wohlhaupter, E.: 359.

Xarq Al-Andalus: 561, 606.
Xàtiva: 53, 195, 217, 222, 232, 237, 254, 265, 269, 272, 273, 276, 280, 282, 290, 295, 330, 340-344, 356, 358, 359, 361-372, 378, 394-401, 404, 407, 538, 563, 589, 591, 607, 609, 615, 646, 652, 658, 682, 687, 693, 732, 741-743, 758, 760-762.
Xèrica, Jaime de (hijo de Jaume I y Teresa Gil de Vidaura): 459, 460, 676, 681, 695, 724, 759.
Xèrica: 128, 183, 197, 198, 220, 354, 459, 657.
Xixona: 369.
Xuaip (Abu Hafs ibn Seyri): 164, 165.

Yehiel, Rabi: 620.

Zaidia, llano de la: 409, 460, 463, 464.
Zambon, Francesco: 44.
Zamora: 645.
Zancarés: 459, 460.
Zaplana, Ben: 716.

Zaragoza: 86, 91, 98, 99, 105, 107, 108, 110, 186, 194, 198, 199, 203, 206, 208, 215, 216, 218, 221, 222, 254, 261, 279, 284, 285, 295, 298, 383, 391, 409, 446, 566, 567, 584, 586, 589, 607, 639, 640, 642, 646, 656, 725, 741, 749, 756, 761.

Zaragoza, obispo de. *Véase* Ahonés, Sancho de; Monteagudo, Bernardo de, y Peralta, Arnau de.

Zayyan, rey de Valencia: 128, 170, 195, 197, 200, 221-223, 227, 228, 230, 232, 237, 239, 255, 257, 260, 264, 272, 325, 328, 330, 339, 340, 343, 344, 366, 372, 379, 460, 736, 757.

Zuera: 675.

Zurita, Jerónimo: 24, 60-63, 66, 67, 70, 77, 79, 80, 83, 88, 90, 97, 99-101, 103, 107, 108, 112, 115, 129, 130, 137, 138, 162, 163, 191, 194, 214, 323, 357-359, 372, 381, 386, 387, 392, 396, 406-418, 459, 461, 487, 496, 497, 516, 521, 523, 524, 536, 538, 539, 553, 559, 566, 567, 569, 581, 582, 585, 592, 611, 620, 637, 640, 669, 702, 712, 728, 731.